이혼·상속 실무사례 연구

김시철

Practical Case Studies on
Divorce and Inheritance Law

박영사

머 리 말

저는 1999. 9. 서울가정법원의 단독판사로서 가사사건을 처음 담당하게 되었습니다. 당시 가사단독판사는 이혼 및 위자료 사건, 친생자관계부존재확인사건 등을 중심으로 하는 가사소송사건뿐만 아니라, 상속포기, 한정승인, 실종선고, 이혼에 따른 재산분할청구사건을 비롯한 다양한 가사비송사건을 함께 처리했는데, 생소한 분야에 관하여 재판하면서 동료 및 선·후배 법관들로부터 많은 도움을 받았습니다. 그 후 사무분담 변경에 따라 2001. 9.부터 가사비송사건을 전담하면서 관련 실무에 관한 참고 문헌이 많지 않음을 절감하였습니다.

한편, 법원에서는 업무 개선을 도모하고 사무 처리의 통일성과 지속성을 유지할 목적으로 재판실무편람을 발간하고 있는데, 여러 가지로 부족한 제가 2004. 3. 발간된 가사비송재판실무편람(초판)과 2008. 2. 발간된 제1개정판의 집필진으로 참여하게 되었습니다. 이는 관련 실무에 관한 참고 자료가 부족한 상태에서 담당 판사들에게 조금이나마 도움이 될 수 있는 자료를 제공할 필요가 있다고 생각했기 때문입니다. 그 후 2010. 7. 발간된 법원실무제요 가사(제2개정판)의 집필에 참여할 당시에도 이러한 생각에는 변함이 없었습니다.

이혼 사건의 경우, 과거와 비교하여 볼 때 사건의 수가 훨씬 많아졌을 뿐만 아니라 관련되는 분쟁 양상도 매우 다양해졌습니다. 그런데 우리 법체계에 의하면, 이혼에 따른 위자료 산정이나 재산분할 문제 등에 관하여 법원이 일정 부분 재량권을 행사하는 구조가 형성됩니다. 따라서 담당재판부는 위자료 액수 및 재산분할의 비율 산정이나 분할대상 재산의 범위 등을 정하는 과정에서 전체적인 법체계를 토대로 한 법리적인 접근을 함으로써 그 재량권을 합리적으로 행사할 필요가 있고, 당사자들도 관련 요소들에 관한 적절한 주장과 증거 제출을 통하여 필요한 요소들이 적절하게 반영될 수 있도록 해야 합니다. 한편, 2000년 이후에 상속 관련 분쟁이 급격하게 늘어나면서 상속재산분할심판사건이나 유류분반환청구사건의 수가 현저히 증가하였을 뿐만 아니라 그 분쟁의 유형도 다양한 양상을 띠게 되었습니다. 즉, 양적·질적인 측면에서 상속 관련 분쟁의 규도가 커지면서 그 양상이 복잡하게 전개되고 있고, 이를 적절하게 해결하기 위해서는 다층적인 법리 검토가 필요하게 된 것입니다.

저는 2020. 2.부터 서울고등법원에서 조세소송 등을 담당하고 있다가 2022. 2. 사무분담 변경에 따라 가사소송 및 비송사건, 민사사건 중 유류분반환청구, 상속회복청구 등과 관련된 재판 업무를 전담하게 되었습니다. 그런데 20여 년 전과 비교하여 볼 때, 업무 관련 참고 자료가 상당히 증가하기는 하였지만 여전히 부족하다는 생각을 지울 수 없었습니다. 그래서 제가 재판 업무를 실제로 처리하면서 참고하였던 자료들이나 검토했던 내용 등을 나름대로 정리한 글들을 '대법원 가사소년재판부 커뮤니티'와 '대법원 가족법연구회 커뮤니티'의 게시판에 게시하기 시작하였습니다. 법적 안정성과 구체적 타당성의 조화 문제 등을 끊임없이 고민해야 하는 법관들에게 다소간 도움이 될 수 있는 자료를 제공하고자 하였던 것입니다. 그리고 관련 분야에 관심이 있는 대학 교수님이나 변호사님 등에게 게시물의 내용을 공유한 것은 해당 쟁점에 대한 추가적인 연구·검토가 이루어짐으로써 관련 논의를 활성화하는 것이 바람직하다고 생각했기 때문입니다.

그 후 많은 동료 및 선·후배 법관들로부터 관심을 가지고 제 글을 읽어보고 있다는 이야기를 듣거나 혹은 다른 재판부의 재판서에 게시물의 내용이 실제로 반영된 모습 등을 지켜보면서 나름대로 보람을 느끼고 있었습니다. 그러던 중 주변 지인들로부터 '작성한 게시물을 논문 형식으로 투고하거나 이를 모아서 책으로 출간하는 것이 좋겠다.'라는 권유를 받았는데, 이에 대하여 여러 가지 고민을 하게 되었습니다. 우선 저는 해당 분야를 전공한 학자가 아니라 관련 사건을 담당했던 실무가이고, 게시물들의 내용도 개별 사건의 사실관계를 토대로 하여 제 나름대로 적정한 결론을 도출하는 과정에서 필요한 법리를 검토하고 관련 자료를 정리한 것인데, 이를 모아서 출간하는 것이 적절한지 등에 대하여 먼저 검토할 필요가 있었습니다. 개별 사건의 분쟁 상황은 각양각색으로서 이를 해결하는 방식도 구체적인 사정에 따라 달라질 수밖에 없고, 개별 사안에 따라서 민법이나 가사소송법과 함께 세법 관련 규정이나 외국의 법제도 등에 대한 다각도의 복합적인 검토가 이루어진 다음, 재판서에는 몇 줄 정도의 간략한 판시내용만 기재되는 경우가 적지 않기 때문입니다. 같은 맥락에서, 해설 대상이 된 개별 사건의 분쟁 유형에 따라서 해당 게시물에 전혀 언급되지 않은 내용이 재판서에 기재되기도 하였고, 개별 사건별로 게시물의 내용이나 분량의 격차 역시 상당히 큰 상태였으며, 설명 내용이 부분적으로 중복되는 상황이 발생하기도 하였습니다. 이와 같이 개별 사건의 구체적인 사정을 반영하여 해설 내용을 정리하는 형식을 취하는 경우 사건별 분량의 균형 등은 포기할 수밖에 없으므로, 이러한 형식으로 출간하는 것이 바람직한지에 대해서도 고민할 수밖에 없었습니다. 위와 같은 구조적 문제점 등을 인식하였지만, 그럼에도 책자를 만들어 보라는 주변의 조언을 받아들인 것은 현 단계에서 이혼·상속 관련 실무에 관하여 학자들이나 실무가들이 조금이나마 참고할 수 있는 자료를 정리하는 것 자체에 의미가 있다고 생각하였기 때문입니다.

이 책은 제가 대법원 커뮤니티 게시판에 게시한 내용을 토대로 하고 있고, 개별 사건의 기본적 사실관계나 판단 내용 등을 살펴보는 것은 상당히 중요한 의미를 가지므로, 위와 같은 개별 사건의 구체적인 사정을 정리한 다음 이에 대한 해설을 기재하는 형식을 취하고 있습니다. 마지막 부분에 수록한 논문은 그 당시 우리 재판부에 배당될 가능성이 있었던 상속에 관한 구 관습법(慣習法) 관련 사건에 대한 헌법적·법률적 쟁점을 검토한 내용인데, 이는 제가 사법논집에 게재했던 글을 다시 수록한 것입니다.

서울고등법원의 재판 업무는 합의부 구성원들이 함께 처리하는 것이므로, 우리 재판부의 구성원이었던 고(故) 강상욱, 송미경, 이동현, 김옥곤 고법판사님들의 헌신과 노고가 없었다면 해당 재판의 결론 도출이나 재판서 작성이 애당초 불가능하였다는 점에 대해서는 자세한 설명이 필요하지 않을 것입니다. 이 자리를 빌려서 위 판사님들께 다시 한번 감사드리고, 해당 사건들의 적정한 해결을 위하여 함께 머리를 맞대고 토론하였던 시간들을 생생하게 기억하고 있다는 말씀을 덧붙이고 싶습니다. 또한 개별 사건의 쟁점 검토 등을 담당하였던 김병일, 신연석, 김여원, 안재호, 이수종, 장민아, 이성종 재판연구원님들께도 감사의 말씀을 드립니다. 한편, 이 책의 해설 부분 등은 전적으로 제가 작성한 것으로서, 관련 재판서의 판시 내용과 직접 관련이 없는 부분에는 저의 개인적인 의견이 포함되어 있음을 분명히 밝힙니다. 아울러 이 책이 발간될 수 있도록 도와주신 안종만 회장님, 안상준 대표님, 조성호 이사님, 이승현 차장님 등 박영사 관계자 여러분께도 진심으로 감사드립니다. 마지막으로 지난 시절 정성을 다하여 저를 길러주셨고 지금은 하늘나라에서 지켜보고 계실 부모님, 독립운동가의 후손으로서 자부심을 가지고 항상 우리 가정을 보듬어 주고 있는 배우자 유명현, 이제 성년이 되어 당당한 사회구성원으로서 역할을 다하고 있는 아들 정석과 딸 원희에게도 고마움을 전하고 싶습니다.

여러 가지로 부족한 점이 많은 내용이지만 이 부분은 향후 관심이 있는 다른 법률가들이 적절하게 채워줄 것으로 기대하면서, 이 책이 이혼·상속 관련 분야의 법리 발전과 적정한 실무 처리에 작은 밑거름이 될 수 있기를 희망합니다.

2025. 7.

저자 씀

차 례

I. 이혼 및 관련사건

Ⅱ. 상속재산분할 및 유류분반환청구 사건

I. 이혼 및 관련사건

〔1〕 혼인의 파탄

1. 재혼 부부 사이의 부양료 미지급 등 재산적 분쟁과 혼인파탄에 관한 쟁점

1

재혼 부부 사이의 부양료 미지급 등 재산적 분쟁과 혼인파탄에 관한 쟁점

서울고등법원 2023. 4. 20. 선고 2022르22517 판결
- 서울가정법원 2022. 7. 19. 선고 2020드합40696 판결
- 대법원 2023. 8. 18.자 2023므12645 판결(심리불속행 상고기각)

1. 사안의 개요

가. 당사자: 원고 A[1937년생(여)]
피고 B[1935년생(남)]

나. 혼인신고: 1987. ○. ○.(쌍방 도두 재혼)

다. 쌍방 당사자의 가족관계 등

1) 원고는 전혼 배우자(1982년 사망) 사이에서 자녀 1명[1965년생(여)]

2) 피고는 전혼 배우자(1982년 사망) 사이에 자녀 4명[1964년생(여), 1969년생(남), 1971년생(여), 1973년생(남)]

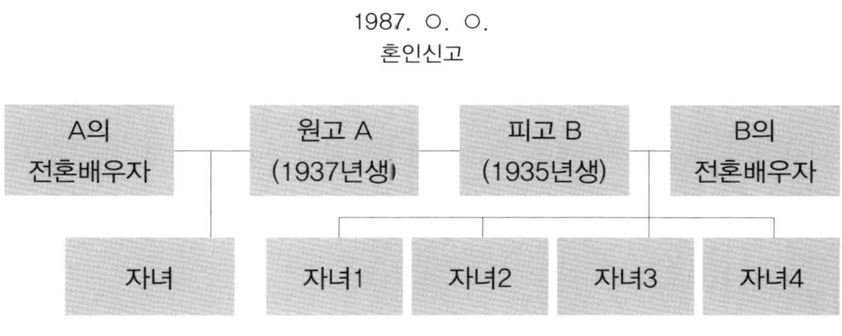

라. 혼인생활의 경과 등

1) 원·피고는 피고가 1987년 그 명의로 이 사건 빌라를 취득한 다음, 그때부터 30여 년간 이 사건 빌라에서 함께 거주하였는데, 원고는 재혼 당시 상당한 규모의 재산을 보유하고 있었다.

2) 원·피고는 재혼 초기부터 피고의 모(1912년생, 1998년 사망)를 모시고 생활하였고, 원고는 피고의 자녀 4명에 관한 양육, 혼인문제 등을 실질적으로 담당하였으며, 피고는 ●●●로 일하면서 2000년경부터는 ■■ 관련 도서를 집필하였다.

3) 원고는 피고 자녀와의 갈등으로 1991년경 약 1년간 피고와 별거하였다.

4) 피고의 장남이 2010. 8. 6. 이 사건 빌라에 '세대주'로 등록된 이후, 2020. 7.경 정부의 ▲▲▲ 지원금 수령 등과 관련하여 원고가 위와 같은 세대주 등록사실을 알게 된 다음 피고의 장남과 원고 사이에 실질적인 분쟁이 발생하여 원고가 이 사건 빌라에서 나갔다.

5) 원고가 2020. 11. 2. 이혼 및 재산분할 등을 구하는 이 사건 소를 제기한 이후 현재까지 원·피고는 별거 중이다.

6) 그런데 피고는 위와 같은 상황을 실질적으로 수습하지 않았고, 나아가 제1심 소송과정에서 이혼을 원하지 않는다고 주장하면서도 그 소송계속 중인 2021. 12.경 경제적으로 어려운 처지에 있던 원고에 대한 부양료(생활비) 지급을 완전히 중단하였으며, 그 과정에서 피고 측이 이 사건 빌라에 남아 있던 원고의 물건을 버리는 상황이 발생하였다.

7) 원·피고가 30여 년간 함께 거주한 이 사건 빌라가 현재 원·피고에게 남아 있는 실질적인 부부공동재산의 대부분을 차지하고 있다.

2. 이 사건 쟁점(혼인관계의 파탄여부, 재산분할비율) 및 판단

가. 제1심은 그 변론종결일인 2022. 6. 21.을 기준으로 이 사건 혼인관계가 아직까지 파탄되지 않았다고 판단하고, 원고의 이혼 및 재산분할 청구를 모두 기각하였다.

나. 그러나 항소심 재판부에서는, 항소심 변론종결일인 2023. 3. 23.을 기준으로 이 사건 혼인관계가 이미 파탄되었고, 재산분할비율을 50:50으로 정하는 것이 타당하다고 판단하였다.

3. 검토

가. 이 사건 분쟁의 배경이 될 수 있는 법률규정 및 판례 등

1) 민법 제826조의 부부간의 부양·협조는 부부가 서로 자기의 생활을 유지하는 것과 같은 수준으로 상대방의 생활을 유지시켜 주는 것을 의미하는 것(제1차 부양의무)으로서(대법원 2017. 8. 25.자 2014스26 결정 등 참조), 원칙적으로(이혼소송 제기와 관계없이) 법률상 혼인관계가

완전히 해소될 때까지 부부간 부양의무를 부담하는 반면에(대법원 2023. 3. 24.자 2022스771 결정), 부모와 성년의 자녀 사이에서 민법 제974조 제1호, 제975조에 따라 부담하는 부양의무는 부양의무자가 자기의 사회적 지위에 상응하는 생활을 하면서 생활에 여유가 있음을 전제로 하여 부양을 받을 자가 자력 또는 근로에 의하여 생활을 유지할 수 없는 경우에 한하여 그의 생활을 지원하는 것을 내용으로 하는 제2차 부양의무이다(대법원 2017. 8. 25.자 2017스5 결정 등 참조).

2) 부부의 쌍방이 전혼(前婚)을 통하여 각자의 자녀가 있는 상태에서 재혼을 한 사안에서, 1960 1. 1. 시행된 제정 민법 제773조는 전처의 출생자와 계모(繼母) 사이에 친족관계를 인정하고 있었지만, 민법 개정으로 1991. 1. 1. 이후에는 기존에 성립한 계모자(繼母子) 사이의 친족관계가 소멸하게 된다(1990. 1. 13. 법률 제4199호 민법 부칙 제4조 등 참조).[1][2]

3) 피고의 상속에 관하여 원고의 법정상속분은 1.5/5.5이지만, 만일 피고가 그 재산을 전처의 출생자들에게 증여 또는 유증을 하는 경우 원고의 유류분은 1.5/11에 불과하기 때문에, 전업주부로서 35년의 혼인기간 동안 시어머니의 봉양, 전처의 출생자 4명의 양육, 혼사문제 등을 실질적으로 담당하였던 원고의 입장에서 향후 자신의 생활 여건이나 경제적 안정성 등에 관하여 상당히 민감할 수밖에 없는 것이 현재의 법률체계이다.[3]

나. 이 사건의 쟁점 분석 등

1) 이 사건의 경우 원·피고가 재혼 무렵부터 30여 년간 함께 거주하던 이 사건 빌라(실질적인 부부공동재산의 대부분)에 피고의 장남이 2010. 8. 6. '세대주'로 등록된 이후, 2020. 7.경 원고가 정부의 ▲▲▲ 지원금 수령 등과 관련하여 피고 장남의 세대주 등록사실을 알게 된 다음에 상호간에 분쟁이 발생하였고, 이로 인하여 원고가 이 사건 빌라를 나갔음에도 불구하고 피고는 이를 실질적으로 수습하지 않았으며, 나아가 피고는 제1심 소송과정에서 이혼을

1) 이 사건과 같이 원·피고가 각각 전 배우자와 사별한 다음 1987. ○. ○. 재혼한 사안에서, ① 만일 전처의 출생자 4명과 원고(계모) 사이에서 별도의 입양절차가 이루어지지 않은 경우에는 일단 친족관계가 형성되었다가 1991. 1. 1. 그 친족관계가 이미 소멸하게 되므로, 88세인 피고(남편)가 86세인 원고(아내)보다 먼저 사망하는 경우 전처의 출생자들은 친족관계가 없는 원고에게 제2차적 부양의무도 부담하지 않는 반면에, ② 이와는 달리 이에 관하여 별도의 입양절차가 이루어진 경우에는 전처의 출생자들 중 양자(養子)가 된 사람들은 양모(養母)인 원고에 대한 제2차적 부양의무를 부담하게 된다.

2) 헌재 2011. 2. 24. 선고 2009헌바89, 248 결정은 '1990년 개정 민법의 시행일인 1991. 1. 1.부터 그 이전에 성립된 계모자 사이의 법정혈족관계를 소멸시키도록 한 민법(1990. 1. 13. 법률 제4199호) 부칙 제4조 중 "전처의 출생자와 계모 사이의 친족관계"에 관한 부분이 헌법에 위반되지 아니한다.'는 취지로 판단하였다.

3) 전처의 출생자들과 계모 사이에서 실제로 분쟁이 발생한 유류분 반환청구 사건의 경우, 실무적으로 쌍방의 양보를 기대하기 어렵고, 오히려 각자의 입장이 첨예하게 대립하는 경우가 많다.

원하지 않는다고 주장하면서도 그 소송계속 중인 2021. 12.경 경제적으로 곤궁한 처지에 있던 원고에 대한 부양료(생활비) 지급을 완전히 중단하였고, 그 과정에서 피고 측이 이 사건 빌라에 남아 있던 원고의 물건을 버리는 상황이 발생하였다.

2) 항소심 재판부는 항소심 변론종결일인 2023. 3. 23. 당시를 기준으로 할 때, 원고와 피고 및 그 장남 가족 사이에 위와 같은 분쟁이 실제로 발생하여 2년 이상 수습되지 않았다는 점, 원고의 경제적·법률적 지위가 상당히 취약하기 때문에, 장래의 경제적 상황 등에 대한 원고의 불안감은 (추상적인 문제가 아니라) 실질적이고 현실적인 문제로 볼 수 있다는 점 등 제반 사정을 고려하여, 이 사건 혼인관계가 이미 파탄된 것으로 보아야 한다고 판단하였다.[4)]

관점에 따라서 견해의 차이가 발생할 수 있는 사안인데, 현행법 체계와 이혼 및 재산분할청구사건과 유류분 반환청구사건 등에서 실무적으로 발생하고 있는 다양한 분쟁 상황들을 종합적으로 고려하는 경우 이 사건 혼인관계는 실질적으로 파탄에 이르렀다는 판단을 하게 되었다.

3) 그리고 위와 같이 혼인파탄을 인정하는 경우, 원·피고의 혼인기간이 35년 이상이고,[5)] 원고와 피고의 혼인 당시 피고에게는 성년 자녀 1명과 미성년 자녀 3명이 있었는데, 원고가 피고의 어머니를 봉양하거나 피고의 자녀들을 양육하는 데에 실질적으로 기여한 것으로 보이는 점,[6)] 1987. ○. ○. 혼인 당시 원고도 상당한 규모의 재산을 보유하고 있었던 것으로 보이는 점,[7)] 원·피고가 30여 년간 함께 거주한 이 사건 빌라가 실질적인 부부공동재산의 대부분을 차지하고 있는 점 등을 비롯하여 쌍방의 나이, 직업 및 소득, 분할대상 재산의 형성과 유지에 대한 기여 정도, 혼인생활의 과정 및 기간, 부양적 요소 등 제반 사정을 고려할 때, 쌍방의 재산분할비율을 50:50으로 정하는 것이 타당하다고 판단하였다.

---

4) 원고는 기초연금 수령을 희망하고 있으나, 배우자인 피고의 소득(① 2020년 귀속 총수입금액 215,633,800원, 필요경비를 공제한 소득금액 57,822,832원, ② 2023년 현재 매월 457,220원의 국민연금 수령) 및 재산으로 인하여 기초연금을 수령하지 못하고 있었다.

5) 실무적으로 재산분할 비율의 산정에 관하여 혼인기간이 가지는 의미 등에 관하여는 사법정책연구원, 「재산분할의 기준 정립을 위한 방안 연구」, (2016), 72－106, 216－218 등 참조.

6) 2021. 9. 27.자 제1심 가사조사관 보고서상 피고의 진술내용: 『원고가 우리 집에 들어오고 나서 솔직히 4남매도 모두 잘 키워주고 결혼도 다 잘 시켰으며, 돌아가신 어머니에게도 잘 해서 어머니가 좋아했음. 우리 집 들어와서 고생한 거 다 알고 있어서, 골프도 하라고 했고 수영도 돈을 내 줬으며, 예술의 전당에서 10년간 국악도 배우게 해줬음. 함께 교회도 다니면서 이 동네에서는 잉꼬부부로 소문날 만큼 잘 지냈고 원고도 '우리 재혼은 성공했다'고 말했음』

7) 원고는 혼인 당시 전혼 배우자로부터 받은 아파트 한 채를 보유하고 있었다고 주장하고(제1심 가사조사관의 조사보고서 제8쪽), 피고는 원고가 혼인 당시 4억 원 상당의 예금을 보유하고 있었다고 주장하였다(제1심 가사조사관의 조사보고서).

4. 마무리

재혼한 부부 간의 이혼소송의 경우, 실무적으로 각자의 자녀들과의 분쟁이 혼인관계 파탄의 시발점이 되는 사례가 많다. 또한 쌍방 당사자가 고령인 경우에는 상대방에 대한 부양의무, 기초연금 수급문제 등과 관련된 문제가 파탄사유에 영향을 미치는 경우도 적지 않다. 한편, 이 사건과 같이 일방 당사자만 대외적인 경제활동을 하는 이른바 '외벌이 부부'의 경우에도, 이혼에 따른 분할대상 재산의 범위와 분할비율의 산정 문제를 적정하게 처리하기 위해서는 쌍방 당사자가 혼인생활을 하는 과정에서 각자의 역할에 따라 실질적인 부부공동재산의 형성·유지·관리에 구체적으로 어떠한 기여를 하였는지 등을 검토하는 것이 필요하다.[8] 이 사건과 유사한 사건을 담당하는 법률가들에게 이 사건 항소심 판결이 다소간의 참고자료가 될 수 있을 것이다.

---

8) 이에 관한 상세한 내용은 서울고등법원 2023. 11. 2. 선고 2023르20891, 2023르20907 판결 및 이에 관한 해설(Ⅰ. [3] 4. 일방 배우자의 단독 명의 재산취득, 혼인생활에서의 역할, 재산은닉 등이 분할대상 재산의 범위와 분할비율에 미치는 영향) 참조.

〔2〕 이혼에 따른 위자료

1. 유책배우자의 이혼청구가 예외적으로 인용된 경우 상대방의 위자료 청구에 관한 헌법적 · 법률적 쟁점
2. 종전 이혼소송과 관련된 위자료와 재산분할 등에 관한 개별적인 합의의 성격과 효력 등
3. 이혼소송의 사실심 변론종결일까지 발생한 사정을 위자료 및 재산분할 액수에 반영하는 문제

1

유책배우자의 이혼청구가 예외적으로 인용된 경우 상대방의 위자료 청구에 관한 헌법적·법률적 쟁점

서울고등법원 2023. 6. 29. 선고 2023르20204 판결
- 서울가정법원 2022. 12. 1. 선고 2021드합38652 판결
- 대법원 2023. 10. 12.자 2023므13594 판결(피고 상고, 심리불속행 상고기각)

1. 사안의 개요

가. 당사자: 원고 A[1947년생(여)]
피고 B[1947년생(남)]

나. 혼인관계: 1974. ○. ○.자 혼인신고, 피고가 제기한 이혼청구의 소에 의하여 2019. 8. 14. 재판상 이혼 확정

다. 가족관계: 쌍방 당사자 사이에 3명의 성년자녀(1975년생, 1977년생, 1981년생)

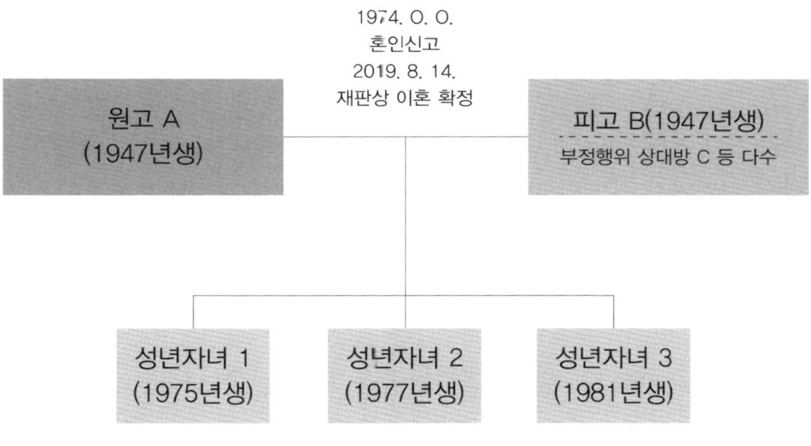

라. 선행이혼소송과 후행이혼소송의 경과 등

1) 선행이혼소송

가) 피고는 2006. 12. 22. 원고를 상대로 이혼 등 청구의 소('선행이혼소송')를 제기하였다.

나) 제1심은 2009. 1. 14. '피고는 혼인기간 중 다른 여자를 소개받아 만나기도 하였고, 일방적으로 가출한 후 원고와 연락을 끊었으며, 가출한 지 얼마 되지 않아 C와 부정한 관계를 유지하는 등의 행동을 했으므로, 피고에게 혼인파탄의 주된 책임이 있고, 원고가 오기나 보복적 감정으로 이혼청구에 응하지 않는다고 단정할 수 없다'는 이유로 이혼청구를 기각하였다.

다) 2010. 10. 20. 피고의 항소기각, 2013. 11. 28. 피고의 상고기각(확정)

2) 후행이혼소송

가) 피고는 2016. 6. 29. 다시 이혼 등 청구의 소('후행이혼소송')를 제기하였다.

나) 제1심은 2018. 8. 22. 선행이혼소송 판결과 같은 이유로 이혼청구 모두 기각하였다.

다) 피고의 항소에 관하여 항소심은 2019. 4. 3. 아래와 같은 이유로 피고의 이혼청구를 인용하였고, 대법원은 2019. 8. 14. 쌍방의 상고를 모두 기각하였다(심리불속행, 확정).

(1) 피고가 혼인기간 중 다른 여자를 만나기도 하고, 갈등 상황에서 일방적 가출 후 C를 만나 부정한 관계를 유지하였다. 혼인파탄의 직접적인 책임은 이러한 피고의 유책행위에 있다. 그런데 혼인기간 동안 원·피고 사이의 재산관리 주도권 등을 둘러싼 갈등도 혼인 파탄의 상당한 원인이 되었던 것으로 보이고, 별거 무렵에 존재하던 갈등의 원인이 어느 일방의 잘못이라고 단정하기 어렵다.

(2) 피고가 유책배우자이지만, 원고 역시 혼인을 계속할 의사가 없어 축출이혼의 염려가 없고, 장기간의 별거기간 동안의 분쟁을 거치면서 피고의 유책성이 이혼청구를 재차 배척해야 할 정도로 남아있지 않게 된 경우라고 판단된다. 따라서 유책배우자인 피고의 이혼청구가 예외적으로 허용될 수 있는 경우에 해당한다.

마. 원고는 2021. 8. 12. 위자료의 지급을 구하는 이 사건 소를 제기함

바. 쌍방의 주장요지(항소이유의 요지도 동일함)

1) 원고의 주장요지

후행이혼소송에 따라 피고의 이혼청구가 인용되었으나, 혼인 파탄의 직접적인 책임은 피고에게 있다. 위자료 5억 원 및 이에 대한 지연손해금의 지급을 구한다.

2) 피고의 주장요지

피고의 이혼청구가 받아들여진 점 등에 비추어 보면, 혼인관계 파탄에 원고에게도 책임이 있고, 피고가 위자료를 지급해야 할 만큼 일방적인 책임이 있다고 볼 수 없다.

2. 이 사건 쟁점(위자료의 인정 여부 및 액수) 및 판단

가. 제1심은 피고의 위자료 지급의무를 인정한 다음, 위자료 액수를 3천만 원으로 정함이 상당하다고 판단함

나. 그러나 항소심 재판부에서는, 아래와 같은 법리와 사정들을 고려하여, 위자료 액수를 2억 원으로 정함이 타당하다고 판단함(원고 항소 일부 인용)[1)]

1) 손해배상책임의 발생에 대한 관련 법리

헌법 제36조 제1항은 "혼인과 가족생활은 개인의 존엄과 양성의 평등을 기초로 성립되고 유지되어야 하며, 국가는 이를 보장한다."라고 규정하였다. 이는 "혼인은 남녀동권을 기본으로 하며 혼인의 순결과 가족의 건강은 국가의 특별한 보호를 받는다."라고 규정한 제헌헌법 제20조에서 비롯된 것인데, 국가가 혼인의 순결과 일부일처제도(一夫一妻制度) 등을 헌법적 차원에서 특별히 보호한다는 우리 헌법의 규정취지는 70여 년 동안 그대로 유지되고 있다.

부부는 동거하며 서로 부양하고 협조할 의무를 진다(민법 제826조). 부부는 정신적·육체적·경제적으로 결합된 공동체로서 상호 간에 포괄적으로 협력할 의무를 부담하고 그에 관한 권리를 가지고, 그 부부공동생활 유지의무의 내용으로서 부부는 부정행위를 하지 아니하여야 하는 성적(性的) 성실의무를 부담한다. 부부의 일방이 부정행위를 한 경우에 부부의 일방은 그로 인하여 배우자가 입은 정신적 고통에 대하여 불법행위에 의한 손해배상의무를 진다(대법원 2014. 11. 20. 선고 2011므2997 전원합의체 판결 참조).

가사소송법 제2조 제1항 제1호 (다)목 2)는 '이혼을 원인으로 하는 손해배상청구(제3자에 대한 청구 포함)'을 다류 가사소송사건으로 정한다. 이때 '이혼을 원인으로 하는 손해배상청구'는 이혼의 원인이 되는 개별적 유책행의의 발생으로부터 최종적 이혼에 이르기까지 일련의 경과를 전체로서 불법행위로 파악하여 손해배상을 청구하는 경우를 의미한다. 이와 달리 이혼과 무관하게 부부공동생활 중 발생한 개별적 특정 유책행위를 불법행위로 파악하여 민

---

1) 이에 대하여 피고가 상고하였으나, 대법원 2023. 10. 12.자 2023므13594 판결(심리불속행 상고기각)로 피고의 상고가 기각되었다.

사상 손해배상청구하는 것과 구별된다(대법원 2021. 11. 25. 선고 2021다253154, 253161 판결 등 참조).

2) 손해배상책임의 발생에 대한 검토

이 사건 청구원인은 '이혼의 원인이 되는 개별적 유책행위의 발생으로부터 최종적 이혼에 이르기까지 일련의 경과를 전체로서 불법행위로 파악하여 그로 인한 정신적 고통에 대한 손해배상을 구하는 것'인데, 혼인파탄에 대한 주된 책임은 피고에게 있다.

가) 선행 및 후행이혼소송의 각 판결에서 피고가 혼인기간 중 다수의 여성들을 만났고, 일방적 가출 후 C와 부정한 관계를 유지하였음을 인정하고, 피고에게 주된 책임 또는 직접적인 책임이 있음을 명시하였다.

나) 후행이혼소송에서 피고의 이혼청구가 받아들여진 것은 피고의 유책성이 현재 이혼청구를 배척해야 할 정도로 남아있지 않게 되었다는 판단에 따른 것일 뿐이고, 원·피고의 혼인관계의 파탄에 관하여 피고가 유책배우자임은 명확하다.

다) 유책배우자의 이혼청구를 예외적으로 허용할 경우라 할지라도, 혼인관계의 파탄으로 상대방 배우자가 입은 정신적 고통에 대한 손해배상은 당연히 이루어져야 한다.

라) 원고는 선행 및 후행이혼소송에서 '피고에게 귀책사유가 있기는 하지만 원고는 피고와 이혼할 의사가 없음'을 일관되게 밝혀왔으나, 만일 원고에게도 이혼할 의사가 존재하여 원고가 먼저 이혼청구를 하거나 반소를 제기하면서 위자료 청구를 하였다면, 피고의 위자료 지급 책임이 당연히 인정되었을 것으로 보인다.

3) 손해배상의 범위

유책배우자에 대한 위자료 수액을 산정함에 있어서는, 유책행위에 이르게 된 경위와 정도, 혼인관계 파탄의 원인과 책임, 배우자의 연령과 재산상태 등 변론에 나타나는 모든 사정을 참작하여 법원이 직권으로 정하는 것이다(대법원 2004. 7. 9. 선고 2003므2251, 2268 판결 등 참조).

원고와 피고의 혼인기간, 혼인생활의 과정, 혼인관계가 파탄에 이르게 된 경위(피고의 유책행위의 태양과 성격 등 포함), 나이, 재산상태와 경제규모, 선행 및 후행이혼소송의 내용과 경과(후행이혼소송의 확정에 의하여 원고가 스스로 원하지 않은 이혼이 성립된 점 등 포함), 관련 민사소송의 소 제기 경위, 청구원인, 소송물가액 및 경과 등을 종합하면, 피고가 원고에게 지급해야 하는 위자료 액수를 2억 원으로 정함이 타당하다.

가) 선행 및 후행이혼소송 모두 일관하여 피고가 '혼인 기간 중 다른 여자를 소개받아

만난 점, 2006. 3.경 일방적 가출 후 원고와 연락을 끊은 점, 그 후 얼마 되지 않아 C를 만나 부정한 관계를 유지하였던 점' 등을 이유로 혼인파탄의 주된 책임이 피고에게 있다고 판단하였다.[2)]

나) 민법 제840조 제1호에서 재판상 이혼사유로 규정한 '배우자의 부정한 행위'는 간통을 포함하는 보다 넓은 개념으로서 간통에 까지는 이르지 아니하나 부부의 정조의무에 충실하지 않는 일체의 부정한 행위가 이에 포함되며, 부정한 행위인지의 여부는 구체적 사안에 따라 그 정도와 상황을 참작하여 이를 평가하여야 한다(대법원 1987. 5. 26. 선고 87므5, 87므6 판결, 대법원 2013. 11. 28. 선고 2010므4095 판결 등 참조). 선행 및 후행이혼소송에 의하면, 피고는 원고와의 혼인기간 중 상당한 기간 동안 다수의 여성들과 부부의 정조의무에 충실하지 않는 것으로 여겨질 만한 부정한 행위를 한 것으로 봄이 타당하다. 즉, 이 사건은 원고와 피고의 혼인관계와 관련하여 그 혼인관계가 사실상 파탄되기 이전에 피고가 다수의 여성들과 부정행위를 함으로써 혼인의 본질에 해당하는 부부공동생활을 침해하거나 그 유지를 방해하고 그에 대한 원고의 배우자로서의 권리를 침해함에 따라서 위 혼인관계가 파탄에 이른 사안으로 볼 수 있다.

다) 원고는 2006. 12. 22. 피고의 이혼 청구로 시작된 선행 및 후행이혼소송에서, 피고와의 이혼을 원하지 않는다는 취지로 다투어 2013. 11.경 선행이혼소송의 최종 승소확정판결을 받았고, 이후 2018. 8. 22. 선고된 후행이혼소송의 제1심까지도 승소하였다. 그러나 2019. 4. 3. 선고된 후행이혼소송의 항소심에서 '유책배우자의 이혼 청구가 예외적으로 허용될 수 있는 경우에 해당한다'는 이유로 종전과 달리 피고의 이혼 청구가 받아들여졌고, 대법원을 거쳐 위 항소심 판결이 그대로 확정되었다. 이러한 선행 및 후행이혼소송의 내용과 경과에 비추어 보면, 원고로서는 12년 이상의 기간 동안 피고와의 2차례 이혼 소송에서 피고와의 혼인관계를 유지하기 위하여 유책배우자인 피고의 이혼 청구를 다투는 그 자체가 상당한 정신적 고통을 감내하는 것이었고, 장기간의 이혼 소송 끝에 유책배우자인 피고의 이혼 청구가 예외적으로 받아들여진 것 역시 경험칙상 원고에게 적지 않은 정신적 충격을 주었을 것으로 판단된다.

라) 원고와 피고는 2004년 말경 원·피고 명의로 등기되어 있던 부동산에 관한 임대보증금 및 차임을 원고가 직접 관리하는 대신 피고가 원고로부터 2005. 1.경부터 부동산 임대수입 중 월 1,000만 원을 '생활비' 명목으로 지급받기로 약정하였는데, 위 월 1,000만 원의 금액은 피고 명의로 등기된 부동산 지분에 해당하는 차임 상당액보다 작은 금액이었다. 그런데 피고는 위와 같은 약정을 하였음에도 불구하고 선행이혼소송을 제기한 직후부터 원고를 상

2) 피고는 이에 관하여, C를 만나기 시작하였다고 판단된 2006. 8.경은 이미 혼인관계가 파탄된 이후라고 주장하지만, 선행이혼소송에서 피고의 위와 같은 주장이 명시적으로 배척되었다.

대로 아래와 같이 각종 민사소송을 제기하였다가, 대부분의 소송에서 패소하였다. 이처럼 피고가 원고를 상대로 무리하게 제기한 관련 민사소송 역시 원고에게는 상당한 정신적 고통을 주었을 것으로 판단된다.

① 피고는 선행이혼소송을 제기한 후인 2007. 1. 30. 원고의 자금으로 매수하였지만 그 등기명의만을 원고와 피고의 공유로 등기하고 있던 부동산의 임차인인 OO주식회사를 상대로 원고와 OO주식회사 사이의 임대차계약 갱신이 피고에 대하여 효력이 없다고 주장하며 '위 부동산에 관하여 피고와 OO주식회사 사이에 임대차계약이 체결될 때까지 매월 10일에 12,333,300원씩을 원고에게 지급하라'는 손해배상청구 소송을 제기하였고(서울중앙지방법원 2007가합○○○○), 원고는 OO주식회사의 소송고지를 받은 다음 위 OO주식회사의 보조참가인으로서 위 소송에 참여하게 되었다. 제1심법원은 2007. 10. 11. 피고의 위와 같은 청구를 기각하였고, 항소심 법원(서울고등법원 2007나○○○○○○)이 2008. 12. 23. 피고의 항소를, 대법원(대법원 2009다○○○○○)이 2009. 5. 28. 피고의 상고를 각 기각함에 따라 위 판결이 그대로 확정되었다.

② 피고는 2014. 2. 6. 원·피고 명의로 등기되어 있던 부동산들에 관하여, 원고를 상대로는 '약정 생활비 및 원고가 취득한 부동산 차임 상당의 부당이득 합계 1,224,502,112원을 지급하라'는 부당이득반환청구 등을, 위 부동산들의 임차인인 OO주식회사, 주식회사 PP, 유한회사 QQ법인을 상대로는 '건물의 인도 및 건물 인도 완료일까지 매월 차임 상당의 부당이득(OO주식회사는 매월 18,750,000원 및 19,000,000원, 주식회사 PP는 매월 3,750,000원, 유한회사 QQ법인은 매월 3,750,000원)을 지급하라'는 건물인도 및 부당이득반환청구 등의 소송을 제기하였다. 이에 대해 원고는 2014. 7. 29. 피고를 상대로 위 부동산들의 실질적인 소유자가 원고라는 이유로 '위 부동산들에 관하여 명의신탁 해지를 원인으로 한 소유권이전등기절차를 이행하라'는 청구를 반소로 제기하였다[서울중앙지방법원 2014가합○○○○○○(본소), 2014가합○○○○○○(반소)]. 제1심법원은 2015. 6. 5. 원·피고 사이에 맺은 위 약정의 내용, 위 부동산들의 실제 소유자가 원고라는 점 등을 이유로 '㉮ 피고의 본소에 의하여, 원고는 피고에게 미지급 약정 생활비 20,000,000원(2007. 5.분 및 2007. 6.분)을 지급하고, ㉯ 원고의 반소에 의하여, 피고는 원고에게 위 부동산들 중 피고 명의 지분에 관하여 명의신탁 해지를 원인으로 한 소유권이전등기절차를 이행하며, ㉰ 피고의 원고에 대한 나머지 본소 청구 및 임차인들에 대한 청구를 기각한다'는 내용의 판결을 선고하였고, 항소심 법원[서울고등법원 2015나○○○○○○○(본소), 2015나○○○○○○○(반소)]이 2016. 7. 8. 피고의 항소를, 대법원[대법원 2016다○○○○○○(본소), 2016다○○○○○○(반소)]이 2016. 11. 10. 피고의 상고를 각 기각함에 따라 위 판결이 그대로 확정되었다.

③ 한편, 피고는 2014. 2. 6. 원고와 OO주식회사, 주식회사 PP, 유한회사 QQ법인 등을 상대로 '2,290,750,017원의 부당이득반환청구권'을 피보전권리로 삼아 채권가압류를 신청하여 2014. 2. 11. 제1심법원에서 보전의 필요성이 없다는 이유로 기각되었으나(서울중앙지방법원 2014카단○○○○○○), 항고심 법원에서 2014. 6. 19. 보증금 900,000,000원을 공탁할 것을 조건으로 가압류 신청을 인용하는 가압류 결정을 받았다(서울중앙지방법원 2014라○○○). 이후 위 항고심의 가압류 결정은 2016. 7. 12. 원고의 신청에 따른 가압류취소 결정으로 모두 취소되었다(서울중앙지방법원 2015카합○○○○○).

④ 원고는 2016. 12. 7. 위 ③항 기재와 같은 피고의 가압류가 부당한 가압류라고 주장하며 피고를 상대로 손해배상으로 78,705,066원을 청구하는 소송을 제기하였다. 제1심법원은 2017. 6. 8. 원고 전부 승소판결을 선고하였고(서울중앙지방법원 2016가단○○○○○○○), 위 판결은 피고가 항소하지 아니하여 그대로 확정되었다.

마) 후행이혼소송이 확정됨으로써 피고는 그중 재산분할에 관한 부분을 통하여 약 117억 원 상당의 재산을 피고의 몫으로 인정받았고, 결과적으로 원고로부터 현금 108억 원을 포함하여 상당한 규모의 재산을 이전받았다.

바) 부부가 정신적·육체적·경제적으로 결합된 공동체로서 상호 간에 포괄적으로 협력할 의무를 부담하고 그에 관한 권리를 가질 뿐만 아니라 상대방의 신뢰를 저버리는 부정행위를 하지 아니하여야 하는 성적(性的) 성실의무를 부담하는 우리 법제도 하에서, 피고는 경제적인 측면에서는 지속적으로 원고로부터 상당한 도움을 받으면서도(원고의 지원규모가 다소간 축소되자, 피고는 여러 차례 관련 민사소송 등을 제기하였다), 상당한 기간 동안 다수의 여성들과 여러 차례 부정행위를 하는 등 정신적·육체적인 측면에서는 우리 헌법이 특별히 보호하고 있는 혼인의 순결과 일부일처제도 등을 전혀 존중하지 않는 태도를 보였다. 그렇다면 피고는 최소한 십여 년 동안 이율배반적(二律背反的) 행위를 통하여 원고의 배우자로서의 권리를 현저하게 침해하였다고 보아야 하므로, 위 기간 동안 지속적으로 이루어진 피고의 고의적인 유책행위로 인하여 원고에게 발생한 정신적 손해를 전보(塡補)할 수 있는 손해배상이 이루어져야 한다.

사) 국가의 법체계는 그 자체로 통일체를 이루고 있다(대법원 2016. 12. 15. 선고 2014두44502 판결, 대법원 2012. 10. 25. 선고 2010두3527 판결 등 참조). ① 이 사건과 같이 원고에게 혼인관계의 파탄에 직접적인 책임이 없음에도 불구하고 여러 차례 부정행위를 한 피고의 일방적인 이혼청구에 의하여 원고 자신이 원하지 않은 이혼을 하게 되는 사안을 ② 유책배우자가 제기한 이혼청구에 대하여 ㉮ 그 상대방이 수동적으로나마 이를 수용하여 이혼이 성립된 사

안이나 ㈏ 상대방 역시 반소 제기를 통하여 적극적으로 이혼을 청구하여 이혼이 성립된 사안 등과 비교하여 볼 때, ①유형의 사안에서 유책배우자가 아닌 당사자가 받게 되는 정신적 고통이 훨씬 더 크다고 볼 수 있다. 따라서 그 손해배상액을 산정함에서도 ①유형의 사안에 대하여 상대적으로 높은 기준을 적용하는 것이 우리 헌법에 기초한 법체계와 조화된다.

3. 검토

가. 관련 헌법 및 민법 규정

『헌법 제36조 ① 혼인과 가족생활은 개인의 존엄과 양성의 평등을 기초로 성립되고 유지되어야 하며, 국가는 이를 보장한다.

민법 제806조(약혼해제와 손해배상청구권) ① 약혼을 해제한 때에는 당사자 일방은 과실있는 상대방에 대하여 이로 인한 손해의 배상을 청구할 수 있다.

② 전항의 경우에는 재산상 손해외에 정신상 고통에 대하여도 손해배상의 책임이 있다.

③ 정신상 고통에 대한 배상청구권은 양도 또는 승계하지 못한다. 그러나 당사자간에 이미 그 배상에 관한 계약이 성립되거나 소를 제기한 후에는 그러하지 아니하다.

민법 제810조(중혼의 금지) 배우자 있는 자는 다시 혼인하지 못한다.

민법 제843조(준용규정) 재판상 이혼에 따른 손해배상책임에 관하여는 제806조를 준용하고, 재판상 이혼에 따른 자녀의 양육책임 등에 관하여는 제837조를 준용하며, 재판상 이혼에 따른 면접교섭권에 관하여는 제837조의2를 준용하고, 재판상 이혼에 따른 재산분할청구권에 관하여는 제839조의2를 준용하며, 재판상 이혼에 따른 재산분할청구권 보전을 위한 사해행위취소권에 관하여는 제839조의3을 준용한다.』

나. 유책배우자의 이혼청구가 예외적으로 인용된 사안의 손해배상책임 인정에 관하여

부정행위자 등과 같은 유책배우자의 이혼청구가 예외적으로 인용된 이후 상대방 배우자가 제기한 손해배상청구에 대하여 검토하는 경우, 우리나라의 전체적인 법체계와 위와 같은 손해배상의 성격 등을 우선적으로 고려해야 한다.

현행 헌법 제36조 제1항은 "혼인과 가족생활은 개인의 존엄과 양성의 평등을 기초로 성립되고 유지되어야 하며, 국가는 이를 보장한다."라고 규정하고 있다.[3)][4)]

---

3) 이에 관하여 김철수, 「학설판례 헌법학(상)」, 박영사(2008), 1213은 "혼인의 순결도 보장되어야 하는데, 이는 일부일처제도를 말하는 것으로서 축첩제도나 중혼제도는 부인된다(민법 제810조)."라고 해설하고 있고, 헌법재판소 2014. 7. 24. 선고 2011헌바275 결정은 "(현행 헌법 제36조 제1항은) 인간의

이 사건 원고와 피고는 제4공화국 헌법 시행 당시인 1974. 12. 9. 혼인신고를 한 다음, 현행 헌법 하에서 재판상 이혼이 확정되었고, 그 후 원고는 2021. 8. 12. 이 사건 소를 제기하였는데, 우리 헌법이 여러 차례 개정되었지만, 국가가 혼인과 가족제도를 헌법적 차원에서 특별히 보호한다는 규정취지는 (해당 문구에 관한 다소간의 변경이나 조문위치의 수정은 있었지만) 70여 년 동안 그대로 유지되고 있다.

따라서 헌법적 차원에서 보호되는 원고와의 혼인관계에 대하여 십여 년 동안 지속적으로 이루어진 고의적인 유책행위를 통하여 파탄시킨 피고에 대하여, 이에 상응하는 손해배상 책임을 인정하는 것이 전체 법체계상 타당하다고 볼 수 있다.

다. 위자료의 법적 성격과 액수의 산정 등에 관하여[5)]

1) 일반론

가) 비재산적 손해 중 하나의 유형인 정신적 손해의 성격

위자료에 의해 배상되어야 하는 '정신적 손해'는 '비재산적 손해' 중 하나의 유형이고,

존엄과 양성의 평등이 가족생활에서도 보장되어야 한다는 요청에서 기본권의 성격을 갖는 동시에 혼인과 가족생활에 관한 제도적 보장 역시 규정한다(헌재 2002. 3. 28. 2000헌바53; 헌재 2011. 2. 24. 2009헌바89등 참조). 제도보장으로서의 혼인은 일반적인 법에 의한 폐지나 제도 본질의 침해를 금지한다는 의미의 최소보장의 원칙이 적용되는 대상으로서 혼인제도의 규범적 핵심을 말하고(헌재 1994. 4. 28. 91헌바15등 참조), 여기에는 당연히 일부일처제가 포함된다."라고 판시하고 있다.

4) 제헌헌법(1948. 7. 17. 공포) 제20조는 "婚姻은 男女同權을 基本으로 하며 婚姻의 純潔과 家族의 健康은 國家의 特別한 保護를 받는다."라고 규정하고 있고, 이에 관한 유진오, 「헌법해의」, 명세당(1949), 54-55에는 "本條는 國家存立의 基礎라 할 수 있는 家庭의 平和와 그 健全한 育成을 爲하야 婚姻의 純潔과 家族의 健康을 國家가 特히 保護할 것을 規定하였는데, 婚姻은 男女同權을 基本으로 한다고 規定한 것은 이미 憲法 第八條에서 모든 國民은 性別에 依하야 差別을 받지 아니한다 하여 男女平等을 宣明하였음으로 不必要한 規定같으나 우리나라에는 從來로부터 蓄妾風習와 같은 女子의 人格을 無視하는 惡習이 存在하고 있으므로 그 惡習를 斷然排除하기 爲하야 本條를 둔 것이다. 그리고 婚姻의 純潔도 男女平等을 基本으로 한 男女의 合意에 依한 婚姻을 하는 것을 意味함으로 前記한 蓄妾風習은 勿論 尙今 農村地方에 그 자최를 남기고 있는 早婚制度라든가 人身賣買的 婚姻 같은 弊習도 國家가 이를 消滅시키도록 努力하여야 할 것이며 또 家族의 健康에 대하여도 國家는 特別한 保護를 가하여야 할 義務를 지는 것이므로 健康한 家庭生活을 위한 住宅問題, 多數한 子女를 가진 사람에게 對한 報酬의 增給 等에 관하여도 國家는 이를 國民 各 個人에게만 放任하는 것이 아니라 積極的으로 이를 解決하도륵 努力하여야 할 것이다."라고 기재되어 있는데, 위와 같은 현행 헌법규정 및 이에 대한 통설 및 판례의 입장은 제헌헌법의 규정 및 그 해석 등에서 비롯된 것이라고 할 수 있다. 위 제헌헌법 제20조의 경우 국회 헌법기초위원회의 초안에는 규정되지 않았던 것으로서, 국회 본회의의 심의 과정에서 추가된 것이다[유진오(1949), 7-8 등 참조].

5) 아래 내용은 김선석, "위자료의 산정과 그 기준에 관한 제문제", 재판자료(21-하)(1984), 313-364; 이명갑, "제재적 위자료의 입론(Ⅰ)", 사법행정(28-3), 한국사법행정학회(1987), 23-29; 이명갑, "제재적 위자료의 입론(Ⅱ)", 사법행정(28-4), 한국사법행정학회(1987), 51-61; 이명갑, "제재적 위자료의 입론(Ⅲ)", 사법행정(28-5), 한국사법행정학회(1987), 28-34; 이정엽, "이혼으로 인한 위자료 산정기준에 관한 소고 — 2006년 서울가정법원 판결을 중심으로 —", 가사재판연구 Ⅰ, 서울가정법원 가사소년재판연구회(2007), 761-787; 정승원, "위자료, 양육비 산정기준에 관하여", 대한변호사협회 변호사연수원 특별연수(제51기), 강의자료(2008. 4.), 105-118; 권영준, "불법행위법의 사상적 기초와

'비재산적 손해'는 민법 제751조의 규정과 같이 '재산 이외의 손해'이므로, 법익침해의 결과로 나타나는 여러 불이익 중에서 비재산적인 것을 의미한다. 그런데 '비재산적'이라는 것은 금전가치로 환산·측정하는 것이 본질적으로 불가능하다는 속성을 나타내는 형용사이므로, 결국 비재산적 손해는 '법익침해의 결과로 나타나는 불이익 중 금전가치로 산정하는 것이 본질적으로 불가능한 것'으로 정의될 수 있다.[6)]

이와 같이 금전가치로 산정하는 것이 애당초 불가능한 정신적 손해에 관하여 금전으로 배상해야 하도록 규정하고 있는 민법 제751조, 제806조 제2항, 제843조 등을 준수해야 하는 법원의 입장에서는 관련 사건들을 심리하면서 매번 '불가능에 도전하는 것'과 유사한 상황에 직면하게 된다.[7)] 그래서 실무에서는 '위자료 액수의 산정은 정답이 없다. 다만, 최선 답이 있을 뿐이다.'라는 이야기를 하기도 한다.

나) 독일의 위자료의 전통적 이중기능(二重機能)에 관한 논의

이러한 실무적인 고민이 우리나라에서만 발생하는 것은 아니다. 1950년대 독일에서도 위자료 액수의 산정 시에 참작해야 하는 사유들에 대한 다툼이 위자료의 기능론에 대한 논란으로 이어졌는데, 그 당시 특히 '가해자의 재산관계 및 고의·과실의 정도를 위자료 산정 시 참작하여야 하는가'에 대한 견해 차이가 주된 쟁점이었다고 한다.

이에 관하여 독일 연방대법원의 民事大部는 '가해자의 재산관계 및 고의·과실의 정도 등을 참작해야 한다'는 입장을 밝히면서, 그 근거로서 이른바 위자료의 이중기능, 즉 ① 전보기능(Ausgleichsfunktion)과 ② 만족기능(Genugtuungsfunktion)에 대해 처음으로 언급하였는데 [BGH(GSZ), Beschl. v. 6. 7. 1955, BGHZ 18, 149, 154 ff. 참조], 이러한 입장은 현재까지 독일의 판례와 통설에서 일반적으로 승인되고 있다고 한다.[8)]

그 시사점 — 예방과 회복의 패러다임을 중심으로 —", 저스티스 109호, 한국법학원(2009), 73－106; 이창현, "불법행위에 기한 위자료에 대한 소고", 비교사법 16권 2호(2009), 133－170; 안병하, "위자료 기능의 새로운 이해", 사법(21), 사법발전재단(2012), 4－37; 이동진, "혼인관념, 인적 혼인의무 및 그 위반에 대한 제재", 서울대 법학(53－3), 서울대법학연구소(2012), 483－532; 이동진, 「위자료 산정의 적정성에 관한 사법정책연구」, 서울대학교산학협력단, 법원행정처(2013); 박민수·이동진·오정일, "이혼 후 재산분할의 비율 및 이혼 위자료액의 결정: 2009년~2011년 합의부 재판례의 실증분석", 가족법연구(28－1), 한국가족법학회(2014), 99－132; 사법연수원, 손해배상소송(2016), 221－223; 이창현, "위자료의 현실화 방안", 저스티스 158－1호, 한국법학원(2017) 59－88; 서울중앙지방법원, 손해배상소송실무(교통·산재), 사법발전재단(2017), 447－453; 조현락, "이혼 등 재판에서의 위자료 산정실무", 가사재판연구 Ⅲ, 서울가정법원 가사소년재판연구회(2018), 94－142; 서종희, "배우자에 대한 정조의무 위반과 이혼위자료 — 재산분할 및 위자료의 기능을 고려하여 —", 가족법연구(32－1), 한국가족법학회(2018), 1－36 중 관련 부분을 발췌·요약·정리한 다음, 거기에 필자의 설명과 의견을 덧붙인 것이다.

6) 안병하(2012), 6－9 등 참조.

7) 안병하(2012), 13－14; 이동진(2013), 24 등 참조.

8) 안병하(2012), 14－22; 이동진(2013), 66－77; 서종희(2018), 22－27 등 참조.

한편, 독일 연방대법원에서 "가해자가 자신의 이윤추구를 위하여 타인의 인격권을 의도적으로 침해한 경우, 인격권의 실질적 보호를 위하여 침해자의 이윤추구라는 의도를 위자료 산정 시에 고려해야 한다."라고 판시하는 등(아래 캐롤라인 1, 2, 3 사건 참조) 위자료의 ③ 예방적 기능을 명시적으로 수용하였다고 평가되는 판례가 나타나기도 하였는데, 이에 관한 이해를 돕기 위하여 권영준 대법관의 논문(2009), 60의 각주 20)의 해당 부분을 그대로 인용한다.

『BGHZ 128, 1 (Nov. 15. 1994). 이 사건은 '캐롤라인 1' 사건으로 알려져 있다. 그 이후 캐롤라인 2 사건(15 NJW 984, 1996), 캐롤라인 3 사건(BGHZ 131, 332), 캐롤라인의 아들 사건(15 NJW 985) 등이 있었다. 이 사건의 개요는 다음과 같다. 독일의 한 신문사는 모나코의 캐롤라인 공주와 독점 인터뷰를 실었다. 그러나 실제로 이러한 인터뷰는 이루어진 바 없었다. 함부르크 항소법원은 이에 관하여 신문사측에 3만 마르크의 위자료 배상을 명하였다. 독일 연방대법원은 이러한 신문사의 행위가 캐롤라인 공주의 인격권을 침해하였다고 인정하였다. 특히 영리를 추구하기 위하여 고의적으로 캐롤라인 공주의 명성을 이용한 행위에 초점을 맞추어 연방대법원은 일반적인 경우보다 높은 배상액을 책정하여야 한다고 판시하였다. 이에 따라 피고의 상고는 기각하고 원고의 상고는 받아들여 이를 함부르크 연방항소법원으로 환송하였다. 함부르크 연방항소법원은 최종적으로 신문사에 18만 마르크의 배상을 명하였다. 이는 인격권 침해에 대한 배상액으로는 그 때까지의 독일 사법사상 가장 높은 액수였다. 이러한 판결은 인격권 침해행위에 대한 제재와 향후 유사한 사안에 대한 억지를 지향한 것이다.』

다만, 독일 연방대법원의 판례(BGHZ 99, 182, 202)는 손해배상법에서 제재기능을 인정하지 않고 있으며, 같은 맥락에서 ② 만족기능을 반드시 제재와 연결시켜야 할 필요가 없다는 학설이 유력하다.[9] 또한 위자료의 ③ 예방적 기능은 ① 전보기능에 부수하여 일정한 역할을 수행할 수 있고,[10] 특히 침해법익의 우열과 가해자의 귀책사유의 정도 등에 따라 정신적 고통이 가감되고 이에 따라 위자료가 증감될 수 있다는 측면에서 위자료의 예방적 기능이 강조된다고 볼 수 있으므로,[11] 아래에서 논의하는 ① 전보기능은 ③ 예방적 기능을 포괄하는 개념임을 유의할 필요가 있다(즉, 아래에서는 위자료의 ② 만족기능이나 ③ 예방적 기능을 ① 전보기능의 일부 기능으로 파악한다는 취지이다).

다) 일본과 우리나라에서의 논의

독일의 판례 및 학설이 일본과 우리나라의 학설에 영향을 미친 결과, 대체로 ㉮ ① 전보기능이 손해배상의 본질이라고 주장하는 배상설[賠償說, 혹은 전보설(塡補說)]과 ㉯ ①, ②기능

9) 이창현(2009), 145-147; 안병하(2012), 14-22 등 참조.
10) 권영준(2009), 100-102 참조.
11) 안병하(2012), 22-26; 이창현(2017), 62 등 참조.

을 모두 고려해야 한다는 제재설(制裁說) 등으로 양분되는 국면이 발생하였다고 한다.[12] 또한 우리 실무에서도 위자료 산정에 관하여 '가해자의 이윤추구적인 의도' 등을 참작한 사례[13]가 발견되는데, 이 역시 앞서 본 독일의 영향을 받았다고 할 수 있다.

한편, 간통죄를 규정한 형법 제241조에 대하여 위헌판단을 한 헌법재판소 2015. 2. 26. 선고 2009헌바17 등 결정이 선고된 이후, 위와 같은 견해 대립에 관하여 학계와 실무에서 다시금 활발한 논의가 이루어졌다.[14]

라) 위자료 액수 산정에 관한 우리 대법원 판례

대법원 1957. 2. 9. 선고 4289민상676 판결은 "상해로 인한 위자료의 액수를 산정함에 있어서는 피해자의 부상정도, 연령, 직업, 가족생활상태 및 과실 유무를 참작할 것은 물론 가해자의 과실정도 및 자력배상책임자의 업태 등 제반사정을 참작하여 결정하여야 할 것이다. 따라서 피해자 또는 근친자의 주관적 정신상의 고통 정도만을 표준으로 하여야 할 것이라는 논지는 편파한 견해이므로 채용할 수 없다."라고 판시하였고, 대법원 1984. 11. 13. 선고 84다카722 판결은 "법원은 위자료액을 산정함에 있어서 피해자 측과 가해자 측의 제반사정을 참작하여 그 금액을 정하여야 (한다)."라고 판시하였으며, 대법원 1988. 2. 23. 선고 87다카57 판결은 "불법행위로 입은 정신적 고통에 대한 위자료 액수에 관하여는 사실심 법원이 제반사정을 참작하여 그 직권에 속하는 재량에 의하여 이를 확정할 수 있다."라고 판시하는 등 수십 년 동안 실질적으로 같은 입장을 유지하고 있다.[15]

---

12) 다만, 양국에서 논의되는 '제재'가 독일의 ② 만족기능과 유사한 의미를 가진다고 보는 해석하는 견해가 있는 반면에[이명갑, "제재적 위자료의 입론(Ⅰ)"(1987), 24], 이에 관하여 ② 만족기능을 반드시 제재와 관련시킬 필요는 없다는 취지의 반론[아래 2) 가)항 참조]도 제기되고 있다. 자세한 내용은 이창현(2009), 152−153; 안병하(2012), 14−12; 서종희(2018), 22−27 등 참조.

13) 서울남부지방법원 2012. 2. 23. 선고 2010가합23150 판결 및 그 항소심인 서울고등법원 2013. 1. 11. 선고 2012나28808 판결(확정)은 취재대상이 되었던 원고들(가족)이 방송사를 상대로 인격권 침해 등을 청구원인으로 한 위자료 등을 청구한 사건에서(원고들 청구취지 합계액 10억 원), "법원이 불법행위로 인한 위자료를 산정함에 있어서는 피해자의 연령, 직업, 사회적 지위, 재산 및 생활상태, 피해로 입은 고통의 정도, 피해자의 과실 정도 등 피해자 측의 사정에 가해자의 고의, 과실의 정도, 가해행위의 동기, 원인, 가해자의 재산상태, 사회적 지위, 연령, 사고 후의 가해자의 태도 등 가해자 측의 사정까지 함께 참작하는 것이 손해의 공평부담이라는 손해배상의 원칙에 부합한다(대법원 2009. 12. 24. 선고 2007다77149 판결 참조). 특히 이 사건과 같은 언론 보도로 인한 명예훼손 사건에서는 당사자의 사회적 지위, 보도 동기, 당사자의 동의 여부, 유포의 정도 및 횟수, 보도의 진실성, 사회적인 관심도, 보도 후 정황 등도 고려해야 할 것이다. (중략) 이 사건 방송 내용은 허위사실을 적시함을 넘어서 피고 제작진이 ① 시청률 상승으로 인한 광고수입확대와 같은 상업적 목적을 달성하기 위해 ② 자신이 만들어 놓은 결론에 따라 취재한 내용을 고의로 왜곡하고, 허위의 사실을 만들어 내는 방법으로 ③ 원고들을 힘없는 여성을 가해한 파렴치한으로 몰아가기 위하여 조작한 것이다."라는 등의 이유로 합계 3억 원의 위자료를 인정하였다. 이는 우리 법원에서 '가해자의 이윤추구의 의도'를 위자료 산정에 참작한 대표적인 사례라고 할 수 있다.

14) 서종희(2018), 28−29; 조현락(2018), 119−121 참조.

15) 대법원 2006. 5. 11. 선고 2003다8503(반소) 판결, 대법원 2006. 1. 26. 선고 2005다47014, 47021, 47038

예컨대, 대법원 1995. 2. 28. 선고 94다31334 판결은 위 대법원 87다카57 판결을 인용한 다음, "원심은 원고의 연령, 재산 및 교육의 정도, 사고의 경위, 쌍방의 과실정도, 치료기간, 후유장해의 부위 및 정도 등을 참작하여 원고의 위자료 액수를 확정하고 있는바, 기록에 나타난 제반사정(특히 원고가 이 사건 사고로 인하여 전신불수가 되어 평생 개호인의 개호를 받아야 되고 또 그 여명까지 단축된 사정) 등에 비추어 보면, 원심의 위자료 액수에 수긍이 가고 거기에 소론과 같이 위자료 산정에 관한 법리를 오해한 위법이 있다고 볼 수 없다."라고 판시하였고, 대법원 2002. 11. 26. 선고 2002다43165 판결은 위와 같은 기본법리를 정리한 다음, "원심은 원고 1의 신분 및 나이, 가족관계, 재산 및 교육정도, 이 사건 사고의 경위와 결과, 기타 이 사건 변론에 나타난 여러 사정을 참작하여 원고들에 대한 위자료 수액을 확정하고 있는바, 관련 증거 및 기록에 비추어 살펴보면, 원심의 그와 같은 위자료 수액의 확정은 정당한 것으로 수긍할 수 있고, 위자료 산정에 관한 법리를 오해한 위법이 있다고 할 수 없다."라고 판시하고 있으며, 대법원 2018. 4. 12. 선고 2017다229536 판결은 위 대법원 84다카722 판결을 인용하면서, "법원은 위자료액을 산정할 때 피해자 측과 가해자 측의 제반 사정을 참작하여 그 금액을 정하여야 하므로 피해자가 가해자로부터 당해 사고로 입은 재산상 손해에 대하여 배상을 받을 수 있는지의 여부 및 그 배상액의 다과 등과 같은 사유도 위자료액 산정의 참작 사유가 되는 것은 물론이다. 또한 재산상 손해의 발생이 인정되는데도 증명 곤란 등의 이유로 그 손해액의 확정이 불가능하여 그 배상을 받을 수 없는 경우에 이러한 사정을 위자료의 증액사유로 참작할 수 있다."라고 판시하고 있으므로, 우리 대법원 판례는 기본적으로 독일의 판례 및 통설과 같은 입장을 취하고 있다고 할 수 있다.

나아가 대법원 2005. 6. 23. 선고 2004다66001 판결은 "가해자가 피해자에게 위자료의 일부로서 금원을 지급한 경우 법원은 위자료 액수를 산정함에 있어서 이러한 사정을 참작할 수 있는 것인바(대법원 1999. 11. 26. 선고 99다34499 판결 등 참조), 이러한 법리는 민법 제760조에 따라 각자가 손해액 전부에 대한 책임을 부담하는 공동불법행위자 중 1인이 피해자에게 위자료를 지급한 경우에도 마찬가지라고 할 것이다."라고 판시하고 있는데, 이는 불법행위의 성립 이후에 (가해자 본인이 아닌) 가해자 측에서 발생한 '사후적 사정'을 위자료 액수의 산정에 참작하는 것도 가능하다는 취지이기 때문에, 실질적인 의미가 있는 것으로 보인다.

2) 이 사건 항소심 재판부의 입장

가) 위자료 청구는 본질적으로 전보적 기능에 관한 손해배상청구로 볼 수 있음

민법 제843조, 제806조 제2항에 의하면, 이혼을 원인으로 하는 손해배상청구가 정신상 손해에 대한 전보적 기능을 하는 것은 분명하지만(대법원 2015. 9. 15. 선고 2013므568 전원합의

판결 등 확립된 판례.

체 판결 등 참조), 현행법 체계상 이러한 손해배상청구에 당연히 제재적 기능이 포함된다고 단정하기는 어렵다.

제재적 기능을 본질로 하는 손해배상청구의 전형적 형태는 미국 법제도에서 볼 수 있는 '징벌적(懲罰的) 손해배상청구'인데, 우리나라에서는 일부 영역에서 법률의 명문규정을 통하여 '징벌적 손해배상'의 성격을 가진 손해배상제도를 부분적으로 도입하고 있음에도 불구하고,[16] 이혼을 원인으로 하는 손해배상청구에 관한 우리 민법 등 관련 법률은 이러한 명문의 규정을 두고 있지 않기 때문이다. 즉, 현행법 체계상 징벌적 손해배상제도를 도입할 것인지, 만일 도입한다면 어떠한 범위에서 어떠한 형태로 도입할 것인지 등은 원칙적으로 국회의 입법재량에 속하는 것이기 때문에, 국회가 이혼을 원인으로 하는 손해배상청구에 관하여 징벌적 손해배상제도를 도입하는 정책적 결정을 하는 것은 당연히 허용될 수 있겠으나(즉, 입법론으로서 징벌적 손해배상제도의 도입에 찬성하는 견해는 상당한 설득력을 가질 수 있지만), 이러한 입법이 현실화되지 않은 채 오히려 다른 영역에 대해서만 징벌적 손해배상제도가 부분적으로 도입된 현 단계에서, 이혼을 원인으로 하는 손해배상청구에 대하여 제재적 기능을 인정하는 것은 매우 신중할 필요가 있다는 취지이다.[17]

그리고 앞서 본 바와 같이 독일의 ② 만족기능이나 ③ 예방적 기능을 반드시 제재와 연결시켜야 할 필요가 없는 이상, '법원에서 위자료 액수를 산정하는 과정에서 가해자 측의 사정을 참작하여야 한다.'는 우리 대법원 판례의 입장을 토대로 하는 경우에도, 필연적으로 위자료의 제재적 기능을 인정해야 한다고 단정할 수는 없다.[18]

항소심 재판부에서는 위와 같은 사정들을 고려하여, 이 사건에서 이루어진 위자료 액수의 산정이 정신적 손해를 전보(塡補)할 수 있는 배상액을 산정하는 취지라는 점을 명시하였다.

---

16) 예컨대, 「제조물 책임법」은 제3조 제2항에서 '제조업자가 제조물의 결함을 알면서도 그 결함에 대하여 필요한 조치를 취하지 아니한 결과로 생명 또는 신체에 중대한 손해를 입힌 경우 피해자에게 발생한 손해의 3배를 넘지 아니하는 범위에서 배상책임을 진다.'는 취지의 명문의 법률규정을 두는 방식으로 '징벌적 손해배상'의 성격을 가진 손해배상제도를 부분적으로 도입하고 있다.

17) 동지, 권영준(2009), 100－102; 이동진(2013), 124－126.

18) 안병하(2012), 14－26; 서종희(2018), 22－29 등 참조. 예컨대, ③ 예방적 기능을 ① 전보기능의 일부 기능으로 파악하는 경우, 이와 관련된 가해자 측의 사정(예컨대, 가해자의 고의나 과실의 유형 및 정도, 해당 유책행위의 성격과 기간, 가해자의 재산상태, 가해자의 반성여부 등과 같은 사후적인 정상 등 포함)을 참작하는 것은 위와 같은 예방적 기능 등을 적절하게 고려하기 위한 측면에서도 당연히 필요하다고 볼 수 있고, 따라서 이를 반드시 제재적 기능과 연결시킬 필요는 없을 것이다.

나) 가해자의 재산관계 및 고의·과실의 정도 등을 참작하는 것이 전보적 손해배상의 성격과 배치되는지(소극)

(1) 정신적 손해의 발생과 관련하여

정신적 손해의 경우 배상해야 할 범위를 확정하는 것 자체가 어렵고, 이에 대한 전보는 본질적으로 규범적 의미의 전보의 성격을 가지고 있다.[19] 그런데 정신적 손해의 내용인 정신적 고통은 피해자 측의 사정뿐만 아니라, 가해자 측의 사정(예컨대, 가해자의 고의나 과실의 유형 및 정도, 해당 유책행위의 성격과 기간, 가해자의 재산상태, 가해자의 반성여부 등과 같은 사후적인 정상 등 포함)과도 관련될 수 있는 상대적인 것이라는 견해[20]를 토대로 하는 경우, 사안에 따라서 가해자 측의 사정에 의하여 피해자에게 발생하는 정신적 손해의 내용이나 정도 자체가 실질적으로 달라진다고 볼 수 있다. 이에 관하여 "정신적 고통은 피해자의 주관적 사정을 대표하는 것으로 위자료라고 하는 것이 추상적 인간의 문제가 아니라 피해를 당한 구체적 개인의 시시콜콜한 내면세계에 의미를 부여하는 창구가 된다. (중략) 침해의 태양(고의, 중과실, 경과실)에 따라 위자료가 증감할 수 있다는 것은 정신적 고통이라는 표지에 의하여 정확하게 설명될 수 있다."라는 식으로 설명하는 견해도 있다.[21)22]

(2) 위자료 액수의 산정과 관련하여

법원에서 위자료 액수를 산정함에 있어서 피해자 측 사정과 가해자 측의 사정을 모두 참작해야 한다는 것은 대법원 1957. 2. 9. 선고 4289민상676 판결 이래 확립된 대법원 판례의 입장이고, 가해자 측의 사정들을 참작하는 것이 정신적 손해의 내용 및 그 전보 등과 직접 관련될 수 있기 때문에, 이 사건 위자료 액수를 산정하는 과정에서 가해자 측의 사정을 함께 참작한 항소심 재판부의 입장이 위자료 인정의 전보적 성격과 배치되는 것은 아니다.[23]

이에 관하여 "가해자의 귀책사유의 정도에 따라 피해자는 손해를 숙명으로 받아들이거

---

19) 이동진(2013), 8−12; 이창현(2017), 62 등 참조.

20) 예컨대, 김선석(1984), 329; 이창현(2009), 165−166; 안병하(2012), 14−22, 31−34 등 참조.

21) 이창현(2017), 63 등 참조.

22) 이러한 상황은 정신적 손해 전반과 관련되는 것이다. 예컨대, 인격권 침해 등과 같이 일반적으로 정신적 손해의 발생이 주된 쟁점이 되는 불법행위 유형의 경우, (위자료 액수를 산정하는 단계 이전인) 해당 행위의 위법성 인정 등과 같은 불법행의 자체의 성립 여부를 검토하는 단계에서도 피해자 측 사정과 가해자 측의 사정을 모두 참작해야 하는 등 유사한 판단구조를 취하게 된다는 점 등은 권영준(2009), 96−97; 안병하(2012), 6; 이동진(2013), 12−14; 김시철, "언론·출판의 자유와 인격권의 대립과 조화에 대한 비교법적 검토 − 미국의 언론·출판의 자유에 관한 우월적 지위이론, 현실적 악의 원칙 등에 관하여 −", 저스티스(147), 한국법학원(2015), 97−116 등 참조.

23) 앞서 본 바와 같이 (이혼에 따른 위자료가 아니라) 언론보도로 인한 명예훼손 사건에서 '가해자의 이윤추구의 의도'를 위자료 산정에 참작한 사례[서울남부지방법원 2012. 2. 23. 선고 2010가합23150 판결 및 그 항소심인 서울고등법원 2013. 1. 11. 선고 2012나28808 판결(확정) 참조]가 있는데, 이러한 판단내용이 위자료 인정의 전보적 성격과 배치된다고 볼 수는 없을 것이다.

나 가해자에 대한 원한을 가질 수 있으므로 위자료의 액수에 영향을 미치는 중요한 산정요소이다. (중략) 고의에 의한 불법행위뿐만 아니라 중과실에 의한 불법행위에 의한 경우에도 위자료가 상향 조정되어야 한다. (중략) 가해자의 귀책사유에 따라 피해자의 정신적 고통이 달라질 수 있다는 점이 비재산적 손해의 가장 큰 특징이라고 할 수 있(다).”라는 식으로 설명하는 견해도 있다.[24]

다) 이 사건 위자료 액수 산정에서 참작한 사정 등

(1) 이 사건과 같은 이혼을 원인으로 하는 손해배상청구의 경우 ‘이혼의 원인이 되는 개별적 유책행위의 발생으로부터 최종적 이혼에 이르기까지 일련의 경과를 전체로서 불법행위로 파악하여 그로 인한 정신적 고통에 대한 손해배상을 구하는 것’으로서, 통상적으로 유책배우자의 ‘고의적인 유책행위’가 인정되는 것을 전제로 하는 것이다. 따라서 원칙적으로 ‘과실’에 의한 사고를 원인으로 하는 자동차손해배상청구 등에서의 배상액수 산정과는 다른 관점에서 접근할 필요가 있다.[25] 가해자의 행위태양, 귀책사유 등을 비롯한 가해자 측 사정이 피해자에게 발생하는 정신적 손해의 내용이나 정도 자체에 실질적으로 영향을 미칠 수 있기 때문이다.

(2) 이 사건과 같은 이혼을 원인으로 하는 손해배상청구의 위자료 액수 산정과정에서 참작해야 하는 주요 사정들을 다음과 같이 예시할 수 있다.

㉮ 부정행위 등과 같은 유책행위는 우리 헌법과 법률이 보호하는 혼인의 순결과 일부일처제도 등을 비롯한 혼인관계에 관한 상대방 배우자의 법익을 고의적(故意的)으로 침해하는 내용과 성격을 가지는 점,

㉯ 법적 보호대상인 혼인관계의 기간이나 혼인생활의 과정, 쌍방 당사자의 나이,

㉰ ⓐ 고의적인 부정행위가 1회적으로 발생한 것인지, 아니면 상당한 기간에 걸쳐서 지속적으로 발생한 것인지,

ⓑ 나아가 부정행위자가 이에 대하여 반성하는 등 헌법적 차원에서 보호되는 관련 법제도와 법익들을 존중하는 모습을 보이고 있는지, 아니면 그렇지 않은 태도를 취하고 있는지 등을 비롯한 쌍방 당사자의 입장 및 태도나 행위태양 등을 반드시 고려해야 한다는 점,

㉱ 이 사건과 같이 십여 년에 걸쳐서 선행 및 후행이혼소송이 진행된 경우, 그 소송절차에서 이루어진 주장·증명의 내용과 경과,

24) 이창현(2017), 65 등 참조.
25) 이동진(2012), 496−497 등 참조.

㉮ 특히 이 사건과 같이 혼인관계의 파탄에 직접적인 책임이 없는 원고가 여러 차례 부정행위를 한 피고의 일방적인 이혼청구에 의하여 원하지 않은 이혼을 하게 된 경우, 원고의 배우자로서의 권리(보호법익)가 타의(他意)에 의하여 박탈된 것이므로, 원·피고 측의 위와 같은 사정들로 인하여 발생한 원고의 정신적 손해 부분에 대한 전보도 반드시 고려해야 한다는 점,[26)27)]

㉯ 이 사건과 같이 피고가 원고로부터 부동산 임대수입 중 월 1,000만 원을 '생활비' 명목으로 지급받기로 약정하였음에도, 선행이혼소송 직후부터 피고가 원고를 상대로 각종 민사소송을 제기하였다가 대부분의 소송에서 패소하는 등 쌍방 당사자 사이에 재산적 분쟁이 있었던 경우, 관련 민사소송의 소 제기 경위(이 사건의 경우 피고가 이율배반적 행위를 하였다고 볼 수 있음), 청구원인, 소송물가액 및 경과 등을 고려할 필요가 있고, 같은 맥락에서 쌍방 당사자의 재산상태나 경제규모, 재산분할의 결과 등을 함께 고려해야 한다는 점 등.[28)]

---

26) ㉮ 부분의 경우, Ⓐ 혼인과 관련된 일방 배우자의 배우자로서의 권리가 헌법 및 법률에 의하여 특별히 보호되는 '보호법익'이므로 이 사건과 같이 일방 배우자의 이러한 보호법익이 타방 배우자의 이혼청구에 의하여 박탈된 경우 이를 일방 배우자의 위자료 청구사건에서 적절하게 반영하여야 한다는 취지일 뿐이고, Ⓑ 그 일방 배우자가 유책배우자인 상대방에게 이혼 청구를 하면서 위자료청구를 병합한 사건에서 위 ㉮ 내지 ㉱의 사정을 참작하여 위자료 액수를 상향할 수 없다는 의미는 아니다.

27) 실무적으로는 위 각주 26) 기재 Ⓑ유형의 사례가 훨씬 더 빈번하게 발생하고 있다.
예컨대, ① 서울고등법원 2023. 11. 16. 선고 2023르21900 판결(확정)의 경우, 아내(원고)가 유책배우자인 남편(피고)의 부정행위 등을 원인으로 이혼 청구를 하면서 위자료청구(청구금액 1억 원)를 병합한 사건에서, 제1심법원은 위자료 액수를 5천만 원으로 정하였지만(서울가정법원 2023. 5. 4. 선고 2021드합32463 판결. 제1심의 판단근거: 혼인생활의 과정 및 혼인관계의 파탄 경위, 원고와 피고의 혼인기간, 나이, 재산상태 등 이 사건 변론에 나타난 여러 사정), 항소심 법원이 위자료 액수에 관한 추가적인 증거조사를 한 다음, 그 액수를 8천만 원으로 증액한 사례이다[항소심의 판단근거: ㉮ 피고는 원고와의 혼인기간 동안 장기간에 걸쳐 ●●●, ▲▲▲, ■■■을 비롯하여 여러 여성들과 부정행위를 일삼아 온 점, ㉯ 피고는 위와 같은 부정행위에 대해 원고에게 진심으로 사과하거나 자신의 잘못을 인정하지 않은 채 납득하기 어려운 변명만을 늘어놓으며 이를 부정하거나(갑 제22 내지 25호증), 오히려 원고에게 '남자는 결혼 후에도 마음이 드는 상대가 생기면 몇 명이든 연인(첩)을 만들 수 있다'는 취지의 사회의 건전한 상식에 반하는 말을 하며 자신의 행동을 정당화하고 있는 점(갑 제79, 80호증), ㉰ 원고는 이러한 피고의 부정행위를 확인한 직후인 2020. 7.경부터 현재까지 피고로 인한 심적 스트레스를 호소하며 불안 및 우울장애, 불면증 등으로 병원에서 정신과 치료를 받고 있고, 2020. 11.경부터는 어지럼증 등으로 수회 응급실에 내원하기도 한 점(갑 제110, 111호증) 등을 종합해 보면, 위와 같은 피고의 행위로 인하여 원고가 상당한 정도의 정신적 고통을 겪었을 것으로 판단된다. 그 밖에 원고와 피고의 혼인생활의 과정 및 혼인관계의 파탄 경위, 원·피고의 혼인기간, 연령, 재산상태 등 변론에 나타난 여러 사정을 참작].
② 서울고등법원 2024. 10. 31. 선고 2024르21570, 21587 판결(확정)도 Ⓑ유형의 사례에 관한 것인데, 그 사실관계 및 판단 등에 관하여는 위 사례에 대한 해설(Ⅰ. [2] 3. 이혼소송의 사실심 변론종결일까지 발생한 사정을 위자료 및 재산분할 액수에 반영하는 문제) 참조.

28) '혼인의 파탄'과 '혼인의 해소'는 엄격하게 구별되는 개념이고, 따라서 혼인이 사실상 파탄되어 부부가 별거하면서 서로 이혼소송을 제기하는 경우라고 하더라도, 민법상 혼인관계가 협의 또는 재판상 이혼에 의해야 해소되지 않으면 여전히 법률상 부부관계가 남아 있는 것이고 당사자의 의사에 따라 언제든지 다시 정상적인 부부관계로 회복될 여지가 있기 때문에, 재판상 이혼이라는 법원의 형성판

라) 통상적인 사건에서 인정되는 위자료의 범위를 초과하는 사안에 관련된 검토

(1) 통상적인 실무관행

2023년 현재 이혼을 원인으로 하는 손해배상청구사건에서 실무상 위자료의 액수가 5천만 원을 초과하는 경우가 많지 않다(위와 같은 실무관행이 1991년 이래 수십 년 동안 그대로 유지되고 있기 때문에, 실무적으로 위자료에 관한 청구취지가 5천만 원을 초과하는 사례도 그다지 많지 않다).[29] 이러한 통상적인 실무관행은 과실(過失)에 의한 사고를 원인으로 하는 자동차손해배상청구 등에서의 위자료 액수 산정기준에서 영향을 받은 것으로 볼 수 있다.[30]

자동차손해배상청구 등에 관한 위자료 기준금액은 지난 수십 년 동안 점진적으로 상향되어 왔는데, 그 일반적인 기준금액의 상한액을 살펴보면, ㉠ 1991년 이전에는 2,000만 원, ㉡ 1991년 3,000만 원, ㉢ 1996년 4,000만 원, ㉣ 1999년 5,000만 원, ㉤ 2007년 6,000만 원, ㉥ 2008년 8,000만 원, ㉦ 2015년 1억 원이다.[31][32]

결을 통해 혼인관계가 해소될 때까지 발생한 모든 사정을 고려하여 이혼에 따른 위자료를 산정해야 하므로(대법원 2023. 3. 24.자 2022스771 결정 등 참조), 혼인이 해소되기 전에 발생한 본문 ㉱, ㉲, ㉳와 같은 모든 사정들을 위자료 산정의 근거로 파악하는 것이 타당하다.

29) 이에 관하여는 이선미, "이혼 위자료 재판의 개선방안 – 부정행위로 인한 혼인파탄의 경우를 중심으로 –", 서울고등법원 가사항고소송연구회 2023. 11. 27.자 발표문(미공간), 2에 정리된 다음과 같은 <표1>, <표2> 참조.

〈표1〉 서울가정법원 위자료 선고 판결례 분석결과 1: 인정된 위자료 산술평균액

기간	1991년	1992년	1993년	1994년	1995년	2006년	2010년	2014년
평균 (단위: 천원)	23,059	22,698	22,951	22,720	26,356	22,889	19,384	24,160

〈표2〉 서울가정법원 위자료 선고 판결례 분석결과 2: 인정된 위자료 금액의 구간별 빈도

	500만원 이하	600만원 ~ 1,000만원	1,100만원 ~ 2,000만원	2,100만원 ~ 3,000만원	3,100만원 ~ 5,000만원	5,100만원 ~ 1억 원	1억 100만원 ~ 2억 원	2억 100만원 ~ 3억 원	계
1991년~1995년	16 (4)	89 (23)	158 (42)	84 (22)	18 (5)	10 (3)	3 (1)	1 (0)	379 (100)
2006년	14 (6)	59 (25)	75 (31)	62 (26)	24 (10)	5 (2)	0 (0)	0 (0)	239 (100)
2010년	10 (5)	47 (23)	77 (38)	50 (25)	17 (8)	2 (1)	0 (0)	0 (0)	203 (100)
2014년	8 (3)	64 (20)	103 (33)	99 (31)	38 (12)	4 (1)	0 (0)	0 (0)	316 (100)

30) 다만, 자동차손해배상청구사건 등에 관한 실무관행에 따른 위자료 액수가 아래와 같이 지난 수십 년간 점진적으로 상향되었다는 점 등을 고려하면, 현 단계에서 위와 같은 통상적인 실무관행 자체에 대한 재검토가 필요하다고 볼 여지도 있다[정승원(2008), 105–108; 이동진(2013), 38–39에 소개된 2007년 서울가정법원의 이혼 위자료 산정(안)은 위자료 산정인자 등을 토대로 총점 76점 이상의 경우 '9천만 원 내지 1억 원'의 위자료 산정이 타당하다는 취지가 기재되어 있는데, 2023년 현재 서울가정법원 실무에서 위 2007년 이혼위자료 산정(안)이 실질적으로 통용되고 있었다고 보기는 어렵다].

31) 이동진(2013), 49–51; 이창현(2017), 65; 서울중앙지방법원(2017), 452–453 등 참조. 교통사고 등에

그런데 이혼을 원인으로 한 손해배상청구사건의 통상적인 실무관행이 위와 같은 교통사고 등 위자료산정기준의 변화를 그때그때 적절하게 반영하였는지 등에 대하여 의문이 있기 때문에, 위와 같은 통상적인 실무관행 자체에 대한 재검토가 필요하다는 주장도 충분히 제기될 수 있다.[33][34]

즉, 현재 통용되고 있는 위와 같은 통상적인 실무관행이 교통사고 위자료산정기준의 변화나 경제사정의 변동을 적절하게 반영하고 있는지, 나아가 (좀 더 근본적으로는) 이혼을 원인으로 한 손해배상청구가 원칙적으로 유책배우자의 '고의적인 유책행위'를 전제로 하고 있다는 특성을 적절하게 반영하고 있는지 등에 대해서는 향후 깊이 있는 재검토가 필요하다.

그런데 (위와 같은 재검토 필요성 등은 일단 별론으로 하고) '법적 안정성', '피해자들 사이의 형평성' '법원의 자의성 배제', '당사자의 예측가능성 및 이를 통한 재판의 신뢰성 확보' 등은

관하여 현재 일반적인 실무에서 활용되는 위자료산정기준에 의하면, ㉮ 피해자 및 가족들 전체{가단(家團)}을 기준으로 하여, 피해자가 사망한 경우의 현행 기준금액은 1억 원×{1－(과실비율×0.6)}이고, ㉯ 가해자의 귀책사유의 정도에 따라서 기준금액의 20% 범위 내에서 증액할 수 있다고 한다. 이에 관하여 2016. 10. 사법연수원이 주최한 '사법발전을 위한 법관세미나'에서는 「불법행위 유형별 적정한 위자료 산정방안」을 마련하였는데, 그 내용은 각 불법행위 유형에 따라 '적용대상 요건', '기준금액' 및 '특별 가중사유'를 정하고, 일반적인 증액·감액사유를 고려하여 기준금액을 50% 범위 내에서 증액·감액 조정할 수 있도록 하고, 특별한 사정이 있는 경우 위 범위를 초과하여 증액·감액을 할 수 있도록 하는 것이다.

32) 이선미(2023), 2－3은 '2023년 현재 실무상 권고되고 있는 위자료 산정에 관한 기준에 따르면 불법행위 유형별로 위자료 기준금액이 5,000만 원에서 1억 원, 가중금액이 1억 원에서 2억 원으로 설정되어 있다.'고 설명하면서, 아래와 같은 <표3>를 전제하고 있다.

〈표3〉 불법행위 유형별 위자료 기준금액 및 가중금액

불법행위 유형		기준금액	가중금액	
교통사고		1억 원	2억 원	
대형재난사고		2억 원	4억 원	
영리적 불법행위		3억 원	6억 원	
명예훼손	일반 피해	5,000만 원	1억 원	피해가 매우 중대한 경우 훼손된 가치에 상응하도록 초과 가능
	중대 피해	1억 원	2억 원	

33) 이정엽(2007), 766－779; 박민수 등(2014), 99－132; 조현락(2018), 103－115, 123－142 등 참조. 예컨대, 조현락(2018), 112－113에 의하면, ㉮ 교통사고 등 인신손해 위자료 기준금액은 '2008년 8,000만 원'에서 '2015년 1억 원'으로 1.25배 상승한 반면에, 이혼재판 위자료의 산술평균은 '2006년 22,889,000원'에서 '2014년 24,160,000원'으로 1.05배 상승하는 데에 그쳤고, ㉯ 1994년 위자료 산술평균(22,720,000원)과 2014년 위자료 산술평균(24,150,000원)을 비교하여 볼 때, 같은 기간 GDP 디플레이터(물가)는 1.6배 상승한 반면에 위자료 산술평균은 1.06배 상승함에 그쳤다고 한다.

34) 조현락(2018), 112－113에는 이혼으로 인한 정신적 고통의 계량화와 관련하여, 미국 워싱턴 의과대학의 Thomas Homes, Richard Rahe 교수가 1967년에 스트레스의 척도로 만든 '사회재적응평가척도'에 의하면, 배우자의 사망을 '100'으로 보았을 때 이혼은 '73'에 해당한다는 점, 서울대 의대 홍강의, 정도언 교수가 1982년 만든 스트레스지수에 의하면, 배우자의 사망을 '73'으로 보았을 때 이혼은 '63'에 해당한다는 점 등이 언급되어 있다.

그 자체로 상당히 중요한 법적 가치라는 점을 고려하는 경우,[35] 현 단계에서 위와 같은 통상적인 실무관행은 그 자체로 실질적인 의미를 가진다고 할 수 있다.

(2) **이혼을 원인으로 하는 손해배상청구의 특성**

다만, 이 사건과 같은 이혼을 원인으로 하는 손해배상청구의 경우 통상적으로 유책배우자의 고의적인 유책행위가 인정되는 것을 전제로 하기 때문에, 원칙적으로 과실에 의한 사고를 원인으로 하는 자동차손해배상청구 등에서의 배상액수 산정과는 다른 관점에서 접근할 필요가 있음은 앞서 본 바와 같다.[36]

그리고 헌법재판소 2015. 2. 26. 선고 2009헌바17 등 결정은 이혼을 원인으로 하는 손해배상청구사건에서 받을 수 있는 위자료의 액수가 미미한 수준이라는 입장(소수의견), 또는 이에 관한 개선이 필요하다는 입장(다수의견의 보충의견) 등을 밝히고 있는데, 이는 위와 같은 통상적인 실무관행을 일률적으로 적용하는 경우 발생할 수 있는 문제점 등을 지적한 것으로 판단된다.[37]

(3) **통상적 실무관행의 범위를 벗어난 하급심 사례 등**

그런데 실무에서 위와 같은 통상적 실무관행을 기계적으로 적용하여 온 것은 아니다.

우선 2009부터 2011년까지 서울, 부산, 대구, 광주, 대전의 제1심 합의부 재산분할 및 위자료 청구사건 1,098건의 위자료 액수에 대하여 분석하고 있는 박민수 등(2014), 114–129

---

35) 김선석(1984), 319–320 참조.

36) 예컨대, 위 각주 32)의 표에서 보는 바와 같이, 원칙적으로 과실에 의한 사고를 원인으로 하는 자동차사고 등에 관한 손해배상액 산정과 고의에 의한 명예훼손 등 인격권 침해를 원인으로 하는 사건의 손해배상액 산정은 각각 다른 관점에서 접근하는 것이 타당하다.

37) ① 조현락(2018), 119–122는 간통죄 위헌결정에 따른 위자료 액수 증액에 대해서는 소극적인 입장을 취하면서도, '물가변동 등 경제사정의 변동을 감안할 때 이혼에 따른 위자료를 현실화하는 측면에서 위자료를 다소 증액할 필요가 있다'는 취지로 주장하고 있고, ② 서종희(2018), 28–29도 형사처벌 여부와 위자료는 별개의 문제이므로 간통죄가 폐지되었다고 하더라도 논리필연적으로 위자료 액수를 증액할 필요는 없지만, 해당 금액이 혼인파탄으로 인한 고통을 위자하기에 부족하다면 위자료 액수를 증액하여 전보적 기능을 달성하도록 해야 한다는 취지로 주장하고 있으며, ③ 이창현(2017), 85–86은 위자료 액수의 전반적인 현실화(증액)가 필요하다는 관점에서, "위자료액수의 현실화의 차원에서 비재산적 손해의 구체화를 모색하고, 개별 비재산적 손해별로 독자적 의미가 부여되어야 한다. 특히 자신의 의사에 따라 인생을 영위할 가능성이 중대하게 침해되는지, 아동과 청년에게 발생한 손해가 그의 일생동안 지속적으로 악영향을 미치는지를 주의 깊게 살펴야 한다. 고의 및 중과실에 의한 불법행위에 대하여 법원은 예방·제재기능을 적극적으로 활용하여 위자료를 산정할 필요가 있다. 특히 고의와 중과실의 불법행위로 인하여 피해자와 근친자가 겪게 되는 고통은 경과실의 불법행위로 인한 것과는 차원을 달리하는 것이므로 법원은 위자료산정기준금액의 3배의 범위 내에서 위자료액수를 증가시켜야 한다."라는 취지의 주장을 하고 있으며, ④ 이동진(2013), 114–134도 우리 실무에서 산정하고 있는 위자료 액수가 지나치게 낮기 때문에 이를 전반적으로 상향해야 한다는 취지의 주장을 하고 있다.

에 의하면, 그 중 651건에서 위자료 청구가 이루어졌는데(그 당시 평균 위자료액은 2,680만 원), 최대 위자료 인정 금액은 3억 원이었으며, 5천만 원 이상이 인정된 비율이 6.1% 정도였다고 한다.

그리고 담당 재판부에서 해당 사건의 구체적·개별적 사정을 참작한 결과 통상적인 실무관행을 벗어난 위자료 액수를 산정하는 것이 타당하다고 판단한 사안에서 이를 초과한 액수를 산정한 대표적인 사례로서,

㉠ 위자료 액수를 2억 원으로 산정한 부산지방법원 가정지원 2008. 12. 11. 선고 2008드합699 판결(쌍방 미항소로 확정),

㉡ 위자료 액수를 3억 원으로 산정한 서울가정법원 2011. 6. 15. 선고 2010드합835 판결[서울고등법원 2012. 2. 9. 선고 2011르1750 판결(항소기각) 및 대법원 2012. 9. 27. 선고 2012므1496 판결(상고기각)로 확정],

㉢ 위자료 액수를 1억 원으로 산정한 부산가정법원 2015. 7. 16. 선고 2014드합200827 판결(쌍방 미항소로 확정) 등을 예시할 수 있다.

위 ㉠, ㉡, ㉢ 사건의 판결이유 전문을 살펴보면, 담당 재판부가 통상적인 실무관행을 벗어난 위자료 액수를 산정한 취지를 충분히 파악할 수 있을 것으로 판단된다.

다만, ㉠, ㉡ 사건에서는 각 판결의 도입부인 '인정사실'에서 해당 사안의 혼인파탄 경위 등을 구체적으로 적시한 다음, 위자료 액수의 산정에 관한 판결이유 부분에서는 통상적인 문구(예컨대, 혼인파탄의 원인 및 책임의 정도, 혼인 지속기간, 원고와 피고의 나이 및 경제력 등 참작)만을 기재하였기 때문에, 판결 전문을 읽어보지 않는 경우 상대적으로 고액의 위자료를 산정한 취지 등을 쉽게 알기 어려운 상태였다. 반면에, ㉢ 사건에서는 '위자료 액수의 산정에 관한 판결이유 부분'에 관련되는 사정들을 비교적 상세하게 적시함으로써 통상적인 실무관행을 벗어난 액수 산정의 구체적인 이유를 비교적 용이하게 파악할 수 있도록 하였다는 점에서 위 ㉠, ㉡ 사건과는 다른 접근방식에 따라 판결이유를 작성하였다고 볼 수 있다.

(4) 형사사건 양형기준의 적용방식 등 참조

우리 형사법 체계는 개별 형사사건에서의 양형에 관하여 법원의 재량권을 상당한 범위 내에서 인정하고 있기 때문에, 당사자의 예측가능성이 낮아진다는 구조적인 한계를 가질 수밖에 없고, 실무에서 "양형은 정답이 없다. 다만, 최선 답만 있을 뿐이다."라는 이야기를 하는 것도 같은 맥락이다. 그렇기 때문에 법원은 이러한 구조적인 한계를 충분히 인식하면서, '법적 안정성', '형평성', '법원의 자의성 배제', '당사자의 예측가능성 및 이를 통한 재판의 신

뢰성 확보' 등을 제고하면서 '구체적 타당성' 등을 확보할 수 있도록 노력할 필요가 있다. 일반적으로 법원의 책무는 법적 안정성을 해치지 않는 범위 내에서 구체적 타당성을 찾는 것인데,[38] 위와 같은 노력을 통하여 개별 사건에서 법적 안정성을 해치지 않는 범위 내에서 구체적인 타당성을 도모함과 동시에 법원의 합리적인 재량권 행사를 담보할 수 있기 때문이다.

대법원 양형위원회는 법원조직법 제81조의2 내지 제81조의12에 근거하여 '형(刑)을 정할 때 국민의 건전한 상식을 반영하고 국민이 신뢰할 수 있는 공정하고 객관적인 양형(量刑)을 실현하기 위한 양형기준'을 설정·변경하고 있는데, 이 역시 위와 같은 노력의 일환이라고 할 수 있다. 그런데 법률의 명문규정에 근거한 양형기준의 경우도 법적 구속력을 가지지 않고, '권고적 효력'을 가질 뿐이다. 즉, 법관은 형의 종류를 선택하고 형량을 정할 때 양형기준을 존중하여야 하지만, 양형기준은 법적 구속력을 갖지 않고(제81조의7 제1항), 다만 법원이 양형기준을 벗어난 판결을 하는 경우에는 판결서에 양형의 이유를 적도록 규정하고 있을 뿐이다(제81조의7 제2항 본문).

이러한 법체계는 (비록 양형에 관하여 정답이 있다고 보기는 어렵지만 그럼에도 불구하고) 담당 재판부가 개별사건에서 양형을 하는 과정에서 해당 사건의 구체적·개별적 사정을 참작하여 양형을 하는 것이 최종적인 의미(최선 답)를 가지고, 따라서 해당 법관의 입장에서 이러한 구체적·개별적 사정을 토대로 하여 양형기준에서 벗어나는 양형을 할 필요가 있다고 판단하는 경우 (권고적 효력을 가지는 양형기준보다) 해당 법관의 판단을 우선시해야 하며, 다만 '법적 안정성', '형평성' '법원의 자의성 배제', '당사자의 예측가능성 및 이를 통한 재판의 신뢰성 확보' 등을 고려하여 양형기준에서 벗어난 판결을 할 때에는 양형의 이유를 적시하도록 한 것으로 볼 수 있다.

앞서 본 바와 같이 실무에서 이혼을 원인으로 한 손해배상청구사건에서 위자료 액수를 산정하는 것도 (정답이 아니라) '최선 답'을 구하는 작업이라고 볼 수 있다. 같은 맥락에서, 법적 안정성 등과 관련된 통상적 실무관행에 실질적인 의미를 인정할 수는 있지만, 그렇다고 해서 거기에 법률의 명문규정에 근거한 양형기준(권고적 효력) 이상의 법적 의미를 부여할 수는 없을 것이다.[39] 그렇다면 위자료 액수의 산정에서도 담당 재판부가 개별사건을 심리하는 과정에서 해당 사건의 구체적·개별적 사정을 참작하여 액수를 산정하는 것이 최종적인 의미(최선 답)를 가진다고 보아야 한다.[40][41]

---

38) 민사법의 해석에 관한 대법원 2009. 4. 23. 선고 2006다81035 판결, 형사법의 해석에 관한 대법원 2015. 3. 26. 선고 2014도13345 판결 등 참조.

39) 동지, 이동진(2013), 31-32.

40) 위자료 액수의 산정에 관한 이유 기재와 형사판결 양형이유 기재의 유사성에 관하여는 이동진(2013), 30 등 참조. 위자료 산정기준의 설정은 정당성을 가지지만, 산정기준을 가지고 있는 모든 나라에서

(5) 소결론

이 사건 제1심은 통상적인 실무관행의 범위에서 위자료를 산정하였지만, 항소심 재판부는 이 사건에 나타난 피해자 측 사정과 가해자 측 사정들을 종합적으로 참작하는 경우 통상적인 실무관행을 벗어나는 위자료 액수를 산정하는 것이 타당하다고 판단하였다.

다만, 법적 안정성 등과 관련된 통상적 실무관행의 실질적인 의미를 존중하고, 재판의 신뢰 확보를 위하여 당사자 등에게 재판부의 입장을 구체적으로 설명할 필요가 있다는 점 등을 고려하여, '손해배상의 범위'에 관한 판결이유에서 위자료 액수를 2억 원으로 산정하게 된 주요 사정들을 구체적으로 적시하였다. 이는 ㉢ 사건의 판결과 유사한 접근방식을 취한 것인데, 이러한 접근방식을 취하는 경우 개별 사건에서 법적 안정성을 해치지 않는 범위 내에서 구체적인 타당성을 도모함과 동시에 법원의 합리적인 재량권 행사를 담보할 수 있다고 생각한다.[42)43)] 피고가 이 사건 항소심 판결에 대하여 상고하면서 2023. 8. 25.자 상고이유서, 2023. 10. 10.자 상고이유보충서 등을 통하여 '항소심 판시와 같은 사정을 토대로 하여 2억 원의 위자료 액수를 산정한 것이 유책배우자에게 징벌적인 기준을 적용하는 등 법리를 오해한 것이다.'라는 취지로 주장하였으나, 대법원에서도 심리불속행 상고기각판결을 통하여 항소심 재판부의 입장을 수긍하였다.

이에 대하여 규범적 구속력을 인정하지 않고 일종의 참고자료만으로 운용된다는 점은 이동진(2013), 127－134 등 참조.

41) 우리나라에서는 1980년대에 교통사고에 관한 손해배상액의 정액화에 관한 논의가 시작되었는데{이명갑, "제재적 위자료의 입론(Ⅱ)"(1987), 58－59}, 그 당시에 작성된 김선석(1984) 319－320에도 손해배상의 정형화, 기준화라고 하는 것은 완전정액화나 고정된 정액화가 아니고 일응의 기준액이라는 의미에서의 정형화이므로, 기준액이라 할지라도 개개의 사안의 구체성을 충분히 흡수하여 적정타당한 액을 이끌어내기 위해서 수정될 수 있는 것임을 전제로 한다는 점, 위자료액의 문제는 선례도습적(先例蹈襲的)이어서 형사의 양형문제와 흡사하다는 점 등이 기재되어 있고, 이명갑, "제재적 위자료의 입론(Ⅲ)"(1987), 32－34에도 유사한 취지가 기재되어 있다.

42) 위 ㉢ 사건과 같은 접근방식을 취한 사례로는 ① 원고가 피고의 부정행위로 혼인관계가 파탄되었다고 주장하면서 이혼, 위자료(청구취지 금액 1억 원), 재산분할을 청구한 사안에서, 제1심은 원고의 이혼 청구를 받아들이면서, 위자료 청구 중 5,000만 원 부분만 인용하였으나, 항소심 법원은 위자료 액수를 8,000만원으로 증액한 사례에 관한 것이다. 항소심 법원은 위 사건에서 ㉮ 피고가 혼인기간 동안 장기간에 걸쳐 여러 여성들과 부정행위를 일삼아 온 점, ㉯ 피고는 위와 같은 부정행위에 대해 원고에게 진심으로 사과하거나 자신의 잘못을 인정하지 않은 채 변명이나 정당화만 하고 있는 점, ㉰ 원고는 피고의 부정행위를 확인한 직후부터 현재까지 3년 가량 불안 및 우울장애 등으로 정신과 치료를 받고 있는 점 등을 위자료 산정의 참작 사유로 설시한 서울고등법원 2023. 11. 16. 선고 2023르21900 판결(확정), ② 서울가정법원 2024. 8. 22. 선고 2023드합33187 판결(확정) 등 참조.

43) 이 사건 판결과 위 각주 42) 기재 ① 서울고등법원 2023르21900 판결의 각 판시내용을 한 검토·분석한 내용에 관하여는 이선미(2023), 15－21; 이용호, "위자료 및 재산분할실무", 사법연수원 2024년 법관연수 가사재판실무(2024), 3－4 등 참조.

4. 마무리

우리 헌법 제103조는 "법관은 헌법과 법률에 의하여 그 양심에 따라 독립하여 심판한다."라고 규정하고 있으므로, 모든 재판절차에서 법관은 관련 헌법규정 및 이를 토대로 한 전체적인 법체계를 검토해야 한다. 이 사건과 같이 헌법 및 법률의 관련 규정들에 대한 연혁적·비교법적인 검토, 대법원과 헌법재판소의 판례들에 대한 분석 등이 필요한 사안에서, 이러한 검토내용 등이 판결문에 충분히 언급되지 않을 수 있기 때문에, 후속 사건을 담당하는 재판부나 관련 당사자들의 입장에서 선행 사건의 검토내용 등을 쉽게 인식하거나 이를 적절하게 활용하기 어려운 경우가 적지 않다.

실무상 이혼을 원인으로 하는 손해배상청구사건에서 적정한 위자료 액수를 산정하는 문제는 본질적으로 '불가능에 도전하는 것'과 유사한 구조이고, 통상적인 실무관행과 해당 사건의 구체적·개별적 사정 등을 종합적으로 고려하여 '최선 답'을 구하는 것도 쉽지 않은 과제이다. 나아가 이 부분과 관련된 통상적 실무관행에 대한 재검토 등에 대하여 앞으로 심도 있는 논의가 필요하다고 볼 여지도 있다. 따라서 이 사건 항소심 판결이 유사한 쟁점들이 포함된 사건을 심리하는 법률가들에게 다소간의 참고자료가 될 수 있다고 생각한다.

2

종전 이혼소송과 관련된 위자료와 재산분할 등에 관한 개별적인 합의의 성격과 효력 등

서울고등법원 2024. 10. 31. 선고 2024르21372, 21389 판결(확정)
– 서울가정법원 2024. 3. 19. 선고 2021드합42507, 42514 판결

1. 사안의 개요

가. 당사자: 원고 A(1974년생, 남)
피고 B(1971년생, 여)

나. 원고와 피고의 혼인신고: 2001. ○. ○.

다. 원·피고의 출생자: 성년자녀 2명(2명 모두 이 사건 소송 도중에 성년이 됨)

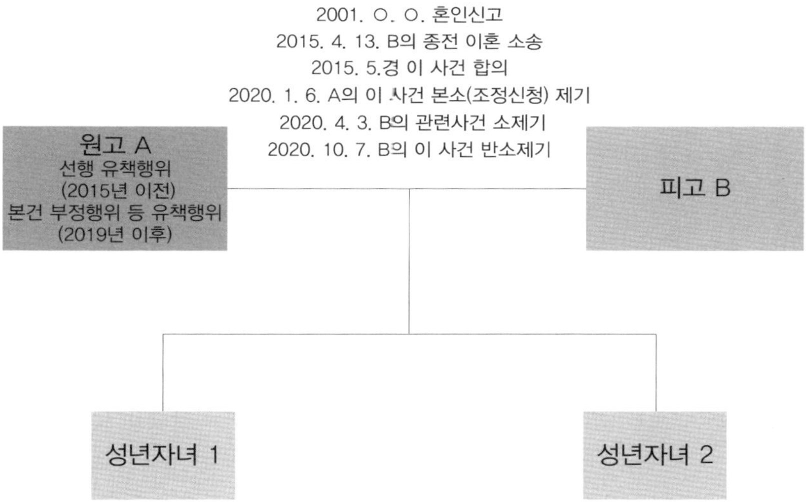

라. 혼인생활 및 갈등의 발생

1) 피고는 혼인 초기부터 원고의 잦은 음주 및 이에 이어지는 폭언, 폭행 등의 문제로 힘들어하였고, 2003. 2.경 서산시 소재 부동산에 대한 투자마저 실패하자 원고와 피고 사이의 갈등은 더욱 깊어졌다.

2) 피고는 2015. 4. 13. 원고를 상대로 이혼 등 청구의 소를 제기하였고(수원지방법원 2015드단●●●●●●호, 이하 '종전 이혼소송'), 원고와 피고는 같은 해 5.경 다음과 같은 내용의 합의를 한 후(이하 '이 사건 합의'), 피고가 2015. 5. 26. 위 소를 취하하였다.

> 합의서
>
> 수원지방법원 2015드단●●●●●●호 이혼 등 사건에 관하여 원고와 피고는 다음과 같이 합의한다.
>
> 제1조(목적)
> 이 합의서는 원고의 잘못된 행위를 바로잡아, 피고와 원고의 부부공동생활의 안녕과 사건본인들의 원활한 양육을 꾀하는 것을 목적으로 한다.
> 제3조(생활비 관리)
> ① 원고는 이 합의서의 효력이 발생하는 순간부터 피고에게 월급통장을 주어 피고가 월급통장을 전적으로 관리하도록 한다.
> ② 피고가 월급통장을 관리하지 못하는 경우(장기입원 등의 사유로 피고가 생활비를 관리하지 못하는 경우는 제외), 이유를 불문하고 원고는 피고가 월급통장을 관리하지 못하기 시작한 달부터 매달 25일에 피고가 지정하는 계좌에 생활비 및 양육비 조로 3,000,000원을 이체한다.
> 제4조(원고의 금지행위)
> ① 원고는 다음 각 호의 행위를 절대 하지 않는다.
> 1. 음주
> 2. 폭언
> 3. 폭행
> 4. 무단외박
> 5. 집안에서의 흡연
> 6. 외도
>
> (이하 생략)
> 제5조(음주치료 등)
> ① 원고는 현재 받고 있는 알코올치료프로그램에 성실히 참여하여 알코올 의존증을 완전히 치료한다.
> ② 원고는 현재 받고 있는 알코올치료프로그램 후에도 음주를 반복하는 등의 이유로 재차 알코올 의존증 치료가 필요하다고 피고가 판단하면, 이유 여하를 불문하고 치료에 성실히 임한다.
> ③ 원고는 현재 받고 있는 알코올치료프로그램을 피고와 상의 없이 자의로 중단하지 않고, 피고가 재치료가 필요하다고 판단하여 치료를 권유하였을 시 이를 거부하지 않는다.
> ④ 스트레스조절, 분노조절 등에 대한 신경정신과 치료 역시 위 1항 내지 3항을 준용한다.
> 제7조(위로금)

① 원고는 피고가 그동안 받은 고통과 마음의 상처를 치유하기 위해 위로금을 지급한다.
② 위 제1항의 위로금은 오산시 ○○동 ●●●●●●●아파트의 매각대금에서 위 아파트에 설정된 담보대출금을 상환하고 남은 차액으로 한다.
③ 피고는 이 합의서의 효력이 발생한 후, 2015년도 내에 원고와 피고가 가정공동생활에 필요한 주택을 구할 경우, 위 제2항에서 계산된 위로금의 전부 또는 일부를 임대차보증금으로 사용하도록 제공한다.
④ 위 제3항의 임대차계약을 원고의 명의로 한다면, 원고는 임대차계약을 체결하고 임대차보증금을 임대인에게 지급한 후 즉시 임대인에게 임대차보증금반환채권을 피고에게 양도하였다는 내용의 채권양도양수통지를 한다.
⑤ 임대인에게 지급한 임대차보증금이 위 제2항에서 계산된 위로금보다 다액이면, 피고는 임대차계약이 종료되고 임대인으로부터 임대차보증금을 수령한 후, 수령한 임대차보증금에서 위로금을 제한 차액을 원고에게 지급한다.
⑦ 원고는 위로금과 관련하여 어떠한 권리 주장도 하지 않는다.

제9조(피고의 의무)

① 피고는 원고가 이 합의서에 날인하면, 5일 이내에 원고의 형사사건(공무집행방해)에 대한 탄원서를 작성하여 제출한다.
② 위 제1항의 탄원서의 경우 원고가 원하면 자필로 작성하여 주고, 반드시 인감증명서를 첨부하여 제출하도록 한다.
③ 피고는 원고가 이 합의서에 날인하면, 5일 이내에 이혼소송을 취하한다.
④ 원고는 피고가 이혼소송을 취하하면, 즉시 소취하에 동의한다.
⑤ 피고는 서산 땅을 부동산 중개업소에 매물로 내놓고, 매수의뢰가 있으면 적극적으로 매각한다.
⑥ 각방을 쓸 목적으로 원고를 거실로 내몰지 않는다.

제10조(약정금)

원고는 제4조를 위반한 결과 가정이 파탄나는 경우 및 제5조를 위반할 경우 피고에게 100,000,000원을 지급한다.

제11조(합의서 효력발생 시기)

① 이 합의서는 원고와 피고가 합의서에 날인하는 순간부터 효력이 발생한다.

3) 원고는 음주와 외박을 계속하는 등 이 사건 합의를 이행하지 않았고, 2019. 7. 20. 가정에서 음주·소란을 일으켜 경찰에 체포되었으며, 2019. 7. 22. 법원으로부터 피고의 주거로부터 퇴거, 피고의 주거 및 직장에서 100m 이내 접근 금지, 피고에게 전기통신을 이용한 접근 금지 등을 명하는 임시조치 결정을 받았다(서울동부지법 2019저△△△호).

4) 원고는 2019. 7.경부터 같은 해 11.경까지 '■■'라는 여성과 부적절한 관계를 가졌다.

5) 원고는 2019. 12.경 공동주거지에서 나와 별거를 시작했고, 2020. 1. 6. 피고를 상대로

이혼 및 재산분할을 구하는 이 사건 본소 이혼 등 조정을 신청하였으며, 피고는 본소 계속 중인 2020. 10. 7. 이 사건 반소를 제기하였다.

6) 한편, 피고는 2020. 4. 3. 원고를 상대로 서울동부지방법원 2020가합○○○○○○호로 이 사건 합의에 따라 합계 315,365,880원[위로금 179,904,540원(이 사건 합의 제7조 관련), 약정금 100,000,000원(이 사건 합의 제10조 관련)과 생활비 및 양육비(이 사건 합의 제3조 관련) 등 포함]의 지급을 구하는 민사 청구의 소를 제기하였고, 민사 제1심법원은 2023. 4. 21. 피고에게 315,365,880원 및 그 지연손해금을 지급하라는 판결을 선고하였다.

이에 원고가 서울고등법원 2023나○○○○○○○호로 항소하였고, 민사 항소심법원은 위로금 179,904,540원 중 140,000,000원의 경우 이 사건 항소심판결 별지2 분할재산명세표 피고 적극재산 순번1의 서울 부동산에 관한 임대차계약의 임차인 명의가 피고로 변경됨으로써 변제되었다고 보아(179,904,540원=피고 명의의 위 임대차보증금 140,000,000원의 반환채권+잔액 39,904,540원) 2023. 12. 14. 피고에게 175,365,880원 및 그 지연손해금을 지급하라는 판결을 선고하였다. 민사 항소심판결에 대하여 원·피고 모두가 상고하였는데, 대법원 2024. 4. 25.자 2024다○○○○○○ 판결(심리불속행)에 의하여 쌍방의 상고가 모두 기각됨으로써 민사 항소심판결이 그대로 확정되었다(이하 '관련사건'). 그 후 원고는 피고에게 관련사건 판결금을 모두 지급하였다.

2. 제1심의 심리·판단

가. 이혼 및 위자료 청구에 관하여

1) 본소 이혼 및 위자료 청구: 각 기각(= 항소심판단과 동일)

2) 반소 이혼 청구: 인용(민법 제840조 제1호, 제6호) (= 항소심판단과 동일)

3) 반소 위자료 청구: 일부 인용(15,000,000원 및 지연손해금)의 판단근거

가) 혼인관계 파탄: 원고와 피고의 갈등 내용 및 정도, 원고가 혼인기간 중 폭력행위와 부정행위를 저질렀고, 원고와 피고가 본소와 반소로 이혼을 구하고 있는 점, 원고와 피고가 2019. 12.경부터 장기간 별거하고 있음에도 서로 관계회복을 위한 구체적·적극적 노력을 하고 있지 않은 점 등 이 사건 변론에 나타난 여러 사정을 종합하면, 원고와 피고의 혼인관계는 회복될 수 없을 정도로 파탄되었다고 봄이 상당하다.

나) 혼인관계 파탄의 주된 책임은 원고에게 있음: 위 인정사실에 의하면, 혼인관계 파탄

의 주된 책임은 혼인기간 중 서면합의까지 했음에도 이를 어기며 배우자인 피고에게 지속적인 폭언과 폭행을 가하였고, 나아가 부정행위까지 저지른 원고에게 있다고 봄이 타당하다. 이에 대하여 원고는, 피고 측이 가정 경제에 끼친 악영향, 잦은 가출과 독단적인 성격으로 인한 갈등, 원고와 원고 직계 가족에 대한 부당한 대우 등으로 인하여 혼인관계가 파탄되었다고 주장하나, 원고가 제출한 증거들만으로는 앞서 본 인정사실을 넘어 혼인관계 파탄의 주된 책임이 피고에게 있다고 인정하기 부족하다.

다) 위자료 지급의무: 앞서 본 바와 같이 원고의 유책사유로 혼인관계가 파탄되었고, 그로 인하여 피고가 정신적 손해를 입었음이 경험칙상 명백하므로, 원고는 피고에게 위자료를 지급할 의무가 있다. 앞서 본 혼인파탄의 경위, 파탄책임의 정도, 원고와 피고의 혼인기간 및 혼인생활의 경과, 가족관계 등을 고려하여 위자료 액수를 15,000,000원으로 정한다.

나. 재산분할 청구에 관한 판단

1) 분할대상 재산의 범위에 관하여

가) 피고의 주장요지

이 사건 위로금 중 140,000,000원은 2018년에 원고 명의로 체결된 임대차계약의 임대차보증금으로 돌려받아 피고 명의의 임대차보증금 140,000,000원의 반환채권이 된 것이므로, 위 채권은 피고의 특유재산으로서 재산분할 대상에서 제외되어야 한다.

나) 원고의 주장요지

피고 명의의 위 임대차보증금반환채권은 재산분할 대상이 된다.

다) 제1심 판단(제1심판결 별지 분할재산명세표 피고의 적극재산 순번 1, 3 참조)

관련사건 항소심판결의 사실인정 및 판단 등 제반 사정을 종합하면, 피고 명의의 임대차보증금 140,000,000원 반환채권은 부부공동재산으로서 분할대상에 해당한다(피고의 주장 배척).

제1심판결 별지 분할재산명세표(발췌)

소유자 등		순번	재산의 표시	재산가액(원)	증거 등
		원고의 순재산		78,661,278	
피고	적극재산	1	서울 부동산 임대차보증금 반환채권	140,000,000	갑 제8, 46, 56호증, 을 제7, 10호증 1. 원고는 관련사건 판결 등을 근거로 위 임대차보증금반환채권은 원고에게 귀속되어야 하므로 분할대상에 해당하지 않는다는 취지로 주장한다. 위 증거들로 알 수 있는 다음과 같은 사정들, 즉 원고는 2015년 당시 거주하던 오산시 아파트를 매각한 후

					담보대출금을 상환하고 남은 돈 179,904,540원을 이 사건 합의와 달리 피고에게 지급하지 않던 중, 2015. 5. 25. 공동생활을 위하여 서울 빌라를 그 명의로 임차하면서 위 179,904,540원을 임대차보증금 250,000,000원 중 일부로 사용한 점, 원고는 2017. 1. 6. 위 임대차계약이 종료되자 서울 송파구 소재 아파트를 그 명의로 임대차보증금 250,000,000원에 임차하였고, 2018. 11. 9. 위 임대차계약도 종료되자 서울 부동산을 임대차보증금140,000,000원, 차임 월 300,000원에 임차하면서 그 임차인 명의를 피고로 바꾸어주었으며, 종전 임대차계약 종료 후 반환받은 임대차보증금 중 일부로 위 임대차보증금을 지급한 점, 관련사건 항소심판결은 이와 같은 사정들을 근거로 원고가 이 사건 합의에 따라 피고에게 위로금채무 중 140,000,000원을 지급한 것으로 민사상 평가할 수 있다고 판단한 것일 뿐으로서, 원·피고가 협력하여 공동으로 형성한 재산인 이상 그 소유 명의가 누구에게 있던 이혼 시 재산분할의 대상이 되는 것이고, 관련사건 항소심판결의 위와 같은 부부공동재산에 의한 원고의 고유채무 변제의 결과는 이 사건 재산분할 과정에서 고려하여 정산할 수 있는 점 등을 종합하면, 위 임대차보증금반환채권은 부부공동재산으로서 분할대상에 해당한다. 2. 피고는 임대인으로부터 20,000,000원을 차용하고 이를 임대차보증금 반환시 정산하기로 하였으므로 위 20,000,000원은 공제되어야한다고 주장하나, 을 제10호증의 일부기재만으로는 이를 인정하기 부족하므로, 위 주장은 이유 없다.
		3	하남시 오피스텔	633,000,000	갑 제11, 21호증, 을 제16, 17, 45호증, 감정평가서 피고는 위 오피스텔이 혼인관계 파탄 이전에 쌍방의 협력에 의하여 형성된 자원에 의한 것이 아니므로 재산분할대상에 해당하지 않는다고 주장한다. 그러나 위 증거들에 의하면, 피고는 원고와의 혼인기간 중인 2017. 6.경 분양대금 503,100,000원에 위 오피스텔 분양계약을 체결한 사실, 원고가 자신의 명의로 대출을 받아 2017. 6. 20. 계약금 50,310,000원을 지급한 사실, 그 후 피고가 대출을 받아 2020. 1. 15.까지 중도금 251,550,000원을 지급하고 같은 해 11. 9. 임차인으로부터 임대차보증금 490,000,000원을 지급받아 잔금 150,930,000원을 지급하며 중도금대출도 변제한 사실을 인정할 수 있는바, 위 인정사실에 의하면 위 오피스텔은 피고가 혼인관계 파탄 이후 취득하였으나 파탄 이전에 쌍방의 협력에 의하여 형성된 유형, 무형의 자원에 기초한 것으로서 재산분할대상이 된다고 봄이 타당하다.

피고의 순재산	372,734,903	
원고 및 피고 순재산의 합계	451,396,181	

2) 재산분할의 비율과 방법에 관한 제1심의 판단

가) 재산분할의 비율: 원고 35%, 피고 65%

나) 판단근거: 분할대상 재산의 취득 경위, 그 형성 및 유지에 대한 원·피고의 기여 정도, 원·피고의 나이, 직업, 혼인생활의 과정과 기간, 파탄경위, 재산분할의 부양적 요소, 혼인기간 중 피고는 가사와 자녀양육을 전담하면서 편의점 아르바이트, 베이비시터 등의 경제활동도 병행하였던 점, 특히 관련사건 항소심판결에 따르면, 이 사건 합의에 따른 원고의 피고에 대한 고유채무가 분할대상 공동재산인 임대차보증금 1억 4,000만원의 피고 명의 귀속으로 변제충당되었다고 판단됨으로써 결국 원고의 고유채무가 위 임대차보증금 중 피고 몫에 해당하는 7,000만 원 상당으로 변제된 셈이 되는 점 등 여러 사정을 참작하여 위와 같이 정한다.

다) 재산분할 주문: 피고는 원고에게 재산분할로 79,000,000원 및 그 지연손해금을 지급하라.

← 원·피고의 쌍방 항소.

3. 항소심 재판부의 심리·판단

가. 이혼 및 위자료 청구에 관하여

1) 본소 이혼 및 위자료 청구: 각 기각(= 제1심판결이유 인용)

2) 반소 이혼 청구: 인용(민법 제840조 제1호, 제6호) (= 제1심판결이유 인용)

3) 반소 위자료 청구: 기각[1)]

가) 위자료 지급의무의 존재 여부: 앞서 본 바와 같이 원고의 유책사유로 혼인관계가 파탄되었고, 그로 인하여 피고가 정신적 손해를 입었음이 경험칙상 명백하다. 그러나 ① 피고의 종전 이혼소송 제기와 그 취하 과정에서 이 사건 합의가 이루어진 점, ② 위 합의에서 ㉠ 원고가 피고에게 당시까지 피고가 받은 고통 등에 대한 위로금으로 오산시 아파트의 매각대금에서 위 아파트에 설정된 담보대출금을 상환하고 남은 차액을 지급하고, ㉡ 원고가 위 합의 후에 폭언, 폭행, 외도 등의 행위를 한 결과 가정이 파탄나는 경우 원고가 피고에게 약정금 100,000,000원을 지급하기로 약정한 점, ③ 피고가 이 사건 합의가 유효함을 전제로 하여 이

1) 항소심 재판부는 위 2. 가. 3)의 가), 나) 기재 제1심판결이유 부분을 그대로 인용한 다음, 아래 다)에 '위자료 지급의무의 존재 여부'에 관한 기재내용을 추가하였다.

에 근거하여 원고에게 위 위로금과 약정금 등의 지급을 청구하였는데, 관련사건에서 담당법원은 이 사건 합의가 원고와 피고의 진정한 의사에 기하여 적법하게 성립된 것이고 이 사건 합의서에 정한 쌍방의 권리의무관계가 현저하게 부당하지 않다는 취지로 판단한 다음 그 유효함을 전제로 한 판결을 선고하였으며, 그 판결이 확정된 점, ④ 원고와 피고의 이 사건 혼인 파탄 사유가 이 사건 합의서 제7조의 위로금 지급사유 및 제10조의 약정금 지급사유의 범위를 벗어나지 않는 점, ⑤ 이혼에 따른 위자료청구권의 성격 등을 고려할 때 이 사건 합의서 제10조의 약정금 부분에 관하여는 아래에서 살펴보는 민사상 손해배상액의 예정에 관한 판례의 법리를 적용함이 타당한 점 등에 비추어 보면, 이 사건 합의에서 정한 위로금은 위 합의 성립 전에 발생한 혼인 파탄과 관련된 원고의 유책사유, 이 사건 합의에서 정한 약정금은 위 합의 성립 후에 발생한 혼인 파탄과 관련된 원고의 유책사유로 인한 손해배상액 또는 손해배상액의 예정[채무자가 채권자에게 지급하기로 약정한 위약금이 손해배상액의 예정인지 위약벌인지는 기본적으로 당사자의 의사 해석에 달려 있는 것이지만, 그 의사가 명백하지 않은 경우에 위약금의 약정은 손해배상액의 예정으로 추정되고(민법 제398조 제4항), 위약금이 위약벌로 해석되기 위하여는 특별한 사정이 주장·입증되어야 하는데(대법원 2000. 12. 8. 선고 2000다35771 판결, 대법원 2001. 1. 19. 선고 2000다42632 판결 등 참조), 이 사건에서는 위 약정금을 위약벌로 볼 만한 특별한 사정에 대한 주장·입증이 없다]에 각각 해당한다고 봄이 타당하다. 그리고 손해배상액의 예정이 있는 경우 손해액에 대한 입증이 없어도 손해배상으로 그 예정액을 청구할 수 있는 이점이 있는 반면 다른 특약이 없는 한 채권자의 손해가 예정액을 초과한다 하더라도 초과 부분을 따로 청구할 수 없는 불이익도 있는 것이다(대법원 2001. 12. 27. 선고 2000다11676 판결 참조). 그런데 관련사건에서 이 사건 합의에서 정한 위로금 및 약정금의 지급을 명하는 판결이 선고되어 확정되었고(갑 제46, 56, 58호증 참조), 원고가 피고에게 그 판결금을 모두 변제하였다(갑 제59, 60호증 각 참조). 따라서 피고는 이 사건 청구를 통하여 관련사건에서 이 사건 합의를 토대로 위와 같은 경위로 확정된 금액을 초과하여 원고에게 위자료 청구를 할 수는 없다고 봄이 타당하다. 설령 피고에게 이 사건 합의로 인한 위자료 청구의 제약이 없다고 가정하더라도, 앞서 본 원고가 유책행위에 이르게 된 경위와 정도, 혼인관계 파탄의 원인과 책임, 원고와 피고의 연령과 재산상태 등을 종합해 보면, 원고가 이 사건 혼인 파탄과 관련하여 피고에게 지급해야 할 위자료의 액수가 관련사건 판결에서 확정되어 피고에게 이미 지급된 금액을 초과한다고 볼 수 없으므로, 이러한 점에서도 피고의 위자료 주장은 받아들일 수 없다(반소 위자료에 관한 원고의 항소 인용).

나. 재산분할 청구에 관한 판단

1) 분할대상 재산의 범위에 대한 항소심 판단(항소심판결 별지 2. 분할재산명세표 피고의 적극재산 순번 1, 3 참조)

관련사건 항소심판결의 사실인정 및 판단 등 제반 사정을 종합하면, 피고 명의의 임대차보증금 140,000,000원 반환채권은 부부공동재산에 해당하지 않으므로 분할대상에서 제외한다(피고의 주장 인용).

항소심판결 별지 2. 분할재산명세표(발췌)

소유자 등		순번	재산의 표시	재산가액(원)	증거 등
	원고의 순재산			78,661,288	
피고	적극재산	1	서울 부동산 임대차보증금반환채권	0	○ 갑 제8호증, 을 제10호증의 각 기재에 의하면, 피고가 2018. 11. 9. 임차보증금을 140,000,000원으로 정하여 위 부동산에 관한 임대차계약을 체결하였는데, 원고가 피고에게 2018. 11. 8. 10,000,000원을, 2018. 12. 21. 10,000,000원을 각 지급하였고, 피고는 그 무렵 위 각 돈으로 임대인에게 위 임차보증금을 지급한 사실을 각 인정할 수 있다. 그러나 갑 제46, 56, 58호증, 을 제7증의 각 기재에 의하면, 피고가 원고를 상대로 이 사건 합의에서 정한 위로금 179,904,540원 등의 지급을 구한 관련사건에서 '원고가 위 임차보증금을 부담함으로써 위 위로금 중 140,000,000원을 변제한 것'으로 인정되어 확정된 사실을 인정할 수 있다. 여기에 ① 혼인 중 원고의 채무불이행 및 불법행위로 인한 피고의 정신적 손해에 대한 손해배상 또는 손해배상 예정을 정한 이 사건 합의에 의하여 피고가 원고에 대하여 가지는 채권은 원·피고의 부부공동재산에 해당한다고 볼 수 없는 점[서울고등법원 2023. 6. 29. 선고 2022르23541 판결(확정) 참조], ② 관련사건에서는 임대차보증금반환채권이 피고에게 귀속됨으로써, 원고의 피고에 대한 위 손해배상 채무가 변제되었다고 법률상 평가되었을 뿐이고, 이러한 사정만으로 위 임대차보증금반환채권이 부부공동재산으로 바뀐다고 볼 수는 없는 점, ③ 위 임대차보증금반환채권이 분할대상에 포함될 경우 피고는 사실상 피고 몫에 해당하는 부분의 가액만큼은 원고로부

					터 위로금을 지급받지 못한 것과 같은 결과가 되어 부당한 점, ④ 이 사건 합의에서 원고는 위로금과 관련하여 어떠한 권리 주장도 하지 않는다고 약정한 점(을 제2호증 참조), ⑤ 위 임대차계약일로부터 약 1년만에 원고와 피고의 혼인이 파탄되어 이 사건 조정신청이 이루어졌으므로, 원고가 위 임대차보증금반환채권의 유지에 기여하였다고 보기도 어려운 점 등을 더하여 보면, 위 임대차보증금반환채권은 부부공동재산에 해당하지 않으므로 분할대상에서 제외함이 타당하다.
		3	하남시 오피스텔	691,000,000	○ 갑 제11, 26, 61호증, 을 제16, 17, 19, 23호증, 2024. 8. 20.자 감정서, 2021. 7. 6.자 국민은행 금융거래정보회신 ○ 피고는 위 오피스텔이 혼인 파탄 이전에 쌍방의 협력에 의하여 형성된 재산이 아니므로 분할대상에 해당하지 않는다고 주장한다. 그러나 위 증거들에 의하면, ① 피고는 원고와의 혼인기간 중인 2017. 6. 20. 분양대금을 503,100,000원으로 정하여 위 오피스텔에 관하여 분양계약을 체결한 사실, ② 원고가 대출을 받아 2017. 6. 20. 계약금 50,310,000원을 지급한 사실, ③ 피고가 중도금대출을 받아 5회분 중도금 251,550,000원(=50,310,000원×5회)을 지급한 다음 마지막 중도금 50,310,000원만 이 사건 조정신청 이후인 2020. 1. 13. 지급하였고, 2020. 11. 9. 임차인으로부터 임대보증금 490,000,000원을 지급받아 잔금 150,930,000원을 지급하고, 위 중도금대출도 변제한 사실, ④ 피고가 2020. 11. 9. 위 오피스텔에 관하여 피고 명의의 소유권이전등기를 마친 사실을 각 인정할 수 있고, 여기에 ⑤ 피고가 위 오피스텔의 분양대금을 납입하는 기간 동안 원고가 소득활동을 하면서 피고와 자녀들을 부양한 점을 더하여 보면, 위 오피스텔은 쌍방의 협력에 의하여 형성된 재산에 해당하므로 분할대상에 포함된다고 봄이 타당하다. 따라서 피고의 위 주장은 받아들일 수 없다(다만, 위와 같은 사정은 원고와 피고의 재산분할 비율을 정하는 과정에서 참작한다).
	피고의 순재산			290,982,854	
원고 및 피고 순재산의 합계				369,644,142	

2) 재산분할의 비율과 방법에 관한 항소심의 판단

가) 재산분할의 비율: 원고 40%, 피고 60%

나) 판단근거: ① 원고와 피고의 실질 혼인기간이 약 20년인 점, ② 혼인기간 중, 원고는 대기업에 근무하면서 소득활동을 하였고, 피고는 가사와 자녀양육을 주로 담당하면서 편의점 아르바이트, 베이비시터 등의 소득활동을 병행하였던 점, ③ 분할대상 재산 중 가액이 가장 큰 피고 명의의 오피스텔(항소심판결의 별지2 분할재산명세표 중 피고 적극재산 3번)은 피고가 주도하여 취득한 점, ④ 그 밖에 분할대상 재산의 취득 경위, 그 형성 및 유지에 대한 원·피고의 기여 정도, 부부공동생활과 관련하여 발생한 대출의 이자 분담 정도, 원·피고의 나이, 직업, 혼인생활의 과정과 기간, 파탄경위, 재산분할의 부양적 요소 등 여러 사정을 두루 참작하여 위와 같이 정한다.

다) 재산분할 주문: 피고는 원고에게 재산분할로, ① 40,000,000원 및 그 지연손해금을 지급하고, ② 별지1 목록 기재 보험계약(해지환급금 28,274,900원)에 관하여 보험계약자 명의를 원고로 변경하는 절차를 이행하라(재산분할에 관한 피고의 항소 일부 인용).

4. 검토

가. 가사분쟁과 관련하여 이루어진 합의의 성격 등

1) 가사분쟁 및 이에 관한 가사조정조항의 유형적 특수성 등[2)]

일반적인 민사사건에 대한 법원의 조정조서는 원칙적으로 장래 강제집행을 위한 집행권원으로 이용될 수 있는 것이므로, 그 내용의 적정성 내지 상당성이 인정되어야 하고, 객관적인 명확성이 요구되며, 조정절차에서 당사자들이 진정한 의사에 기하여 합의하였는지 등을 확인할 필요가 있다.

그런데 가사사건은 부부·가족 기타 친족사이의 신분관계에 관한 사건이나 그 신분관계에 밀접하게 관련된 재산, 권리 기타 법률관계에 관한 사건이다. 즉, 이혼분쟁을 비롯한 가사쟁송은 대부분 장기간에 걸쳐서 형성된 분쟁을 해결하는 절차이고, 또한 관련된 신분관계가 계속적으로 유지되는 경우가 많기 때문에, 전형적인 민사조정조항의 작성원칙에 어긋나는 형식의 조정조항을 활용하는 경우도 적지 않다. 가정법원의 가사조정절차에서 사용되는 조정조항을 크게 다음과 같이 4가지 유형으로 나누어 볼 수 있는데, 실무적으로 서로 다른 성

2) 아래 내용은 법원행정처, 조정실무(2002), 487, 525－530 중 발췌·요약·정리한 것인데, 위 책자의 발간 이후 법률개정 등을 반영하여 '채무명의'르 기재된 것은 '집행권원'으로 수정하였다.

격의 조정조항들이 포괄적으로 기술되는 경우도 적지 않다.

가) 집행권원 등으로 사용될 수 있는 조정조항

이에 대하여는 민사조정사항에 관한 원칙이 그대로 적용된다.

㉮ 작위의무에 관한 조항

'피고는 원고에게 위자료로 금 ○○○원을 지급한다.'와 같이 일방 당사자에게 상대방 또는 제3자에게 금전을 지급하거나 물건을 인도하는 작위의무를 부과시키는 조정조항이다(직접적인 강제집행의 대상).

㉯ 부작위의무에 관한 조항

'피고는 원고가 매주 토요일 18:00부터 19:00 사이에 피고의 집으로 전화를 걸어 사건본인과 30분간 전화통화를 하는 방법으로 면접교섭하는 것을 방해하면 안 된다.'와 같이 일방 당사자에게 구체적인 부작위의무를 부과하는 조정조항이다(간접강제의 대상).

㉰ 형성력에 관한 조항

'원고와 피고는 이혼한다.'와 같이 당사자가 임의로 처분할 수 있는 사항에 대하여 판결과 동일한 형성력을 가질 수 있도록 하는 조정조항이다.

나) 사적 합의(私的合意)를 공증하는 의미를 지닌 조정조항

㉮ 쌍방 당사자 사이에서는 합의된 사실관계나 약정내용이 명백한 것임에도 불구하고, 공식적으로 목적물을 특정하기 어렵거나 제3자에 대한 효력 등과 같은 문제로 위 가)항 기재와 같은 형태의 조정조항을 작성하기 힘든 경우가 있다.

㉯ 목적물의 특정문제

㉠ 예컨대, 이혼 등을 원인으로 한 원상회복청구사건의 조정절차에서 쌍방이 '피고는 원고가 피고에게 교부한 반지, 목걸이 등 일체의 결혼예물을 원고에게 반환한다.'와 같은 내용으로 합의하는 경우가 있다.

㉡ 또한 재산분할청구사건의 조정절차에서 '2000. 9. 1. 현재 원, 피고의 주거지에 있는 물건 중 ⓐ 의류, 장신구 등을 비롯하여 원고의 개인적 용도에 사용되는 원고의 소유물과 냉장고 1대, 텔레비전 1대는 원고의 재산으로, ⓑ 나머지 물건은 피고의 재산으로 각 분할한다.'와 같은 내용으로 합의하는 경우도 있다.

㉢ 위 ㉠㉡과 같은 합의는 사법적으로 유효한 것이고, 쌍방 당사자 사이에서는 목적물도 어느 정도 특정된 것으로 볼 수 있다. 그렇지만 위와 같은 조정조항이 위 가)항의 기준에 따른 공식적이고 대외적인 명확성을 갖추었다고 볼 수는 없다.

㉰ 법리적 문제

위 ㉠㉡과 같은 합의내용의 경우, 쌍방 당사자 내부적으로는 당연히 유효한 것이지만 이에 관하여 위 가)항의 기준에 따른 조정조항을 작성할 수 없는데, 만일 이러한 이유로 사적 합의를 공증하는 의미를 지닌 조정조항을 삭제하게 되면, 가사조정조항에 쌍방의 의견을 제대로 반영할 수 없게 되는 문제점이 생긴다.

㉱ 사적 합의를 내용으로 한 조정조항의 활용 여부

위와 같이 사적 합의를 내용으로 한 조정조항의 활용 여부에 관하여 이론적으로 견해의 대립이 가능하다. 그러나 이를 법원의 조정조서에 기재하면 이를 공증하는 의미를 갖기 때문에 별도의 개인적인 합의서에 비하여 훨씬 강력한 증거자료가 되고, 실무적으로 나중에 발생할 수 있는 관련분쟁을 억제하는 효과도 기대할 수 있기 때문에, 일반적인 실무관행은 적극설을 따르고 있다.

다) 장래의 가사분쟁에 대비한 조정조항

㉮ 가사분쟁의 경우 그 성질상 장기간에 걸쳐서 분쟁해결을 할 수밖에 없는 경우도 있고, 1차적으로 분쟁해결절차를 거친 다음에도 이해관계인의 신분관계가 청산되지 않고 계속적으로 유지되는 경우가 많기 때문에, 위 가)항과 같은 조정조항으로 분쟁을 해결하기 어려운 사례가 생긴다.

㉠ 현행법상 조건부 이혼합의를 하거나 혹은 장래의 시점에 이혼하기로 합의하는 것은 불가능하고, 실정법을 엄격하게 해석한다면 위 합의는 아무런 효력이 없다고 볼 수도 있다. 그런데 혼인관계가 단순 불화와 파탄의 한계선상에 있고, 이에 대한 책임이 피고에게 있다는 점에 대하여는 쌍방의 의견이 일치하는 사건의 조정절차에서는 '원고와 피고는 2000. 9. 1.부터 1년간 별거한다. 위 별거기간이 경과한 다음 원고가 피고에게 이혼청구하는 경우, 특별한 사정이 없는 한 피고는 이에 동의하기로 한다.'와 같은 내용의 합의가 이루어지는 경우가 있다. 재판상 이혼절차에서 일정한 별거기간, 또는 고려기간을 요구하고 있는 외국 입법례에 비추어 볼 때, 위 합의내용이 실정법에 완전히 합치하지 않는다는 이유만으로 이를 무시하거나 혹은 비합리적인 것이라고 취급하기는 어려울 것이다.

㉡ 한편, 미성년자녀들의 향후 양육비 명목으로 일정한 재산을 양육자에게 귀속시키기로 하는 취지의 협의가 이루어졌다고 하더라도, 양육자는 사후에 이러한 양육비부담에 관한 협의내용의 변경을 구하는 비송청구를 할 수 있고, 원칙적으로 가정법원은 제반 사정을 검토한 다음 언제든지 쌍방의 협의내용을 변경할 수 있는 권한을 가진다. 그런데, 실무적으로 가사조정절차에서 쌍방 당사자가 부부간의 재산분할, 위자료, 양육처분에 관하여 전반적으로

논의한 다음, '양육자는 특별한 사정이 없는 한 상대방에게 사건본인의 양육비청구를 하지 아니한다.'와 같은 합의를 하는 경우도 있다.

㈏ 현행법에 따르면 위 ㈎ 기재와 같은 쌍방 당사자의 합의내용에 법적 구속력을 부여할 수 없고, 따라서 엄격한 의미에서 이러한 합의는 '유효'하다고 보기 어렵다. 그렇지만 가사분쟁의 특성에 비추어 볼 때, 위와 같은 합의내용을 조정조서에 기재함으로써 장래에 당사자들 사이에서 발생가능한 가사분쟁을 억제할 수 있다면, 이를 적극적으로 활용하는 것이 바람직할 것이다. 다만, 이러한 조정조항의 경우, 당사자들 내부적으로는 법적 구속력을 가지는 위 나)항 기재 조정조항과는 달리, 후속사건에서 단순한 참고자료로 활용될 수 있을 뿐이다.

㈐ 실무적으로는 위와 같은 최초의 합의가 성립된 이후에 중대한 사정변경이 있는 등 특별한 사정이 없는 이상, 후속 사건을 처리하는 가정법원도 기존의 합의내용을 최대한 존중하는 것이 바람직하다. 다만, 최초의 가사조정절차에서도 후속사건의 발생가능성을 충분히 인식한 상태에서 그 조정조항에 쌍방의 진정한 합의내용 및 제반 상황을 되도록 구체적으로 기재함으로써, 후속사건 담당 법원에 대하여 정확한 정보를 제공하여야 할 것이다.

라) 도의조항(道義條項)

㈎ '쌍방은 이혼한 이후 각자 상대방의 사생활을 침해하지 않는다.' 또는 '피고는 원고가 사건본인에 대하여 면접교섭권을 행사할 수 있도록 적극 협력한다.'와 같이 당사자에게 도의적인 책임이 있음을 주의적으로 확인하거나, 법률상 당연히 인정되는 권리를 단순히 확인하는 조항, 윤리적인 준수를 기대하는 조항, 당사자에게 심리적인 부담을 주기 위한 조항 등은 법률적으로 특별한 효력이 없다. 따라서 이론적으로는 도의조항을 조정조항에 포함시킬 필요는 없을 것이다.

㈏ 다만, 당사자가 강력하게 원하거나, 이러한 내용을 조정조항에 삽입시키는 것이 전체적인 조정내용의 이행과 향후 분쟁의 재발방지에 도움이 된다고 판단된다면, 실무적으로 위와 같은 도의조항을 조정조항에 포함시키는 것에 큰 거부감을 가질 필요는 없다.

2) 가사분쟁에 관한 개별적인 합의의 성격과 효과 등

가) 개별적인 합의의 허용 여부

가사분쟁에 관한 민법 규정 중 일부에 강행법규의 성격이 있기는 하지만, 이러한 사정만으로 쌍방 당사자가 개별적인 합의를 통하여 위 1) 가), 나), 다), 라) 기재 내용에 관한 약정을 하는 것이 전면적으로 금지된다고 볼 수는 없다. 다만, 개별적인 합의의 경우 법원의 조정절차에서 이루어진 것이 아니기 때문에, 아래에서 보는 바와 같이 사안별로 해당 합의내용의 법적 성격이나 효력 등을 검토할 필요가 있다.

나) (법원의 조정조항이 아닌) 개별적인 합의의 성격에 관하여

쌍방 당사자가 위 1) 가), 나), 다), 라) 기재 내용에 관하여 개별적인 합의를 하는 경우, [가정법원이 그 절차에 직접 관여한 위 1)의 경우와 달리] 위와 같은 개별적인 합의가 쌍방의 진정한 의사에 의하여 성립되었는지, 그 내용이 민법 제103조, 제104조에 위반되는 것이 아닌지 등이 실질적으로 문제가 될 수 있다. 위와 같이 사적으로 이루어진 개별적인 합의에 관하여 공증이 이루어지지 않았기 때문에, 그 성립 과정이나 실제법적 효력 등에 대하여 실질적인 다툼이 발생할 수 있기 때문이다.[3)]

예컨대, 앞서 본 가사분쟁의 특성, 강행법규의 성격을 가지는 관련 법률의 성격 등에 비추어 볼 때, 쌍방 당사자가 내부적으로 법적 구속력을 발생하는 위 1) 나) 기재와 같은 성격의 약정을 하는 것이 어느 범위 내에서 허용되는지, 이에 관하여 약정 시점이나 방식 등을 제한하는 법률규정이나 관련 법리가 존재하는지 등이 실질적인 쟁점이 될 수 있다.[4)]

다) 위 1) 가) 기재와 같은 내용의 개별적인 합의에 관하여

가정법원의 조정절차에서 위 1) 가) 기재와 같이 집행권원 등으로 사용될 수 있는 내용

3) 이러한 측면에서 위 1) 가), 나), 다), 라) 기재 내용에 관하여도 당사자들의 합의가 가정법원의 조정절차에서 이루어졌는지 아니면 개별적인 합의절차에서 이루어졌는지 등은 실무적으로 상당한 의미가 있다.

4) 위와 같이 개별적인 합의의 법적 성격이나 실체법적 효력 등과 관련하여 참고할 수 있는 판례로 아래와 같은 판례를 예시할 수 있다.

㉮ 재산분할에 관한 협의는 혼인중 당사자 쌍방의 협력으로 이룩한 재산의 분할에 관하여 이미 이혼을 마친 당사자 또는 아직 이혼하지 않은 당사자 사이에 행하여지는 협의를 가리키는 것인바, 그 중 아직 이혼하지 않은 당사자가 장차 협의상 이혼할 것을 약정하면서 이를 전제로 하여 위 재산분할에 관한 협의를 하는 경우에 있어서는, 특별한 사정이 없는 한, 장차 당사자 사이에 협의상 이혼이 이루어질 것을 조건으로 하여 조건부 의사표시가 행하여지는 것이라 할 것이므로, 그 협의 후 당사자가 약정한대로 협의상 이혼이 이루어진 경우에 한하여 그 협의의 효력이 발생하는 것이지, 어떠한 원인으로든지 협의상 이혼이 이루어지지 아니하고 혼인관계가 존속하게 되거나 당사자 일방이 제기한 이혼청구의 소에 의하여 재판상이혼(화해 드는 조정에 의한 이혼을 포함한다. 이하 같다)이 이루어진 경우에는, 위 협의는 조건의 불성취로 인하여 효력이 발생하지 않는다고 보아야 할 것이다(대법원 1995. 10. 12. 선고 95다23156 판결, 대법원 2000. 10. 24. 선고 99다33458 판결, 대법원 2001. 5. 8. 선고 2000다58804 판결, 대법원 2003. 8. 19 선고 2001다14061 판결 등 참조).

㉯ 상속재산의 협의분할은 공동상속인 간의 일종의 계약으로서 공동상속인 전원이 참여하여야 하고 일부 상속인만으로 한 협의분할은 무효라고 할 것이나(대법원 1995. 4. 7. 선고 93다54736 판결 등 참조), 반드시 한 자리에서 이루어질 필요는 없고 순차적으로 이루어질 수도 있으며(대법원 2001. 11. 27. 선고 2000두9731 판결 등 참조), 상속인 중 한 사람이 만든 분할 원안을 다른 상속인이 후에 돌아가며 승인하여도 무방하다(대법원 2004. 10. 28. 선고 2003다65438, 65445 판결, 대법원 2010. 2. 25. 선고 2008다96963, 96970 판결 등 참조).

㉰ 원고들이 소외 2의 사망 전에 이 사건 부동산에 관한 권리를 포기하겠다는 의사를 표시하였다고 하더라도 이는 실질적으로 상속개시 전의 상속포기약정으로서 무효이고, 원고들의 유류분반환청구가 신의칙에 반한다고 볼 수도 없다고 판단한 원심판결에 대하여, 대법원은 이를 그대로 수긍하였다(대법원 2021. 8. 19. 선고 2017다230338 판결 참조).

에 관하여 조정이 성립하는 경우 이에 관하여 집행력이나 형성력 등이 발생하는데, 이는 조정에 대하여 재판상 화해와 동일한 효력을 인정하는 명문의 법률규정이 있기 때문이다(가사소송법 제59조 참조). 반면에, 당사자들이 가사조정절차가 아닌 다른 절차에서 위 1) 가) 기재와 같은 내용의 개별적인 합의를 하는 경우, 이에 대하여 위와 같은 집행력이나 형성력 등을 인정할 수 없음은 당연하다.

예컨대, 쌍방 당사자가 가사조정절차에서 이혼을 하면서 "상대방은 청구인에게 ㉠ 위자료로 1억 원을 지급하고, ㉡ 재산분할로 5억 원을 지급한다."라는 내용으로 임의조정을 하였음에도 불구하고 상대방이 ㉠ 위자료 또는 ㉡ 재산분할금을 청구인에게 지급하지 않는 경우, 청구인은 위 조정조서를 집행권원으로 하여 바로 상대방의 재산에 대하여 강제집행을 할 수 있다.

반면에, 쌍방 당사자가 협의상 이혼을 하면서 "상대방은 청구인에게 ㉢ 위자료로 2억 원을 지급하고, ㉣ 재산분할로 10억 원을 지급한다."라는 내용의 개별적인 합의를 한 이후에 상대방이 ㉢ 위자료 또는 ㉣ 재산분할금을 청구인에게 지급하지 않은 경우, 위 개별적인 합의내용은 상대방의 재산에 대한 집행권원이 될 수 없다. 따라서 청구인이 위와 같은 개별적인 합의 내용에 관한 별도의 민사소송을 제기하고, 이에 관한 증거자료 등을 토대로 상대방이 청구인에게 ㉢ 위자료 또는 ㉣ 재산분할금을 지급하라는 취지의 민사판결이 선고된 이후에 비로소 청구인은 위 민사판결을 집행권원으로 하여 상대방의 재산에 대하여 강제집행을 할 수 있다.[5)]

즉, 위 1) 가) 기재 내용에 관한 개별적인 합의에 대하여 집행력이 인정되기 위해서는 별도의 민사판결의 존재가 필수적이므로, 위 1) 가) 기재 내용에 관한 당사자들의 합의가 가정법원의 조정절차에서 이루어졌는지 아니면 개별적인 합의절차에서 이루어졌는지의 문제는 집행력 등 법적 효력의 측면에서 결정적인 의미를 가진다.

라) 위 1) 나) 기재와 같은 내용의 개별적인 합의에 관하여

한편, 가정법원의 조정절차에서 위 1) 나) 기재와 같이 사적 합의(私的合意)를 공증하는 의미를 가지는 조정이 성립한 사안에서도 이에 관하여 집행력 등은 발생할 수 없으므로, 상대방이 위 합의를 제대로 이행하지 않는 경우에, 청구인은 위 조정조항을 근거로 하여 바로 상대방의 재산에 대한 강제집행을 할 수는 없다. 즉, 위 1) 나) 기재와 같은 내용의 조정조항이나 개별적인 합의의 경우 양자 모두 이에 관한 집행력이 인정되기 위해서는 별도의 민사

5) 위와 같은 별도의 민사소송사건에서 법원이 해당 민사판결을 선고하면서 가집행선고를 하는 경우 그 판결의 확정 이전이라도 해당 판결은 집행권원이 될 수 있고, 나아가 위 판결이 확정되는 경우 그 판결은 당연히 집행권원이 된다.

판결의 존재가 필수적이기 때문에, 이러한 측면에서 양자 사이에 실질적인 차이가 없다.

다만, 위 1) 나) 기재와 같은 내용의 개별적인 합의에 관하여 공증은 이루어지지 않으므로, 앞서 본 바와 같이 당사자들 사이에서 그 성립 과정이나 실제법적 효력 등에 대하여 실질적인 다툼이 발생할 수 있다는 측면에서는 양자 사이에 실질적인 차이가 있다.

마) 위 1) 다), 라) 기재와 같은 내용의 개별적인 합의에 관하여

위 1) 다), 라) 기재 내용에 관한 가사조정절차에서의 조정내용을 후속 분쟁에서 중요한 참고 자료로 보아야 한다는 입장을 전제로 하는 경우, 같은 사항에 관하여 유사한 약정이 (가사조정절차가 아니라) 개별적인 합의절차에서 이루어졌다는 사정만으로 그 실질적 의미를 부정하기는 어렵다. 따라서 위 1) 다), 라) 기재 내용에 관한 개별적인 합의가 쌍방의 진정한 의사에 기하여 성립된 경우, 이러한 약정이 그 성격상 법적 구속력을 가지기 어렵다는 측면에서 엄밀한 의미에서 '유효'하다고 보기는 어렵지만, 후속 분쟁에서 중요한 참고자료가 될 수는 있다고 봄이 타당하다.[6)]

나. 이혼에 따른 위자료와 재산분할 등에 관한 개별적인 합의의 성격 등에 관하여

1) 이 사건 합의의 허용 여부 내지 성격 등

이 사건 합의는 피고가 제기한 종전 이혼소송에서 문제가 된 위자료, 재산분할 등에 관한 분쟁을 정리하는 관한 내용을 포함하고 있지만, 이는 (법원의 소송절차 내지 조정절차가 아니라) 개별적인 합의절차에서 이루어진 것이다. 따라서 이 사건 합의가 법적으로 어떠한 효력이 있는지, 그 성격이 어떠한지를 검토하기 위해서는 먼저 가사분쟁에 관한 개별적인 합의의 허용 여부 내지 성격 등에 대하여 전반적으로 살펴볼 필요가 있다.

2) 상속재산분할에 관한 개별적인 합으에 대하여

가) 관련 민법 규정 등

민법 제1013조(협의에 의한 분할) ① 전조의 경우 외에는 공동상속인은 언제든지 그 협의에 의하여 상속재산을 분할할 수 있다.

② 제269조의 규정은 전항의 상속재산의 분할에 준용한다.

제269조(분할의 방법) ① 분할의 방법에 관하여 협의가 성립되지 아니한 때에는 공유자는 법원에 그 분할을 청구할 수 있다.

---

6) 다만, 위 1) 다, 라) 기재와 같은 내용의 개별적인 합의에 관하여는 공증이 이루어지지 않으므로, 당사자들 사이에서 그 성립 과정이나 실제법적 효력 등에 대하여 실질적인 다툼이 발생할 수 있다는 측면에서는 가사조정절차에서 이루어진 조정조항과 실질적으로 차이가 있음은 앞서 본 바와 같다.

② 현물로 분할할 수 없거나 분할로 인하여 현저히 그 가액이 감손될 염려가 있는 때에는 법원은 물건의 경매를 명할 수 있다.

나) 개별적인 합의절차에서 이루어진 상속재산 분할협의의 성격 등

(1) 상속재산분할의 심판에는 형성력이 있으므로 그 심판이 확정되면 심판주문에서 선언된 내용에 따라 당사자 사이의 권리의무가 창설, 변경, 소멸된다. 부수처분으로서의 이행명령은 집행권원이 되므로(가사소송법 제41조) 집행력도 있다. 그러나 기판력은 없다. 한편, 대법원은 가정법원의 심판으로 경매를 명한 상속재산분할심판이 확정되면 심판의 당사자는 이 심판에 기하여 상속재산에 대하여 경매를 신청하고 경매에 따른 매각대금을 수령할 권리가 있으나 상속재산분할심판에서 정한 구체적 상속분에 따라 물권변동의 효력이 발생하는 것은 아니라고 판시하였다(대법원 2012. 12. 27. 선고 2010다10108 판결 참조).[7)]

(2) 한편, 공동상속인들 전원이 진정한 의사에 기하여 피상속인의 상속재산에 관한 분할협의가 이루어지는 경우, '㉮ 당초의 법정 상속분에 따른 공유 또는 준공유 상태의 해소와 ㉯ 협의내용에 따른 새로운 법률관계의 형성'이라는 기본적인 법률효과가 발생한다. 이와 같이 개별적인 합의절차에서 이루어진 상속재산 분할협의는 법정 상속분에 따른 상속법관계를 소급적으로 소멸시키는 대신에 협의 내용에 따른 상속법관계의 형성이라는 법률효과를 발생시키는 것으로서, (법원의 재판절차나 조정절차가 아닌) 개별적인 합의절차에서 성립된 것이라도 공동상속인들 전원의 합의가 전제되는 이상, 그 형식과 관계없이 법적 효력이 인정된다.[8)] 상속재산 분할협의는 요식행위가 아니기 때문이다.

(3) 상속재산 분할협의는 공동상속인 사이에 이루어지는 일종의 계약으로서(대법원 2004. 7. 8. 선고 2002다73203 판결 참조), 상속이 개시되어 공동상속인 사이에 잠정적 공유가 된 상속재산에 대해서 그 전부 또는 일부를 각 상속인의 단독소유로 하거나 새로운 공유관계로 이행시킴으로써 상속재산의 귀속을 확정시키는 것이다(대법원 2007. 7. 26. 선고 2007다29119 판결 등 참조). 상속재산 분할의 기준이 되는 것은 특별수익(민법 제1008조)과 기여분(민법 제1008조의2 제1항)을 고려한 구체적 상속분이나(대법원 2001. 2. 9. 선고 2000다51797 판결 참조), 상속재산 분할협의의 내용은 공동상속인이 자유롭게 정할 수 있으며 어느 공동상속인의 취득분을 영(零)으로 하는 상속재산 분할협의도 유효하다(대법원 2003. 8. 22. 선고 2003다27276 판결, 대법원 2021. 8. 19. 선고 2017다230338 판결 등 참조).

(4) 상속재산의 분할협의는 그 성질상 재산권을 목적으로 하는 법률행위이므로(사해행위

7) 법원실무제요 가사(Ⅱ), 사법연수원(2021), 1650 참조.
8) 양경승, "상속재산분할협의의 법적 성질과 효력", 사법논집(66), 법원도서관(2018), 466 참조.

취소에 관한 대법원 2001. 2. 9. 선고 2000다51797 판결 참조), 상속재산의 분할협의에서 상속재산 전체를 일괄하여 분할할 필요는 없고, 상속재산 중 일부에 대한 분할협의도 유효하다. 이와 같이 상속재산 분할협의는 일종의 계약으로서 민법총칙의 의사표시 등을 비롯한 실체법적 관련 규정들이 적용되므로, 위 협의의 효력에 관한 다툼이 발생하는 경우 원칙적으로 민사소송절차에 의하여 해결해야 한다. 대법원 판례도 상속재산 분할협의가 민법 제103조의 적용을 받는지, 그 내용이 민법 제109조에 따라 착오에 기한 의사표시로서 취소대상이 되는지 등이 민사소송의 대상임을 전제로 판단하고 있다(대법원 1996. 4. 26. 선고 95다54426, 54433 판결, 대법원 2007. 10. 25. 선고 2005다27362 판결 등 참조).[9)10)]

(5) 상속재산의 분할협의에 조건을 붙이는 것이 가능한지에 관하여 견해의 대립이 가능하지만, 대법원 판례는 긍정설을 취하고 있다(대법원 2004. 7. 8. 선고 2002다73203 판결 등 참조).[11)]

(6) 한편, 상속재산분할의 심판은 공동상속인들 사이에서 분할에 관한 협의가 성립되지 않는 것을 전제로 하는 것이므로(민법 제1013조, 제269조 참조), 위와 같은 상속재산 분할협의가 적용되는 영역에 관하여 상속재산분할의 심판을 청구할 수 없다. 따라서 유효한 상속재산 분할협의가 존재함에도 불구하고 공동상속인 중 일부로부터 상속재산분할심판청구가 제기되는 경우, 가정법원은 그 심판청구를 각하하여야 된다. 심판청구의 이익이 없기 때문이다.[12)]

---

9) 윤진수 편집대표, 「주해 상속법 Ⅰ」, 박영사(2019), 319(이봉민 집필부분); 양경승(2018), 498−510 참조.

10) 이에 관하여, ① 위 대법원 95다54426, 54433 판결은 "공동상속인 중 1인이 제3자에게 상속 부동산을 매도한 뒤 그 앞으로 소유권이전등기가 경료되기 전에 위 매도인과 다른 공동상속인들 간에 그 부동산을 위 매도인 외의 다른 상속인 1인의 소유로 하는 내용의 상속재산 협의분할이 이루어져 그 앞으로 소유권이전등기를 한 경우에 위 상속재산 협의분할은 상속개시된 때에 소급하여 효력이 발생하고 등기를 경료하지 아니한 제3자는 민법 제1015조 단서 소정의 소급효가 제한되는 제3자에 해당하지 아니하는바(대법원 1992. 11. 24. 선고 92다31514 판결 참조), 이 경우 상속재산 협의분할로 위 부동산을 단독으로 상속한 자가 협의분할 이전에 공동상속인 중 1인이 그 부동산을 제3자에게 매도한 사실을 알면서도 상속재산 협의분할을 하였을 뿐 아니라 위 매도인의 배임행위(또는 배신행위)를 유인, 교사하거나 이에 협력하는 등 적극적으로 가담한 경우에는 위 상속재산 협의분할 중 위 매도인의 법정상속분에 관한 부분은 민법 제103조 소정의 반사회질서의 법률행위에 해당한다 할 것이다."라고 판시하였고,

② 위 대법원 2005다27362 판결은 "원심 판시 사실에 의하면, 이 사건 분할협의 당시에 원·피고들을 비롯한 망 김○○의 상속인들은 이 사건 차명예금 등이 상속세 부과대상 재산에서 제외되는 것을 전제로 상속세가 30억 원 정도 부과될 것이라고 예상하는 한편, 이 사건 차명예금 등이 과세대상인 상속재산에 포함될 경우 그에 대하여 상속세나 과징금 등의 세금이 추가로 부과될 수도 있음을 인식하고, 그와 같이 부과되는 경우 등에 대비하여 이 사건 분할협의 내용 중에 '상속으로 인하여 추가되는 세금은 법정상속분에 따라 분할하여 부담'하기로 하는 내용의 합의도 포함시켰다고 봄이 상당하므로, 이 사건 분할협의가 피고들의 주장과 같은 착오에 기인한 것이었다고 볼 수는 없다."라고 판시하였다.

11) 윤진수(2019), 317−318 참조.

12) 법원실무제요 가사(Ⅱ), 사법연수원(2021), 1595−1596 참조.

즉, 공동상속인 사이에 이루어지는 일종의 계약인 상속재산 분할협의가 이미 성립한 상태에서 이에 따른 상속재산분할이 실제로 이루어지지 않는 경우, 특별한 사정이 없는 이상 당사자들은 위 재산분할 협의를 토대로 하여 그 이행을 구하는 별도의 민사상 청구를 할 수는 있으나, 이와는 달리 가정법원에 대하여 상속재산분할의 액수와 방법 등을 정해 달라는 취지의 상속재산분할심판청구(가사비송청구)를 할 수는 없다.

이와 같이 상속재산 분할협의는 위 가. 1) 나) 기재와 같은 내용의 개별적인 합의에 해당하기 때문에, 이를 제대로 이행하지 않는 일부 상속인들의 재산에 대하여 타방 당사자가 강제집행을 하기 위해서는 민사판결 등 별도의 집행권원이 존재해야 한다.

3) 이혼에 따른 재산분할에 관한 개별적인 합의에 대하여

가) 관련 민법 규정 등

민법 제839조의2(재산분할청구권) ① 협의상 이혼한 자의 일방은 다른 일방에 대하여 재산분할을 청구할 수 있다.

② 제1항의 재산분할에 관하여 협의가 되지 아니하거나 협의할 수 없는 때에는 가정법원은 당사자의 청구에 의하여 당사자 쌍방의 협력으로 이룩한 재산의 액수 기타 사정을 참작하여 분할의 액수와 방법을 정한다.

③ 제1항의 재산분할청구권은 이혼한 날부터 2년을 경과한 때에는 소멸한다.

나) 개별적인 합의에 의한 이혼에 따른 재산분할협의의 성격 등[13)]

(1) 이혼으로 인한 재산분할청구권은 이혼을 한 당사자의 일방이 다른 일방에 대하여 재산분할을 청구할 수 있는 권리로서 이혼이 성립한 때에 그 법적 효과로서 비로소 발생하는 것일 뿐만 아니라(대법원 1998. 11. 13. 선고 98므1193 판결 참조), 협의 또는 심판에 의하여 그 구체적 내용이 형성되기까지는 그 범위 및 내용이 불명확·불확정하기 때문에 구체적으로 권리가 발생하였다고 할 수 없다(대법원 1999. 4. 9. 선고 98다58016 판결, 대법원 2013. 10. 11. 선고 2013다7936 판결 등 참조). 즉, 이혼에 따른 재산분할의 재판은 '형성의 소'의 성격을 가지는 것으로서, 당사자 사이에 '협의가 되지 아니하거나 협의할 수 없는 때'에만 할 수 있는 것이므로, 당사자 사이에 개별적인 합의에 의하여 이미 재산분할에 관한 협의가 성립하였다면 재산분할심판청구는 청구의 이익이 없음을 이유로 이를 각하하거나 사안에 따라서 이를 민사소송으로 보아 민사법원으로 이송하여야 한다.

(2) 이혼에 따른 재산분할협의는 일종의 계약으로서 그 형식과 관계없이 효력을 인정할

---

13) 재산분할청구권에 관한 전반적인 내용에 대하여는 윤진수 편집대표, 「주해 친족법 Ⅰ」, 박영사(2015), 369－438 참조.

수 있고, 쌍방 당사자가 각자 상대방에 대하여 재산분할청구를 하지 않기로 하는 합의를 하는 것도 가능하다. 나아가 이에 대하여 민법총칙의 의사표시 등을 비롯한 실체법적 관련 규정들이 적용되므로, 위 협의의 효력에 관한 다툼이 발생하는 경우 원칙적으로 민사소송절차에 의하여 해결해야 하고, 이러한 재산분할협의에 조건을 붙이는 것도 가능하다(대법원 1995. 10. 12. 선고 95다23156 판결 등 참조). 이와 관련하여 다음과 같은 사항을 유의할 필요가 있다.

㈎ 예컨대, 부부가 서로 협의이혼하기로 하고 이혼에 따른 자녀양육, 위자료, 재산분할 등의 조건에 관하여 1991. 6. 26. 합의하여 공증까지 하였으나 그 후 피고가 그 합의내용의 일부를 이행하지 아니한 상태에서 원고가 1991. 9. 26. 이 사건으로써 이혼, 위자료 및 재산분할 등을 구하는 소송을 제기하고, 1991. 10. 8.에 이르러서는 피고에 대하여 위 합의의 해제를 서면으로 통지한 사실과 위 합의의 내용은 아직까지도 완전히 이행되지 아니하고 있는 사실 등이 인정되는 사안에서, 위 1991. 6. 26.자 재산분할의 합의는 적법하게 해제되어 더 이상 존속하지 않으므로, 원고가 재산분할심판청구를 한 것은 적법하다(대법원 1993. 12. 28. 선고 93므409 판결).

㈏ 또한 이혼에 따른 재산분할에 관한 협의는 혼인 중 당사자 쌍방의 협력으로 이룩한 재산의 분할에 관하여 이미 이혼을 마친 당사자 또는 아직 이혼하지 않은 당사자 사이에 행하여지는 협의를 가리키는 것인바, 그 중 아직 이혼하지 않은 당사자가 장차 협의상 이혼할 것을 약정하면서 이를 전제로 하여 위 재산분할에 관한 협의를 하는 경우에 있어서는, 특별한 사정이 없는 한, 장차 당사자 사이에 협의상 이혼이 이루어질 것을 조건으로 하여 조건부 의사표시가 행하여지는 것이라 할 것이므로, 그 협의 후 당사자가 약정한대로 협의상 이혼이 이루어진 경우에 한하여 그 협의의 효력이 발생하는 것이지, 어떠한 원인으로든지 협의상 이혼이 이루어지지 아니하고 혼인관계가 존속하게 되거나 당사자 일방이 제기한 이혼청구의 소에 의하여 재판상 이혼(화해 또는 조정에 의한 이혼을 포함한다)이 이루어진 경우에는, 위 협의는 조건의 불성취로 인하여 효력이 발생하지 않는다고 보아야 할 것이다(위 대법원 95다23156 판결 등 참조).[14)]

㈐ 한편, 피고가 1983년경 사기죄로 고소당하고 손해배상청구소송을 제기당하여 원고가 그 피해자들의 손해를 배상하는 등 원·피고 사이에 금전문제로 불화가 있어 오다가 피고가

14) 위 대법원 95다23156 판결은 원·피고가 1992. 10. 7. 이혼에 따른 위자료 및 재산분할 등 재산분배의 명목으로 피고가 원고에게 금 50,000,000원을 지급하기로 약정하였으나, 쌍방의 의견 불일치로 인하여 협의상 이혼이 이루어지지 않았고, 위 약정 후인 1992. 11. 17. 원고가 피고를 상대로 이혼 및 위자료 금 3,000만 원과 재산분할 금 5,000만 원의 지급을 구하는 소를 제기하였다가 1993. 2. 5. 이를 취하하였고, 이에 피고가 원고를 상대로 이혼청구의 소를 제기하여 1993. 6. 3. 승소판결을 받았으며 그 판결이 1993. 6. 24. 확정됨으로써 재판상 이혼에 이르게 된 사안에 대하여 판단한 사례이다.

1988. 8. 17. 재산을 모두 원고 소유로 한다는 내용의 각서를 작성하여 주었고, 피고는 그 후 1990. 10.경부터 소외 2와 동거하다가 1991. 4. 10. 원고가 이러한 사실을 알게 되자, 용서를 빌며 피고 명의의 부동산을 원고가 처분할 수 있도록 계약서, 인감증명서 등 그에 필요한 서류를 교부하였으며, 피고는 그 후에도 1991. 8.경 부동산 소개를 잘못하여 원고가 그 피해자들의 손해를 배상하는 등의 일이 있게 되자, 피고 명의의 부동산을 원고가 처분할 수 있도록 거래확인서, 양도각서, 위임장, 계약서 등 관련서류를 교부한 사안에서, 대법원은 피고가 위 소외 2와 동거하는 것을 원고가 알게 되고 피고가 부동산 소개를 잘못하여 원고가 그 손해를 배상하게 된 상황에서 원고와의 불화를 피하고자 작성하여 준 것으로서, 이로써 원·피고 사이에 이혼을 전제로 하여 그에 따른 재산분할에 관하여 협의가 성립되었다고는 볼 수 없다고 본 항소심의 판단을 그대로 수긍하였다(대법원 1997. 7. 22. 선고 96므318, 325 판결 등 참조).

또한 대법원 2013. 7. 12. 선고 2011므1116, 1123 판결의 경우, 제1심법원의 조정기일조서에 마치 쌍방 당사자가 피고의 일부 재산에 관한 분할방법에 대하여 합의를 한 것처럼 기재되어 있다고 하더라도, 그 조정기일에 조정이 성립되지 않았고, 재산분할에 관한 전체적인 합의도 이루어지지 않았으므로, 위와 같은 재산분할 방법에 관하여 조정기일조서에 기재된 내용은 위 재산을 포함한 전체 재산에 관한 분할을 전제로 한 당사자의 진술 중 위 재산과 관련한 진술 부분만을 떼어 기록상 남겨두기 위한 목적에서 기재된 것으로 볼 수 있는데, 결국 쌍방 당사자 사이에서 조정이 성립되지 않았다면 위 조정기일에서 위와 같은 피고의 일부 재산에 관한 분할방법에 대하여 확정적인 의사의 합치가 있었다고 보기 어렵다는 이유로, 쌍방 당사자 사이에 유효한 합의가 있었음을 전제로 한 항소심 판단이 잘못되었다고 판시하였다.[15]

위 각 대법원 판결의 경우, 이혼에 따른 재산분할협의가 민사상 계약의 일종이므로, 당사자들의 확정적인 의사의 합치에 의하여 위 재산분할협의가 성립되어야 한다는 취지로 볼

15) 한애라, "이혼에 따른 재산분할심판에서 당사자간 일부 재산분할 합의의 소송상 효력 — 대법원 2013. 7. 12. 선고 2011므1116 판결과 관련하여 —", 가족법연구(32−2), 한국가족법학회(2018), 382−383의 경우, 위 대법원 2011므1116 판결의 사실관계를 종합하여 보면, 제1심 조정기일에서 당사자가 피고의 위 일부 재산과 관련된 일체의 쟁점에 관하여 확정적 합의가 성립하였다고 보기 어렵기 때문에 위 판결의 결론은 수긍할 수 있지만, 위 판결에서 그 판단의 전제가 되는 법리로 "당사자가 소송 중에 일부 재산에 관한 분할방법에 관한 합의를 하였다고 하더라도, 법원으로서는 당사자가 합의한 대로 분할을 하여야 하는 것은 아니다."라고 설시한 것은 '이혼에 따른 재산분할에서 당사자의 합의는 그것이 전체 재산에 대한 확정적인 합의가 아닌 한 법원에 의하여 언제든지 변경될 수 있다.'는 것으로 오해될 소지가 있다고 비판하면서, 이혼에 따른 재산분할은 원칙적으로 협의에 의하고, 협의가 없을 경우에만 재판에 의한 분할이 가능하다는 민법 규정 등에 비추어 볼 때, 재산의 일부(혹은 특정재산에 관한 분할방법)에 관해서라도 당사자 사이에 재산분할의 합의가 있다면, 당사자의 의사가 존중되어 법원의 직권행사는 제한되어야 한다는 취지로 주장한다. 위 주장은 아래 각주 18) 기재 대법원 2021. 6. 10. 선고 2021므10898 판결의 판시내용과 같은 취지로서 타당하다고 생각한다.

수 있다.

㈑ 민법 제839조의2에 규정된 재산분할제도는 혼인 중에 부부 쌍방의 협력으로 이룩한 실질적인 공동재산을 청산·분배하는 것을 주된 목적으로 하는 것이고, 이혼으로 인한 재산분할청구권은 이혼이 성립한 때에 그 법적 효과로서 비로소 발생하는 것일 뿐만 아니라 협의 또는 심판에 의하여 구체적 내용이 형성되기까지는 범위 및 내용이 불명확·불확정하기 때문에 구체적으로 권리가 발생하였다고 할 수 없으므로(대법원 1999. 4. 9. 선고 98다58016 판결 참조), 협의 또는 심판에 의하여 구체화되지 않은 재산분할청구권을 혼인이 해소되기 전에 미리 포기하는 것은 그 성질상 허용되지 아니한다(대법원 2003. 3. 25. 선고 2002므1787, 1794, 1800 판결 등 참조). 아직 이혼하지 않은 당사자가 장차 협의상 이혼할 것을 합의하는 과정에서 이를 전제로 재산분할청구권을 포기하는 서면을 작성한 경우, 부부 쌍방의 협력으로 형성된 공동재산 전부를 청산·분배하려는 의도로 재산분할의 대상이 되는 재산액, 이에 대한 쌍방의 기여도와 재산분할 방법 등에 관하여 협의한 결과 부부 일방이 재산분할청구권을 포기하기에 이르렀다는 등의 사정이 없는 한 성질상 허용되지 아니하는 '재산분할청구권의 사전포기'에 불과할 뿐이므로 쉽사리 '재산분할에 관한 협의'로서의 '포기약정'이라고 보아서는 아니 된다(대법원 2016. 1. 25.자 2015스451 결정 등 참조).[16]

(3) 이혼에 따른 재산분할의 협의는 쌍방 배우자 사이에 이루어지는 일종의 계약이고, 그 성질상 재산권을 목적으로 하는 법률행위이므로(사해행위취소에 관한 대법원 2000. 7. 28. 선고 2000다14101 판결 등 참조), 부부공동재산 중 일부 재산에 대한 분할협의도 유효하고, 재산분할에 관한 협의가 이루어진 경우에도 협의 당시 고려되지 않았던 새로운 재산이 추가로 발견되었다면 이에 대한 추가적인 재산분할협의를 하여야 한다.[17][18]

---

16) 법원실무제요 가사(Ⅱ), 사법연수원(2021), 1455－1456 참조.

17) 법원실무제요 가사(Ⅱ), 사법연수원(2021), 1455－1456 등 참조. 재산분할재판이 확정된 후 재산분할 대상 재산이 새로이 발견된 경우, 추가로 재산분할청구를 할 수 있다는 취지의 대법원 2003. 2. 28. 선고 2000므582 판결 등 참조.

18) 위와 같이 일부 재산에 관한 분할협의가 아직 성립하지 않은 상태에서 일방 배우자가 이혼 및 재산분할청구를 한 사안에서는, 일방 당사자가 특정한 방법으로 재산분할을 청구하더라도 법원은 이에 구속되지 않고 타당하다고 인정되는 방법에 다라 재산분할을 명할 수 있는 것이 원칙이다(대법원 2010. 12. 23. 선고 2009므3928 판결 참조). 다만, 재산분할심판은 재산분할에 관하여 당사자 사이에 협의가 되지 아니하거나 협의할 수 없는 때에 한하여 하는 것이므로(민법 제843조, 제839조의2 제2항), 쌍방 당사자가 일부 재산에 관하여 분할방법에 관한 합의를 하였고, 그것이 그 일부 재산과 나머지 재산을 적정하게 분할하는 데 지장을 가져오는 것이 아니라면 법원으로서는 이를 최대한 존중하여 재산분할을 명하는 것이 타당하고, 그 경우 법원이 아무런 합리적인 이유를 제시하지 아니한 채 그 합의에 반하는 방법으로 재산분할을 하는 것은 재산분할사건이 가사비송사건이고, 그에 관하여 법원의 후견적 입장이 강조된다는 측면을 고려하더라도 정당화되기 어렵다[대법원 2021. 6. 10. 선고 2021므10898 판결 등 참조. 이 쟁점에 관한 상세한 검토는 한애라(2018), 379－404 참조].

(4) 이혼에 따른 재산분할청구는 당사자 사이에 협의가 이루어지지 않거나 협의할 수 없는 때 비로소 할 수 있으므로, 이미 이루어진 재산분할에 관한 약정의 이행을 구하는 민사청구와는 구별된다(대법원 2021. 6. 24. 선고 2018다243089 판결 등 참조). 따라서 이혼 당사자들 사이에 이루어지는 일종의 계약인 재산분할협의가 이미 성립한 상태에서 이에 따른 재산분할이 실제로 이루어지지 않는 경우, 특별한 사정이 없는 이상 당사자들은 위 재산분할 협의를 토대로 하여 그 이행을 구하는 별도의 민사상 청구를 할 수는 있으나, 이와는 달리 가정법원에 대하여 재산분할의 액수와 방법 등을 정해 달라는 취지의 재산분할심판청구(가사비송청구)를 할 수는 없다.[19][20]

이와 같이 이혼에 따른 재산분할협의는 위 나. 1) 나) 기재와 같은 내용의 개별적인 합의에 해당하기 때문에, 이를 제대로 이행하지 않는 일방 당사자의 재산에 대하여 타방 당사

---

19) 즉, 이혼에 따른 재산분할협의가 성립한 경우, 쌍방 당사자는 각자 상대방에 대하여 위와 같이 계약에 따라 이미 정해진 급부의 이행을 청구할 수 있을 뿐이고, 그 계약의 범위를 초과하는 내용의 재산분할심판청구(가사비송청구)를 할 수는 없는 것이다.
이에 관하여 한애라(2018), 397－398에는 "이혼에 따른 재산분할에서도 당사자의 합의 또는 의사가 법원의 직권에 우선하는 영역이 분명히 존재한다. (부부공동재산 중 일부인 남편 명의의 아파트 지분에 관하여 처에게 소유권이전등기절차를 이행한다는 내용의 재산분할협의가 이루어진 사안에서) 일부 재산분할 협의도 유효하므로, 처는 위 일부 재산분할 협의에 기하여 민사적으로 남편을 상대로 위 아파트 중 남편 명의 지분에 관한 소유권이전등기절차 이행을 청구할 수 있을 것이다. 그리고 나머지 재산에 대하여는 가정법원에 재산분할청구를 하여, 제반사정을 고려할 때 재산분할 비율은 5:5가 되어야 하는데 자신은 위 아파트와 오피스텔만을 가지고 있거나 가지게 될 것이므로, 남편 명의 예금 중 1억 원을 추가로 재산분할금으로 지급받아야 한다고 주장할 수 있을 것이다. (중략) 처가 아파트를 제외하고 1억 원만 재산분할금으로 청구하는 전자의 경우, 법원이 심리 결과 아파트를 처가 아니라 남편이 소유하도록 하는 것이 적정한 재산분할 방법이라는 결론에 이르렀다고 하더라도, 민사소송규칙 제93조 제2항에 따라 법원은 처가 청구하는 청구취지 1억 원을 초과하여 의무이행을 명할 수 없으므로, 처가 분할을 청구하지도 않은 아파트를 임의로 분할대상에 포함시켜 분할을 명할 수는 없다. 또한 아파트에 관하여는 이미 분할이 완결되어 민사소송으로 이행청구를 할 수 있는 이상, 이에 관하여 다시 재산분할을 명할 대상적격이나 소의 이익도 없을 것이다. 결국 법원으로서는 이미 일부 분할협의가 성립한 아파트에 대하여는 원칙적으로 더 이상 재산분할을 명할 수 없고, 다만 잔여재산에 대한 부부 간의 적정한 재산분할 비율을 정하기 위한 전제로 아파트의 가액이나 그 재산형성 과정 등 이미 분할이 종료된 재산에 관하여 직권탐지할 수 있을 뿐이라고 보아야 한다."라고 기재되어 있다.

20) 위와 같이 이혼에 따른 재산분할 협의에 관하여 쌍방 당사자의 합의 또는 의사를 우선시하는 입장의 타당성과 관련하여, 한애라(2018), 399, 403에는 "기본적으로 부부간의 문제는 부부가 가장 잘 알고, 부부가 협의한 대로 재산을 분할하는 것이 가장 이상적이다. 법원이 이러한 부부간의 협의나 합의를 무시하고 스스로 적정하다고 생각하는 방법으로 재산을 분할하거나 이미 협의가 성립한 재산에 다시 사후적으로 개입하는 것은 가사사건에서의 법원의 후견적 지위를 고려하더라도 타당하지 않다. 이러한 관점에서 볼 때, 당사자의 의사가 확실한 영역에서는 법원의 직권 행사가 제한되어야 할 것이다.", "재산분할에서 당사자 합의를 우선시하는 것은 민법상 재산분할의 기본원칙일 뿐만 아니라, 구체적 타당성이 있는 적정한 재산분할에도 더욱 기여할 수 있다. 당사자의 사적 자치보다 법원의 후견적 직권행사가 더 최선의 결과를 낳는다고 단정할 수 없으며, 법원이 당사자보다 더 현명한 해결책을 찾을 수 있다고 보는 것은 국가의 오만일 뿐이다."라고 기재되어 있다.

자가 강제집행을 하기 위해서는 민사판결 등 별도의 집행권원이 존재해야 한다.

4) 이혼에 따른 위자료에 관한 개별적인 합의에 대하여

가) 관련 민법 규정 등

민법 제806조(약혼해제와 손해배상청구권) ① 약혼을 해제한 때에는 당사자 일방은 과실있는 상대방에 대하여 이로 인한 손해의 배상을 청구할 수 있다.

② 전항의 경우에는 재산상 손해외에 정신상 고통에 대하여도 손해배상의 책임이 있다.

③ 정신상 고통에 대한 배상청구권은 양도 또는 승계하지 못한다. 그러나 당사자간에 이미 그 배상에 관한 계약이 성립되거나 소를 제기한 후에는 그러하지 아니하다.

제843조(준용규정) 재판상 이혼에 따른 손해배상책임에 관하여는 제806조를 준용하고, 재판상 이혼에 따른 자녀의 양육책임 등에 관하여는 제837조를 준용하며, 재판상 이혼에 따른 면접교섭권에 관하여는 제837조의2를 준용하고, 재판상 이혼에 따른 재산분할청구권에 관하여는 제839조의2를 준용하며, 재판상 이혼에 따른 재산분할청구권 보전을 위한 사해행위취소권에 관하여는 제839조의3을 준용한다.

나) 이혼에 따른 위자료에 관한 개별적인 합의의 성격 등

(1) 이혼에 따른 손해배상청구의 소의 성격 등

㈎ 이혼에 따른 위자료 청구권을 소송물로 하는 다류 가사소송사건은 재산상의 분쟁을 대상으로 하는 것으로서 본질상 민사사건이고 이행의 소이므로, 그 소송절차는 원칙적으로 민사소송법에 따르고(가사소송법 제12조 본문), 그 청구인용의 판결에는 원칙적으로 가집행선고를 붙여야 한다(민사소송법 제213조). 따라서 일반 민사사건에서와 같이, 변론주의의 지배를 받아 주요사실은 당사자가 변론에서 주장하여야 하고 당사자가 주장하지 않은 사실을 판결의 기초로 삼을 수 없으며, 자백에는 구속력이 있어 법원이 그에 반하는 사실인정을 할 수 없고, 당사자가 신청한 증거에 한하여 증거조사를 함이 원칙이고 그 증거에 의하여 심증을 얻을 수 없을 때에만 보충적으로 직권증거조사를 할 수 있을 뿐이다. 확정판결의 기판력도 당사자 사이에서만 발생한다.

㈏ 다만, 다류 가사소송사건도 가사사건의 일종으로서 가정법원의 관할에 전속하는 등(가사소송법 2조) 일정한 범위 내에서는 일반 민사소송사건과 다른 취급을 받는다.

㈐ 혼인관계 중 유책행위를 원인으로 한 손해배상청구의 경우, ① 일방 배우자가 타방 배우자 내지 제3자(예컨대, 부정행위 상대방 등)를 상대로 이혼을 원인으로 청구한 것은 다류 가사소송사건에 해당하는 반면에(가정법원 전속관할), ② 일방 배우자가 타방 배우자의 유책행위가 있었음을 주장하면서도 부부관계를 그대로 유지하여 재판상 이혼청구는 하지 아니한

채 그 유책행위로 인한 손해배상만을 청구하는 것은 이혼을 원인으로 한 것이 아니어서 민사사건으로서의 손해배상청구일 뿐이고, 이는 다류 가사소송사건에 해당하지 않는다.[21)]

㈃ 이혼에 따른 위자료의 법적 성격에 관하여,

㉮ 이를 불법행위 책임으로 보는 견해,[22)]

㉯ 혼인의무 불이행에 대한 책임으로 보는 견해,[23)]

㉰ 이혼 원인이 되는 행위와 관계된 손해의 배상은 불법행위책임이고, 이혼 자체로 인한 손해의 배상은 과실 유무와 관계없이 지는 법정책임이라는 설.[24)]

㉱ 책임근거가 되는 의무와 배상대상이 되는 손해에 따라 불법행위책임, 채무불이행책임, 법정책임이 될 수 있다는 견해[25)] 등이 대립한다.

대법원 판례는 ㉮ 불법행위책임설의 입장을 취하고 있는데(대법원 1976. 2. 10. 선고 75므33 판결, 대법원 1993. 5. 27. 선고 92므143 판결 등 참조), 학설상으로는 ㉯ 채무불이행책임설도 유력하게 주장되고 있다.[26)]

그런데 채무불이행 책임이든 불법행위 책임이든 전보배상이 원칙이므로(민법 제763조, 제393조), 위자료의 성격을 불법행위책임으로 볼 것인지 아니면 채무불이행책임으로 볼 것인

21) 가사소송법 제2조 제1항 제1호 ㈐목 2)는 '이혼을 원인으로 하는 손해배상청구'에 관한 제3자에 대한 청구를 포함하여 다류 가사소송사건으로 정하고 있는데, 이때 '이혼을 원인으로 하는 손해배상청구'는 이혼의 원인이 되는 개별적 유책행위의 발생으로부터 최종적 이혼에 이르기까지 일련의 경과를 전체로서 불법행위로 파악하여 손해배상을 청구하는 경우를 의미한다. 이와 달리 이혼과 무관하게 부부공동생활 중 발생한 개별적 특정 유책행위를 불법행위로 파악하여 민사상 손해배상을 청구하는 것이 명백한 경우에는 가사소송법 제2조 제1항 제1호 ㈐목 2)의 규율대상이 아니다. 한편 '이혼을 원인으로 하는 손해배상청구'에 해당하는지 여부는 구체적 사안에서 당사자의 의사, 당사자가 혼인관계를 유지하고 있는지, 협의 이혼의 성립 여부 또는 부부 일방이 재판상 이혼을 청구하였는지, 재판상 이혼청구 소송의 경과 등을 종합적으로 판단하여야 한다(대법원 2021. 11. 25. 선고 2021다253154, 253161 판결 등 참조). 이에 관한 상세한 설명은 법원실무제요 가사(Ⅰ), 사법연수원(2021), 764−767 참조.

22) 불법행위책임설[이에 관하여는 민유숙, "이혼과 관련된 손해배상청구의 관할과 처리", 실무연구 X, 서울가정법원(2005), 450−451; 정태규, "이혼(사실혼해소, 약혼해제)으로 인한 위자료 산정기준의 분석", 재판자료(8), 법원도서관(1981), 54−55 등 참조].

23) 채무불이행책임설[이에 관하여는 박순성, "이혼을 원인으로 하는 손해배상청구권의 법적 성격", 재판자료(62), 법원도서관(1993), 523−528 등 참조].

24) 법정책임설[이에 관하여는 김숙자, "재산분할청구권", 가족법연구(4), 한국가족법학회(1990), 118−120; 한삼인, "이혼위자료산정의 기준", 가족법학총론: 박병호 교수 환갑기념 I, 박영사(1991), 304−305 등 참조].

25) 결합설[이에 관하여는 최창렬, "이혼에 따른 위자료의 법적 성질에 관한 고찰", 가족법연구(14), 한국가족법학회(2000), 51−61 등 참조].

26) 이동진, "부부관계의 사실상 파탄과 부정행위에 대한 책임: 비교법적 고찰로부터의 시사", 법학 54권 4호(통권 169호), 서울대학교 법학연구소(2013), 71−73 등 참조.

지에 따라 위자료 액수의 산정이 달라지지는 않을 것으로 보인다.[27]

(2) 이혼에 따른 손해배상 청구에 관한 개별적인 합의의 성격 등

(가) 이혼에 따른 위자료에 관한 합의는 재산권을 목적으로 하는 법률행위로서 일종의 민사상 계약의 성격을 가지고, 이에 대하여 민법총칙의 의사표시 등을 비롯한 실체법적 관련 규정들이 적용된다. 따라서 이러한 합의의 효력에 관한 다툼이 발생하는 경우 원칙적으로 민사소송절차에 의하여 해결해야 한다.

(나) 이혼에 따른 위자료 청구사건은 본질상 민사사건의 성격을 가지므로, 이에 관하여 쌍방 당사자가 민사상 계약법의 일반원칙에 따라 적법·유효한 개별적인 합의를 하였음에도 불구하고 이에 따른 이행이 제대로 이행되지 않은 사안에서는 일방 당사자가 타방 당사자에 대하여 그 합의의 이행을 구하는 민사청구의 소를 제기할 수 있을 뿐이다.[28]

(다) 즉, 이혼 당사자들 사이에 이루어지는 일종의 계약인 이혼에 따른 위자료에 관한 개별적인 합의가 이미 성립한 상태에서 이에 다른 위자료 지급이 실제로 이루어지지 않는 경우, 특별한 사정이 없는 이상 당사자들은 위와 같은 위자료에 관한 합의를 근거로 하여 그 이행을 구하는 별도의 민사상 청구를 할 수는 있으나, 이와는 달리 가정법원에 대하여 위자료의 액수 등을 정해 달라는 취지의 다류 가사소송청구를 할 수는 없다는 취지이다.

㉮ 예컨대, 이혼이 이미 성립된 이후에 이혼에 따른 위자료의 액수 및 지급방법 등을 정한 개인적인 합의가 이루어진 경우, 쌍방 당사자는 각자 상대방에 대하여 위와 같은 민사상 계약에 따라 이미 정해진 급부의 이행을 청구할 수 있을 뿐이고, 그 계약의 범위를 초과하는 위자료를 구하는 청구를 할 수는 없을 것이다.

㉯ 한편, 이혼이 아직 성립되기 전에 장차 당사자들 사이에 이혼이 이루어질 것을 조건으로 하여 이혼에 관한 위자료의 액수 및 지급방법 등을 정하는 조건부 의사표시에 의한 개인적인 합의가 성립한 다음, 당사자들이 원래 약정한 바와 같이 이혼이 이루어지는 등 그 조건이 성취된 경우에는 위 개인적인 합의가 적법·유효하다고 볼 수 있으므로,[29] 위와 같은 사

27) 동지, 이선미, "이혼 위자료 재판의 개선방안 – 부정행위로 인한 혼인파탄의 경우를 중심으로 –", 서울고등법원 가사항고소송연구회 2023. 11. 27.자 발표문(미공간), 10 참조.

28) 상속재산분할심판이나 이혼에 따른 재산분할심판 등이 '형성의 소'의 성격을 가짐에도 불구하고, 그 소송물(재산분할)에 관하여 적법·유효한 개별적인 합의가 이루어진 경우 (가사비송심판청구가 아닌) 민사상 청구만이 허용된다는 점은 앞서 본 바와 같다[재산분할에 관한 대법원 2021. 6. 24. 선고 2018다243089 판결 및 위 1), 2) 기재내용 참조]. 이와 대비하여 볼 때, '이행의 소'의 성격을 가지는 이혼에 따른 위자료 청구권에 관한 사건이 다류 가사소송사건으로 규정되어 있다고 하더라도, 본질적으로 민사사건인 위자료와 관련된 소송물(이혼에 따른 위자료 청구권)에 관하여 이미 적법·유효한 개별적인 합의가 이루어진 경우 (가사소송청구가 아닌) 민사상 청구만이 가능하다고 봄이 타당하다.

29) 이혼에 따른 재산분할에 관하여 협의상 이혼의 성립을 조건으로 한 재산분할협의의 효력 등에 관하

안에서 쌍방 당사자는 각자 상대방에 대하여 위와 같이 민사상 계약에 따라 이미 정해진 급부의 이행을 청구할 수 있을 뿐이고, 그 계약의 범위를 초과하는 내용의 위자료 청구를 할 수는 없을 것이다.[30)]

㈑ 이혼에 따른 위자료에 관한 손해배상액 예정

㉮ 견해의 대립 가능성

이혼이 아직 성립되기 전에 장차 쌍방 당사자 사이에 이혼이 이루어질 것을 조건으로 하여 이혼에 관한 위자료 액수 등에 관한 손해배상액 예정을 하는 개인적인 합의가 성립한 다음, 당사자들이 원래 약정한 바와 같이 이혼이 이루어진 경우에는 위 개인적인 합의가 적법·유효하다고 볼 수 있는지에 대하여 이론적으로 긍정설과 부정설 등이 대립할 수 있으므로, 아래에서는 이에 대하여 살펴본다.

㉯ 논의의 전제

먼저 일방 배우자의 타방 배우자에 대한 이혼에 따른 위자료 청구권의 경우 불법행위책임이라고 볼 수 있지만, 이론적으로 채무불이행 책임의 성격을 함께 가진다고 볼 수 있음은 위 (1) ㈑에서 살펴본 바와 같다. 그리고 손해배상액 예정에 관한 계약 당시 특정 원인과 관련된 채무불이행으로 인한 손해로 예정된 것이라면 특별한 사정이 없는 한 해당 손해를 발생시킨 원인행위의 법적 성격과 상관없이 그 손해는 예정액에 포함되므로 그 예정액과 별도로 불법행위책임을 근거로 한 배상 등을 추가로 청구할 수는 없다는 것이 대법원 판례의

여, 위 대법원 95다23156 판결은 "이혼에 따른 재산분할에 관한 협의는 혼인 중 당사자 쌍방의 협력으로 이룩한 재산의 분할에 관하여 이미 이혼을 마친 당사자 또는 아직 이혼하지 않은 당사자 사이에 행하여지는 협의를 가리키는 것인바, 그 중 아직 이혼하지 않은 당사자가 장차 협의상 이혼할 것을 약정하면서 이를 전제로 하여 위 재산분할에 관한 협의를 하는 경우에 있어서는, 특별한 사정이 없는 한, 장차 당사자 사이에 협의상 이혼이 이루어질 것을 조건으로 하여 조건부 의사표시가 행하여지는 것이라 할 것이므로, 그 협의 후 당사자가 약정한대로 협의상 이혼이 이루어진 경우에 한하여 그 협의의 효력이 발생하는 것이지, 어떠한 원인으로든지 협의상 이혼이 이루어지지 아니하고 혼인관계가 존속하게 되거나 당사자 일방이 제기한 이혼청구의 소에 의하여 재판상이혼(화해 또는 조정에 의한 이혼을 포함한다)이 이루어진 경우에는, 위 협의는 조건의 불성취로 인하여 효력이 발생하지 않는다고 보아야 할 것이다."라고 판시하고 있는데[상세한 내용은 위 3) 나) ⑵ 기재 참조], 이러한 판례의 취지를 이혼에 따른 위자료에 관한 사안에 원용할 수 있을 것이다.

30) 실무적으로 쌍방 당사자가 이혼이 아직 성립되기 전에 협의상 이혼의 성립을 조건으로 하여 ㉠ 재산분할의 액수 및 지급방법과 ㉡ 위자료의 액수 및 지급방법을 한꺼번에 정하는 조건부 의사표시에 의한 개인적인 합의를 하는 경우가 발생할 수 있는데, 위와 같은 조건이 성취되는 경우 위 ㉠ 부분과 ㉡ 부분은 모두 적법·유효한 민사상 계약에 해당한다고 볼 수 있다. 다만, 이러한 정지조건의 성취 여부는 개별 사건의 구체적인 사실관계에 따라 달라질 수 있는데, 쌍방 당사자가 장차 협의상 이혼이 이루어질 것을 조건으로 하여 양육비와 재산분할 등에 관한 협의를 하면서 '향후 서로 상대방에 대하여 본 합의서에서 정한 외의 위자료, 재산분할 등 일체의 재산상 청구를 하지 아니한다.'라는 내용의 약정을 하였으나, 쌍방이 협의상 이혼을 하지 않아서 위와 같은 정지조건이 성취되지 않았다고 판단한 사례로는 서울고등법원 2022. 7. 21. 선고 2021르23483 판결(피고 상고, 대법원 2022. 11. 10.자 상고기각 판결(심리불속행)로 확정) 참조.

입장이다.[31)]

㉰ 긍정설의 논거

이혼에 따른 위자료 청구사건은 본질상 민사사건의 성격을 가지는데, 대법원 2018. 12. 27. 선고 2016다274270, 274287 판결의 법리에 비추어 볼 때, 위 ㉮와 같은 개인적인 합의가 쌍방 당사자의 진정한 의사에 의하여 적법하게 성립되었고, 거기에서 정한 쌍방의 권리의무 관계가 현저하게 부당하지 않으며, 해당 혼인 파탄의 사유가 위 개인적인 합의 당시에 전제하였던 위자료 지급 사유의 범위에 포함되는 등[32)] 위와 같은 개인적 합의에서 정한 조건이 성취되었다고 볼 수 있는 사안에서는 위와 같은 개인적인 합의에 대하여 민사상 손해배상액 예정에 관한 민법 제398조 및 관련 판례의 법리를 적용할 수 있다는 긍정설이 타당하다는 취지이다. 이혼에 따른 위자료에 관한 개인적인 합의가 민사상 계약의 성격을 가지는 이상, 위와 같은 사안에서 민사상 손해배상액 예정에 관한 일반 법리의 적용을 배제할 근거가 없기 때문이다.

따라서 위와 같은 사안에서는 특별한 사정이 없는 이상 손해배상액 예정을 규정한 개인적인 합의의 유효성을 인정하는 긍정설의 입장을 취할 수 있다고 생각한다.[33)]

---

31) 이에 관하여 대법원 2018. 12. 27. 선고 2016다274270, 274287 판결은 "계약 당시 일방의 책임으로 계약이 해지되면 계약이행보증금이 상대방에게 귀속된다고 정한 경우 계약이행보증금은 위약금으로서 민법 제398조 제4항에 따라 손해배상액의 예정으로 추정된다. 손해배상액을 예정한 경우 다른 특약이 없는 한 채무불이행으로 발생할 수 있는 모든 손해가 예정액에 포함된다. 그 계약과 관련하여 손해배상액을 예정한 채무불이행과 별도의 행위를 원인으로 손해가 발생하여 불법행위 또는 부당이득이 성립한 경우 그 손해는 예정액에서 제외되지만(대법원 1999. 1. 15. 선고 98다48033 판결 등 참조), 계약 당시 채무불이행으로 인한 손해로 예정한 것이라면 특별한 사정이 없는 한 손해를 발생시킨 원인행위의 법적 성격과 상관없이 그 손해는 예정액에 포함되므로 예정액과 별도로 배상 또는 반환을 청구할 수 없다."라고 판시하고 있다.

32) 즉, 실제 혼인파탄의 사유들이 위와 같은 손해배상액 예정 당시 상정하였던 위자료 지급 사유에 모두 포섭되는 경우를 의미한다.

33) 법원의 위자료 액수 산정과 관련하여, 금전가치로 산정하는 것이 애당초 불가능한 정신적 손해에 관하여 법원은 금전으로 배상하는 재판을 해야 하기 때문에, 실무에서는 '위자료 액수의 산정은 정답이 없다. 다만, 최선 답이 있을 뿐이다.'라는 이야기를 하기도 한다. 같은 맥락에서, 실무상 이혼을 원인으로 하는 손해배상청구사건에서 적정한 위자로 액수를 산정하는 문제는 본질적으로 '불가능에 도전하는 것'과 유사한 구조이고, 통상적인 실무관행과 해당 사건의 구체적·개별적 사정 등을 종합적으로 고려하여 '최선 답'을 구하는 것도 쉽지 않은 과제라는 점 등은 서울고등법원 2023. 6. 29. 선고 2023르20204 판결 및 이에 대한 해설(Ⅰ. [2] 1. 유책배우자의 이혼청구가 예외적으로 인용된 경우 상대방의 위자료 청구에 관한 헌법적·법률적 쟁점) 참조.

이러한 실무적인 관점에서 보는 경우, 부부간의 혼인 및 이혼 관계의 구체적·개별적 사정에 가장 근접해 있는 쌍방 당사자가 상정할 수 있는 혼인파탄사유를 구체적으로 적시한 다음 이를 전제로 하여 위자료에 관한 손해배상액 예정을 하는 개인적인 합의를 하였고, 위와 같은 조건이 성취된 것으로 볼 수 있는 사안에서, 특별한 사정이 없음에도 불구하고 법원에서 위 예정액과 다른 액수의 위자료를 산정하는 것이 실무적으로 과연 구체적으로 타당성을 가지는 결론에 이를 수 있는 방법인지 등에 대해서도 의문이 제기될 수 있다. 이혼에 따른 재산분할과 관련하여 한애라(2018), 398, 402는 "기

㉣ 유의점

민법 제840조는 재판상 이혼원인으로서, 배우자에 부정한 행위가 있었을 때(제1호), 배우자가 악의로 다른 일방을 유기한 때(제2호), 배우자 또는 그 직계존속으로부터 심히 부당한 대우를 받았을 때(제3호), 자기의 직계존속이 배우자로부터 심히 부당한 대우를 받았을 때(제4호), 배우자의 생사가 3년 이상 분명하지 아니한 때(제5호), 기타 혼인을 계속하기 어려운 중대한 사유가 있을 때(제6호) 등 6가지를 들고 있다. 위 각 이혼사유의 상호성에 관하여 절대적 독립설, 독립예시설, 단순예시설 등의 견해 대립이 있는데, 대법원 판례는 절대적 독립설을 취하고 있다(대법원 1963. 1. 31. 선고 62다812 판결, 대법원 2000. 9. 5. 선고 99므1886 판결 등 참조).

절대적 독립설에 입각한 위 대법원 99므1886 판결 등 판례의 법리를 토대로 하는 경우, 만일 부부가 장래에 발생할 수 있는 일방 당사자의 부정행위(민법 제840조 제1호)로 인한 혼인파탄 상황만을 상정하여 해당 이혼사유에 따른 위자료에 관하여 민법 제398조에 근거한 손해배상액 예정을 하였는데, 그 후 ㉠ 일방 당사자가 타방 당사자에 대하여 심각한 폭행을 비롯한 심히 부당한 대우(민법 제840조 제3호) 등과 같은 별개 유형의 유책행위를 하거나, ㉡ 혹은 부정행위를 함과 동시에 심히 부당한 대우까지 함께 행한 경우, 일방 당사자의 실제 유책행위는 손해배상액 예정 당시에 원래 상정하였던 전제에서 벗어나는 결과가 발생했다고 볼 수 있다.

그런데 긍정설은 위 대법원 2016다274270, 274287 판결의 법리를 반영하고 있는 것이므로, 위 ㉠, ㉡과 같이 손해배상액 예정 당시에 원래 상정하였던 전제에서 벗어나는 결과가 발생한 사안에서까지 (위와 같은 조건부 손해배상액 예정이 존재한다는 사정만으로) 별개 유형의 유책행위에 관한 추가적인 위자료 청구가 금지된다는 취지로 주장하는 것은 아니다.[34)]

본적으로 부부간의 문제는 부부가 가장 잘 알고, 부부가 협의한 대로 재산을 분할하는 것이 가장 이상적이다. 법원이 이러한 부부간의 협의나 합의를 무시하고 스스로 적정하다고 생각하는 방법으로 재산을 분할하거나 이미 협의가 성립한 재산에 다시 사후적으로 개입하는 것은 가사사건에서의 법원의 후견적 지위를 고려하더라도 타당하지 않다. 이러한 관점에서 볼 때, 당사자의 의사가 확실한 영역에서는 법원의 직권 행사가 제한되어야 할 것이다.", "재산분할에서 당사자 합의를 우선시하는 것은 민법상 재산분할의 기본원칙일 뿐만 아니라, 구체적 타당성이 있는 적정한 재산분할에도 더욱 기여할 수 있다. 당사자의 사적 자치보다 법원의 후견적 직권행사가 더 최선의 결과를 낳는다고 단정할 수 없으며, 법원이 당사자보다 더 현명한 해결책을 찾을 수 있다고 보는 것은 국가의 오만일 뿐이다."라고 주장하고 있는데, 이러한 주장도 유사한 입장이라고 할 수 있다.

34) 위 대법원 2016다274270, 274287 판결에서 "계약 당시 일방의 책임으로 계약이 해지되면 계약이행보증금이 상대방에게 귀속된다고 정한 경우 계약이행보증금은 위약금으로서 민법 제398조 제4항에 따라 손해배상액의 예정으로 추정된다. 손해배상액을 예정한 경우 다른 특약이 없는 한 채무불이행으로 발생할 수 있는 모든 손해가 예정액에 포함된다. 그 계약과 관련하여 손해배상액을 예정한 채무불이행과 별도의 행위를 원인으로 손해가 발생하여 불법행위 또는 부당이득이 성립한 경우 그 손해는 예정액에서 제외되지만(대법원 1999. 1. 15. 선고 98다48033 판결 등 참조), 계약 당시 채무불이행

즉, 위 ㉠, ㉡과 같이 개별 사안의 구체적인 사정에 따라서 위와 같은 개인적인 합의에서 정한 조건이 성취되었다고 볼 수 없는 등 원래 상정하였던 전제에서 벗어나는 결과가 발생한 경우, 위 개인적인 합의는 조건의 불성취로 인하여 그 효력이 발생하지 않기 때문에 위 손해배상액 예정을 초과하는 위자료 청구가 허용될 수 있다. 다만 이러한 사안에서는 아래에서 살펴보는 대법원 2005. 6. 23. 선고 2004다66001 판결, 대법원 1999. 11. 26. 선고 99다34499 판결 등의 법리가 적용될 수 있으므로, 유책행위자가 상대방 배우자에게 손해배상액 예정액에 해당하는 금원을 위자료의 일부로 지급한 경우 가정법원은 위와 같은 위자료 액수를 산정함에 있어서 이러한 사정을 참작할 수 있을 것이다.

㉤ 긍정설에 입각한 법적 효과

긍정설을 토대로 하는 경우, 위와 같이 조건이 성취되는 사안에서 손해배상액을 예정한 민사상 계약은 '유효'하므로, 쌍방 당사자는 원칙적으로 각자 상대방에 대하여 위와 같이 손해배상액을 예정한 민사상 계약에 따라 이미 정해진 급부의 이행을 청구할 수 있을 뿐이고, 그 계약의 범위를 초과하는 내용의 위자료 청구를 할 수는 없을 것이다.

한편, 이와 같이 이혼에 따른 위자료에 관한 합의는 위 가. 1) 나) 기재와 같이 당사자들 내부적으로만 법적으로 유효한 개별적인 합의에 해당하기 때문에, 이를 제대로 이행하지 않는 일방 당사자의 재산에 대하여 타방 당사자가 강제집행을 하기 위해서는 민사판결 등 별도의 집행권원이 존재해야 한다.

㉥ 부정설에 대한 검토

반면에, 아래에서 살펴보는 대법원 2024. 10. 25. 선고 2024므11526, 2024므11533 판결의 사정 범위를 폭넓게 파악하는 입장 등에서는 이혼이 아직 성립되기 전에 장차 쌍방 당사자 사이에 이혼이 이루어질 것을 조건으로 하여 이혼에 따른 위자료 액수 등에 관한 손해배상액 예정을 하는 개인적인 합의의 '유효성'을 인정하지 않는 부정설이 제기될 수 있다.[35] 다류 가사소송사건인 위자료청구권의 경우 해당 혼인의 해소시점까지 발생한 모든 사정을 참작하여 그 액수 등을 정해야 하는데(위 대법원 2024므11526, 2024므11533 판결 참조), 혼인이 해소되기 전에 이혼에 따른 위자료 액수 등에 관하여 손해배상액 예정을 하는 경우 그 개인적인 합

으로 인한 손해로 예정한 것이라면 특별한 사정이 없는 한 손해를 발생시킨 원인행위의 법적 성격과 상관없이 그 손해는 예정액에 포함되므로 예정액과 별도로 배상 또는 반환을 청구할 수 없다."라고 판시한 것도 손해배상액 예정 당시에 원래 상정하였던 전제에서 벗어나는 결과가 발생한 사안에서는 예정액과 별도의 배상을 청구할 여지가 있다는 취지로 볼 수 있다.

35) 이혼에 따른 위자료에 관하여 조건부 손해배상액 예정이 존재하는 경우에도, 앞서 본 바와 같이 개별 사안의 구체적인 사정에 따라서 위와 같은 개인적인 합의에서 정한 조건이 성취되었다고 볼 수 없는 사안에서는 위 개인적인 합의가 조건의 불성취로 인하여 효력이 발생하지 않기 때문에, 부정설을 취하는 것과 유사한 결과가 발생한다.

의 이후에 사정을 반영하기 어렵다는 점 등이 위 부정설의 논거가 될 수 있다.

이러한 부정설을 토대로 하는 경우, 위 개인적인 합의 당시에 전제하였던 위자료 지급사유에 부합하는 이혼사유에 의하여 해당 혼인이 파탄된 경우에도 당사자는 위 개인적인 합의에 근거하여 금전이행을 청구하는 민사소송을 제기할 수는 없고, 다류 가사소송사건에 해당하는 손해배상청구만 할 수 있다고 보아야 한다.

즉, 이러한 부정설을 토대로 하는 경우, 위와 같은 손해배상액 예정에 관한 개인적인 합의는 민사법적으로 '유효'하다고 할 수 없고, 단지 위 가. 1) 다) 기재(장래의 가사분쟁에 대비한 조정조항) 내용에 관하여 법적인 구속력이 없는 합의를 한 것에 불과하기 때문에, 쌍방 당사자가 혼인 중 위와 같은 손해배상액 예정이 포함된 개인적인 합의를 한 적이 있다는 점을 다류 가사소송사건에서 위자료 액수 산정을 위한 단순한 참고자료로 제출할 수 있을 뿐이라는 결론에 이르게 된다.[36)]

한편, 대법원 2005. 6. 23. 선고 2004다66001 판결은 "불법행위로 입은 정신적 고통에 대한 위자료 액수에 관하여는 사실심 법원이 제반 사정을 참작하여 그 직권에 속하는 재량에 의하여 이를 확정할 수 있고(대법원 2002. 11. 26. 선고 2002다43165 판결 등 참조), 가해자가 피해자에게 위자료의 일부로서 금원을 지급한 경우 법원은 위자료 액수를 산정함에 있어서 이러한 사정을 참작할 수 있는 것인바(대법원 1999. 11. 26. 선고 99다34499 판결[37)] 등 참조), 이러한 법리는 민법 제760조에 따라 각자가 손해액 전부에 대한 책임을 부담하는 공동불법행위자 중 1인이 피해자에게 위자료를 지급한 경우에도 마찬가지라고 할 것이다."라고 판시하고 있다.

위 대법원 판례의 법리를 반영하고 있는 부정설의 입장을 토대로 하는 경우, 쌍방 당사자가 혼인 중 위와 같은 손해배상액 예정이 포함된 개인적인 합의를 하였다는 참고자료를 다류 가사소송사건에 제출한 경우, 가정법원은 그 합의 경위 및 내용, 실제로 금원이 지급되었는지에 관한 사정 등을 이혼에 따른 위자료 액수의 산정과정에서 참작하는 것이 타당할 것이다.[38)]

---

36) 이혼에 따른 위자료에 관하여 조건부 손해배상액 예정에 규정된 조건의 불성취로 인하여 위 개인적인 합의의 효력이 발생하지 않는 경우에도 부정설의 입장과 유사한 결과가 발생한다는 점은 앞서 본 바와 같다.

37) 위 대법원 99다34499 판결의 경우, 교통사고 가해자가 피해자의 유족에게 위로금조로 공탁한 금원을 위자료의 일부로 보아 재산상 손해배상금에서 공제하지 않고 위자료 액수의 산정에 있어서 참작한 항소심 판결을 대법원에서 그대로 수긍한 사례이다.

38) 다만, 관련사건에서 확정된 민사판결은 이 사건 사실관계를 토대로 하여 이혼에 따른 위자료에 관하여 조건부 손해배상액 예정에 관한 개인적인 합의가 존재하는 사안에서 그 조건이 성취되는 등 그 유효성을 인정할 수 있는 경우에는 그 손해배상액 예정의 유효성이 인정된다는 취지의 긍정설을 취

(3) 다류 가사소송사건에 해당하는 위자료 청구와의 비교 등

(가) 이혼을 원인으로 하는 위자료청구권은 상대방 배우자의 유책불법한 행위에 의하여 혼인관계가 파탄상태에 이르러 이혼하게 된 경우 그로 인하여 입게 된 정신적 고통을 위자하기 위한 손해배상청구권으로서, 이혼의 원인이 되는 개별적 유책행위의 발생으로부터 최종적 이혼에 이르기까지 일련의 경과가 전체로서 불법행위로 파악되어 최종적 이혼시점에서 확정, 평가된다(대법원 1993. 5. 27. 선고 92므143 판결, 대법원 2021. 11. 25. 선고 2021다253154, 253161 판결 등 참조). 유책배우자에 대한 위자료 액수를 산정함에 있어서는, 유책행위에 이르게 된 경위와 정도, 혼인관계 파탄의 원인과 책임, 배우자의 연령과 재산상태 등 변론에 나타나는 모든 사정을 참작하여 법원이 직권으로 정하여야 하고(대법원 1987. 5. 26. 선고 87므5, 6 판결 등 참조), 이러한 사정에는 혼인관계의 파탄 이후 최종적 이혼에 이르기까지 발생한 모든 사정이 포함되며, 개별적 유책행위에 대하여 별개의 손해배상청구를 할 수 있다고 하여 달라지지 않는다(대법원 2024. 10. 25. 선고 2024므11526, 2024므11533 판결 등 참조).

(나) 위 대법원 2024므11526, 2024므11533 판결은 쌍방 당사자 사이에서 이혼에 따른 위자료에 관하여 유효한 민사상 계약이 존재하지 않는 상태(민사상 계약이 있었던 경우에도 공서양속 위반이나 조건 불성취 등과 같은 실체법적 이유로 인하여 그 계약의 효력을 인정할 수 없는 상태 포함)에서, 일방 배우자가 타방 배우자 등을 상대로 다류 가사소송사건에 해당하는 손해배상청구를 한 사안을 전제로 판단한 사례이다. 그러므로 위 판례의 법리가 위와 같은 사안에 적용되는 것은 분명하다.

(다) 한편, ㉮ 위 대법원 2024므11526, 2024므11533 판결의 법리가 위 (2) 기재와 같이 유효한 민사상 계약이 인정되지 않는 사안에만 적용된다는 입장에서는 위 (2) 기재와 같은 손해배상액 예정을 정한 개인적인 합의의 유효성을 인정하는 견해(긍정설)를 취하게 되는 반면에, ㉯ 위 대법원 2024므11526, 2024므11533 판결의 사정 범위를 폭넓게 파악하는 입장에서는 위 (2) 기재와 같은 손해배상액 예정을 정한 개인적인 합의의 유효성을 부정하는 견해(부정설)[39]를 취하게 된다.[40]

하였고, 위와 같은 민사소송사항(위 개인적 합의의 효력 등)에 관하여는 확정된 민사판결의 법리적 판단을 그대로 수용하는 것이 타당하기 때문에, 아래에서는 긍정설을 중심으로 검토한다.

39) 부정설의 경우 위와 같은 개인적인 합의에 관하여 전면적으로 민사법상 '유효성'을 부정하는 것이기 때문에, 이를 토대로 하는 경우 설령 위 개인적인 합의에서 정한 사항이 제대로 이행되지 않는다고 하더라도, 일방 당사자가 타방 당사자를 상대로 위 개인적인 합의에 근거하여 그 이행을 청구하는 민사소송을 제기할 수 없다. 즉, 위와 같은 개인적인 합의의 존재는 민사상 청구를 법적으로 뒷받침하는 근거가 될 수 없고, 일방 배우자가 항상 타방 배우자 등을 상대로 다류 가사소송사건에 해당하는 손해배상청구만 할 수 있으며, 그 가사소송절차에서도 위와 같은 손해배상액 예정이 포함된 개인적인 합의의 존재는 단순한 참고자료가 될 수 있을 뿐이라는 점을 유의해야 한다.

40) 아래에서 보는 바와 같이 위 쟁점에 관하여 긍정설과 부정설 중 어느 견해를 취하는지에 따라 이 사

다. 이 사건 합의의 성격과 내용 등에 대한 검토

1) 이 사건 합의의 성격 등

가) 개별적인 합의의 방식으로 이루어진 약정

(1) 이 사건 합의의 경우, 피고가 2015. 4. 13. 원고를 상대로 제기한 종전 이혼소송과 관련하여 이루어진 것이지만 그 가사소송절차에서 성립한 것은 아니기 때문에, 쌍방 당사자 사이의 개별적인 합의절차에서 이루어진 것으로 볼 수 있다. 그런데 민사계약의 성격을 가지는 이 사건 합의에 대하여 민법총칙의 의사표시, 조건의 성취 여부 등을 비롯한 실체법적 관련 규정들이 적용되므로, 이에 관한 다툼이 발생하는 경우 원칙적으로 민사소송절차에 의하여 이를 해결해야 한다.

(2) 즉, 관련사건에서 이 사건 합의가 쌍방의 진정한 의사에 기하여 성립되었는지 등을 비롯한 실체법적 쟁점에 관하여 청구인과 상대방 사이에서 실질적인 공방이 이루어진 원인은 이 사건 합의가 (종전 이혼소송의 가사소송절차에서 이루어진 것이 아니라) 쌍방의 개별적인 합의절차에서 이루어진 것이라는 점에서 비롯된 것이다.

나) 다양한 내용을 포괄하고 있는 약정

(1) 나아가 이 사건 합의는 종전 이혼소송과 관련된 문제를 정리하는 과정에서 이루어진 것으로서, 위 가. 1) 가), 나), 다), 라) 기재에 관한 내용을 포괄하고 있다.[41)]

(2) 이 사건 합의 중 일부 조항들이 쌍방 당사자에게 법적 구속력을 가지는지 아니면 단순히 도의적 조항의 성격을 가지는지 등에 관하여 실질적인 공방이 이루어진 원인은 이 사건 합의가 위와 같이 다양한 내용을 포괄하고 있다는 점에서 비롯된 것이다.[42)]

(3) 실제로 이 사건 합의서 제7조(위로금), 제10조(약정금) 등에 따른 금전 지급이 제대로 이루어지지 않은 상태에서, 피고가 위 각 금전 지급의 이행을 구하는 민사소송을 제기하였다는 점(관련사건)은 앞서 본 바와 같고, ① 원·피고가 진정한 의사에 따라 이 사건 합의를 한 것인지, ② 그 합의의 내용이 적정한 것인지(민법 제103조, 제104조 등의 위배 여부), ③ 당사자

건 소송과 관련사건의 결론이 좌우될 수 있다.

41) 가사조정절차에서 이루어지는 조정조항들의 경우도 실무적으로 서로 다른 성격의 내용들이 포괄적으로 기술되는 경우도 적지 않다는 점은 앞서 본 바와 같다.

42) 예컨대, 이 사건 합의 중 ㉮ 위 가. 1) 가) 기재(집행권원 등으로 사용될 수 있는 조정조항) 및 나) 기재(사적 합의를 공증하는 의미를 지닌 조정조항)에 관한 것은 쌍방 당사자에 대하여 법적 구속력이 있는 반면에, ㉯ 위 가. 1) 다) 기재(장래의 가사분쟁에 대비한 조정조항), 라) 기재(도의조항)에 관한 것은 내부적으로 법적 구속력이 인정되지 않는다는 점, 다만 ㉯ 부분에 법적 구속력이 없다는 사정만으로 ㉮ 부분의 법적 구속력을 부정할 수는 없다는 점 등을 유의할 필요가 있다.

들 내부적으로 법적 구속력을 가지는 위 가. 1) 나) 기재와 같은 성격을 가질 수 있는 것인지, 아니면 법적으로 처음부터 유효성을 인정할 수 없는 위 가. 1) 다), 라) 기재와 같은 성격을 가지는 것인지 등의 개별적인 쟁점에 관하여 관련사건에서 실질적인 공방이 이루어졌음을 알 수 있다.

2) 민사소송사항이 가사재판의 선결문제가 되는 경우의 처리

이 사건과 같이 원고와 피고 사이에서 장차 이혼이 이루어질 것을 조건으로 하여 이혼에 관한 위자료 액수 등에 관한 손해배상액 예정을 하는 개인적인 합의가 성립한 다음, 일방 배우자가 타방 배우자에 대하여 재판상 이혼 청구와 함께 위자료 청구를 한 사안에서, 위와 같은 조건이 성취되는 경우 개인적인 합의가 민사법상 적법·유효하다는 긍정설의 입장을 토대로 하는 경우, 특별한 사정이 없는 이상 일방 배우자는 위 위자료에 관한 합의를 근거로 하여 그 이행을 구하는 별도의 민사상 청구를 할 수는 있으나, 이와는 달리 가정법원에 대하여 위자료의 액수 등을 정해 달라는 취지의 다류 가사소송청구를 할 수는 없다고 보아야 한다는 점은 앞서 본 바와 같다.

그런데 위 2) 기재 쟁점들은 원칙적으로 민사 법원에서 심리·판단을 해야 하는 민사소송사항으로서, 이 사건의 경우 실제로 유책배우자인 원고가 2020. 1. 6. 이 사건 이혼, 위자료 및 재산분할 청구의 소를 제기하자, 피고가 2020. 4. 3. 이 사건 합의를 근거로 민사 법원에 위로금 및 약정금 등의 지급을 구하는 민사청구의 소를 제기한 다음(관련사건), 2020. 10. 7. 이혼, 위자료 및 재산분할 등을 구하는 이 사건 반소를 제기하였음을 알 수 있다.

이와 같이 민사소송사항에 해당하는 쟁점에 관한 관련사건이 민사법원에 계속 중인 사안에서는 가정법원이 그 민사재판의 결과를 기다린 다음 이를 토대로 가사재판을 하는 것이 바람직하고, 특별한 사정이 없는 이상 민사법원과 가정법원의 판단이 상호 모순되지 않도록 하는 것이 중요하다는 점을 특히 유의할 필요가 있다.[43)44)]

---

43) 법원실무제요 가사(Ⅱ), 사법연수원(2021), 1644-1646에는 상속재산분할의 심판절차와 관련하여 유사한 취지가 기재되어 있다.

44) 이 사건 가사재판에서는 이 사건 합의와 관련하여 피고의 '반소 위자료 청구'를 인용할 수 있는지가 선결문제에 관한 실질적인 쟁점이었다(가사소송 본안판단의 문제). 가사비송절차에서 이루어지는 '형성의 소' 성격인 상속재산분할심판이나 이혼에 따른 재산분할심판의 경우 위와 같은 선결문제 쟁점이 '가사재산의 적법요건'과 관련되는 반면에, 가사소송절차에서 이루어지는 '이행의 소' 성격인 위자료 청구의 경우 위 쟁점은 '가사소송의 본안판단'과 관련된다는 점에서 차이가 있기는 하지만, 이는 절차의 성격과 형태의 차이에서 비롯된 것일 뿐이고, 민사법원과 가정법원의 판단이 상호 모순되지 않는 것이 중요하다는 측면에서는 공통점이 있다고 할 수 있다.

라. 이 사건 합의 중 위로금 및 약정금 관련 조항에 대한 구체적인 검토

1) 이 사건 합의 중 위로금(제7조)과 약정금(제10조) 관련 조항이 사적 합의로서 내부적인 법적 구속력이 있는지에 대한 민사법원의 판단(긍정설의 입장)

관련사건의 민사소송절차에서 ① 이 사건 합의서 제7조와 제10조 등이 쌍방 당사자들 사이에서 법적 구속력을 가지는 유효한 사적 합의의 성격을 가진다는 피고의 주장과 ② 위 조항들이 단순한 도의조항에 불과하다는 원고의 주장이 대립하였다.[45)]

민사법원은 원고의 위 주장을 배척하면서, 이 사건 합의 중 위로금 및 약정금 관련 조항이 모두 사적 합의로서 민사법적 측면에서 원·피고를 구속하는 법적 효력이 있다는 취지로 판단하였다.[46)]

2) 이 사건 합의 중 위로금(제7조) 관련 조항의 성격

피고가 제기한 종전 이혼소송을 취하하는 과정에서 이 사건 합의서가 작성되었으므로, 이는 (쌍방 당사자의 협의상 이혼을 전제로 한 것이 아니라) 쌍방의 혼인관계가 계속 유지됨을 전제로 하여 작성된 것이다.

그런데 이 사건 합의서 제7조(위로금)에는 "원고는 피고가 그동안 받은 고통과 마음의 상처를 치유하기 위해 위로금을 지급한다(제1항)."라고 기재되어 있으므로, 이 사건 합의 중 위로금에 관련된 부분은 전형적인 민사상 계약이다. 원·피고가 혼인관계를 그대로 유지하기로 합의한 상태에서 원고가 자신의 유책행위에 대한 위로금을 피고에게 지급하겠다는 취지로 합의한 것이기 때문이다.[47)] 따라서 원고의 과거 유책행위에 관한 이 사건 합의 중 위로금(제7조) 관련 조항에 대하여는 그 유효성에 대한 논란의 소지가 없다.

---

45) 관련사건에서 원고는 '이 사건 합의서는 혼인이 해소되기 전에 미리 재산분할청구권을 포기하는 것으로서 무효인 내용을 기재한 것이고, 다만 도의적인 차원에서 작성해 준 문서에 불과하다.'는 취지로 주장하였다,

46) 관련사건을 심리한 민사 제1심법원은 이에 관하여, "이 사건 합의서는 '원고와 피고의 부부공동생활의 안녕'을 목적으로 하고(제1조), 이혼소송을 취하하는 것을 원고의 의무로 정하고 있으므로(제9조 제3항), 이혼을 전제로 한 재산분할에 관한 협의에 해당하지 않고, 앞으로 이혼하게 되는 경우 재산분할청구권을 미리 포기하겠다는 의미로 해석되지도 않는다. 이 사건 합의서는 원고와 피고가 이혼하지 아니하기로 하되 피고가 원고에게 일정한 재산상 급부를 이행하기로 약정한 것으로서, 부부별산제를 정하고 있는 우리 민법에서 허용되는 부부 사이의 재산계약에 해당한다고 봄이 타당하고, 이를 단순히 도의적인 차원에서 작성해 준 문서라고 보기는 어렵다 할 것이다."라고 판단하였고, 민사항소심법원은 위와 같이 긍정설을 취한 제1심 판단을 그대로 인용하였다.

47) 부부가 혼인관계를 유지한 상태에서 일방 배우자가 타방 배우자의 개별 유책행위를 근거로 위자료청구의 소를 제기한 경우, 이는 (가사소송이 아니라) 민사소송에 해당한다는 점은 위 나. 4) 나) ㈐에서 본 바와 같다.

3) 이 사건 합의 중 약정금(제10조) 관련 조항의 성격

가) 이 사건 합의 중 약정금 관련 조항의 성격과 이 사건 사실관계 등

이 사건 합의서 제10조(약정금)에는 "피고는 제4조를 위반한 결과 가정이 파탄나는 경우 및 제5조를 위반할 경우 원고에게 100,000,000원을 지급한다."라고 기재되어 있고, 제4조(원고의 금지행위)에는 "① 피고는 다음 각호의 행위를 절대 하지 않는다. 1. 음주 2. 폭언 3. 폭행 4. 무단외박 5. 집안에서의 흡연 6. 외도 (이하 생략)"라고 기재되어 있다.

이는 이혼이 아직 성립되기 전에 장차 쌍방 당사자 사이에 이혼이 이루어질 것을 조건으로 하여 이혼에 관한 위자료 액수 등에 관한 손해배상액 예정을 하는 개인적인 합의에 해당하는데, 그러한 개인적인 합의 후 당사자가 약정한 조건이 성취된 경우에 위 개인적인 합의가 적법·유효하다고 볼 수 있는지에 대해서 긍정설과 부정설 등과 같은 견해의 대립이 가능하다는 점은 위 나. 4) 나) (2) ㈑에서 본 바와 같다.

그런데 관련사건과 이 사건에 나타난 사실관계에 의하면, 이 사건 혼인파탄의 사유는 이 사건 합의서 제10조, 제4조에 규정된 약정금 지급사유의 범위에 포함됨을 알 수 있다. 즉, 관련사건이나 이 사건 가사소송에서 피고가 주장하였던 원고의 유책행위들은 모두 이 사건 합의서 제4조의 규정에 포섭되는 것이었고, 이 사건 합의 중 약정금 지급사유와 피고가 주장하는 혼인파탄 사유는 완전히 부합한다고 볼 수 있다.[48)]

나) 관련사건을 심리한 민사법원의 입장(긍정설을 취함)

관련사건을 심리한 제1심 및 항소심 민사법원은 이 사건 합의 중 약정금 관련 조항이 민사상 손해배상액 예정을 규정한 개인적인 합의로서 '유효'하다는 취지로 판단하였고,[49)50)]

---

48) 이 사건 항소심 재판부는 이에 관하여, 원고와 피고의 이 사건 혼인 파탄 사유가 이 사건 합의서 제7조의 위로금 지급사유 및 제10조의 약정금 지급사유의 범위를 벗어나지 않는다는 취지로 판단하였다.

49) 원고는 관련사건에서 ㉮ 이 사건 합의서는 공서양속에 반하는 것으로서 민법 제103조에 반하여 무효이고, ㉯ 또한 피고로부터 종전 이혼소송을 당한 원고가 궁박 상태에서 작성한 것으로서 원고에게만 과다한 부담을 지워 민법 제104조에 반하여 무효라는 취지로 주장하였다. 그러나 관련사건을 심리한 민사 제1심법원은 ㉮ 주장에 관하여 '이 사건 합의의 내용이 공서양속에 반한다고 선뜻 단정하기 어려울뿐더러, 설령 일부 내용이 공서양속에 반하는 측면이 있다고 보더라도 그러한 사정만으로 이 사건 합의서 전체가 무효가 된다고 보기는 어렵다.'라고 판단하고, ㉯ 주장에 대하여 '피고가 이 사건 합의서 작성 당시 궁박 상태에 있었다거나 원고에게 피고의 궁박 상태를 이용하려는 폭리행위의 악의가 있었다고 인정할 증거가 없을뿐더러, 이 사건 합의서가 정한 원고와 피고의 의무가 현저히 불균형하다고 단정하기도 어렵다.'라고 판단함으로써 이 사건 합의의 민사법상 유효성을 인정하였고, 민사 항소심법원은 위 판단을 그대로 인용하였다.

50) 또한 원고는 관련사건에서 이 사건 합의서 제10조에서 정한 약정금 100,000,000원은 피고의 금지의무 위반에 대한 손해배상액의 예정에 해당하는데, ㉰ 통상적인 부정행위로 인한 이혼 사건에서 위자료로 인정되는 금액 등에 비추어 보면 위 약정금은 감액되어야 하고, ㉱ 설령 이를 위약벌로 보더라도 그 과도한 금액 부분은 공서양속에 반하여 무효라는 취지로 주장하였다. 그러나 관련사건을 심리한 민사 제1심법원은 ㉰㉱ 주장에 관하여, "㉠ 이 사건 합의서는 원고의 가정폭력 및 부정행위를 막음으

이와 같이 '긍정설'을 취한 민사 항소심판결에 대한 쌍방의 상고를 대법원에서 상고기각(심리불속행)함으로써 관련사건에 대한 민사판결이 확정되었다.

이와 같이 관련사건에서 피고의 약정금 청구 부분이 전부 인용된 판결이 확정되었다는 점 등에 비추어 보면, 관련사건 민사법원은 이 사건 합의 중 약정금 관련 조항에 관한 조건이 성취되었다고 보는 입장을 토대로 하여 긍정설을 취하였음이 분명하다. 부정설은 이혼에 관한 위자료 액수 등에 관한 손해배상액 예정을 하는 내용의 조건부 개인적인 합의의 민사법상 '유효성'을 전면적으로 부정하는 것이고, 만일 민사법원에서 부정설을 토대로 하였다면 피고가 위 약정금 관련 조항에 근거하여 약정금 지급을 구하는 관련사건 민사청구 부분을 전부 기각했어야 하기 때문이다.[51]

다) 민사소송사항이 가사재판의 선결문제가 되는 경우의 처리와 관련된 검토

이 사건 제1심판결이 2024. 3. 19. 선고된 이후, 위와 같이 이 사건 합의 중 약정금 관련 조항은 민사상 손해배상액 예정으로서 유효하다는 긍정설을 취한 관련사건 민사판결이 확정되었고[대법원 2024. 4. 25.자 상고기각 판결(심리불속행)], 이 사건 항소심 판결은 관련사건이 확정된 이후인 2024. 10. 31. 선고되었다.

그런데 위와 같이 민사소송사항이 가사재판의 선결문제가 되는 경우, 특별한 사정이 없는 이상 이와 관련된 가사재판을 심리하는 법원에서는 민사확정판결과 모순되는 판단을 하지 않도록 특히 유의해야 한다는 점은 앞서 본 바와 같다. 즉, 위와 같은 관련사건 확정판결의 법리 판단 등이 완전히 잘못되었다고 볼 수 없는 이상, 이 사건 합의 중 손해배상액 예정을 규정한 약정금 조항의 '유효성'을 인정한 관련사건 확정판결의 사실인정 및 판단을 토대로 하여 긍정설을 취하는 것이 '법적 안정성'의 측면에서 타당하다는 취지이다.[52]

로써 원고와 피고의 혼인관계를 계속 유지하는 것을 목적으로 작성된 점, ㉡ 원고는 연 소득이 1억 1,600여만 원에 이르는 안정적인 직장을 가지고 있는 점, ㉢ 원고는 피고를 상대로 가정폭력을 저지르고 다른 여성과 부정행위를 하였는바, 그 금지의무 위반의 정도가 중대한 점 등에 비추어 보면, 원고가 들고 있는 사정만으로는 이 사건 합의서 제10조에서 정한 약정금이 과도하게 무겁다고 보기 어렵기 때문에, 이와 다른 전제에 선 원고의 감액 주장 내지 일부 무효 주장은 모두 이유 없다."라고 판단함으로써 이 사건 합의의 민사법상 유효성을 인정하였고, 민사 항소심법원은 위 판단을 그대로 인용하였다.

51) 나아가 관련사건 민사법원은 (긍정설을 토대로 하여) 위와 같은 개인적인 합의에서 정한 조건이 성취되었다고 판단한 것으로 볼 수 있다. 이와는 달리 관련사건 민사법원이 조건 불성취 등의 이유로 위 개인적인 합의의 유효성을 인정하지 않는 판단을 하였다면, 피고가 위 약정금 관련 조항에 근거하여 약정금 지급을 구하는 관련사건 민사청구 부분을 전부 기각했어야 하기 때문이다.

52) 이 쟁점에 관하여 이론적으로는 견해 대립이 가능할 수 있지만, 이혼에 따른 위자료에 관하여 조건부 손해배상액 예정이 존재하는 사안에서 그 조건이 성취되었다고 볼 수 있는 경우에는 앞서 본 바와 같은 이유로 긍정설을 취하는 것이 타당하다고 생각하고, 나아가 민사법원의 판단과 가정법원의 판단이 모순되지 않도록 할 필요가 있다는 측면에서 살펴보면, 이 사건에서는 긍정설을 토대로 후속

라) 이 사건에서 긍정설을 취한 관련사건 확정판결을 수긍할 수 있는지(적극)

위 나. 4) 나) (2) ㈑에서 살펴본 바와 같이 긍정설을 토대로 하는 경우, 이 사건 합의가 쌍방 당사자의 진정한 의사에 의하여 적법하게 성립된 것이고, 거기에서 정한 쌍방의 권리의무관계가 현저하게 부당하지 않다고 볼 수 있으며 이 사건과 같이 혼인 파탄의 사유가 위 약정금 관련 조항 합의 당시에 전제하였던 약정금 지급 사유의 범위에 포함되는 등 그 조건이 성취되었다고 볼 수 있는 사안에서는 위 약정금 관련 조항에 대하여 민사상 손해배상액의 예정에 관한 판례의 법리를 적용할 수 있다.

즉, 이 사건 사실관계를 토대로 하여 손해배상액 예정을 규정한 약정금 관련 조항에 관한 조건이 성취되었다고 볼 수 있는 경우,[53] 위 약정금 관련 조항은 민사법적으로 '유효'하다고 본 관련사건 확정판결의 판단내용을 수용함이 타당하다고 생각한다.

마) 소결론

이 사건에서 위와 같은 긍정설의 입장을 토대로 하는 경우, 이 사건 합의 중 약정금 관련 조항은 손해배상액을 예정한 민사상 계약으로서 '유효'한 것이므로, 피고는 원고에 대하여 위 민사상 계약에 따라 이미 정해진 약정금 100,000,000원의 이행을 청구할 수 있을 뿐이고, 다류 가사소송청구를 통하여 그 계약의 범위를 초과하는 내용의 위자료 청구를 할 수는 없다고 봄이 타당하다.[54]

쟁점을 판단하는 것이 타당하다고 본다.

53) 쌍방 당사자가 이혼이 아직 성립되기 전에 협의상 이혼의 성립을 조건으로 하여 위자료의 액수 및 지급방법을 정하는 조건부 의사표시에 의한 개인적인 합의를 하는 경우 이는 민사상 계약에 해당할 수 있지만, 이러한 정지조건의 성취 여부는 개별 사건의 구체적인 사실관계에 따라 달라질 수 있다. 그런데 이 사건 합의가 성립한 2015. 4. 13.로부터 4년 이상의 기간이 경과한 이후에 원고가 이 사건 본소를 제기하였고(즉, 위 4년 이상의 기간은 당사자들의 혼인관계와 관련된 상당한 사정변경이 발생할 수 있는 정도의 기간이라는 주장이 제기될 수 있다), 피고가 이에 대응하여 관련사건 민사청구의 소와 이 사건 반소청구를 하였다는 점 등을 비롯한 이 사건 사실관계를 토대로 하는 경우, 이 사건 합의 중 약정금(제10조) 관련 조항에 관한 정지조건의 성취 여부에 대하여 견해의 대립이 발생할 수 있다는 취지이다(예컨대, 위 약정금 100,000,000원에 관한 개인적인 합의가 위 4년 이상의 기간 동안 발생한 사정변경 등을 반영할 수 있는 성격의 것인지 등에 관하여 견해의 대립이 발생할 수 있다). 다만, 관련사건을 심리한 민사법원은 위와 같은 정지조건이 성취되었다고 판단하였고, 그 민사판결이 확정되었다는 점은 앞서 본 바와 같다.

54) 이와는 달리, 만일 부부가 장래에 발생할 수 있는 일방 당사자의 부정행위(민법 제840조 제1호)로 인한 혼인파탄 상황만을 상정하여 해당 이혼사유에 따른 위자료에 관하여 민법 제398조에 근거한 손해배상액 예정을 하였는데, 그 후 ㉠ 일방 당사자가 타방 당사자에 대하여 심각한 폭행을 비롯한 심히 부당한 대우(민법 제840조 제3호) 등과 같은 별개 유형의 유책행위를 하거나, ㉡ 혹은 부정행위를 함과 동시에 심히 부당한 대우까지 함께 행한 경우, 일방 당사자의 유책행위는 손해배상액 예정 당시에 원래 상정하였던 전제에서 벗어나는 결과가 발생했다고 볼 수 있으며, 긍정설에서 위 ㉠, ㉡과 같이 개별 사안의 구체적인 사정에 따라서 위와 같은 개인적인 합의에서 정한 조건이 성취되었다고 볼 수 없는 등 원래 상정하였던 전제에서 벗어나는 결과가 발생한 사안에서까지 (위 손해배상액 예정이

4) 부정설의 입장(항소심판결의 가정적 판단 부분)

(1) 부정설은 장차 이혼이 이루어질 것을 조건으로 하여 이혼에 관한 위자료 액수 등에 관한 손해배상액 예정을 하는 개인적인 합의의 민사법상 유효성을 인정할 수 없다는 취지이다.[55] 따라서 부정설을 토대로 하는 경우, 이 사건 합의 중 약정금 관련 조항은 법적으로 쌍방 당사자를 구속하는 효력이 없고,[56][57] 단지 위 가. 1) 다) 기재(장래의 가사분쟁에 대비한 조정조항) 내용과 같이 단순한 참고자료의 성격만을 가지는 것으로 보게 된다.

(2) 그런데 설령 이 사건 합의 중 약정금 관련 조항이 위 가. 1) 다) 기재와 같은 성격으로서 법적으로 '유효'한 것은 아니라고 하더라도, 관련사건 민사 확정판결에서 인정한 사실관계에 의하면 이 부분 합의가 쌍방 당사자의 진정한 의사에 기한 것임이 인정된다. 그렇다면 이와 관련된 사정을 다류 가사소송사건의 위자료 산정과정에서 충분히 고려해야 한다.

(3) 한편, 관련사건 항소심판결의 사실인정에 의하면, 원고가 이 사건 합의에 따라서 2015년까지 발생한 과거 유책행위에 관한 위로금으로 179,904,540원을 피고에게 지급하는 한편, 이와는 별도로 2015년부터 2024년까지의 유책행위에 관한 위자료로 100,000,000원을 추가로 피고에게 지급한 것으로 볼 수 있다. 그런데 이혼에 따른 위자료 통상적인 가사사건 실무사례에 비추어 볼 때, 원고와 피고가 혼인 파탄과 관련하여 이 사건 합의를 하면서 약정금 액수를 위와 같이 정한 것이 피고에게 현저하게 불균형한 결과를 발생시킨다고 보기는 어렵다.[58]

(4) 대법원 2005. 6. 23. 선고 2004다66001 판결은 "불법행위로 입은 정신적 고통에 대한 위자료 액수에 관하여는 사실심 법원이 제반 사정을 참작하여 그 직권에 속하는 재량에 의하여 이를 확정할 수 있고(대법원 2002. 11. 26. 선고 2002다43165 판결 등 참조), 가해자가 피해자

존재한다는 사정만으로) 별개 유형의 유책행위에 관한 추가적인 위자료 청구 등이 전면적으로 금지된다는 취지로 주장하는 것은 아니라는 점은 앞서 본 바와 같다.

55) 다류 가사소송사건인 위자료청구권의 경우 해당 혼인의 해소시점까지 발생한 모든 사정을 참작하여 그 액수 등을 정해야 하는데(대법원 2024. 10. 25. 선고 2024므11526, 2024므11533 판결 등 참조), 부정설은 위 대법원 판결의 사정범위를 폭넓게 파악하는 입장이라는 점은 앞서 본 바와 같다.

56) 즉, 부정설을 토대로 하는 경우 이 사건 합의 중 약정금(제10조) 관련 조항은 애당초 위 가. 1) 나) 기재 사적 합의에 해당하지 않는다는 입장을 취하게 된다.

57) 이 사건 사실관계를 토대로 하는 경우, 이 사건 합의 중 약정금(제10조) 관련 조항에 관한 정지조건의 성취 여부에 대하여 견해의 대립이 발생할 수 있는데, 만일 조건의 불성취로 인하여 위 개인적인 합의의 효력이 발생하지 않는 경우에는 부정설을 취하는 것과 유사한 결과가 발생한다는 점은 앞서 본 바와 같다.

58) 오히려 관련사건에서, ① 피고는 위 약정금 조항이 적법·유효함을 전제로 하여 약정금 100,000,000원을 청구하였고, ② 원고는 '100,000,000원의 약정금은 과다한 손해배상액 예정이므로 감액해야 한다'는 취지로 주장하였으나, 민사법원이 원고의 위 주장을 배척하고, 피고의 주장을 그대로 인정하였다는 점은 앞서 본 바와 같다.

에게 위자료의 일부로서 금원을 지급한 경우 법원은 위자료 액수를 산정함에 있어서 이러한 사정을 참작할 수 있는 것인바(대법원 1999. 11. 26. 선고 99다34499 판결 등 참조), 이러한 법리는 민법 제760조에 따라 각자가 손해액 전부에 대한 책임을 부담하는 공동불법행위자 중 1인이 피해자에게 위자료를 지급한 경우에도 마찬가지라고 할 것이다."라고 판시하고 있다.

그런데 관련사건 민사 항소심의 사실인정에 의하면, 이 사건 합의 성립 전에 발생한 혼인 파탄과 관련된 원고의 유책사유와 관련된 위로금 액수는 179,904,540원(= 피고 명의 임대차보증금 140,000,000원의 반환채권+잔액 39,904,540원)으로서 이는 과거 유책행위에 관한 손해배상금인 반면에, 이 사건 합의에서 정한 약정금 100,000,000원은 위 합의 성립 후에 발생한 혼인 파탄과 관련된 원고의 유책사유로 인한 손해배상액의 예정에 해당한다. 그리고 이 사건 증거자료에 의하면, 원고는 위와 같은 위로금 및 약정금을 피고에게 전부 지급한 사실이 인정된다. 즉, 부정설[59]을 토대로 하는 경우에도, 위 대법원 2004다66001 판결의 법리에 비추어 볼 때, 최소한 원고가 위로금 및 약정금 전액을 피고에게 이미 지급하였다는 사정은 다류 가사소송사건인 이 사건 위자료 산정과정에서 참작함이 타당하다.[60]

(5) 이에 관하여 항소심 재판부는 "(가정적으로 부정설의 입장을 토대로 하여) 설령 피고에게 이 사건 합의로 인한 위자료 청구의 제약이 없다고 가정하더라도, 앞서 본 원고가 유책행위에 이르게 된 경위와 정도, 혼인관계 파탄의 원인과 책임, 원고와 피고의 연령과 재산상태 등을 종합해 보면, 원고가 이 사건 혼인 파탄과 관련하여 피고에게 지급해야 할 위자료의 액수가 관련사건 판결에서 확정되어 피고에게 이미 지급된 금액을 초과한다고 볼 수 없으므로, 이러한 점에서도 피고의 위자료 주장은 받아들일 수 없다."라고 판단하였다. 이 쟁점에 관하여 이론적으로 견해의 대립이 가능하다는 점 등을 고려하여, 위와 같은 가정적 판단을 부가한 것이다.[61]

---

59) 이혼에 따른 위자료에 관하여 조건부 손해배상액 예정이 존재하지만 조건의 불성취로 인하여 위 개인적인 합의의 효력이 발생하지 않는 경우에도 부정설을 취하는 것과 유사한 결과가 발생한다는 점은 앞서 본 바와 같다.

60) 이혼에 따른 위자료에 대한 통상적인 가사사건 실무사례에 관하여는 서울고등법원 2023. 6. 29. 선고 2023르20204 판결(확정) 및 이에 대한 해설(Ⅰ. [2] 1. 유책배우자의 이혼청구가 예외적으로 인용된 경우 상대방의 위자료 청구에 관한 헌법적·법률적 쟁점) 참조.

61) 원고(남편)가 부정행위자인 피고(아내)에 대하여 이혼에 따른 위자료 청구를 하였는데, 그 이전에 원고가 부정행위 상대방 2명에 대하여 위자료 청구를 하여 각각 승소확정판결을 받은 다음 이에 따른 위자료 및 이에 대한 지연손해금 전액을 모두 지급받은 사안에서, 위 대법원 2004다66001 판결의 법리에 비추어 볼 때 피고에 대한 위자료 산정과정에 원고가 위와 같이 부정행위 상대방들로부터 금전을 지급받은 사정을 반영함이 타당하다고 판단한 사례로는 서울고등법원 2024. 3. 28. 선고 2023르23067, 2023르24978 판결(확정) 참조.

(6) 소결론

쌍방 당사자가 혼인 중 이혼에 따른 위자료에 관하여 손해배상액을 예정하는 내용으로 개인적인 합의를 하는 경우, 이혼에 따른 위자료에 관하여 조건부 손해배상액 예정이 존재하는 사안에서 그 조건이 성취되었다고 볼 수 있는 사안에서는 앞서 본 바와 같은 이유로 개인적인 합의의 민사법상 유효성을 인정하는 긍정설을 취하는 것이 가능하다고 생각한다. 나아가 (이에 관하여 이론적으로 견해 대립이 있을 수 있지만) 이 사건 및 관련사건의 사실관계를 토대로 하는 경우, 설령 부정설을 토대로 하더라도 피고에게 이미 지급된 위로금 및 약정금과는 별도로 다류 가사소송사건의 위자료를 추가로 지급해야 할 책임을 원고가 부담한다고 보기는 어렵다. 따라서 이 사건 항소심 재판부는 (이 사건에서 원고에게 15,000,000원의 위자료 지급을 명한 제1심의 판단과 달리) 원고가 추가적인 위자료의 지급의무를 부담하지 않는다고 보고 피고의 반소 위자료 청구를 기각하였는데, 이러한 항소심 판단은 타당하다고 생각한다.

마. 이 사건 합의 중 위로금 관련 조항이 재산분할에 미치는 영향에 대한 검토

1) 분할대상 재산의 범위에 관하여

가) 쌍방의 주장요지

(1) 피고의 주장요지

이 사건 위로금 중 140,000,000원은 2018년에 원고 명의로 체결된 임대차계약의 임대차보증금으로 돌려받아 피고 명의의 임대차보증금 140,000,000원의 반환채권이 된 것이므로, 위 채권은 피고의 특유재산으로서 재산분할의 대상에서 제외되어야 한다.

(2) 원고의 주장요지

피고 명의의 위 임대차보증금반환채권이 재산분할 대상이 된다.

나) 제1심 판단

관련사건 항소심판결의 사실인정 및 판단 등 제반 사정을 종합하면, 피고 명의의 임대차보증금 140,000,000원 반환채권은 부부공동재산으로서 분할대상에 해당한다(피고의 주장 배척).

다) 항소심 판단

관련사건 항소심판결의 사실인정 및 판단 등 제반 사정을 종합하면, 피고 명의의 임대차보증금 140,000,000원 반환채권은 부부공동재산에 해당하지 않으므로 분할대상에서 제외한다(피고의 주장 인용).

라) 구체적인 검토

(1) 문제의 제기

실무적으로 혼인관계의 일방 배우자가 선행 유책행위를 한 것을 타방 배우자가 확인하고 그 상황이 일단 수습된 이후에 다시 후속 유책행위가 발생하는 사안이 적지 않고, 나아가 일방 당사자가 선행 유책행위와 관련하여 사과의 의미로 부부공동재산 중 일부 재산권을 타방 당사자에게 이전하는 경우가 있다. 이 사건과 같이 피고가 원고의 후속 유책행위를 이유로 원고를 상대로 재판상 이혼 및 재산분할청구를 하는 반소를 제기한 경우, 위와 같은 종전 이혼소송에서 쟁점이 된 선행 유책행위와 관련된 재산의 소유권 이전을 이 사건 재산분할과정에서 어떻게 고려할 것인지를 검토할 필요가 있다.[62)]

(2) 실무상 부부공동재산과 특유재산의 구별 등

민법 제839조의2 제2항은 '당사자 쌍방의 협력으로 이룩한 재산'을 이혼에 따른 재산분할의 대상(실질적 부부공동재산)으로 규정하고 있다.

이와 관련하여, 실무에서는 혼인기간 중 취득한 재산 중에서 일방 당사자가 상속 또는 제3자의 증여에 의하여 취득한 재산이 있는 경우 이는 실질적인 부부공동재산에 포함되지 않는다는 취지의 주장을 접하는 경우가 많다. 원칙적으로 개별 사안별로 구체적인 사정을 검토하여 판단해야 하겠지만, 대체로 혼인파탄 시점과 근접한 시기에 상속 또는 증여가 이루어진 경우에는 이를 특유재산으로 보는 사례가 많은 반면에, 상당한 시간적 간격이 있는 경우에는 이를 실질적인 부부공동재산에 포함시키는 사례가 많다.[63)]

---

62) 이 쟁점에 관한 상세한 검토는 서울고등법원 2023. 6. 29. 선고 2022르23541 판결(확정) 및 이에 대한 해설(Ⅰ. [3] 3. 선행 부정행위와 관련된 재산권 이전이 분할대상 재산의 범위와 분할비율 등에 미치는 영향) 참조.

63) 이에 관하여 사법정책연구원, 「재산분할의 기준 정립을 위한 방안 연구」, (2016), 216－218에는 "부부별산제 규정에서 언급하는 특유재산 중 혼인 중 함께 일군 재산을 부부 일방의 명의로 해 둔 경우, 이를 분할대상으로 삼는 데에는 별다른 이론이 없다. 논의의 쟁점은 '혼인 전 취득재산'과 '혼인 중 상속·증여재산'을 어떠한 기준으로 분할대상에 포함시킬 수 있을 것인가의 문제이다. 본래적 의미의 특유재산인 '혼인 전 취득재산'과 '혼인 중 상속·증여 재산'은 법논리적으로만 보면 분할의 대상이 되지 않는 것이 원칙이다. 그러나 보통 서민들의 살림살이를 들여다보면, 통상 재산분할의 대상 중 가장 큰 가치를 가진 재산은 '거주하는 주택'인 경우가 대부분이고 그 주택은 일방 배우자의 부모로부터 혼인 전에 결혼자금 등으로 증여받았거나 혼인 중에 상속받은 재산을 토대로 마련한 경우가 많으며, 그것이 또한 혼인공동체의 유지·발전에 터전이 되어준 사례가 대부분이다. 이런 일반적인 사례에서 이혼 시 이를 재산분할의 대상으로 삼지 않고 그 명의자인 부부 일방의 재산으로 귀속시킨다면 불합리한 결과를 초래하게 되리라는 점은 다언을 요하지 않는다. 따라서 실무는 '기여'라는 개념을 활용하여 혼인 전 취득재산과 상속·증여 재산까지 '당사자 쌍방의 협력으로 이룩한 재산'이라고 보아 분할의 대상으로 편입시켜 왔던 것이다. 특유재산의 분할대상 재산으로의 편입은 공평의 개념 하에 재산분할의 기준을 마련한 미국 이혼법 원칙에도 뚜렷하게 나타난다. 제4장에서 검토한 바와 같이 이혼법원칙은 장기간의 혼인(Long－Term Marriage)이 해소되는 경우 특유재산을 부부의 공동재산으로 편입할 가능성에 대하여 규정하고 있다. 이 때 기준이 되는 최소한의 혼인기간은 각 주가 규정

(3) 위자료(이 사건의 경우 위로금)의 명목으로 재산권을 이전하는 경우의 법적 성격 등

이혼에 따른 위자료 명목의 재산권 이전과 관련하여, 판례는 "부부가 이혼을 하게 되어 남편이 아내에 대한 위자료를 지급하기 위한 방법으로 자신의 소유인 주택의 소유권을 이전한 것은, 아내에 대한 위자료채무의 이행에 갈음한 것으로서 그 주택을 양도한 대가로 위자료를 지급할 채무가 소멸하는 경제적 이익을 얻은 것과 다름없으므로, 그 주택의 양도는 양도소득세의 부과대상이 되는 유상양도에 해당한다."는 입장을 취하고 있다(대법원 1989. 6. 27. 선고 88누10183 판결, 대법원 1993. 9. 14. 선고 92누18191 판결 등 참조).

물론 위 판례는 이혼에 따른 위자료 명목의 재산권 이전에 관한 것이기 때문에, 혼인관계를 유지하는 것을 전제로 하여 종전 이혼소송에서 문제가 된 과거 유책행위에 관한 위로금 지급의 성격으로 2018년 이루어진 피고 명의의 임대차보증금 140,000,000원의 반환채권의 귀속에 대하여 직접 적용할 수 있는 것은 아니다. 그러나 위 판례의 취지에 비추어 볼 때, 최소한 이 사건 합의 중 위로금 조항(종전 이혼소송까지 발생한 과거 유책행위와 관련된 조항)과 관련하여 피고가 위 임대차보증금 반환채권을 취득한 것이 민법 제839조의2 제2항에 규정된 '당사자 쌍방의 협력으로 이룩한 재산'의 형성과정에서 이루어진 것이라고 보기는 어려울 것이다. 원고가 부부공동재산을 형성하거나 이에 협력한다는 차원에서 위 임대차보증금 반환채권을 피고에게 귀속시킨 것이 아니고, 그 실질은 피고에 대한 손해배상채무의 이행에 해당하기 때문이다. 즉, 피고가 위와 같이 임대차보증금반환채권을 취득한 것은 그 시점에 자신의 특유재산을 취득하는 것과 유사한 성격을 가진다고 볼 수 있을 것이다.

마) 항소심 재판부의 입장

(1) 정리

항소심 재판부는 항소심판결 별지 2. 분할재산명세표 기재와 같은 이유를 들어서 피고

하는 바에 따르고, 일정한 혼인기간의 경과에 의하여 특유재산가치의 일부분이 백분율로 환산되어 공동재산으로 산입되는 방식을 취한다. '부부의 일방이 혼인 전에 취득한 재산'은 혼인기간만이 주요한 고려요소가 되지만, '혼인 중 상속 또는 증여받은 재산'에는 '상속 또는 증여받은 후 지속된 혼인기간'이 보다 중요한 고려요소가 된다. 왜냐하면 혼인공동체의 '기여'를 인정하기 위해서는 '혼인기간 중' 그 재산을 보유하고 있어야 하기 때문이다. 즉 '혼인기간'과 '재산보유기간'이 겹치는 기간이 중요해지는 것이다. 이는 앞서 본 이혼법 원칙에서도 확인할 수 있듯이 이미 세계적 보편성을 가지는 기준이라고 말할 수 있다. (중략) 향후 재산분할의 실무 기준을 정립할 때에는, 실무 감각뿐만 아니라 사회적 인식과 법감정 등을 고려하여 혼인 전 취득재산이나 혼인 중 상속·증여재산 등에 관하여 분할대상에 편입될 수 있는 기준으로서의 기간을 제시함이 바람직하다. 예컨대, 혼인 전 취득한 재산에 대하여는 혼인기간 10년을 기준으로 하여, 10년 이상의 혼인공동체를 유지한 경우에는 분할의 대상으로 삼는 방안이다. 혼인 중에 상속·증여받은 재산에 대하여는 혼인기간 10년 이상의 요건에 재산보유기간 10년 이상의 요건을 추가하여 위 두 가지 요건을 갖춘 경우에는 분할의 대상으로 삼는 것을 원칙으로 할 수 있다. 물론 이러한 원칙은 하나의 기준일 뿐이고, 구체적인 사례에 따라 예외적인 경우는 얼마든지 있음을 밝혀둔다."라고 기재되어 있다.

명의로 귀속된 위 임대차보증금 140,000,000원의 반환채권은 재산분할대상에서 제외된다는 입장을 취하였다.

원고와 피고가 2015년 이 사건 합의서를 작성한 다음, 원고가 종전 이혼소송까지 발생한 유책행위와 관련된 위로금 중 일부로서 2018년 피고에게 위 임대차보증금 반환채권을 귀속시킨 것이므로, 피고의 입장에서 보면 2018년 그 명의로 특유재산을 취득한 것과 유사하다고 파악한 것이고, 여기에 위 임대차계약일로부터 약 1년만에 원고와 피고의 혼인이 파탄되어 이 사건 조정신청이 이루어졌으므로, 원고가 위 임대차보증금반환채권의 유지에 기여하였다고 보기도 어려운 점 등을 더하여 보면, 위 임대차보증금 반환채권은 피고의 실질적인 특유재산에 해당한다고 판단한 것이다.[64][65]

(2) 제1심 판단과 항소심 판단의 비교·검트

(가) 제1심판결이유에 의하면, 제1심은 분할대상 재산의 범위 설정과 관련하여 이 사건 합의 중 위로금 관련 조항에 관한 사정들을 고려하지는 않고, 단지 이를 분할비율 산정에 대한 참작사유로 파악한 것으로 보인다.

(나) 반면에, 항소심 재판부는 원고가 2018년 위로금 조항과 관련하여 피고에게 위 임대차보증금 반환채권을 귀속시킨 것이므로, 피고의 입장에서 보면 2018년 특유재산을 취득한 것과 유사한 법적 상황이라고 파악한 다음, 이러한 사정을 분할대상 재산의 범위를 정하는 고려요소로 본다는 취지를 명시하였다.

만일 위 사정을 분할대상 재산의 범위를 정하는 과정에서 고려하지 않는 경우, 원고와 피고가 2015년 이 사건 합의서를 작성한 다음, 원고가 위로금 중 일부로서 피고에게 2018년 위 임대차보증금 반환채권을 귀속시킨 것이 이 사건 재산분할과 관련해서는 실질적으로 별

64) 즉, 이 사건 피고가 2015년 이 사건 합의서를 작성한 다음 이를 토대로 2018년 피고 명의로 위 임대차보증금반환채권을 취득하였는데, 그로부터 약 1년만에 원고와 피고의 혼인이 파탄되었다는 이유로 이 사건 조정신청이 이루어졌기 때문에 [각주 62) 기재 서울고등법원 2022르23541 사건의 원고(아내)가 자신의 명의로 해당 재산을 취득한 경우와 달리] 결과적으로 피고 명의의 위 임대차보증금 반환채권이 부부공동재산에 포함된다는 판단이 이루어진 것일 뿐이고, 이 사건과 위 서울고등법원 2022르23541 사건에 적용되는 법리 자체에는 차이가 없었음을 유의할 필요가 있다.

65) 이에 관하여 사법정책연구원(2016), 217−218에는 "본래적 의미의 특유재산(특히 혼인 중 상속·증여받은 재산)을 분할대상에 포함시킬 것인지 여부는 혼인기간 또는 상속·증여받은 시점에 따라 달라진다. 서울가정법원 2013드단81005 판결은, 부부의 혼인기간이 30년에 이르고 자녀를 2명이나 둔 사안에서, 피고가 혼인전후로 상속받은 다수의 부동산을 모두 재산분할의 대상으로 삼았다. 반면, 서울가정법원 2014드단54017 판결에서는, 재결합 이후 혼인기간이 4년에 불과한 점 등을 들어 상속받은 토지를 재산분할의 대상에서 제외하였다. 다단 어느 정도 혼인기간 또는 재산보유기간을 경과하여야 재산분할의 대상으로 삼을 것인지에 대하여는 일정한 기준이 없어 재판부별로 판단이 달라지는 실정이다."라고 기재되어 있다.

다른 의미가 없다는 결론에 이를 수도 있는데, 이러한 방법은 이 사건 재산분할에서 구체적 타당성을 가지는 결과를 가져올 수 없다고 판단한 것이다.

(3) 재산분할의 비율 등에 관한 참작사유(원·피고의 순재산 규모 등)에 관하여

(가) 제1심의 사실인정 및 판단

제1심법원은 이 사건 제1심 변론종결일을 기준으로 하여 ① 원고의 순재산 가액이 78,661,278원, ② 피고의 순재산 가액이 372,734,903원(피고 명의의 위 임대차보증금 140,000,000원의 반환채권 하남시 오피스텔 633,000,000원 등을 포함한 피고의 적극재산에서 피고의 소극재산을 공제한 금액), ③ 원·피고의 순재산 합계액이 451,396,181원이라는 사실인정을 한 다음(제1심판결 별지 분할재산명세표 기재 참조), 재산분할의 비율을 원고 35%, 피고 65%로 결정하였다.

한편, 제1심은 피고 명의의 위 임대차보증금 반환채권의 귀속과 관련하여, '관련사건 항소심 판결에 따르면, 이 사건 합의에 따른 원고의 피고에 대한 고유채무가 분할대상 공동재산인 임대차보증금 1억 4,000만원의 피고 명의 귀속으로 변제충당되었다고 판단됨으로써 결국 원고의 고유채무가 위 임대차보증금 중 피고 몫에 해당하는 7,000만 원 상당으로 변제된 셈이 되는 점'이라고 판단하였다.

그러나 제1심과 같이 이 사건 재산분할의 비율을 원고 35%, 피고 65%로 파악하는 경우, 피고의 몫은 91,000,000원(= 140,000,000×65%)이기 때문에, 이러한 측면에서 제1심의 위와 같은 판시내용은 적절하다고 보기 어렵다.[66]

(나) 항소심 재판부의 사실인정 및 판단

반면에, 항소심 재판부는 항소심 변론종결일을 기준으로 하여 ① 원고의 순재산 가액이 78,661,288원, ② 피고의 순재산 가액이 290,982,854원(피고 명의의 위 임대차보증금 반환채권 0원, 하남시 오피스텔 691,000,000원 등의 적극재산에서 피고의 소극재산을 공제한 금액), ③ 원·피고의 순재산 합계액이 369,644,142원이라는 사실인정을 한 다음(제1심판결 별지 분할재산명세표 기재 참조), 재산분할의 비율을 원고 40%, 피고 60%로 결정하였다.

그리고 항소심 재판부가 항소심판결 별지 2. 분할재산명세표 기재와 같은 이유를 들어서 피고 명의의 위 임대차보증금 140,000,000원의 반환채권은 재산분할 대상에서 제외된다는 입장을 취하였다는 점은 앞서 본 바와 같다.

그런데 이 사건 항소심 변론종결일 당시 원·피고의 순재산 합계액의 규모(369,644,142원), 혹은 피고의 순재산 가액(290,982,854원)과 대비하여 볼 때, 항소심이 분할대상재산에서

66) 이와는 달리, 재산분할의 비율을 원고 50%, 피고 50%로 파악하는 경우에 피고의 몫을 70,000,000원(= 140,000,000×50%)으로 볼 수 있다.

제외한 피고 명의의 위 임대차보증금 반환채권(140,000,000원)의 비중은 38% 내지 48% 정도에 이르렀다. 즉, 항소심에서 (제1심판단과 달리) 상대적 비중이 적지 않은 피고 명의 140,000,000원의 임대차보증금 반환채권을 분할대상 재산에서 제외한 것은 항소심 분할대상 재산의 범위 설정에 실질적인 영향을 미치는 결과를 발생한 것이다.

항소심 재판부에서는 위와 같이 새로 설정한 분할대상 재산의 범위를 기준으로 하여, ① 원·피고의 실질 혼인기간이 약 20년인 점, ② 혼인기간 중, 원고는 대기업에 근무하면서 소득활동을 하였고, 피고는 가사와 자녀양육을 주로 담당하면서 편의점 아르바이트, 베이비시터 등의 소득활동을 병행하였던 점, ③ 분할대상 재산 중 가액이 가장 큰 피고 명의의 하남시 오피스텔(691,000,000원 상당)은 피고가 주도하여 취득한 점, ④ 그 밖에 분할대상 재산의 취득 경위, 그 형성 및 유지에 대한 원·피고의 기여 정도, 부부공동생활과 관련하여 발생한 대출의 이자 분담 정도, 원·피고의 나이, 직업, 혼인생활의 과정과 기간, 파탄경위, 재산분할의 부양적 요소 등 여러 사정을 두루 참작하는 경우, 피고의 상대적 기여도를 (제1심에 비하여) 하향시킬 정도의 상황이 발생하였다고 보고, 재산분할의 비율을 제1심과 달리 정한 것이다. 이러한 항소심의 판단도 타당하다고 생각한다.[67]

5. 마무리

우리 법체계에 의하면, 이혼에 따른 위자료 산정이나 재산분할 문제가 지나치게 판사의 재량에 좌우되는 것처럼 보일 수 있다. 따라서 담당 재판부는 위자료 산정 및 재산분할의 비율 산정이나 분할대상 재산의 범위 등을 정하는 과정에서 전체적인 법체계를 토대로 한 이론적인 접근을 함으로써 그 재량권을 합리적으로 행사할 필요가 있고, 당사자들도 관련된 요소들에 관한 적절한 주장과 증거 제출을 통하여 해당 요소들이 적절하게 반영될 수 있도록 해야 할 것이다.

한편, 실무상 이혼을 원인으로 하는 손해배상청구 사건에서 적정한 위자료 액수를 산정하는 문제는 매우 어려운 일이고, 통상적인 실무관행과 해당 사건의 구체적·개별적 사정 등을 종합적으로 고려하여 '최선 답'을 구하는 것도 쉽지 않은 과제이다. 또한 이혼에 따른 재산분할사건 실무에서는 분할대상 재산의 범위와 분할 비율이 적정하게 산정되었는지에 관한 쟁점이 상시적으로 발생하기 때문에, 이 역시 법률가들에게 던져진 숙제가 될 수밖에 없다.

67) 실무적으로 분할대상 재산의 범위와 분할비율의 산정 및 대체가능성 등에 대한 상세한 검토는 서울고등법원 2023. 1. 26. 선고 2022르23237, 2022르23244 판결 및 이에 대한 해설[Ⅰ. [3] 1. 부정행위자의 일방적 처분행위가 분할대상 재산의 범위와 분할비율에 미치는 영향(1)], 서울고등법원 2023. 6. 29. 선고 2022르23541 판결(확정) 및 이에 대한 해설(Ⅰ. [3] 3. 선행 부정행위와 관련된 재산권 이전이 분할대상 재산의 범위와 분할비율 등에 미치는 영향) 참조.

그런데 이혼에 따른 위자료와 재산분할 등에 관하여 당사자들 사이에 개별적인 합의가 존재하는 경우, 그 성격이나 효력 등을 어떻게 파악하는지에 따라서 해당 가사사건의 결론이 좌우될 수 있다. 나아가 이 사건과 같이 관련되는 민사소송사건이 병존하고, 이 사건 합의 중 위로금 및 약정금 관련 조항의 유효 여부 등과 같은 민사소송사항이 가사재판의 선결문제가 되는 경우, 민사법원의 판단과 가정법원의 판단이 법리적으로 모순되지 않도록 각별히 유의할 필요가 있다. 국가의 법체계는 그 자체로 통일체를 이루고 있기 때문이다. 따라서 위와 같은 업무 처리 과정에서 논의된 내용들을 사례별로 정리하여 하나씩 축적하는 것은 필요한 기준을 정립하는 데에 실질적인 도움이 될 수 있다. 이 사건 항소심 판결이 유사한 쟁점들이 포함된 사건을 담당하는 법률가들에게 다소간의 참고자료가 될 수 있다고 생각한다.

3
이혼소송의 사실심 변론종결일까지 발생한 사정을 위자료 및 재산분할 액수에 반영하는 문제

서울고등법원 2024. 10. 31. 선고 2024르21570, 2024르21587 판결(확정)
- 서울가정법원 2024. 3. 26. 선고 2022드합32088, 2022드합33678 판결

1. 사안의 개요

가. 당사자: 원고 A[1969년생(남)]
피고 B[1973년생(여)]
피고 C[1965년생(남)]

나. 원·피고 B의 혼인신고: 1998. ○. ○.

다. 원·피고 B의 출생자
사건본인 D[1999년생(여)], E[2003년생(남)]

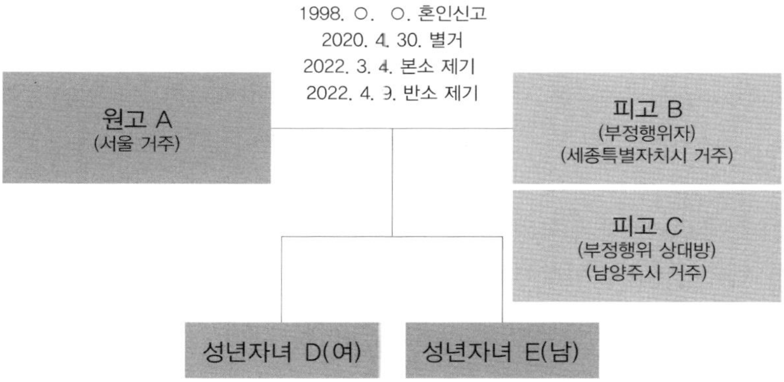

라. 혼인생활의 경과 등

1) 원고는 혼인기간 분양 관련 일을 하면서 생활비, 자녀 학비 등을 마련하였고, 피고 B

는 혼인 초기부터 가사와 자녀 양육을 전담하다가 2019. 4.경부터는 청주시 소재 원고 어머니 소유 상가건물에서 원고 명의로 ●● 식당을 운영하였다.

2) 피고 B는 2016년경 딸 D가 유학 중인 필리핀에서 피고 C를 알게 되었고, 피고 C의 제안에 응해 원고에게 요청하여 피고 C에게 3억 원 가량을 대여하였다(이하 '이 사건 대여금').

3) 피고 B는 2016. 8. 5.부터 2020. 1. 28.까지 이 사건 대여금과 별개로 원고 모르게 피고 C에게 합계 약 3억 9,000만 원을 지급하였다. 피고들은 위 기간에 필리핀 현지여행을 함께 가고, 카카오톡에서 같은 이모지를 사용하는 등 친밀한 관계를 형성하였는데, 피고 C는 피고 B에게 '여보'라는 호칭을 사용하기도 하고, 보이스톡을 자주 이용하며 심야에 오랜 시간 동안 통화하였다. 또한 피고들의 어릴 적 사진과 돌사진을 대칭형으로 편집하여 그 파일을 공유하고 휴대폰에 보관하였으며, 피고 C는 피고 B의 이메일 아이디 ○○○○○4280을 거꾸로 하여 만든 카카오톡 아이디 ○○○○○0824를 사용하기도 하였다. 피고 B는 피고 C의 물품대금과 보험료를 대납하고, 항공권을 대신 구매해 주었으며, 2019. 3.경부터 같은 해 6.경까지 숙박예약 어플리케이션 야놀자를 통하여 36회에 걸쳐 피고 C의 숙박예약 및 결제를 대신해주었고, 피고 C가 숙박하던 모텔에도 출입하였다.

4) 피고 C가 이 사건 대여금을 변제하지 않자 피고 C의 좋지 않은 평판을 확인한 원고는 2020. 3. 30. 피고 B와 함께 피고 C를 사기죄로 고소하였는데, 이 과정에서 피고들의 위와 같은 관계를 알고 나서 부정행위를 의심하게 되었다.

5) 원고와 피고 B, 딸 D와 원고의 어머니, 원고의 동생 등이 2020. 4. 25. 재산관계에 관하여 논의하였는데, 그 과정에서 자신의 뜻대로 되지 않자 격분한 D가 원고 어머니(D의 할머니)를 가위로 찌르려 하고, 이에 원고 동생이 D의 뺨을 때리는 등의 소동이 발생하였다.

6) 원고와 피고 B는 2020. 4. 30.부터 별거하였다.

7) 피고 B는 2020. 8.경 원고와 상의 없이 피고 C에 대한 고소를 취하하였고, 피고 C가 2022. 1.경 인터폴 적색수배 상태에서 체포되자 피고 B는 2022. 3. 4. 신원보증을 해주는 등 피고 C가 불구속상태에서 수사를 받도록 도움을 주었다.

8) 원고는 2022. 3. 4. 피고들의 부정행위로 혼인관계가 파탄에 이르렀음을 이유로 피고들을 상대로 이혼 및 위자료 지급과 재산분할 등을 구하는 이 사건 본소를 제기하였고, 피고 B는 2022. 4. 19. 원고를 상대로 이혼 및 위자료 등을 청구하는 이 사건 반소를 제기하였다.

9) 피고 B는 피고 C와 함께 2022. 4. 14. 원고에게 알리지 않은 채 위 식당에서 에어컨 등 비품들을 정리하여 퇴거하였고, 같은 해 5. 16. 역시 원고의 동의 없이 폐업신고를 하였으

며, 그 무렵부터 세종특별자치시 소재 아파트에서 피고 C와 함께 거주하였다.

10) 피고 B는 2022. 4. 15. 원고가 임의로 자신 명의로 피고 C에 대한 고소를 하였다며 원고를 사문서위조죄와 동행사죄로 고소하였으나, 원고는 2022. 5. 26. 서울강남경찰서에서 불송치(혐의없음) 결정을 받았다.

11) 피고 C는 원고를 상대로 자신을 인터폴 적색수배자라고 지칭하면서 다양한 사기행각을 벌였다는 거짓의 사실을 드러내어 명예를 훼손하였다는 혐의로 고소하였으나, 서울강남경찰서는 2022. 8. 22. 원고에게 혐의 없음을 이유로 불입건 결정을 하였다.

12) 피고 B가 원고를 사문서위조 및 동행사죄로 고소한 사실과 관련하여, 원고는 "사실 원고가 피고 B의 동의를 받아 피고 B 명의로 피고 C에 대한 고소장을 제출하였음에도 불구하고, 피고 B는 '원고가 피고 B 명의의 고소장을 위조하였다'며 원고로 하여금 형사처분을 받게 할 목적으로 원고를 무고하였다."는 내용으로 피고 B를 무고죄로 고소하였다. 피고 B는 무고죄가 유죄로 인정되어 2023. 2. 23. 대전지방법원 2023고약○○○○호로 벌금 300만 원의 약식명령을 발령받았고, 이에 불복하여 대전지방법원 2023고정○○○호로 정식재판을 청구하였다가 이를 취하하여 2023. 5. 9. 위 약식명령이 그대로 확정되었다.

13) 위와 같이 2020. 4. 25. D가 원고의 어머니를 가위로 찌르려 하고, 이에 원고 동생이 D의 뺨을 때리는 등의 소동이 발생한 사실과 관련하여, 청주지방법원은 2024. 6. 27. 피고 B와 D에 대하여 "사실 D는 당시 삼촌 및 친할머니와 말다툼하는 과정에서 화가 나 가위 혹은 칼 등 위험한 물건을 들고 휘두르는 등 소란을 피웠고, 원고는 이를 막기 위해 D를 제지하였을 뿐 이유 없이 D를 폭행한 사실이 없었음에도 불구하고, 피고 B는 원고와 이혼 소송을 진행하는 과정에서 유리한 자료로 사용하기 위해 원고가 D를 이유 없이 폭행하였다는 취지의 허위내용이 담긴 고소장을 제출하기로 D와 공모하여, 2022. 6. 17. 서울 강남경찰서에 '2020. 4.경 원고가 D를 폭행하였다'는 내용의 고소장을 제출하고, 수사기관에 위와 같은 취지로 진술하여 원고로 하여금 형사처분을 받게 할 목적으로 원고를 무고하였다."는 무고죄의 범죄사실로 2024. 6. 27. 각 징역 6월에 집행유예 2년, 120시간의 사회봉사를 선고하였고(청주지방법원 2023고단○○○○호), 위 판결은 2024. 7. 5. 그대로 확정되었다.

14) 한편, 원고가 피고 C를 상대로 대여금 청구 소송을 하였는데(청주지방법원 2023가단○○○○○), 위 관련 민사사건에서 제1심법원은 2024. 6. 21. 원고 청구를 전부 기각하였고, 그 판결이유에는 '피고 B가 피고 C로부터 2018. 2. 26.까지 지급받은 변제금이 241,348,300원이다.'라는 취지가 기재되어 있다. 이에 대하여 원고가 항소하여 현재 위 관련 민사사건은 항소심에 계속 중이다(청주지방법원 2024나○○C○○).

마. 제1심과 항소심은 원고의 본소 이혼청구를 인용하고, 피고들에 대한 위자료 청구를 일부 인용하는 한편, 피고 B의 반소 이혼청구 및 위자료 청구를 기각하는 취지의 판단을 하였다. 한편, 재산분할청구에 관하여, 제1심은 원고의 청구를 일부 인용한 반면에, 항소심은 피고 B의 청구를 일부 인용하는 취지로 판단하였다.

2. 제1심 판단

가. 본소 이혼 및 위자료 청구, 반소 이혼청구

1) 원고의 피고 B에 대한 본소 이혼 청구: 인용

2) 원고의 피고들에 대한 본소 위자료 청구

가) 청구취지: 피고들은 공동하여 원고에게 위자료 4천만 원 및 지연손해금을 지급할 의무가 있다

나) 결론: 피고 B는 2천만 원 및 이에 대한 지연손해금을, 피고 C는 그 중 1천 5백만 원 및 지연손해금을 지급할 것을 명함(일부 인용 – 제1쟁점)

3) 반소 이혼 및 위자료 청구: 기각(유책배우자의 청구이므로)

나. 재산분할

1) 분할비율: 원고 90%, 피고 B 10%

2) 판단근거: 분할대상 재산의 취득경위, 그 형성 및 유지에 대한 원고와 피고 B의 기여 정도, 원고와 피고 B의 나이, 직업, 혼인생활의 과정과 기간, 파탄경위, 특히 원고와 피고 B의 계좌거래 내역 등에 의하면, 원고와 피고 B는 피고 C에게 합계 약 6억 9,000만 원을 지급하고 피고 C로부터 약 2억 8,000만 원 정도밖에 돌려받지 못하여 계좌거래 내역상 4억 원 이상의 부부공동재산의 손실을 일으켰는데, 이는 원고와 피고 B 순재산의 합계인 358,644,180원을 상회하는 점 등 여러 사정을 참작(제2쟁점)

3) 결론: 피고 B는 원고에게 재산분할로 2,000,000원 및 지연손해금을 지급하라.

3. 이 사건 제1, 2쟁점에 대한 항소심의 심리·판단

가. 제1쟁점(본소 및 반소 이혼 및 위자료 청구 관련) 및 판단

1) 쌍방 당사자의 항소이유

가) 원고의 항소이유

이 사건 혼인관계는 부정행위 등을 비롯한 피고 B의 유책행위로 인하여 파탄되었다. 한편, 위 혼인파탄 경위, 파탄 이후 이 사건 소송에 이르기까지 피고들이 행한 일련의 행위를 비롯한 제반 사정에 비추어 볼 때, 제1심에서 인정한 위자료 액수는 과소하다.

나) 피고들의 항소이유의 요지

피고들은 부정행위를 하지 않았고, 이 사건 혼인은 피고 B의 유책행위로 인하여 파탄된 것이 아니다. 위 혼인관계는 원고의 부정행위 및 피고 B에 대한 의처증, 마약성 진통제 복용, 피고 C에 대한 피해망상으로 인하여 파탄이 된 것이므로, 원고의 본소 이혼 및 위자료 청구를 기각하고, 피고 B의 반소 이혼 및 위자료 청구를 인용하여야 한다.

2) 항소심 재판부의 판단

피고 B는 4천만 원 및 지연손해금을, 피고 C는 그 중 3천만 원 및 지연손해금을 지급하라(피고 B에 대한 본소 청구취지 원금부분 전부 인용).

나. 제2쟁점(재산분할 청구 관련) 및 판단

1) 쌍방 당사자의 항소이유

가) 원고의 항소이유

재산분할에 관한 제1심의 판단보다 원고에게 유리한 판단을 구한다.

나) 피고 B의 항소이유

재산분할에 관한 제1심의 판단보다 피그 B에게 유리한 판단을 구한다.

2) 항소심 재판부의 판단

가) 분할비율: 원고 85%, 피고 B 15%

나) 판단근거: 분할대상 재산의 취득 경위, 그 형성 및 유지에 대한 원고와 피고 B의 기여 정도, 원고와 피고 B의 나이, 직업, 혼인생활의 과정과 기간, 파탄경위,

특히 ① 원고와 피고 B의 혼인기간이 별거 전까지 약 22년 정도에 이르고, 위 혼인기간 중에 원고는 직장생활을 하거나 부동산 분양 및 마케팅 관련 업무 등을 하며 가정의 소득을 담당하였고, 피고 B는 가사와 양육을 담당하면서 2019. 4.경부터 2022. 4.경까지는 원고 모친

소유의 건물에서 음식점을 운영하며 소득을 올리기도 한 점,

② 원고와 피고 B의 계좌거래 내역 등에 의하면, 원고와 피고 B는 2016. 8.경부터 2019. 11.경까지 피고 C에게 합계 약 6억 9,000만 원을 지급하였는데, 원고는 피고 B가 2016. 9.경부터 2022. 4.경까지 피고 C로부터 약 2억 9,500만 원 정도를 돌려받았다고 주장하고, 피고 B는 같은 기간 동안 피고 C로부터 약 3억 6,700만 원 정도를 돌려받았다고 주장하고 있는 점,[1)]

③ 위와 같은 피고 B의 주장에 의하더라도 피고 B는 피고 C로부터 약 3억 2,300만 원을 돌려받지 못하였으므로(원고의 주장에 의하면 피고 B는 피고 C로부터 약 3억 9,500만 원을 돌려받지 못한 것이 된다), 최소한 피고 B의 행위로 인하여 위 금액 상당의 부부공동재산의 손실이 발생한 것도 분명한데(피고 B는 피고 C에게 대여 내지 투자한 돈을 모두 변제받았다고 주장하면서도 이를 객관적인 증거로 소명하지 못하고 있다), 이 사건 변론종결 당시 원고와 피고 B의 순재산 합계액이 367,017,708원이므로, 피고 B의 행위로 인한 부부공동재산의 손실 규모 등을 재산분할의 비율 산정에 충분히 참작할 필요가 있는 점 등 이 사건 변론에 나타난 제반 사정을 종합적으로 참작

다) 결론: 원고는 피고 B에게 재산분할로 18,000,000원 및 지연손해금을 지급하라.

4. 검토

가. 재산분할 및 위자료 액수 산정에 반영하는 사정들의 시간적 기준

1) 관련 법리

가) 재산분할 액수의 산정에 관한 판례

대법원의 확립된 판례에 의하면, 재판상 이혼을 전제로 한 재산분할에 있어 분할의 대상이 되는 재산과 그 액수는 원칙적으로 이혼소송의 사실심 변론종결일을 기준으로 하여 정하여야 하고(대법원 2000. 5. 2.자 2000스13 결정, 대법원 2019. 10. 31. 선고 2019므12549, 12556 판결 등 참조),[2)] 협의이혼을 전제로 한 재산분할의 경우 협의상 이혼이 성립한 날(이혼신고일)을 기

1) 피고 B는 원고와 피고 C 사이의 대여금 청구 소송의 제1심판결(청주지방법원 2023가단○○○○○) 기재를 근거로 '피고 B가 피고 C로부터 2018. 2. 26.까지 지급받은 변제금이 241,348,300원이고, 그 이후인 2018. 4. 23.부터 2021. 5. 31.까지 지급받은 변제금이 232,930,587원이므로, 총 변제금은 합계 474,278,887원이다.'라는 취지로도 주장하나, ㉮ 현재 위 대여금 청구 소송은 원고의 항소로 항소심이 진행 중인 점(청주지방법원 2024나○○○○○), ㉯ 위 제1심판결에서 인정된 '2018. 2. 26.까지의 변제금 241,348,300원'은 이 사건에서 피고 B가 피고 C로부터 2018. 2. 26.까지 지급받았다고 주장하는 변제금 합계액과 일치하지 않는 점 등에 비추어 보면, 위와 같은 피고 B의 주장을 그대로 받아들일 수는 없다.

준으로 정해야 한다(대법원 2002. 8. 28.자 2002스36 결정 등 참조).

따라서 이혼소송의 사실심 변론종결일까지 발생한 사정들은 원칙적으로 재산분할 액수의 산정과정에서 반영해야 한다.

나) 위자료 액수의 산정에 관한 판례

이에 관하여 대법원 2024. 10. 25. 선고 2024므11526, 2024므11533 판결은 "이혼을 원인으로 하는 위자료청구권은 상대방 배우자의 유책불법한 행위에 의하여 혼인관계가 파탄상태에 이르러 이혼하게 된 경우 그로 인하여 입게 된 정신적 고통을 위자하기 위한 손해배상청구권으로서, 이혼의 원인이 되는 개별적 유책행위의 발생으로부터 최종적 이혼에 이르기까지 일련의 경과가 전체로서 불법행위로 파악되어 최종적 이혼시점에서 확정, 평가된다(대법원 1993. 5. 27. 선고 92므143 판결, 대법원 2021. 11. 25. 선고 2021다253154, 253161 판결 등 참조). 유책배우자에 대한 위자료 액수를 산정함에 있어서는, 유책행위에 이르게 된 경위와 정도, 혼인관계 파탄의 원인과 책임, 배우자의 연령과 재산상태 등 변론에 나타나는 모든 사정을 참작하여 법원이 직권으로 정하여야 하고(대법원 1987. 5. 26. 선고 87므5, 6 판결 등 참조), 이러한 사정에는 혼인관계의 파탄 이후 최종적 이혼에 이르기까지 발생한 모든 사정이 포함되며, 개별적 유책행위에 대하여 별개의 손해배상청구를 할 수 있다고 하여 달라지지 않는다."라고 판시하였다.[3]

위와 같은 판례의 법리에 의하면, 이혼소송의 사실심 변론종결일까지 발생한 사정들을 원칙적으로 이혼에 따른 위자료 액수의 산정과정에서 반영해야 한다.

---

2) 다만, 예외적으로 혼인관계가 파탄된 이후 변론종결일 사이에 생긴 재산관계의 변동이 부부 중 일방에 의한 후발적 사정에 의한 것으로서 혼인 중 공동으로 형성한 재산관계와 무관하다는 등 특별한 사정이 있는 경우에는 그 변동된 재산은 재산분할 대상에서 제외하여야 한다(대법원 2013. 11. 28. 선고 2013므1455, 1462 판결 참조).

3) 위 대법원 2024므11526, 2024므11533 사건에서,
① 제1심법원은 피고의 귀책사유로 인하여 원고의 본소 제기일인 2020. 10. 17. 혼인관계가 파탄되었다고 인정한 다음, 원고의 위자료에 관한 청구취지 전부를 인용하였는데(인용액 2천만 원),
② 항소심법원은 ㉮ 혼인관계의 파탄책임 및 파탄시점에 관하여 제1심법원과 동일하게 판단하면서, ㉯ 혼인파탄 이후인 2022. 11. 10.부터 피고가 원고를 상대로 행한 범죄행위는 혼인관계 파탄의 직접적인 원인이라고 볼 수 없으므로, 이를 위자료 액수 산정에 고려할 사정이 될 수 없고, ㉰ 2022. 11. 10. 이후 범행에 대해서는 원고가 피고에게 민사상 불법행위책임을 물어 별도의 절차에서 손해배상을 구할 수 있다는 점 등을 고려하여, 원고의 위자료 청구 중 일부를 기각하는 판단을 하였으나(인용액 1천 5백만 원),
③ 대법원은 앞서 본 바와 같은 이유로 혼인관계 파탄 이후 항소심 변론종결일점까지 이루어진 피고의 원고에 대한 위 2022. 11. 10. 범행 등이 도두 위자료 액수 산정에 관한 참작사유가 될 수 있다고 지적하면서, 다만 원고가 상고하지 않고 피고만 상고하였기 때문에 이 부분에 관한 피고의 상고를 기각한 것이다.

2) 실무적인 유의점

재판상 이혼을 청구한 사안에서, 당사자의 소제기 시점 이전에 해당 혼인이 파탄된 경우가 대부분이다. 따라서 재판상 이혼을 전제로 한 재산분할이나 위자료를 청구하는 사안에서 사실심 변론종결일까지 발생한 사정들을 모두 재산분할 및 위자료 액수 산정에 반영해야 한다는 판례의 법리는 해당 혼인의 파탄 이후 내지 이혼청구의 소제기 이후 사실심 변론종결일까지 발생한 모든 사정들도 원칙적으로 위와 같은 액수 산정에 반영해야 한다는 취지이다.

그런데 실무적으로 혼인파탄의 원인과 경위 등이 매우 다양하기 때문에, 해당 혼인의 파탄 이후 사정들의 태양 역시 다양할 수밖에 없다. 예컨대, 이혼소송 계속 중에 쌍방 당사자 사이에서 개인적인 다툼이나 분쟁이 발생할 수 있을 뿐만 아니라, 관련 민사소송 및 형사소송 등이 별도로 진행되는 경우도 적지 않은데, 관련 재판절차가 진행되는 경우, 그 진행상황이나 결과(관련 재판 확정 여부 포함) 등을 위와 같은 재산분할 및 위자료 액수 산정과정에 적절하게 반영해야 하는 것이다. 아래에서는 이 사건 변론과정에 나타난 여러 사정들을 중심으로 살펴본다.

나. 부정행위를 비롯한 유책행위에 관한 위자료 산정에 관하여

1) 일반적 검토

이혼에 따른 위자료 액수의 산정 등에 관한 일반적인 내용은 서울고등법원 2023. 6. 29. 선고 2023르20204 판결 및 이에 대한 해설(Ⅰ. [2] 1. 유책배우자의 이혼청구가 예외적으로 인용된 경우 상대방의 위자료 청구에 관한 헌법적·법률적 쟁점) 참조.

2) 이 사건 혼인파탄 및 귀책사유 등에 관하여

가) 민법 제840조 제1호 소정의 배우자의 부정한 행위라 함은 간통을 포함하여 보다 넓은 개념으로서 간통에까지는 이르지 아니하나 부부의 정조의무에 충실하지 않는 일체의 부정한 행위가 이에 포함되고, 부정한 행위인지 여부는 각 구체적 사안에 따라 그 정도와 상황을 참작하여 평가하여야 한다(대법원 2013. 11. 28. 선고 2010므4095 판결 등 참조).

나) ① 피고 B의 피고 C에 대한 태도, 피고 B가 원고 모르게 피고 C에게 송금한 돈의 규모, 피고들이 함께 여행을 가거나 피고 C가 피고 B에게 '여보'라는 호칭을 사용하는 등의 사정을 통해 알 수 있는 피고들의 친밀성, 피고들의 통화 횟수 및 시간, 피고 B가 피고 C의 숙박예약 및 결제를 대신해 주고, 피고 C가 숙박하던 모텔에도 출입한 점 등에 비추어 보면, 피고들의 관계는 사회통념상 수긍할 수 있는 호의와 친밀성을 넘어 부부 간의 신뢰와 충실의무에 반하는 정도에 이르러 위 조항에서 말하는 부정한 행위에 해당하는 것으로 판단된다.

따라서 혼인관계 파탄의 주된 책임은 피고 B에게 있다고 봄이 타당하다.

② ㉮ 피고 B는 이에 관하여, 원고의 부정행위와 의처증, 마약성 진통제의 지속적인 사용, 피고 C에 대한 피해망상 등으로 혼인관계가 파탄에 이르렀다고 주장하고, ㉯ 피고 C는 이에 관하여, 원고가 아무런 근거 없이 거짓말로 자신을 비방하고 있다고 주장하나, 이 법원에 이르기까지 제출된 증거들만으로는 혼인관계 파탄의 주된 책임이 원고에게 있다고 인정하기 부족하고, 달리 이를 인정할 만한 증거가 없다. 따라서 원고의 유책사유로 원고와 피고 B의 혼인이 파탄에 이르렀음을 전제로 한 피고 B의 원고에 대한 위자료 청구는 이유 없다.

3) 위자료 액수 산정과정에서 고려한 사정들에 대하여

가) 고려사항의 내용 등

① 피고들의 부정행위로 인하여 혼인관계가 파탄되었으므로, 피고들은 원고에게 위자료를 지급할 의무가 있다.

② 앞서 본 혼인파탄의 경위, 파탄책임의 정도, 부정행위의 정도 및 기간, 원고와 피고 B의 혼인기간, 가족관계, 부정행위가 발각된 이후 피고들이 보인 태도,[4)]

③ 피고 B는 원고를 허위사실로 고소하여 2차례나 무고죄로 처벌받았고, 그중 청주지방법원 2023고단○○○○ 사건의 경우에는 '피고 B가 이 사건 이혼 소송에서 유리한 자료로 사용하기 위해 원고를 허위사실로 고소'한 사실이 인정되기도 한 점 등을 종합적으로 고려한다.

나) 고려사항의 성격 등에 대한 구체적인 검토

(1) 위 가) ①, ② 기재 사정들은 대부분 일방 당사자의 주된 귀책사유로 인하여 해당 혼인관계가 파탄된 사안에서 통상적으로 고려하는 유형으로 볼 수 있다. 다만, 그 중 부정행위가 발각된 이후 피고들이 보인 태도의 경우 이 사건 이혼소송과정에서 피고들이 자신들의 부정행위를 전면적으로 부인하는 소송상 주장을 계속한 점 등은 혼인파탄 이후의 사정이라고 볼 수 있다.[5)]

---

4) 피고 B는 제1심 당사자 본인신문 당시 '피고 C가 숙박하는 숙박시설에 들어간 적이 있느냐'는 질문에 '없다'라고 허위진술을 하였다가, 제1심 재판장이 갑 제71호증{녹취록(모텔방문)} 등을 제시하면서 피고 B의 진술의 문제점 등을 지적하자 '세탁물을 건네주기 위해 2번 정도 모텔 출입구에서 만났다'고 진술을 번복하였고, 피고 C와의 관계에 대하여 '그냥 투자 관계 사이'라고 진술하면서도 '피고 C로부터 돈을 돌려받기 위해 피고 C에 대한 고소를 취소하고, 청와대 등에 피고 C의 억울함을 풀어달라는 내용의 탄원서를 제출하며, 수사기관에 체포된 피고 C를 위하여 신원보증을 해 주었다'는 취지로 진술하는 등 피고 C와 이례적일 정도로 친밀한 이유에 관하여 경험칙상 다소 납득하기 어려운 진술을 하였다. 피고 C도 제1심 당사자 본인신문 당시 피고 B을 '여보'라고 호칭한 이유, 피고 B가 약 2년간 피고 C의 보험료를 대납해 준 이유, 2019년과 2020년 초 사이에 피고 B와 보이스톡 통화를 많이 한 이유 등에 관하여 납득할 만한 설명을 하지 못하였다.

(2) 한편, 위 가) ③ 기재 사정들의 경우 관련 형사사건에 대한 ㉮ 수사개시가 이 사건 본소 제기 이후에 이루어지거나 ㉯ 최소한 법원의 관련 판결이 이 사건 본소 제기 이후에 선고된 것과 관련하여 이루어진 것이다. 특히 ㉠ 피고 B는 원고를 사문서위조 및 동행사죄로 고소하여 무고하였다는 범죄사실과 관련하여 유죄가 인정되어 2023. 2. 23. 대전지방법원 2023고약○○○○호로 벌금 300만 원의 약식명령을 발령받았다가 2023. 5. 9. 위 약식명령이 그대로 확정되었는데(이는 이 사건 제1심판결 선고 전에 확정된 사정이다), ㉡ 청주지방법원 2023고단○○○○ 사건의 경우 이 사건 제1심판결 선고일(2024. 3. 26.) 이후인 2024. 6. 27. 형사판결이 선고되어 2024. 7. 5. 그 판결이 확정되었는데, 그 형사판결에서 '피고 B가 이 사건 이혼소송에서 유리한 자료로 사용하기 위해 원고를 허위사실로 고소'한 사실이 인정된 점 등은 제1심판결 선고 이후의 중요한 사정변경에 해당하기 때문에, 위 ㉠ 사정은 위자료 산정의 요소임은 분명하고, 위 ㉡ 사정은 아래와 같이 항소심에서 이혼에 따른 위자료 액수를 증액하는 주요 요소가 되었다고 할 수 있다.

(3) 과거에 비하여, 아내(이 사건 피고 B)가 부정행위자로서 유책배우자에 해당한다는 이유로 남편(이 사건 원고 A)이 이혼 및 위자료 청구의 소를 제기하는 사례가 현저히 증가하였는데,[6] 이와 관련하여 이혼소송의 쌍방 당사자인 부부 및 관련자들 사이에서 별개의 관련 민

5) 당사자들이 이혼소송절차에서 혼인파탄 이후의 사정에 관하여 제출한 주장 및 증거를 이혼에 따른 위자료 액수의 산정과정에서 고려한 사례로는 아래에서 예시한 사례 등과 같은 다수의 사례가 있다.
① ㉮ 유책배우자(남편)가 카카오톡 메시지로 여러 여성과 지속적으로 음란한 내용의 대화를 주고받은 점, ㉯ 유책배우자의 폭력적인 언행으로 인하여 상대방 배우자가 3년 이상의 기간 동안 총 60회 정도 정신과 진료를 받은 점, ㉰ 그런데 유책배우자는 자신의 폭행과 부정행위에 대하여 원고에게 진심으로 사과하거나 잘못을 인정하지 않은 채 '자신이 다수의 여성들과 음란한 내용이나 성적인 대화를 주고받았다고 하여 부부간 정조의무에 충실하지 못한 것이라 할 수 없고, 자신은 핸드폰에 비밀번호를 설정하지 않았을 정도로 상대방 배우자에게 부끄러운 행동을 하지 않았으며, 상대방 배우자가 정신과 치료를 받은 것은 이혼 청구에 영향을 미쳤다고 볼 수 없다'는 취지로 주장하며 혼인파탄의 책임을 회피하고 있는 점 등을 위자료 액수 산정의 고려사항으로 적시한 서울고등법원 2025. 2. 4. 선고 2024르23620 판결(확정).
② 유책배우자(남편)가 자신의 병원 진료내역을 감추고 신용카드 사용내역을 조작하여 제시하는 등 적극적으로 상대방 배우자를 기망하고자 하였고, 제1법원의 여러 병원에 대한 각 문서제출명령회신결과에 의해 유책배우자의 진단내역이 드러나기 전까지 성병에 감염된 적이 없다고 주장하는 등, 상대방 배우자가 부정행위를 의심하기 시작한 이후부터 이 사건 소송 과정에 이르기까지 법률상 배우자를 전혀 존중하지 않고 있는 것으로 보여 상대방 배우자의 정신적 고통이 가중되었으리라고 판단되는 점을 위자료 액수 산정의 고려사항으로 적시한 서울고등법원 2025. 2. 4. 선고 2024르23941, 2023르23958 판결(확정).

6) 예컨대, ① 서울고등법원 2023. 10. 19. 선고 2023르20655, 2023르20662 판결(확정)의 경우, 원고(아내)가 본소 이혼청구 등을 한 사안에서, 피고(남편)가 원고 부정행위 등을 이유로 반소 이혼 및 위자료 청구 등을 하여 반소 위자료 청구가 인용된 사례이고, ② 서울고등법원 2024. 3. 28. 선고 2023르23067, 2023르24978 판결(확정)의 경우, 원고(남편)가 부정행위를 한 피고(아내)에 대하여 이혼에 따른 위자료 청구를 하였는데, 그 이전에 원고가 부정행위 상대방 2명에 대하여 위자료 청구를 하여 각

사소송이나 형사소송이 진행되고 있는 경우도 적지 않다.

현재 실무에서 남편이 부정행위자로서 유책배우자에 해당한다는 이유로 아내가 이혼 및 위자료 청구를 하는 소송사건이 상대적으로 더 많기는 하지만, 별도로 진행되고 있는 관련 사건들의 태양이나 내용 등이 매우 다양할 뿐만 아니라, 그 성격상 해당 사건의 진행속도나 결과 등을 쉽게 예측하기도 어렵기 때문에, 위자료 산정에 관하여 혼인파탄 이후 사실심 변론종결일까지의 사정들을 모두 고려해야 한다는 위 대법원 2024므11526, 2024므11533 판결의 법리는 부부 쌍방 중 어느 쪽에 유리하거나 불리한 것은 아니다.

다) 위자료 액수 산정에 관하여

(1) 항소심에서는 피고 B가 원고에게 지급하여야 할 위자료 액수를 40,000,000원으로, 위 돈 중 피고 C가 피고 B와 공동하여 원고에게 지급하여야 할 위자료 액수를 30,000,000원으로 각 정하였다.

(2) 원래 민사재판에서는 형사재판의 사실인정에 구속받지 않는다고 할지라도 동일한 사실관계에 관하여 확정된 형사판결이 유죄로 인정한 사실은 유력한 증거자료가 된다 할 것이므로 민사재판에서 제출된 다른 증거들에 비추어 형사판결의 사실판단을 채용하기 어렵다고 인정되는 특별한 사정이 없는 한 이와 반대되는 사실을 인정할 수는 없는 것이다.[7)]

(3) 이 사건 본소 위자료 청구취지는 위자료 4천만 원 및 이에 대한 지연손해금의 지급을 구하는 것인데, 항소심 재판부는 위 나)항에서 본 바와 같이 피고들의 유책성을 강화하는 내용의 관련 형사판결이 이 사건 제1심판결 선고 이후에 확정되었다는 점 등을 적시한 다음 본소 위자료 청구취지 중 원금 부분을 전부 인용하는 취지로 판단하였다.

이 사건과 같이 이혼 및 위자료 청구소송과 별도로 진행되고 있는 관련 형사재판이 확정된 경우, 특별한 사정이 없는 이상 위와 같이 확정된 형사재판에서 인정한 사실관계를 토대로 위자료 액수를 산정함이 타당하다. 한편, 위 형사판결에서 인정된 사실관계가 '피고 B가 이 사건 이혼 소송에서 유리한 자료로 사용하기 위해 원고를 허위사실로 고소'하였다는

각 승소 확정판결을 받은 다음 이에 따른 위자료 및 이에 대한 지연손해금 전액을 모두 지급받은 사안에서, 대법원 2005. 6. 23. 선고 2004다66001 판결의 법리에 비추어 볼 때 피고에 대한 위자료 산정 과정에 원고가 위와 같이 부정행위 상대방들로부터 금전을 지급받은 사정을 반영함이 타당하다고 판단한 사례이다.

7) 대법원 1994. 1. 28. 선고 93다29051 판결, 대법원 1995. 7. 14. 선고 94다32757 판결 등 참조. 한편, 관련 형사사건의 판결에서 인정된 사실은 특별한 사정이 없는 한 민사재판에 있어서도 유력한 자료가 되는 것임은 물론이나 민사재판에서 제출된 다른 증거내용에 비추어 형사판결의 사실판단을 채용하기 어렵다고 인정될 경우에는 이를 배척할 수도 있는 것이라는 점은 대법원 1994. 2. 8. 선고 93다19153, 93다19160 판결 등 참조.

내용으로서 이 사건 이혼 및 위자료 청구소송과 밀접하게 관련된 것이고, 이 사건 항소심 진행 도중에 '관련 형사판결의 확정'이라는 사정변경이 발생하였다는 점 등을 대법원 2024므11526, 2024므11533 판결의 법리에 비추어 살펴보면, 항소심에서 이혼에 따른 위자료 액수를 상당히 증액함으로써 이 사건 제1심판결에 비하여 원고에게 상대적으로 유리한 결론을 도출한 항소심 재판부의 판단은 충분한 설득력을 가진다고 생각한다.

(4) 한편, 이혼소송과 별도로 진행되고 있는 관련 사건에서 항상 어느 한쪽 당사자에게 유리한 결과가 발생하는 것은 아니기 때문에[예컨대, 아래 다.항에서 보는 바와 같이 관련 민사사건에 관한 제1심판결인 청주지방법원 2024. 6. 21. 선고 2023가단○○○○○ 판결의 경우, 이 사건 제1심판결에 비추어 원고에게 상대적으로 불리한 결론을 도출하는 사정변경으로 파악할 수 있다], 실무적으로 상당한 의미가 있는 위 대법원 2024므11526, 2024므11533 판결의 법리 자체가 부부 중 일방 배우자에게 실질적으로 유리하거나 불리한 것이 아님은 분명하다.

라) 위자료 청구취지 중 원금 부분을 전부 인용한 것과 관련된 지연손해금에 대하여

「소송촉진 등에 관한 특례법」(이하 '특례법') 제3조 제2항은 "채무자가 그 이행의무의 존재를 선언하는 사실심판결이 선고되기까지 그 존부나 범위에 관하여 항쟁함이 상당하다고 인정되는 때에는 그 상당한 범위 안에서 제1항의 규정을 적용하지 아니한다."라고 규정하고 있다. 여기서 채무자가 그 이행의무의 존부나 범위에 관하여 항쟁함이 상당하다고 인정되는 때란 그 이행의무의 존부나 범위에 관하여 항쟁하는 채무자의 주장이 상당한 근거가 있는 것으로 인정되는 때를 가리킨다. 채무자가 이행의무의 존부와 범위를 다투어 제1심에서 그 주장이 받아들여졌다면 비록 항소심에서 그 주장이 배척되더라도 그 주장은 타당한 근거가 있다고 할 수 있으므로, 그러한 경우에는 특례법 제3조 제2항에 따라 항소심판결 선고 시까지는 같은 조 제1항에서 정한 지연손해금 이율을 적용할 수 없다고 보아야 한다(대법원 2017. 12. 5. 선고 2017다257722, 257739 판결, 대법원 2013. 4. 11. 선고 2012다106713 판결, 대법원 2010. 7. 8. 선고 2010다21696 판결 등 참조).

따라서 원고의 피고 B에 대한 위자료 청구에 관하여 항소심에서 원고의 항소를 받아들여 피고 B에게 추가로 위자료 지급을 명함에 따라, 결과적으로 청구취지 기재 위자료 원금이 전부 인용되는 결과가 된다고 하더라도, 항소심에서 추가로 인용된 위자료 원금(20,000,000원)의 경우에는 피고 B의 주장이 제1심에서 받아들여진 이상 그 주장이 상당한 근거가 있는 것으로 인정되므로, 항소심판결 선고일까지 피고 B가 그 이행의무의 존부 및 범위에 관하여 항쟁함이 상당하다고 보아 항소심판결 선고일까지 특례법 제3조 제1항에서 정한 지연손해금 이율을 적용할 수 없고, 제1심판결에서 인용된 위자료 원금으로서 항소심에서도 그대로 유지된 부분(20,000,000원)의 경우에는 항소심이 제1심판결과 취지를 같이하여 원고의 청구가

이유 있다고 판단한 이상, 이 부분에 관한 피고 B의 항소는 이유 없는 것임이 명백하므로, 제1심판결 선고일 다음 날부터는 피고가 이에 대하여 항쟁함이 상당하다고 할 수 없어 제1심판결 선고일 다음 날부터 특례법 제3조 제1항에 따른 지연손해금의 지급을 명한 제1심판결을 그대로 유지하여야 한다(대법원 1997. 12. 26. 선고 97다42892, 42908 판결, 대법원 2006. 10. 13. 선고 2006다32446 판결 등 참조).[8)]

항소심 재판부는 위와 같은 검토를 거쳐서 본소 위자료에 관한 지연손해금에 대하여 항소심판결 주문과 같이 판단하였다.

다. 재산분할 액수의 산정에 관하여

1) 일반적인 검토

이에 관하여는 서울고등법원 2023. 1. 26. 선고 2022르23237, 2022르23244 판결과 서울고등법원 2023. 2. 9. 선고 2022르21002 판결 및 이에 관한 각 해설[Ⅰ. [3] 1. 2. 부정행위자의 일방적 처분행위가 분할대상 재산의 범위와 분할비율에 미치는 영향(1)(2)], 서울고등법원 2023. 11. 2. 선고 2023르20891, 2023르20907 판결 및 이에 대한 해설(Ⅰ. [3] 4. 일방 배우자의 단독 명의 재산취득, 혼인생활에서의 역할, 재산은닉 등이 분할대상 재산의 범위와 분할비율에 미치는 영향) 등 참조.

2) 이 사건 재산분할의 비율에 관한 고려사항(사실심 변론종결일까지 발생한 사정 포함)

가) 제1심의 입장

재산분할 비율의 판단근거에 관하여, ① 혼인생활의 과정과 기간, 파탄경위, ② 특히 원고와 피고 B의 계좌거래 내역 등에 의하면, 원고와 피고 B는 피고 C에게 합계 약 6억 9,000만 원을 지급하고 피고 C로부터 약 2억 8,000만 원 정도밖에 돌려받지 못하여 위 계좌거래 내역상 4억 원 이상의 부부공동재산의 손실을 일으켰는데, 이는 원고와 피고 B 순재산의 합계인 358,644,180원을 상회하는 점 등 여러 사정을 참작하여 그 비율을 원고 90%, 피고 B 10%로 정한 다음, 피고 B는 원고에게 재산분할로 2,000,000원 및 이에 대한 지연손해금을 지급해야 한다고 판단하였다.

나) 항소심 재판부의 입장

① 원고와 피고 B의 혼인기간이 별거 전까지 약 22년 정도에 이르고, 위 혼인기간 중에 원고는 직장생활을 하거나 부동산 분양 및 마케팅 관련 업무 등을 하며 가정의 소득을 담당하였고, 피고 B는 가사와 양육을 담당하면서 2019. 4.경부터 2022. 4.경까지는 원고 모친 소

8) 이 쟁점에 관하여는 홍승면, “생명·신체에 대한 불법행위로 인한 손해배상청구에서 피고의 항쟁이 타당한지 여부를 적극적 손해, 소극적 손해, 정신적 손해마다 따로 판단하여야 하는지 여부”, 판례공보스터디 민사판례해설 Ⅲ-하, 서울고등법원 판례공보스터디(2022), 1196-1202(대법원 2022. 4. 28. 선고 2022다200768 판결에 관한 해설) 참조.

유의 건물에서 음식점을 운영하며 소득을 올리기도 한 점,

② 원고와 피고 B의 계좌거래 내역 등에 의하면, 원고와 피고 B는 2016. 8.경부터 2019. 11.경까지 피고 C에게 합계 약 6억 9,000만 원을 지급하였는데, 원고는 피고 B가 2016. 9.경부터 2022. 4.경까지 피고 C로부터 약 2억 9,500만 원 정도를 돌려받았다고 주장하고, 피고 B는 같은 기간 동안 피고 C로부터 약 3억 6,700만 원 정도를 돌려받았다고 주장하고 있는 점,[9]

③ 위와 같은 피고 B의 주장에 의하더라도 피고 B는 피고 C로부터 약 3억 2,300만 원을 돌려받지 못하였으므로(원고의 주장에 의하면 피고 B는 피고 C로부터 약 3억 9,500만 원을 돌려받지 못한 것이 된다), 최소한 피고 B의 행위로 인하여 위 금액 상당의 부부공동재산의 손실이 발생한 것도 분명한데(피고 B는 피고 C에게 대여 내지 투자한 돈을 모두 변제받았다고 주장하면서도 이를 객관적인 증거로 소명하지 못하고 있다), 이 사건 변론종결 당시 원고와 피고 B의 순재산 합계액이 367,017,708원이므로, 피고 B의 행위로 인한 부부공동재산의 손실 규모 등을 재산분할의 비율 산정에 충분히 참작할 필요가 있는 점 등 이 사건 변론에 나타난 제반 사정을 종합적으로 참작하여,

④ 재산분할 비율을 원고 85%, 피고 B 15%로 정한 다음, 원고는 피고 B에게 재산분할로 18,000,000원 및 이에 대한 지연손해금을 지급해야 한다고 판단하였다.

3) 항소심의 판단에 대한 구체적인 검토

가) 일반적인 고려사항에 관하여

항소심판결은 원고와 피고 B의 실질적 혼인기간과 경제활동 등을 구체적으로 적시하였는데, 이는 제1심의 판단과 실질적으로 다른 입장을 취한 것은 아니고, 단지 재산분할에 관한 고려사항을 좀 더 상세하게 정리하는 취지였다고 볼 수 있다.

나) 제1심판결 선고 이후의 사정변경에 관하여

(1) 위 2) 가) 기재 사정들 중 피고 C가 원고 및 피고 B에게 실제로 변제한 돈의 액수에 관하여 제1심과 항소심은 서로 다른 입장을 취하였는데, 항소심 재판부는 아래에서 보는 바와 같이 피고 B의 부부공동재산의 손실규모에 관한 요소로서 이 사건 제1심판결의 선고 이후 발생한 사정변경을 항소심판결에 반영한 것이다.

---

9) 피고 B는 원고와 피고 C 사이의 대여금 청구 소송의 제1심판결(청주지방법원 2023가단○○○○○) 기재를 근거로 '피고 B가 피고 C로부터 2018. 2. 26.까지 지급받은 변제금이 241,348,300원이고, 그 이후인 2018. 4. 23.부터 2021. 5. 31.까지 지급받은 변제금이 232,930,587원이므로, 총 변제금은 합계 474,278,887원이다.'라는 취지로도 주장하나, ㉮ 현재 위 대여금 청구 소송은 원고의 항소로 항소심이 진행 중인 점(청주지방법원 2024나○○○○○), ㉯ 위 제1심판결에서 인정된 '2018. 2. 26.까지의 변제금 241,348,300원'은 이 사건에서 피고 B가 피고 C로부터 2018. 2. 26.까지 지급받았다고 주장하는 변제금 합계액과 일치하지 않는 점 등에 비추어 보면, 위와 같은 피고 B의 주장을 그대로 받아들일 수는 없다.

⑵ 즉, 이 사건 제1심판결은 재산분할 청구와 관련하여, 피고 C가 원고 및 피고 B로부터 지급받은 약 6억 9,000만 원에 관하여 약 2억 8,000만 원 정도만 변제하였기 때문에, 피고 B가 4억 원 이상의 부부공동재산의 손실을 일으켰다고 판단하였다.

⑶ 원고가 이 사건 본소 제기 이후에 피고 C를 상대로 제기한 관련 민사소송(청주지방법원 2023가단○○○○○ 사건)에서 이 사건 제1심판결 선고일(2024. 3. 26.) 이후인 2024. 6. 21. 민사 제1심판결(원고 전부 패소판결)이 선고되었는데, 위 관련 민사 제1심판결의 경우, 피고 C가 이 사건 제1심판결에서 인정한 변제금액(약 2억 8,000만 원 정도)을 초과하는 금액을 원고 내지 피고 B에게 변제하였다는 사실인정을 하였다.

다만, 원고가 위 관련 민사 제1심판결에 대하여 항소하였기 때문에, 이 사건 항소심 변론종결일을 기준으로 할 때 위와 같은 관련 민사 제1심판결의 사실인정이 '확정재판'에 의하여 뒷받침되는 것은 아니었다.

한편, 이 사건 재산분할 청구와 관련하여 피고 B가 주장하였던 피고 C의 변제금액의 경우, 위 관련 민사 제1심판결에서 인정한 피고 C의 변제금액과 차이가 있기 때문에, 항소심 재판부의 입장에서 '미확정 상태인 위 관련 민사 제1심판결의 인정사실을 그대로 수용할 수 있는지'에 대하여서 검토할 필요가 있었다.

⑷ 결국 이 사건 제1심판결 이후 이루어진 위 관련 민사 제1심판결의 선고가 사정변경에 해당하는 것은 분명하고, 대법원 2000스13 결정 등 확립된 대법원 판례의 법리에 비추어 볼 때 이러한 사정변경을 이 사건 재산분할 액수의 산정에 반영하는 것이 타당하지만, 위 ⑶ 기재와 같은 내용을 토대로 하여 부부공동재산에 관한 피고 B의 손실행위의 규모를 어떻게 평가하고 재산분할 액수를 어떻게 산정할 것인지를 구체적으로 검토해야 하는 것이다(이 사건 제2쟁점).

다) 분할대상 재산의 범위와 분할비율을 산정하는 문제의 상호관계와 대체성 등

⑴ 일반론

이와 관련하여 일방 배우자의 부부공동재산에 관한 손실행위가 재산분할 액수의 산정과 관련하여 실질적인 쟁점이 된 사건에서 분할대상 재산의 범위와 분할비율을 산정하는 문제, 그 상호관계 및 대체성 등에 대하여 살펴볼 필요가 있다. 개별사안별로 구체적인 사정에 따라 손실행위자의 행위 등을 ㉠ 분할비율의 산정에 관한 고려사항으로 볼 수도 있고, ㉡ 손실행위자의 해당 재산 보유 추정 등의 방법으로 이를 분할대상 재산에 포함시킬 수도 있으며, ㉢ 분할대상 재산의 범위와 분할비율의 산정 등에 중첩적으로 고려하는 방법을 활용할

수도 있다는 입장이 타당하다고 생각한다.[10)]

(2) 이 사건 사실관계 등에 대한 구체적인 검토

(가) 피고 B가 부부공동재산에 관하여 상당한 규모의 손실행위를 한 것은 분명한 이 사건에서, 항소심 재판부는 아래와 같은 검토를 거쳐서 ㉠ 분할비율의 산정에 관한 고려방법을 선택하였다.

(나) 우선 이혼에 따른 재산 분할대상이 되는 재산은 적극재산이거나 소극재산이거나 그 액수가 대략적으로나마 확정되어야 한다(대법원 1999. 6. 11. 선고 96므1397 판결, 대법원 2010. 12. 23. 선고 2009므3928 판결 등 참조).

그런데 이 사건 항소심의 입장에서 제1심판결 선고 이후의 사정변경으로 파악할 수 있는 위 관련 민사 제1심판결은 아직 '미확정' 상태이고, 나아가 피고 B가 이 사건 재산분할 청구와 관련하여 주장하였던 피고 C의 변제금액 자체가 위 관련 민사 제1심판결에서 인정한 피고 C의 변제금액과 일치하지 않았기 때문에, 위 관련 민사 제1심판결의 사실인정을 그대로 수용하여 분할대상 재산의 범위를 설정하는 방법을 적용하기는 어렵다.

(다) 또한 위와 같이 관련 민사소송이 별도로 진행되고 있는 상태에서, 손실행위자인 피고 B가 일정한 규모의 재산을 보유하는 것으로 추정한다는 방법으로 이를 분할대상 재산에 포함시키는 것도 적절하다고 보기 어렵다.

(라) 한편, 위와 같이 이 사건 제1심판결의 선고 이후 이루어진 위 관련 민사 제1심판결의 내용 등을 고려하는 경우, 피고 B의 부부공동재산에 대한 손실규모를 이 사건 제1심판결이 인정한 피고 B의 손실행위 규모(약 4억 원) 정도로 인정하기도 어려운 상태였다.

(마) 항소심 재판부는 위와 같은 사정변경을 비롯한 이 사건 구체적인 사실관계를 종합적으로 고려하여, 피고 B가 이 사건 항소심에서 주장한 내용(피고 B에게 가장 유리한 내용)을 토대로 하더라도 피고 B가 부부공동재산에 관하여 최소한 약 3억 2,300만 원 상당의 손실행위를 한 것은 분명하다고 적시한 다음, 피고 B의 비율을 10%에서 15%로 상향하고, 원고의 비율을 90%에서 85%로 하향하는 것이 타당하다고 판단하였다.[11)12)]

---

10) 상세한 검토내용은 위 서울고등법원 2022르23237, 2022르23244 판결 및 이에 대한 해설[Ⅰ. [3] 1. 부정행위자의 일방적 처분행위가 분할대상 재산의 범위와 분할비율에 미치는 영향(1)], 서울고등법원 2023. 11. 2. 선고 2023르20891, 2023르20907 판결 및 이에 대한 해설(Ⅰ. [3] 4. 일방 배우자의 단독명의 재산취득, 혼인생활에서의 역할, 재산은닉 등이 분할대상 재산의 범위와 분할비율에 미치는 영향) 참조.

11) ㉮ 위 서울고등법원 2022르23237, 2022르23244 판결에서는 해당 사건 원고가 성년자녀에게 송금한 금전의 액수는 특정되기 때문에 이를 원고가 보유한 것으로 추정한 반면에, 부정행위자인 피고1이

5. 마무리

우리 법체계에 의하면, 이혼에 따른 위자료 및 재산분할 액수의 산정 문제가 지나치게 판사의 재량에 좌우되는 것처럼 보일 수 있다. 따라서 담당 재판부는 위자료 및 재산분할 액수의 산정에 관하여 그 재량권을 합리적으로 행사할 필요가 있고, 당사자들이 관련된 사항에 관하여 적절한 주장과 증거를 제출할 수 있도록 함으로써 관련 사항들이 적절하게 반영될 수 있도록 노력해야 한다.

이 사건과 같이 이혼소송과 별도로 진행되는 관련 민사사건 및 형사사건이 존재하고, 이와 관련된 사정변경 등이 인정되는 사안에서는, 이러한 사정변경 등을 위자료 및 재산분할 액수의 산정 과정에서 적절하게 반영하는 것이 타당하다. 다만, 이 사건에서 보는 바와 같이 이혼소송의 사실심 변론종결일 이전에 관련 재판이 확정될 수도 있고, 그때까지 아직 관련 재판이 확정되지 않을 수도 있으므로, 개별 사건의 구체적인 사실관계를 정리한 다음, 해당 절차의 진행 단계에 상응하는 판단을 할 필요가 있을 것이다.

결국 쌍방 당사자가 사실심 변론종결 시점까지 제출한 주장과 직·간접증거 및 정황증거들을 토대로 하여 법적 안정성을 해치지 않는 범위 내에서 구체적 타당성을 추구하는 결론을 도출하는 구조가 될 것인데, 그 과정에서 논의된 내용들을 사례별로 정리하여 하나씩 축적하는 것은 위와 같은 기준을 정립하는 데에 실질적인 도움이 될 수 있다. 이 사건 항소심 판결 등이 유사한 쟁점들이 포함된 사건을 접하는 법률가들에게 다소간의 참고 자료가 될 수 있을 것이다.

피고2와 함께 부정행위를 하는 과정에서 상당한 규모의 금전을 함께 소비한 것은 분명하지만, 제출된 증거에 의하여 그 소비(처분)한 액수가 구체적으로 특정되지는 않았기 때문에 이 부분은 분할비율의 산정에만 반영하였고[위 사건의 구체적인 사실관계는 이에 관한 해설{Ⅰ. [3] 1. 부정행위자의 일방적 처분행위가 분할대상 재산의 범위와 분할비율에 미치는 영향⑴} 참조], ㉯ 위 서울고등법원 2022르21002 판결에서도 부정행위자의 일방적 처분행위 중 관련된 재산의 외연이 특정되지 않은 부분은 분할비율의 산정에 반영하였다[위 사건의 구체적인 사실관계는 이에 관한 해설{Ⅰ. [3] 2. 부정행위자의 일방적 처분행위가 분할대상 재산의 범위와 분할비율에 미치는 영향⑵} 참조].

12) 이 사건 제1심판결 선고 이후에, 앞서 본 바와 같이 이혼소송과 별도로 진행되었던 관련 형사판결이 선고되어 확정되었다는 점은 원고에게 유리한 사정변경으로 고려된 반면에, 위와 같이 관련 민사 제1심판결이 선고된 점은 (비록 위 관련 민사 제1심판결이 아직 확정되지는 않았지만) 원고에게 불리한 사정변경으로 고려되었다는 점 등은 실무적으로 유의할 필요가 있다고 본다.

〔3〕 이혼에 따른 재산분할

1. 부정행위자의 일방적 처분행위가 분할대상 재산의 범위와 분할비율에 미치는 영향(1)
2. 부정행위자의 일방적 처분행위가 분할대상 재산의 범위와 분할비율에 미치는 영향(2)
3. 선행 부정행위와 관련된 재산권 이전이 분할대상 재산의 범위와 분할비율 등에 미치는 영향
4. 일방 배우자의 단독 명의 재산취득, 혼인생활에서의 역할, 재산은닉 등이 분할대상 재산의 범위와 분할비율에 미치는 영향
5. 혼인 중 재산분할에 관한 약정의 효력과 관련 쟁점들

1

부정행위자의 일방적 처분행위가 분할대상 재산의 범위와 분할비율에 미치는 영향(1)

서울고등법원 2023. 1. 26. 선고 2022르23237, 2022르23244 판결
- 서울가정법원 2022. 8. 25. 선고 2021드합34193, 2022드합32866 판결
- 대법원 2023. 6. 15.자 2023므11406, 11413 판결(피고1 상고, 심리불속행 상고기각)

1. 사안의 개요

가. 당사자: 원고 A[1954년생(여)]
피고1 B[1950년생(남)]
피고2 C[1966년생(여)]

나. 원고와 피고1의 혼인신고: 1978. ○. ○.

다. 원고와 피고1의 출생자: 성년자녀 2명[1979년생(D), 1982년생(E)]

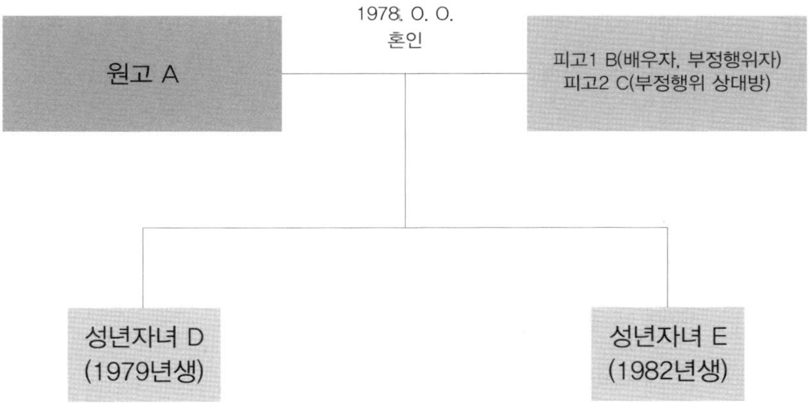

라. 혼인생활 및 갈등의 발생

1) 원고는 혼인 이후 가사와 자녀들의 양육을 담당하였고, 피고1은 혼인 초기에 전자제

품 수리점을 운영하다가 1981년경부터 국가기관에 근무한 후 정년퇴직하였는데, 혼인기간 동안 성격 차이 및 상대방에 대한 부정행위 의심 등으로 갈등이 있었다.

2) 원고는 2019. 3.경 '피고1의 휴대전화를 통하여 집 근처 미용실 직원인 피고2와 애정 표현이 포함된 메시지를 주고받고, 피고1이 피고2에게 2019. 3. 8.에 5,000,000원, 2019. 4. 1.에 1,000,000원을 각 송금한 것' 등을 확인하고 피고1의 부정행위를 알게 되었다.

3) 그 후 원고는 피고1과 다툼을 계속하다가, 2021. 4. 28. 피고들을 상대로 이 사건 본소를 제기하였고, 피고1은 2022. 3. 24. 반소를 제기하였다.

2. 제1심 판단

가. 본소 이혼 및 위자료 청구, 반소 이혼청구

1) 피고1에 대한 본소 이혼 청구: 인용
2) 피고들에 대한 본소 위자료 청구: 일부 인용
3) 반소 이혼 청구: 기각(유책배우자의 청구이므로)

나. 분할대상 재산의 범위 중 이 사건 쟁점과 관련된 제1심법원의 판단

본소제기일(파탄시점)인 2021. 4. 28. 당시 원고 저축은행 계좌의 잔고가 22,352,167원인데, 원고가 본소제기일 직전인 2021. 4. 5.부터 2021. 4. 28.까지 현금으로 인출한 18,000,000원을 원고가 보유한 것으로 추정한다(40,352,167원=22,352,167원+18,000,000원. 반면에, 아래 제1심판결 별지2 불인정재산명세표 기재 금원은 원고 적극재산으로 인정하지 않음).

제1심판결 별지2 불인정재산명세표

소유자 등		순번	재산의 표시	주장 가액(원)	불인정 근거	관련 증거
원고	적극재산	1	RR저축은행 예금 중 2021. 4. 14. 송금된 5,000,000원	5,000,000	○ 피고1이 제출한 증거만으로는 원고가 E의 계좌로 돈을 송금하여 이를 은닉하여 보관하고 있다는 사실을 인정하기 어려움.	2022. 6. 28.자 RR저축은행 금융거래정보 회신
		2	차명재산 (원고와 피고1의 딸 E 명의의 계좌에 예치된 금액)	36,000,000		2021. 10. 6.자 OO은행 금융거래정보 회신

다. 분할비율: 원고 50%, 피고1 50%

[판단근거] 분할대상 재산의 취득경위, 형성 및 유지에 대한 원고와 피고1의 기여도, 혼인생활의 과정 및 기간, 원고와 피고1의 나이, 직업, 소득, 경제력 등 여러 사정, 특히 ① 원고와 피고1의 혼인기간이 약 40년 이상으로 장기간이고, 혼인기간 중 피고1이 주된 경제활동을 하였으나, 원고가 혼인기간 동안 주로 가사와 자녀 2명의 양육을 담당하며 가정경제에 기여한 점, ② 원고와 피고1이 분할대상 재산의 대부분을 차지하는 피고1 명의의 아파트(이하 '아파트')에서 상당한 기간 동안 함께 거주한 적 등의 사정을 두루 참작

3. 재산분할에 관한 항소심의 심리·판단

가. 이 사건 쟁점에 관한 피고1의 항소이유 요지

1) 분할대상 재산의 범위에 관하여

원고가 ① 성년자녀인 원·피고1의 딸 E(1982년생)에게 송금한 5백만 원도 부부공동생활에 사용했다고 인정할 증거가 없으므로 원고가 보유한 것으로 추정해야 하고, 이와는 별도로 원고가 ② (본소제기 이전으로서 원고가 피고1의 아파트에 처분금지가처분신청을 한 2020. 2. 13. 이후인) 2020. 8. 27. 1천만 원, ③ 2020. 10. 21. 2천만 원, ④ 2020. 12. 31. 6백만 원을 (피고1의 동의 내지 양해를 얻지 아니하고) E에게 송금하였으므로, 위 합계 4천 1백만 원(= ①+②+③+④)을 원고가 보유한 것으로 추정하여 이를 원고의 적극재산으로 산정해야 한다.

2) 제1심이 인정한 피고1 분할비율(50%)은 너무 낮고, 원고 분할비율(50%)은 너무 높음

나. 이 사건 쟁점에 관한 원고의 주장 요지

피고1은 부정행위 기간인 2019. 3. 8.부터 2021. 3. 8.까지 ㉮ 부정행위 상대방인 피고2에게 합계 3,555만 원을 송금하였고, ㉯ 위 기간 동안 피고2와 함께 상당한 금전을 소비하였다.

피고1의 주장과 같이 원고가 (피고1의 동의 내지 양해를 얻지 아니하고) 성년자녀에게 송금한 4천 1백만 원을 원고의 적극재산으로 산정하는 것이 법리적으로 타당하다면, 피고1이 상당한 규모의 돈을 부정행위 상대방인 피고2에게 송금하거나 함께 소비한 사정을 분할대상 재산의 범위나 분할비율 등에 반영해야 하고, 같은 맥락에서 제1심이 인정한 피고1의 재산분할의 비율(50%)은 너무 높다.

다. 항소심 재판부의 판단

1) 분할대상 재산의 범위에 관하여

원고가 (피고1의 동의 내지 양해를 얻지 아니하고) 성년자녀 E에게 송금한 합계 4천 1백만 원의 경우, 부부공동생활에 사용했다고 인정할 증거가 없는 이상 이를 원고가 보유한 것으로 추정하는 것이 확립된 실무관행(이하, '확립된 실무관행')에 부합하기 때문에, 이를 원고의 적극재산에 포함시켰다(아래와 같은 항소심 판결 별지 분할재산명세표 비고란 참조).

항소심판결 별지 분할재산명세표(발췌)

<table>
<tr><th colspan="2">소유자 등</th><th>순번</th><th>재산의 표시</th><th>가액(원)</th><th>인정근거</th><th>비고</th></tr>
<tr><td rowspan="2">원고</td><td rowspan="2">적극
재산</td><td>3</td><td>RR저축은행
(계좌번호 생략)</td><td>45,352,167</td><td>2022. 6. 28.자 RR 저축은행 금융거래정보회신</td><td></td></tr>
<tr><td>8</td><td>딸 E에게
송금한 돈</td><td>36,000,000</td><td>2021. 10. 6.자 OO은행 금융거래정보회신 제10쪽</td><td>○ ① 2020. 8. 27. 1천만 원, ② 2020. 10. 21. 2천만 원, ③ 2020. 12. 31. 6백만 원 합계 3천 6백만 원을 원·피고1의 딸인 E에게 송금하였는바, E는 1982년생으로 이미 결혼하여 원고의 피부양자라고 보기 어렵고, 원고의 ①, ②, ③ 송금 시점이 이 사건 본소제기일인 2021. 4. 28. 이전이기는 하나, 원고가 그 이전인 2020. 2. 13. 피고1의 적극재산 순번 1 아파트에 처분금지가처분신청을 하여 2020. 2. 26. 가처분결정이 이루어진 점 등에 비추어 볼 때, 위와 같이 송금한 금원들을 부부공동생활에 사용했다고 인정하기 어려워 원고가 보유한 것으로 추정함.</td></tr>
</table>

2) 분할비율에 관하여(원고 55%, 피고1 45%)

[판단근거] 분할대상 재산의 취득경위, 형성 및 유지에 대한 원고와 피고1의 기여도, 혼인생활의 과정 및 기간, 원고와 피고1의 나이, 직업, 소득, 경제력 등 여러 사정, 특히, ① 원고와 피고1의 혼인기간이 약 40년 이상으로 장기간이고, 혼인기간 중 피고1이 주된 경제활동

을 하였으나, 원고가 혼인기간 동안 주로 가사와 자녀 2명의 양육을 담당하며 가정경제에 기여한 점, ② 원고와 피고1이 분할대상 재산의 대부분을 차지하는 아파트에서 상당한 기간 동안 함께 거주한 점, ③ 피고1이 2년 이상 피고2와 부적절한 관계를 유지하면서 피고2에게 수천만 원에 이르는 돈을 증여하고, 피고2와 함께 상당한 금전을 소비하는 등의 방법으로 부부공동재산을 유출시킨 것으로 보이는 점 등 사정을 두루 참작

3) 결론

원고가 성년자녀 E에게 송금한 합계 4천 1백만 원을 원고의 적극재산에 포함시키는 등 분할대상 재산의 범위를 조정하는 한편, 위 2) 기재 사정을 고려하여 피고1의 재산분할의 비율을 45%로 낮추고, 원고의 재산분할의 비율을 55%로 상향하였다(피고들의 항소 기각).[1]

4. 이 사건 쟁점에 대한 검토

가. 관련 헌법 및 민법 규정

헌법 제36조 ① 혼인과 가족생활은 개인의 존엄과 양성의 평등을 기초로 성립되고 유지되어야 하며, 국가는 이를 보장한다.

---

1) 이혼에 따른 재산분할청구의 경우 법원의 재량으로 판결내용을 정할 수 있는 형식적 형성소송이므로 '불이익변경금지의 원칙'이 적용되지 않는다는 학설이 있으나[예컨대, 이시윤, 「신민사소송법(14판)」, 박영사(2020), 887], 불이익변경금지의 원칙은 처분권주의에 근거를 둔 원칙이고[「주석 민사소송법(6)(8판)(김형두 집필부분)」, 한국사법행정학회(2018), 205; 전원열, 「민사소송법 강의(3판)」, 박영사(2020), 741－742 등 참조], 가사소송규칙 제93조 제2항은 "금전의 지급이나 물건의 인도, 기타 재산상의 의무이행을 구하는 청구에 대하여는 그 청구의 취지를 초과하여 의무의 이행을 명할 수 없다. 다만, 가정법원이 자의 복리를 위하여 양육에 관한 사항을 정하는 경우에는 그러하지 아니하다."라고 규정함으로써 이혼에 따른 재산분할청구에 관하여 '처분권주의'가 적용된다는 점을 분명히 하고 있으므로, 불이익변경금지의 원칙도 적용된다고 봄이 타당하다. 대법원 2004. 7. 9. 선고 2003므2251, 2268 판결도 이에 관하여, "제1심에서 원고의 피고에 대한 청구가 일부 인용되자 패소 부분에 대하여 원고만 항소를 제기하고, 피고는 항소나 부대항소를 제기하지 않고 있다가 원고의 항소가 기각되자 피고가 상고한 경우 그 상고는 상소의 이익이 없어 부적법하다(대법원 1992. 12. 8. 선고 92다24431 판결 등 참조). 기록에 의하면, 원고가 피고에 대하여 재산분할로 1억 2,000만 원을 지급하라는 청구를 하였는데 제1심법원이 피고에게 재산분할로 6,000만 원만의 지급을 명하자 패소 부분에 대하여 원고만 항소를 제기하였고, 피고는 항소나 부대항소를 제기하지 않고 있다가 재산분할청구 부분에 대한 원고의 항소가 기각되자 피고 명의의 채무 및 원고의 채권 등이 분할대상 재산에서 제외되었다는 이유로 상고를 제기하고 있음이 분명하므로, 피고의 상고 중 재산분할청구에 관한 부분도 상소의 이익이 없는 것이어서 부적법하다 할 것이다."라고 판시하고 있는데, 이는 재산분할청구에 관해서도 민사소송법 제415조, 제422조에 규정된 '불이익변경금지의 원칙'이 적용된다는 취지이다. 항소심 재판부가 항소심 판결의 결론 부분에서 "제1심판결 중 재산분할 부분은 이와 결론을 일부 달리하여 부당하나 이에 대하여 피고1만이 항소한 이상 제1심판결 중 재산분할 부분을 피고1에게 불리하게 변경할 수는 없다."라고 설시하고 '불이익변경금지의 원칙'에 따라 피고들의 항소를 기각한 것은 이와 같은 판례의 취지에 따른 것이다.

민법 제810조(중혼의 금지) 배우자 있는 자는 다시 혼인하지 못한다.

민법 제830조(특유재산과 귀속불명재산) ① 부부의 일방이 혼인전부터 가진 고유재산과 혼인중 자기의 명의로 취득한 재산은 그 특유재산으로 한다.

② 부부의 누구에게 속한 것인지 분명하지 아니한 재산은 부부의 공유로 추정한다.

민법 제831조(특유재산의 관리 등) 부부는 그 특유재산을 각자 관리, 사용, 수익한다.

민법 제832조(가사로 인한 채무의 연대책임) 부부의 일방이 일상의 가사에 관하여 제삼자와 법률행위를 한 때에는 다른 일방은 이로 인한 채무에 대하여 연대책임이 있다. 그러나 이미 제삼자에 대하여 다른 일방의 책임없음을 명시한 때에는 그러하지 아니하다.

민법 제833조(생활비용) 부부의 공동생활에 필요한 비용은 당사자간에 특별한 약정이 없으면 부부가 공동으로 부담한다.

민법 제839조의2(재산분할청구권) ① 협의상 이혼한 자의 일방은 다른 일방에 대하여 재산분할을 청구할 수 있다.

② 제1항의 재산분할에 관하여 협의가 되지 아니하거나 협의할 수 없는 때에는 가정법원은 당사자의 청구에 의하여 당사자 쌍방의 협력으로 이룩한 재산의 액수 기타 사정을 참작하여 분할의 액수와 방법을 정한다.

③ 제1항의 재산분할청구권은 이혼한 날부터 2년을 경과한 때에는 소멸한다.

나. 이 사건 쟁점 및 관련 판례 등

1) 이혼에 따른 재산분할청구사건을 처리하면서, 우리 헌법 및 민법 규정을 토대로 하여 부정행위 등과 관련된 사정을 분할대상 재산의 범위나 분할비율을 산정하는 과정에서 참작할 수 있는지가 이 사건 쟁점임

2) 대법원 판례 및 이에 관한 학설 등

대법원은 이혼 등 소송 확정판결의 기판력이 민사청구인 이 사건 부당이득반환청구에 미치는지가 쟁점인 사안에서 "이혼에 따른 재산분할을 할 때에는 혼인 중 형성한 재산의 청산적 요소와 이혼 후의 부양적 요소 외에 정신적 손해(위자료)를 배상하기 위한 급부로서의 성질까지 포함하여 분할할 수 있다[대법원 2006. 6. 29. 선고 2005다73105 판결(이하, '㉮ 판결') 참조]."라고 판시한 적이 있고[대법원 2021. 6. 24. 선고 2018다243089 판결(이하, '㉯ 판결')],

그 후 이혼에 따른 재산분할청구 사안에서도 ㉯ 판결 등을 인용하면서 "이혼으로 인한 재산분할청구권은 이혼을 한 당사자의 일방이 다른 일방에 대하여 재산분할을 청구할 수 있

는 권리로서 청구인의 재산에 영향을 미치지만, 순전한 재산법적 행위와 같이 볼 수는 없다. 오히려 이혼을 한 경우 당사자는 배우자, 자녀 등과의 관계 등을 종합적으로 고려하여 재산분할청구권 행사 여부를 결정하게 되고, 법원은 청산적 요소뿐만 아니라 이혼 후의 부양적 요소, 정신적 손해(위자료)를 배상하기 위한 급부로서의 성질 등도 고려하여 재산을 분할하게 된다."라고 판시한 바 있다[대법원 2022. 7. 28.자 2022스613 결정(이하, '㉰ 결정')].

위 ㉮㉯ 판결 및 ㉰ 결정의 판시내용을 문언 그대로 적용하는 경우, 일방 당사자의 유책성 자체가 재산분할에 관한 '일반적인 고려사항'이 된다고 볼 수도 있다.

그러나 학계에서는 ㉮ 판결을 인용한 ㉯ 판결의 위 판시부분이 '명백한 오류'라고 지적하면서, 재판상 재산분할에서 법원이 위자료적 요소를 포함시켜 분할을 명할 수 있는 이론적·법적 근거가 부족하다는 취지의 강한 비판이 제기되었고,[2)]

㉯ 판결이나 대법원 2013. 6. 20. 선고 2010므4071, 4088 전원합의체 판결(다수의견의 보충의견) 등에서 선례로 인용되었던 ㉮ 판결 및 이와 유사한 종전 선례의 판시부분에 관하여, 『일본에서는 구 인사소송수속법 시행 당시 위자료청구가 민사사건으로서 가정재판소에서 재산분할사건에 병합하여 재판할 수 없는 문제점이 있었다. 따라서 최고재판소 판결과 학설은 일치하여 "재산분할에는 공동재산의 청산, 이혼 후의 생활유지에 대한 조력 및 재산분할의무자의 유책행위로 인한 정신적 고통에 대한 배상의 요소가 포함되어 있다."라고 해석함으로써 재산분할에 위자료까지 포함시켜 명할 수 있다고 하였다. 그런데 우리의 가사소송법은 위자료청구와 재산분할청구 모두 가사사건으로서 가정법원에서 이혼청구와 병합하여 제기, 심리될 수 있도록 규정되어 있으므로 일본처럼 무리하게 해석을 할 필요가 없을뿐더러, 가사소송법상 위자료 청구는 다류 가사소송사건으로 청구액에 비례하여 인지(印紙)를 붙여야 하고, 법원은 상대방의 자력 유무에 관계없이 유책성의 정도에 따라 위자료액을 정하여 인용한다. 이에 비하여 재산분할청구는 마류 가사비송사건으로 청구액에 관계없이 10,000원의 인지만 붙이면 되고, 법원은 혼인 중 형성된 공동재산을 확정하고 재산분할비율과 방법을 정하여 이를 명하는 것이어서 양자는 명확히 구분된다.』라고 기재하는 등 우리나라와 일본의 과거 법제도 차이점 등을 지적한 다음, 해당 판시부분은 가정법원이 재산분할을 명하는 경우에는 적용되지 않고, 다만 당사자가 이혼에 즈음하여 재산분할약정 기타 명칭에 불구하고 혼인과 관련된 금전문제를 종결짓는 의미로 재산이전의 약정을 한 경우에 한하여 적용된다고 선언하는 대법원판결이 선고되길 기대한다는 취지의 주장이 제기된 적도 있었다.[3)4)]

2) 윤진수, "실질적 특유재산에 대한 재산분할", 가족법연구(36-2), 한국가족법학회(2022. 7.), 3-4 참조. 윤진수 교수는 ㉯ 판결 중 위 판시부분이 방론(傍論, obiter dictum)에 불과하여, 판례로서의 의미를 부여하기 어렵다는 설명을 덧붙이고 있다,

3) 민유숙, "2013년 친족·상속법 중요 판례", 인권과 정의(2014. 4.), 49-54 참조.

다. 항소심 재판부의 입장 정리 등

1) 이 사건 쟁점에 관한 접근방식

㉮㉯ 판결에 대한 비판적 입장의 내용, 그 비판의 강도, 우리 법제도와 일본의 과거 법제도 차이점 등을 종합하여 보면, ㉮㉯ 판결 및 ㉰ 결정의 해당 판시부분과 같이 일방 당사자의 유책성 자체가 이혼에 따른 재산분할절차에서 대상재산의 범위, 분할비율 등에 관한 '일반적인 고려사항'이 되는지에 대해서는 좀 더 신중한 접근이 필요하다.[5)]

다만, 최소한 아래에서 보는 바와 같이 '제한된 범위 내에서' 이에 관한 사정을 재산분할청구사건에서 분할대상 재산의 범위나 분할비율 등을 산정하는 과정에서 고려하는 것은 법리적·실무적으로 합리성을 가진다는 것이 이 사건 항소심 재판부의 입장이다.

2) 이혼소송에서의 부정행위와 재산분할과의 관련성에 관한 유형 분류 등

일방 당사자(이하, '부정행위자')의 부정행위가 실무적으로 이혼소송의 쟁점이 된 사안에서 부정행위와 재산분할청구와의 관련성 등을 유형별로 분류해 보면,

Ⓐ 부정행위가 1회적이거나, 수회에 걸친 부정행위가 있는 경우에도 부부공동재산의 형성이나 유지 등에 별다른 영향을 미치지 않는 등의 사정으로 그 배우자(이하, '배우자')가 재산분할 부분과의 관련성에 관하여 별다른 주장을 제기하지 않는 유형을 상정할 수 있고,

Ⓑ 부정행위자가 그 부정행위 상대방(이하, '상대방')으로부터 경제적인 지원을 받는 관계가 형성되는 등의 사정(즉, 부정행위자의 재산이 증가하거나 상대방의 재산이 감소하는 구조)이 있는 사안에서, 재산분할과 관련하여 ㉠ 쌍방 당사자 모두 위와 같은 사정에 관하여 별다른 주장을 제기하지 않는 유형과, ㉡ 부정행위자나 그 배우자 중 일부 또는 전부가 위와 같은 사정에 관하여 적극적인 주장을 하는 유형 등을 상정할 수 있는 한편,

Ⓒ 부정행위자가 상대방에게 경제적인 지원을 하는 관계가 형성되는 등의 사정(즉, 부정행위자의 재산이 감소하거나 상대방의 재산이 증가하는 구조)이 있는 사안에서, 재산분할과 관련하여 ㉠ 쌍방 당사자 모두 위와 같은 사정에 관하여 별다른 주장을 제기하지 않는 유형과,

---

4) 한편, ㉰ 결정은 이혼에 따른 재산분할청구 사건에 관한 것이기는 하지만, 협의이혼을 한 당사자(파산선고를 받은 소외인)가 상대방에게 재산분할청구를 하지 않고 있는 상태에서, 파산관재인이 상대방에 대하여 이혼에 따른 재산분할심판청구를 제기하자 제1심법원이 이를 각하하고, 항고심 및 대법원이 이를 그대로 유지한 사례로서, 해당 판시부분이 아닌 다른 판단부분(예컨대, 재산분할청구권은 협의 또는 심판에 의하여 그 구체적 내용이 형성되기까지는 그 범위 및 내용이 불명확·불확정하기 때문에 구체적으로 권리가 발생하였다고 할 수 없어 채무자(소외인)의 책임재산에 해당한다고 보기 어렵다는 판단부분 등)만으로도 동일한 결론에 이를 수 있는 사례에 관한 것이다.

5) 같은 맥락에서, 이 사건 항소심 판결에서 ㉮㉯ 판결 및 ㉰ 결정 등을 직접 인용하지는 않았다.

㉡ 부정행위자나 그 배우자 중 일부 또는 전부가 위와 같은 사정에 관하여 적극적인 주장을 하는 유형 등을 상정할 수 있는데,

(다른 유형들에 대한 판단은 일단 별론으로 하고) 최소한 이 사건과 같은 ⓒⓛ유형에서는 부정행위와 관련하여 부정행위자 재산이 감소하거나 상대방 재산이 증가하는 등의 사정을 분할대상 재산의 범위, 분할비율 등의 산정과정에서 고려하는 것이 법리적·실무적으로 타당하다는 취지이다.

3) 관련 헌법 및 민법 규정의 법체계에 관하여

부정행위자의 일방적인 처분행위의 정당성을 검토하는 경우, 우리나라의 전체적인 법체계와 가사비송사건인 재산분할청구의 본질과 특성 등을 우선적으로 고려해야 할 것이다.

현행 헌법 제36조 제1항은 "혼인과 가족생활은 개인의 존엄과 양성의 평등을 기초로 성립되고 유지되어야 하며, 국가는 이를 보장한다."라고 규정하고 있다. 위 규정에 대한 일반적인 해석[6]은 "혼인의 순결도 보장되어야 하는데, 이는 일부일처제도를 말하는 것으로서 축첩제도나 중혼제도는 부인된다(민법 제810조)."라는 것이다.[7]

이 사건 원고와 피고1은 제4공화국 헌법 시행 당시인 1978. ○. ○. 혼인신고를 한 다음, 현행 헌법 하에서 본소 및 반소를 제기하였는데, 우리 헌법이 여러 차례 개정되었지만, 국가

---

6) 김철수, 「학설판례 헌법학(상)」, 박영사(2008), 1213 참조. 헌법재판소 2014. 7. 24. 선고 2011헌바275 결정은 "(현행 헌법 제36조 제1항은) 인간의 존엄과 양성의 평등이 가족생활에서도 보장되어야 한다는 요청에서 기본권의 성격을 갖는 동시에 혼인과 가족생활에 관한 제도적 보장 역시 규정한다(헌재 2002. 3. 28. 2000헌바53; 헌재 2011. 2. 24. 2009헌바89등 참조). 제도보장으로서의 혼인은 일반적인 법에 의한 폐지나 제도 본질의 침해를 금지한다는 의미의 최소보장의 원칙이 적용되는 대상으로서 혼인제도의 규범적 핵심을 말하고(헌재 1994. 4. 28. 91헌바15등 참조), 여기에는 당연히 일부일처제가 포함된다."라고 판시하고 있다.

7) 위와 같은 현행 헌법규정 및 해석 등은 "婚姻은 男女同權을 基本으로 하며 婚姻의 純潔과 家族의 健康은 國家의 特別한 保護를 받는다."라고 규정한 제헌헌법(1948. 7. 17. 공포) 제20조 및 이에 관한 유진오, 「헌법해의」, 명세당(1949), 54-55의 기재내용('本條는 國家存立의 基礎라 할 수 있는 家庭의 平和와 그 健全한 育成을 爲하야 婚姻의 純潔과 家族의 健康을 國家가 特히 保護할 것을 規定하였는데, 婚姻은 男女同權을 基本으로 한다고 規定한 것은 이미 憲法 第八條에서 모든 國民은 性別에 依하야 差別을 받지 아니한다 하여 男女平等을 宣明하였음으로 不必要한 規定같으나 우리나라에는 從來로부터 蓄妾風習와 같은 女子의 人格을 無視하는 惡習이 存在하고 있으므로 그 惡習를 斷然排除하기 爲하야 本條를 둔 것이다. 그리고 婚姻의 純潔도 男女平等을 基本으로 한 男女의 合意에 依한 婚姻을 하는 것을 意味함으로 前記한 蓄妾風習은 勿論 尙今 農村地方에 그 자최를 남기고 있는 早婚制度라든가 人身賣買的 婚姻 같은 弊習도 國家가 이를 消滅시키도록 努力하여야 할 것이며 또 家族의 健康에 대하여도 國家는 特別한 保護를 가하여야 할 義務를 지는 것이므로 健康한 家庭生活을 위한 住宅問題, 多數한 子女를 가진 사람에게 對한 報酬의 增給 等에 관하여도 國家는 이를 國民 各 個人에게만 放任하는 것이 아니라 積極的으로 이를 解決하도록 努力하여야 할 것이다.") 등에서 비롯된 것이라고 할 수 있다. 위와 같은 제헌헌법 제20조의 경우 국회 헌법기초위원회의 초안에는 규정되지 않았던 것으로서, 국회 본회의의 심의 과정에서 추가된 것이다[유진오(1949), 7-8 등 참조].

가 혼인과 가족제도를 헌법적 차원에서 특별히 보호한다는 규정취지는 (해당 문구에 관한 다소간의 변경이나 조문위치의 수정은 있었지만) 70여 년 동안 그대로 유지되고 있다.

국가의 법체계는 그 자체로 통일체를 이루고 있으므로(대법원 2016. 12. 15. 선고 2014두44502 판결, 대법원 2012. 10. 25. 선고 2010두3527 판결 등 참조), 위와 같은 헌법 하에서 형성된 가사비송사건인 재산분할청구의 본질과 특성 등에 비추어 볼 때, 부정행위자가 부정행위 등과 관련하여 일방적으로 그 명의의 재산을 처분하는 등의 행위를 한 경우, 그 처분행위의 정당성을 배우자에게 주장할 수 있는지 등에 대하여 검토할 필요가 있을 것이다.

4) 부정행위자가 부정행위와 관련된 일방적인 처분행위의 정당성을 주장할 수 있는지

가) 일반적인 재산법적 법리와 가사비송사건인 재산분할청구사건의 특성 등

이혼에 따른 재산분할사건에서, 이 사건과 같이 쌍방 간에 실질적인 분쟁이 발생한 다음 일방 당사자가 (상대방 배우자의 동의 내지 양해를 얻지 않은 상태에서) 성년자녀에게 일방적으로 돈을 송금하는 등의 처분행위를 한 경우, 이를 부부공동재산의 유출로 파악하여 그 재산을 처분행위자가 보유한 것으로 추정하고, 이를 처분행위자의 적극재산으로 분할대상 재산에 포함시키는 것이 확립된 실무관행이다.[8)]

한편, 사적 자치의 원칙에 비추어 볼 때, 이 사건과 같이 부정행위자인 피고1이 그 명의의 재산을 상대방인 피고2에게 송금하거나 피고2와 함께 소비하는 등 처분행위를 하는 것을 일반적인 재산법적 관점에서 위법하다고 볼 수는 없다. 그러나 만일 이러한 재산법적 법리를 재산분할사건에 그대로 적용하는 경우, 원고가 (피고1의 동의 내지 양해를 얻지 않은 상태에서) 성년자녀 E에게 합계 4천 1백만 원을 송금한 행위도 문제 삼을 수 없을 것이다.

이를 다른 관점에서 보면, 확립된 실무관행은 재산분할청구사건의 특성 등을 고려하여 일반적인 재산법적 법리의 적용범위를 제한한 것으로 볼 수 있다. 그렇다면 혼인제도와 가족제도를 헌법적 차원에서 국가의 특별한 보호대상으로 규정한 우리 법체계에서, 원고가 (피고1의 동의 내지 양해를 얻지 않고) 위와 같이 가족구성원 중 1명인 성년자녀에 대하여 일방적인 송금행위를 한 것을 부부공동재산의 유출로 파악하는 확립된 실무관행의 법리적 타당성을 인정하여 이를 그대로 유지하는 이상, 배우자인 원고에 대한 관계에서 부정행위자인 피고1이 부정행위와 관련하여 행한 일방적인 처분행위 등에 관한 정당성을 인정할 수는 없을 것이다.

---

8) 서울고등법원 2022. 7. 7. 선고 2022르20139 판결[대법원 2022. 11. 17.자 2022므13719 판결(심리불속행 상고기각)로 확정], 서울고등법원 2022. 9. 15. 선고 2022르20481, 20498 판결[대법원 2023. 2. 23.자 2022므15920, 15937 판결(심리불속행 상고기각)로 확정] 등 다수 실무사례 참조.

나) 양육비청구사건 등 다른 가사비송사건과의 비교검토

(1) 가사비송청구의 정당성 등을 검토하는 경우 해당 사건의 본질과 특성 등을 반드시 고려해야 한다는 점은 비양육친의 양육비청구에 관한 판례 등을 통해서도 확인할 수 있다.

(2) 예컨대, 부모가 미성년자녀의 양육을 위하여 각종 비용을 지출하는 것은 일반적인 관점에서 적법하고, 이러한 비용지출은 가족구성원의 1명인 미성년자녀의 양육을 위하여 필수적인 것이라고 볼 수도 있다.

그럼에도 불구하고, 사건본인의 친권자 및 양육자를 상대방(양육친)으로 지정하는 내용의 조정이 성립된 경우, 그 조정조항상의 양육방법이 그 후 다른 협정이나 재판에 의하여 변경되지 않는 한 청구인(비양육친)에게 사건본인을 양육할 권리가 없으므로, 청구인(비양육친)이 법원으로부터 위 조정조항을 임시로 변경하는 가사소송법 제62조 소정의 사전처분 등을 받지 아니한 채 임의로 사건본인을 양육하였다면 이는 상대방(양육친)에 대한 관계에서는 상대적으로 위법한 양육이라고 보아야 하고, 이러한 청구인(비양육친)의 임의적 양육에 관하여 상대방(양육친)이 청구인(비양육친)에게 양육비를 지급할 의무가 있다고 할 수는 없다는 것이 확립된 판례(대법원 1992. 1. 21. 선고 91므689 판결, 대법원 2006. 4. 17.자 2005스18,19 결정)의 입장이다.[9)]

가족제도를 유지함에 있어서 미성년자녀의 양육은 필수적인 요소이지만, 그럼에도 불구하고 비양육친이 (쌍방의 조정에 의하여 결정된 양육친의 동의 내지 양해를 얻지 않은 상태에서) 임의로 미성년자녀의 양육을 개시한 다음 과거양육비 명목으로 양육친에 대하여 금전청구를 하는 것은 정당하지 않고, 따라서 비양육친의 임의적으로 개시한 양육이 (비록 미성년자녀 등에 대한 관계에서는 위법하다고 단정할 수 없으나) 최소한 양육친에 대한 관계에서는 위법한 양육이므로, 임의로 사건본인의 양육을 개시한 비양육친은 양육친에 대한 관계에서 양육의 적법성을 주장할 수 있는 시점(양육자변경 등이 이루어진 시점) 이후에 비로소 양육비청구를 할 수 있다는 취지이다.

(3) 위와 같은 비양육친의 양육비청구에 관한 판례 등에 비추어 실질적인 부부공동재산을 분할하는 것을 목적으로 하는 재산분할제도를 살펴보면, 혼인제도와 가족제도를 국가의 특별한 보호대상으로 삼고 있는 우리 법체계에서, 부정행위자인 피고1이 그 상대방인 피고2에게 일방적인 송금행위를 하거나 피고2와 함께 재산에 관한 처분(소비)을 한 다음, 피고1이

9) 이에 관한 자세한 설명은 김시철, “양육자변경 본심판청구와 유아인도 반심판청구에 대한 심리방법”, 민사재판의 제문제 제15권(2006. 12.), 한국사법행정학회(2006), 460−465 참조. 위와 같은 판례의 입장은 대법원 2021. 9. 30. 선고 2021므12320, 2021므12337 판결에서도 그대로 유지되고 있다.

재산분할청구 사건에서 (사적자치의 원칙 등을 내세워서) 자신의 일방적인 처분행위가 원고에 대한 관계에서도 정당하다고 주장하는 것은 허용될 수 없을 것이다.

5) 이 사건 쟁점에 관한 정리

가) 확립된 실무관행에 대한 타당성 검토

이 사건과 같이 실질적인 부부공동재산의 분할을 목적으로 하는 재산분할청구사건에서, 이혼과 관련된 실질적인 분쟁이 발생한 이후에 원고가 (피고1의 동의 내지 양해를 얻지 않은 상태에서) 성년자녀 E에게 일방적으로 돈을 송금한 경우, 비록 위와 같은 원고의 행위를 일반적인 재산법적 관점에서 위법하다고 볼 수는 없지만, 이는 실질적으로 부부공동재산의 유출로 볼 수 있기 때문에 최소한 피고1에 대한 관계에서는 이러한 재산유출행위의 정당성을 부정해야 하고, 같은 이유로 현재 확립된 실무관행은 타당하다고 볼 수 있다.

나) 부정행위자의 일방적 처분행위의 법적 성격 등에 대한 검토

우리 법체계는 혼인제도와 가족제도를 헌법적 차원에서 국가의 특별한 보호대상으로 삼고 있는데, 이 사건 항소심 재판부는 전체적인 법체계와 재산분할청구 사건의 본질과 특성 등을 종합적으로 고려하여, 가족구성원 중 1명인 성년자녀에 대한 원고의 일방적인 송금행위를 부부공동재산의 유출로 파악하는 확립된 실무관행을 유지하는 이상, 부정행위자인 피고1이 (배우자인 원고의 동의 내지 양해를 얻지 않은 상태에서) 임의로 그 명의의 재산을 부정행위의 상대방인 피고2에게 송금하거나 피고2와 함께 소비하는 등 일방적인 처분행위를 한 것은 실질적으로 부부공동재산의 유출로 파악해야 하므로, (사적 자치의 원칙 등과 관계없이) 최소한 원고에 대한 관계에서 이러한 재산유출행위의 정당성을 인정할 수 없다는 입장을 취한 것이다.[10)]

다) 분할대상 재산의 범위와 분할비율의 산정 및 대체가능성 등에 대한 검토

이 사건에서 원고가 성년자녀에게 송금한 금전의 액수 또는 피고1이 피고2에게 송금한 금전의 액수 등은 특정되는 반면에, 제출된 증거들에 의하면 피고들이 부정행위 과정에서 상당한 규모의 금전을 함께 소비한 것은 분명하지만, 부정행위의 특성상 소비(처분)한 액수가 구체적으로 특정되지는 않았다.

이러한 경우 분할대상 재산의 범위와 분할비율을 산정하는 문제, 그 상호관계 및 대체

10) 사법정책연구원, 「재산분할의 기준 정립을 위한 방안 연구」, (2016), 74-75에는 2014년 선고된 전국 5개 가정법원의 제1심판결의 분석을 토대로 하여 재산분할 비율에 관한 일반적인 고려요소 중 하나로서 '일방 배우자가 주식 투자, 범죄, 과소비, 전혼 자녀에 대한 증여, 사용내역을 알 수 없는 예금 인출 등으로 부부 공동생활과 무관하게 다액의 채무를 부담하거나 재산 손실을 초래한 경우'를 예시하고 있는데, 이는 이 사건 항소심 재판부의 판단내용과 같은 맥락이라고 할 수 있다.

성에 대하여 검토할 필요가 있을 것인데,[11)12)] 항소심 재판부는 이 사건에서는 위와 같은 제반 사정을 재산분할비율을 산정하는 과정에서 고려하는 것이 타당하다고 보고, 피고1의 비율을 45%로 낮추고, 원고의 비율을 55%로 상향한 다음, 이를 토대로 하여 피고1의 항소를 기각하였다.

이 사건에서는 ㉠ 부정행위자의 일방적인 처분행위 등을 분할비율의 산정에 관한 고려사항으로 보았지만, 사안에 따라 ㉡ 부정행위자의 해당 재산 보유 추정 등의 방법으로 이를 분할대상 재산에 포함시킬 수도 있고, ㉢ 분할대상 재산의 범위와 분할비율의 산정 등에 중첩적으로 고려하는 방법을 활용할 수도 있을 것인데, 이는 개별사안별로 구체적인 사정에 따라 판단할 문제로 보인다.[13)14)]

5. 비교법적 검토

가. 검토 필요성

우리 민법에 근거한 재산분할청구와 관련하여, 일부 학계에서 분할대상 재산의 범위 등에 관한 법원의 판단의 근거가 적시되지 않아서 예측가능성이 높지 않다는 등의 비판을 하고 있다. 나아가 혼인 중 형성한 재산의 청산적 요소와 이혼 후의 부양적 요소 외에 정신적 손해(위자료)를 배상하기 위한 급부로서의 성질까지 포함하여 재산분할을 할 수 있다는 ㉮㉯ 판결 등의 판시내용에 대하여 '명백한 오류'에 해당한다거나 우리나라와 일본의 과거 법제도 차이점 등을 제대로 파악하지 않고 일본의 실무사례를 참고한 것으로 보인다는 취지의 비판도 있다.

이러한 비판적 주장은 아래에서 보는 독일이나 미국의 입법례와 실무 등에서 직·간접적으로 영향을 받았다고 할 수 있는데, 이러한 비판까지 감안하더라도 확립된 실무관행과 항소심 재판부의 입장이 여전히 법리적·실무적으로 타당한지 등을 비교법적 검토를 통하여 다시 한 번 살펴볼 필요가 있다.[15)]

---

11) 이에 관하여는 윤진수 편집대표, 「주해 친족법 Ⅰ」, 박영사(2015), 379−381(이동진 집필부분) 등 참조.

12) 이에 관하여 대법원 2010. 12. 23. 선고 2009므3928 판결은 "분할대상이 되는 재산은 적극재산이거나 소극재산이거나 그 액수가 대략적으로나마 확정되어야 한다(대법원 1999. 6. 11. 선고 96므1397 판결 등 참조)."라고 판시하고 있다.

13) 이에 관하여는 아래 4. 라. 기재 미국 법제도 참조.

14) 위 ㉢ 중첩적인 고려방법을 선택한 사례에 관하여는 서울고등법원 2023. 11. 2. 선고 2023르20891, 2023르20907 판결(확정) 및 이에 대한 해설(Ⅰ. [3] 4. 일방 배우자의 단독 명의 재산취득, 혼인생활에서의 역할, 재산은닉 등이 분할대상 재산의 범위와 분할비율에 미치는 영향) 참조.

15) 미국, 영국, 독일, 프랑스, 호주, 러시아 및 일본의 재산분할제도의 전반적인 내용에 관하여는 사법정책연구원(2016), 107−195, 237−320 참조.

나. 일본 법제도[16)]

1) 이혼에 따른 재산분할에 관한 일본 민법(1948. 1. 1. 시행)의 규정

『일본 민법 제768조 ① 협의상의 이혼을 한 자의 일방은 상대방에 대하여 재산의 분여를 청구할 수 있다.

② 제1항의 규정에 의한 재산의 분여에 관하여 당사자간에 협의가 이루어지지 아니하거나 협의를 할 수 없는 때에는 당사자는 가정재판소에 협의에 갈음하는 처분을 청구할 수 있다. 그러나 이혼한 때부터 2년이 경과한 때에는 그러하지 아니하다.

③ 제2항의 경우에 가정재판소는 당사자 쌍방이 그 협력에 의하여 취득한 재산의 액 그 밖에 모든 사정을 고려하여 분여를 하게 할 것인지의 여부와 분할의 액 및 방법을 정한다.

제771조 제766조부터 제769조까지의 규정은 재판상 이혼에 준용한다.』

2) 우리 법제도와의 공통점과 차이점 등

가) 우리 민법 제839조의2와 일본 민법 제768조 등을 비교해 보면, 이혼에 따른 재산분할청구의 요건 등에 관하여 단 1개의 조문만 두고 있는 체계뿐만 아니라, 그 규정내용도 거의 동일하다.[17)]

위와 같이 재산분할청구사건의 고려사항에 관한 양국의 민법 규정이 매우 흡사함에도 불구하고 민유숙 전(前) 대법관이 양국 법제도의 차이점 등을 언급한 것은 (재산분할청구의 요건에 관한 민법규정에 관하여 차이가 있다는 것이 아니라) 다른 실체법과 절차법 규정들과 관련된 문제를 지적한 것이다.

나) 재산분여와 위자료의 관계에 대한 일본에서의 종래 논의

일본에서는 '재산분여와 위자료의 관계'라는 제목으로, 재산분할에 위자료가 포함되는지에 관하여 종래 포함설과 불포함설이 대립하여 왔다.

(1) 일본의 포함설은 일본 민법 제768조가 재산분여의 산정에 있어서 모든 사정을 고려하도록 규정하고 있으므로 재산분여에서 위자료를 특히 제외할 이유가 없으며, 실제로도 위

16) 아래 내용은 민유숙, "재산분할의 구체적 인정범위", 재판자료(62), 법원도서관(1993), 411-416, 445-446; 김성숙, "부양적 재산분할의 실태(한국과 일본의 판례를 중심으로)", 법학논총(9), 숭실대학교 법학연구소(1996), 69-87; 서종희, "배우자에 대한 정조의무 위반과 이혼위자료 — 재산분할 및 위자료의 기능을 고려하여 —", 가족법연구(32-1), 한국가족법학회(2018), 4-6, 17-22; 사법정책연구원(2016), 182-192, 318-320 중 관련 부분을 발췌·요약·정리한 다음, 거기에 필자의 설명과 의견을 덧붙인 것이다.

17) 우리 민법 제839조 제2항에서 '가정법원은... 분할의 액수와 방법을 정한다.'로 규정한 반면에, 일본 민법 제766조 제3항에서는 '분여를 하게 할 것인지의 여부'까지도 가정재판소가 정할 수 있도록 규정한 것 정도의 차이점 등을 발견할 수 있을 뿐이다.

자료를 재산분할에 포함시켜 가정재판소의 심리절차로써 이혼급부를 둘러싼 분쟁일체를 일거에 해결하는 것이 당사자의 요청에도 합치된다는 견해이다.

일본의 실무사례는 재산분여제도의 성질을 청산적, 부양적 분여 및 위자료를 포함하는 포괄적 이혼급부라고 인정하면서, 부양적 분여를 판단함에 있어서 청산적 분여와 위자료 액수를 고려하고 있고, 따라서 청산적 분여 및 위자료로 생활할 수 있다면 부양적 분여는 인정될 수 없다는 입장을 취하고 있기 때문에, 청산액 및 위자료 액수가 장래의 생계유지에 부족한 경우에 비로소 부양적 분여를 인정하고 있는 것이다(이른바 보충성이론).

다만, 부양적 재산분여와 유책성의 관련성에 대하여, (위 보충성이론을 전제로 하여) 쌍방이 무책인 경우에도 부양의무는 발생하지만, 유책배우자에게는 부양적 분여청구를 허용하지 않는 것이 원칙이고, 다만 청구인에게 무책을 요구하는 것은 공평의 관점을 고려한 것이기 때문에 재산분할청구인이 전적으로 무책인 경우는 물론이고, 상대방의 유책성보다 상대적으로 책임이 작은 경우에도 부양적 재산분여청구를 허용하고 있는 것이다.

(2) 반면에, 일본의 불포함설의 경우, 실체법적으로 재산분여는 일본 민법 제768조, 위자료는 일본 민법 제709조에 의하여 인정되고, 절차법적으로 전자의 청구는 가사심판사항인 반면에 후자의 청구는 민사소송사항이므르, 위자료를 재산분할에 포함시킬 수 없다는 것이다.

(3) 민유숙 전(前) 대법관의 입장에 대한 이해를 돕기 위하여, 위 논문(1993) 중 해당 부분(413-414면)을 그대로 인용한다.

『日本에서 이에 관한 논의가 활발하게 전개된 것은 우리와의 법규정상의 차이에서 기인한 것이다. 즉 우리 民法상으로는 離婚으로 인한 손해배상청구의 규정(제843조, 제806조)이 일반적인 불법행위로 인한 손해배상 규정(제750조, 제751조)과 별개로 존재하고 있어 離婚慰藉料의 근거가 명백하고, 家事訴訟法 제2조상 慰藉料 청구는 다類 가사소송사건으로, 財産分割청구는 마類 가사비송사건으로 구분되어 있지만 이들은 동일한 혼인관계에 기초한 것으로 家事訴訟法 제14조 제1항, 제4항에 의하여 동일한 절차에서 심리되어 하나의 판결로 선고될 수 있는 반면, 日本 民法상으로는 우리 민법 제843조에 대응하는 규정이 없어 離婚慰藉料를 일반적인 정신적 손해에 대한 배상규정(제710조, 우리 민법 제751조와 동일한 내용)에 기하여 인정하고 있으며, 절차적으로도 財産分與는 일본 家事審判法 제9조에 의하여 乙類 가사심판사건으로 분류되어 있고, 위 조문에 의한 가사심판사항은 한정적인 것이라고 해석되기 때문에, 慰藉料는 민사소송사항으로 나누어져 있고, 人事訴訟手續法 제15조 제1항에 의하여 이혼과 같이 청구할 때 위 두 가지를 모두 민사소송으로 청구할 수는 있지만, 두 가지를 모두 가정재판소에서 판단할 수는 없다. 따라서 包含說은 財産分割에 淸算的 要素, 扶養的 要素, 慰藉料를 모두 포함시켜 결과적으로 財産分割을 이혼에 의하여 입게 될 배우자의 불이익의 보상으로서의 포괄적인 離婚給付의 또 다른 이름으로 봄으로써 일반적인 손해배상과 구별되는 개념을 형성하고, 가사심판절차에서 이혼급부에 관한 분쟁을 모두 담당하여 일회에 판단하는 것을 목적으로 하는 것이다. 그러나 우리 법 하에서는 단일한 가사소송절차에서 일거에 離婚給付에 관한 분쟁을 해결할 수 있으므로 구태여 일본과 같은 이론구성을 할 필요가 없다.

따라서 우리의 民法 체계상 離婚給付의 3要素 중 損害賠償的인 要素는 제843조의 慰藉料로, 精算과 扶養의 要素는 財産分割로 각 해결하도록 규정되고 있고, 財産分割에는 慰藉料的 要素는 포함되지 않는다고 해석하여야 할 것이다.』[18]

3) 당사자의 일방적 처분행위 등과 재산분여와의 관계에 관하여

민유숙 전(前) 대법관이 위 논문에서 우리 민법의 해석에 관하여 재산분할에 위자료적 요소는 포함되지 않는다는 입장을 취한 것은 분명하지만, 그렇다고 하여 이 사건 쟁점과 관련된 확립된 실무관행을 반대하는 입장을 취한 것은 아니다.

예컨대, 민 전(前) 대법관의 위 논문(446면)을 살펴보면, 별거 이후 재판상 이혼 시까지 기간이 경과되고, 상대방이 그 동안 재산분할의 회피책으로 재산을 매각, 소비한 사안 등과 관련하여, 별거 후 상대방이 일방적으로 재산을 매각한 경우에는 그 매매대금을 심리하여 상대방이 매매대금만큼의 현금을 소지하고 있음을 전제로 재산분할을 하면 된다고 설명하고 있고, 상대방이 그 명의의 재산을 매각하여 현금을 다른 곳에 은닉한 사안 등과 관련해서도 실질적으로 이를 상대방이 보유하고 있음을 전제로 재산분할을 하면 된다고 설명하면서, 상대방이 별거 후 자신 명의의 예금을 전부 引出하여 架空人의 명의로 예금해 두었고, 별거부터 이혼까지의 기간이 단기간인 경우, 위 예금도 財産分割의 대상으로 인정한 長崎家裁佐世保支部 昭和 43.3.13. 審判을 소개하고 있다. 이는 우리의 확립된 실무관행이나 이와 유사한 일본의 실무사례를 그대로 수긍하는 취지로 볼 수 있다.

18) 다만, 일본의 경우 2003년 인사소송법의 제정으로 인하여[2003년(平成 15년) 7월 16일 법률 제109호] 구 인사소송수속법이 폐지되고(위 법률 부칙 제2조) 2004. 1. 1. 위 법률이 시행된 다음(위 법률 부칙 제1조 등 참조, 이후 몇 차례의 법률개정이 있었음), 이혼소송을 포함하는 인사소송이 가사재판소로 이관되고, 인사소송과 관련하는 청구원인 사실에 의해 발생하는 손해의 배상청구도 당해 인사소송과 병합되는 경우에 한하여 가사재판소가 관할권을 행사할 수 있게 되었으므로[위 법률 제3조의2, 제8조, 제17조 및 서종희(2018), 5-6 등 참조], 위와 같은 논의는 일본의 종래 학설 대립의 배경 등을 이해하는 의미를 가진다고 할 수 있다.

4) 소결론

우리 법제도와 일본의 과거 법제도의 차이점 등에 비추어 보면, 이혼에 따른 재산분할과 관련하여 일방 당사자의 유책성(위자료적 요소)을 일반적인 고려사항으로 파악하고 있는 일본의 실무사례를 우리 법의 해석론으로 수용하기 어렵다는 주장은 상당한 설득력이 있다.

그러나 위와 같은 주장이 확립된 실무관행과 배치되는 것은 아니고, 오히려 확립된 실무관행을 수긍하고 있음은 앞서 본 바와 같다. 따라서 위 주장을 그대로 받아들인다고 하더라도, 이 사건과 같이 ⓒⓛ유형에서 부정행위와 관련하여 부정행위자 재산이 감소하거나 상대방 재산이 증가하는 등의 사정을 분할대상 재산의 범위, 분할비율 등의 산정과정에서 고려해야 한다는 항소심 재판부의 입장은 여전히 법리적·실무적으로 타당성이 있다. 이러한 입장은 (부정행위가 1회적이거나, 수회에 걸친 부정행위가 있는 경우에도 부부공동재산의 형성이나 유지 등에 별다른 영향을 미치지 않은 Ⓐ 유형 등에서 부정행위자의 유책성 자체를 재산분할의 고려사항으로 파악해야 한다는 것이 아니라) ⓒⓛ유형의 사건에서 부정행위와 관련하여 부정행위자 재산이 감소하거나 상대방 재산이 증가하는 등의 사정은 배우자에 대한 관계에서 정당성을 인정할 수 없기 때문에, 이를 재산분할과정에서 고려해야 한다고 판단한 것이기 때문이다.

다. 독일 법제도[19]

1) 부부재산제 등에 대한 일반론

독일은 파탄주의를 채택한 이래 부정행위자에 대한 법적 책임을 불법행위 손해배상청구나 이혼위자료(Ehescheidungsstrafe)가 아니라 별도로 규정된 이혼 후 부양제도나 건강권침해로 인한 손해(Gesundheitsschäden)의 배상문제로 처리하고 있기 때문에, 앞서 본 일본의 경우와는 다른 접근방식을 취하고 있다고 할 수 있다. 나아가 우리나라와 일본의 민법은 이혼을 원인으로 한 재산분할에 관하여 법원의 재량권을 폭넓게 인정하는 포괄적인 내용의 법조문 1개만을 두고 있기 때문에, 이에 관하여 당사자의 예측가능성이 낮다는 등의 비판이 제기되고 있으므로, 이 부분에 관하여 비교적 상세한 규정을 두고 있는 독일의 법제도에 대한 비교·검토가 필요할 수 있다.

독일 민법상 부부재산 제도는 부부재산계약의 형태로 선택할 수 있는 ① 별산제(Gütertrennung)와 ② 공동재산제(Gütergemeinschaft)와 부부재산계약이 체결되지 않은 경우 적용되는

19) 아래 내용은 조미경, "서독부부재산법에 있어서의 잉여공동제", 민사법학의 제문제; 소봉 김용한교수화갑기념, 박영사(1990), 435－456; 민유숙, "외국의 부부재산 제도와 재산분할제도 및 부양제도 : 미국법을 중심으로", 사법논집(31), 대법원 법원행정처(2000), 526－533; 서종희, "배우자에 대한 정조의무 위반과 이혼위자료 — 재산분할 및 위자료의 기능을 고려하여 —", 가족법연구(32－1), 한국가족법학회(2018), 10－11; 사법정책연구원(2016), 139－147, 275－280 중 관련 부분을 발췌·요약·정리한 다음, 거기에 필자의 설명과 의견을 덧붙인 것이다.

법정재산제도인 ③ 잉여재산분할제[剩餘財産分割制(Zugewinngemeinschaft)] 등 3가지로 분류할 수 있다.[20]

우리 실무에서 부부재산계약이 체결된 이후 재산분할에 관하여 실질적인 분쟁이 발생한 사례를 거의 발견하기 어렵기 때문에(이 사건도 부부재산계약이 체결되지 않은 사안이다), 독일의 제도 중 ③ 잉여재산분할제를 토대로 한 재산분할을 참고할 수 있을 것인데, 독일 민법은 ③의 규율을 위하여 수십 개의 조문(제1363조 내지 제1390조)을 두고 있고, 그 중 재산분할과 관련된 조문들도 다수 존재한다.

2) 이 사건 쟁점과 관련된 독일 민법조문

『독일 민법 제1375조(최종재산) ① 최종재산은 혼인재산제 종료시 혼인당사자 일방에게 채무를 공제한 후 귀속하는 재산이다. 채무는 재산액을 초과하여 공제될 수 있다.

② 혼인당사자 일방이 혼인재산제 성립 이후 다음 각호의 행위를 하여 재산이 감소된 경우, 그 감소된 금액은 그 혼인당사자의 최종재산에 가산된다.

1. 윤리적 의무 또는 도의관념에 적합하지 않은 무상출연을 한 경우,
2. 재산을 낭비한 경우,
3. 배우자에게 손해를 가할 의도로 행위한 경우.

혼인당사자 일방의 최종재산이 별거 시점에 통지한 재산보다 적은 경우, 그는 재산감소가 제1문 제1호 내지 제3호의 행위에 의한 것이 아니라는 사실을 주장하고 증명해야 한다.

③ 재산감소가 혼인재산제가 종료된 때로부터 최소 10년 전에 발생하였거나, 배우자가 무상출연이나 낭비에 동의했던 경우에는 그 감소금액을 최종재산에 가산하지 않는다.』

3) 검토

독일 민법 제1375조는 ③ 잉여재산분할제가 적용되는 사안에서 일방 당사자가 불공정한 방법으로 타방 당사자의 잉여청산청구권을 축소시키는 것을 방지하기 위한 규정이다. 그런데 위 법조문의 내용과 취지에 비추어 이 사건 쟁점을 살펴보면,

㉮ 실질적인 부부공동재산의 분할을 목적으로 하는 재산분할청구와 관련하여, 원고가 (피고1의 동의 내지 양해를 얻지 않은 상태에서) 성년자녀에 대하여 금전을 일방적으로 송금한 행위에 관하여, 피고1에 대한 관계에서 그 정당성을 인정하지 않고 이를 부부공동재산의 유출행위로 파악하고 있는 확립된 실무관행이나, ㉯ Ⓒㄴ유형의 사건에서, 피고1이 (원고의 동의 내지 양해를 얻지 않은 상태에서) 피고2에게 금전을 송금하거나 피고2와 함께 소비행위를 하

20) ③의 경우, 혼인 중에는 '공동재산제'가 아니었다가 이혼 시에 이르러 비로소 잉여재산에 대한 청산이 이루어진다는 의미를 강조하는 취지에서, 민 전(前) 대법관의 논문에 따른 번역어를 사용하였다.

는 등 일방적인 처분행위를 한 것에 관하여, 배우자인 원고에 대한 관계에서 그 정당성을 인정하지 않고 이를 부부공동재산의 유출행위로 파악한 항소심 재판부의 입장 등이 독일 민법 제1375조의 규정내용 등과 쉽게 조화된다는 점을 확인할 수 있다.

4) 소결론

부부재산계약이 체결되지 않은 사안에서 이루어지는 재산분할에 관한 독일의 법제도와 비교하는 경우에도, 위와 같이 확립된 실무관행이나 ⓒ ⓛ유형의 사건에 관한 항소심 재판부의 입장은 법리적·실무적인 타당성을 인정할 수 있다. 다시 말하면, 현재 확립된 실무관행이나 항소심 재판부의 입장의 경우, 이혼에 따른 재산분할에 관하여 단 1개의 법조문을 통하여 법원의 재량권을 폭넓게 인정하고 있는 우리나라나 일본의 경우뿐만 아니라, 재산분할에 관하여 비교적 상세한 법률규정을 두는 등 일본과는 다른 접근방식을 취하고 있는 독일과 같은 법제도 하에서도 충분히 정당성을 인정받을 수 있다는 취지이다.

라. 미국 법제도[21]

1) 부부재산제와 이혼에 따른 재산분할방식에 대한 일반론

미국의 부부재산제는 크게 공동재산제(community property regime: 통상 증여나 상속받은 재산을 제외하고 혼인기간 동안 취득한 재산을 부부공동재산으로 보는 체계)와 보통법 체계[common law regime; 별산제(separate property system), 명의 이론(title theory)이라고도 불리며, 혼인 중 자신의 명의로 재산을 각자 보유할 수 있다고 보는 체계]로 나눌 수 있다.

그리고 이혼에 따른 재산분할방식의 경우, 크게 형평분할(equitable distribution)과 균등분할(equal division)로 분류된다. 형평분할 방식은 이론적으로는 별산제인 보통법 체계를 전제로 한 분할방식으로서, 혼인 종료 시에는 소유 명의와 관계없이 법원이 형평에 맞게 재산을 나눈다는 방식인 반면에, 균등분할 방식은 공동재산제를 전제로 한 분할 방식으로서, 말 그대로 부부공동재산을 혼인 종료 시 균등하게 나눈다는 방식이다.

미국에서는 부부재산 제도나 이혼에 따른 재산분할방식 등에 연방이 직접 관여하지 않고 모두 각 주에서 관할하기 때문에, 관련 법제도는 각 주별로 각양각색이다(예컨대, 공동재산제를 취하는 주들이 전면적으로 균등분할 방식을 취하는 것은 아니고, 오히려 부부재산제와의 이론적인 연관성과 무관하게 대부분의 주들은 형평분할 방식을 채택하고 있다. 다른 측면에서, 이론적으로 공

21) 아래 내용은 민유숙(2000), 483-525; 허익수, "미국의 이혼 재산분할 시 분할대상 재산의 확정 : 기준일과 그 무렵 변동된 재산의 처리를 중심으로", 재판자료(136), 외국사법연수논집(37), 법원도서관(2018), 845-868; 이선미, "이혼 재산분할 제도의 개선방안 — 분할대상과 분할비율에 관한 개정의견을 중심으로 —", 가족법연구(36-2), 한국가족법학회(2022), 62-63; 사법정책연구원(2016), 109-129, 237-266 중 관련 부분을 발췌·요약·정리한 다음, 거기에 필자의 설명과 의견을 덧붙인 것이다.

동재산제에서 논의되는 문제인 '분할대상을 분류하기 위한 부부공동재산의 개념'이 보통법 체계에 이미 도입된 경우가 많다. 결국 재산분할 방식은 부부재산제와의 논리적 정합성을 떠나 각 주가 이를 어떻게 정했는지 개별적으로 고찰하여야 한다).

다만, 대체로 별산제인 보통법 체계를 전제로 하는 형평분할 방식이 우리 민법상 재산분할제도와 유사한 것으로 평가되기 때문에, 아래에서는 이를 중심으로 이 사건 쟁점과 관련되는 The rule of dissipation과 Uniform Marriage and Divorce Act 등에 대해서만 정리하기로 한다.

2) The rule of dissipation[22)]

우리나라와 마찬가지로 일방 배우자가 이혼을 대비하여 '혼인중 재산'을 은닉하거나, 제3자에게 양도하거나 낭비해 버리는 경우, 무고한(innocent) 배우자가 구제를 받아야 한다는 점에 대해서는 미국 학계나 실무에서 이견이 없는데, 이에 대한 구제수단은 크게 사해양도(fraudulent conveyance), 불균등 분할(uneqaul division), 소실된 재산을 혼인중 재산으로 분류하는 구제수단 등 3가지로 분류할 수 있다.

가) 사해양도(fraudulent conveyance)

(1) 혼인중 재산이 제3자에게 양도된 경우에 대한 가장 강력한 구제수단은 사해양도에 관한 '법령'을 통하여 구제하는 것이다.

(2) 요건 등

각주의 법령에 따라 세부적인 사항은 달라지지만, 대체로 ① 양도인과 양수인에게 사해의사가 있다는 점, ② 양도행위가 그 당사자의 무자력(채무초과) 상태를 야기한다는 점 등을 무고한 배우자가 주장·증명하는 것을 요건으로 한다.

만일 위와 같은 요건이 증명되는 경우, 무고한 배우자는 해당 재산의 양도행위를 취소하고, 이를 혼인중 재산으로 다시 복귀시킬 수 있다. 주에 따라서 징벌적 손해배상(punitive damage)을 추가할 수 있도록 규정한 법령을 두는 경우도 있다.

나) 불균등 분할(Unequal Division)

(1) 잔존하는 혼인중 재산을 불균등(unequal)하게 분할하는 방법으로 무고한 배우자를 구제하는 것이다.

(2) 이는 선의의 제3자에게 재산이 양도된 경우 양수인인 제3자의 권리에는 영향을 끼치

22) 여기서 'dissipation'은 '소실(消失), 낭비(浪費), 탕진(蕩盡)'의 의미인데, 편의상 아래에서는 허익수 판사의 논문에 따라 '소실'이라는 용어를 사용한다.

지 않기 때문에 양수인과의 관계에서 야기되는 여러 문제를 피할 수 있다는 장점이 있다. 나아가 [위 가) 기재 사해양도와 달리] 법령상 요구되는 여러 가지 제약이 없는 경우가 많기 때문에, 법원의 입장에서 양도행위는 물론이고, 은닉, 낭비 등 모든 종류의 재산 소실행위에 관하여 위 구제수단을 사용할 수 있다.

(3) 관련 법령 및 실무사례 등

몇몇 주는 법령에 재산의 소실을 재산분할을 함에 있어 고려해야 될 요소 중 하나라고 명시적으로 규정하고 있고, 명시적인 법령이 없는 주에서도, 법원은 재산형성의 기여와 관련된 요소의 하나로 재산의 소실을 고려하여야 한다고 판시하고 있다[Booth v. Booth, 7 Va. App. 22, 371 S.E.2d 569 (1988) 등 참조].

법원이 '불균등 분할'에 의한 구제수단을 사용할 때, 얼마나 불균등해야 하는지에 대한 특별한 규율은 없고, 다만 '재산의 소실은 분할비율을 정하는 데 하나의 요소로서 작용하고, 법(law)은 법원의 합리적인 재량의 행사에 의하여 재산분할이 이루어져야 함을 요구할 뿐'이다. 이에 관한 Albritton v. Albritton, 109 N.C. App. 36, 426 S.E.2d 80 (1993)은 '아내가 혼인중 재산에 해당하는 자금을 숨기고 이를 재판에서 밝히지 않은 경우 이를 고려하여 불균등한 분할을 한 것에 위법이 없다'는 판결이고, In re Marriage of Ebel, 874 P.2d 406 (Colo. Ct. App. 1993)은 '남편이 부적절하게 혼인중 재산인 골프사업 자금을 없애버린 경우 처에게 불균등하게 분할대상 재산의 56%를 부여한 데에 위법이 없다'는 판결이다.

이혼을 예상하고 혼인중 재산을 고갈시키는 재산의 소실뿐만 아니라, 이혼을 예상하지 않은 상태에서 혼인중 재산을 고갈시킨 행위도 불균등 분할을 정당화할 수 있다는 점에 대해서도 별다른 이견이 없다. 나아가 재산의 소실을 시도하였으나 실패한 배우자에 대하여는 무고한 배우자가 그러한 시도를 찾아내어 구제를 받는 데에 들인 시간을 커버하는 비용을 지급하게 하는 사례도 있다[Long v. Long, 957 S.W.2d 825 (Tenn. Ct. App. 1997) 참조].

(4) 불균등 분할에 의한 구제수단의 한계 등에 관한 논의

(가) 불균등 분할이 제대로 작동하기 위해서는 무고한 배우자에게 충분한 보상을 제공할 수 있는 정도의 혼인중 재산이 남아 있어야 한다. 즉, 혼인중 재산의 전부 또는 대부분이 이미 소실된 경우에는 불균등 분할은 실효성 있는 구제수단이 될 수 없다.

(나) 혼인중 재산을 어떤 비율로 분할할지는 원칙적으로 법원의 재량에 속하는 것이기 때문에, 그 성격상 예측가능성이 높지 않게 된다.

(다) 불균등 분할의 구제수단으로는 의도적인 재산의 소실 문제를 방지하지 못한다는 비

판이 있다. 현재 미국의 많은 법원에서 일방의 재산의 소실이 발각되는 경우에도 그 소실된 재산의 액수만을 고려하여 분할비율을 정하고 있기 때문에, 그 당사자가 의도적인 재산의 소실을 시도하였다가 실패하였더라도 실질적으로는 별다른 피해를 보지 않는다는 취지이다.

따라서 의도적인 재산의 소실을 방지하기 위해서는 추가적인 제재를 가하여야 한다는 주장이 제기되고 있고, 실제 이런 주장이 반영되어 입법이 이루어진 주들이 있다.[23)]

다) 소실된 재산을 혼인중 재산으로 분류하는 구제수단

(1) 제도의 도입 배경 등

위 가)나) 기재 구제수단들의 한계로 인하여, 각 주의 법원들은 당사자가 이혼을 예상하고 소실시킨 재산을 마치 그 재산이 존재하는 것으로 보고 이를 혼인중 재산으로 분류하도록 하는 구제수단을 창안하였다. 이는 그 자체로 의제적인(constructive) 성격을 띠고 있다. 예컨대, 혼인중 재산 중 유형 자산이 무고한 배우자를 보상할 수 있을 정도에 이르지 못하는 경우, 법원은 재산의 소실을 야기한 당사자에게 금전적 지급을 명할 수 있다[Goldberg v. Goldberg, 172 A.D.2d 316, 568 N.Y.S.2d 394 (1st Dep't 1991) 참조].

(2) 실무사례 등

위 구제수단도 결과적으로 불균등한 분할을 하게 되므로 위 나)의 경우와 유사한 측면이 있으나, 그와 같은 판단이 (법원의 재량 문제가 아니라) 의무적인 법의 영역에서 이루어진다는 점에서 좀 더 확실성을 갖는 구제수단이라고 할 수 있다.

더욱이 이는 재산의 소실을 행한 일방 당사자의 위법행위의 산물(즉, 혼인중 재산에서 해당 재산을 제거하는 결과)을 전혀 인정하지 않는다는 점에서 내재적 형평성을 갖고 있다.

이러한 확실성과 형평성으로 인하여 위 구제수단은 대부분의 주에서 재산의 소실 문제를 해결하는 방법이 되었다[Harris v. Harris, 261 Neb. 75, 621 N.W.2d 491 (2001) 등 각주의 다수 판결 참조].

법원은 의도적인 재산의 소실을 방지하기 위하여, 소실된 재산을 혼인중 재산으로 분류시킨 이후에도 다시 불균등한 비율로 재산분할을 할 수 있다[Matter of Marriage of DeVine, 869 S.W.2d 415 (Tex. App. Amarillo 1993), writ denied, (June 22, 1994) 참조]. 즉, 나) 기재 불균등 분할의 구제수단과 위 구제수단을 중첩적으로 사용할 수 있다는 취지이다.

23) 예컨대, 오리건주 법률은 피해자를 위한 징벌적 배상까지 규정하고 있고, 몬타나주 법률은 형평분할 등을 고려할 것이 없이 누락된 재산을 상대방에게 지급하도록 규정하고 있으며, 오하이오주는 누락된 재산의 3배를 넘지 않은 범위 내에서 상대방에게 지급을 명할 수 있게 규정하고 있다.

(3) 요건 등

일반적으로 소실된 재산을 혼인중 재산으로 분류하기 위해서는, 아래와 같은 요건이 법원에서 인정되어야 한다.

① 해당 재산이 혼인기간 중 존재하였을 것,

② 그 재산이 혼인기간 중 또는 파탄 후 없어졌을 것,

③ 그 재산 소실에 대해 일방 배우자에게 책임이 있을 것,

④ 그 재산이 적절한 혼인생활을 위한 목적(marital purpose)이 아닌 이유로 이전되었을 것.

(가) 증명책임 등에 대하여

대부분의 법원에서 '재산의 소실'을 주장하는 무고한 배우자에게 위 ①, ② 요건에 대한 증명책임을 부담시킨다. 반면에, ①, ② 요건이 증명되는 경우, 그 상대방이 ③ 자신에게 재산 소실의 책임이 없다거나 ④ 해당 재산이 부부공동생활을 위해 사용되었다는 점 등을 증명해야 하고, 이에 관한 증명이 실패하면 위 구제수단이 적용된다. 재산을 소실시킨 당사자만이 재산이 어떻게 사라졌는지를 알 수 있기 때문에, 증거에 대한 접근성을 고려하는 것이다.

(나) 재산 소실의 행위태양 등

ⓐ 재산을 소실시키는 행위태양에는 아무런 제약이 없다.

ⓑ 예컨대, 제3자에게 재산을 양도하는 행위, 재산을 파괴하는 경우, 재산의 시가를 줄이는 행위, 재산을 은닉하는 행위, 재산을 담보로 제공하거나 담보가 실행되게 하는 행위, 재산에 대한 소송에 적절히 대응하지 않는 행위, 합리적이지 않은 낮은 가격으로 매도하는 행위, 일시적으로 내연녀에게 돈을 대여하는 행위 등을 재산의 소실 행위로 파악하는 주법원 판결들이 존재한다.

ⓒ 통상 존재하고 있던 재산이 사라진 것과 달리, 원래 벌 수 있었던 소득을 포기하는 것도 여기서 말하는 재산의 소실로 보아야 한다는 학설이 있고, 같은 취지의 법원 판결도 있다. 예컨대, 풋볼 선수였던 남편이 풋볼 시즌에 내연녀와 지내기 위해 자신의 팀을 떠나 약 $500,000의 소득을 받지 못한 사안에서 위와 같이 취득하지 못한 소득금액 만큼을 혼인중 재산으로 취급하기로 한 판결[Gastineau v. Gastineau, 151 Misc. 2d 813, 573 N.Y.S.2d 819 (Sup 1991) 참조], 내연녀에게 혼인중 재산으로 무이자 대여를 해 준 사안에서 대여원금뿐 아니라 이를 다른 사람에 대여하였다면 받을 수 있었던 이자 상당액 역시 혼인중 재산으로 취급하여야 한다는 판결[Rosenberg v. Rosenberg, 64 Md. App. 487, 497 A.2d 485 (1985) 참조] 등이 그 대표적인 사례이다.

ⓓ 특유재산(separate property)을 소실시킨 경우에도 그 재산이 여전히 존재하고 있다고 보는 것은 의미가 있다. 물론 이는 특유재산이므로 이 부분으로부터 곧바로 분할을 인정할 것은 아니지만, 무고한 배우자의 상대방이 어느 정도의 특유재산을 보유하고 있는지는 일반적으로 분할비율을 정하는 데에 고려해야 할 요소로 보고 있기 때문이다.

㈐ ③ 당사자의 책임 요건에 관하여

의도적으로 재산의 소실을 야기한 경우에만 위 구제수단이 적용되는지, 아니면 과실 내지 부주의에 의하여 재산의 소실을 야기한 경우까지도 위와 같은 구제수단이 적용될 수 있는지에 대해서는 각 주별로 입장 차이가 있지만, 대다수의 주에서는 전자에 한정하지 않고 후자에 대해서도 위 구제수단을 사용하고 있다.

㈑ ④ 혼인생활 목적(marital purpose) 요건에 관하여

ⓐ 재산의 소실을 판단하는 요소로 가장 중요한 것은 혼인생활(즉, 부부공동생활)의 목적(marital purpose)을 인정할 수 있는지이다.

ⓑ 혼인생활의 목적은 부부 모두에게 꼭 혜택이 있어야 하는 것은 아니다. 예를 들면, 아내가 자신의 옷을 사거나 남편이 자신의 골프클럽을 사는 것은 그 지출비용이 합리적인 범위 내에 있다면 통상 혼인생활의 목적을 위해 소비된 것으로 봄이 상당하다. 다만, 혼인생활의 목적이 없었다는 사정만으로 언제나 재산을 소실한 당사자에게 직접적인 재정적 혜택이 발생한다고 볼 수는 없다.

위와 같이 다양한 형태로 발생할 수 있는 재산의 소실에 대하여 유연하게 대응하기 위해서, 법원은 통상적으로 '혼인생활의 목적'에 관하여 포괄적인 정의를 내리지 않고 있으며, 따라서 재산의 소실의 인정 여부는 개별 지출별로 각각의 용도를 파악하여 확정할 수 있는 것이다[McCleary v. McCleary, 150 Md. App. 448, 822 A.2d 460 (2002), cert. denied, 374 Md. 583, 824 A.2d 59 (2003) 참조].

ⓒ 실무적으로 많은 사건에서 문제가 되는 쟁점은 재산분할의 분류기준일 전후에 소비된 생활비를 '소실된 재산'으로 볼 것인지이다.

ⓓ 재산분할에 관한 분류기준일 이전의 생활비에 관하여

형평분할방식을 취하고 있는 주들은 필연적으로 분류기준일 이전에 합리적인 범위에서 지출된 생활비는 혼인생활의 목적을 갖고 소비된 것이라고 본다. 이러한 논리에 의하면, 부부가 별거를 하거나 이혼에 관한 소제기가 된 이후라고 하더라도, 분류기준일 이전의 시점에 생활비가 지출된 것이라면 동일한 결론에 이르게 된다. 즉, 혼인기간 중(즉, 혼인일부터 분류기

준일까지) 사이에 번 소득은 혼인중 재산을 형성하는데, 그렇다면 논리적으로 같은 기간에 지출된 합리적인 생활비 역시 혼인생활의 목적을 가지는 것으로 볼 수 있다는 취지이다.

부부 모두의 의무에 해당하는 미성년자녀의 양육문제는 혼인생활 목적으로 본다[자녀들의 교육비 등이 혼인생활의 목적으로 소비된 것이라는 취지의 판결로는 In re Marriage of Kimbro, 826 N.W.2d 696, 702 (Iowa 2013), Heymann v. Heymann, 102 A.D.3d 832, 833, 958 N.Y.S.2d 448, 449 (2d Dep't 2013) 등 참조].

다만, 지나치게 과도한 생활비 지출의 경우 혼인생활의 목적이 있다고 볼 수 없다[별거 후 새로운 의상을 위하여 아내가 $35,000이 넘는 돈을 지출한 사안에서 합리적인 범위 밖의 과도한 지출로서 재산의 소실로 본 판결{Harbour v. Harbour, 227 A.D.2d 882, 643 N.Y.S.2d 969 (3d Dep't 1996)}을 비롯한 다수 판결 참조]. 다만 과도한지 여부에 대하여, 통상적으로 법원은 정상적인 혼인기간 동안의 지출 패턴을 고려하여 판단하게 되고, 따라서 각 당사자는 평소 확립되어 있는 생활스타일을 계속할 수 있으며, 그 범위에서 이루어지는 지출은 혼인생활의 목적에서 비롯된 것이라고 볼 수 있다는 것이다.

ⓔ 재산분할에 관한 분류기준일 이후의 생활비에 관하여

미국에서 분류기준일을 정하는 문제에 관하여 크게 두 가지 접근법이 있는데, 그 중 혼인중 재산이 법적인 혼인상태에서 취득한 재산을 의미한다는 소수의 주 입장에 따르면, 분류기준일은 이혼일이고, 분류기준일 이후의 생활비라는 개념 자체가 등장하지 않는다.

그러나 대다수의 주는 혼인중 재산을 부부간 경제적 파트너십이 존재하는 동안 취득된 재산으로 보고 있고, 이에 따르면 대체로 분류기준일은 별거일이나 이혼 소제기일로 정해진다. 이러한 경우 분류기준일이 이혼소송의 변론기일 이전으로 정해지기 때문에, 당사자들은 위 분류기준일 이후에도 보통 상당한 생활비를 부담하게 되고, 이러한 생활비 역시 혼인생활의 목적 하에 소비된 것이라고 볼 수 있을지에 대하여 견해의 대립이 발생할 수 있다.

우선 분류기준일 이후에 번 소득은 통상 특유재산으로 보므로, 같은 시기에 소비된 돈도 혼인생활의 목적이 없다고 보아야 한다는 견해가 있다. 이러한 견해를 취하는 경우, 만일 이렇게 보지 않는다면 일방 당사자가 분류기준일 이후에 자신이 번 소득은 그대로 놔두고 기존 혼인중 재산에서만 생활비를 지출할 우려가 있다는 점 등을 근거로 제시하기도 한다.

반면에, 이에 대해서는 아래와 같은 반론이 제기되고 있다. 위와 같은 논의는 생활비가 분류기준일 이후에 벌어들인 소득에서 지출될 수 있음이 전제되어야 하는데, 많은 전업주부들은 현실적으로 자신들이 소득활동을 하여 생계를 유지할 수 없다는 것이다. 전업주부들이 법원의 명령 등에 따른 일시적인 지원을 받을 수 있다고 하더라도, 타방 당사자가 생활비 지급을 멈춘 시기부터 그 일시적인 지원을 받기 시작하는 시점까지도 간격이 있을 수밖에 없기 때문에, 만약 분류기준일 이후 위와 같은 시기에 지출된 생활비를 무조건 혼인생활의 목적으로 지출된 것으로 볼 수 없다면, 결국 전업주부는 '재산의 소실행위(dissipation)'와 '기아(starvation)' 중 하나를 선택해야만 하는 상황에 직면하게 되는 문제가 발생한다는 것이다.

그래서 실제로 많은 판례들은 분류기준일 이전과 이후의 생활비를 구분하지 않고 있는데, 이러한 입장을 취하는 경우 분류기준일 이후에 지출된 생활비의 경우도 합리적인 범위에서 지출된 경우라면 혼인생활의 목적을 갖고 소비된 것이라고 보게 된다(이러한 실무사례에 관하여, 법원이 각기 다른 시기에 지출된 생활비의 성격을 구별하는 데에 어려움이 많아서 단순함을 추구한 결과라는 취지로 주장하는 견해도 있다).

3) 분할비율의 산정 등에 관한 Uniform Marriage and Divorce Act에 관한 논의

가) 논의의 배경

미국에서 부부재산 제도나 이혼에 따른 재산분할방식 등은 모두 각 주에서 관할하는 문제이고, 부부재산제와의 이론적인 연관성과 무관하게 대부분의 주들은 형평분할 방식을 채택하고 있다.

한편, 미국에서는 가족법을 비롯한 여러 법 분야에서 각 주간의 법규상의 상이함을 줄이고 통일성을 부여하기 위하여 통일주법을 위한 연방회의 위원회(National Conference of Commissioners on Uniform State Laws)가 구성되어 있다. 위 위원회는 통일주법안(Uniform Law)을 기초하고 각 주의 의회에 그 채택을 권고하게 되는데, 만약 개별 주가 그 통일주법안의 전부 또는 일부를 주법으로서 채택하는 경우, 비로소 그 주의 법으로서 효력을 갖게 되는 구조이다. 그 중 혼인과 이혼에 관한 통일법안으로 기초된 것이 Uniform Marriage and Divorce Act이다.

나) 형평분할 방식의 특성

형평분할 방식이라는 용어 자체에서 알 수 있듯이, 이는 법원의 재량권을 상당한 범위에서 인정하는 제도일 수밖에 없다. 이와 같이 형평분할 방식은 특정한 사건에서 구체적인 형평을 달성하기 위한 제도이므로, 개별화된 재산의 분배제도를 지향하게 된다.

즉, 형평분할 방식을 채택하는 경우, 원칙적으로 법관에게 분할비율의 확정 등에 관한 재량권을 부여하게 되고, 법문 상으로 분할비율에 관하여 아무런 규정을 두지 않거나, 단지 형평에 맞게(equitable), 적정하게(just), 타당하게(proper), 또는 공정하게(fair) 분할할 것만을 규정하게 된다. 다만, 이러한 경우에도 법관이 그에게 부여된 재량권을 행사함에 있어서 고려하여야 할 사항들을 열거하는 사례가 많다.

다) Uniform Marriage and Divorce Act의 규정내용

(1) 위와 같이 전통적인 형평분할방식과 관련된 일반적인 규정이 Uniform Marriage and Divorce Act §307 선택적 A규정이다(이에 관하여 §307의 Comment에는 'recommended generally for adoption'이라고 기재되어 있다). 이에 따르면, 법원은 혼인 중 비행(marital misconduct)과 관계없이 최종적으로 '형평에 맞게' 재산을 분할하되, 혼인기간, 전혼(前婚)관계, 부부재산약정의 체결 여부, 당사자의 연령, 건강, 지위, 직업, 수입의 원천과 그 액수, 직업적인 능력, 취업가능성, 부동산의 보유, 부담하고 있는 채무액, 이혼 후의 경제적인 곤궁 상태에 빠질 우려(이혼 후의 경제적 필요, needs), 미성년자녀의 양육자가 누구인가, 별도의 부양금(alimony)이 인정되는가 여부, 각 당사자가 향후 주요자산(capital asset) 및 수입을 취득할 수 있는 기회의 존부, 각 당사자가 재산의 취득, 유지, 가치의 증가에 기여한 정도 또는 소실(dissipation)에 의하여 재산을 감소시켰는지 여부, 가사노동을 통한 가정에 대한 기여 등을 고려하도록 규정하고 있다.[24)]

(2) 반면에, Uniform Marriage and Divorce Act §307 선택적 B규정은 공동재산과 특유재산의 구별을 고수해야 한다는 입장을 취한 주들을 위하여, 이러한 재산의 분배만을 목적으로 규정된 것인데(이에 관하여 §307의 Comment에는 'preferring to adhere to the distinction between community property and separate property, and providing for the distribution of that property alone'이라고 기재되어 있다), 법원은 각 배우자의 특유재산을 해당 배우자에게 귀속시키는 한편, 공동재산의 경우 각 배우자의 재산 취득에 대한 기여, 각 배우자에게 나누어진 특유재산의 가치, 혼인기간, 재산분할이 효력을 발생한 이후 각 배우자가 처할 경제적 상황(자녀를 양육하는 배우자에게 가족의 주거를 주거나 합리적인 기간 동안 그곳에서 살 권리를 주는 것에 대한 기대 포함) 등과 관련된 모든 요소들을 고려한 후(after considering all relevant factors), 그 다음 단계에서 혼

---

24) Alternative A § 307. [Disposition of Property]

(a) In a proceeding for dissolution of a marriage, legal separation, or disposition of property following a decree of dissolution of marriage or legal separation by a court which lacked personal jurisdiction over the absent spouse or lacked jurisdiction to dispose of the property, the court, without regard to marital misconduct, shall, and in a proceeding for legal separation may, finally equitably apportion between the parties the property and assets belonging to either or both however and whenever acquired, and whether the title thereto is in the name of the husband or wife or both. In making apportionment the court shall consider the duration of the marriage, and prior marriage of either party, antenuptial agreement of the parties, the age, health, station, occupation, amount and sources of income, vocational skills, employability, estate, liabilities, and needs of each of the parties, custodial provisions, whether the apportionment is in lieu of or in addition to maintenance, and the opportunity of each for future acquisition of capital assets and income. The court shall also consider the contribution or dissipation of each party in the acquisition, preservation, depreciation, or appreciation in value of the respective estates, and the contribution of a spouse as a homemaker or to the family unit.

인 중 비행(marital misconduct)과 관계없이 공동재산을 적정한 비율로 분할해야 한다고 규정하고 있다.[25)]

(3) Uniform Marriage and Divorce Act에 규정된 위와 같은 재량적인 규정들은 분할의 대상 재산을 분류하지 않는 것과 연결되어 법관의 재량권을 최대한 보장하기 위한 것이다. 그리고 대부분의 주가 열거하고 있는 이른바 '고려요소'들의 경우도, 법관을 절대적으로 구속하는 요소들이라고 보기는 어렵다.[26)]

라) 정리

선택적 A규정의 경우, 혼인 중 비행과 관계없이 재산분할을 해야 한다고 규정하면서도, '소실(dissipation)에 의하여 재산을 감소시켰는지 여부'를 명시적인 고려사항으로 규정하고 있음을 알 수 있다.

또한 선택적 B규정은 공동재산의 분할과 관련하여, 각 당사자의 경제적인 상황 등과 관련된 모든 요소들을 고려한 후, 그 다음 단계에서 혼인 중 비행과 관계없이 재산분할을 해야 한다고 규정하고 있기 때문에, 혼인 중 비행과 각 당사자의 경제적인 상황 사이에 관련성이 인정되는 사안에서는 (혼인 중 비행 자체를 고려하는 것은 아니지만) 혼인 중 비행으로 인하여 각 당사자의 경제적인 상황이 변동되었다는 점 등은 당연히 고려사항에 포함된다는 결론에 도달할 수 있다.

따라서 선택적 A규정이나 B규정이 위 2) 기재 일방 당사자에 의한 재산의 소실에 관한 The rule of dissipation의 적용을 배제한다고 볼 수는 없다.

4) 소결론

가) 이혼에 따른 재산분할에 관하여 법원의 재량권을 폭넓게 인정하고 있는 우리 법제

---

25) Alternative B[§ 307. [Disposition of Property]

In a proceeding for dissolution of the marriage, legal separation, or disposition of property following a decree of dissolution of the marriage or legal separation by a court which lacked personal jurisdiction over the absent spouse or lacked jurisdiction to dispose of the property, the court shall assign each spouse's separate property to that spouse. It also shall divide community property, without regard to marital misconduct, in just proportions after considering all relevant factors including:

(1) contribution of each spouse to acquisition of the marital property, including contribution of a spouse as homemaker;

(2) value of the property set apart to each spouse;

(3) duration of the marriage; and

(4) economic circumstances of each spouse when the division of property is to become effective, including the desirability of awarding the family home or the right to live therein for a reasonable period to the spouse having custody of any children.

26) 이러한 고려요소들 상호간에 충돌되는 사정들이 열거되어 있는 경우도 있다.

도에서는 예측가능성을 제고함과 동시에 개별 사건에서의 구체적 타당성을 보장하는 것이 중요한 법적 쟁점이 된다. 그런데 미국의 형평분할 방식에 관하여 학계와 실무에서 이루어지는 모든 논의들은 기본적으로 법원의 재량권 행사에 관한 합리성을 보장하기 위한 것이므로, 이에 대한 비교법적 검토는 실질적인 의미가 있다. 형평분할 방식과 같이 개별 사건에서 구체적인 타당성을 달성하기 위한 법제도의 경우, 구조적으로 당사자의 예측가능성이 낮아진다는 한계를 가질 수밖에 없고, 따라서 세부영역별로 적용되는 개별 법리의 성격과 적용범위 등을 계속 정리하는 학계와 실무의 노력을 통하여 그 재량권 행사의 타당성과 합리성 등을 확보하는 방안을 모색하고 있고 있는 것이기 때문이다.[27)]

나) 앞서 본 The rule of dissipation, Uniform Marriage and Divorce Act 등의 내용과 취지에 비추어 이 사건 쟁점을 살펴보는 경우,

실질적인 부부공동재산의 분할을 목적으로 하는 재산분할청구와 관련하여, 원고가 (피고1의 동의 내지 양해를 얻지 않은 상태에서) 성년자녀에 대하여 금전을 일방적으로 송금한 행위에 관하여, 피고1에 대한 관계에서 그 정당성을 인정하지 않고 이를 부부공동재산의 유출행위로 파악하고 있는 확립된 실무관행이나,

ⓒⓛ유형의 사건에서, 피고1이 (원고의 동의 내지 양해를 얻지 않은 상태에서) 피고2에게 금전을 송금하거나 피고2와 함께 소비행위를 하는 등 일방적인 처분행위를 한 것에 관하여, 배우자인 원고에 대한 관계에서 그 정당성을 인정하지 않고 이를 부부공동재산의 유출행위로 파악한 항소심 재판부의 입장 등이 아래에서 보는 바와 같이, 형평분할 방식을 토대로 법원의 재량권 행사의 합리성을 담보하기 위하여 형성된 미국의 법제도들과도 쉽게 조화된다는 것을 확인할 수 있다.

우선 The rule of dissipation의 경우 이 사건 쟁점에 관한 확립된 실무관행이나 항소심 재판부의 입장과 거의 대부분 일치하는 내용으로 볼 수 있다.

---

27) 이러한 구조적인 문제는 재산분할에 관한 형평분할 방식에서만 발생하는 것이 아니고, 개별사안별로 여러 고려사항을 종합적으로 평가하여 구체적인 타당성을 달성하는 개별적 접근방식을 취하는 모든 법 분야에서 발생한다. 예컨대, 언론·출판의 자유와 인격권의 대립 문제에 관하여 유형적 접근방식을 취한 미국식 제도는 유형별 구별기준이 비교적 명확하고 당사자의 예측가능성이 높아지는 반면에, 우리나라와 독일, 일본, 영국 등의 법체계와 같이 개별적 접근방식을 취해야 하는 경우, 어떤 단일한 기준에 의하여 언론·출판의 자유에 대한 한계선을 획정할 수 없고, 개별 사안별로 여러 고려사항을 종합적으로 평가하여 이익형량을 해야 하는 등 당사자들의 예측가능성이 상대적으로 낮아진다는 단점이 있기 때문에, 세부영역별로 적용되는 개별 법리의 성격과 적용범위 등을 계속 정리하는 노력을 함으로써 개별적 접근방식의 단점을 보완해야 한다는 점은 김시철, "언론·출판의 자유와 인격권의 대립과 조화에 대한 비교법적 검토 — 미국의 언론·출판의 자유에 관한 우월적 지위이론, 현실적 악의 원칙 등에 관하여 —", 저스티스(147), 한국법학원(2015), 97−110 참조.

다음으로, 항소심 재판부의 입장은 (부정행위가 1회적이거나, 수회에 걸친 부정행위가 있는 경우에도 부부공동재산의 형성이나 유지 등에 별다른 영향을 미치지 않은 Ⓐ 유형 등에서 부정행위자의 유책성 자체를 재산분할의 고려사항으로 파악해야 한다는 것이 아니라) 이 사건과 같이 ⒸⓁ유형에서 부정행위와 관련하여 부정행위자 재산이 감소하거나 상대방 재산이 증가하는 등의 사정을 분할대상 재산의 범위, 분할비율 등의 산정과정에서 고려해야 한다는 것이기 때문에, Uniform Marriage and Divorce Act 선택적 A규정이나 B규정의 내용이나 취지와도 쉽게 조화될 수 있는 것이다.

다) 그렇다면 이 사건 쟁점과 관련된 확립된 실무관행이나 항소심 재판부의 입장의 경우, 이혼에 따른 재산분할에 관하여 단 1개의 법조문을 통하여 법원의 재량권을 폭넓게 인정하고 있는 우리나라나 일본의 경우뿐만 아니라, 당사자의 유책성 자체를 이혼에 따른 재산분할에 관한 일반적인 고려요소에 포함시키지 않는다고 보면서도, 분할대상 재산의 범위나 분할비율의 산정 등에 관하여 학계와 실무에서 세부영역별로 적용되는 개별 법리에 대하여 심도 있게 논의하고 있는 미국법의 관점에서도 그 합리성을 충분히 인정받을 수 있을 것이다.

6. 마무리

우리 헌법 제103조는 "법관은 헌법과 법률에 의하여 그 양심에 따라 독립하여 심판한다."라고 규정하고 있으므로, 모든 재판절차에서 법관은 관련 헌법규정 및 이를 토대로 한 전체적인 법체계를 검토해야 한다. 이 사건과 같이 헌법 및 법률의 관련 규정들에 대한 연혁적·비교법적인 검토가 필요한 사안에서, 이러한 검토내용 등이 판결문에 직접 언급되지 않을 수 있기 때문에, 후속 사건을 담당하는 재판부의 입장에서 선행 사건의 검토내용 등을 쉽게 인식하거나 이를 적절하게 활용하기 어려운 경우가 적지 않다.

우리 민법은 이혼에 따른 재산분할 요건에 관하여 법원의 재량권을 폭넓게 인정하고 있기 때문에, 당사자의 예측가능성이 낮아진다는 구조적인 한계를 가질 수밖에 없다. 그렇기 때문에 이러한 구조적인 한계를 충분히 인식하면서, 주요 국가들의 법 제도에 대한 비교법적 검토 등을 통하여 세부영역별로 적용되는 개별 법리의 성격과 적용범위 등을 정리하는 노력을 계속할 필요가 있다. 이를 통하여 개별 사건에서의 구체적인 타당성을 도모함과 동시에 법원의 합리적인 재량권 행사를 담보할 수 있기 때문이다.

우리 법의 전체적인 체계에 비추어 볼 때, 일방 당사자의 유책성 자체가 이혼에 따른 재산분할과정에서 '일반적인 고려사항'이 될 수 있는지에 대해서는 매우 신중한 접근이 필요하다. 그러나 최소한 ⒸⓁ유형에서는 부정행위에서 비롯된 부정행위자의 재산 감소나 상대방의 재산 증가 등의 사정을 재산분할의 분할대상 재산의 범위, 분할비율 등의 산정과정에서 고려해야 한다는 항소심 재판부의 입장은 우리 헌법에 기초한 전체적인 법체계나 비교법적인 검토 등에 비추어 보더라도 그 법리적 타당성이 인정될 수 있을 것이다.[28)]

우리 법체계에 의하면, 이혼에 따른 재산분할 문제가 지나치게 판사의 재량에 좌우되는 것처럼 보일 수 있다. 따라서 담당 재판부는 재산분할비율의 산정 내지 분할대상 재산의 결정 기준을 정립하는 문제와 관련하여 전체적인 법체계나 비교법적인 검토를 토대로 한 이론적 접근을 함으로써 그 재량권을 합리적으로 행사할 필요가 있고, 당사자들도 관련된 요소들에 관한 적절한 주장과 증거제출을 통하여 해당 요소들이 적절하게 반영될 수 있도록 해야 할 것이다. 이혼에 따른 재산분할사건 실무에서 이러한 문제는 상시적으로 발생하는 것이므로, 항소심 재판부의 이 사건 판결이 유사한 쟁점들이 포함된 사건을 담당하는 법률가들에게 다소간의 참고자료가 될 수 있다고 생각한다.

28) 피고1은 2023. 4. 14.자 상고이유서, 2023. 5. 30.자 상고이유보충서 등을 통하여 항소심 판시와 같은 사정을 분할비율 등에 반영한 것이 잘못되었다는 취지로 주장하였으나, 대법원에서도 심리불속행 상고기각판결을 통하여 항소심 재판부의 입장을 수긍하였다.

2

부정행위자의 일방적 처분행위가 분할대상 재산의 범위와 분할비율에 미치는 영향(2)

서울고등법원 2023. 2. 9. 선고 2022르21002 판결
– 서울가정법원 2022. 2. 16. 선고 2020드합37898 판결
– 대법원 2023. 6. 15.자 2023므11116 판결(피고 상고, 심리불속행 상고기각)

1. 사안의 개요

가. 당사자: 원고 A(1964년생, 여)
피고 B(1953년생, 남)
제1심공동피고 C[1970년생, 여]

나. 원고와 피고의 혼인신고: 1987. ○. ○.

다. 원·피고의 출생자: 성년자녀 4명

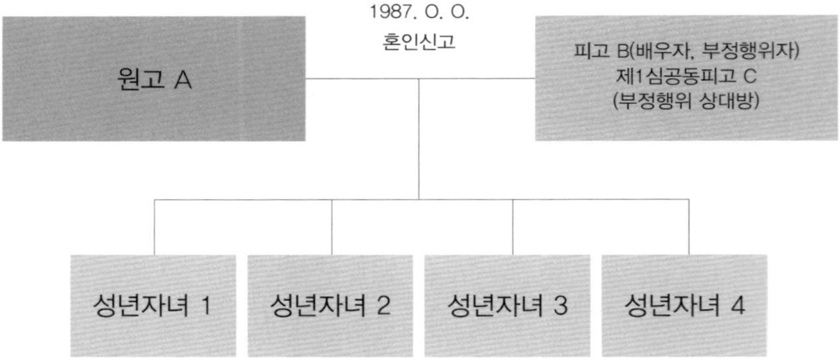

라. 혼인생활 및 갈등의 발생

1) 원고는 혼인 이후 가사와 자녀들의 양육을 담당, 피고는 꾸준히 부동산임대업 등을 영위하면서 경제활동을 하였다.

2) 원고와 피고는 혼인기간 동안 성격, 가치관 및 생활방식의 차이 등으로 종종 갈등과 다툼, 피고의 여자 문제로 부부싸움을 하는 과정에서 피고는 폭언 등 폭력적인 모습을

보였다.

3) 원고는 2014년경 피고의 휴대폰에서 피고와 C가 주고받은 문자메시지 등을 발견하고 부정행위를 의심하기 시작, 이에 관하여 피고는 아래 3. 다. 2) 기재와 같은 각서(갑 제7호증)를 작성하였다.

4) 원고는 2020. 5. CCTV를 통해 피고와 C가 별장에 다녀간 사실을 확인하고 피고와 C가 계속 부적절한 관계를 유지해 왔다는 생각에 피고에 대한 불신과 불만이 증폭되었다.

5) 피고는 2020. 7. 24. 원고와 말다툼을 하다가 손으로 원고의 왼쪽 뺨을 수회 때리고 나무 밀대로 원고의 등 부위를 내리쳐 원고에게 상해를 가하였으며, 이로 인하여 피고는 접근금지를 명하는 임시조치결정을 받았고, 그 무렵부터 원고와 별거하였다.

6) 원고는 피고의 폭력이 반복되자 2020. 3. 5. 피고를 상대로 이혼, 위자료 및 재산분할을 구하는 동시에 C를 상대로 위자료를 구하는 이 사건 소송을 제기하였다.

7) 이후 피고는 위 폭력사건에 관하여 특수상해죄로 징역 10월, 집행유예 2년을 선고받았다.

8) 원고와 피고는 2020. 7.경부터 변론종결 당시까지 별거 중이다.

2. 제1심 판단

가. 이혼 및 위자료 청구

1) 피고에 대한 본소 이혼 청구: 인용

2) 피고 및 C에 대한 위자료 청구: 일부 인용(제1심판결 중 C에 대한 부분은 원고와 C가 모두 항소하지 않아 이 부분은 그대로 분리·확정)

나. 분할대상 재산의 범위 중 이 사건 쟁점과 관련된 제1심법원의 판단

1) 원고는 ① 피고가 그 명의로 소유하고 있다가 2020. 4. 3. C에게 명의이전한 투싼 차량(24,800,000원 상당)과 ② 피고의 C에 대한 대여금채권(147,763,000원 상당)을 원고의 적극재산으로 포함시켜야 한다고 주장하였다.

2) 제1심은

①의 경우 제1심 변론종결 당시 피고가 보유하고 있지 아니한 위 차량 자체를 분할대상

으로 삼을 수 없지만, 피고가 C에게 위 차량을 사실상 증여하여 부부공동재산의 감소를 초래한 것으로 보이므로, 그 사정은 재산분할비율을 정함에 있어 참작하고,

②의 경우 원고의 주장처럼 피고가 C에 대하여 이 부분 대여금채권을 보유하고 있다고 인정하기 부족하다는 등의 이유로 이 부분 대여금채권을 분할대상에 반영하지 않되, 그러한 사정은 재산분할비율을 정함에 있어 참작한다고 판단하였다.

다. 재산분할의 비율: 원고 20%, 피고 80%

[판단근거] 분할대상 적극재산의 취득 경위, 분할대상 적극재산의 형성 및 유지에 대한 원고와 피고의 각 기여 정도, 소득재산의 발생 경위, 원고와 피고의 각 나이, 직업, 혼인생활의 과정과 기간, 부양적 요소, 특히 ① 현재 부부공동재산의 대부분은 피고가 혼인기간 동안 꾸준히 부동산임대업 등 경제활동을 하면서 형성한 재산인 점, ② 다만, 원고와 피고의 혼인기간이 30년을 넘고, 원고도 장기간의 혼인기간 동안 가사와 자녀 양육을 담당하면서 부부공동재산의 유지 및 증식에 일부 기여를 하였다고 보이는 점 등 여러 사정을 참작

3. 재산분할에 관한 항소심에서의 심리·판단

가. 이 사건 쟁점에 관한 피고의 항소이유 요지

1) 분할대상 재산의 범위에 관하여

제1심에서 인정한 피고의 적극재산 중 일부를 제외해야 하고, 제1심에서 제외한 피고의 소극재산 중 일부를 추가해야 한다.

2) 제1심이 인정한 피고의 재산분할의 비율(80%)은 너무 낮음

나. 이 사건 쟁점에 관한 원고의 항소이유 요지

피고는 2014년경 이후 C에게 다양한 경제적 이익을 제공하였고, 위 부정행위 기간 동안 C와 함께 상당한 금전을 소비하였는데, 이러한 사정이 재산분할비율 등에 충분히 반영되지 않았다. 따라서 제1심이 인정한 피고의 재산분할의 비율(80%)은 너무 높다.

다. 항소심 재판부의 판단

1) 분할대상 재산의 범위에 관하여

항소심에서는 제1심에서 인정한 피고의 적극재산 중 일부를 제외하고, 제1심에서 제외한 피고의 소극재산 중 일부를 추가하였다(이 사건 쟁점과 관련된 부분에 대한 판단은 아래 항소심판결 별지 4 불인정재산명세표 참조).

항소심판결 별지 4 불인정재산명세표(발췌)

소유자		순번	재산의 표시	불인정 이유
피고	적극재산	1	서울 송파구 오피스텔 관련 C에 대한 대여금채권 147,763,000원 내지 140,000,000원 또는 위 오피스텔 매수자금 상당의 부당이득반환채권	갑 제56호증의 1, 2, 제65호증의 1, 2 등 이 법원에 이르기까지 원고가 제출한 모든 주장과 증거들만으로 원고와 피고의 혼인관계가 파탄에 이른 시점으로 보이는 이 사건 소제기일로서 금융재산 분할기준일인 2020. 8. 5.(제1심의 제1차 변론조서 참조) 현재 원고의 주장처럼 피고가 제1심공동피고 C에 대하여 이 부분 대여금채권을 보유하고 있다거나 피고가 위 이 부분 오피스텔을 위 C에게 명의신탁하였다고 인정하기 부족하고, 달리 이를 인정할 증거가 없다[피고가 '2018. 7.경 제1심공동피고 C에게 이 부분 부동산 매수대금을 대여한 후 변제받았다.'는 취지로 주장하였고(2021. 7. 5.자 준비서면 및 2021. 8. 24.자 준비서면), 위 증거들에 의하면, 피고는 제1심공동피고 C가 2018. 8. 14. 위 부동산에 관하여 소유권이전등기를 마친 후 10일이 지난 같은 달 24. 위 부동산에 관하여 매매예약을 원인으로 하여 소유권이전청구권가등기를 마쳤고, 2019. 4. 3. 위 가등기를 말소한 후 2019. 9. 17. 위 부동산에 관하여 다시 채권최고액 230,000,000원의 근저당권설정등기를 마친 사실, 제1심공동피고 C가 피고에게 2019. 4. 9. 85,000,000원을, 같은 달 26. 3,000,000원을 지급한 사실은 인정되나, 피고의 위 근저당권설정등기가 2019. 12. 9. 같은 일자 해지를 원인으로 말소된 사실 역시 인정되며, 피고는 2019. 12. 9. 그간의 채권채므를 정리하고 남아 있는 채권이 있다면 이를 면제 또는 포기하는 의미에서 위 근저당권설정등기를 말소하였다고 주장하고 있는바(2022. 12. 22.자 준비서면), 이에 따라 이 부분 채권은 분할대상에 포함하지 않는다]. 다만 위 증거들에 의하여 인정되는 사정, 즉 피고가 위 부동산의 매수 등과 관련하여 제1심공동피고 C를 위하여 매도인에게 또는 위 C에게 2018. 8. 6. 80,000,000원(중도금)을, 같은 달 13. 118,500,000원(잔금) 및 263,000원을, 2018. 9. 10. 9,000,000원, 2018. 12. 31. 2,000,000원, 2019. 5. 8. 3,000,000원, 2019. 7. 31. 3,000,000원을 각 지출하였고(합계 215,763,000원), C로부터 2019. 4. 9. 85,000,000원, 같은 달 26. 3,000,000원 등 일부만 변제받은 후 나머지 채권에 대하여 포기 또는 해당 채무에 관하여 면제하여 줌으로써 부부공동재산의 감소를 초래한 사정은 재산분할비율을 정함에 있어 참작한다.
		2	투싼 차량 24,800,000원	갑 제55호증의 기재에 의하면, 피고가 아닌 제1심공동피고 C가 현재 이 부분 차량을 소유하고 있는 사실이 인정될 뿐이고, 달리 피고가 이 부분 차량을

				실질적으로 지배하고 있다고 인정할 증거가 없으므로, 이 사건 변론종결 당시 피고가 보유하고 있지 아니한 이 부분 차량 자체를 이 사건 분할대상으로 삼을 수 없다. 다만 ① 위 증거에 의하면 피고가 2020. 4. 3. 제1심공동피고 C에게 이 부분 차량의 소유권을 이전해 준 사실이 인정되는 점, ② 이에 대하여 피고는 '이 부분 차량의 잔여 할부금인 8,356,684원을 매매대금으로서 현금으로 지급받고 제1심공동피고 C에게 매도한 뒤 자신이 위 잔여 할부금을 납부하였다.'고 진술하였으나(2021. 7. 5.자 준비서면), 위 잔여 할부금액에 비추어 이를 현금으로 받았다는 주장은 쉽게 납득하기 어렵고, 특히 갑 제71호증(녹취록 제3쪽 참조)의 기재에 비추어 보면 오히려 위 잔여 할부금도 피고가 자신의 개인 자금으로 지급한 것으로 보이는 점 등에 비추어 보면, 피고가 제1심공동피고 C에게 이 부분 차량을 사실상 증여하여 부부공동재산의 감소를 초래한 것으로 보이므로, 그러한 사정은 재산분할비율을 정함에 있어 참작한다.

2) 분할비율에 관하여(원고 35%, 피고 65%)

[판단근거] : 분할대상 적극재산의 취득 경위, 분할대상 적극재산의 형성 및 유지에 대한 원고와 피고의 각 기여 정도, 소득의 발생 경위, 원고와 피고의 각 나이, 직업, 혼인생활의 과정과 기간, 부양적 요소, 특히 ① 현재 부부공동재산의 대부분은 원고와 피고의 혼인생활 중에 형성된 재산인 점, ② 원고와 피고의 혼인기간이 30년을 넘는데, ㉮ 피고는 혼인기간 동안 꾸준히 부동산임대업 등 경제활동을 하여 왔고, ㉯ 원고는 혼인기간 동안 가사와 4명의 자녀 출산 및 양육을 전담하며, 피고의 부모와 조카 등 가족들도 부양하면서 부부공동재산의 유지 및 증식에 기여를 하였다고 보이는 한편, ㉰ 피고 역시 원고의 모친 및 동생 등 가족들을 위하여 경제적 지원을 한 것으로 보이는 점, ③ ㉮ 피고는 늦어도 2014년경부터 현재까지 C와 부정한 관계를 유지하여 온 점, ㉯ 원고가 2014년경 피고에게 부정행위를 추궁하는 과정에서 피고는 자녀 앞에서 원고에게 '나의 부적절한 교제로 아내의 맘을 상하게 한 것을 반성한다. 혹 적발시에는 나의 전 재산을 아내의 뜻대로 해도 이의가 없다. 아내 이름의 재산권 행사에 동의를 구한다.'라는 내용이 포함된 각서(갑 제7호증)를 작성한 점, ㉰ 그럼에도 불구하고, 피고는 그 이후에도 원고 모르게 2018. 6.경 및 2018. 7.경 2회에 걸쳐 C와 함께 해외여행을 하고, 국내 각지를 여행하였으며, 그 과정에서 상당한 금원을 소비한 점, ㉱ 나아가 피고는 ㉠ 2016. 6.경부터 2018. 9.경까지 C로 하여금 피고가 임차한 사택에서 거주하도록 하였고[C는 2016. 6. 10.부터 2018. 9. 4.까지 위 사택에 주민등록을 함], ㉡ C가 2018. 8.경 오피스텔을 매입하는 과정에서 그 중도금 및 잔금 등으로 약 2억 원을 대신 지급한 다음, 그 중 일부만

회수하고 C에 대한 나머지 채권을 포기하였으며(C는 2018. 9. 4. 위 오피스텔에 전입신고를 함), ㉢ 2020. 4.경 C에게 투싼 차량을 사실상 증여하는 등 C에게 다양한 경제적 이익을 제공한 점 등을 비롯한 이 사건 제반 사정에 비추어 볼 때, 피고는 장기간에 걸쳐서 원고의 의사에 반하여 상당한 규모의 부부공동재산 감소를 초래한 것으로 볼 수 있는 점, ④ 아래에서 보는 바와 같이 원고에게 귀속되는 강원도 소재 카페 및 화랑의 유체동산을 별도로 분할대상으로 삼지 않는 점 및 위 갤러리 홍보 등을 위하여 피고가 일부 비용을 지출한 것으로 보이는 점, ⑤ 이 사건 소제기 이후 원고와 피고가 각각 부부공동재산의 유지·관리를 위하여 세금 및 대출이자 등 비용을 지출한 것으로 보이고, 원고는 부부공동재산 중 강원도 소재 카페 및 화랑을 운영하면서, 피고가 부부공동재산 중 서울 마포구 서교동 건물 및 같은 구 동교동 건물의 임대업을 통하여 각 수익을 취득하여 그 중 일부로 위와 같은 비용을 충당한 것으로 보이는 점 등 파탄 이후 형성된 생활관계 및 민법이 정하는 부부의 부양의무와 생활비용 부담에 관한 내용(민법 제826조 제1항, 제833조), 원고와 피고의 사회적·경제적 상태와 여러 사정 참작

3) 결론

피고의 주장을 일부 수용하여 분할대상 재산의 범위를 조정하고, 원고의 주장을 일부 수용하여 피고 재산분할의 비율을 65%로 낮추고, 원고 비율을 35%로 상향하였다(원고의 항소 일부 인용).

4. 검토 및 판단

가. 이에 관한 법리적 검토 등에 관하여는 서울고등법원 2023. 1. 26. 선고 2022르23237, 23244 판결 및 이에 대한 해설[부정행위자의 일방적 처분행위가 분할대상 재산의 범위와 분할비율에 미치는 영향(1)] 참조. 한편, (위 서울고등법원 2022르23237, 23244 판결의 사안과 대비하여 볼 때) 이 사건 당사자의 분할대상 재산이나 부정행위자의 재산유출 규모가 더 크고, 그 유출행위의 태양이 다양하다는 점 등 개별 사안의 특성을 종합적으로 고려하여, 재산분할 비율 판단근거 중 이와 관련하여 고려한 사항들을 비교적 상세하게 설시하였다.

나. 구체적인 판단내용

1) 항소심 재판부에서는 이 사건과 같이 부정행위자인 피고가 부정행위 기간 동안 그 상대방인 C에게 상당한 규모의 재산을 이전하거나 소비한 경우, (피고가 그 명의의 재산을 처분하는 등의 행위가 일반적인 관점에서 위법하다고 볼 수는 없지만) 최소한 배우자인 원고에 대한 관계에서는 피고의 위와 같은 처분행위가 적법하다고 볼 수 없고, 이는 부부공동재산을 감소시킨 행위에 해당한다고 판단하였다.

2) 다만, 이 사건에서 피고가 C에게 제공한 경제적 이익 중 액수가 쉽게 특정되기 어려운 부분이 있고(사택 제공부분 등 참조), 제출된 증거들에 의하면 피고가 부정행위 과정에서 상당한 규모의 금전을 C와 함께 소비한 것은 분명하지만, 부정행위의 특성상 그 구체적인 소비액수가 특정되지 않은 부분도 있는 점, 부정행위의 지속기간(8년 이상), 부정행위자가 그 상대방에게 제공한 경제적 이익 중 액수가 확인된 부분의 규모(수억 원 이상)[1] 등 관련된 사항[2]을 종합적으로 고려하여, 이러한 사정을 재산분할비율의 산정과정에서 참작하는 것이 타당하다고 판단하였다.[3]

5. 마무리

이 사건 항소심 판결이 유사한 쟁점들이 포함된 사건을 담당하는 법률가들에게 다소간의 참고자료가 될 수 있다고 생각한다.

---

1) 서울고등법원 2024. 10. 31. 선고 2024르21570, 21587 판결(확정)도 일방 당사자가 부정행위를 하면서 부부공동재산을 유출한 사례에 관한 것인데, 그 사실관계 및 판단 등에 관하여는 위 사례에 대한 해설(Ⅰ. [2] 3. 이혼소송의 사실심 변론종결일까지 발생한 사정을 위자료 및 재산분할 액수에 반영하는 문제) 참조.

2) 일방 배우자가 (부정행위가 아닌) 다른 유형의 유책행위 등을 원인으로 부부공동재산을 유출한 것에 대하여 일정한 규모의 재산을 보유 추정하고, 아울러 재산분할비율의 산정과정에서 이러한 사정을 참작한 사례도 있다. 예컨대, 서울고등법원 2024. 10. 31. 선고 2024르21839, 23521 판결(확정)의 경우 항소심 변론종결 기준 원고의 순재산(아래 ㉮ 기재 보유추정한 재산 포함)의 규모가 21,864,213원인 사례에서 원고가 교회에 헌금 등의 명목으로 돈을 지출한 것이 부부공동재산의 유출에 해당하는지가 쟁점이었는데, 항소심 재판부는 ㉮ 우선 원고가 금융회사로부터 대출받은 금원을 재원으로 하여 2018. 12. 14.부터 2020. 4. 27.까지 헌금 등의 명목으로 교회에 송금한 합계 38,001,800원의 경우, 대출을 받아 교회에 위와 같은 금액의 헌금을 하는 것은 이례적인 점, 위 송금액의 규모, 원고의 당시 소득, 원고가 지출한 생활비의 액수, 원고가 보유한 적극재산의 규모 등에 비추어 볼 때, 원고가 교회에서 맡은 직분 등을 감안하더라도 원고가 위와 같이 송금한 돈은 부부 사이에 양해될 수 있는 통상적인 교회에 대한 헌금으로 보기는 어렵다는 이유로 위와 같이 송금한 돈은 부부공동생활을 위하여 사용한 것으로 볼 수 없으므로, 원고가 위 돈을 보유한 것으로 추정한다고 판단하는 한편, ㉯ ㉠ 원고가 2018. 6. 2.경부터 2021. 5. 30.경까지 교회 등에 헌금 등으로 140,000,000원 이상을 송금하였는데, 이 역시 부부공동생활에 사용된 것이라고 볼 수 없으므로 원고가 보유한 것으로 추정하여 원고 적극재산에 포함시켜야 한다는 취지의 피고의 주장에 대하여는 ㉡ 원고가 2017년경부터 이 사건 본소 제기일까지 위 교회 등에게 1억 원이 넘는 돈을 송금한 사실을 인정할 수 있는데, ⓐ 그 중 원고가 대출을 받아 위 교회 등에 송금한 합계 38,001,800원을 원고가 보유한 것으로 추정하여 원고의 적극재산에 반영하였지만, ⓑ 신앙활동 차원에서 이루어진 일정한 한도 내의 교회 헌금 등은 부부공동생활을 위하여 사용한 것으로 볼 수 있으므로, 위 38,001,800원 외의 추가 송금액을 원고의 적극재산에 포함시키지는 않고, 다만 원고가 위 38,001,800원 외의 추가 송금액과 관련해서도 일부 헌금에 관하여는 부부공동재산을 일부 유출했다고 볼 여지가 있는 점 등은 재산분할 비율을 산정하는 과정에서 참작한다는 취지로 판단하였다.

3) 피고는 2023. 4. 24.자 상고이유서, 2023. 6. 7.자 상고이유보충서 등을 통하여 항소심 판시와 같은 사정을 분할비율 등에 반영한 것이 잘못되었다는 취지로 주장하였으나, 대법원에서도 심리불속행 상고기각판결을 통하여 항소심 재판부의 입장을 수긍하였다.

3

선행 부정행위와 관련된 재산권 이전이 분할대상 재산의 범위와 분할비율 등에 미치는 영향

서울고등법원 2023. 6. 29. 선고 2022르23541 판결(확정)
- 서울가정법원 2022. 9. 21. 선고 2020드합42494 판결

1. 사안의 개요

가. 당사자: 원고 A(1956년생, 여)
피고 B(1957년생, 남)

나. 원고와 피고의 혼인신고: 1980. ○. ○.

다. 원·피고의 출생자: 성년자녀 2명

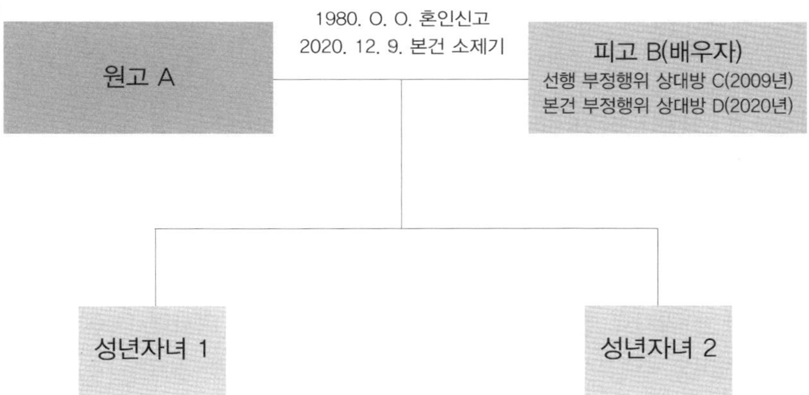

라. 혼인생활 및 갈등의 발생

1) 원고는 혼인 후 ○○ 디자이너로 일하다가 1985년경 ○○ 제조와 관련하여 창업하였다. 피고는 혼인 후 군복무하였고, 전역 후 ■■회사에서 일하다가 1986년경 원고의 사업에 동참하였다. 이후 피고는 전반적인 회사 경영을 맡고, 원고는 ○○ 디자인과 생산 등을 맡아 함께 일하였다.

2) 피고는 2009년경 선행 부정행위 상대방 C와 부정행위를 하였다. 이에 대한 피고의 사과를 원고가 수용했고, 피고는 2009. 7. 30.경 원고에게 '향후 외도하면 재산을 모두 포기한다.'는 내용의 각서를 작성해 주고, 2009. 10.경 사과의 뜻으로 피고 단독 명의로 등기된 MM빌라(원·피고가 현재까지 함께 거주하는 주택) 중 1/2 지분(2023년 현재 7억 2천만 원 상당, 편의상 그 1/2지분을 '① 재산'이라 함)과 피고 명의로 지분 등기된 당진시 소재 임야의 1/3 지분(2023년 현재 약 3억 8천만 원 상당, '② 재산')을 증여하였다.

3) 피고는 2010년경 피고 단독 명의로 등기된 LL빌딩의 대지 및 건물[2023년 현재 약 52억 원 상당, 이하 'LL빌딩', 편의상 그 1/2지분(26억 원 상당)을 '③ 재산'이라 함]에서 ▲▲▲ 판매점 운영을 시작하였다.

4) 원·피고의 ○○제조업체의 수익성이 악화되자, 피고는 2012년경 제조업 부분을 청산하고 원고로 하여금 소규모 ○○소매만을 하도록 하여, 제조업 유지를 원하는 원고와 갈등이 있었다.

5) 피고가 2020. 9.경 본건 부정행위 상대방 D와 부정행위를 하였다. 이에 관하여 원고는 D에 대하여 손해배상청구의 소를 제기하였고, D로부터 1,800만 원을 지급받는 화해권고결정이 확정되었다(서울서부지법 2020가단○○○○○○).

6) 원고는 2020. 12. 9. 이 사건 소를 제기하였고, 피고는 이혼에 부동의하였다.

2. 제1심의 심리·판단

가. 이혼 및 위자료 청구에 관하여

1) 피고에 대한 이혼 청구: 인용

2) 피고에 대한 위자료 청구: 일부 인용(액수 4천만 원, 위자료 액수가 과다하다는 피고의 항소이유 주장은 항소심에서도 배척됨, 이하 검토 생략)

나. 재산분할 청구에 관하여

1) 분할대상 재산의 범위에 관한 피고의 주장 및 이에 대한 제1심 판단

가) 피고의 주장요지

㉮ 피고의 모친 E에 대한 2억 원의 채무를 피고의 소극재산으로 인정해야 한다(㉮주장).

㉯ E 명의의 하나은행 예금계좌(약 2천 8백만원 상당)는 피고의 차명계좌가 아니므로, 이

는 재산분할대상에서 제외되어야 한다(㉯주장).

나) 제1심 판단

㉮주장: 피고가 E로부터 2억 원을 차용하였다거나, 부부공동생활 내지 부부공동재산의 형성과 관련하여 차용한 사실을 인정하기 부족하다는 이유로 배척하였다.

㉯주장: 위 E 계좌는 피고가 사용하는 차명계좌라는 원고의 주장에 설득력이 있다는 이유로 그 계좌에 입금된 돈을 피고의 적극재산으로 인정하였다.

2) 재산분할 방법에 대한 제1심 판단

가) 원고의 주장요지

피고는 원고에게 재산분할로 32억 8천만 원 및 지연손해금을 지급해야 한다(제1심 청구취지).

나) 피고의 주장요지

원고의 청구취지와 같은 재산분할을 위하여 피고 단독 명의인 LL빌딩을 처분하는 경우, 양도소득세를 비롯한 관련 경비가 십 수억 원 발생하므로, 이 부분을 고려할 필요가 있다.

다) 제1심 판단

재산의 명의와 형태, 취득 경위와 이용 상황, 원고와 피고의 의사, 분할의 편의성 등 고려

(1) 피고는 원고에게 피고 단독 명의로 등기된 ① 재산(7억 2천만 원 상당)에 관하여 재산분할을 원인으로 한 소유권이전등기절차 이행,

(2) 나머지 원·피고 명의의 적극재산 및 소극재산은 각자 명의대로 확정적 귀속,

(3) 원고의 부족부분(914,000,000원 및 지연손해금)은 피고가 돈으로 추가 지급, 정산.

3) 분할비율에 대한 제1심 판단: 원고 47%, 피고 53%

[판단근거] 혼인생활의 과정 및 기간, 분할대상 재산의 취득경위, 그 형성과 유지에 대한 원고와 피고의 기여 정도, 피고가 향후 LL빌딩을 처분할 경우 세금 및 비용이 발생할 것으로 예상되는 점, 원고와 피고의 나이, 직업, 소득, 이혼 이후의 생활능력, 혼인파탄의 경위 등 변론에 나타난 여러 사정을 참작

← 원·피고의 쌍방 항소.

3. 재산분할에 관한 항소심의 심리·판단

가. 쌍방의 주장 요지

1) 분할대상 재산의 범위에 관하여

피고: 제1심에서의 ㉮, ㉯주장을 계속 유지하였다.

원고: 피고의 ㉮, ㉯주장을 배척하는 것이 타당하다.

2) 재산분할방법에 관하여

피고: 제1심과 같은 재산분할방법을 선택하는 경우, 정산금(914,000,000원 및 지연손해금) 지급을 위하여 향후 피고 단독 명의의 LL빌딩 처분이 불가피하므로, 이에 따른 양도소득세 상당액 등 필요 경비를 공제하여야 한다.

원고: 제1심과 같은 재산분할방법을 선택하는 경우에도 향후 LL빌딩 매각에 따라 피고가 부담할 가능성이 있는 양도소득세 등을 미리 참작할 수는 없고, 만일 관련된 양도소득세 등이 실질적으로 문제가 된다면 ③ 재산을 원고에게 이전하는 방법으로 재산분할을 하는 것이 타당하다. 이에 따라 원고는 항소심에서 청구취지를 변경하였다[재산분할로, 피고는 원고로부터 146,967,033원 및 지연손해금(정산금)을 지급받음과 동시에 원고에게 ③ 재산에 관한 소유권이전등기절차를 이행하라는 취지로 변경하였음].

3) 분할비율에 관하여

피고: 제1심이 인정한 피고의 재산분할의 비율(53%)은 너무 낮다.

원고: 제1심이 인정한 원고의 재산분할의 비율(47%)은 너무 낮다.

나. 항소심 재판부의 판단

1) 분할대상 재산의 범위에 관하여

항소심 추가 증거조사 등을 토대로, 피고의 ㉮, ㉯주장을 수용하였다(이 부분 피고 주장 인용).

2) 재산분할방법에 관하여

피고는 원고로부터 265,000,000원 및 지연손해금(정산금)을 지급받음과 동시에 원고에게 ③ 재산(26억 원)에 관한 소유권이전등기절차를 이행하라(재산분할방법에 관한 원고 주장을 수용하되, 원고가 피고에게 지급해야 하는 정산금 금액은 상향하였다).

3) 분할비율에 관하여(원고 60%, 피고 40%)

[판단근거] : 혼인초기 원고의 부모가 결혼비용 및 신혼집의 전세보증금을 지원해준 점, 혼인기간 중 원고가 주로 가사 및 양육을 담당한 점, 원고와 피고는 1986년경부터 2012년경까지 함께 ○○ 관련 사업을 하는 과정에서, 원고는 ○○디자인과 생산을 맡고 피고는 전반적인 회사 경영을 맡았는데, 이러한 사업 과정에서 원고와 피고의 기여도가 대등한 것으로 보이는 점, 원고가 ○○ 제조업체를 창업할 당시 원고의 부모가 사업장의 보증금을 지원해주었고, 개업 초기 약 2년 동안은 원고 홀로 사업체를 운영한 점, 피고는 2009. 10.경 자신의 부정행위에 대한 사과의 의미로 원고에게 ①, ② 재산을 증여하였는데, 이 사건 소송 과정에서 위 ①, ② 재산이 원고의 적극재산으로 편입되어 분할대상 재산으로 인정된 점, 피고는 제1심 가사조사절차에서 부동산 매각이 없다면 피고가 양보하여 원고 60%, 피고 40%로 재산분할하는 것도 무방하다는 의견을 밝힌 점 및 혼인생활의 과정과 기간, 분할대상 재산의 형성 경위, 혼인기간 중 원·피고의 경제활동 등 기여 정도, 원고와 피고의 나이, 경제력 등을 참작

4) 결론

피고의 주장을 일부 수용하여 분할대상 재산의 범위를 조정하고, 재산분할방법과 분할비율 등에 관한 원고의 주장을 일부 수용하여 결론적으로 원고 항소를 일부 인용하였다.

4. 검토

가. 분할대상 재산의 범위에 관하여

개별 증거들의 증명력 등과 관련된 사실인정 문제인데, 이 사건 쟁점과 관련된 구체적인 내용은 항소심판결 별지 2 분할재산명세표 피고의 적극재산 순번 1(① 재산 관련), 순번 2, 소극재산 순번 7번, 별지 3 불인정재산명세표 피고의 적극재산 순번 2번 등 참조.

항소심판결 별지 2 분할재산명세표(발췌)

소유자 등		순번	재산의 표시	재산의 가액 (단위 : 원)	인정근거
피고	적극재산	1	서울 MM빌라 중 1/2 지분	720,000,000	갑4-3, 2023. 5. 11.자 감정평가회보 제9면
		2	서울 LL빌딩 건물 및 토지(별지 1 부동산 목록 기재 각 부동산)	5,235,412,080	갑5-1,2, 2023. 5. 11.자 감정평가회보 제9면. 이에 대하여 피고는 재산분할금을 원고에게 지급하기 위해서는 LL빌딩 건물 및 토지의 처분이 불가피하므로, 그 처분에

					따라 부과될 양도소득세 상당액이 공제되어야 한다는 취지로 주장하나, 실제로 위 각 부동산이 처분되지 않은 이상 장래 부과될 양도소득세를 미리 공제할 수는 없고(대법원 1994. 12. 2. 선고 94므901, 94므918 판결 등 참조), 앞서 설시한 재산분할 방법에 의하면 원고가 피고에게 재산분할금을 정산, 지급해야 하므로, 이와 다른 전제에 기초한 피고의 위 주장을 받아들이지 아니함.
	소극재산	7	피고 모친 E에 대한 채무	200,000,000	을 제6, 7, 60, 64호증의 각 기재에 의하여 인정되는 다음과 같은 사실 내지 사정들, 즉 ① 피고는 2017. 1. 23.부터 2017. 11. 29.까지 E 명의의 OO은행 계좌(계좌번호 생략)에서 세 차례에 걸쳐 합계 2억 원을 송금받았는데, 아래 별지 3 불인정재산명세표에서 본 바와 같이 E 명의의 위 OO은행 계좌를 피고의 차명계좌로 단정하기 어려운 점, ② 피고와 E 사이에 작성된 각 차용증의 기재와 피고의 이자 지급내역이 대부분 일치하는 점 등에 비추어 보면, 위 2억 원은 피고가 E로부터 차용한 것으로 인정할 수 있음(이에 대하여 원고는 을 제7, 64호증의 각 차용증이 위조되었다고 주장하나, 각 차용증 기재 차용금과 이자가 피고가 실제로 E의 계좌로 송금한 금액 및 시기와 대체로 일치하는 점에 비추어 볼 때 원고의 위 주장은 받아들일 수 없음. 또한 원고는 피고가 E의 계좌에서 송금받은 돈은 사전상속의 의미로 증여된 것이고, 피고가 매달 지급한 돈은 이자가 아니라 부양료 명목이라고 주장하나, 원고의 주장과 같이 부담부 증여가

					이루어졌음을 인정할 객관적인 자료가 없으므로 위 주장을 받아들이지 아니함). 나아가 을 제65 내지 71호증의 각 기재에 의하면, 피고는 E로부터 차용한 2억 원을 피고 적극재산 순번 13의 자동차를 구입하거나, 원고측 계좌로 대출금 상환 및 생활비 명목으로 송금하거나, 피고 적극재산 순번 2 LL빌딩 관련 임대차보증금반환 명목, 피고가 운영하는 ■■■■■ 운영비 명목으로 사용한 사실이 인정되므로, 위 2억 원은 원·피고의 부부공동생활 또는 부부공동재산의 유지 및 증식에 사용된 것으로 볼 수 있음.

항소심판결 별지 3 불인정재산명세표(발췌)

소유자		순번	재산의 표시	불인정 이유
피고	적극재산	2	OO은행 (계좌번호 생략)	원고는, 피고의 모친인 E 명의의 해당 OO은행 계좌는 피고가 사용하던 차명계좌이므로 2020. 12. 9. 기준으로 위 계좌에 예치된 28,677,638원이 피고의 적극재산으로 인정되어야 한다고 주장함. 그러나 을 제6, 52, 54, 55호증의 각 기재에 의하면, E는 2016. 11. 29. 자신이 소유하던 충남 이하 생략 토지를 소외 F에게, 같은 리 토지를 소외 G에게 각 매도한 뒤 그 매매대금 등으로 5억 2,340만 원을 피고의 OO은행 계좌(계좌번호 생략)로 수령하였고, 피고는 2016. 12. 13.부터 같은 해 12. 21.까지 피고 명의의 위 OO은행 계좌에서 매매에 필요한 비용을 제외하고 E 명의의 위 계좌로 합계 4억 5,000만 원을 송금한 사실이 인정되는바, 2017. 1. 18. 기준으로 E 명의의 위 계좌에 존재하던 439,942,259원의 예금은 E 소유의 토지를 매각한 대금으로 판단됨. 또한 을 제6, 61호증의 각 기재에 의하면, E 명의의 위 계좌에서는 2017. 2. 7.부터 E이 실거주할 아파트의 임대차보증금과 월세, 관리비가 지급되었음. 이와 같이 E 명의의 위 계좌에 존재하던 예금의 대부분은 E 소유의 토지의 매도대금을 원천으로 한 것이고, 그 예금은 실제로 E의 생활비 등 명목으로 사용되었으므로, E 명의의 위 계좌에 예치되어 있던 예금 28,677,638원을 피고의 적극재산으로 보기는 어려움.

나. 재산분할방법에 관하여

1) 제1심 판단에 대한 검토

제1심은 피고가 원고에게 피고 명의의 ① 재산을 이전함과 아울러 부족한 정산금(914,000,000원 및 지연손해금)을 원고에게 추가로 지급하는 재산분할방법을 선택하였다. 이러한 분할방법을 선택하는 경우, 결과적으로 원고는 MM빌라 전체에 대한 소유권을 확보하고, 피고는 LL빌딩 전체의 소유권을 그대로 유지하는 등 각자의 소유 관계가 분리되기 때문에, 이혼 이후 관련되는 재산분쟁의 가능성이 감소한다는 장점이 있다. 따라서 실무에서 이러한 재산분할방법을 많이 활용하고 있고, 제1심의 입장도 같은 취지로 보인다.

피고는 이와 관련하여, 자신이 실제로 LL빌딩을 처분하지는 않았지만 향후 부과될 가능성이 있는 양도소득세 상당액 등을 피고의 적극재산에서 미리 공제해 달라는 취지의 주장을 하였는데, "이혼 및 재산분할 사건에서 위자료 및 재산분할금을 지급하기 위하여 부동산의 처분이 불가피하다 하여 그 처분에 관하여 부과될 양도소득세 상당액을 분할대상 재산의 가액에서 미리 공제하여야 한다고 볼 수 없다."는 것이 확립된 판례의 입장이므로(대법원 1994. 12. 2. 선고 94므901, 94므918 판결 등 참조), 피고의 이 부분 주장을 받아들이지 않은 제1심의 법리적 판단 부분도 타당하다.

다만, 만일 이 사건 재산분할 판결이 확정된 이후 피고가 LL빌딩을 처분하여 원고에게 정산금을 지급해야 하는 상황이 발생하는 경우 피고의 주장과 유사한 규모의 양도소득세 등이 부과될 가능성이 높기 때문에, 이러한 세금 부담 문제가 당사자들의 의사결정 등에 현실적으로 영향을 미칠 수 있다는 점을 인식할 필요가 있다.[1][2]

2) 이혼에 따른 재산분할 관련 판례 등

민법 제839조의2에 규정된 재산분할제도는 그 법적 성격, 분할대상 및 범위 등에 비추어 볼 때 실질적으로는 공유물분할에 해당하는 것이어서 공유물분할에 관한 법리가 준용되어야 할 것인바, 공유물의 분할은 법률상으로는 공유자 상호간의 지분의 교환 또는 매매라고 볼 것이나 실질적으로는 공유물에 대하여 관념적으로 그 지분에 상당하는 비율에 따라 제한

---

1) 예컨대, 이 사건의 경우 항소심 기준 원·피고의 순재산 합계액이 56억 원 정도인데, 피고의 LL빌딩 처분과 관련하여 십수억 원 정도의 양도소득세 부과가 예상된다는 점은 쌍방 당사자의 의사결정에 현실적으로 영향을 미치는 요소가 될 수 있다는 취지이다.

2) 가사분쟁과 조세분쟁의 상관관계 등에 관하여는 서울고등법원 2023. 7. 25.자 2022브2136, 2137 결정(확정) 및 이에 대한 해설(Ⅱ. [6] 1. 상속재산분할사건의 특별수익 산정과 세무조사 및 과세처분의 상관관계 등에 관하여), 서울고등법원 2023. 8. 28.자 2023브2132, 2133 결정(확정) 및 이에 대한 해설(Ⅱ. [6] 2. 장기간에 걸친 계좌이체에 관한 특별수익 및 기여분 산정과 상증세법 관련 법리 검토) 등 참조.

적으로 행사되던 권리, 즉 지분권을 분할로 인하여 취득하는 특정 부분에 집중시켜 그 특정 부분에만 존속시키는 것으로 소유형태가 변경된 것뿐이어서 이를 자산의 유상양도라고 할 수 없으며, 이러한 법리는 이혼시 재산분할의 방법으로 부부 일방의 소유명의로 되어 있던 부동산을 상대방에게 이전한 경우에도 마찬가지이다(대법원 1998. 2. 13. 선고 96누14401 판결, 대법원 2003. 11. 14. 선고 2002두6422 판결 등 참조). 즉, 이혼에 따른 재산분할에 의하여 부동산 소유권이 이전되는 경우 이에 관한 양도소득세는 부과되지 않는데, 원고가 항소심에서 청구취지를 변경한 것이나, 피고가 제1심부터 '부동산 매각이 없다면 피고가 양보하여 원고 60%, 피고 40%로 재산분할하는 것도 무방하다는 의견을 밝힌 것'도 이러한 세금 부담에 관한 사정 등을 고려한 것으로 볼 수 있다.

이와 관련하여, 대법원 2021. 6. 10. 선고 2021므10898 판결은 "일방 당사자가 특정한 방법으로 재산분할을 청구하더라도 법원은 이에 구속되지 않고 타당하다고 인정되는 방법에 따라 재산분할을 명할 수 있다(대법원 2010. 12. 23. 선고 2009므3928 판결 참조). 그러나 재산분할심판은 재산분할에 관하여 당사자 사이에 협의가 되지 아니하거나 협의할 수 없는 때에 한하여 하는 것이므로(민법 제843조, 제839조의2 제2항), 쌍방 당사자가 일부 재산에 관하여 분할방법에 관한 합의를 하였고, 그것이 그 일부 재산과 나머지 재산을 적정하게 분할하는 데 지장을 가져오는 것이 아니라면 법원으로서는 이를 최대한 존중하여 재산분할을 명하는 것이 타당하다. 그 경우 법원이 아무런 합리적인 이유를 제시하지 아니한 채 그 합의에 반하는 방법으로 재산분할을 하는 것은 재산분할사건이 가사비송사건이고, 그에 관하여 법원의 후견적 입장이 강조된다는 측면을 고려하더라도 정당화되기 어렵다."라고 판시하고 있다.

3) 항소심 재판부의 입장

제1심에서 선택한 재산분할방법이 실무적으로 상당한 장점이 있기는 하지만, 항소심 재판부에서는 대법원 2021므10898 판결의 취지에 비추어 볼 때, (이혼 이후 관련되는 재산분쟁의 가능성 등을 감안하더라도) 원고의 항소심 청구취지 및 피고의 의사 등을 반영하여 이 사건 재산분할과 관련하여 피고에게 향후 양도소득세가 부과되지 않을 수 있는 방법[3]으로 수정할 필요가 있다고 판단한 것이다. 재산분할방법에 관하여는 가능한 범위 내에서 쌍방의 의사를 최대한 존중하는 것이 타당하기 때문이다(위 대법원 2021므10898 판결 참조).

---

3) 예컨대, '재산분할로, 피고가 원고로부터 정산금을 지급받음과 동시에 원고에게 ③ 재산에 관한 소유권이전등기절차를 이행하도록 하는 방법' 등을 예시할 수 있다.

다. 분할비율에 관하여

1) 문제의 제기

실무적으로 혼인관계의 일방(부정행위자)이 선행 부정행위를 한 것을 상대방(배우자)이 확인하고 그 상황이 일단 수습된 이후에, 다시 후속 부정행위가 발생하는 경우가 적지 않다. 나아가 부정행위자가 선행 부정행위와 관련하여 사과의 의미로 부부공동재산 중 일부 재산권을 배우자에게 이전하는 경우도 있는데, 이 사건과 같이 원고(배우자)가 피고(부정행위자)의 후속 부정행위를 이유로 피고를 상대로 재판상 이혼 및 재산분할청구를 하는 경우, 위와 같은 선행 부정행위와 관련된 ①, ② 재산의 소유권 이전을 재산분할과정에서 어떻게 고려할 것인지를 검토할 필요가 있다.

2) 실무상 부부공동재산과 특유재산의 구별 등

민법 제839조의2 제2항은 '당사자 쌍방의 협력으로 이룩한 재산'을 이혼에 따른 재산분할의 대상(실질적 부부공동재산)으로 규정하고 있다.

이와 관련하여, 실무에서는 혼인기간 중 취득한 재산 중에서 일방 당사자가 상속 또는 제3자의 증여에 의하여 취득한 재산이 있는 경우 이는 실질적인 부부공동재산에 포함되지 않는다는 취지의 주장을 접하는 경우가 많다. 원칙적으로 개별 사안별로 구체적인 사정을 검토하여 판단해야 하겠지만, 대체로 혼인파탄 시점과 근접한 시기에 상속 또는 증여가 이루어진 경우에는 이를 특유재산으로 보는 사례가 많은 반면에, 상당한 시간적 간격이 있는 경우에는 이를 실질적인 부부공동재산에 포함시키는 사례가 많다.[4)]

---

4) 이에 관하여 사법정책연구원, 「재산분할의 기준 정립을 위한 방안 연구」, (2016), 216－218에는 "부부별산제 규정에서 언급하는 특유재산 중 혼인 중 함께 일군 재산을 부부 일방의 명의로 해 둔 경우, 이를 분할대상으로 삼는 데에는 별다른 이론이 없다. 논의의 쟁점은 '혼인 전 취득재산'과 '혼인 중 상속·증여재산'을 어떠한 기준으로 분할대상에 포함시킬 수 있을 것인가의 문제이다. 본래적 의미의 특유재산인 '혼인 전 취득재산'과 '혼인 중 상속·증여 재산'은 법논리적으로만 보면 분할의 대상이 되지 않는 것이 원칙이다. 그러나 보통 서민들의 살림살이를 들여다보면, 통상 재산분할의 대상 중 가장 큰 가치를 가진 재산은 '거주하는 주택'인 경우가 대부분이고 그 주택은 일방 배우자의 부모로부터 혼인 전에 결혼자금 등으로 증여받았거나 혼인 중에 상속받은 재산을 토대로 마련한 경우가 많으며, 그것이 또한 혼인공동체의 유지·발전에 터전이 되어준 사례가 대부분이다. 이런 일반적인 사례에서 이혼 시 이를 재산분할의 대상으로 삼지 않고 그 명의자인 부부 일방의 재산으로 귀속시킨다면 불합리한 결과를 초래하게 되리라는 점은 다언을 요하지 않는다. 따라서 실무는 '기여'라는 개념을 활용하여 혼인 전 취득재산과 상속·증여 재산까지 '당사자 쌍방의 협력으로 이룩한 재산'이라고 보아 분할의 대상으로 편입시켜 왔던 것이다. 특유재산의 분할대상 재산으로의 편입은 공평의 개념 하에 재산분할의 기준을 마련한 미국 이혼법 원칙에도 뚜렷하게 나타난다. 제4장에서 검토한 바와 같이 이혼법 원칙은 장기간의 혼인(Long－Term Marriage)이 해소되는 경우 특유재산을 부부의 공동재산으로 편입할 가능성에 대하여 규정하고 있다. 이 때 기준이 되는 최소한의 혼인기간은 각 주가 규정하는 바에 따르고, 일정한 혼인기간의 경과에 의하여 특유재산가치의 일부분이 백분율로 환산되어 공동재산으로 산입되는 방식을 취한다. '부부의 일방이 혼인 전에 취득한 재산'은 혼인기간만이 주요

3) 위자료의 명목으로(혹은 사과의 의미로) 부동산을 이전하는 경우의 법적 성격 등

이혼에 따른 위자료 명목의 재산권 이전과 관련하여, 판례는 "부부가 이혼을 하게 되어 남편이 아내에 대한 위자료를 지급하기 위한 방법으로 자신의 소유인 주택의 소유권을 이전한 것은, 아내에 대한 위자료채무의 이행에 갈음한 것으로서 그 주택을 양도한 대가로 위자료를 지급할 채무가 소멸하는 경제적 이익을 얻은 것과 다름없으므로, 그 주택의 양도는 양도소득세의 부과대상이 되는 유상양도에 해당한다."는 입장을 취하고 있다(대법원 1989. 6. 27. 선고 88누10183 판결, 대법원 1993. 9. 14. 선고 92누18191 판결 등 참조).

물론 위 판례는 이혼에 따른 위자료 명목의 재산권 이전에 관한 것이기 때문에, (이혼이 성립되지 않은 상태에서) 혼인관계를 유지하는 기간 동안에 선행 부정행위에 관한 사과의 의미로 이루어진 ①, ② 재산의 이전에 대하여 직접 적용할 수 있는 것은 아니다.[5] 그러나 위 판례의 취지에 비추어 볼 때, 최소한 선행 부정행위와 관련된 원고의 ①, ② 재산 취득이 민법 제839조의2 제2항에 규정된 '당사자 쌍방의 협력으로 이룩한 재산'의 형성과정에서 이루어진 것이라고 보기는 어려울 것이다. 피고가 부부공동재산을 형성하거나 이에 협력한다는 차원에서 ①, ② 재산의 소유권을 원고에게 이전한 것이 아니고, 그 실질은 피고의 원고에 대한 민사상 손해배상채무의 이행에 해당하기 때문이다. 즉, 원고가 위와 같이 ①, ② 재산에 관한

한 고려요소가 되지만, '혼인 중 상속 또는 증여받은 재산'에는 '상속 또는 증여받은 후 지속된 혼인기간'이 보다 중요한 고려요소가 된다. 왜냐하면 혼인공동체의 '기여'를 인정하기 위해서는 '혼인기간 중' 그 재산을 보유하고 있어야 하기 때문이다. 즉 '혼인기간'과 '재산보유기간'이 겹치는 기간이 중요해지는 것이다. 이는 앞서 본 이혼법 원칙에서도 확인할 수 있듯이 이미 세계적 보편성을 가지는 기준이라고 말할 수 있다. (중략) 향후 재산분할의 실무 기준을 정립할 때에는, 실무 감각뿐만 아니라 사회적 인식과 법감정 등을 고려하여 혼인 전 취득재산이나 혼인 중 상속·증여재산 등에 관하여 분할대상에 편입될 수 있는 기준으로서의 기간을 제시함이 바람직하다. 예컨대, 혼인 전 취득한 재산에 대하여는 혼인기간 10년을 기준으로 하여, 10년 이상의 혼인공동체를 유지한 경우에는 분할의 대상으로 삼는 방안이다. 혼인 중에 상속·증여받은 재산에 대하여는 혼인기간 10년 이상의 요건에 재산보유기간 10년 이상의 요건을 추가하여 위 두 가지 요건을 갖춘 경우에는 분할의 대상으로 삼는 것을 원칙으로 할 수 있다. 물론 이러한 원칙은 하나의 기준일 뿐이고, 구체적인 사례에 따라 예외적인 경우는 얼마든지 있음을 밝혀둔다."라고 기재되어 있다.

5) 가사소송법 제2조 제1항 제1호 ㈐목 2)는 '이혼을 원인으로 하는 손해배상청구'에 관한 제3자에 대한 청구를 포함하여 다류 가사소송사건으로 정하고 있는데, 이때 '이혼을 원인으로 하는 손해배상청구'는 이혼의 원인이 되는 개별적 유책행위의 발생으로부터 최종적 이혼에 이르기까지 일련의 경과를 전체로서 불법행위로 파악하여 손해배상을 청구하는 경우를 의미한다. 이와 달리 이혼과 무관하게 부부공동생활 중 발생한 개별적 특정 유책행위를 불법행위로 파악하여 민사상 손해배상을 청구하는 것이 명백한 경우에는 가사소송법 제2조 제1항 제1호 ㈐목 2)의 규율대상이 아니다. 한편 '이혼을 원인으로 하는 손해배상청구'에 해당하는지 여부는 구체적 사안에서 당사자의 의사, 당사자가 혼인관계를 유지하고 있는지, 협의 이혼의 성립 여부 또는 부부 일방이 재판상 이혼을 청구하였는지, 재판상 이혼청구 소송의 경과 등을 종합적으로 판단하여야 한다(대법원 2021. 11. 25. 선고 2021다253154, 253161 판결 등 참조). 이에 관한 상세한 설명은 법원실무제요 가사(Ⅰ), 사법연수원(2021), 764−767 참조.

소유권이전등기를 마친 것은 그 시점에 원고 자신의 특유재산을 취득하는 것과 유사한 성격을 가진다고 볼 수 있을 것이다.[6)]

라. 항소심 재판부의 입장

1) 정리

항소심 재판부는 위 [판단근거] 기재와 같은 이유를 들어서 원고가 ①, ② 재산을 취득한 경위 등을 재산분할 비율에 참작해야 한다는 입장을 취하였다.

피고가 2009. 10.경 선행 부정행위와 관련된 사과의 의미로 원고에게 ①, ② 재산의 소유권을 이전하였으므로, 원고의 입장에서 보면 그 시점에 특유재산을 취득한 것과 유사하다고 볼 수 있다. 다만, 위 증여시점에 원고와 피고가 이혼을 한 것이 아니고, 그로부터 10여년 이상 혼인관계가 유지된 다음 2020. 9.경 비로소 발생한 피고의 새로운 부정행위를 원인으로 원고가 이 사건 소를 제기하였기 때문에, ①, ② 재산 자체를 분할대상 재산에서 제외하는 것은 타당하지 않다고 판단하였다.[7)]

---

6) 서울고등법원 2024. 10. 31. 선고 2024르21372, 2024르21389 판결(확정)의 경우, 해당 사건의 피고(아내) 명의의 임대차보증금 반환채권이 부부공동재산에 포함된다는 원고(남편)의 주장을 배척하면서, "갑 제8호증, 을 제10호증의 각 기재에 의하면, 피고가 2018. 11. 9. 임차보증금을 140,000,000원으로 정하여 위 부동산에 관한 임대차계약을 체결하였는데, 원고가 피고에게 2018. 11. 8. 10,000,000원을, 2018. 12. 21. 10,000,000원을 각 지급하였고, 피고는 그 무렵 위 각 돈으로 임대인에게 위 임차보증금을 지급한 사실을 각 인정할 수 있다. 그러나 갑 제46, 56, 58호증, 을 제7증의 각 기재에 의하면, 피고가 원고를 상대로 이 사건 합의에서 정한 위로금 179,904,540원 등의 지급을 구한 관련사건에서 '원고가 위 임차보증금을 부담함으로써 위 위로금 중 140,000,000원을 변제한 것'으로 인정되어 확정된 사실을 인정할 수 있다. 여기에 ① 혼인 중 원고의 채무불이행 및 불법행위로 인한 피고의 정신적 손해에 대한 손해배상 또는 손해배상 예정을 정한 이 사건 합의에 의하여 피고가 원고에 대하여 가지는 채권은 원·피고의 부부공동재산에 해당한다고 볼 수 없는 점[서울고등법원 2023. 6. 29. 선고 2022르23541 판결(확정) 참조], ② 관련사건에서는 임대차보증금반환채권이 피고에게 귀속됨으로써, 원고의 피고에 대한 위 손해배상 채무가 변제되었다고 법률상 평가되었을 뿐이고, 이러한 사정만으로 위 임대차보증금반환채권이 부부공동재산으로 바뀐다고 볼 수는 없는 점, ③ 위 임대차보증금반환채권이 분할대상에 포함될 경우 피고는 사실상 피고 몫에 해당하는 부분의 가액만큼은 원고로부터 위로금을 지급받지 못한 것과 같은 결과가 되어 부당한 점, ④ 이 사건 합의에서 원고는 위로금과 관련하여 어떠한 권리 주장도 하지 않는다고 약정한 점(을 제2호증 참조), ⑤ 위 임대차계약일로부터 약 1년만에 원고와 피고의 혼인이 파탄되어 이 사건 조정신청이 이루어졌으므로, 원고가 위 임대차보증금반환채권의 유지에 기여하였다고 보기도 어려운 점 등을 더하여 보면, 위 임대차보증금반환채권은 부부공동재산에 해당하지 않으므로 분할대상에서 제외함이 타당하다."라고 설시함으로써, 위 임대차보증금반환채원이 해당 사건의 피고(아내)의 특유재산에 해당한다고 판단하였는데, 위 사례의 사실관계 등에 관하여는 그 해설(Ⅰ. [2] 2. 종전 이혼소송과 관련된 위자료와 재산분할 등에 관한 개별적인 합의의 성격과 효력 등) 참조.

7) 즉, 이 사건 원고가 자신의 명의로 ①, ② 재산의 소유권을 취득한 다음 10여년 이상 혼인관계를 유지한 이후에 비로소 이 사건 소를 제기하였기 때문에 [각주 6) 기재 서울고등법원 2024르21372, 2024르21389 사건의 피고(아내) 명의의 임대차보증금 반환채권의 경우와 달리] 결과적으로 원고 명의의 ①, ② 재산이 부부공동재산에 포함된다는 판단이 이루어진 것일 뿐이고, 이 사건과 위 서울고등법원

2) 가정적 사례에 대한 비교·검토

가) 가정적으로 A가 혼인 전부터 아파트를 소유하고 있다가 B와 혼인신고를 한 다음 그 아파트에서 혼인생활을 시작한 사안을 예시한다.

㉠ 그 혼인신고일로부터 매우 단기간(예컨대, 1개월)에 A와 B의 혼인관계가 파탄에 이르러서 이혼 및 재산분할 청구가 이루어진 경우, 실무적으로 위 아파트를 A의 특유재산으로 파악하는 것에 별다른 문제가 없을 것이다.

㉡ 반면에, A와 B가 10년 이상 위 아파트에 함께 거주하면서 혼인생활을 하다가 파탄이 되어 이혼 및 재산분할 청구의 소가 제기된 경우, B가 위 아파트의 취득에 관여하지 않았다는 사정만으로 이를 실질적인 부부공동재산에서 제외하기는 어려울 것이고, 다만 A가 혼인 전부터 아파트를 소유하고 있었던 사정을 재산분할비율의 산정과정에서 참작하는 것이 통상적인 실무이다.

나) 같은 맥락에서,

㉠ 만일 피고가 2009. 10.경 선행 부정행위와 관련된 사과의 의미로 원고에게 ①, ② 재산에 관한 소유권을 이전한 다음, 그로부터 1개월 후인 2009. 11.경 새로운 후속 부정행위를 하였고, 원고가 후속 부정행위를 혼인파탄 원인으로 삼아서 이혼 및 재산분할 청구를 하였다면 ①, ② 재산 자체를 원고의 특유재산으로 파악할 여지가 있는 반면에,

㉡ 이 사건과 같이 원고가 ①, ② 재산을 취득한 시점으로부터 10여년 이상 경과한 이후인 2020. 9.경 피고의 새로운 후속 부정행위가 발생하였고, 특히 상대적으로 재산적 가치가 큰 ① 재산은 원·피고가 함께 거주하고 있는 주택의 지분이기 때문에(① 재산은 7억 2천만 원, ② 재산은 3억 8천만 원 상당임), 현 시점에서 ①, ② 재산 자체를 분할대상 재산에서 제외하기는 어렵다고 판단하였다.[8)]

3) 제1심 판단에 대한 비교·검토

가) 분할비율에 관한 제1심의 [판단근거]에 의하면, 제1심에서 위와 같은 사정을 특별히 고려하지는 않았던 것으로 보인다.

2024르21372, 2024르21389 사건에 적용되는 법리 자체에는 차이가 없었음을 유의할 필요가 있다.

8) 이러한 측면 때문에, 원고도 제1심 및 항소심에서 ①, ② 재산 자체를 분할대상 재산에서 제외해야 한다는 주장을 하지는 않았고, 단지 위와 같은 사정을 들어서 원고의 분할비율을 상향시켜야 한다는 취지로 주장하였다. 실무적으로 본래적 의미의 특유재산(특히 혼인 중 상속·증여받은 재산)을 분할대상에 포함시킬 것인지 여부는 혼인기간 또는 상속·증여받은 시점 등에 영향을 받게 되는데, 이에 관하여는 사법정책연구원(2016), 217−218 등 참조.

나) 반면에, 항소심 재판부는 원고가 2009. 10.경 ①, ② 재산을 특유재산으로서 취득한 것과 유사한 법적 상황이라고 파악한 다음, 이러한 관점에서 위 사정을 원고의 분할비율을 상향시키는 고려요소로 본다는 취지를 분할비율에 관한 [판단근거]에 명시하였다.

만일 위 사정을 분할비율에 고려하지 않는 경우, 피고가 선행 부정행위를 사과하는 의미로 ①, ② 재산의 소유권을 원고에게 이전한 것이 재산분할과 관련해서는 실질적으로 아무런 의미가 없다는 결론에 이르게 되는데, 이는 2009. 10.경 각종 세금과 비용을 부담하면서 원고 명의로 이전등기를 했던 쌍방 당사자의 의사를 적절하게 반영하였다고 보기 어렵고, 이 사건 재산분할에서 구체적 타당성을 가지는 결과를 가져올 수도 없다고 판단한 것이다.[9)]

5. 마무리

서울고등법원 2023. 1. 26. 선고 2022르23237, 2022르23244 판결 및 이에 대한 해설[Ⅰ. [3] 1. 부정행위자의 일방적 처분행위가 분할대상 재산의 범위와 분할비율에 미치는 영향(1)]에서 본 바와 같이, 우리 법체계에 의하면, 이혼에 따른 재산분할 문제가 지나치게 판사의 재량에 좌우되는 것처럼 보일 수 있다. 따라서 담당 재판부는 재산분할비율의 산정 내지 분할대상 재산의 결정 기준을 정립하는 문제와 관련하여 전체적인 법체계나 비교법적인 검토를 토대로 한 이론적인 접근을 함으로써 그 재량권을 합리적으로 행사할 필요가 있고, 당사자들도 관련된 요소들에 관한 적절한 주장과 증거제출을 통하여 해당 요소들이 적절하게 반영될 수 있도록 해야 할 것이다.

이혼에 따른 재산분할사건 실무에서는 분할대상 재산의 범위와 분할비율이 적정하게 산정되었는지에 관한 쟁점이 상시적으로 발생하기 때문에, 이는 법률가들에게 던져진 숙제가 될 수밖에 없다. 이 사건과 같이 혼인관계를 유지하는 기간 동안에 이루어진 개별적 특정 유책행위에 관한 손해배상책임을 이행하는 차원에서 일방 배우자 명의의 재산이 타방 배우자 명의로 변경된 경우, 이를 부부공동재산의 범위에서 제외할 수 있는지, 만일 이를 부부공동재산에 포함시킨다면 그 분할비율을 산정하는 과정에서 어떠한 방식으로 참작할 수 있는지 등이 실질적인 쟁점이 될 수 있다. 담당 재판부의 입장에서는 당사자가 제출한 주장과 증거들을 토대로 하여 가사비송사건인 재산분할사건의 구조와 성격 등을 고려하여 법적 안정성을 해치지 않는 범위 내에서 구체적 타당성을 추구하는 결론을 도출하는 구조가 될 것인데, 그 과정에서 논의된 내용들을 사례별로 정리하여 하나씩 축적하는 것은 위와 같은 기준을 정립하는 데에 실질적인 도움이 될 것이다. 이 사건 항소심 판결이 유사한 쟁점들이 포함된 사건을 담당하는 법률가들에게 다소간의 참고자료가 될 수 있다고 생각한다.

---

9) 각주 6) 기재 서울고등법원 2024르21372, 2024르21389 판결이유 참조.

4

일방 배우자의 단독 명의 재산취득, 혼인생활에서의 역할, 재산은닉 등이 분할대상 재산의 범위와 분할비율에 미치는 영향

서울고등법원 2023. 11. 2. 선고 2023르20891, 2023르20907 판결(확정)
- 서울가정법원 2023. 1. 31. 선고 2020드합38877, 2021드합35271 판결

1. 사안의 개요

가. 당사자: 원고 A(1962년생, 남)
피고 B(1966년생, 여)

나. 원고와 피고의 혼인신고: 1991. ○. ○.

다. 원·피고의 출생자: 성년자녀 2명(1992년생, 1995년생)

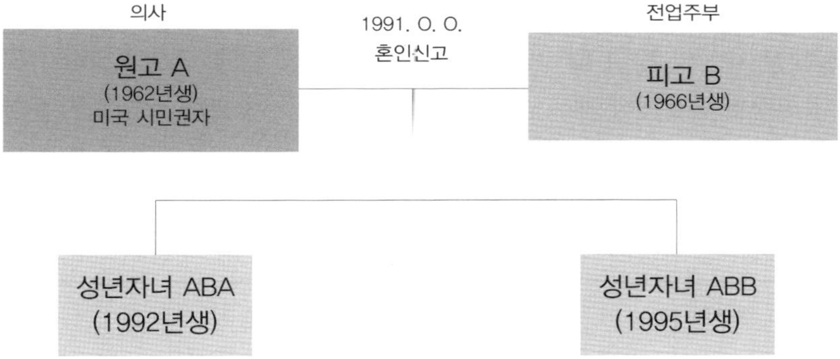

라. 혼인생활 및 갈등의 발생

1) 혼인기간 동안 원고는 의사로 일했고, 피고는 가사를 돌보며 자녀 양육을 전담했다.

2) 원고와 피고는 1991. 4. 5.경 피고의 부모가 전세보증금을 지원하여 마련한 서울 소재 ○○아파트에서 신혼생활을 시작하였다. 이후 원고 명의로 1995년 서울 소재 ●●아파트 3동 801호를 매수하여 이에 관한 소유권이전등기를 마쳤다. 당시 피고의 부모는 같은 ●●아파트 10동 701호를 소유하면서 그곳에서 거주하고 있었다.

3) 원고는 1998년경부터 2003년경까지 용인시 소재 ▼▼의원을 운영하다가, 카이로프랙틱을 배우기 위해 2004. 1. 8. 피고와 함께 미국으로 떠났고, 미국 ◎◎대학교를 졸업하고 카이로프랙틱 면허를 취득한 뒤 2009. 8. 3.경부터 미국 로스엔젤레스에서 'A 척추신경 병원'이라는 상호로 병원(이하 '미국 병원')을 운영하였다. 그 후 원고는 2018. 6. 7. 원고의 지인인 CC에게 미국 병원을 양도하였고, 2019. 6.경 가족들과 함께 한국으로 귀국하였다.

4) 귀국 이후 원고가 서울 소재 병원(이하 '한국 병원') 개업을 준비하는 과정에서 원·피고 사이에 잦은 다툼이 발생하였고, 원고의 누나(AB)를 한국 병원 직원으로 채용하는 문제로 심하게 다툰 다음 원고가 집을 나간 2020. 2. 7.경부터 현재까지 별거중이다.

2. 제1심의 심리·판단

가. 이혼 및 위자료 청구에 관하여

1) 본소와 반소 각 이혼청구: 각 인용(민법 제840조 제6호)

2) 반소 위자료 청구: 기각(이하 이혼 및 위자료에 대해서는 검토 생략)

나. 재산분할 청구에 관하여

1) 분할대상 재산의 범위 및 가액(원·피고의 순재산 합계: 3,035,569,018원)

제1심이 인정한 분할대상 재산의 구체적인 내용 및 이에 관한 쌍방 당사자의 주장에 대한 판단 등은 아래와 같은 제1심판결 별지 분할대상 재산명세표 기재와 같다.

제1심판결 별지 분할대상 재산명세표

<table>
<tr><th colspan="2">소유자 등</th><th>순번</th><th>재산의 표시</th><th>재산의 가액
(단위: 원)</th><th>증거</th><th>비고</th></tr>
<tr><td rowspan="5">원고</td><td rowspan="5">적극재산</td><td>1</td><td>서울 소재 ◆◆의원
임차보증금</td><td>100,000,000</td><td>일치진술</td><td></td></tr>
<tr><td>2</td><td>서산시 토지 1의 1/2 지분</td><td rowspan="2">411,579,000</td><td rowspan="2">일치진술</td><td rowspan="2"></td></tr>
<tr><td>3</td><td>서산시 토지 2 1/2 지분</td></tr>
<tr><td>4</td><td>포천시 토지
1의 2204/11017 지분</td><td>151,491,000</td><td rowspan="2">일치진술</td><td rowspan="2"></td></tr>
<tr><td>5</td><td>포천시 토지
2의 2204/11017 지분</td><td>273,015,000</td></tr>
</table>

	6	원고가 운영하는 병원의 유·무형 재산 가치	243,770,000	일치진술	
	7	US Bank (계좌번호)	14,531,256	갑 제52호증	2020. 2. 7. 기준 잔액 $12,175.33×2020. 2. 7.자 원·달러 환율 1,193.5원 (원 미만 버림)
	8	미국 병원 권리금	불인정		원고가 미국 병원 권리금으로 2억 원을 받았다는 사실은 자인하면서도, 그 중 1억 원은 한국 병원 개업비용으로 사용하였고, 나머지 1억 원은 피고가 보유하고 있다고 주장하고 있으므로, 권리금에 관한 증거가 원고의 진술밖에 없는 상황에서 피고 주장 액수의 권리금을 원고가 보유하고 있다는 사실을 인정하기 어려움
	9	ZZ은행에 대한 예금채권	33,555,330	21. 1. 27.자 ZZ은행 금융거래 정보 회신	원고는 한국 개원비용으로 소비하였으므로 위 6항과 중복으로 산정된 것이라는 취지로 주장하나, 이를 인정할 증거 없음
	10	XX은행에 대한 예금채권	44,373,850	21. 2. 8.자 XX은행 금융거래 정보 회신	
	11	Hanmi Bank에 대한 예금채권	불인정		갑 제54호증의 기재만으로는 재산분할기준시점 당시 피고 주장의 예금채권이 있었다는 사실을 인정하기 부족
	소계		1,272,315,436		
소극재산	1	US Bank (계좌번호)	24,690,065	갑 제29호증	2020. 2. 7. 기준 잔액 $20,687.11 × 2020. 2. 7.자 원·달러 환율 1,193.5원 (원 미만 버림)
	2	Wells Fargo Bank	15,649,207	갑 제30호증	2020. 7.경 기준 잔액 $13,112.03(원고 제출 증

						거에 비추어 2020. 2. 7. 기준 잔액은 위 금액보다 많았을 것으로 보이므로 원고가 자인하는 금액으로 인정함) × 2020. 2. 7.자 원·달러 환율 1,193.5원 (원 미만 버림)
		3	Chase Bank (계좌번호)	21,007,569	갑 제31－9 호증	2020. 2. 7. 기준 잔액 $17,601.65×2020. 2. 7.자 원·달러 환율 1,193.5원 (원 미만 버림)
		4	Citi Bank	12,083,137	갑 제32－1 호증	2020. 2. 7. 기준 잔액 $10,124.12×2020. 2. 7.자 원·달러 환율 1,193.5원 (원 미만 버림)
		소계		73,429,978		
	원고의 순재산			1,198,885,458		
피고	적극재산	1	서울 ★★아파트 임차보증금	100,000,000	일치진술	
		2	서산시 토지 1의 1/2 지분	411,579,000	일치진술	
		3	서산시 토지 2의 1/2 지분			
		4	PP에 대한 채권 (계좌번호)	389,000,000	일치진술	
		5	YY은행에 대한 예금채권 (계좌번호)	60,000,000	일치진술	
		6	현금 (미국 병원 권리금 일부)	불인정		갑 제6호증의 기재만으로는 피고가 미국 병원 권리금 중 일부인 1억 원을 보유하고 있다는 사실을 인정하기 부족하고 달리 이를 인정할 증거 없음
		7	LL물산 주식 평가금	876,104,560	22. 7. 15.자 감정 평가서	피고는 위 주식의 가치상승에 원·피고의 기여가 거의 없고 피고의 LL물산은 가족회사이므로 피고의 특유재산이라는 취지로 주장하나, 혼인기간 동안 유상증자납입 등을 통해 피고가 보유하는 주식의 수가 늘었고, 혼인기간 동안 원고가 소득을 벌어들임으로써 위 주식의 유지에 기여하였다고 보이므로 위 주장은 받아들이

						지 아니함
		소계		1,836,683,560		
	소극재산	1				
		소계		0		
	피고의 순재산			1,836,683,560		
원·피고의 순재산 합계				3,035,569,018		

다. 재산분할의 비율과 방법

1) 재산분할의 비율: 원고 40%, 피고 60%

[판단근거] 분할대상 재산의 취득 경위, 재산 형성 및 유지에 대한 원고와 피고의 기여 정도, 혼인기간 동안 원고는 의사로 일하면서 소득을 올렸고, 피고는 가사를 돌보며 자녀양육을 전담한 점, 신혼 전세아파트(○○아파트)의 보증금을 피고 부모가 지원해주었고, 피고 부모가 마련해준 돈으로 1995. 4. 12. ●●아파트를 매수한 것으로 보이는 데다 이후 시가가 상승한 ●●아파트 매도대금이 원·피고의 미국 생활에 여러모로 큰 도움을 준 것으로 보이는 점, 원고의 최초 병원(▼▼의원) 개원 시 피고 부모가 1억 원 상당을 지원한 것으로 보이는 점, 혼인 이후 원고의 레지던트 기간과 미국 의대 다닌 기간 등을 고려하면 원고가 제대로 된 소득을 올린 기간은 그리 길지 않은 것으로 보이는 점, 피고의 아버지가 대표로 있는 LL 물산의 피고 보유 주식 평가금을 재산분할대상으로 삼은 점, 원고는 향후 병원 운영으로 상당한 소득을 올릴 것으로 보이는 점, 원고와 피고의 나이, 직업, 소득, 경제력 등 여러 사정을 참작

← 원·피고의 쌍방 항소.

3. 재산분할에 관한 항소심의 심리·판단

가. 쌍방의 주장 요지

1) 분할대상 재산의 범위에 관하여

가) 원고의 주장요지

(1) 원고의 국내 ZZ 은행에 대한 예금채권(33,555,330원)과 XX 은행에 대한 예금채권(44,373,850원)의 경우, 그 예금 상당액 전부가 원고가 운영하는 한국 병원의 유·무형 재산 가치(243,770,000원; 제1심 감정인의 감정평가액)에 포함되어야 하는 성격이므로, 중복 산정을 피하기 위해서는 각 예금채권 전액을 분할대상 재산에서 제외하여야 한다.

(2) 피고가 CC로부터 미국 병원의 권리금으로 받은 2억 원 중 1억 원은 한국 병원을 개

업하기 위한 비용으로 사용하였고, 나머지 현금의 경우 원·피고가 각각 5천만 원씩 보관하고 있었는데, 나중에 원고의 보관금 5천만 원을 피고가 강제로 빼앗아갔다. 이와 같은 경위로 피고는 현금 1억 원을 소지하고 있음에도 불구하고 이를 은닉하고 있으므로, 이를 피고가 보유하는 것으로 추정하여 분할대상 재산에 포함시켜야 한다.

(3) 원고는 30여 년의 혼인기간 동안 가족들의 생활비를 전적으로 책임졌고, 피고는 경제활동을 전혀 하지 않았으며, 피고의 부모가 생활비 등을 지원하지는 않았다. 따라서 피고의 아버지나 작은아버지 등이 혼인기간 중에 피고에게 증여한 LL물산 주식 등의 형성·유지·관리에 관한 원고의 기여가 당연히 인정되어야 하고, LL물산 주식이 피고 단독 명의라는 사정만으로 이를 분할대상 재산에서 제외할 수 없으므로, 그 평가금(876,104,560원)을 분할대상 재산에 포함시킨 제1심의 판단은 정당하다.

나) 피고의 주장요지

(1) 원고는 미국에 있던 자산을 매각한 자금 등의 사용처를 구체적으로 밝히지 않고, 미국 은행의 자료 등을 법원에 제대로 제출하지 않으면서, 원고에게 유리한 자료만을 선별적으로 제출하고 있다. 따라서 원고가 일방적으로 미국에서 구입하였다고 주장하고 있는 의료장비 등에 관련된 미국 은행에 대한 대출채무(원화 기준 합계 73,429,978원)를 분할대상 재산에 포함시킨 제1심판단은 부당하고, 이는 분할대상 재산에서 제외되어야 한다. 또한 제1심 감정인의 수차례 협조요청에도 불구하고 한국 병원에 관한 자료를 제출하지 않는 등의 방법으로 감정 업무를 방해하였으므로, 원고의 ZZ 은행과 XX 은행에 대한 예금채권 중 한국 병원의 운영과 관련된 것으로 증명되지 않는 부분은 원고의 적극재산에 포함되어야 한다,

(2) LL물산은 피고의 아버지(BA)가 1973년 설립하여 경영하다가 현재는 피고의 남동생(BC)이 경영하고 있고, 피고의 여동생(BB)이 오랫동안 직원으로 근무하는 등 피고의 다른 가족들과 임직원들의 기여로 성장해 온 '가족 회사'인데, 피고는 원고와 혼인한 이후 전업주부로 있었고, 최근 15년간 미국에서 생활하였으므로, 다른 가족들과 달리 LL물산의 가치 상승에 간접적으로도 기여한 바가 없으며, 원고도 당연히 LL물산에 기여한 바가 전혀 없다. 따라서 피고의 아버지가 자녀들에게 LL물산 주식을 증여하는 과정에서, 자녀 중 한 명인 피고에게 증여한 LL물산 주식의 경우, 원고의 기여가 거의 없는 피고의 특유재산이므로, 이는 분할대상 재산에서 제외되어야 한다. 제1심은 LL물산에 대한 유상증자납입 등을 통하여 피고의 주식의 수가 늘었고, 혼인 기간 중에 원고가 소득을 벌어들임으로써 피고 소유의 위 주식의 유지에 기여하였다는 이유로 이를 분할대상 재산에 포함시켰으나, 이러한 제1심의 판단은 부당하다.

⑶ 원고는 CC로부터 미국 병원의 권리금으로 받은 2억 1,400만원 중 1억 원을 한국 소재 원고의 모친(AA)와 누이(AB) 명의의 은행계좌로 각각 5,000만원씩을 송금받았고, 나머지 1억 1,400만 원은 원고 측에서 현금으로 받았으며, 그 중 현금 5천만 원을 피고가 강제로 빼앗아갔다는 원고의 주장은 근거가 없다. 따라서 미국 병원의 권리금 중 구체적인 사용처가 밝혀지지 않은 부분은 부부공동생활에 사용되었다고 볼 수 없으므로, 이 부분은 원고가 보유하는 것으로 추정하여 분할대상 재산에 포함되어야 함에도 불구하고, 이를 분할대상 재산에서 제외한 제1심의 판단은 부당하다.

2) 분할비율에 관하여

가) 원고의 주장요지

제1심이 인정한 원고의 재산분할의 비율(40%)은 너무 낮다.

⑴ 혼인 초기에 원·피고 거주지인 ○○아파트의 전세보증금을 피고의 부모가 지원해 준 것은 맞지만, 1995년 원고 명의로 구입한 ●●아파트는 위 전세보증금과 원고의 수입(객관적으로 드러나지 않은 '촌지' 수입 등 포함)을 합하여 매수한 것이다. 그리고 용인시 소재 ▼▼의원에 관한 개업비용에 관하여 피고의 부모는 전혀 경제적 지원을 하지 않았다.

⑵ 원고는 30여 년의 혼인기간 동안 가족들의 생활비를 전적으로 책임졌고, 피고는 경제활동을 전혀 하지 않았으며(이른바, '외벌이'), 피고의 부모가 생활비 등에 관한 경제적 지원은 하지 않았다는 점 등을 고려하면, 원고의 분할비율을 70%로 보아야 한다.

나) 피고의 주장요지

제1심이 인정한 피고의 재산분할의 비율(60%)은 너무 낮다.

⑴ 원·피고의 1991. 4. 2. 혼인 당시의 사회풍토상, 경제적으로 형편이 어려운 의사(원고)와 혼인하는 피고의 집안에서 큰 부담을 느끼고 많은 금전적·물질적 지원을 하였다(이른바 집, 자동차, 병원 등 '열쇠 3개'). 예컨대, 피고의 부모는 혼인 초기에 원·피고 거주지인 ○○아파트의 전세보증금을 지원하였고, ◈◈◈◈ 자동차를 구입하여 주였으며, 원고의 레지던트 급여로는 1992년 출생한 자녀(ABA)를 양육하기 어려웠기 때문에 부족한 생활비를 피고에게 계속 지원하였고, 1995년 사위인 원고의 자존심을 고려하여 ●●아파트를 원고 명의로 매수해 주었고(대금 1억 8,100만 원), 그 후 원고의 용인시 소재 ▼▼의원의 개업비용 중 1억 원을 지원하였다. 그 후 원고가 2004년부터 미국에서 학업(3년) 및 취업 준비를 하는 동안에도 제대로 된 소득을 올리지 못하였는데, 과거 운영했던 ▼▼의원에 관한 수입금 잔존액 및 처분대금만으로는 위 기간 동안 생활비를 충당하기 어려웠기 때문에, 부득이 ●●아파트를 매각한 대금(9억 3,000만 원) 중 전세금 반환, 제세공과금을 제외한 나머지 돈을 송금받아 생활

비에 충당하고 나머지 돈으로 미국 주택의 매수자금과 미국 병원의 개원 비용 등으로 사용하였다.

(2) 원고는 미국 병원을 매각한 자금 등의 사용처를 구체적으로 밝히지 않고 있고, 미국 은행의 자료나 미국 병원의 권리금에 관한 자료 등을 법원에 제대로 제출하지 않으면서, 원고에게 유리한 자료만을 선별적으로 제출하고 있다. 또한 제1심 감정인의 수차례 협조요청에도 불구하고 한국 병원에 관한 자료를 제출하지 않는 등의 방법으로 감정 업무를 방해하였다. 위와 같은 사정을 종합적으로 고려하면, 피고의 분할비율을 70%로 보아야 한다.

나. 항소심 재판부 판단

1) 분할대상 재산의 범위 및 가액(원·피고의 순재산 합계: 3,255,293,735원)

항소심에서는 추가 증거조사 등을 토대로, 쌍방 주장 중 일부를 수용하였는데, 그 구체적인 내용은 항소심 판결이유 및 아래와 같은 항소심판결 별지 분할대상 재산명세표 기재와 같다.

항소심판결 별지 분할대상 재산명세표

소유자 등		순번	재산의 표시	재산의 가액(단위: 원)	증거	비고
원고	적극재산	1	서울 ◆◆의원 임차보증금	100,000,000	일치진술	갑 7
		2	서산시 토지 1의 1/2 지분	411,579,000	일치진술	2022. 4. 27. 감정평가서 제2쪽 (22. 4. 26. 기준 감정평가액)
		3	서산시 토지 2의 1/2 지분			
		4	포천시 토지 1의 2204/11017 지분	151,491,000	일치진술	○ 원고와 피고는 이 부분 각 토지 지분의 가액에 관하여는 일치하여 진술하고 있음(2022. 1. 10. 감정평가서 제3쪽, 2022. 1. 7. 기준 감정평가금액). ○ 피고는 원고가 소유한 이 부분 각 토지 지분에 관하여, 위 각 토지 지분은 피고의 부친이 매수하여 원고 명의로 소유권이전등기를 마친 것이므로 피고의 특유재산에 해당한다고 주장함(피고의 2023. 4. 10.자 항소이유서 제15, 16쪽).
		5	포천시 토지 2의 2204/11017 지분	273,015,000		

				살피건대, 갑 23, 을 23의 각 기재에 의하면. 원고가 1998. 6. 17. '1998. 6. 12.자 매매'를 원인으로 위 각 토지 지분에 관한 소유권이전등기를 마친 사실이 인정됨. 그런데 부동산에 관하여 그 소유자로 등기되어 있는 자는 적법한 절차와 원인에 의하여 소유권을 취득한 것으로 추정되므로 그 등기가 명의신탁에 기한 것이라는 사실은 이를 주장하는 자에게 증명책임이 있는바(대법원 2014. 9. 4. 선고 2013다57122 판결 등 참조), 피고가 주장하는 사정들, 즉 ① 이 부분 각 토지 지분의 매도인 내지 다른 지분권자들이 피고 아버지의 고향친구라는 점, ② 원고가 포천시에 별다른 연고가 없는 점 등의 사정들만으로는 해당 위 각 토지 지분에 관한 소유권이전등기의 추정력을 뒤집고 해당 각 부동산의 실제 소유자가 피고 부친이고, 그 등기명의만을 원고 앞으로 명의신탁하였다고 인정하기 부족하며, 달리 이를 인정할 증거가 없음. 따라서 피고의 위 주장은 받아들일 수 없음.
6	원고가 운영하는 병원의 유·무형 재산 가치	243,770,000	일치진술	2021. 9. 15. 감정평가서 제19쪽 (2021. 6. 22. 기준 감정평가금액)
7	US Bank (계좌번호)	14,531,256	갑 52	2020. 2. 7. 기준 잔액 $12,175.33×2020. 2. 7.자 원·달러 환율 1,193.5원(원 미만 버림)
8	미국 병원 권리금	153,280,000		판결서 본문의 기재와 같다.

		9	ZZ은행에 대한 예금채권 (계좌번호)	27,815,330	2021. 1. 27. ZZ은행 금융거래정보회신 제18쪽	판결서 본문의 기재와 같다.
		10	XX은행에 대한 예금채권 (계좌번호)	43,314,980	2021. 2. 8. XX은행 금융거래정보회신 제4쪽	
		11	Hanmi Bank에 대한 예금채권	불인정		갑 54의 기재만으로는 재산분할기준시점 당시 피고 주장의 예금채권이 있었다는 점을 인정하기 부족하고, 달리 이를 인정할 증거가 없음.
		소계		1,418,796,566		
	소극재산	1	US Bank (계좌번호)	불인정	갑 29	판결서 본문의 기재와 같다.
		2	Wells Fargo Bank	불인정	갑 30	
		3	Chase Bank (계좌번호)	불인정	갑 31-9	
		4	Citi Bank	불인정	갑 32-1	
		소계		0		
	원고의 순재산			1,418,796,566		
피고	적극재산	1	서울 소재 ★★아파트 임차보증금	100,000,000	일치진술	
		2	서산시 토지 1의 1/2 지분	411,579,000	일치진술	
		3	서산시 토지 2의 1/2 지분			
		4	PP에 대한 채권 (계좌번호)	388,316,141	을 45	2020. 2. 7.을 기준으로 한 자산총액
		5	YY은행에 대한 예금채권 (계좌번호)	60,497,498	2020. 11. 27. YY은행 금융거래정보회신 제7쪽 2021. 5. 4. YY은행 금융거래정보회신 제6쪽	2020. 2. 7. 기준 예금액
		6	현금(미국 병원 권리금 일부)	불인정		판결서 본문의 기재와 같다.

		7	LL물산 주식 평가금	876 104,560	2022. 7. 15. 감정평가서	판결서 본문의 기재와 같다.
		소계		1,836.497,199		
	소극 재산	1				
		소계		0		
	피고의 순재산			1,836,497,199		
원·피고의 순재산 합계				3,255,293,765		

2) 분할비율에 관하여(원고 30%, 피고 70%)

[판단근거] : ① 원고는 혼인기간 중 대부분(미국 ◎◎대학교에서 공부를 하던 3년 및 미국 병원을 양도한 2018. 6. 7.부터 한국에 귀국한 2019. 6.경까지 약 1년의 기간은 제외)을 의사로 일하면서 경제활동을 하였고, 피고는 혼인기간 중 주로 가사와 양육을 담당한 것으로 보이는 점,

② 혼인 당시 피고의 부모가 서울 소재 ○○아파트에 관한 전세보증금을 대신 지급하여 주는 방식으로 신혼집을 마련해 주었고, 1994. 4. 25. 서울 소재 ●●아파트로 이사할 때 위 전세보증금이 사용된 점,[1)]

③ 혼인 당시 원고 집안은 경제적인 상황이 좋지 않았던 것으로 보이는 반면, 피고 집안이 운영하던 LL물산은 1994년 순이익이 약 1억 6,500만 원, 원고가 한국에서 병원을 개업한 1998년경 순이익이 약 2억 7,800만 원에 이른 점에 비추어볼 때, 원고 집안에 비하여 피고 집안의 경제적인 상황이 훨씬 좋았던 것으로 판단되는 점,[2)]

④ 원고는 1995. 4. 20. 서울 소재 ●●아파트를 매수하였는데, 그 당시 원고의 수입, 원·피고의 자녀들의 나이와 원·피고 가족들의 생활비 및 자녀들에 대한 양육비의 정도, 원·피고 집안의 경제적인 상황, 피고 부모가 같은 ●●아파트 다른 동에 거주하고 있었던 점 등을 고려하면, 위 ●●아파트의 경우 피고 부모의 지원으로 마련되었다고 봄이 타당한 점,[3)]

1) 원고는 제1심에서는 '혼인 당시 피고 부모의 지원을 받지 않았다'고 주장하다가, 당심에 이르러 종전 주장을 번복하여 피고 부모가 전세보증금을 지원해준 사실을 자인하였다.

2) 원고는 혼인 초기인 1992년경 원고의 누나가 원고의 모친 집을 담보로 3,000만 원을 대출받았다가 상환하지 못하여 그 집이 경매에 넘어갈 위기에 처하게 되자, 원고의 모친이 피고에게 돈을 빌려줄 수 있냐고 부탁을 한 사실을 인정하고 있는데, 집안의 경제적 사정에 관하여 피고는 "원고는 MM대학교 의과대학에 합격하였으나 장학금을 받을 수 없게 되자, 등록금 부담으로 장학금을 받을 수 있는 NN대학교 의과대학에 진학하게 되었다."고 주장하고 있다.

3) 갑 제40호증의 기재에 의하면 원고의 1994년 소득금액은 21,885,940원, 1995년 소득금액은 26,802,180원에 불과하고, 이마저도 생활비 및 양육비 등을 공제하지 않은 금액으로서 원고의 소득만으로는 위 ●●아파트를 매수하기는 어려웠을 것으로 판단된다. 원고는 당심에서, 혼인 후 레지던트로 근무하면서 수술 이후 이른바 '촌지'를 받았고 그 액수가 상당한 규모에 이르렀기 때문에 원고의 소득만으로 위 ●●아파트를 매수할 수 있었다는 취지로 주장하고 있으나, 원고는 위 주장을 제1심에서는 전혀 제기하지 않았다가 당심에 이르러 새롭게 제기한 것이라는 점 등에 비추어 보면 이를 쉽게 믿기

⑤ 원고는 1998년부터 2003년경까지 '▼▼의원'을 운영하면서 상당한 소득을 올린 것으로 보이기는 하나, 원·피고가 2004. 1.경 미국으로 떠난 후 불과 9개월이 경과한 2004. 10. 11.부터 피고의 여동생인 BB를 통하여 원고 명의 미국 계좌로 돈을 송금받은 점 등 이 사건 제반 사정에 비추어 보면, 원고가 1998년경부터 2003년경까지 병원을 운영하면서 얻은 수익은 미국 유학 초기에 상당 부분 소진된 것으로 보이는 점,

⑥ 미국 생활기간 중 원고가 미국 병원을 개업한 2009. 8.경 이전까지는, 원고가 대학을 다니고 카이로프랙틱을 공부하였기 때문에 별다른 소득이 없었고, 그 당시의 생활비 및 양육비는 피고가 한국에서 송금받은 돈 등으로 충당한 것으로 보이며, 피고 부모의 지원으로 마련된 위 ●●아파트를 매각한 돈으로 미국에서 살 주택을 구입하기도 한 점,

⑦ 원고는 미국 병원을 CC에게 양도할 당시 물적설비 등의 양도와 관련하여서는 계약서를 따로 작성하지 않았고, 이 사건 권리금 계약서만 작성하였다고 주장하면서도, 원고가 CC에게 양도하였음을 자인하고 있는 척추감압기계 등에 대한 구체적인 양도가액과 사용처를 전혀 밝히고 있지 않은 점,[4)]

⑧ 원고는 2009. 8.경 미국 병원을 개업하여 2018. 6.경까지 병원을 운영한 후 2019. 6.경 한국에 귀국하는 등 혼인기간 중 약 절반에 해당하는 기간을 미국에서 생활하였음에도, 제1심부터 이 법원에 이르기까지 원고 명의의 미국 은행 계좌 거래내역을 제대로 제출하지 않은 점,[5)]

어려울 뿐만 아니라, 위 '촌지'가 금융계좌에 입금된 내역, 이를 재원으로 하여 위 ●●아파트의 매수자금이 마련된 내역 등을 뒷받침할 수 있는 자료를 발견할 수 없으므로, 원고의 소득만으로 위 ●●아파트를 매수할 수 있었다는 원고의 주장 부분을 쉽게 받아들이기는 어렵다.

4) 척추감압기계는 약 20,000달러가 넘는 고가의 의료기기인데, 원고는 "미국에서 개업초기에 척추감압기계 중고기기를 20,000달러에 사서 오랫동안 사용하였고, 효과도 다른 것과 크게 낫지 않아 한국까지 기기를 옮겨 올 실익이 없어서 후배에게 양도한 것입니다."라고 주장하면서도, 그 양도가액 및 사용처 등에 관한 구체적인 내역은 밝히지 않았다.

5) 미국 은행 거래내역에 대하여, 원고가 제1심에 제출한 참고서면에는 "**해당 자료는 십수년 간에 걸친 거래내역이므로 원고가 국내에서 온라인으로 조회할 수 있는 자료가 아니라 실제로 미국으로 가서 발급받아야 하는 자료여서 자료 제공을 위해 미국으로 가야하는 것도 어불성설입니다.**"라고 기재되어 있는데, 당심 재판장이 2023. 7. 7.자 석명준비명령을 통하여 위와 같은 원고의 주장의 문제점 등을 지적하자, 당심에 이르러서는 '**US BANK에 대하여는 최대 7년치, HANMI BANK에 대하여는 최대 2년치의 기록만 온라인으로 조회할 수 있어 그 전의 기록은 모두 폐기되어 찾을 길이 없었다.**'라고 주장하는 등 종전의 주장을 변경하였다. 이처럼 미국 은행 거래내역을 제출하지 못하는 이유에 대한 원고의 주장이 계속 변경되었을 뿐만 아니라, 원고의 당심 주장을 토대로 하는 경우, 이 사건 본소제기일인 2020. 9. 8.경에는 파탄 시점인 2020. 2. 7. 및 그 이전의 기간(예컨대, US BANK 계좌에 대하여는 소급하여 약 7년간, HANMI BANK 계좌에 대하여는 소급하여 약 2년간)에 대한 원고 명의의 미국 은행 계좌 거래내역을 온라인으로 조회할 수 있었음에도 불구하고 원고가 해당 자료를 법원에 제출하지 않았다는 것이 된다. 이러한 사정들에다가 원고가 CC에게 미국 병원에 대한 물적설비를 양도하고 취득한 양도대금의 구체적

⑨ 피고는 LL물산 주식 중 상당 부분을 피고의 부친 및 작은아버지의 증여로 취득하게 된 점,

⑩ 그 밖에 혼인생활의 과정과 기간, 분할대상 재산의 형성 경위, 혼인기간 중 원·피고의 경제활동 등 기여 정도, 원고와 피고의 나이, 직업, 소득, 경제력 등을 참작하여 재산분할 비율을 위와 같이 정한다.

3) 결론

분할대상 재산의 범위에 관한 원·피고의 주장을 일부 수용하고, 분할비율에 관한 피고의 주장을 그대로 받아들이면서, 결론적으로 재산분할에 관한 피고 항소를 전부 인용하였다.

4. 검토

가. 이 사건 쟁점 논의를 위한 가정적 사례 1. 2.

1) 가정적 사례 1.

가) 사안의 정리

甲1(남)과 乙1(여)은 1991년 혼인신고한 '닺벌이' 부부로서, 1995년 甲1 단독 명의로 부부 및 자녀들이 함께 거주할 아파트를 구입하고 대출을 받은 다음,[6] 甲1 소득의 대부분은 위 대출원리금 상환에 사용하고(이로 인하여 해당 아파트 이외의 甲1 명의의 적극재산은 거의 없는 상태라고 가정한다), 乙1 소득의 대부분을 부부 각자의 용돈, 자녀들의 양육비, 아파트 관리비, 각종 제세공과금 등을 비롯한 생활비로 사용하다가(이로 인하여 乙1 명의의 적극재산은 거의 없는 상태라고 가정한다), 甲1이 2020년 乙1를 상대로 이혼 및 재산분할청구의 소를 제기한 사례를 상정한다.

나) 민법상 부부별산제와 실질적 부부공동재산의 형성·유지·관리의 현실과의 차이점 등

우리 민법이 부부별산제를 채택하고 있음에도 불구하고, 부부가 실질적으로 (대외적인 권리 명의와 관계없이) 공동의 부부재산을 형성·유지·관리하는 상황이 일반적으로 발생하고 있고, 이러한 상황이 법적으로 용인되고 있다.

이러한 법적 상황의 경우, 실무적으로 상속재산분할이나 유류분반환청구사건뿐만 아니라,[7] 이혼에 따른 재산분할청구사건에도 영향을 미치게 된다. 가정적 사례 1.에서 부부인 甲

인 내역 등을 전혀 밝히고 있지 아니한 점까지 아울러 고려하면, 갑 제52, 54호증에 기재된 금융자산과는 별도의 원고 금융자산이 미국 은행 등 다른 곳에 은닉되어 있을 개연성이 크다.

6) 예컨대, 甲1 단독 명의로 주택담보대출을 받는 경우 상대적으로 저리(低利)로 대출을 받을 수 있는 사안에서 위와 같은 상황이 자주 발생한다.

1과 乙1이 1995년 해당 아파트에 관하여 (등기 및 대출명의를 공동 명의로 하지 않고) 甲1 단독 명의로 등기 및 대출을 하였다는 사정만으로 해당 아파트를 甲의 실질적 특유재산으로 보고 이를 재산분할대상에서 배제할 수는 없기 때문이다.[8)9)]

다) 가정적 사례 1.에 대한 실무 등

실무상 가정적 사례 1.과 같은 유형의 사건에서 해당 아파트를 재산분할대상에서 제외한 판결을 발견하기는 어렵다(형식상 단독명의자인 甲1이 위와 같은 취지의 주장을 하는 사례조차 찾기 어렵다). 따라서 실무적으로 甲1과 乙1이 1991년 혼인신고할 당시 보유하고 있던 각자의 재산상태, 1991년부터 2020년까지 이루어진 甲1과 乙1의 소득내역 및 재산형성 경위 등을 살펴본 다음, 해당 아파트가 실질적인 부부공동재산임을 전제로 하여 그 형성·유지·관리에 대한 쌍방의 기여가 어느 정도인지를 구체적으로 검토해야 한다(통상적으로 ① 甲1의 총소득액과 ② 乙1의 총소득액을 비교·검토하는 것을 중심으로 법원의 심리가 이루어질 것이다).[10)]

---

7) 이에 관하여는 서울고등법원 2023. 8. 28.자 2023브2132, 2133 결정 및 이에 대한 해설(Ⅱ. [6] 2.장기간에 걸친 계좌이체에 관한 특별수익 및 기여분 산정과 상증세법 관련 법리 검토) 참조,

8) 이에 관하여 사법정책연구원, 「재산분할의 기준 정립을 위한 방안 연구」, (2016), 23에는 "결국 현재의 법 규정하에서 부부별산제와 재산분할청구권을 조화롭게 해석하자면, 부부의 재산은 '(본래적 의미의) 특유재산'과 '(본래적 의미의) 공유재산' 외에 '형식적으로는 특유재산인 것처럼 보이지만 부부 사이에서는 실질적인 공유재산'이라는세 번째 영역을 설정할 수 있게 되고, '당사자 쌍방의 협력으로 이룩한 재산'이란 '(본래적 의미의) 공유재산'과 '형식적으로는 특유재산인 것처럼 보이지만 부부 사이에서는 실질적인 공유재산'을 더한 개념이며 이것이 곧 '분할대상 재산'이라는 해석이 가능하다. 물론 각각의 범위, 특히 세 번째 재산의 영역(부부 사이에서의 실질적 공유재산)을 명확하게 구분 짓는 것은 단순한 작업이 아니다. 그러나 현재 우리나라의 실무와 학설은 일치하여, 부부 일방의 특유재산이라 하더라도 다른 일방이 그 특유재산의 유지에 협력하여 감소를 방지하였거나 그 증식에 협력하였다고 인정되면 재산분할의 대상으로 삼아, 특유재산과 공유재산의 구분을 유동적으로 구성하고 이로써 부부별산제하에서의 재산분할제도를 실질적으로 운영하고 있다."라고 기재되어 있다.

9) 한편, 부부별산제의 채택에도 불구하고, 상속세 및 증여세법의 적용과 관련하여 부부가 실질적인 부부공동재산을 함께 형성·유지·관리하는 법적 상황이 용인되고 있는데, 이에 관하여는 '남편이 2006. 3. 9.부터 2008. 10. 31.까지 총 35회에 걸쳐 자신의 급여 합계 1,338,511,690원을 자기앞수표 입금이나 계좌이체의 방법으로 아내 계좌에 입금한 사안'에 대하여 과세관청이 증여세 부과처분을 하였고, 아내의 과세처분 취소청구를 기각한 제1심판결이 항소심판결까지 유지된 사안에서, 대법원 2015. 9. 10. 선고 2015두41937 판결이 "부부 사이에서 일방 배우자 명의의 예금이 인출되어 타방 배우자 명의의 예금계좌로 입금되는 경우에는 증여 외에도 단순한 공동생활의 편의, 일방 배우자 자금의 위탁 관리, 가족을 위한 생활비 지급 등 여러 원인이 있을 수 있으므로, 그와 같은 예금의 인출 및 입금 사실이 밝혀졌다는 사정만으로는 경험칙에 비추어 해당 예금이 타방 배우자에게 증여되었다는 과세요건사실이 추정된다고 할 수 없다."라는 이유로 항소심판결을 파기한 사례 등 참조.

10) 甲1 단독 명의로 주택담보대출을 받는 경우 상대적으로 저리로 대출을 받을 수 있는 사안이더라도, 반드시 甲1의 소득이나 실질적인 기여도가 乙1보다 더 높다고 단정할 수는 없다. 甲1의 직업이 공무원과 같은 안정적인 직업인 반면에 乙1의 직업은 자유업인 경우, 乙1의 실질 소득이 훨씬 고액이라고 하더라도, 甲1 단독 명의로 대출을 받는 것이 금리의 측면에서 유리할 수도 있기 때문이다.

2) 가정적 사례 2.

가) 사안의 정리

甲2(남)와 乙2(여)는 1991년 혼인신고한 부부로서, 甲2는 비교적 고소득을 올리는 직업을 가지고 있고, 乙2는 전업주부인데('외벌이 부부'), 乙2의 부모가 1995년 甲2 단독 명의로 아파트를 구입해 준 이후, 甲2 소득의 대부분은 부부 각자의 용돈, 자녀들의 양육비, 아파트 관리비, 각종 제세공과금 등을 비롯한 생활비로 사용되고(이로 인하여 해당 아파트 이외의 甲2 명의의 적극재산은 거의 없는 상태라고 가정한다), 乙2는 甲2의 소득을 주된 재원으로 자녀들의 양육을 비롯한 가사에 전념하다가(이로 인하여 乙2 명의의 적극재산은 거의 없는 상태라고 가정한다), 甲2가 2020년 乙2를 상대로 이혼 및 재산분할청구의 소를 제기한 사례를 상정한다.[11)]

11) 과거에는 혼인 당시 甲2의 가정형편이 매우 어렵지만 향후 고소득이 예상되는 반면에, 乙2의 친정 경제적 사정이 여유가 있는 사안에서, 이와 유사한 사례가 적지 않게 발생하였다. 이에 관하여 사법정책연구원(2016), 216-218에는 "부부별산제 규정에서 언급하는 특유재산 중 혼인 중 함께 일군 재산을 부부 일방의 명의로 해 둔 경우, 이를 분할대상으로 삼는 데에는 별다른 이론이 없다. 논의의 쟁점은 '혼인 전 취득재산'과 '혼인 중 상속·증여재산'을 어떠한 기준으로 분할대상에 포함시킬 수 있을 것인가의 문제이다. 본래적 의미의 특유재산인 '혼인 전 취득재산'과 '혼인 중 상속·증여 재산'은 법논리적으로만 보면 분할의 대상이 되지 않는 것이 원칙이다. 그러나 보통 서민들의 살림살이를 들여다보면, 통상 재산분할의 대상 중 가장 큰 가치를 가진 재산은 '거주하는 주택'인 경우가 대부분이고 그 주택은 일방 배우자의 부모로부터 혼인 전에 결혼자금 등으로 증여받았거나 혼인 중에 상속받은 재산을 토대로 마련한 경우가 많으며, 그것이 또한 혼인공동체의 유지·발전에 터전이 되어준 사례가 대부분이다. 이런 일반적인 사례에서 이혼 시 이를 재산분할의 대상으로 삼지 않고 그 명의자인 부부 일방의 재산으로 귀속시킨다면 불합리한 결과를 초래하게 되리라는 점은 다언을 요하지 않는다. 따라서 실무는 '기여'라는 개념을 활용하여 혼인 전 취득재산과 상속·증여 재산까지 '당사자 쌍방의 협력으로 이룩한 재산'이라고 보아 분할의 대상으로 편입시켜 왔던 것이다. 특유재산의 분할대상 재산으로의 편입은 공평의 개념 하에 재산분할의 기준을 마련한 미국 이혼법 원칙에도 뚜렷하게 나타난다. 제4장에서 검토한 바와 같이 이혼법 원칙은 장기간의 혼인(Long-Term Marriage)이 해소되는 경우 특유재산을 부부의 공동재산으로 편입할 가능성에 대하여 규정하고 있다. 이 때 기준이 되는 최소한의 혼인기간은 각 주가 규정하는 바에 따르고, 일정한 혼인기간의 경과에 의하여 특유재산가치의 일부분이 백분율로 환산되어 공동자산으로 산입되는 방식을 취한다. '부부의 일방이 혼인 전에 취득한 재산'은 혼인기간만이 주요한 고려요소가 되지만, '혼인 중 상속 또는 증여받은 재산'에는 '상속 또는 증여받은 후 지속된 혼인기간'이 보다 중요한 고려요소가 된다. 왜냐하면 혼인공동체의 '기여'를 인정하기 위해서는 '혼인기간 중' 그 재산을 보유하고 있어야 하기 때문이다. 즉 '혼인기간'과 '재산보유기간'이 겹치는 기간이 중요해지는 것이다. 이는 앞서 본 이혼법 원칙에서도 확인할 수 있듯이 이미 세계적 보편성을 가지는 기준이라고 말할 수 있다. (중략) 향후 재산분할의 실무 기준을 정립할 때에는, 실무 감각뿐만 아니라 사회적 인식과 법감정 등을 고려하여 혼인 전 취득재산이나 혼인 중 상속·증여재산 등에 관하여 분할대상에 편입될 수 있는 기준으로서의 기간을 제시함이 바람직하다. 예컨대, 혼인 전 취득한 재산에 대하여는 혼인기간 10년을 기준으로 하여, 10년 이상의 혼인공동체를 유지한 경우에는 분할의 대상으로 삼는 방안이다. 혼인 중에 상속·증여받은 재산에 대하여는 혼인기간 10년 이상의 요건에 재산보유기간 10년 이상의 요건을 추가하여 위 두 가지 요건을 갖춘 경우에는 분할의 대상으로 삼는 것을 원칙으로 할 수 있다. 물론 이러한 원칙은 하나의 기준일 뿐이고, 구체적인 사례에 따라 예외적인 경우는 얼마든지 있음을 밝혀둔다."라고 기재되어 있다.

나) 일방 배우자 자신의 기여와 그 가까운 가족들의 기여에 관하여

이혼에 따른 재산분할사건의 실무상 위와 같은 乙2의 부모를 비롯한 가까운 가족들의 기여는 乙2의 기여와 유사하게 보는 것이 확립된 실무관행이다.[12)]

따라서 가정적 사례 1.과 2.는 실질적으로 유사하게 취급될 수 있고, 가정적 사례 2.에서 해당 아파트를 재산분할대상에서 제외하기는 어렵다. 즉, 실무적으로는 乙2의 부모가 1991년 甲2에게 증여한 해당 아파트 매수자금의 액수를 비롯하여 乙2 및 그 가족들의 경제적 지원의 실질적인 규모와 乙2의 역할, 1991년부터 2020년까지 이루어진 甲2의 소득내역 및 재산 형성 경위 등을 살펴본 다음, 해당 아파트가 실질적인 부부공동재산임을 전제로 하여 그 형성·유지·관리에 대한 쌍방의 기여가 어느 정도인지를 구체적으로 검토해야 한다(실무적으로 ① 甲2의 소득에 의한 기여도와 ② 乙2 및 그 가족들의 경제적 지원, 乙2의 가사노동을 비롯한 혼인생활에서의 역할에 의한 기여도 등을 비교·검토하는 것을 중심으로 법원의 심리가 이루어질 것이다).[13)]

---

12) 위와 같은 실무관행에 관하여 ① 당사자 부모의 경제적 지원에 관한 사례로는 ㉮ 원고의 부모가 결혼비용 및 신혼집의 전세보증금을 지원해 준 것을 원고 측의 기여로 인정한 서울고등법원 2023. 6. 29. 선고 2022르23541 판결(쌍방 미상고 확정), ㉯ 피고의 적극재산 중 가장 큰 비중을 차지하는 부동산 1/2 지분은 피고가 피고 어머니로부터 증여받은 재산을 기초로 하여 취득한 재산이라는 점을 피고 측 기여로 인정한 서울고등법원 2023. 10. 19. 선고 2023르21726, 2023르21733 판결(쌍방 미상고 확정), ㉰ 원고의 적극재산 중 상당 부분은 원고 부친의 증여 및 상속, 원고 모친의 금전적 지원 등으로 마련되었다는 점을 원고 측 기여로 인정한 서울고등법원 2023. 11. 16. 선고 2023르21900 판결(쌍방 미상고 확정), ② 당사자의 가까운 가족들의 경제적 지원에 관한 사례로는 ㉮ 원고와 피고가 2012년 부동산을 매수할 때 원고의 어머니가 금전을 지원하고, 원고의 대출금 중 상당 부분을 원고의 동생이 대신 변제해 준 점을 원고 측 기여로 인정한 서울고등법원 2023. 9. 21. 선고 2023르21443, 2023르21450 판결(쌍방 미상고 확정), ㉯ 원고의 아버지의 경제적 지원을 원고 측 기여로, 피고의 누나들의 경제적 지원을 피고 측 기여로 인정한 서울고등법원 2023. 11. 30. 선고 2023르22545, 2023르22552 판결(쌍방 미상고 확정) 등 다수의 실무사례 참조.

13) 실무상 ㉮ 일방 배우자의 부모가 자신의 자녀에게 직접 경제적 지원을 하는 경우가 더 많기는 하지만[예컨대, ㉠ 처가 자신의 부모로부터 혼인 전에 아파트 중 1/2 지분을 증여받은 사안에서, 이는 특유재산이므로 분할대상에서 제외해야 한다고 처의 주장을 배척하고, 혼인이 유지되는 동안 남편이 꾸준히 경제활동을 하였던 점에 비추어 볼 때 위 지분을 유지하는 데에 남편의 기여가 있었다고 보아 이를 재산분할의 대상에 포함시킨 서울고등법원 2023. 9. 21. 선고 2023르21665 판결(쌍방 미상고 확정), ㉡ 처가 자신의 부모로부터 상속한 재산은 특유재산이므로 분할대상에서 제외해야 한다고 주장하였지만, 그 상속시점이 2009년으로서 그 후 약 10년 정도 혼인관계가 유지된 점 등을 고려하여 이를 재산분할의 대상에 포함시킨 다음, 위 주장을 재산분할 비율 산정에 참작한 서울고등법원 2023. 7. 13. 선고 2023르21337 판결(피고 상고, 대법원 2023. 10. 18.자 2023므14184 판결로 심리불속행 상고기각), ㉢ 처가 자신의 부모로부터 상속받은 재산이 주요한 부부공동재산이 된 사안에 관한 서울고등법원 2023. 5. 18. 선고 2022르22968, 2022르22975 판결(원고 상고, 대법원 2023. 8. 18.자 2023므12652 판결로 심리불속행 상고기각), ㉣ 처가 자신의 모친으로부터 수증하거나 상속받은 재산이 부부공동재산의 형성 및 유지에 기여한 사안에 관한 서울고등법원 2023. 6. 1. 선고 2022르20542, 2022르21101 판결(쌍방 미상고 확정) 등 참조], ㉯ 일방 배우자의 가까운 가족들이 타방 배우자 측에게 경제적 지원을 하는 상황도 매우 다양한 형태로 발생한다[예컨대, ㉠ 장인이 사위 및 그 아버지(사돈)에게 각각 금전을 지급한 사례{서울고등법원 2023. 5. 4. 선고 2021나2027414 판결(원고들 상고, 대법원 2023. 7. 27.자 2023다239879 판결로 심리불속행 상고기각) 참조}, ㉡ 시아버지가 ⓐ 며느리의

다) 가정적 사례 2.의 변형사례에 대한 실무관행과 이에 관한 비판에 관하여

한편, 실무에서는 (가정적 사례 2.와 달리) 전업주부(아내) 및 그 가까운 가족들이 직접적·가시적인 경제적 지원을 하지는 않은 사안에서, 외벌이 남편의 소득에만 기초하여 혼인기간 중에 남편 단독 명의로 아파트를 매수한 경우나 남편이 그 단독 명의로 수증 또는 상속을 하여 단독 명의로 아파트의 소유권을 취득한 경우라도 위와 같은 남편의 단독 명의 재산을 항상 남편의 실질적 특유재산으로 취급하지는 않고 있다. 즉, 이러한 사안에서도 ① 남편의 소득·수증 등에 의한 기여도와 ② 아내의 가사노동을 비롯한 혼인생활에서의 역할에 의한 기여도 등을 실질적으로 비교·검토하는 것을 중심으로 법원의 심리가 이루어지는데, 남편이 단독 명의로 소유권을 취득한 이후에 상당한 기간이 경과하였고, 아내가 자녀 양육 등을 비롯하여 혼인생활에서 실질적인 역할을 하였다는 점이 인정되는 경우에는 위 아파트를 (남편의 실질적인 특유재산이 아닌) 실질적인 부부공동재산으로 파악하여 분할대상 재산에 포함시키는 것이 일반적인 실무관행이다.

그런데 이러한 실무관행에 대하여, 일방 배우자가 (당해 특유재산의 유지 또는 증식에 직접적으로 협력한 경우가 아니라) 단순가사노동만을 하거나, 경제적인 활동을 하였더라도 해당 특유재산의 유지 및 가치 감소에는 직접적으로 기여하지 않은 경우에도 이를 실질적인 부부공동재산으로 보는 것은 문제이고, 만일 그와 같이 본다면 일방 배우자가 타방 배우자의 특유재산을 유지하는 데 항상 기여한다고 볼 수 있어서, 특유재산은 예외적으로만 재산분할이 된다는 취지의 민법 제839조의2 제2항에 배치되는 결과를 야기하기 때문에, 청산적 요소를 고려하여 특유재산을 재산분할의 대상으로 포함시키는 것은 당해 특유재산의 유지 또는 증식에 직접적으로 기여한 경우로 한정되어야 하고, 특유재산을 재산분할의 대상으로 하려면 정면으로 부양적 요소를 내세워서 재산분할을 명하여야 하되, 그 기준은 혼인 중과 같은 정도의 생활수준을 삼는 것이 타당하다는 취지의 비판[14]이 제기되고 있고, 위와 같은 비판적 주장은 일본이나 미국의 실무 등에서 직·간접적으로 영향을 받았다고 할 수 있다.

위와 같은 비판적 주장의 논거 중 상당 부분은 경청할 필요가 있다. 같은 맥락에서, 법원이 재산분할청구사건을 심리하면서 타방 배우자 명의의 특유재산을 실질적인 부부공동재산에 포함시킬 것인지를 검토하는 과정에서는 우선적으로 해당 재산의 형성·유지·관리에 일방 배우자가 직접적으로 기여하였는지를 살펴보는 것이 타당할 것이다.[15]

아버지(사돈)에게 부동산을 매수할 수 있도록 경제적 지원을 하는 한편, ⓑ 며느리의 오빠에게는 시아버지가 운영하는 사업에 관한 대리점 개설의 기회를 제공하는 등의 지원을 한 사례{서울고등법원 2023. 11. 2. 선고 2023나2019387 판결(쌍방 미상고 확정) 등 참조}].

14) 이에 관하여는 윤진수, "실질적 특유재산에 대한 재산분할", 가족법연구(36－2), 한국가족법학회(2022. 7.), 4－19 등 참조.

15) 대법원 2007. 4. 26. 선고 2005므2552, 2005므2569 판결은 "민법 제839조의2에 규정된 재산분할 제도

다만, 실무에서 '전업주부의 가사노동' 등을 근거로 하여 외벌이 남편 단독 명의의 재산을 실질적인 부부공동재산에 포함시킨 사례들의 구체적 사실관계를 살펴보면, 전업주부가 해당 혼인생활과 관련하여 실질적으로 담당하는 다양한 역할을 '가사노동'이라는 용어로서 함축적으로 표현한 것으로 볼 수 있는 경우가 적지 않다는 점을 유의할 필요가 있다.

즉, 우리 헌법 제36조 제1항에 의하여 특별히 보호되고 있는 가족생활의 핵심적 요소는 개인의 존엄과 남녀의 평등을 기초로 하는 혼인제도인데, 통상적인 가족관계를 전제하는 경우, 혼인을 통하여 여성은 아내와 며느리의 역할을, 남성은 남편과 사위의 역할을 하게 되고, 그 부부가 자녀를 출산하는 경우 어머니의 역할과 아버지의 역할을 추가로 담당하게 된다.[16] 나아가 혼인기간 동안 부부 중 일방 배우자는 가족관계를 비롯한 일정한 영역에서 타방 배우자의 대체재(代替財) 내지 보완재(補完財)의 역할을 담당하는 사례가 적지 않다.[17] 위와 같은 대체재·보완재의 역할의 성격 등에 비추어 보면, 일방 배우자가 이에 관하여 일정한 역할을 실질적으로 담당하는 경우, 이로 인하여 타방 배우자의 입장에서는 자신의 기회비용(機

는 혼인 중에 취득한 실질적인 공동재산을 청산·분배하는 것을 주된 목적으로 하는 것이므로, 부부가 이혼을 할 때 쌍방의 협력으로 이룩한 재산이 있는 한, 법원으로서는 당사자의 청구에 의하여 그 재산의 형성에 기여한 정도 등 당사자 쌍방의 일체의 사정을 참작하여 분할의 액수와 방법을 정하여야 하는바, 이 경우 부부 일방의 특유재산은 원칙적으로 분할의 대상이 되지 아니하나 특유재산일지라도 다른 일방이 적극적으로 그 특유재산의 유지에 협력하여 그 감소를 방지하였거나 그 증식에 협력하였다고 인정되는 경우에는 분할의 대상이 될 수 있다(대법원 2002. 8. 28.자 2002스36 결정 등 참조)."라는 일반 법리를 설시한 다음, 원·피고가 전혼(前婚)을 통하여 각자의 딸들을 출생한 다음 그 특유재산을 보유한 상태에서 1995년 재혼하였다가 원고(전업주부)가 직장생활을 했던 피고를 상대로 2003년 이혼청구를 한 사안에서, ① ㉮ 원고가 혼인 전부터 보유하고 있던 ○○빌딩 임대료 수입으로 혼인 후에 부족한 생활비를 충당하고 피고의 딸들의 유학비용, 음대 진학비용을 보조하는 외에도 원고의 예금, 전세금 증액분, 보험환급금, ○○빌딩의 보증금 등과 같은 자금을 지원한 사실, ㉯ 위 ㉮자금과 혼인 전부터 보유하고 있던 원고 명의의 □□아파트, 피고가 처분권한을 가지고 있던 ●●동 부동산의 각 처분자금, 피고의 퇴직금 등을 재원으로 하여 원·피고 명의 내지 피고가 실질적으로 지배하는 각종 재산을 혼인 중에 취득한 사실을 인정한 다음, ② 원·피고가 위 ①㉯와 같이 혼인 중 취득한 재산들을 재산분할의 대상에 포함시키는 한편, ③ ㉮ 원고가 혼인 전부터 보유하고 있던 ○○빌딩 대지 및 건물에 대한 원고 명의의 1/3 지분은 원고의 특유재산으로서, 원고가 임대료 수입으로 부족한 생활비를 충당하고 피고의 딸들의 유학비용 등을 지원한 사정이 나타날 뿐 피고가 위 재산의 가치증가나 유지 또는 가치감소의 방지에 기여하였다고 볼 사정이 없다는 이유로 재산분할의 대상에서 제외하고, ㉯ 피고의 대여금채권은 이와 반대로 피고가 혼인 전에 취득한 재산으로서 원고가 그 특유재산의 취득 및 유지에 특별한 기여를 하였다고 볼 만한 뚜렷한 사정이 보이지 않고 위와 같이 원고의 특유재산이 분할에서 제외되는 것과의 형평을 고려하여 이를 재산분할의 대상에서 제외한다고 판단한 항소심의 판단을 그대로 수긍하였는데, 이는 위와 같은 일반 법리를 준수하면서도 해당 사건의 구체적 사정들을 고려한 사례로 볼 수 있다.

16) 물론 혼인 당시 양가 부모가 없었던 경우에는 며느리나 사위의 역할을 할 수 없을 것이고, 출산을 하지 않는 경우 어머니나 아버지의 역할을 할 수 없을 것이므로, 개별 사건의 구체적 사정에 따라 당사자들이 담당하는 실질적 역할에는 차이가 있을 수 있다.

17) 예컨대, 자녀의 양육과 관련하여 일방 배우자가 타방 배우자의 역할을 대신하거나 보완하는 사례는 보편적으로 발생하고 있고, 연로한 양가 부모에 대한 봉양, 일정한 영역의 대외활동 등과 관련하여 어느 한쪽이 다른 쪽의 역할을 대신하거나 보완하는 사례도 쉽게 발견된다.

會費用)을 지불할 필요 없이 이를 그대로 보전할 수 있게 된다고 할 수 있다.[18)19)20)]

이와 같이 부부는 일반적으로 혼인에 의하여 '다층적 역할(多層的 役割)'을 담당하게 되고, 각자 상대방에 대한 관계에서 대체재·보완재의 역할을 할 수 있다. 따라서 전업주부가 혼인생활의 과정에서 담당하는 다양한 역할을 '가사노동'이라는 용어로 함축적으로 표현하는 경우, 전업주부의 역할이 가정에서의 요리, 청소, 육아 등과 같은 물리적인 활동에 한정된 것으로 오해할 여지가 있고, 이로 인하여 전업주부가 '외벌이 남편의 기회비용 보전'에 관하여 실질적인 역할을 한 경우에도 이에 대한 정당한 평가를 할 수 없게 될 위험성이 있는 것이다.[21)]

---

18) 즉, 타방 배우자는 일방 배우자의 대체재·보완재 역할을 활용하여 그 범위 내에서 자신의 생업에 종사하여 소득을 그대로 올릴 수 있는 사정이 인정되는 경우, 일방 배우자는 그 범위 내에서 타방 배우자의 소득 창출에 기여하는 것으로 볼 수 있다는 취지이다. 예컨대, 2007년 혼인신고를 한 전업주부인 원고(아내)가 피고(외벌이 남편)를 상대로 이혼 및 재산분할 청구를 한 사안에서, 피고가 '적극재산 순번 2번, 3번의 각 토지 지분은 피고의 모로부터 상속받은 것이므로 분할대상에서 제외해야 한다고 주장하나, ① 위 상속시점은 혼인기간 중인 2016년도인 점, ② 피고의 모는 원·피고가 혼인하기 전부터 암으로 투병하고 있었기 때문에 피고와 피고의 형제들이 10여 년간 병수발을 하였는데, 이에 관하여 원고도 일정 부분 역할을 한 것으로 보이는 점, ③ 피고가 위 지분을 상속받은 이후에도 혼인이 4년 이상 유지된 점, ④ 위 지분이 전체 재산에서 차지하는 비중 등을 감안할 때 위 각 지분을 분할대상에 포함시키는 것이 타당하고, 다만 피고가 상속받았다는 사정을 재산분할 비율 산정에 고려하여 원고의 분할비율을 40%로 정한다고 판단한 서울고등법원 2023. 6. 15. 선고 2023르20952 판결(피고 상고, 대법원 2023. 10. 12.자 2023므13617 판결로 심리불속행 상고기각)은 위와 같은 기회비용 보전 문제를 고려한 것으로 볼 수 있다.

19) 미국에서는 이혼에 따른 재산분할청구에 관한 The rule of dissipation의 법리 적용과 관련하여, 다소 다른 관점에서 위와 같은 기회비용의 보전 문제 등을 고려하고 있다. 즉, 통상 존재하고 있던 재산이 사라진 것과 달리, 원래 벌 수 있었던 소득을 포기하는 것도 여기서 말하는 재산의 소실로 보아야 한다는 학설이 있고, 같은 취지의 법원 판결도 있는데, 풋볼 선수였던 남편이 풋볼 시즌에 내연녀와 지내기 위해 자신의 팀을 떠나 약 $500,000의 소득을 받지 못한 사안에서 위와 같이 취득하지 못한 소득금액 만큼을 혼인중재산으로 취급하기로 한 판결[Gastineau v. Gastineau, 151 Misc. 2d 813, 573 N.Y.S.2d 819 (Sup 1991) 참조], 내연녀에게 혼인중 재산으로 무이자 대여를 해 준 사안에서 대여원금뿐 아니라 이를 다른 사람에 대여하였다면 받을 수 있었던 이자 상당액 역시 혼인중 재산으로 취급하여야 한다는 판결[Rosenberg v. Rosenberg, 64 Md. App. 487, 497 A.2d 485 (1985) 참조] 등이 그 대표적인 사례이다. 이에 관하여는 허익수, "미국의 이혼 재산분할 시 분할대상 재산의 확정 : 기준일과 그 무렵 변동된 재산의 처리를 중심으로", 재판자료(136), 외국사법연수논집(37), 법원도서관(2018), 845−868; 서울고등법원 2023. 1. 26. 선고 2022르23237, 2022르23244 판결과 서울고등법원 2023. 2. 9. 선고 2022르21002 판결 및 이에 관한 각 해설[Ⅰ. [3] 1. 2. 부정행위자의 일방적 처분행위가 분할대상 재산의 범위와 분할비율에 미치는 영향⑴⑵] 참조.

20) 부부 중 일방 당사자가 주양육자(主養育者)로서 자녀를 양육하는 경우, 그 양육 자체에 정신적·육체적 수고가 따를 뿐만 아니라, 주양육자인 일방 당사자의 노동기회가 상실된다는 측면에서 기회비용의 문제를 검토할 필요가 있는 점에 관하여는 사법정책연구원(2016), 214 참조.

21) 예컨대, ㉠ 전업주부가 시어머니의 병수발에 관하여 일정한 역할을 한 위 각주 18) 서울고등법원 2023르20952 판결의 사안에서 그 기여를 '간병인(看病人)의 보수 상당액'으로 산정하거나, ㉡ 가정에서 요리, 청소, 육아 등을 전담하는 전업주부의 기여를 '가사도우미의 보수 상당액'으로 산정하는 것이 타당하다고 볼 수는 없고, 위와 같은 기회비용 보전 문제 등을 함께 고려하는 것이 이에 대한 정당한 평가에 도움이 될 수 있으며, 다만 개별 사안의 구체적인 사정에 따라서 결론이 달라질 수 있으

실무적으로 전업주부가 상당기간 동안 자녀의 양육이나 시부모에 대한 봉양을 전담하는 등 일정한 범위 내에서 외벌이 남편의 소득활동과 관련하여 대체재·보완재로서의 역할을 하였다는 사실관계가 증거에 의하여 뒷받침되는 사안에서는 전업주부의 기여도가 상당히 인정되는 반면에, 부부 사이에 자녀가 없거나 단기간의 혼인기간 혹은 실질적인 별거 등의 사정으로 시부모를 비롯한 남편의 가족들에 대한 실질적인 보살핌 등이 인정될 수 없는 등 전업주부가 남편의 소득활동에 관한 대체재·보완재로서의 역할을 실질적으로 담당하였다고 보기 어렵거나 극히 미미한 수준의 역할만 인정되는 사정이 있는 사안에서는 전업주부의 '가사노동'에 관한 주장이 실질적인 부부공동재산의 범위를 정하는 문제에 전혀 반영되지 않거나 혹은 매우 작은 기여도만 인정되고 있는데, 이러한 실무관행은 기회비용의 보전문제를 비롯한 쌍방의 실질적인 역할 등을 고려한 결과로 볼 수 있다.[22]

므로, 이에 대한 구체적·개별적인 검토가 필요하다는 취지이다.

22) 예컨대, ① 대법원 2003. 5. 16. 선고 2002므1695, 2002므1701 판결은 원고(외벌이 남편)가 1997. 2. 그 부친으로부터 수증한 부동산은 특유재산으로서 원칙적으로 분할의 대상이 되지 않고, 그 증여시기와 증여의 동기, 증여받은 후의 원·피고의 혼인기간, 혼인의 파탄경위(피고가 1999. 6.경부터 부정행위를 하여 위 혼인이 파탄되었음) 등을 고려할 때, 피고(전업주부)가 혼인 이후 계속 가사노동에만 주로 종사하였다는 점을 비롯한 항소심 인정과 같은 사정만으로 피고가 원고의 위 재산의 유지에 협력하여 그 감소를 방지하였거나 그 증식에 협력하였다고 단정하기에 부족하다는 이유로 항소심판결을 파기하였는데, 이는 위와 같은 기회비용의 보전문제 등을 고려한 결과로 파악할 수 있다[사법정책연구원(2016), 217은 위 대법원 판결에 관하여, "위 대법원 판결에서 원고(남편)는 이 사건 부동산을 1997. 2. 24. 증여받았는데, 원고와 피고의 혼인생활은 1999년에 피고의 부정행위로 파탄되었다. 즉 이 사건 부동산을 보유하고 있었던 혼인기간은 2년 정도이다. 이에 대법원은 '증여받은 재산은 분할의 대상이 되지 않는다.'라는 원칙을 언급하면서 동시에 '증여시기', '증여받은 후의 원·피고의 혼인기간' 등을 고려하여 피고의 기여를 인정할 수 없다는 취지로 판시한 것이다. 사실상 위 대법원 판결은 '가사노동'의 기여도를 폄하한 것이 아니라 증여받은 재산이 분할대상 재산으로 포함되기에는 그 '보유기간'이 부족하였다고 판단한 것으로 보인다."라고 분석하고 있다].

② 한편, ㉮ 위 각주 18) 서울고등법원 2023르20952 판결의 사안은 외벌이 부부의 분할대상 재산범위를 정하는 과정에서 위와 같은 기회비용 보전 문제를 고려한 전형적인 사례이고, ㉯ 원고(맞벌이 아내)가 2021. 2. 18. 이혼 및 재산분할청구의 소를 제기한 사안에서, ㉠ 원고가 2020. 9. 22. 상속을 원인으로 하여 취득한 아파트 1/2지분은 원고의 특유재산으로 재산분할 대상에서 제외하는 한편, ㉡ 피고(남편)의 모친이 2019. 5. 15. 피고와 피고의 누나에게 상가 지분을 1/2 지분씩을 증여한 것에 관하여, 원고는 그 증여 과정에서 각종 세금과 법무사비용 등이 부부공동재산에서 지출되었다고 주장하고 있을 뿐 그 이상의 특별한 기여를 증명하지 못하고 있는 점, 위 ㉠ 기재 원고의 아파트 1/2지분을 재산분할의 대상에 제외한 점 등을 감안할 때, 피고 명의의 위 상가 1/2지분도 재산분할 대상에서 제외한 다음, ㉢ 다만, 재산분할 비율과 관련하여, '분할대상 재산의 취득 경위, 분할대상 재산의 형성 및 유지에 대한 원고와 피고의 기여 정도(피고의 수입이 원고의 수입에 비해 더 많았던 것은 사실이지만 원고 역시 혼인기간 동안 꾸준히 경제활동을 하여 온 것으로 보이는 점, 원고가 가사와 육아를 전담해 왔던 점, 분할대상 재산의 상당 부분을 차지하고 있는 A부동산을 마련하는 과정에서 피고의 부친으로부터 상속받은 아파트를 매각한 자금이 사용된 점 등 포함) 등을 참작하여 재산분할 비율을 원고 40%, 피고 60%로 정한 서울고등법원 2023. 7. 20. 선고 2022르24650 판결(확정)도 분할대상 재산의 범위와 분할비율 등을 정하는 과정에서 위와 같은 기회비용의 보전문제를 비롯한 여러 사정들을 실질적으로 고려한 사례로 파악할 수 있다.

또한 앞서 본 바와 같이 실무에서 일방 배우자의 부모가 타방 배우자 내지 그 가족들(사돈)에게 다양한 형태의 경제적 지원을 한 사례들이 발견되는 것 역시 혼인관계로 인하여 각자 상대방에 대한 배우자 역할뿐만 아니라 며느리·사위·어머니·아버지로서의 역할까지 포괄적으로 담당하게 되는 우리의 현실을 반영한 것이라고 볼 수 있다.

라) 가정적 사례 2.에 대한 실무 등

위와 같은 실무사례에 대한 분석과 비판적 주장의 논거 등을 종합적으로 고려하는 경우, 가정적 사례 2.와 유사한 사안에서는 실무적으로 개별사안별로 전업주부인 아내 및 그 가까운 가족들의 가시적인 경제적 지원 등이 실질적으로 인정될 수 있는지, 쌍방 배우자가 각자 다층적 역할을 어떻게 담당하였고, 각자 상대방의 소득활동과 관련하여 어느 범위 내에서 대체재·보완재의 역할을 담당하였는지 등에 대해서 한층 더 심도 있게 검토해야 하는 한편, 현실적으로 가족들의 경제적 지원이 매우 다양한 유형으로 이루어질 수 있다는 점도 충분히 인식할 필요가 있다. 즉, 개별사건별로 구체적인 사정에 따라서 전업주부의 기여의 방법이나 정도를 실질적으로 검토해야 하고, 이를 토대로 분할대상 재산의 범위와 분할비율 등을 정하는 것이 타당하다.[23)]

동질적인 내용인 부부의 각 총소득액이 주된 비교·검토 대상이 되는 가정적 사례 1.과 대비하여 볼 때, 가정적 사례 2.에서는 다소 이질적인 내용을 비교하게 되기 때문에,[24)] 재판부가 규범적인 평가를 할 수밖에 없다. 다만, 가정적 사례 2.과 같은 사실관계가 증거에 의하여 뒷받침되는 경우, ㉮ 원고 甲2도 형식상 등기명의가 단독이라는 사정만으로 해당 아파트가 자신의 실질적인 특유재산이라는 취지의 주장을 하기 어려운 반면에, ㉯ 피고 乙2 역시 乙2의 부모가 그 매수자금을 사위인 甲2에게 증여했다는 사정만으로 해당 아파트가 乙2의 실질적인 특유재산이라는 취지의 주장을 하기도 어려울 것이다. 甲2의 소득이 부부의 생활비뿐만 아니라, 해당 아파트의 관리비, 제세공과금 등의 지출에 사용된 것이 분명한 이상, 甲2의 소득이 없다고 가정하는 경우 위 부부가 부부공동생활을 하면서 해당 아파트를 계속 유지·관리할 수 없었다고 보아야 하기 때문이다. 즉, 가정적 사례 2.에서도 해당 아파트가 실질적인 부부공동재산임을 전제로 하여 그 형성·유지·관리에 대한 쌍방의 기여가 어느 정도인지를 개별적·구체적으로 검토해야 한다.[25)]

---

23) 실무에서는 쌍방의 본업에 의한 소득 창출보다 일방 배우자의 이른바 '재테크'에 의한 소득 창출이 훨씬 더 많은 사례도 발견되므로(예컨대, 위 서울고등법원 2022르20542, 2022르21101 판결의 사안 등 참조), 일방 배우자의 기여의 방법이나 정도 등을 검토하는 경우에도 개별사건별로 구체적인 사정을 실질적으로 검토할 필요가 있다.

24) 즉, ① 甲2의 소득에 의한 기여도와 ② 乙2 측의 다양한 유형의 경제적 지원, 乙2의 가사노동을 비롯한 혼인생활 과정에서의 다양한 역할에 의한 기여도 등이 비교대상이 된다.

25) 우리 민법이 부부별산제를 채택하고 있음에도 불구하고, 부부가 실질적인 부부공동재산을 함께 형

나. 이 사건 제1심 판단에 대한 검토

1) 제1심의 전반적인 접근방식

이 사건 증거들에 의하면, 원·피고가 1991년 혼인신고한 이후, 원고가 병원을 운영한 기간 동안(1998년－2003년 용인시 소재 ▼▼의원, 2009년－2018년 미국 병원)에는 비교적 고소득을 올린 반면에, 전업주부인 피고는 직접 경제활동을 하지는 않았지만, 피고의 부모가 혼인 초기에 ○○아파트 전세보증금을 지원하고, 1995년 원고 단독 명의로 ●●아파트를 구입할 수 있도록 지원하는 한편, 원고가 레지던트로 근무하거나 학업 및 취업 준비 등으로 인하여 제대로 된 소득을 올리지 못하는 기간 동안 원·피고 가족들의 생활비 등을 지원하는 등 피고의 가까운 가족들이 다양한 방법으로 경제적 지원을 한 사실을 인정할 수 있는데, 제1심은 이러한 사실관계를 토대로 이 사건을 가정적 사례 2.를 변형한 구조로 파악한 것으로 볼 수 있다.

즉, 원고가 자신의 단독 명의로 ●●아파트를 취득한 것은 분명하지만, 이는 실질적인 부부공동재산에 해당하기 때문에, 그 매각대금 등 사후 변형물 역시 실질적인 부부공동재산으로 봄이 타당하다(= 항소심 판단 동일).

2) 피고 명의로 된 LL물산 주식에 관한 검토

한편, 위 가) 기재 경제적 지원과는 별도로 피고의 아버지와 작은아버지, 고모부 등 가까운 가족들이 1998년경부터 피고에게 '가족 회사'의 성격이 있는 LL물산 주식을 증여하거나 양도하였는데, 이에 관하여 피고는 "원고의 기여가 거의 없는 피고의 특유재산이므로, 분할대상 재산에서 제외되어야 한다."라는 취지로 주장하였다. 그러나 (신혼초기 피고가 제대로 된 소득을 올리지 못하여 친정으로부터 생활비를 지원받은 기간뿐만 아니라) 원고가 ▼▼의원을 운영

성·유지·관리하는 것이 사회적·법적으로 용인되고 있기 때문에(위 대법원 2015두41937 판결 참조), 전업주부와 외벌이 남편의 혼인생활이 장기간 유지되는 동안 쌍방의 재산이 섞이서 혼화(混和)되거나 함께 관리되어 실무상 그 자금출처를 확인하기 어려운 상황이 발생하기도 하고, 혼인 당시에는 쌍방 배우자가 모두 각자 명의로 재산을 보유하고 있었음에 불구하고 파탄시점에는 일방 배우자 명의의 재산은 대부분 소진된 반면에, 타방 배우자의 재산은 상당 부분 잔존하는 경우도 적지 않다. 이러한 사례로는 재혼부부인 원고(전업주부)와 피고(전문직 종사자)의 혼인기간이 35년 이상이고, 1987년 혼인 당시 피고에게는 성년 자녀 1명과 미성년 자녀 3명이 있었는데, 원고가 시어머니를 봉양하거나 피고의 자녀들을 양육하는 데에 실질적으로 기여한 것으로 보이는 점, 혼인 당시에는 원고도 상당한 규모의 재산을 보유하고 있었는데, 혼인파탄 시점인 소제기 당시에는 원·피고가 30여 년간 함께 거주한 빌라가 실질적인 부부공동재산의 대부분을 차지하고 있는 점(원고 명의 재산은 대부분 소진된 것으로 보임) 등을 비롯하여 쌍방의 나이, 직업 및 소득, 분할대상 재산의 형성과 유지에 대한 기여 정도, 혼인생활의 과정 및 기간, 부양적 요소 등 제반 사정을 고려할 때, 쌍방의 재산분할 비율을 50:50으로 정한 서울고등법원 2023. 4. 20. 선고 2022르22517 판결(피고 상고, 대법원 2023. 8. 18.자 2023므12645 판결로 심리불속행 상고기각) 및 이에 대한 해설(Ⅰ. [1] 1. 재혼 부부 사이의 부양료 미지급 등 재산적 분쟁과 혼인파탄에 관한 쟁점) 참조.

하여 비교적 고소득을 올리게 된 시점 이후에도 상당한 기간 동안 원고의 소득 중 상당부분을 피고가 관리하였는데, 그 시점 이후에 이루어진 LL물산에 대한 유상증자에 피고가 참여하여 피고가 보유한 주식의 수가 늘었다는 점 등을 고려하면, 최소한 위와 같은 원고의 경제적 활동이 피고 소유의 LL물산 주식의 형성·유지·관리에 기여하였다고 볼 수 있으므로, 이 역시 실질적인 부부공동재산으로 봄이 타당하다(= 항소심 판단 동일).

이혼에 따른 재산분할사건의 실무상 피고와 가까운 가족들의 기여는 피고의 기여와 유사하게 보고 있기 때문에, 이 사건에서 원고 단독 명의의 ●●아파트 및 그 변형물들을 재산분할대상에서 제외할 수는 없는 것과 같은 맥락에서[위 1)항 참조], 만일 이 사건과 같이 원고 측의 소득활동이 피고 단독 명의의 LL물산 주식의 형성·유지·관리에 직·간접적으로 기여하였다는 점이 증거에 의하여 뒷받침되는 경우, 위 주식을 피고의 단독 명의로 취득하였다는 사정만으로 이를 재산분할대상에서 배제하기도 어려울 것이다. 원고의 소득활동으로 창출된 '현금성 자산'의 특성상, 그 당시 이를 관리하고 있던 피고가 위 주식의 유상증자에 참여하는 과정에서 원고의 경제적 활동의 기여가 없었다고 볼 수는 없기 때문이다.[26] 그리고 피고가 단독 명의로 취득한 위 주식이 실질적인 부부공동재산에 포함되는 이상, 이에 관한 배당금 역시 분할대상 재산에 포함되는 것으로 보아야 한다.[27]

위와 같은 이유로 이 사건에서는 원고와 피고 및 그 가족들의 다양한 경제적 활동 내지 지원양상, 쌍방 당사자의 혼인생활에서의 실질적 역할 등을 검토해야 했기 때문에, 증거조사 범위가 확대되었을 뿐만 아니라 이에 대하여 규범적인 평가까지 해야 한다는 측면에서 실무적으로 상당히 심도 있는 심리가 이루어졌다. 이 사건 제1심과 항소심 재판부는 ●●아파트와 위 주식 등이 모두 실질적인 부부공동재산임을 전제로 하여 그 형성·유지·관리에 대한 쌍방의 기여가 어느 정도인지 등을 구체적으로 검토하였는데, 그 과정에서 ① 원고의 소득에 의한 기여도와 ② 피고 및 그 가족들의 다양한 경제적 지원, 피고의 가사노동을 비롯한 혼인생활 과정에서의 역할에 의한 기여도 등을 비교·검토하는 것이 중점적으로 심리되었다.

---

26) 앞서 본 바와 같이 혼인생활이 장기간 유지되는 동안 쌍방의 재산이 혼화되거나 함께 관리되어 실무상 그 자금출처를 확인하기 어려운 상황이 발생하기도 하고, 특히 현금의 경우 그 출처 확인이 쉽지 않다는 특성이 있기 때문에, 피고가 원고의 소득 중 상당 부분을 관리하고 있었던 이 사건 사실관계를 토대로 하는 경우, 피고 명의의 위 주식에 대한 유상증자대금의 자금출처를 분명하게 규명하기는 어렵다.

27) 재산분할대상 부동산의 임료 등을 일방 당사자가 독점적으로 취득한 경우 해당 임료 등은 재산분할의 대상이 되는 것이고, 이를 단순히 재산분할의 비율에 반영하는 것만으로는 부족하다는 취지로 판시한 대법원 2010. 12. 23. 선고 2009므3928 판결 참조. 특히 코스피 또는 코스닥에 상장된 주식에 관하여 금전배당이 이루어진 경우, 배당기준일 이후에 배당락(配當落) 제도에 따라 시가 자체가 조정된다는 점을 고려하면, 재산분할의 대상에 포함된 주식에 관한 배당금은 당연히 재산분할의 대상이 된다고 보아야 한다.

3) 원고의 국내 은행 예금채권에 관한 원고의 주장에 대한 검토

원고는 이에 관하여, 국내 은행에 대한 각 예금채권 전액이 한국 병원의 유·무형 재산가치에 포함되어야 하는 성격이므로, 중복 산정을 피하기 위해서는 각 예금채권을 분할대상 재산에서 제외하여야 한다고 주장하였는데, 제1심은 원고의 주장을 전부 배척하였다(↔ 항소심 판단과 상이).

4) 미국 병원의 권리금에 관한 쌍방의 주장에 대한 검토

이 사건에서 ① 원고는 미국 병원의 양수인 CC가 지급한 권리금 중 1억 원을 피고가 은닉하였으므로 이를 피고가 보유한 것으로 추정해야 한다고 주장한 반면에, ② 피고는 원고 측이 수령한 위 권리금 중 구체적인 사용처가 밝혀지지 않은 부분은 부부공동생활에 사용되었다고 볼 수 없으므로 이 부분은 원고가 보유하는 것으로 추정해야 한다고 주장하였는데, 제1심은 쌍방의 주장을 모두 배척하였다(↔ 항소심 판단과 상이).

5) 원고의 미국 은행에 대한 대출채무에 관한 피고의 주장에 대한 검토

피고는 이에 관하여, 원고가 미국 내 자산에 관한 자료를 제대로 제출하지 아니한 상태에서 일방적으로 미국에서 구입하였다고 주장하고 있는 의료장비 등에 관련된 미국 은행에 대한 대출채무는 분할대상 재산에서 제외되어야 한다고 주장하였는데, 제1심은 피고의 주장을 배척하였다(↔ 항소심 판단과 상이).

다. 항소심 재판부의 판단에 대한 검토

1) 항소심 재판부의 전반적인 접근방식

항소심 재판부가 이 사건을 가정적 사례 2.를 변형한 구조로 파악하였다는 점에서는 제1심의 접근방식과 유사한 접근방식을 취한 것인데,[28] 더 나아가 쌍방의 재산은닉 주장에 대하여 추가적인 심리를 한 다음, 재산은닉과 관련된 부분에 관하여는 제1심과 다른 판단을 하였다. 증거조사를 통하여 일방 당사자가 고의적으로 자신의 적극재산 일부를 은닉하는 행위를 하거나 소극재산(대출채무 등)의 형성 경위, 사용처 등을 은닉하는 행위를 하였다는 점이 확인된 경우, 이를 재산분할대상의 범위 설정이나 분할비율 산정 등에 반영하는 것이 타당하기 때문이다.[29]

---

28) 제1심과 항소심이 동일한 판단을 한 부분에 관하여는 위 나.항에서 상세히 검토하였다.

29) 일방 배우자의 일방적인 재산처분행위에 관한 일반적인 법리검토는 위 서울고등법원 2022르23237, 2022르23244 판결과 서울고등법원 2022르21002 판결 및 이에 관한 각 해설[Ⅰ. [3] 1. 2. 부정행위자의 일방적 처분행위가 분할대상 재산의 범위와 분할비율에 미치는 영향(1)(2)] 참조.

2) 분할대상 재산의 범위

가) 미국 병원의 권리금에 관한 쌍방의 주장에 대한 검토

① 미국 병원의 양수인 CC가 원고 측에게 지급한 위 권리금 중 구체적인 사용처가 밝혀지지 않은 부분(153,280,000원)은 원고가 은닉한 것으로서 이 부분은 부부공동생활에 사용되었다고 볼 수 없으므로 원고가 보유하는 것으로 추정해야 한다고 판단한 반면에(↔ 제1심 판단과 상이, 항소심판결 별지 분할대상 재산명세표 원고의 적극재산 순번 8번),

② CC가 지급한 권리금 중 1억 원을 피고가 은닉하였으므로 이를 피고가 보유한 것으로 추정해야 한다는 원고의 주장은 배척하였다(= 제1심 판단 동일, 항소심판결 별지 분할대상 재산명세표 피고의 적극재산 순번 6번).

나) 원고의 미국 은행에 대한 대출채무에 관한 피고의 주장에 대한 검토

원고가 미국 내 재산에 관한 자료를 제대로 제출하지 않은 상태에서 일방적으로 미국에서 구입하였다고 주장하는 의료장비 등과 관련된 미국 은행에 대한 대출채무의 경우, 그 대출금이 부부공동재산에 사용되었다고 보기 어렵기 때문에 이를 분할대상 재산(원고의 소극재산)에서 전부 제외하였다,(↔ 제1심 판단과 상이, 항소심판결 별지 분할대상 재산명세표 원고의 소극재산 순번 1 내지 4번).

다) 피고 명의로 된 LL물산 주식에 관한 검토

피고가 그 아버지 등 가까운 가족들로부터 단독 명의로 수증하거나 양수한 LL물산 주식의 평가금 876,104,560원을 피고의 적극재산에 포함시킨 제1심의 판단 부분은 그대로 유지하였다(= 제1심 판단 동일, 항소심판결 별지 분할더상 재산명세표 피고의 적극재산 순번 7번).

라) 원고의 국내 은행 예금채권에 관한 원·피고의 주장에 대한 검토

국내 은행에 대한 각 예금채권 전액이 한국 병원의 유·무형 재산 가치에 포함되어야 하는 성격이므로, 중복 산정을 피하기 위하여 그 전액을 분할대상 재산에서 제외하여야 한다는 취지의 원고의 주장 부분을 배척한 제1심의 판단은 그대로 유지하는 한편, 이에 관한 원고의 주장과 피고의 주장[원고가 제1심 감정인의 수차례 협조요청에도 불구하고 한국 병원에 관한 자료를 제출하지 않는 등 감정 업무를 방해하였으므로, 원고의 국내 은행 각 예금채권 중 한국 병원의 운영과 관련된 것으로 증명되지 않는 부분은 원고의 적극재산에 포함되어야 한다는 취지] 등을 종합적으로 고려하여, 그 중 한국 병원의 운영에 관련되어 지출되었다는 점이 증명된 부분만 원고의 적극재산에서 제외하였다(원고의 주장을 일부 수용, ↔ 제1심 판단과 상이).

3) 분할비율과 관련하여

이 사건 원고의 재산은닉행위 등을 구체적으로 검토한 다음, 이러한 사정을 분할비율 산정에도 반영하여 피고의 분할비율을 70%로 상향하였다(항소심 판결의 '판단근거' 참조).

4) 재산은닉 주장에 대한 검토 필요성

가) 문제의 제기

(1) 이혼에 따른 재산분할청구사건의 실무에서 제기되는 재산은닉 주장의 성격 등

이 사건에서 쌍방 당사자 모두 '상대방이 재산은닉행위를 하였다.'는 취지의 주장을 하였는데, 이혼에 따른 재산분할사건의 실무에서 유사한 주장이 제기되는 경우가 적지 않다. 앞서 본 바와 같이 이 사건 제1심은 '상대방 재산 은닉 주장'에 관한 쌍방의 주장을 모두 배척한 반면에, 항소심 재판부는 이에 관한 피고의 주장 중 상당부분을 수용함으로써 제1심과 다른 판단을 하게 된 것이므로, 이는 결론에 영향을 미칠 수 있는 실질적인 쟁점이다.

그런데 우선 대심적 절차인 재산분할청구사건에서 일방 당사자의 주장만으로 상대방의 은닉행위를 인정할 수는 없음은 분명하다.

나아가 가사소송법 제17조, 제34조, 비송사건절차법 제11조 등에 의하면, 이혼청구에 병합된 재산분할청구사건에 이른바 '직권탐지주의'가 적용된다고 볼 수 있는데, '직권탐지주의'의 성격이 강조될수록 법원에서 위와 같은 주장을 수용하는 것이 더욱 어려워진다고 할 수 있다. 위와 같은 재산은닉행위 주장이 제기되는 경우, 이에 관하여 '직권으로 사실의 탐지와 필요하다고 인정하는 증거의 조사를 하여야 할 책임'이 법원에 부과된다고 볼 수도 있기 때문이다.

그런데 여기에서 유의할 점은, 법원이 재산분할청구와 관련된 (타방 배우자의 증거신청 혹은 직권에 의한) 증거조사를 통하여 '일방 배우자가 특정 내용 및 액수(혹은 규모)의 재산을 은닉하였다는 사실'을 확인할 수 있는 경우, 엄밀한 의미에서는 이를 더 이상 '재산은닉행위'로 보기 어렵게 된다는 것이다. 즉, 위와 같은 일방 배우자의 행위는 재산은닉을 시도하였다가 실패한 '미수행위'를 한 것일 뿐이고, 법원은 증거에 의하여 확인된 사실관계를 토대로 구체적인 내용과 액수가 특정된 재산을 (재산은닉을 시도하였던) 일방 배우자가 보유한 것을 전제로 하여 재산분할을 할 수 있기 때문이다. 이를 다른 측면에서 보면, 만일 일방 배우자가 재산은닉에 궁극적으로 성공한 경우, 법원의 입장에서 '재산은닉'에 관한 여러 정황들을 발견할 여지는 있지만, 은닉된 재산의 구체적인 내용 및 액수(혹은 규모)를 특정할 수는 없게 된다는 취지이다.

이 문제는 결국 재산분할청구사건에 관한 직권탐지주의의 적용범위 및 그 한계 등과 직결되는 것이므로, 공익성의 정도, 대심적 구조의 존부, 법원의 재량적 판단의 필요성 정도 등 개별 사건의 성격과 사정에 따라 다양한 상황이 발생할 수밖에 없다.[30]

⑵ 증거조사와 관련된 실무적인 문제점 등

이혼에 따른 재산분할청구사건에서 '직권탐지주의'를 강하게 적용해야 한다는 관점에서는 '재산은닉'에 관한 당사자들의 주장을 수용하는 것에 상대적으로 소극적인 입장을 취할 수밖에 없다. 그러나 실무에서 대심적 절차인 재산분할청구사건에서 '직권탐지주의'를 강하게 적용하는 것이 현실적으로 가능한지에 대해서는 견해의 대립이 충분히 가능하다.[31] 특히 이 사건과 같이 재산은닉 주장의 대상이 '현금' 또는 '외국 소재 재산'인 경우, 그 재산의 성격상 이에 관한 법원의 증거조사에 실무적 한계가 있음이 분명하다.[32] 즉, '현금' 또는 '외국 소재 재산' 등에 관한 재산은닉주장과 관련하여 해당 당사자가 자발적으로 증거를 제출하는 등 적극적으로 협조하지 않는 이상, 법원이 이에 관한 직접증거를 제대로 확보할 수 있음을 전제로 증거조사절차를 진행하기는 어렵다.

따라서 이 사건과 같이 재산은닉 여부가 실질적인 쟁점이 되는 경우, 실무적으로는 법원이 여러 가지 간접증거나 정황증거를 종합적으로 검토하여 '당사자가 재산을 은닉하였다고 볼 만한 정황이 있는지'를 검토한 다음, 궁극적으로는 규범적인 차원에서 재산은닉 여부를 판단할 수밖에 없다.

⑶ 재산 은닉행위에 관한 증명의 정도에 관하여

㈎ 재산은닉의 개연성

쌍방으로부터 재산은닉에 관한 주장이 제기된 경우, 실무적으로 어느 정도의 증명이 있는 사안에서 이를 수용할 수 있는지를 살펴보아야 한다. 항소심 재판부는 이 사건에서 위 ⑴ ⑵ 기재와 같은 검토를 거쳐서 개별 사건에 현출되는 여러 가지 간접증거나 정황증거를 종합적으로 살펴본 결과 '일방 배우자가 자신의 재산을 은닉하였을 개연성'이 간접증거 및 정황증거에 의하여 뒷받침된 경우에는 타방 배우자의 재산은닉주장을 수용함으로써 그 일방 배우자의 재산은닉행위를 인정함이 타당하다는 입장을 취하였다.

재산분할청구사건에서 타방 배우자의 주장만으로 일방 배우자의 은닉행위를 인정할 수 없다는 점은 분명하지만, 그렇다고 해서 '일방 배우자가 특정 내용 및 액수(혹은 규모)의 재산

---

30) 이에 관하여 법원실무제요 가사(Ⅰ), 사법연수원(2021), 246−262 참조. 위 251에는 일반적으로 공익성이 높은 라류 가사비송사건에서도 자료의 수집에 당사자의 적극적인 협력이 필요하다는 취지가 기재되어 있다.

31) 대심적 구조가 아닌 라류 가사비송사건에서도 자료의 수집에 대해서는 당사자의 적극적인 협력이 필요하다는 위 법원실무제요의 기재 참조.

32) 예컨대, ① 현금의 경우 그 성격상 이른바 '돈세탁'이 용이하기 때문에 이에 관한 증거조사에 한계가 있을 수밖에 없고, ② 한국 법원에서 국내 금융회사의 거래내역에 관하여는 금융거래정보 제출명령을 할 수 있지만, 외국 소재 금융회사에 대해서는 이러한 명령을 할 수 없기 때문에, 외국 소재 재산의 형성·유지·관리·처분 등에 관한 자료를 한국 법원이 직권으로 조사하기는 어렵다.

을 은닉하였다는 점'이 증명되지 않았다는 이유로 타방 배우자의 재산은닉주장을 배척하는 것은 앞서 본 재산은닉행위의 성격과 정면으로 배치된다고 보았기 때문이다.

㈏ 이 사건의 증거관계 등을 구체적으로 살펴보면,

① 미국 병원의 양수인 CC가 원고 측에게 지급한 권리금과 관련하여,

㉮ 그 중 1억 원을 피고가 은닉하였다는 원고의 주장은 일방적인 주장에 불과하고, 그 개연성을 뒷받침할 만한 간접증거나 정황증거가 없다고 본 반면에(원고 주장 배척),

㉯ 원고 측이 CC로부터 권리금 2억 1,400만원을 수령한 것은 분명한데, 그 절반 이상인 1억 1,400만원을 현금으로 수령한 점, 원고가 '원고의 어머니(AA)와 누이(AB)의 계좌로 입금 받은 1억 원에 관하여는 생활비나 한국 병원을 개업하는 데 필요한 비용으로 사용하였고, 또 다른 1억 원은 피고가 보유하고 있다'는 취지로 주장하고 있을 뿐, 나머지 1,400만 원의 행방이나 사용처에 대하여는 구체적인 입장을 밝히지 않고 있은 점, 계좌를 통해 수령한 1억 원의 경우에도 한국 병원을 위한 인테리어 공사비 60,720,000원을 제외한 나머지 39,280,000원에 대해서는 부부공동생활에 사용했다는 자료를 제출하지 못하고 있는 점 등 이 사건에 현출된 간접증거 및 정황증거에 의하면, 위 2억 1,400만원 중 구체적인 사용처가 밝혀지지 않은 부분(153,280,000원)은 원고가 은닉한 것으로 보아야 한다고 판단하였다(피고 주장 수용).

② 한편, 원고가 주장하는 미국 은행 대출금과 관련하여,

원고는 '미국 은행에서 대출을 받아서 그 대출금으로 의료장비를 구입한 다음, 이를 국내에 반입하여 한국 병원의 장비로 사용하고 있으므로, 한국 병원에 대한 제1심 감정평가에 이 부분이 이미 반영된 것으로 보아야 하고, 따라서 미국 은행 대출채무의 대출금은 궁극적으로 부부공동재산에 사용된 것으로 볼 수 있다.'라는 취지로 주장하였지만, 원고가 법원에 미국 은행에 관한 거래내역을 제대로 제출하지 않고, 미국 병원의 양도 자체에 관한 매매계약서를 작성하지 않았다고 주장하면서 이를 제출하지 않고 있는 점 등 이 사건에 현출된 간접증거 및 정황증거에 의하면, 원고 주장의 미국 은행 대출채무의 대출금을 원고가 은닉한 것으로 보아야 한다고 판단하였다(피고 주장 수용).[33][34]

33) 원고는 미국 시민권자로서 미국에서 카이로프랙틱 면허를 취득하였고 상당한 기간 미국 병원을 운영한 경력이 있기 때문에 미국 내에 적극재산 중 일부를 유지할 충분한 여건과 동기를 인정할 수 있는데, 그럼에도 불구하고 원고는 이 사건에서 미국 병원에 관한 매매계약서 등을 법원에 제출하지 않았고, 미국 소재 은행에 대한 금융거래내역도 제대로 제출하지 않았다. 이러한 상황에서 원고가 스스로 협조하지 않는 이상, 한국 법원의 입장에서 원고의 미국 내 재산의 내역 등에 대하여 충분한 확인 조사를 하는 데에 실무적 한계가 있음은 분명하다.

34) 제1심에서 이루어진 감정은 원고의 한국 병원의 가치에 관한 것인데, 원고의 위 감정절차에 대한 비협조로 인하여 원고가 미국에서 구입하였다고 일방적으로 주장하는 의료기기 등의 가치가 위 감정에 제대로 반영되었는지를 확인할 수 없기 때문에, 항소심 재판부는 이와 관련된 원고 주장의 미국

⑷ 분할대상 재산의 범위와 분할비율을 산정하는 문제의 상호관계와 대체성 등

㈎ 일반론

위와 같이 당사자의 재산은닉 여부가 실질적인 쟁점이 된 사건에서는 분할대상 재산의 범위와 분할비율을 산정하는 문제, 그 상호관계 및 대체성에 대하여 검토할 필요가 있다.[35] 분할대상이 되는 재산은 적극재산이거나 소극재산이거나 그 액수가 대략적으로나마 확정되어야 하는데(대법원 1999. 6. 11. 선고 96므1397 판결, 대법원 2010. 12. 23. 선고 2009므3928 판결 등 참조), 일방 배우자의 재산은닉에 궁극적으로 성공한 경우, 은닉된 재산의 구체적인 내용 및 액수(혹은 규모)를 특정할 수 없기 때문이다.[36]

㈏ 비교법적 검토 등

이 사건과 같이 '일방 배우자가 고의적으로 재산은닉을 시도하였다는 개연성'이 간접증거 등에 의하여 뒷받침되는 경우, 위와 같은 은닉재산에 관하여 보유 추정의 방법을 선택하는 것만으로 충분한 조치가 되는 것인지에 대해서는 실무적으로 견해가 대립할 수 있다.

예컨대, 독일 민법 제1375조 제2항 제3호는 혼인당사자 일방이 혼인재산제 성립 이후 '배우자에게 손해를 가할 의도로 행위'를 하여 재산이 감소된 경우, 그 감소된 금액은 그 혼인당사자의 최종재산에 가산된다는 취지로 구정하고 있다.

반면에, 미국에서는 불균등 분할의 구제수단으로는 의도적인 재산의 소실 문제를 방지하지 못한다는 비판이 있는데, 이는 현재 미국의 많은 법원에서 일방 당사자의 재산의 소실이 발각되는 경우에도 그 소실된 재산의 액수간을 고려하여 분할비율을 정하고 있기 때문에, 그 당사자가 의도적인 재산의 소실을 시도하였다가 실패하였더라도 실질적으로는 별다른 피해를 보지 않는다는 점을 비판하는 취지이고, 같은 맥락에서 의도적인 재산의 소실을 방지하

은행 대출채무 전액을 원고의 소극재산에서 제외하였는데(↔ 제1심 판단과 상이), 위와 같은 원고의 비협조는 아래에서 보는 분할비율의 산정에도 영향을 미쳤다고 할 수 있다.

35) 이에 관하여는 윤진수 편집대표, 「주해 친족법 Ⅰ」, 박영사(2015), 379－381(이동진 집필부분) 등 참조.

36) 실무에서는 일방 배우자가 그 명의로 등기된 부동산이 실질적으로 자신의 부모의 소유이기 때문에 이를 분할대상 재산에서 제외하여야 한다는 주장을 하는 경우가 적지 않다. 서울고등법원 2023. 11. 30. 선고 2023르22835, 2023르22842 판결(쌍방 미상고 확정)의 사안에서 원고가 위와 같은 주장을 하였는데, ① 제1심은 원고의 위 주장을 배척하고, 다만 위 부동산이 원고 부모의 경제적 지원을 받아서 실질적인 부부공동재산이 되었으므로(원고 부모의 경제적 지원을 원고 측의 기여로 인정) 그 매각대금이 분할대상 재산에 포함되지만 위와 같은 원고 부모의 경제적 지원 등을 고려하여 원고의 분할비율을 60%로 정한다고 판단한 반면에, ② 항소심은 원고의 부모가 위 부동산의 매수대금을 모두 부담하고, 월세와 매각대금도 실질적으로 모두 원고의 부모가 수령하였다는 점 등을 근거로 이를 분할대상 재산에서 제외한 다음, 이러한 사정변경을 참작하는 경우 실질적인 부부공동재산의 형성 등에 관하여 원고 측의 기여도를 축소하는 것이 타당하다는 이유로 원고의 분할비율을 45%로 하향하였는데, 이는 분할대상 재산의 범위와 분할비율의 상호관계 및 대체성 등에 관한 실무사례로 볼 수 있다.

기 위해서는 추가적인 제재를 가하여야 한다는 주장이 제기되고 있는데, 실제 이런 주장이 반영되어 입법이 이루어진 주들이 있다.[37)]

앞서 본 바와 같이 분할대상이 되는 재산은 그 액수가 대략적으로나마 확정되어야 한다는 대법원 판례의 입장이라는 점, 그런데 일방 배우자가 재산은닉을 시도하였다가 실패한 경우 엄밀한 의미에서 이를 재산은닉행위로 보기 어렵게 되고, 이와는 달리 궁극적으로 재산은닉에 성공한 경우 그 은닉재산의 구체적인 내용이나 액수를 알 수 없게 된다는 점, 위와 같은 비교법적 검토 등을 종합적으로 고려하면, 개별사안별로 구체적인 사정에 따라 은닉행위자의 행위 등을 ㉠ 분할비율의 산정에 관한 고려사항으로 볼 수도 있고, ㉡ 은닉행위자의 해당 재산 보유 추정 등의 방법으로 이를 분할대상 재산에 포함시킬 수도 있으며, ㉢ 분할대상 재산의 범위와 분할비율의 산정 등에 중첩적으로 고려하는 방법을 활용할 수도 있다는 입장이 타당하다고 생각한다.[38)39)]

㈐ 이 사건에 대한 검토

이 사건 항소심 재판부는 이 사건에서 ㉢ 중첩적인 고려방법을 선택하였다.

① 즉, 원고의 재산은닉의 외연(外延)이 확인되는 부분(예컨대, ㉮ 미국 병원 권리금의 총액은 2억 1,400만원이고, ㉯ 원고가 주장하는 미국 은행 대출채무의 합계액은 73,429,978원이다)의 경우, 그 부분을 보유 추정의 방법으로 분할대상 재산의 범위에 포함시킴과 동시에,

② 간접증거 등에 의하여 은닉되어 있을 개연성이 있다고 판단되기는 하지만 그 외연을 확인할 수 없는 원고의 미국 내 적극재산의 경우, 원고가 이를 은닉하였음을 전제로 하여 이러한 사정을 분할비율에 반영하였다. 만일 원고가 미국 내 적극재산을 은닉하지 않았다고 가

37) 오리건주 법률은 피해자를 위한 징벌적 배상까지 규정하고 있고, 몬타나주 법률은 형평분할 등을 고려할 것이 없이 누락된 재산을 상대방에게 지급하도록 규정하고 있으며, 오하이오주는 누락된 재산의 3배를 넘지 않은 범위 내에서 상대방에게 지급을 명할 수 있게 규정하고 있다.

38) 상세한 내용은 위 서울고등법원 2022르23237, 2022르23244 판결 및 이에 대한 해설[Ⅰ. [3] 1. 부정행위자의 일방적 처분행위가 분할대상 재산의 범위와 분할비율에 미치는 영향⑴] 참조.

39) 피고1과 피고2가 2009년 혼인하여 자녀들을 두었다가 2015년 이혼한 다음 원고가 2016년 피고1과 혼인신고를 하였는데, 원고와 피고들 사이에서 피고1이 위 미성년자녀들에 대한 양육비로 월 200만 원씩을 피고2에게 지급하기로 약정(혹은 양해)한 다음, 피고1이 원고의 동의를 얻지 않은 범위를 초과하여 2016. 2. 18.부터 2020. 11. 30.까지 피고2에게 합계 236,970,000원(월 평균 400만 원 이상)을 송금한 사안에 관하여, 항소심 재판부는 서울고등법원 2024. 3. 28. 선고 2023르23579, 2023르23586 판결(확정)에서, 적어도 피고1이 위 기간(51개월) 동안 원고의 양해 범위를 초과하여 매월 200만 원 이상의 부부공동재산을 유출한 것으로 보아야 하므로, 위 송금액 중 102,000,000원(= 200만 원×51개월)을 피고1이 보유한 것으로 추정하는 한편(위 서울고등법원 판결 별지2 분할재산명세표 피고1의 적극재산 순번 13번 참조), 이러한 사정 등을 원고와 피고 사이의 재산분할 비율을 정하는 과정에서 참작하여 제1심에서 60%로 인정되었던 피고1의 분할비율을 항소심에서 50%로 하향하였다[위 분할재산명세표 각주 1) 내지 3) 등 참조].

정하는 경우, 이 사건 제1심에서 이루어진 감정절차에 대한 원고의 비협조, 미국 은행의 금융자료 제출에 관한 원고의 비협조 등을 합리적으로 설명할 수 없기 때문이다.[40)41)]

5. 마무리

우리 법체계에 의하면, 이혼에 따른 재산분할 문제가 지나치게 판사의 재량에 좌우되는 것처럼 보일 수 있다. 따라서 담당 재판부는 분할대상 재산의 범위나 분할비율의 산정에 관하여 그 재량권을 합리적으로 행사할 필요가 있고, 당사자들이 관련된 사항에 관하여 적절한 주장과 증거를 제출할 수 있도록 함으로써 관련 사항들이 적절하게 반영될 수 있도록 노력해야 한다.

이 사건과 같이 일방 배우자만 대외적인 경제활동을 하는 이른바 '외벌이 부부'의 경우에도 타방 배우자 및 그 가족들이 해당 부부공동재산의 형성·유지·관리에 구체적으로 기여한 사정 등이 인정된다면, 일방 배우자의 단독 명의 재산을 분할대상 재산의 범위에서 처음부터 배제할 수는 없고, 같은 맥락에서 타방 배우자가 그 가족들로부터 단독 명의로 수증하거나 양수한 재산의 경우에도 그 재산의 형성·유지·관리에 일방 배우자의 기여가 인정되는 이상 이를 분할대상 재산에 포함시키는 것이 타당하다. 이와 같이 분할대상 재산의 범위를 검토하는 과정에서는 해당 재산의 형성·유지·관리에 쌍방 당사자가 어떻게 기여하였는지를 우선적으로 살펴보아야 하지만, 실무상 개별사안별로 혼인생활의 과정에서 쌍방이 다층적

40) ㉮ 위 서울고등법원 2022르23237, 2022르23244 판결에서는 해당 사건 원고가 성년자녀에게 송금한 금전의 액수는 특정되기 때문에 이를 원고가 고유한 것으로 추정한 반면에, 부정행위자인 피고1이 피고2와 함께 부정행위를 하는 과정에서 상당한 규모의 금전을 함께 소비한 것은 분명하지만, 제출된 증거에 의하여 그 소비(처분)한 액수가 구체적으로 특정되지는 않았기 때문에 이 부분은 분할비율의 산정에만 반영하였고[위 사건의 구체적인 사실관계는 이에 관한 해설{Ⅰ. [3] 1. 부정행위자의 일방적 처분행위가 분할대상 재산의 범위와 분할비율에 미치는 영향(1)} 참조], ㉯ 위 서울고등법원 2022르21002 판결에서도 부정행위자의 일방적 처분행위 중 관련된 재산의 외연이 특정되지 않은 부분은 분할비율의 산정에 반영하였다[위 사건의 구체적인 사실관계는 이에 관한 해설{Ⅰ. [3] 2. 부정행위자의 일방적 처분행위가 분할대상 재산의 범위와 분할비율에 미치는 영향(2)} 참조].

41) 한편, 일방 배우자의 은닉행위의 경우 ㉠ '재산' 자체를 은닉하는 사례가 일반적이기는 하지만, ㉡ 소송과정에서 타방 배우자의 기여를 인정할 수 있는 '자료'를 은닉하는 사례도 발생하는데, ㉡ 유형으로 예시할 수 있는 사례는 다음과 같다. 즉, 원고(아내)가 혼인기간 동안 피고(남편)와 함께 이 사건 의류매장을 운영한 사안에서, 원고는 '피고가 이 사건 의류매장을 원고와 함께 운영한 사실' 등과 같이 피고의 기여를 인정할 수 있는 사실관계(즉, 원고에게 불리한 사실관계)를 숨김으로써 재산분할에 있어 피고의 기여도나 분할비율 등을 감소시키고, 원래의 창고 임대차계약서를 임의로 파기하거나 사실관계와 다른 임대차계약서를 증거로 제출하였는데, 이는 원고가 한 일련의 행동들을 감추기 위한 일종의 은닉시도를 한 것으로 판단되었기 때문에, 항소심 재판부는 서울고등법원 2023. 10. 19. 선고 2023르20655, 2023르20662 판결(쌍방 미상고 확정)에서 이러한 원고의 은닉행위 등과 같은 구체적인 사정을 재산분할 비율에 반영하여 제1심에서 65%로 인정되었던 원고의 분할비율을 항소심에서 55%로 하향하였다.

역할을 어떻게 담당하였는지, 각자 상대방의 소득활동과 관련하여 대체재·보완재의 역할을 실질적으로 담당하였는지, 이로 인하여 상대방의 기회비용 보전이 어느 범위에서 이루어졌는지 등에 대해서도 실질적인 심리가 필요할 것이다.

한편, 이혼에 따른 재산분할사건 실무에서 '타방 배우자가 재산을 은닉하였다.'는 주장을 하는 사례가 상시적으로 발생하고 있다. 그런데 '실패한 재산은닉시도'는 엄밀한 의미에서 '재산은닉'이라고 보기 어렵고, '성공한 재산은닉'이 인정되는지가 실질적 쟁점인 사안에서는 실무적으로 어느 정도의 증명이 필요한지, 재산은닉이 인정되는 경우 이를 분할대상 재산의 범위 또는 분할비율 산정에 어떻게 반영할 것인지 등과 관련된 문제도 검토해야 한다.

결국 쌍방 당사자가 제출한 주장과 직·간접증거 및 정황증거들을 토대로 하여 법적 안정성을 해치지 않는 범위 내에서 구체적 타당성을 추구하는 결론을 도출하는 구조가 될 것인데, 그 과정에서 논의된 내용들을 사례별로 정리하여 하나씩 축적하는 것은 위와 같은 기준을 정립하는 데에 실질적인 도움이 될 수 있다. 항소심 재판부의 이 사건 판결 등이 유사한 쟁점들이 포함된 사건을 접하는 법률가들에게 다소간의 참고자료가 될 수 있다고 생각한다.

5

혼인 중 재산분할에 관한 약정의 효력과 관련 쟁점들

서울고등법원 2024. 11. 8.자 2024브2034 결정(확정)
- 서울가정법원 2024. 1. 17.자 2023느합1712 심판

1. 사안의 개요

가. 당사자: 청구인 A(1969년생, 남)
상대방 B(1973년생, 여)

나. 청구인과 상대방의 혼인신고: 1998. ○. ○.

다. 청구인과 상대방의 출생자: 성년자녀 1명, 미성년자녀 1명(C)

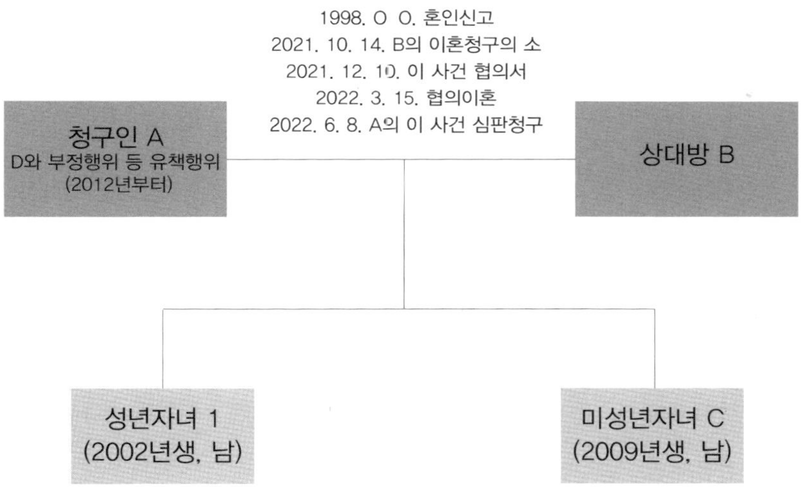

라. 혼인생활 및 갈등의 발생

1) 청구인은 2012년경부터 D와 오랜 기간 부적절한 관계를 유지하였고, 상대방은 2021. 10. 14. 청구인을 상대로 이혼 등 소송을 제기하였다.

2) 이후 청구인과 상대방은 협의이혼을 하기로 합의하여 2021. 12. 10. 서울북부지방법

원 2021호협○○○○호로 협의이혼 의사확인 신청서 등을 제출하였고, 같은 날 상대방은 위 이혼 등 소송을 취하하였다.

3) 청구인(A)과 상대방(B)은 2021. 12. 10. 협의이혼, 재산분할, 사건본인 C의 친권자 및 양육자 지정, 양육비, 면접교섭 등에 관하여 아래와 같은 협의서[이하 위 협의서 전체를 '이 사건 협의서', 그중 재산분할에 관한 부분을 '이 사건 재산분할 협의서']를 작성하였다.[1)]

협의서

갑 B
을 A

갑과 을이 협의이혼을 하며 협의한 조건은 이하와 같습니다.

이 하

1. 갑과 을은 이혼한다.

2. 갑과 을은 재산분할로 다음과 같이 이행한다.
 가. 갑과 을의 공동명의로 되어있는 중계동 아파트와 상계동아파트의 경우 이하와 같이 협의한다.
  1) 서울시 중계동 아파트는 갑의 소유로 한다.
  2) 서울시 상계동 아파트는 을의 소유로 한다.
  3) 갑과 을은 각 소유권 말소등기절차 및 소유권이전등기절차를 2021. 12. 31.까지 경료하며 갑과 을은 적극협조한다.
 나. 갑과 을은 서로 상대방의 연금 일체(국민연금, 공무원연금, 사립학교교직원연금, 산재연금, 보상금, 보험금 등 모두 포함)에 대한 분할연금청구권을 모두 포기한다(즉, 각자 연금은 각자가 수급하기로 하며, 상대방의 연금에 대한 분할연금액은 0원으로 한다).

4. 사건본인의 친권자 및 양육자로 갑을 지정한다.

5. 을은 갑에게 사건본인 C의 양육비로 2022. 1.부터 사건본인 C가 성년에 이르기까지(2029. ○.

1) 청구인은 이에 관하여, '청구인은 이 사건 협의서를 본 적이 없고, 상대방이 청구인의 인감도장을 관리하여 청구인은 위 협의서에 날인한 적도 없으므로, 이 사건 협의서 전체가 무효이다'라는 취지로 주장하였는데, 항고심 재판부는 "청구인은 제1심 심판 과정에서 이 사건 협의서의 진정성립을 인정하거나 본인이 이 사건 협의서를 작성한 사실을 인정한 바 있고, 이 법원에 이르기까지 제출된 증거들만으로는 위와 같은 이 사건 협의서의 진정성립 내지 진정성립 추정을 뒤집고 청구인의 주장을 인정하기 부족하며, 달리 이를 인정할 만한 증거가 없다. 따라서 청구인의 위 주장은 받아들이지 아니한다."라고 판단하였다.

○.까지) 월 1,500,000원을 매월 말일에 입금한다(예금주 : B, 계좌번호)

6. 을은 사건본인 C가 성년이 될 때까지(2029. ○. ○.까지) 다음과 같이 사건본인을 면접교섭할 수 있다. 갑은 을이 면접교섭을 원만히 실시할 수 있게끔 적극 협조하여야 한다.

가. 을과 사건본인 C는 매월 2, 4째주 일요일 오전 9시부터 오후 6시까지 면접교섭을 진행하며 만나는 장소는 갑과 을이 협의한다. 만나는 장소에 상관없이 을이 사건본인 C를 갑의 집으로 데려다 준다.

나. 위 면접교섭은 사건본인 C의 정서적 안정과 복리를 최우선적인 목표로 하여 그 의사를 최대한 존중하여 이루어져야 한다.

7. 갑과 을은 사건본인 C에게 상호 상대방에 대한 비난, 비방의 말을 하지 않고, 사건본인 C에게 그와 같은 비난, 비방하는 내용이 담긴 문자 등을 전송하지 않는다. 또한 갑과 을은 사건본인 C와 함께 있는 자리에서 상호 비방, 비난하지 않는다.

8. 갑과 을은 상호 동의 없이 상대방의 거주지나 직장에 방문하지 않고, 상대방의 부모님이나 친척들에게 연락하지 않는다.

9. 상대방 본인, 상대방의 가족, 사건본인 C 등에게 건강상의 문제 또는 협의가 필요한 문제가 생긴 경우 상호 연락하여 최대한 협조한다(사고, 입원, 장례, 혼인 등의 경우).

10. 두 자녀의 대학등록금 및 결혼 등 중요한 사안의 비용은 갑과 을이 각 절반씩 부담한다.

2021. 12. 10.

갑 B
을 A

4) 청구인과 상대방은 2022. 3. 15. 협의이혼신고를 마쳤고, 협의이혼 신청 당시 사건본인 C의 친권자 및 양육자로 상대방을 지정하고, 청구인이 상대방에게 사건본인의 양육비로 매월 1,500,000원을 지급하기로 합의함에 따라 2022. 3. 15. 위 협의이혼 절차에서 "청구인은 상대방에게 사건본인에 대한 양육비로 이혼신고 다음 날부터 사건본인이 성년에 이르기 전날까지 월 1,500,000원을 매월 말일에 지급한다."는 내용의 양육비부담조서(이하 '이 사건 양육비부담조서')가 작성되었다.

5) 상대방은 2021. 7. 30. D를 상대로 손해배상청구소송을 제기하였고, 이후 위 사건은 2023. 4. 5.자 화해권고결정(의정부지법 남양주지원 2022드단○○○○)으로 종국되었다.

2. 제1심의 심리·판단

가. 재산분할청구: 각하(= 결론은 항고심판단과 동일)

나. 양육비변경청구: 기각(= 항고심은 아래 제1심 심판이유를 그대로 인용하여 동일한 결론)

1) 관련 법리

현행 법령 아래에서도 가정법원이 재판 또는 당사자의 협의로 정해진 양육비 부담 내용이 제반 사정에 비추어 부당하게 되었다고 인정되는 때에는 그 내용을 변경할 수 있지만, 종전 양육비 부담이 '부당'한지 여부는 친자법을 지배하는 기본이념인 '자녀의 복리를 위하여 필요한지'를 기준으로 판단하여야 할 것이다(대법원 2019. 1. 31.자 2018스566 결정 등 참조).

종전에 정해진 양육비의 분담이 과다하게 되었다고 주장하며 감액을 청구하는 경우 법원은 자녀의 성장에도 불구하고 양육비의 감액이 필요할 정도로 청구인의 소득과 재산이 실질적으로 감소하였는지 심리·판단하여야 한다(대법원 2022. 9. 29.자 2022스646 결정 등 참조).

2) 판단

청구인과 상대방은 자신들의 개별적 사정을 고려하여 양육비에 관한 협의를 한 후 2022. 3. 15. 법원에서 양육비에 관한 의사를 재차 확인하였고, 이러한 절차를 거쳐 이 사건 양육비부담조서가 작성된 점, 청구인은 협의이혼 후 불과 3개월도 채 지나지 않은 시점에 이 사건 심판을 청구한 점, 이 사건 양육비부담조서 작성 당시와 비교해보았을 때 청구인의 소득과 재산이 실질적으로 감소하는 등 양육비 부담 능력에 현저한 차이가 발생한 것으로 보이지는 않는 점, 그 밖에 청구인과 상대방의 나이, 직업, 건강 및 경제적 상황, 사건본인의 나이, 건강, 양육 상황 및 양육 환경 등에 비추어 볼 때, 청구인이 주장하는 사정 및 제출한 증거들만으로는 청구인이 부담하는 양육비 부담이 부당하다고 볼 수 없고, 양육비 감액이 불가피하거나 그러한 조치가 궁극적으로 자녀의 복리에 필요하다고 판단되지 아니한다. 따라서 이 사건 양육비변경청구는 받아들이지 아니한다.

← 청구인의 항고

3. 항고심 재판부의 심리·판단(청구인의 항고를 모두 기각함)

가. 이 사건 재산분할청구의 적법 여부

1) 이혼 등의 사유로 혼인이 종료되는 경우에 당사자의 일방이 다른 일방에 대하여 재

산분할을 청구할 수 있다. 재산분할에 관하여 협의가 되지 않거나 협의할 수 없는 때에는 가정법원은 당사자의 청구에 의하여 당사자 쌍방의 협력으로 이룩한 재산의 액수 기타 사정을 참작하여 분할의 액수와 방법을 정한다(민법 제839조의2 제2항). 그런데 재산분할청구는 당사자 사이에 협의가 이루어지지 않거나 협의할 수 없는 때 비로소 할 수 있으므로, 이미 이루어진 재산분할에 관한 약정의 이행을 구하는 민사청구와는 구별된다. 당사자가 재산분할청구 사건에서 금전의 지급을 구하는 청구를 하는 경우 그 청구가 재산분할청구인지 아니면 이와 별개의 민사청구인지 여부는 당해 사건에서의 청구원인과 당사자의 주장 취지, 청구에 대한 법원의 판단 및 이를 전후한 사건의 경과 등을 종합적으로 고려하여 판단하여야 한다(대법원 2021. 6. 24. 선고 2018다243089 판결 등 참조).

가정법원이 이혼 당사자의 청구에 의하여 재산분할의 재판을 하는 것은 재산분할에 관하여 당사자 사이에 협의가 되지 않거나 협의할 수 없는 때에 한하는 것이므로(민법 제839조의2 제2항), 당사자 사이에 이미 재산분할에 관한 협의가 성립하였다면 당사자 일방에 의한 재산분할청구가 있더라도 그 청구의 이익이 없어 부적법하다(대법원 1993. 12. 28. 선고 93므409 판결 등 참조).

2) 청구인과 상대방은 2021. 12. 10. 협의이혼 의사확인 신청 당시 재산분할에 관하여 이 사건 재산분할 협의서를 작성한 사실이 인정되고, 이로써 청구인과 상대방 사이에 재산분할에 관한 협의가 이미 성립하였으므로, 특별한 사정이 없는 이상 청구인과 상대방은 이 사건 재산분할 협의서를 토대로 한 민사상 청구를 할 수는 있으나, 이와는 달리 가정법원에 대하여 재산분할의 액수와 방법을 정해 달라는 취지의 재산분할청구를 할 수는 없다.[2)]

나. 청구인의 주장에 관한 판단

1) 청구인의 ①, ②, ③ 주장의 요지

① 이 사건 재산분할 협의서는 청구인이 추락사고로 심신이 미약한 상태에서 상대방 측의 강압적인 요구에 따라 작성된 것이므로 무효이다.

② 이 사건 재산분할 협의서는 혼인이 해소되기 전에 청구인이 재산분할청구권을 미리 포기하는 것을 내용으로 하는 재산분할청구권의 사전포기에 해당하므로 효력이 없다.

③ 설령 이 사건 재산분할 협의서가 유효하다고 하더라도, 위 협의서 작성 당시 청구인과 상대방은 상대방 소유의 남양주시 소재 임야, 상대방 명의의 예금채권, 청구인과 상대방이 공동으로 부담하는 임대차보증금반환채무 등에 관하여 전혀 논의하지 않았는바, 위 재산

---

2) 법원실무제요 가사(Ⅱ), 사법연수원(2021), 1455 참조.

들은 협의이혼 당시 예측할 수 없었거나 협의이혼 후 새로 발견된 재산에 해당한다. 따라서 상대방은 청구인에게 재산분할로 584,646,808원(이 사건 재산분할 협의서 작성 당시 예측할 수 없었거나 위 협의서 작성 이후 새롭게 발견된 재산들만 재산분할대상에 포함할 경우에는 580,404,353원) 및 이에 대한 지연손해금을 지급하여야 한다.

2) 관련 법리

재산분할 심판에서 분할대상인지 여부가 전혀 심리된바 없는 재산이 심판 확정 후 추가로 발견되는 경우에는 이에 대하여 추가로 재산분할청구를 할 수 있고(대법원 2003. 2. 28. 선고 2000므582 판결 등 참조), 재산분할에 관한 협의가 이루어진 경우에도 협의 당시 고려되지 않았던 새로운 재산이 추가로 발견되었다면 그것 역시 재산분할청구의 대상이 될 수 있다.

그러나 일반적인 부부공동생활의 내용이나 이혼 시 통상 기대되는 재산 조사의 방법과 정도에 비추어, 쌍방 당사자가 경험칙상 알고 있었거나 예상할 수 있었던 공동재산은 설사 그것이 재산분할 합의 당시 명시적으로 거론되지 않았거나 협의서에 기재하지 않았다고 하더라도 재산분할 대상이 되지 않았다고 단정할 수 없고, 통상 이를 전제로 재산분할의 내용과 방법이 협의되었다고 보는 것이 이혼에 따른 재산관계를 종국적으로 청산하고자 하는 재산분할협의 당사자의 의사에 부합한다. 따라서 그러한 재산이 재산분할 협의 당시 쌍방 당사자 또는 일방 당사자가 알지 못하여 협의에 실질적으로 고려되지 않았거나 협의의 전제가 되지 않았다는 구체적·객관적 사정이 증명될 경우에만 다시 새로이 이를 재산분할의 대상으로 분할심판을 청구할 수 있다[서울고등법원 2021. 3. 24.자 2020브2153 결정(확정), 부산고등법원 2021. 11. 4.자 (창원)2021브1005 결정(확정) 등 참조].

3) 판단

가) 청구인의 ① 주장에 관하여

청구인이 2021. 7. 3. 추락사고를 겪은 사실은 인정되나, 이 사건 재산분할 협의서 작성 당시 청구인이 심신미약 상태에서 또는 상대방 측의 강압에 따라 위 협의서를 작성하였음을 인정할 만한 증거가 없다. 따라서 청구인의 위 주장은 받아들이지 아니한다.

나) 청구인의 ② 주장에 관하여

(1) 재산분할에 관한 협의는 혼인 중 당사자 쌍방의 협력으로 이룩한 재산의 분할에 관하여 이미 이혼을 마친 당사자 또는 아직 이혼하지 않은 당사자 사이에 행하여지는 협의를 가리키는 것으로, 아직 이혼하지 않은 당사자가 장차 협의상 이혼할 것을 약정하면서 이를 전제로 하여 위 재산분할에 관한 협의를 하는 경우에 있어서는 그 협의 후 당사자가 약정한 대로 협의상 이혼이 이루어진 경우에 그 협의의 효력이 발생하는 것이다(대법원 2001. 5. 8. 선

고 2000다58804 판결, 대법원 1995. 10. 12. 선고 95다23156 판결 등 참조).

(2) 이 사건 재산분할 협의서에는, "㉮ 청구인과 상대방이 각 1/2 지분씩 소유하고 있는 '중계동 아파트'는 상대방 단독 소유로 한다. ㉯ 청구인이 2/3 지분, 상대방이 1/3 지분을 소유하고 있는 '상계동 아파트'는 청구인 단독 소유로 한다. ㉰ 청구인과 상대방은 서로 상대방의 연금 일체(국민연금, 공무원연금, 사립학교교직원연금, 산재연금, 보상금, 보험금 등 모두 포함)에 대한 분할연금청구권을 포기한다(즉, 각자 연금은 각자가 수급하기로 하고, 상대방의 연금에 대한 분할연금액은 0원으로 한다)."라고 기재되어 있고, 위 협의서에 명시적으로 기재된 재산 이외에 청구인과 상대방이 각자의 명의로 보유하고 있는 재산은 그 명의대로 귀속시키기로 하는 취지라고 봄이 타당하므로, 이 사건 재산분할 협의는 부부공동재산의 분할에 관하여 아직 이혼하지 않은 당사자 사이에 협의이혼을 전제로 하여 행하여지는 '재산분할에 관한 협의'일 뿐이고, 그 성질상 허용되지 않는 당사자 일방의 '재산분할청구권의 사전포기'라고 볼 수 없다(대법원 2016. 1. 25.자 2015스451 결정 등 참조). 나아가 청구인과 상대방은 협의상 이혼할 것을 전제로 이 사건 재산분할 협의서를 작성하였고, 이후 실제로 협의이혼에 이르렀으므로, 이 사건 분할재산 협의서는 그 협의대로 효력이 발생한다. 따라서 청구인의 위 주장은 받아들이지 아니한다.

다) 청구인의 ③ 주장에 관하여

(1) 아래와 같은 사정들에 비추어 보면, 청구인과 상대방은 상대방 소유의 남양주시 ○○읍 소재 임야, 상대방 명의의 예금채권, 청구인과 상대방이 공동으로 부담하는 임대차보증금반환채무 등에 관하여 실질적으로 논의하거나 그 존재를 알고 있는 상태에서 이 사건 재산분할 합의에 이르렀다고 봄이 타당하고, 이 법원에 이르기까지 제출된 증거들만으로는 위와 같은 재산들이 이 사건 재산분할 협의서 작성 당시 예측할 수 없었던 재산이거나 위 협의서 작성 이후 추가로 발견된 재산이라는 점을 인정하기 부족하며, 달리 이를 인정할 만한 증거가 없다. 따라서 청구인의 위 주장은 받아들이지 아니한다.

(2) 상대방은 2022. 3. 15. 청구인과 협의이혼 신고 당시 남양주시 소재 3필지 임야 중 일부 지분을 각 소유하고 있었는데, 청구인은 2022. 6. 8.자 심판청구서 및 2023. 2. 7.자 준비서면 등을 통하여 상대방 소유의 '남양주시 소재 임야 약 4,000평'이 재산분할대상이 되어야 한다고 주장하면서 "상대방의 아버지가 '남양주시 소재 임야를 원래 청구인에게 주려고 했는데, 청구인이 처분할까 봐 상대방 명의로 하는 것이고, 부부이니 기분 나쁘지 않지'라고 하였다."라고 진술하거나, "상대방의 아버지가 남양주시 소재 임야를 상대방에게 줄 당시 세금을 줄이는 방편으로 세 자녀에게 나누어 주었고, 상대방 명의로 준 것은 '여러 가지 생각해서 상대방 명의로 하는 것이니 기분 나쁘게 생각하지 말고, 어차피 너희 둘의 것'이라고 명확히 얘

기하였다."라고 진술하였다. 위와 같이 청구인은 이 사건 재산분할 협의서를 작성한 지 약 6개월 만에 이 사건 심판을 제기하면서 상대방 소유의 남양주시 소재 임야의 면적까지 특정하여 이를 재산분할대상으로 삼아야 한다고 주장하였고, 이 사건 심판 절차에서 상대방이 남양주시 소재 임야를 취득하게 된 과정을 청구인의 관점에서 상세히 진술한 점 등에 비추어 보면, 청구인은 이 사건 재산분할 협의서 작성 당시 이미 상대방이 남양주시 소재 임야를 소유하고 있다는 사실을 알고 있었던 것으로 판단된다.

(3) 청구인은 이 사건 재산분할 협의서 작성 당시 상대방에게 상당한 규모의 예금채권 등 금융재산이 있었던 사실을 몰랐다고 주장하나, ㉮ 청구인은 이 사건 재산분할 협의서 작성 후 약 6개월, 협의이혼 후 약 3개월이 지난 다음 이 사건 심판을 제기하면서 2022. 6. 8.자 심판청구서에서부터 '상대방 명의의 국민연금, 퇴직금, 예금 등'이 재산분할대상이 되어야 한다고 주장한 점, ㉯ 각 증거에 의하면, 청구인은 1998년 상대방과 혼인신고 후 2022. 3. 15. 이혼할 때까지 8년 이상 건강보험상 상대방의 직장피부양자 자격으로 등록되어 있었고, 2019년을 제외하고 1998년경부터 2021년경까지 연 2,000만 원 미만의 소득을 얻은 반면에, 상대방은 같은 기간 동안 초등학교 교사로 근무하면서 지속적으로 소득을 얻었고, 2014년 이후에는 매년 4,000만 원 이상의 소득을 얻은 점, ㉰ 이에 따라 혼인기간 중에 상대방이 청구인에게 청구인의 재형저축, 카드값 등의 명목으로 상당한 규모의 돈을 수시로 송금하기도 한 점, ㉱ 청구인과 상대방은 이 사건 재산분할 협의서를 작성하기 이전인 2021. 11. 28.경 청구인에게 지급될 보상금, 각자의 보험 등 금융재산에 관하여 논의를 하였고, 청구인은 상대방에게 "내가 지금 빚만 안고 나가잖아, 그러니까 자기가 나 그냥 도와주고 싶으면 조금만 신경 써주면."이라고 말하는 등 협의이혼에 따라 재산분할을 하고 나면 상대방이 청구인에 비하여 더 많은 재산을 보유하게 된다는 사실을 알고 있었던 것으로 판단되는 점 등에 비추어 보면, 상대방과 법률상 부부로서 20여 년간 혼인생활을 함께 한 청구인으로서는, 상대방이 보유한 예금채권 등 금융재산의 정확한 액수까지는 알지 못하였다고 하더라도, 상대방이 혼인기간 동안 교사로 계속 근무하면서 예금채권 등 상당한 규모의 금융재산을 형성하였고, 이 사건 재산분할 협의서 작성 당시에도 그러한 금융재산을 보유하고 있다는 사실을 인식하고 있었던 것으로 봄이 타당하다.

(4) 청구인과 상대방은 2021. 11. 14.경 및 2021. 11. 28.경 협의이혼에 따른 재산분할에 관하여 논의하면서, 중계동 아파트와 상계동 아파트의 지분을 어떻게 나눌지에 관하여 협의하였고, 그 과정에서 상계동 아파트에 관한 임대차보증금반환채무의 존재 및 액수를 확인하며 이를 누가, 어떻게 부담할지에 관하여도 논의하였다. 그러다가 상대방이 2021. 11. 28.경 재산분할과 양육비, 면접교섭에 관하여 언급한 후 "왜 또 뭐 다른 거 뭐 하고 싶은 것 있어?"

라고 묻자, 청구인은 상대방에게 "하고 싶은 거 없고, 내가 지금 빚을 안고 나가잖아."라고 말하였는바, 이 사건 재산분할 협의서 작성 및 협의이혼 당시 청구인과 상대방에게 상계동 아파트에 관한 임대차보증금반환채무 이외에 별다른 채무가 없었던 점 등에 비추어 보면, 청구인이 말한 '빚'은 위 임대차보증금반환채무를 의미하는 것으로 봄이 타당하다. 따라서 청구인과 상대방은 이 사건 재산분할 협의서 작성 당시 상계동 아파트를 청구인 단독 소유로 분할하기로 하면서, 상계동 아파트에 관한 임대차보증금반환채무도 위 아파트의 단독 소유자가 될 청구인이 부담하기로 한 것으로 판단된다.

(5) 이 사건 재산분할 협의서에는 '청구인과 상대방이 공유하고 있는 중계동 아파트를 상대방 단독 소유로, 상계동 아파트를 청구인 단독 소유로 하고, 각자 상대방의 연금 일체에 관한 분할연금 수급권을 포기한다'는 내용만 기재되어 있기는 하다. 그러나 ㉮ 앞서 본 바와 같이 청구인과 상대방은 이 사건 재산분할 협의서 작성 이전에 위 협의서에 기재되지 않은 상대방 소유의 남양주시 소재 임야, 상대방 명의의 예금채권 등 금융재산, 상계동 아파트에 관한 임대차보증금반환채무 등에 관하여 직접 논의하거나 이를 알고 있었던 것으로 판단되는 점, ㉯ 그 외에도 청구인은 이 사건 재산분할 협의서 작성 당시 삼척시 소재 임야 2필지, 전북 부안군 소재 임야 1필지의 각 1/2 지분을 소유하고 있었는데, 이에 관하여도 청구인과 상대방은 위 협의서에 아무런 기재를 하지 않은 점, ㉰ 앞서 인정사실에서 본 바와 같이 청구인과 상대방이 2021. 11. 28.경 나눈 대화를 살펴보면, 청구인은 "그거(상계동 아파트)는 내 명의로 해 주고, 이거(중계동 아파트)는 자기(상대방) 명의로 하고, 나머지는 뭐 필요 없고.", "(상대방이 '중계동 아파트를 상대방 명의로, 상계동 아파트를 청구인 명의로 하자'는 청구인의 말을 재확인하자) 어, 그거만 해 주고.", "(상대방이 재산분할과 양육비, 면접교섭에 관하여 언급한 후 '왜 또 뭐 다른 거 뭐 하고 싶은 것 있어?'라고 묻자) 하고 싶은 거 없고."라고 말하는 등 청구인과 상대방이 공유하고 있는 중계동 아파트 및 상계동 아파트 이외에 각자 명의의 다른 나머지 재산들은 모두 그 명의대로 귀속시킨다는 취지로 대화를 나눈 점 등에 비추어 보면, 이 사건 재산분할 협의서는 청구인과 상대방이 서로 지분을 이전하여야 하는 재산(상계동 아파트, 중계동 아파트), 관련 법령에 의하여 청구인과 상대방이 협의이혼 후 상대 배우자의 연금 등에 관하여 분할연금 수급권을 가지는 재산(국민연금, 공무원연금, 사립학교교직원연금 등)[3] 등 현재 및 장래에 각자에게 귀속하는 재산 중 별도의 소유권이전·권리포기 등이 필요하여 이를 위 협의서에 명시적으로 기재하여야만 하는 사항에 대해서만 기재하고,[4] 청구인과 상대방이 각자

3) 한편, 청구인과 상대방은 이 사건 재산분할 협의서 중 분할연금청구권 포기 부분에 연금과 유사한 성격을 가진다고 생각한 산재연금, 보상금, 보험금 등도 추가로 기재하였다.

4) 원칙적으로 일정한 수급요건을 갖춘 이혼배우자는 관련 법령(국민연금법 제64조, 공무원연금법 제45조, 사립학교교직원 연금법 제42조 등 참조)에 따라 상대 배우자의 연금 가입기간 중 혼인 기간에 해당하는 노령연금액, 퇴직연금액 등을 균등하게 나눈 금액을 분할연금으로 받을 수 있으나, 특례조항

의 명의로 보유한 나머지 재산들은 그 명의대로 귀속시키는 취지라고 봄이 타당하다.

(6) 나아가 청구인과 상대방은 상대방이 청구인의 부정행위 등을 이유로 제기한 재판상 이혼 청구를 취하하고 협의이혼을 하기로 합의하면서, 분할대상 재산의 취득 경위, 그 형성 및 유지에 대한 청구인과 상대방의 기여 정도, 혼인기간 중 청구인과 상대방의 직업 및 소득·지출 규모 등 부부공동재산의 청산적인 요소뿐만 아니라, 성년인 자녀와 사건본인에 대한 양육 등 이혼 후의 부양적 요소, 파탄의 원인 및 협의이혼에 이르게 된 경위 등도 모두 고려하여 재산분할의 대상이 되는 재산 및 기여도, 재산분할 방법 등에 관하여 협의한 것으로 판단되고, 이 법원에 이르기까지 제출된 증거들을 살펴 보더라도 이 사건 재산분할 협의서에 따른 재산분할 결과가 한쪽 당사자에게만 일방적으로 유리하거나 불리하여 현저히 불공정하다고 보기 어렵고, 달리 이를 인정할 만한 증거도 없다.

(7) 청구인은 2022. 6. 8.자 심판청구서를 통하여 "청구인은 엉겁결에 상대방과 재산분할에 대해 합의한 바 있다."고 주장하며 이 사건 협의서를 제출하였다가, 이후 "청구인은 심신미약 상태에서 이 사건 협의서를 작성하였다."고 주장하였고, 항고심에 이르러서는 "청구인은 이 사건 협의서를 본 적이 없고, 상대방이 청구인의 인감도장을 관리하여 청구인은 위 협의서에 날인한 적도 없다."는 취지로도 주장하였다. 위와 같이 이 사건 협의서의 작성 경위에 관한 청구인의 주장이 계속 변경되는 점, 위와 같은 청구인의 주장은 앞서 본 바와 같이 청구인과 상대방이 2021. 11. 14.경 및 2021. 11. 28.경 재산분할 등에 관하여 직접 논의를 하였고, 이 사건 협의서 작성 당일 청구인이 자신의 도장을 가지고 온 사실 등에 명백히 반하는 점 등에 비추어 볼 때, 청구인의 전반적인 주장을 그대로 믿기는 어렵다.

라) 소결론

따라서 청구인의 이 사건 재산분할청구의 경우, 청구인과 상대방 사이에 위와 같은 재산분할에 관한 협의가 이미 성립된 다음, 위와 같은 재산분할에 관한 협의에도 불구하고 다시 가정법원에서 재산분할의 액수와 방법을 정해 달라는 취지로 제기된 것이므로, 이는 청구

(국민연금법 제64조의2 제1항, 공무원연금법 제46조, 사립학교교직원 연금법 제42조 등 참조)에 따라 협의상 또는 재판상 이혼에 따른 재산분할절차에서 이혼당사자의 협의나 법원의 심판으로 연금의 분할 비율에 관하여 달리 정할 수 있다. 위와 같은 특례조항에서 정한 '연금의 분할에 관하여 별도로 결정된 경우'라고 보기 위해서는, 협의상 또는 재판상 이혼에 따른 재산분할절차에서 이혼당사자 사이에 연금의 분할 비율 등을 달리 정하기로 하는 명시적인 합의가 있었거나 법원이 이를 달리 결정하였음이 분명히 드러나야 한다. 이와 달리 이혼당사자 사이의 협의서나 조정조서 등을 포함한 재판서에 연금의 분할 비율 등이 명시되지 아니한 경우에는, 재산분할절차에서 이혼배우자가 자신의 분할연금 수급권을 포기하거나 자신에게 불리한 분할 비율 설정에 동의하는 합의가 있었다거나 그러한 내용의 법원 심판이 있었다고 쉽게 단정해서는 안 된다(대법원 2019. 6. 13. 선고 2018두65088 판결, 대법원 2023. 11. 30. 선고 2022두62284 판결 등 참조).

의 이익이 없어 부적법하다.

4. 검토

가. 가사분쟁과 관련하여 이루어진 합의의 성격 등

1) 가사분쟁 및 이에 관한 가사조정조항의 유형적 특수성 등[5)]

일반적인 민사사건에 대한 법원의 조정조서는 원칙적으로 장래 강제집행을 위한 집행권원으로 이용될 수 있는 것이므로, 그 내용의 적정성 내지 상당성이 인정되어야 하고, 객관적인 명확성이 요구되며, 조정절차에서 당사자들이 진정한 의사에 기하여 합의하였는지 등을 확인할 필요가 있다.

그런데 가사사건은 부부·가족 기타 친족사이의 신분관계에 관한 사건이나 그 신분관계에 밀접하게 관련된 재산, 권리 기타 법률관계에 관한 사건이다. 즉, 이혼분쟁을 비롯한 가사쟁송은 대부분 장기간에 걸쳐서 형성된 분쟁을 해결하는 절차이고, 또한 관련된 신분관계가 계속적으로 유지되는 경우가 많기 때문에, 전형적인 민사조정조항의 작성원칙에 어긋나는 형식의 조정조항을 활용하는 경우도 적지 않다. 가정법원의 가사조정절차에서 사용되는 조정조항을 크게 다음과 같이 4가지 유형으로 나누어 볼 수 있는데, 실무적으로 서로 다른 성격의 조정조항들이 포괄적으로 기술되는 경우도 적지 않다.

가) 집행권원 등으로 사용될 수 있는 조정조항

이에 대하여는 민사조정사항에 관한 원칙이 그대로 적용된다.

㉮ 작위의무에 관한 조항

'피고는 원고에게 위자료로 금 ○○○원을 지급한다.'와 같이 일방 당사자에게 상대방 또는 제3자에게 금전을 지급하거나 물건을 인도하는 작위의무를 부과시키는 조정조항이다(직접적인 강제집행의 대상).

㉯ 부작위의무에 관한 조항

'피고는 원고가 매주 토요일 18:00부터 19:00사이에 피고의 집으로 전화를 걸어 사건본인과 30분간 전화통화를 하는 방법으로 면접교섭하는 것을 방해하면 안 된다.'와 같이 일방 당사자에게 구체적인 부작위의무를 부과하는 조정조항이다(간접강제의 대상).

5) 아래 내용은 법원행정처, 조정실무(2002), 487, 525-530 중 발췌·요약·정리한 것인데, 위 책자의 발간 이후 법률개정 등을 반영하여 '채무명의'르 기재된 것은 '집행권원'으로 수정하였다.

㉰ 형성력에 관한 조항

'원고와 피고는 이혼한다.'와 같이 당사자가 임의로 처분할 수 있는 사항에 대하여 판결과 동일한 형성력을 가질 수 있도록 하는 조정조항이다.

나) 사적 합의(私的合意)를 공증하는 의미를 지닌 조정조항

㉮ 쌍방 당사자 사이에서는 합의된 사실관계나 약정내용이 명백한 것임에도 불구하고, 공식적으로 목적물을 특정하기 어렵거나 제3자에 대한 효력 등과 같은 문제로 위 가)항 기재와 같은 형태의 조정조항을 작성하기 힘든 경우가 있다.

㉯ 목적물의 특정문제

㉠ 예컨대, 이혼 등을 원인으로 한 원상회복청구사건의 조정절차에서 쌍방이 '피고는 원고가 피고에게 교부한 반지, 목걸이 등 일체의 결혼예물을 원고에게 반환한다.'와 같은 내용으로 합의하는 경우가 있다.

㉡ 또한 재산분할청구사건의 조정절차에서 '2000. 9. 1. 현재 원, 피고의 주거지에 있는 물건 중 ⓐ 의류, 장신구 등을 비롯하여 원고의 개인적 용도에 사용되는 원고의 소유물과 냉장고 1대, 텔레비전 1대는 원고의 재산으로, ⓑ 나머지 물건은 피고의 재산으로 각 분할한다.'와 같은 내용으로 합의하는 경우도 있다.

㉢ 위 ㉠㉡과 같은 합의는 사법적으로 유효한 것이고, 쌍방 당사자 사이에서는 목적물도 어느 정도 특정된 것으로 볼 수 있다. 그렇지만 위와 같은 조정조항이 위 가)항의 기준에 따른 공식적이고 대외적인 명확성을 갖추었다고 볼 수는 없다.

㉰ 법리적 문제

위 ㉠㉡과 같은 합의내용의 경우, 쌍방 당사자 내부적으로는 당연히 유효한 것이지만 이에 관하여 위 가)항의 기준에 따른 조정조항을 작성할 수 없는데, 만일 이러한 이유로 사적 합의를 공증하는 의미를 지닌 조정조항을 삭제하게 되면, 가사조정조항에 쌍방의 의견을 제대로 반영할 수 없게 되는 문제점이 생긴다.

㉱ 사적 합의를 내용으로 한 조정조항의 활용 여부

위와 같이 사적 합의를 내용으로 한 조정조항의 활용 여부에 관하여 이론적으로 견해의 대립이 가능하다. 그러나 이를 법원의 조정조서에 기재하면 이를 공증하는 의미를 갖기 때문에 별도의 개인적인 합의서에 비하여 훨씬 강력한 증거자료가 되고, 실무적으로 나중에 발생할 수 있는 관련분쟁을 억제하는 효과도 기대할 수 있기 때문에, 일반적인 실무관행은 적극설을 따르고 있다.

다) 장래의 가사분쟁에 대비한 조정조항

㉮ 가사분쟁의 경우 그 성질상 장기간에 걸쳐서 분쟁해결을 할 수밖에 없는 경우도 있고, 1차적으로 분쟁해결절차를 거친 다음에도 이해관계인의 신분관계가 청산되지 않고 계속적으로 유지되는 경우가 많기 때문에, 위 가)항과 같은 조정조항으로 분쟁을 해결하기 어려운 사례가 생긴다.

㉠ 현행법상 조건부 이혼합의를 하거나 혹은 장래의 시점에 이혼하기로 합의하는 것은 불가능하고, 실정법을 엄격하게 해석한다면 위 합의는 아무런 효력이 없다고 볼 수도 있다. 그런데 혼인관계가 단순 불화와 파탄의 한계선 상에 있고, 이에 대한 책임이 피고에게 있다는 점에 대하여는 쌍방의 의견이 일치하는 사건의 조정절차에서는 '원고와 피고는 2000. 9. 1.부터 1년간 별거한다. 위 별거기간이 경과한 다음 원고가 피고에게 이혼청구하는 경우, 특별한 사정이 없는 한 피고는 이에 동의하기로 한다.'와 같은 내용의 합의가 이루어지는 경우가 있다. 재판상 이혼절차에서 일정한 별거기간, 또는 고려기간을 요구하고 있는 외국 입법례에 비추어 볼 때, 위 합의내용이 실정법에 완전히 합치하지 않는다는 이유만으로 이를 무시하거나 혹은 비합리적인 것이라고 취급하기는 어려울 것이다.

㉡ 한편, 미성년자녀들의 향후 양육비 명목으로 일정한 재산을 양육자에게 귀속시키기로 하는 취지의 협의가 이루어졌다고 하더라드, 양육자는 사후에 이러한 양육비부담에 관한 협의내용의 변경을 구하는 비송청구를 할 수 있고, 원칙적으로 가정법원은 제반 사정을 검토한 다음 언제든지 쌍방의 협의내용을 변경할 수 있는 권한을 가진다. 그런데, 실무적으로 가사조정절차에서 쌍방 당사자가 부부간의 재산분할, 위자료, 양육처분에 관하여 전반적으로 논의한 다음, '양육자는 특별한 사정이 없는 한 상대방에게 사건본인의 양육비청구를 하지 아니한다.'와 같은 합의를 하는 경우도 있다.

㉯ 현행법에 따르면 위 ㉮ 기재와 같은 쌍방 당사자의 합의내용에 법적 구속력을 부여할 수 없고, 따라서 엄격한 의미에서 이러한 합의는 '유효'하다고 보기 어렵다. 그렇지만 가사분쟁의 특성에 비추어 볼 때, 위와 같은 합의내용을 조정조서에 기재함으로써 장래에 당사자들 사이에서 발생할 수 있는 가사분쟁을 억제할 수 있다면, 이를 적극적으로 활용하는 것이 바람직할 것이다. 다만, 이러한 조정조항의 경우, 당사자들 내부적으로는 법적 구속력을 가지는 위 나)항 기재 조정조항과는 달리, 후속사건에서 단순한 참고자료로 활용될 수 있을 뿐이다.

㉰ 실무적으로는 위와 같은 최초의 합의가 성립된 이후에 중대한 사정변경이 있는 등 특별한 사정이 없는 이상, 후속 사건을 처리하는 가정법원도 기존의 합의 내용을 최대한 존

중하는 것이 바람직하다. 다만, 최초의 가사조정절차에서도 후속사건의 발생가능성을 충분히 인식한 상태에서 그 조정조항에 쌍방의 진정한 합의내용 및 제반 상황을 되도록 구체적으로 기재함으로써, 후속사건 담당 법원에 대하여 정확한 정보를 제공하여야 할 것이다.

라) 도의조항(道義條項)

㉮ '쌍방은 이혼한 이후 각자 상대방의 사생활을 침해하지 않는다.' 또는 '피고는 원고가 사건본인에 대하여 면접교섭권을 행사할 수 있도록 적극 협력한다.'와 같이 당사자에게 도의적인 책임이 있음을 주의적으로 확인하거나, 법률상 당연히 인정되는 권리를 단순히 확인하는 조항, 윤리적인 준수를 기대하는 조항, 당사자에게 심리적인 부담을 주기 위한 조항 등은 법률적으로 특별한 효력이 없다. 따라서 이론적으로는 도의조항을 조정조항에 포함시킬 필요는 없을 것이다.

㉯ 다만, 당사자가 강력하게 원하거나, 이러한 내용을 조정조항에 삽입시키는 것이 전체적인 조정내용의 이행과 향후 분쟁의 재발방지에 도움이 된다고 판단된다면, 실무적으로 위와 같은 도의조항을 조정조항에 포함시키는 것에 큰 거부감을 가질 필요는 없다.

2) 가사분쟁에 관한 개별적인 합의의 성격과 효과 등

가) 개별적인 합의의 허용 여부

가사분쟁에 관한 민법 규정 중 일부에 강행법규의 성격이 있기는 하지만, 이러한 사정만으로 쌍방 당사자가 개별적인 합의를 통하여 위 1) 가), 나), 다), 라) 기재 내용에 관한 약정을 하는 것이 전면적으로 금지된다고 볼 수는 없다. 다만, 개별적인 합의의 경우 법원의 조정절차에서 이루어진 것이 아니기 때문에, 아래에서 보는 바와 같이 사안별로 해당 합의내용의 법적 성격이나 효력 등을 검토할 필요가 있다.

나) (법원의 조정조항이 아닌) 개별적인 합의의 성격에 관하여

쌍방 당사자가 위 1) 가), 나), 다), 라) 기재 내용에 관하여 개별적인 합의를 하는 경우, [가정법원이 그 절차에 직접 관여한 위 1)의 경우와 달리] 위와 같은 개별적인 합의가 쌍방의 진정한 의사에 의하여 성립되었는지, 그 내용이 민법 제103조, 제104조에 위반되는 것이 아닌지 등이 실질적으로 문제가 될 수 있다. 위와 같이 사적으로 이루어진 개별적인 합의에 관하여 공증이 이루어지지 않았기 때문에, 그 성립 과정이나 실제법적 효력 등에 대하여 실질적인 다툼이 발생할 수 있기 때문이다.[6]

---

6) 이러한 측면에서 위 1) 가), 나), 다), 라) 기재 내용에 관하여도 당사자들의 합의가 가정법원의 조정절차에서 이루어졌는지 아니면 개별적인 합의절차에서 이루어졌는지 등은 실무적으로 상당한 의미가 있다.

예컨대, 앞서 본 가사분쟁의 특성, 강행법규의 성격을 가지는 관련 법률의 성격 등에 비추어 볼 때, 쌍방 당사자가 내부적으로 법적 구속력을 발생시키는 위 1) 나) 기재와 같은 성격의 약정을 하는 것이 어느 범위 내에서 허용되는지, 이에 관하여 약정 시점이나 방식 등을 제한하는 법률규정이나 관련 법리가 존재하는지 등이 실질적인 쟁점이 될 수 있다.[7]

다) 위 1) 가) 기재와 같은 내용의 개별적인 합의에 관하여

가정법원의 조정절차에서 위 1) 가) 기재와 같이 집행권원 등으로 사용될 수 있는 내용에 관하여 조정이 성립하는 경우 이에 관하여 집행력이나 형성력 등이 발생하는데, 이는 조정에 대하여 재판상 화해와 동일한 효력을 인정하는 명문의 법률규정이 있기 때문이다(가사소송법 제59조 참조). 반면에, 당사자들이 가사조정절차가 아닌 다른 절차에서 위 1) 가) 기재와 같은 내용의 개별적인 합의를 하는 경우, 이에 대하여 위와 같은 집행력이나 형성력 등을 인정할 수 없음은 당연하다.

예컨대, 쌍방 당사자가 가사조정절차에서 이혼을 하면서 "상대방은 청구인에게 ㉠ 위자료로 1억 원을 지급하고, ㉡ 재산분할로 5억 원을 지급한다."라는 내용으로 임의조정을 하였음에도 불구하고 상대방이 ㉠ 위자료 또는 ㉡ 재산분할금을 청구인에게 지급하지 않는 경우, 청구인은 위 조정조서를 집행권원으로 하여 바로 상대방의 재산에 대하여 강제집행을 할 수

---

7) 위와 같이 개별적인 합의의 법적 성격이나 실체법적 효력 등과 관련하여 참고할 수 있는 판례로 아래와 같은 판례를 예시할 수 있다.

㉮ 재산분할에 관한 협의는 혼인중 당사자 쌍방의 협력으로 이룩한 재산의 분할에 관하여 이미 이혼을 마친 당사자 또는 아직 이혼하지 않은 당사자 사이에 행하여지는 협의를 가리키는 것인바, 그 중 아직 이혼하지 않은 당사자가 장차 협의상 이혼할 것을 약정하면서 이를 전제로 하여 위 재산분할에 관한 협의를 하는 경우에 있어서는, 특별한 사정이 없는 한, 장차 당사자 사이에 협의상 이혼이 이루어질 것을 조건으로 하여 조건부 의사표시가 행하여지는 것이라 할 것이므로, 그 협의 후 당사자가 약정한대로 협의상 이혼이 이루어진 경우에 한하여 그 협의의 효력이 발생하는 것이지, 어떠한 원인으로든지 협의상 이혼이 이루어지지 아니하고 혼인관계가 존속하게 되거나 당사자 일방이 제기한 이혼청구의 소에 의하여 재판상이혼(화해 또는 조정에 의한 이혼을 포함한다. 이하 같다)이 이루어진 경우에는, 위 협의는 조건의 불성취로 인하여 효력이 발생하지 않는다고 보아야 할 것이다(대법원 1995. 10. 12. 선고 95다23156 판결, 대법원 2000. 10. 24. 선고 99다33458 판결, 대법원 2001. 5. 8. 선고 2000다58804 판결, 대법원 2003. 8. 19. 선고 2001다14061 판결 등 참조).

㉯ 상속재산의 협의분할은 공동상속인 간의 일종의 계약으로서 공동상속인 전원이 참여하여야 하고 일부 상속인만으로 한 협의분할은 무효라고 할 것이나(대법원 1995. 4. 7. 선고 93다54736 판결 등 참조), 반드시 한 자리에서 이루어질 필요는 없고 순차적으로 이루어질 수도 있으며(대법원 2001. 11. 27. 선고 2000두9731 판결 등 참조), 상속인 중 한 사람이 만든 분할 원안을 다른 상속인이 후에 돌아가며 승인하여도 무방하다(대법원 2004. 10. 28. 선고 2003다65438, 65445 판결, 대법원 2010. 2. 25. 선고 2008다96963, 96970 판결 등 참조).

㉰ 원고들이 소외 2의 사망 전에 이 사건 부동산에 관한 권리를 포기하겠다는 의사를 표시하였다고 하더라도 이는 실질적으로 상속개시 전의 상속포기약정으로서 무효이고, 원고들의 유류분반환청구가 신의칙에 반한다고 볼 수도 없다고 판단한 원심판결에 대하여, 대법원은 이를 그대로 수긍하였다(대법원 2021. 8. 19. 선고 2017다230338 판결 참조).

있다.

반면에, 쌍방 당사자가 협의상 이혼을 하면서 “상대방은 청구인에게 ㉢ 위자료로 2억 원을 지급하고, ㉣ 재산분할로 10억 원을 지급한다.”라는 내용의 개별적인 합의를 한 이후에 상대방이 ㉢ 위자료 또는 ㉣ 재산분할금을 청구인에게 지급하지 않은 경우, 위 개별적인 합의내용은 상대방의 재산에 대한 집행권원이 될 수 없다. 따라서 청구인이 위와 같은 개별적인 합의 내용에 관한 별도의 민사소송을 제기하고, 이에 관한 증거자료 등을 토대로 상대방이 청구인에게 ㉢ 위자료 또는 ㉣ 재산분할금을 지급하라는 취지의 민사판결이 선고된 이후에 비로소 청구인은 위 민사판결을 집행권원으로 하여 상대방의 재산에 대하여 강제집행을 할 수 있다.[8)]

즉, 위 1) 가) 기재 내용에 관한 개별적인 합의에 대하여 집행력이 인정되기 위해서는 별도의 민사판결의 존재가 필수적이므로, 위 1) 가) 기재 내용에 관한 당사자들의 합의가 가정법원의 조정절차에서 이루어졌는지 아니면 개별적인 합의절차에서 이루어졌는지의 문제는 집행력 등 법적 효력의 측면에서 결정적인 의미를 가진다.

라) 위 1) 나) 기재와 같은 내용의 개별적인 합의에 관하여

한편, 가정법원의 조정절차에서 위 1) 나) 기재와 같이 사적 합의(私的合意)을 공증하는 의미를 가지는 조정이 성립한 사안에서도 이에 관하여 집행력 등은 발생할 수 없으므로, 상대방이 위 합의를 제대로 이행하지 않는 경우에, 청구인은 위 조정조항을 근거로 하여 바로 상대방의 재산에 대한 강제집행을 할 수는 없다. 즉, 위 1) 나) 기재와 같은 내용의 조정조항이나 개별적인 합의의 경우 양자 모두 이에 관한 집행력이 인정되기 위해서는 별도의 민사판결의 존재가 필수적이기 때문에, 이러한 측면에서 양자 사이에 실질적인 차이가 없다.

다만, 위 1) 나) 기재와 같은 내용의 개별적인 합의에 관하여 공증은 이루어지지 않으므로, 앞서 본 바와 같이 당사자들 사이에서 그 성립 과정이나 실제법적 효력 등에 대하여 실질적인 다툼이 발생할 수 있다는 측면에서는 양자 사이에 실질적인 차이가 있다.

마) 위 1) 다), 라) 기재와 같은 내용의 개별적인 합의에 관하여

위 1) 다), 라) 기재 내용에 관한 가사조정절차에서의 조정내용을 후속 분쟁에서 중요한 참고 자료로 보아야 한다는 입장을 전제로 하는 경우, 같은 사항에 관하여 유사한 약정이 (가사조정절차가 아니라) 개별적인 합의절차에서 이루어졌다는 사정만으로 그 실질적 의미를

8) 위와 같은 별도의 민사소송사건에서 법원이 해당 민사판결을 선고하면서 가집행선고를 하는 경우 그 판결의 확정 이전이라도 해당 판결은 집행권원이 될 수 있고, 나아가 위 판결이 확정되는 경우 그 판결은 당연히 집행권원이 된다.

부정하기는 어렵다. 따라서 위 1) 다), 라) 기재 내용에 관한 개별적인 합의가 쌍방의 진정한 의사에 기하여 성립된 경우, 이러한 약정이 그 성격상 법적 구속력을 가지기 어렵다는 측면에서 엄밀한 의미에서 '유효'하다고 보기는 어렵지만, 후속 분쟁에서 중요한 참고자료가 될 수는 있다고 봄이 타당하다.[9)]

나. 재산분할에 관한 개별적인 합의의 성격 등에 대하여

1) 이 사건 재산분할협의의 허용 여부 너지 성격 등

이 사건 협의는 상대방이 청구인을 상대로 제기한 이혼 등 소송에서 문제가 된 분쟁을 정리하는 내용을 포함하고 있지만, 이는 (법원의 소송절차 내지 조정절차가 아니라) 개별적인 합의절차에서 이루어진 것이다. 따라서 이 사건 재산분할협의가 법적으로 어떠한 효력이 있는지, 그 성격이 어떠한지를 검토하기 위해서는 먼저 가사비송분쟁에 속하는 재산분할사건에 관한 개별적인 합의의 허용 여부 내지 성격 등에 대하여 전반적으로 살펴볼 필요가 있다.

2) 상속재산분할에 관한 개별적인 합의에 대하여

가) 관련 민법 규정 등

민법 제1013조(협의에 의한 분할) ① 전조의 경우 외에는 공동상속인은 언제든지 그 협의에 의하여 상속재산을 분할할 수 있다.

② 제269조의 규정은 전항의 상속재산의 분할에 준용한다.

제269조(분할의 방법) ① 분할의 방법에 관하여 협의가 성립되지 아니한 때에는 공유자는 법원에 그 분할을 청구할 수 있다.

② 현물로 분할할 수 없거나 분할로 인하여 현저히 그 가액이 감손될 염려가 있는 때에는 법원은 물건의 경매를 명할 수 있다.

나) 개별적인 합의절차에서 이루어진 상속재산 분할협의의 성격 등

(1) 상속재산분할의 심판에는 형성력이 있으므로 그 심판이 확정되면 심판주문에서 선언된 내용에 따라 당사자 사이의 권리의무가 창설, 변경, 소멸된다. 부수처분으로서의 이행명령은 집행권원이 되므로(가사소송법 제41조) 집행력도 있다. 그러나 기판력은 없다. 한편, 대법원은 가정법원의 심판으로 경매를 명한 상속재산분할심판이 확정되면 심판의 당사자는 이 심판에 기하여 상속재산에 대하여 경매를 신청하고 경매에 따른 매각대금을 수령할 권리가 있으나 상속재산분할심판에서 정한 구체적 상속분에 따라 물권변동의 효력이 발생하는 것은

---

9) 다만, 위 1) 다, 라) 기재와 같은 내용의 개별적인 합의에 관하여는 공증이 이루어지지 않으므로, 당사자들 사이에서 그 성립 과정이나 실제법적 효력 등에 대하여 실질적인 다툼이 발생할 수 있다는 측면에서는 가사조정절차에서 이루어진 조정조항과 실질적으로 차이가 있음은 앞서 본 바와 같다.

아니라고 판시하였다(대법원 2012. 12. 27. 선고 2010다10108 판결 참조).[10)]

(2) 한편, 공동상속인들 전원이 진정한 의사에 기하여 피상속인의 상속재산에 관한 분할협의가 이루어지는 경우, '㉮ 당초의 법정 상속분에 따른 공유 또는 준공유 상태의 해소와 ㉯ 협의내용에 따른 새로운 법률관계의 형성'이라는 기본적인 법률효과가 발생한다. 이와 같이 개별적인 합의절차에서 이루어진 상속재산 분할협의는 법정 상속분에 따른 상속법관계를 소급적으로 소멸시키는 대신에 협의 내용에 따른 상속법관계의 형성이라는 법률효과를 발생시키는 것으로서, (법원의 재판절차나 조정절차가 아닌) 개별적인 합의절차에서 성립된 것이라도 공동상속인들 전원의 합의가 전제되는 이상, 그 형식과 관계없이 법적 효력이 인정된다.[11)] 상속재산 분할협의는 요식행위가 아니기 때문이다.

(3) 상속재산 분할협의는 공동상속인 사이에 이루어지는 일종의 계약으로서(대법원 2004. 7. 8. 선고 2002다73203 판결 참조), 상속이 개시되어 공동상속인 사이에 잠정적 공유가 된 상속재산에 대해서 그 전부 또는 일부를 각 상속인의 단독소유로 하거나 새로운 공유관계로 이행시킴으로써 상속재산의 귀속을 확정시키는 것이다(대법원 2007. 7. 26. 선고 2007다29119 판결 등 참조). 상속재산 분할의 기준이 되는 것은 특별수익(민법 제1008조)과 기여분(민법 제1008조의2 제1항)을 고려한 구체적 상속분이나(대법원 2001. 2. 9. 선고 2000다51797 판결 참조), 상속재산 분할협의의 내용은 공동상속인이 자유롭게 정할 수 있으며 어느 공동상속인의 취득분을 영(零)으로 하는 상속재산 분할협의도 유효하다(대법원 2003. 8. 22. 선고 2003다27276 판결, 대법원 2021. 8. 19. 선고 2017다230338 판결 등 참조).

(4) 상속재산의 분할협의는 그 성질상 재산권을 목적으로 하는 법률행위이므로(사해행위 취소에 관한 대법원 2001. 2. 9. 선고 2000다51797 판결 참조), 상속재산의 분할협의에서 상속재산 전체를 일괄하여 분할할 필요는 없고, 상속재산 중 일부에 대한 분할협의도 유효하다. 이와 같이 상속재산 분할협의는 일종의 계약으로서 민법총칙의 의사표시 등을 비롯한 실체법적 관련 규정들이 적용되므로, 위 협의의 효력에 관한 다툼이 발생하는 경우 원칙적으로 민사소송절차에 의하여 해결해야 한다. 대법원 판례도 상속재산 분할협의가 민법 제103조의 적용을 받는지, 그 내용이 민법 제109조에 따라 착오에 기한 의사표시로서 취소대상이 되는지 등이 민사소송의 대상임을 전제로 판단하고 있다(대법원 1996. 4. 26. 선고 95다54426, 54433 판결, 대법원 2007. 10. 25. 선고 2005다27362 판결 등 참조).[12)13)]

---

10) 법원실무제요 가사(Ⅱ), 사법연수원(2021), 1650 참조.

11) 양경승, '상속재산분할협의의 법적 성질과 효력', 사법논집 제66집, 법원도서관(2018), 466 참조.

12) 윤진수 편집대표, 「주해 상속법 Ⅰ」, 박영사(2019), 319(이봉민 집필부분); 양경승(2018), 498-510 참조.

13) 이에 관하여, ① 위 대법원 95다54426, 54433 판결은 "공동상속인 중 1인이 제3자에게 상속 부동산을

(5) 상속재산의 분할협의에 조건을 붙이는 것이 가능한지에 관하여 견해의 대립이 가능하지만, 대법원 판례는 긍정설을 취하고 있다(대법원 2004. 7. 8. 선고 2002다73203 판결 등 참조).[14]

(6) 한편, 상속재산분할의 심판은 공동상속인들 사이에서 분할에 관한 협의가 성립되지 않는 것을 전제로 하는 것이므로(민법 제1013조, 제269조 참조), 위와 같은 상속재산 분할협의가 적용되는 영역에 관하여 상속재산분할의 심판을 청구할 수 없다. 따라서 유효한 상속재산분할협의가 존재함에도 불구하고 공동상속인 중 일부로부터 상속재산분할심판청구가 제기되는 경우, 가정법원은 그 심판청구를 각하하야 된다. 심판청구의 이익이 없기 때문이다.[15]

즉, 공동상속인 사이에 이루어지는 일종의 계약인 상속재산 분할협의가 이미 성립한 상태에서 이에 따른 상속재산분할이 실제로 이루어지지 않는 경우, 특별한 사정이 없는 이상 당사자들은 위 재산분할 협의를 토대로 하여 그 이행을 구하는 별도의 민사상 청구를 할 수는 있으나, 이와는 달리 가정법원에 대하여 상속재산분할의 액수와 방법 등을 정해 달라는 취지의 상속재산분할심판청구(가사비송청구)를 할 수는 없다.

이와 같이 상속재산 분할협의는 위 가. 1) 나) 기재와 같은 내용의 개별적인 합의에 해당하기 때문에, 이를 제대로 이행하지 않는 일부 상속인들의 재산에 대하여 타방 당사자가 강제집행을 하기 위해서는 민사판결 등 별도의 집행권원이 존재해야 한다.

매도한 뒤 그 앞으로 소유권이전등기가 경료되기 전에 위 매도인과 다른 공동상속인들 간에 그 부동산을 위 매도인 외의 다른 상속인 1인의 소유로 하는 내용의 상속재산 협의분할이 이루어져 그 앞으로 소유권이전등기를 한 경우에 위 상속재산 협의분할은 상속개시된 때에 소급하여 효력이 발생하고 등기를 경료하지 아니한 제3자는 민법 제1015조 단서 소정의 소급효가 제한되는 제3자에 해당하지 아니하는바(대법원 1992. 11. 24. 선고 92다31514 판결 참조), 이 경우 상속재산 협의분할로 위 부동산을 단독으로 상속한 자가 협의분할 이전에 공동상속인 중 1인이 그 부동산을 제3자에게 매도한 사실을 알면서도 상속재산 협의분할을 하였을 뿐 아니라 위 매도인의 배임행위(또는 배신행위)를 유인, 교사하거나 이에 협력하는 등 적극적으로 가담한 경우에는 위 상속재산 협의분할 중 위 매도인의 법정상속분에 관한 부분은 민법 제103조 소정의 반사회질서의 법률행위에 해당한다 할 것이다." 라고 판시하였고, ② 위 대법원 2005다27362 판결은 "원심 판시 사실에 의하면, 이 사건 분할협의 당시에 원·피고들을 비롯한 망 김○○의 상속인들은 이 사건 차명예금 등이 상속세 부과대상 재산에서 제외되는 것을 전제로 상속세가 30억 원 정도 부과될 것이라고 예상하는 한편, 이 사건 차명예금 등이 과세대상인 상속재산에 포함될 경우 그에 대하여 상속세나 과징금 등의 세금이 추가로 부과될 수도 있음을 인식하고, 그와 같이 부과되는 경우 등에 대비하여 이 사건 분할협의 내용 중에 '상속으로 인하여 추가되는 세금은 법정상속분에 따라 분할하여 부담'하기로 하는 내용의 합의도 포함시켰다고 봄이 상당하므로, 이 사건 분할협의가 피고들의 주장과 같은 착오에 기인한 것이었다고 볼 수는 없다."라고 판시하였다.

14) 윤진수(2019), 317−318 참조.

15) 법원실무제요 가사(Ⅱ), 사법연수원(2021), 1595−1596 참조.

3) 이혼에 따른 재산분할에 관한 개별적인 합의에 대하여

가) 관련 민법 규정 등

민법 제839조의2(재산분할청구권) ① 협의상 이혼한 자의 일방은 다른 일방에 대하여 재산분할을 청구할 수 있다.

② 제1항의 재산분할에 관하여 협의가 되지 아니하거나 협의할 수 없는 때에는 가정법원은 당사자의 청구에 의하여 당사자 쌍방의 협력으로 이룩한 재산의 액수 기타 사정을 참작하여 분할의 액수와 방법을 정한다.

③ 제1항의 재산분할청구권은 이혼한 날부터 2년을 경과한 때에는 소멸한다.

나) 개별적인 합의에 의한 이혼에 따른 재산분할협의의 성격 등[16)]

(1) 이혼으로 인한 재산분할청구권은 이혼을 한 당사자의 일방이 다른 일방에 대하여 재산분할을 청구할 수 있는 권리로서 이혼이 성립한 때에 그 법적 효과로서 비로소 발생하는 것일 뿐만 아니라(대법원 1998. 11. 13. 선고 98므1193 판결 참조), 협의 또는 심판에 의하여 그 구체적 내용이 형성되기까지는 그 범위 및 내용이 불명확·불확정하기 때문에 구체적으로 권리가 발생하였다고 할 수 없다(대법원 1999. 4. 9. 선고 98다58016 판결, 대법원 2013. 10. 11. 선고 2013다7936 판결 등 참조). 즉, 이혼에 따른 재산분할의 재판은 '형성의 소'의 성격을 가지는 것으로서, 당사자 사이에 '협의가 되지 아니하거나 협의할 수 없는 때'에만 할 수 있는 것이므로, 당사자 사이에 개별적인 합의에 의하여 이미 재산분할에 관한 협의가 성립하였다면 재산분할심판청구는 청구의 이익이 없음을 이유로 이를 각하하거나 사안에 따라서 이를 민사소송으로 보아 민사법원으로 이송하여야 한다.

(2) 이혼에 따른 재산분할협의는 일종의 계약으로서 그 형식과 관계없이 효력을 인정할 수 있고, 쌍방 당사자가 각자 상대방에 대하여 재산분할청구를 하지 않기로 하는 합의를 하는 것도 가능하다. 나아가 이에 대하여 민법총칙의 의사표시 등을 비롯한 실체법적 관련 규정들이 적용되므로, 위 협의의 효력에 관한 다툼이 발생하는 경우 원칙적으로 민사소송절차에 의하여 해결해야 하고, 이러한 재산분할협의에 조건을 붙이는 것도 가능하다(대법원 1995. 10. 12. 선고 95다23156 판결 등 참조). 이와 관련하여 다음과 같은 사항을 유의할 필요가 있다.

(가) 예컨대, 부부가 서로 협의이혼하기로 하고 이혼에 따른 자녀양육, 위자료, 재산분할 등의 조건에 관하여 1991. 6. 26. 합의하여 공증까지 하였으나 그 후 피고가 그 합의내용의 일부를 이행하지 아니한 상태에서 원고가 1991. 9. 26. 이 사건으로써 이혼, 위자료 및 재산분할 등을 구하는 소송을 제기하고, 1991. 10. 8.에 이르러서는 피고에 대하여 위 합의의 해

16) 재산분할청구권에 관한 전반적인 내용에 대하여는 윤진수 편집대표, 「주해 친족법 Ⅰ」, 박영사 (2015), 369-438 참조.

제를 서면으로 통지한 사실과 위 합의의 내용은 아직까지도 완전히 이행되지 아니하고 있는 사실 등이 인정되는 사안에서, 위 1991. 6. 26.자 재산분할의 합의는 적법하게 해제되어 더 이상 존속하지 않으므로, 원고가 재산분할심판청구를 한 것은 적법하다(대법원 1993. 12. 28. 선고 93므409 판결).

(나) 또한 이혼에 따른 재산분할에 관한 협의는 혼인 중 당사자 쌍방의 협력으로 이룩한 재산의 분할에 관하여 이미 이혼을 마친 당사자 또는 아직 이혼하지 않은 당사자 사이에 행하여지는 협의를 가리키는 것인바, 그 중 아직 이혼하지 않은 당사자가 장차 협의상 이혼할 것을 약정하면서 이를 전제로 하여 위 재산분할에 관한 협의를 하는 경우에 있어서는, 특별한 사정이 없는 한, 장차 당사자 사이에 협의상 이혼이 이루어질 것을 조건으로 하여 조건부 의사표시가 행하여지는 것이라 할 것이므로, 그 협의 후 당사자가 약정한대로 협의상 이혼이 이루어진 경우에 한하여 그 협의의 효력이 발생하는 것이지, 어떠한 원인으로든지 협의상 이혼이 이루어지지 아니하고 혼인관계가 존속하게 되거나 당사자 일방이 제기한 이혼청구의 소에 의하여 재판상 이혼(화해 또는 조정에 의한 이혼을 포함한다)이 이루어진 경우에는, 위 협의는 조건의 불성취로 인하여 효력이 발생하지 않는다고 보아야 할 것이다(위 대법원 95다23156 판결 등 참조).[17]

(다) 한편, 피고가 1983년경 사기죄로 고소당하고 손해배상청구소송을 제기당하여 원고가 그 피해자들의 손해를 배상하는 등 원·피고 사이에 금전문제로 불화가 있어 오다가 피고가 1988. 8. 17. 재산을 모두 원고 소유로 한다는 내용의 각서를 작성하여 주었고, 피고는 그 후 1990. 10.경부터 소외 2와 동거하다가 1991. 4. 10. 원고가 이러한 사실을 알게 되자, 용서를 빌며 피고 명의의 부동산을 원고가 처분할 수 있도록 계약서, 인감증명서 등 그에 필요한 서류를 교부하였으며, 피고는 그 후에도 1991. 8.경 부동산 소개를 잘못하여 원고가 그 피해자들의 손해를 배상하는 등의 일이 있게 되자, 피고 명의의 부동산을 원고가 처분할 수 있도록 거래확인서, 양도각서, 위임장, 계약서 등 관련서류를 교부한 사안에서, 대법원은 피고가 위 소외 2와 동거하는 것을 원고가 알게 되고 피고가 부동산 소개를 잘못하여 원고가 그 손해를 배상하게 된 상황에서 원고와의 불화를 피하그자 작성하여 준 것으로서, 이로써 원·피고 사이에 이혼을 전제로 하여 그에 따른 재산분할에 관하여 협의가 성립되었다고는 볼 수 없다고 본 항소심의 판단을 그대로 수긍하였다(대법원 1997. 7. 22. 선고 96므318, 325 판결 등 참조).

17) 위 대법원 95다23156 판결은 원·피고가 1992. 10. 7. 이혼에 따른 위자료 및 재산분할 등 재산분배의 명목으로 피고가 원고에게 금 50,000,000원을 지급하기로 약정하였으나, 쌍방의 의견 불일치로 인하여 협의상 이혼이 이루어지지 않았고, 위 약정 후인 1992. 11. 17. 원고가 피고를 상대로 이혼 및 위자료 금 3,000만 원과 재산분할 금 5,000만 원의 지급을 구하는 소를 제기하였다가 1993. 2. 5. 이를 취하하였고, 이에 피고가 원고를 상대로 이혼청구의 소를 제기하여 1993. 6. 3. 승소판결을 받았으며 그 판결이 1993. 6. 24. 확정됨으로써 재판상 이혼에 이르게 된 사안에 대하여 판단한 사례이다.

또한 대법원 2013. 7. 12. 선고 2011므1116, 1123 판결의 경우, 제1심법원의 조정기일조서에 마치 쌍방 당사자가 피고의 일부 재산에 관한 분할방법에 대하여 합의를 한 것처럼 기재되어 있다고 하더라도, 그 조정기일에 조정이 성립되지 않았고, 재산분할에 관한 전체적인 합의도 이루어지지 않았으므로, 위와 같은 재산분할 방법에 관하여 조정기일조서에 기재된 내용은 위 재산을 포함한 전체 재산에 관한 분할을 전제로 한 당사자의 진술 중 위 재산과 관련한 진술 부분만을 떼어 기록상 남겨두기 위한 목적에서 기재된 것으로 볼 수 있는데, 결국 쌍방 당사자 사이에서 조정이 성립되지 않았다면 위 조정기일에서 위와 같은 피고의 일부 재산에 관한 분할방법에 대하여 확정적인 의사의 합치가 있었다고 보기 어렵다는 이유로, 쌍방 당사자 사이에 유효한 합의가 있었음을 전제로 한 항소심 판단이 잘못되었다고 판시하였다.[18)]

위 각 대법원 판결의 경우, 이혼에 따른 재산분할협의가 민사상 계약의 일종이므로, 당사자들의 확정적인 의사의 합치에 의하여 위 재산분할협의가 성립되어야 한다는 취지로 볼 수 있다.

㈑ 민법 제839조의2에 규정된 재산분할제도는 혼인 중에 부부 쌍방의 협력으로 이룩한 실질적인 공동재산을 청산·분배하는 것을 주된 목적으로 하는 것이고, 이혼으로 인한 재산분할청구권은 이혼이 성립한 때에 그 법적 효과로서 비로소 발생하는 것일 뿐만 아니라 협의 또는 심판에 의하여 구체적 내용이 형성되기까지는 범위 및 내용이 불명확·불확정하기 때문에 구체적으로 권리가 발생하였다고 할 수 없으므로(대법원 1999. 4. 9. 선고 98다58016 판결 참조), 협의 또는 심판에 의하여 구체화되지 않은 재산분할청구권을 혼인이 해소되기 전에 미리 포기하는 것은 그 성질상 허용되지 아니한다(대법원 2003. 3. 25. 선고 2002므1787, 1794, 1800 판결 등 참조). 아직 이혼하지 않은 당사자가 장차 협의상 이혼할 것을 합의하는 과정에

18) 한애라, "이혼에 따른 재산분할심판에서 당사자간 일부 재산분할 합의의 소송상 효력 — 대법원 2013. 7. 12. 선고 2011므1116 판결과 관련하여 —", 가족법연구(32−2), 한국가족법학회(2018), 382−383의 경우, 위 대법원 2011므1116 판결의 사실관계를 종합하여 보면, 제1심 조정기일에서 당사자가 피고의 위 일부 재산과 관련된 일체의 쟁점에 관하여 확정적 합의가 성립하였다고 보기 어렵기 때문에 위 판결의 결론은 수긍할 수 있지만, 위 판결에서 그 판단의 전제가 되는 법리로 "당사자가 소송 중에 일부 재산에 관한 분할방법에 관한 합의를 하였다고 하더라도, 법원으로서는 당사자가 합의한 대로 분할을 하여야 하는 것은 아니다."라고 설시한 것은 '이혼에 따른 재산분할에서 당사자의 합의는 그것이 전체 재산에 대한 확정적인 합의가 아닌 한 법원에 의하여 언제든지 변경될 수 있다.'는 것으로 오해될 소지가 있다고 비판하면서, 이혼에 따른 재산분할은 원칙적으로 협의에 의하고, 협의가 없을 경우에만 재판에 의한 분할이 가능하다는 민법 규정 등에 비추어 볼 때, 재산의 일부(혹은 특정재산에 관한 분할방법)에 관해서라도 당사자 사이에 재산분할의 합의가 있다면, 당사자의 의사가 존중되어 법원의 직권행사는 제한되어야 한다는 취지로 주장한다. 위 주장은 아래 각주 21) 기재 대법원 2021. 6. 10. 선고 2021므10898 판결의 판시내용과 같은 취지로서 타당하다고 생각한다.

서 이를 전제로 재산분할청구권을 포기하는 서면을 작성한 경우, 부부 쌍방의 협력으로 형성된 공동재산 전부를 청산·분배하려는 의도로 재산분할의 대상이 되는 재산액, 이에 대한 쌍방의 기여도와 재산분할 방법 등에 관하여 협의한 결과 부부 일방이 재산분할청구권을 포기하기에 이르렀다는 등의 사정이 없는 한 성질상 허용되지 아니하는 '재산분할청구권의 사전포기'에 불과할 뿐이므로 쉽사리 '재산분할에 관한 협의'로서의 '포기약정'이라고 보아서는 아니 된다(대법원 2016. 1. 25.자 2015스451 결정 등 참조).[19]

(3) 이혼에 따른 재산분할의 협의는 쌍방 배우자 사이에 이루어지는 일종의 계약이고, 그 성질상 재산권을 목적으로 하는 법률행위이므로(사해행위취소에 관한 대법원 2000. 7. 28. 선고 2000다14101 판결 등 참조), 부부공동재산 중 일부 재산에 대한 분할협의도 유효하고, 재산분할에 관한 협의가 이루어진 경우에도 협의 당시 고려되지 않았던 새로운 재산이 추가로 발견되었다면 이에 대한 추가적인 재산분할협의를 하여야 한다.[20][21]

(4) 이혼에 따른 재산분할청구는 당사자 사이에 협의가 이루어지지 않거나 협의할 수 없는 때 비로소 할 수 있으므로, 이미 이루어진 재산분할에 관한 약정의 이행을 구하는 민사청구와는 구별된다(위 대법원 2018다243089 판결 등 참조). 따라서 이혼 당사자들 사이에 이루어지는 일종의 계약인 재산분할협의가 이미 성립한 상태에서 이에 따른 재산분할이 실제로 이루어지지 않는 경우, 특별한 사정이 없는 이상 당사자들은 위 재산분할 협의를 토대로 하여 그 이행을 구하는 별도의 민사상 청구를 할 수는 있으나, 이와는 달리 가정법원에 대하여 재산분할의 액수와 방법 등을 정해 달라는 취지의 재산분할심판청구(가사비송청구)를 할 수는 없다.[22][23]

---

19) 법원실무제요 가사(Ⅱ), 사법연수원(2021), 1455－1456 참조.

20) 법원실무제요 가사(Ⅱ), 사법연수원(2021), 1455－1456 등 참조. 재산분할재판이 확정된 후 재산분할 대상 재산이 새로이 발견된 경우, 추가로 재산분할청구를 할 수 있다는 취지의 대법원 2003. 2. 28. 선고 2000므582 판결 등 참조.

21) 위와 같이 일부 재산에 관한 분할협의가 아직 성립하지 않은 상태에서 일방 배우자가 이혼 및 재산분할청구를 한 사안에서는, 일방 당사자가 특정한 방법으로 재산분할을 청구하더라도 법원은 이에 구속되지 않고 타당하다고 인정되는 방법에 따라 재산분할을 명할 수 있는 것이 원칙이다(대법원 2010. 12. 23. 선고 2009므3928 판결 참조). 다만, 재산분할심판은 재산분할에 관하여 당사자 사이에 협의가 되지 아니하거나 협의할 수 없는 때에 한하여 하는 것이므로(민법 제843조, 제839조의2 제2항), 쌍방 당사자가 일부 재산에 관하여 분할방법에 관한 합의를 하였고, 그것이 그 일부 재산과 나머지 재산을 적정하게 분할하는 데 지장을 가져오는 것이 아니라면 법원으로서는 이를 최대한 존중하여 재산분할을 명하는 것이 타당하고, 그 경우 법원이 아무런 합리적인 이유를 제시하지 아니한 채 그 합의에 반하는 방법으로 재산분할을 하는 것은 재산분할사건이 가사비송사건이고, 그에 관하여 법원의 후견적 입장이 강조된다는 측면을 고려하더라도 정당화되기 어렵다[대법원 2021. 6. 10. 선고 2021므10898 판결 등 참조. 이 쟁점에 관한 상세한 검토는 한애라(2018), 379－404 참조].

22) 즉, 이혼에 따른 재산분할협의가 성립한 경우, 쌍방 당사자는 각자 상대방에 대하여 위와 같이 계약에 따라 이미 정해진 급부의 이행을 청구할 수 있을 뿐이고, 그 계약의 범위를 초과하는 내용의 재산분할심판청구(가사비송청구)를 할 수는 없는 것이다.

이와 같이 이혼에 따른 재산분할협의는 위 나. 1) 나) 기재와 같은 내용의 개별적인 합의에 해당하기 때문에, 이를 제대로 이행하지 않는 일방 당사자의 재산에 대하여 타방 당사자가 강제집행을 하기 위해서는 민사판결 등 별도의 집행권원이 존재해야 한다.

다. 이 사건 협의의 성격과 내용 등에 대한 검토

1) 개별적인 합의의 방식으로 이루어진 약정

가) 이 사건 협의의 경우, 상대방이 2021. 10. 14. 청구인을 상대로 제기한 이혼 등 소송사건과 관련하여 이루어진 것이지만 그 가사조정절차에서 성립한 것은 아니기 때문에, 청구인과 상대방 사이의 개별적인 합의절차에서 이루어진 것으로 볼 수 있다.

나) 즉, 이 사건 협의가 쌍방의 진정한 의사에 기하여 성립되었는지 등을 비롯한 실체법적 쟁점에 관하여 청구인과 상대방 사이에서 실질적인 공방이 이루어진 원인은 이 사건 협의가 (위 이혼소송사건의 조정절차에서 이루어진 것이 아니라) 쌍방의 개별적인 합의절차에서 이

이에 관하여 한애라(2018), 397−398에는 "이혼에 따른 재산분할에서도 당사자의 합의 또는 의사가 법원의 직권에 우선하는 영역이 분명히 존재한다. (부부공동재산 중 일부인 남편 명의의 아파트 지분에 관하여 처에게 소유권이전등기절차를 이행한다는 내용의 재산분할협의가 이루어진 사안에서) 일부 재산분할 협의도 유효하므로, 처는 위 일부 재산분할 협의에 기하여 민사적으로 남편을 상대로 위 아파트 중 남편 명의 지분에 관한 소유권이전등기절차 이행을 청구할 수 있을 것이다. 그리고 나머지 재산에 대하여는 가정법원에 재산분할청구를 하여, 제반사정을 고려할 때 재산분할 비율은 5:5가 되어야 하는데 자신은 위 아파트와 오피스텔만을 가지고 있거나 가지게 될 것이므로, 남편 명의 예금 중 1억 원을 추가로 재산분할금으로 지급받아야 한다고 주장할 수 있을 것이다. (중략) 처가 아파트를 제외하고 1억 원만 재산분할금으로 청구하는 전자의 경우, 법원이 심리 결과 아파트를 처가 아니라 남편이 소유하도록 하는 것이 적정한 재산분할 방법이라는 결론에 이르렀다고 하더라도, 민사소송규칙 제93조 제2항에 따라 법원은 처가 청구하는 청구취지 1억 원을 초과하여 의무이행을 명할 수 없으므로, 처가 분할을 청구하지도 않은 아파트를 임의로 분할대상에 포함시켜 분할을 명할 수는 없다. 또한 아파트에 관하여는 이미 분할이 완결되어 민사소송으로 이행청구를 할 수 있는 이상, 이에 관하여 다시 재산분할을 명할 대상적격이나 소의 이익도 없을 것이다. 결국 법원으로서는 이미 일부 분할협의가 성립한 아파트에 대하여는 원칙적으로 더 이상 재산분할을 명할 수 없고, 다만 잔여재산에 대한 부부 간의 적정한 재산분할 비율을 정하기 위한 전제로 아파트의 가액이나 그 재산형성 과정 등 이미 분할이 종료된 재산에 관하여 직권탐지할 수 있을 뿐이라고 보아야 한다."라고 기재되어 있다.

23) 위와 같이 이혼에 따른 재산분할 협의에 관하여 쌍방 당사자의 합의 또는 의사를 우선시하는 입장의 타당성과 관련하여, 한애라(2018), 399, 403에는 "기본적으로 부부간의 문제는 부부가 가장 잘 알고, 부부가 협의한 대로 재산을 분할하는 것이 가장 이상적이다. 법원이 이러한 부부간의 협의나 합의를 무시하고 스스로 적정하다고 생각하는 방법으로 재산을 분할하거나 이미 협의가 성립한 재산에 다시 사후적으로 개입하는 것은 가사사건에서의 법원의 후견적 지위를 고려하더라도 타당하지 않다. 이러한 관점에서 볼 때, 당사자의 의사가 확실한 영역에서는 법원의 직권 행사가 제한되어야 할 것이다.", "재산분할에서 당사자 합의를 우선시하는 것은 민법상 재산분할의 기본원칙일 뿐만 아니라, 구체적 타당성이 있는 적정한 재산분할에도 더욱 기여할 수 있다. 당사자의 사적 자치보다 법원의 후견적 직권행사가 더 최선의 결과를 낳는다고 단정할 수 없으며, 법원이 당사자보다 더 현명한 해결책을 찾을 수 있다고 보는 것은 국가의 오만일 뿐이다."라고 기재되어 있다.

루어진 것이라는 점에서 비롯된 것이다.

2) 다양한 내용을 포괄하고 있는 약정

나아가 이 사건 협의는 위 이혼분쟁을 정리하기 위하여 위 가. 1) 가), 나), 다), 라) 기재에 관한 내용을 포괄하고 있다[가사조정절차에서 이루어지는 조정조항들의 경우도 실무적으로 서로 다른 성격의 내용들이 포괄적으로 기술되는 경우도 적지 않다는 점은 앞서 본 바와 같다]. 이 사건 협의 중 어느 조항이 쌍방 당사자에게 법적 구속력을 가지는지 혹은 단순히 도의적 조항의 성격을 가지는지 등에 관하여 청구인과 상대방 사이에서 실질적인 공방이 이루어진 원인은 이 사건 협의가 위와 같이 다양한 내용을 포괄하고 있다는 점에서 비롯된 것이다.

라. 청구인 ① 주장에 대한 검토

1) 일반론

민사계약의 성격을 가지는 이 사건 재산분할협의에 대하여 민법총칙의 의사표시 등을 비롯한 실체법적 관련 규정들이 적용되므로, 이에 관한 다툼이 발생하는 경우 원칙적으로 민사소송절차에 의하여 이를 해결해야 한다.

예컨대, 앞서 본 바와 같이 이 사건 협의서 2. 가. 3)에는 "갑과 을은 각 소유권 말소등기절차 및 소유권이전등기절차를 2021. 12. 31.까지 경료하며 갑과 을은 적극협조한다."라고 기재되어 있는데, 만일 위와 같은 등기절차가 제대로 이루어지지 않는 경우 일방 당사자는 타방 당사자에 대하여 그 이행을 구하는 민사청구의 소를 제기할 수 있고, 그 소송절차에서 민법총칙의 의사표시 등을 비롯한 실체법적 관련 규정들에 관한 다툼이 쟁점이 되는 사안에서는 민사법원이 이에 대한 심리·판단을 하는 것이 원칙이다.

2) 재산분할협의의 효력 등 민사소송사항이 재산분할심판의 선결문제가 되는 경우의 처리

한편, 재산분할협의가 유효하게 성립되었는지 여부는 재산분할심판청구의 적법요건과 관련된 것이므로 가정법원에서는 재산분할심판청구의 적법요건이 구비되었는지를 검토하는 단계에서 이를 심리·판단해야 한다.

다만, 이 사건 재산분할협의가 개별적인 합의절차에서 이루어진 계약의 성격을 가지고 있는 이상, 이는 원칙적으로 민사법원에서 심리·판단을 해야 할 사항이다. 그러므로 ㉮ 만일 이러한 쟁점에 관한 민사소송사건이 이미 민사법원에 계속 중이고, 재산분할협의의 효력을 다투는 주장이 그 자체로 이유 없음이 명백하다고 볼 수 없는 등 통상적인 사건유형에 속하는 경우에는 가정법원이 그 민사재판의 결과를 기다린 다음 이를 토대로 재산분할심판을 하는 방식을 취하는 한편, ㉯ 위 ㉮와 같은 별도의 민사소송사건이 존재하지 않는 사안에서는 가정법원에서 이를 독자적으로 심리·판단을 하는 것이 일반적인 실무 관행이다. 어느 경우이든 민사법원과 가정법원의 판단이 상호 모순되지 않도록 하는 것이 중요하다는 점을 특히 유의할 필요가 있다.[24)]

3) 소결론

청구인의 ① 주장은 이 사건 협의서 작성 당시 청구인의 의사표시 등에 하자가 있는 등 실체법적 문제가 있으므로 이 사건 협의의 효력을 인정할 수 없다는 취지로서, 이는 원칙적으로 민사소송사항에 해당한다.

그런데 위 쟁점에 관한 별도의 민사소송사건이 존재하지 않기 때문에, 가정법원이 이 사건 심판청구의 적법요건 검토단계에서 위 쟁점에 대하여 독자적으로 심리·판단을 하는 것이 타당하다. 이 사건 제1심 및 항고심은 청구인의 ① 주장을 인정할 수 있는 증거가 없다는 이유로 그 주장을 배척하면서 이 사건 심판청구가 부적법하다고 판단하였는데, 이와 같이 적법요건을 검토하여 결론을 도출한 것은 타당하다고 본다.

마. 청구인 ② 주장에 대한 검토

1) 일반론

이혼에 따른 재산분할 협의는 그 성격상 민사상 계약에 해당하므로 이에 대하여 조건을 붙일 수 있고, 쌍방 배우자가 (각자 명의의 재산은 그대로 보유한 상태에서) 각자 상대방에 대하여 재산분할청구를 하지 않기로 하는 내용의 합의를 하는 것도 허용된다.

한편, 아직 이혼하지 않은 당사자가 장차 협의상 이혼할 것을 합의하는 과정에서 이를 전제로 재산분할청구권을 포기하는 서면을 작성한 경우, 부부 쌍방의 협력으로 형성된 공동재산 전부를 청산·분배하려는 의도로 재산분할의 대상이 되는 재산액, 이에 대한 쌍방의 기여도와 재산분할 방법 등에 관하여 협의한 결과 부부 일방이 재산분할청구권을 포기하기에 이르렀다는 등의 특별한 사정이 있는 경우 이는 당사자 사이에 협의이혼을 전제로 하여 행하여지는 적법·유효한 '재산분할에 관한 협의'에 해당한다(위 대법원 2015스451 결정 등 참조).

2) 이 사건 재산분할 협의서의 내용과 성격 등

이 사건 재산분할 협의서의 경우, 위 협의서에 명시적으로 기재된 재산 중 일부는 청구인에게 귀속시키고, 다른 일부는 상대방에게 귀속시키는 내용이 기재되어 있으므로, 그 기재

---

24) 법원실무제요 가사(Ⅱ), 사법연수원(2021), 1644-1646에는 상속재산분할의 심판절차와 관련하여 유사한 취지가 기재되어 있다.

내용 자체에 의하더라도 이를 청구인의 주장과 같이 '청구인의 재산분할청구권의 포기'라고 볼 수는 없다. 한편, 앞서 본 판례의 법리에 의하면, 이 사건 재산분할 협의의 내용이 청구인에게 불리하다는 사정만으로 이 사건 재산분할 협의의 효력이 부정되지 않는다.

그렇다면 청구인의 ② 주장의 핵심은 이 사건 재산분할 협의가 혼인관계가 해소되기 전에 이루어진 것으로서 협의이혼을 전제로 한 것이 아니므로 그 효력을 인정할 수 없다는 취지이다. 앞서 본 바와 같이 쌍방 배우자가 각자 상대방에 대하여 재산분할청구를 하지 않기로 합의를 하는 것도 법적으로 허용된다는 것이 대법원 판례의 입장이기 때문이다.[25)]

3) 소결론

이 사건에 제출된 증거자료에 의하면 청구인과 상대방은 협의상 이혼할 것을 전제로 이 사건 재산분할 협의서를 작성하였고, 이후 청구인과 상대방이 2022. 3. 15. 실제로 협의이혼에 이르렀다는 사실을 인정할 수 있으므로, 이 사건 재산분할 협의에 관한 정지조건이 성취되었다고 볼 수 있다. 따라서 이 사건 분할재산 협의서는 그 협의대로 효력이 발생한다고 보아야 하고, 이와 다른 전제에 기초한 청구인의 ② 주장을 배척한 항고심의 판단은 타당하다.[26)]

바. 청구인 ③ 주장에 대한 검토

1) 일반론

대법원 판례는 재산분할 심판에서 분할대상인지 여부가 전혀 심리된바 없는 재산이 심판 확정 후 추가로 발견되는 경우에는 이에 대하여 추가로 재산분할청구를 할 수 있다는 입장을 취하고 있는데(위 대법원 2000므582 판결 등 참조), 같은 맥락에서 전체 재산 중 일부에 대해서만 분할에 관한 협의를 하였음이 인정되는 경우에는 나머지 재산에 대하여 추가로 재산분할청구를 할 수 있다고 보는 것이 일반적인 실무관행이다.[27)]

2) 청구인의 ③ 주장에 관한 실질적 쟁점

이와 같이 재산분할에 관한 협의가 이루어진 경우 협의 당시 고려되지 않았던 새로운 재산이 추가로 발견되었다면 그것 역시 재산분할청구의 대상이 될 수 있으므로, 이 사건 재산분

25) 즉, 2021. 12. 10.자 이 사건 재산분할 협의가 쌍방 당사자의 협의이혼을 전제로 하여 행하여진 것이라고 보는 경우 이는 적법·유효한 '재산분할에 관한 협의'에 해당하는 반면에, 협의이혼을 전제로 하지 않는 개별적인 합의에 해당한다면 이는 적법한 '재산분할에 관한 협의'로 보기 어려운 것이다.

26) 다만, 이러한 정지조건의 성취 여부는 개별 사건의 구체적인 사실관계에 따라 달라질 수 있는데, 쌍방 당사자가 장차 협의상 이혼이 이루어질 것을 조건으로 하여 양육비와 재산분할 등에 관한 협의를 하면서 '향후 서로 상대방에 대하여 본 합의서에서 정한 외의 위자료, 재산분할 등 일체의 재산상 청구를 하지 아니한다.'라는 내용의 약정을 하였으나, 쌍방이 협의상 이혼을 하지 않아서 위와 같은 정지조건이 성취되지 않았다고 판단한 사례로는 서울고등법원 2022. 7. 21. 선고 2021르23483 판결(피고 상고, 대법원 심리불속행 상고기각 판결로 확정) 참조.

27) 법원실무제요 가사(Ⅱ), 사법연수원(2021), 1455－1456 참조.

할 협의서 작성 당시에 위 협의서에 명시적으로 기재되지 않았던 재산들이 그 당시 쌍방 당사자의 고려대상에 해당한다고 볼 수 있는지가 청구인의 ③ 주장에 관한 실질적인 쟁점이다.

3) 항고심 재판부의 판단

항고심 재판부는 "일반적인 부부공동생활의 내용이나 이혼 시 통상 기대되는 재산 조사의 방법과 정도에 비추어, 쌍방 당사자가 경험칙상 알고 있었거나 예상할 수 있었던 공동재산은 설사 그것이 재산분할 합의 당시 명시적으로 거론되지 않았거나 협의서에 기재하지 않았다고 하더라도 재산분할 대상이 되지 않았다고 단정할 수 없고, 통상 이를 전제로 재산분할의 내용과 방법이 협의되었다고 보는 것이 이혼에 따른 재산관계를 종국적으로 청산하고자 하는 재산분할협의 당사자의 의사에 부합한다. 따라서 그러한 재산이 재산분할 협의 당시 쌍방 당사자 또는 일방 당사자가 알지 못하여 협의에 실질적으로 고려되지 않았거나 협의의 전제가 되지 않았다는 구체적·객관적 사정이 증명될 경우에만 다시 새로이 이를 재산분할의 대상으로 분할심판을 청구할 수 있다[서울고등법원 2021. 3. 24.자 2020브2153 결정(확정), 부산고등법원 2021. 11. 4.자 (창원)2021브1005 결정(확정) 등 참조]."라고 정리한 다음, 청구인과 상대방이 이 사건 협의이혼과 관련된 재산분할에 관하여 나눈 대화의 내용 등 이 사건의 구체적인 사실관계를 토대로 하는 경우, 청구인이 주장하는 재산들이 이 사건 재산분할 협의서 작성 당시 예측할 수 없었던 재산이거나 위 협의서 작성 이후 추가로 발견된 재산이라는 점을 인정하기 어렵다고 판단하였다.[28]

위 쟁점에 관하여 명시적으로 판단한 대법원 판례는 발견하기 어렵다.

하급심 판례의 경우 그 판단기준에 관하여 항고심 재판부의 위 판시내용과 유사한 입장을 취한 다음, ㉮ 쌍방 당사자가 향후 재산분할대상이 될 것으로 약정 당시 예측할 수 있었던 재산에 한하여 추후 재산분할청구권을 포기한 것으로 제한 해석함이 상당한데, 문제가 된 금융재산은 해당 약정 당시에 예측할 수 있었던 재산에 해당하지 않는다고 보이므로 위 금융재산을 대상으로 한 추가적인 재산분할청구심판이 적법하다고 판단한 사례,[29] ㉯ 문제가 된 누락재산은 선행 조정 성립 후 추가로 발견된 재산이라거나 청구인이 위 조정 당시에 그 존재를 예측할 수 없었다고 보기 어렵다고 보고, 위 누락재산을 대상으로 한 추가적인 재산분할청구심판이 부적법하다고 판단한 사례[30] 등이 있다.

4) 소결론

위와 같은 하급심 사례들과 이 사건의 구체적인 사실관계 등에 비추어 볼 때, 이 사건

---

28) 구체적인 사정에 관한 사실인정 및 판단 내용 등에 관하여는 위 3. 나. 3) 다) 기재 참조.
29) 서울고등법원 2021. 3. 24.자 2020브2153 결정(확정).
30) 부산고등법원 2021. 11. 4.자 (창원)2021브1005 결정(확정).

재산분할 협의서 작성 당시에 위 협의서에 명시적으로 기재되지 않았던 재산들도 그 당시 쌍방 당사자의 고려 대상에 해당한다고 봄이 타당하다. 일반적인 부부공동생활의 내용이나 이혼 시 통상 기대되는 재산 조사의 방법과 정도에 비추어 볼 때, 쌍방 당사자가 경험칙상 알고 있었거나 예상할 수 있었던 공동재산의 경우 일반적으로 재산분할 협의의 전제가 되었다고 볼 수 있기 때문이다. 따라서 이와 다른 전제에 기초한 청구인의 ③ 주장을 배척한 항고심의 판단은 타당하다고 생각한다.

5. 마무리

우리 법체계에 의하면, 쌍방 당사자 사이에서 이혼에 따른 재산분할 협의가 이루어지지 않은 경우에만 가정법원이 재산분할 심판청구에 대한 본안재판을 할 수 있다. 그런데 부부가 혼인 중에 재산분할을 비롯한 이혼 관련 분쟁에 관하여 개별적인 합의를 한 다음 그 합의의 효력 또는 적용 범위 등을 쟁점으로 하는 후속 분쟁이 발생하는 경우, 위와 같은 개별적인 합의의 법적 성격이나 허용 여부 등에 대하여 전반적으로 검토할 필요가 있다. 당사자들은 가사분쟁에 관하여 다양한 내용으로 개별적인 합의를 할 수 있는데, 가사분쟁에 관한 일부 법률규정은 강행법규의 성격을 가지기 때문이다.

이 사건과 같이 재산분할 협의의 실체법적 하자나 법적 성격 등에 관하여 다툼이 발생하여 재산분할 심판청구의 적법 여부가 실질적인 쟁점이 되는 경우, 전체적인 법체계를 토대로 한 법리적인 접근을 해야 한다. 개별적인 합의절차에서 이루어진 재산분할협의의 적법·유효 여부는 원칙적으로 민사소송사항이고, 이러한 민사소송사항이 재산분할 본안심판의 선결문제가 되는 경우 민사법원과 가정법원의 판단이 상호 모순되지 않도록 특히 유의해야 하기 때문이다. 한편, 이러한 검토과정에서 관련 대법원 판례뿐만 아니라 유사한 쟁점에 관한 하급심 판례에 대해서도 살펴볼 필요가 있을 것이고, 이 사건에서 보는 바와 같이 당사자 사이에 체결된 개별적인 합의의 내용뿐만 아니라, 그 합의의 배경이 되는 구체적인 사실관계 등이 해당 사건의 결론을 좌우할 수 있음을 유의해야 한다.

그러므로 담당 재판부의 입장에서는 당사자가 제출한 주장과 증거들을 토대로 하여 구체적인 사실관계를 파악한 다음 이를 토대로 적절한 법리 판단을 하게 될 것인데, 그 과정에서 논의된 내용들을 사례별로 정리하여 하나씩 축적하는 것은 위와 같은 기준을 정립하는 데에 실질적인 도움이 될 것이다. 이 사건 항고심 결정이 유사한 쟁점들이 포함된 사건을 담당하는 법률가들에게 다소간의 참고 자료가 될 수 있다고 생각한다.

〔4〕 양육처분

1. 친양자 파양 청구와 양육비 지급에 관한 쟁점
2. 면접교섭 과정에서 발생한 아동 탈취에 관한 쟁점
3. 양육처분에 관한 사전처분에 대한 계속성의 원칙과 면접교섭방법 등에 관한 쟁점

1

친양자 파양 청구와 양육비 지급에 관한 쟁점

서울고등법원 2023. 5. 4. 선고 2022르23305 판결
- 서울가정법원 2022. 9. 7. 선고 2020드합41729 판결
- 대법원 2023. 8. 31.자 2023므12454 판결(심리불속행 상고기각)

1. 사안의 개요

가. 당사자: 원고 A[1976년생(여)]
피고 B[1975년생(남)]

나. 혼인신고: 2016. ○. ○.(원고는 재혼, 피고는 초혼)

다. 쌍방 당사자의 가족관계 등

1) 원고와 전혼 배우자 사이의 출생자 1명 C[2005년생(남)], 피고가 친양자로 입양

2) 원·피고의 출생자 D[2016년생(여)], E[2017년생(여)] 등 2명

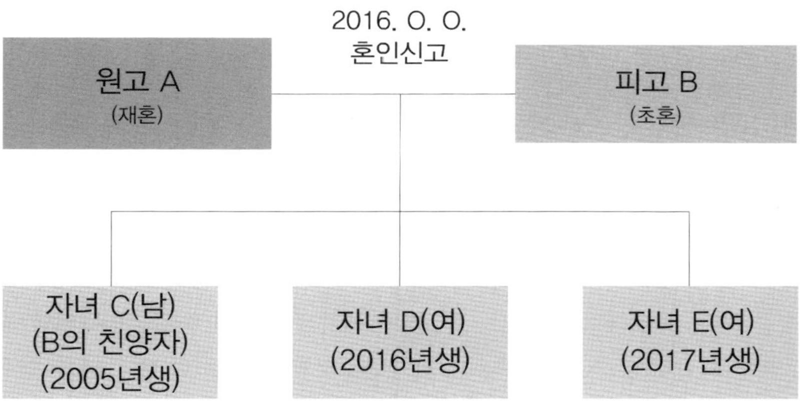

라. 혼인생활의 경과 등

1) 원·피고는 성격과 가치관 차이 등으로 갈등, 2020. 6.경부터 서로 대화도 하지 않았다.

2) 피고가 2020. 9. 22. C가 피고의 말을 듣지 않고 반항한다는 이유로 D, E가 지켜보는 가운데 C의 얼굴을 때리고 복부를 발로 걷어차서 약 5주간의 치료가 필요한 비골 골절 등의 상해를 가하는 사건('이 사건 상해사건')이 발생하였고, 피고는 이로 인하여

① 2020. 9. 25. 주거지 퇴거 및 C에 대한 접근금지 등의 임시조치를 받고,

② 2021. 9. 8. 상해, 아동복지법위반(아동학대)죄로 징역 1년 2월, 집행유예 3년을 선고받았다(서울남부지방법원 2021고단○○○○ 판결).

3) 원고는 2020. 11. 19. 이혼 및 재산분할, 양육비 등을 구하는 이 사건 소를 제기한 이후 변론종결 시점까지 원·피고는 별거하고 있었다.

마. 제1심과 항소심은 원고의 이혼청구를 인용하고, 위자료 및 재산분할 청구를 일부 인용하는 취지의 판단을 함

2. 친양자를 포함한 사건본인들의 양육처분과 관련된 이 사건 쟁점 및 판단

가. 피고의 주장요지

피고는 재혼을 한 다음 사건본인 C를 친양자로 입양하였으나, 이 사건 상해 사건 이후 C와의 관계가 완전히 파탄·단절된 점, 향후 C와 관계를 회복할 가능성이 없고 현재 피고가 C를 상대로 친양자 파양 소송을 제기한 점(수원가정법원 2023드단○○○○○)[1) 등에 비추어 피고에게 C에 대한 양육비 지급을 명하는 것은 부당하다.

나. 제1심의 판단

사건본인들의 친권자 및 양육자로 원고를 지정한 다음, '피고는 사건본인들의 아버지로서 사건본인들을 양육하는 원고에게 양육비를 지급할 의무가 있다. 다만 이 사건 변론에 나타난 여러 사정을 참작하여 C의 양육비는 원고가 부담하도록 하고, 피고는 원고에게 이 판결 선고일이 속한 2022. 9.부터 D, E가 각 성년에 이르기 전날까지 사건본인 1인당 월 500,000원을 매월 말일에 지급하도록 정한다.'라고 판단함으로써, 친양자인 C에 관한 양육비 청구를 기각하는 취지의 판결을 선고하였다.

---

1) 다만, 이 사건 판결이 확정된 이후에 수원가정법원은 피고의 친양자 파양청구를 기각하였고(수원가정법원 2023. 10. 10. 선고 2023드단○○○○○ 판결), 이에 대하여 피고가 항소하지 않아서 위 판결은 2023. 11. 2. 확정되었다.

다. 원고의 항소이유 요지

피고는 (친생자인 D, E의 경우와 마찬가지로) 친양자인 C의 양육비도 원고에게 지급해야 한다.

라. 항소심 재판부의 판단

아래와 같은 사정들을 종합하여 보면, 피고가 친양자인 C에 관한 양육비도 원고에게 지급해야 한다고 판단하였다.

① 친양자 입양은 친양자를 부부의 혼인중 출생자로 보고, 친양자의 입양 전 친족관계를 종료시키는 등(민법 제908조의3) 그 효력이 일반입양의 경우와 차이가 있으므로, 양부모와 친양자 사이의 법률관계를 해석·적용하는 데 있어서 위와 같이 친양자 입양을 규정한 법률의 내용과 취지를 충분히 고려할 필요가 있는 점,

② 설령 이 사건 상해 사건 이후 피고와 C의 관계가 완전히 파탄·단절되었고, 위 상해 사건이 원·피고 사이의 이혼에 결정적인 원인이 되었다고 하더라도, 민법 제908조의5 규정에 따라 가정법원의 재판에 의하여 친양자 파양이 인정되지 않는 한 피고와 C 사이의 친양자 관계는 법률적으로 그 효력이 계속 유지되고 있으므로, 특별한 사정이 없는 한 친양자 입양으로 인하여 발생하는 법률적 효과도 이를 그대로 계속 적용하는 것이 친양자 입양 및 파양을 일반입양보다 엄격하게 정하고 있는 법률 규정의 취지에 부합하는 점,

③ 더군다나 이 사건 상해 사건은 피고가 C에게 상해를 가한 것이므로, 위 상해 사건 등을 주된 이유로 하여 원고의 피고에 대한 이혼 및 위자료 청구를 받아들이면서 피고로 하여금 C에 대한 양육비 지급의무를 면하게 하는 것은 미성년자이자 피해자인 C의 복리에 부합하는 결과라고 볼 수 없는 점,

④ 비록 피고가 C를 상대로 친양자 파양을 청구하였으나, 아직 위 청구에 따라 피고와 C에 대하여 파양을 명하는 재판이 이루어지지 않은 점(친양자 파양은 일반입양에서의 재판상 파양에 비해 그 요건이 엄격하다는 점에 비추어 이 법원에 이르기까지 제출된 모든 증거들을 살펴볼 때 C가 피고에 대하여 패륜행위를 하였다는 점 등을 인정할 만한 자료를 발견할 수 없는데, 이러한 상태에서 C에 대하여 약 5주간의 치료가 필요한 상해를 가한 피고가 일방적으로 친양자 파양 소송을 제기하였다는 등의 사정만으로 패륜행위를 저지르지 않은 C에 관한 양육비를 원고가 전담하게 하는 것은 타당하다고 볼 수 없다).

⑤ 만약 피고와 C 사이의 친양자 파양 소송에서 파양이 선고되고 그 판결이 확정됨으

로써 파양의 효력이 발생하는 경우, 피고로서는 C와의 친양자 관계 해소를 이유로 별도의 양육비 변경 청구를 하는 등의 방법으로 그 시점 이후의 C에 대한 양육비 지급을 면할 수 있는 점

3. 검토

가. 2005. 3. 31. 법률 제7427호로 개정된 민법은 제908조의2 내지 제908조의8을 신설하여 친양자 제도를 도입하였다. 이는 (종래 민법상 일반입양과 달리) 친양자를 양부모의 혼인 중 출생자로 보고, 친양자의 입양 전 친족관계를 종료시키는 한편(제908조의 3), 친양자 파양의 사유를 엄격하게 제한하면서, 일반입양에서 허용되는 협의상 파양이나 재판상 파양에 관한 규정의 적용을 명시적으로 배제하는 등(제908조의 5) 매우 강력한 법률효과를 발생시키는 제도이다. 따라서 가정법원이 위와 같이 엄격한 요건에 대하여 심리하여 친양자 파양재판을 한 다음 그 재판이 확정되기 전까지는 기존 친양자 관계가 그대로 유지된다고 보아야 한다.

나. 실무적으로 재혼 부부 중 일방 당사자가 상대방에게 '전혼 출생자를 상대방의 친양자로 입양해 달라.'는 취지의 요청을 하고, 상대방이 이를 수용하여 친양자 입양이 이루어지는 경우가 적지 않다. 위와 같은 재혼관계가 계속 유지되는 경우에는 별다른 문제가 없을 수도 있지만, 이 사건과 같이 그 혼인관계가 파탄되는 경우, 상대방이 친양자 파양청구를 하면서(혹은 친양자 파양을 요구하면서) 친양자에 대해서는 양육비를 지급할 수 없다는 취지의 주장을 하는 사례가 발생하고 있다.[2)]

다. 항소심 재판부의 입장

1) 항소심 재판부는 위 판시와 같은 이유를 들어서 친양자의 양육문제를 친생자의 경우와 동일하게 취급해야 한다는 입장을 취하였다. 친양자에 관한 법률규정과 미성년자의 복리를 최우선적으로 고려해야 하는 양육처분에 관한 민법 규정의 내용과 취지 등에 비추어 볼 때, 상대방이 일방적으로 친양자 파양 소송을 제기하였다는 등의 사정만으로 상대방이 친양자의 양육비 지급을 거부하는 것이 정당화될 수 없기 때문이다.

---

2) ① 이에 관하여 명시적인 판단을 한 대법원 판례는 발견하기 어렵다. ② 하급심 판결들 중에서 ㉮ 상대방의 위와 같은 주장을 받아들인 사례도 있기는 하지만[이 사건 제1심판결, 창원지방법원 2017. 6. 9. 선고 2016드단51754(본소), 2016드단54333(반소) 판결 등], ㉯ 친양자의 양육문제를 친생자의 경우와 동일하게 취급한 사례가 더 많은 것으로 보인다[수원지방법원 성남지원 2010. 12. 1. 선고 2010드합23(본소), 2010드합30(반소) 판결, 수원지방법원 평택지원 2016. 10. 12. 선고 2014드단4237(본소), 2015드단22096(반소) 판결, 대전가정법원 2022. 9. 7. 선고 2021드단52081(본소), 2021드단55387(반소) 판결 등 참조].

2) 다른 관점에서 보면, 재혼 과정에서 이루어지는 친양자 입양에 대하여 당사자들이 위와 같은 상황의 발생 가능성을 충분히 인식하지 않은 상태에서 친양자 입양을 결정한 것이 아닌가 하는 의문이 제기될 수 있다. 실무적으로 친양자 입양업무를 담당하는 가정법원에서 당사자들이 위와 같은 오해를 하지 않도록 여러 가지 설명자료 등을 배포하고 있는 것으로 알고 있는데, 그럼에도 불구하고 당사자들이 관련 쟁점을 친양자 입양 당시에는 충분히 인식하지 못하였다가, 혼인관계가 파탄된 상황에서 친양자 제도의 법적 효과 자체가 문제라는 식으로 주장하는 사례가 발생하고 있다는 취지이다.

그런데 앞서 본 바와 같이 일단 성립한 친양자 관계에 대해서는 매우 두터운 법적 보호를 할 수밖에 없기 때문에, 재혼 부부의 혼인관계가 파탄에 이르렀다는 등의 사정만으로 친양자 관계가 해소된다고 볼 수는 없을 것이다. 법원에서 민법 제908조의5 등의 명문규정 및 그 규정취지에 배치되는 법해석을 할 수는 없기 때문이다.

3) 그렇다면 당사자의 입장에서 친양자 입양을 결정하기 전에 '친양자 제도의 법적 효과'가 대단히 강력하다는 점, 나아가 친양자 관계가 일단 성립한 경우, 당사자들이 나중에 이를 임의로 해소할 수 없고, 재판을 통한 친양자 파양의 요건은 매우 엄격하다는 점 등을 충분히 숙지한 상태에서 신중한 선택을 할 수 있도록, 실무적으로 가능한 범위 내에서 여러 가지 제도적 장치를 조금 더 보강하는 방안을 검토할 필요가 있을 것이다.[3)]

4. 마무리

관련 쟁점에 관하여 명시적인 대법원 판례가 없는 상태에서 하급심 판결이 엇갈리고 있었기 때문에, 이 사건 항소심 판결이 유사한 쟁점들이 포함된 사건을 담당하는 법률가들에게 다소간의 참고자료가 될 수 있다고 생각한다.

3) 예컨대, 친양자 입양이 이루어지는 경우, 친양자가 미성년자인 단계에서 양육자 지정, 양육비 지급 등을 비롯한 양육처분과 관련되는 것은 물론이고, 친양자가 성년이 된 이후에도 상속 문제 등과 직결될 수 있는 문제라는 점 등을 당사자의 관점에서 쉽게 파악할 수 있도록 적절하게 설명하는 방법 등을 보완할 수 있을 것이다.

2

면접교섭 과정에서 발생한 아동 탈취에 관한 쟁점

서울고등법원 2023. 5. 18. 선고 2023르20075, 2023르20082 판결(확정)
- 서울가정법원 2022. 12. 21. 선고 2022드합37212, 2022드합37229 판결

1. 사안의 개요

가. 당사자: 원고 A[1986년생(남)]
피고 B[1986년생(여)]
제1심공동피고 C[1989년생(남)]

나. 원·피고의 혼인신고: 2014. ○. ○.

다. 원·피고의 출생자
사건본인 D[2016년생(여)], E[2018년생(여)]

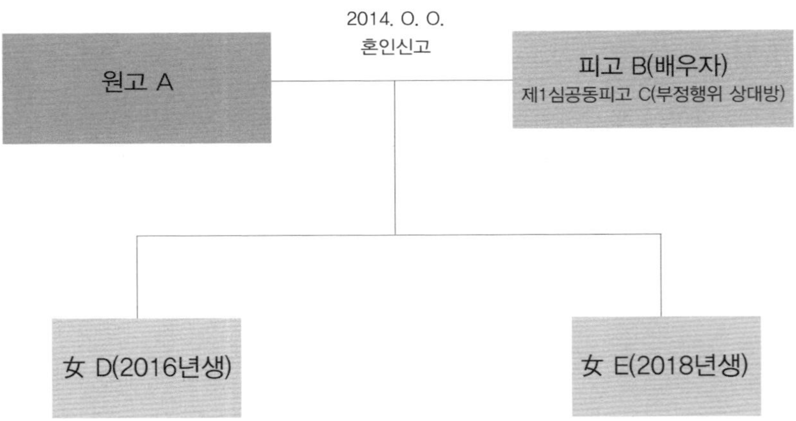

라. 혼인생활의 경과 등

1) 원·피고는 혼인기간 중 성격과 가치관, 표현방식의 차이, 원고 본가와의 관계, 사건본인들의 양육 문제 등으로 갈등, 위 갈등은 피고가 2020. 10.경 디자인 관련 회사에 취직, 늦게 귀가하는 일이 잦아지면서 더욱 심화하였다.

2) 디자인 관련 업무로 서로 알게 된 피고와 C는 2020. 12.경부터 이성교제를 시작하였고, 이후 2021. 3.경까지 밤이나 새벽에 자주 만났다.[1)]

3) 원고와 피고는 2021. 1. 15.경 피고가 C를 만나기 위해 원고에게 거짓말하고 밤늦게 외출했다가 귀가한 일로 서로 몸싸움. 원고가 2021. 2. 7.경 C가 피고에게 선물하면서 케이스 안쪽에 사랑한다고 쓴 메모를 발견하고, 이를 사진으로 남기려는 원고와 막으려는 피고 사이에 또다시 몸싸움하였다. 이에 관하여 원고의 신고로 경찰이 출동하였다.

4) 원고는 피고의 부정행위를 의심, 감시하던 중 피고와 C의 2021. 3. 6. 데이트 모습 확인하였고, 2021. 3. 9. 피고가 사건본인들을 재워놓고 밤늦게 몰래 외출한 사실을 확인하자 사건본인들을 데리고 집을 나왔다.

5) 원고가 2021. 3. 18. 이 사건 본소를, 피고가 2021. 4. 15. 이 사건 반소를 각 제기하였고, 원고는 2021. 3. 9. 이후 사건본인들과 함께 생활하면서 실질적으로 양육하였다.

6) 제1심은 2021. 5. 14. '제1심 절차가 종료될 때까지 피고는 2021. 5.부터 사건본인들을 면접교섭할 수 있다'는 취지의 직권 사전처분을 하였다. 이에 따라 원고는 피고가 제1심 소송 도중에 월 3회, 첫째, 둘째, 넷째 토요일 12:00부터 그 다음 날인 일요일 19:00까지 1박 2일 동안 사건본인들을 면접교섭할 수 있도록 하는 등 피고의 면접교섭권 행사에 협조하였다.

7) 그런데 2022. 12. 21. 선고된 제1심판결이 원고를 친권자 및 양육자로 지정하자, 그 후 첫 번째 면접교섭일인 2022. 12. 24. 피고는 원고로부터 사건본인들을 인도받은 다음, 2022. 12. 25. 사건본인들을 원고에게 다시 데려다 주지 않았다.

8) 원고의 2023. 1. 12.자 사전처분 신청에 의하여 항소심 법원은 2023. 2. 16. '항소심 절차가 종결될 때까지 사건본인들의 임시 양육자로 원고를 지정하고, 피고는 원고에게 사건본인들을 인도하라'는 취지의 결정(서울고등법원 2023즈기2001 결정)[2)]이 있었으나, 피고는 위 7) 기재와 같이 사건본인들을 인도받은 다음 항소심 변론종결일까지 원고에게 사건본인들을 인도하지 않았다. 결국 2022. 12. 25. 이후 원고의 면접교섭이 전혀 이루어지지 않은 상태에서 피고가 사건본인들을 '사실상' 양육한 것으로 볼 수 있다.

---

1) C는 제1심에서, '피고와의 성관계를 비롯한 부정행위를 인정하면서, 다만 피고에게 배우자가 있음을 알지는 못하였고, 그래서 피고와의 결혼까지 측진하였다가 나중에 미성년자녀가 있는 유부녀임을 알고 교제를 중단하였다'고 주장하였고, 제1심은 위 주장을 받아들여서 원고의 C에 대한 위자료청구를 기각하였다.

2) 피고가 재항고하였으나, (이 사건 항소심 판결 선고 이후에) 대법원 2023. 6. 9.자 2023스550 결정에 의하여 피고의 재항고가 기각되었다(심리불속행, 2023. 6. 12. 확정).

마. 제1심과 항소심은 원고의 이혼청구를 인용하고, 위자료 및 재산분할 청구를 일부 인용하는 취지의 판단을 함

2. 사건본인들의 양육처분과 관련된 이 사건 쟁점 및 판단

가. 피고의 항소이유의 요지

피고는 과거 사건본인들의 실질적 양육자였고, 사건본인들과의 애착관계도 깊다. 피고가 2021. 3. 9. 사건본인들을 집에 남겨두고 밤늦게 몰래 외출한 것은 잘못이지만, 피고가 이와 같이 단 1차례 양육을 소홀히 하였다는 이유로 원고를 양육자로 지정하는 것은 부당하다.

나. 항소심 재판부의 판단

아래와 같은 사정들을 종합하여 보면, 사건본인들의 양육자로 원고를 지정하고, 피고에게 사건본인들의 인도를 명하면서, 피고의 면접교섭권 행사를 제한적으로 인정하는 취지로 판단하였다.

1) 제1쟁점(양육자의 지정 및 사건본인들의 인도 관련)

① 피고는 2020. 12.경부터 수개월 동안 C와 부정행위, 그로 인하여 피고가 원고와의 별거가 시작된 2021. 3. 9. 사건본인들을 집에 홀로 둔 채 밤늦게 외출하는 등 사건본인들의 양육을 소홀히 하는 상황이 여러 차례 발생하였다.

② 원고가 2021. 3. 9.부터 2022. 12. 24.까지 사건본인들을 실질적으로 양육할 당시 사건본인들의 양육환경이나 원고의 양육태도 등에 특별한 문제가 없고, 나아가 원고는 제1심의 사전처분에 따라서 피고가 사건본인들에 대한 면접교섭권을 행사할 수 있도록 협조하였다.

③ 피고는 제1심 변론종결 후 제출한 2022. 12. 14.자 참고서면에 "피고가 양육자가 된다면, 면접교섭 뿐만 아니라 이외의 날에도 아빠와 아이들이 자유롭게 교류할 수 있도록 개방적 태도를 유지할 것이며, 특히 아이들이 아빠를 만나고 싶다고 한다면, 그게 언제든 아빠와 만날 수 있도록 적극협조해 줄 것입니다."라고 기재하였는데, 제1심판결 이후 이와 쉽게 조화되기 어려운 행동을 하였다. 이로 인하여 원고는 항소심의 사전처분에도 불구하고, 2022. 12. 25.부터 수개월 동안 사건본인들을 인도받지 못하였고 면접교섭을 하지도 못하였다. 즉, 피고가 친권자 및 양육자로 지정되는 경우 원고와 사건본인들 사이의 면접교섭에 성실하게 협조할 것을 기대하기 어렵다고 판단된다.

④ D의 경우, 2022. 12. 24. 이후 원고에 대한 강한 반감을 보이면서 원고에게 돌아가는 것을 거부하는 듯한 태도를 보이고 있기는 하지만, 원고의 종전 양육방법이나 원고와 사건본인들 사이의 관계에 실질적인 문제가 있었다는 점, 그 당시 D가 원고에 대하여 반감을 가지고 있었다는 점 등을 인정할 수 있는 자료를 발견하기 어려운 상태에서, 피고가 2022. 12. 24. 면접교섭을 기화로 원고로부터 사건본인들을 인도받은 이후에 비로소 D가 원고에 대한 강한 반감을 보이기 시작하였는데[원고는 이에 관하여, 이혼과정에서 사건본인들이 피고의 영향을 받아서 원고에게 등을 돌리는 '부모 따돌림 증후군(Parental Alienation Syndrome)'이 발생한 것이고, 이는 정서적인 아동학대의 결과라는 취지로 주장하였다], 2022. 12. 24.경 이루어진 피고의 일방적인 조치 이후에 사건본인들에게 발생한 현상 등을 근거로 하여 원고를 사건본인들의 양육자로 지정하는 것에 장애가 있다고 단정하기는 어렵다.

2) 제2쟁점(직권, 면접교섭권 행사방법 관련)

피고는 사건본인들의 어머니로서 사건본인들의 원만한 성장과 복리를 위하여 면접교섭할 권리가 있는데, 사건본인들의 나이, 쌍방의 주거 및 양육환경, 당사자들의 의사, 이 사건 제1심 및 항소심의 소송경과 등을 종합적으로 고려하여, 피고의 면접교섭권 행사를 제한적으로 인정하였다.

가) 서울가정법원 면접교섭센터(이음누리)에서 정하는 일정 및 절차에 따라 면접교섭한다.

나) 원고와 피고는 위 가)항의 방법에 의한 면접교섭이 종료된 이후에는 면접교섭의 일정, 장소 및 방법 등에 관하여 협의하여 정한다.

다) 원고는 위 가), 나)항의 방법에 의한 면접교섭이 정해진 경우, 이에 따른 피고의 면접교섭을 방해하여서는 아니 되고, 이에 적극 협조하여야 한다.

라) 피고는 위 가), 나)항의 방법에 의한 면접교섭 과정에서 사건본인들을 다른 곳으로 탈취하지 말 것을 명한다.

3. 검토

가. 자의 양육을 포함한 친권은 부모의 권리이자 의무로서 미성년인 자의 복지에 직접적인 영향을 미치므로 부모가 이혼하는 경우 부모 중 누구를 미성년인 자의 양육자로 지정할 것인가를 정함에 있어서는, 미성년인 자의 성별과 연령, 그에 대한 부모의 애정과 양육의사의 유무는 물론, 양육에 필요한 경제적 능력의 유무, 부 또는 모와 미성년인 자 사이의 친밀도, 미성년인 자의 의사 등의 모든 요소를 종합적으로 고려하여 미성년인 자의 성장과 복

지에 가장 도움이 되고 적합한 방향으로 판단하여야 한다는 것이 확립된 판례의 입장이다(대법원 2008. 5. 8. 선고 2008므380 판결, 대법원 2010. 5. 13. 선고 2009므1458, 1465 판결 등 참조).

나. 그런데 일방 당사자(X)가 미성년자녀를 실질적으로 양육하고, 상대방(Y)은 면접교섭권을 행사하고 있는 것을 토대로 이혼소송이 진행되던 사안에서, Y가 미성년자녀를 일방적으로 탈취하고 그 인도를 거부하는 등의 사실행위에 의한 일방적 조치를 한 다음, '(이러한 상황이 기정사실이 되었음을 전제로 하여) Y가 양육자로서 적합하고, 해당 미성년자녀들이 B가 양육하는 것을 원하고 있다'는 취지의 주장을 하면서 이를 뒷받침하는 사건본인들의 진술서나 동영상 파일 등을 증거로 제출하는 사례가 발생하고 있다.

미성년자녀의 복리를 최우선적으로 고려해야 하는 양육처분에 관한 민법 규정내용과 취지 등에 비추어 볼 때, 위와 같은 상황이 실제로 발생하는 경우 실무적으로 고민이 될 수밖에 없다. 개별 사안별로 구체적인 사정을 고려하는 접근방식을 취해야 하겠지만, ① 우선 X가 실질적으로 혼자 양육을 담당하게 된 경위(이러한 상황 발생에 관하여 Y의 책임을 인정할 수 있는지 등 포함)를 구체적으로 검토한 다음, ② 이를 토대로 하여 (X, Y의 합의 내지 양해가 없는 상태에서) 종래 이루어지고 있던 X에 의한 양육관계를 Y가 일방적으로 변동시키는 조치를 한 것이 정당화될 수 있는지 등을 살펴보면서, ③ 관련된 각급 법원의 재판(본안판결이나 사전처분 등 포함)의 내용과 X, Y의 준수 여부, X, Y의 양육환경 등 제반 사정을 종합적으로 고려하여 판단할 수밖에 없을 것이다.[3)]

다. 항소심 재판부의 입장

1) 제1쟁점(양육자의 지정 및 사건본인들의 인도 관련)

항소심 재판부는 위 판시와 같은 이유를 들어서 사건본인들의 양육자로 원고를 지정하고, 피고에게 사건본인들의 인도를 명하는 취지로 판단하였다. 피고는 1차례의 잘못만 있다는 취지로 주장하고 있으나, 피고의 귀책사유로 인하여 사건본인들의 양육이 소홀하게 된 상황이 여러 차례 발생하였다는 점 등을 비롯한 이 사건 사실관계에 비추어 볼 때, 제1심판결 이후 피고가 2022. 12. 24. 면접교섭을 기화로 원고로부터 사건본인들을 인도받은 이후에 비로소 D가 원고에 대한 강한 반감을 보이기 시작하였다는 등 피고가 주장하는 사정만으로 피고를 양육자로 지정하는 것이 타당하다고 볼 수는 없었기 때문이다.

실무적으로 유사한 구조의 사건에서, 당사자가 부모 따돌림 증후군이 발생하였다고 주

---

3) 양육처분에 관한 계속성의 원칙 등에 대한 상세한 내용은 서울고등법원 2024. 4. 4.자 2024브2029 결정 및 이에 대한 해설(Ⅰ. [4] 3. 양육처분에 관한 사전처분에 대한 계속성의 원칙과 면접교섭방법 등에 관한 쟁점) 참조.

장이 적지 않게 발견된다. 개별 사건을 심리하면서 본격적인 심리상담 등을 실시하지 않은 상태에서 그 존부를 함부로 단정하기는 어렵지만, 최소한 이러한 증후군의 존재가 학술적으로 인정되고 있다는 점은 여러 고려 사항 중 하나로 포함시킬 수는 있을 것이다.

2) 제2쟁점(면접교섭권 행사방법 관련)

이 사건의 경우 제1심판결 선고 이후 피고의 일방적인 입장 번복에 의하여 사실상의 양육관계가 변동되었고 항소심의 사전처분에도 불구하고 항소심 변론종결시점까지 피고가 사건본인들을 인도하지 않았고 원고의 면접교섭권 행사도 봉쇄된 사정이 있기 때문에, 위 1)과 같이 원고를 양육자로 지정하는 항소심 판결 선고 이후 이루어질 피고의 면접교섭권 행사를 어떠한 방식으로 규율할 것인지도 쟁점이 될 수밖에 없다.

이론적으로는 피고의 면접교섭권을 폭넓게 인정하는 방안부터 이를 배제하는 방안까지 모두 상정할 수 있는데,[4] 항소심 재판부는 지나치게 먼 장래의 상황을 예측하여 이를 면접교섭에 관한 사항 등을 항소심판결에 의하여 한꺼번에 정리하는 것은 불가능하다고 보고, 일단 현 단계까지 제출된 자료들을 토대로 하여 필요한 양육처분(면접교섭)의 방식을 구체적으로 정리한 다음, 나중에 상황이 발생하는 경우 그 발생시점에서 실제로 발생한 상황에 대하여 적절하게 대응할 수 있는 여건을 조성하는 것이 바람직하다는 접근방식을 선택하였다.

다른 관점에서 보면, 양육처분에 대한 법원의 판단은 (과거 발생한 사실관계 자체가 아니라) 재판절차에 제출된 쌍방의 주장 및 증거 등을 토대로 하여 장래에 이루어질 상황을 예측한 다음, 미성년자녀의 실질적인 복리에 부합하는 적절한 판단을 하는 구조를 취하게 되는데, 장래에 발생할 상황의 경우 본질적으로 한치 앞의 일도 정확히 예측하는 것은 불가능하다는 것이 양육처분에 관하여 재판부가 부담하게 되는 어려움의 출발점이라고 할 수 있다.[5] 나아가 이 사건에서는 피고가 제1심 변론종결 후 2022. 12. 14.자 참고서면을 제출하였음에도 불구하고, 2022. 12. 21. 제1심판결 선고 이후 불과 3－4일 후에 위 참고서면 기재내용과 쉽게 조화되기 어려운 행동을 하는 등 기존 입장을 일방적으로 번복하였다. 실무적으로 이 사건과 같이 양육문제에 관한 당사자의 주장이나 입장이 소송상 자신에게 유리한 공격방어방법을 선택, 행사한다는 측면에서 쉽게 변경되는 경우가 적지 않고, 이와 같이 당사자의 주장이나 입장이 (미성년자녀의 실질적인 복리 등과 관계없이) 언제든지 변동될 수 있다는 ‘변수’가 존재하는 경우 재판부의 예측 자체가 무의미할 수도 있는 것이다.[6]

---

4) 법원실무제요 가사(Ⅱ), 사법연수원(2021), 1499－1510 참조.

5) 일반적으로 재판 이후에 발생할 가능성이 있는 상황들은 매우 다양한 양상을 띠게 되는데, 재판부가 이를 정확하게 예측할 수 있는 방법은 없다.

6) 예컨대, 이 사건의 경우 피고가 제1심 변론종결 후에 위와 같은 참고서면을 제출하였다는 점 등을 고려하면, 제1심의 입장에서, 그 판결 선고 이후 불과 3－4일 뒤에 피고가 위 참고서면의 기재내용에

이와 같이 당사자의 주관적인 유·불리에 입각한 유리한 공격방어방법의 선택 및 이를 토대로 한 입장변경 등 여러 가지 불확실성이 존재하는 상태에서, 법원이 '장래'에 발생하게 될 미성년자녀에 대한 모든 양육관계를 한꺼번에 정리하는 것에는 본질적인 한계가 있기 때문에, 가사소송법은 이에 대한 재판절차를 '기판력'이 인정되지 않는 가사비송사건으로 규정하고 있다. 즉, 장래의 시간 경과에 따라서 미성년자녀들의 양육에 관한 환경이나 주변 상황이 사후적으로 변경되는 것이 일반적이고, 이러한 사정변경이 발생하는 경우 이에 대응하여 그 장래의 시점에 맞는 적절한 후속처분을 다시 하는 것이 허용된다는 점이 소송사건과의 본질적 차이라는 취지이다.

이 사건의 경우 제1심판결 이후 피고의 일방적인 조치에 따라서 사실상의 양육관계가 변동된 이후 원고의 면접교섭권 행사가 원천적으로 봉쇄된 사정이 있기 때문에 원고의 입장에서는 피고의 언행을 쉽게 신뢰하기 어려운 상태인 반면에, 사건본인들의 복리를 최우선적으로 고려해야 하는 양육처분에 관한 민법 규정취지에 비추어 볼 때, 원고의 면접교섭권과 마찬가지로 피고의 면접교섭권 역시 중요하다는 점 등을 함께 고려해야 하기 때문에, 현 단계에서 피고의 면접교섭권을 완전히 배제하는 것이 사건본인들의 복리를 증진시킬 수 있다고 단정하기도 어려운 상태라고 할 수 있다. 그래서 ① 항소심 판결 선고 이후 가까운 장래(본안판결 확정 이후 수개월 정도)에 이루어질 면접교섭 방식에 관하여는 서울가정법원의 통제에 따라 이루어지는 '이음누리 면접교섭 방식'으로 구체적으로 정리하는 한편, ② 위와 같이 통제된 환경에서 실제로 사건본인들에 대한 면접교섭이 수개월 정도 실시된 이후에 ㉮ 만일 쌍방 당사자 사이에서 면접교섭을 비롯한 양육처분에 관한 협의가 원만하게 이루어지는 경우 그 협의에 따라서 면접교섭 등이 이루어질 수 있도록 정하고, ㉯ 이와는 달리 협의가 이루어지지 않을 경우에는 (항소심 본안판결의 기판력이 인정되지 않으므로) 당사자들이 이에 관한 가사비송청구를 하는 등의 방법으로 가정법원의 후속 판단을 받을 수 있다는 점 등을 고려하여, 항소심판결을 하면서 ② 단계에 대해서는 포괄적인 원칙만 정리하면 충분하다는 접근방식을 취한 것이다.

이러한 접근방식을 취하는 경우, ㉠ ① 단계와 관련하여, 재판절차에 제출된 자료들을 토대로 하여 바로 직면한 장래의 양육처분에 관한 내용을 구체적으로 정리하는 한편, ㉡ ② 단계와 관련하여, 항소심 재판에 이르기까지 제출된 주장들(피고는 사건본인들의 양육에 관하여 단 1차례의 잘못만 인정하고 있으나, 이와 배치되는 제1심공동피고의 구체적인 주장이 존재한다는 점 등 포함)과 증거들의 주요 내용들을 가능한 범위 내에서 항소심 판결 주문과 이유 등에 충실하게 반영함으로써, 만일 나중에 쌍방 당사자의 협의가 무산되어 양육처분에 관한 분쟁이 재

조화되기 어려운 일방적인 조치를 감행할 것이라고 예상할 수는 없었을 것으로 보인다.

연되는 경우 후속 가사비송 재판절차를 담당하는 가정법원이 (이 사건에 관한 문서송부촉탁 등을 하기 전 단계에서) 항소심 판결만 보더라도 쌍방이 제기하는 주장의 맥락, 그 분쟁의 배경 등을 비교적 용이하게 파악한 상태에서 후속 분쟁에 대한 초기 대응을 할 수 있는 여건을 조성하는 것이 중요하다는 입장에서 업무를 처리할 수 있다.

4. 마무리

가사재판을 담당하는 판사들의 경우 면접교섭을 비롯한 양육처분에 관한 가사재판을 하면서 다양한 형태의 분쟁을 직면하게 되는데, 실무에서 위와 같은 다양한 문제를 적정하게 해결하는 것이 쉽지는 않다. 특히 이 사건과 같이 제1심판결 이후 일방 당사자가 면접교섭을 기화로 미성년자녀를 탈취하는 등의 이례적인 상황이 소송과정에서 발생하는 경우, 그 업무를 담당하는 재판부의 입장에서는 본질적으로 불확실성이 내포된 분쟁상황을 일단 마무리해야 하므로, 여러 가지 부담을 가지고 깊이 고민할 수밖에 없다. 이 사건 항소심 판결이 유사한 쟁점들이 포함된 사건을 처리하는 법률가들에게 다소간의 참고자료가 될 수 있다고 생각한다.

3

양육처분에 관한 사전처분에 대한 계속성의 원칙과 면접교섭방법 등에 관한 쟁점

서울고등법원 2024. 4. 4.자 2024브2029 결정(확정)
- 의정부지방법원 고양지원 2024. 1. 17.자 2023드합52011, 2023드합52028 결정

1. 사안의 개요

가. 원·피고의 가족관계 등

원·피고는 2020년 혼인신고를 하였는데, 그 사이에 2021년생 사건본인 C(딸)가 있다.

나. 혼인생활의 경과 등

1) 원고와 피고는 2020년 혼인신고 후 2021년 사건본인을 출산하고 혼인생활을 유지하고 있었는데, 피고는 2022. 5. 18.경 원·피고가 동거하던 거주지에서 사건본인을 데리고 가출하였다가, 피고가 가출한 시점으로부터 약 1개월이 지난 이후 자신의 의사에 따라 원고에게 사건본인을 인계하였다.

2) 그 후 피고는 2022. 8. 16.경 원·피고가 동거하던 거주지로 돌아왔다가, 그로부터 약 10일이 지난 2022. 8. 26.경 사건본인을 거주지에 두고 다시 가출하였고, 그 무렵부터 원고와 피고는 계속 별거 중이다.

3) 피고는 2022. 11. 4. 제1심법원에 이혼, 위자료, 재산분할을 청구하면서 사건본인의

친권자 및 양육자로 피고를 지정한다는 신청취지로 이 사건 조정신청서를 제출하였고, 원고도 같은 날 제1심법원에 이혼 및 위자료를 청구하면서 사건본인의 친권자 및 양육자로 원고를 지정한다는 청구취지로 이 사건 소장을 제출하였다.

4) 이 사건은 처음에는 제1심 단독재판부에 배당되었는데(의정부지방법원 고양지원 2022드단66429, 2023드단50209), 피고가 2023. 11. 30. 반소 청구취지를 확장한 다음 2023. 12. 4.자 이송결정으로 인하여 합의재판부가 사건을 담당하게 되었다(의정부지방법원 고양지원 2023드합52011, 2023드합52028).

다. 사건본인의 양육에 관한 사정과 제1심의 사전처분 등

1) 피고는 2022. 11. 4.자 이 사건 조정 신청서를 제출한 이후인 2022. 12. 16. 피고의 모친과 함께 사건본인이 다니는 어린이집에 찾아가서 자고 있던 사건본인을 데려가려고 시도하였고, 그 과정에서 '피고와 피고의 모친이 사건본인을 데려가려고 시도한다는 사실'을 알게 된 원고는 경찰에 신고를 하였다.

2) 제1심 단독재판부는 2023. 7. 21. 아래와 같은 사전처분을 하였다.

『이 사건의 제1심 소송절차가 판결 선고 또는 조정 성립 등으로 종료될 때까지 아래와 같이 직권으로 사전처분 사항을 정한다.

1. 피고(반소원고, 이하 '피고')와 사건본인의 임시 면접교섭에 관하여 다음과 같이 정한다.
가. 일정: 월 2회, 매월 둘째, 넷째 주 토요일 15:00부터 17:00까지
나. 방법: 피고가 사건본인의 거주지에 데리러 가서 키즈카페 등 책임질 수 있는 장소에서 면접교섭을 진행한 다음 사건본인을 주거지로 다시 데려다 준다.
다. 원고(반소피고, 이하 '원고')는 면접교섭을 방해하여서는 아니 되고, 면접교섭에 적극 협조하여야 한다.』

3) 이에 대하여 원고는 2023. 7. 31. 항고장을 제출하는 등 위 2023. 7. 21.자 사전처분에 대하여 불복하였고, 이에 따라 피고의 임시 면접교섭 등이 제대로 이루어지지 않았다.

4) 한편, 고양지원 가사조사관은 가사조사를 실시한 다음 2023. 10. 15.자 가자조사관보고서를 작성하였고, 앞서 본 바와 같이 제1심 합의재판부는 2023. 12. 4. 이송결정을 하였다.

5) 그 후 제1심 합의재판부는 2024. 1. 17. 아래와 같은 사전처분을 하였다.

『위 사건의 제1심 절차가 판결 선고나 조정 성립 등으로 종결될 때까지 아래와 같이 정한다.

1. 원고(반소피고)는 피고(반소원고)에게 2024. 2. 12.까지 사건본인을 인도하고, 피고(반소원고)는 원고(반소피고)의 주거지 또는 원고(반소피고)와 협의한 장소에서 사건본인을 인도 받는다. 구체적인 인도일정 및 방법은 원고(반소피고)와 피고(반소원고)가 사건본인의 연령 및 복리를 우선적으로 고려하여 협의하여 정한다.
2. 사건본인의 임시양육자를 2024. 2. 12. 및 사건본인 인도일 중 먼저 도래하는 날까지는 원고(반소피고)로, 그 이후에는 피고(반소원고)로 지정한다.
3. 원고(반소피고)와 피고(반소원고)는 면접교섭에 관하여 다음의 사항을 이행한다.

가. 원고(반소피고)와 피고(반소원고)는 고양지원 면접교섭센터(바라, 봄)에서 상담위원의 참여 하에 위 센터에서 정하는 일정에 따라 사건본인과 면접교섭을 한다.

나. 원고(반소피고)와 피고(반소원고)는 이 결정 확정일로부터 7일 이내에 위 면접교섭센터 이용신청서를 제출하여야 한다.

다. 원고(반소피고)와 피고(반소원고)는 위와 같이 면접교섭을 진행함에 있어 위 면접교섭센터에서 정한 규칙과 절차를 따라야 한다.』

6) 이에 대하여 원고는 2024. 1. 30.자로 즉시항고장을 제출하여 항고심 재판부가 위 사전처분에 관한 항고심을 담당하게 되었다.

7) 한편, 제1심 합의재판부는[1] 2024. 3. 8. 위 5)항 기재 종전 사전처분을 변경하는 아래와 같은 사전처분을 하였다.

『이 법원의 2024. 1. 17.자 사전처분이 확정되기 전까지(그 전에 이 사건의 제1심 소송절차가 판결 선고 또는 조정 성립 등으로 먼저 종료되는 경우 그 시점까지) 피고(반소원고, 이하 '피고'라 한다)와 사건본인의 임시 면접교섭에 관하여 다음과 같이 정한다.

1. 장소 및 일시: 월 2회, 토요일 오후 고양지원 면접교섭센터 "바라, 봄"에서 실시하되, 구체적인 일시 및 시간은 위 센터에서 정하는 바에 따른다.
2. 원고(반소피고, 이하 '원고'라 한다)와 피고는 이 결정을 고지받은 날부터 14일 이내에 고양지원에 위 면접교섭센터 이용신청서를 제출하여야 한다.
3. 원고는 면접교섭에 적극 협조하여야 하고, 원고와 피고는 면접교섭을 실시함에 있어 면접교섭센터에서 정한 규칙과 절차를 따라야 한다.』

---

1) 위 5)항 기재 사전처분 당시 재판부 구성원이 2024. 2. 인사이동으로 인하여 전부 바뀐 상태였다.

2. 이 사건 쟁점 및 항고심 재판부의 판단

가. 원고의 항고이유의 요지

원고는 2022. 8. 26. 피고와 별거 이후 실질적으로 사건본인을 혼자서 양육하고 있고, 사건본인과의 애착관계도 깊다. 반면에, 피고는 사건본인에 관한 양육의사가 결여되고 적절한 양육 환경을 조성할 능력이 없는 등 양육자로서의 자질이 부족함에도 불구하고, 제1심에서 피고를 임시양육자로 지정하는 내용의 사전처분을 한 것은 위법하다.

나. 항고심의 결정 이유 등

1) 항고심 재판부는 2024. 4. 4. 아래와 같은 사전처분에 관한 결정을 함

『1. 제1심결정을 다음과 같이 변경한다.

원고(반소피고)와 피고(반소원고) 사이의 의정부지방법원 고양지원 2023드합52011(본소), 2023드합52028(반소) 사건의 제1심 소송절차가 판결 선고나 조정 성립, 재판상 화해 등으로 종료될 때까지 아래와 같이 정한다.

가. 사건본인의 임시양육자를 원고(반소피고)로 지정한다.

나. 피고(반소원고)와 사건본인의 임시 면접교섭에 관하여 다음과 같이 정한다.

1) 장소 및 일시: 월 2회, 토요일 오후 의정부지방법원 고양지원 면접교섭센터 "바라, 봄"에서 실시하되, 구체적인 일시 및 시간은 위 센터에서 정하는 바에 따른다.

2) 원고(반소피고)와 피고(반소원고)는 이 결정을 고지받은 날부터 14일 이내에 고양지원에 위 면접교섭센터 이용신청서를 제출하여야 한다.

3) 원고(반소피고)는 면접교섭에 적극 협조하여야 하고, 원고(반소피고)와 피고(반소원고)는 면접교섭을 실시함에 있어 위 면접교섭센터에서 정한 규칙과 절차를 따라야 한다.

2. 항고비용은 각자 부담한다.』

2) 제1쟁점(임시양육자의 지정 관련)에 관한 결정이유

가) 관련 법리(대법원 2022. 6. 9.자 2022스539 결정의 판시내용 인용)

법원이 민법 제837조 제4항에 따라 미성년 자녀의 양육자를 정할 때에는, 미성년 자녀의 성별과 연령, 그에 대한 부모의 애정과 양육 의사의 유무는 물론, 양육에 필요한 경제적 능력의 유무, 부와 모가 제공하려는 양육방식의 내용과 합리성·적합성 및 상호 간의 조화 가능성, 부 또는 모와 미성년 자녀 사이의 친밀도, 미성년 자녀의 의사 등의 모든 요소를 종합적으로 고려하여, 미성년 자녀의 성장과 복지에 가장 도움이 되고 적합한 방향으로 판단하여야 한다.

별거 이후 재판상 이혼에 이르기까지 상당 기간 부모의 일방이 미성년 자녀, 특히 유아를 평온하게 양육하여 온 경우, 이러한 현재의 양육 상태에 변경을 가하여 상대방을 친권자 및 양육자로 지정하는 것이 정당화되기 위해서는 현재의 양육 상태가 미성년 자녀의 건전한 성장과 복지에 도움이 되지 아니하고 오히려 방해가 되고, 상대방을 친권자 및 양육자로 지정하는 것이 현재의 양육 상태를 유지하는 경우보다 미성년 자녀의 건전한 성장과 복지에 더 도움이 된다는 점이 명백하여야 한다.

특히 비양육친을 양육자로 지정하는 경우, 법원은 양육자 지정 후 사건본인의 인도가 실제로 이행될 수 있는지, 그 이행 가능성이 낮음에도 비양육친을 양육자로 지정함으로써 비양육친이 경제적 이익을 누리거나 양육친에게 경제적 고통을 주는 결과가 발생할 우려가 없는지 등에 대해 신중하게 판단할 필요가 있다.

이러한 원칙은 가사소송법 제62조 제1항에 따른 자녀의 양육에 관한 사전처분에 관한 결정을 함에 있어서도 타당하므로, 양육에 관한 현상을 변경하는 사전처분은 자녀의 복리를 우선적으로 고려하고 양육자 결정에 관한 모든 요소를 참작하여 사건의 해결을 위하여 특히 필요하다고 인정되는 경우에 한하여야 한다.

나) 구체적 판단[2)]

이 사건 기록 등에 의하면, 원고의 양육 환경, 애정과 양육 의사, 경제적 능력, 사건본인과의 친밀도 등에 어떠한 문제가 있다거나 사건본인에 대해 원고가 사실상 양육하고 있는 현재의 양육 상태에 변경을 가하여 피고를 임시양육자로 지정하는 것이 현재의 양육 상태를 유지하는 경우보다 사건본인의 건전한 성장과 복지에 더 도움이 된다는 점이 명백하다고 보기 어렵다. 따라서 사건본인의 임시양육자를 현재 양육을 하고 있는 원고로 정하는 것이 적정하다고 판단된다.

① 피고는 2022. 5. 18.경 원·피고가 동거하던 거주지에서 사건본인을 데리고 가출하였다가, 피고가 가출한 시점으로부터 약 1개월이 지난 이후 자신의 의사에 따라 원고에게 사건본인을 인계하였다. 그 후 피고는 2022. 8. 16.경 원·피고가 동거하던 거주지로 돌아왔다가, 그로부터 약 10일이 지난 2022. 8. 26.경 사건본인을 거주지에 두고 다시 가출하였고, 그 무렵부터 현재까지 원고와 피고가 별거 중이다. 위와 같이 피고가 자신의 의사에 따라 원고에

2) 위 가)항 기재 관련 법리가 구체적으로 어떻게 적용되는지가 쟁점이므로, 아래에서는 이 사건 항고심 결정이유에 기재된 이 사건 사실관계 등을 비교적 상세하게 정리하였다.

게 사건본인을 인계한 이후 별거함에 따라 원고는 2022. 8.경부터 현재까지 약 1년 8개월 동안 사실상 양육친으로서 사건본인을 계속하여 평온하게 양육하고 있다.

② 원고는 현재 자신의 아버지(1944년생)와 같은 거주지에서 거주하고 있고, 원고의 누나 역시 원고의 거주지 근처에서 거주하고 있다. 원고의 아버지 및 누나가 사실상 양육보조자로서 사건본인의 양육에 적극적으로 참여하고 있는 것으로 보인다. 이에 관하여 사건본인이 이전에 다니던 어린이집의 담임교사인 D는 「C는 잘 웃고 잘 먹고 순한 편이어서 어린이집에서의 생활도 너무 잘 하고 있고 예쁨도 많이 받고 있어요. 언니 오빠들도 예쁘다고 와서 안아주기도 하구요. 너무 밝고 사랑스러운 C입니다.」라는 내용이 포함된 2022. 12. 22.자 사실확인서를 작성하였고, 사건본인이 현재 다니고 있는 어린이집의 담임교사 E 등은 「현재 C 친구는 몸도 마음도 아주 건강하고 밝은 모습으로 잘 생활하며 잘 성장하고 있습니다.」라는 내용이 포함된 2024. 1. 25.자 탄원서를 작성한바, 이와 같이 사건본인은 원고의 거주지 근처 어린이집에 1년 이상 별다른 문제없이 등원하면서 교우관계 등을 유지하고 있는 것으로 판단된다.

③ 원고는 ○○○○○ 교수로 재직하면서 안정적인 수입을 얻고 있고, 출·퇴근 시간을 이용하여 사건본인을 어린이집에서 등·하원시키고 있는 것으로 보인다. 원고의 출·퇴근 시간이 일정하고 원고의 가족들이 사실상 양육보조자로서 사건본인의 양육에 적극 참여하고 있는 점 등을 고려할 때, 원고가 경제활동과 사건본인의 양육을 병행하는 것에 어려움이 있을 것으로 보이지는 않는다.

④ 반면에, 피고는 원고와의 별거 이후 부모님이 있는 순천에서 거주하였다가 서울 소재 직장에 취업하면서 거주지를 서울 동작구로 옮겨 생활하기 시작하였다. 피고의 부모는 현재 순천에서 거주하고 있고, 피고의 부친은 순천에서 직장생활을 하고 있다. 피고와 그 모친은 '피고가 사건본인에 대한 양육권을 가지게 될 경우 피고 모친이 서울 동작구로 이사하여 사건본인을 함께 양육하겠다'는 취지로 이야기하고 있으나, 그 경우 피고의 부친과 모친은 별거를 하여야 하고 피고는 직장생활을 하여야 하므로, 사건본인에 대한 주된 양육자는 피고의 모친이 되는 결과가 발생한다. 그런데 피고의 모친은 사건본인의 출생 이후 현재까지 한 차례도 사건본인의 주 양육자였던 적이 없던 것으로 보인다.

⑤ 사건본인의 나이가 현재 약 만 3세이고, 그동안의 양육 형태와 양육 환경 등을 고려할 때, 사전처분에 의하여 사건본인의 임시양육자를 피고로 지정한 이후 사건본인의 인도가 실제로 이행될 수 있을지에 관하여 의문이 제기될 수 있다. 설령 사전처분에 따라 사건본인의 인도가 이루어진다고 하더라도, 그 과정에서 사건본인의 주거지 및 생활환경이 변경되게

되고, 환경의 변화로 인하여 유아인 사건본인이 겪게 될 정신적 충격과 혼란이 불가피할 뿐만 아니라, 사건본인의 생활환경 등을 현 단계에서 인위적으로 변경하는 것이 사건본인의 건전한 성장과 복지에 도움이 된다고 보기는 어렵다. 특히 사건본인의 나이를 고려하면 위와 같은 현상변경에 대하여 원고와 피고가 사건본인에게 납득할 수 있는 설명을 하기 어려울 것으로 판단된다.

⑥ 원고는 현재 고양시에 거주하고 있는 반면, 피고는 현재 서울 동작구에 거주하고 있으므로, 만일 사건본인의 인도가 실제 이행될 경우 사건본인은 현재 다니고 있는 어린이집이 아닌 피고 거주지 근처의 다른 어린이집을 다녀야 한다. 그런데 피고는 현재까지 사건본인이 등원할 어린이집을 등록하지 아니하였고, 사건본인을 인도받은 이후에도 어린이집 정원 등의 문제로 인하여 어린이집에 등록하지 못하게 될 가능성 역시 존재한다. 사건본인이 어린이집을 옮기거나, 어린이집을 다니지 못하게 됨에 따라 사건본인이 겪을 정신적 혼란이 불가피할 뿐만 아니라, 이러한 변화가 사회성을 형성하고 발달하는데 중요한 시기인 유아기를 보내고 있는 사건본인의 사회성 형성이나 발달에 도움이 된다고 보기는 어렵다.

⑦ 피고는 원·피고의 거주지에서 2022. 5. 18.경 사건본인을 데리고 나온 다음 2022. 6.경 자신의 의사에 따라 원고에게 사건본인을 인계하였고, 원고와 피고의 협의이혼을 논의하는 과정에서 사건본인의 양육자로 원고를 지정하는 데에 동의하였다. 이러한 점에 비추어 볼 때, 최소한 원고의 양육 의사와 피고의 양육 의사가 대등하거나, 원고의 양육 의사가 더 강한 것으로 보인다. 관점에 따라서 원고의 양육 방법에 부족한 측면이 있다는 비판이 제기될 여지가 있기는 하지만, 「C는 아빠와의 애착이나 관계형성이 너무 잘 되어 있어 보이고 무엇보다도 안정돼 보이는 것이 참 좋아 보였습니다.」라는 내용이 포함된 위 D의 2022. 12. 22.자 사실확인서의 기재내용이나, 「C도 아빠와 안정적인 애착으로 아빠를 많이 좋아하고 언어 표현이 되면서부터는 평소 아빠 이야기를 많이 하며 특히 아빠 이야기를 할 때는 잘 웃고 밝은 모습입니다」라는 내용이 포함된 E 등의 2024. 1. 25.자 탄원서의 기재내용 등에 비추어 볼 때, 원고의 사건본인에 대한 애정 및 원고가 사건본인에게 제공하는 양육방식의 내용과 합리성·적합성에 객관적인 문제가 있는 것으로 보이지는 않는다. 그렇다면 사건본인에 대해 원고가 사실상 양육하고 있는 현재의 양육 상태에 변경을 가하여 피고를 임시양육자로 지정하는 것이 현재의 양육 상태를 유지하는 경우보다 사건본인의 건전한 성장과 복지에 더 도움이 된다는 점이 명백하다고 보기는 어렵다.

3) 제2쟁점(면접교섭권 행사방법 관련)에 관한 결정이유

이 사건 기록 및 다음 사정에 비추어 보면, 피고가 법원이 운영하는 면접교섭센터에서 주문 제1의 나.항과 같은 방법으로 사건본인에 대한 면접교섭을 할 수 있도록 정하는 것이

적정하다고 판단된다.

① 피고가 2022. 11. 4. 제1심법원에 이 사건 조정 신청서를 제출한 이후인 2022. 12. 16. 사건본인이 다니는 어린이집에 피고의 모친과 찾아가 어린이집에서 자고 있는 사건본인을 데려가려고 시도하였고, 그 과정에서 '피고와 피고의 모친이 사건본인을 데려가려고 시도한다는 사실'을 알게 된 원고가 경찰에 신고하였다(갑 제8호증).

② 제1심법원이 2024. 3. 8. 사건본인의 임시 면접교섭에 관하여, '고양지원 면접교섭센터에서 피고가 사건본인에 대한 임시 면접교섭을 하되, 구체적인 일시 및 시간은 위 센터에서 정하는 바에 따른다.'는 취지의 사전처분을 다시 하였고, 위와 같은 면접교섭 방법에 대하여는 원고가 협조하고 있다.

[민법 제837조의2 제1항은 "자를 직접 양육하지 아니하는 부모의 일방과 자는 상호 면접교섭할 수 있는 권리를 가진다."라고 하고, 제3항은 "가정법원은 자의 복리를 위하여 필요한 때에는 당사자의 청구 또는 직권에 의하여 면접교섭을 제한·배제·변경할 수 있다."라고 규정한다. 부모와 자녀의 친밀한 관계는 부모가 혼인 중일 때뿐만 아니라 부모의 이혼 등으로 자녀가 부모 중 일방의 양육 아래 놓인 경우에도 지속될 수 있도록 보호할 필요가 있는바, 면접교섭권은 이를 뒷받침하여 자녀의 정서안정과 원만한 인격발달을 이룰 수 있도록 하고 이를 통해 자녀의 복리를 실현하는 것을 목적으로 하는 제도이다. 이는 자녀의 권리임과 동시에 부모의 권리이기도 하다. 이러한 관련 규정의 문언 및 면접교섭의 취지 및 성질 등을 고려하면, 가정법원이 면접교섭의 허용 여부를 판단할 때에는 자녀의 복리에 적합한지를 최우선적으로 고려하되, 부모에게도 면접교섭을 통해 자녀와 관계를 유지할 기본적인 이익이 있으므로 이를 아울러 살펴야 한다. 따라서 가정법원은 원칙적으로 부모와 자녀의 면접교섭을 허용하되, 면접교섭이 자녀의 복리를 침해하는 특별한 사정이 있는 경우에 한하여 당사자의 청구 또는 직권에 의하여 면접교섭을 배제할 수 있다. 다만 이 경우에도 부모의 이혼 등에 따른 갈등 상황에서 단기적으로 자녀의 복리에 부정적인 영향을 미치는 요인이 일부 발견되더라도 장기적으로 면접교섭이 이루어질 때 자녀의 복리에 미치는 긍정적인 영향 등을 깊이 고려하여, 가정법원은 개별 사건에서 합목적적인 재량에 따라 면접교섭의 시기, 장소, 방법 등을 제한하는 등의 방법으로 가능한 한 자녀의 성장과 복지에 가장 도움이 되고 적합한 방향으로 면접교섭이 이루어질 수 있도록 하여야 하고, 이러한 고려 없이 막연한 우려를 내세워 면접교섭 자체를 배제하는 데에는 신중하여야 한다. 이때 면접교섭이 자녀의 복리를 침해하는지 여부는 자녀의 연령, 건강상태, 면접교섭에 대한 의사와 함께 면접교섭을 청구하는 부모 일방과 자녀 사이의 유대관계나 친밀도, 면접교섭을 청구하는 의도나 목적, 자녀의 현재 양육환경에 비추어 면접교섭이 양육자인 부모 일방과 자녀 사이의 갈등을 유발하거나 자녀가 새로운 양육환경에 적응하는 데 장애가 되는지, 면접교섭 청구인에게 양육자인 부모 일방 또는 자녀에 대한 현저한 비행이나 아동학대 등의 전력이 있는지 등을 종합적으로 고려하되, 면접교섭이 자녀의 복리에 단기적·장기적으로 어떠한 영향을 미치는지를 구체적으로 살펴 자녀의 성장과 복지에 가장 도움이 되고 적합한 방향으

로 판단하여야 한다(대법원 2021. 12. 16.자 2017스628 결정 등 참조).

앞서 본 바와 같은 이유로 현 단계에서 사건본인의 임시양육자를 원고로 정하면서 피고가 위와 같은 방법에 따라 사건본인에 대한 면접교섭을 할 수 있도록 정하는 것이 타당하다고 판단되지만, 면접교섭권이 사건본인의 정서안정과 원만한 인격발달을 이룰 수 있도록 함으로써 사건본인의 복리를 실현하는 것을 목적으로 하는 제도인 이상, 부모인 원고와 피고가 면접교섭에 관하여 각자의 권리를 행사하고 의무를 이행하는 과정에서 사건본인의 복리를 침해하지 않도록 충분히 협조하는 것이 더욱 중요하다고 볼 수 있다. 즉, 사건본인에 대한 임시적인 양육처분이나 면접교섭에 관한 이 사건 사전처분이 이행되는 과정에서 사건본인의 복리가 침해되는 등의 구체적인 사정변경이 발생하는 경우, 가정법원은 당사자 등의 청구에 의해서는 물론이고 직권으로도 기존 처분을 변경할 수 있으므로(민법 제837조 제5항, 제837조의2 제3항 등 참조), 원고와 피고는 이 점을 각별히 유념하면서 사건본인의 복리가 실질적으로 구현될 수 있도록 협조할 필요가 있다고 본다].

3. 검토

가. 제1쟁점에 대한 검토

1) 양육자 지정에 관한 판례의 법리

가) 양육처분에 관한 기본 이념

우리 민법은 '자의 복리'를 양육처분 전반에 관한 기본 이념으로 규정하고 있고, 아동보호법 제2조 제3항은 "아동에 관한 모든 활동에 있어서 아동의 이익이 최우선적으로 고려되어야 한다."라고 규정하고 있다.[3)]

한편, 대법원은 '자의 복리'라는 문구가 법률에 명문화되기 전부터 이를 양육처분에 관한 일반원칙으로 파악하고 있었다.[4)]

---

3) 1990. 1. 13. 법률 제4199호로 개정된 민법(1991. 1. 1. 시행)에 "가정법원은 자의 복리를 위하여 필요한 때에는 당사자의 청구에 의하여 면접교섭을 제한하거나 배제할 수 있다."라고 규정된 제837조의2 제2항이 신설되면서 우리 민법에 '자의 복리'라는 문구가 처음 도입되었다. 한편, 우리나라는 '유엔아동의 권리에 관한 협약(United Nations Convention on the Rights of the Child)'에 가입하였는데(1991. 11. 20. 비준, 1991. 12. 20. 발효), 위 협약은 '아동의 최선의 이익(the best interests of the child)'를 최고 가치로 규정하고 있다. 또한 2000. 1. 12. 법률 제6151호로 전부 개정된 아동복지법(시행 2000. 7. 13.) 제3조 제3항은 "아동에 관한 모든 활동에 있어서 아동의 이익이 최우선적으로 고려되어야 한다."라고 규정하였는데, 그 후 법률개정을 통하여 위 규정의 위치가 현행 아동복지법 제2조 제3항으로 변경되었다. 위와 같은 입법 경위 등에 관하여는 전보성, "친권자 지정·변경에 관한 판례의 최근 경향", 민사판례연구(38), 박영사(2016), 1274－1276; 정현경, "자녀보호의 관점에서 본 친권자 및 양육자 지정에 관한 최근 판례와 실무", 2020. 7. 3. 한국가족법학회 춘계학술대회 발표문(미공간), 3－6 등 참조.

4) 예컨대, 유아인도사건에서 '자의 복리'를 판단기준으로 삼은 대법원 1979. 7. 10. 선고 79므5 판결 등 참조.

나) 이혼에 따른 친권자 및 양육자 지정에 관한 일반원칙 등

대법원 2008. 5. 8. 선고 2008므380 판결은 이에 관하여, "자의 양육을 포함한 친권은 부모의 권리이자 의무로서 미성년인 자의 복지에 직접적인 영향을 미치는 것이므로 부모가 이혼하는 경우에 부모 중 누구를 미성년인 자의 친권을 행사할 자 및 양육자로 지정할 것인가를 정함에 있어서는, 미성년인 자의 성별과 연령, 그에 대한 부모의 애정과 양육의사의 유무는 물론, 양육에 필요한 경제적 능력의 유무, 부 또는 모와 미성년인 자 사이의 친밀도, 미성년인 자의 의사 등의 모든 요소를 종합적으르 고려하여 미성년인 자의 성장과 복지에 가장 도움이 되고 적합한 방향으로 판단하여야 한다."라고 판시하였다.[5)]

양육처분 전반에 관한 기본 이념인 '자의 복리'에 비추어 볼 때, 이혼에 따른 친권자 및 양육자 지정의 일반원칙에 관한 고려사항으로 적시한 위 판시 부분은 타당하고, 상당히 많은 후속 판례가 위 판시 부분을 인용하였다.[6)]

다) 미성년자녀 양육에 관한 '계속성의 원칙'

(1) 계속성의 원칙의 개념 등

'계속성의 원칙'은 양육에 관한 분쟁이 있을 때 이에 대한 법적 절차를 밟기 전에 자녀가 누구의 보호아래 양육되었는가에 따라 다부분의 경우 현재 양육하고 있는 사람을 양육자로 결정하는 원칙이다.[7)]

이 원칙은 장기적인 안목에서 자녀의 복리를 실현하고자 할 때 가능한 한 이제까지의 관계를 유지시키는 것이 자녀의 정서안정이나 인격발달에 유리하다는 현대 심리학의 새로운 경향에 따라 그 중요성이 부각되고 있다. 이는 관계의 단절이 자녀에게 상처를 준다는 근거로 자녀와 친밀한 관계를 유지한 사람이 계속 관계를 유지할 수 있도록 하는 것이 자녀의 정신건강에 필수적이라고 알려지면서 존속관계의 계속성이 양육자결정에서 가장 중요한 고려요인으로 된 것이지만, 이에 대하여 현재 자녀를 양육하는 사람으로 하여금 자녀를 계속 양육하도록 하는 것이 언제나 타당한지에 대하여 신중한 검토가 필요하다는 취지의 지적도 있다.[8)]

5) 이에 관한 상세한 내용은 전보성(2016), 1286-1296; 정현경(2020), 6-10 등 참조.

6) 대법원 2009. 4. 9. 선고 2008므3105, 3112 판결, 대법원 2010. 5. 13. 선고 2009므1458, 1465, 대법원 2013. 12. 26. 선고 2013므3383, 3390 판결, 대법원 2020. 5. 14. 선고 2018므15534 판결 등 참조.

7) 권정희, "이혼에서 자녀보호를 위한 법적 고찰", 가족법연구(15-1), 한국가족법학회(2001), 200-202; 조은희, "이혼시 친권자 및 양육자 지정과 자의 복리", 외법논집(36-2), 한국외국어대학교 법학연구소(2012. 5.), 108 등 참조. 위 각 논문에 의하면, 이 원칙은 본래부터 이혼시에 양육자를 정하는 원리로 발전한 것은 아니고, '친생부모와 제3자 사이'의 양육에 관한 분쟁에서 자녀의 복리를 고려하고 주로 현재 양육하고 있는 제3자를 양육자로 정하기 위하여 영미의 판례법에서 발전해 온 것이라고 한다.

같은 맥락에서, 이 원칙은 양육자 지정결정에 관한 제반 사정을 종합적으로 검토하였음에도 불구하고 상대적인 우위를 가늠하기 어려운 사안에서 마지막 기준으로서 적용하는 것이 바람직하다는 견해가 있다.[9)]

(2) 별거하고 있는 이혼 부부의 미성년자녀 양육에 대하여만 적용됨

현행 민법은 미성년자녀가 있는 부부가 이혼을 하는 경우, 협의상 이혼의 경우에도 반드시 양육자의 결정, 양육비용의 부담, 면접교섭권의 행사 여부 및 그 방법 등에 관하여 협의해야 하고, 가정법원은 위와 같은 부부의 협의내용에도 불구하고 양육에 관한 사항에 대해서는 직권으로 적당한 처분을 할 수도 있으며(민법 제837조, 제837조의2 등 참조), 위와 같은 민법 규정들은 재판상 이혼의 경우에도 그대로 준용되고 있다(민법 제843조 등 참조).

따라서 이혼에 따른 미성년자녀의 친권자 및 양육자 지정이 문제가 되는 모든 사안에서 이 원칙이 적용되는 것은 아니고, 부부가 별거하고 있는 상태에서 이혼 분쟁이 발생한 경우 그 미성년자녀의 양육에 관하여 합의가 이루어지지 않는 사안에서만 '계속성의 원칙'이 적용된다. 예컨대, 부부가 동거하면서 미성년자녀를 함께 양육하고 있는 상태에서 협의상 이혼을 하거나 일방 배우자가 이혼청구를 하는 사안에서도 이혼에 따른 친권자 및 양육자 지정을 해야 하는데, 이러한 사안의 경우 이 원칙이 주된 쟁점이 되기 어렵다는 취지이다.

(3) 모우선(母優先)의 원칙과의 관계

(가) 모우선의 원칙의 개념 등

모우선의 원칙은 모성이 어린 자녀의 양육에 최선이라는 일반적 경험칙에 근거한 것으로, 양육조건이 전체적으로 비슷할 경우 어린 자녀의 양육권은 모친에게 주는 것이 적합하다는 원칙이다. 이는 과거 서구사회에서 지배적인 원칙으로 통용되었으나, 학문적으로 증명되지 못하였을 뿐 아니라 헌법이 보장하는 양성평등을 침해하는 것으로 간주되면서 현재는 폐

---

8) 이에 관하여는 조은희(2012. 5.), 108; 전보성(2016), 1313 등 참조.

9) 이에 관하여 김상용, "2000년대 민사판례의 경향과 흐름 — 가족법 —", 민사판례연구(33-2), 박영사(2011), 559에는 아래 (2) (가) 기재 판결 및 후속 판결(대법원 2009. 4. 9. 선고 2008므3105, 3112 판결)의 공통점이 지적된 다음 "대법원이 계속성의 원칙에 입각하여 부모가 별거하는 기간 동안 자녀를 양육해 온 쪽에 우선권을 주고 있다는 점이다. 이러한 경향은 나중에 나온 대법원 판결{아래 (2) (나) 기재 대법원 2010. 5. 13. 선고 2009므1458, 1465 판결}에서도 그대로 이어지고 있다. 이는 자칫하면 '계속성의 원칙'이 이혼 시 친권자 및 양육자 결정에 있어서 가장 중요한 기준으로 고려된다는 고정관념이 생성되는 계기가 될 수도 있다고 생각된다. 원론적으로 말한다면, 이혼 시 친권자 및 양육자를 결정함에 있어서는 부모의 양육적합성, 양육의 의사, 자녀와의 유대관계(친밀도), 자녀의 의사 등을 모두 고려하여, 부모 중 누가 더 적합한가에 대한 판단을 할 수 없을 때 마지막 기준으로서 계속성의 원칙에 따라 친권자 및 양육자를 정하는 것이 바람직하다."라고 기재되어 있고, 조은희(2012. 5.), 108에는 "독일은 가정법원의 실무기초에서 계속성 원칙이 특별한 의미가 있는 것은 부모 모두에게 같은 교육 적합성이 있으면 이 원칙이 적용된다. 즉, 계속성의 원칙은 하나의 부수적인 기준으로서 양부모가 다른 부분에서 비슷한 조건일 때에 결정적인 의미가 있게 된다."라고 기재되어 있다.

기되었고, 양성평등에 기초한 부모의 기회균등이 모우선의 원칙을 대체하기에 이르렀다.[10)]

3세 이하의 유아에게 모친의 존재가 대단히 중요하다는 것은 현대 심리학에서도 지지되고 있지만, 모친과의 관계만을 강조한다든지 혹은 다른 사람과의 유대를 도외시하는 것은 서구에서도 더 이상 지지받지 못하고 있다고 한다.[11)]

(나) 우리나라의 관련 입법 경위 등

① 우리나라의 전통법제의 경우, 이혼 후 모(母)는 출모(出母) 또는 가모(嫁母)라고 하여 자녀는 모친에 대한 의무가 소멸되고, 모친이 사망하여도 복상(服喪)의 의무가 없고 봉사(奉祀)도 하지 않았다. 그러므로 이혼 후 자녀에 대한 친권과 양육책임은 당연히 부친에게 귀속되었다. 이러한 전통법제를 배경으로 하여, 1958. 2. 22. 법률 제471호로 제정된 민법(1960. 1. 1. 시행)은 이혼 당사자들이 자의 양육에 관한 사항을 협정하지 아니한 때에는 그 양육의 책임은 부(父)에게 있되, 이러한 협정이 이루어지지 않는 경우 법원은 당사자의 청구에 의하여 양육에 관한 처분을 하고, 친권이 원칙적으로 그 가(家)에 있는 부(父)에게 귀속되며, 부가 없거나 친권을 행사할 수 없는 경우에는 그 가(家)에 있는 계모(繼母)가 친권을 행사하도록 규정하는 등 부계혈통주의(父系血統主義)와 부권주의(父權主義)의 성격을 반영하고 있었다.[12)]

② 한편, 1977. 12. 31. 법률 제3051호로 제정 민법 제909조 제1항, 제2항이 개정되면서, 원칙적으로 부모가 공동으로 미성년자녀에 대한 친권을 행사하게 되었다.[13)]

---

10) 장준현, "부모의 이혼에 따른 친권행사자 및 양육자 지정의 판단 기준과 고려요소", 대법원판례해설(83), 법원도서관(2010), 685 참조.

11) 전보성(2016), 1294－1295 등 참조.

12) 1958. 2. 22. 법률 제471호로 제정된 민법(1960. 1. 1. 시행)의 관련 규정
제773조(계모자관계로 인한 친계와 촌수) 전처의 출생자와 계모(繼母) 및 그 혈족, 인척사이의 친계와 촌수는 출생자와 동일한 것으로 본다.
제837조(이혼과 자의 양육책임) ① 당사자간에 그 자의 양육에 관한 사항을 협정하지 아니한 때에는 그 양육의 책임은 부에게 있다.
② 전항의 양육에 관한 사항의 협정이 되지 아니하거나 협정할 수 없는 때에는 법원은 당사자의 청구에 의하여 그 자의 연령, 부모의 재산상황 기타 사정을 참작하여 양육에 필요한 사항을 정하며 언제든지 그 사항을 변경 또는 다른 적당한 처분을 할 수 있다.
③ 전항의 규정은 양육에 관한 사항 외에는 부모의 권리의무에 변경을 가져오지 아니한다.
제909조 ① 미성년자인 자는 그 가(家)에 있는 부의 친권에 복종한다.
② 부가 없거나 기타 친권을 행사할 수 없는 때에는 그 가에 있는 모가 친권을 행사한다.
③ 혼인외의 출생자에 대하여 전항의 규정에 의한 친권을 행사할 자가 없을 때에는 그 생모가 친권자가 된다.
④ 양자의 친생부모는 출계자에 대하여 친권자가 되지 못한다.
⑤ 부모가 이혼하거나 부의 사망후 모가 친가에 복적 또는 재혼한 때에는 그 모는 전혼인중에 출생한 자의 친권자가 되지 못한다.
제910조(자의 친권의 대행) 친권자는 그 친권에 복종하는 자에 가름하여 그 자에 대한 친권을 행사한다.
제911조(미성년자인 자의 법정대리인) 친권을 행사하는 부 또는 모는 미성년자인 자의 법정대리인이 된다.
제912조(계모와 그 친권행사) 자기의 출생 아닌 자에게 친권을 행사하는 모에 대하여는 후견인에 관한 규정을 준용한다.

③ 그 후 1990. 1. 13. 법률 제4199호로 개정된 민법(1991. 1. 1. 시행)은 이혼 당사자들이 자의 친권자 및 양육에 관한 사항을 협의에 의하여 정하는 것을 원칙으로 하고, 이러한 협의가 이루어지지 않는 경우 법원은 당사자의 청구에 의하여 친권자 지정 및 양육에 관한 처분 등을 할 수 있도록 하면서, 비양육친에게 면접교섭권을 인정하는 등 이혼에 따른 친권 및 양육권의 행사와 관련하여 부모 쌍방에게 평등한 권리와 의무를 부여하는 내용의 입법조치가 이루어졌다.[14)]

④ 위와 같은 전통법제 등의 영향으로 1990년대까지는 이혼 후 부모의 환경이 비슷한 사안에서 부친이 미성년자녀의 친권자 또는 양육자로 지정되는 경우가 상대적으로 많았지만,[15)] 2024년 현재 우리 가사재판실무에서는 다른 모든 조건이 비슷한 사안에서는 모친을 양육자로 지정하는 경우가 상대적으로 많다.[16)]

이러한 실무는 우리나라의 전형적인 가정에서 모친이 주된 양육자의 역할을 담당하고 있는 현실을 반영한 것이다. 모친이 주된 양육자의 역할을 하는 가정에서는 미성년자녀가 (부친에 비하여) 모친에 대하여 상대적으로 강한 유대관계를 가지게 되기 때문에, 위와 같이 전형적인 가정에서 이혼 분쟁이 생기는 경우 우선적으로 모친을 양육자로 지정하는 결과가 발생하는 것이다.[17)]

---

13) 1977. 12. 31. 법률 제3051호로 개정된 민법 제909조 제1항, 제2항(1979. 1. 1. 시행)
제909조(친권자) ① 미성년자인 자에 대한 친권은 부모가 공동으로 행사한다. 다만, 부모의 의견이 일치하지 아니하는 경우에는 부가 행사한다.
② 부모의 일방이 친권을 행사할 수 없을 때에는 다른 일방이 이를 행사한다.

14) 1990. 1. 13. 법률 제4199호로 개정된 민법(1991. 1. 1. 시행)의 관련 규정
제837조(이혼과 자의 양육책임) ① 당사자는 그 자의 양육에 관한 사항을 협의에 의하여 정한다.
② 제1항의 양육에 관한 사항의 협의가 되지 아니하거나 협의할 수 없는 때에는 가정법원은 당사자의 청구에 의하여 그 자의 연령, 부모의 재산상황 기타 사정을 참작하여 양육에 필요한 사항을 정하며 언제든지 그 사항을 변경 또는 다른 적당한 처분을 할 수 있다.
③ 제2항의 규정은 양육에 관한 사항외에는 부모의 권리의무에 변경을 가져오지 아니한다.
제837조의2(면접교섭권) ① 자를 직접 양육하지 아니하는 부모중 일방은 면접교섭권을 가진다.
② 가정법원은 자의 복리를 위하여 필요한 때에는 당사자의 청구에 의하여 면접교섭을 제한하거나 배제할 수 있다.
제909조(친권자) ① 미성년자인 자는 부모의 친권에 복종한다.
② 친권은 부모가 혼인중인 때에는 부모가 공동으로 이를 행사한다. 그러나 부모의 의견이 일치하지 아니하는 경우에는 당사자의 청구에 의하여 가정법원이 이를 정한다.
③ 부모의 일방이 친권을 행사할 수 없을 때에는 다른 일방이 이를 행사한다.
④ 혼인외의 자가 인지된 경우와 부모가 이혼한 경우에는 부모의 협의로 친권을 행사할 자를 정하고, 협의할 수 없거나 협의가 이루어지지 아니하는 경우에는 당사자의 청구에 의하여 가정법원이 이를 정한다. 친권자를 변경할 필요가 있는 경우에도 또한 같다.
⑤ 양자는 양부모의 친권에 복종한다.
※ 기존 제912조는 삭제됨

15) 권정희(2001), 191.

16) 전보성(2016), 1281－1286, 1294－1295 등 참조.

㈐ 모우선의 원칙과 계속성 원칙의 충돌 문제

위 ㈏와 같은 이유로 2024년 현재 가사재판실무에서는 다른 모든 조건이 비슷한 사안에서 법원이 모친을 미성년자녀의 양육자로 지정하는 경우가 상대적으로 많지만, 그렇다고 해서 별거 이후에 부친이 미성년자녀를 실질적으로 양육하여 왔던 사안에서까지 이러한 실무경향이 그대로 적용된다고 보기는 어렵다. 이러한 사안에서는 미성년자녀와 부친과의 유대관계가 (모친과의 유대관계에 비하여) 상대적으로 강하다고 볼 수 있기 때문이다.[18)]

⑵ 본안사건에 관한 판례

㈎ 대법원 2008. 5. 8. 선고 2008므380 판결의 판시내용

사건본인들에 대한 현재의 양육상태에 변경을 가하여 원고를 그 친권자 및 양육자로 지정하는 것이 정당하기 위하여는, 피고로 하여금 계속하여 양육하게 하는 것은 사건본인들의 건전한 성장과 복지에 도움이 되지 아니하고 오히려 방해가 되고, 원고를 친권자 및 양육자로 지정하는 것이 사건본인들의 건전한 성장과 복지에 도움이 된다고 볼 수 있어야 할 터인데, 이를 인정할 만한 사정은 기록상 찾아 볼 수 없다.[19)20)]

㈏ 대법원 2010. 5. 13. 선고 2009므1458, 1465 판결의 판시내용

피고로 하여금 사건본인을 계속하여 양육하게 하더라도 사건본인의 건전한 성장과 복

17) 이에 관하여 장준현(2010), 685－686에는 “이와 같이 양성평등에 기초한 부모의 기회균등이 모우선의 원칙을 대체하기에 이르렀지만, 실무에서는 계속 모우선의 원칙이 사실상 적용되어 오고 있는데, 이는 성별에 근거한 가정 내 역할분담구조의 현실을 반영하지 않을 수 없기 때문으로 분석되고 있다. 즉, 현실적으로 대개의 가정에서 어머니가 전적으로 자녀를 돌보게 되는데, 이 경우 자녀는 자연스럽게 어머니에 대하여 보다 강한 유대관계를 가지게 되고, 이러한 가정 내에의 고정된 역할분담이 양육자 결정에 있어서 어머니가 우선적으로 지정되는 결과를 낳게 된다는 것이다. 결론적으로 보면, 자녀의 양육자 지정에 있어 양성평등에 기초한 부모의 기회균등이 보장되어야 한다는 우선적 원칙 아래 당해 사안에서 실제 부모의 역할행태가 어떠한지를 고려하여 자녀의 복리에 적합한 양육자를 결정하는 것이 바람직하고, 단지 어린 자녀의 양육에는 어머니가 더 적합할 것이라는 일반적 고려만으로 양육자를 결정하는 것은 적절하지 아니하다. 모성 우선의 일반적 경험칙은 부모 사이의 제반 양육조건을 비교·형량함에 있어 우열을 가리기 어려울 때 보충적으로 고려하는 것이 타당해 보인다.” 라고 기재되어 있다.

18) 이에 관하여 전보성(2016), 1291－1296은 우리 대법원에서 ‘모성 우선의 원칙’과 ‘계속성의 원칙’이 충돌하는 경우 다른 조건이 동일하다면 양육자와 미성년자녀의 유대관계와 미성년자녀의 의사를 중요한 요소로 참작하여야 한다는 입장을 밝힌 것으로서, [모성 우선의 원칙이 타이 브레이커(tie－breaker) 요소가 되는 것이 아니라] ‘계속성의 원칙’이 타이 브레이커가 된다는 입장을 취하였다고 분석하고 있다. 아래 ⑵⑶에서는 본안사건과 사전처분과 관련된 개별 사례에 대한 대법원의 판시내용 등을 구체적으로 살펴본다.

19) 모친(피고)이 사건본인들의 종전 양육자였고, 이러한 종래 양육상태를 변경한 항소심판결을 대법원에서 파기환송한 사안인데, 이에 관한 상세한 내용은 전보성(2016), 1286－1296; 정현경(2020), 6－10 등 참조.

20) 위 판시 부분을 인용한 다음, 종래 양육 상태를 변경한 항소심판결을 파기환송한 후속 판례로는 대법원 2009. 4. 9. 선고 2008므3105, 3112 판결 등 참조.

지에 방해가 되지 아니하고 오히려 도움이 된다고 할 수 있으므로, 이러한 현재의 양육상태에 변경을 가하여 원고를 사건본인에 대한 친권행사자 및 양육자로 지정하는 것이 정당화되기 위하여는 그러한 변경이 현재의 양육상태를 유지하는 경우보다 사건본인의 건전한 성장과 복지에 더 도움이 된다는 점이 명백하여야 한다.[21]

위 대법원 2009므1458, 1465 판결의 판시내용과 위 ㈎ 기재 대법원 2008므380 판결의 판시내용을 구체적으로 비교해 보면, 후자의 경우 현재의 양육상태 변경이 현재의 양육상태를 유지하는 경우보다 사건본인의 건전한 성장과 복지에 더 도움이 된다는 점이 '명백'하여야 한다고 표현하고 있다는 점 등에 비추어 볼 때, 부모가 별거하고 있는 본안사건의 양육자 지정과 관련하여 '계속성의 원칙'을 배제하기 위한 요건이 전자에 비하여 한층 강화되었음을 알 수 있다.[22]

(3) 사전처분에 관한 판례

㈎ 대법원 2008. 11. 24.자 2008스104 결정의 판시내용

친권을 행사함에 있어서는 자의 복리를 우선적으로 고려하여야 하고(민법 제912조), 이혼 당사자 사이에 양육에 관한 사항의 협의가 되지 아니하거나 협의할 수 없어서 가정법원이 양육에 필요한 사항을 정하여야 하는 경우 자의 연령, 부모의 재산상황 기타 사정을 참작하여야 한다(민법 제837조 제2항). 이러한 원칙은 가사소송법 제62조 제1항에 따른 자의 양육에 관한 사전처분에 관한 결정을 함에 있어서도 타당하므로, 양육에 관한 현상을 변경하는 사전처분은 자의 복리를 우선적으로 고려하고, 자의 연령, 부모의 재산상황 기타 사정을 참작하여 사건의 해결을 위하여 특히 필요하다고 인정되는 경우에 한하여야 한다.[23]

위 대법원 2008스104 결정의 판시내용의 경우, 현재의 양육상태 변경이 자의 연령, 부모의 재산상황 기타 사정을 참작하여 사건의 해결을 위하여 특히 필요하다고 인정되는 경우에 한하여야 한다고 표현하고 있다는 점 등에 비추어 볼 때, 부모가 별거하고 있는 사전처분 사건의 임시양육자 지정과 관련하여 '계속성의 원칙'을 배제하기 위한 요건을 상당히 엄격하게 보고 있다는 점을 확인할 수 있다.[24]

---

21) 부친(피고)이 사건본인의 종전 양육자였고, 이러한 종래 양육상태를 변경한 항소심판결을 대법원에서 파기환송한 사안인데, 위 사례에 관하여 전보성(2016), 1291－1296은 우리 대법원에서 '모성 우선의 원칙'과 '계속성의 원칙'이 충돌하는 경우 다른 조건이 동일하다면 전자가 아닌 후자가 타이 브레이커(tie－breaker)가 된다는 입장을 취하였다고 분석하고 있다.

22) 위와 같이 강화된 판시 부분을 인용한 다음, 종래 양육 상태를 변경한 항소심판결을 파기환송한 후속 판례로는 대법원 2021. 9. 30. 선고 2021므12320, 12337 판결 등 참조.

23) 중국 국적이었다가 귀화한 모친(피신청인)이 사건본인의 종전 양육자였는데, 부친(신청인)이 모친의 동의를 받지 않고 사건본인을 탈취한 사안에서 부친을 임시 친권자 및 양육자로 지정한 사전처분(항고심결정)을 파기환송한 사안이다.

24) 위 판시 부분을 인용한 후속 판례로는 아래 ㈏항 기재 대법원 2022. 6. 9.자 2022스539 결정 등 참조.

㈏ 대법원 2022. 6. 9.자 2022스539 결정의 판시내용 등

① 법리에 관한 부분

법원이 민법 제837조 제4항에 따라 미성년 자녀의 양육자를 정할 때에는, 미성년 자녀의 성별과 연령, 그에 대한 부모의 애정과 양육 의사의 유무는 물론, 양육에 필요한 경제적 능력의 유무, 부와 모가 제공하려는 양육방식의 내용과 합리성·적합성 및 상호 간의 조화 가능성, 부 또는 모와 미성년 자녀 사이의 친밀도, 미성년 자녀의 의사 등의 모든 요소를 종합적으로 고려하여, 미성년 자녀의 성장과 복지에 가장 도움이 되고 적합한 방향으로 판단하여야 한다.

별거 이후 재판상 이혼에 이르기까지 상당 기간 부모의 일방이 미성년 자녀, 특히 유아를 평온하게 양육하여 온 경우, 이러한 현재의 양육 상태에 변경을 가하여 상대방을 친권자 및 양육자로 지정하는 것이 정당화되기 위해서는 현재의 양육 상태가 미성년 자녀의 건전한 성장과 복지에 도움이 되지 아니하고 오히려 방해가 되고, 상대방을 친권자 및 양육자로 지정하는 것이 현재의 양육 상태를 유지하는 경우보다 미성년 자녀의 건전한 성장과 복지에 더 도움이 된다는 점이 명백하여야 한다.

특히 비양육친을 양육자로 지정하는 경우, 법원은 양육자 지정 후 사건본인의 인도가 실제로 이행될 수 있는지, 그 이행 가능성이 낮음에도 비양육친을 양육자로 지정함으로써 비양육친이 경제적 이익을 누리거나 양육친에게 경제적 고통을 주는 결과가 발생할 우려가 없는지 등에 대해 신중하게 판단할 필요가 있다.

가정법원은 가사소송법 제6조, 가사소송규칙 제8조 내지 제11조에 따라 가사조사관에게 조사명령을 하고, 이에 따라 사실조사를 마친 가사조사관이 작성한 조사보고서를 보고받는 방법으로도 양육 상태나 양육자의 적격성 심사에 필요한 자료 등을 얻을 수 있다. 가정법원은 충실한 심리를 통해 실제의 양육 상태와 양육자의 적격성을 의심케 할 만한 사정이 있는지에 관하여도 구체적으로 확인하여야 한다(대법원 2021. 9. 30. 선고 2021므12320, 12337 판결 참조).

이러한 원칙은 가사소송법 제62조 제1항에 따른 자녀의 양육에 관한 사전처분에 관한 결정을 함에 있어서도 타당하므로, 양육에 관한 현상을 변경하는 사전처분은 자녀의 복리를 우선적으로 고려하고 양육자 결정에 관한 모든 요소를 참작하여 사건의 해결을 위하여 특히 필요하다고 인정되는 경우에 한하여야 한다(대법원 2008. 11. 24.자 2008스104 결정 참조).

② 구체적인 판단 부분

사건본인들을 양육하고 있는 모친(신청인)이 사전처분으로서 부친(피신청인)에 대하여 양육비의 지급을 구함에 대하여, 항고심은 양육자 결정에 고려한 요소들에 관한 구체적이고 직접적인 사정에 대한 아무런 이유를 기재하지 아니한 채 사건본인들의 나이와 과거 양육환경, 혼인관계가 파탄되기 이전 사건본인들의 양육 상황, 부모의 사건본인들과의 친밀도, 별거한 이후부터 진행된 면접교섭의 경과, 이혼 사건의 경과 등을 종합적으로 고려할 때, 사건본인들의 임시양육자로 부친을 지정하는 것이 상당하고, 모친이 부친에게 양육비를 지급해야 한다는 취지로 판단한 제1심결정을 그대로 인용하였다.

그러나 대법원은 다음과 같은 이유로 사건본인들의 임시양육자로 부친을 지정하고, 부친이 임시양육자임을 전제로 하여 양육비 및 면접교섭에 관하여 정한 항고심 결정에는 양육자 지정에 관한 법리를 오해하여 필요한 심리를 다하지 아니함으로써 재판에 영향을 미친 잘못이 있다고 판시하였다.

『가. 사건본인들에 대한 현재의 양육 상태에 변경을 가하여 피신청인을 양육자로 지정하는 것이 정당화될 만한 사정을 찾아보기 어렵다.

신청인은 피신청인과 결혼 후 전업주부로서 사건본인들의 출산 이후 사건본인들을 주로 양육하였고, 피신청인과 별거 당시 약 만 4세와 2세였던 사건본인들을 별거 이후 현재까지 2년이 넘는 동안 계속하여 평온하게 양육하고 있다. 신청인은 현재 친정부모의 주거지에서 10분 거리에 있는 아파트를 매수하여 사건본인들과 함께 거주하고 있고, 신청인의 여동생 역시 같은 아파트 단지에 거주하고 있다. 사건본인들은 해당 아파트 단지의 어린이집과 유치원에 1년 이상 별다른 문제 없이 등원하면서 교우관계 등을 유지하고 있는 것으로 보인다. 신청인의 친정부모와 여동생은 모두 사건본인들의 공동육아에 적극적으로 동참하고 있는 것으로 보이고, 신청인이 여동생이 운영하는 카페에서 아르바이트를 하고 있는 점이 신청인의 사건본인들 양육에 큰 지장을 초래하지는 않는 것으로 보인다. 이처럼 신청인의 양육 환경, 애정과 양육 의사, 경제적 능력, 사건본인들과의 친밀도 등에 어떠한 문제가 있다거나 피신청인에 비해 적합하지 못하다고 볼 만한 구체적인 사정을 찾아보기 어렵다.

반면 피신청인은 결혼 후 포항에서 사업을 하다가 신청인과 별거를 시작할 무렵 경기도 소재 회사로 이직하면서 거주지를 용인시로 옮겨 생활하기 시작하였다. 피신청인의 부모는 현재 부산에서 직장생활을 하며 거주하고 있다. 피신청인의 모친은 피신청인이 사건본인들에 대한 양육권을 가지게 될 경우 용인시로 이사하여 사건본인들을 양육하겠다고 다짐하고 있으나 그 경우 피신청인의 부친과 모친은 별거를 하여야 하고 피신청인은 직장생활을 하여야 하므로 사건본인들에 대한 주된 양육자는 피신청인의 모친이 되는 결과가 발생한다. 그런데 피신청인의 모친은 사건본인들의 출생 이후 현재까지 한 차례도 사건본인들의 주양육자였던 적이 없던 것으로 보인다.

나. 양육자 지정 후 사건본인들의 인도가 실제로 이행될 수 있는지, 그 이행 가능성이 낮음에도 비양육친을 양육자로 지정함으로써 비양육친이 경제적 이익을 누리거나 양육친에게 경제적 고통을 주는 결과가 발생할 우려가 없다고 단정할 수 없다.

사건본인들의 나이가 현재 약 만 6세, 4세이고, 그동안의 양육 형태와 양육 환경, 주양육자와의 친밀도 등을 고려할 때 양육자를 피신청인으로 지정한 이후 사건본인들의 인도가 실제로 이행될 수 있을지 의문이다. 또한 사전처분에 따라 사건본인들의 인도가 이루어지더라도 그 과정에서 환경의 변화로 인하여 유아인 사건본인들이 겪게 될 정신적 충격과 혼란이 불가피하고, 특히 사건본인들의 나이를 고려하면 현상변경에 대하여 신청인과 피신청인이 사건본인들에게 납득할 수 있는 설명을 하기 어려울 것으로 보인다. 특히 유아의 경우 자신의 양육자를 지정하는 문제와 관련하여 합리적인 의사결정이나 명확한 의사표시를 하기도 어려우므로 가정법원은 사건본인의 인도에 대한 이행가능성에 관하여 세심하게 고려하였어야 하나 이에 관하여 가사조사 등을 통한 심리를 하지 아니하였다.

피신청인은 신청인과 별거 이후 8개월이 되어서야 사건본인들에 대한 면접교섭을 시작하였고, 별거 이후 2년이 지난 현재까지 신청인에게 양육비를 전혀 지급하지 않고 있다가, 신청인이 양육비의 지급을 구하는 이 사건에서야 양육자 지정을 원하였다. 만약 사전처분에서 명한 인도가 실제로 이행되지 아니한다면 비양육친을 양육자로 지정함으로써 양육친인 신청인에게 경제적 고통을 주는 결과가 발생할 우려도 있다.

다. 원심이 양육 환경이나 양육자의 적격성에 관하여 직접적이고 실질적인 심리를 하였는지도 의문이다.

원심에 제출된 본안 사건 가사조사보고서의 내용은 주로 양 당사자의 혼인관계가 파탄에 이르게 된 상황에 관한 각자의 진술만을 적고 있고, 사건본인들의 양육 환경에 대해서도 양 당사자의 주장에만 의존하여 작성되어 있으며, 친권 및 양육 환경에 관해서도 신청인과 피신청인이 제출한 양육 계획서를 참고하라고 기재되어 있을 뿐, 사건본인들의 양육 상태, 양육 환경, 양육자 및 보조양육자의 적격성에 대해서는 당사자들에 대한 면접 또는 방문 등을 통한 직접적이고 실질적인 조사를 실시하였다는 내용이 없다.』

③ 위 대법원 2022스539 결정에 대한 검토

위 대법원 2022스539 결정의 판시내용을 구체적으로 살펴보면,

㉮ 부모가 별거하고 있는 본안사건의 양육자 지정과 관련하여 '계속성의 원칙'을 배제하기 위한 요건을 강화한 위 대법원 2009므1458, 1465 판결의 판시내용을 그대로 인용하고 있다는 점,

㉯ 또한 부모가 별거하고 있는 사전처분 사건의 임시양육자 지정과 관련하여 '계속성의 원칙'을 배제하기 위한 요건을 엄격하게 파악한 위 대법원 2008스104 결정의 판시내용도 그대로 인용하고 있다는 점,

㉰ 나아가 미성년자녀의 양육에 관한 사전처분의 성격 등을 정리한 다음, 양육자 지정 이후의 미성년자녀 인도의 실현가능성, 유아인 사건본인들의 의사표시의 문제점 등을 지적하고 있다는 점,

㉱ 사전처분절차에서 양육자변경을 정당화하기 위해서는 양육 환경이나 양육자의 적합성 등에 대한 실질적인 심리가 필요하다고 언급하고 있다는 점 등을 알 수 있다.

즉, 위 대법원 2022스539 결정은 사전처분 사건의 임시양육자 지정과 관련하여 '계속성의 원칙'을 배제하기 위한 요건을 상당히 엄격하게 파악하면서, 이러한 엄격한 요건의 충족 여부를 (단순한 사실인정에 관한 문제가 아니라) 법리적 문제로 보고 있다. 그런데 사전처분 단계에서 정당화할 수 있는 근거가 '명백'한 경우에 한정하여 현재 양육 상태의 변경이 가능하다는 판시내용은 실무적인 차원에서 상당한 의미가 있다.

나아가 위 대법원 2022스539 결정에서 양육 환경이나 양육자의 적합성 등에 대한 실질적인 심리 없이 사전처분을 통하여 양육자변경을 하는 것은 타당하지 않다고 판시한 부분도 실무적인 측면에서 상당히 의미가 있다. (본안사건의 경우에 대비하여 볼 때) 통상적인 사전처분절차에서 위와 같은 사항들에 대한 실질적인 심리가 충분히 이루어지기 어려운 경우가 적지 않기 때문이다.

결국 위 대법원 2022스539 결정의 법리를 토대로 하는 경우, 사건본인의 양육환경 등에 관한 객관적인 문제점[25] 등이 쉽게 확인되지 않는 이상, 사전처분 단계에서 현재 양육에 관한 상황을 변경하는 취지의 임시양육자 지정을 하는 것은 가급적 자제할 필요가 있다고 할 수 있다.

25) 예컨대, 사전처분 단계에서 양육친의 아동학대 등을 뒷받침하는 증거가 제출되는 경우 등을 사건본인의 양육환경 등에 관한 객관적 문제점이 확인된 사례로 예시할 수 있다.

2) 이 사건의 사실관계 및 법리 적용 등에 대한 구체적인 검토

가) 사전처분절차에서의 임시양육자 지정에 관한 법리

앞서 본 바와 같이 이 사건에서는 위 대법원 2022스539 결정의 법리를 그대로 인용한 다음, 이를 판단기준으로 하여 이 사건 사실관계를 검토하였다.

나) 이 사건 사실관계와 위 대법원 2022스539 결정의 사실관계 비교 등

(1) 유사점 등

이 사건 사실관계와 대법원 2022스539 결정의 사실관계를 구체적으로 비교하여 보면, 양자 사이에 유사한 측면이 상당히 많다. 따라서 항고심 재판부는 이 사건의 기본적인 사실관계에 대한 정리 및 분석 등에 관하여는 위 대법원 2022스539 결정과 유사한 접근방식을 취하였다.[26]

(2) 차이점 등

㈎ 반면에, 이 사건의 경우 별거 이후 부친이 사건본인을 계속 양육하고 있는 상태에서 모친이 자신을 사건본인의 임시양육자로 지정하여 달라고 주장하고 있는 사안이기 때문에, 앞서 본 '모우선의 원칙'과 '계속성의 원칙'이 충돌하는 사안으로 볼 수 있다. 그런데 앞서 본 바와 같이 실무적으로 위 2개의 원칙은 모두 양육자와 미성년자녀의 유대관계 등을 핵심적 요소로 고려하여야 한다는 취지이므로, 다른 조건들이 유사한 사안에서 양자가 충돌하는 경우에는 후자를 우위에 두는 것이 타당하다고 본다.[27]

㈏ 한편, 사건본인의 모친은 이 사건 조정신청서 접수 이후인 2022. 12. 16. 사건본인에 대한 '탈취시도'를 하였고, 이에 대하여 부친은 이를 경찰에 신고하는 대응조치를 하였다. 이러한 사실관계를 토대로 하는 경우, 객관적으로 제1심 합의재판부의 사전처분에 따른 사건본인의 인도가 실제로 이행될 수 있는지 등에 대한 의문이 충분히 제기될 수 있는 사안이었다.

---

26) 예컨대, 위 2사건 모두 별거 당시 양육친의 사실상 단독양육이 (비양육친의 양해 하에) 평온하게 개시되었으므로, '계속성의 원칙'을 적용하여 이러한 양육 상태를 계속 유지하도록 하는 것이 규범적인 측면에서 별다른 문제가 없는 상태라고 볼 수 있다. 반면에, '별거 후 부친(원고)이 사건본인들(4세, 6세)을 혼자서 양육하면서 이혼청구를 하였고, 제1심판결이 부친을 양육자로 지정하였음에도 불구하고, 모친(피고)이 제1심판결 이전에 결정된 사전처분에 따라 사건본인들을 면접교섭하는 과정에서 사건본인들을 탈취한 사안'에서 모친이 항소심에서 '자신의 양육 상태가 이미 기정사실이 되었으므로 이를 계속 유지하도록 해달라고 주장하는 경우에는 실무적으로 위 2사건과 동일한 접근방식을 취하기는 어려울 것인데, 이러한 사례에 관하여는 서울고등법원 2023. 5. 18. 선고 2023르20075 판결 및 이에 대한 해설(Ⅰ. [4] 2. 면접교섭 과정에서 발생한 아동 탈취에 관한 쟁점) 참조.

27) 위 1) 다) ⑵ ㈏ 기재 대법원 2009므1458, 1465 판결에 대한 검토에 의하면, 우리 대법원도 같은 입장을 취하고 있다고 할 수 있다.

다) 소결론

항고심 재판부는 위와 같은 검토를 거쳐서 제1심의 2024. 1. 17.자 사전처분 중 임시양육자 지정 등에 관한 부분을 변경하였다.

우선 '계속성 원칙'에 관한 일반적인 판례 법리에 비추어 이 사건 사실관계를 검토하여 볼 때, 사건본인에 대한 현재의 양육상태를 변경하는 것이 현재의 양육상태를 유지하는 경우보다 사건본인의 건전한 성장과 복지에 더 도움이 된다는 점이 '명백'하다고 보기는 어렵고, 또한 사전처분에 관한 판례에 비추어 볼 때 양육에 관한 현상을 변경하는 사전처분이 자의 복리 등을 위하여 특히 필요하다고 보기도 어려웠다.

그리고 사건본인의 모친이 사건본인에 대한 '탈취시도'를 한 사실이 인정되는 등 위 대법원 2022스539 결정에서 지적하고 있는 사전처분에 따른 사건본인의 인도가 실제로 이행될 수 있는지 등에 관한 문제도 발생할 수 있는 점, 사전처분 단계이기 때문에 사건본인의 양육환경이나 양육자의 적격성 등에 대한 충분한 심리가 이루어지지 않았다는 점 등을 종합적으로 고려하는 경우, 사전처분을 통하여 양육에 관한 현상을 변경하는 처분을 하는 것을 정당화할 수 있는 근거가 충분하지 않다고 판단하였다.

물론 '계속성의 원칙'이 이혼 시 양육자 결정을 좌우하는 절대적인 원칙은 아니기 때문에, 사건본인의 양육 환경이나 양육자의 적격성 등에 대한 충분한 심리가 이루어진 상태에서 가정법원이 위 원칙을 배제할 수 있음은 분명하다. 다만, 우리 대법원은 다른 조건이 유사한 상태에서는 본안사건에서도 '계속성의 원칙'이 타이 브레이커(tie－breaker)가 될 수 있다는 입장을 취하고 있다는 점 등에 비추어 볼 때, 상대적으로 사건본인의 양육 환경이나 양육자의 적격성 등에 대한 충분한 심리가 이루어지기 어려운 사전처분의 단계에서 양육에 관한 현상을 변경하는 사전처분을 하는 것은 실무적으로 매우 신중할 필요가 있다.

위와 같은 사정을 종합적으로 살펴보는 경우, 제1심 합의재판부의 2024. 1. 17.자 사전처분은 위 대법원 2022스539 결정에서 예시한 사항들을 충분히 심리하고 이러한 사항들을 고려한 상태에서 이루어진 것으로 보기 어렵다. 즉, 위 대법원 2022스539 결정의 법리를 토대로 하는 경우, 제1심의 2024. 1. 17.자 사전처분 중 임시양육자 지정에 관한 부분을 변경한 항고심의 판단은 타당하다고 본다.

나. 제2쟁점에 대한 검토

1) 면접교섭에 관한 대법원 2021. 12. 16.자 2017스628 결정의 판시내용

민법 제837조의2 제1항은 "자를 직접 양육하지 아니하는 부모의 일방과 자는 상호 면접교섭할 수 있는 권리를 가진다."라고 하고, 제3항은 "가정법원은 자의 복리를 위하여 필요한 때에는 당사자의 청구 또는 직권에 의하여 면접교섭을 제한·배제·변경할 수 있다."라고 규정한다. 부모와 자녀의 친밀한 관계는 부모가 혼인 중일 때뿐만 아니라 부모의 이혼 등으로 자녀가 부모 중 일방의 양육 아래 놓인 경우에도 지속될 수 있도록 보호할 필요가 있는바, 면접교섭권은 이를 뒷받침하여 자녀의 정서안정과 원만한 인격발달을 이룰 수 있도록 하고 이를 통해 자녀의 복리를 실현하는 것을 목적으로 하는 제도이다. 이는 자녀의 권리임과 동시에 부모의 권리이기도 하다. 이러한 관련 규정의 문언 및 면접교섭의 취지 및 성질 등을 고려하면, 가정법원이 면접교섭의 허용 여부를 판단할 때에는 자녀의 복리에 적합한지를 최우선적으로 고려하되, 부모에게도 면접교섭을 통해 자녀와 관계를 유지할 기본적인 이익이 있으므로 이를 아울러 살펴야 한다. 따라서 가정법원은 원칙적으로 부모와 자녀의 면접교섭을 허용하되, 면접교섭이 자녀의 복리를 침해하는 특별한 사정이 있는 경우에 한하여 당사자의 청구 또는 직권에 의하여 면접교섭을 배제할 수 있다. 다만 이 경우에도 부모의 이혼 등에 따른 갈등 상황에서 단기적으로 자녀의 복리에 부정적인 영향을 미치는 요인이 일부 발견되더라도 장기적으로 면접교섭이 이루어질 때 자녀의 복리에 미치는 긍정적인 영향 등을 깊이 고려하여, 가정법원은 개별 사건에서 합목적적인 재량에 따라 면접교섭의 시기, 장소, 방법 등을 제한하는 등의 방법으로 가능한 한 자녀의 성장과 복지에 가장 도움이 되고 적합한 방향으로 면접교섭이 이루어질 수 있도록 하여야 하고, 이러한 고려 없이 막연한 우려를 내세워 면접교섭 자체를 배제하는 데에는 신중하여야 한다. 이때 면접교섭이 자녀의 복리를 침해하는지 여부는 자녀의 연령, 건강상태, 면접교섭에 대한 의사와 함께 면접교섭을 청구하는 부모 일방과 자녀 사이의 유대관계나 친밀도, 면접교섭을 청구하는 의도나 목적, 자녀의 현재 양육환경에 비추어 면접교섭이 양육자인 부모 일방과 자녀 사이의 갈등을 유발하거나 자녀가 새로운 양육환경에 적응하는 데 장애가 되는지, 면접교섭 청구인에게 양육자인 부모 일방 또는 자녀에 대한 현저한 비행이나 아동학대 등의 전력이 있는지 등을 종합적으로 고려하되, 면접교섭이 자녀의 복리에 단기적·장기적으로 어떠한 영향을 미치는지를 구체적으로 살펴 자녀의 성장과 복지에 가장 도움이 되고 적합한 방향으로 판단하여야 한다.

2) 미성년자녀의 의견 청취에 관하여

가) 일정한 연령 이상의 미성년자녀에 관한 사안

현행 가사소송규칙에는 미성년자녀가 13세 이상인 경우 가정법원은 그 양육에 관한 처분과 변경 등에 관한 심판에 앞서 원칙적으로 그 자녀의 의견을 들어야 한다고 규정되어 있다.[28]

---

28) 가사소송규칙 제99조(당사자) ① 자(子)의 양육에 관한 처분과 변경 및 친권자의 지정과 변경에 관한 심판은 부모중 일방이 다른 일방을 상대방으로 하여 청구하여야 한다.

양육처분에 관한 법원의 결정과 관련하여 미성년자녀의 의사가 모든 문제를 좌우하는 결정적 요소라고 볼 수는 없다. 그러나 '자의 복리'는 양육처분 전반에 관한 기본 이념이므로, 미성년자녀의 의사는 양육처분에 관한 결정에 관하여 주요한 고려사항 중 하나라고 볼 수 있다.

이와 관련하여 현행 가사소송규칙은 미성년자녀가 13세 이상인 경우 그 의견을 충분히 청취한 다음 가능한 범위 내에서 그 의사를 반영하는 것이 '자의 복리'에 부합하는 방식임을 명문으로 규정한 것이다. 우리 가사재판실무에서는 13세 이상의 미성년자녀가 자신의 양육처분에 관하여 합리적인 의사표시를 하는 경우 그 실질적인 의사를 최대한 존중하고 있고, 가능한 범위 내에서 위와 같은 미성년자녀의 의사를 최대한 반영하고 있다.

한편, 미성년자녀가 13세 미만인 경우, 비록 명문의 규정은 없지만 미성년자녀가 자신의 의사표시를 할 수 있는 정도의 연령에 해당하는 경우 필요한 범위 내에서 그 의견을 청취한 다음 가능한 범위 내에서 이를 결정과정에 반영하는 것이 바람직하다고 본다.[29)30)]

---

② 면접교섭권의 처분 또는 제한·배제·변경에 관한 심판은 다음 각 호의 자들 상호간에 일방이 다른 일방을 상대방으로 하여 청구하여야 한다.

1. 부(父)와 모(母)
2. 자를 직접 양육하지 아니하는 부(父) 또는 모(母)의 직계존속과 자를 직접 양육하는 부(父) 또는 모(母)

③ 제1항의 심판을 청구함에 있어, 부모 아닌 자가 자(子)를 양육하고 있을 때에는, 그 자를 공동상대방으로 하여 자(子)의 인도를 청구할 수 있다.

제100조(자의 의견의 청취) 제99조 제1항 및 제2항에 규정한 청구가 있는 경우에, 자(子)가 13세 이상인 때에는, 가정법원은 심판에 앞서 그 자(子)의 의견을 들어야 한다. 다만, 자(子)의 의견을 들을 수 없거나 자(子)의 의견을 듣는 것이 오히려 자(子)의 복지를 해할만한 특별한 사정이 있다고 인정되는 때에는 그러하지 아니하다.

29) 조은희(2012), 109에는 미국법률협회(ALI)는 자의 의사를 존중해야 하는 연령을 11세에서 14세 이상으로 권고하고 있고, 독일의 판례는 10세에서 16세 사이의 연령한계를 설정하고 있는데, 개별사건에서는 10세 미만의 자의 의사가 전체적인 평가에 하나의 요소로 수용되는 경우도 있다는 점 등이 기재되어 있다. 한편, 정현경(2020), 16에는 우리나라에서 이루어진 가사재판종사자들을 상대로 한 설문조사에는 이혼 재판과정에서 아동이 자신의 의사를 표현하기에 적합한 평균 나이가 9.5세로 보고되었다는 점이 기재되어 있다.

30) 이에 관하여는 서울고등법원 2024. 9. 30.자 2024브2130 결정(확정)의 사례를 참고할 수 있는데, 그 사실관계는 다음과 같다.

① 사건본인들(2011년생과 2013년생)이 고양시 소재 원고(부친)의 거주지에서 원고와 함께 거주하고 있는 상태에서 제1심법원은 2024. 6. 21. 사건본인들의 임시양육자로 원고를 지정하는 사전처분을 하였다.

② 위 제1심의 사전처분 이후 초등학교 5학년(만 11세)와 중학교 1학년(만 12세)인 사건본인들이 면접교섭 등의 과정에서 피고(모친)와 함께 거주하고자 하는 의사를 명백하게 밝히고, 2024. 7. 20.경부터 세종시 소재 피고의 거주지에서 함께 거주하기 시작한 다음, 주민등록법상 전입신고 및 전학에 관한 행정적인 절차가 마무리되고 사건본인들이 세종시 소재 학교에서 원만하게 학교생활을 계속하고 있었다.

③ 항고심은 위 ②와 같은 전입신고 및 전학 절차 및 이에 관한 사건본인들의 의사가 피고에 의하여 왜곡된 것이 아니고 사건본인들의 진지한 의사라는 점 등을 증거자료를 통하여 확인한 다음, 2024. 9. 30. 사건본인들의 임시양육자로 피고를 지정하는 취지로 제1심 사전처분을 변경하였다.

나) 미성년자녀가 유아인 사안

반면에, 이 사건이나 위 대법원 2022스539 결정의 사안과 같이 사건본인이 만 2세 내지 6세 정도의 유아인 사안에서는 사건본인이 자신의 양육자를 지정하는 문제와 관련하여 합리적인 의사결정이나 명확한 의사표시를 하기는 어렵다. 따라서 이러한 사안에서는 법원에서 사건본인으로부터 의사를 직접 청취하는 방법으로 근거자료를 확보할 수 없고, 당사자들에게 이를 보완할 수 있는 자료를 증거자료로 제출하도록 요청할 필요가 있다.

다) 소결론

이 사건 사건본인은 약 3세 정도의 유아였기 때문에, 법원에서 그 의사를 직접 청취하는 방법으로 심리를 할 수는 없었고, 현재 양육 상태에 관한 근거자료로서 사건본인이 과거 다녔거나 현재 다니고 있던 어린이집 교사들의 사실확인서 등을 증거자료로 채택하였다. 이는 사건본인의 의사를 확인한다는 측면에서는 간접적인 자료라고 볼 수 있으나, 이를 직접 확인하기 어려운 상태에서는 (쌍방 당사자의 친인척이 아닌) 제3자적 지위에 있는 사람들의 입장을 확인하는 것은 실질적인 의미가 있다고 본다.[31)]

3) 유아의 탈취 또는 탈취시도와 면접교섭과의 관계 등

가) 미성년자의 탈취 등

미성년자녀가 10세 미만의 아동인 사안에서는 이 사건과 같이 사건본인에 대한 비양육친의 탈취시도가 발생하는 경우도 있고, 실제로 일방적인 탈취행위가 이루어지는 경우도 있다. 사건본인이 아직 합리적인 의사표시를 하기 어려운 상태이고, 따라서 이러한 일방적인 탈취시도 등에 대하여 자신의 입장을 밝히거나 실질적으로 저항하는 것을 기대하기는 어렵기 때문이다.[32)]

나) 면접교섭방법 등과의 관계

(1) 이 사건에서 사건본인의 모친은 조정신청서 접수 이후인 2022. 12. 16. 사건본인에 대한 '탈취시도'를 하였고, 이에 대하여 부친은 이를 경찰에 신고하는 대응조치를 하였다.

(2) 위와 같은 사실관계를 토대로 하면, 현재 사건본인을 양육하고 있는 부친의 입장에서는 모친의 탈취가능성을 우려할 수밖에 없기 때문에, 법원이 임시양육자 지정이나 면접교섭에 관한 사전처분을 하기 전에 위와 같은 사항에 대하여 세심하게 고려할 필요가 있다.[33)]

31) 한편, 위와 같은 어린이집 교사들의 사실확인서 등은 '부친의 사건본인에 대한 양육방식 등의 합리성·적합성에 객관적인 문제가 있는지'에 관하여는 직접적인 증거자료라고 볼 수도 있다.

32) 제1심판결의 선고 이후에 모친(피고)이 제1심판결 이전에 결정된 사전처분에 따라 사건본인들을 면접교섭하는 과정에서 사건본인들을 탈취한 사례에 관하여는 위 서울고등법원 2023르20075 판결 및 이에 대한 해설(Ⅰ. [4] 2. 면접교섭 과정에서 발생한 아동 탈취에 관한 쟁점) 참조.

33) 위 대법원 2022스539 결정의 법리에 비추어 이 사건 사실관계를 살펴보면, 객관적으로 법원의 사전

(3) 모친의 면접교섭권의 허용 여부

항고심의 판단과 같이 부친을 임시양육자로 지정하는 경우, 모친의 면접교섭권 행사를 어떠한 방식으로 규율할 것인지도 쟁점이 될 수밖에 없고, 이론적으로는 피고의 면접교섭권을 폭넓게 인정하는 방안부터 이를 배제하는 방안까지 모두 상정할 수 있다.[34] 다만, 면접교섭권은 자녀의 정서안정과 원만한 인격발달을 이룰 수 있도록 하고 이를 통해 자녀의 복리를 실현하는 것을 목적으로 하는 제도로서, 자녀의 권리임과 동시에 부모의 권리이고, 가정법원은 개별 사건에서 합목적적인 재량에 따라 면접교섭의 시기, 장소, 방법 등을 제한하는 등의 방법으로 가능한 한 자녀의 성장과 복지에 가장 도움이 되고 적합한 방향으로 면접교섭이 이루어질 수 있도록 하여야 하고, 이러한 고려 없이 막연한 우려를 내세워 면접교섭 자체를 배제하는 데에는 신중하여야 한다는 위 대법원 2017스628 결정의 법리 등에 비추어 보면, 이 사건과 같이 모친이 사건본인에 대하여 1회 탈취시도를 한 적이 있다는 사정만으로 모친의 면접교섭권을 전면적으로 배제하는 것이 적절하다고 보기는 어렵다.[35]

(4) 제1심 단독재판부의 사전처분과 합의재판부의 2024. 3. 8.자 사전처분의 비교

제1심 단독재판부의 사전처분의 경우, 위 (2)항 기재 탈취가능성 등을 충분히 고려하였다고 보기 어렵기 때문에, 이러한 측면에서 아쉬운 부분이 있다. 즉, 객관적으로 상존하는 모친의 탈취가능성 등을 우려할 수밖에 없는 부친의 입장에서는 '모친이 사건본인을 부친으로부터 인도받은 다음 혼자서 키즈카페 등에 데리고 가서 면접교섭권을 행사하도록 하는 면접교섭방법'에 쉽게 동의하기 어렵고, 같은 맥락에서 제1심 단독재판부의 사전처분에 불복을 하였기 때문에, 결과적으로 모친의 면접교섭권이 실질적으로 행사되지 못하는 상황이 발생한 것이다.

반면에, 제1심 합의재판부가 2024. 3. 8. 사건본인의 임시 면접교섭에 관하여, '고양지원 면접교섭센터에서 피고가 사건본인에 대한 임시 면접교섭을 하되, 구체적인 일시 및 시간은 위 센터에서 정하는 바에 따른다.'는 취지의 사전처분을 다시 한 다음, 위와 같은 면접교섭방법에 대하여는 사건본인의 부친이 협조하였음을 알 수 있다.

(5) 면접교섭방법에 관하여

항고심 재판부는 위 (1) 내지 (4)항 기재 사정을 종합적으로 살펴본 다음, (제1심 단독재판

처분에 따른 사건본인의 인도가 실제로 이행될 수 있는지 등에 관한 의문이 충분히 제기될 수 있다는 점은 앞서 본 바와 같다.

34) 법원실무제요 가사(II), 사법연수원(2021), 1499－1510 참조.

35) 이에 관한 상세한 논의는 서울고등법원 2023. 5. 18. 선고 2023르20075 판결 및 이에 대한 해설(I. [4] 2. 면접교섭 과정에서 발생한 아동 탈취에 관한 쟁점) 참조.

부의 사전처분과는 달리) 모친이 법원에서 운영하는 면접교섭센터에서 사건본인에 대한 면접교섭을 할 수 있도록 결정하였다. 비양육친인 모친이 사건본인을 면접교섭할 수 있는 기회를 실질적으로 보장하되, 양육친인 부친이 동의할 수 있는 면접교섭방법을 선택하는 것이 타당하다고 판단하였기 때문이다.[36]

다) 소결론

이 사건과 같이 사건본인에 대한 면접교섭에 관하여 쌍방 당사자가 각자 상대방을 신뢰하기 어렵지만, 그럼에도 불구하고 사건본인의 복리를 고려하는 경우 일방의 면접교섭권 행사를 전면적으로 배제하는 것이 바람직하지 않은 사례가 실무에서 종종 발생한다. 이러한 사안에서는 법원에서 운영하는 면접교섭센터를 통한 면접교섭방법을 적극적으로 활용할 필요가 있고, 이러한 측면에서 이 부분에 관한 항고심의 판단은 타당하다고 본다.

4. 마무리

우리 법제도는 미성년자녀에 대한 양육책임을 원칙적으로 부모가 부담하고 있음을 전제로 하고 있다. 그런데 "한 아이를 키우려면 온 마을이 필요하다."라는 아프리카의 속담이 있고, 이는 미성년자녀를 제대로 양육하기 위하여 얼마나 많은 요소들이 필요한지를 잘 지적하는 것이다. 즉, 미성년자녀의 양육에 대하여 부모가 가장 중요한 역할을 담당하는 것은 분명하지만, 이러한 부모의 노력만으로는 충분하지 않고, 그 이외의 다른 많은 요소들이 적절하게 뒷받침되어야만 제대로 된 양육이 가능하다는 취지이다.

이러한 관점에서 보면, 법원이 부모의 이혼과 관련하여 미성년자녀의 양육자를 지정하는 절차에서 '절대적으로 미성년자녀의 최선의 이익'이 되는 조치를 취하는 데에는 한계가 있고, 기껏해야 부모의 이혼 등 주어진 환경에서 '차선의 이익'이나 '상대적으로 최선의 이익'이 되는 재판을 할 수밖에 없다. 부모가 미성년자녀의 양육에 관하여 전심전력으로 노력하는 경우에도 부족한 부분이 많을 수밖에 없다는 점을 고려하는 경우, 부모의 이혼이라는 사정으로 인하여 자의 복리는 이미 위태롭게 된 상태라고 볼 여지가 있기 때문이다.[37]

---

36) 정현경(2020), 33에는 '이혼 소송 전후에 배우자 일방이 자녀를 일방적으로 데리고 가는 상황'이 발생하는 경우에는 법원에 설치된 면접교섭실에서 면접교섭을 실시하는 방식을 선택하는 것이 바람직한데, 이러한 방식은 부모와의 애착관계나 유대관계 등을 파악하기 위한 경우나 면접교섭 과정에서 분쟁이 많은 경우에 주로 사용되지만, 아동탈취 등으로 단절된 관계를 법원의 개입 하에 재개하기 위한 경우에도 활용되고 있으며, 이미 탈취가 있었던 경우 상호 신뢰하지 못하는 상태이므로 법원의 주도 하에 절차를 진행하여 사태의 악화를 방지하는 것이 적절한 경우가 많다는 취지가 기재되어 있다.

37) 전보성(2016), 1278; 이화숙, "자의 최대의 이익과 현행친권제도", 가족법연구(2), 한국가족법학회(2011), 224 등 참조.

이와 같이 양육처분에 관한 법원의 본안심리의 단계에서도 부모의 이혼 등 주어진 환경에서 기대할 수 있는 정도의 '차선'의 이익이 되는 조치를 할 수밖에 없는 구조적인 한계를 가지고 있음을 감안한다면, 그 이전 단계인 사전처분절차에서 미성년자녀에게 절대적으로 '최선'의 이익이 되는 조치를 취하는 것은 실무적으로 가능하다고 보기 어렵다. 따라서 현재 양육 상태에 관하여 객관적인 문제점 등이 발견되지 않는 이상, 양육처분에 관한 사전처분 단계에서 '계속성의 원칙'을 배제하는 결정을 하는 것에는 매우 신중할 필요가 있다. 그리고 일방 당사자가 유아에 대하여 탈취 내지 탈취시도를 하는 경우도 적지 않기 때문에, 이러한 탈취가능성이 있는 사안에서 쌍방 당사자가 동의할 수 있는 적절한 면접교섭방법이 어떠한지에 대하여도 실질적으로 검토할 필요가 있다. 위 대법원 2022스539 결정은 위와 같은 사항들에 대한 고려가 필요하다는 취지로 볼 수 있다.

사건본인을 둘러싼 제반 사정들을 종합적으로 고려해야 하는 양육처분의 성격에 비추어 볼 때, 개별사건의 사실관계에 따라 분쟁을 해결하는 접근방식뿐만 아니라 최종적인 결론까지 달라질 수 있음을 유의해야 한다. 따라서 실무적으로 참고하고자 하는 대법원 판례의 사안을 개별적·구체적으로 분석하는 한편, 관련 쟁점에 관하여 실질적으로 검토한 사례들의 사실관계와 판단내용 등을 하나씩 축적하는 것이 관련 실무에 도움이 될 수 있을 것이다.

〔5〕 기타 관련 쟁점

1. 블랙박스 기기에 우연히 녹음된 파일 등의 증거능력

1
블랙박스 기기에 우연히 녹음된 파일 등의 증거능력

서울고등법원 2022. 12. 8. 선고 2022르22029, 2022르22036 판결(확정)

1. 사안의 개요

가. 원고 가족관계와 피고의 관계 등

1) 원고 A의 가족관계

배우자 E와 1992년 혼인신고를 한 부부로서, 그 사이에 딸 F가 있다.

2) E의 부정행위

E는 혼인기간 중 피고 B 및 제1심 공동피고 C, D 등 여성 3명과 부정행위를 하였다(제1심판결 중 제1심 공동 병합피고 D에 대한 부분은 쌍방이 항소하지 않았고, 제1심 공동 병합피고 C는 항소하였다가 항소를 취하함으로써, 제1심판결 중 위 제1심 공동 병합피고들에 대한 부분은 분리·확정되었다).

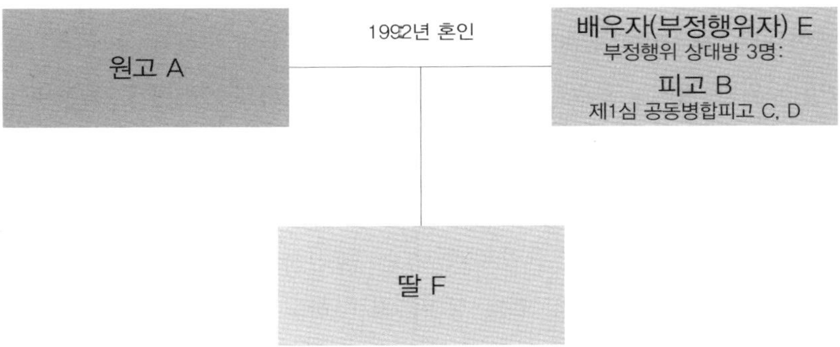

나. 이 사건 소제기 경위

원고는 2021년경 배우자 E의 차량 블랙박스 기기에 녹음된 파일을 통하여 E가 피고 B 및 C, D와 부정행위를 한 사실을 확인하고 피고 등을 상대로 위자료 청구를 하였다.

2. 이 사건 쟁점 및 피고의 주장 요지

가. 실질적 쟁점

민사 및 가사사건에 있어, 계쟁 사건의 증거수집을 위한 녹음이나 청취 목적과 무관하게 일반적인 증거수집 목적으로 설치된 차량의 블랙박스 기기에 우연히 녹음된 파일 및 그 녹취록의 증거능력(통신비밀보호법 제14조 위반 여부)

나. 피고의 주장 요지

위와 같이 블랙박스 기기에 녹음된 파일은 E와 피고가 나눈 대화를 원고가 블랙박스 기기를 이용하여 몰래 녹음한 내용을 녹취한 것으로서 동의 없이 타인간의 대화를 녹음한 것에 해당하므로, 위 녹음파일이나 이에 관한 녹취록 등은 통신비밀보호법 제14조 및 제4조에 따라 증거능력이 없다.

3. 항소심 재판부의 판단 및 검토

가. 항소심 재판부는 아래와 같은 이유로 위 녹음파일 등이 불법적인 방법으로 수집된 증거로서 증거능력이 배척되어야 한다는 취지의 피고 주장을 배척하고, 피고의 항소를 기각하는 판결을 하였다.

◌ 아래와 같은 통신비밀보호법의 문언과 내용, 입법체계 등에 비추어 볼 때, 원고가 통신비밀보호법을 위반하는 방법으로 블랙박스 기기를 이용하여 E와 피고 사이의 대화를 녹음 또는 청취하였다고 인정하기 어렵다.

① 통신비밀보호법은 누구든지 이 법과 형사소송법 또는 군사법원법의 규정에 의하지 아니하고는 우편물의 검열·전기통신의 감청 또는 통신사실확인자료의 제공을 하거나 공개되지 아니한 타인간의 대화를 녹음 또는 청취하지 못하고(제3조 제1항 본문), 제3조에 위반하여 불법검열에 의하여 취득한 우편물이나 그 내용 및 불법감청에 의하여 지득 또는 채록된 전기통신의 내용은 재판 또는 징계절차에서 증거로 사용할 수 없으며(제4조), 누구든지 공개되지 아니한 타인간의 대화를 녹음하거나 전자장치 또는 기계적 수단을 이용하여 청취할 수 없고(제14조 제1항), 이에 의한 녹음 또는 청취에 관하여 제4조 등의 규정을 적용한다(제14조 제2항)고 규정하고 있다.

② 통신비밀보호법 제3조, 제14조 제1항의 문언이 타인 간의 대화를 녹음과 청취의 대

상으로 규정하고 있을 뿐이고, 이미 대화가 종료되어 저장매체(기기)에 파일의 형태로 보관 중인 녹음물(데이터)을 그 대상으로 규정하고 있지는 않다(동법 제3조에서 타인간의 대화를 녹음 또는 청취하는 행위와 함께 금지되는 행위로 병렬적으로 규정한 '전기통신의 감청'이 대상이 되는 전기통신의 송·수신과 동시에 이루어지는 경우만을 의디하고, 이미 수신이 완료된 전기통신의 내용을 지득하는 등의 행위는 포함되지 않는다는 대법원 2012. 10. 25. 선고 2012도4644 판결 참조).

③ 통신비밀보호법에서 보호하는 타인간의 '대화'는 원칙적으로 현장에 있는 당사자들이 육성으로 말을 주고받는 의사소통행위를 가리키고 사람의 육성이 아닌 사물에서 발생하는 음향은 '대화'에 해당하지 않으므로(대법원 2017. 3. 15. 선고 2016도19843 판결 참조), '녹음'이나 '청취'가 금지되는 '대화'는 의사소통행위의 현재성 및 현장성을 전제로 한다고 봄이 타당하다.

④ 따라서 처음부터 녹음이나 청취의 의도 없이, 일반적인 증거수집 목적으로 설치된 녹음기능이 부가된 영상기록장치인 블랙박스데 우연히 타인간의 대화내용이 녹음된 경우 그 녹음파일을 청취하거나 녹취록을 작성하는 행위가 통신비밀보호법 제3조, 제14조 제1항에서 금지하는 '녹음' 및 '타인간의 대화 청취'에 포섭된다고 볼 수는 없다.

⑤ 갑 제6호증의 2 및 갑 제15호증의 각 녹취록 기재 대화 내용이 담긴 녹음파일이 저장된 블랙박스는 E가 2020. 4.경 자신이 매수하여 주로 사용하던 자동차에 그 무렵 설치한 것으로서, 원고가 2021. 2.경 딸 F와 함께 E의 휴대폰 및 보온병에서 부정행위를 의심할만한 사정을 발견한 이후 2021. 4.경 E의 위 자동차 내에 설치되어 있던 위 블랙박스를 사후에 확인하던 중 그 전에 이미 종료되어 파일 형태코 저장된 피고와 E의 대화녹음물을 우연히 발견한 것으로 판단된다.

⑥ 원고와 E는 1991. ○.경 결혼식을 하고 1992. ○. ○. 혼인신고를 한 이래 약 30년간 별다른 문제없이 혼인생활을 유지하여 왔던 것으로 보이는 점, 원고가 2021. 4.경 E가 주로 사용하던 위 자동차의 블랙박스에 저장된 파일내용을 확인하던 중 우연히 피고와 E의 부정행위를 알게 된 점, 그 후 이로 인하여 E와 갈등을 겪던 중 2021. 5. 17. 피고를 상대로 손해배상을 구하는 소를 제기하고 2021. 6. 8. E를 상대로 이혼 등을 구하는 이 사건 소를 제기하기에 이른 점 등에 비추어 볼 때, 원고와 E 사이의 혼인관계는 피고의 원고에 대한 부정행위로 인하여 파탄에 이르렀다고 봄이 타당하고. 이 법원에 이르기까지 피고가 제출한 모든 주장과 증거들만으로 피고의 부정행위 이전에 이미 원고와 E의 혼인관계가 파탄상태에 있었다고 인정하기 부족하며, 달리 위 점을 인정할 만한 증거가 없다

나. 이 사건 항소심 판결에 인용된 서울고등법원 2020. 12. 17. 선고 2020르22124, 2020

르22131 판결[1]은 유사쟁점에 관하여 같은 취지로 판단한 것으로서, 이 사건 항소심 판결은 인용 사례의 판시내용을 토대로 한 것이다.[2]

4. 유사 쟁점에 관한 대법원 판결

이 사건 항소심 판결 선고 이후에, 대법원 2024. 2. 29. 선고 2023도8603 판결은 종료된 대화의 녹음물을 재생하여 듣는 것은 통신비밀보호법에 위반되지 않다고 판단하면서, 다음과 같은 이유를 설시하였다.[3]

『통신비밀보호법(이하 법명은 생략한다) 제3조 제1항은 누구든지 이 법과 형사소송법 또는 군사법원법의 규정에 의하지 아니하고는 우편물의 검열·전기통신의 감청 또는 공개되지 않은 타인간의 대화를 녹음 또는 청취하지 못한다고 규정하고 있고, 제16조 제1항은 이를 위반하는 행위를 처벌하도록 규정하고 있다. 여기서 '청취'는 타인간의 대화가 이루어지고 있는 상황에서 실시간으로 그 대화의 내용을 엿듣는 행위를 의미하고, 대화가 이미 종료된 상태에서 그 대화의 녹음물을 재생하여 듣는 행위는 '청취'에 포함되지 않는다. 이유는 다음과 같다.

1) 제3조 제1항은 공개되지 아니한 타인간 '대화'를 '청취'의 대상으로 규정하고 있다. '대화'는 '원칙적으로 현장에 있는 당사자들이 육성으로 말을 주고받는 의사소통행위'로서(대법원 2017. 3. 15. 선고 2016도19843 판결 참조), 이러한 의사소통행위가 종료되면 청취 대상으로서의 대화도 종료된다. 종료된 대화의 녹음물을 재생하여 듣는 것은 대화 자체의 청취라고 보기 어렵고, 제3조 제1항이 대화 자체 외에 대화의 녹음물까지 청취 대상으로 규정하고 있지도 않다. 이러한 '대화'의 의미나 제3조 제1항의 문언에 비추어 보면, '대화'와 구별되는 '대화의 녹음물'까지 청취 대상에 포함시키는 해석에는 신중함이 요구된다.

---

1) 이에 대하여 피고들이 상고하였으나, 대법원 2021. 4. 29.자 2021므10447, 10454 판결로 심리불속행 상고기각되었다,

2) 이 사건 항소심 판결과 같은 취지의 견해로는 조재헌, "블랙박스 녹음파일 등의 증거능력 — 통신비밀보호법 제4조, 제14조 해석론을 중심으로 —", 사법논집(73), 법원도서관(2021), 433－480 중 464－467 참조.

3) ① 위 사건의 피고인은 2020. 2. 배우자와 함께 거주하는 아파트 거실에 녹음기능이 있는 영상정보처리기기(이른바 '홈캠')를 설치하였고, 2020. 5. 1. 13:00경 위 거실에서 배우자와 그 부모 및 동생이 대화하는 내용이 위 기기에 자동 녹음되었는데, 이에 대하여 피고인은 "공개되지 아니한 타인간 대화를 청취하고 그 내용을 누설"하여 통신비밀보호법 제16조, 제3조를 위반한 것으로 기소되었다.
② 제1심과 항소심은 종료된 대화의 녹음물을 재생하여 듣는 것이 통신비밀보호법상 '청취'에 해당하지 않는다고 보고, 피고인에 대하여 무죄판단을 하였다.
③ 대법원은 위와 같은 법리를 설시하면서 항소심의 판단을 수긍하여 검사의 상고를 기각하였다.

2) 제14조 제1항은 누구든지 공개되지 아니한 타인간의 대화를 녹음하거나 전자장치 또는 기계적 수단을 이용하여 청취할 수 없다고 규정함으로써, 금지되는 청취행위를 구체화하여 제한하고 있다. 이는 타인간의 비공개 대화를 자신의 청력을 이용하여 듣는 등의 행위까지 처벌대상으로 할 필요는 없다는 점에서 이를 실시간으로 엿들을 수 있는 전자장치 또는 기계적 수단을 이용하여 이루어지는 청취만을 금지하고자 하는 취지의 조항으로 보인다. 그런데 이미 종료된 대화의 녹음물을 재생하여 듣는 방식으로 이루어지는 청취는 이와 같이 제14조 제1항이 금지하고자 하는 청취에 포함되지 않는다.

3) 제3조 제1항, 제16조 제1항은 '녹음'과 '청취'를 나란히 금지 및 처벌 대상으로 규정하고 있으므로 '녹음'과 '청취'의 공통 대상이 되는 '대화'는 특별한 사정이 없는 한 동일한 의미로 해석할 필요가 있다. 그런데 '녹음'의 일상적 의미나 통신비밀보호법이 '녹음'을 금지하는 취지에 비추어 보면, 제3조 제1항에서 금지하는 타인간 대화의 녹음은 특정 시점에 실제 이루어지고 있는 대화를 실시간으로 녹음하는 것을 의미할 뿐 이미 종료된 대화의 녹음물을 재생한 뒤 이를 다시 녹음하는 행위까지 포함한다고 보기는 어렵다. 이처럼 '녹음'의 대상인 '대화'가 녹음 시점에 실제 이루어지고 있는 대화를 의미한다면, 같은 조항에 규정된 '청취'의 대상인 '대화'도 특별한 사정이 없는 한 청취 시점에 실제 이루어지고 있는 대화를 의미한다고 해석하는 것이 타당하다.

4) 통신비밀보호법상 '전기통신의 감청'은 전기통신이 이루어지고 있는 상황에서 실시간으로 그 전기통신의 내용을 지득·채록하는 경우 등을 의미하는 것이지 이미 수신이 완료된 전기통신에 관하여 남아 있는 기록이나 내용을 열어보는 등의 행위는 포함하지 않는다(대법원 2016. 10. 13. 선고 2016도8137 판결 및 송·수신이 완료된 전기통신을 달리 취급하는 제9조의3 등 참조). 한편 통신비밀보호법상 '전기통신의 감청'과 '공개되지 않은 타인간 대화의 청취'는 대상('음향 등'과 '육성으로 주고받는 말'), 수단('전자장치·기계장치 등'과 '전자장치 또는 기계적 수단') 및 행위 태양('청취·공독하여 그 내용을 지득 또는 채록하는 것 등'과 '청취')에 있어서 서로 중첩되거나 유사하다(제2조 제3호, 제7호, 제14조 참조). 또한 통신비밀보호법은 '전기통신의 감청'에 관한 다수 규정들(제4조 내지 제8조, 제9조 제1항 전단 및 제3항, 제9조의2, 제11조 제1항, 제3항, 제4항, 제12조)을 '공개되지 않은 타인간 대화의 청취'에도 적용함으로써 그 범위에서 양자를 공통으로 규율하고 있다(제14조 제2항). 이러한 '전기통신의 감청'과 '공개되지 않은 타인간 대화의 청취'의 개념 및 규율의 유사성 등 양자의 체계적 관계에 비추어 보면, '전기통신의 감청'과 마찬가지로 '공개되지 않은 타인간 대화의 청취' 역시 이미 종료된 대화의 녹음물을 듣는 행위는 포함하지 않는다고 해석하는 것이 타당하다.

5) 종료된 대화의 녹음물을 재생하여 듣는 행위도 제3조 제1항의 '청취'에 포함시키는

해석은 ‘청취’를 ‘녹음’과 별도 행위 유형으로 규율하는 제3조 제1항에 비추어 불필요하거나 ‘청취’의 범위를 너무 넓혀 금지 및 처벌 대상을 과도하게 확장할 수 있다. 위법한 녹음 주체가 그 녹음물을 청취하는 경우에는 그 위법한 녹음을 금지 및 처벌 대상으로 삼으면 충분하고, 녹음에 사후적으로 수반되는 청취를 별도의 금지 및 처벌 대상으로 삼을 필요성이 크지 않다. 또한 적법한 녹음 주체 또는 제3자가 그 녹음물을 청취하거나, 위법한 녹음물을 녹음 주체 외의 제3자가 청취하는 경우까지 금지 및 처벌 대상으로 삼으면 이들의 행동의 자유를 과도하게 제한하게 된다. 나아가 이는 명문의 형벌법규 의미를 엄격하게 해석하기보다는 피고인에게 불리한 방향으로 지나치게 확장해석하거나 유추해석하는 것으로서 죄형법정주의의 원칙에 비추어 보더라도 타당하지 않다(대법원 2013. 11. 28. 선고 2012도4230 판결, 대법원 2018. 3. 15. 선고 2017도21656 판결 등 참조).』

5. 마무리

부부 사이의 분쟁으로 인하여 발생하는 이혼사건 등에서 차량 블랙박스 기기에 녹음된 파일, 휴대전화에 녹음된 파일 등이 증거로 제출되는 경우가 적지 않다. 그런데 이에 관하여 당사자가 그 증거수집과정이 위법하여 증거능력이 없다는 취지의 주장을 하는 경우, 그 주장의 인정 여부에 따라서 법원의 사실인정이 달라질 수 있기 때문에, 증거능력 인정에 관한 법리검토를 선행해야 한다. 실무에서 유사한 사례가 자주 발생하고 있는데, 이 사건 항소심 판결과 위 대법원 2023도8603 판결의 판시내용 등은 관련 법리에 대한 검토사례로서 관련 실무에 상당한 도움이 될 수 있다고 생각한다.

II. 상속재산분할 및 유류분반환청구 사건

[1] 상속일반
[2] 생전증여
[3] 유류분반환청구권
[4] 유언공정증서
[5] 국제사법
[6] 상속재산분할 실무와 세법 실무의 상관관계
[7] 상속에 관한 구(舊) 관습법과 규범통제

〔1〕 상속일반

1. 마류 가사비송사건의 변호사보수 절차비용 산입
2. 수차상속(數次相續)이 발생한 경우 상속재산분할청구에 관한 사례
3. 상속포기신고에 관한 취소의 효력 등
4. 상속재산분할사건에서 일부 당사자의 사망과 상속분 포기의 인정여부 등에 관한 쟁점

1

마류 가사비송사건의 변호사보수 절차비용 산입

서울고등법원 2022. 4. 11.자 2022브2061 결정(확정)
- 대법원 2022. 3. 22.자 2020스507 결정(환송결정)

1. 사안의 개요

가. 피신청인 B가 신청인 A 및 신청외 C를 상대로 준재심을 청구하였는데(서울가정법원 2016재느합○○○), 위 법원은 2018. 4. 3. 이를 각하하면서 피신청인이 심판비용을 부담하도록 정하였다. 피신청인이 항고하였으나(서울고등법원 2018브○○○), 위 법원도 2018. 9. 19. 위 항고를 기각하면서 피신청인이 항고비용을 부담하도록 정하였다.

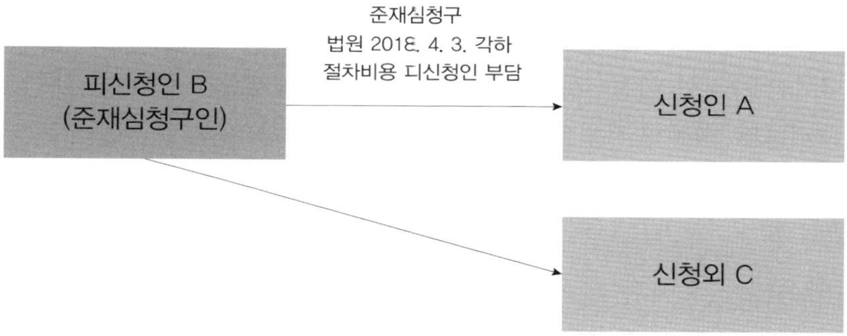

나. 신청인이 피신청인을 상대로 서울가정법원 2016재느합○○○, 서울고등법원 2018브○○○ 각 사건의 절차비용액 확정을 신청하자, 사법보좌관은 2019. 5. 30. 위 각 사건의 변호사보수를 포함하여 피신청인이 신청인에게 상환하여야 할 절차비용액이 6,214,590원임을 확정하는 내용의 결정을 하였다.

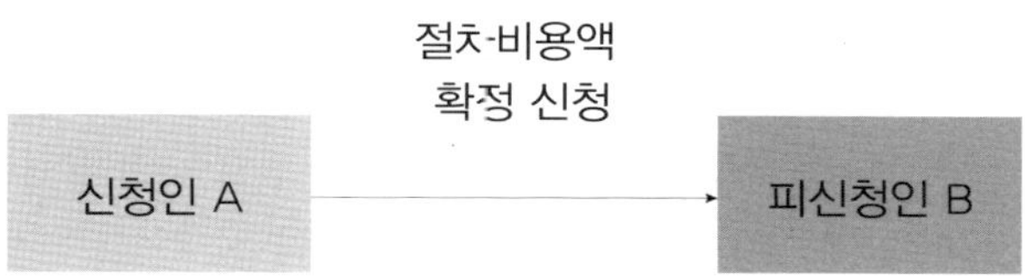

다. 피신청인의 이의신청에 대하여 제1심법원은 2019. 6. 19. 사법보좌관의 위 처분을 인

가하는 결정을 하였다(서울가정법원 2019. 6. 19.자 2019즈기30299 결정).

라. 피신청인은 제1심결정에 대하여 항고하면서 "가사비송사건은 신청사건으로 보아야 하므로 변호사보수의 소송비용 산입에 관한 규칙(이하 규칙개정과 관계없이 '변호사보수규칙'이라고 한다) 제3조 제2항에 따라 본안사건에 관하여 산정된 금액의 1/2의 금액만 소송비용으로 산입되어야 한다. 따라서 제1심 결정의 절차비용 중 변호사보수의 1/2에 해당하는 금액은 감액되어야 한다."라는 항고이유를 개진하였다. 이에 환송 전 항고심은 2019. 11. 12. '비송사건절차에서는 변호사보수가 절차비용에 산입될 여지가 없는데, 이 사건은 비송사건절차법이 준용된다.'라는 이유로 제1심결정을 취소하고 신청인의 신청을 기각하였다(서울고등법원 2019. 11. 12.자 2019브2077 결정).

마. 이에 대하여 신청인이 재항고를 하자, 대법원은 "가사비송사건의 절차비용에 관하여 구조결정을 함에 있어 소송구조에 관한 민사소송법이 준용되고, 특히 변호사 등의 보수에 관한 강제집행은 마류 가사비송사건에만 준용된다(가사소송법 제37조의2). 또한 마류 가사비송사건에 관하여 가정법원이 수액을 정하지 아니하고 절차비용 부담의 재판을 한 경우, 그 비용액의 확정에 관하여 소송비용액확정결정에 관한 민사소송법이 준용된다(가사소송규칙 제95조 제1항). 이러한 규정의 취지·내용과 상대방의 존재를 전제로 하는 대심적 구조의 분쟁사건인 점을 고려하면, 마류 가사비송사건에서 변호사보수는 그 절차비용에 산입된다."라는 이유로 환송 전 당심결정을 파기하고, 사건을 서울고등법원으로 환송하였다(대법원 2022. 3. 22.자 2020스507 결정).

2. 환송된 사건을 심리한 항고심 재판부는 위 제1의 마.항 기재 환송결정의 취지를 그대로 인용한 다음, 이를 토대로 하여 피신청인의 항고를 기각하는 결정을 하였다. 환송 후 항고심 재판부에서 추가적으로 정리한 이 사건 판단의 요지는 다음과 같다.

가. 구 변호사보수규칙(2020. 12. 28. 대법원규칙 제2936호로 개정되기 전의 것) 제2조(적용범위)는 "이 규칙은 민사소송법의 규정(다른 법률에 의하여 민사소송법의 규정이 준용되는 경우를 포함한다)에 의하여 소송비용액의 확정결정 신청을 할 수 있는 사건에 적용한다."라고 규정하고, 제3조(산입할 보수의 기준)는 "소송비용에 산입되는 변호사의 보수는 당사자가 보수계약에 의하여 지급한 또는 지급할 보수액의 범위 내에서 각 심급단위로 소송목적의 값에 따라 별표의 기준에 의하여 산정한다. 다만, 별표의 기준에 따른 금액이 30만원에 미치지 못하는 때에는 이를 30만원으로 한다(제1항). 가압류, 가처분 명령의 신청, 그 명령에 대한 이의 또는 취소의 신청사건에 있어서 소송비용에 산입되는 변호사의 보수는, 피보전권리의 값에 따라 제1항의 기준에 의하여 산정한 금액의 2분의 1로 한다. 다만, 가압류, 가처분 명령의 신청사

건에 있어서는 변론 또는 심문을 거친 경우에 한한다(제2항).”라고 규정하며, 제6조(재량에 의한 조정)는 “제3조 및 제5조의 금액 전부를 소송비용에 산입하는 것이 현저히 부당하다고 인정되는 경우에는 법원은 상당한 정도까지 감액 산정할 수 있다(제1항). 법원은 제3조의 금액이 소송의 특성 및 이에 따른 소송대리인의 선임 필요성, 당사자가 실제 지출한 변호사보수 등에 비추어 현저히 부당하게 낮은 금액이라고 인정하는 때에는 당사자의 신청에 따라 위 금액의 2분의 1 한도에서 이를 증액할 수 있다(제2항).”라고 규정하고 있다.

나. 가사소송법이 2013. 4. 5. 법률 제11725호로 개정되면서 신설된 가사소송법 제37조의2는 가사비송사건의 절차에 소요되는 비용에 관한 절차구조에 관하여 규정하고 소송구조에 관한 민사소송법 제129조부터 제133조를 준용하고 있는데, 위 민사소송법 제129조부터 제133조는 원칙적으로 본안소송에 관한 규정들로서, 변호사의 보수 등은 이러한 소송구조의 객관적 범위에 포함되는 점, 대립된 당사자를 전제로 하는 마류 가사비송사건의 경우 이를 본안사건으로 하여 가압류 또는 가처분을 할 수 있는 점(가사소송법 제63조 제1항), 위와 같은 마류 가사비송사건에서 일방 당사자가 변호사를 대리인으로 선임하여 실질적인 공방을 벌인 결과 심판청구가 기각 또는 각하되거나 심판청구가 취하되는 경우 그 당사자가 지출한 변호사의 보수 등을 상대방으로부터 상환받을 수 있도록 하는 것이 형평에 부합하는 점 등에 비추어 볼 때, 마류 가사비송사건에 대해서는 변호사보수규칙 제3조 제1항이 적용되고, 다만 법원은 위 제3조 제1항 별표의 기준에 따라 산정된 금액 전부를 산입하는 것이 현저히 부당하다고 인정되는 경우에는 상당한 정도까지 감액 산정할 수 있으며, 위 금액이 마류 가사비송사건의 특성 및 이에 따른 대리인의 선임 필요성, 당사자가 실제 지출한 변호사보수 등에 비추어 현저히 부당하게 낮은 금액이라고 인정하는 때에는 당사자의 신청에 따라 위 금액의 2분의 1 한도에서 이를 증액할 수 있다고 봄이 타당하다(변호사보수규칙 제6조).

다. 이 사건 사실관계를 위 법리에 비추어 살펴보면, 이 사건의 절차비용을 확정함에 있어 기여분결정 및 상속재산분할심판 청구사건은 마류 가사비송사건에 해당하므로 소송비용액확정결정에 관하여는 비송사건절차법이 아니라 민사소송법이 준용되어 변호사보수가 당연히 절차비용에 포함되는 것이고, 신청인이 지출한 변호사보수에 관하여 제1심법원이 (변호사보수규칙 제3조 제2항이 아닌) 변호사보수규칙 제3조 제1항에 규정된 별표의 기준에 의하여 산정한 금액 전부를 절차비용에 산입하면서 변호사보수규칙 제6조에 규정된 재량에 의한 조정을 하지 아니하였다고 하더라도 이를 위법하다고 보기는 어렵다.

3. 검토

가. ① 환송 전 항고심결정 및 거기에 인용된 서울고등법원 2016. 5. 23.자 2015브60 결정(확정)은 마류 가사비송사건에 대하여 비송사건절차법이 준용된다는 이유로 변호사보수가 절차비용에 산입될 여지가 없다고 판단한 반면에, ② 대구가정법원 2019. 5. 22.자 2019브1002 결정[피신청인 재항고, 대법원 2019. 10. 11.자 2019스609 결정(심리불속행 재항고기각)으로 확정]은 마류 가사비송사건에서 변호사보수는 그 절차비용에 산입된다고 판단하는 등 종래 하급심 결정이 엇갈리고 있는 상황이었다. 그런데 환송결정은 명시적으로 ②와 같은 입장을 취함으로써 마류 가사비송사건의 변호사보수는 절차비용에 산입된다는 점을 분명히 하였다.

나. 다만, 환송결정의 판시내용을 토대로 하는 경우에도, 다시 마류 가사비송사건에 대하여 ㉮ 본안사건에 관한 변호사보수규칙 제3조 제1항이 적용되는지, 아니면 ㉯ 가압류사건 등에 관한 변호사보수규칙 제3조 제2항(피신청인의 항고이유)이 적용되는지가 쟁점이 될 수 있다. 환송 후 항소심 재판부는 이 사건에서 위 2. 기재와 같이 ㉮ 입장이 타당한 이유를 구체적으로 정리한 다음,[1] 피신청인의 항고를 기각하였다.

4. 마무리

실무적으로 많이 발생하는 쟁점에 관한 사례인데, 대법원 환송결정에서는 본안사건에 관한 변호사보수규칙 제3조 제1항이 적용되는지 등에 대하여 판단하지 않았기 때문에, 이 부분에 대한 추가적인 심리·판단이 필요하다고 볼 수 있다. 이 사건 항고심 재판부의 환송 후 항고심 결정은 유사 쟁점의 검토과정에서 다소간 참고가 될 수 있을 것이다.

---

1) 위 대구가정법원 2019브1002 결정의 경우, (구체적인 이유를 설시하지는 않았지만) 결론적으로 ㉮ 입장을 전제로 절차비용을 산정하였다.

2
수차상속(數次相續)이 발생한 경우 상속재산분할청구에 관한 사례

서울고등법원 2022. 7. 27.자 2021브2171, 2172, 2173 결정(확정)
- 서울가정법원 2021. 8. 17.자 2019느합1318, 2020느합1490, 2020느합1523 심판

1. 사안의 개요

가. 제1피상속인: X(2003. 10. 26. 사망)

나. 제2피상속인: Y(2017. 6. 30. 사당)

다. 제1피상속인의 가족관계

1) 배우자: 제2피상속인

2) 자녀: 망 C(2019. 5. 3. 사망), 상대방 B, 청구인 A

라. 제2피상속인의 가족관계

1) 배우자: 제1피상속인

2) 자녀: 제1피상속인의 자녀와 같다.

마. 망 C의 가족관계

1) 배우자: 망 CC(2013. 3. 2. 사망)

2) 자녀: 상대방 CA, CB

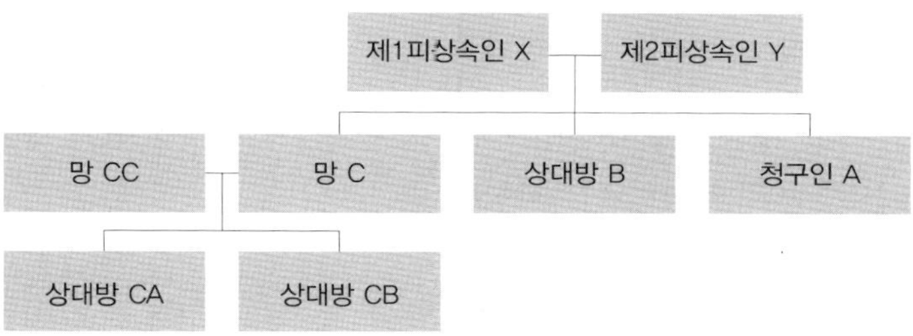

바. 공동상속인 및 법정상속분

1) 제1피상속인

[표 1]

순번	상속인	법정상속분	피상속인과의 관계
1	제2피상속인	3/9	배우자
2	청구인	2/9	직계비속
3	상대방 B	2/9	직계비속
4	상대방 CA	1/9(= 2/9×1/2)	직계비속 (망 C의 상속인)
5	상대방 CB	1/9(= 2/9×1/2)	직계비속 (망 C의 상속인)
상속분 합계		1	

2) 제2피상속인

[표 2]

순번	상속인	법정상속분	피상속인과의 관계
1	청구인	1/3	직계비속
2	상대방 B	1/3	직계비속
3	상대방 CA	1/6(= 1/3×1/2)	직계비속 (망 C의 상속인)
4	상대방 CB	1/6(= 1/3×1/2)	직계비속 (망 C의 상속인)
상속분 합계		1	

2. 청구취지

[본심판]

가. 제1피상속인의 별지1 목록 기재 각 부동산을 청구인과 상대방 B, 상대방 CA, CB 사이의 법정상속분에 따라 적정하게 분할한다.

나. 제2피상속인의 별지2 목록 제1항 내지 제3항 기재 각 부동산을 청구인과 상대방들 사이의 법정상속분에 따라 적정하게 분할한다.

[반심판]

제1피상속인의 상속재산과 제2피상속인의 상속재산에 관한 상대방 B의 기여분을 각

30%로 정한다.

[병합사건]

제1피상속인의 상속재산과 제2피상속인의 상속재산에 관한 청구인의 기여분을 각 30%로 정한다.

3. 수차상속(數次相續)의 개념

수차상속은 복수의 피상속인들 중 나중에 사망한 피상속인(후자)이 먼저 사망한 피상속인(전자)의 상속인 지위에 있었는데, 전자의 사망으로 상속이 개시되었으나 이에 관한 상속재산분할이 이루어지지 않고 있던 중에 후자가 사망하여 상속이 개시된 경우를 말한다. 실무에서는 이러한 수차상속과 관련된 상속재산분할청구사건이 적지 않게 발견된다.

4. 항고심 재판부의 판단 및 검토

항고심 재판부는 아래와 같은 이유로 수차상속에 관한 제1심심판을 변경하는 결정(제1심심판 중 제1피상속인의 상속재산에 관한 부분을 일부 변경하고, 제2피상속인의 상속재산에 관하여 청구를 기각한 부분 중 일부를 각하하는 취지임)을 하였는데, 그 판단의 요지는 다음과 같다.

가. 수차상속과 관련된 규정 및 법리 등

민법은 제1005조(상속과 포괄적 권리의무의 승계)에서 "상속인은 상속개시된 때로부터 피상속인의 재산에 관한 포괄적 권리의무를 승계한다. 그러나 피상속인의 일신(一身)에 전속한 것은 그러하지 아니하다."라고 규정하고, 제1006조(공동상속과 재산의 공유)에서 "상속인이 수인인 때에는 상속재산은 그 공유로 한다."고 규정하고, 제1007조(공동상속인의 권리의무승계)에서 "공동상속인은 각자의 상속분에 응하여 피상속인의 권리의무를 승계한다."고 규정하고, 제1012조(유언에 의한 분할방법의 지정, 분할금지)에서 "피상속인은 유언으로 상속재산의 분할방법을 정하거나 이를 정할 것을 제3자에게 위탁할 수 있고 상속개시의 날로부터 5년을 초과하지 아니하는 기간 내의 그 분할을 금지할 수 있다."고 규정하고, 제1013조(협의에 의한 분할)에서 "전조의 경우 외에는 공동상속인은 언제든지 그 협의에 의하여 상속재산을 분할할 수 있다(제1항). 제269조의 규정은 전항의 상속재산의 분할에 준용한다(제2항)."고 규정하고, 제269조(분할의 방법)에서 "분할의 방법에 관하여 협의가 성립되지 아니한 때에는 공유자는 법원에 그 분할을 청구할 수 있다(제1항). 현물로 분할할 수 없거나 분할로 인하여 현저히 그 가액이 감손될 염려가 있는 때에는 법원은 물건의 경매를 명할 수 있다(제2항)."고 규정하고 있다.

한편, 가사소송규칙 제115조 제1항은 “가정법원은 제1심 심리종결시까지 분할이 청구된 모든 상속재산에 대하여 동시에 분할의 심판을 하여야 한다.”고 규정하고 있는데, 이는 당사자의 청구에 의하여 심판대상이 된 특정 피상속인의 상속재산 전부에 대한 관계에서 공동상속인의 상속분을 조정하는 내용으로 동시에 분할의 심판을 해야 하고, 그 상속재산 중 일부에 대해서만 분할의 심판을 하는 것이 허용되지 않는다는 취지일 뿐이다.

그렇다면 수차상속이 발생한 사안에서, 당사자가 복수의 피상속인들의 상속재산에 관하여 한꺼번에 상속재산분할심판청구를 한 경우에도, 법원으로서는 각 피상속인의 상속관계별로 각각의 상속개시 시점을 기준으로 하여 각 피상속인의 상속재산에 관한 분할청구를 개별적으로 심리·판단하는 것이 원칙이다.

물론 수차상속이 발생한 사안에서도 ㉮ 각 상속개시 당시의 상속에 관한 법률관계에 적용되는 법률내용에 변경이 없고, ㉯ 피상속인들의 공동상속인들이 궁극적으로 모두 동일하고, 공동상속인들의 기여분이나 특별수익이 없는 등의 사정으로 수차상속 사이의 공동상속인들의 각 구체적 상속분에 변동이 없으며, ㉰ ㉠ 후자의 고유한 상속재산이 없어서 전자로부터 상속받은 상속분만이 후자의 상속에 따른 분할대상이 되거나, ㉡ 전자가 그 재산 전부를 후자에게 생전증여 내지 유증하였고, 그 이외에 후자의 고유한 상속재산은 없는 경우 등과 같이 특별한 사정이 존재하는 사안에서는 예외적으로 법원이 수차상속에 관한 각 분할청구를 포괄하여 판단할 수도 있다.[1)]

나. 제1피상속인의 상속재산에 관한 판단 및 검토

1) ① 제1피상속인의 상속재산에 관한 분할청구(① 청구)의 대상은 제1피상속인의 사망시점인 2003. 10. 26. 당시 제1피상속인에게 속했던 일체의 권리의무를 기준으로 정하고, ② 제2피상속인의 상속재산에 관한 분할청구(② 청구)의 대상은 제2피상속인의 사망시점인 2017. 6. 30. 당시 제2피상속인에게 속했던 일체의 권리의무를 기준으로 정해야 하므로, 원칙적으로 ① 청구와 ② 청구를 별도로 심리·판단하여야 하고 위 각 청구의 분할대상 역시 별도로 정하여야 한다.

2) 제2피상속인이 2009. 2. 13. 상대방 B에게 특정유증을 한 사실[2)]이 인정되므로, 제1피

1) 이러한 특별한 사정이 존재하는 사안에 관하여는 광주가정법원 2018. 8. 8.자 2018느합3004 심판 및 광주고등법원 2019. 5. 23.자 2018브410 결정(확정) 등 참조.

2) 제2피상속인이 상대방 B에게 2009. 2. 13. 특정유증한 재산의 경우 ㉮ 제2피상속인의 상속재산과 관련된 특별수익으로서 이에 관한 유류분반환청구의 대상 등이 될 가능성은 있지만, ㉯ 그 특정유증

상속인의 상속재산에 관한 ① 청구의 분할대상을 정하는 과정에서 제1피상속인의 사망시점인 2003. 10. 26. 이후에 이루어진 위 2009. 2. 13.자 유증 등을 고려할 수 없고,[3] ① 청구와 ② 청구를 포괄하여 판단할 수 있는 예외가 인정된다고 할 수 없다.

3) 유의점

이 사건의 경우와 달리, 제1피상속인의 사망 이후에 제2피상속인이 그 상속분을 다른 공동상속인 중 1명에게 포괄유증하거나 이를 포괄적으로 양도하는 경우가 있다. 이와 같이 적극재산과 소극재산을 모두 포함한 상속재산 전부에 관하여 공동상속인이 가지는 포괄적 상속분, 즉 상속인 지위의 양도가 있는 경우, 다른 공동상속인으로부터 상속분을 양수한 공동상속인은 자신이 가지고 있던 상속분과 양수한 상속분을 합한 상속분을 가지고 상속재산 분할 절차에 참여하여 그 상속분 합계액에 해당하는 상속재산을 분배해 달라고 요구할 수 있다(대법원 2021. 7. 15. 선고 2016다210498 판결 등 참조).

이러한 경우 다른 공동상속인에게 상속분을 양도한 공동상속인은 특별한 사정이 없는 한 상속재산의 귀속을 정하는 상속재산분할협의의 주체로서의 지위를 상실하는바, 상속재산분할심판 청구는 대심적 구조의 가사소송법 제2조 제1항 제2호 나.목의 마류 비송사건으로서 상속인 중 1인 또는 수인이 나머지 상속인 전원을 상대로 청구하여야 하고(가사소송규칙 제110조), 상속재산분할심판 청구의 공동당사자 사이에서는 민사소송법 중 필수적 공동소송에 관한 규정이 준용되는 점(가사소송법 제47조) 등을 고려하면, 위와 같은 사정으로 상속재산분할협의의 주체로서의 지위를 상실하는 공동상속인은 상속재산분할심판 청구의 당사자적격 역시 상실한다고 볼 수 있고,[4] 이는 상속재산분할심판 청구를 전제로 하는(민법 제1008조의2 제4항) 기여분 결정 청구의 경우도 마찬가지이다.[5]

시점 이전인 2003. 10. 26. 사망한 제1피상속인의 상속재산과 관련된 특별수익이 될 수 없음은 명백하다.

3) 상대방 B는 위 2009. 2. 13.자 특정유증에 근거하여 유증의무자에 대하여 민사상 채권을 가지게 되는 것이고, 제1피상속인의 상속재산에 관한 상속재산분할청구사건에서 이러한 민사상 채권을 고려할 수는 없다[片岡 武·管野 眞一, 「第4版 家庭裁判所における遺産分割 · 遺留分の実務」, 日本加除出版株式會社(2022), 507에는 특정유증이 이루어진 경우 해당 재산은 상속재산분할청구의 대상에서 제외된다는 취지가 기재되어 있다는 점 등 참조].

4) 상속재산분할심판절차 실무사례를 살펴보면, 상속분 양도인의 분할심판청구 및 상속분 양도인에 대한 분할심판청구에 대하여, ㉮ 당사자적격 흠결을 이유로 각하하는 실무사례와, ㉯ 상속분 양도 사실에 관한 심리를 위하여 당사자에 포함시켜 진행하되 심판시에 초과특별수익자의 경우와 같이 상속분 양도인에게 재산을 귀속시키지 않는 것으로 상속재산을 분할하는 실무사례가 병존한다는 점은 법원실무제요, 가사Ⅱ, 사법연수원(2021), 1591 등 참조.

5) 서울고등법원 2017. 2. 6.자 2016브34, 47 결정(대법원 2017스31, 32호로 재항고되었으나 2017. 5. 16. 재항고이유서 부제출 기각으로 확정), 서울고등법원 2021. 4. 5.자 2018브213, 214 결정[대법원 2022. 2. 3.자 2021스736, 737 결정(심리불속행)으로 확정], 수원고등법원 2022. 8. 9.자 2021브10064 결정(대법원 2022스683호로 재항고되었으나 2022. 10. 14. 재항고이유서 부제출 기각으로 확정), 서울고등법

즉, 제2피상속인이 다른 공동상속인 중 1명에게 유증을 한 다음 제1피상속인의 상속재산을 대상으로 한 상속재산분할심판청구가 제기된 사안에서, ㉠ 제2피상속인이 특정유증을 한 경우에는 이 사건과 같은 법리가 적용되는 반면에, ㉡ 포괄유증을 한 경우에는 제1피상속인의 상속재산분할에 관하여 제2피상속인의 분할협의의 주체로서의 지위 자체가 수유자에게 이전되므로,[6] 유증의 성격 등에 대한 심리·판단을 선행할 필요가 있다.

다. 제2피상속인의 상속재산에 관한 판단

1) 관련법리

유언자가 자신의 재산 전부 또는 전 재산의 비율적 일부가 아니라 단지 일부 재산을 특정하여 유증한 데 불과한 특정유증의 경우에는, 유증 목적인 재산은 일단 상속재산으로서 상속인에게 귀속되고 유증을 받은 자는 단지 유증의무자에 대하여 유증을 이행할 것을 청구할 수 있는 채권을 취득하게 될 뿐이고, 당해 유증이 포괄적 유증인가 특정유증인가는 유언에 사용한 문언 및 그 외 제반 사정을 종합적으로 고려하여 탐구된 유언자의 의사에 따라 결정되어야 한다(대법원 2003. 5. 27. 선고 2000다73445 판결, 대법원 2010. 12. 23. 선고 2007다22859 판결 등 참조).

민법 제1012조, 제1013조, 제269조에 의하면, 피상속인은 유언으로 상속재산의 분할방법을 정하거나 이를 정할 것을 제3자에게 위탁할 수 있고, 유언에 의한 분할방법의 지정이 있는 경우 외에는 공동상속인이 언제든지 그 협의에 의하여 상속재산을 분할할 수 있으며, 분할의 방법에 관하여 협의가 성립되지 아니한 때에는 법원에 그 분할을 청구할 수 있다. 따라서 피상속인이 유언으로 분할방법을 정한 상속재산은 상속재산 분할대상에서 제외된다[서울고등법원 2021. 11. 9.자 2021브2001, 2021브2002 결정(확정) 등 참조].

2) 구체적인 판단

가) 제2피상속인이 제1피상속인의 사망으로 인하여 2003. 10. 26. 그 법정상속분인 '이 사건 각 부동산 1/3 지분'을 취득하게 된 사실은 앞서 본 것과 같고, 제2피상속인은 2009. 2. 13. 이 사건 유언공정증서에 의하여 이 사건 각 부동산 1/3 지분을 상대방 B에게 특정유증하

원 2022. 11. 29.자 2021브2148, 2149 결정(확정), 서울고등법원 2024. 2. 22.자 2021브2233 결정(확정) 등 참조.

6) 이에 관하여 대법원 2025. 5. 29. 선고 2022다220014 판결은 "포괄적 유증이란 적극재산은 물론, 소극재산까지도 포괄하는 상속재산 전부 또는 일부의 유증을 말하는 것이고, 포괄적 유증을 받은 사람(포괄적 수증자)은 상속인과 동일한 권리 의무가 있다(민법 제1078조). (중략) 이와 같이 포괄적 유증을 받은 사람이 승계하는 소극재산은 유류분 산정의 기초가 되는 재산액을 산정할 때 전액 공제되므로, 공제 후 남은 적극재산 중 유류분 부족액에 해당하는 범위 내에서 유증은 효력을 상실하게 된다. 따라서 포괄적 유증을 받은 사람이 승계하는 소극재산 중 일부가 유류분제도 존재나 유류분반환청구권 행사로 인해 유류분권리자에게 승계된다고 볼 수 없다."라고 판시하고 있다.

였다고 봄이 타당하다.

이 사건 각 부동산 1/3 지분에 관하여 제2피상속인이 이 사건 유언공정증서에 의하여 적법·유효하게 상속재산의 분할방법을 지정함으로써 이 사건 각 부동산 1/3 지분은 분할대상 상속재산에 해당하지 않게 되었음에도 불구하고, 청구인은 이 사건 본심판으로 이에 관한 상속재산분할을 청구하고 있으므로, 이 부분 본심판청구는 권리보호이익이 없어 부적법하다 [서울가정법원 2021. 10. 7.자 2021느합1061 심판 및 서울고등법원 2022. 5. 31.자 2021브2193 결정(확정), 부산고등법원(창원) 2022. 3. 15.자 2021브1002, 2021브1003, 2021브1 결정 및 대법원 2022. 7. 14.자 2022스614 결정 등 참조].[7)]

나) 별지2 목록 제3항 기재 부동산은 제2피상속인의 상속재산에 해당한다고 볼 수 없으므로 이에 관한 청구인의 상속재산분할청구는 이유 없고, 별지2 목록 제4항 기재 채무는 상속재산분할청구의 심판대상이 아니므로,[8)] 결국 이 사건 상속재산분할청구의 대상이 되는 제2피상속인의 상속재산이 존재함을 전제로 하는 상대방 B의 기여분청구는 이유 없다.[9)]

7) 제2피상속인으로부터 위와 같이 특정유증을 받은 상대방 B는 유증의무자에게 유증을 이행할 것을 청구할 수 있는 민사상 채권을 취득하게 되고, 그 유언의 내용에 따라 유언집행자에게 분할의 실행이 위임되는 것이므로(민법 제1101조), 이에 관하여 민사상 채권을 취득한 상대방 B도 민사상 채권을 행사함은 별론으로 하고, 이와 별도로 상속재산분할청구를 할 수는 없는데[서울고등법원 2011. 5. 16.자 2010브47 결정 및 대법원 2011. 10. 21.자 2011스126 결정 등 참조. 특정유증 재산은 상속재산분할청구의 대상에 포함되지 않지만, 만일 특정유증을 받은 자가 공동상속인인 경우 특정유증 재산을 제외한 나머지 잔여재산에 관하여는 상속재산분할청구를 할 수 있는데{片岡 武·管野 眞一(2022), 507, 509 등 참조}, 다만 상대방 B는 이 사건에서 제2피상속인의 상속재산과 관련하여 상속재산분할청구를 하지는 않았다], 앞서 본 바와 같이 이 부분에 관한 청구인의 본심판 청구가 부적법하므로, 이에 관하여 더 나아가 살펴보지 않았다.

8) 상대방 B는 이에 관하여, 제2피상속인이 항고심 결정 별지2 목록 제4항 기재 보증금반환채무를 부담하고 있었으므로 위 채무도 분할대상 상속재산에 해당한다는 취지로 주장한다. 그러나 이에 관하여 상대방 B가 별도로 상속재산분할청구를 하지 않았기 때문에 이 부분은 심판대상이 되지 않으므로, 이에 관하여 더 나아가 판단하지 않는다(위 별지2 목록 제4항 기재 채무는 청구인의 본심판 청구취지에도 기재되어 있지 않고, 상대방 B의 반심판 청구취지에도 기재되어 있지 않으므로, 이에 관하여 주문에서 판단하지 않았다).

9) 가사소송규칙 제115조 제1항은 "가정법원은 제1심 심리종결시까지 분할이 청구된 모든 상속재산에 대하여 동시에 분할의 심판을 하여야 한다."라고 규정하고 있다. 위 규정은 현실적으로 당사자가 분할을 청구하여 심판의 대상이 된 재산 전부를 동시에 심판하라는 취지이고, 상속재산분할 청구의 대상이 되지 않은 상속재산까지 모두 동시에 분할심판하라는 취지는 아니다(대법원 2000. 11. 14.자 99스38, 39 결정 등 참조). 즉, 상속재산 모두가 분할대상성이 인정되는 것이 아니고, 상속재산분할심판의 대상은 당사자가 분할의 대상으로 삼아 청구취지에 분할의 대상으로 명시된 것에 한하며, 이는 명확히 특정되고 상속재산분할 당시 현존하여야 한다(가사소송규칙 제114조, 가사소송수수료규칙 제3조 제1항 제2호, 민사소송 등 인지법 제2조 및 민사소송 등 인지규칙 제12조 제7호 등 참조). 이에 관하여는 서울고등법원 2022. 10. 19.자 2022브2033, 2022브2034, 2022브2085 결정(확정) 참조.

라. 결론

① 청구인의 제1피상속인의 상속재산에 대한 상속재산분할청구에 관하여는 주문 제1의 가.항 기재와 같이 정하고[제2피상속인의 상속지분 3/9(= 이 사건 각 부동산 1/3 지분)를 별도로 정함으로써, 이를 상대방 B의 지분 2/9에 가산하여 상대방 B에게 5/9 지분을 인정한 제1심심판을 변경함],

② 청구인의 제2피상속인의 상속재산에 관한 상속재산분할 청구 중 ㉮ 이 사건 각 부동산 1/3 지분에 관한 부분은 부적법하여 이를 각하하며, ㉯ 별지2 목록 제3항 기재 부동산에 관한 부분은 이유 없어 이를 기각하고,

③ 상대방 B의 ㉮ 제1피상속인의 상속재산에 관한 기여분청구와 ㉯ 제2피상속인의 상속재산에 관한 기여분청구도 이유 없어 이를 모두 기각해야 하는데,

제1심심판은 이와 결론을 일부 달리하여 부당하므로, 이를 항고심결정 주문 제1항과 같이 변경한다.

5. 마무리

법원에서 수차상속에 관하여 심리하는 경우, 일반원칙에 따라서 각 피상속인의 상속관계별로 각각 별도의 심리·판단을 해야 하는지, 이를 포괄하여 한꺼번에 심리·판단할 수 있는 예외적인 경우에 해당하는지, 유언 등과 관련하여 상속재산분할청구의 권리보호이익이 있는지 등 다양한 쟁점이 문제될 수 있다.

이 사건 쟁점들은 법률관계의 원칙과 예외를 어떻게 구성할 것인지와 관련된 것인데, 우리 대법원에서 해당 쟁점들을 정면으로 심리하여 구체적인 판단을 한 사례를 발견할 수 없는 상태이다. 따라서 이 사건 항고심 재판부는 이와 간접적으로 관련될 수 있는 여러 쟁점들에 관한 대법원 판례뿐만 아니라, 하급심 판례, 우리 민법과 유사한 일본 민법에 대한 해석 등을 참고하여 각 쟁점들을 단계별로 하나씩 검토하는 방식으로 해당 영역의 원칙과 예외를 정리한 다음, 이를 토대로 결론을 도출하게 되었다. 실무에서 수차상속의 사례가 종종 발생하고 있기 때문에,[10)] 관련 검토내용을 하나씩 축적하는 것은 법률가들이 담당 업무를 처리하는 데에 실질적인 도움이 될 수 있을 것이다.

---

10) 이 사건 항고심 결정일자인 2022. 7. 27.부터 2024. 12.말까지 전국 법원에서 고지된 상속재산분할 관련 심판 및 결정에서 '수차상속'이 언급된 사례가 47건에 이른다.

3
상속포기신고에 관한 취소의 효력 등

서울고등법원 2023. 2. 15.자 2022브2128, 2129, 2130 결정(확정)

1. 사안의 개요

가. 피상속인 X는 1940. ○. ○. 망 Y와 혼인하여 둘 사이에 청구인 A를 자녀로 두었다. 망 Y가 1964. 9. 3. 사망하자 피상속인은 1965. ○. ○. 상대방 C와 재혼하였고, 그 사이에 상대방 D, 청구인공동소송참가인(이하, '참가인') B를 자녀로 두었다.

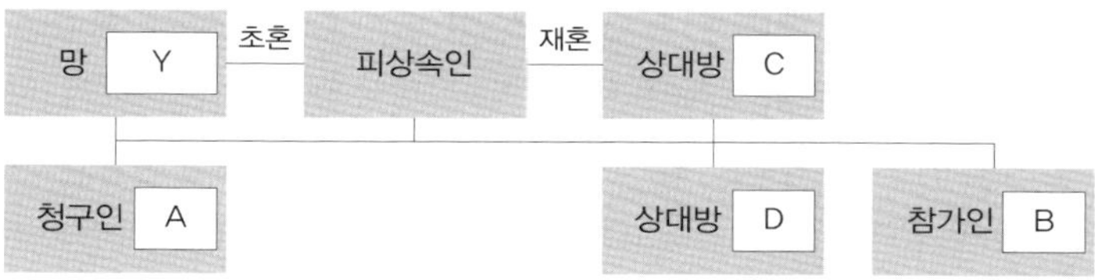

나. 피상속인은 2019. 9. 26. 사망하였다.

다. 참가인은 2019. 12. 16. 피상속인의 재산상속을 포기하는 상속포기신고를 하였고, 위 법원은 2020. 3. 11. 위 상속포기신고를 수리하였다(서울가정법원 2019느단○○○○○).

라. 참가인은 2020. 12. 24. 위 상속포기에 대한 취소신고를 하였고, 위 법원은 2021. 5. 14. 위 취소신고를 수리하였다(서울가정법원 2020느단●●●●●).

마. 제1심법원은 참가인이 위 다.항과 같이 상속포기를 하였으므로 상속인의 자격이 없다고 판단하였다(참가인의 공공소송참가신청 각하).

2. 참가인의 항고이유의 요지

참가인은 상속을 포기하면 참가인의 상속분이 상대방 C에게만 귀속되어 상대방 C가 5/9, 청구인이 2/9, 상대방 D가 2/9 지분의 비율로 상속재산을 분할받을 수 있고, 추후 상대방 C가 참가인의 몫을 챙겨줄 것이라고 생각하여 상속을 포기한 것인데, 실제로는 참가인의 상속분이 청구인과 상대방들에게 상속분 비율대로 귀속되는 결과가 되었다. 나아가 참가인이 상속을 포기하였던 것은 참가인에게는 상속세를 납부할 자력이 없었지만 청구인과 상대방들에게는 상속세를 납부할 자력이 있다고 생각하였기 때문인데, 실제로는 청구인과 상대방들도 상속세를 납부할 자력이 없어 피상속인이 보유하고 있던 아파트를 매도하여 상속세를 납부하였다.

참가인이 위와 같은 착오에 빠지게 되었던 것은 상대방들의 기망이나 강박 내지 착오 유발에 기인한 것이고, 이에 참가인은 상속포기를 취소하였으므로, 참가인은 상속인으로서 상속재산분할심판 절차에 참가할 자격이 있다.

3. 항고심 재판부의 판단

항고심 재판부는 아래와 같은 요지의 이유로 참가인의 항고를 기각하는 결정을 하였다.

○ 가정법원의 상속포기신고수리의 심판은 상속포기의 형식적 요건이 구비된 것으로 인정한다는 것일 뿐 그 효력을 확정하는 것이 아니고 상속포기의 효력이 있는지 여부의 최종적인 판단은 실체법에 따라 민사소송에서 결정될 문제인바(대법원 2012. 4. 16.자 2011스191 결정 등 참조), 이러한 법리는 민법 제1024조 제2항[1]에 근거한 상속포기취소신고 수리의 심판에도 그대로 적용되므로, 상속포기취소신고의 수리 여부를 심판하는 가정법원으로서는 그 신고가 형식적 요건을 구비한 이상 그 취소가 취소로서 실체법적 요건을 갖추었는지 여부에 대하여 이를 구비하지 아니하였음이 명백한 경우 이외에는 이를 문제 삼아 상속포기취소신고를 불수리할 수 없다.

1) 상대방들이 참가인을 기망 내지 강박하거나 참가인의 착오를 유발하였다는 점을 인정하기 어렵다. 오히려 ① 참가인은 배우자와의 불화로 인해 이혼을 해야 하는 상황이 발생하게 되면 상속받은 재산도 이혼으로 인한 재산분할의 대상이 되는 것을 우려하고 있었던 사실, ② 이에 참가인은 자신이 상속을 포기하면 나머지 상속인들이 상속받은 재산을 상대방 C 5/9, 청구인 2/9, 상대방 D 2/9 지분의 비율로 분할한 다음 상대방 C가 참가인의 몫을 챙겨줄 것이라는 기대 하에 상속을 포기한 사실, ③ 참가인은 위와 같은 기대 하에 상속을 포기하였으나 청구인의 반대로 인해 참가인이 원하는 형태의 상속재산분할협의가 이루어지지

---

1) 민법 제1019조(승인, 포기의 기간) ① 상속인은 상속개시있음을 안 날로부터 3월내에 단순승인이나 한정승인 또는 포기를 할 수 있다. 그러나 그 기간은 이해관계인 또는 검사의 청구에 의하여 가정법원이 이를 연장할 수 있다.
민법 제1024조(승인, 포기의 취소금지) ① 상속의 승인이나 포기는 제1019조제1항의 기간 내에도 이를 취소하지 못한다.
② 전항의 규정은 총칙편의 규정에 의한 취소에 영향을 미치지 아니한다. 그러나 그 취소권은 추인할 수 있는 날로부터 3월, 승인 또는 포기한 날로부터 1년 내에 행사하지 아니하면 시효로 인하여 소멸된다.

않았던 사실이 인정될 뿐인바, 이는 결국 참가인이 상속을 포기하면 청구인과 상대방 D가 자신들에게 귀속될 상속분 중 일부를 포기하거나 상속분 중 일부를 상대방 C에게 양도하는 등의 조치를 취하여 참가인의 몫이 상대방 C에게 귀속되게 할 것이라고 기대하였으나 그와 같은 기대가 실현되지 않았다는 것에 불과한 것이어서 본질적으로 동기의 착오에 불과하고 이를 법률행위의 내용의 중요부분의 착오에 해당한다고 보기도 어렵다.[2)]

나아가 참가인이 기대한 형태의 상속재산분할협의가 이루어지기 위해서는 배다른 형제인 청구인의 협조가 필수적이었는데, 참가인은 청구인의 의사가 어떠한지 여부에 대하여 확인하는 절차를 거치지 않았고, 상속분의 양도와 같은 다른 방법이 있었음에도 이를 선택하지 않은 채 곧바로 2019. 12. 16. 상속포기신고를 하였는바, 참가인에게는 중대한 과실이 있다고 봄이 타당하다. 따라서 위와 같은 착오를 이유로 상속포기를 취소할 수 있다는 참가인의 주장을 받아들일 수는 없다.

2) 참가인은 이에 관하여, 참가인에게는 상속세를 납부할 자력이 없었던 반면에 청구인과 상대방들에게는 상속세를 납부할 자력이 있다고 착오한 나머지 상속을 포기하였다고도 주장하나, 이와 같은 착오 역시 본질적으로 동기의 착오에 불과하므로, 참가인의 이 부분 주장 역시 받아들이지 아니한다.

3) 소결론

참가인의 2020. 12. 24.자 상속포기취소신고 및 이를 토대로 한 가정법원의 2021. 5. 14.자 수리심판은 실체법적 요건이 충족되지 않아 그 효력을 인정할 수 없으므로, 이와 다른 전제에 기초한 참가인의 주장은 모두 이유 없다.

4. 검토

가. 상속포기신고에 관한 취소 요건에 대한 검토 필요성

상속포기신고수리의 심판의 성격에 관하여는 우리 대법원 판례가 있지만, 민법 제1024조 제2항에 근거한 상속포기신고취소에 관한 수리심판의 성격 등에 관하여는 대법원 판례가 없는 상태이다. 이 사건 항고심 재판부는 양자의 법적 성격이 유사하다고 전제한 다음, 취소에 관한 수리심판이 있었다고 하더라도 그것이 취소로서 실체법적 요건을 갖추었는지 여부에 대해서는 후속 본안재판에서 다시 검토, 판단해야 한다는 취지로 판시하였다.

2) 법원실무제요 가사 [Ⅱ], 사법연수원(2021), 1070 및 아래 4. 나.항 기재 일본 관련자료 참조.

나. 관련 쟁점 등에 관한 비교법적 검토

한편, 항고심 재판부는 위와 같은 취소의 실체법적 요건을 검토하는 과정에서, '상속세액이나 자신의 상속포기로 인하여 누구에게 상속분이 귀속될지 등에 관한 착오는 동기의 착오일 뿐만 아니라 중요부분의 착오에도 해당하지 아니하므로 취소할 수 없다.'라는 취지로 기재되어 있는 법원실무제요 가사 [Ⅱ], 사법연수원(2021), 1070과 우리 민법 제1019조 제1항, 제1024조와 유사한 법률규정[3]을 두고 있는 일본의 최고재판소 판례[4]와 주석서[5] 등을 참고한 다음, 그 취지를 반영하였다.

다. 소결론

항고심 재판부는 위와 같은 사정들을 종합적으로 고려한 다음, 참가인의 2020. 12. 24.자 상속포기취소신고 및 이를 토대로 한 가정법원의 2021. 5. 14.자 수리심판의 경우 실체법적 요건이 충족되지 않기 때문에 효력이 없다고 판단하였다.

5. 마무리

우리 민법은 당사자가 '민법 제109조에 따른 일반적인 법률행위와 관련된 착오'를 주장

---

3) 일본 민법 제915조(상속의 승인 또는 포기의 기간) ① 상속인은 자기를 위하여 상속이 개시되었음을 안 때부터 3개월 내에 단순 또는 한정의 승인 또는 포기를 하여야 한다. 그러나 이 기간은 이해관계인 또는 검사의 청구에 의하여 가정재판소에서 이를 연장할 수 있다.
일본 민법 제919조(상속의 승인 및 포기의 철회 및 취소) ① 상속의 승인 및 포기는 제915조 제1항의 기간 내라 하더라도 이를 철회할 수 없다.
② 제1항의 규정은 제1편(총칙) 및 제4편(친족)의 규정에 따라 상속의 승인 또는 포기의 취소를 함에 영향을 미치지 아니한다.

4) ① 最判昭 40·5·27 家月 17·5·251
공동상속인 ⓐ, ⓑ, ⓒ, ⓓ가 있었는데, 상속재산 전부를 ⓐ 1명에게 귀속시키기 위해 ⓑ의 반대에도 불구하고 ⓑ도 상속을 포기해 줄 것이라는 기대 하에 ⓒ, ⓓ가 상속포기의 신고를 하고, ⓑ에게는 ⓒ, ⓓ가 돈을 주겠다고 설득하여 ⓑ로 하여금 법원에 상속포기신고를 하게 하였으나, 돈을 지급받지 못한 ⓑ가 법원의 상속포기신고수리 전에 이를 철회하여 그 결과 ⓐ와 ⓑ 절반씩 상속을 받게 된 사안에서, ⓒ, ⓓ가 '재산행위에 있어서는 동기로 봄이 상당한 사실도 상속포기와 같은 신분법상의 행위에 있어서는 중요한 부분으로 인정해야 하고, 포기의 결과에 따른 타인의 상속분 증가는 중대한 관심사이므로, 중요한 부분의 착오로 보아야 한다.'고 주장하면서 상고하였으나, 'ⓒ, ⓓ의 상속포기는, ⓑ의 그것과는 별개로 무관계하게 이루어졌다고 해야 하고, ⓒ, ⓓ가 ⓑ가 결국은 상속포기를 해줄 것이라는 기대 하에 상속을 포기한 것은 연유(緣由)의 착오에 지나지 않아 요소의 착오라고 할 수 없다. ⓒ, ⓓ의 상속포기 신청은 유효하다'고 판시한 원심의 판단을 유지하였다.
② 最判昭 30·9·30 民集 9·10·149
상속포기를 통해 상속세 관련하여 이루고자 하는 목적을 달성하지 못하였다는 사정은 동기의 착오에 불과하다고 판시하였다.

5) 久貴忠彦·谷口知平, 「新版注釈民法(27) 相続(2)」, 有斐閣(2013), 504－505.

하는 사안에서도 성립요건의 측면에서는 '내용의 중요부분'의 착오를 적극적 요건으로 요구한다든가 표의자의 중대한 과실을 소극적 요건으로 규정하는 등의 방법으로, 효과의 측면에서는 선의의 제3자에게 대항하지 못하게 하는 등의 방법으로 이에 대하여 실질적인 제한을 가하고 있다.

그런데 피상속인의 사망으로 개시되는 상속관계의 경우 상속인이나 상속채권자 등 다수 당사자의 이해관계가 직접적으로 관련되는 법률관계이기 때문에, 우리 민법은 당사자가 임의로 선택한 방식에 따라 상속포기를 할 수는 없도록 규정하면서, 당사자의 가사비송청구 및 이에 대한 가정법원의 수리심판 등을 유효한 상속포기의 '필요요건'으로 규정하고 있다 (제1019조 이하 참조). 그렇다면 당사자의 착오를 원인으로 이미 유효하게 성립한 상속포기신고 수리심판을 취소할 수 있도록 허용할 것인지에 대해서는 매우 신중한 접근을 할 필요가 있다.

관련 쟁점에 관하여 우리 대법원 판례가 없고, 국내 학계에서의 논의가 활발하게 이루어지지도 않은 상태이기 때문에, 이 사건 항고심 결정은 유사 쟁점이 포함된 사건을 담당하는 법률가들에게 다소간의 참고자료가 될 수 있다고 생각한다.

4

상속재산분할사건에서 일부 당사자의 사망과 상속분 포기의 인정여부 등에 관한 쟁점

서울고등법원 2023. 6. 12.자 2022브2090 결정(제1심으로 파기환송)

1. 사안의 개요

가. 피상속인 : X[1938년생(여), 2020. 8. 26. 사망].

나. 망인의 가족관계

1) 배우자 망 Y(1975. 5. 20. 피상속인과 혼인신고, 1999년 사망)

2) 직계비속

피상속인과 Y의 자녀인 ① A(청구인, 주소: 미국)와 상대방들인 ② C, ③ B(항고인), ④ D (주소: 일본), ⑤ E(제1심심판 이전인 2022. 3. 22. 사망)

3) 피상속인의 법정상속인 및 법정상속분

구분	피상속인과의 관계	법정상속분
청구인 A	직계비속	1/5
상대방 C	직계비속	1/5
상대방 B	직계비속	1/5
상대방 D	직계비속	1/5
상대방 망 E	직계비속	1/5

다. 망 Y와 전혼(前婚) 배우자 Z 사이의 자녀 F

Z는 망 Y와 1952. 2. 27. 혼인신고, 1975. 5. 1. 협의이혼하였는데, 이들 사이에서 출생한 ⑥ F[1959생, 청구인과 상대방들의 이복형제(異腹兄弟)]가 존재함

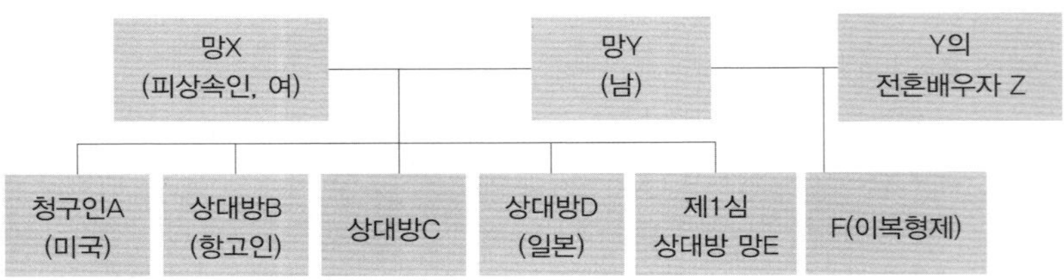

2. 이 사건 쟁점 및 당사자의 주장요지 등

가. 청구인의 주장요지

피상속인이 사망 당시 보유한 이 사건 부동산, 임대차보증금반환채무, 각 예금채권이 모두 상속재산 분할대상인데, 이 사건 부동산의 매각대금 중 상속 지분 상당액 지급을 구한다.

나. 제1심의 진행경과 등

1) 청구인은 대리인을 통하여 2021. 4. 5. 이 사건 심판청구를 하였는데, 대리인이 없는 상대방 D의 주소지가 일본이었기 때문에 D에 대해서는 국외송달로 심문기일에 관한 소환장이 송달되었다.

2) B는 제1심에서 다음과 같은 내용이 포함된 답변서 등을 제출하였는데, B의 위 답변서를 비롯하여 제출한 서면들 중 일부만 청구인에게 송달되었고, 다른 상대방들에게는 B의 답변서 등이 제대로 송달되지 않은 상태에서 제1심 심문기일에서 위 답변서 등이 진술(또는 진술간주)되었다(2022. 3. 3. 심문종결).

가) B는 이 사건 부동산의 지분을 소유할 의사가 없다.

나) B는 이 사건 상속재산분할에 연관되고 싶지 않다. X의 사망 후 상속포기를 했어야 하는데, 신고기간인 3개월이 지나서 이를 할 수 없게 되었다.

다) B의 경우, X와의 친생자관계부존재확인의 소가 인용되면 친자관계가 청산되고 상속인에서 제외될 수 있다고 하여, 확인소송(서울가정법원2021드단○○○○○)을 진행하였다. 따라서 청구인의 이 사건 청구를 수용할 수 없고, 상속인에서 제외될 수 있다면 X의 상속에 포함된 모든 채무와 상속재산을 포기하고 싶다. 이 사건 소송탈퇴를 요청한다.

다. 상대방 E의 사망 및 이로 인한 상속개시 등

E는 (제1심 심문종결 이후인) 2022. 3. 22. 사망(C가 2022. 4. 8. 사망신고를 함)하였는데, 그 사망 당시 E에게 배우자나 직계비속은 없었다.

→ E의 사망으로 인한 상속에 관하여, 청구인, 상대방 C, B, D 및 그 이복형제(異腹兄弟)인 F가 그 법정상속인이 되었다.

라. 2022. 4. 26.자 제1심심판의 내용 및 송달관계 등

1) 제1심법원은 2022. 3. 3. 심문종결한 다음, E의 사망을 인지하지 못한 상태에서 2022. 4. 26.자 심판을 하였다.

2) 제1심심판의 주문

『1. 별지1 목록 기재 각 부동산을 경매하여 그 대금에서 경매비용을 공제한 나머지 돈을 청구인, 상대방 C, D, E에게 각 1/4의 비율로 분배한다.

2. 심판비용은 각자 부담한다.』

3) 제1심심판의 이유 중 '4. 구체적 상속분의 산정' 란의 기재내용

『이 사건에서는 상속인들의 기여분이나 특별수익이 인정되지 않고, 상대방 B는 이 사건 심문을 통하여 상속분을 포기하겠다는 의사를 밝혔는바, 그에 따라 상대방 B의 상속분을 0으로 보는 경우 청구인 및 상대방 C, D, E의 구체적 상속분은 각 1/4이 된다.』

4) 제1심심판 정본의 송달

가) 2022. 4. 26. 청구인 A의 대리인에게 송달

나) 2022. 4. 29. 상대방 C, B에게 송달

다) 상대방 D에 대해서는 국외송달

라) 이미 사망한 상대방 E에 대해서는 송달불능

→ B의 2022. 5. 13.자 즉시항고

3. 상대방 B의 즉시항고이유 등

가. 2022. 7. 25.자 즉시항고이유서(청구인 및 상대방 C, D에게 송달된 상태에서, 항고심의 2023. 5. 30. 제1차 심문기일에서 진술함)의 요지

1) 제1심심판에 의하면, B는 X의 상속재산에 대해서는 분할을 전혀 받지 못하고, 채무만 부담하여야 한다.

2) B는 제1심에서 상속을 받고 싶지 않다는 주장을 하였으나, 이는 그 상속관계(상속인의 지위, 상속포기 등)에 관한 무지에서 비롯된 것이고, 항고심에서 수정 내지 정정되어 자신의 상속분에 따른 채무부담뿐만 아니라 상속재산분할을 받아야 할 것이다.

3) B는 X의 사망을 알고 난 후 3개월 내에 상속포기를 하지 못하여 신고기간이 도과하였다. B는 상속관계에서 벗어나고 싶었기 때문에 상속포기를 하려고 했다. 그러나 이후 친자

가 아니더라도 양친자 관계가 성립하면 상속인이 될 수 있다는 사실을 뒤늦게 알게 되었다.

4) 또한 B는 X가 자신을 유달리 미워해서 친자가 아니라고 알고 있었으나, 최근 X의 동생으로부터 친자인 사실을 확인하였다.

5) X에 대한 상속채권자(임대차보증금)가 청구인 및 상대방들을 상대로 제기한 임대차보증금반환소송(서울서부지방법원 2022가단○○○○○○)에서, B는 상속채무(불가분채무)인 임대차보증금반환채무만을 부담하여야 하는 불합리한 상황이 발생하였다.

6) B는 상속포기 등의 개념에 대한 무지로 상속재산(적극재산)을 받지 않으면 상속채무도 부담하지 않는다고 생각하였으나, 이와 달리 위와 같은 상황이 발생하였다. 제1심에서 법률의 부지로 주장하지 못하였던 정당한 상속인으로서의 지위 및 상속분을 주장하고자 한다.

7) 비록 B가 제1심에서 상속포기의 내용이 포함된 주장을 하였으나, 상속포기는 민법이 정한 절차와 방식에 따라야 하는바, B의 제1심 주장만으로 적법한 방식에 의한 상속포기가 이루어진 것은 아니다. 이는 법률의 부지 내지 무지에서 비롯된 행동이므로, 지금이라도 자신의 상속권을 주장하는 것은 정당한 권리행사이다.

나. 2022. 8. 17.자 소송절차수계신청서의 기재내용 등

신청인으로 '청구인 및 상대방 B, C, D'가 기재되었고, 'E는 2022. 3. 22. 사망, 신청인들은 E의 공동상속인으로서 소송절차를 수계하고자 하오니 중단된 소송절차를 속행하여 줄 것을 요청한다.'는 취지가 기재되어 있다.

다. 항고심의 2023. 5. 30. 제1차 심문기일 진술요지(A, C, D는 각 불출석)

『1. 2022. 1. 13.자 준비서면 기재와 같이 X의 상속에 포함된 모든 채무와 상속재산을 포기하고 싶다는 취지로 의사표시를 하여 제1심에서 본인의 상속분을 0으로 하는 심판이 내려졌는데, 추후 관련사건에서 채무를 부담하는 상황이 되어 위 준비서면 기재 내용은 착오 진술로 철회하고자 하며, X의 상속인으로서의 지위 및 상속분을 주장하고자 즉시항고함

2. X의 배우자인 Y의 전처 Z 사이의 아들인 F는 X의 상속과는 관련이 없지만, E와는 형제지간이므로 E의 상속인이 될 수 있음』

4. 항고심 재판부의 판단

항고심 재판부는 다음과 같은 요지로 제1심심판을 취소하고, 가사소송법 제43조 제3항

단서 등에 따라 이를 제1심법원으로 환송하였다.

가. 상속재산분할심판청구사건은 고유필수적 공동소송의 구조이므로, 이 사건에 대하여 법원은 수계인들을 포함한 공동당사자 전원에 대하여 하나의 심판을 해야 하고, 그 재판의 효력은 공동당사자 전원에 대하여 재판이 고지된 날에 발생하며, 제1심심판에 대한 즉시항고는 재판이 고지된 날로부터 1주 이내에 하여야 한다(가사소송법 제34조, 비송사건절차법 제18조 제1항, 제20조, 제23조, 민사소송법 제221조 제1항, 제443조 제1항, 제444조 제1항 등 참조).

한편, 이 사건 상속재산분할심판청구사건의 경우 그 절차의 목적이 상속의 대상이므로, 심판절차의 계속 중 당사자가 사망한 경우에도 원칙적으로 당사자의 상속인을 위하여 또는 상속인에 대하여 절차가 속행되어야 하고 절차의 중단은 생기지 않지만, 해당 당사자의 상속인으로 하여금 그 절차에 수계하도록 해야 한다.[1)]

나. 이 사건의 경우 제1심의 심판절차가 계속 중이던 2022. 3. 22. 필수적 당사자 중 1인인 E가 사망하였는데, 제1심에서 이에 관한 수계절차가 이루어지지 않았다. 한편, E의 상속인들 중 제1심의 당사자였던 청구인 및 C, B, D의 경우 실질적으로 그 절차에 관여하였다고 볼 수 있지만, 제1심 당사자가 아닌 F의 경우 그 절차에 관여할 수 없었다. 이와 같이 F에게 그 심판절차에 관여할 수 있는 기회를 전혀 제공하지 않은 상태에서 이루어진 제1심심판은 절차적인 측면에서 적법하다고 볼 수 없다(가사소송법 제34조, 비송사건절차법 제23조, 민사소송법 제443조 제1항, 제417조).

나아가 E의 상속인들 중 청구인, C, B, D의 경우 제1심 당사자의 지위에서 제1심심판 정본을 송달받은 것을 E의 상속인 지위에서도 이를 송달받은 것이라고 평가할 여지가 있으나, F의 경우 제1심심판 정본을 송달받은 적이 없기 때문에, 제1심심판 정본이 E의 상속인들에게 제대로 송달되었다고 볼 수 없음은 분명하다.

따라서 E에 관한 부분이 포함되어 있는 제1심심판의 경우 그 심판의 효력이 발생하였다고 보기도 어렵다.

다. 이 사건 주요 쟁점 중 하나는 'B가 제1심의 심문을 통하여 상속분을 포기하겠다는 의사를 밝혔다.'라고 볼 수 있는지 여부이다.

한편, 일반적으로 어떤 상속인이 '상속분을 포기'하는 것은 '상대방이 있는 단독행위'의 성격을 가지는 법률행위를 하는 것이고, 만일 해당 상속인의 '상속분의 포기'가 유효하게 성립하는 경우, 해당 상속인이 피상속인의 적극재산을 승계하지 않는다는 측면에서는 민법 제

---

1) 법원실무제요 가사 (Ⅰ), 사법연수원(2021), 83－85 참조.

1041조 내지 제1044조에 규정된 '상속포기'와 유사한 법적 효과를 발생하지만, 피상속인의 소극재산에 관하여는 채무를 승계하는 것으로 보게 된다는 측면에서는 위 '상속포기'와 전혀 다른 법적 효과를 발생한다.[2)]

그런데 이 사건에서는

① B가 제1심에서 제출한 각종 서면의 기재내용 등을 통하여 '상속분 포기'의 의사표시를 하였다고 볼 수 있는지,

② 위 각 서면 등이 공동상속인들 중 일부에게만 송달되고 다른 일부에 대해서는 송달되지 않은 상태에서 법원이 'B가 상속분 포기의 의사표시를 하였다.'라고 판단할 수 있는지,

③ 이러한 상태에서 B의 즉시항고이유 등의 법적인 효과를 어떻게 평가할 수 있는지,

④ 위 ①, ②, ③과 관련하여 제1심심판 정본이 청구인, 상대방 C, B, D에게만 송달되고 제1심심판의 당사자로 기재되지 않은 F에게는 송달되지 않은 상황을 법적으로 어떻게 평가할 수 있는지 등에 대하여

법원이 어떻게 심리·판단하는지에 따라서 이 사건 결론이 달라질 수 있다.

→ 위 가. 내지 다.항 기재 사정들에 비추어 보면, 이 사건에 대하여 항고심이 스스로 결정하는 것은 적당하지 않으므로, 이 사건을 제1심법원에 환송한다(가사소송법 제43조 제3항 단서 등 참조).

5. 검토

가. 절차법적 쟁점

1) 제1심에서 적법한 수계가 이루어지 않아서 발생한 절차적인 위법

가) 상속재산분할청구절차는 고유필수적 공동소송의 구조이다. 이 사건의 경우, 제1심법원이 심문종결을 한 이후인 2022. 3. 22. E가 사망하였고, 제1심의 입장에서 실무적으로 E의 사망사실을 인지하기 어려운 상태에서 2022. 4. 22.자 심판을 한 것으로 보이는데, 그럼에도 불구하고 적법한 수계절차 없이 이루어진 제1심심판에는 절차적인 위법이 존재한다고 볼 수밖에 없다. 그리고 E의 이복형제인 F가 청구인, 상대방 C, B, D와 동순위의 법정상속인 지위에 있음에도 불구하고, F에게는 제1심 심판절차에 관여할 수 있는 기회가 전혀 제공되지

2) 관련사건인 서울서부지방법원 2022. 8. 19. 선고 2022가단○○○○○○ 판결(확정)도 위 법리를 전제로 하여 B가 피상속인의 상속채무를 승계한다는 취지로 판단하였다.

않았으므로, 위와 같이 절차적으로 중대한 위법이 있는 제1심심판은 취소되어야 할 것이다.

나) 반면에, (이 사건 사실관계와 달리) 만일 E의 이복형제인 F가 존재하지 않았다면,[3] 제1심에서 정식으로 수계절차가 이루어지지 않았다는 등의 사정만으로 제1심심판이 실질적으로 위법하다고 단정할 수 있는지에 대해서는 견해의 대립이 가능할 것이다.[4][5]

2) 소환장 등의 국외송달과 관련된 문제

가) 국외송달에 관한 실무

상속재산분할청구사건에서 국외 주소지에 거주하는 당사자가 대리인을 선임하지 않거나 국내 송달장소를 신고하지 않는 경우, 실무적으로 국외송달 방식으로 심문기일에 관한 소환장 등을 송달하게 된다. 그런데 국외송달 자체에 상당한 시간이 소요되는 점, 최초로 지정된 1회 심문기일 이전에는 송달되지 않았다가 2회 이후의 심문기일 이전에 송달될 가능성 등 여러 사정을 고려하여 실무적으로 수개월 이후의 심문기일을 3회 정도 미리 지정하면서(대체로 각각 1개월 정도의 간격), 국외송달을 실시할 당시까지 법원에 접수된 청구서 및 준비서면만을 3회의 심문기일에 관한 각 소환장과 함께 송달하는 것이 확립된 실무관행이다. 국외송달의 특성에 비추어 볼 때, 국외송달절차를 개시한 이후에 법원에 접수된 서류들을 국외 주소지에 거주하는 당사자에게 바로바로 송달하기는 어렵기 때문이다.

나) 제1심의 업무처리

제1심법원은 위와 같은 실무관행에 따라서 업무를 처리하였는데, B는 국외송달절차의 개시 이후에 위 제2의 나. 2)항과 같은 서면들을 법원에 제출하였기 때문에, 다른 당사자들에게 해당 서면들이 제대로 송달되지 않은 상태에서 제1심심판이 이루어지게 되었다. 이러

---

3) 즉, E의 상속인이 청구인, 상대방 C, B, D로 한정되고, 그 구체적인 상속지분이 법정상속분과 동일하며, 그 이외의 상속인은 없는 상황을 전제로 하는 가정적 사례에서의 법률관계를 검토하는 취지이다.

4) 위와 같은 가정적 사례에서는 실질적인 위법이 존재하지 않는다고 보는 견해의 논거는 다음과 같다.
① 이 사건과 같이 고유필수적 공동소송의 구조에서 수계절차 없이 이루어진 심판하는 것에 절차적인 위법이 있다고 보는 이유는 적법한 수계인에게 그 심판절차에 관여할 수 있는 기회를 박탈하는 결과가 발생하기 때문이다.
② 그렇다면 (이 사건 사실관계와 달리) E의 법정상속인이 청구인, 상대방 C, B, D로 한정되고, 그 구체적인 상속지분이 법정상속분과 동일한 사안에서는, 실질적으로 제1심의 절차에 관여할 수 있는 모든 당사자에게 절차참여의 기회가 제공되었다고 볼 수도 있으므로, 위와 같은 사정만으로 제1심심판이 실질적으로 위법하다고 단정하기는 어렵다(대법원 2006. 7. 4.자 2005마425 결정, 대법원 2009. 10. 15. 선고 2009다49964 판결 등의 취지 등 참조).
③ 이러한 입장을 토대로 하는 경우, 해당 심판을 당사자표시 등 형식적인 기재내용이 잘못 기재된 것으로 취급하게 될 것이다.

5) 반면에, E의 법정상속인이 청구인, 상대방 C, B, D로 한정되고, 그 구체적인 상속지분이 법정상속분과 동일한 위와 같은 가정적 사례에서도, 정식으로 수계절차가 이루어지지 않았다는 점이 중요하다는 입장을 취하는 경우에는 해당 심판이 실질적으로 위법하다고 보아야 한다는 견해를 취하게 될 것이다.

한 절차적인 문제점은 아래 나. 2)항 기재 실체법적 쟁점과 직접 연결된다.

3) 제1심심판 정본의 송달 등과 관련된 문제

가) 제1심심판의 효력 문제

이 사건의 경우 'X의 법정상속인은 될 수 없지만 E의 법정상속인의 지위에 있는 이복형제인 F가 존재한다는 점'이 절차적인 측면에서 이 사건의 결론을 좌우하는 결정적인 요소가 될 수 있다. 예컨대, 제1심에서 E에 관한 수계가 이루어지지 않아서 그 상속인 중 1인인 F에게 제1심심판 정본이 송달되지 않았는데, 위와 같이 수계인들을 포함한 공동당사자 전원에 대한 재판의 고지가 제대로 이루어지지 않은 이상, (선고시점에 효력이 발생하는 판결의 경우와 달리) 제1심심판의 경우 현재까지 그 심판의 효력이 발생하였다고 보기 어려운 것이다.[6]

나) 법정상속인의 범위와 관련된 실무적 문제점 등

한편, 상속이나 상속포기 등과 관련하여, 가족구성원 중에 재혼(再婚)에 따른 출생자나 혼외자(婚外子) 등이 존재하는 경우 실무상 각별한 주의가 요망된다. 이 사건과 같이 이복형제(異腹兄弟)가 있는 경우도 쉽지 않은 문제가 발생하지만, 재혼에 따른 동모이부형제(同母異父兄弟) 또는 혼인외 출생으로 인한 형제 등이 존재하는 경우에는 상속에 관한 사실관계 등을 확인하는 것이 훨씬 더 어렵다.

필자가 서울가정법원에 근무하던 1999년 당시에는 "상속인은 상속개시 있음을 안 날로부터 3월내에 단순승인이나 한정승인 또는 포기를 할 수 있다."라고 규정한 민법 제1019조 제1항 제1문 중 '상속인'의 문구를 문언 그대로 해석하여 피상속인이 사망한 이후에도 법적으로 상속인이 된 사람만이 상속포기신고를 할 수 있다는 견해가 학계의 통설이었고, 실무도 이러한 통설을 따르고 있었기 때문에, 예컨대 제2순위 법정상속인(형제자매)이 남아 있는 상태에서 제3순위 법정상속인(3촌 관계)이 상속포기신고서를 제출하면 이를 부적법한 것으로 보고 각하하는 것이 일반적인 실무관행이었다. 문리해석에 충실한 위 학설 자체가 잘못되었다고 보기는 어렵지만, 상대방이 없는 상태에서 '직권주의'가 적용되는 라류 가사비송사건(상속포기 신고사건)에서, 망인의 제적등본만으르 확인할 수 없고 여러 단계의 추적 및 확인 등을 해야만 알 수 있는 동모이부형제 또는 혼인외 출생으로 인한 형제 등의 존부까지 '직권'으로 확인하는 것이 실무적으로 가능한지에 대하여 견해 대립이 가능할 수 있다. 그 당시 필자는 라류 가사비송절차에서 위와 같은 단계까지 직권으로 사실관계를 확인하는 것은 실무적으로 가능하지 않다고 생각하였기 때문에 이에 관한 문제제기를 했는데, 다행히 그 당시 서울가정법원 소속 다른 판사들이 모두 동의하였기 때문에, 그 후 후순위상속인이라도 상속개시 이후

---

6) 앞서 본 바와 같이 제1심심판 정본의 E에 대한 송달이 불능되었기 때문에, 제1심의 입장에서도 최소한 그 송달불능 시점에서는 위 심판의 효력에 문제가 있음을 알 수 있었을 것으로 판단된다.

에는 바로 상속포기신고를 할 수 있는 것으로 가정법원의 실무관행이 바뀌었다.[7] 위와 같이 실무관행이 변경된 다음 학계의 통설도 '상속인은 상속이 개시된 이상 '상속개시되었음'을 알았는지 여부와 관계없이 상속포기를 할 수 있고, 선순위상속인이 상속을 포기하기 전이라도 후순위상속인이 상속포기신고를 하는 것이 허용된다는 입장을 취하고 있고,[8] 상속포기의 신고에 관한 예규(재특 2003-1) 제3조도 같은 취지로 규정하고 있기 때문에, 현재 상속포기신고사건의 실무에서는 이 문제를 직접 검토할 필요는 없게 되었다.

다만, 이 사건과 같이 상속분 포기 등과 관련된 상속인의 범위가 쟁점이 되는 사안에서는 재혼에 따른 출생자(혹은 이복형제) 등의 존재가 여전히 상속인의 범위 등에 영향을 미칠 수 있음을 항상 염두에 두어야 한다. 사안에 따라서 당사자에게 순차적으로 제적등본을 제출하도록 촉구하는 등의 방법으로 다단계의 추적을 해야만 비로소 법정상속인의 범위 등을 확인할 수 있는데, 이 부분이 해당 재판의 실질적 위법여부를 좌우하는 결정적인 요소가 될 수도 있기 때문이다.

나. 실체법적 쟁점

1) ① 쟁점에 관하여

가) ① 쟁점의 성격

B가 제1심에서 제출한 각종 서면의 기재내용 등을 통하여 '상속분 포기'의 의사표시를 하였다고 볼 수 있는지가 쟁점인데, 일반적으로 어떤 상속인이 '상속분을 포기'하는 것은 '상대방이 있는 단독행위'에 해당하므로, 결국 ① 쟁점은 법률행위의 해석방법론에 관한 것이다.

나) 법해석방법론

해석방법론의 관점에서 법률행위의 해석방법론과 법률의 해석방법론은 기본적으로 동일한 접근방식을 취하고 있다. 해석방법론은 모든 법 영역과 관련되는데, 독일의 Friedrich Carl von Savigny로 대표되는 대륙법계의 해석방법론뿐만 아니라 미국의 Oliver Wendell Holmes 연방대법관 등의 해석방법론 역시 '법률'과 '법률행위' 등에 관하여 기본적으로 동일한 접근방식을 취하고 있고, 다만 구체적 사안에서 이루어지는 해석은 해당 영역을 규율하는 법률의 성격을 반영해야 하기 때문에, 영역별로 세부적 차이가 발생할 수 있으며 우선순위나 강조점이 달라질 수도 있다.[9]

---

7) 자세한 내용은 김시철, "가사비송사건 처리과정에서의 실무상 문제점", 서울가정법원 실무연구 Ⅵ (2000), 326-338('후순위 상속인의 상속포기') 참조.
8) 윤진수 편집대표, 「주해 상속법 Ⅰ」, 박영사(2019), 404(이동진 집필부분) 등 참조.
9) 이에 관하여는 김시철, "헌법상 조세법률주의와 세법의 해석방법론 – '의심스러운 경우 납세자의 이

다) 이 사건의 접근방법

그런데 재산권 행사를 제한하는 예외적 강행규정은 엄격하게 해석하여야 한다는 취지의 판례(대법원 1996. 3. 21. 선고 93다42634 전원합의체 판결, 대법원 2021. 12. 10. 선고 2021다260671 판결 등 참조)와 법률행위에 관한 제한해석의 원칙 등에 관한 학계의 논의[10] 등에 비추어 볼 때, 제1심심판과 같이 B가 '상속분 포기'의 의사표시를 하였다고 해석할 수 있는지 등에 대하여는 추가적인 심리가 필요한 상태라고 할 수 있다.

2) ②, ③, ④ 쟁점에 관하여

가) ②, ③, ④ 쟁점의 성격

②, ③, ④ 쟁점은 B가 행한 의사표시의 효력에 관한 것이므로, 민법총칙의 일반이론 등을 전반적으로 검토할 필요가 있고, 나아가 당사자가 재판절차에서 준비서면 등의 진술을 통하여 사법상(私法上)의 법률행위를 하는 경우 그 실체법적 효과에 관한 학설 대립[11] 등도 검토할 필요가 있다.

나) 민사소송법상 학설대립과 민법상 일반이론의 관계 등

민사소송법 분야에 관한 학설 대립은 대체로 사법상의 법률행위가 유효하게 성립된 이후에 이루어진 소취하 등의 소송행위에 의하여 위와 같은 사법상의 법률행위가 실효되는지 등을 중심으로 이루어지는 논의이다.

그런데 이 사건에서는 민법 일반이론 등을 먼저 검토할 필요가 있다. 즉, 위 학설 대립이 주로 논의하는 지점의 이전 단계인 '사법상의 법률행위가 유효하게 성립되었는지' 등도 쟁점이 된다는 취지이다. B가 제1심에서 제출한 위 제2의 나. 2)항과 같은 서면들 중 일부만 청구인에게 송달되고, 다른 상대방들에게는 전부 송달되지 않은 상태에서 제1심 심문기일에서 진술(또는 진술간주)되었고, 그 후 제1심심판 정본도 청구인, 상대방 C, D에게는 송달되었지만, F에게는 송달되지 않았기 때문이다.

이러한 측면에서, 제1심심판과 같이 B가 '상속분 포기'의 의사표시를 하였다고 해석할 수 있는지 등에 대하여 추가적인 심리가 필요한 상태라고 할 수 있다.

익으로'의 해석방법론을 중심으로 —", 사법(59), 사법발전재단(2022), 502—506, 522—534 참조.

10) 이에 관하여는 남효순, "법률행위의 해석의 쟁점 —법률행위해석의 본질 및 방법에 관하여—", 법학(41—1), 서울대학교 법학연구소(2000), 166—169 등 참조.

11) 이에 관한 병존설(사법행위설), 소송행위설(양성설), 신병존설 등의 대립에 대하여는 「주석 민사소송법(4)(8판)」, 한국사법행정학회(2018), 345—352(제267조에 관한 부분) 참조.

다. 항고법원의 환송결정에 관한 쟁점

1) 가사소송법 제43조 제3항은 “항고법원은 항고가 이유 있다고 인정하는 경우에는 원심판을 취소하고 스스로 적당한 결정을 하여야 한다. 다만, 항고법원이 스스로 결정하기에 적당하지 아니하다고 인정하는 경우에는 사건을 원심법원에 환송하여야 한다.”라고 규정하고 있다.

2) 이 사건의 경우, 제1심심판에 절차적 위법이 있기 때문에 이를 취소해야 하는데, 그 정본이 F에게 송달되지 않는 등의 절차법적인 문제로 인하여 심판의 효력 발생 자체에 문제가 있는 점, ① 내지 ④와 같은 실체법적 쟁점 등에 대해서도 추가로 심리할 필요가 있는 점 등을 종합적으로 고려하여 볼 때, 항고심에서 이 사건을 스스로 처리하는 것은 적당하지 않으므로 이 사건을 제1심법원에 환송하는 것이 타당하다.

6. 마무리

상속재산분할청구사건은 피상속인의 사망이 사건의 출발점이 된다. 이는 고유필수적 공동소송의 구조이기 때문에, 그 상속인 전원이 필수적 당사자로서 해당 절차에 실질적으로 참여할 수 있도록 해야 하고, 만일 그 절차가 진행되는 도중에 일부 당사자의 사망으로 인하여 당사자의 변동이 발생하는 경우, 적법한 수계절차가 이루어져야 한다.

그런데 이 사건과 같이 당사자 중 일부에 대하여 국외송달을 실시해야 하는 경우, 실무적으로는 국외송달의 문제로 인하여 절차적인 어려움이 가중될 수 있고, 준비서면 등의 송달에 의한 사법상의 법률행위 성립 등과 관련된 실체법적인 쟁점이 발생할 수도 있다. 이와 같이 쟁점이 많은 사건에서는 각 쟁점별로 하나하나 차근차근 검토를 해야만 문제를 풀어나갈 수 있으므로, 실무상 어려움이 적지 않다.

관련 쟁점에 관하여 우리 대법원 판례가 없고 국내 학계에서의 논의가 활발하게 이루어지지도 않은 상태이기 때문에, 이 사건 항고심 결정은 유사 쟁점이 포함된 사건을 담당하는 법률가들에게 다소간의 참고자료가 될 수 있다고 생각한다.

〔2〕 생전증여

1. 유류분반환청구사건 중 생전 증여 관련 쟁점들

1

유류분반환청구사건 중 생전 증여 관련 쟁점들

서울고등법원 2022. 10. 27. 선고 2022나2006049 판결(확정)
- 서울중앙지방법원 2022. 1. 13. 선고 2019가합518174 판결

1. 사안의 개요

가. 피상속인: I(2018. 9. 27. 사망, 이하 '망인')

나. 망인의 가족관계 등

1) 망인 I와 배우자 망 J(1977. 2. 4. 사망) 사이의 자녀(5남매)

① 장남 피고 B, ② 차남 K, ③ 삼남 망 L(1987. 2. 5. 사망), ④ 사남 M, ⑤ 장녀 원고 A

2) 피고들의 가족관계 등

① 장남인 피고 B의 아들이자 망인의 손자인 피고 D

② 차남 K의 배우자이자 망인의 며느리인 N

③ 삼남 망 L이 1987. 2. 5. 사망하여, 그 배우자인 P와 자녀(망인의 손자)들인 Q, R 및 피고 C가 망 L의 재산을 상속

④ 사남 M의 아들이자 망인의 손자인 O

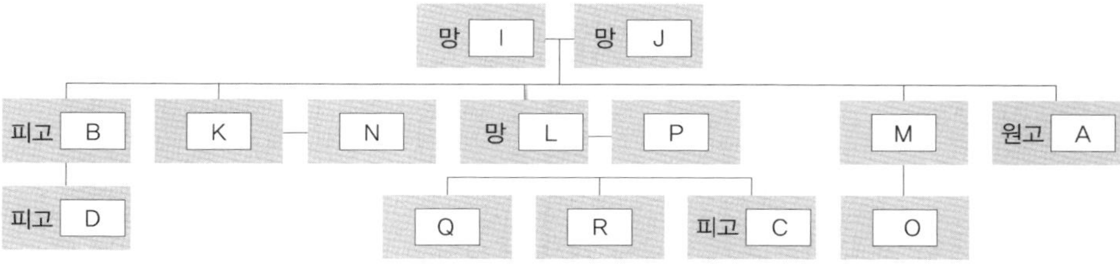

다. 피고 학교법인 E 등에 관하여

① 피고 학교법인 E(이하 '피고 E')는 S 및 T고등학교를 설치·경영하여 고등교육 및 중등교육을 실시하는 것을 목적으로 하는 학교법인이고, 피고 C가 피고 학교법인 E의 이사장이다.

② 재단법인 U(이하 'U')는 사회복지사업을 지원하는 것을 목적으로 하는 재단법인이고, 원고 및 피고 B, M, 피고 C 등이 이사로 등기되어 있다.

③ F 주식회사(이하 'F')는 판매업을 목적으로 1989년 설립된 법인이고, 피고 B는 2012. 6. 4.부터 현재까지 F의 대표이사이다.

④ G 주식회사(이하 'G')는 제조 및 판매업 등을 목적으로 1982년 설립된 법인이고, K가 현재 대표이사이다.

⑤ V 주식회사(이하 'V')는 임업, 과수원 등을 목적으로 1973. 10년 설립된 법인이고, O가 현재 대표이사이다.

⑥ H 주식회사(이하 'H')는 판매업을 목적으로 1971년 설립된 법인이고, 피고 B가 현재 대표이사이다.

라. 망인의 생전 증여, 유증 및 상속재산

망인은 그 자녀 및 손자 등에게 ㉮ 상당한 재산을 생전 증여하였고, ㉯ 2017. 9. 12.자 유언공정증서를 통하여 자녀 및 손자, 관련법인 등에게 상당한 재산을 유증하였으며(이하 '이 사건 유증'), ㉰ 사망 당시 보유하고 있던 상속재산도 존재하였다.

라. 원고가 원고의 유류분이 침해되었다고 주장하면서 이 사건 유류분반환청구의 소를 제기한 다음 ㉠ 제1심에서 K, N, O 사이에서는 제1심에서 조정이 성립되었고, ㉡ 나머지 피고들에 대해서는 항소심 판단을 하게 되었다.

2. 이 사건 쟁점 및 원고의 주장 등

가. 쟁점

1) 제1쟁점

망인이 제1순위 상속인(삼남 망 L)에게 생전 증여하였다가, 망 L의 사망 이후 그 배우자 등으로부터 반환받은 재산을 유류분반환청구의 기초재산에 산입할 수 있는지

2) 제2쟁점

1979년 유류분 제도 시행 전에 이행이 완료된 증여재산을 유류분반환청구의 기초재산에 산입하지는 않더라도 유류분반환의무자 사이에서 유류분 반환비율을 정함에 있어서는 고려할 수 있는지

나. 원고의 주장 요지

1) 망 L이 1987. 2. 5. 사망하기 전에 망인으로부터 증여받은 주식을 망 L의 상속인들인 P와 피고 C, Q, R이 상속받았다가 P 등이 망인에게 이를 15억 원에 매도하였으므로, 망 L이 사망 당시에 보유하고 있던 위 주식의 상속개시 당시 시가 상당액을 망 L의 특별수익으로 보아 기초재산에 산입해야 한다.

2) 대법원 2018. 7. 12. 선고 2017다278422 판결에 비추어 볼 때, 1979년 유류분 제도 시행 전에 이행이 완료된 증여재산도 유류분반환청구의 기초재산에 산입하지는 않더라도 유류분반환의무자 사이에서 유류분 반환비율을 정함에 있어서는 고려하여야 한다.

3. 항소심 재판부의 판단 및 검토

항소심 재판부는 원고의 위 각 주장을 배척하면서, 아래와 같은 요지의 판단을 하였다.

가. 수증자가 수증재산을 피상속인의 생전에 반환한 경우 특별수익에 관한 판단 (제1쟁점)

1) 사실관계

① H와 G의 주식변동내역명세서에 기재된 바에 따르면 망 L이 적어도 1985년까지는 H와 G 주식을 보유하고 있었다.

② 망 L은 1987. 2. 5. 사망하였다.

③ 그런데 H와 G의 주식변동내역명세서에는 L이 보유하고 있던 H 주식과 G 주식이 망 L의 사망 이전인 1986년도에 CV, CW, DD 등에게 양도된 것으로 정리되어 있다.

④ CV, CW는 1994. 10. 13. 망인에게 '자신들이 보유하고 있는 H 주식과 G 주식은 망인이 명의신탁한 주식이므로, 이후 망인이 명의신탁 계약을 해지하고 주식 양도절차의 이행을 요구할 시는 아무런 조건 없이 망인 또는 망인이 지정하는 사람에게 주식 전부를 양도하기로 각서한다'는 취지의 내용이 기재된 인증서를 작성해 주었다.

⑤ 망인은 P에게 ㉠ 1996. 7. 1. 2억 원, ㉡ 1996. 11. 2. 2억 원, ㉢ 1997. 1. 4. 2억 원, ㉣ 1997. 4. 1. 2억 원, ㉤ 1997. 7. 1. 2억 원, ㉥ 1997. 10. 1. 2억 원, ㉦ 1998. 3. 2. 3억 원의 합계 15억 원을 지급하였다.

⑥ P는 1998. 2. 14.경 망인 등에게 아래와 같은 내용의 주식 및 상속권 포기 각서(이하,

'이 사건 각서'라고 한다)를 작성하여 주었다.

> 제목 : 소유주식 정리와 상속권 포기에 대한 인정 확인.
> 내용 : 1. 본인 P는 L 및 P가 소유하고 있던 H 주식과 G 주식에 대하여 대금 일체를 정산하여 당일로 주식의 소유권이 없음을 확인함.
> 2. 향후 부친 I와 모친 CX에 의해 발생할 수 있는 상속권에 대한 권리도 정산하여 이를 포기하였음을 확인함.
> 3. P는 본인과 자녀(Q, R, C)를 대신하여 상기의 권한을 대행하여 처리 및 확인하였음을 인정함.
> 4. 본 확인은 1998. 2. 15.부터 유효함을 확인함.

2) 판단

가) 이 사건에서 망 L이 망인의 생전에 증여받았던 주식들은 망 L의 사망 직후 망인에게 그대로 반환되었던 것으로 보이는데, 이와 같이 피상속인의 제1순위 상속인 지위에 있는 피상속인의 자녀가 피상속인으로부터 생전에 증여받았던 재산이 피상속인에게 그대로 반환된 다음에 개시된 피상속인의 상속과 관련하여 해당 재산의 가액을 위 자녀(혹은 그 대습상속인)의 특별수익에 포함시키는 경우, 공동상속인들 중 피상속인으로부터 재산의 증여 또는 유증을 받은 특별수익자가 있는 경우 공동상속인들 사이의 공평을 기하기 위해 그 수증재산을 상속분의 선급으로 다루고자 하는 유류분 제도의 취지에 부합하지 않는 점 등을 종합하여 보면, 망 L이 망인으로부터 생전에 증여받았다가 그 배우자 및 자녀들이 망인에게 그대로 반환한 주식의 시가 상당액을 망 L의 특별수익에 포함시킬 수는 없다.

나) 유류분 산정의 기초가 되는 재산액(A)을 산정하는 과정에서 공동상속인(대습상속인 포함) 중 1인에 대한 생전 증여액을 피상속인의 상속재산에 반환된 것으로 '상정(想定)'하여 계산하는 것은 공동상속인들 사이의 형평성을 유지하기 위한 것이다. 이 사건과 같이 망인에 대하여 제1순위 상속인의 지위에 있던 망 L의 배우자 및 자녀들(대습상속인)이 과거에 망 L이 망인으로부터 수증한 재산을 '실질적으로' 반환한 경우, 위 재산은 '실질적으로' 망인의 상속재산으로 회복된 것이고, 따라서 위 재산의 가액을 다시 망인의 상속재산에 가산하는 경우, 그 가액 상당이 이중으로 산입되는 등의 불합리한 결과를 야기할 수 있기 때문에, 이에 관한 원고의 주장을 받아들일 수 없다.[1)2)]

---

1) 예컨대, 피상속인이 제1순위 상속인 지위에 있던 자녀 ⓐ, ⓑ, ⓒ 중 1인인 ⓐ에게 부동산을 증여하였는데, 그 후 피상속인의 경제적 사정이 나빠져서 해당 부동산을 그대로 반환받은 다음에 피상속인이 위 부동산을 유일한 상속재산으로 남겨두고 사망한 사안에서, 위 부동산을 ⓐ가 증여받은 적이 있고, 이를 피상속인에게 반환한 것은 ⓐ의 처분행위에 해당하므로, 피상속인의 상속과 관련하여 위 부동

다) 다만, P가 망인으로부터 1996. 7. 1.부터 1998. 3. 2.까지 사이에 증여받은 15억 원은 대습원인이 발생한 후에 대습상속인인 P에게 증여한 것이어서 상속분의 선급으로서의 성격을 갖는다고 봄이 타당하므로, 이를 '대습상속인 P의 특별수익'부분에서 가산하여 유류분 산정 기초재산을 산정하기로 한다.

나. 1979년 유류분 제도 시행 전에 이행이 완료된 증여재산에 관한 판단(제2쟁점)

1) 유류분 제도는 1977. 12. 31. 법률 제3051호로 개정된 민법이 1979. 1. 1. 시행되면서 새로 도입되었는데, 위와 같이 민법이 개정되기 전에는 민법 제1008조는 '공동상속인 중에 피상속인으로부터 재산의 증여를 받은 자가 있는 경우에 그 수증재산이 상속분을 초과한 경우에도 그 초과분의 반환을 요하지 아니한다.'는 취지로 규정하였는바(대법원 2012. 12. 13. 선고 2010다78722 판결 참조), 이는 피상속인으로부터 생전 증여를 받은 특별수익자가 부담하는 의무가 '반환'의무의 성격을 가진다는 점을 보여주는 것이다.

2) 대법원 2018. 7. 12. 선고 2017다278422 판결의 취지는 유류분의 반환을 청구하는 자가 1979년 유류분 제도 시행 이전에 증여받은 재산이 있는 경우 유류분 반환청구자의 유류분 부족액 산정 시 이를 특별수익으로 공제해야 한다는 것일 뿐이고, 유류분 반환의무자들 사이의 반환비율을 정함에 있어 이를 반영하여야 한다는 것은 아니다.

3) 원고의 주장을 토대로 하면, ① 100억 원의 자산을 보유하고 있던 피상속인이 유류분 제도 시행 전에 장남에게 60억 원을 증여하고, 유류분 제도 시행 이후 장남에게 5억 원, 차남에게 15억 원, 삼남에게 20억 원을 증여한 사안에서 사남이 유류분 반환을 청구하게 되면 유류분산정의 기초가 되는 재산은 40억 원이 되고, 장남의 유류분액은 5억 원(= 40억 원×1/8)

산의 가액을 ⓐ의 특별수익에 포함시켜야 한다고 보는 경우, 위 부동산을 피상속인에게 그대로 반환한 ⓐ만이 초과특별수익자가 되어 피상속인으로부터 상속을 받을 수 없고, ⓑ, ⓒ만이 실질적인 상속을 받게 되는데, 이러한 결과가 유류분 제도의 취지에 부합한다고 볼 수는 없다.

2) 유류분 제도는 1977. 12. 31. 법률 제3051호로 개정된 민법이 1979. 1. 1. 시행되면서 새로 도입되었는데, 위와 같이 민법이 개정되기 전에는 민법 제1008조는 '공동상속인 중에 피상속인으로부터 재산의 증여를 받은 자가 있는 경우에 그 수증재산이 상속분을 초과한 경우에도 그 초과분의 반환을 요하지 아니한다'는 취지로 규정하였는바(대법원 2012. 12. 13. 선고 2010다78722 판결 참조), 이는 피상속인으로부터 생전 증여를 받은 특별수익자가 부담하는 의무가 '반환'의무의 성격을 가진다는 점을 보여주는 것이다[김주수·김상용, 「친족·상속법 제18판」, 법문사(2022), 710, 박동섭·양경승, 「친족상속법 제5판」, 박영사(2020), 682, 송덕수, 「친족상속법 제6판」, 박영사(2022), 335도 같은 취지이다]. 참고로 일본에서는 피상속인의 상속개시시 재산의 가액에 증여재산의 가액을 가산하는 것을 '持ち戻し(직역하면 가져다가 되돌려 놓기가 된다)'라고 표현하고 있는데[片岡 武·管野 眞一,「第4版 家庭裁判所における遺産分割 · 遺留分の実務」, 日本加除出版株式會社(2022), 240 등 참조], 이에 비추어 보아도 피상속인의 생전에 피상속인에게 실질적으로 반환된 재산은 특별수익에 포함시킬 수 없다고 봄이 타당하다.

이 되어 장남에게는 유류분을 반환할 의무가 없고, 차남과 삼남은 유류분 초과액 10억 원과 15억 원의 비율에 따라 사남의 유류분 부족액 5억 원을 안분하여 차남은 2억 원, 삼남은 3억 원을 반환하게 되는 반면, ② 위 피상속인이 유류분 제도 시행 전에 장남에게 60억 원을 증여하고, 유류분 제도 시행 이후 장남에게 5억 1천만 원, 차남에게 14억 9천만 원, 삼남에게 20억 원을 증여한 사안에서는 장남도 유류분 제도 시행 이후에 유류분액 5억 원을 초과하는 5억 1천만 원을 증여받았으므로 일단 유류분 반환의무자가 되고, 유류분 반환의무자들 사이의 반환비율을 정함에 있어서는 유류분 제도 시행 전에 증여받은 60억 원도 반영을 해야 하므로, 장남이 사남에게 3억 5,352만 원(≒ 사남의 유류분 부족액 5억 원×장남이 유류분 초과액 60억 1천만 원÷장남, 차남, 삼남의 유류분 초과액 합계 85억 원) 가량을 반환해야 하는 불합리한 결과가 발생하게 된다[원고도 위와 같은 '문턱효과'가 발생한다는 점은 인정하면서도, 이를 정당화할 만한 합당한 이유는 제시하지 못하고 있다. 나아가 (위와 같은 계산결과에 비추어 볼 때) 원고의 주장을 받아들이게 되면 1977. 12. 31. 법률 제3051호로 개정된 민법(이하 '개정 민법')의 유류분 규정을 개정 민법 시행 전에 이루어지고 이행이 완료된 증여에까지 적용하여 수증자의 기득권을 소급입법에 의하여 제한하거나 침해하는 것을 막고자 하는 개정 민법 부칙 제2항의 취지에도 반하게 된다(대법원 2012. 12. 13. 선고 2010다78722 판결 등 참조)].

4) 서울고등법원 2020. 1. 15. 선고 2019나2021574 판결(확정)도 위 대법원 2017다278422 판결에 관하여, 위 대법원 판결은 '반환청구자'의 '유류분 부족액'을 산정할 때 당해 반환청구자가 증여받은 재산을 특별수익으로 고려한다는 의미일 뿐이라고 판시하고 있다.

4. 마무리

우리 민법은 피상속인이 제1순위 상속인의 지위에 있는 사람에게 상속분의 선급에 해당하는 생전 증여를 한 경우, 그 증여시기와 관계없이 모두 특별수익으로 보아야 한다는 취지로 규정하고 있다(대법원 1995. 6. 30. 선고 93다11715 판결 등 참조). 이는 구 일본 민법[평성 30년(2018년) 7월 13일 법률 제72호로 개정되기 전의 것] 제903조, 제1044조의 해석에 관하여 "공동상속인인 한 사람이 피상속인으로부터 혼인·양자입양으로 또는 생계의 자본으로 받은 증여는 상속분의 선급으로 볼 수 있기 때문에 그것이 언제 이루어졌는지, 또 가해의 인식이 있었는지 여부를 불문하고 산입된다."라는 입장을 취하고 있던 과거 일본 판례 및 실무[3]와 같은 맥

3) 구 일본 민법[평성 30년(2018년) 7월 13일 법률 제72호로 개정되기 전의 것]에 관한 新版 注釈民法(28), 相続(3), 有斐閣(2002), 466 참조. 한편, 평성 30년(2018년) 7. 13. 법률 제72호로 개정된 일본 민법[2019. 7. 1. 시행(일부 제외)] 제1044조 제3항에는 수증자가 상속인인 경우에도 '상속개시 전 10년간 이루어진 특별수익에 상당한 재산의 가액'만이 유류분 산정의 기초재산에 포함된다는 내용이 규정되었으므로, 개정된 일본 민법이 적용되는 경우 공동상속인에게 특별수익이 발생한 시점이 상속개

락이다.

그런데 우리 민법이나 구 일본 민법과 같은 입장을 취하는 경우 공동상속인의 특별수익 범위가 매우 광범위하게 될 수밖에 없기 때둔에, 유류분반환청구나 상속재산분할청구 사건에서 망인이 증여한 재산의 특별수익 해당 여부나 기초재산(A) 산입 여부에 관하여 실무상으로 다양한 문제가 발생할 수 있다.

위 해설의 검토 내용은 위와 같은 쟁점들 중 망인의 생전 증여 반환, 1979년 유류분 제도 시행 전에 이행이 완료된 증여 등 국내에서의 논의가 비교적 활성화되지 않았던 쟁점을 중심으로 한 것이다. 그런데 해당 사건에서는 또 다른 많은 쟁점들(예컨대, 해당 사건의 구체적 사실관계에 의하여 주식 자체를 증여대상으로 볼 것인지 아니면 주식대금을 증여대상으로 볼 것인지,[4] 처분권주의와 변론주의의 적용,[5] 반환의무자의 구체적인 분담방식과 비율 등)에 관한 법적 분쟁이 함께 발생하였다. 이와 같이 유류분반환청구사건의 당사자들은 상당히 다양한 형태의 주장을 제기할 수 있고, 개별 사건의 사실관계에 의하여 각 쟁점의 심리방향이나 결론이 달라질 수도 있다. 위 해설 및 항소심 판결에서 검토한 내용들이 유사 쟁점들을 포함한 사건의 처리 과정에서 약간의 참고자료가 될 수 있다고 생각한다.

시일로부터 소급하여 10년을 초과하는 사안에서는 해당 특별수익이 유류분 산정의 기초재산에 포함되지 않는데, 이에 관하여는 사법정책연구원 「각국의 상속재산분할, 기여분, 유류분제도」, (2022), 300-303 참조.

4) 피상속인이 공동상속인에게 부동산 자체를 증여한 것으로 볼 것인지, 아니면 부동산 대금을 증여한 것으로 볼 것인지가 쟁점이 된 사안에 관하여는 ① 서울고등법원 2023. 7. 25.자 2022브2136, 2137 결정 및 그 해설(Ⅱ. [6] 1. 상속재산분할사건의 특별수익 산정과 세무조사 및 과세처분의 상관관계 등에 관하여), ② 서울고등법원 2023. 10. 19. 선고 2022나2040001 판결 및 그 해설(Ⅱ. [5] 1. 유류분반환청구사건에 관한 국제사법, 민법 및 조세법에 관한 비교법적 쟁점 등) 등 참조.

5) 유류분반환청구권에 관하여 처분권주의와 변론주의의 적용 여부가 쟁점이 된 사안에 관하여는 서울고등법원 2023. 9. 21. 선고 2023나2026019 판결 및 그 해설(Ⅱ. [3] 2. 유류분반환청구권의 상대방 선정과 특별수익 가액의 산정 등에 관한 헌법적·법률적 쟁점) 참조.

〔3〕 유류분반환청구권

1. 유류분반환청구권의 단기소멸시효 기산점 등에 관한 쟁점
2. 유류분반환청구권의 상대방 선정과 특별수익 가액의 산정 등에 관한 헌법적·법률적 쟁점
3. 유류분반환청구사건의 특별수익 산정과 대습상속의 법리 등에 관한 쟁점
4. 유류분반환청구의 특별수익의 범위, 소송형태와 유류분반환방법 등에 관한 쟁점

1

유류분반환청구권의 단기소멸시효 기산점 등에 관한 쟁점

서울고등법원 2023. 5. 18. 선고 2023나2002112 판결(확정)
– 서울서부지방법원 2022. 12. 16. 선고 2021가합41603 판결

1. 사안의 개요

가. 피상속인 : Q(2016. 9. 5. 배우자와 직계비속 없이 사망, 이하 '망인')

나. 망인의 상속인들 등

망인의 형제자매의 직계비속 및 대습상속인들인 원고들과 피고 및 소외 V

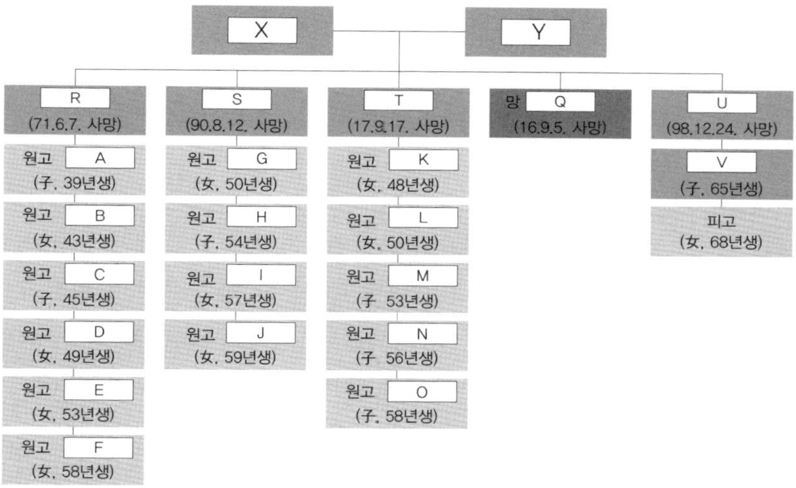

다. 망인은 2004. 8. 5. '본인은 나의 전재산(부동산, 예금 등)을 피고에게 모두 상속하기로 한다'는 내용의 사건 자필유언증서를 작성함

2. 이 사건 쟁점 및 당사자의 주장요지 등

가. 피고의 주장요지

1) 제1쟁점

이 사건 유류분반환청구권의 단기소멸시효의 기산일은, 원고들이 이 사건 자필증서의

존재를 알게 된 2019. 4. 30. 또는 유언검인 절차에서 그 원본을 확인한 2020. 6. 12.이다. 그런데 이 사건 소는 위 기산일로부터 1년이 도과한 후인 2021. 12. 7. 제기되었으므로, 이 사건 유류분반환청구권의 소멸시효는 완성되었다.

2) 제2쟁점(항소심에서 제기한 주장)

원고들의 청구가 인용되는 경우, 피고가 납부한 상속세 및 관련 비용 중 개별 원고들에게 반환되는 상속분 변동에 따른 세액 변동이 발생하게 될 것인데, 과세관청의 경정처분 이전이라도 이 부분을 반영한 피고의 개별 원고들에 대한 구상금 청구권을 자동채권으로 하고 개별 원고들의 유류분 반환채권을 수동채권으로 하여 상계의 의사표시를 한다.

3. 제1심의 판단과 항소심 재판부의 판단

항소심 재판부는 다음과 같은 요지로 제1심의 단기소멸시효의 기산점에 대한 판단 부분 등을 일부 수정한 다음, 제1심의 결론(원고들의 유류분반환청구를 인용하고, 이에 관한 피고의 단기소멸시효 완성 주장을 배척)을 그대로 유지하였다.

가. 제1쟁점에 대한 판단

1) 관련 법리

민법 제1117조는 '유류분반환청구권은 유류분권리자가 상속의 개시와 반환하여야 할 증여 또는 유증을 한 사실을 안 때로부터 1년 내에 하지 아니하면 시효에 의하여 소멸한다'고 규정하고 있는바, 여기서 '반환하여야 할 증여 등을 한 사실을 안 때'라 함은 증여 등의 사실 및 이것이 반환하여야 할 것임을 안 때라고 해석하여야 하므로, 유류분권리자가 증여 등이 무효라고 믿고 소송상 항쟁하고 있는 경우에는 증여 등의 사실을 안 것만으로 곧바로 반환하여야 할 증여가 있었다는 것까지 알고 있다고 단정할 수는 없을 것이다. 그러나 민법이 유류분반환청구권에 관하여 특별히 단기소멸시효를 규정한 취지에 비추어 보면 유류분권리자가 소송상 무효를 주장하기만 하면 그것이 근거 없는 구실에 지나지 아니한 경우에도 시효는 진행하지 않는다 함은 부당하므로, 피상속인의 거의 전 재산이 증여되었고 유류분권리자가 위 사실을 인식하고 있는 경우에는, 무효의 주장에 관하여 일응 사실상 또는 법률상 근거가 있고 그 권리자가 위 무효를 믿고 있었기 때문에 유류분반환청구권을 행사하지 않았다는 점을 당연히 수긍할 수 있는 특별한 사정이 인정되지 않는 한, 위 증여가 반환될 수 있는 것임을 알고 있었다고 추인함이 상당하다(대법원 2001. 9. 14. 선고 2000다66430, 66447 판결 등 참조).

위와 같이 유류분권리자가 상속이 개시되었다는 사실과 증여 또는 유증이 있었다는 사실 및 그것이 반환하여야 할 것임을 안 때가 민법 제1117조가 규정하는 유류분반환청구권의 단기소멸시효기간의 기산점이 되는데(대법원 2006. 11. 10. 선고 2006다46346 판결 등 참조), 유류분권리자가 언제 해당 요건사실을 현실적·구체적으로 인식하였는지는 개별 사건에서 여러 객관적 사정을 참작하고 유류분반환청구가 사실상 가능한 상황을 고려하여 합리적으로 인정하여야 한다(불법행위로 인한 손해배상청구권의 단기소멸시효의 기산점에 관한 대법원 2019. 12. 13. 선고 2019다259371 판결 등 참조). 예컨대, 피상속인이 객관적으로 유류분권리자의 유류분을 침해할 수 있을 정도에 이르는 규모의 재산을 증여 또는 유증한 사실을 해당 유류분권리자가 인지하게 된 경우, 원칙적으로 그 증여 등의 사실을 인지한 시점을 유류분반환청구권의 단기소멸시효기간의 기산점으로 볼 수 있지만, 위와 같은 증여 등의 유효 여부를 합리적으로 의심할 만한 사실상 또는 법률상 근거가 있고 나아가 해당 권리자가 위 증여 등의 무효를 믿고 있었기 때문에 유류분반환청구권을 행사하지 않았다는 점 등을 당연히 수긍할 수 있는 특별한 사정이 인정되는 경우까지 위와 같은 인지시점을 그 기산점으로 볼 수는 없으며(위 대법원 2000다66430, 66447 판결 등 참조), 이러한 사안에서 해당 권리자가 같은 이유를 들어 위 증여 등의 효력을 다투는 취지의 관련 소송을 제기한 경우, 이러한 관련 소송의 진행경과 등을 구체적·개별적으로 검토하여 단기소멸시효의 완성 여부를 판단하여야 하므로, 관련 소송사건이 확정되기 이전에 그 권리자가 해당 요건사실을 현실적·구체적으로 인식하였다고 단정하여 해당 유류분반환청구권의 단기소멸시효가 완성되었다고 판단하는 것은 매우 신중할 필요가 있다(위 대법원 2019다259371 판결 등 참조).

2) 인정사실

가) 2016. 9. 5. 망인의 상속 개시, 원고 I는 2016. 11. 8. 나머지 공동상속인 전원을 상대로 망인의 상속재산에 관한 상속재산분할청구('관련 상속재산분할청구')를 제기하였다.

나) 피고는 관련 상속재산분할청구 사건의 심문종결일(2019. 4. 3.)까지 2004. 8. 5.자 이 사건 자필증서를 가정법원에 제출하지 않다가, 2019. 4. 30. '망인의 모든 재산을 포괄적으로 유증받았다'고 주장하면서 이를 증거로 제출하였고, 같은 날 유언증서 검인신청을 하였으며, 원고들 중 일부가 2020. 6. 12. 유언증서 검인('관련 검인 절차')에서 이 사건 자필증서의 원본을 확인하였다.

다) 원고 I, M은 2019. 10. 10. 피고를 상대로 유언장 무효확인 청구의 소('관련 무효확인 소송')를 제기하였는데, 그 제1심법원은 2021. 4. 8. 위 원고들의 청구를 기각하였고, 항소심법원도 2021. 11. 3. 위 원고들의 항소를 기각하였으며, 위 판결이 2021. 11. 25. 확정되었다.

라) 관련 상속재산분할청구 사건의 재판부는 관련 무효확인 소송의 결과를 기다리기 위해 사건을 추정하였다가, 관련 무효확인 소송이 확정된 다음 2021. 12. 1. '이 사건 자필증서에 따라 피고가 망인의 상속재산을 모두 취득하였으므로, 분할대상이 되는 상속재산이 없다'는 이유로 원고 I의 상속재산분할청구를 기각하였고, 위 결정은 2022. 4. 21. 확정되었다.

마) 원고들은 2021. 12. 7. 피고를 상대로 이 사건 유류분반환청구의 소를 제기하였다.

3) 구체적인 판단

원고들이 2019. 4. 30. 관련 상속재산분할청구 사건에서 이 사건 자필증서의 존재를 인지하고, 2020. 6. 12. 관련 검인 절차에서 위 자필증서 원본을 확인한 사실은 인정된다. 그런데 피상속인이 객관적으로 유류분권리자의 유류권을 침해할 수 있을 정도에 이르는 규모의 재산을 증여 또는 유증한 사실을 해당 유류분권리자가 인지하게 된 경우, 원칙적으로 그 증여 등의 사실을 인지한 시점을 유류분반환청구권의 단기소멸시효기간의 기산점으로 볼 수 있다.

그러나 원고들은 관련 검인 절차 이전부터 관련 무효확인 소송을 통하여 이 사건 자필증서의 무효를 주장하고 있었고, 이러한 원고들의 무효 주장에는 일응 사실상 또는 법률상 근거가 있었으므로, 원고들이 위 자필증서의 무효를 믿은 데에는 경험칙상 이를 수긍할 만한 특별한 사정이 있었다고 판단된다. 즉, 아래와 같은 사정들에 비추어 보면, 위 인정사실만으로는 2019. 4. 30. 또는 2020. 6. 12.에 원고들이 이 사건 자필증서의 유효함을 전제로 자신들의 유류분을 침해하는 유효한 유증이 있었음을 알고 있었다고 단정하기 어렵다.

가) 피고는 망인의 사망 시점으로부터 약 2년 7개월, 관련 상속재산분할청구의 접수 시점으로부터 약 2년 5개월이 경과한 이후인 2019. 4. 30.에 이르러서야 비로소 관련 상속재산분할청구 사건에서 이 사건 자필증서를 증거로 제출하였고, 같은 날 관련 검인 절차를 신청하였다. 이에 원고 M, I는 2019. 10. 10. 관련 무효확인 소송을 제기하였다. 따라서 원고들은 관련 무효확인 소송이 확정될 때까지 위 자필증서에 기재된 망인의 유증이 효력이 없다고 믿었기 때문에 그때까지 피고에 대하여 이 사건 유류분반환청구의 소를 제기하지 않았던 것으로 판단된다.

나) ① 원고들은 이 사건 자필증서 작성일로부터 약 15년 이상이 경과한 후에야 비로소 그 존재를 알게 된 점, ② 이 사건 자필증서의 형식이 체계적이지 못하고, 기재 내용도 그 중요성에 비하여 매우 간략한 점, ③ 그 기재내용이 망인의 재산내역과 일치하지 않는 점, ④ 망인이 조카들 중 굳이 피고에게만 전 재산을 유증할만한 합리적인 이유가 보이지 않는 점, ⑤ 이 사건 자필증서는 작성된 후 V가 이를 보관하면서 비닐코팅을 하였는바, 비닐코팅 자

체로 경험칙에 비추어 볼 때 상당히 이례적인 상황(비닐코팅 되어 있는 문서의 경우 그렇지 않은 문서에 비해 잉크, 필기구, 필압 검사 등이 용이하지 않아 위조 여부를 가리기 어려움)인 점, ⑥ 관련 무효확인 소송의 감정인 역시 '이 사건 자필증서의 필적은 망인의 필적이라고 단정하기보다는 망인의 필적일 가능성이 높은 것으로 추정된다'는 감정의견을 제출한 점, ⑦ 망인은 2019. 9. 초경 심장 수술 전에 PP에게 이 사건 자필증서의 내용과 명백히 배치되는 말을 한 점 등에 비추어 보면, 원고들이 이 사건 자필증서가 무효라고 믿은 데에는 합리적인 근거가 있다.

다) 원고들의 위와 같은 믿음에 합리적인 근거가 있는 이상, 이 사건 자필증서의 유효 여부는 관련 무효확인 소송에서 전문가의 감정 및 이를 기초로 한 법원의 최종적인 판결을 통하여 가려질 수밖에 없었던 측면이 있었다고 판단된다. 관련 상속재산분할청구 사건의 담당재판부도 피고가 이 사건 자필증서를 증거로 제출하였음에도 불구하고, 상당기간 사건을 추정하였다가 관련 무효확인 소송이 2021. 11. 25. 확정된 이후에 비로소 위 자필증서가 유효함을 전제로 청구인의 상속재산분할청구를 기각하였다. 그렇다면 원고들로서는 관련 무효확인 소송이 확정되었을 때 비로소 '이 사건 자필증서가 유효하고 그에 따라 피고에 대하여 유류분반환청구권을 행사할 수 있다는 것'을 알게 되었다고 봄이 타당하다. 따라서 원고들의 유류분반환청구권이 단기소멸시효의 완성으로 소멸되었다고 할 수는 없다.

나. 제2쟁점에 대한 판단

이 쟁점에 관하여는 서울고등법원 2023. 4. 20. 선고 2021나2044594 판결 및 이에 대한 해설(Ⅱ. [4] 1. 유언공정증서의 효력과 상속세에 관한 구상금 청구권의 요건 등에 관한 쟁점의 제2쟁점 부분) 참조.

4. 제1쟁점에 대한 검토

가. 관련 민법 규정들

『민법 제766조(손해배상청구권의 소멸시효) ① 불법행위로 인한 손해배상의 청구권은 피해자나 그 법정대리인이 그 손해 및 가해자를 안 날로부터 3년간 이를 행사하지 아니하면 시효로 인하여 소멸한다.[1]

1) 우리 민법 제766조에 대응하는 일본 민법규정은 다음과 같다.
『일본 민법 제724조(불법행위에 의한 손해배상청구권의 소멸시효) 불법행위에 의한 손해배상청구권은 다음의 경우에는 시효로 소멸한다.
1. 피해자 또는 그 법정대리인이 손해 및 가해자를 안 때부터 3년간 행사하지 아니한 때
2. 불법행위 당시부터 20년간 행사하지 아니한 때』

제1117조(소멸시효) 반환의 청구권은 유류분권리자가 상속의 개시와 반환하여야 할 증여 또는 유증을 한 사실을 안 때로부터 1년 내에 하지 아니하면 시효에 의하여 소멸한다. 상속이 개시한 때로부터 10년을 경과한 때도 같다.[2)3)]』

나. 관련 판례

1) 제1쟁점과 관련된 주요 참고 대법원 판결은 ① 대법원 2000다66430,66447 판결, ② 대법원 2006다46346 판결, ③ 대법원 97므18 판결, ④ 대법원 2019다259371 판결인데, ①② 판결은 유류분반환청구권의 단기소멸시효 기산점에 관한 것이고, ③④ 판결은 불법행위로 인한 손해배상청구권의 단기소멸시효 기산점에 관한 것이다.

2) ① 판결은 이에 관한 기본 법리를 정리한 것으로 볼 수 있는데, 해당 사안은 피고들(유류분권리자들)이 이 사건 사인증여가 이루어진 1998. 4. 14. 당시 그 내용을 자세히 알고 있었고 망인이 1998. 4. 22. 사망한 것은 당일 알았음이 명백하며, 피고들이 이 사건 소송에서 여러 가지 이유를 들어 망인의 1998. 4. 14.자 의사표시가 무효라고 주장하였으나 적어도 원고가 1998. 7. 15.자 청구취지 및 원인변경신청서에서 망인과 원고 사이에 사인증여계약이 체결되었다고 주장한 이후에는 피고들의 주장들은 사실상 또는 법률상 근거 없이 망인의 사인증여를 부인하려는 것으로밖에 보이지 아니하는 한편, 피고들에게 이 사건 사인증여의 무효를 확신하였다는 특별한 사정이 있음을 알아볼 수 없으므로, 피고들의 원고에 대한 유류분반환청구권의 소멸시효는 늦어도 위 변경신청서의 송달 다음날인 1998. 7. 18.부터 진행하고, 따라서 피고들이 원심에 이르러 1999. 11. 8.자 준비서면의 송달로써 원고에게 유류분반환청구권을 행사한다는 의사표시를 한 때에는 이미 유류분반환청구권의 소멸시효기간인 1년이 경과하였다고 보고, 같은 취지의 원심판결을 유지한 사례이다.

반면에, ② 판결의 경우, 망인이 2004. 4. 16. 사망하자 소외 2(다른 상속인)가 같은 해 4. 24.경 이 사건 자필유언증서의 사본을 오랫동안 해외에 거주하다가 망인의 사후에 귀국한 피고1(유류분권리자)에게 교부하는 한편, 서울가정법원에 유언의 검인을 청구한 사실, 그 유언의 검인은 같은 해 6. 30. 이루어졌고 피고1은 그 검인절차에 참여하여 그 자필유언증서의 원본을 확인한 사실, 그런데 피고1은 그 검인절차 당시부터 위 유언증서가 위 망인의 자필에

---

2) 우리 민법 제1117조에 대응하는 일본 민법규정은 다음과 같다.
『일본 민법 제1042조(반환청구권의 기간의 제한) 반환청구권은 유류분권리자가 상속의 개시 및 반환되어야 하는 증여 또는 유증이 있음을 안 때부터 1년간 이를 행사하지 아니할 때에는 시효로 인하여 소멸한다. 상속개시시부터 10년이 경과한 때에도 같다.』

3) 이 사건 제1쟁점에 관한 일본에서의 논의는 最二小判昭和57·11·12民集36巻11号2193頁 및 이에 대한 평석[山崎敏彦, "遺留分減殺請求權の消滅時效の起算點", 別册ジュリスト99家族法判例百選 [第四版], 有斐閣(1988), 240－242] 등 참조.

의한 것이 아니라는 등의 이유로 그 효력을 부인하였고, 그 후 같은 해 8. 24. 서울서부지방법원에 유언무효확인청구의 소를 제기하는 한편, 같은 해 9. 7.에는 이 사건 부동산 중 1/2 지분에 관하여 상속을 원인으로 한 이전등기를 경료한 사실, 이에 원고가 이 사건 소로써 그 등기의 말소를 청구하자 피고1은 2005. 5. 25. 원고에게 송달되고 같은 해 6. 21. 제1심 변론기일에서 진술된 같은 해 5. 20.자 준비서면을 통하여 피고1에게 유류분반환청구권이 있다는 취지의 주장을 한 사실, 그 후 위 유언무효확인 청구소송에서는 피고1의 청구를 기각하는 판결이 확정된 사실 등을 인정할 수 있는바, 의 사실관계에 비추어 보면, 해외에 거주하다가 망인의 사망사실을 뒤늦게 알게 된 피고1로서는 유증사실 등을 제대로 알 수 없는 상태에서 단순히 소외 2로부터 일방적으로 교부된 위 망인의 자필유언증서의 사본을 보았다는 사정만으로는 자기의 유류분을 침해하는 유증이 있었음을 알았다고 단정하기 어렵고 2004. 6. 30. 유언의 검인을 받으면서 자필유언증서의 원본을 확인한 시점에서야 비로소 그러한 유증이 있었음을 알았다고 봄이 상당하고, 따라서 그때로부터 1년이 경과되기 전인 2005. 5. 20. 피고1이 유류분반환청구권을 행사한다는 뜻의 의사표시를 하였으므로 피고1의 유류분반환청구권은 시효로 소멸되었다고 할 수 없다고 보고, 같은 결론을 내린 원심판결 부분을 유지한 사례이다.

한편, ③ 판결은 원고(손해배상청구권자)는 1983. 3.경 이래 세대별 주민등록표에 자신이 세대주인 피고의 처로 등재되어 있었기 때문에 피고가 1991. 4.경 가출하여 딴 살림을 차릴 때까지 원·피고 간의 부부관계가 단순한 사실혼관계라는 사실조차 모르고 있다가, 1991. 5.경 비로소 혼인신고가 되어 있지 않은 사실을 안 후에도 피고와의 부부관계를 지속할 의사로 피고에게 같이 살 것을 요구하고 혼인신고를 위하여 서울지방법원 의정부지원 92드10557 사건으로서 피고를 상대로 사실상 혼인관계 존재확인의 소를 제기하였으나, 위 법원은 1993. 1. 13. 혼인신고의 이행을 위하여는 이미 파탄된 과거의 사실혼관계의 존재확인을 구할 수 없다는 이유로 원고 패소판결을 선고한 사안에서, 원·피고 사이의 사실혼관계 존속 여부에 대한 일련의 분쟁과정을 전체적으로 볼 때, 원고는 적어도 위 패소판결(제1심)이 선고되기 전에는 피고의 부당파기에 의하여 사실혼관계가 해소되었다는 사실 및 그로 인하여 원고에게 손해가 발생하였다는 사실을 구체적 현실적으로 인식하였다고 보기 어려움에도 불구하고, 피고의 1991. 4.경 부정행위에 의하여 사실혼관계가 파탄된 시점에 원고가 그 손해를 입었음을 알았다고 단정하고 단기소멸시효가 완성되었다고 판단한 원심판결에 소멸시효의 기산점에 관한 법리를 오해한 위법이 있다고 보고 원심판결을 파기한 사례이다.

마지막으로 ④ 판결은 甲의 소유인 건물에 화재가 발생한 후 건물 임차인인 乙 주식회사가 임대인인 甲을 상대로 손해배상을 구하는 소를 제기하였는데, 원심이 위 건물의 다른 임차인이 甲을 상대로 임대차계약상 수선의무 불이행을 원인으로 한 손해배상을 구한 관련 사건에서 위 화재에 관하여 甲의 손해배상책임을 인정하는 내용의 제1심판결이 선고될 무렵에 乙 회사가 화재의 원인 및 공작물 설치·보존상의 하자에 기한 손해배상책임의 요건사실에 관하여 구체적으로 인식하게 되었다고 보아 乙 회사의 손해배상청구권이 시효로 소멸하였다고 한 사안에서, 甲은 관련사건의 항소심 및 상고심에서 화재가 공작물의 하자로 발생한 것이 아니라는 주장을 계속하면서 화재의 원인, 발화지점, 임대인인 甲의 수선의무 불이행 여부, 면책가능성 등을 주된 쟁점으로 다투었던 점, 甲과 보험계약을 체결한 丙 보험회사가 乙 회사의 대표이사 등에 대하여 구상금 청구의 소를 제기하였고, 그 소송이 진행되던 중에 관련사건의 제1심판결이 선고되었으나, 甲의 항소 및 상고로 관련사건 결과를 기다리기 위하여 상당기간 추정되다가 관련사건 상고심 판결이 선고된 이후에야 丙 회사의 패소 판결이 선고된 점 등을 종합하면, 화재의 원인이나 발화지점, 책임의 주체 등 위법행위 여부를 판단하기 위해서는 전문적인 지식이 필요하고, 乙 회사의 대표이사에 대하여 구상금 청구에 관한 소가 진행 중이었던 사정, 위 구상금 청구 소송의 진행경과 등에 비추어, 乙 회사의 입장에서 관련사건 제1심판결 선고 무렵에 화재의 원인 및 공작물 설치·보존상의 하자에 기한 손해배상책임의 요건사실에 관하여 현실적·구체적으로 인식하였다고 단정할 수 없고, 관련사건 상고심판결이 선고되어 확정된 때에 비로소 화재로 인한 위법한 손해의 발생, 위법한 가해행위의 존재, 가해행위와 손해의 발생 사이에 상당인과관계가 있다는 사실 등 불법행위의 요건사실을 현실적·구체적으로 인식하였다고 볼 여지가 있는데도, 이와 달리 본 원심판단에 법리오해의 잘못이 있다고 보고 원심판결을 파기한 사례이다.

3) 유류분반환청구에 관한 ①, ② 판결을 살펴보면, 유류분반환청구사건의 개별적·구체적인 사정에 따라서 단기소멸시효의 기산점이 결정되어야 한다는 점을 알 수 있을 뿐이고, 이에 관하여 실질적인 기준이 제시되지 않았다고 볼 여지가 있다(즉, 이 사건 항소심 판결 선고 시점까지 유류분반환청구에 관한 이 사건 제1쟁점에 관하여 적확하게 부합하는 대법원 판례가 없다고 볼 수 있다).

그래서 항소심 재판부는 이 사건 사실관계를 토대로 하여 일본 최고재판소 판결(最二小判昭和57·11·12民集36卷11·21495;2193頁)과 이에 대한 평석(山崎敏彦, "遺留分減殺請求權の消滅時效の起算點", 別冊ジュリスト99家族法判例百選 [第四版] 240－242 등) 및 이와 유사한 구조인 불법행위 단기소멸시효에 관한 ③, ④ 판결과 이에 대한 평석들[4] 등 관련 문헌들을 검토하게 되었고, 위 판시내용과 같은 입장을 정리하게 되었다.

4) 예컨대, 박정현, "관련 사건이 있을 경우 불법행위채권 단기소멸시효 기산점의 해석기준에 관한 연구", 사법논집(72), 사법발전재단(2021), 337－398; 홍승면, "불법행위 단기소멸시효의 기산점 — 관련사건의 확정시 —", 판례공보스터디 민사판례해설, 서울고등법원 판례공보스터디(2020), 216 등.

이 사건의 경우 원고들이 이 사건 자필증서의 존재를 알게 된 시점인 2019. 4. 30. 또는 유언검인절차에서 그 원본을 확인한 시점인 2020. 6. 12.을 단기소멸시효의 기산점으로 보는 경우 소멸시효가 완성되었다고 보아야 하는 반면에, 관련 소송사건의 확정시점인 2021. 11. 25.을 기준으로 하는 경우 원고들의 유류분반환청구권의 소멸시효가 완성되지 않은 상태에서 2021. 12. 7. 이 사건 소가 제기된 것으로 보아야 한다.[5)]

그런데 이 사건에서 ② 판결의 판시내용(2004. 6. 30. 유언의 검인을 받으면서 자필유언증서의 원본을 확인한 시점에서야 비로소 그러한 유증이 있었음을 알았다고 봄이 상당하다는 판시내용)을 형식적으로 수용하게 되면, 단기소멸시효가 완성되었다고 보아야 한다는 피고의 주장이 인용되는 결과가 되지만, ② 판결은 해당 사건의 구체적, 개별적 사정을 토대로 하여 유류분반환청구권의 단기소멸시효가 완성되었다는 당사자의 주장을 배척해야 한다는 취지의 원심판결을 그대로 유지한 것인 점, ③ 판결의 경우, 해당 사건의 구체적, 개별적 사정을 토대로 하여 손해배상청구권의 단기소멸시효가 완성되었다는 당사자의 주장을 배척해야 한다는 취지로서, 소멸시효 완성을 인정한 원심판결을 파기한 것인 점, 나아가 이 사건의 구체적, 개별적 사정 등을 ④ 판결의 법리에 비추어 볼 때, 위 ②, ③ 판결을 이 사건에 원용하는 것은 적절하지 않으므로, 위 판시내용과 같이 소멸시효가 완성되지 않았다는 결론에 이르게 된다.

5. 동일 쟁점에 대한 대법원 판결

가. 그 후 대법원 2023. 6. 15. 선고 2023다203894 판결은 동일 쟁점에 관하여 다음과 같은 이유를 설시하면서 이 사건 항소심 판결과 같은 취지로 판시하였다.

『1) 공동상속인이 아닌 제3자에 대한 증여가 상속개시 1년 전에 한 것이라도 당사자 쌍방이 증여 당시에 유류분권리자에 손해를 가할 것을 알고 증여한 경우에는 그에 대한 유류분반환청구가 허용된다(민법 제1114조 참조). 증여 당시 법정상속분의 2분의 1을 유류분으로 갖는 배우자나 직계비속이 공동상속인으로서 유류분권리자가 되리라고 예상할 수 있는 경우에, 제3자에 대한 증여가 유류분권리자에게 손해를 가할 것을 알고 행해진 것이라고 보기 위해서는, 당사자 쌍방이 증여 당시 증여재산의 가액이 증여하고 남은 재산의 가액을 초과한다는 점을 알았던 사정뿐만 아니라, 장래 상속개시일에 이르기까지 피상속인의 재산이 증가하지 않으리라는 점까지 예견하고 증여를 행한 사정이 인정되어야 한다(대법원 2012. 5. 24. 선고 2010다50809 판결, 대법원 2022. 8. 11. 선고 2020다247428 판결 등 참조). 유류분반환청구권은 유류분권리자가 상속의 개시와 반환하여야 할 증여 또는 유증을 한 사실을 안 때로부터 1년 내에

5) 관련 소송사건의 제1심판결 선고시점인 2021. 4. 8.을 기준으로 하는 경우에도 시효완성이 되지 않는다.

하지 아니하면 시효에 의하여 소멸한다(민법 제1117조). 이러한 유류분반환청구권 단기소멸시효의 기산점으로서 '반환하여야 할 증여 또는 유증을 한 사실을 안 때'는 증여 또는 유증이 있었다는 사실 및 그것이 반환하여야 할 것임을 안 때라고 해석하여야 한다(대법원 2001. 9. 14. 선고 2000다66430, 66447 판결, 대법원 2016. 5. 26. 선고 2014다90140 판결 등 참조).

2) 위 법리를 종합할 때, 유류분권리자가 피상속인으로부터 그 소유 부동산의 등기를 이전받은 제3자를 상대로 등기의 무효 사유를 주장하며 소유권이전등기의 말소를 구하는 소를 제기하고 관련 증거를 제출하였으나, 오히려 증여된 것으로 인정되어 무효 주장이 배척된 판결이 선고되어 확정된 경우라면, 특별한 사정이 없는 한 그러한 판결이 확정된 때에 비로소 증여가 있었다는 사실 및 그것이 반환하여야 할 것임을 알았다고 보아야 한다(불법행위채권 단기소멸시효 기산점에 관하여, 손해배상책임을 인정하는 내용의 관련사건 제1심판결 선고 무렵이 아니라 그 판결이 확정된 때 비로소 피해자가 불법행위의 요건사실을 현실적·구체적으로 인식하였다고 볼 여지가 있다고 판단한 대법원 2019. 12. 13. 선고 2019다259371 판결 참조).

나. 원심은 판시와 같은 이유로 피고의 유류분반환청구권 소멸시효 항변을 배척하였다. 원심판결 이유를 앞서 본 법리와 기록에 비추어 살펴보면, 원심의 이유 설시에 적절하지 않은 부분이 있지만 원심의 판단에 상고이유 주장과 같이 유류분반환청구권 소멸시효에 관한 법리오해나 판례위반 등으로 판결에 영향을 미친 잘못이 없다.』

6. 마무리

실무에서 접하게 되는 법적 쟁점에 관하여 적확하게 부합하는 대법원 판례가 없는 경우, 관련된 판례들의 개별적인 사안과 담당 사건의 사실관계 등을 구체적으로 비교하면서 관련 판례들의 사정범위 등을 검토하게 된다. 다만, 이 사건의 경우 항소심 판결 선고일로부터 약 1달 후에 같은 취지의 대법원 판결이 선고됨으로써 해당 쟁점에 대한 법리 해석 문제가 일단락되었다.

현 단계에서는 위 대법원 판결을 비롯한 관련 판례들을 기준으로 개별 사건의 사실관계를 검토한 다음 당사자의 소멸시효 완성 항변을 인정하거나[6] 배척하는 등[7] 해당 사안별로

---

6) 제1심법원이 해당 사건의 사실관계를 토대로 할 때 원고의 유류분반환청구권은 1년의 소멸시효가 완성되어 소멸하였다고 판단한 다음, 원고가 항소심에서 피고의 소멸시효 완성 주장이 신의성실의 원칙에 반하여 권리남용에 해당한다고 주장하였으나, 항소심 법원에서 해당 사건의 사실관계를 토대로 하는 경우 권리남용에 관한 대법원 2002. 10. 25. 선고 2002다32332 판결의 법리에 비추어 보더라도 원고의 위와 같은 권리남용 재항변을 받아들 수 없다는 이유로 원고의 항소를 기각한 사례로는 서울고등법원 2024. 10. 31. 선고 2023나2047092 판결(확정) 참조.

7) 원고들이 2021. 1. 22. 해당 사건 소를 제기한 다음 2022. 7. 8.이 되어서야 유류분의 반환을 청구하는

적절한 결론을 도출할 수 있을 것인데, 이 사건 항소심 판결은 유사한 쟁점들이 포함된 사건에서 다소간의 참고자료가 될 수 있다고 생각한다.

내용의 명시적인 청구취지 변경신청을 한 사안에서, 피고가 원고들의 유류분반환청구권이 1년의 소멸시효가 완성되었다고 주장하였으나, 항소심 법원은 다음과 같은 이유로 피고의 소멸시효 완성 항변을 배척하였다[서울고등법원 2023. 8. 24. 선고 2023나2002174 판결, 원고들이 다른 사유로 상고하였으나 대법원 2023. 12. 7.자 2023다280679 판결(심리불속행)로 상고가 기각되어 확정됨].

『2) 관련 법리

유류분반환청구권의 행사는 재판상 또는 재판외에서 상대방에 대한 의사표시의 방법으로 할 수 있고, 이 경우 그 의사표시는 침해를 받은 유증 또는 증여행위를 지정하여 이에 대한 반환청구의 의사를 표시하면 그것으로 족하며, 그로 인하여 생긴 목적물의 이전등기청구권이나 인도청구권 등을 행사하는 것과는 달리 그 목적물을 구체적으로 특정하여야 하는 것은 아니다.

구체적으로 유류분반환청구 의사가 표시되었는지 여부는 법률행위 해석에 관한 일반원칙에 따라 그 의사표시의 내용과 아울러 의사표시가 이루어진 동기 및 경위, 당사자가 의사표시에 의하여 달성하려고 하는 목적과 진정한 의사 및 그에 대한 상대방의 주장·태도 등을 종합적으로 고찰하여 사회정의와 형평의 이념에 맞도록 논리와 경험의 법칙, 그리고 사회일반의 상식에 따라 합리적으로 판단하여야 한다. 상속인이 유증 또는 증여행위가 무효임을 주장하여 상속 내지는 법정상속분에 기초한 반환을 주장하는 경우에는 그와 양립할 수 없는 유류분반환청구권을 행사한 것으로 볼 수 없을 것이나, 상속인이 유증 또는 증여행위의 효력을 명확히 다투지 아니하고 수유자 또는 수증자에 대하여 재산의 분배나 반환을 청구하는 경우에는 유류분반환의 방법에 의할 수밖에 없을 것이므로 비록 유류분의 반환을 명시적으로 주장하지 않는다고 하더라도 그 청구 속에는 유류분반환청구권을 행사하는 의사표시가 포함되어 있다고 해석함이 상당한 경우가 많을 것이다(대법원 2012. 5. 24. 선고 2010다50809 판결 참조).

3) 판단

다음의 사정들에 비추어 볼 때 원고들은 망인이 사망한 2020. 6. 9.로부터 1년이 지나지 않은 이 사건 소제기 이전부터 피고에게 유류분반환청구의 의사를 표시했다고 봄이 타당하다. 따라서 원고들의 유류분반환청구권이 1년의 단기소멸시효가 완성되었다는 피고의 의 주장은 이유 없다.

가) 유류분반환청구권의 행사는 재판외에서 상대방에 대한 의사표시의 방법으로 할 수 있고, 유류분의 반환을 명시적으로 주장하지 않는다고 하더라도 그 청구 속에 유류분반환청구권을 행사하는 의사표시가 포함되어 있다고 해석함이 상당한 경우가 많다.

나) 원고들은 2021. 1. 22. 제1심법원에 이 사건 소장을 제출하였는데, 소장에는 이 사건 유언공정증서가 무효임을 전제로 이 사건 아파트에 관하여 피고 앞으로 마쳐진 소유권이전등기의 말소를 구하는 청구 등이 주위적 청구로 기재되어 있을 뿐만 아니라 주위적 청구와 양립할 수 없는 것을 전제로 한 예비적 청구가 함께 기재되어 있다.

다) 원고들이 제출한 소장에는 '유류분'이라는 문구가 기재되어 있지 않지만, 피고가 이 사건 소장에 대응하여 2021. 3. 9.자로 제출한 답변서에는 '원고들은 그간 이러한 사정을 누구보다 잘 알고 있으면서, 피고 부부에게 그동안 부모님을 모신 것에 대해 말로만 수고한다, 고생한다 하다가 급기야 돈에 눈이 멀어 변호사를 선임하여 유류분 청구 소송까지 제기하였습니다'라는 내용이 기재되어 있다. 피고가 이 사건 소장에 기재된 문언만으로 원고들이 유류분의 반환을 청구한다는 사실을 쉽게 알기 어려웠을 것임에도 불구하고, 피고가 이에 대응하는 답변서에 위와 같은 내용을 기재한 점 등에 비추어 보면, 원고들이 이 사건 소제기 이전부터 재판외에서 피고를 상대로 유류분반환청구의 의사표시를 하였다고 봄이 타당하다.

따라서 피고는 원고들이 이 사건 소제기를 통하여 유류분 반환을 청구한다는 점을 충분히 인식하였다고 볼 수 있다.

라) 앞서 본 바와 같이 원고들은 이 사건 소를 제기하면서 이 사건 유언공정증서가 무효임을 전제로 이 사건 아파트에 관하여 피고 앞으로 마쳐진 소유권이전등기의 말소를 주위적으로 구하였을 뿐만 아니라 이와 양립할 수 없는 (이 사건 유언공정증서가 유효임을 전제로 하는) 금전 지급 청구를 예비적으로 하였다.』

2

유류분반환청구권의 상대방 선정과 특별수익 가액의 산정 등에 관한 헌법적·법률적 쟁점

서울고등법원 2023. 9. 21. 선고 2023나2026019 판결(확정)
- 서울고등법원 2023. 9. 21.자 2023카기20073 결정
- 의정부지방법원 2023. 6. 1. 선고 2021가단139937 판결

1. 사안의 개요

가. 피상속인 : X(1924년생, 2021. 8. 22. 사망, 이하 '망인')

나. 망인의 가족관계 등

1) 망인과 배우자 Y(2017년 사망) 사이의 5남매(① 딸 원고 A1, A2, ② 아들 B, C, D)

2) 피고 BA와 소외 BB는 망인 장남인 B의 아들들(망인의 손자들)

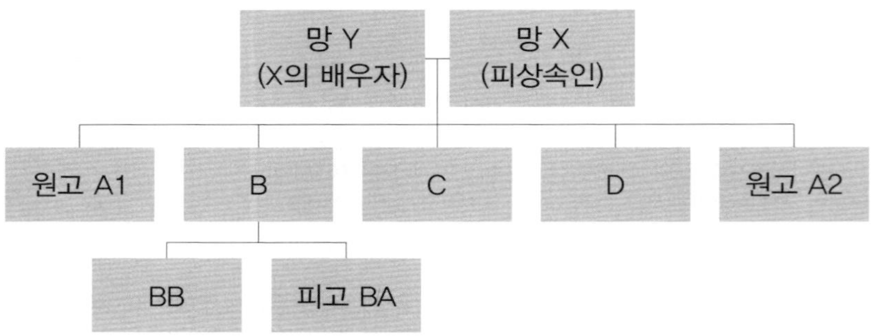

다. 망인의 생전 증여 등

1) 망인은 1987. 1. 12. 삼남인 D와 피고(BA) 및 소외 BB에게 이 사건 제1, 2, 3토지의 각 1/3지분을 증여

2) 망인은 2018. 12. 20. 소외 T에게 이 사건 건물을 160,000,000원에 매도, 2019. 1. 25. 그 매도대금 중 60,273,863원(이하 '이 사건 금원')을 피고(BA) 명의 계좌로 송금

3) 망인은 2020. 12. 18. 피고(BA)에게 아래 표와 같은 이 사건 제4, 5 토지를 증여(이하, 이 사건 제1 내지 제5토지를 포괄하여 '이 사건 각 토지')

순번	부동산	시 가(원)	
		2021. 8. 22. 기준	2022. 12. 14. 기준
1	이 사건 제1 토지	649,976,000	684,488,000
2	이 사건 제2 토지	40,788,000	42,768,000
3	이 사건 제3 토지	886,411,000	928,421,000
4	이 사건 제4 토지	253,407,000	265,474,000
5	이 사건 제5 토지	25,410,000	26,620,000
합 계		1,855,992,000	1,947,771,000

2. 이 사건 쟁점 및 당사자의 주장요지 등

가. 원고들의 주장요지

이 사건 각 토지 및 이 사건 금원의 증여로 원고들의 유류분이 침해되었으므로, 피고는 원고들에게 유류분 부족액 각 101,207,589원을 반환할 의무가 있다.

나. 이 사건 각 쟁점 및 제1심 판단

1) 이 사건 제1, 2, 3 토지에 관한 제1쟁점

가) 피고의 주장요지

이 사건 제1, 2, 3 토지의 각 1/3 지분에 관한 망인의 피고에 대한 증여는 1987년 이루어졌으므로 상속개시 전의 1년간에 증여가 행해진 경우에 해당하지 않고, 따라서 민법 제1114조에 따라 유류분 산정의 기초가 되는 증여재산의 범위에서 제외되어야 한다.

나) 제1심 판단(↔ 항소심 판단과 상이)

(1) 다음과 같은 사정들에 비추어 보면, 망인과 피고는 이 사건 제1, 2, 3 토지에 관한 증여계약 당시 유류분권리자가 될 원고들에게 손해를 가할 것을 인식하였다고 봄이 타당하다.

㈎ 이 사건 제1, 2, 3 토지의 증여시점인 1987. 1. 12. 당시 이 사건 제4, 5 토지나 이 사건 건물은 망인 소유의 재산이 아니었는바(해당 재산들은 망인의 배우자인 Y가 사망한 2017. 11. 5. 망인이 상속을 원인으로 취득한 재산이다), 사실상 이 사건 제1, 2, 3 토지가 망인이 가진 재산의 전부였던 것으로 보인다.

㈏ 망인은 딸들은 배제하고 삼남인 D, 손자인 피고(BA)와 BB(장남 B의 아들들)에게만 이 사건 제1, 2, 3 토지를 증여하였다.

(다) 피고는 1986. 2. 27. 생으로 위 증여 당시 생후 10개월인 미성년자였고, 피고의 가해 인식 여부는 피고의 법정대리인의 인식을 기준으로 판단하여야 할 것인데, 피고의 부친인 B는 망인의 장남으로서 망인의 재산상태와 내역을 잘 알고 있었을 것으로 보인다.

(2) 나아가 쌍방의 가해의 인식은 피고에 대한 증여와 동시에 이루어진 BB에 대한 1/3 지분의 증여에 있어서도 마찬가지로 인정되고, D에 대한 1/3 지분의 증여는 공동상속인에 대한 증여로서 가해 인식 여부와 관계없이 유류분 산정의 기초재산에 산입되므로, 이 사건 제1, 2, 3 토지 전체가 유류분 산정의 기초가 되는 증여재산에 포함되어야 한다.

2) 이 사건 제4, 5토지에 관한 제2쟁점

가) 피고의 주장요지

피고가 망인을 특별히 부양하였고, 망인의 피고에 대한 이 사건 제4, 5 토지의 증여에는 특별한 부양에 대한 대가의 의미가 포함되어 있으므로, 특별수익에서 제외되어야 한다.

나) 제1심 판단(= 항소심 판단)

(1) 피상속인으로부터 생전 증여를 받은 상속인이 피상속인을 특별히 부양하였거나 피상속인의 재산의 유지 또는 증가에 특별히 기여하였고, 피상속인의 생전 증여에 상속인의 위와 같은 특별한 부양 내지 기여에 대한 대가의 의미가 포함되어 있는 경우와 같이 상속인이 증여받은 재산을 상속분의 선급으로 취급한다면 오히려 공동상속인들 사이의 실질적인 형평을 해치는 결과가 초래되는 경우에는 그러한 한도 내에서 생전 증여를 특별수익에서 제외할 수 있다. 여기서 피상속인이 한 생전 증여에 상속인의 특별한 부양 내지 기여에 대한 대가의 의미가 포함되어 있는지 여부는 당사자들의 의사에 따라 판단하되, 당사자들의 의사가 명확하지 않은 경우에는 피상속인과 상속인 사이의 개인적 유대관계, 상속인의 특별한 부양 내지 기여의 구체적 내용과 정도, 생전 증여 목적물의 종류 및 가액과 상속재산에서 차지하는 비율, 생전 증여 당시의 피상속인과 상속인의 자산, 수입, 생활수준 등을 종합적으로 고려하여 형평의 이념에 맞도록 사회일반의 상식과 사회통념에 따라 판단하여야 한다. 다만 유류분제도가 피상속인의 재산처분행위로부터 유족의 생존권을 보호하고 법정상속분의 일정비율에 해당하는 부분을 유류분으로 산정하여 상속인의 상속재산 형성에 대한 기여와 상속재산에 대한 기대를 보장하는 데 그 목적이 있는 점(헌법재판소 2010. 4. 29. 선고 2007헌바144 전원재판부 결정 참조)을 고려할 때, 피상속인의 생전 증여를 만연히 특별수익에서 제외하여 유류분제도를 형해화시키지 않도록 신중하게 판단하여야 한다(대법원 2022. 3. 17. 선고 2021다230083, 230090 판결 등 참조).

(2) 망인의 손자인 피고가 망인과 함께 살면서 망인을 돌본 사실은 인정되나, 다음 사정

들에 비추어 보면, 이 사건 제4, 5 토지의 증여는 특별수익에 해당한다고 봄이 타당하다.

㈎ 피고는 이미 망인으로부터 이 사건 제1, 2, 3 토지의 각 1/3 지분을 증여받았고, 그 가액은 상속개시 당시를 기준으로 525,725,000원(= 1,577,175,000원×1/3 지분)에 이른다. 그 외에도 피고는 망인으로부터 유학자금 등으로 상당한 경제적 지원을 받은 것으로 보인다. 이러한 상황에서 이 사건 제4, 5 토지의 증여마저 특별수익에서 제외할 경우 오히려 공동상속인들 사이의 실질적인 형평을 해치는 결과가 초래된다.

㈏ 피고가 망인 재산의 유지 또는 증가에 특별히 기여하였다고 보기는 어렵다.

㈐ 망인의 피고에 대한 증여의 규모 등을 고려할 때, 피고의 망인에 대한 부양과 이 사건 제4, 5토지의 증여 사이에 '대가관계'가 존재한다고 보기 어렵다.

⑶ 나아가 망인의 피고에 대한 이 사건 제4, 5 토지에 관한 증여는 상속개시 전 1년 동안에 이루어졌으므로, 이 사건 제4, 5 토지는 유류분 산정의 기초재산에 포함된다.

3) 이 사건 금원 60,273,863원에 관한 제3쟁점

가) 원고들의 주장요지

이 사건 금원 60,273,863원도 피고의 수증재산으로서 유류분 산정의 기초재산에 포함되어야 한다.

나) 제1심 판단(= 항소심 판단)

피고는 이 사건 금원을 망인이 QQ은행에 대하여 부담하던 채무 35,273,863원의 변제, 이 사건 건물에 관한 양도소득세 7,865,580원의 납부와 망인의 부양료 지출에 사용하였다.

따라서 이 사건 금원은 피고의 수증재산에 해당한다고 보기 어려우므로, 유류분 산정의 기초재산에서 제외한다.

다. 항소심 재판부의 판단

항소심 재판부는 제1심판결 중 제2, 3쟁점에 관한 부분은 유지하고, 제1쟁점에 관하여는 아래와 같은 요지의 판단을 하였다(이하, 제1심판단과 상이한 제1쟁점에 한정하여 검토한다).

1) 제1쟁점에 관한 원고들의 주장 정리

망인이 손자인 피고에게 이 사건 각 토지 및 이 사건 금원을 증여함에 따라 원고들의 유류분이 침해되었으므로, 피고는 원고들에게 유류분 부족액 각 101,207,589원을 반환할 의무가 있다(원고들의 이 사건 주장 자체가 피고가 위와 같은 망인의 증여에 따른 특별수익을 한 당사자이므로 피고가 이에 관한 유류분반환의무를 부담함을 전제로 하고 있다).

2) 제1쟁점에 대한 판단

가) 공동상속인이 아닌 제3자에 대한 증여는 원칙적으로 상속개시 전의 1년간에 행한 것에 한하여 유류분반환청구를 할 수 있고, 다만 당사자 쌍방이 증여 당시에 유류분권리자에 손해를 가할 것을 알고 증여를 한 때에는 상속개시 1년 전에 한 것에 대하여도 유류분반환청구가 허용된다. 증여 당시 법정상속분의 2분의 1을 유류분으로 갖는 직계비속들이 공동상속인으로서 유류분권리자가 되리라고 예상할 수 있는 경우에, 제3자에 대한 증여가 유류분권리자에게 손해를 가할 것을 알고 행해진 것이라고 보기 위해서는, 당사자 쌍방이 증여 당시 증여재산의 가액이 증여하고 남은 재산의 가액을 초과한다는 점을 알았던 사정뿐만 아니라, 장래 상속개시일에 이르기까지 피상속인의 재산이 증가하지 않으리라는 점까지 예견하고 증여를 행한 사정이 인정되어야 하고, 이러한 당사자 쌍방의 가해의 인식은 증여 당시를 기준으로 판단하여야 한다(대법원 2022. 8. 11. 선고 2020다247428 판결, 대법원 2012. 5. 24. 선고 2010다50809 판결 등 참조).

나) 다음과 같은 사정들, 망인의 연령, 소득관계 등에 비추어 보면, 망인과 피고가 이 사건 제1, 2, 3토지에 관한 증여 당시인 1987. 1. 12.에 망인이 장래 상속개시일에 이르기까지 자신의 재산이 증가하지 않을 것임을 예견하면서 유류분권리자가 될 원고들에게 손해를 가할 것을 알고서 위 증여를 하였다고 인정하기는 어렵다.

(1) 망인이 이 사건 제1, 2, 3토지 중 각 1/3 지분을 피고에게 증여한 시점은 1987. 1. 12. 경인데, 망인은 그로부터 34년 가량 지난 2021. 8. 22. 사망하였다.

(2) 위 각 지분의 증여 당시 망인이 향후 경제활동을 할 수 없는 건강상 또는 일신상의 문제를 가지고 있었다는 사정은 보이지 아니한다.

(3) 실제로 망인은 증여 시점인 1987년경부터 2020년경까지 꾸준히 경제활동을 해왔다.

(4) 위 각 지분의 증여 당시 망인의 처 Y는 이 사건 제4, 5토지를 소유하고 있었는데, 망인은 이를 실질적인 부부공동재산으로 인식하였을 것으로 판단되고, 실제로 Y가 2017. 11. 15. 사망하자 망인이 이 사건 제4, 5토지를 상속받았다.

(5) Y는 2004년 이 사건 건물을 양수하였는데, 그 후 2017년 Y의 사망으로 망인이 이 사건 건물을 상속받은 다음 2018년 이를 T에게 160,000,000원에 매도하였다.

다) 따라서 피고가 증여받은 위 각 지분은 유류분 산정의 기초가 되는 증여재산에 포함시키지 아니한다[마찬가지 이유로 또 다른 손자인 BB가 증여받은 지분 역시 포함시키지 아니하고, 망인의 아들인 D가 증여받은 지분만을 포함시키기로 하되(대법원 1995. 6. 30. 선고 93다11715 판결 등

참조), D의 증여지분은 2017년도에 257,790,000원에 매각되었으므로, 그 가액은 위 257,790,000원을 상속개시 당시의 화폐가치로 환산한 267,394,101원(= 257,790,000원×2021년도 GDP 디플레이터 수치 108.137÷2017년도 GDP 디플레이터 수치 104.253)이 된다(대법원 2023. 5. 18. 선고 2019다222867 판결 참조)].

3. 검토

가. 제1쟁점 중 특별수익의 범위에 관하여

1) 제1순위 법정상속인의 특별수익 산정에는 민법 제1114조가 적용되는지 여부

가) 민법 관련 규정

『제1008조(특별수익자의 상속분) 공동상속인 중에 피상속인으로부터 재산의 증여 또는 유증을 받은 자가 있는 경우에 그 수증재산이 자기의 상속분에 달하지 못한 때에는 그 부족한 부분의 한도에서 상속분이 있다.

제1113조(유류분의 산정) ① 유류분은 피상속인의 상속개시시에 있어서 가진 재산의 가액에 증여재산의 가액을 가산하고 채무의 전액을 공제하여 이를 산정한다.

제1114조(산입될 증여) 증여는 상속개시전의 1년간에 행한 것에 한하여 제1113조의 규정에 의하여 그 가액을 산정한다. 당사자 쌍방이 유류분권리자에 손해를 가할 것을 알고 증여를 한 때에는 1년전에 한 것도 같다.

제1115조(유류분의 보전) ① 유류분권리자가 피상속인의 제1114조에 규정된 증여 및 유증으로 인하여 그 유류분에 부족이 생긴 때에는 부족한 한도에서 그 재산의 반환을 청구할 수 있다.

② 제1항의 경우에 증여 및 유증을 받은 자가 수인인 때에는 각자가 얻은 유증가액의 비례로 반환하여야 한다.

제1118조(준용규정) 제1001조, 제1008조, 제1010조의 규정은 유류분에 이를 준용한다.』

나) 관련 대법원 판례에 대한 검토 등

대법원은 공동상속인 중에 피상속인으로부터 재산의 생전 증여로 민법 제1008조의 특별수익을 받은 사람이 있으면 민법 제1114조가 적용되지 않으므로, 그 증여가 상속개시 1년 이전의 것인지 여부 또는 당사자 쌍방이 유류분권리자에 손해를 가할 것을 알고서 하였는지 여부와 관계없이 증여를 받은 재산이 유류분 산정을 위한 기초재산에 포함된다는 입장을 취하고 있다(위 대법원 93다11715 판결, 대법원 1996. 2. 9. 선고 95다17885 판결, 대법원 2021. 8. 19. 선고 2017다230338 판결 등 참조).

이러한 대법원 판례를 토대로 하면, 피상속인이 제1순위 법정상속인(추정상속인)의 지위에 있는 사람에게 상속분의 선급에 해당하는 생전 증여를 한 경우, 그 증여시기와 관계없이 모두 특별수익으로 보아야 한다.[1)2)]

우리 대법원 판례는 구 일본 민법[평성 30년(2018년) 7월 13일 법률 제72호로 개정되기 전의 것, 이하 같다] 제903조, 제1028조, 제1029조, 제1030조, 제1044조[3)]의 해석에 관하여 "공동상속인중 한 사람이 피상속인으로부터 혼인·양자입양으로 또는 생계의 자본으로 받은 증여는 상속분의 선급으로 볼 수 있기 때문에 그것이 언제 이루어졌는지, 또 가해의 인식이 있었는지 여부를 불문하고 산입된다."라는 입장을 취하고 있던 과거 일본 판례 및 실무와 같은 맥락이다.[4)]

---

1) 우리나라 통설도 같은 입장을 취하고 있다. 윤진수 편집대표, 「주해 상속법 Ⅱ」, 박영사(2019), 955-956(최준규 집필부분) 참조.

2) 위와 같은 우리나라의 통설 및 판례의 입장에 대하여, 우리 민법의 해석상 제1순위 법정상속인에 대한 생전 증여에 대해서도 민법 제1114조는 제1008조에 대한 특별규정으로 보아야 하므로, 공동상속인에 대한 상속개시 전 1년 전의 증여의 경우에도 손해를 가할 것을 안 때에만 유류분산정의 기초재산에 포함된다고 해석해야 하고, 다만 유류분 부족액을 산정하는 경우에는 민법 제1118조에 의하여 민법 제1008조가 준용되므로, 공제되어야 할 당해 유류분권리자의 수증액은 증여의 시기와 관계없이 고려되어야 한다는 취지로 비판하는 학설(이하 '유력설'이라 한다)이 있는데, 이에 관하여는 윤진수, 「친족상속법 강의(제4판)」, 박영사(2022), 608-609; 윤진수, "유류분반환청구에서 공동상속인에 대한 증여의 시기와 증여 가액의 산정 시점", 비교사법 29권 4호(2022), 265-268 등 참조.

3) 구 일본 민법 제903조(특별수익자의 상속분) ① 공동상속인 중 피상속인부터 유증을 받거나 또는 혼인, 양자입양을 위하여 또는 생계의 자본으로서 증여를 받은 자가 있는 때에는 피상속인이 상속개시시에 가지고 있은 재산의 가액에 그 증여의 가액을 더한 것을 상속재산으로 보고 전 3조의 규정에 따라 산정한 상속분 중에서 그 유증 또는 증여의 가액을 공제하여 그 잔액으로써 그 자의 상속분으로 한다.
② 유증 또는 증여의 가액이 상속분의 가액과 같거나 또는 이를 초과할 때에는 수유자 또는 수증자는 그 상속분을 받을 수 없다.
③ 피상속인이 전 2항의 규정과 다른 의사를 표시한 때에는 그 의사표시는 유류분에 관한 규정에 반하지 아니하는 범위 내에서 그 효력이 있다.
제1028조(유류분의 귀속 및 그 비율) 형제자매 이외의 상속인은 유류분으로서 다음의 각 호에 열거된 구분에 따라 각각 당해 각 호에 정하는 비율에 상당하는 금액을 받는다.
1. 직계존속만이 상속인인 경우 피상속인 재산의 3분의 1
2. 전호의 경우 이외의 경우 피상속인 재산의 2분의 1
제1029조(유류분의 산정) ① 유류분은 피상속인이 상속개시시에 가지고 있던 재산의 가액에 그 증여한 재산의 가액을 더하고 그 중에서 채무의 전액을 공제하여 이를 산정한다.
제1030조 증여는 상속개시 전의 1년 간에 한 것에 한하여 전조의 규정에 따라 그 가액을 산입한다. 당사자 쌍방이 유류분권리자에게 손해를 가하는 것을 알고 증여를 한 때에는 1년 전에 한 것도 같다.
제1044조(대습상속 및 상속분의 규정의 준용) 제887조 제2항 및 제3항(자 및 그 대습자 등의 상속), 제900조(법정상속분), 제901조(대습상속인의 상속분), 제903조 및 제904조(특별수익자의 상속분)의 규정은 유류분에 이를 준용한다(구 일본 민법 제1044조에는 준용대상 조문만 열거되어 있는데, 이해의 편의를 위하여 해당 조문의 제목을 괄호 안에 추가하여 기재하였다)

4) 과거 일본 판례 및 실무에 관하여는 新版 注釈民法(28), 相続(3), 有斐閣(2002), 466 참조. 한편, 평성

그런데 우리 민법 해석에 관한 판례나 구 일본 민법과 같은 입장을 취하는 경우 공동상속인의 특별수익 범위가 매우 광범위하게 될 수밖에 없기 때문에, 유류분반환청구 사건 등에서 망인이 증여한 재산의 특별수익 해당 여부나 유류분산정의 기초재산 산입 여부에 관하여 다양한 문제가 발생할 수 있다. 예컨대, 우리 대법원 판례의 입장을 토대로 하는 경우, 아주 오래 전에 증여받은 목적물이라 하더라도 유류분반환의무자는 원칙적으로 이를 반환해야 하는데, 이에 따라 공동상속인인 수증자의 신뢰보호가 문제될 수 있다.[5)6)]

다) 헌법재판소 판례에 대한 검토 등

헌법재판소는 유류분 관련 민법규정에 관하여 여러 차례 합헌판단을 하였다가 2024. 4. 25. 선고 2020헌가4 등 결정을 통하여 관련 민법 규정 중 일부에 대하여 위헌결정 및 헌법불합치 결정을 하였다.[7)]

30년(2018년) 7. 13. 법률 제72호로 개정된 일본 민법[2019. 7. 1. 시행(일부 제외)] 제1044조 제3항에는 수증자가 상속인인 경우에도 '상속개시 전 10년간 이루어진 특별수익에 상당한 재산의 가액'만이 유류분 산정의 기초재산에 포함된다는 내용이 규정되었으므로, 개정된 일본 민법이 적용되는 경우 공동상속인에게 특별수익이 발생한 시점이 상속개시일로부터 소급하여 10년을 초과하는 사안에서는 해당 특별수익이 유류분 산정의 기초재산에 포함되지 않는다.

독일 민법 제2325조 제3항은 "증여는 상속개시 전 1년 내에는 전부를 참작하고, 상속개시 전 그 이전의 각 연도는 각 10분의 1씩 감축하여 참작한다. 증여된 목적물을 급부한 때부터 10년이 경과한 때에는, 증여는 참작하지 않는다. 증여가 배우자에게 행해진 경우, 그 기간은 혼인이 해소되기 전에는 진행하지 않는다."라고 규정하고 있는데, 위와 같이 개정된 일본 민법은 독일 민법 제2325조 제3항 제2문과 유사한 취지이다. 일본에서는 민법 개정 이전에도 '장기간' 경과한 증여의 경우, 재산이 증가하지 않을 것이라는 예견이 있을 수 없다고 해석하는 견해가 통설, 판례의 입장이었으므로[일본 대심원 판례 중에는, 증여시부터 상속개시시까지의 기간이 장기간에 이르는 경우에는, 가해의 인식이 없어, 그 증여는 감쇄되는 것이 아니라고 판단한 판례들이 있었다{日大判 소화 11년(1936년) 6. 17. 民集 15, 1246은 '19년'을, 日大判 소화 12년(1937년) 12월 21일 법학 7, 536은 '십여 년'을 위와 같은 '장기간'으로 판단하는 반면에, '수년'의 경우에는 단기간으로 파악하고 있었다(日大判 소화 19년(1944년) 7. 31. 民集 23, 422 등 참조}, 해석론으로서 독일 민법과 유사한 입장을 취하고 있었다고 볼 수도 있다. 독일과 일본의 유류분 제도의 전반적인 내용에 관하여는 사법정책연구원, 「각국의 상속재산분할, 기여분, 유류분제도」, (2022), 115－167, 219－356 등 참조.

5) 윤진수 편집대표, 「주해 상속법 Ⅱ」(2019), 956 참조.

6) 이러한 신뢰보호 문제와 관련하여, 구 일본 민법에 대한 일본 최고재판소 판례는 증여가 상속개시 시점으로부터 상당한 기간 이전에 이루어진 것으로서, 그 후 시간의 경과에 따른 사회경제사정이나 상속인 등 관계자들의 개인적 사정변화를 고려할 때 유류분반환청구를 인정하는 것이 수증자인 상속인에게 가혹한 특단의 사정이 있는 경우 해당 증여는 유류분반환대상이 되지 않는다고 판시하고 있었다. 日最判 평성 10년(1998년) 3. 24. 民集 52－2, 433 참조.

7) 위 헌법재판소 결정의 주문은 다음과 같다.

『1. 2020헌가4 사건의 위헌법률심판제청을 각하한다.

2. 민법(1977. 12. 31. 법률 제3051호로 개정된 것) 제1112조 제4호는 헌법에 위반된다.

3. 민법(1977. 12. 31. 법률 제3051호로 개정된 것) 제1112조 제1호부터 제3호 및 제1118조는 모두 헌법에 합치되지 아니한다. 위 조항들은 2025. 12. 31.을 시한으로 입법자가 개정할 때까지 계속 적용된다.

4. 민법(1977. 12. 31. 법률 제3051호로 개정된 것) 제1113조, 제1114조, 제1115조, 제1116조는 모두 헌법에 위반되지 아니한다.』

그런데 헌법재판소의 종전 판례 중 "민법 제1113조 제1항 중 증여재산의 가액을 가산하는 부분 및 제1118조 중 제1008조를 유류분에 준용하는 부분은 헌법에 위반되지 아니한다." 라고 판단한 헌법재판소 2010. 4. 29. 선고 2007헌바144 결정을 보면, 그 당시 민법 제1114조의 적용과 관련된 부분에서 아래와 같은 견해 대립이 있었음을 알 수 있다.[8)9)]

(1) 위헌법률심판제청신청인의 주장요지

피상속인(증여자) 및 수증자의 사유재산권과 행복추구권이 보장되어야 하고, 사적자치의 원칙이 준수되어야 한다. 그런데 피상속인이 제1순위 법정상속인에게 상속분의 선급에 해당하는 생전 증여를 한 사안에서, 그 증여시기와 관계없이 모두 특별수익으로 보아야 한다는 통설 및 판례의 입장을 취하는 경우, 수증자의 사유재산권 등에 대한 심각한 침해가 발생한다.

(2) 다수의견의 요지(합헌의견)

피상속인의 재산처분의 자유·유언의 자유를 보장하면서도 피상속인의 재산처분행위로부터 유족들의 생존권을 보호하고, 상속재산형성에 대한 기여, 상속재산에 대한 기대를 보장하려는 유류분제도의 입법취지에 비추어 볼 때, 유류분권리자의 보호와 공동상속인들 상호간의 공평을 입법목적으로 하여 통설 및 대법원 판례의 입장과 같은 취지로 규정한 관련 민법규정의 정당성과 합리성이 인정된다.

---

8) 헌법재판소 2024. 4. 25. 선고 2020헌가4 등 결정을 살펴보면, ① 다수의견은 종전 판례의 입장과 같이 민법 제1114조에 대하여 합헌판단을 한 반면에, ② 재판관 4인의 소수의견은 "유류분제도에 관한 외국의 입법례를 살펴보아도, 유류분 산정 기초재산에 산입되는 증여재산의 범위를 제한하고 있는 국가들을 다수 볼 수 있다. 예컨대 독일은 공동상속인에 대한 증여와 제3자에 대한 증여를 구별하지 않고 상속개시 전 10년 내의 증여까지만 유류분 산정 기초재산에 산입하며, 10년 내의 증여라도 그 가액을 전부 산입하는 것이 아니라 매년 10%씩 감액 평가한 금액으로 산입하고 있다(독일민법 제2325조 참조). 스위스는 상속개시 전 5년 이내의 증여만 유류분 산정 기초재산에 산입하고(스위스민법 제527조 참조), 오스트리아는 상속개시 전 2년 내의 증여로서 증여 당시 이미 유류분권리자가 존재하고 있었던 경우에만 산입을 허용한다(오스트리아일반민법 제782조 참조). 일본의 경우도 2018년에 민법을 개정하여 공동상속인에 대한 증여는 상속 개시 전 10년간에 행한 것에 한정하여 유류분 산정 기초재산에 산입하도록 규정하고 있다(일본 민법 제1044조 제3항 참조). 이와 같은 사정을 종합하면, 민법 제1114조 후문에 따라서 공동상속인 외의 제3자가 해의를 가지고 피상속인으로부터 증여를 받은 경우와 민법 제1118조 중 제1008조를 준용하는 부분에 따라서 공동상속인이 피상속인으로부터 특별수익으로서 증여를 받은 경우에는 그 시기의 제한이 없이 해당 증여를 모두 유류분 산정 기초재산에 산입하여 유류분반환의 대상이 되도록 하는 것은 재산권에 대한 과도한 제한일 뿐 아니라 지나치게 불합리하므로 기본권제한의 입법한계를 일탈하여 수증자의 재산권을 침해한다."라는 입장을 밝혔음을 알 수 있다.

9) 이 사건 판결 선고 이후에 헌법재판소 2024. 4. 25. 선고 2020헌가4 등 결정이 선고되었지만, 아래 검토는 사법적 유권해석에 관한 법리적 검토 부분으로서 (위 2020헌가4 등 결정의 선고와 관계없이) 여전히 의미가 있다고 본다.

⑶ 소수의견의 요지(위헌의견)

피상속인의 재산처분권이 상속인의 상속권보다 우선한다고 전제한 다음, '대법원 판례의 위헌성'이라는 소제목에 따른 설시부분에서 '대법원 판례가 관련 민법규정을 (유력설과 같이 해석하지 않고) 통설과 같이 피상속인의 상속인에 대한 증여나 유증은 민법 제1114조에 불구하고 그 시기나 해의(害意) 유무를 불문하고 모두 민법 제1113조에 따라 유류분을 산정하는 기준재산의 범위에 포함되고 민법 제1115조에 의하여 유류분 반환청구의 대상으로 된다고 해석하는 것'은 피상속인의 재산처분권과 수증자의 재산권을 제한할 필요성이 없거나 필요한 한도를 넘어서 과도하게 침해하는 것으로서 헌법 제23조 제1항 전문과 제37조 제2항에 위반된다고 보아야 한다.[10)]

라) 소결론

이 사건에서 망인이 삼남인 D에게 1987년 증여한 이 사건 제1, 2, 3 토지의 각 1/3 지분이 유류분산정의 기초재산에 포함된다는 점에 대해서는 제1심과 항소심의 판단이 일치하였는데, 이러한 판단은 제1순위 법정상속인의 특별수익에 대해서는 민법 제1114조가 적용되지 않는다는 대법원 판례 및 통설의 입장을 토대로 한 것이다.

한편, 망인의 손자인 피고 BA는 이 사건 항소심에서 관련 민법규정에 관하여 위헌법률심판제청신청을 하였는데, 항소심 재판부는 ① 재판의 전제성이 인정되지 않는 부분에 관한 신청을 각하하고, ② 적법요건이 충족되는 나머지 신청부분에 관하여는 위 헌법재판소 2007헌바144 결정의 다수의견과 유사한 취지로 피고의 해당 신청 부분을 기각하였다(서울고등법원 2023. 9. 21.자 2023카기20073 결정).[11)]

---

10) 다만, 관련 민법규정의 해석과 관련하여 통설과 유력설의 견해 대립이 충분히 발생할 수 있고, 이론적인 측면에서 양자 모두의 논거에 상당한 근거가 있다고 인정하더라도, 위헌법률심판제도는 본질적으로 행정작용·사법작용에 대한 통제제도가 될 수 없기 때문에, 관련 민법규정의 위헌여부를 심사하는 헌법재판소법 제68조 제2항의 헌법소원심판절차에서 (국회의 입법 작용인 법률의 위헌성이 아니라) 사법작용인 대법원 판례의 위헌성을 정면으로 검토한 소수의견의 접근방식은 법리적으로 상당한 문제가 있는데, 이 논점에 관한 상세한 내용은 김시철, "위헌법률심판절차에서 사법작용의 당부를 심사할 수 있는지(상)", 사법 21호, 사법발전재단(2012), 166−221 등 참조.

11) 항소심 재판부의 위 2023카기20073 결정의 경우, ① 유류분 제도의 입법 목적에 관하여는 위 헌법재판소 2007헌바144 결정 및 헌법재판소 2013. 12. 26. 선고 2012헌바467 결정 등을, ② 생전 증여의 특별수익 해당 여부에 관하여 공동상속인 사이의 형평 등을 고려하여 상속분의 선급에 해당하는지를 검토해야 한다는 점에 관하여는 대법원 2022. 2. 10. 선고 2020다250783 판결 등을, ③ 피상속인의 생전 증여에 특별한 부양 내지 기여에 대한 대가의 의미가 포함되어 있는 경우와 같이 상속인이 증여받은 재산을 상속분의 선급으로 취급한다면 오히려 공동상속인들 사이의 실질적인 형평을 해치는 결과가 초래되는 경우에는 그러한 한도 내에서 생전 증여를 특별수익에서 제외할 수 있다는 점에 관하여는 대법원 2011. 12. 8. 선고 2010다66644 판결(공동상속인이 배우자의 사안에 관한 판결)과 위 대법원 2021다230083, 230090 판결(공동상속인이 직계비속 등인 사안에 관한 판결) 등을 각 참조하였다.

2) 유류분반환청구권의 상대방 선정에 따른 특별수익 범위의 차이

가) 특별수익의 귀속주체에 관한 원칙(개별 수증자 내지 개별 상속인을 기준으로)

특별수익의 귀속주체에 관한 민사법 일반이론에 의하면, 해당 법률관계는 개별 수증자 내지 상속인을 기준으로 법률관계를 검토해야 한다.[12]

나) 상대방이 제1순위 법정상속인인 경우(망인의 아들인 B 등이 상대방인 경우)

(1) 유류분권리자가 제1순위 법정상속인을 상대로 유류분반환청구권을 행사한 사안에서 그 특별수익의 귀속주체인 제1순위 법정상속인의 특별수익을 산정하는 경우에 관하여, 대법원 판례는 민사법 일반이론에서 출발하면서도 법 해석을 통하여 이에 관한 예외를 인정하고 있다.[13]

(2) 즉, 상속분의 산정에서 증여 또는 유증을 참작하게 되는 것은 원칙적으로 상속인이 유증 또는 증여를 받은 경우에만 발생하고, 그 상속인의 직계비속, 배우자, 직계존속이 유증 또는 증여를 받은 경우에는 그 상속인이 반환의무를 지지 않는다고 할 것이나, 증여 또는 유증의 경위, 증여나 유증된 물건의 가치, 성질, 수증자와 관계된 상속인이 실제 받은 이익 등을 고려하여 실질적으로 피상속인으로부터 상속인에게 직접 증여된 것과 다르지 않다고 인정되는 경우에는 상속인의 직계비속, 배우자, 직계존속 등에게 이루어진 증여나 유증도 상속인의 특별수익으로 고려할 수 있다는 것이 대법원 판례의 입장이다(대법원 2007. 8. 28.자 2006스3, 4 결정 참조).[14]

다) 상대방이 제1순위 법정상속인이 아닌 경우(망인의 손자인 BA 등이 상대방인 경우)

(1) 유의할 점은 위 나)항 기재 위 대법원 2006스3, 4 결정의 예외적 법리는 (제1순위 법정상속인을 상대로 유류분반환청구권이 행사된 사안에 한정하여 적용되는 것이고) 제1순위 법정상속인이 아닌 사람을 상대로 제기한 유류분반환청구에는 적용되지 않는다는 것이다.

---

12) 이 쟁점에 관한 상세한 내용은 서울고등법원 2023. 7. 25.자 2022브2136, 2137 결정 및 이에 대한 해설(Ⅱ. [6] 1. 상속재산분할사건의 특별수익 산정과 세무조사 및 과세처분의 상관관계 등에 관하여) 참조.

13) 이론적으로 살펴보면, 위와 같은 예외적 법리는 특별수익의 귀속주체가 '추정상속인'인 모든 사안에서 적용되는 것이지만, 실무적으로 '제1순위 법정상속인'이 '추정상속인'으로서 유류분반환청구의 상대방이 되는 경우가 일반적이므로, 여기서는 위와 같은 일반적인 사안을 기준으로 설명한다. 피상속인이 사망하기 전에 대습원인이 발생하는 등 특별수익의 귀속주체와 유류분반환청구의 상대방이 달라지는 특별한 사정이 있는 사안에 대하여는 서울고등법원 2024. 3. 28. 선고 2023나2030285 판결 및 이에 대한 해설(Ⅱ. [3] 3. 유류분반환청구사건의 특별수익 산정과 대습상속의 법리 등에 관한 쟁점) 참조.

14) 실무에서는 상속인의 배우자, 직계비속이 피상속인으로부터 증여를 받은 경우 이를 상속인의 특별수익으로 보아 구체적 상속분을 산정함에 참작하는 사례가 오히려 다수라고 할 수 있다. 법원실무제요 가사(Ⅱ), 사법연수원(2021), 1610 참조.

⑵ 이 사건과 같이 유류분반환청구권자인 원고 A1, A2가 처음부터 망인의 (제1순위 법정상속인 장남 B가 아니라) 손자인 BA(피고) 등이 특별수익자라는 이유로 BA에게 유류분반환청구권을 행사한 사안에서는 위 나)항과 같은 예외적 법리가 적용되지 않으므로, 민법 제1114조에 따라서 ① 원칙적으로 상속개시시점으르부터 1년 이내의 증여만이 BA의 특별수익에 포함되고, ② 망인과 BA의 해의(害意)가 인정되는 경우에 한정하여 상속개시시점으로부터 1년을 초과하는 시점에 이루어진 증여도 BA의 특별수익에 포함될 수 있다는 취지이다. 즉, 위 대법원 2006스3, 4 결정은 망인의 ㉮ 제1순위 법정상속인에 대한 생전 증여와 ㉯ 제1순위 법정상속인의 직계비속 등에 대한 생전 증여를 완전히 동일하게 취급한다는 취지가 아니다.

이 사건 사실관계를 토대로 할 때,

㉮ 만일 망인의 아들 B를 상대방으로 하는 유류분반환청구사건에서 B의 특별수익을 산정하는 경우에는, 설령 BA 및 BB에 대한 생전 증여가 상속개시일 1년 이전에 이루어졌다고 하더라도 위 대법원 2006스3, 4 결정의 요건이 구비되는 범위 내에서는 BA 및 BB에 대한 망인의 증여 가액이 B의 특별수익액에 가산될 여지가 있는 반면에,

㉯ 망인의 손자 BA를 상대방으로 하는 이 사건 유류분반환청구사건에서 BA 또는 BB의 특별수익을 산정하는 경우에는 BA의 특별수익과 BB의 특별수익을 각각 별도로 산정해야 하고, 상속개시일 1년 이전에 이루어진 망인의 B 또는 BB에 대한 생전 증여 가액이 BA의 특별수익액에 가산될 수 없다는 취지이다.

⑶ 대습상속에 관한 판례와의 비교검토

아래와 같은 대습상속에 관한 판례의 취지에 비추어 보면, 대법원이 위 ⑴⑵항과 같은 입장을 취하고 있음을 다시 한 번 확인할 수 있다.

㈎ 대법원 2014. 5. 29. 선고 2012다31802 판결의 요지

『[1] 민법 제1008조는 공동상속인 중에 피상속인으로부터 재산의 증여 또는 유증을 받은 특별수익자가 있는 경우 공동상속인들 사이의 공평을 기하기 위하여 수증재산을 상속분의 선급으로 다루어 구체적인 상속분을 산정함에 있어 이를 참작하도록 하려는 데 취지가 있는 것인바, 대습상속인이 대습원인의 발생 이전에 피상속인으로부터 증여를 받은 경우 이는 상속인의 지위에서 받은 것이 아니므로 상속분의 선급으로 볼 수 없다. 그렇지 않고 이를 상속분의 선급으로 보게 되면, 피대습인이 사망하기 전에 피상속인이 먼저 사망하여 상속이 이루어진 경우에는 특별수익에 해당하지 아니하던 것이 피대습인이 피상속인보다 먼저 사망하였다는 우연한 사정으로 인하여 특별수익으로 되는 불합리한 결과가 발생한다.

따라서 대습상속인의 위와 같은 수익은 특별수익에 해당하지 않는다. 이는 유류분제도가 상속인들의 상속분을 일정 부분 보장한다는 명분 아래 피상속인의 자유의사에 기한 자기 재산의 처분을 그의 의사에 반하여 제한하는 것인 만큼 인정 범위를 가능한 한 필요최소한으로 그치는 것이 피상속인의 의사를 존중한다는 의미에서 바람직하다는 관점에서 보아도 더욱 그러하다.

[2] 피상속인 甲이 2009. 8. 12. 사망하기 이전에 甲의 자녀들 중 乙 등이 먼저 사망하였는데, 甲이 乙 사망 전인 1991. 6. 12. 乙의 자녀인 丙에게 임야를 증여한 사안에서, 丙이 甲으로부터 임야를 증여받은 것은 상속인의 지위에서 받은 것이 아니므로 (민법 제1114조의 요건이 충족되지 않는 이상) 상속분의 선급으로 볼 수 없어 특별수익에 해당하지 아니하여 유류분 산정을 위한 기초재산에 포함되지 않는다고 보아야 함에도, 위 임야가 丙의 특별수익에 해당하므로 유류분 산정을 위한 기초재산에 포함된다고 본 원심판단에 법리오해의 위법이 있다고 한 사례.』

(나) 대법원 2015. 7. 17.자 2014스206, 207 결정의 요지

『민법 제1008조는 공동상속인 중 피상속인에게서 재산의 증여 또는 유증을 받은 특별수익자가 있는 경우 공동상속인들 사이의 공평을 기하기 위하여 수증재산을 상속분의 선급으로 다루어 구체적인 상속분을 산정할 때 이를 참작하도록 하려는 데 취지가 있는 것이므로 (대법원 1995. 3. 10. 선고 94다16571 판결 등 참조), 상속결격사유가 발생한 이후에 결격된 자가 피상속인에게서 직접 증여를 받은 경우, 그 수익은 상속인의 지위에서 받은 것이 아니어서 원칙적으로 상속분의 선급으로 볼 수 없다. 따라서 결격된 자의 수익은 특별한 사정이 없는 한 특별수익에 해당하지 않는다.』

(다) 대법원 2022. 3. 17. 선고 2020다267620 판결의 요지

『[1] 민법 제1008조는 공동상속인 중에 피상속인으로부터 재산의 증여 또는 유증을 받은 특별수익자가 있는 경우에 공동상속인들 사이의 공평을 기하기 위하여 그 수증재산을 상속분의 선급으로 다루어 구체적인 상속분을 산정할 때 이를 참작하도록 하려는 데 그 취지가 있다(대법원 1996. 2. 9. 선고 95다17885 판결 등 참조). 피대습인이 생전에 피상속인으로부터 특별수익을 받은 경우 대습상속이 개시되었다고 하여 피대습인의 특별수익을 고려하지 않고 대습상속인의 구체적인 상속분을 산정한다면 대습상속인은 피대습인이 취득할 수 있었던 것 이상의 이익을 취득하게 된다. 이는 공동상속인들 사이의 공평을 해칠 뿐만 아니라 대습상속의 취지에도 반한다. 따라서 피대습인이 대습원인의 발생 이전에 피상속인으로부터 생전 증여로 특별수익을 받은 경우 그 생전 증여는 대습상속인의 특별수익으로 봄이 타당하다.

[2] 유류분에 관한 민법 제1118조는 민법 제1008조를 준용하고 있으므로, 공동상속인 중에 피상속인으로부터 재산의 생전 증여로 민법 제1008조의 특별수익을 받은 사람이 있으면 민법 제1114조가 적용되지 않고, 그 증여가 상속개시 1년 이전의 것인지 여부 또는 당사자 쌍방이 유류분권리자에 손해를 가할 것을 알고서 하였는지 여부와 관계없이 증여를 받은 재산이 유류분 산정을 위한 기초재산에 산입된다(대법원 1996. 2. 9. 선고 95다17885 판결 등 참조).

그러나 피상속인으로부터 특별수익인 생전 증여를 받은 공동상속인이 상속을 포기한 경우에는 민법 제1114조가 적용되므로, 그 증여가 상속개시 전 1년간에 행한 것이거나 당사자 쌍방이 유류분권리자에 손해를 가할 것을 알고 한 경우에만 유류분 산정을 위한 기초재산에 산입된다고 보아야 한다. 민법 제1008조에 따라 구체적인 상속분을 산정하는 것은 상속인이 피상속인으로부터 실제로 특별수익을 받은 경우에 한정되는데(대법원 2012. 4. 16.자 2011스191, 192 결정 참조), 상속의 포기는 상속이 개시된 때에 소급하여 그 효력이 있고(민법 제1042조), 상속포기자는 처음부터 상속인이 아니었던 것이 되므로(대법원 2011. 6. 9. 선고 2011다29307 판결 등 참조), 상속포기자에게는 민법 제1008조가 적용될 여지가 없기 때문이다.

위와 같은 법리는 피대습인이 대습원인의 발생 이전에 피상속인으로부터 생전 증여로 특별수익을 받은 이후 대습상속인이 피상속인에 대한 대습상속을 포기한 경우에도 그대로 적용된다.』

⑷ 민법 제1114조의 해의(害意)의 요건 인정과 관련하여

㈎ 위 대법원 2010다50809 판결의 사정범위 등

① 증여 당시를 기준으로 하여 증여자와 수증자 쌍방에게 위와 같은 해의(害意)가 있었다고 볼 수 있는지에 관한 대법원의 구체적인 판단기준은 위 대법원 2010다50809 판결에서 처음 설시되었고, 그 후 후속 판례들에 의하여 확립된 것으로 볼 수 있다. 다만, 위 대법원 2010다50809 판결은 하급심에서 위와 같은 해의(害意) 요건에 관한 유류분권리자의 주장에 대하여 아무런 판단을 하지 않았다는 이유로 원심판결을 파기 환송한 사안이므로, 실무적으로 이 부분을 심리하는 과정에서는 후속 판례들의 개별적인 사안과 해당 사건의 사실관계 등을 구체적으로 비교하는 등의 방법으로 판례의 사정범위 등을 추가적으로 검토해야 한다.

② 해의(害意)를 긍정한 사례

대법원 2023. 6. 15. 선고 2023다203894 판결은 피상속인이 제1순위 법정상속인이 아닌 조카에게 생전 증여를 할 당시에 해의(害意)가 있었다고 보아야 한다는 원심판결을 대법원에서 그대로 유지한 사례이다.

③ 해의(害意)를 부정한 사례

반면에, 이 사건 항소심판결에 인용된 위 대법원 2020다247428 판결은 피상속인이 제1순위 법정상속인이 아닌 내연관계에 있던 사람에게 생전 증여를 할 당시에 해의(害意)가 있었다고 보아야 한다는 원심판결이 위법하다는 이유로 대법원에서 파기 환송한 사례이다.

㈏ 이 사건 사실관계에 대한 검토 등

위 ㈎항과 같은 일련의 대법원 판례의 사정범위 등을 검토하는 과정에서는 해당 사실관계가 어느 쪽 사례에 근접하는지의 문제와 함께 관련된 다른 법리 및 판례 등과의 조화문제 등도 실질적으로 검토할 필요가 있다.

이 사건 제1심판결은 BA(피고) 및 BB의 특별수익을 산정하는 과정에서 민법 제1114조가 적용된다고 전제한 다음, 1987년에 이루어진 망인의 BA 등에 대한 증여가 상속개시일(2021. 8. 22.)로부터 약 34년 전에 이루어진 것이기는 하지만, 제1심 판시와 같은 사정들에 비추어 볼 때, 망인과 BA 등의 법정대리인인 B에게 유류분권리자인 A1, A2에 대한 해의(害意)가 있었다고 봄이 타당하다고 판단하였다.

반면에, 항소심 재판부는

① 유류분제도가 상속인들의 상속분을 일정 부분 보장한다는 명분 아래 피상속인의 자유의사에 기한 자기 재산의 처분을 그의 의사에 반하여 제한하는 것인 만큼 인정 범위를 가능한 한 필요최소한으로 그치는 것이 피상속인의 의사를 존중한다는 의미에서 바람직하다는 점(위 대법원 2012다31802 판결 참조),

② 유류분에 관한 민법 관련 규정이 위헌이라고 주장하는 입장에서는 피상속인(증여자) 및 수증자의 사유재산권 보장 및 사적자치의 원칙의 준수 등을 강조하고 있다는 점(위 헌재 2007헌바144 결정 참조),

③ 증여시점과 관계없이 공동상속인에 대한 특별수익을 폭넓게 인정하고 있던 구 일본민법에 대하여, 일본 대심원 판례는 '장기간' 경과한 증여의 경우, 재산이 증가하지 않을 것이라는 예견이 있을 수 없다고 해석하고 있었고, 일본 최고재판소 판례는 '증여가 상속개시시점으로부터 상당한 기간 이전에 이루어져 그 후 시간의 경과에 따른 사회경제사정이나 상속인 등 관계인들의 개인적 사정변화를 고려하여 유류분반환청구를 인정하는 것이 수증자인 상속인에게 가혹한 특단의 사정이 있는 경우 해당 증여는 유류분반환대상이 되지 않는다.'고 판시하였던 점 등 관련된 다른 법리 및 판례 등에 비추어 항소심 판결 판시 사정들[15)]을 살펴

15) 항소심 판결의 판시 사정들: ① 망인의 상속개시일로부터 약 34년 전인 1987년 BA 및 BB에 대한 증

보면,

④ 1987년 당시 망인과 BA 등의 법정대리인인 B에게 유류분권리자인 A1, A2에 대한 해의(害意)가 있었다고 단정하기는 어렵다는 취지로 판단하였다.

라) 유류분반환청구의 상대방에 따라 발생하는 실질적인 차이점 등

(1) 이 사건 사실관계를 토대로 할 때,

(가) 만일 유류분권리자인 원고 A1, A2가 망인의 제1순위 법정상속인 장남 B가 특별수익자라는 이유로 B를 상대방으로 한 유류분반환청구권을 행사하였다고 가정하는 경우, 위 대법원 2006스3, 4 결정의 요건이 충족되는 한도 내에서 망인이 B에게 직접 증여한 재산뿐만 아니라 손자인 BA 및 BB에게 증여한 재산들이 모두 그 증여시점과 관계없이 유류분반환청구의 기초재산에 포함될 가능성이 있다.

(나) 반면에, 유류분권리자인 망인의 손자인 BA 등을 상대로 유류분반환청구권을 행사한 이 사건 사안에서는 민법 제1114조가 적용되기 때문에, 상속개시시일로부터 1년을 초과하는 증여는 원칙적으로 특별수익에서 배제됨으로써 유류분반환청구의 기초재산이 상대적으로 축소된다는 점에서 법적으로 원고 A1, A2에게 불리한 상황이 발생할 수 있다.

(2) 이 사건에서 원고 A1, A2가 망인의 (장남 B가 아닌) 손자인 BA를 상대로 하여 유류분반환청구권을 행사한 이유는 분명하지 않았다. 왜냐하면,

(가) 이 사건 각 부동산 지분을 증여받은 사람이 망인의 (장남인 B가 아니라) 손자인 BA라는 점만을 근거로 하여 민법 제1114조의 기간 제한이나 위 대법원 2006스3, 4 결정의 법리 등을 충분히 검토하지 않고서 BA를 피고로 선택하였을 가능성이 있는 반면에,

(나) 원고 A1, A2의 입장에서 볼 때, B의 현재 자력이 충분하지 않아서 B를 상대로 한 승소판결을 받더라도 실제로 집행하기 어려운 사정이 있음을 고려하여 이 사건 각 부동산 지분을 현재 보유하고 있는 BA를 상대방으로 하였을 가능성도 있고,

(다) 원고 A1, A2의 입장에서 망인과 BA의 해의(害意)를 뒷받침할 수 있는 충분한 증거가 있다고 판단하였을 가능성도 존재하는 등 다양한 가능성이 있기 때문이다.

여가 이루어졌는데, ② 위 각 지분의 증여 당시 망인이 향후 경제활동을 할 수 없는 건강상 또는 일신상의 문제를 가지고 있었다는 사정은 보이지 않고, ③ 실제로 망인은 2020년경까지 꾸준히 경제활동을 해왔으며, ④ 위 각 지분의 증여 당시 망인의 처 Y는 이 사건 제4, 5토지를 소유하고 있었는데, 망인은 이를 실질적인 부부공동재산으로 인식하였을 것으로 판단되고, 실제로 Y가 2017. 11. 15. 사망하자 망인이 이 사건 제4, 5토지를 상속받았고, ⑤ Y는 2004년 이 사건 건물을 양수하였는데, 그 후 2017년 Y의 사망으로 망인이 이 사건 건물을 상속받은 다음 2018년 이를 160,000,000원에 매도하였다는 점 등.

(3) 그런데 유류분반환청구의 소는 (고유필수적 공동소송구조의 가사비송사건인 상속재산분할청구와 달리) 일반적인 민사소송사건이기 때문에, 원고가 스스로의 판단에 의하여 피고를 선택하는 것이 허용되고, 변론주의 및 처분권주의가 적용된다(대법원 2013. 3. 14. 선고 2010다42624, 42631 판결, 대법원 2014. 6. 26. 선고 2012다104090, 104106 판결 등 참조). 따라서 원고 A1, A2,가 (B가 아닌) BA만을 피고로 선택하여 유류분반환청구권을 행사한 이상, 법원에서는 그 청구 및 주장에 대응하여 판단하는 것이 타당하다.[16]

마) 소결론

이 사건에서 망인이 1987년 그 손자인 BA 및 BB에게 한 증여재산이 유류분산정의 기초재산에 포함되는지에 대하여 제1심과 항소심 재판부의 판단이 달랐는데, 민법 제1114조의 해의(害意)의 요건 인정에 관하여 항소심 재판부가 (제1심에 비하여) 상대적으로 더 엄격하고 신중한 접근방식을 취하였다는 점이 판단의 차이를 가져온 것이다.

제1심이 상대적으로 완화된 접근방식을 취한 이유는 분명하지 않지만, 앞서 본 바와 같이 위 대법원 2006스3, 4 결정은 망인의 ㉮ 제1순위 법정상속인에 대한 생전 증여와 ㉯ 제1순위 법정상속인의 직계비속 등에 대한 생전 증여를 완전히 동일하게 취급한다는 취지가 아니라는 점, 위 대법원 2012다31802 판결, 위 헌법재판소 2007헌바144 결정, 일본 최고재판소 판례 등의 취지 등에 비추어 민법 제1114조의 해의(害意) 요건에 관한 위 대법원 2010다50809 판결, 대법원 2023다203894 판결, 위 대법원 2020다247428 판결의 사정범위 등을 검토해 보면, 위와 같은 해의(害意)의 요건 인정에 관하여 상대적으로 엄격하고 신중한 접근방식을 취한 항소심 재판부의 입장이 타당하다고 생각한다.

나. 제1쟁점 중 생전 증여재산의 특별수익 가액의 산정에 관하여

1) 생전 증여재산이 상속개시 이전에 수용·처분된 경우 특별수익 가액의 산정에 관하여

가) 종래 학설의 대립

유류분반환청구사건에서 생전 증여된 목적물이 상속개시시점 이전에 수용되거나 처분되어 원물반환이 불가능하게 된 경우의 특별수익 가액의 산정에 관하여 종래 학설 대립이 있었는데, 대표적인 2가지 견해의 내용은 다음과 같다.[17]

(1) 종래 다수설은 ① 유류분액을 산정하여 유류분 침해의 유무를 판단하는 제1단계와 ② 원물반환이 불가능하여 그 가액을 산정하는 제2단계에서 모두 상속개시시점을 기준으로

16) 즉, B를 상대방으로 하여 예비적으로나마 유류분반환청구의 의사표시를 하지 않는 이상, B가 반환의 무자임을 전제로 하여 특별수익의 가액을 산정할 수는 없는데, 이와 같은 변론주의 및 처분권주의의 적용에 관하여는 윤진수 편집대표, 「주해 상속법 Ⅱ」(2019), 980−983 참조.

17) 윤진수 편집대표, 「주해 상속법 Ⅱ」(2019), 950−951 참조.

산정하여야 한다는 입장이었다.

⑵ 종래 소수설은 ① 제1단계에서는 상속개시시점이 기준이 되지만, ② 제2단계에서는 원물반환이 불가능하게 된 시점(즉 수용·처분 당시)을 기준으로 수증재산의 가액을 산정한 다음 상속개시 당시까지의 물가변동률을 반영하여 최종적인 특별수익에 관한 가액 산정을 해야 한다는 입장이었다.

나) 종래 소수설을 취한 대법원 2023. 5. 18. 선고 2019다222867 판결의 판시내용 등

위 대법원 2019다222867 판결은 '피상속인이 2014. 9. 12. 사망하였고, 자녀인 원고들과 피고가 피상속인을 공동상속하였는데, 피상속인이 1995. 5. 30. 그 소유의 이 사건 각 토지에 관하여 피고에게 1995. 5. 25.자 증여를 원인으로 한 소유권이전등기를 마쳐준 다음, 한국토지주택공사는 2009년 이 사건 각 토지를 수용하여 피고가 수용보상금 5,118,316,500원을 수령한 사안'에 관한 것이다.

위 사안에서 항소심 판결은 위 각 토지의 증여로 인하여 원고들의 유류분이 침해되었다고 인정하면서, 그 유류분 반환액 산정에 관하여 위 각 토지의 가액을 상속개시시를 기준으로 하여 7,233,034,000원으로 인정하였는데, 이는 종래 다수설의 입장을 취한 것이다.

반면에, 위 대법원 2019다222867 판결은 "민법 제1113조 제1항은 '유류분은 피상속인의 상속개시 시에 있어서 가진 재산의 가액에 증여재산의 가액을 가산하고 채무의 전액을 공제하여 이를 산정한다.'라고 정하고 있을 뿐 구체적인 가액산정 방법에 대하여는 규정을 두고 있지 않다. 따라서 증여재산의 가액산정 방법은 법원의 해석에 맡겨져 있다. (중략) 민법 문언의 해석과 유류분 제도의 입법 취지 등을 종합할 때 피상속인이 상속개시 전에 재산을 증여하여 그 재산이 유류분반환청구의 대상이 된 경우, 수증자가 증여받은 재산을 상속개시 전에 처분하였거나 증여재산이 수용되었다면 민법 제1113조 제1항에 따라 유류분을 산정함에 있어서 그 증여재산의 가액은 증여재산의 현실 가치인 처분 당시의 가액을 기준으로 상속개시까지 사이의 물가변동률을 반영하는 방법으로 산정하여야 한다."라고 판시하였다.

다) 위 대법원 2019다222867 판결에 대한 검토 등

위 사안과 같이 생전 증여대상 부동산이 '수용'된 경우에 관하여 구체적 판결이유를 설시한 종래 대법원의 명시적인 판례는 없었다.

다만, 대법원 2011. 4. 28. 선고 2010다29409 판결은 '피상속인으로부터 증여받은 부동산이 상속개시시점 이전에 (수용된 것이 아니라) 처분된 사안'에서 해당 부동산의 가액을 상속개시 당시를 기준으로 산정한 항소심의 판단을 인용한 다음, 그 항소심의 판단이 정당하다는

취지로 판시하였는데, 이는 수증 부동산의 '처분'과 관련하여 종래 다수설과 유사한 입장을 취한 것으로 볼 수 있다.

나아가, 비록 위 대법원 2019다222867 판결은 생전 증여 재산이 상속개시 전에 '수용'된 사안에 관한 것이기는 하지만, 그 판시내용은 생전 증여 재산이 '수용'된 경우뿐만 아니라 '처분'된 경우까지 명시적으로 언급하고 있기 때문에, 양자의 경우에 대하여 모두 (종래 다수설이 아닌) 종래 소수설의 입장을 취한다는 점을 분명히 한 것으로 볼 수 있다.[18)]

위 대법원 2019다222867 판결을 토대로 하는 경우, 유류분반환청구와 관련하여 수증자가 생전 증여받은 재산이 상속개시 전에 '수용'되거나 '처분'된 사안에서는 마치 망인이 그 수용·처분시점에 수증자에게 현금을 증여한 것과 유사한 법적 상황이 발생한 것으로 보고 제2단계 특별수익에 관한 가액 산정을 함이 타당하다.[19)]

2) 민법 제1113조 제1항에 대한 사법적 유권해석과 대법원 판결의 선례적 의미 등

가) 문제의 제기

아래에서 본 바와 같이 유류분반환청구권의 제2단계 가액 산정 쟁점에 관한 민법 제1113조 제1항의 해석에 대하여 위 헌법재판소 2007헌바144 결정 당시에도 의견의 대립이 있었는데, 위 쟁점에 관하여 위 대법원 2019다222867 판결(종래 소수설의 입장)은 위 헌법재판소 2007헌바144 결정의 다수의견(종래 다수설의 입장)의 판시내용과 상이함을 알 수 있다.

한편, 위 대법원 2019다222867 판결의 선고시점(2023. 5. 18.)으로부터 10여일 이후인 2023. 6. 1. 선고된 이 사건 제1심판결은 종래 다수설에 따라서 생전 증여재산에 관한 제2단계 가액을 산정하였지만, 항소심 재판부는 위 대법원 2019다222867 판결(종래 소수설)의 판단내용에 따라 생전 증여재산에 관한 제2단계 가액을 산정하였기 때문에, 결과적으로 원고들에게 불리한 상황이 발생하였다. 그럼에도 불구하고 이 사건 원고들은 항소심 재판부가 위 대법원 2019다222867 판결을 '선례'로 명시하여 해당 법리를 이 사건에 적용한 것에 대하여 아무런 이의를 제기하지 않고 이를 승복하였다. 나아가 (이 사건 원고들뿐만 아니라) 민법학자들도 위 대법원 2019다222867 판결을 통하여 위와 같은 제2단계 가액 산정에 관한 법리적 쟁점은 어느 정도 정리된 것으로 파악하고 있다.[20)]

---

18) 즉, 위 대법원 2010다29409 판결의 일부 판시내용은 대법원의 구체적인 판결이유를 명시한 위 대법원 2019다222867 판결에 의하여 사실상 변경된 것으로 평가할 여지가 있다.

19) 윤진수, "유류분반환청구에서 공동상속인에 대한 증여의 시기와 증여 가액의 산정 시점"(2022), 268－282; 윤진수, 2023. 8. 28.자 법률신문 15 등 참조.

20) 예컨대, 윤진수, 2023. 8. 28.자 법률신문 15; 박세민, "상속법상 특별수익의 의미", 이화여대 법학논집 28권 1호(2023. 9.), 496－497 참조.

그렇다면 민법 제1113조 제1항의 해석과 관련하여 2010년에 종래 다수설과 같은 취지의 판시내용을 구체적으로 기재하였던 위 헌법재판소 2007헌바144 결정의 다수의견은 법적으로 어떠한 의미와 성격을 가지는지, 나아가 만일 장래에 어떤 당사자가 위 헌법재판소 2007헌바144 결정이 '선례'에 해당한다고 하면서 종래 다수설에 따라 생전 증여재산에 관한 특별수익의 가액을 산정함으로써 자신에게 유리하게 판결하여 달라고 주장하는 사안이 발생하는 경우, 민법학자들의 견해나 항소심 재판부의 입장과 같이 위 대법원 2019다222867 판결을 '선례'로 거시하면서 그 주장을 배척하는 것이 법리적으로 타당한지 등에 대하여 검토할 필요가 있다.

나) 위 헌법재판소 2007헌바144 결정 당시의 의견 대립 등

(1) 민법 제1113조 제1항에 관한 위헌법률심판제청신청인의 주장요지

피상속인이 증여한 재산이 상속개시시에도 현물로 그대로 잔존하는 경우에는 위 규정이 별 문제가 없으나, 피상속인이 증여한 재산을 수증자가 처분한 경우 혹은 국가나 지방자치단체에서 증여재산을 수용한 경우에도 그 현물이 현존하는 것으로 보아 상속개시시의 가액으로 평가를 하여 유류분산정의 기초가 되는 재산으로 산정하는 것은 사유재산권과 행복추구권을 보장하고 있는 헌법에 위반하는 것이라 할 것이다. 특히 개발이 성행하는 우리나라에서 수용이 되어 버린 뒤 한참의 세월이 지나 증여자가 사망하면 그사이 증여재산의 가치가 폭등하여 수증자는 자신이 얻은 이익보다 곱십 배 이상을 반환해야 하고, 유류분권리자는 수증자보다 더 많은 수익을 얻게 되는바, 이는 공평의 원칙에 위배되는 것이다.

(2) 위 헌법재판소 2007헌바144 결정 다수의견의 판시내용

유류분권리자의 보호와 법적 안정성을 목적으로 하는 민법 제1113조 제1항에 따라 유류분산정의 기초재산에 가산되는 증여재산의 가액을 상속개시시를 기준으로 평가하는 것에는 정당성과 합리성이 인정되고, 증여받은 목적물이 처분되거나 수용된 경우 수증자는 그 처분이나 수용으로 인하여 얻은 금원 등의 이용기회를 누리는 점, 수증자가 증여받은 재산의 가액이 상속개시시에 이르러 처분 당시나 수용 시 보다 낮게 될 가능성도 배제할 수 없는 점 등에 비추어 보면, 유류분산정의 기초재산에 가산되는 증여재산의 평가시기를 증여재산이 피상속인 사망 전에 처분되거나 수용되었는지를 묻지 않고 모두 상속개시시로 하는 것이 현저히 자의적이어서 기본권제한의 한계를 벗어난 것이라고 할 수는 없다.[21)]

---

21) 이는 유류분반환청구권의 제2단계 가액 산정 쟁점에 관한 민법 제1113조 제1항을 종래 다수설과 같은 취지의 규정으로 파악하는 취지의 결정이유를 정리한 다음, '유류분산정의 기초재산에 가산되는 증여재산의 평가시기를 증여재산이 피상속인 사망 전에 처분되거나 수용되었는지를 묻지 않고 모두 상속개시시로 산정하도록 규정한 민법 제1113조 제1항이 헌법에 위반되지 않는다.'고 판단한 것으로 볼 수 있다.

다) 민법 제1113조 제1항 중 관련 쟁점에 관한 위 대법원 2019다222867 판결의 판시내용

민법 제1113조 제1항은 '유류분은 피상속인의 상속개시 시에 있어서 가진 재산의 가액에 증여재산의 가액을 가산하고 채무의 전액을 공제하여 이를 산정한다.'라고 정하고 있을 뿐 구체적인 가액산정 방법에 대하여는 규정을 두고 있지 않다. 따라서 증여재산의 가액산정 방법은 법원의 해석에 맡겨져 있다. (중략) 민법 문언의 해석과 유류분 제도의 입법 취지 등을 종합할 때 피상속인이 상속개시 전에 재산을 증여하여 그 재산이 유류분반환청구의 대상이 된 경우, 수증자가 증여받은 재산을 상속개시 전에 처분하였거나 증여재산이 수용되었다면 민법 제1113조 제1항에 따라 유류분을 산정함에 있어서 그 증여재산의 가액은 증여재산의 현실 가치인 처분 당시의 가액을 기준으로 상속개시까지 사이의 물가변동률을 반영하는 방법으로 산정하여야 한다.[22)]

라) 사법적 유권해석에 관한 일반론 등

(1) 사법적 유권해석의 대상: (심판대상이 아닌) 심사기준

일반적으로 '사법적 유권해석'은 3단 논법의 구조인 사법적 판단에서 대전제(大前提)가 되는 '재판규범(심사기준)의 내용을 확정하는 것'일 뿐이고[곽윤직·김재형, 「민법총칙(제9판)」, 박영사(2013), 47 참조], 소전제(小前提)인 '심판대상을 특정하는 것'은 사법적 유권해석에 포함되지 아니한다.[23)24)]

22) 이는 유류분반환청구권의 제2단계 가액 산정 쟁점에 관한 민법 제1113조 제1항의 경우 법원의 해석을 통하여 보충적인 법형성이 필요한 상태임을 명시한 다음 이에 관하여 종래 소수설과 같은 입장을 취한다는 판결이유를 정리하고(그 판결이유가 위 헌법재판소 2007헌바144 결정의 다수의견의 설시내용과 상이한 것은 분명하다), 위 사안의 사실관계에 대하여 종래 소수설과 같이 해석되는 민법 제1113조 제1항을 심사기준으로 적용하여야 한다는 취지이다.

23) 모든 규범에 관하여 ① 원칙적 유권해석권자(原則的 有權解釋權者)는 해당 규범의 제정권자(制定權者)이고, ② 사법적 유권해석(司法的 有權解釋)의 경우, 재판규범에 관한 해석권한이 공식적으로 인정된 사법기관의 재판과정에서 필요한 경우에 한하여 행하여지는 것으로서 [비록 ②의 접근방식은 학리해석(學理解釋)과 유사하지만] 학리해석과 달리 일정한 공권적 효력이 인정되는 것이다. 따라서 '사법적 유권해석'은 본질적으로 '해당 규범의 제정권자의 원칙적 유권해석을 보완하는 의미'를 가지는 것으로서 언제나 원칙적 유권해석보다 열위(劣位)에 놓이게 된다[김시철, "우리 위헌법률심판제도와 헌법재판소 결정의 효력", 저스티스 90호, 한국법학원(2006), 7−8, 35−72; Payne v. Tennessee 501 U.S. 808 (1991) 및 Planned Parenthood of Southeastern Pennsylvania v. Casey 505 U.S. 833 (1992) 등 참조].

24) 이에 관하여 양창수, 「제2판 민법주해(Ⅰ)」, 박영사(2022), 129(최병조 집필부분)에는 "판례는 주지하듯이 일차적으로 추상적인 법률규정의 의미를 구체적인 재판사안에 대하여 밝히는 해석기능을 수행함과 동시에 더 나아가서 법률의 흠결을 보충하는 법형성적 기능(Rechtsfortbildung)을 수행한다. 특히 후자와 관련하여 판례의 신의칙에 의거한 법형성이 주목된다. 이러한 실질적 기능에 주목하는 경우 판례의 법원성에 대한 판단은 긍정설은 말할 것도 없고, 부정설조차도 '사실상의 것'일지언정 그 '구속력'을 인정하는 입장이므로, 이 한도 내에서는 판례의 법원성 문제는 실익이 크지 않다고 할 수 있다."라고 기재되어 있다.

예컨대, 헌법의 경우 원칙적 유권해석은 헌법제정권자가 헌법규정 자체로(혹은 헌법상 '정의규정' 등으로) 그 내용을 확정하는 것이고, 재판기관의 경우 하위규범의 위헌여부 등을 심사하는 과정에서 심사기준인 헌법규정 자체만으로 그 내용을 확정하기 어렵게 되면 그 심사기준을 보완하기 위하여 헌법에 대하여 사법적 유권해석을 하게 되는 것이다. 헌법에 관하여 이미 이루어진 사법적 유권해석을 변경하기 의해서는 ㉮ 당해 사법기관 스스로가 사법적 유권해석(판례)을 변경하거나, ㉯ 원칙적 유권해석자인 헌법제정권자가 헌법을 개정해야 하고, 위헌법률심판절차의 심판대상에 불과한 입법자의 법률로는 이를 변경할 수 없다. 위 ㉯에 관한 대표적인 사례로는, 미국 연방대법원에서 흑인노예의 해방에 관련된 법률이 심사기준인 연방헌법에 위반된다는 사법적 유권해석을 한 다음[*Dred Scott v. Sandford*, 60 U.S. 393(1857)], 미국 헌법제정권자가 이러한 연방대법원의 판례를 번복하기 위하여 연방헌법을 개정한 사례(수정헌법 제13조 등), 우리 대법원에서 군인·군속이 국가배상법상 손해배상청구권을 행사하는 것을 제한한 법률에 대한 위헌판단을 한 다음(대법원 1971. 6. 22. 선고 70다1010 전원합의체 판결), 이를 번복하기 위하여 1972. 12. 27. '헌법개정'을 통하여 이러한 국가배상청구권의 제한을 허용하는 '헌법적 특별규정'을 명문으로 규정한 사례 등을 예시할 수 있다.[25)]

한편, 법률의 경우 원칙적 유권해석은 입법자인 국회가 법률규정 자체로(혹은 법률상 '정의규정' 등으로) 그 내용을 확정하는 것이고, 법원의 경우 소송절차에서 심사기준인 법률규정 자체만으로 그 내용을 확정하기 어렵게 되면 그 심사기준을 보완하기 위하여 법률에 대하여 사법적 유권해석을 하게 되는 것이다. 법률에 관하여 이미 이루어진 사법적 유권해석을 변경하기 위해서는 ㉮ 당해 사법기관 스스로가 사법적 유권해석(판례)을 변경하거나, ㉯ 원칙적 유권해석자인 국회가 법률을 개정해야 한다.[26)]

예컨대, 신탁재산의 권리관계에 변동이 있는 경우 형식적 소유권의 이전에 따라 과세를 해야 하는지, 아니면 실질적 소유권 이전에 따라 과세를 해야 하는지의 문제는 원칙적으로 입법적으로 정할 문제이다(입법재량권 범위 내의 문제). 구 소득세법(2020. 12. 29. 법률 제17757호로 개정되기 전의 것) 제2조의2 제6항[다만, 2020. 12. 29. 법률 제17757호로 개정을 통하여 구 소득세법 제2조의2 제6항은 삭제되고 소득세법 제2조의3 제1항, 제2항이 신설되어 이에 관한 규율을 하게 되었다]과 법인세법 제5조 제1항[1998. 12. 28. 법률 제5581호로 법인세법 전부개정으로 신설된 다음,

---

25) 이에 관하여는 김시철, "우리 위헌법률심판제도와 헌법재판소 결정의 효력"(2006), 7-8 참조.

26) 아래 내용은 한원교, "신탁과 관련된 조세법의 몇 가지 쟁점 - 부가가치세 및 취득세 납세의무자를 중심으로 -", 2017년도 법관연수 어드밴스(Advance) 과정 연구논문집, 전문 분야 소송의 주요쟁점(조세/상사소송), 사법연수원 (2018), 7-15; 최용환·최완, "개정 부가가치세법상 '위탁자 명의 공급'의 의미에 대하여 - 대법원 2021. 3. 25. 선고 2020두56650 판결/서울고등법원 2020. 11. 20. 선고 2019누61870 판결", 월간조세(2022. 2.), 102-107의 내용을 발췌·요약·정리한 다음, 필자의 설명과 의견을 덧붙인 것이다.

세부적인 규정내용은 여러 차례 개정되었다]은 실질적인 소유권 이전을 과세대상으로 한다는 점을 분명하게 규정하고 있었던 반면에, 과거 부가가치세법에서는 이에 관한 명문의 규정을 두고 있지 않았기 때문에, 법원에서 그 심사기준을 보완하기 위하여 관련 법률규정에 대하여 사법적 유권해석을 해야 하는 상황이었고, 이에 관하여 대법원 2003. 4. 25. 선고 99다59290 판결 등은 "신탁재산의 관리·처분 등 신탁업무를 처리함에 있어서의 사업자 및 이에 따른 부가가치세 납세의무자는 원칙적으로 위탁자라고 보아야 한다."라고 판시하였다. 그런데 ㉮ 대법원 2017. 5. 18. 선고 2012두22485 전원합의체 판결은 "수탁자가 위탁자로부터 이전받은 신탁재산을 관리·처분하면서 재화를 공급하는 경우 수탁자 자신이 신탁재산에 대한 권리와 의무의 귀속주체로서 계약당사자가 되어 신탁업무를 처리한 것이므로, 이때의 부가가치세 납세의무자는 재화의 공급이라는 거래행위를 통하여 재화를 사용·소비할 수 있는 권한을 거래상대방에게 이전한 수탁자로 보아야 하고, 그 신탁재산의 관리·처분 등으로 발생한 이익과 비용이 거래상대방과 직접적인 법률관계를 형성한 바 없는 위탁자나 수익자에게 최종적으로 귀속된다는 사정만으로 달리 볼 것은 아니다."라고 판시하여 위 대법원 99다59290 판결을 비롯한 종전 판례를 변경함으로써 기존의 사법적 유권해석을 스스로 변경하였는데, ㉯ 이에 대응하여 법률에 대한 원칙적인 유권해석자인 국회는 2017. 12. 19. 법률 제15223호로 부가가치세법 제10조 제8항을 신설하여 "신탁재산을 수탁자의 명의로 매매할 때에는 「신탁법」 제2조에 따른 위탁자(이하 "위탁자"라 한다)가 직접 재화를 공급하는 것으로 본다. 다만, 위탁자의 채무이행을 담보할 목적으로 대통령령으로 정하는 신탁계약을 체결한 경우로서 수탁자가 그 채무이행을 위하여 신탁재산을 처분하는 경우에는 수탁자가 재화를 공급하는 것으로 본다."라고 규정함으로써 위 ㉮ 대법원 2012두22485 전원합의체 판결 중 해당 판단부분을 번복하였다[그 후 2020. 12. 22. 법률 제17653호로 위와 같은 구 부가가치세법 제10조 제8항이 삭제되고 부가가치세법 제3조 제3항에 일정한 범위 내에서 '위탁자'를 부가가치세 납세의무자로 규정하는 내용이 신설되었다]. 위 사례는 '사법적 유권해석'은 본질적으로 '해당 규범의 제정권자의 원칙적 유권해석을 보완하는 의미'를 가지는 것으로서 언제나 원칙적 유권해석보다 열위(劣位)라는 점을 분명하게 보여주는 것이다.

(2) 법률이 심사기준이고 사실관계가 심판대상인 재판절차에 관하여

㈎ 법률이 재판규범인 민사소송사건의 경우, 사법적 판단의 대전제인 심사기준는 법률이고 소전제인 심판대상은 사실관계인데, 담당 재판부는 심판대상(사실관계)을 100% 확인할 수 없다는 이유로 재판을 거부할 수 없고, 따라서 증명책임 등을 비롯한 증거법칙에 따라서 '소전제인 심판대상을 일단 특정'하는 것은 '그 절차에서 심사기준인 법률을 적용하기 위한 잠정적(暫定的)인 토대를 마련하는 것'일 뿐이다.

즉, 민사소송절차에서 심판대상인 사실관계가 일단 특정되었다고 하더라도, ① 위와 같이 잠정적으로 특정된 사실관계가 당사자들 사이에서 이미 형성된 역사적 사실관계(진실)와 완전히 일치한다는 의미가 될 수 없고, ② 이러한 역사적 진실을 실질적으로 변동시킬 수도 없으며, ③ 나아가 당해 소송의 종결 이후에 당사자들이 잠정적으로 특정되었던 사실관계와 전혀 다른 거래관계를 새롭게 형성하는 것을 금지하는 취지는 더더욱 아니라는 것을 의미한다. 그러므로 민사소송절차에서 법원이 소전제인 사실관계를 특정하는 것이 재판을 하기 위한 필수적 요건이고 재판이유에도 사실인정에 관한 구체적 내용이 기재되는 것은 분명하지만, 그렇다고 해서 위와 같은 '소전제의 특정'을 사법적 유권해석이라고 할 수는 없는 것이다.

㈏ 반면에, 민사소송절차에서 심사기준이 되는 법률규정이 그 자체만으로 그 내용을 확정하기 어려운 경우 법원은 그 심사기준을 보완하기 위하여 해당 법률에 대한 해석을 통하여 그 의미를 확정하게 되는데, 위와 같이 '사법절차에서 그 심사기준의 의미를 확정하는 것'이 바로 '사법적 유권해석'이고, 이러한 사법적 유권해석은 (사정변경이 없는 이상) 당사자가 전혀 상이한 후속사건에서도 유사한 쟁점에 대해서는 '선례'로서의 의미를 가진다는 측면에서, 본질적으로 잠정적 성격을 가지는 소전제의 특정과는 완전히 다른 것이다.[27)]

㈐ 가정적 사례

① 甲과 乙 사이의 부동산 사용에 관한 민사소송절차에서 해당 법률관계가 甲 주장과 같이 '임대차관계'인지 아니면 乙 주장과 같은 '사용대차관계'인지 등 사실관계에 관한 다툼이 있다고 가정하여 본다.

㉮ 담당 법원은 사실심리를 통하여 일단 '심판대상'인 사실관계(소전제)를 특정해야 하는데, 만일 담당 법원이 乙 주장을 수용하는 경우, 위 법률관계가 '사용대차관계'에 해당한다는 취지의 '잠정적인 사실판단'을 하게 된다.

㉯ 나아가 담당 법원은 위 ㉮와 같이 잠정적으로 마련된 심판대상을 토대로 하여, 거기에 '심사기준'인 사용대차에 관한 법률규정(대전제)을 적용하여 판결을 선고하게 되는데, 만일 사용대차에 관한 법률규정이 그 자체만으로 그 내용을 확정하기 어려운 경우, 법원은 그 심사기준을 보완하기 위하여 해당 법률에 대한 사법적 유권해석을 통하여 그 의미를 확정한 다음, 이와 같이 보완된 심사기준을 '심판대상'인 사실관계(해당 사용대차관계)에 적용하게 된다.[28)]

---

27) 김시철, "우리 위헌법률심판제도와 헌법재판소 결정의 효력"(2006), 7-8.

28) 즉, ㉮ '심판대상'인 소전제를 특정하는 문제와 ㉯ '심사기준'인 대전제의 내용을 확정하는 문제는 구조적으로 다른 차원에서 이루어지는 것이다.

② 위 ① 기재 판결이 확정된 경우에도(논의의 편의상 '대법원 판결'이 확정된 경우를 상정한다), 나중에 甲과 乙이 새로운 합의를 통하여 ① 기재 부동산에 관한 임대차계약을 체결하는 것이 금지되는 것이 아니다. 즉, '사법판단의 소전제인 심판대상을 특정'하는 법원의 판단은 원칙적으로 당사자인 甲과 乙의 장래 법률행위에 영향을 미칠 수 없다.[29)]

③ 반면에, 위 ①의 사안에서 사용대차에 관한 법률규정에 대한 대법원의 사법적 유권해석을 통하여 심사기준이 보완된 경우, (甲과 乙이 아닌) 丙과 丁 사이의 사용대차관계에서 유사한 쟁점에 관한 법적 분쟁이 발생한 후속사건에서도 사용대차 법률규정에 대한 위 ① 사법적 유권해석이 '선례'로서의 의미를 가진다.[30)]

이와 같이 선행사건의 사법적 유권해석의 경우, (설령 후속사건의 당사자 등이 선행사건의 경우와 상이하더라도) 법적 쟁점이 유사한 후속사건에 대해서는 그 선례적 효력을 미치게 된다.

④ 한편, 위 ①의 사안에서 甲이 '만일 乙 주장과 같이 해당 법률관계가 사용대차관계에 해당하는 경우, 해당 사건의 구체적 사정들에 비추어 볼 때 이는 乙의 권리남용에 의한 결과로 보아야 하므로 신의칙상 그 효력을 인정할 수 없다.'는 취지로 예비적 주장을 한다고 가정하는 경우, 법원에서 사실관계에 관한 乙 주장을 수용한 다음 다시 甲의 예비적 주장에 대하여 판단을 해야 한다.

즉, ㉮ 甲의 예비적 주장이 이유 없는 경우에는 위 ①과 같은 구조의 판단을 유지하게 되지만, ㉯ 甲의 예비적 주장이 이유 있다고 판단되는 경우에는 ⓐ '심판대상'인 사실관계의 특정 단계에서는 乙 주장을 수용한 다음, ⓑ 이에 대한 규범적 판단과정에서 甲의 예비적 주장을 수용함으로써 결과적으로 乙 주장을 배척하는 사법적 판단을 하게 될 것이다.

⑤ 위 ④㉯와 같은 판결이 확정된 경우에도, 나중에 甲과 乙이 새로운 합의를 통하여 ① 기재 부동산에 관한 임대차계약을 체결하는 것이 금지되는 것이 아니므로, '사법판단의 소전제인 심판대상을 특정'하는 법원의 판단은 원칙적으로 당사자인 甲과 乙의 장래 법률행위에 영향을 미칠 수 없다. 다만, ④㉯ 확정판결 이후에도 甲과 乙이 별다른 사정변경 없이 ① 기재 부동산에 관한 종전과 유사한 법률관계를 실질적으로 변동시키지 않고 그대로 유지한 상

29) 나아가 甲과 乙 사이의 위 임대차계약에 관하여 새로운 법적 분쟁이 발생하는 경우, 위 ① 기재 판결과 동일한 당사자 사이의 분쟁임에도 불구하고, (임대차계약상 분쟁의 쟁점과 관계가 없는) 사용대차에 관한 법률규정에 대한 ① 판결 기재 대법원의 사법적 유권해석은 '선례'로서의 의미를 가지지 못한다.

30) 위 대법원 2019다222867 판결에서 심사기준인 민법 제1113조 제1항에 대하여 이루어진 사법적 유권해석이 당사자 등이 완전히 상이한 이 사건 사안에 '선례'로서 인용된 것과 같은 구조이다.

태에서 그에 대한 후속 법적 분쟁이 다시 발생하는 경우(⑤ 후속 민사소송), 법원은 ⑤ 후속 민사소송에서도 '甲과 乙 사이의 구체적 사정들에 비추어 볼 때 乙 주장과 같은 사용대차관계는 乙의 권리남용에 의한 결과로 보아야 하므로 신의칙상 그 효력을 인정할 수 없다.'는 판단을 할 가능성이 높은데, 이는 (④㈏ 확정판결의 심판대상 특정에 관한 법원의 판단에 구속력이 인정되기 때문이 아니라) 甲과 乙 사이에서 종전에 형성되었던 구체적인 사정들이 변경되지 않는 상태에서는 '乙 주장과 같은 사용대차관계는 신의칙상 그 효력을 인정할 수 없다.'는 규범적 판단이 심사기준에 관한 '선례'로서 적용될 가능성이 높기 때문이다.[31]

⑶ 헌법이 심사기준이고 법률관계가 심판대상인 재판절차에 관하여

㈎ 앞서 본 바와 같은 이유로, '법률의 위헌 여부를 심사하는 사법절차'에서 재판기관이 그 '심사기준인 헌법의 객관적 의미를 밝히기 위한 사법적 유권해석'을 할 수는 있지만, '심판대상인 법률의 해석문제'는 원칙적으로 헌법적 차원의 위헌성 다툼이 될 수 없고, 설령 그 심판과정에서 재판기관이 필요에 따라서 '심판대상인 법률을 해석하는 경우'에도 이는 '심판대상을 잠정적으로 특정하는 의미'를 가질 뿐이고 이를 사법적 유권해석으로 볼 수 없다.

㈏ 우리 법제도상 위헌법률심판절차의 심사기준인 헌법의 해석은 심판대상인 법률조항이 다르다는 이유로 변동되는 것이 아니다. 나아가 위헌법률심판절차상 헌법재판소 결정이유의 모든 부분이 위헌법률심판에 관한 선례가 되는 것은 아니고,[32] 그 중 헌법해석에 관한 부분(즉, 법률의 위헌 여부에 관한 심사기준을 설정하는 부분)만이 위헌심사에 관한 선례가 되는 것으로서, 심판대상 법률의 변동과 관계없이 후속사건에 선례로서 작용하게 되고, 위와 같은 선례를 변경할 것인지는 특정 규범조문에 관하여 합헌결정을 선고하였다가 동일한 규범조문에 관하여 위헌결정을 선고하는 경우에만 고려해야 하는 것이 아니다.[33]

마) 이 사건과 관련된 헌법재판소 결정과 법원의 판결에 관한 구체적인 검토

⑴ 위 헌법재판소 2007헌바144 결정에 대한 검토

㈎ 위 헌법재판소 2007헌바144 사건은 '헌법을 심사기준으로 하고 민법 제1113조 제1항의 위헌여부를 심판대상으로 하는 재판절차'에 관한 것이다. 따라서 헌법재판소는 위 재판절차에서 심사기준이 되는 헌법규정이 그 자체만으로 그 내용을 확정하기 어려운 경우 그 심사기준을 보완하기 위하여 해당 헌법에 대한 해석을 통하여 그 의미를 확정하게 되는데, 위

31) 사실관계에 대한 구체적인 사정변경이 없는 상태에서 법원이 ⑤ 후속 민사소송사건에서 다른 결론을 도출하기 위해서는, 권리남용 또는 신의칙에 관한 선례변경이 필요하다고 볼 수 있다.

32) 법원이 민사소송절차에서 '소전제인 사실관계를 특정하는 것'은 재판을 하기 위한 필수적 요건이고 재판이유에도 사실인정에 관한 구체적 내용이 기재되는 것은 분명하지만, 그렇다고 해서 법원의 위와 같은 '소전제의 특정'을 사법적 유권해석이라고 할 수는 없다는 것과 같은 맥락이다.

33) 상세한 내용은, 김시철, "우리 위헌법률심판제도와 헌법재판소 결정의 효력"(2006), 7-8, 20, 35-45; 김시철, "헌법해석에 관한 결정이유와 선례구속의 원칙", 헌법논총 17집(2006), 37-97 등 참조.

와 같이 '사법절차에서 그 심사기준의 의미를 확정하는 것'이 바로 '사법적 유권해석'이고, 이러한 사법적 유권해석은 (사정변경이 없는 이상) 당사자가 전혀 상이한 후속사건에서도 유사한 쟁점에 대해서는 그대로 적용된다는 측면에서, 본질적으로 잠정적 성격을 가지는 소전제의 특정과는 완전히 다른 것이다.[34]

(나) 민법 제1113조 제1항에 관한 입법재량권의 범위 등

① 국회는 유류분반환청구권의 제2단계 가액 산정 쟁점에 관하여 광범위한 입법재량을 가지고 있고, 앞서 본 바와 같이 '사법판단의 소전제인 심판대상을 특정'하는 헌법재판소의 판단은 원칙적으로 입법자의 장래 입법 활동에 대하여 영향을 미칠 수 없다.

② 따라서 위 헌법재판소 2007헌바144 결정이 2010년에 선고되었다고 하더라도, 그 이후에 입법자인 국회가 민법을 개정하여 종래 소수설과 같은 입장을 명문으로 규정한 새로운 입법을 하는 것이 금지되는 것은 아니고, 같은 맥락에서 민법 제1113조 제1항에 관하여 종래 소수설과 같은 입장을 취한 위 대법원 2019다222867 판결로 인하여 위헌적 결과가 발생하였다고 보기는 어렵다. '사법판단의 소전제인 심판대상을 특정'하는 헌법재판소의 판단은 원칙적으로 입법자의 장래 입법 활동이나 해당 법률의 의미를 보완하는 법원의 사법적 유권해석에 대하여 영향을 미칠 수 없기 때문이다.

③ 다른 측면에서, 헌법재판소 2007헌바144 결정의 다수의견을 토대로 하는 경우, 민법 제1113조 제1항 중 '증여재산의 가액산정 방법'에 관하여 입법자인 국회가 2023년 이후에 민법 개정을 통하여 종래 다수설과 같은 내용을 구체적으로 명시한 법률조항을 신설하는 경우에도 해당 법률조항의 위헌과 같은 '헌법적 차원의 문제'가 발생하지는 않는다. 법률에 관하여 원칙적 유권해석자는 국회이므로, 민법 제1113조 제1항의 의미를 보완하기 위하여 위 대법원 2019다222867 판결에서 이루어진 사법적 유권해석을 변경하기 위해서는 ㉮ 대법원이 스스로가 사법적 유권해석(판례)을 변경하거나, ㉯ 원칙적 유권해석자인 국회가 법률을 개정해야 한다.[35]

④ 즉, 종래 다수설의 입장을 명시한 법률조항이나 소수설의 입장을 명시한 법률조항은 모두 국회의 입법재량권 범위 내에 있는 것이므로, 입법자가 그 중 어느 쪽을 선택한다고 하더라도 최소한 '헌법적 차원의 문제'가 발생하다고 볼 수는 없다.[36]

---

34) 즉, 위 헌법재판소 2007헌바144 결정의 다수의견이 유류분반환청구권의 제2단계 가액 산정 쟁점을 규율하는 민법 제1113조 제1항을 종래 다수설과 같은 취지의 규정으로 파악한 것은 '심판대상을 잠정적으로 특정하는 의미'를 가지는 것일 뿐이고, 이를 민법 제1113조 제1항의 해석에 관하여 선례적 의미를 가지는 사법적 유권해석이라고 보기는 어렵다.

35) 이에 관하여는 김시철, "우리 위헌법률심판제도와 헌법재판소 결정의 효력"(2006), 7−8; 위 라. (1) 기재 설명 등 참조.

같은 맥락에서 민법 제1113조 제1항의 의미를 보완하기 위한 사법적 유권해석을 하면서, 법원이 이를 종래 다수설과 같이 해석하는 것이나 종래 소수설과 같이 해석하는 것은 모두 헌법에 위반되는 결과를 초래하지 않는다고 보아야 한다.[37)]

㈐ 유의점(가정적 검토)

다만, 헌법재판소에서 (위 헌법재판소 2007헌바144 결정과 달리) 민법 제1113조 제1항에 대하여 위헌결정을 한 경우를 상정해 본다. 이는 헌법재판소가 '헌법을 심사기준으로 하여 국회가 민법 제1113조 제1항과 같은 법률규정을 제정한 입법작용(심판대상)을 살펴보면 입법재량권의 헌법적 한계를 유월한 것으로 판단되기 때문에(즉, 법률의 합헌성 추정원칙이 그대로 유지되기 어려운 예외적인 상황이기 때문에), 위 법률규정은 상위법인 헌법에 위배되므로 효력이 없다.'는 판단을 하였다는 것을 의미한다.[38)]

이러한 경우 위와 같은 선행 위헌결정 이후 별다른 사정변경이 없는 상태에서 국회가 종전 민법 제1113조 제1항과 실질적으로 동일한 내용의 법률(편의상 'Ⓐ법률'이라 한다)을 다시 제정하고, 이로 인하여 불이익을 받은 당사자가 위헌법률심판제청신청을 하여 법원이 위헌제청을 하는 경우, 헌법재판소는 후속 위헌법률심판사건에서도 'Ⓐ법률은 위헌이다.'는 판단을 할 가능성이 높다.

이는 (선행 위헌결정의 심판대상 특정에 관한 헌법재판소의 판단에 구속력이 인정되기 때문이 아니라) 구체적인 사정이 변경되지 않는 상태에서는 선행 위헌결정 중 심사기준을 설정한 판단부분이 '선례'로서 의미를 가지고, 따라서 '헌법을 심사기준으로 하여 국회가 선행 위헌결정에 의하여 위헌판단을 받은 민법 제1113조 제1항과 실질적으로 동일한 내용의 Ⓐ법률을 제정한 입법작용(심판대상)을 살펴보면 입법재량권의 헌법적 한계를 유월한 것으로 판단되기 때문에(즉, 법률의 합헌성 추정원칙이 그대로 유지되기 어려운 예외적인 상황이기 때문에), Ⓐ법률은 상위법인 헌법에 위배되므로 효력이 없다.'는 규범적 판단을 하는 것이 법리적으로 타당하기 때문이다.[39)]

---

36) 위헌법률심판의 심사기준인 헌법적 한계를 유월하지 않는 이상, 국회는 그 입법재량권의 범위 내에서 다양한 선택을 할 수 있는데, 이에 관하여는 김시철, "우리 위헌법률심판제도와 헌법재판소 결정의 효력"(2006), 41-45 참조.

37) 동지, 윤진수, "유류분반환청구에서 공동상속인에 대한 증여의 시기와 증여 가액의 산정 시점"(2022), 282. 윤진수 교수는 법률해석론으로서 민법 제1113조 제1항을 위 대법원 2019다222867 판결(종래 소수설)과 같이 해석하는 것이 타당하다고 주장하면서도, 위 민법조항에 대한 종래 다수설과 같은 법률해석이 위헌적 결과를 발생하지는 않는다는 취지로 주장하고 있다.

38) 이 논점에 관하여는 김시철, "상위법우선의 원칙, 의회주권주의와 위헌법률심사제도에 대한 비교법적 검토 — 헌법 제107조 제1항의 '입법자보호기능'의 연혁과 형성배경 등을 중심으로 —", 사법논집(76), 사법발전재단(2023), 275-491 참조.

39) 사정변경이 없는 상태에서 헌법재판소가 후속 위헌법률심판사건에서 다른 결론을 도출하기 위해서

⑵ 위 대법원 2019다222867 판결에 대한 검토

반면에, 위 대법원 2019다222867 판결은 민사소송절차에서 심사기준이 되는 민법 제1113조 제1항이 그 자체만으로 그 내용을 확정하기 어렵기 때문에 법원이 그 심사기준을 보완하기 위하여 해당 법률에 대한 해석을 통하여 그 의미를 확정한 것이다. 위와 같이 '사법절차에서 그 심사기준의 의미를 확정하는 것'이 바로 '사법적 유권해석'이고, 이러한 사법적 유권해석은 (사정변경이 없는 이상) 당사자가 전혀 상이한 후속사건에서도 유사한 쟁점에 대해서는 그대로 적용된다.

즉, 위 대법원 2019다222867 판결이 선고된 이후에는, 유사한 쟁점이 있는 후속사건인 이 사건에서 수증자인 D가 피상속인으로부터 생전 증여받은 재산을 상속개시 전에 처분한 사안에 대해서는 민법 제1113조 제1항에 따라 유류분을 산정함에 있어서 그 증여재산의 가액은 증여재산의 현실 가치인 처분 당시의 가액을 기준으로 상속개시까지 사이의 물가변동률을 반영하는 방법으로 산정하여야 한다. 위 대법원 2019다222867 판결의 위와 같은 사법적 유권해석이 '선례'로서 의미를 가지기 때문에, 당사자가 전혀 상이한 이 사건에도 그 판단내용을 적용하는 것이 법리적으로 타당하기 때문이다.

⑶ 소결론

이 사건은 위헌법률심판대상이 되었던 민법 제1113조 제1항의 의미에 관한 헌법재판소의 해석이 '심사대상(소전제)을 잠정적으로 특정'함으로써 '그 절차에서 심사기준인 헌법을 적용하기 위한 잠정적인 토대를 마련하는 성격을 가지는 것'이라는 점은 분명하게 알 수 있는 사례이다.

위와 같이 국회의 입법재량권의 범위 내에 있는 법률에 대한 헌법재판소의 잠정적인 법률해석은 (헌법적 차원의 판단이 아니라) 법률적 차원의 문제로서 입법자인 국회나 법원을 구속하지 않고, 이 사건 등 후속사건의 당사자 등에 대해서도 '선례'로서의 의미를 가지지 않는다.

반면에, 민사소송사건의 심사기준에 관한 사법적 유권해석이 이루어진 위 대법원 2019다222867 판결의 경우 '선례'로서 의미를 가지기 때문에, 당사자가 전혀 상이한 이 사건에도 그 판단내용이 심사기준으로 적용되는 것은 법리적으로 타당하다.[40)]

는 선행 위헌결정 중 심사기준 설정에 관한 선례변경이 필요하다고 볼 수 있는데, 이에 관하여는 김시철, "우리 위헌법률심판제도와 헌법재판소 결정의 효력"(2006), 41－45 참조.

40) 판례의 법원성에 관하여 긍정설을 취하는 경우 후속사건에 대하여 '법적인 구속력'을 인정할 수 있고, 부정설을 취하는 경우에도 '사실상의 구속력'을 인정할 수 있는데, 이에 관하여는 양창수, 「제2판 민법주해(Ⅰ)」, 박영사(2022), 129－138(최병조 집필부분) 참조.

바) 위헌법률심판절차의 '재판의 전제성'과 관련된 헌법재판소의 법률해석에 관하여(비교)

같은 맥락에서, (위헌법률심판대상이 되었던 법률규정이 아니라) 위헌법률심판절차의 '재판의 전제성'과 관련된 법률규정에 대하여 헌법재판소가 잠정적(暫定的)으로 행한 법률판단도 법원을 구속하지 않는다. 아래에서 보는 바와 같이 해당 사건에서 헌법재판소가 심판대상 법률규정에 대하여 합헌판단을 하였는지[아래 (1)의 사례], 아니면 위헌판단을 하였는지[아래 (2)의 사례]와 관계없이 헌법재판소의 위와 같은 잠정적인 법률판단은 법적 구속력뿐만 아니라 사실상의 구속력도 가지지 않는다.

(1) 헌법재판소 2004. 10. 28. 선고 99헌바91 결정

(가) 사안

생명보험회사의 주주 및 이사들이 원고가 되어 금융산업의 구조개선에 관한 법률 제2조 제3호 가목 등에 근거한 증자명령 및 감자명령에 관한 취소청구를 한 당해 사건에 관하여, 제1심 법원이 원고적격의 흠결 등을 이유로 소각하판결을 선고함과 동시에 증자명령 등의 근거법률의 위헌여부에 관하여 청구인들이 제기한 위헌제청신청을 기각하였는데(실질적으로는 각하취지로 볼 수 있음), 당해 사건에 관한 소각하판결이 확정되지 아니한 상태에서 심리된 헌법소원사건에서도 당해 소송의 적법요건에 관한 논란이 계속되었다.

(나) 헌법재판소 결정의 주문

"금융산업의구조개선에관한법률(1998. 9. 14. 법률 제5549호로 개정되고 2000. 1. 21. 법률 제6178호로 개정되기 전의 것) 제2조 제3호 가목, 제10조 제1항 제2호, 제2항 및 제12조 제2항 내지 제4항은 헌법에 위반되지 아니한다."

(다) 재판의 전제성 등에 관한 헌법재판소의 판단내용

① 구체적 사건에 관하여 사실관계를 인정하고 법률을 해석하여 적용하는 것은 어디까지나 일반법원의 역할이고, 헌법재판소는 일반법원이 구체적 사건에 관한 재판을 할 때 선결문제가 되는 법률의 위헌여부의 심사 및 선언을 하는 것이다. 즉, 일반법원의 재판규범인 법률이 위헌법률심판절차의 심판대상으로 헌법에 위반되는지 여부를 다투는 경우가 아닌 한, 단순히 법률의 해석·적용을 다투는 것은 우리 재판소의 심판대상이 될 수 없고 그 최종적인 사법적 해석권한은 법원에 있다. 그렇지만, 우리 재판소가 이 사건에서와 같이 헌법소원심판을 판단하기 위하여는 당해 소송사건이 행정소송법 제12조의 원고적격이라는 소송요건을 충족하였는지 여부에 관하여 법원의 최종적인 법률해석에 앞서 불가피하게 판단할 수밖에 없는 경우도 있다. 그렇다고 하더라도 우리 재판소의 사실인정이나 법률해석에 일반법원이 구속되는 것은 아니라 할 것이다.

② 이 사건 법률에 근거한 이 사건 처분과 관련하여, 원고적격을 가진 자가 주식회사인 경우에 그 회사의 "주주" 또는 "이사" 등이 가지는 이해관계를 행정소송법 제12조 소정의 "법률상 이익"으로 볼 수 있는지 여부에 관하여 당해소송의 제1심과 항소심 법원은 이를 부정하고 소를 각하하는 판결을 선고하였다. 그러나, 이 사건에 직접 원용할 만한 확립된 대법원의 판례는 아직까지 존재하지 않고, 해석에 따라서는 당해소송에서 청구인들의 원고적격이 인정될 여지도 충분히 있다. 따라서, 우리 재판소는 일단 청구인들이 당해소송에서 원고적격을 가질 수 있다는 전제하에 이 사건 법률조항에 대한 심판청구가 우선 재판의 전제성 요건을 갖춘 것으로 보고 본안에 대한 판단에 나아가기로 한다(헌법재판소는 본안판단에서 심판대상 법률이 헌법에 위반되지 않는다고 판단하였다).

㈑ 당해 사건의 경과

헌법재판소가 위 합헌결정을 선고한 이후, 대법원에서는 당해 사건의 원고적격에 대한 적법요건 판단을 하면서, ① 위 회사의 '주주'의 경우 그 주식이 소각되거나 법인에 대한 권리가 소멸하는 등 주주의 지위에 중대한 영향을 초래함에도 불구하고 법인이 이를 다툴 것을 기대할 수 없고 달리 주주의 지위를 보전할 구제방법이 없기 때문에 위 처분에 대한 취소를 구할 원고적격이 인정되는 반면에, ② '이사'의 지위에 있던 당사자의 경우 그 지위를 유지하고 있다고 볼 수 없어 원고적격을 인정할 수 없다는 취지로 판시함으로써(대법원 2004. 12. 23. 선고 2000두2648 판결), 헌법재판소에서 본안판단을 한 당사자 중 일부에 대해서만 한정적으로 원고적격을 인정하였다. 이는 헌법재판소가 심판대상이 된 법률에 대하여 '위헌결정'을 하였는지 아니면 '합헌결정'을 하였는지 여부가 최소한 '이사'의 지위에 있던 당사자에 대하여는 실질적으로 아무런 영향을 미칠 수 없다는 것을 의미한다.

㈒ 검토

위 사례는 위헌법률심판절차의 적법요건과 관련된 당해 사건의 재판규범에 대하여 헌법재판소가 행한 잠정적(暫定的) 판단은 담당 법원을 구속하지 아니한다는 점과 법원에서 헌법재판소의 잠정적 판단과는 상이한 사법적 판단을 할 수 있다는 점 등을 헌법재판소 결정 이유에 명시한 사례로 볼 수 있다.[41)]

41) 그밖에 '재판의 전제성'에 관하여 "가령 이 사건 법률조항이 위헌으로 결정된다고 하더라도 당해 사건의 재판에서 앞에서 본 고소사건의 수사에 관여한 공무원이 당시로서는 위헌성이 확인된 바 없는 이 사건 법률조항에 근거해서 수사를 한 것이 불법행위를 구성하는 것으로는 인정되지 않거나, 청구인이 그로 인해 정신적 손해를 입었다고 인정되지 않을 수 있다. 이와 같은 경우 이 사건 법률조항의 위헌여부가 당해 사건 재판의 주문이나 재판의 내용과 효력에 관한 법률적 의미에 아무런 영향을 미치지 않게 됨으로써 재판의 전제성을 결여할 가능성이 높다. 그러나, 위와 같은 것들은 당해 사건 재판을 담당하는 법원이 판단할 사항으로서 이 재판소에서 이를 미리 판단함은 적절하지 않다(헌재 1996. 10. 4. 96헌가6, 판례집 8-2, 308, 322 참조). 그러므로, 일단 이 사건 법률조항에 대한 심판청

⑵ 헌법재판소 1994. 6. 30. 선고 92헌가18 결정

㈎ 사안

제청신청인 소유의 이 사건 토지에 대하여 1977년 국가보위에 관한 특별조치법(이하 '특별조치법'이라 한다) 제5조 제4항(이하, '심판대상 법률규정'이라 한다) 및 관련 대통령령에 의하여 이를 수용하는 처분(이하 '이 사건 처분'이라 한다)이 이루어진 다음, 1979. 12. 3. 피고(대한민국) 앞으로 소유권이전등기가 경료되었다. 제청신청인은 위 이전등기 말소를 구하는 당해 사건의 제1심에서 패소한 다음 항소심(서울민사지방법원 92나16620)에서 심판대상 법률규정에 관하여 위헌법률심판제청신청을 하였고, 항소심법원은 위헌제청(위 법원 1992. 11. 7.자 92카기285 결정)을 하였다.

㈏ 헌법재판소 결정의 주문

"국가보위에관한특별조치법(1971. 12. 27. 법률 제2312호) 제5조 제4항은 헌법에 위반된다."

㈐ 적법요건에 관한 헌법재판소의 판단(재판관 6인의 다수의견의 요지)

당해 사건에서 심판대상 법률규정의 위헌여부는 하위규범인 대통령령의 위헌여부 및 효력유무의 전제가 되고, 심판대상 법률규정에 대해 위헌결정이 되면 이에 근거한 대통령령도 위헌·무효가 되고 이에 근거한 이 사건 처분도 위헌·무효가 될 수 있기 때문에(위헌법령에 기한 행정처분의 무효여부는 당해 사건 담당 법원이 위헌성의 정도에 따라 판단할 사항이다), 심판대상 법률규정의 위헌여부는 재판의 전제성이 인정된다.

[재판관 3인의 소수의견의 요지: 심판대상 법률규정이 위헌이더라도, 이에 대한 위헌결정 이전에 이 사건 처분이 관계법령의 규정에 따라 더 이상 다툴 수 없게 된 이상, 위헌인 법률에 근거하여 이루어졌다는 사유만으로 이 사건 처분이 당연 무효가 될 수는 없다. 따라서 심판대상 법률규정에 대해 헌법재판소가 위헌결정을 하여 규범의 효력을 잃게 되더라도, 이로써 이 사건 처분의 무효여부를 가리는 데 영향을 미칠 수 없으므로, 재판의 전제성 요건을 갖추지 못하여 부적법하다.]

㈑ 당해 사건의 경과

위 91헌가18 결정 이후 이루어진 당해 사건의 항소심 판결(서울지방법원 1995. 5. 24. 선고 92나16620 판결)은 ① 심판대상 법률규정이 1994년 결정 선고일인 1994. 6. 30.부터 실효되었지만, ② 이 사건 처분의 성립 당시에는 근거법령에 관한 하자가 명백하지 않아서 이러한 사정을 근거로 이를 당연무효로 볼 수는 없고, ③ 다만 이 사건 처분의 성립 당시 다른 절차적 요건의 흠결이 중대·명백하기 때문에 이전등기가 말소되어야 한다는 취지로 판단하였다.

구가 재판의 전제성 요건을 갖춘 것으로 보고 본안에 대한 판단에 나아가기로 한다."라고 판시한 헌법재판소 2001. 10. 25. 선고 2001헌바9 결정 등도 같은 취지로 볼 수 있다.

㈑ 검토

위 사례는 헌법재판소가 심판대상 법률규정에 대하여 위헌결정을 한 경우에도, 위헌법률심판절차의 적법요건과 관련된 당해 사건의 재판규범에 대하여 헌법재판소가 행한 잠정적(暫定的) 판단은 담당 법원을 구속하지 아니한다는 점과 법원에서 헌법재판소의 잠정적 판단과는 상이한 사법적 판단을 할 수 있다는 점 등을 확인할 수 있는 사례로 볼 수 있다.

사) 헌법적 차원의 문제와 법률적 차원의 문제의 비교검토

⑴ 민법 제1113조 제1항에 관한 입법재량권의 범위 등

앞서 본 바와 같이 위 헌법재판소 2007헌바144 결정의 다수의견을 토대로 하는 경우, 민법 제1113조 제1항 중 '증여재산의 가액산정 방법'에 관하여 종래 다수설과 같이 해석하는 것이 헌법에 위반되는 결과를 초래하는 것은 아니다. 즉, 종래 다수설의 입장을 명시한 법률조항이나 소수설의 입장을 명시한 법률조항은 모두 국회의 입법재량권의 범위 내에 있는 것이므로, 입법자가 그 중 어느 쪽을 선택한다고 하더라도 최소한 '헌법적 차원의 문제'가 발생한다고 볼 수는 없다.[42)]

⑵ 헌법적 차원의 문제와 법률적 차원의 문제의 차이점 등

미국, 독일, 일본 등의 통설 및 판례에 의하면, 헌법적 차원의 문제와 법률적 차원의 문제는 법리적으로 구별되는 것이고, 법률에 대한 사법적 유권해석은 입법자(의회)의 공권력행사에 대한 보완적 유권해석으로서 법률적 차원의 문제이므로, 이는 '헌법제정권자의 공권력행사에 대한 보완적 유권해석'의 성격을 가지는 헌법해석(헌법적 차원의 문제)과는 법리적으로 구별된다.[43)]

⑶ 헌법재판소 판례에 대한 검토

㈎ 이에 관하여 우리 헌법재판소는 "위헌법률심판절차에서 심사기준이 되는 것은 헌법의 개별규정 내지 헌법원칙 등이고, 법률이나 법률과 동등한 효력만을 가지게 되는 각종 국제조약 등은 심사기준이 될 수 없다. 따라서 위헌제청대상이 된 어떤 법률조항의 내용이 다른 법률조항의 내용과 서로 충돌된다는 사유만으로는 원칙적으로 법률의 위헌문제가 발생하지 아니하고, 다만 이러한 법률의 충돌을 어떻게 조화롭게 해석할 것인지 여부와 같은 법률해석 문제가 생길 뿐이다."라는 취지로 판시하고 있는데(헌법재판소 1998. 11. 26. 선고 96헌마54 결정, 헌법재판소 1998. 11. 26. 선고 96헌마74 등 결정 등 참조), 이는 법률적 차원의 문제인 '법률

42) 윤진수, "유류분반환청구에서 공동상속인에 대한 증여의 시기와 증여 가액의 산정 시점"(2022), 282도 같은 취지로 보인다.

43) 상세한 내용은, 김시철, "우리 위헌법률심판제도와 헌법재판소 결정의 효력"(2006), 9−11, 35−45; 김시철, "헌법해석에 관한 결정이유와 선례구속의 원칙"(2006), 75−97 등 참조.

의 충돌'과 헌법적 차원의 문제인 '법률의 헌법위반'이 분명히 구별된다는 취지이다.

㈏ 나아가 헌법재판소 2003. 12. 18. 선고 2002헌마593 결정은 "청구인은 구체적인 헌법적 논증을 하지 아니한 채 '청구인이 주장하는 내용을 포함한 법률규정의 경우 수사기관이나 법원으로 하여금 좀더 신중한 판단을 하도록 함과 동시에 법원 등의 판단에 의하여 석방된 피의자로 하여금 특별한 사정이 없는 이상 그 신체의 자유가 다시 제한되지 않을 것이라는 점을 예견할 수 있도록 함으로써, 당사자의 신체의 자유에 대한 침해가능성을 최대한 억제하고 무죄추정의 원칙을 실현하게 된다'라는 취지의 막연한 주장만을 하고 있다. 그러나 입법자가 헌법상 기본권인 '공정한 재판을 받을 권리' 등을 구현하기 위하여 법에서 '전문법칙'을 채택하였다는 이유만으로 이러한 '전문법칙' 자체가 바로 '헌법원칙'이 될 수 없는 것과 마찬가지로(헌재 1995. 6. 29. 93헌바45 전원재판부 결정 참조), 설령 피의자 등에 대한 재체포·재구속의 요건을 가중하는 것이 헌법 제27조의 '공정한 재판을 받을 권리' 및 '무죄추정의 원칙' 등을 이어받아 이를 '법률적 차원'에서 구현할 수 있는 성질의 것이라고 하더라도, 이러한 사정만으로 청구인이 주장하는 내용의 '헌법원칙'이 존재한다고 볼 수는 없다. 위와 같이 청구인의 논거에 관하여 헌법적 정당성을 인정할 수 없는 이상, 이 사건 법률조항의 위헌성은 관련된 헌법의 명문규정이나 기타 확립된 헌법원칙 등에 위배되는지 여부에 따라서 결정되는 것이고, 이 사건 법률조항이 청구인의 독자적 논거에 위배되는지 여부에 의하여 결정되는 것은 아니다."라고 판시하였는데, 이는 일정한 요건을 구비한 헌법원칙만이 위헌법률심판절차의 심사기준이 될 수 있다는 점을 분명하게 밝힌 것이다.

⑷ 대법원 판례에 대한 검토

㈎ 우리 대법원도 민사소송법 제449조 제1항에 규정된 특별항고사유에 관하여, ① ⓐ 대법원 2003. 3. 31.자 2003그5 결정은 "원심결정 자체에 헌법위반이 있다거나 재판의 전제가 된 명령 등의 위헌 또는 위헌 여부에 대한 판단이 부당하다는 것이 아니고, 판결경정신청을 기각한 원심결정이 위법하다는 것에 불과한 특별항고인들의 특별항고 사유는 적법한 특별항고의 이유가 될 수 없다."라는 이유로 특별항고를 기각하였고, ⓑ 대법원 2003. 12. 5.자 2003그116 결정은 "소유권이전등기청구사건의 판결문에 일부 피고들의 등기부상 주소가 누락되었음에도 원심법원이 등기부상 주소의 기재를 구하는 특별항고인의 판결경정신청을 기각한 조치가 법률을 위반하였다는 사유는 특별항고사유가 될 수 없다."라는 이유로 특별항고를 기각한 반면에, ② ⓐ 대법원 2008. 6. 17.자 2005그147 결정은 원심결정이 재산권의 본질적인 부분을 훼손하여 재산권보장에 관한 헌법 제23조를 위반하였다는 이유로, ⓑ 대법원 2009. 3. 31.자 2007그176 결정은 원심판단으로 인하여 실질적으로 재판을 받을 권리 내지 재산권이 침해되고 현저히 공평과 형평에 반하는 결과가 발생하였다는 등의 이유로 각각 특별

항고를 인용하였다.

㈏ 나아가 대법원 2004. 6. 25.자 2003그136 결정은 민사소송법 제449조 제1항에서 규정하고 있는 '불복할 수 없는 결정이나 명령에 대하여 재판에 영향을 미친 헌법 위반이 있는 경우'의 의미와 관련하여 헌법 제27조에서 규정하고 있는 적법한 절차에 따라 공정한 재판을 받을 권리가 침해된 경우에 특별항고사유가 될 수 있다고 설시한 다음, 판결 등 경정신청의 재판에 있어서 위와 같은 공정한 재판을 받을 권리가 침해되는 경우에 관하여 신청인이 그 재판에 필요한 자료를 제출할 기회를 전혀 부여받지 못한 상태에서 그러한 결정이 있었다든가, 판결과 그 소송의 전 과정에 나타난 자료 및 판결 선고 후에 제출된 자료에 의하여 판결에 오류가 있음이 분명하여 판결이 경정되어야 하는 사안임이 명백함에도 법원이 이를 간과함으로써 기각결정을 한 경우 등에서는 특별항고를 인용할 수 있으나, 단순히 원심결정에 심리미진의 위법이 있음을 주장하는 것은 특별항고사유에 해당되지 않는다는 점을 분명하게 밝혔고, 대법원 2008. 10. 23.자 2007그40 결정은 관할 등과 같은 소송요건의 적법 여부를 다투는 특별항고사건에 대하여도 대법원은 원심법원의 결정이나 명령이 재판에 영향을 미친 헌법위반을 비롯한 특별항고사유가 있는지 여부에 한정하여 심사해야 하고 이에 관하여 단순한 법률위반이 있다는 이유만으로 원심결정 등을 파기할 수는 없다고 판시하였다. 위와 같은 일련의 대법원판례는 '단순한 법률위반'의 문제와 '헌법위반'의 문제를 분명하게 구별하고 있는 것이다.[44)]

아) 소결론

(1) 위 대법원 2019다222867 판결은 민법 제1113조 제1항의 규정에 관하여 '구체적인 가액산정 방법에 대하여는 규정을 두고 있지 않다. 따라서 증여재산의 가액산정 방법은 법원의 해석에 맡겨져 있다.'라고 정리한 다음, 민사소송절차의 심사기준인 위 법률규정을 종래 소수설과 같은 해석하는 것이 타당하다는 '사법적 유권해석'을 한 것이다.

이는 심사기준이 되는 민법 제1113조 제1항이 그 자체만으로 그 내용을 확정하기 어렵기 때문에 법원이 그 심사기준을 보완하기 위하여 해당 법률에 대한 해석을 통하여 그 의미를 확정한 것이고, (헌법적 차원이 아닌) 법률적 차원의 문제이다.

위와 같이 '사법절차에서 그 심사기준의 의미를 확정하는 것'이 바로 '사법적 유권해석'이므로, 이러한 사법적 유권해석은 (사정변경이 없는 이상) 당사자가 전혀 상이한 후속사건에서도 유사한 쟁점에 대해서는 그대로 적용된다.

---

44) 상세한 내용은 김시철, "위헌법률심판절차에서 사법작용의 당부를 심사할 수 있는지(상)"(2012), 205–222 등 참조.

⑵ 반면에, 위 헌법재판소 2007헌바144 결정의 다수의견은 위헌법률심판절차에서 심판대상을 특정하기 위하여 민법 제1113조 제1항에 대한 잠정적 해석(종래 다수설의 입장)을 한 것일 뿐이므로, 민법 제1113조 제1항에 관하여 선례적 의미를 가지는 사법적 유권해석에 해당한다고 볼 수 없다(그 성격은 유력한 학리해석과 유사하다). 따라서 장래에 어떤 당사자가 위 헌법재판소 2007헌바144 결정을 '선례'로 거시하면서 종래 다수설에 따라 생전 증여재산에 관한 특별수익의 가액을 산정함으로써 자신에게 유리하게 판결하여 달라고 주장하는 사안이 발생하더라도, 법원에서 이러한 주장을 받아들이기는 어렵다.[45]

⑶ 항소심 재판부가 이 사건에서 이 사건 제1, 2, 3 토지의 D가 증여받은 1/3 지분에 관하여 2017년도 매각대금 257,790,000원을 상속개시 당시의 화폐가치로 환산한 267,394,101원을 특별수익의 기준으로 산정한다고 판단한 것은 위 대법원 2019다222867 판결에서 이루어진 민법 제1113조 제1항에 대한 '사법적 유권해석'에 따른 것이다. 위와 같이 제2단계 가액 산정에 관한 법리적 쟁점에 관한 위 대법원 2019다222867 판결이 심사기준에 관한 선례로서의 의미를 가진다고 보는 것이 법리적으로 타당하고, 민법학자들뿐만 아니라 이 사건 원고들도 이러한 판단에 대하여 전혀 이의를 제기하지 않고 있음은 앞서 본 바와 같다.

3) 유류분반환청구의 '원본'의 산정에 관한 위 대법원 2019다222867 판결의 의미 등

가) 유류분반환청구권에 관한 지체책임 관련 대법원 판례

대법원은 이에 관하여, "유류분반환청구권의 행사로 인하여 생기는 원물반환의무 또는 가액반환의무는 이행기한의 정함이 없는 채무이므로, 반환의무자는 그 의무에 대한 이행청구를 받은 때에 비로소 지체책임을 진다."라고 판시하였고(대법원 2013. 3. 14. 선고 2010다42624,42631 판결 등 참조), 원고가 가액반환청구에 관한 소장 기재 청구취지를 나중에 확장한 경우, 피고는 이와 같이 확장된 청구취지 변경신청서의 송달 다음 날부터 지체책임을 짐에도 불구하고, 가액반환으로 인용한 원금 전부에 대하여 소장 부본 송달 다음 날부터 지연손해금의 지급을 명한 원심의 판단은 위법하다는 이유로 파기자판을 한 사례도 있다(대법원 2022. 9. 29. 선고 2022다203583 판결 등 참조).

이와 같이 실무적으로 금전에 관한 유류분반환청구의 경우 ㉮ '원본' 청구 부분과 ㉯ '지연손해금' 청구 부분으로 나누어지는데, 위와 같은 관련 판례에 비추어 볼 때 위 대법원 2019다222867 판결의 판단내용은 (지연손해금 청구 부분에 관한 것이 아니라) 원본의 범위를 설정하는 것에 관한 판단이라는 점을 유의해야 한다.

---

45) 위 헌법재판소 2007헌바144 결정과 위 대법원 2019다222867 판결은 각각 다른 차원과 국면에서 관련 영역에 관한 사법적 판단을 한 것이기 때문에, 제2단계 가액 산정에 관한 쟁점에 대하여 이른바 '판례의 충돌'이 발생한 것이라고 볼 수도 없다.

나) 이 사건에 대한 검토

이 사건 사실관계를 토대로 하면,[46] 이 사건 제4토지의 경우 원물반환이 불가능하여 가액반환을 해야 하고 그 '원본'의 가액은 사실심 변론종결시를 기준으로 산정해야 하는데, 위 ㉮ 청구 부분에 따른 '원본'의 산정에 관하여 위 대법원 2019다222867 판결의 법리가 적용되기 때문에 이 사건 제4토지와 관련하여 피고가 원고들에게 반환해야 할 '원본'의 액수를 계산하면 각 29,276,672원이라는 결론[47]이 도출된다.

그런데 이 사건 원고들이 위와 같이 산정된 '원본'에 관하여 '지연손해금'을 추가로 청구하고 있기 때문에, 위 ㉯ 청구 부분과 관련하여 피고는 이 사건 제4토지와 관련된 가액반환으로 각 29,276,672원 및 이에 대하여 (원고들의 금전청구내용이 최초로 기재된) 2022. 7. 20.자 청구취지 및 청구원인 변경신청서 송달 다음 날인 2022. 7. 21.부터 피고가 그 이행의무의 존재 및 범위에 관하여 항쟁함이 타당한 이 판결 선고일인 2023. 9. 21.까지는 민법이 정한 연 5%, 그 다음 날부터 다 갚는 날까지는 소송촉진 등에 관한 특례법이 정한 연 12%의 각 비율로 계산한 지연손해금을 지급할 의무가 있다는 결론이 도출된다.[48]

---

46) 원고들의 유류분 부족액에 대한 피고의 분담비율은 278,817,000 / 491,296,267인바, 이를 기초로 피고가 원고들에게 반환해야 할 구체적인 분담금액을 계산하면 아래 표 기재와 같다.

원고별 유류분 부족액(원)	반환의무자간 분담비율	피고의 분담금액(원)
54,180,524	278,817,000 / 491,296,267	30,748,149

나아가 피고가 부담하는 원고들의 유류분 부족액을 피고가 증여받은 이 사건 제4, 5토지의 가액에 비례하여 안분하면 다음과 같다.

증여재산	① 상속 개시 당시 가액(원)	② 유류분 부족액에 대한 안분액(원)	반환비율 (② / ①)
이 사건 제4토지	253,407,000	27,945,915	27,945,915 / 253,407,000
이 사건 제5토지	25,410,000	2,802,234	2,802,234 / 25,410,000
합계	278,817,000	30,748,149	

47) 이 사건 제4토지의 상속 개시 당시 가액은 253,407,000원이고, 변론종결일 기준 가액은 265,474,000원이므로, 이를 토대로 이 사건 제4토지와 관련하여 피고가 원고들에게 반환해야 할 돈의 액수를 계산하면 각 29,276,672원(= 27,945,915원×변론종결일 기준 가액 265,474,000원÷상속 개시 당시 가액 253,407,000원)이 된다.

48) 이에 관한 항소심 재판부의 소결론 부분 설시내용: 『피고는 원고들에게 ① 원물반환으로 각 이 사건 제5토지 중 2,802,234 / 25,410,000 지분에 관하여 2022. 7. 20.자 유류분 반환을 원인으로 한 소유권이전등기절차를 이행하고, ② 가액반환으로 각 29,276,672원 및 이에 대하여 2022. 7. 20.자 청구취지 및 청구원인 변경신청서 송달 다음 날인 2022. 7. 21.부터 피고가 그 이행의무의 존재 및 범위에 관하여 항쟁함이 타당한 이 판결 선고일인 2023. 9. 21.까지는 민법이 정한 연 5%, 그 다음 날부터 다 갚는 날까지는 소송촉진 등에 관한 특례법이 정한 연 12%의 각 비율로 계산한 지연손해금을 지급할 의무가 있다.』

4. 마무리

일반 민사소송사건인 유류분반환청구사건에서 원고는 그 스스로의 판단에 의하여 피고를 선택할 수 있다. 실무적으로 원고가 '특정인을 상대로 한 유류분반환청구권의 행사'를 선택하게 되는 원인은 각양각색이기 때문에, 이에 관한 소장을 접수한 법원에서 그 선택의 실질적인 이유를 파악하기는 어렵다. 그런데 일반 민사소송에 적용되는 처분권주의 및 변론주의의 원칙상, 법원은 원고가 선택한 청구 및 주장내용에 대응하여 판단하여야 하고, 그로 인하여 발생하는 법리상 또는 사실상의 이익을 원고가 향유하는 것과 같은 맥락에서, 이로 인한 불이익 역시 원고가 부담하는 것으로 보는 것이 타당하다.

한편, 이 사건과 같이 원고가 제1순위 법정상속인이 아닌 수증자를 상대로 유류분반환청구권을 행사하는 경우 실무적으로 민법 제1114조의 해의(害意)의 요건 등 관련 쟁점에 대하여 심리해야 한다. 또한 헌법재판소가 2010. 4. 29. 위헌법률심판절차에서 심판대상을 특정하는 의미에서 민법 제1113조 제1항에 대하여 행한 잠정적인 해석과 대법원이 2023. 5. 18. 민사소송절차에서 심사기준인 법률의 의미를 확정하는 과정에서 행한 사법적 유권해석의 내용이 상이하기 때문에, 이와 관련된 사법적 유권해석에 관한 일반론, 양자의 법적 성격과 차이점 등에 대해서도 검토할 필요가 있다. 위헌법률심판에 관한 헌법재판소 결정 중 헌법해석에 관한 부분은 사법적 유권해석으로서 선례적 의미가 있는 반면에, 심판대상인 법률에 대한 잠정적인 해석 부분은 선례로서의 의미가 없기 때문이다.

이 사건과 같이 대법원과 헌법재판소의 판례들에 대한 분석 등이 필요한 사안에서, 이러한 검토내용 등이 재판서에 충분히 언급되지 않을 수 있기 때문에, 후속 사건을 담당하는 재판부의 입장에서 선행 사건의 검토내용 등을 쉽게 인식하거나 이를 적절하게 활용하기 어려운 경우가 적지 않다. 이 사건 항소심판결 등이 유사한 쟁점들이 포함된 사건을 담당하는 법률가들에게 다소간의 참고자료가 될 수 있을 것이다.

3

유류분반환청구사건의 특별수익 산정과 대습상속의 법리 등에 관한 쟁점

서울고등법원 2024. 3. 28. 선고 2023나2030285 판결(확정)
– 서울남부지방법원 2023. 6. 23. 선고 2019가합105901 판결

1. 사안의 개요

가. 피상속인: X(1925년생, 2018. 12. 1. 사망, 이하 '망인')

나. 망인의 가족관계 등

1) 망인은 망 A, 피고 B와 C를 자녀로 두었다.

2) 망 A는 원고 A1과 혼인신고를 한 다음 2016. 2. 2. 사망하였고, 그 사이에 원고 A2, A3을 자녀로 두었다(원고들은 대습상속인으로서 망인의 공동상속인이 되었다).

다. 이 사건 유증

1) 망인은 2015. 3. 17. ○○증권 계좌에 연결된 주식, 예수금 등을 포함하여 사망일까지 보유한 일체의 금융자산을 피고에게 유증한다는 내용의 유언공정증서(증서 2015년 제○○호)를 작성하였다.

2) 피고는 그에 따라 망인으로부터 코스피 상장사인 PP 주식회사(이하 'PP'이라 한다)의 주식 191,138주, 주식회사 RR의 주식 52,782주, 예금채권 합계 230,112,746원 및 임대차보증금 반환채권 350,000,000원을 유증받았다.

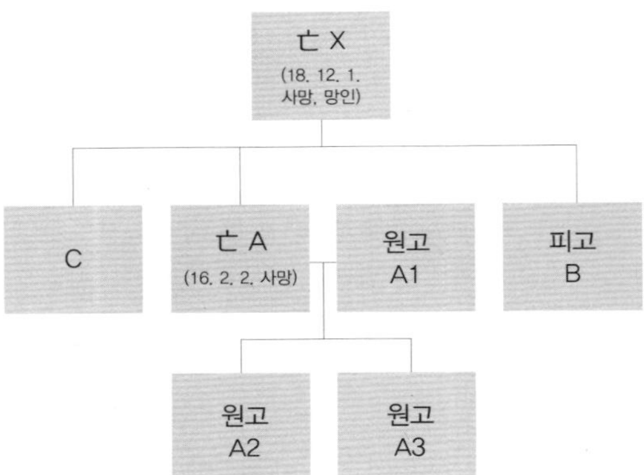

2. 유류분반환청구의 특별수익 산정과 대습상속과의 관계에 관한 이 사건 쟁점들

망 A가 2016. 2. 2. 사망한 이후 망인이 2018. 12. 1. 사망함으로써 원고들이 대습상속한 사안에서,

가. 제1쟁점

대습원인 발생 전에 이루어진 망인의 대습상속인(원고 A1)에 대한 증여를 피대습인(망 A)의 특별수익으로 볼 수 있는 사정이 인정되는지

나. 제2쟁점

대습원인 발생 전에 이루어진 망인의 증여로 인한 피대습인(망 A)의 특별수익을 유류분반환청구사건에서 대습상속인(원고들)의 특별수익으로 볼 수 있는지

3. 제1심과 항소심의 판단

가. 제1심의 판단요지

1) 사실관계

가) 망인의 적극적 상속재산액

망인의 적극적 상속재산(유증재산 포함) 합계액은 3,456,705,318원[1)]

나) 망인 자녀들의 특별수익

⑴ 피고의 특별수익 합계액 6,008,045,758원(= 수증액 2,573,279,706원+수유액 3,456,705,318원)

⑵ C의 특별수익(증여) 합계액 100,435,800원

⑶ 망 A(피대습인)의 직접적인 특별수익(증여) 합계액 844,717,148원(= 162,139,238원+654,004,154원+28,573,756원)

㈎ 현금 162,139,238원

2014. 2. 21. 현금 150,000,000원(상속개시 당시 시가 162,139,238원) 수증

1) 아래에서 보는 바와 같이 항소심에서 인정한 적극적 상속재산의 액수와는 차이가 있는데, 이러한 차이가 '원고들의 유류분 부족액이 존재하지 않는다는 결론'에는 영향을 미치지 않고, 다만 중간단계의 계산과정에서 나타나는 수치만 변동된다.

(나) PP 주식 매수대금 654,004,154원

2005. 4. 18. 41,636,382원+2008. 12. 9. 500,000,000원(상속개시 당시 시가 654,004,154원) 수증

(다) RR 주식 4,920주 가액 28,573,756원

2006. 3. 30. 1주당 4,585원 상당의 RR 주식 4,920주(상속개시 당시 가액 28,573,756원) 수증

다) 망 A의 대습상속인 중 1명인 원고 A1의 수증 합계액 1,018,039,169원

(1) 현금 378,324,889원

2014. 2. 21. 현금 350,000,000원(상속개시 당시 시가 378,324,889원) 수증

(2) 이 사건 각 부동산 지분 가액 639,714,280원

2014. 12. 5., 2015. 11. 25., 2016. 1. 13. 제1 내지 12부동산 중 1/2지분을, 제13, 14부동산 중 1/5 지분을 각 수증하였는데, 그 지분 가액의 합계액은 639,714,280원.

2) 제1쟁점(망인의 원고 A1에 대한 증여를 망 A의 특별수익로 볼 수 있는 사정이 인정되는지)에 대한 판단

가) 쌍방의 주장요지

(1) 피고의 주장요지

망인의 원고 A1(대습상속인)에 대한 증여는 사실상 망 A(피대습인)에게 이루어진 증여와 다를 바 없으므로 망 A의 특별수익으로 보아야 한다.

(2) 원고들의 주장요지

망인의 원고 A1에 대한 증여는 망 A와 관련이 없기 때문에 망 A의 특별수익에 해당하지 않고, 피대습인이 사망하기 전에 대습상속인이 피상속인으로부터 받은 재산은 상속인의 지위에서 증여받은 것이 아니므로 위 증여는 원고 A1의 특별수익에도 해당하지 않는다.

나) 제1심의 판단

(1) 대습상속인이 대습원인의 발생 이전에 피상속인으로부터 증여를 받은 경우 이는 상속인의 지위에서 받은 것이 아니므로 상속분의 선급의 의미를 가지는 특별수익으로 볼 수 없음이 원칙이나(대법원 2014. 5. 29. 선고 2012다31802 판결 참조), 증여의 경위, 증여된 물건의 가치, 성질, 수증자와 관계된 상속인이 실제 받은 이익 등을 고려하여 실질적으로 피상속인으로부터 상속인에게 직접 증여된 것과 다르지 않다고 인정되는 경우에는 상속인의 직계비속, 배우자, 직계존속 등에게 이루어진 증여나 유증도 상속인에 대한 특별수익으로서 이를 고려할 수 있다(대법원 2007. 8. 28.자 2006스3, 4 결정 참조).

(2) 다음과 같은 사정과 망 A과 원고 A1의 관계, 망인이 원고 A1에게 증여한 재산의

가치, 그와 관련하여 망 A가 받은 이익 등을 고려하면, 망인의 원고 A1에 대한 증여는 망 A에 대한 증여와 다르지 않다고 봄이 타당하다.

① 망 A는 2014. 1.경 ○○암 말기 판정을 받았고 그에 따라 각종 수술비와 치료비 등이 필요하게 되었는데, 망인의 원고 A1에 대한 증여는 망 A의 ○○암 말기 판정 이후부터 시작되었으므로, 망인의 위 증여는 망 A에게 치료비 등을 지원하고, 그 가족들에게 경제적 도움을 주기 위한 목적이었던 것으로 보인다.[2] 또한 망인이 망 A에게 직접 재산을 증여할 경우 망 A의 사망시 다시 한번 상속세를 부담해야 하는 문제가 발생할 수 있으므로 위 재산을 망 A의 배우자인 원고 A1 앞으로 증여했다고 볼 여지가 크다.

② 망인은 2016. 1. 13. 원고 A1에게 마지막으로 제12 내지 14부동산 지분을 증여한 뒤 망 A이 2016. 2. 2. 사망하자 그 이후부터는 아무런 재산을 증여하지 않았다.

③ 원고들은, 원고 A1이 망인 소유였던 이 사건 각 부동산 중 일부를 최□□로부터 환수하는 데 도움을 주었기 때문에 망인이 그 공로를 보상하기 위해 원고 A1에게 재산을 증여한 것이라 주장한다. 그러나 망인의 원고 A1에 대한 증여재산 가액은 1,018,039,169원(= 현금 378,324,889원+이 사건 각 부동산 지분 가액 639,714,280원)인데 이는 지나치게 많은 액수일 뿐만 아니라 망인의 아들인 망 A의 수증액(844,717,148원)보다도 크다는 점에서, 설령 원고 A1에게 망인 재산보전의 공로가 인정된다고 하더라도 그와 같은 사정만으로 망인이 이처럼 다액의 재산을 원고 A1에게 증여할 만한 합리적인 이유가 있었다고 보기 어렵다.

④ 따라서 망인의 원고 A1에 대한 증여는 망 A에 대한 증여와 다를 바 없으므로, 이를 망 A의 특별수익으로 고려하여야 하고, 이에 증여재산 가액 합계 1,018,039,169원을 망 A의 특별수익으로 인정한다.

---

2) ㉮ 상속인에 대한 증여는 상속개시일 전 10년까지 증여한 재산을, ㉯ 상속인이 아닌 자에 대한 증여는 상속개시일 전 5년까지 증여한 재산을 각각 상속세 과세가액에 가산하기 때문에(상속세 및 증여세법 제13조 제1항 참조), 망인이 (제1순위 법정상속인인 망 A가 아닌) 원고 A1에게 위와 같이 생전증여를 할 당시에 상속세에 관한 절세의 목적이 있었다고 볼 여지가 있고, 실무적으로 이와 유사한 방식으로 제1순위 법정상속인의 가족들에게 증여하는 사례가 적지 않게 발생한다. 다만, 이 사건에서는 망인이 2014년부터 2016년까지 원고 A1에게 증여를 한 이후 최초 증여일로부터 5년 이내인 2018. 12. 1. 사망함으로써 원고 A1의 수증액 전액이 상속세 과세가액에 가산되기 때문에, 결과적으로 위와 같은 망인의 목적이 달성되지는 않았다고 할 수 있다.

3) 유류분산정의 기초재산의 합계액은 아래 표와 같이 6,681,912,176원임

내용	금액
적극적 상속재산	3,456,705,318원
C에 대한 증여재산액	100,435,800원
망 A에 대한 증여재산액	1,862,756,317원(= 망 A가 직접 증여받은 재산액 844,717,148원+원고 A1 명의로 증여받은 재산액 1,018,039,169원)
피고에 대한 증여재산액	2,573,279,706원
상속채무액	-1,299,993,781원
합계	6,693,183,360원

4) 제2쟁점(망 A의 특별수익을 대습상속인인 원고들의 특별수익으로 볼 수 있는지)에 대한 판단

가) 원고들의 주장요지

망 A(피대습인)가 2016. 2. 2. 사망한 이후 망인이 2018. 12. 1. 사망함으로써 원고들이 대습상속인이 되었는데, 대습원인이 발생하기 전에 망 A가 받은 증여는 원고들의 특별수익에 해당하지 않는다.

나) 법리

민법 제1008조는 공동상속인 중에 피상속인으로부터 재산의 증여 또는 유증을 받은 특별수익자가 있는 경우에 공동상속인들 사이의 공평을 기하기 위하여 그 수증재산을 상속분의 선급으로 다루어 구체적인 상속분을 산정할 때 이를 참작하도록 하려는 데 그 취지가 있다. 피대습인이 생전에 피상속인으로부터 특별수익을 받은 경우 대습상속이 개시되었다고 하여 피대습인의 특별수익을 고려하지 않고 대습상속인의 구체적인 상속분을 산정한다면 대습상속인은 피대습인이 취득할 수 있었던 것 이상의 이익을 취득하게 된다. 이는 공동상속인들 사이의 공평을 해칠 뿐만 아니라 대습상속의 취지에도 반한다. 따라서 피대습인이 대습원인의 발생 이전에 피상속인으로부터 생전 증여로 특별수익을 받은 경우 그 생전 증여는 대습상속인의 특별수익으로 봄이 타당하다(대법원 2022. 3. 17. 선고 2020다267620 판결 참조).

다) 구체적인 판단

피대습인 망 A가 대습원인의 발생 이전에 망인으로부터 증여받은 재산 가액 1,862,756,317원은 대습상속인인 원고들의 특별수익으로 보아야 하고, 이를 원고들의 망 A에 대한 법정상속분으로 나누면 원고 A1에 대하여는 798,324,135원(= 1,862,756,317원×3/7), 원고 A2, A3에 대하여는 각 532,216,090원(= 1,862,756,317원×2/7)이 특별수익에 해당하므로, 원고들의 이 부분 주장은 이유 없다.

5) 제1심의 결론

원고들에게 위 4) 다)항 기재와 같은 각 특별수익이 있고, 이 사건 사실관계를 토대로 하면 원고들의 유류분 부족액이 존재하지 않으므로, 유류분 부족액이 존재함을 전제로 한 원고들의 청구는 이유 없다.

나. 항소심의 판단요지

1) 제1심판결이유를 대부분 인용

아래와 같이 고쳐 쓰거나 추가하는 것을 제외하고는 제1심판결이유를 인용하였다.

2) 항소심의 수정 및 추가 판단부분

가) 망인의 적극적 상속재산액

망인의 적극적 상속재산(유증재산 포함) 합계액은 3,606,705,318원이다.[3)]

나) 제1쟁점에 관한 추가 판단[4)]

따라서 대습원인 발생 전 대습상속인이 피상속인으로부터 증여를 받았다는 사정만으로 대습상속인이 받은 증여를 상속분의 선급의 의미를 가지는 특별수익으로 볼 수는 없지만, 피상속인이 대습원인 발생 전 피대습자의 배우자 또는 직계비속의 지위에 있는 대습상속인에게 직접 증여한 것이 실질적으로 피대습자에게 증여한 것과 다르지 않다고 인정된다면, 대습상속인이 된 피대습자의 직계비속 또는 배우자에 대한 증여도 피대습자에 대한 상속분의 선급으로서의 특별수익으로 고려할 수 있다.

다) 유류분산정의 기초재산의 합계액은 아래 표와 같이 6,843,183,360원임

내용	금액
적극적 상속재산	3,606,705,318원
C에 대한 증여재산액	100,435,800원
망 A에 대한 증여재산액	1,862,756,317원(망 A가 직접 증여받은 재산액 844,717,148원＋원고 A1 명의로 증여받은 재산액 1,018,039,169원)
피고에 대한 증여재산액	2,573,279,706원
상속채무액	－ 1,299,993,781원
합계	6,843,183,360원

3) 민○○에 대한 항소심 사실조회 결과에 의하여 망인의 민○○에 대한 대여금 채권 150,000,000원이 추가로 확인되었고, 이에 따라 망인의 유증재산이 150,000,000원 증가하였다(항소심 인정 적극적 상속재산 3,606,705,318원＝제1심 인정금액 3,456,705,318원＋위 150,000,000원). 그런데 위와 같은 상속재산의 증가는 원고들의 유류분 부족액이 존재하지 않는다는 결론에는 영향을 미치지 않고, 다만 아래와 같이 중간단계의 계산과정에서 나타나는 수치만 변동된다.

4) 위 가. 2) 나) ⑴ 기재 대법원 2012다31802 판결과 대법원 2006스3, 4 결정의 각 판시내용을 인용한 부분 아래에 다음과 같은 내용을 추가하였다.

라) 항소심의 결론

원고들에게 위 가. 4) 다)항 기재와 같은 각 특별수익이 있고, 이 사건 사실관계를 토대로 하면 원고들의 유류분 부족액이 존재하지 않으므로, 유류분 부족액이 존재함을 전제로 한 원고들의 청구는 이유 없다.

4. 검토

가. 우리 민법 관련 규정

『제1004조(상속인의 결격사유) 다음 각 호의 어느 하나에 해당한 자는 상속인이 되지 못한다.

1. 고의로 직계존속, 피상속인, 그 배우자 또는 상속의 선순위나 동순위에 있는 자를 살해하거나 살해하려한 자
2. 고의로 직계존속, 피상속인과 그 배우자에게 상해를 가하여 사망에 이르게 한 자
3. 사기 또는 강박으로 피상속인의 상속에 관한 유언 또는 유언의 철회를 방해한 자
4. 사기 또는 강박으로 피상속인의 상속에 관한 유언을 하게 한 자
5. 피상속인의 상속에 관한 유언서를 위조·변조·파기 또는 은닉한 자

제1008조(특별수익자의 상속분) 공동상속인 중에 피상속인으로부터 재산의 증여 또는 유증을 받은 자가 있는 경우에 그 수증재산이 자기의 상속분에 달하지 못한 때에는 그 부족한 부분의 한도에서 상속분이 있다.

제1113조(유류분의 산정) ① 유류분은 피상속인의 상속개시시에 있어서 가진 재산의 가액에 증여재산의 가액을 가산하고 채무의 전액을 공제하여 이를 산정한다.

제1114조(산입될 증여) 증여는 상속개시전의 1년간에 행한 것에 한하여 제1113조의 규정에 의하여 그 가액을 산정한다. 당사자 쌍방이 유류분권리자에 손해를 가할 것을 알고 증여를 한 때에는 1년 전에 한 것도 같다.

제1115조(유류분의 보전) ① 유류분권리자가 피상속인의 제1114조에 규정된 증여 및 유증으로 인하여 그 유류분에 부족이 생긴 때에는 부족한 한도에서 그 재산의 반환을 청구할 수 있다.

② 제1항의 경우에 증여 및 유증을 받은 자가 수인인 때에는 각자가 얻은 유증가액의 비례로 반환하여야 한다.

제1118조(준용규정) 제1001조, 제1008조, 제1010조의 규정은 유류분에 이를 준용한다.』

나. 대습상속과 관련된 특별수익 인정 여부에 대한 전반적 검토

1) 우리 대법원은 대습원인 발생 전에 피상속인이 피대습인에게 증여한 사안(아래 표 ①)에 대해서는 피대습인의 특별수익에 해당한다는 취지로 판단한 반면에(위 대법원 2020다267620 판결 참조), 대습원인이 발생하기 이전에 피상속인이 대습상속인에게 증여한 사안(아래 표 ②)의 경우, 이는 상속인의 지위에서 받은 것이 아니므로 상속분의 선급으로 볼 수 없고, 만일 그렇지 않고 이를 상속분의 선급으로 보게 되면, 피대습인이 사망하기 전에 피상속인이 먼저 사망하여 상속이 이루어진 경우에는 특별수익에 해당하지 아니하던 것이 피대습인이 피상속인보다 먼저 사망하였다는 우연한 사정으로 인하여 특별수익으로 되는 불합리한 결과가 발생하므로, 대습상속인의 특별수익에 해당하지 않는다고 판단하였다(위 대법원 2012다31802 판결).

2) 한편, 대습원인(민법 제1004조의 상속결격사유)이 발생한 이후에 피상속인이 피대습인(상속결격자)에게 직접 증여를 한 사안(아래 표 ③)에서는 상속인의 지위에서 수증한 것이 아니므로 특별한 사정이 없는 한 특별수익에 해당하지 않는다고 판단한 반면에(대법원 2015. 7. 17.자 2014스206, 207 결정), 대습원인 발생 후 피상속인이 대습상속인에게 증여한 사안(아래 표 ④)의 경우 이는 추정상속인에 대한 상속분의 선급으로서 특별수익에 해당한다는 점에 대하여 학설상 이견이 없고, 실무[5]도 통설과 같은 입장을 취하고 있다.

증여시기	대습원인 발생 전		대습원인 발생 후	
수증자	① 피대습인	② 대습상속인	③ 피대습인	④ 대습상속인
특별수익 여부	O	X	X	O

다. 제1쟁점(망인의 원고 A1에 대한 증여를 망 A의 특별수익으로 볼 수 있는 사정이 인정되는지)에 대한 검토

1) 제1순위 법정상속인(추정상속인)의 특별수익 산정

가) 제1순위 법정상속인에 대한 증여와 그 이외의 사람에 대한 증여의 차이점

유류분에 관한 민법 제1114조는 "증여는 상속개시전의 1년간에 행한 것에 한하여 제1113조의 규정에 의하여 그 가액을 산정한다. 당사자 쌍방이 유류분권리자에 손해를 가할 것

5) 아래 표 ④ 실무사례의 사실관계 등에 관하여는, 피상속인의 아들이 사망한 이후 그 배우자(피상속인의 며느리)가 피상속인으로부터 증여받은 돈은 대습원인이 발생한 후에 대습상속인이 수증한 것이므로 상속분의 선급으로서 그 대습상속인의 특별수익이 된다고 판단한 서울고등법원 2022. 10. 27. 선고 2022나2006049 판결 및 이에 대한 해설(Ⅱ. [2] 1. 유류분반환청구사건 중 생전 증여 관련 쟁점들) 등 참조.

을 알고 증여를 한 때에는 1년전에 한 것도 같다."라고 규정하고 있지만, 유류분에 관한 민법 제1118조에 따라 준용되는 민법 제1008조는 '특별수익자의 상속분'에 관하여 "공동상속인 중에 피상속인으로부터 재산의 증여 또는 유증을 받은 자가 있는 경우에 그 수증재산이 자기의 상속분에 달하지 못한 때에는 그 부족한 부분의 한도에서 상속분이 있다."라고 규정하고 있다. 이에 관하여 대법원은 공동상속인 중에 피상속인으로부터 재산의 생전 증여로 민법 제1008조의 특별수익을 받은 사람이 있으면 민법 제1114조가 적용되지 않으므로, 그 증여가 상속개시 1년 이전의 것인지 여부 또는 당사자 쌍방이 유류분권리자에 손해를 가할 것을 알고서 하였는지 여부와 관계없이 증여를 받은 재산이 유류분 산정을 위한 기초재산에 포함된다는 입장을 취하고 있다(대법원 1995. 6. 30. 선고 93다11715 판결, 대법원 1996. 2. 9. 선고 95다17885 판결, 대법원 2021. 8. 19. 선고 2017다230338 판결 등 참조).

이러한 대법원 판례를 토대로 하면, 피상속인이 제1순위 법정상속인(추정상속인)에게 상속분의 선급에 해당하는 생전 증여를 한 경우, 그 증여시기와 관계없이 모두 특별수익으로 보아야 하는 반면에, 그 이외의 사람에 대한 증여의 경우 민법 제1114조의 요건이 충족되는 경우에 한정하여 특별수익으로 인정될 수 있으므로, 양자 사이에 실질적인 차이가 발생한다.[6)]

망인은 대습원인 발생 전에 제1순위 법정상속인인 망 A와 그 배우자인 원고 A1에게 생전 증여를 하였는데, 이 사건에서는 원고 A1의 수증재산의 법적 성격을 어떻게 볼 것인지가 실질적인 쟁점이 되었다. 망인이 원고 A1에게 증여한 재산에 관하여, ① 그 재산이 바로 (제1순위 법정상속인이 아닌) 원고 A1의 특별수익에 해당하는지를 검토하는 경우와 ② 그 재산이 망 A의 특별수익에 합산된다고 볼 수 있는지를 검토하는 경우를 비교해 보면, 양자의 특별수익의 산정이나 가액 등이 달라질 수 있기 때문이다.

나) 특별수익의 귀속주체에 관한 일반 원칙(개별 수증자 내지 개별 상속인을 기준으로)

특별수익의 귀속주체에 관한 민사법 일반이론에 의하면, 해당 법률관계는 개별 수증자 내지 상속인을 기준으로 법률관계를 검토해야 한다.[7)]

---

6) 이에 관한 상세한 내용은 서울고등법원 2023. 7. 25.자 2022브2136, 2137 결정 및 이에 대한 해설(Ⅱ. [6] 1. 상속재산분할사건의 특별수익 산정과 세무조사 및 과세처분의 상관관계 등에 관하여), 서울고등법원 2023. 9. 21. 선고 2023나2026019 판결과 이에 대한 해설(Ⅱ. [3] 2. 유류분반환청구권의 상대방 선정과 특별수익 가액의 산정 등에 관한 헌법적·법률적 쟁점), 서울고등법원 2023. 10. 19. 선고 2022나2040001 판결과 이에 대한 해설(Ⅱ. [5] 1. 유류분반환청구사건에 관한 국제사법, 민법 및 조세법에 관한 비교법적 쟁점 등) 등 참조.

7) 이에 관한 상세한 내용은 위 서울고등법원 2023나2026019 판결과 이에 대한 해설(Ⅱ. [3] 2. 유류분반환청구권의 상대방 선정과 특별수익 가액의 산정 등에 관한 헌법적·법률적 쟁점), 위 서울고등법원 2022나2040001 판결과 이에 대한 해설(Ⅱ. [5] 1. 유류분반환청구사건에 관한 국제사법, 민법 및 조세

예컨대, 이 사건에서 망인의 자녀인 피고 B나 C가 수증·수유한 재산은 모두 각자의 특별수익에 해당한다는 점에 대해서는 제1심과 항소심의 판단이 일치하였는데, 이러한 판단은 위와 같은 민사법 일반이론에 따른 것이다.

다) 특별수익의 귀속주체가 제1순위 법정상속인인 경우에 관한 예외적 법리

(1) 우리 대법원 판례의 입장

제1순위 법정상속인이 특별수익의 귀속주체가 되는 경우에 관하여, 위 대법원 2006스3, 4 결정 등은 민사법 일반이론에서 출발하면서도 법 해석을 통하여 이에 관한 예외를 인정하고 있다.

즉, 상속분의 산정에서 증여 또는 유증을 참작하게 되는 것은 원칙적으로 상속인이 증여 또는 유증을 받은 경우에만 발생하고, 그 상속인의 직계비속, 배우자, 직계존속이 증여 또는 유증을 받은 경우에는 그 상속인이 반환의무를 지지 않는다고 할 것이나, 증여 또는 유증의 경위, 증여나 유증된 물건의 가치, 성질, 수증자와 관계된 상속인이 실제 받은 이익 등을 고려하여 실질적으로 피상속인으로부터 상속인에게 직접 증여된 것과 다르지 않다고 인정되는 경우에는 상속인의 직계비속, 배우자, 직계존속 등에게 이루어진 증여나 유증도 상속인의 특별수익으로 고려할 수 있다는 것이 위 대법원 2006스3, 4 결정의 입장이다. 이는 특별수익의 산정과 관련하여 공동상속인들 사이의 형평성과 구체적인 타당성을 함께 고려해야 한다는 취지로 볼 수 있다.[8][9]

(2) 일본의 학설과 실무에 대한 비교법적 검토[10]

(가) 일본 민법상 상속인의 가족에 대한 증여에 대한 하급심 판례와 학설 등

특별수익자의 상속분에 관한 일본 민법 제903조 제1항, 제2항과 관련하여,[11] 일본 하급

법에 관한 비교법적 쟁점 등) 및 서울고등법원 2024. 4. 18. 선고 2023나2047627 판결과 이에 대한 해설(Ⅱ. [3] 4. 유류분반환청구에 관한 특별수익의 범위, 소송형태와 유류분반환방법 등에 관한 쟁점) 참조.

8) 위와 같은 예외적 법리는 특별수익의 귀속주체가 '추정상속인'인 모든 사안에서 적용되는 것이지만, 실무적으로 '제1순위 법정상속인'이 '추정상속인'으로서 유류분반환청구의 상대방이 되는 경우가 일반적인데, 이러한 일반적인 사안에 대하여는 위 서울고등법원 2023나2026019 판결 및 이에 대한 해설(Ⅱ. [3] 2. 유류분반환청구권의 상대방 선정과 특별수익 가액의 산정 등에 관한 헌법적·법률적 쟁점) 참조.

9) 실무에서는 상속인의 배우자, 직계비속이 피상속인으로부터 증여를 받은 경우 이를 상속인의 특별수익으로 보아 구체적 상속분을 산정함에 참작하는 사례가 오히려 다수라고 할 수 있다. 법원실무제요 가사(Ⅱ), 사법연수원(2021), 1610 참조.

10) 일본의 유류분제도의 전반적인 내용에 관하여는 사법정책연구원, 「각국의 상속재산분할, 기여분, 유류분제도」, (2022), 293－309, 314－347 참조.

11) 현행 일본 민법[평성 30년(2018년) 7월 13일 법률 제72호로 개정된 것] 제903조(특별수익자의 상속분) ① 공동상속인 중 피상속인부터 유증을 받거나 또는 혼인이나 양자입양을 위하여 또는 생계의 자본으로서 증여를

심법원에서 '피상속인이 상속인이 아닌 그 배우자에게 증여를 한 사안에서, 증여의 경위, 증여된 물건의 가치, 성질 등을 고려하여 그 실질이 상속인에게 직접 증여된 것과 다르지 않다고 인정되는 경우에는 상속인의 배우자에게 받은 증여라도 상속인의 특별수익으로 본다.'는 취지로 판시한 사례가 있고, 일본의 주석서 기재 내용도 이러한 하급심 판례를 지지하고 있다.[12)]

(나) 우리나라와 일본의 실무에 대한 구체적인 비교

앞서 본 바와 같이 특별수익자의 상속분에 관한 우리 민법 제1008조와 일본 민법 제903조 제1항, 제2항 등의 규정 내용이 유사하고, 상속재산분할의 특별수익 인정에 관하여 예외적 법리가 적용될 수 있다고 판시한 일본의 일부 하급심 판례나 주석서의 기재 내용 역시 특별수익 인정과 관련하여 공동상속인들 사이의 형평성과 구체적인 타당성을 함께 고려해야 한다는 취지로 볼 수 있으므로, 이는 우리 대법원 판례와 실질적으로 유사한 입장임을 알 수 있다.

다만, 일본의 경우 엇갈리는 하급심 판례 중에서 유력한 학설이 예외적 법리를 인정한 사례의 입장을 지지하고 있는 반면에, 우리나라의 경우 최고법원인 대법원에서 위 대법원 2006스3, 4 결정을 통하여 명시적으로 예외적 법리를 인정하는 판단을 한 다음 이에 따른 상속재산분할청구사건의 실무가 확립되었다는 점에서 양국의 실무에 다소간의 차이가 있다고 볼 수는 있다.

(3) 유류분반환의 특별수익 인정과 관련하여 상속재산분할의 특별수익 인정에 관한 위 대법원 2006스3, 4 결정의 예외적 법리를 준용할 수 있는지

(가) 유류분반환에 관한 준용규정인 민법 제1118조는 '상속재산분할의 특별수익자의 상속

받은 자가 있는 때에는 피상속인이 상속개시시에 가지고 있는 재산의 가액에 그 증여의 가액을 더한 것을 상속재산으로 보고, 제900조부터 제902조까지의 규정에 따라 산정한 상속분 중에서 그 유증 또는 증여의 가액을 공제하여 그 잔액으로써 그 사람의 상속분으로 한다.

② 유증 또는 증여의 가액이 상속분의 가액과 같거나 또는 이를 초과할 때에는 수유자 또는 수증자는 그 상속분을 받을 수 없다.

③ 피상속인이 전 2항의 규정과 다른 의사를 표시한 때에는 그 의사에 따른다.

④ 혼인기간이 20년 이상인 부부의 일방인 피상속인이 타방 배우자에 대하여 거주용도로 제공하는 건물 또는 그 부지를 유증 또는 증여를 한 때에는, 당해 피상속인은 그 유증 또는 증여에 관하여 제1항의 규정을 적용하지 아니하는 취지의 의사를 표시한 것으로 추정한다.

12) 片岡 武·管野 眞一, 「第4版 家庭裁判所における遺産分割·遺留分の実務」, 日本加除出版株式會社(2022), 265에서 인용하고 있는 ① 福島家庭裁判所 白河支部, 昭和 55年(1980년) 5. 24. 審判, 家庭裁判月報 33卷 4号 75頁 참조. 한편, 新注釈民法(19), 相続(1), 有斐閣(2023), 314는 일본 하급심 심판 중 위 ①과 같은 예외적 법리를 인정한 사례와 ② 예외적 법리를 부정한 사례[東京家庭裁判所, 平成 21年(2010년) 1. 30. 審判, 家庭裁判月報 62卷 9号 62頁]를 모두 인용한 다음, 상속인이 아닌 사람의 수익이 상속인의 수익과 동일시할 수 있는 경우에는 상속인의 특별수익으로 볼 수 있다고 주장하고 있는데, 이는 위 ① 예외적 법리를 인정한 사례의 입장과 같은 취지이다.

분'에 관한 제1108조를 준용하고 있다. 이론적으로 그 준용의 의미나 범위 등에 관하여 견해의 대립이 발생할 여지가 있지만, 우리 실무는 10여 년 전부터 현재까지 유류분반환청구사건에서도 위 대법원 2006스3, 4 결정의 예외적 법리를 준용하여 특별수익 인정 여부를 판단하여 왔다.[13)]

실무에서는 위 대법원 2006스3, 4 결정의 예외적 법리가 유류분반환청구사건에 준용됨을 전제로 한 다음, 개별 사안별로 피상속인이 상속인의 가족에게 증여한 것이 실질적으로 피상속인으로부터 상속인에게 직접 증여된 것과 다르지 않다고 인정되는지를 실질적인 쟁점으로 파악하고 있는데, 구체적인 심리 결과에 따라서 ① 예외적 법리의 적용 요건이 충족된다고 긍정한 사례가 다수 있는 반면에,[14)] ② 해당 사안의 사실관계가 예외적 법리의 적용 요건을 충족시키지 못한다고 판단한 사례도 적지 않다.[15)]

유류분반환청구사건에서 공동상속인의 지위에 있는 '유류분반환청구권자'의 특별수익 산정에 대해서만 위 대법원 2006스3, 4 결정의 예외적 법리가 적용되는 것은 아니고, '유류분반환의무자'의 특별수익 산정 과정에서도 위 예외적 법리의 적용 여부가 쟁점이 될 수 있다. 즉, 위 대법원 2006스3, 4 결정의 예외적 법리는 쌍방 당사자 모두에게 적용되는 것이기 때문에, 그 법리의 적용 자체만으로 어느 한쪽에 유리한 것이라고 볼 수는 없고, 개별 사안별

13) 특히 서울고등법원 2016. 12. 1. 선고 2012나94768 판결은 이에 관하여, "피고들은, 유류분반환에 있어서는 상속재산분할의 경우와 달리 위와 같은 직계비속, 배우자의 수증재산이 상속인의 특별수익으로 인정되어서는 안 된다는 취지로 주장하나, 민법 제1118조에서 민법 제1008조를 아무런 제한 없이 준용하고 있는 점 등에 비추어 보면 유류분반환에 있어서도 같은 법리가 적용된다고 할 것이므로, 위 주장은 받아들이지 않는다."라고 판시함으로써 위 대법원 2006스3, 4 결정의 예외적 법리가 유류분반환청구사건에서도 준용된다는 명시적인 판단을 하였다.

14) ① 예외적 법리의 적용 요건 인정 사례: 서울고등법원 2009. 9. 8. 선고 2008나85521, 2008나85538 판결(확정), 서울고등법원 2011. 12. 29. 선고 2011나24823 판결(확정), 서울고등법원 2016. 12. 1. 선고 2012나94768 판결(확정), 서울고등법원 2014. 5. 22. 선고 2013나79353 판결(확정), 서울고등법원 2015. 3. 17. 선고 2013나2031340 판결(확정), 서울고등법원 2017. 7. 7. 선고 2015나2071168 판결(확정), 서울고등법원 2018. 12. 21. 선고 2017나2061462 판결[대법원 2019. 5. 10.자 2019다205909 판결(심리불속행 상고기각)], 서울고등법원 2018. 5. 30. 선고 2018나2009119 판결(확정), 서울고등법원 2018. 11. 23. 선고 2018나2026855 판결(확정), 서울고등법원 2021. 4. 9. 선고 2019나2048845 판결[대법원 2021. 8. 19.자 2021다232416 판결(심리불속행 상고기각)], 서울고등법원 2021. 9. 16. 선고 2020나2047008 판결(확정), 서울고등법원 2022. 10. 13. 선고 2021나2052700 판결(확정), 서울고등법원 2023. 5. 4. 선고 2021나2027414 판결[대법원 2023. 7. 27.자 2023다239879 판결(심리불속행 상고기각)], 서울고등법원 2023. 9. 21. 선고 2023나2023102 판결[대법원 2024. 3. 14.자 2023다300207 판결(심리불속행 상고기각)], 서울고등법원 2024. 2. 15. 선고 2023나2001799 판결(확정) 등 참조.

15) ② 예외적 법리의 요건 부정 사례: 서울고등법원 2013. 1. 10. 선고 2011나82799, 2011나82805 판결[대법원 2013. 5. 9.자 2013다14927 판결(심리불속행 상고기각)], 서울고등법원 2017. 9. 8. 선고 2015나2043200 판결[대법원 2018. 6. 15. 선고 2017다267613 판결(상고기각)], 서울고등법원 2016. 8. 24. 선고 2016나891 판결[대법원 2017. 1. 12.자 2016다41708 판결(심리불속행 상고기각)], 서울고등법원 2018. 10. 17. 선고 2017나2065297 판결[대법원 2019. 3. 14.자 2018다295707 판결(심리불속행 상고기각)], 서울고등법원 2020. 1. 15. 선고 2018나2059930, 2018나2059947 판결(확정) 등 참조.

로 인정되는 사실관계에 따라 유·불리가 달라질 수 있다.[16)]

(나) 일본의 실무도 상속재산분할청구의 특별수익 인정 여부에 관한 예외적 법리를 유류분반환청구의 특별수익 산정 등에 적용하고 있는 것으로 보인다.[17)]

라) 위 대법원 2006스3, 4 결정의 예외적 법리와 관련된 구체적인 검토

(1) 원고들은 이 사건에서 망인의 원고 A1에 대한 증여는 배우자인 망 A와 관련이 없으므로 망 A의 특별수익에 해당하지 않는다고 주장하였는데, 이는 위 대법원 2006스3, 4 결정의 예외적 법리가 적용될 수 있는 요건이 충족되지 않는다는 취지의 주장이다.

(2) 그러나 위 3. 가. 2) 나) (2) 기재와 같은 사정들을 비롯한 이 사건 사실관계를 토대로 하는 경우 위와 같은 예외적 법리의 적용 요건이 인정된다고 봄이 타당하므로, 항소심에서는 이 부분에 관한 제1심판단을 그대로 인용하여 원고들의 위 주장을 배척하였다.

2) 대습상속에 관한 위 대법원 2012다31802 판결과 특별수익 인정의 예외적 법리에 관한 위 대법원 2006스3, 4 결정의 조화 문제

가) 원고들의 주장요지

대습원인 발생 이전에 대습상속인이 피상속인으로부터 받은 재산은 상속인의 지위에서 증여받은 것이 아니므로, 망인의 원고 A1에 대한 증여는 원고 A1의 특별수익에 해당하지 않는다.

나) 검토

만일 대습상속에 관한 위 대법원 2012다31802 판결의 법리만 이 사건에 적용된다고 보는 경우, 원고들의 주장과 같이 피대습인 망 A가 사망하기 전에 원고 A1이 망인으로부터 수증한 것은 상속인의 지위에서 받은 것이 아니므로 이를 특별수익에서 제외해야 한다고 볼 여지가 있다.

---

16) 예컨대, 이 사건의 경우 유류분반환청구권자인 원고들의 특별수익 산정에 대해서만 위 대법원 2006스3, 4 결정의 예외적 법리가 적용되었지만, 이는 피고들의 가족들이 망인으로부터 수증한 재산의 성격 등이 실질적 쟁점이 되지 않았기 때문이다. 반면에, 피상속인의 자녀들이 공동상속인이 된 위 서울고등법원 2022나2040001 판결(확정)에서 법원은 ① 유류분반환청구권자인 원고의 자녀들(피상속인의 손자들)이 피상속인으로부터 수증한 재산을 원고의 특별수익과 동일시할 수 있고, ② 유류분반환의무자인 피고들의 자녀들(피상속인의 외손자들)이 피상속인으로부터 수증한 재산도 피고들의 특별수익과 마찬가지로 볼 수 있다고 판단하면서 쌍방 당사자 모두에 대하여 위 대법원 2006스3, 4 결정의 예외적 법리를 적용하여 특별수익을 인정하였는데, 그 사실관계에 대하여는 위 서울고등법원 2022나2040001 판결 및 이에 대한 해설(Ⅱ. [5] 1. 유류분반환청구사건에 관한 국제사법, 민법 및 조세법에 관한 비교법적 쟁점 등) 참조.

17) 片岡 武·管野 眞一(2022), 264－267 참조.

그러나 이 사건에 위 대법원 2012다31802 판결의 법리만 적용되는 것은 아니고, 특별수익 인정의 예외적 법리에 관한 위 대법원 2006스3, 4 결정의 법리가 함께 적용되어야 하므로, 양자를 조화롭게 해석함이 타당하다.

항소심 재판부는 이러한 취지를 분명히 하기 위하여, 위 대법원 2012다31802 판결과 대법원 2006스3, 4 결정의 각 판시내용 인용한 부분 아래에 "따라서 대습원인 발생 전 대습상속인이 피상속인으로부터 증여를 받았다는 사정만으로 대습상속인이 받은 증여를 상속분의 선급의 의미를 가지는 특별수익으로 볼 수는 없지만, 피상속인이 대습원인 발생 전 피대습자의 배우자 또는 직계비속의 지위에 있는 대습상속인에게 직접 증여한 것이 실질적으로 피대습자에게 증여한 것과 다르지 않다고 인정된다면, 대습상속인이 된 피대습자의 직계비속 또는 배우자에 대한 증여도 피대습자에 대한 상속분의 선급으로서의 특별수익으로 고려할 수 있다."라는 판시 부분을 추가한 다음,[18] 이 부분에 관한 제1심의 판단을 그대로 유지하였다.

3) 제1쟁점에 관한 소결론

위와 같은 이유로 원고 A1의 수증재산을 피대습인인 망 A의 특별수익에 합산된다고 보는 경우, 망인이 생전에 ① 피대습인인 망 A에게 증여한 재산의 가액 844,717,148원과 ② 피대습인의 배우자인 원고 A1에게 증여한 재산의 가액 1,018,039,169원을 합산한 1,862,756,317원(= 844,717,148원+1,018,039,169원)을 망 A의 특별수익으로 볼 수 있다.

라. 제2쟁점(망 A의 특별수익을 대습상속인인 원고들의 특별수익으로 볼 수 있는지)에 대한 검토

1) 원고들의 주장요지

망 A(피대습인)가 2016. 2. 2. 사망한 이후 망인이 2018. 12. 1. 사망함으로써 원고들이 망인의 대습상속인이 되었는데, 대습원인이 발생하기 전에 망 A가 받은 증여는 원고들(대습상속인)의 특별수익에 해당하지 않는다.

2) 검토

위 가. 내지 다.항과 같은 이유로 제1쟁점과 관련하여 망 A의 특별수익을 1,862,756,317원으로 산정하는 경우, 제2쟁점에 관하여는 위 대법원 2020다267620 판결 법리의 적용 문제만 남게 된다.

---

18) 망인이 원고 A1에게 증여한 재산의 경우, 원고 A1이 그 상속인의 지위에서 받은 것이 아니므로 이를 바로 원고 A1에 대한 상속분의 선급이라고 볼 수는 없지만, 위 대법원 2006스3, 4 결정의 예외적 법리 적용 요건이 충족되는 경우 이를 피대습자인 망 A의 특별수익으로 볼 수 있음을 분명히 한 것이다.

그런데 위 대법원 2020다267620 판결을 토대로 하는 경우, 피대습인 망 A가 대습원인의 발생 이전 망인으로부터 수증한 재산 가액 1,862,756,317원은 대습상속인인 원고들의 특별수익으로 보아야 하고, 이를 원고들의 망 A에 대한 법정상속분으로 나누면 원고 A1에 대하여는 798,324,135원(= 1,862,756,317원×3/7), 원고 A2, A3에 대하여는 각 532,216,090원(= 1,862,756,317원×2/7)이 되므로, 이와 다른 전제에 기초한 원고들의 주장은 이유 없다.

마. 이 사건 제1심 및 항소심의 결론에 관하여

원고들에게 위와 같은 각 특별수익이 있고, 이 사건 사실관계를 토대로 하면 원고들의 유류분 부족액이 존재하지 않는다. 따라서 유류분 부족액이 존재함을 전제로 한 원고들의 청구를 기각한 이 사건 제1심 및 항소심의 결론은 타당하다고 생각한다.

5. 마무리

유류분반환과 관련하여 공동상속인들의 특별수익을 어느 범위까지 인정할 것인지는 유류분산정의 기초재산의 산정 및 각 당사자의 유류분 부족액 등을 좌우하는 핵심적인 내용이다. 그런데 추정상속인의 사망 또는 상속결격 등으로 인하여 대습상속인이 공동상속인이 되는 사안에서 특별수익 산정에 관한 예외적 법리의 적용 여부가 쟁점이 되는 경우, 관련 쟁점들을 단계적으로 정리할 필요가 있다. 앞서 본 바와 같이 단계별로 해당 가액들을 순차적으로 계산한 다음, 그다음 단계로 넘어가서 관련 쟁점을 검토해야 하기 때문이다.

이 사건과 같이 유류분반환의 특별수익 및 대습상속에 대한 법리 검토와 판례 분석 등이 필요한 경우, 이러한 검토 내용 등이 재판서에 충분히 언급되지 않을 수 있으므로, 후속 사건을 담당하는 재판부의 입장에서 선행 사건의 검토 내용 등을 쉽게 인식하거나 이를 적절하게 활용하기 어려운 경우가 적지 않다. 항소심 재판부의 이 사건 판결은 유사한 쟁점들이 포함된 사건을 담당하는 법률가들에게 다소간의 참고자료가 될 수 있을 것이다.

4

유류분반환청구에 관한 특별수익의 범위, 소송형태와 유류분반환방법 등에 관한 쟁점

서울고등법원 2024. 4. 18. 선고 2023나2047627 판결(확정)
- 서울동부지방법원 2023. 9. 14. 선고 2022가합106161 판결

1. 사안의 개요

가. 피상속인 : Y(1924년생, 2021. 3. 29. 사망, 이하 '망인')

나. 망인의 가족관계 등

1) 망인은 1956. 5. 28. 망 X(1997. 5. 9. 사망)와 혼인신고를 하고, 그 사이에 망 C, 원고 A와 E, F, 피고 D 및 원고 B를 자녀로 두었다.

2) 망 C는 원고 C1과 혼인신고를 한 다음 2020. 5. 29. 사망하였고, 그 사이에 C2, C3을 자녀로 두었다.

3) 피고들은 1992. 10. 26. 혼인신고를 한 법률상 부부이다.

4) 망인은 2021. 3. 29. 사망하였다.

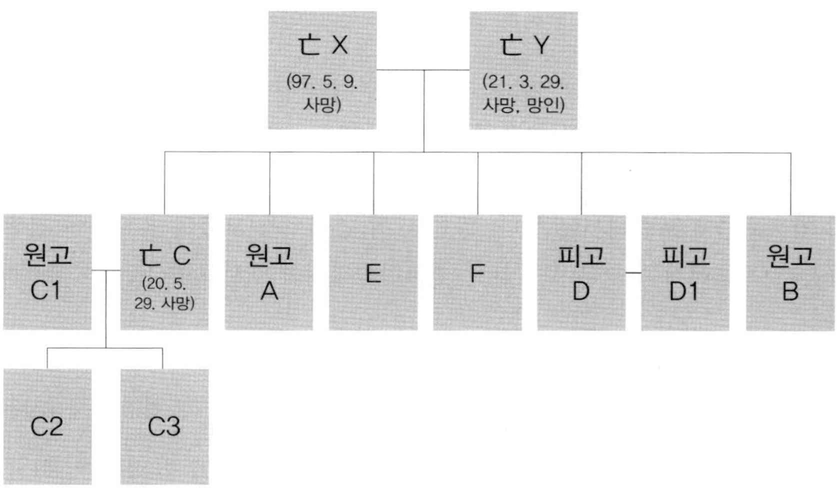

다. 망인의 화양동 부동산 및 논산시 부동산 증여

1) 망인은 2013. 6. 14. 피고들(D, D1)에게 '화양동 부동산' 중 각 1/2 지분에 관하여 2013. 6. 13. 증여를 원인으로 한 소유권이전등기를 마쳐주었다.

2) 망인은 2017. 5. 15. 원고 B에게 '논산시 부동산'에 관하여 2017. 5. 11. 증여를 원인으로 한 소유권이전등기를 마쳐주었다.

라. C2, C3의 원고 C1에 대한 유류분반환청구권 양도

C2, C3는 2021. 6. 23. 망인의 사망으로 피고들에 대하여 발생한 유류분반환청구권을 포함한 일체의 상속권을 원고 C1에게 양도하였고, C2, C3로부터 양도통지 권한을 위임받은 원고 C1은 그 무렵 피고들에 대하여 이를 통지하였다.

2. 이 사건 쟁점들

가. 피고들이 각각 수증한 화양동 부동산 중 각 1/2지분의 특별수익 해당 여부 (제1쟁점)

1) 원고들의 주장요지

가) 망인의 피고 D1에 대한 증여는 망인의 제1순위 법정상속인 피고 D(D1의 배우자)의 특별수익에 해당하므로, 망인의 피고들에 대한 위 증여로 원고들의 유류분이 침해되었다. 그러므로 선택적으로 원고들에게 ① 피고 D는 원고들의 유류분 부족분 전체를 원물반환하거나(이하 '제1 주위적 청구'라 한다), ② 피고들이 원고들의 유류분 부족분을 각자 증여받은 지분에 비례하여 원물반환하여야 한다(이하 '제2 주위적 청구'라 한다).[1)]

나) 설령 피고 D1에 대한 증여가 피고 D의 특별수익에 해당하지 않는다고 하더라도, 피고 D1은 망인으로부터 수증 당시 유류분권리자인 원고들에 손해를 가할 것을 알고 증여를 받았으므로, 피고 D1이 수증한 화양동 부동산 중 1/2지분은 피고 D1의 특별수익으로서 유류분 산정의 기초재산에 포함되어야 한다. 망인의 위 증여로 원고들의 유류분이 침해되었으므로 피고들은 원고들에게 유류분 부족분을 원물반환하여야 한다(이하 '예비적 청구'라 한다).[2)]

---

1) 이 사건 항소심은 원고들의 제1 주위적 청구를 인용한 다음, 제2 주위적 청구에 대해서는 판단하지 않았으므로, 아래에서는 제1 주위적 청구를 중심으로 하여 검토한다.
2) 원고들은 제1심에서 '항소심의 예비적 청구'와 같은 청구만을 하였다가, 항소심에서 제1 주위적 청구와 제2 주위적 청구를 추가하는 청구변경을 하였다.

2) 피고들의 수증재산이 특별수익에 해당하는지에 대한 제1심 판단

가) 피고 D 명의로 수증한 화양동 부동산 1/2 지분

피고 D는 망인의 자녀로서 공동상속인이므로 위 증여는 피고 D의 특별수익 및 유류분 산정의 기초재산에 포함된다.

나) 피고 D1 명의로 수증한 화양동 부동산 1/2 지분

반면에, 망인이 피고 D1(공동상속인이 아닌 제3자)에게 한 증여의 경우 망인과 D1이 위 증여 당시에 유류분권리자에게 손해를 가할 것을 알고 증여를 하였다는 점이 인정되지 않는 한 유류분 산정의 기초재산에 포함된다고 볼 수 없는데, 원고들이 제출한 증거만으로는 이러한 해의(害意)를 인정하기 부족하므로, 이는 유류분 산정의 기초재산에서 제외된다.

3) 피고들의 수증재산이 특별수익에 해당하는지에 대한 항소심 판단

가) 피고 D 명의로 수증한 화양동 부동산 1/2 지분

피고 D는 망인의 자녀로서 공동상속인이므로 위 증여는 피고 D의 특별수익 및 유류분 산정의 기초재산에 포함된다(= 제1심판단).

나) 피고 D1 명의로 수증한 화양동 부동산 1/2 지분

① 피고들은 1992. 10. 26. 혼인신고를 한 법률상 부부로서, 위 증여 당시 동거하면서 경제적 생활공동체를 이루고 있었던 점, ② 망인이 자신의 전체 재산 중 약 48%를 차지하는 화양동 부동산 중 1/2 지분을 며느리인 피고 D1에게 증여할 만한 특별한 사정이 존재하지 않는 점, ③ 망인이 피고들에게 화양동 부동산 중 각 1/2 지분을 증여한 것은 절세 등을 염두에 두었기 때문으로 보이는 점 등에 비추어보면, 망인의 피고 D1에 대한 위 증여는 피고 D에게 직접 증여된 것과 다르지 않다고 판단되므로, 이는 피고 D의 특별수익 및 유류분 산정의 기초재산에 포함된다(대법원 2007. 8. 28.자 2006스3, 4 결정 등 참조).[3)]

나. 원고들의 각 청구형태의 법적 성격 등에 대한 항소심 판단(제2쟁점)

1) 원고들의 피고 D1에 대한 제2 주위적 청구 및 예비적 청구의 법적 성격

가) 원고들의 피고 D1에 대한 제2 주위적 청구는 망인의 피고 D1에 대한 증여가 피고 D의 특별수익으로 인정되는 경우, 피고 D1이 증여받은 화양동 부동산 중 1/2지분에 관한 유류분 반환의무자가 누구로 확정되는지에 따라 피고 D만 유류분을 반환할 의무를 지거나, 피고들이 각자 증여받은 지분에 비례해서 유류분을 반환할 의무를 지게 되는 것이므로, 원고들의 피고 D에 대한 제1 주위적 청구와 법률상 양립할 수 없는 관계에 있다.

---

3) 항소심은 위 판단을 토대로 원고들의 피고 D에 대한 제1 주위적 청구를 전부 인용하였다.

나) 원고들의 피고 D1에 대한 예비적 청구는 망인의 피고 D1에 대한 증여가 피고 D의 특별수익으로 인정되지 않는 경우, 위 증여를 피고 D1의 특별수익으로 보아 유류분반환을 구하는 것이므로, 원고들의 피고 D에 대한 제1 주위적 청구와 법률상 양립할 수 없는 관계에 있어 예비적 공동소송 관계에 있다.

2) 소결론

예비적·선택적 공동소송은 모든 공동소송인에 관한 청구에 대하여 판결을 하여야 하는데(민사소송법 제70조 제2항, 대법원 2008. 3. 27. 선고 2005다49430 판결 등 참조), 피고 D1이 망인으로부터 증여받은 화양동 부동산 중 1/2지분을 피고 D의 특별수익으로 보아 피고 D1이 증여받은 부분에 관하여 피고 D에게 반환의무가 있다고 인정하여 원고들의 피고 D에 대한 제1 주위적 청구를 받아들이는 이상, 이와 양립할 수 없는 관계에 있는 피고 D1에 대한 제2 주위적 청구 및 예비적 청구는 받아들일 수 없다.

다. 유류분반환의 방법 및 범위 등에 대한 항소심 판단(제3쟁점)

1) 유류분반환의 방법

원고들은 피고 D에 대하여 화양동 부동산의 반환에 관한 원물반환을 구하고 있고, 피고 D도 이에 관하여 다툼이 없다. 한편, 망인의 피고 D1에 대한 화양동 부동산 중 1/2 지분에 관한 증여가 피고 D에게 직접 증여된 것과 다르지 않아서 이를 피고 D의 특별수익 및 유류분 산정의 기초가 되는 재산에 포함시켜야 하고,[4] 원고들에 대한 각 인용 지분의 합계가 피고 D 명의로 등기된 화양동 부동산 중 1/2 지분을 초과하지 않으므로, 피고 D의 원고들에 대한 유류분반환은 모두 원물반환의 방법에 따라 이루어져야 한다.

2) 유류분반환의 범위 등

피고 D는 원고들에게 별지1 표 '대상 부동산'란 기재 각 해당 부동산 중 같은 표 '인용 지분'란 기재 각 해당 지분에 관하여 유류분반환을 구하는 원고들의 의사표시가 기재된 이 사건 소장 부본이 위 피고에게 송달된 날임이 기록상 명백한 2021. 7. 14. 유류분 반환을 원인으로 한 소유권이전등기절차를 이행할 의무가 있다.

---

4) 즉, 화양동 부동산 중 ① 피고 D 명의의 1/2 지분과 ② 피고 D1 명의의 1/2 지분을 합산한 화양동 부동산 전부(1/1=① 1/2+② 1/2)를 피고 D의 특별수익 및 유류분 산정의 기초재산으로 보아야 한다.

3. 검토

가. 제1, 2쟁점에 대하여

1) 민법 관련 규정

『제1008조(특별수익자의 상속분) 공동상속인 중에 피상속인으로부터 재산의 증여 또는 유증을 받은 자가 있는 경우에 그 수증재산이 자기의 상속분에 달하지 못한 때에는 그 부족한 부분의 한도에서 상속분이 있다.

제1113조(유류분의 산정) ① 유류분은 피상속인의 상속개시시에 있어서 가진 재산의 가액에 증여재산의 가액을 가산하고 채무의 전액을 공제하여 이를 산정한다.

제1114조(산입될 증여) 증여는 상속개시전의 1년간에 행한 것에 한하여 제1113조의 규정에 의하여 그 가액을 산정한다. 당사자 쌍방이 유류분권리자에 손해를 가할 것을 알고 증여를 한 때에는 1년 전에 한 것도 같다.

제1115조(유류분의 보전) ① 유류분권리자가 피상속인의 제1114조에 규정된 증여 및 유증으로 인하여 그 유류분에 부족이 생긴 때에는 부족한 한도에서 그 재산의 반환을 청구할 수 있다.

② 제1항의 경우에 증여 및 유증을 받은 자가 수인인 때에는 각자가 얻은 유증가액의 비례로 반환하여야 한다.

제1118조(준용규정) 제1001조, 제1008조, 제1010조의 규정은 유류분에 이를 준용한다.』

2) 관련 판례에 대한 검토 등[5)]

대법원은 공동상속인 중에 피상속인으로부터 재산의 생전 증여로 민법 제1008조의 특별수익을 받은 사람이 있으면 민법 제1114조가 적용되지 않으므로, 그 증여가 상속개시 1년 이전의 것인지 여부 또는 당사자 쌍방이 유류분권리자에 손해를 가할 것을 알고서 하였는지 여부와 관계없이 증여를 받은 재산이 유류분 산정을 위한 기초재산에 포함된다는 입장을 취하고 있다(대법원 1995. 6. 30. 선고 93다11715 판결, 대법원 1996. 2. 9. 선고 95다17885 판결, 대법원 2021. 8. 19. 선고 2017다230338 판결 등 참조).

이러한 대법원 판례를 토대로 하면, 피상속인이 공동상속인의 지위에 있는 사람에게 상

5) 상세한 내용은 서울고등법원 2023. 7. 25.자 2022브2136, 2137 결정 및 이에 대한 해설[Ⅱ. [6] 1. 상속재산분할사건의 특별수익 산정과 세무조사 및 과세처분의 상관관계 등에 관하여], 서울고등법원 2023. 9. 21. 선고 2023나2026019 판결 및 이에 대한 해설[Ⅱ. [3] 2. 유류분반환청구권의 상대방 선정과 특별수익 가액의 산정 등에 관한 헌법적·법률적 쟁점]등 참조.

속분의 선급에 해당하는 생전 증여를 한 경우, 그 증여시기와 관계없이 모두 특별수익으로 보아야 한다.[6)7)]

우리 대법원 판례는 구 일본 민법[평성 30(2018년). 7. 13. 법률 제72호로 개정되기 전의 것, 이하 같다] 제903조, 제1028조, 제1029조, 제1030조, 제1044조[8)]의 해석에 관하여 "공동상속인 중 한 사람이 피상속인으로부터 혼인·양자입양으로 또는 생계의 자본으로 받은 증여는 상속분의 선급으로 볼 수 있기 때문에 그것이 언제 이루어졌는지, 또 가해의 인식이 있었는지 여부를 불문하고 산입된다."라는 입장을 취하고 있던 과거 일본 판례 및 실무와 같은 맥락이다.[9)]

---

6) 우리나라 통설도 같은 입장을 취하고 있다. 윤진수 편집대표, 「주해 상속법 Ⅱ」, 박영사(2019), 955-956(최준규 집필부분) 참조.

7) 위와 같은 우리나라의 통설 및 판례의 입장에 대하여, 우리 민법의 해석상 제1순위 법정상속인에 대한 생전 증여에 대해서도 민법 제1114조는 제1008조에 대한 특별규정으로 보아야 하므로, 공동상속인에 대한 상속개시 전 1년 전의 증여의 경우에도 손해를 가할 것을 안 때에만 유류분산정의 기초재산에 포함된다고 해석해야 하고, 다만 유류분 부족액을 산정하는 경우에는 민법 제1118조에 의하여 민법 제1008조가 준용되므로, 공제되어야 할 당해 유류분권리자의 수증액은 증여의 시기와 관계없이 고려되어야 한다는 취지로 비판하는 학설이 있는데, 이에 관하여는 윤진수, 「친족상속법 강의(제4판)」, 박영사(2022), 608-609; 윤진수, "유류분반환청구에서 공동상속인에 대한 증여의 시기와 증여 가액의 산정 시점", 비교사법 29권 4호(2022), 265-268 등 참조.

8) 구 일본 민법 제903조(특별수익자의 상속분) ① 공동상속인 중 피상속인부터 유증을 받거나 또는 혼인, 양자입양을 위하여 또는 생계의 자본으로서 증여를 받은 자가 있는 때에는 피상속인이 상속개시시에 가지고 있은 재산의 가액에 그 증여의 가액을 더한 것을 상속재산으로 보고 전 3조의 규정에 따라 산정한 상속분 중에서 그 유증 또는 증여의 가액을 공제하여 그 잔액으로써 그 자의 상속분으로 한다.
② 유증 또는 증여의 가액이 상속분의 가액과 같거나 또는 이를 초과할 때에는 수유자 또는 수증자는 그 상속분을 받을 수 없다.
③ 피상속인이 전 2항의 규정과 다른 의사를 표시한 때에는 그 의사표시는 유류분에 관한 규정에 반하지 아니하는 범위 내에서 그 효력이 있다.
제1028조(유류분의 귀속 및 그 비율) 형제자매 이외의 상속인은 유류분으로서 다음의 각 호에 열거된 구분에 따라 각각 당해 각 호에 정하는 비율에 상당하는 금액을 받는다.
1. 직계존속만이 상속인인 경우 피상속인 재산의 3분의 1
2. 전호의 경우 이외의 경우 피상속인 재산의 2분의 1
제1029조(유류분의 산정) ① 유류분은 피상속인이 상속개시시에 가지고 있던 재산의 가액에 그 증여한 재산의 가액을 더하고 그 중에서 채무의 전액을 공제하여 이를 산정한다.
제1030조 증여는 상속개시 전의 1년 간에 한 것에 한하여 전조의 규정에 따라 그 가액을 산입한다. 당사자 쌍방이 유류분권리자에게 손해를 가하는 것을 알고 증여를 한 때에는 1년 전에 한 것도 같다.
제1044조(대습상속 및 상속분의 규정의 준용) 제887조 제2항 및 제3항(자 및 그 대습자 등의 상속), 제900조(법정상속분), 제901조(대습상속인의 상속분), 제903조 및 제904조(특별수익자의 상속분)의 규정은 유류분에 이를 준용한다(구 일본 민법 제1044조에는 준용대상 조문만 열거되어 있는데, 이해의 편의를 위하여 해당 조문의 제목을 괄호 안에 추가하여 기재하였다).

9) 과거 일본 판례 및 실무에 관하여는 新版 注釈民法(28), 相続(3), 有斐閣(2002), 466 참조. 한편, 평성 30년(2018년) 7. 13. 법률 제72호로 개정된 일본 민법[2019. 7. 1. 시행(일부 제외)] 제1044조 제3항에는 수증자가 상속인인 경우에도 '상속개시 전 10년간 이루어진 특별수익에 상당한 재산의 가액'만이 유류분 산정의 기초재산에 포함된다는 내용이 규정되었으므로, 개정된 일본 민법이 적용되는 경우 공동상속인에게 특별수익이 발생한 시점이 상속개시일로부터 소급하여 10년을 초과하는 사안에서는 해당 특별수익이 유류분 산정의 기초재산에 포함되지 않는다.

그런데 우리 민법 해석에 관한 판례나 구 일본 민법과 같은 입장을 취하는 경우 공동상속인의 특별수익 범위가 매우 광범위하게 될 수밖에 없기 때문에, 유류분반환청구 사건 등에서 망인이 증여한 재산의 특별수익 해당 여부나 유류분산정의 기초재산 산입 여부에 관하여 다양한 문제가 발생할 수 있다.[10]

예컨대, 우리 대법원 판례의 입장을 토대로 하는 경우, 아주 오래 전에 증여받은 목적물이라 하더라도 유류분반환의무자는 원칙적으로 이를 반환해야 하는데, 이에 따라 공동상속인인 수증자의 신뢰보호가 문제될 수 있다.[11][12]

독일 민법 제2325조 제3항은 "증여는 상속개시 전 1년 내에는 전부를 참작하고, 상속개시 전 그 이전의 각 연도는 각 10분의 1씩 감축하여 참작한다. 증여된 목적물을 급부한 때부터 10년이 경과한 때에는, 증여는 참작하지 않는다. 증여가 배우자에게 행해진 경우, 그 기간은 혼인이 해소되기 전에는 진행하지 않는다."라고 규정하고 있는데, 위와 같이 개정된 일본 민법은 독일 민법 제2325조 제3항 제2문과 유사한 취지이다. 일본에서는 민법 개정 이전에도 '장기간' 경과한 증여의 경우, 재산이 증가하지 않을 것이라는 예견이 있을 수 없다고 해석하는 견해가 통설, 판례의 입장이었으므로[일본 대심원 판례 중에는, 증여시부터 상속개시시까지의 기간이 장기간에 이르는 경우에는, 가해의 인식이 없어, 그 증여는 감쇄되는 것이 아니라고 판단한 판례들이 있었다{日大判 소화 11년(1936년) 6. 17. 民集 15, 1246은 '19년'을, 日大 判 소화 12년(1937년) 12월 21일 법학 7, 536은 '십여 년'을 위와 같은 '장기간'으로 판단하는 반면에, '수년'의 경우에는 단기간으로 파악하고 있었다(日大判 소화 19년(1944년) 7. 31. 民集 23, 422 등 참조)}], 해석론으로서 독일 민법과 유사한 입장을 취하고 있었다고 볼 수도 있다. 독일과 일본의 유류분 제도의 전반적인 내용에 관하여는 사법정책연구원, 「각국의 상속재산분할, 기여분, 유류분제도」, (2022), 115－167, 219－356 등 참조.

10) 유류분 관련 민법 규정 중 일부에 대하여 위헌결정 및 헌법불합치 결정을 한 헌재 2024. 4. 25. 선고 2020헌가4 등 결정을 살펴보면, ① 다수의견은 종전 판례의 입장과 같이 민법 제1114조에 대하여 합헌판단을 한 반면에, ② 재판관 4인의 소수의견은 "유류분제도에 관한 외국의 입법례를 살펴보아도, 유류분 산정 기초재산에 산입되는 증여재산의 범위를 제한하고 있는 국가들을 다수 볼 수 있다. 예컨대 독일은 공동상속인에 대한 증여와 제3자에 대한 증여를 구별하지 않고 상속개시 전 10년 내의 증여까지만 유류분 산정 기초재산에 산입하며, 10년 내의 증여라도 그 가액을 전부 산입하는 것이 아니라 매년 10%씩 감액 평가한 금액으로 산입하고 있다(독일민법 제2325조 참조). 스위스는 상속개시 전 5년 이내의 증여만 유류분 산정 기초재산에 산입하고(스위스민법 제527조 참조), 오스트리아는 상속개시 전 2년 내의 증여로서 증여 당시 이미 유류분권리자가 존재하고 있었던 경우에만 산입을 허용한다(오스트리아일반민법 제782조 참조). 일본의 경우도 2018년에 민법을 개정하여 공동상속인에 대한 증여는 상속 개시 전 10년간에 행한 것에 한정하여 유류분 산정 기초재산에 산입하도록 규정하고 있다(일본 민법 제1044조 제3항 참조). 이와 같은 사정을 종합하면, 민법 제1114조 후문에 따라서 공동상속인 외의 제3자가 해의를 가지고 피상속인으로부터 증여를 받은 경우와 민법 제1118조 중 제1008조를 준용하는 부분에 따라서 공동상속인이 피상속인으로부터 특별수익으로서 증여를 받은 경우에는 그 시기의 제한이 없이 해당 증여를 모두 유류분 산정 기초재산에 산입하여 유류분반환의 대상이 되도록 하는 것은 재산권에 대한 과도한 제한일 뿐 아니라 지나치게 불합리하므로 기본권제한의 입법한계를 일탈하여 수증자의 재산권을 침해한다."라는 입장을 밝혔음을 알 수 있다.

11) 윤진수(2019), 956 참조.

12) 이러한 신뢰보호 문제와 관련하여, 구 일본 민법에 대한 일본 최고재판소 판례는 증여가 상속개시 시점으로부터 상당한 기간 이전에 이루어진 것으로서, 그 후 시간의 경과에 따른 사회경제사정이나 상속인 등 관계자들의 개인적 사정변화를 고려할 때 유류분반환청구를 인정하는 것이 수증자인 상속인에게 가혹한 특단의 사정이 있는 경우 해당 증여는 유류분반환대상이 되지 않는다고 판시하고 있

3) 망인이 피고 D에게 증여한 재산이 특별수익에 해당하는지(적극)

이 사건에서 망인이 2013년 제1순위 법정상속인인 피고 D에게 증여한 화양동 부동산 1/2 지분이 유류분산정의 기초재산에 포함된다는 점에 대해서는 제1심과 항소심의 판단이 일치하였는데, 이러한 판단은 제1순위 법정상속인의 특별수익에 대해서는 민법 제1114조가 적용되지 않는다는 대법원 판례 및 통설의 입장을 토대로 한 것이다. 망인의 피고들에 대한 증여는 망인의 사망시점(2021. 3. 29.)에서 소급하여 7년 이상의 시점에 이루어진 것이기 때문이다.

4) 유류분반환청구권의 상대방 선정에 따른 특별수익 범위의 차이 등

가) 특별수익의 귀속주체에 관한 일반 원칙(개별 수증자 내지 개별 상속인을 기준으로)

특별수익의 귀속주체에 관한 민사법 일반이론에 의하면, 해당 법률관계는 개별 수증자 내지 상속인을 기준으로 법률관계를 검토해야 한다.[13)]

나) 피고 D 명의로 수증한 화양동 부동산 1/2 지분이 특별수익에 해당하는지

피고 D는 망인의 자녀로서 공동상속인이므로 피고 D 명의로 수증한 위 증여는 피고 D의 특별수익 및 유류분 산정의 기초재산에 포함된다는 점에 대해서는 제1심과 항소심의 판단이 일치하였는데, 이러한 판단은 위 가)항 기재와 같은 민사법 일반이론에 따른 것이다.

다) 상대방이 제1순위 법정상속인인 경우(피고 D가 상대방인 경우)에 관한 예외적 법리

(1) 관련 판례

민법 제1008조는 '공동상속인 중에 피상속인으로부터 재산의 증여 또는 유증을 받은 자가 있는 경우에 그 수증재산이 자기의 상속분에 달하지 못한 때에는 그 부족한 부분의 한도에서 상속분이 있다.'고 규정하고 있는바, 이와 같이 상속분의 산정에서 증여 또는 유증을 참작하게 되는 것은 원칙적으로 상속인이 유증 또는 증여를 받은 경우에만 발생하고, 그 상속인의 직계비속, 배우자, 직계존속이 유증 또는 증여를 받은 경우에는 그 상속인이 반환의무를 지지 않는다고 할 것이나, 증여 또는 유증의 경위, 증여나 유증된 물건의 가치, 성질, 수증자와 관계된 상속인이 실제 받은 이익 등을 고려하여 실질적으로 피상속인으로부터 상속인에게 직접 증여된 것과 다르지 않다고 인정되는 경우에는 상속인의 직계비속, 배우자, 직계존속 등에게 이루어진 증여나 유증도 특별수익으로서 이를 고려할 수 있다고 함이 상당하다

었다. 日最判 평성 10년(1998년) 3. 24. 民集 52－2, 433 참조.

13) 상세한 내용은 위 서울고등법원 2022브2136, 2137 결정 및 이에 대한 해설(Ⅱ. [6] 1. 상속재산분할사건의 특별수익 산정과 세무조사 및 과세처분의 상관관계 등에 관하여), 서울고등법원 2023나2026019 판결 및 이에 대한 해설(Ⅱ. [3] 2. 유류분반환청구권의 상대방 선정과 특별수익 가액의 산정 등에 관한 헌법적·법률적 쟁점) 등 참조.

(대법원 2007. 8. 28.자 2006스3, 4 결정 등 참조).

(2) 검토

유류분권리자가 제1순위 법정상속인을 상대로 유류분반환청구권을 행사한 사안에서 제1순위 법정상속인의 특별수익을 산정하는 경우에 관하여, 위 대법원 2006스3, 4 결정 등은 민사법 일반이론에서 출발하면서도 법 해석을 통하여 이에 관한 예외를 인정하고 있다.

즉, 상속분의 산정에서 증여 또는 유증을 참작하게 되는 것은 원칙적으로 상속인이 유증 또는 증여를 받은 경우에만 발생하고, 그 상속인의 직계비속, 배우자, 직계존속이 유증 또는 증여를 받은 경우에는 그 상속인이 반환의무를 지지 않는다고 할 것이나, 증여 또는 유증의 경위, 증여나 유증된 물건의 가치, 성질, 수증자와 관계된 상속인이 실제 받은 이익 등을 고려하여 실질적으로 피상속인으로부터 상속인에게 직접 증여된 것과 다르지 않다고 인정되는 경우에는 상속인의 직계비속, 배우자, 직계존속 등에게 이루어진 증여나 유증도 상속인의 특별수익으로 고려할 수 있다는 것이 대법원 판례의 입장이다.[14)]

라) 상대방이 제1순위 법정상속인이 아닌 경우(피고 D1이 상대방인 경우)에 대한 검토

(1) 피고 D1을 상대로 한 항소심 예비적 청구(= 제1심 청구)에 대한 검토

㈎ 유의할 점은 위 다)항 기재 위 대법원 2006스3, 4 결정의 예외적 법리는 (제1순위 법정상속인를 상대로 유류분반환청구권이 행사된 사안에 한정하여 적용되는 것이고) 제1순위 법정상속인이 아닌 사람을 상대로 제기한 유류분반환청구에는 적용되지 않는다는 것이다.

㈏ 이 사건 유류분반환청구권자인 원고들은 제1심에서 망인의 (제1순위 법정상속인 피고 D뿐만 아니라) 피고 D1(망인의 며느리)이 독립된 특별수익자임을 전제로 피고 D1을 상대로 유류분반환청구권을 행사하였는데, 이러한 경우 위 다)항 기재 예외적 법리가 적용되지 않으므로, 민법 제1114조에 따라서 ① 원칙적으로 상속거시시점으로부터 1년 이내의 증여만이 D1의 특별수익에 포함되고, ② 망인과 D1의 해의(害意)가 인정되는 경우에 한정하여 상속개시시점으로부터 1년을 초과하는 시점에 이루어진 증여도 피고 D1의 특별수익에 포함될 수 있다. 즉, 위 대법원 2006스3, 4 결정은 망인의 ㉮ 제1순위 법정상속인에 대한 생전 증여와 ㉯ 제1순위 법정상속인의 배우자 등에 대한 생전 증여를 완전히 동일하게 취급한다는 취지가 아니다.

(2) 소결론

원고들은 제1심에서 피고 D1이 독립된 특별수익자임을 전제로 하여 피고 D1에 대하여

14) 실무에서는 상속인의 배우자, 직계비속이 피상속인으로부터 증여를 받은 경우 이를 상속인의 특별수익으로 보아 구체적 상속분을 산정함에 참작하는 사례가 오히려 다수라고 할 수 있다. 법원실무제요 가사(Ⅱ), 사법연수원(2021), 1610 참조.

유류분반환청구권을 행사하였으므로, 제1심법원이 이를 기각한 것은 정당하다.

마) 피고 D를 상대로 한 원고들의 항소심 제1 주위적 청구에 대한 검토

(1) 항소심에서 이루어진 원고들의 청구변경 등

원고들은 항소심에서 위 대법원 2006스3, 4 결정 등을 토대로 하여, 망인이 며느리인 피고 D1에게 한 증여의 경우 아들인 피고 D에게 직접 증여한 것과 다르지 않다고 보아야 하므로, 피고 D1에 대한 증여를 피고 D의 특별수익에 포함시켜야 한다는 취지로 제1 주위적 청구를 추가하였다.

(2) 이 사건 사실관계 및 항소심 제1 주위적 청구를 토대로 하면, 원고들이 망인의 제1순위 법정상속인 피고 D가 특별수익자라는 이유로 피고 D에 대하여 유류분반환청구권을 행사하는 경우(항소심 제1 주위적 청구), 위 대법원 2006스3, 4 결정의 요건이 충족되는 범위 내에서 망인이 피고 D에게 직접 생전 증여한 재산뿐만 아니라 며느리인 피고 D1 명의로 증여한 재산까지 모두 그 증여시점과 관계없이 유류분반환청구의 기초재산에 포함될 수 있다.

(3) 반면에, 피고 D1이 독립된 특별수익자임을 전제로 하는 항소심의 예비적 청구(= 제1심 청구)와 같이 피고 D1의 특별수익을 피고 D의 특별수익과 별도로 산정하는 경우, 상속개시일 1년 이전에 이루어진 망인의 피고 D1에 대한 생전 증여가 원칙적으로 특별수익에서 배제됨으로써 유류분반환청구의 기초재산이 상대적으로 축소된다는 점에서 법적으로 원고들에게 불리한 상황이 발생할 수 있다.

5) 원고들의 각 청구형태의 법적 성격 등

가) 유류분반환청구의 소는 (고유필수적 공동소송구조의 가사비송사건인 상속재산분할청구와 달리) 일반적인 민사소송사건이기 때문에, 원고가 스스로의 판단에 의하여 피고를 선택하는 것이 허용되고, 변론주의 및 처분권주의가 적용된다(대법원 2013. 3. 14. 선고 2010다42624, 42631 판결, 대법원 2014. 6. 26. 선고 2012다104090, 104106 판결 등 참조). 따라서 원고들이 특별수익자로 지목한 사람을 상대로 일정한 형태의 유류분반환청구권을 행사한 이상, 법원에서는 그 청구 및 주장에 대응하여 판단하는 것이 타당하다.[15)]

나) 원고들의 항소심 제1 주위적 청구의 경우, 망인의 아들인 피고 D만이 독립된 특별

15) 예컨대, 망인의 제1순위 법정상속인인 E, F가 당사자로 참여하지 않은 상태에서 이 사건 유류분반환청구소송이 아무런 문제없이 진행되었음은 분명하고, 원고들이 이 사건 항소심에서 ① 제1 주위적으로는 피고 D를 특별수익자로 보고 이를 상대방으로 하는 유류분반환청구권을 행사하는 한편, ② 예비적으로 피고 D와 피고 D1이 각각 독립된 특별수익자임을 전제로 하여 유류분반환청구권을 행사한 이상, 제1 주위적 청구를 먼저 판단해야 하는데, 이와 같은 변론주의 및 처분권주의의 적용 등에 관하여는 윤진수(2019), 980－983 참조.

수익자이고 며느리인 피고 D1은 독립된 특별수익자가 아니므로, 위 대법원 2006스3, 4 결정의 법리에 따라서 망인이 피고 D에게 직접 증여한 재산뿐만 아니라 며느리인 피고 D1에게 증여한 재산까지 모두 피고 D에 대한 유류분반환청구의 기초재산에 포함된다는 취지이다.

다) 반면에, 원고들의 피고 D1에 대한 예비적 청구는 망인의 피고 D1에 대한 증여가 피고 D의 특별수익으로 인정되지 않는 경우, 위 증여를 피고 D1의 특별수익으로 보아 유류분반환을 구하는 것이므로, 원고들의 피고 D에 대한 제1 주위적 청구와 법률상 양립할 수 없는 관계에 있어 예비적 공동소송 관계에 있고, 원고들의 피고 D1에 대한 제2 주위적 청구 역시 원고들의 피고 D에 대한 제1 주위적 청구와 법률상 양립할 수 없는 관계에 있다.

라) 예비적·선택적 공동소송은 모든 공동소송인에 관한 청구에 대하여 판결을 하여야 하는데(민사소송법 제70조 제2항, 대법원 2008. 3. 27. 선고 2005다49430 판결 등 참조), 항소심 법원은 피고 D1이 망인으로부터 증여받은 화양동 부동산 중 1/2지분을 피고 D의 특별수익으로 보아 피고 D1이 증여받은 부분에 관하여 피고 D에게 반환의무가 있다고 인정하여 원고들의 피고 D에 대한 제1 주위적 청구를 받아들이는 이상, 이와 양립할 수 없는 관계에 있는 피고 D1에 대한 제2 주위적 청구 및 예비적 청구는 받아들일 수 없다고 판단하였다.

6) 제1, 2쟁점에 관한 항소심 판단에 대한 검토

이 사건 제1, 2쟁점은 망인이 2013년 피고 D1에게 증여한 화양동 부동산 1/2지분이 이 사건 유류분산정의 기초재산에 포함되는지에 관한 것인데, 이에 관하여 원고들은 항소심에서 제1심 청구를 예비적 청구로 변경하면서 제1, 2 주위적 청구를 추가하는 청구변경을 하였고, 이러한 항소심 청구변경으로 인하여 원고들의 청구유형이 주관적 예비적 병합형태로 변형되었기 때문에 위와 같은 제1심의 결론과 항소심의 결론이 달라진 것이다.

실무적으로 유의할 점은 이 사건과 유사한 구조에 따라 원고들이 망인으로부터 재산을 각각 수증한 제1순위 법정상속인과 그 배우자(혹은 그 직계비속) 등을 모두 피고로 삼은 다음, ① 주위적으로는 대법원 2006스3, 4 결정의 법리가 적용되어 제1순위 법정상속인만이 독립된 특별수익자가 된다는 주장을 하면서, ② 예비적으로는 제1순위 법정상속인과 그 배우자 등이 각각 독립된 특별수익자가 된다는 주장을 하는 경우, 해당 소송에서는 항상 주관적 예비적 병합형태가 발생하게 된다는 것이다.

그리고 변론주의 및 처분권주의가 적용되는 유류분반환청구사건에서는 원고들이 선택한 청구 및 주장에 대응하여 법원이 판단을 하게 되므로, 항소심에서 추가된 원고들의 제1 주위적 청구에 따라 피고 D1의 수증재산을 피고 D의 특별수익에 포함시킨 다음 궁극적으로 제1심과 다른 결론을 내린 항소심의 판단은 정당하다고 생각한다.

나. 제3쟁점에 대하여

1) 유류분반환청구의 반환방법에 관한 일반 법리 등

가) 원물반환의 원칙

(1) 민법은 제1115조 제1항에서 '유류분권리자가 피상속인의 제1114조에 규정된 증여 및 유증으로 인하여 그 유류분에 부족이 생긴 때에는 부족한 한도에서 그 재산의 반환을 청구할 수 있다.'라고 규정하고 있을 뿐이고, 그 반환방법에 관하여는 별도의 규정을 두고 있지는 않다. 그러나 위 조문에서 '부족한 한도에서 그 재산의 반환을 청구할 수 있다.'라고 규정한 점 등에 비추어 볼 때, 유류분 반환의무자는 원칙적으로 증여 또는 유증 대상 재산 자체를 반환하여야 하고, 다만 원물반환이 불가능한 경우 가액 상당액을 반환하게 된다고 보는 것이 통설 및 실무의 입장이다.[16)]

(2) 망인으로부터 증여 또는 유증받은 부동산이 유류분반환청구의 목적물인 경우, 그 원물반환의 방법은 소유권 전체 또는 일부 지분을 이전하는 방식으로 이루어지게 된다. 한편, 증여 등이 이루어진 이후에 제3자가 목적물에 관하여 저당권을 취득하는 등 원물반환이 불가능하거나 현저히 곤란한 경우에는 유류분권리자가 반환의무자를 상대로 (원물반환이 아닌) 그 가액 상당의 반환을 구할 수 있지만, 유류분권리자가 스스로 위험이나 불이익을 감수하면서 원물반환을 구하는 것까지 허용되지 않는다고 볼 것은 아니므로, 그러한 경우 법원은 유류분권리자의 청구에 따라 원물반환을 명하여야 한다(대법원 2014. 2. 13. 선고 2013다65963 판결 등 참조).

또한 반환의 목적물인 부동산이 수개인 경우에는 특별한 사정이 없는 한 민법 제1115조 제2항을 유추하여 각 부동산의 가액에 비례하여 안분한 각 지분의 이전을 명하여야 한다(대법원 2013. 3. 14. 선고 2010다42624, 42631 판결 참조).

나) 객관적으로 원물반환이 가능한 사안에서 가액반환을 할 수 있는지

위 가)항 기재 원물반환의 원칙에 비추어 볼 때, 객관적으로 원물반환이 가능한 사안에서, 유류분권리자가 일방적으로 가액반환을 청구한다거나 혹은 상대방이 일방적으로 가액으로 반환하겠다고 주장한다는 사정만으로 가액반환이 정당화될 수는 없지만, 쌍방 당사자가 가액반환에 합의한 경우에는 법원이 당연히 가액반환을 명할 수 있다고 보는 것이 판례와 실무의 입장이다.[17)]

---

16) 대법원 2017. 1. 25. 선고 2016다35581 판결, 대법원 2013. 3. 14. 선고 2010다42624, 42631 판결, 대법원 2006. 5. 26. 선고 2005다71949 판결, 대법원 2005. 6. 23. 선고 2004다51887 판결 등 참조.

17) 유류분권리자의 가액 반환 청구에 대하여 반환의무자가 원물반환을 주장하며 가액반환에 반대하는 의사를 표시한 경우에는 그 의사에 반하여 원물반환이 가능한 재산에 대하여 가액 반환을 명할 수는

다) 유류분반환청구의 목적물이 제3자에게 양도된 사안에 대한 검토

이에 관하여 대법원 2016. 1. 28. 선고 2013다75281 판결은 “민법 제1115조 제1항은 ‘유류분권리자가 피상속인의 제1114조에 규정된 증여 및 유증으로 인하여 그 유류분에 부족이 생긴 때에는 부족한 한도에서 그 재산의 반환을 청구할 수 있다.’라고 규정하고 있는바, 유류분반환청구권의 행사에 의하여 반환하여야 할 증여 또는 유증의 목적이 된 재산이 타인에게 양도된 경우, 그 양수인이 양도 당시 유류분권리자를 해함을 안 때에는 양수인에 대하여도 그 재산의 반환을 청구할 수 있다(대법원 2002. 4. 26. 선고 2000다8878 판결 참조).”라고 판시하고 있다. 즉, 유류분반환청구의 목적물을 피상속인으로부터 직접 증여받지는 않았지만 이를 보유하고 있는 제3자에 대해서도, 위와 같은 제3자의 해의(害意)가 인정되는 경우에는 원물반환의 원칙이 적용될 수 있다는 것이 판례의 입장이다.

2) 위 대법원 2006스3, 4 결정의 요건과 유류분반환의 방법의 관련성 등에 대하여

가) 민법은 유류분반환청구에 관하여 ‘원물반환의 원칙’을 취하고 있는데, 이는 일반적으로 수증자(혹은 수유자)가 망인으로부터 받은 재산을 자신의 명의로 그대로 보유하고 있음을 전제로 하는 것이다.

나) 그런데 망인이 (제1순위 법적상속인이 아니라) 제1순위 법정상속인의 배우자 또는 직계비속 등에게 재산을 증여한 사안에서 위 대법원 2006스3, 4 결정의 요건이 충족되는 경우, 망인이 제1순위 법정상속인에게 직접 증여한 재산뿐만 아니라 그 배우자 등에게 증여한 재산까지 모두 제1순위 법정상속인의 특별수익에 포함될 수 있기 때문에, 실무적으로 유류분반환방법과 관련된 문제가 발생할 수 있다. 제1순위 법정상속인이 직접 증여받지 않은 재산에 대해서까지 법원이 원물반환을 명할 수 있는지에 대한 견해의 대립이 가능하기 때문이다.[18]

(1) 쌍방 당사자가 가액반환방법에 합의한 경우에는 법원이 당연히 유류분반환의무자인 제1순위 법정상속인에게 가액반환을 명하게 될 것이므로, 실무적으로 별다른 문제가 발생하지 않는다.

(2) 그렇다면 실무적으로는 가액반환에 관한 쌍방의 합의가 존재하지 않는 사안에 한정하여 문제가 발생할 수 있는 것인데, 아래에서는 위 1)항 기재 일반 법리 등과 조화될 수 있는 해결 방법을 검토해 보기로 한다.

없다는 점에 관하여는 대법원 2013. 3. 14. 선고 2010다42624, 42631 판결 등 참조.

18) 이는 위 대법원 2006스3, 4 결정의 요건이 충족되는 경우 제1순위 법정상속인의 특별수익 인정 범위가 실질적으로 확대되기 때문에 발생하는 문제이다.

(가) 먼저 유류분청구권자의 청구에 대한 법원의 인용범위가 제1순위 법정상속인이 실제로 보유하고 있는 재산을 초과하는 사안에서는, 최소한 그 초과 부분에 관하여는 법원이 제1순위 법정상속인에 대하여 원물반환의 방법으로 유류분반환을 하라고 명할 수는 없으므로, 법원은 그 초과 부분에 관하여는 가액반환을 명하는 것이 타당하다.

(나) 이와는 달리 유류분청구권자의 청구에 대한 법원의 인용범위가 제1순위 법정상속인이 실제로 보유하고 있는 재산을 초과하지 않는 사안에서는, 법원이 유류분반환의무자에 대하여 원물반환을 명하는 것이 불가능하다고 단정하기는 어렵다.

① 그런데 위 1)항 기재와 같이 우리 민법상 유류분제도는 '원물반환의 원칙'을 취하고 있다는 점, 변론주의 및 처분권주의와 같은 민사법 일반이론 등에 비추어 볼 때, 이 사건과 같이 원물반환의 방법에 따라 유류분을 반환하는 것에 대하여 쌍방 당사자가 다툼이 없는 경우에는 법원이 원물반환을 명하는 것이 타당하다고 본다.

② 한편, 가액반환에 관한 쌍방의 합의가 존재하지 않고, 원물반환에 관한 쌍방의 합의도 존재하지 않는 사안(즉, 일방 당사자는 원물반환을, 타방 당사자는 가액반환을 주장하는 사안)에 대하여는 견해의 대립이 충분히 가능하고, 실무적으로 일률적인 업무가 가능한지에 대하여도 신중한 검토가 필요하다고 생각한다.[19)]

다만, 실무적으로는 위와 같은 사안에서 유류분 반환방법에 관하여 견해의 대립이 발생할 수 있음을 인식하고, 법원의 석명권 행사 등을 통하여 가능한 범위 내에서 쌍방 당사자의 입장을 정리할 필요가 있다는 점 등을 유의함으로써 개별 사건에서 구체적으로 타당한 결론을 도출할 수 있도록 노력해야 할 것이다.

3) 제3쟁점에 관한 항소심 판단에 대한 검토

이 사건 항소심은 위 1) 2)와 같은 검토를 토대로 하여, 화양동 부동산을 원물반환방법에 의하여 반환하는 것에 대하여 쌍방 당사자가 다툼이 없고, 원고들에 대한 각 인용 지분의 합계가 피고 D 명의로 등기된 화양동 부동산 중 1/2 지분을 초과하지 않으므로, 피고 D의

---

19) 예컨대, ① 위 대법원 2006스3, 4 결정은 증여 또는 유증의 경위, 증여나 유증된 물건의 가치, 성질, 수증자와 관계된 상속인이 실제 받은 이익 등을 고려하여 실질적으로 피상속인으로부터 상속인에게 직접 증여된 것과 다르지 않다고 인정되는 경우에 한정하여 상속인의 직계비속, 배우자, 직계존속 등에게 이루어진 증여나 유증도 특별수익으로서 이를 고려하는 것이라는 점을 강조하는 관점에서는 '원물반환의 방법'이 적절하다고 주장할 수 있는 반면에, ② 유류분반환청구의 목적물을 피상속인으로부터 직접 증여받지는 않았지만 이를 보유하고 있는 제3자가 가액반환을 반대하는 의사를 표시한 경우 원물반환의 원칙이 적용될 수 있다는 취지의 위 대법원 2013다75281 판결 등 당사자의 합의 여부를 강조하는 관점에서는 '가액반환의 방법'이 바람직하다고 주장할 수 있을 것이다.

원고들에 대한 유류분반환은 모두 원물반환의 방법에 따라 이루어져야 한다고 판단하였다. 이러한 항소심의 판단은 정당하다고 생각한다.

4. 마무리

일반 민사소송사건인 유류분반환청구사건에서 원고는 그 스스로의 판단에 의하여 피고와 청구의 유형 등을 선택할 수 있다. 그런데 일반 민사소송에 적용되는 처분권주의 및 변론주의의 원칙상, 법원은 원고가 선택한 청구 및 주장 내용에 대응하여 판단하여야 하고, 그로 인하여 발생하는 법리상 또는 사실상의 이익을 원고가 향유하는 것과 같은 맥락에서, 이로 인한 불이익 역시 원고가 부담하는 것으로 보는 것이 타당하다. 이 사건 항소심에서 제1심의 결론과 다른 입장을 취한 것은 (제1심의 판단이 잘못되었기 때문이 아니라) 항소심에서 이루어진 청구변경을 토대로 위와 같은 처분권주의 등 민사법 일반이론이 적용된 결과로 볼 수 있다.

이 사건과 같이 원고들이 망인으로부터 재산을 각각 수증한 제1순위 법정상속인과 그 배우자(혹은 그 직계비속) 등을 함께 피고로 지목한 다음, ① 주위적으로 위 대법원 2006스3, 4 결정의 법리가 적용되어 제1순위 법정상속인만이 독립된 특별수익자가 된다는 주장을 하면서, ② 예비적으로 제1순위 법정상속인과 그 배우자 등이 각각 독립된 특별수익자가 된다고 주장하는 사안에서는 항상 주관적 예비적 병합형태가 발생한다. 그리고 위 대법원 2006스3, 4 결정의 요건이 충족되는 경우, 실무적으로 유류분반환 방법에 관한 쌍방 당사자의 입장 등에 대해서도 충분히 심리하고, 가능한 범위 내에서 이를 정리할 필요가 있을 것이다.

이 사건과 같이 유류분반환에 관한 법리 및 처분권주의 등 민사법 일반 이론과 관련 판례들에 대한 분석 등이 필요한 사안에서, 이러한 검토 내용 등이 재판서에 충분히 언급되지 않을 수 있으므로, 후속 사건을 담당하는 재판부의 입장에서 선행 사건의 검토 내용 등을 쉽게 인식하거나 이를 적절하게 활용하기 어려운 경우가 적지 않다. 항소심 재판부의 이 사건 판결 등이 유사한 쟁점들이 포함된 사건을 담당하는 법률가들에게 다소간의 참고 자료가 될 수 있을 것이다.

〔4〕 유언공정증서

1. 유언공정증서의 효력과 상속세에 관한 구상금 청구권의 요건 등에 관한 쟁점

1

유언공정증서의 효력과 상속세에 관한 구상금 청구권의 요건 등에 관한 쟁점

서울고등법원 2023. 4. 20. 선고 2021나2044594 판결(확정)
- 서울동부지방법원 2021. 10. 20. 선고 2019가합100620 판결

1. 사안의 개요

가. 피상속인 : C(2018. 10. 22. 사망, 이하 '망인')

나. 망인의 가족관계 등

망인과 배우자 E(2013. 7.경 사망) 사이의 ① 장녀 원고 A ② 차녀 피고 B

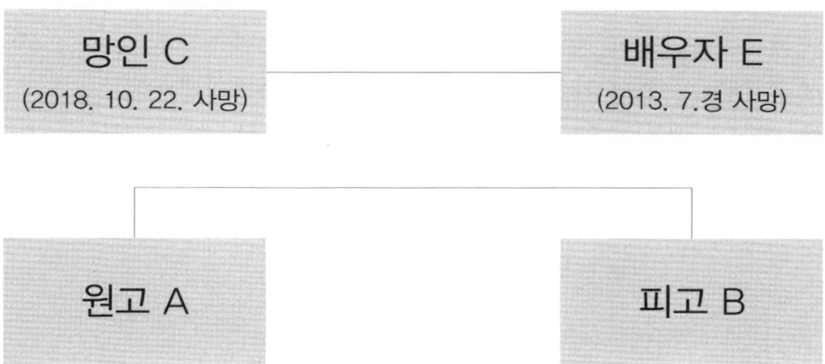

다. 망인의 유언공정증서

망인은 ㉮ 원·피고에게 상당한 재산을 생전 증여하였고, ㉯ 2018. 10. 11. 18:00－19:00경 병원 입원실에 공증인과 증인 2명이 참석한 상태에서 아래와 같은 유언공정증서(이하 '이 사건 유언공정증서')를 통하여 피고에게 상당한 재산을 유증하였으며, ㉰ 사망 당시 보유하고 있던 상속재산도 존재한다.

유언공정증서

○ 수증자 및 유언집행자: 피고
○ 유언자: 망인
○ 증인: G, H

유언의 취지

1. 유증의 목적물
가. 부동산
(1) 별지 목록 기재 제1항 부동산
(2) 별지 목록 기재 제2항 부동산
나. 예금
아래 기재 각 예금을 포함한 유언자 명의의 예금채권 일체(아래 기재 각 예금의 향후 변동분도 본 유증의 대상에 포함됨)
(1) I은행 계좌번호 1 생략) 현재 잔액 48,000,000원
(2) J은행 저축예금 K통장 (계좌번호 2 생략)(구 L: (계좌번호 3 생략))
현재 잔액 98,227,720원
(3) M은행 정기예금 (계좌번호 4 생략) 현재 잔액 24,000,000원
(4) M은행 정기예금 (계좌번호 5 생략) 현재 잔액 24,000,000원
(5) N은행 정기예금 (계좌번호 6 생략) 현재 잔액 25,000,000원
(6) N은행 정기예금 (계좌번호 7 생략) 현재 잔액 23,000,000원

2. 유증의 내용
유언자는 위 각 재산에 대하여 수증자에게 각 유증하기로 한다.

라. 피고는 2018. 11. 8. 이 사건 유언공정증서 기재 각 부동산에 관하여 유증을 원인으로 한 소유권이전등기를 각 마쳤다.

2. 이 사건 쟁점 및 당사자의 주장요지 등

가. 주위적 청구와 제1예비적 청구에 관한 제1쟁점(이 사건 유언공정증서의 유효성 여부 등)

○ 원고의 주장요지

1) 주위적 청구: 이 사건 유언공정증서의 작성 당시 망인은 의사능력 또는 유언능력이

흠결되었으므로, 망인에게 이를 작성하게 한 피고는 상속인 자격이 없다(민법 제1004조 제4,5호).

2) 제1예비적 청구: 망인의 의사능력 또는 유언능력 흠결, 유언공정증서에 관한 구수요건, 기명 요건 등과 관련하여 이 사건 유언공정증서 작성에 관하여 절차적 하자가 있으므로, 이 사건 유언공정증서는 효력이 없다.

나. 제2예비적 청구에 관한 제2쟁점(피고가 상속세 부담에 관한 구상금 청구권을 자동채권으로 상계항변을 할 수 있는지)

1) 원고의 주장 요지

원고의 유류분이 침해되었으므로, 유류븐 부족분에 관한 청구를 한다.

2) 피고의 예비적 항변의 요지

원고의 제2예비적 청구가 인용되는 경우, 피고가 납부한 상속세 및 관련 비용 중 원고에게 반환되는 상속분 변동에 따른 세액 변동이 발생하게 될 것인데, 과세관청의 경정처분 이전이라도 이 부분을 반영한 피고의 원고에 대한 구상금 청구권을 자동채권으로 하고 원고의 유류분 반환채권을 수동채권으로 하여 상계의 의사표시를 한다.

3. 제1심의 판단과 항소심 재판부의 판단

제1심은 주위적 청구를 기각하고, 제1예비적 청구를 인용하였는데, 항소심 재판부는 제1심판결 중 주위적 청구를 기각한 부분은 유지하고, 제1예비적 청구를 인용한 부분은 취소한 다음, 제2예비적 청구를 일부 인용하면서, 아래와 같은 요지의 판단을 하였다.

가. 제1쟁점에 대한 항소심 재판부의 판단

1) 관련 법리

일반적으로 의사능력이란 자신의 행위의 의미나 결과를 정상적인 인식력과 예기력을 바탕으로 합리적으로 판단할 수 있는 정신적 능력 내지는 지능을 말하는 것으로서, 의사능력의 유무는 구체적인 법률행위와 관련하여 개별적으로 판단되어야 한다(대법원 2002. 10. 11. 선고 2001다10113 판결 등 참조). 의사무능력을 이유로 유언과 같은 법률행위의 무효를 주장하는 측은 그에 대하여 증명책임을 부담한다(대법원 2022. 12. 1. 선고 2022다261237 판결, 대법원 2014. 3. 13. 선고 2009다53093, 53109 판결 등 참조).

공증인이나 공증사무취급이 인가된 합동법률사무소의 구성원인 변호사가 촉탁인 또는 대리촉탁인의 신청에 의하여 자신이 직접 청취한 진술, 그 목도한 사실, 기타 실험한 사실을 기재한 공증에 관한 문서는 보고문서로서 공문서라 할 것이므로, 민사소송법 제356조 제1항에 의하여 그 진정성립이 추정된다고 볼 것이다. 그리고 공증인법은 그 보고 내용의 진실성을 담보하기 위하여 증서의 작성 이전에 반드시 촉탁인이나 대리촉탁인의 확인 및 그 대리권의 증명 등의 절차를 미리 거치도록 하고 작성 이후에는 참석자의 서명날인을 받도록 규정(공증인법 제27조, 제30조, 제31조, 제38조)하고 있는바, 이에 비추어 볼 때 신빙성 있는 반대자료가 없는 한 함부로 그 증명력을 부정하고 그 기재와 어긋나는 사실인정을 할 수 없다고 보아야 할 것이다(대법원 1994. 6. 28. 선고 94누2046 판결 등 참조).

2) 구체적인 판단

가) 망인의 건강상태에 대한 사정들

(1) F병원 입원 후 이 사건 유언공정증서 작성 당시까지 망인의 전반적인 의식상태는 'confuse'(혼돈) 상태로서, 의식도 있고 의사소통도 되지만 욕설을 하거나 폭력적인 행동을 보이는 등의 불안정한 상태에 있었던 것으로 판단된다. 따라서 이 사건 유언공정증서 작성 당시 망인이 유언의 취지를 이해할 수 있는 의사능력 내지 유언능력이 있었는지는 그 작성 당시의 구체적인 사정들을 종합적으로 고려하여 개별적으로 판단하여야 한다.

(가) 망인은 2018. 10. 3. 10:00경 의식상태(M/S)가 명료한(alert) 상태로 있었고, 18:30경 오른손이 저리다고 호소하는 등 자신의 의사를 정상적으로 표시하다가, 19:30경 타인과 말다툼 후 침대에 누워 큰소리로 알 수 없는 말을 하고 묻는 말에 엉뚱하게 얼버무리며, 당직의사에게 화를 내며 가라고 소리를 지르는 등 갑작스런 혼돈(confusion) 상태에 빠져 F병원 응급실에 내원하였다.

(나) 당시 F병원의 2018. 10. 3.자 응급실 경과기록에는 망인의 의식상태가 'A'(명료)인 것으로 기재되어 있으나, 입원시 작성된 2018. 10. 4.자 간호정보조사에는 당시 망인의 의식상태가 'C'(혼돈) 수준으로 명료하지 않고, 시간과 장소에 대한 지남력은 있으나 사람에 대한 지남력이 없으며, 실어증 증상이 있다고 기재되어 있다. 이후 F병원의 경과기록에는 망인에 대한 평가(assessment)가 'Confusion, abnormal behavior'(혼돈, 비정상적인 행동)이라고 계속 기재되어 있다. 이처럼 2018. 10. 3. 및 같은 달 4. 당시 어느 시점에는 망인의 의식상태가 명료하여 의사소통이 충분히 가능한 상태였다가 다른 시점에는 그렇지 않은 상태로 바뀌는 등 그 의식 수준, 주의 집중 정도 및 인지적 상태 등이 수시로 변동하는 상황이었던 것으로 보이는데, 이후 2018. 10. 20.경까지 F병원 의무기록에 망인의 의식상태가 급격히 나빠졌다는 기록이 없으므로, 그때까지는 위와 같은 수준의 의식상태를 계속 유지하였던 것으로 판단된다.

㈐ P협회의 진료기록 감정 결과도 "망인의 기저 인지기능 상태가 혼합형 알츠하이머형 경도 치매의 전기 단계인 점을 고려하면 유언능력이 보존된다고 할 것이지만, 유언 당시 망인이 섬망 상태에 있었다는 것을 감안하면 망인의 의식 수준 등이 안정적으로 유지되지 아니하여 망인의 유언능력은 일반적으로 인정되기 어렵다고 할 것이다. 그러나 섬망 상태는 일과성 변화를 보이며 심각성이 변동되는 특징을 보이고, 망인이 공정증서에 의한 유언을 행한 구체적인 시기와 유언 과정에 소요된 시간에 따라서는 망인의 유언능력을 완전히 배제하기 어려운 면도 있으므로, 망인이 공정증서에 의한 유언을 행할 당시의 구체적인 시기와 시간, 본인이 주도적으로 유언을 행하였는지 아니면 수동적으로 반응하였는지 등의 구체적인 상황, 공증인 및 증인 2인이 관찰한 망인의 반응과 태도, 그리고 망인이 공증인의 면전에서 구수한 실제적 내용 등을 면밀히 살펴서 망인의 유언능력을 종합적으로 판단하여야 한다."는 취지이다.[1)]

㈑ F병원의 경과기록에는 이 사건 유언공정증서가 작성된 2018. 10. 11부터 망인이 기면상태가 된 2018. 10. 20.까지 "현재 (망인의) 의식이 아주 명료하다고 보기 어렵고, 본인 상태를 명확히 인지하고 있지 못하여 판단이 어렵다고 보임."이라고 기재되어 있다(갑 제10호증 제43~55쪽). 이러한 기재 내용을 F병원 의무기록의 기재내용(갑 제10호증 제31쪽) 등에 비추어 살펴보면, 이는 "현재 망인의 의식상태가 아주 명료(alert)하다고 보기 어렵고, 현재 본인이 말기암 상태라는 것을 명확히 알지 못하여 연명의료중단 여부에 관하여 본인 스스로 판단하기 어렵다."는 의미일 뿐이고, 원고의 주장처럼 당시 망인이 "본인의 상태를 명확히 인지하고 있지 못할 정도로 의사능력이 없는 상태"라는 의미로 볼 수는 없다.

㈒ 또한 F병원의 경과기록에는 2018. 10. 12. "보호자(딸)과 상의하여 환자에게 insight 줄 것을 거듭 설명했으나 보호자 끝내 거부함"이라고 기재되어 있는바(갑 제10호증 제43쪽), 이는 당시 망인이 자신의 병명과 상태에 관한 설명을 듣고 이해할 수 있을 정도의 의식상태나 의사능력이 있음을 전제로 한 것으로 판단된다.

㈓ F병원의 진료기록에 망인이 입원 중 어떠한 행동을 하였는지 잘 나타나 있지는 않으

---

1) P협회의 진료기록 감정 결과에 "결론적으로 감정사항 1.에서 요청하는 망인의 지적능력과 의지적 능력의 범주와 관련하여 시점에 따라 변동되는 성질을 가지고 있다고 할 것이지만, 망인의 기저 인지기능 상태와 이에 가중된 섬망 상태 등을 종합적으로 고려할 때, 시간의 흐름에 따라서는 일반적으로 통상인에 비하여 상당히 불완전한 판단능력을 가진 상태(심신미약)에서 합리적인 판단능력(의사능력)을 완전히 상실한 상태(심신상실)로 진행되었다고 할 것임."이라는 기재가 있지만, 이는 감정사항 1.이 "망인이 F병원에 입원한 2018. 10. 3.부터 사망한 2018. 10. 22.까지 망인의 의사능력"을 물었기 때문이므로, 위와 같은 기재를 근거로 이 사건 유언공정증서가 작성된 시점인 2018. 10. 11. 18:00 ~ 19:00경에 망인이 심신상실 상태에 있었다고 볼 수는 없다.

나, 이 사건 유언공정증서가 작성된 이후인 2018. 10. 12. 망인이 "가슴답답함"을 호소한 것으로 기재되어 있고, 2018. 10. 18. 망인이 "폐가 안 좋다는 정도로만 알고, 암 말기인 것은 모르는 상태"이고, "가끔 일어나서 말하는 정도"의 상태인 것으로 기재되어 있는 점(갑 제10호증 제45, 51쪽)에 비추어 보면, 적어도 2018. 10. 18.까지는 망인이 스스로 일어날 수 있고, 간단한 자신의 의사표현을 할 수도 있는 상태였던 것으로 판단된다.

㈔ F병원이 망인이 아닌 원고와 피고에게 망인의 연명의료중단에 대한 동의 여부를 물었던 것은 위 ㈑항에서 본 바와 같이 당시 망인의 의식상태가 아주 명료(alert)하다고 보기 어렵고, 본인 스스로 말기암 상태라는 것을 알지 못했기 때문이다. 또한 F병원은 원고와 피고가 최종적으로 연명의료중단에 동의한 2013. 10. 13. 이후 '호스피스·완화의료 및 임종과정에 있는 환자의 연명의료결정에 관한 법률'(2018. 12. 11. 법률 제15912호로 개정되기 전의 것, 이하 '구 연명의료결정법'이라 한다) 제19조 제1항[2]에 따라 망인에 대한 연명의료 행위를 즉시 중단한 것이 아니라 망인을 호스피스 병원 또는 다른 병원으로 전원하는 절차를 진행하였을

---

2) 구 연명의료결정법 제15조(연명의료중단등결정 이행의 대상)
담당의사는 임종과정에 있는 환자가 다음 각 호의 어느 하나에 해당하는 경우에만 연명의료중단등결정을 이행할 수 있다.
1. 제17조에 따라 연명의료계획서, 사전연명의료의향서 또는 환자가족의 진술을 통하여 환자의 의사로 보는 의사가 연명의료중단등결정을 원하는 것이고, 임종과정에 있는 환자의 의사에도 반하지 아니하는 경우
2. 제18조에 따라 연명의료중단등결정이 있는 것으로 보는 경우

제18조(환자의 의사를 확인할 수 없는 경우의 연명의료중단등결정)
① 제17조에 해당하지 아니하여 환자의 의사를 확인할 수 없고 환자가 의사표현을 할 수 없는 의학적 상태인 경우 다음 각 호의 어느 하나에 해당할 때에는 해당 환자를 위한 연명의료중단등결정이 있는 것으로 본다. 다만, 담당의사 또는 해당 분야 전문의 1명이 환자가 연명의료중단등결정을 원하지 아니하였다는 사실을 확인한 경우는 제외한다.
1. 미성년자인 환자의 법정대리인(친권자에 한정한다)이 연명의료중단등결정의 의사표시를 하고 담당의사와 해당 분야 전문의 1명이 확인한 경우
2. 환자가족(행방불명자 등 대통령령으로 정하는 사유에 해당하는 사람은 제외한다) 전원의 합의로 연명의료중단등결정의 의사표시를 하고 담당의사와 해당 분야 전문의 1명이 확인한 경우

② 제1항제1호·제2호에 따라 연명의료중단등결정을 확인한 담당의사 및 해당 분야의 전문의는 보건복지부령으로 정하는 바에 따라 확인 결과를 기록(전자문서로 된 기록을 포함한다)하여야 한다.

제19조(연명의료중단등결정의 이행 등) ① 담당의사는 제15조 각 호의 어느 하나에 해당하는 환자에 대하여 즉시 연명의료중단등결정을 이행하여야 한다.
② 연명의료중단등결정 이행 시 통증 완화를 위한 의료행위와 영양분 공급, 물 공급, 산소의 단순 공급은 시행하지 아니하거나 중단되어서는 아니 된다.
③ 담당의사가 연명의료중단등결정의 이행을 거부할 때에는 해당 의료기관의 장은 윤리위원회의 심의를 거쳐 담당의사를 교체하여야 한다. 이 경우 의료기관의 장은 연명의료중단등결정의 이행 거부를 이유로 담당의사에게 해고나 그 밖에 불리한 처우를 하여서는 아니 된다.
④ 담당의사는 연명의료중단등결정을 이행하는 경우 그 과정 및 결과를 기록(전자문서로 된 기록을 포함한다)하여야 한다.
⑤ 의료기관의 장은 제1항에 따라 연명의료중단등결정을 이행하는 경우 그 결과를 지체 없이 보건복지부령으로 정하는 바에 따라 관리기관의 장에게 통보하여야 한다.

뿐이다(갑 제10호증 제31, 46~57쪽). 따라서 F병원이 원고와 피고에게 망인의 연명의료중단에 대한 동의 여부를 물었던 것은 망인에 대한 연명의료를 중단하기 위해서라기 보다는 이를 근거로 망인을 호스피스 병원 등으로 전원시키기 위해서였던 것으로 보이므로, 이를 근거로 당시 망인이 구 연명의료결정법 제18조에 따라 '의사표현을 할 수 없는 의학적 상태'에 있었다고 단정할 수 없다.

(아) 원고가 2018. 10. 18.경 피고에게 망인에 대한 호스피스 병원 전원 관련 서류를 전달하면서 '망인이 호스피스·완화의료 이용에 동의하여야 하고, 망인이 호스피스·완화의료 이용동의서에 직접 서명할 것'을 요청하였는데, 이는 원고 역시 그 무렵까지 망인에게 의사능력이 있었음을 인식하고 있었다는 사실을 뒷받침한다.

나) 이 사건 유언공정증서 작성 당시 망인이 이 사건 유언의 취지를 이해할 의사능력 내지 유언능력이 있었는지 여부

위와 같은 사정들과 아래의 사정들에 비추어 볼 때, 원고가 제출한 증거들만으로는 이 사건 유언공정증서의 작성 시점인 2018. 10. 11. 18:00-19:00경 망인에게 의사능력 또는 유언능력이 없었다는 점을 인정하기 어렵고, 이 사건 공정증서의 작성절차 등이 위법하다고 볼 만한 증거도 없다. 따라서 이 사건 주위적 청구 및 제1예비적 청구는 모두 이유 없다.

(1) 공증인 D는 "이 사건 유언공정증서 작성 당시의 상황이 구체적으로 기억나지는 않으나, 본인의 평소 업무 방식이나 유언자와 주고받는 대화 내용, 위 유언공정증서의 내용 등에 비추어 위 유언공정증서 작성 당시 망인의 유언능력에 문제가 없어 유언이 가능했던 경우라고 생각된다."는 취지로 증언하면서, "만약 유언자에게 유언능력이 없다고 판단되면 유언공증을 못 하고 돌아오게 된다. 1년에 4~10건 정도 하는 출장을 가는 방식의 유언공증 중 유언자의 유언능력 문제로 유언공정증서를 작성할 수 없었던 경우는 2009년 공증인이 되어 유언공증을 한 이후 한 3~4건 정도 된다."라는 취지의 증언을 하였다.

(2) 또한 1년에 수십 건의 유언공증업무를 처리하는 공증인 D에 비해서, 이 사건 유언 당시 유언증인으로 참석한 G, H의 경우 유언증인의 역할을 처음 해 본 것이기 때문에 그 당시의 구체적인 상황을 좀더 생생하게 기억하고 있다고 보는 것이 경험칙에 부합하는데, 두 증인 모두 항소심 법정에서 "이 사건 유언공정증서 작성 당시 망인은 본인이 유언을 한다는 사실을 잘 알고 있었고, 공증인 D가 공정증서에 적힌 재산들을 각각 불러주면서 망인의 소유가 맞는지 물어보면 '자신의 소유가 맞다'고 대답하였으며, 공증인 D가 각 재산마다 누구에게 재산을 유증하겠느냐고 물어보면 '피고'라고 대답하였다."는 취지로 증언하였다. 이러한 D, G, H의 각 증언에 의하면, 이 사건 유언공정증서 작성 당시 망인은 이 사건 유언의 취지

와 의미를 이해하고 있었던 것으로 판단된다.

(3) 유언공정증서 부속서류등본을 보면, 망인, 피고, G의 각 가족관계증명서, 기본증명서, 주민등록표등본의 발급일자는 2018. 10. 2.이고, H의 기본증명서 및 주민등록표등본의 발급일자는 2018. 10. 4.이다.[3] 이처럼 망인, 피고, G 명의 서류의 발급일자가 망인의 F병원 응급실 내원일(2018. 10. 3.) 이전인 2018. 10. 2.인 점에 비추어 보면, 이 사건 유언공정증서는 피고가 망인의 사망이 임박함에 따라 망인에게 의사능력이 없음을 이용하여 급하게 준비한 것이 아니라, 망인의 의사에 따라 미리 준비하고 있었다는 피고의 주장을 충분히 수긍할 수 있다(피고는 원래 2018. 10. 10. 공증인 D 사무실에 망인, 피고, 유언증인 2명이 함께 가서 유언공정증서를 작성할 예정이었으나, 망인이 갑자기 F병원에 입원하게 되면서 공증인 D가 병원에 출장오는 것으로 일정이 변경되었다고 주장하고, 증인 G도 위와 같은 내용으로 증언하였다).

(4) 피고는 2018. 10. 2. 'G과 종전에 망인의 유언에 관하여 이야기를 나누고 G이 유언증인을 서기로 이미 동의하였음'을 전제로, G에게 유언증인에 필요한 서류를 공증인 D 사무실로 보내줄 것을 부탁하기도 하였다(을 제40호증의 2).

(5) 이 사건 유언공정증서의 경우 유증의 목적인 재산이 부동산 2개(아파트 및 상가), 예금 6개 정도로서 해당 항목이 그리 많지 않고, 유언의 내용도 해당 재산을 전부 피고에게 유증한다는 것으로 간단하다. 따라서 당시 망인이 폐암 말기 및 경도의 치매 증상을 앓고 있었다는 점 등을 감안하더라도 공증인 D가 망인에게 유언의 취지와 그 구체적인 내용을 질문했을 때 망인이 이를 이해하고 대답하는 데에 큰 무리가 없었을 것으로 판단된다.

(6) ① 원고가 2003. 8.경 결혼하여 분가함에 따라, 망인의 배우자인 E가 2011. 1.경 대장암 판정을 받고 2013. 7.경 사망할 때까지 피고가 E의 간병을 주로 담당한 점(을 제27호증), ② 이후 망인이 2017. 1.경부터 2017. 11.경까지 저나트륨혈증, 뇌경색, 동맥경화 등으로 수회 입원하고, 2018. 4.경 및 6.경 백내장 수술을 받을 때에도 주로 피고가 망인을 간병한 점, ③ 망인이 2015. 4.경부터 2017. 7.경까지 T에서 생활하거나 2017. 8.경부터 2018. 10.경까지 O요양병원에서 생활할 때에도 주로 피고와 그 남편인 S가 망인을 방문하거나 망인의 보호자 역할을 한 점(을제1, 28호증) 등을 경험칙에 비추어 살펴보면, 망인이 피고에게 자신의 재산 대부분을 유증하는 내용의 이 사건 유언공정증서를 작성하게 된 경위나 동기 등을 충분히 수긍할 수 있다.

3) 공증인 D 사무소는 피고, G, H으로부터 위 서류들을 전달받아 2018. 10. 4. 피고, G, H의 유언집행자 및 유언증인 결격사유에 대한 조회 요청을 각 등록기준지에 보냈고, 같은 날 이들에게 결격사유가 없다는 내용의 결격사유 조회결과 회신을 받았다(을 제38호증의 2).

나. 제2쟁점에 대한 항소심 재판부의 판단

1) 피고 주장의 요지

피고는 망인의 사망에 따라 상속세로 총 409,191,850원을 납부하였고, 상속세 신고비용·세무조사 대응비용으로 4,950,000원을 지출하였는바, 원고는 위 금액 중 원고의 유류분율에 해당하는 103,535,462원[=(409,191,850원+4,950,000원)×1/4]을 피고와 나누어 분담하여야 한다. 따라서 피고는 이 사건 유류분반환청구소송의 확정 이후 이루어지는 과세관청의 경정처분 이전이라도 이 부분을 반영하여 원고에 대하여 가지는 위 구상채권(자동채권)으로써 원고의 피고에 대한 유류분반환채권(수동채권)과 대등액에서 상계한다.

2) 항소심 재판부의 판단

① 증여세와 상속세는 증여와 상속을 원인으로 수증자 또는 상속인에게 개별적으로 부과되는 조세로서 부과과세방식에 의하여 납세의무가 확정되므로, 설령 피고가 종전에 납세의무가 확정된 상속세를 납부하였다고 하더라도 이는 조세법령에 의하여 자신에게 부과된 세금을 국가에 납부한 것에 불과하고, 이를 원고를 대신하여 납부한 것으로 보기 어려운 점,[4]

② 유류분권리자가 반환의무자를 상대로 유류분반환청구권을 행사하는 경우 그의 유류분을 침해하는 증여 또는 유증은 소급적으로 효력을 상실하고(대법원 2013. 3. 14. 선고 2010다42624, 42631 판결), 유류분반환청구 사건에 관한 민사판결이 확정되어 이를 토대로 피상속인의 상속재산이 다시 구성되는 과정에서 상속세 과세표준 자체가 변경될 가능성이 있는 점,[5]

③ 원고는 유류분반환을 청구하여 반환받은 재산이 소급적으로 망인의 상속재산을 구성하게 되는 경우, 이와 같이 다시 구성된 상속재산을 기준으로 새롭게 산정·부과된 금액을 상속세로 납부하여야 하고, 피고로서도 상속세 및 증여세법(이하, '상속세법') 제79조 제1항 제1호[6] 및 같은 법 시행령 제81조 제2항[7]에 따라 유류분반환청구소송의 확정판결이 있은 날부

---

4) 연대납세의무로 인해 원고에게 부과된 상속세를 피고가 자신에게 부과된 상속세와 함께 납부하였다면 이는 원고를 대신하여 납부한 것으로 볼 수 있고, 이 부분에 대하여는 구상권을 행사할 수 있을 것이나(상속세 및 증여세법 제3조의2 제1항, 제3항, 국세기본법 제25조의2, 민법 제425조 제1항), 피고는 이 부분에 대하여 구상권을 행사하는 것이 아님을 분명히 하였다.

5) 실무적으로 유류분반환청구소송에서 과세관청이 종전 부과처분을 할 당시에 미처 파악하지 못한 망인의 생전 증여 등을 특별수익으로 추가해야 한다는 주장 및 증거자료가 제출되어 받아들여지는 경우, 상속세 과세표준 자체가 변경(상향)될 수 있다.

6) 상속세 및 증여세법 제79조(경정 등의 청구 특례) ① 제67조에 따라 상속세 과세표준 및 세액을 신고한 자 또는 제76조에 따라 상속세 과세표준 및 세액의 결정 또는 경정을 받은 자에게 다음 각 호의 어느 하나에 해당하는 사유가 발생한 경우에는 그 사유가 발생한 날부터 6개월 이내에 대통령령으로 정하는 바에 따라 결정이나 경정을 청구할 수 있다.

1. 상속재산에 대한 상속회복청구소송 등 대통령령으로 정하는 사유로 상속개시일 현재 상속인 간에 상속재산가액이 변동된 경우

터 6월 이내에 상속세 경정을 청구할 수 있는 점,

④ 나아가 납세자가 경정청구를 할 수 있는 경우라 하더라도 그 경정청구에 의하여 곧바로 당초의 신고나 부과처분으로 인한 납세의무에 변동을 가져오는 것은 아니고, 과세관청이 이를 받아들여 과세표준 또는 납부세액에 관하여 경정처분을 하여야만 그로 인한 납세의무 확정의 효력이 생기게 되므로(대법원 2003. 6. 27. 선고 2001두10639 판결), 이 사건 유류분반환청구소송이 확정된 이후에 피고가 그 주장과 같이 이미 납부한 상속세에 대하여 경정청구를 할 수 있게 된다고 하더라도, 과세관청의 과세표준 또는 납부세액에 관한 경정처분 이전까지는 피고에 대한 종전 상속세 부과처분의 효력이 유지되기 때문에 피고가 종전에 상속세를 납부한 것은 자신의 상속세 납부의무를 이행한 것일 뿐이고 이를 원고를 대신하여 상속세 일부를 납부한 것으로 보기 어려운 점,

⑤ 원고의 입장에서도 유류분반환청구를 통하여 지급받은 재산에 대하여 상속세를 납부하여야 하므로, 피고의 상속세 납부 및 관련 비용의 부담으로 인하여 그에 상응한 어떠한 이익을 얻었다고 볼 수 없는 점(대법원 2005. 1. 28. 선고 2002다50729 판결)에 비추어 보면,

⑥ 피고가 주장하는 사정만으로는 이 사건 유류분반환청구와 관련하여 상속세에 관한 구체적인 구상금 청구권이 성립하였다고 볼 수 없다[서울고등법원 2021. 12. 23. 선고 2021나2011402 판결(확정), 같은 법원 2021. 11. 30. 선고 2019나2044188 판결(확정) 등 참조]. 따라서 위와 같은 구체적인 구상금 청구권이 이미 성립하였음을 전제로 한 피고의 위 주장은 이유 없다.

4. 검토

가. 제1쟁점

1) 유언공정증서의 유효성 등에 대한 심리방법 등

유언은 유언자가 사망한 이후에 비로소 효력을 발생하는 요식행위이기 때문에(민법 제1060조, 제1073조 등), 민법에 규정된 5가지 방식의 유언이 관련 법률규정의 요건을 충족시켰는지에 대한 분쟁이 발생한 경우, 실무적으로 심리하는 것이 쉽지 않은 경우가 적지 않다. 이미 사망한 유언자에게 유언의사의 진정성 등을 확인하는 것은 애당초 불가능하고, 5가지 유언별로 실무적으로 문제가 되는 쟁점이 매우 다양할 수 있기 때문이다. 일반적으로 일방당사자가 유언서 작성시점에 망인의 의사능력이나 유언능력이 없었다는 등의 이유로 유언의

---

7) 상속세 및 증여세법 시행령 제81조(경정청구등의 인정사유 등) ① (생략)
② 법 제79조 제1항 제1호에서 "상속회복청구소송 등 대통령령으로 정하는 사유"란 피상속인 또는 상속인과 그 외의 제3자와의 분쟁으로 인한 상속회복청구소송 또는 유류분반환청구소송의 확정판결이 있는 경우를 말한다.

무효를 주장하는 사안에서 (일정한 기간에 이루어지는 사건본인의 법률행위 등에 대하여 일률적인 법적 규율을 하는 것을 목적으로 하는 행위능력의 경우와 달리) 해당 시점의 구체적·개별적인 사정을 검토하여 이를 판단해야 하고(위 대법원 2001다10113 판결 등), 이에 증명책임은 무효를 주장하는 당사자에게 있다(위 대법원 2009다53093 판결 등). 나아가 유언공정증서의 경우 유언서 작성절차가 민법 및 공증인법 등 관련 법률규정들을 따라야 하고, 그 결과물이 공문서의 성격을 가지는 등 다른 4가지 유언의 경우와 상당한 차이가 있기 때문에, 특별한 사정이 없는 이상 유언공정증서의 증명력을 인정해야 한다(위 대법원 94누2046 판결 등).

즉, 공증인은 무효인 법률행위나 무능력으로 인하여 취소할 수 있는 법률행위에 관한 문서를 작성하지 않아야 하고, 유언공정증서의 경우 공증인이 증인 2명을 참여시킨 상태에서 작성해야 하므로(공증인법 제25조, 민법 제1068조 등), 그 작성시점의 의사능력·유언능력이나 절차의 하자 등이 실질적인 쟁점이 되는 경우, 해당 유언공정증서를 작성한 공증인이나 참여한 증인 2명 등을 상대로 해당 시점의 구체적·개별적인 사정을 확인하는 등의 증거조사를 할 필요가 있고, 이러한 구체적·개별적인 심리를 하지 않은 상태에서 유언공정증서의 증명력을 배척하는 판단을 하는 것은 매우 신중할 필요가 있다.

2) 제1심의 입장

제1심법원은 망인의 유언공정증서의 작성에 참여한 공증인과 증인 2명에 대한 증인신문 등은 실시하지 않았고, 단지 망인이 병원 응급실에 내원한 2018. 10. 3.부터 사망시점인 2018. 10. 22.까지 약 20일 정도의 기간 동안 의무기록에 정리된 망인(유언자)의 의식수준 등에 대한 일반적인 사항을 검토한 감정촉탁결과 등을 근거로 하여 망인의 의사능력·유언능력이 흠결된다는 등의 이유로 위 유언공정증서의 효력을 배척하였다.

3) 항소심 재판부의 입장

그러나 항소심 재판부는 유언공정증서에 관한 법률규정들의 내용과 규정취지, 판례의 판시내용, 위 감정서 자체에 “망인의 의식수준 등이 위 기간 동안 (고정적인 것이 아니라) 수시로 변동되는 특징을 보이기 때문에, 구체적인 시기와 유언 과정에 소요된 시간 등에 따라서 망인의 유언능력을 배제하기 어렵다.”고 기재되어 있는 점 등에 비추어 볼 때, 해당 유언공정증서 작성 시점의 구체적·개별적인 사정을 확인하지 않은 상태에서 제1심과 같은 판단을 하는 것은 적절하지 않다고 보고, 항소심에서 공증인과 증인 2명을 모두 소환하여 증인신문(대질신문 포함)을 실시한 다음, 원고가 제출한 증거들만으로는 위 유언공정증서의 작성시점인 2018. 10. 11. 18:00–19:00경까지 망인의 의사능력·유언능력이 흠결되었다고 볼 수 없고, 다른 절차적 하자를 인정하기도 어렵다는 등의 이유로 원고의 주장을 배척하였다. 항소심은 (망인이 병원에 있었던 위 20일 동안의 전반적인 의식상태가 아니라) 망인이 유언공정증서를 작성한 2018. 10. 11. 18:00－19:00경까지의 의식상태 등을 실질적인 심리대상으로 보아야 하고, 따라서 해당 시점의 상황에 대한 구체적·개별적인 심리를 실시하였다는 점에서, 제1심과는 다른 접근방식을 취한 것이다.[8)]

나. 제2쟁점

1) 상속세에 관한 구상금청구의 요건 등

유류분 반환을 구하는 원고(유류분 반환청구권자)의 청구 중 일부 또는 전부를 인용하는 민사판결이 예상되는 사안에서, 피고(유류분 반환의무자)가 "향후 위와 같은 원고 승소(일부 또는 전부) 취지의 민사판결이 확정될 경우 원·피고를 비롯한 상속인들에 대한 종전 상속세 부과처분이 '피고에 대한 부과처분이 감액되는 내용'으로 변경될 수밖에 없다. 즉, 피고에게 이미 부과된 상속세 중 상당액은 실질적으로 원고가 부담해야 하는 것이므로, '분쟁의 일회적 해결' 등을 위하여 피고는 그 상당액 부분에 관하여 원고에게 상계의 의사표시를 하는 것이니, 과세관청의 경정처분 이전이라도 위 민사판결에서 이를 반영하여 달라."라는 취지로 주장하는 경우가 실무에서 적지 않게 발생하고 있다. 제2쟁점에 관하여 명시적인 판시를 한 대법원 판결은 발견하기 어렵고, 하급심 판결들 중에는 긍정적인 입장을 취한 사례도 있고, 부정적인 입장을 취한 사례도 있다.

2) 항소심 재판부의 입장

가) 항소심 재판부는 위 판시와 같은 이유를 들어서 부정적인 입장을 취하였는데, 유사한 입장을 취한 종래 서울고등법원 판결[2021. 12. 23. 선고 2021나2011402 판결(확정), 2021. 11. 30. 선고 2019나2044188 판결(확정) 등]의 판시내용을 토대로 수정, 보완한 다음, 아래와 같은 검토를 거쳐서 부과처분에 관한 후발적 경정청구만으로는 조세채무가 확정되지 않는다는 판례(위 대법원 2001두10639 판결)의 법리 등을 추가하였다.

나) 검토내용

(1) 상속세는 부과과세방식에 의하여 납세의무가 확정되는데, 상속세법 제79조, 상속세법 시행령 제81조에 따르면, 과세관청이 상속세 부과처분을 한 이후에 관련 유류분반환청구사건의 판결이 확정되어 상속인 간에 상속재산가액이 변동한 경우, 이는 상속세법에 따른 경

---

8) 이 사건 제1쟁점과 관련하여 이 사건 항소심 재판부와 유사한 판단을 한 사례로는, ① 제1심법원에서 "해당 유언공정증서에 의한 유언은 의사능력이 없는 상태에서 행하여진 것이므로 무효이다."라는 취지로 판단하였으나(서울서부지방법원 2022. 12. 16. 선고 2021가합30757 판결), ② 항소심에서는 이 사건 판단과 유사한 입장에서 해당 유언공정증서에 의한 유언이 유효하다는 취지로 판단한 다음(서울고등법원 2023. 8. 24. 선고 2023나2002174 판결), ③ 이에 관한 원고의 상고에 대하여 대법원에서 심리불속행 상고기각 판결을 하여 항소심 판결이 확정된 사례(대법원 2023. 12. 7.자 2023다280679 판결) 등을 예시할 수 있다.

정청구(또는 국세기본법에 따른 후발적 경정청구)의 사유가 된다.[9)]

(2) 그런데 이 사건 피고와 같이 원고에게 유류분을 반환하라는 민사판결을 받은 당사자가 그 판결 확정 이후 과세관청에 경정청구를 하는 경우에도 그 경정청구에 의하여 곧바로 납세의무에 변동을 발생하는 것은 아니고, 과세관청이 이를 받아들여 경정처분(후속처분)을 해야만 그로 인한 납세의무 확정의 효력이 성기게 되기 때문에(위 대법원 2001두10639 판결), 이러한 후속처분이 이루어지기 전 단계에서는 종전 부과처분의 효력이 그대로 유지된다.[10)]

(3) 같은 맥락에서, 위와 같은 민사판결의 확정 이후에 피고가 민사사건(유류분 반환청구사건)에 제출된 각종 자료를 제출하면서 과세관청에 경정청구를 할 것으로 예상되는 경우에도,

① 우선 과세관청이 피고의 주장과 같은 경정처분(후속처분)을 할 것인지가 분명하지 않고,

② 나아가 후속처분을 할 개연성이 상당히 높은 경우에도 과세관청이 구체적으로 어떠한 내용의 후속처분을 할 것인지가 분명하지 않기 때문에,[11)]

③ 후속처분 이전까지는 민사판결로 인하여 종전처분의 효력이 변동된다고 볼 수 없다.

(4) 결국 위와 같은 사안에서 과세관청이 실제로 후속처분을 하기 이전 단계인 유류분 반환청구의 소송과정에서는 해당 민사판결과 관련하여 피고의 원고에 대한 구체적인 구상금 청구권이 성립하였다고 볼 수 없고, 특히 그 구상금 액수가 전혀 특정될 수 없기 때문에, 피고의 구체적인 구상금 청구권을 자동채권으로 하는 상계와 관련하여 '상계적상'의 상태가 되었다고 볼 수 없다는 취지이다.[12)]

---

9) 우리 상속법이 상속재산 전체를 과세표준으로 하는 이른바 '유산세방식(遺産稅方式)'을 취하고 있지만, 개별 상속인들에 대한 상속세 부과처분은 각자의 상속재산에 상응하여 개별적으로 부과되어야 한다(대법원 1993. 5. 27. 선고 93누3387 판결, 대법원 1997. 3. 25. 선고 96누4749 판결, 대법원 2004. 2. 13. 선고 2002두9971 판결 등).

10) 즉, 후속처분 이전까지는 피고의 입장에서 여전히 종전 부과처분에 따른 상속세 납부의무를 부담하고, 그 단계에서는 원고가 민사판결과 관련하여 피고에 대하여 구체적인 구상금 반환의무를 부담한다고 볼 수 없다.

11) ① 실무적으로 유류분 반환청구소송에서, 과세관청이 종전 부과처분을 할 당시에 미처 파악하지 못한 상대방에 대한 망인의 생전 증여를 추가하야 한다는 주장 및 증거자료를 쌍방이 모두 제출하는 경우가 많은데, 민사소송에서 이러한 주장이 받아들여지는 경우 상속세 과세표준 자체가 상향될 수 있기 때문에 (감액처분 등을 요청하는 피고의 주장과 달리) 과세관청이 직권으로 상속세(본세) 및 가산세 등을 증액하는 후속처분이 이루어질 가능성이 있다.
② 그럼에도 불구하고 과세관청이 실제로 후속처분을 하기 전에 '민사법원에서 후속처분의 구체적 내용을 예측한 다음, 이러한 예측을 토대로 피고가 주장하는 자동채권의 존재 및 수액을 판단하는 것'은 법체계상 타당하다고 보기 어렵고(과세관청 내지 이에 관한 조세소송 담당 행정법원의 권한에 속하는 사항을 민사법원에서 미리 판단·결정하는 것과 유사한 결과가 된다), 위와 같은 민사법원의 예측이 잘못되는 등 부적절한 판단이 이루어진 경우 쌍방 당사자가 이러한 민사판결을 근거로 하여 상호간에 상계처리 등을 한 다음 증액된 후속처분의 적정성 등을 다투는 상황이 발생할 수도 있다,

3) 유의점

가) 이 사건에서는 피고가 원고에게 반환되는 유류분과 관련된 부분을 과세관청이 경정처분(후속처분)에 반영하기 전이라도 이 부분을 민사판결에 미리 반영하는 것이 타당하다는 취지로 주장한 것이기 때문에, 이러한 피고의 주장을 배척한 것이다.

나) 이와는 달리, 망인의 상속재산 전체를 과세표준으로 하여 상속인들에게 이미 부과된 상속세에 관하여, 상속인들 중 1명(A)이 자신의 상속재산 범위 내에서 부담하는 상속세 연대납부의무(상속세법 제3조, 제3조의 2 제1항, 제3항 참조)에 근거하여 기존 부과처분 중 다른 상속인(B)에게 부과된 부분에 관한 세금을 실제로 대신 납부한 다음,[13] A가 이 부분에 관한 구상금 청구권을 B에게 행사한다고 주장하는 사안이 발생할 수 있다.

이는 (과세관청의 장래 판단에 따라서 그 성립 여부 등이 결정되는 후속처분과 관련된 것이 아니라) A, B에 대하여 이미 고지된 기존 상속세 부과처분을 전제로 하여 B가 부담해야 하는 세액을 A가 실제로 대신 납부한 것이므로, A는 국세기본법 제25조의2, 민법 제425조 제1항 등에 근거하여 이에 관한 구상금 청구권을 B에게 행사할 수 있고,[14)15)] A는 이러한 구상금 청구

---

12) 이 사건 제2쟁점과 관련하여 항소심의 유사한 판결례로는 다음 사례 등을 예시할 수 있다.
㉮ 서울고등법원 2023. 5. 18. 선고 2023나2002112 판결[확정. 그 사실관계에 관하여는 위 판결에 대한 해설(Ⅱ. [3] 1. 유류분반환청구권의 단기소멸시효 기산점 등에 관한 쟁점) 참조]
㉯ 서울고등법원 2023. 8. 24. 선고 2022나2048432 판결[이에 대하여 피고들이 이 사건 피고의 경우와 유사한 주장을 하면서 상고하였으나(2023. 11. 1.자 상고이유서 참조), 대법원 2023. 11. 30.자 2023다282132 판결(심리불속행 상고기각)로 확정됨].

13) 대법원 2013. 6. 24.자 2013스33, 34 결정은 현행 상증세법 제3조의2와 같은 취지의 구 상속세 및 증여세법 제3조에 관하여 "구 상속세 및 증여세법(2010. 1. 1. 법률 제9916호로 일부개정되기 전의 것) 제3조 제1항은 상속인은 각자가 받았거나 받을 재산의 비율에 따라 상속세를 납부할 의무가 있다고 정하고, 그 제4항은 제1항의 규정에 의한 상속세는 상속인 각자가 받았거나 받을 재산을 한도로 연대하여 납부할 의무를 진다고 정하고 있다. 위 법규정에 의하면, 공동상속인들 각자는 피상속인의 상속재산 총액을 과세가액으로 하여 산출한 상속세 총액 중 그가 상속으로 받았거나 받을 재산의 비율에 따른 상속세를 납부할 고유의 납세의무와 함께 다른 공동상속인들의 상속세에 관하여도 자신이 받았거나 받을 재산을 한도로 연대하여 납부할 의무가 있다(대법원 2001. 11. 27. 선고 98두9530 판결 등 참조). 그런데 공동상속인들은 과세권자에 대한 관계에서 각자 고유의 납세의무와 함께 다른 공동상속인의 상속세에 대하여도 연대하여 납세의무를 부담하는 것이지, 공동상속인들 사이에서 다른 공동상속인 고유의 상속세에 대하여 종국적인 책임을 부담하는 것은 아니다. 따라서 공동상속의 경우 상속재산의 분할 전에 법정상속분에 따라 공동상속인 중 특정한 1인에게 귀속되는 부분이 그 특정인의 상속세 납부에 공여되었다고 하여 이를 공동상속인들 전체의 상속비용으로 보아 분할대상 상속재산에서 제외하여서는 아니된다고 할 것이다."라고 판시하였는데, 이에 관한 상세한 검토는 서울고등법원 2023. 7. 25.자 2022브2136, 2137 결정 및 이에 대한 해설(Ⅱ. [6] 1. 상속재산분할사건의 특별수익 산정과 세무조사 및 과세처분의 상관관계 등에 관하여) 참조.

14) 이에 관하여 대법원 2018. 7. 12. 선고 2018다228097 판결은 "자신의 출재로 조세채무를 공동면책시킨 연대납세의무자는 다른 연대납세의무자에게 그 부담부분에 대하여 구상권을 행사할 수 있다(국세기본법 제25조의2, 민법 제425조). 증여세는 원래 수증자에 대한 조세채권의 확보가 곤란한 경우에 비로소 증여자에게 연대납세의무가 인정되나, 명의신탁 증여의제에 따른 증여세는 일반적인 증여세

권을 자동채권으로 하는 상계항변을 할 수도 있을 것이다.[16]

다) 실무적으로 당사자가 주장하는 구상금 청구권의 내용이 위 2)에 해당하는 것인지, 아니면 위 나)에 해당하는 것인지를 분명하게 구별해야 하고, 이러한 구별을 토대로 하여 적절하게 업무를 처리할 필요가 있다.

4) 상속세 환급에 관한 국세청 실무와의 관계

가) 국세청의 실무

상속인 또는 수유자는 각자가 받았거나 받을 재산을 한도로 연대하여 상속세를 납부할 의무를 부담한다(상증세법 제3조의2).[17] 그런데 국세청은 이에 관하여, '상속세는 각자가 받았거나 받을 재산을 한도로 연대하여 납부할 의무가 있는 것이며, 판결에 의하여 유류분으로 반환하는 경우에도 총세액에 변동이 없는 경우에는 당초 납부분을 환급하지 않는다.'는 입장을 취하였고(상증, 재산세과－1467, 2009. 7. 17.),[13] 유류분 반환분에 대한 상속세 환급 가능여부 등에 관한 2024. 2. 28.자 회신(납세자회신번호 상속증여세과－96)에서도 '상속세는 각자가 받았거나 받을 재산을 한도로 연대하여 납부할 의무가 있는 것이며, 판결에 의하여 유류분으로

와 달리 수증자에 대한 조세채권의 확보가 곤란하지 않더라도 명의신탁자가 명의수탁자와 연대하여 이를 납부할 의무가 있다[구 상속세 및 증여세법(2003. 12. 30. 법률 제7010호로 개정되기 전의 것, 이하 같다) 제4조 제4항, 제41조의2]. 따라서 주식에 관한 명의수탁자가 증여세를 납부한 경우 위 국세기본법 규정에 따라 명의신탁자를 상대로 구상권을 행사할 수 있다."라고 판시하고 있고, 대법원 2023. 5. 18. 선고 2022다271227(본소), 2022다271234(반소) 판결은 상속세의 내부적인 분담비율을 구 「상속세 및 증여세법」 제3조 제1항에 따라 정해진 상속세 납세의무 비율에 따라 정해져야 한다고 판단한 항소심판결을 그대로 유지하였다.

15) 공동상속인들 중 1인이 지게 되는 다른 공동상속인들의 상속세에 대한 연대납부의무는 다른 공동상속인들 각자의 고유의 상속세납세의무가 그들 각자에 대한 과세처분에 의하여 확정되는 것을 전제로 하기 때문에, 다른 공동상속인들의 상속세에 대한 연대납부의무를 지는 상속인의 경우에는 다른 공동상속인들에 대한 과세처분 자체의 취소를 구함에 있어서 법률상 직접적이고 구체적인 이익을 가지고 그 취소를 구할 원고 적격도 인정된다는 점 등은 대법원 2001. 11. 27. 선고 98두9530 판결 참조.

16) 유사 쟁점에 관하여 대법원 2023. 5. 18. 선고 2022다271227, 2022다271234 판결은 "원심은 그 판시와 같은 이유로 상속세의 내부적인 분담비율은 구 「상속세 및 증여세법」 제3조 제1항에 따라 정해진 상속세 납세의무 비율에 따라 정해져야 한다고 판단한 뒤, 가산금을 포함하여 원고(반소피고, 이하 '원고'라 한다)가 납부한 상속세 중 피고(반소원고, 이하 '피고'라 한다) 김○○ 및 피고 김●●의 각 분담비율에 해당하는 금액에서 피고들이 납부한 상속세 중 원고의 분담비율에 해당하는 금액을 공제하는 방법으로 구상금을 산정하였다. 원심판결 이유를 관련 법리와 기록에 비추어 살펴보면, 원심의 판단에 상고이유 주장과 같이 자유심증주의의 한계를 벗어나거나 증여세액 공제와 가산금의 분담비율 적용 등에 관한 법리를 오해한 잘못이 없다."라고 판시하였다.

17) 국세청은 상속회복청구소송에 따라 상속재산을 반환하는 경우 상속세 납부의무 등에 관한 2020. 4. 13.자 회신(납세자회신번호 상속증여세과－248)에서 '상속회복청구소송으로 반환한 재산가액은 반환받은 상속인이 상속받은 것으로 보는 것이며, 상속세는 각자가 받았거나 받을 재산을 한도로 연대하여 납부하는 의무가 있는 것임'이라고 답변하였다(서면－2019－상속증여－0947).

18) 상증, 서면－2016－상속증여－5559(2017. 5. 1.)도 '상속세는 각자가 받았거나 받을 재산을 한도로 연대하여 납부할 의무가 있는 것이며, 상속인간 판결에 의하여 상속인간 상속재산의 변동이 있는 경우에도 총세액에 변동이 없는 경우에는 당초 납부분을 환급하지 않음'이라는 입장을 취하였다.

반환하는 경우에도 총세액에 변동이 없는 경우에는 당초 납부분을 환급하지 않음'이라고 답변하였다(서면-2023-상속증여-3707).

나) 관련 쟁점

유류분반환청구사건의 당사자가 위 가) 기재와 같은 국세청 실무를 언급하면서, 이 사건 피고와 같이 원고에게 유류분을 반환하라는 민사판결을 받은 당사자가 그 판결 확정 이후 과세관청에 경정청구를 하는 것이 실효성이 없고, 따라서 경정청구의 방법으로 당사자가 구제받을 수 없기 때문에 유류분청구사건에서 이러한 사정을 반영해야 한다는 취지로 주장하는 경우가 있다.

다) 국세청 실무의 적용범위

현행 상증세법은 상속세에 관하여 이른바 '유산세방식'을 취하고 있고, 상속인 또는 수유자는 각자가 받았거나 받을 재산을 한도로 연대하여 상속세를 납부할 의무를 부담하기 때문에(상증세법 제3조의2), 설령 일부 상속인의 경정청구에 의하여 과세관청이 내부적인 상속세 분담비율을 변경하는 후속처분을 하더라도 종전 처분에 의하여 결정된 상속세액(총세액)이 변동되지 않는 사안에서는 과세관청이 이미 납부된 상속세 중 일부를 환급하지 않는 경우가 발생할 수 있다. 위 가) 기재와 같은 국세청의 실무는 위와 같은 사안에 관한 것이다.

라) 검토

그런데 공동상속인들은 과세권자에 대한 관계에서 각자 고유의 납세의무와 함께 다른 공동상속인의 상속세에 대하여도 연대하여 납세의무를 부담하는 것이지, 공동상속인들 사이에서 다른 공동상속인 고유의 상속세에 대하여 종국적인 책임을 부담하는 것은 아니다(위 대법원 98두9530 판결, 대법원 2013스33, 34 결정 등 참조). 그리고 이 사건 피고와 같이 원고에게 유류분을 반환하라는 민사판결을 받은 당사자가 그 판결 확정 이후 과세관청에 경정청구를 하는 경우에도, 과세관청이 이를 받아들여 경정처분(후속처분)을 해야만 그로 인한 납세의무 확정의 효력이 생기기 때문에(위 대법원 2001두10639 판결 참조), 이러한 후속처분이 이루어지기 전 단계에서는 종전 부과처분의 효력이 그대로 유지된다.

따라서 다) 기재와 같은 사안에서 일부 상속인이 경정청구 등을 통하여 과세관청으로부터 자신의 내부적 분담비율을 감소시킨 경정처분(후속처분)을 받은 경우, 종전 처분에 의하여 결정된 상속세액(총세액)이 변동되지 않았기 때문에 과세관청으로부터 감소된 부분에 관한 환급을 받지는 못하지만, 종전처분에 따라 자신이 실제로 납부한 상속세 액수가 후속처분의 분담부분을 초과하는 경우에는 그 초과부분에 관하여 다른 상속인에 대하여 구상금을 청구할 수 있는 근거를 확보할 수 있게 된다(위 대법원 2022다271227, 2022다271234 판결 등 참조). 반면에, 위 당사자가 경정청구를 통하여 후속처분을 받지 못하는 경우, 위와 같은 초과부분이 확정될 수 없기 때문에(위 대법원 2001두10639 판결 참조), 다른 상속인에 대하여 그 초과부분에 관한 구상금을 청구할 수 없다.

마) 소결론

결국 위 다) 기재와 같은 사안에서 법적으로 부담해야 하는 분담비율을 초과하여 상속세를 실제로 납부한 일부 상속인의 경우, 위와 같은 경정청구 및 후속처분(경정처분) 등을 통하여 과세관청으로부터 직접 환급을 받을 수는 없지만, 그 후속처분 등을 근거로 하여 다른 상속인들에 대하여 해당 부분에 관한 구상권을 행사할 수 있기 때문에,[19] 이러한 측면에서 위와 같은 경정청구 등은 실질적인 의미를 가진다.

5. 마무리

최근 상속재산에 관한 법적 분쟁이 현저하게 늘어나면서 법원에 접수되는 상속재산분할사건이나 유류분반환청구사건의 수가 눈에 띄게 증가하고 있다. 같은 이유로 유언공증증서를 비롯한 각종 유언의 효력을 다투는 사건들을 실무에서 자주 접할 수 있는데, 이 경우 유언은 본질적으로 유언자가 사망한 이후에 비로소 효력을 발생하는 요식행위라는 점, 의사능력이나 유언능력 제도의 성격, 공정증서제도의 취지 등 관련 문제들을 종합적으로 고려할 필요가 있다.

한편, 일정한 규모 이상의 상속재산에 대해서는 통상적으로 과세관청의 세무조사 및 과세처분이 이루어지기 때문에, 이에 관한 상속재산분할사건이나 유류분반환청구사건 등이 발생한 경우 당사자의 입장에서 상속세 및 증여세법 관련 문제가 어떤 방식으로 처리되는지에 대하여 관심을 가지는 것은 당연하다.[20] 개별사건의 구체적인 사정에 따라서 공동상속인 중 일부가 과세관청에 대하여 경정청구를 할 수도 있고, 다른 공동상속인에 대하여 상속세 등에 관한 구상금 청구권을 행사할 수 있는지가 결정될 수도 있기 때문이다. 실무에서 발생하는 다양한 법적 분쟁과 관련하여 이 사건 항소심 판결이 관련 사건을 담당하는 법률가들에게 다소간의 참고자료가 될 수 있을 것이다.

---

19) 반면에 해당 상속인이 이러한 후속처분을 받지 못하는 경우, 다른 상속인들에 대하여 구상권을 행사할 수 있는 근거가 없음은 앞서 본 바와 같다.

20) 이에 관하여는 서울고등법원 2023. 7. 25.자 2022브2136, 2137 결정 및 이에 대한 해설(Ⅱ. [6] 1. 상속재산분할사건의 특별수익 산정과 세무조사 및 과세처분의 상관관계 등에 관하여), 서울고등법원 2023. 8. 28.자 2023브2132, 2133 결정 및 이에 대한 해설(Ⅱ. [6] 2. 장기간에 걸친 계좌이체에 관한 특별수익 및 기여분 산정과 상증세법 관련 법리 검토) 등 참조.

〔5〕 국제사법

1. 유류분반환청구사건에 관한 국제사법,
   민법 및 조세법에 관한 비교법적 쟁점 등

1

유류분반환청구사건에 관한 국제사법, 민법 및 조세법에 관한 비교법적 쟁점 등

서울고등법원 2023. 10. 19. 선고 2022나2040001 판결(확정)
- 서울중앙지방법원 2022. 9. 2. 선고 2019가합515731 판결

1. 사안의 개요

가. 피상속인 : X(1926년생. 2018. 5. 1. 일본에서 사망, 이하 '망인')

나. 망인 X의 가족관계: 배우자 Y(1933년생) 사이에서 3남매

① 장남 원고 A(배우자 AA, 망인의 손자 A1, A2)

② 장녀 피고 B(배우자 BB, 망인의 손자 B1, B2)

③ 차녀 피고 C(배우자 CC, 망인의 손자 C1, C2, C3)

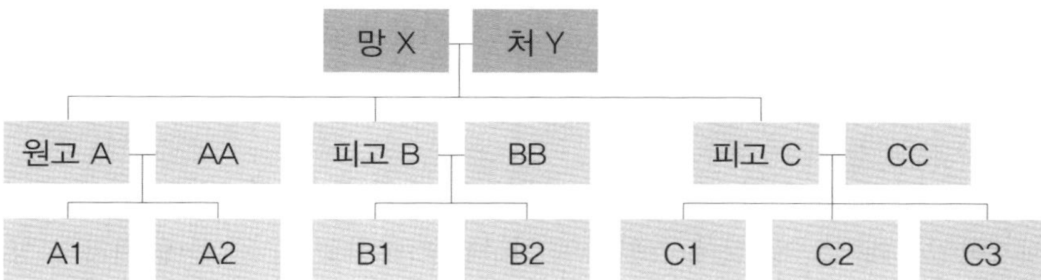

다. 망인의 생전 증여, 유증 및 준거법 지정 등

한국 국적인 망인은 일본에서 파친코 사업을 하는 비상장회사 DD상사의 지배주주로서, 그 배우자, 자녀 및 손자 등에게 ㉮ 상당한 재산을 생전 증여하였고, ㉯ 2013. 7. 24. 일본의 RR공증사무소에서 작성한 다음과 같은 유언공정증서(이하 '이 사건 유언공정증서')를 통하여 자녀 A, B, C에게 상당한 재산을 유증하였다(이하 '이 사건 유증').

> 제1조 유언자(망인, 이하 같다)는 유언자가 보유한 아래의 주식, 토지, 대부금채권 및 예금을 유언자의 장녀 피고 B(1955년생) 및 차녀 피고 C(1959년생)에게 균등한 비율로 상속한다.

아 래

1. ●●●(DD)상사 주식회사[본점소재지 도쿄도 (이하 생략)] 기발행 주식 5만 주 전주
2. 토지
① 소재 오오타구 (이하 생략) 209.26평방미터
② 소재 오오타쿠 (이하 생략) 97.33평방미터
③ 소재 오오타쿠 (이하 생략) 121.15평방미터
3. 유언자가 DD상사 주식회사에 대하여 보유한 단기대부금 채권
4. 주식회사 EE은행의 유언자 명의 보통예금 중, 제2조에서 규정한 장남 원고가 상속하는 예금을 제외한 잔예금
5. FF 신용조합의 유언자 명의 보통예금 일절

제2조 유언자는 유언자가 보유한 다음의 각 토지 및 예금을 유언자의 장남 원고(1957년생)에게 상속시킨다.

아 래

1. 각 토지
① 소재 후지노미야시 (이하 생략) 1,100평방미터
② 소재 후지노미야시 (이하 생략) 1,884평방미터
2. 주식회사 EE은행의 유언자 명의 보통예금 중 예금 1억 엔

제3조 유언자는 제2조에 기재된 재산을 제외한 유언자가 보유한 기타 예적금, 현금 및 동산류 등 일체의 재산을 장녀 피고 B와 차녀 피고 C에게 균등한 비율로 상속시킨다.

제7조 유언자는 대한민국 국제사법 제49조 제2항에 기해 유언자의 상속에 관하여는 유언자의 상거소(常居所)가 있는 일본의 법률을 적용함을 지정한다.

라. 원고가 피고들에 대하여 각 95억여 원씩의 지급을 구하는 이 사건 유류분반환청구의 소를 제기하였는데, ㉠ 제1심에서 원고의 청구를 기각하였고, ㉡ 이에 원고가 항소하였다.

2. 이 사건 쟁점 및 원고의 주장 등

가. 쟁점

1) 제1쟁점: 구 국제사법(2022. 1. 4. 법률 제18670호로 개정되기 전의 것, 이하 '구 국제사법') 제49조에 규정된 '상거소(常居所)'의 해석과 관련하여, 망인의 상속에 관한 준거법이 구 일본 민법[평성 30년(2018년) 7월 13일 법률 제72호로 개정되기 전의 것, 이하 '구 일본 민법']인지, 아니면 한국 민법인지(구 국제사법의 해석 및 준거법 판단 문제)

2) 제2쟁점: 유류분반환청구사건에서 일본 비상장회사인 DD상사가 발행한 주식의 가

치를 평가하는 방법

3) 제3쟁점: 구 일본 민법을 준거법으로 하는 특별수익의 인정 및 가액 산정(구 일본 민법과 한국 민법규정의 유사점과 상이점)

4) 제4쟁점: 한국 과세관청의 세무조사 및 자금출처확인 등의 근거규정과 증명력의 범위 등

나. 원고의 주장 요지(← 피고의 반박 주장요지)

1) 제1쟁점

망인이 자신의 상속에 대하여 일본법을 준거법으로 지정하였더라도, 망인은 2011. 4. 1.부터 2017. 12. 5.까지의 기간 중 일본으로 출국한 7일을 제외한 나머지 기간 동안 한국에 거주하였고, 이 사건 유언공정증서 작성 당시 서울 소재 아파트에 거주하고 있었으므로, 이 사건 유언공정증서 작성에 따른 준거법 지정 당시 망인의 상거소가 일본이었다고 볼 수 없다. 따라서 망인의 상속에 관한 준거법은 본국법인 한국 민법이다(← 피고: 망인의 준거법 지정행위가 유효하므로, 구 일본 민법이 준거법이다).

2) 제2쟁점

① (주위적 주장) 망인의 상속에 관한 준거법이 한국 민법이므로, DD상사의 주식가치는 당연히 한국 상속세 및 증여세법(이하, '상증세법') 등에 따라 평가해야 하고, 일본 과세관청에 대한 망인의 상속세 신고 당시에 기재된 DD상사 주식에 대한 가치평가는 지나치게 저평가되었기 때문에, 한국 상증세법에 따라 그 평가액을 상향해야 한다. ② (예비적 주장) 일본법에 따라 가치평가를 하는 경우 일본 회사비송사건에서의 평가방법에 따라야 한다. (← 피고: 상속재산 평가방법 문제가 준거법 문제와 필연적으로 결부되는 것은 아니고, 일본 상속세법에 따라 DD상사 주식가치를 평가한 것을 위법하다고 볼 수 없다).

3) 제3쟁점

망인의 상속에 관한 준거법이 구 일본 민법인 경우에는, 구 일본 민법에 따라 특별수익의 인정 및 가액 산정을 해야 한다. 따라서 한국 민법 및 이에 관한 우리 대법원 판례에 따라 특별수익의 인정 및 가액 산정을 한 제1심판결은 위법하다.

4) 제4쟁점

원고는 서울지방국세청장으로부터 2015. 3.경 원고가 속한 PP 유한회사(이하, 'PP')에 대한 세무조사 과정에서 '혐의없음' 통보를 받았고, 그 이전인 2014. 5. 9. 남대문세무서로부터 자금출처확인서를 받았는바, 이러한 한국 과세관청의 조치들은 '원고가 현재 보유하고 있는

SS금융지주 주식 등을 비롯한 국내 자산을 망인 또는 Y로부터 증여받은 것이 아니고, 원고가 1981년부터 이를 자신의 고유 자금으로 형성하였다는 점'을 뒷받침한다(← 피고: 한국 과세 관청의 자료들은 원고 주장을 뒷받침할 수 없다).

3. 항소심 재판부의 판단

항소심 재판부는 제3쟁점에 관한 원고의 주장을 받아들이고(← 제1심 판단과 상이한 부분), 같은 제1, 2, 4쟁점에 관한 원고의 주장을 배척하고 원고의 항소를 기각하면서, 아래와 같은 요지의 판단을 하였다.

가. 제1쟁점[상세한 내용은 별지 1(준거법에 관한 판단) 참조]

1) 망인이 2011. 4. 1.부터 2017. 12. 5.까지의 기간 중 일본으로 출국한 7일을 제외한 나머지 기간 동안 한국에 거주한 사실은 인정된다. 그러나 다음 사정들에 비추어 보면, 망인이 2013. 7. 24. 작성한 이 사건 유언공정증서의 작성절차가 위법하다고 볼 수 없고, 유효한 이 사건 유언공정증서의 작성 당시(2013. 7. 24.) 망인의 상거소는 일본에 있었으며, 그 후 망인의 사망 시까지 그 상거소가 유지되었다. 즉, 망인이 이 사건 유언공정증서 제7조에 의하여 이 사건 상속에 관한 준거법을 일본법으로 지정한 것은 유효하다.

2) 망인은 일본에서 Y와 혼인을 하였고, 자녀들인 원고 및 피고들을 출산·양육한 장소도 일본이며, 인생의 대부분을 일본에서 생활하였다. 망인이 파친코 사업을 하기 위하여 설립한 DD상사의 소재지는 일본이고, 일본 파친코 사업 등을 주된 경제활동으로 하여 망인의 주요 자산을 형성하였으며, 망인의 주요 자산 대부분이 일본에 소재하였다.

3) 망인은 2013. 7. 23. 일본에서 개최된 DD상사 임시이사회에 참석하여, 이사회 의장으로서 대표이사직 사임 및 후임 대표이사(처 Y) 추천 안건에 관한 결의를 주도하고, 그 이사회 회의록에 서명·날인하는 등 DD상사 관련 중요 업무를 직접 처리하였다. 한편, 망인은 위 이사회에서 대표이사직 사임 이유에 관하여 '현재 한국에서 정양(靜養)하고 있어서 일본에서의 실무를 담당할 수 없다'는 취지로 설명하였는데, 망인 및 그 가족들은 모두 그 당시 망인의 한국 체류를 '망인이 몸과 마음을 안정하여 휴양하고 있는 상태'로 파악하고 있었다고 볼 수 있다.

4) 망인은 한국에 체류하던 2012년부터 2017년까지의 기간 동안 일본 소득세법상 '거주자'로서 일본에 소득세 신고·납부하였고, 한국에서 발생한 배당소득에 관하여 일본 과세관청에 소득세 신고를 할 때에는 외국세액공제를 받았다. 한편, 망인은 위 기간 동안 한국 소

득세법상 '비거주자'로 분류되었고, 한국 세무법인이 한국 과세관청에 망인의 사망으로 인한 상속세 신고를 할 때에도 망인을 '비거주자'로 신고하였다. 한일조세협약 제4조 제2항의 규정취지 등에 비추어 보면, 위 기간 동안 망인이 일본 소득세법상 '거주자'의 지위에서, 한국 소득세법상 '비거주자'의 지위에서 각각 양국에 소득세 등을 납부한 것은 그 당시 망인의 항구적 거주 및 중대한 이해관계의 중심지가 일본이었음을 뒷받침하는 유력한 자료에 해당한다.

5) 망인이 이 사건 유언공정증서 제7조에 의하여 자신의 상속에 관한 준거법을 일본법으로 지정한 2013. 7. 24. 당시에는 망인이 한국에 체류한지 약 2년 3개월이 지난 시점이지만, 국내 체류기간이 '거주자의 해당 여부'를 좌우하는 결정적 요인이라고 볼 수는 없다.

6) 망인은 이 사건 유언공정증서 작성 이후부터 일본으로 최종 출국한 2017. 12. 5.까지 약 4년 5개월 동안 한국에 체류하였지만, 국내 체류기간이 '거주자의 해당 여부'를 좌우하는 결정적 요인이라고 볼 수는 없고, 망인이 처음부터 지병 치료와 휴양 등을 목적으로 한국에 입국하였기 때문에, 위와 같은 체류 기간 동안 주로 병원에 입원해 있거나 이 사건 아파트에 머무르면서 휴양하는 등 외부와 단절된 생활을 하였으며, 한국에서 별다른 사회적 활동 기반을 구축하지는 않았다.

7) 「신분관계를 형성하는 국제신분행위를 함에 있어 신분행위의 성립요건구비여부의 증명절차에 관한 사무처리지침('이 사건 사무처리지침')」은 구 가족관계의 등록 등에 관한 법률 제15조 제2항 및 구 가족관계의 등록 등에 관한 규칙 제19조 제4항의 위임에 따라 신분관계를 형성하는 국제신분행위를 함에 있어 신분행위의 성립요건 구비여부의 증명절차를 처리하기 위하여 2007. 12. 10. 가족관계등록예규 제33호로 제정되었는데, 거기에도 주소와 거주기간을 상거소 판단의 절대적 기준으로 규정되어 있지는 않다(더욱이 이 사건 사무처리지침은 '가족관계등록예규'로서 제정된 것이므로 이에 관하여 법규적 효력을 인정하기는 어렵다).

나. 제2쟁점[상세한 내용은 별지 2(유류분에 관한 판단) 중 나. 2) 'DD상사 주식가치 저평가 여부' 참조]

1) 준거법이 한국법인 경우에도 반드시 한국 세법에 따라 DD상사 주식가치를 평가해야 한다고 보기는 어렵고, 준거법이 일본법인 경우 역시 반드시 일본 세법에 따라 DD상사 주식가치를 평가해야 한다고 볼 수도 없다(즉, DD상사 주식의 평가방법이 이 사건 준거법 문제와 필연적으로 결부되어 어느 한 가지 방법으로 귀결된다고 보기는 어렵고, DD상사 주식의 실제 가치를 공정하게 평가할 수 있는 다양한 방법 중 한 가지 방법을 적용하면 된다). 따라서 준거법이 한국 민법인 경우에는 반드시 DD상사의 주식가치를 한국 상속세 및 증여세법 등에 따라 평가해야 한다

는 취지의 원고의 주장 부분은 받아들일 수 없다.

2) 피고들이 상속받은 DD상사 주식에 관한 일본 세무법인의 평가방법 선정 및 적용 등이 적정하지 않다거나 그 평가결과가 DD상사 주식의 실제 가치보다 저평가되었다는 점을 인정할 수 있는 자료를 발견할 수 없다.

3) 일본의 상속세법상 재산의 평가는 통상적으로 재산평가기본통달 등에 기초하여 이루어지는데, 일본 과세관청에 대한 DD상사 주식에 관한 상속세 신고도 재산평가기본통달 등에 따라 이루어졌고, 유류분에 관한 일본의 재판실무에서 상속재산인 비상장주식의 가액을 산정하는 경우, 피상속인에 관한 상속세 확정신고서에 기재된 비상장회사의 주식 가격은 해당 상속재산의 가치에 대한 적정한 평가금액의 하나의 유형으로 통용되고 있는 것으로 보인다.

다. 제3쟁점[상세한 내용은 별지 2(유류분에 관한 판단) 나. 3) 'SS금융지주 주식에 관하여' 중 '가) 관련 법리' 부분 참조]

1) 이 사건 유류분 산정에 관한 준거법이 구 일본 민법임

구 일본 민법 제903조의 규정내용 및 일본 하급심의 재판사례와 이에 상응하는 한국 민법 및 우리 대법원 판례 등의 내용을 비교하여 보면,

우리 대법원 판례의 취지는 구 일본 민법 제903조 제1, 2항에 따른 '생계의 자본으로서의 증여' 등을 판단하는 기준과 실질적으로 유사한 내용임을 알 수 있다.

따라서 이 사건에서 준거법인 구 일본 민법 제903조에 따라 이 사건 공동상속인들의 특별수익 인정여부 및 산정문제 등을 판단하되, 구 일본 민법의 규정취지와 우리 대법원 판례의 실질적 유사성 등을 감안하여 우리 대법원 판례에서 설시한 판단 요소 등을 함께 고려한다.

2) 망인의 공동상속인들에 대한 생계의 자본으로서의 증여는 유류분 산정 기초재산에 산입됨

구 일본 민법 제903조, 제1044조의 규정내용 및 일본의 종래 실무와 이에 상응하는 한국 민법 및 우리 대법원 판례 등의 내용을 비교하여 보면, 우리 대법원 판례의 취지는 구 일본 민법에 대한 종래 판례, 통설과 같은 입장임을 알 수 있다.

망인은 2018. 5. 1. 사망하였으므로, 준거법인 구 일본 민법에 따라 망인의 공동상속인인 Y, 원고, 피고들에 대한 생계의 자본으로서의 증여는 상속개시 전의 1년간에 행한 것인지 여

부와 관계없이 유류분 산정을 위한 기초재산에 산입된다.

라. 제4쟁점[상세한 내용은 별지 2(유류분에 관한 판단) 나. 3) 'SS금융지주 주식에 관하여' 중 '다)(2)(바)' 부분 참조]

1) 서울지방국세청장은 2016. 2.경 원고에게 2016. 3. 3.까지 '2013년 PP의 주식변동에 관한 주식취득자금 등'을 소명할 것을 요청한 사실, 원고는 이에 관하여 남대문세무서장의 2014. 5. 9.자 예금 등에 대한 자금출처 확인서(그 '자금원천란'에 '해외반입'이라고 기재되어 있음) 등을 서울지방국세청에 소명자료로 제출한 사실, 그 후 서울지방국세청장은 2016. 3. 원고에게 주식변동에 관한 소명자료 검토결과 안내문을 보냈는데, 거기에는 '주식변동 내역'란에 '2013년 PP의 주식변동', '소명자료 분석내용'란에 '주식취득자금 수증 등', '분석결과'란에 '혐의 없음'이라고 각 기재되어 있는 사실 등은 인정할 수 있다.

2) 그런데 구 국세기본법(2014. 12. 23. 법률 제12848호로 개정되기 전의 것) 제26조의2 제1항 제4호에 의하면, 남대문세무서장이 2014. 5. 9. 예금 등에 대한 자금출처 확인서를 원고에게 발급할 당시를 기준으로 할 때 증여세 부과처분에 관한 일반적인 제척기간은 10년(납세자의 부정행위 등 특별한 사정이 있는 경우의 제척기간은 15년)이었음을 알 수 있고, 구 국세기본법(2016. 12. 20. 법률 제14382호로 개정되기 전의 것) 제81조의4, 제81조의6, 제81조의9 등을 종합하여 보면, 서울지방국세청장이 2016. 2.부터 같은 해 3.까지 실시한 원고에 대한 세무조사의 경우 원칙적으로 원고의 '2013년 PP의 주식변동에 관한 주식취득자금 등'과 관련된 범위에 한정하여 이루어진 것임을 알 수 있다.

3) 즉, 남대문세무서장의 2014. 5. 9.자 예금 등에 대한 자금출처 확인서의 경우 그 작성일로부터 소급하여 10년 전 시점인 2004. 5. 9.(특별한 사정이 있는 경우에도 소급하여 15년 전 시점인 1999. 5. 9.) 이전에 원고에게 증여가 이루어진 적이 있는지 여부에 대한 사실관계를 확인하여 작성된 것이라고 보기 어렵고, 또한 과세관청이 2016. 2.부터 같은 해 3.까지 '원고의 SS은행 내지 SS금융지주 주식 취득자금 수증 등'과 관련된 세무조사를 하였다는 점을 인정할 수 있는 자료를 발견할 수 없으며, 단지 한국 과세관청이 '원고의 2013년 PP의 주식변동과 관련된 취득자금 수증 등'에 대하여 조사를 하였다는 점이 인정될 뿐이다.

4) 그렇다면 자금출처 확인서를 비롯하여 원고가 제출한 증거들은 '원고가 1981년부터 고유 자산으로 SS은행 내지 SS금융지주 주식을 취득하였고, 이에 관하여 한국 과세관청에서 관련 자료들을 면밀하게 검토한 결과 원고가 현재 보유하고 있는 SS금융지주 주식 등을 망인 등으로부터 증여받은 것이 아니라 원고의 고유 자산으로 이를 형성하였음을 인정하였다'는 취지의 원고의 주장 부분을 뒷받침한다고 보기 어렵다.

4. 검토

가. 이 사건의 경우 당사자들이 한국의 구 국제사법, 소득세법, 상증세법, 국세기본법, 이 사건 사무처리지침, 구 일본 민법 등의 개별 조문들, 일본 소득세법, 상속세법, 일본 국세청 비상장주식평가지침, 재산평가기본통달, 일본의 실무와 일본 주석서 및 관련 논문이나 의견서 등을 명시적으로 인용하면서 이에 관한 구체적인 주장을 제기하였다.

이에 따라 항소심 재판부는 항소심 판결의 해당 부분에서 비교적 상세하게 당사자들의 각 주장에 대응하는 판단내용을 구체적으로 정리하는 방식으로 판결이유를 작성하였고, 그 과정에서 ① 당사자들이 제출한 자료들과 함께 ② 재판부에서 직권으로 조사한 양국의 관련 법률규정 및 참고자료의 상당부분을 본문 및 각주 부분에 인용하였다.[1] 아래에서는 항소심 판결에 인용하지 않은 참고자료 등을 보완하고, 항소심에서 제1심과 달리 판단한 부분이나 제1심의 판단을 보완한 부분 등을 중심으로 보충적인 설명을 덧붙이기로 한다.

나. 각 쟁점별 보충내용

1) 제1쟁점

가) 구 국제사법의 개정

한국 국적인 망인이 2018. 5. 1. 일본에서 사망하였기 때문에, 이 사건에는 구 국제사법(2022. 1. 4. 법률 제18670호로 개정되기 전의 것, 이하 같다)이 적용되는데, 구 국제사법은 제3조, 제4조, 제49조 등에서 '상거소(常居所)'라는 용어를 사용하였다.[2]

나) 구 국제사법에 규정된 '상거소' 또는 현행 국제사법상 '일상거소'의 개념 등

우리 국회는 2001. 4. 7. 종래 섭외사법을 국제사법(법률 제6465호)으로 전부 개정하면서 국제조약 및 선진국 대다수의 입법례에서 사용하고 있는 상거소(常居所, habitual residence) 개념을 주소에 대체하는 새로운 연결점으로 도입함으로써 상거소지법(常居所地法)을 각종 법률관계의 준거법으로 적용하도록 하면서도, '상거소'라는 용어가 아직 국제적으로도 통일적인 개념정립이 안된 상태라는 등의 이유로 그 용어의 정의 및 판단기준 등에 대하여는 아무런 규정을 두지 않았다.[3]

---

1) 상세한 내용은 별지 1(준거법에 관한 판단) 및 별지 2(유류분에 관한 판단) 참조.

2) 현행 국제사법은 제3조 제1항에서 "대한민국에 일상거소(habitual residence)가 있는 사람에 대한 소(訴)에 관하여는 법원에 국제재판관할이 있다. 일상거소가 어느 국가에도 없거나 일상거소를 알 수 없는 사람의 거소가 대한민국에 있는 경우에도 또한 같다."라고 규정하는 등 종래 '상거소'라는 용어를 '일상거소'로 대체하였기 때문에, 최근 참고문헌의 경우 '일상거소'에 관한 기재 부분을 참고하였다.

3) 현행 국제사법 제3조 제1항은 '일상거소'라는 용어 옆의 괄호 안에 'habitual residence'라는 영문을 명기함으로써 한글 용어만 대체되었음을 밝히면서도, 그 용어의 정의 및 판단기준 등에 대하여는 종전

이에 관한 일반적 학설은 상거소를 “사람이 그의 생활의 중심(Lebensmittelpunkt)을 가지는 장소”를 말하는 것으로 이해하면서, 통상적으로 일정한 장소에서 상당한 기간 동안 안주(安住)한 사실이 인정되면 그 곳이 상거소로 인정될 것이고, 상거소가 존재하기 위해 반드시 정주의사(定住意思, animus manendi)는 필요하지 않으며, 법적인 개념인 주소에 대비하여 볼 때 상거소는 상대적으로 사실상의 개념으로 보고 있다. 즉, 상거소의 존재여부는 구체적인 상황에 따라 당사자의 체류기간, 체류목적, 가족관계와 근무관계 등 관련요소를 종합적으로 판단해야 한다는 취지이다.[4)]

법률의 경우 원칙적 유권해석은 입법자인 국회가 법률규정 자체로(혹은 법률상 ‘정의규정’ 등으로) 그 내용을 확정하는 것이고, 법원의 경우 소송절차에서 심사기준인 법률규정 자체만으로 그 내용을 확정하기 어렵게 되면 그 심사기준을 보완하기 위하여 법률에 대하여 사법적 유권해석을 하게 되는 것이다.[5)] 그런데 민사소송절차에서 심사기준이 되는 ‘법률용어’에 관하여 입법자가 위와 같이 의도적으로 정의규정 등을 두지 않는 경우, 법원은 구체적인 재판사안에 대하여 밝히는 해석기능을 수행함과 동시에 더 나아가서 법률의 흠결을 보충하는 법형성적 기능을 수행하게 된다.[6)]

다) 제1쟁점에 대한 검토

(1) 구 국제사법에 규정된 ‘상거소’의 해석에 관하여

제1쟁점의 핵심은 이 사건 유언공정증서를 작성할 당시 망인의 상거소를 한국으로 볼 것인지(원고의 주장), 아니면 일본으로 볼 것인지(피고들의 주장) 등 ‘상거소’에 관한 판단문제이다. 그런데 구 국제사법이 의도적으로 ‘정의규정’을 두지 않았고, 항소심 재판부의 입장에서는 이 사건에서 심사기준인 구 국제사법의 규정 자체만으로 그 내용을 확정하기 어렵기 때문에 그 심사기준을 보완하기 위하여(즉, 법률의 흠결을 보충하기 위하여) 구 국제사법의 관련 규정에 대하여 사법적 유권해석을 하게 되었다.[7)]

과 마찬가지로 아무런 규정을 두지 않았다.

4) 이에 관한 상세한 내용은 석광현, 「국제사법 해설」, 박영사(2013), 119-123; 최흥섭, “국제사법에서 일상거소의 의미와 내용”, 국제사법연구 제3호(1998), 523-538 등 참조. 상속의 준거법에 관한 상거소에 관한 일반적인 설명으로는 윤진수 편집대표, 「주해 상속법 Ⅱ」, 박영사(2019), 1202-1211(장준혁 집필부분) 등 참조.

5) 상세한 내용은 김시철, “우리 위헌법률심판제도와 헌법재판소 결정의 효력”, 저스티스 90호, 한국법학원(2006), 7-8, 35-72; 서울고등법원 2023. 9. 21. 선고 2023나2026019 판결 및 이에 대한 해설(Ⅱ. [3] 2. 유류분반환청구권의 상대방 선정과 특별수익 가액의 산정 등에 관한 헌법적·법률적 쟁점) 등 참조.

6) 이에 관하여 양창수, 「제2판 민법주해(Ⅰ)」, 박영사(2022), 129(최병조 집필부분) 참조.

7) 이에 관하여 김시철(2006), 7-8, 35-72; 양창수(2022), 129; 서울고등법원 2023. 9. 21. 선고 2023나2026019 판결 및 이에 대한 해설(Ⅱ. [3] 2. 유류분반환청구권의 상대방 선정과 특별수익 가액의 산정 등에 관한 헌법적·법률적 쟁점) 등 참조.

이에 이 사건 당사자들은 소득세법 등 다른 관련 법률에 규정된 '거주자'의 개념 및 이에 대한 판례들, 이 사건 사무처리지침과 같은 예규의 내용, 관련 참고문헌 등을 각자 자신들의 주장에 대한 근거자료로 제시하였고, 항소심 재판부는 구 국제사법상 '상거소'라는 문구의 전반적인 해석과 관련하여,

상거소(혹은 일상거소)라는 용어에 관하여 국제적으로 통일적인 개념정립이 되어 있지 않고, 같은 이유로 구 국제사법에 '상거소'에 관한 정의규정이 규정되지 않았다는 점, 그럼에도 불구하고 민사소송인 이 사건의 심사기준을 설정하기 위해서는 구체적인 상황에 따라 당사자의 체류기간, 체류목적, 가족관계와 근무관계 등 관련요소를 종합적으로 고찰하여 한다는 점, 상속은 신분법적 측면뿐만 아니라 재산의 이전이라는 재산법적 측면도 갖고 있기 때문에 피상속인의 일상거소지나 재산소재지와도 밀접한 관련을 가진다는 점 등에 관하여 국제사법 관련 교과서[8] 등을 참고하였다.

(2) **구 국제사법 제49조의 해석과 국내 체류기간에 관한 소득세법 관련 판례 등**

이 사건 당사자들은 위와 같은 이유로 소득세법 관련 판례 및 자료들을 각자 주장의 근거로서 제출하였다. 소득세법 및 같은 법 시행령 등에 관한 대법원 판례 등의 경우, 거주자 여부를 판단함에 있어서 생계를 같이하는 가족, 자산상태, 직업뿐만 아니라 다양한 생활관계의 객관적 사실을 종합적으로 고려하여 거주자 여부를 판단해야 한다는 취지인데, 소득세법상 거주자 판단에 관한 고려사항은 구 국제사법상 상거소 판단의 고려사항과 유사한 측면이 많기 때문이다.

항소심 재판부는 소득세법 관련 대법원 판례 및 해당 사안의 사실관계 등을 통하여 국내의 체류기간을 '거주자의 해당 여부'를 좌우하는 결정적 요인으로 볼 수 있는지를 검토하였다.[9]

---

8) 예컨대, 김연·박정기·김인유, 「국제사법 제4판」, 법문사(2022), 182－184, 460－471; 신창섭, 「국제사법 제5판」, 세창(2022), 114－118, 373－383 등 참조.

9) 이 사건의 경우, '망인이 2011. 4. 1.부터 2017. 12. 5.까지의 기간 중 일본으로 출국한 7일을 제외한 나머지 기간 동안 한국에 거주한 사실관계'가 원고 주장의 주요 근거였기 때문에, 당사자가 국내에 계속하여 체류한 기간이 183일에 미치지 못하는 사안에서도 생계를 같이하는 가족, 자산상태, 직업 등을 비롯한 다른 다양한 생활관계의 객관적 사실을 종합적으로 고려하여 해당 당사자를 국내 거주자로 인정할 수 있다는 취지의 대법원 2016. 2. 18. 선고 2015두1243 판결 및 그 하급심판결들(서울행정법원 2013. 8. 14. 선고 2012구합9437 판결, 서울고등법원 2015. 1. 9. 선고 2013누27359 판결, 이른바 '선박왕 사건')의 사실관계 등을 구체적으로 살펴보았다. 위 선박왕 사건의 경우, 당사자 및 그 가족들이 과거 수년 동안 우리나라와 일본, 홍콩 등 3개 이상의 국가에 체류함으로써 위 나라들 중 어느 나라에서도 1과세년도 중 183일 이상을 체류하지 않은 현상이 여러 차례 발생한 적이 있는 사안이다.

그리고 한국과 일본의 소득세법 관련 규정을 비교하여 검토해 볼 때,[10)] 망인이 한국에 체류하던 2012년부터 2017년까지의 기간 동안 한국과 일본 과세관청에 소득세 신고를 할 당시에, 일본 소득세법상 '거주자', 한국 소득세법상 '비거주자'임을 전제로 각각 양국에 소득세를 신고·납부한 것은 그 당시 망인의 항구적 거주 및 중대한 이해관계의 중심지가 일본이었음을 뒷받침하는 유력한 자료에 해당한다고 판단하였다.

(3) 구 국제사법 제49조의 해석과 국내 체류의 성격 등에 관하여

앞서 본 바와 같이 상속은 신분법적 측면뿐만 아니라 재산의 이전이라는 재산법적 측면을 함께 가지고 있기 때문에, 상속에 관한 구 국제사법 제49조에 규정된 '상거소'의 해석과 관련하여 2012년부터 2017년까지의 기간 동안 원고의 주된 경제활동이 일본에서 이루어지고 있었는지 아니면 한국에서 이루어지고 있었는지 등이 중요한 고려사항이 될 수 있다.

망인이 이 사건 유언공정증서의 작성시점인 2013. 7. 24. 전후 수년간 대부분의 기간(7일을 제외한 나머지 기간) 동안 '물리적'으로 한국에 거주한 것은 분명하지만, 그 당시 망인의 가족들 모두가 일본에 계속 거주하고 있었으며, 망인의 주요 경제활동은 파친코 사업을 위하여 일본에 설립한 DD상사의 운영을 통하여 이루어졌다. 그런데 망인은 2013. 7. 23. 일본에서 개최된 DD상사 임시이사회에 참석하여, 이사회 의장으로서 대표이사직 사임 및 후임 대표이사 추천 안건에 관한 결의를 주도하고, 그 이사회 회의록에 서명·날인하는 등 DD상사 관련 중요 업무를 직접 처리하였다. 나아가, 망인은 위 이사회에서 대표이사직 사임 이유에 관하여 '현재 한국에서 정양(靜養)하고 있어서 일본에서의 실무를 담당할 수 없다'는 취지로 설명하였다. 이러한 사정들에 비추어 보면, 망인 및 그 가족들은 그 당시 망인의 한국 체류를 '망인이 몸과 마음을 안정하여 휴양하고 있는 상태'로 파악하고 있었다고 볼 수 있다. 그렇다면 망인이 '물리적'으로 이 사건 유언공정증서 작성 이전 수년 동안 한국에 거주하였다는 사정만으로 이 사건 유언공정증서 작성 당시 망인의 상거소가 한국이라고 보기는 어렵다.[11)]

---

10) 일본 조세법과 한국 조세법에 대한 전반적인 비교에 관하여는 増井良啓(안좌진, 번역·각주). 「租税法入門」, 박영사(2021) 참조(그 중 소득세법에 관하여는 79−240 참조).

11) 이 사건을 한국 소득세상 거주자의 주소지 또는 거소지와 관련된 아래 가정적 사례와 비교하여 검토하여 본다. 예컨대, 한국 소득세법 제6조 제1항은 "거주자의 소득세 납세지는 그 주소지로 한다. 다만, 주소지가 없는 경우에는 그 거소지로 한다."라고 규정하고 있는데, 고양시에서 가족과 함께 주민등록을 한 상태에서 생활하고 있는 부동산임대업자 A는 주소지를 관할하는 고양세무서에 소득세신고를 해야 하고, 그러던 중 A가 노환으로 인하여 혼자 파주시 소재 요양원에 입소하여 '물리적'으로 수년 동안 거주하게 되었다고 하더라도, A의 소득세 납세지가 '파주시'로 변동된다고 볼 수는 없다. 반면에, A가 물리적으로 파주시 소재 요양원에 혼자서 계속 거주하고 있는 상태에서 A의 가족들이 그 가족들 전원의 거주지를 서울 서초구로 실제로 이전하면서 A 및 그 가족들 전원의 주민등록법상 전입신고를 서초구에 하는 경우, 위와 같은 전입신고 이후에는 (비록 A의 물리적 거주관계에 아무런 변동이 없다고 하더라도) A가 주소지인 납세지를 관할하는 서초세무서에 소득세신고를 해야 한다 (즉, 위와 같은 가정적 사안에서 A의 가족들이 생활근거인 주소지를 실제로 이전한 경우에는 A의 주

2) 제2쟁점

가) 망인이 피고들에게 유증한 DD상사 주식의 평가방법이 문제가 된 이유

일본 세무법인이 일본 과세관청에 제출한 상속세 신고서에는 망인이 피고들에게 유증한 DD상사 주식이 210억 원 정도라고 기재되어 있고, 제1심은 이를 기준으로 유류분 부족액을 산정하였는데, 원고는 위 상속세 신고서 기재 주식가치가 110억 원 정도 저평가되었으므로, 이를 공정한 가치로 평가하면 320억 원 이상의 가치가 된다고 주장하였다(원고 주장의 평가방법에 따르면, 제1심 판단과 비교해 볼 때 그 가액이 110억 원 정도 상향된다).

나) 이 사건 준거법과 상속재산의 평가방법의 상관관계 등

원고는 이에 관하여, 준거법이 한국법이므로 한국 상증세법에 따라 일본 소재 비상장회사인 DD상사의 주식가치를 평가해야 한다고 주장하였다(평가방법에 관한 원고의 주위적 주장).

그런데 우선 유류분 반환청구사건에서 상속재산의 평가방법이 준거법 문제와 필연적으로 결부된다고 볼 만한 근거가 없다.[12)]

나아가 항소심 판결에 적시된 바와 같은 이유로 이 사건 준거법은 일본법이므로, 이와 다른 전제에 기초한 원고의 주위적 주장은 어느 모로 보더라도 이를 받아들일 수 없다.

다) 회계장부에 기재된 가액과 일본 상속세법상 평가방법의 차이점 등

(1) 기업회계 및 법인세법의 접근방식(회계상 장부가액을 출발점으로 함)

한국과 일본 법인세법에 의하면, 법인의 자산 가치에 관하여 일단 기업회계기준에 따라 정리되는 '회계상 장부가액'을 출발점으로 하되, 거기에 법인세법 등의 관련 세법 규정에 따라 일정한 세무조정을 한 '세무상 장부가액'을 기준으로 법인세 신고를 하게 된다. 그런데 기업회계기준에 의하면, 회계장부에는 (매 사업연도마다 시가평가를 한 가액을 계상하는 것이 아닌) 취득시점의 가액으로 계속하여 계상하게 되므로(취득원가주의), 결국 회계상 장부가액이나 세

소지도 함께 변동된 것으로 보아야 한다). 위와 같은 가정적 사례와 비교하여 볼 때, 망인이 '정양(靜養)'의 목적으로 물리적으로 한국에서 수년 동안 체류하였다는 사정만으로 망인의 상거소가 일본에서 한국으로 변경되었다고 보기는 어려울 것이다.

12) 예컨대, 한국법이 준거법인 유류분 반환청구에 관하여 피상속인이 미국 소재 상속재산을 보유하고 있었던 사례를 상정하는 경우, 미국에서 이루어진 위 상속재산의 가치평가가 합리적 근거가 있다면, 이러한 미국의 가치평가를 토대로 한국 법원이 유류분 부족액을 산정하는 것은 적법하다고 볼 수 있고, 한국 법원에서 한국 상증세법에 따라 평가한 재산 가치를 기준으로 유류분 부족액을 산정하지 않았다는 사정만으로 이를 위법하다고 볼 수는 없을 것이다. 같은 맥락에서, 피상속인이 미국 나스닥에 상장된 주식을 보유하고 있었던 사례에서, 그 주식이 한국 코스피 또는 코스닥에 상장되지 않는 주식이라는 이유만으로, 위 주식에 대하여 (한국 상증세법상 비상장주식에 관한 가치평가를 하지 않고) 미국에서 이루어진 나스닥 상장주식에 대한 통상적인 가치평가방법에 기초하여 유류분 부족액을 산정한 것이 위법하다고 볼 수는 없을 것이다.

무상 장부가액에는 평가이익이나 평가손실이 반영되지 않는다.[13)]

(2) 일본 상속세법의 접근방식

반면에, 일본 상속세법 및 이에 관한 재산평가기본통달에 따른 재산의 평가는 상속개시 시점을 기준으로 상속재산 등의 가치를 평가하야 하기 때문에, (위와 같이 평가이익 또는 평가손실이 반영되지 않은) 장부가액을 고려하지 않게 된다. 즉, 일본 회사 소유의 부동산 가치에 관하여 ㉮ 기업회계기준에 따른 평가방법의 경우 평가이익 또는 평가손실이 반영되지 않은 취득시점의 장부가액을 기준으로 하는 반면에, ㉯ 상속세법에 따른 평가방법의 경우 상속개시시점까지 이루어진 평가이익 또는 평가손실을 모두 반영한 가치를 기준으로 한다는 점에서, 양자 간에는 근본적인 차이가 있다.[14)]

(3) 원고의 주위적 주장과 관련된 쟁점 검토

원고는 이에 관하여, 피고들이 일본 과세관청에 상속세를 신고하는 과정에서 건물, 건물부속설비, 토지 등의 가치를 축소하여 신고하였기 때문에 DD상사가 보유하고 있던 부동산의 실제 가치가 제대로 반영되지 않았다고 주장하였다.

그러나 일본에서 망인의 상속재산에 관하여 상속세 신고를 한 일본 세무법인은 ㉠ 대차대조표상 128,324,436엔으로 계상되어 있던 건물의 가치를 68,873,000엔으로, ㉡ 대차대조표상 16,284,511엔으로 계상되어 있던 건물부속설비(건물부대시설)의 가치를 0엔으로, ㉢ 대차대조표상 1,477,000,000엔으로 계상되어 있던 토지의 가치를 391,406,000엔으로 각각 평가하였는데, ㉠㉡㉢ 항목 중 앞부분은 일본 기업회계기준에 따라 회계장부인 대차대조표에 기재된 가액(즉, 취득원가)인 반면에, 뒷부분은 일본 상속세법상 평가방법에 따른 가액(즉, 평가손실을 반영한 가액)으로 보이기 때문에, 양자 간에 차이가 있다는 사정만으로 원고 주장과 같이 피고가 상속재산 가치를 축소·신고하였다고 보기는 어렵다.

---

13) 한국과 일본의 기업회계와 법인세의 관계 등에 관하여는 한국 법인세법 제43조, 일본 법인세법 제22조 제4항 및 増井良啓(2021), 285－293, 299－301 등 참조. 이에 관하여는 한국 법인세법 제18조 제1호는 "다음 각 호의 금액은 내국법인의 각 사업연도의 소득금액을 계산할 때 익금에 산입하지 아니한다. 1. 자산의 평가이익. 다만, 제42조제1항 각 호에 따른 평가로 인하여 발생하는 평가이익은 제외한다."라고 규정하고 있고, 법인세법 제55조의2 제6항은 "토지등 양도소득은 토지등의 양도금액에서 양도 당시의 장부가액을 뺀 금액으로 한다. 다만, 비영리 내국법인이 1990년 12월 31일 이전에 취득한 토지등 양도소득은 양도금액에서 장부가액과 1991년 1월 1일 현재 「상속세 및 증여세법」 제60조와 같은 법 제61조 제1항에 따라 평가한 가액 중 큰 가액을 뺀 금액으로 할 수 있다."라고 규정하고 있다. 이에 관한 설명으로는 김완석·황남석, 「(2023년 개정증보판) 법인세법론」, 삼일인포마인(2023), 256－258, 294－295, 899－900 등 참조.

14) 피고들은 이에 관하여, 을 제55호증(일본 세무사 ◆◆◆의 의견서 및 번역문)을 제출하였다. 한국 상속법과 일본 상속세법의 비교 등에 관하여는 増井良啓(2021), 462－474 참조.

라) 일본 상속세 신고서 기재 주식가격을 토대로 유류분 산정을 하는 것이 정당한지

(1) 원고의 예비적 주장의 요지

원고는 이에 관하여, 일본 비상장주식에 관하여 일본 회사비송사건에서의 평가방법에 따라 그 가치를 산정해야 하고, 일본 상속세 확정신고시에 산정된 비상장회사의 주식가격을 유류분 산정을 위한 기초재산을 산정하기 위한 자료로 사용하는 것이 유류분 산정에 관한 일본 법률 및 일본 재판실무에 반한다고 주장하였다(평가방법에 관한 원고의 예비적 주장).

(2) 검토

일본 과세관청에 대한 DD상사 주식에 관한 상속세 신고가 재산평가기본통달 등에 따라 이루어졌는데, 유류분에 관한 일본 재판실무에서 상속재산인 비상장주식의 가액을 산정하는 경우, 피상속인에 관한 상속세 확정신고서에 기재된 비상장회사의 주식 가격은 해당 상속재산의 가치에 대한 적정한 평가금액의 하나의 유형으로 통용되고 있는 것으로 보인다.[15)]

3) 제3쟁점

가) 해당 부분에 관한 제1심 판결이유 및 이에 대한 원고의 주장요지

제1심의 판결이유를 보면, 이 사건 준거법이 구 일본 민법이라고 설시하면서도, 특별수익 인정 및 가액 산정 등에 관한 판단 부분에서 구 일본 민법 및 일본의 실무사례를 인용하지 않고, 우리 대법원 판결만을 인용하여 실체적 판단을 하였음을 알 수 있다.

원고는 이에 대하여, 만일 제1심의 판단과 같이 망인의 상속에 관한 준거법이 구 일본 민법인 경우 구 일본 민법에 따라 특별수익의 인정 및 가액 산정을 해야 하므로, 위와 같이 우리 대법원 판례만을 인용하여 실체적 판단을 한 제1심판결은 위법하다고 주장하였다.

---

15) 유류분에 관한 일본 재판실무의 주류적 입장은 일본 비상장주식의 가치에 관하여 ① 일본 상속세법에 따른 평가방법과 ② 일본 회사비송사건에서의 평가방법 중 하나를 활용하고 있다고 하는데, 이에 관한 전반적인 내용은 片岡 武·管野 眞一, 「第4版 家庭裁判所における遺産分割·遺留分の実務」, 日本加除出版株式會社(2022), 220−221 참조. 이 사건 유류분 부족액 산정과 관련하여, 피고들은 ① 평가방법에 따라 일본 비상장주식의 가액을 산정하는 것이 일본 재판실무에 부합한다는 취지의 을 제56호증(일본 변호사 ▲▲의 회답서 및 번역문)을 제출한 반면에, 원고는 ② 평가방법에 관한 갑 제32호증(오테몬경영논집 제27권 제1호 중 일부 및 번역문)을 제출하였는데, 갑 제32호증은 ② 평가방법에 관한 자료일 뿐이고, 그 내용 역시 유류분에 관한 일본의 재판실무에서 일본 비상장주식의 가치를 ① 평가방법에 따라 평가하는 방식이 배제되고 있다는 점 등을 뒷받침하는 것은 아니기 때문에, 이를 근거로 하여 원고의 주장을 받아들일 수는 없다. 한국 민법에 따라 유류분 부족액을 산정하는 실무에서 한국 비상장주식의 가치에 관하여 상증세법에 근거하여 한국 과세관청에 신고된 가액을 유류분 부족액의 산정에 관한 기초로 삼는 방법을 적정한 평가방법 중 하나로 파악하고 있는 점(원고 역시 이 사건의 준거법이 한국 민법인 경우에는 한국 상증세법에 따른 평가방법을 적용해야 한다고 주장하였다) 등에 비추어 볼 때, 구 일본 민법을 준거법으로 하는 이 사건에서 ① 평가방법에 따라 일본 비상장주식의 가액을 산정한 것은 법리적으로 타당하다고 본다.

나) 항소심 재판부의 입장

(1) 일반론

㈎ 대법원 판례

대법원 2010. 3. 25. 선고 2008다88375 판결은 "섭외적 사건에 관하여 적용될 준거법으로서의 외국법은 여전히 사실이 아니라 법으로서 법원은 직권으로 그 내용을 조사하여야 하고, 그러한 직권조사에도 불구하고 그 외국법의 내용을 확인할 수 없는 경우에 한하여 조리 등을 적용할 것이다(대법원 1990. 4. 10. 선고 89다카20252 판결, 대법원 2000. 6. 9. 판결 98다35037 판결 참조)."라고 판시하고 있다.

한편 섭외적 사건에 관하여 적용될 준거법인 외국법의 내용을 확정하고 그 의미를 해석함에 있어서는 그 외국법이 본국에서 현실로 해석·적용되고 있는 의미 또는 내용에 좇아야 하고, 소송과정에서 그 외국의 판례 등 해석기준에 관한 자료가 제출되지 아니하여 그 내용이 확인이 불가능한 경우에만 일반적인 법해석기준에 따라 법의 의미·내용을 확정할 수 있는 것이다(대법원 1991. 2. 22. 선고 90다카19470 판결, 대법원 2010. 1. 28. 선고 2008다54587 판결 참조)."라고 판시하고 있고, 대법원 2016. 5. 12. 선고 2015다49811 판결, 대법원 2019. 12. 24. 선고 2016다222712 판결도 같은 취지이다.

㈏ 이 사건에 대한 검토

앞서 본 바와 같이 망인의 상속에 관한 준거법은 구 일본 민법이므로, 한국 법원은 원칙적으로 준거법인 구 일본 민법의 내용을 확정하고 그 의미를 해석함에 있어서는 구 일본 민법이 일본에서 현실로 해석·적용되고 있는 의미 또는 내용에 좇아서 특별수익의 인정 및 가액 산정해야 한다. 따라서 이 부분에 관한 원고의 주장은 이유가 있다.

(2) 외국법 적용 및 증명 등에 관한 '외국법 사실설'과 '외국법 법률설'

㈎ 구 국제사법의 규정

외국법의 적용 및 증명의 문제는 외국법의 법적 성질을 사실로 볼 것인지(외국법 사실설), 아니면 이를 법률로 볼 것인지(외국법 법률설)에 따라 달라질 수 있는데, 구 국제사법 제5조(외국법의 적용)는 "법원은 이 법에 의하여 지정된 외국법의 내용을 직권으로 조사·적용하여야 하며, 이를 위하여 당사자에게 그에 대한 협력을 요구할 수 있다."라고 규정하고 있다.[16)]

16) 현행 국제사법 제18조(외국법의 적용)도 "법원은 이 법에 따라 준거법으로 정해진 외국법의 내용을 직권으로 조사·적용하여야 하며, 이를 위하여 당사자에게 협력을 요구할 수 있다."라고 규정하는 등 구 국제사법과 같은 입장을 취하고 있다.

(나) 외국법 사실설

영미법계 학설과 판례의 입장으로서, 당사자가 외국법을 사실과 마찬가지로 이를 주장·증명하여야 한다는 것이다. 이 견해는 "소송사건을 담당하는 재판부가 법정지법의 의미와 내용을 상당 부분 이해하고 있다고 볼 수는 있지만, '재판부가 준거법인 외국법(나아가 그 외국법이 본국에서 현실로 해석·적용되고 있는 의미 또는 내용)을 충분히 이해하고 있다는 점'을 전제할 수는 없다."라는 것을 주요 논거로 삼고 있다.

(다) 외국법 법률설

대륙법계 학설과 판례의 입장으로서, 외국법은 본래 법정지(法廷地)에서 법으로서의 효력을 가지지 못하지만 국제사법의 지정에 의하여 법으로서 적용되는 것이고, 외국법도 법률이므로 법원은 직권으로 외국법의 내용을 조사하여 적용해야 하고, 다만 당사자에게도 외국법의 내용을 입증할 수 있는 기회를 주어야 한다는 것이다(국내 통설).

(라) 이 사건에 대한 검토

구 국제사법 제5조 및 이에 관한 대법원 판례는 '외국법 법률설'의 입장을 취하고 있었다.

그러나 실무적인 측면에서 '외국법 사실설'의 주요 논거는 상당한 설득력이 있다. 한국법원의 재판부가 '준거법인 외국법이 본국에서 현실로 해석·적용되고 있는 의미 또는 내용'을 사전에 모두 숙지한 상태에서 국제사법이 적용되는 소송사건을 처리하는 것은 현실적으로 불가능하기 때문이다.[17)]

따라서 실무적으로는 담당 재판부가 구 국제사법 제5조(혹은 현행 국제사법 제18조)에 근거하여 쌍방 당사자에게 '준거법인 외국법이 해당 외국(본국)에서 현실로 해석·적용되고 있는 의미 또는 내용'을 확인할 수 있는 자료를 제출하라는 취지로 석명하는 등의 방법으로 그에 대한 협력을 충분히 요구할 필요가 있다. 즉, 담당 재판부가 조사·적용해야 하는 외국법의 내용은 (단순히 법률조항의 내용이 아니라) 본국에서 현실적으로 해석·적용되는 의미(예컨대, 최고법원 판례 또는 하급심 재판사례 등)까지 포함하는 것이기 때문에, 비록 구 국제사법 제5조가 ① 외국법에 대한 직권 조사·적용을 원칙으로 하고, ② 당사자에 대한 협력요구는 보충적인 것이라는 취지로 규정하고 있지만, 실무적으로는 오히려 ② 당사자에 대한 협력요구를 통하여 외국법의 기본적인 내용을 확인할 수 있도록 조치하는 한편, ① 재판부의 직권조사는 위 ②의 조사를 토대로 하면서 그밖에 가용한 자료를 통하여 보충적으로 이루질 수밖에 없다고 생각한다.

---

17) 김연·박정기·김인유(2022), 229−233; 신창섭(2022), 134−140 등도 위와 같은 현실적인 문제점을 인식하고 있는 것으로 보인다.

이 사건 제1심 소송절차에서는 쌍방 당사자들이 구 일본 민법 및 이에 관한 하급심재판례나 일본 주석서 등을 거의 제출하지 않았고, 이러한 상태에서 제1심 재판부가 '일본에서 특별수익 인정 및 가액 산정 등과 관련된 준거법인 구 일본 민법이 현실로 해석·적용되고 있는 의미 또는 내용'을 확인하는 것이 쉽지는 않았을 것으로 보인다. 이 사건과 같이 구 일본 민법의 규정 자체가 포괄적인 경우 그 규정만 확인하는 것만으로는 일본 재판부와 동일한 심사기준에 의한 재판을 할 수 없고, 더 나아가 일본의 재판실무에 관하여 최고재판소 판례가 없는 부분도 있었기 때문에 이에 관하여는 하급심 재판사례까지 확인해야 하는데,[18] 이러한 상황에서 구 일본 민법에 대한 한국 재판부의 직권조사만으로 이 사건 실무처리에 필요한 심사기준을 설정할 수 있는 충분한 자료의 확보가 보장되기는 어려울 것이다.

그래서 항소심 재판부는 항소심 소송절차를 진행하면서, 석명을 통하여 쌍방 당사자들로 하여금 특별수익 인정 및 가액 산정 등에 관하여 구 일본 민법 및 일본의 실무사례를 제출하도록 하는 한편, 보충적으로 재판부가 직권으로 구 일본 민법 및 일본의 실무사례를 조사하였다.[19]

이와 같은 과정을 거쳐 쌍방 당사자들이 제출하거나 법원이 직권으로 조사한 자료 등을 토대로 하여, 항소심 재판부는 이 사건에서 준거법인 구 일본 민법 및 일본의 실무사례에 따라 특별수익 인정 및 가액 산정 등을 판단하는 것이 원칙이라는 점을 명시한 다음, 다만 구 일본 민법의 규정취지와 우리 대법원 판례의 실질적 유사성 등을 감안하여 우리 대법원 판례에서 설시한 판단요소 등을 함께 고려한다는 취지로 판단하고, 이를 심사기준으로 하여 쌍방 당사자를 비롯한 망인의 가족들이 취득한 특별수익의 내용과 그 가액을 산정하였다.[20]

4) 제4쟁점

가) 원고의 특별수익 인정에 관한 사실인정의 구조 등

원고의 유류분반환청구에 대하여, 피고들은 원고 및 원고의 자녀들이 보유한 SS금융지주 주식 합계 804,359주 상당액이 원고의 특별수익에 해당한다고 주장하였는데,[21] 이러한 피고들의 주장에 대한 증명책임은 피고들에게 있다. 그런데 제1심은 이에 관하여, 원고와 피고

---

18) 양창수(2022), 129에서 지적한 바와 같이, 구 일본 민법의 규정내용 자체가 위와 같이 포괄적인 경우 일본의 하급심 재판부 및 최고재판소는 구체적인 재판사안에 대하여 밝히는 해석기능을 수행함과 동시에 더 나아가서 법률의 흠결을 보충하는 법형성적 기능을 수행하게 된다.

19) 예컨대, 片岡 武·管野 眞一(2022) 등은 항소심 재판부가 직권으로 조사한 자료이다.

20) 상세한 내용은 별지 2(유류분에 관한 판단) 나. 3) 'SS금융지주 주식에 관하여' 중 '가) 관련 법리' 부분 및 그 이하 부분 참조.

21) 원고의 자녀들이 보유한 재산을 원고의 특별수익으로 볼 수 있는지에 관하여는 片岡 武·管野 眞一(2022), 265에서 인용하고 있는 福島家庭裁判所 白河支部, 昭和 55年(1980년) 5. 24. 審判, 家庭裁判月報 33巻 4号 및 이에 상응하는 대법원 2007. 8. 28.자 2006스3, 4 결정 등 참조.

들이 제출한 증거들에 의하면, 위와 같은 원고의 특별수익을 인정할 수 있다고 판단하였다(= 항소심 재판부의 판단도 동일함). 그러자 원고는 위와 같은 피고의 주장을 반박하는 차원에서 항소심에서 아래와 같은 주장을 하였다(적극부인의 성격).

나) 원고의 주장요지

원고는 자신의 고유자금으로 SS금융지주 주식을 취득하였다고 주장하면서, 이에 관하여 남대문세무서장으로부터 발급받은 2014. 5. 9.자 예금 등에 대한 자금출처 확인서(그 '자금원천란'에 '해외반입'이라고 기재되어 있음) 등을 서울지방국세청에 소명자료로 제출하고, 서울지방국세청장이 2016. 3.경 '2013년 PP의 주식변동'에 관하여 수증 등의 혐의가 없다는 취지의 통지를 하였다는 점 등을 강조하였다.

다) 원고 제출 자료의 근거법률과 성격 등

그러나 항소심 판결에 인용된 ① 남대문세무서장의 2014. 5. 9.자 자금출처 확인 당시 시행되고 있던 구 국세기본법 제26조의2, ② 서울지방국세청장의 2016. 3. 세무조사 당시 시행되고 있던 구 국세기본법 제81조의4, 제81조의6, 제81조의9 등 관련 법률규정과 증거들을 종합하여 살펴보면,[22]

남대문세무서장의 2014. 5. 9.자 예금 등에 대한 자금출처 확인서의 경우 그 작성일로부터 소급하여 10년 전 시점인 2004. 5. 9.(특별한 사정이 있는 경우에도 소급하여 15년 전 시점인 1999. 5. 9.) 이전에 원고에게 증여가 이루어진 적이 있는지 여부에 대한 사실관계를 확인하여 작성된 것이라고 보기 어렵고,

한국 과세관청이 2016. 2.부터 같은 해 3.까지 '원고의 SS은행 내지 SS금융지주 주식 취득자금 수증 등'과 관련된 세무조사를 하였다는 점을 인정할 수 있는 자료는 없으며, 단지 한국 과세관청이 '원고의 2013년 PP 주식변동과 관련된 취득자금 수증 등'에 대하여 조사를 하였다는 점이 인정될 뿐이다.

즉, 위와 같은 한국 과세관청의 조치들은 1980년대부터 SS은행 또는 SS금융지주의 주식을 자신의 고유자금으로 취득하였다는 원고의 주장을 뒷받침하는 자료가 될 수 없다.

라) 이 사건에 대한 검토

항소심 재판부는 한국 과세관청의 세무조사의 범위에 관한 국세기본법 관련 규정을 명시적으로 인용한 다음, 원고가 제출한 증거자료들의 증명력의 범위가 2004. 5. 9.(특별한 사정

---

22) 이에 관하여는 김완석·박종수·이중교·황남석, 「주석 국세기본법」, 삼일인포마인(2020) 중 626−657[제26조의2(국세의 부과제척기간)], 1216−1234[제81조의4(세무조사권 남용금지)], 1238−1249[제81조의6(세무조사 관할 및 대상자 선정)], 1264−1265[제81조의9(세무조사 범위 확대의 제한)] 등 참조.

이 있는 경우에도 1999. 5. 9.) 이전의 사실관계에 미친다고 볼 수 없다는 이유로 이 부분 원고의 주장을 배척하였다. 이는 [원고 제출 증거들의 '신빙성(credibility)'이 없다는 것이 아니라] 원고 제출 증거들의 원고의 요증사실 사이에 '관련성(relevance)'이 인정되지 않는다는 취지이다.

5. 마무리

법적 분쟁과 관련된 법률관계는 매우 다양할 뿐만 아니라 광범위한 영역에 걸쳐 있기 때문에, 재판부가 이를 사전에 모두 숙지한 상태에서 소송사건을 처리하는 것은 현실적으로 불가능하다. 재판장이 초임 배석판사에게 "당사자들은 용케도 판사가 잘 모르는 부분에 관한 주장을 제기한다. 그러므로 사건기록을 처음 접하는 단계에서 잘 모르는 법률문제가 나오는 것은 당연하고, 이러한 상황이 발생했다고 해서 이를 너무 걱정할 필요는 없다."라는 취지의 이야기를 하는 것도 같은 맥락이다.

법률가의 입장에서 평소 접하기 어려운 영역의 업무를 처리해야 하는 경우, 비록 이를 쉽게 처리하기는 어렵겠지만, 그렇다고 해서 이러한 이유로 그 업무를 방치할 수도 없다. 이에 관하여 특별한 지름길은 없기 때문에, 직면한 법적 문제에 관하여 그때그때 하나하나 공부를 해서 쟁점을 파악한 다음, 이를 토대로 사건을 적절하게 처리하겠다는 '자세'를 가지는 것이 중요하다. 재판장의 입장에서 배석판사에게 "판사업무를 제대로 수행하려면 계속 공부를 해야 한다."라고 강조하는 것도 같은 취지로 볼 수 있다.

상속재산분할청구나 유류분반환청구의 실무에서는 민법 관련 쟁점뿐만 아니라 상증세법 관련 쟁점이 문제가 되는 경우가 많기 때문에, 상증세법 관련 문헌이 도움이 되는 사례가 적지 않다.[23] 그런데 이 사건의 경우, 더 나아가서 한국의 국제사법과 소득세법, 국세기본법 관련 쟁점과 구 일본 민법, 일본 상속세법 및 이에 관한 일본의 실무사례 등에 관한 쟁점들을 광범위하게 검토해야 했기 때문에, 실무적으로 훨씬 더 넓은 영역에 걸친 자료들을 찾아보아야 하는 사안이었다. 이러한 사항들 중 재판부가 잘 알지 못하는 부분이 많은 것은 당연하고, 재판부의 능력에 한계가 있는 것도 분명하다. 따라서 한편으로는 여러 차례 석명을 통하여 당사자 및 소송대리인들로 하여금 법적 쟁점에 관한 근거자료를 법원에 제출하도록 함으로써 일방 당사자로부터 제출된 자료의 당부 내지 적절성 등에 대하여 그 상대방으로 하여금 직접 검토하여 반박할 수 있는 기회를 제공하고, 다른 한편으로는 이를 보완하는 차원

23) 이에 관하여는 서울고등법원 2023. 7. 25.자 2022브2136, 2137 결정 및 이에 대한 해설(Ⅱ. [6] 1. 상속재산분할사건의 특별수익 산정과 세무조사 및 과세처분의 상관관계 등에 관하여), 서울고등법원 2023. 8. 28.자 2023브2132, 2133 결정 및 이에 대한 해설(Ⅱ. [6] 2. 장기간에 걸친 계좌이체에 관한 특별수익 및 기여분 산정과 상증세법 관련 법리 검토) 등 참조.

에서 재판부가 직권으로 관련 자료를 찾은 다음, 위와 같이 쌍방으로부터 수집되고 검증된 자료들에 대하여 공부를 할 수밖에 없다. 또한 실무에서는 개별 사건의 사실관계에 의하여 각 쟁점의 심리방향이나 결론이 달라질 수 있기 때문에, 증거자료에 대한 검토와 법리적 쟁점에 대한 검토를 병행하게 된다. 이러한 접근방식을 취하는 경우 대부분의 사례에서 적절한 사건처리가 이루어질 수 있기 때문에, 사건을 접하는 단계에서 잘 모르는 법률문제가 많다고 해서 너무 걱정할 필요는 없고, '또 모르는 문제가 나왔구나.'라는 생각을 하면서 차근차근 공부하는 자세를 가지고 업무를 수행하는 것이 중요하다.

이 사건과 같이 다양한 법적 쟁점에 대한 검토와 분석 등이 필요한 사안에서, 이러한 검토내용 중 재판서에 충분히 언급되지 않는 부분이 있을 수 있기 때문에, 후속 사건을 담당하는 재판부의 입장에서 선행 사건의 검토내용 등을 쉽게 인식하거나 이를 적절하게 활용하기 어려운 경우가 적지 않다. 항소심 재판부의 이 사건 판결 등이 유사한 쟁점들이 포함된 사건을 심리하는 법률가들에게 다소간의 참고자료가 될 수 있을 것이다.

별지 1. 준거법에 관한 판단

가. 관련 법령 및 예규 등

1) 구 국제사법(2022. 1. 4. 법률 제18670호로 개정되기 전의 것, 이하 '구 국제사법'이라고 한다)은 아래와 같은 내용을 규정하고 있다.

> 제49조(상속)
> ① 상속은 사망 당시 피상속인의 본국법에 의한다.
> ② 피상속인이 유언에 적용되는 방식에 의하여 명시적으로 다음 각 호의 법 중 어느 것을 지정하는 때에는 상속은 제1항의 규정에 불구하고 그 법에 의한다.
> 1. 지정 당시 피상속인의 상거소가 있는 국가의 법. 다만, 그 지정은 피상속인이 사망 시까지 그 국가에 상거소를 유지한 경우에 한하여 그 효력이 있다.
> 2. 부동산에 관한 상속에 대하여는 그 부동산의 소재지법
>
> 제50조(유언)
> ① 유언은 유언 당시 유언자의 본국법에 의한다.
> ② 유언의 변경 또는 철회는 그 당시 유언자의 본국법에 의한다.
> ③ 유언의 방식은 다음 각 호 중 어느 하나의 법에 의한다.
> 1. 유언자가 유언 당시 또는 사망 당시 국적을 가지는 국가의 법
> 2. 유언자의 유언 당시 또는 사망 당시 상거소지법
> 3. 유언당시 행위지법
> 4. 부동산에 관한 유언의 방식에 대하여는 그 부동산의 소재지법

2) 우리 국회는 1962. 1. 15. 제정되었다가 1999. 2. 5. 법률 제5809호로 개정된 섭외사법을 2001. 4. 7. 국제사법(법률 제6465호)으로 전부 개정하면서 국제조약 및 선진국 대다수의 입법례에서 사용하고 있는 상거소(常居所, habitual residence) 개념을 주소에 대체하는 새로운 연결점으로 도입함으로써 상거소지법(常居所地法)을 각종 법률관계의 준거법으로 적용하도록 하였다. 그러나 '상거소'라는 용어가 아직 국제적으로도 통일적인 개념정립이 안된 상태라는 이유로 그 용어의 정의 및 판단기준 등에 대하여는 아무런 규정을 두지 않았다.

3) 구 소득세법(2018. 12. 31. 법률 제16104호로 개정되기 전의 것, 이하 '구 소득세법'이라 한다) 및 구 소득세법 시행령(2018. 6. 5. 대통령령 제28946호로 개정되기 전의 것, 이하 '구 소득세법 시행령'이라 한다)은 주소와 거소, 거주자와 비거주자의 구분에 대하여 다음과 같이 정하고 있다.

> [구 소득세법]
>
> 제1조의2(정의)
>
> ① 이 법에서 사용하는 용어의 뜻은 다음과 같다.
>
> 1. "거주자"란 국내에 주소를 두거나 183일 이상의 거소(居所)를 둔 개인을 말한다.
> 2. "비거주자"란 거주자가 아닌 개인을 말한다.
> 3. "내국법인"이란 「법인세법」 제1조제1호에 따른 내국법인을 말한다.
> 4. "외국법인"이란 「법인세법」 제1조제3호에 따른 외국법인을 말한다.
> 5. "사업자"란 사업소득이 있는 거주자를 말한다.
>
> ② 제1항에 따른 주소·거소와 거주자·비거주자의 구분은 대통령령으로 정한다.
>
> [구 소득세법 시행령]
>
> 제2조(주소와 거소의 판정)
>
> ① 「소득세법」 제1조의2에 따른 주소는 국내에서 생계를 같이 하는 가족 및 국내에 소재하는 자산의 유무 등 생활관계의 객관적 사실에 따라 판정한다.
>
> ② 법 제1조의2에 따른 거소는 주소지 외의 장소 중 상당기간에 걸쳐 거주하는 장소로서 주소와 같이 밀접한 일반적 생활관계가 형성되지 아니한 장소로 한다.
>
> ③ 국내에 거주하는 개인이 다음 각 호의 어느 하나에 해당하는 경우에는 국내에 주소를 가진 것으로 본다.
>
> 1. 계속하여 183일 이상 국내에 거주할 것을 통상 필요로 하는 직업을 가진 때
> 2. 국내에 생계를 같이하는 가족이 있고, 그 직업 및 자산상태에 비추어 계속하여 183일 이상 국내에 거주할 것으로 인정되는 때
>
> ④ 국외에 거주 또는 근무하는 자가 외국국적을 가졌거나 외국법령에 의하여 그 외국의 영주권을 얻은 자로서 국내에 생계를 같이하는 가족이 없고 그 직업 및 자산상태에 비추어 다시 입국하여 주로 국내에 거주하리라고 인정되지 아니하는 때에는 국내에 주소가 없는 것으로 본다.

대법원은 구 소득세법 및 같은 법 시행령 등에 따른 거주자 여부를 판단함에 있어서 생계를 같이하는 가족, 자산상태, 직업뿐만 아니라 다양한 생활관계의 객관적 사실을 종합적으로 고려하여 거주자 여부를 판단하고 있다(대법원 1984. 3. 27. 선고 83누548 판결, 대법원 1990. 8. 14. 선고 89누8064 판결, 대법원 1993. 5. 27. 선고 92누11695 판결, 대법원 2011. 4. 14.자 2010두28946 판결, 대법원 2010. 9. 30.자 2010두8171 판결, 대법원 2016. 2. 18. 선고 2015두1243 판결 등 참조). 즉, 당사자가 국내에 계속하여 체류한 기간이 183일에 미치지 못하는 사안에서도 생계를 같이하는 가족, 자산상태, 직업 등을 비롯한 다른 다양한 생활관계의 객관적 사실을 종합적으로 고려하여 해당 당사자를 거주자로 인정할 수 있으므로(위 대법원 2015두1243 판결 및 그 하급심판결인 서울행정법원 2013. 8. 14. 선고 2012구합9437 판결, 서울고등법원 2015. 1. 9. 선고 2013누27359 판결 등 참조), 국내의 체류기간을 '거주자의 해당 여부'를 좌우하는 결정적 요인으로 볼 수는

없다.

4) 한편, 「신분관계를 형성하는 국제신분행위를 함에 있어 신분행위의 성립요건구비여부의 증명절차에 관한 사무처리지침」은 구 가족관계의 등록 등에 관한 법률(2007. 7. 23. 법률 제8541호로 개정되기 전의 것) 제15조 제2항 및 구 가족관계의 등록 등에 관한 규칙(2008. 6. 5. 대법원규칙 제2181호로 개정되기 전의 것) 제19조 제4항의 위임에 따라 신분관계를 형성하는 국제신분행위를 함에 있어 신분행위의 성립요건 구비여부의 증명절차를 처리하기 위하여 2007. 12. 10. 가족관계등록예규 제33호로 제정되었다. 구 신분관계를 형성하는 국제신분행위를 함에 있어서 신분행위의 성립요건 구비여부의 증명절차에 대한 사무처리지침(2022. 6. 8. 가족관계등록예규 제590호로 개정되기 전의 것, 이하 '이 사건 사무처리지침'이라고 한다)은 아래와 같은 내용을 정하고 있다.

신분관계를 형성하는 국제신분행위를 함에 있어 신분행위의 성립요건구비여부의 증명절차에 관하여는 따로 다른 예규에서 정하고 있는 사항을 제외하고 이 지침에 따라 처리하여야 한다.
(중략)

3. 상거소의 인정

상거소란 사실상 생활의 중심지로 일정기간 지속된 장소를 말하는바, 상거소지법을 국제신분행위의 준거법으로 하고자 하는 경우에는 다음의 기준에 의하여 상거소인지를 판단할 수 있다.

가. 우리나라에서의 상거소 인정

(1) 사건본인이 한국인인 경우

사건본인의 주소가 국내에 있는 경우에는 외국에 상거소가 있는 것으로 판명되지 않는 한 우리나라에 상거소가 있는 것으로 볼 것이다. 또한 사건본인이 국외로 전출하여 그 주민등록이 말소된 경우에도 출국일로부터 1년 이내라면 우리나라에 상거소가 있는 것으로 볼 것이며, 출국일로부터 1년 이상 5년 이내라면 3.의 나. (1)의 단서에 따라 상거소가 인정되는 경우를 제외하고는 우리나라에 상거소가 있는 것으로 볼 수 있다.

(2) 사건본인이 외국인인 경우

사건본인이 우리나라에서 체류한 기간 및 「출입국관리법」 제10조의 체류자격(「출입국관리법시행령」 별표 참조)에 따라 다음과 같이 처리하며, 그 체류기간 및 체류자격은 외국인등록증 및 여권 등을 자료로 판단할 것이다.

㈎ 다음은 우리나라에 상거소가 있는 것으로 처리한다.

① 우리나라에서 출생한 외국인으로서 출국한 적이 없는 사람

② 체류자격이 "거주"인 외국인으로서 1년 이상 계속하여 체류하고 있는 사람

③ 「출입국관리법」 제31조 의 외국인등록을 한 외국인(장기체류자), 그 배우자 및 미성년인 자녀

로서 5년 이상 계속하여 체류하고 있는 사람(단, ②의 요건 해당자는 제외한다)

(나) 다음은 우리나라에 상거소가 없는 것으로 처리한다.
① 주한 외교사절, 주한 미군, 단기체류자 등 「출입국관리법」 제31조 단서의 외국인등록이 면제된 사람
② 불법입국자 및 불법체류자

나. 외국에서의 상거소 인정
(1) 사건본인이 한국인인 경우
사건본인이 해당 국가에서 적법하게 5년 이상 계속하여 체류하고 있는 경우에는 그 국가에 상거소가 있는 것으로 볼 것이다. 다만, 사건본인이 ① 복수국적자인 경우에 우리나라 이외의 국적국, ② 영주자격을 가지는 국가, ③ 배우자 또는 미성년인 양자로서 체류하고 있는 경우에는 그 외국인 배우자 또는 양친의 국적국에서 1년 이상 계속하여 체류하면 그 체류국가에 상거소가 있다고 할 것이다.

(2) 사건본인이 외국인인 경우
사건본인의 국적국에서의 상거소 인정에 관하여는 3.의 가. (1)에 준하여 처리하고, 국적국 이외의 국가에서의 상거소 인정에 관하여는 3.의 가. (2)에 준하여 처리할 것이다.

나. 인정사실

1) 망인은 1926. 9. 17.생으로, 15세 내지 16세 무렵인 1941년경 일본으로 이주하였다.

2) 망인은 1964. 10. 20.경 일본에서 재일교포인 Y와 혼인하였다. 망인의 배우자 Y, 장녀 피고 B, 차녀 피고 C는 일본에 거주하고 있다. 망인의 장남인 원고는 일본과 한국을 오가면서 생활하고 있으나 주된 거주지는 일본이고, 원고 자녀들인 A1, A2는 모두 일본에서 출생하였다.

3) 망인은 일본에서 찻집 운영 및 파친코 사업 등의 경제활동을 하였는데, 1978. 5. 8. 파친코 사업 등을 위하여 일본에서 DD상사를 설립하였다. 망인의 주된 상속재산은 DD상사 주식, 일본 소재 부동산, 일본 은행 예금 등이다. 망인의 상속재산 중 국내에 있었던 것은 SS금융지주 주식, SS은행 예금 등인데, 위 주식 및 예금은 SS금융지주(혹은 SS은행 본점) 또는 SS은행 일본지점에서 관리하였다.

4) 망인은 일본으로 이주한 후 파친코 사업을 시작할 당시에는 기본적인 일본어를 구사할 수 있었을 뿐 일본어를 능숙하게 읽거나 쓸 수 있는 능력이 없었다. 그런데 망인이 1941년경부터 2011년경까지 약 70년 정도 일본에서 생활한 결과, 2011년을 기준으로 할 때 일본어로 의사소통을 하는 것이 편안하게 되었고, 기본적인 한국어는 여전히 구사할 수 있는 상

태가 되었다.

5) 망인은 2011. 4. 1. 한국에 입국하여 JJ병원에서 폐렴, 당뇨병, 뇌경색증 등을 진단받고 치료를 받았다. 망인은 2011. 4.경에는 서울 KK아파트를 임차하여 이를 사용하였고, 2013. 5. 2.경에는 이 사건 아파트에 관한 전세계약을 한 다음 이를 사용하였으며, 그 후 피고 C7가 2015. 1. 16. 이 사건 아파트를 매수한 다음 망인으로 하여금 이를 사용할 수 있도록 하였다.

6) 앞서 든 증거와 망인의 출입국 기록 등에 의하면, ① 망인은 2011. 4. 1. 한국으로 입국하였고, ② 2012. 7. 18. 일본으로 출국하였다가 같은 달 22. 한국으로 입국하였으며, ③ 2013. 7. 22. 일본으로 출국하였다가 같은 달 25. 한국으로 입국하였고, ④ 그 후 2017. 12. 5. 일본으로 최종 출국한 다음, 일본 소재 요양원에서 치료를 받다가 2018. 5. 1. 일본에서 사망한 사실을 인정할 수 있다.

7) 2013. 7. 17.경 '망인이 보유하던 LL 주식을 망인이 원고에게 증여하였다는 내용'의 2013. 7. 17.자 확인서(을 제8호증의 2 제6쪽)가 작성되었는데, 그 후 원고는 위 확인서를 LL 대표이사에게 제출하였다.

8) 망인은 위 7)항 기재 확인서 작성일자로부터 5일 후인 2013. 7. 22. 일본으로 출국한 다음, 2013. 7. 23. 도쿄도 MM호텔 19층 회의실에서 개최된 DD상사 임시이사회에 참석하였다. 그 당시 작성된 임시이사회 의사록에는 ㉮ 5명의 이사들(망인, Y, 원고와 피고들)이 모두 출석하였고, 감사(C1)도 출석하였다는 점, ㉯ 의장인 망인은 대표이사 선정의 건을 상정하면서 '자신은 고령인 점 및 현재 한국에서 정양(靜養)하고 있어서 일본에서의 실무를 담당할 수 없다는 점을 이유로 대표이사직을 사임하고 싶다는 취지'를 설명하고, 후임 대표이사로 Y를 추천하였다는 점, ㉰ 망인이 본 의안에 대하여 질의를 구하자, 원고가 '복수의 대표이사를 설치함으로써 본 의안의 취지를 달성할 수 있으므로 대표이사를 변경하는 본 의안에 대해서는 반대한다는 의견을 진술하였다는 점, ㉱ 망인이 본 의안의 가부에 대해 결의한 결과, 찬성 다수로 Y가 대표이사로 선임되었고, Y는 취임을 승낙하였는데, 원고는 본 의안을 반대하였다는 점, ㉲ 원고는 망인에 대하여 DD상사의 결산서 원본 내지 사본 및 통장의 사본을 우송하도록 요구하였고, 망인이 이를 승인하였다는 점 등이 기재되어 있고, 그 말미에 원고를 제외한 나머지 4명의 이사들의 서명·날인과 감사의 서명·날인이 되어 있다. 한편, 망인은 위 임시이사회 다음날인 2013. 7. 24. 이 사건 유언공정증서를 작성하였다.

9) 원고는 2015. 6. 2. 서울가정법원에 망인에 관한 성년후견 개시심판을 청구하였는데(2015느단○○○○○), 위 사건 감정인은 2016. 1. 5.경 망인에 대한 정신감정을 실시한 다음, 그 당시 망인의 증상이 치매에 해당하지는 않는다는 취지로 판단하였다.

10) 위 법원은 위 감정결과를 이유로 그 청구취지를 성년후견에서 한정후견 개시로 변경하도록 보정을 명하여 원고가 이에 응하였고, 위 법원은 2016. 5. 13. 망인에 대하여 한정후견 개시심판을 하였다.

다. 준거법 판단(= 구 일본 민법)

앞서 인정한 사실과 다음과 같은 사정들을 위 가.항 기재 법령의 규정들 및 판례의 법리에 비추어 보면, 망인이 2013. 7. 24. 작성한 이 사건 유언공정증서는 유효하고, 이 사건 유언공정증서의 작성 당시 망인의 상거소는 일본에 있었으며, 그 후 망인의 사망 시까지 그 상거소가 유지되었다고 봄이 타당하다. 즉, 망인이 이 사건 유언공정증서 제7조에 의하여 이 사건 상속에 관한 준거법을 일본법으로 지정한 것은 유효하므로, 망인의 상속 및 유류분에 관한 준거법은 구 일본 민법이다.

1) 망인은 1941년경 일본으로 이주한 이래 2018. 5. 1. 사망하기 전까지 70년 이상을 일본에서 거주하였고, 이로 인해 일본어로 의사소통을 하는 것이 편안한 상태에 이르렀다. 망인이 만 91세에 사망한 점을 고려하면, 망인은 인생의 대부분을 일본에서 생활하였다고 볼 수 있다.

2) 망인은 일본에서 Y와 혼인을 하였고, 자녀들인 원고 및 피고들을 출산·양육한 장소도 일본이다. 망인이 파친코 사업을 하기 위하여 설립한 DD상사의 소재지는 일본이고, 파친코 사업 등을 주된 경제활동으로 하여 망인의 주요 자산을 형성하였으며, 망인이 소유한 부동산, 예금 등 주요 자산의 대부분이 일본에 소재하였다. 망인의 가족인 Y, 원고와 피고들의 주된 거주지도 모두 일본이고, 원고 자녀들인 A1, A2는 모두 일본에서 출생하였다.

3) 망인은 2013. 7. 23. 일본에서 개최된 DD상사 임시이사회에 참석하여, 이사회 의장으로서 대표이사직 사임 및 후임 대표이사 추천 안건에 관한 결의를 주도하고, 그 이사회 회의록에 서명·날인하는 등 DD상사 관련 중요 업무를 직접 처리하였다. 한편, 망인은 위 이사회에서 대표이사직 사임 이유에 관하여 '현재 한국에서 정양(靜養)하고 있어서 일본에서의 실무를 담당할 수 없다'는 취지로 설명하였는데, 이 법원에 이르기까지 제출된 모든 증거들을 살펴보더라도, 망인의 이러한 설명 부분에 대해서는 그 가족들인 Y, 원고와 피고들이 이의를 제기하였음을 인정할 수 있는 자료를 발견할 수 없다. 그렇다면 망인 및 그 가족들은 모두 그 당시 망인의 한국 체류를 '망인이 몸과 마음을 안정하여 휴양하고 있는 상태'로 파악하고 있었다고 볼 수 있다.

4) 망인은 한국에 체류하던 2012년부터 2017년까지의 기간 동안 일본 소득세법상 '거주

자'로서 일본에 소득세 신고·납부하였다. 위 기간 동안 망인은 일본 소재 법인인 DD상사로부터 급여를 지급받았고, 일본 예금에 대한 이자를 지급받았으며, 한국에서는 SS금융지주 주식 등에 대한 배당금을 지급받았는데, 한국에서 발생한 위 배당소득에 관하여 일본 과세관청에 소득세 신고를 할 때에는 외국세액공제를 받았다. 한편, 망인은 위 기간 동안 한국 소득세법상 '비거주자'로 분류되었고, 한국 세무법인이 한국 과세관청에 망인의 사망으로 인한 상속세 신고를 할 때에도 망인을 '비거주자'로 신고하였다. 한일조세협약(을 제34호증) 제4조 제2항은 '어느 개인이 양 체약국의 거주자가 되는 경우, 그의 지위는 ㉮ 항구적 주거를 어느 나라에 두고 있는지 여부 및 인적 및 경제적 관계가 더 밀접한 체약국(중대한 이해관계의 중심지)이 어디인지, ㉯ 위 ㉮에 따라 결정할 수 없는 경우 일상적 거소를 어디에 두고 있는지, ㉰ 위 ㉯에 따라 결정할 수 없는 경우 국적, ㉱ 위 ㉰에 따라 결정할 수 없는 경우 권한 있는 당국의 상호합의에 따라 결정된다.'는 취지로 규정하고 있는데, 위 기간 동안 망인이 일본 소득세법상 '거주자'의 지위에서, 한국 소득세법상 '비거주자'의 지위에서 각각 양국에 소득세 등을 납부한 것은 그 당시 망인의 항구적 거주 및 중대한 이해관계의 중심지가 일본이었음을 뒷받침하는 유력한 자료에 해당한다.

5) 망인은 위 DD상사 임시이사회 다음날인 2013. 7. 24. 이 사건 유언공정증서를 작성하였는데, 원고가 이 법원에 이르기까지 제출한 모든 증거들을 살펴보더라도, 그 작성 당시에 망인의 의사능력 등에 문제가 있다는 점,[24] 이 사건 유언공정증서가 유효하지 않다는 점 등을 뒷받침할 수 있는 자료를 발견하기 어렵다.[25]

6) 망인이 이 사건 유언공정증서 제7조에 의하여 자신의 상속에 관한 준거법을 일본법으로 지정한 2013. 7. 24. 당시에는 망인이 한국에 체류한지 약 2년 3개월이 지난 시점이지만, 국내 체류기간이 '거주자의 해당 여부'를 좌우하는 결정적 요인이라고 볼 수는 없음은 앞

24) 일반적으로 의사능력이란 자신의 행위의 의미나 결과를 정상적인 인식력과 예기력을 바탕으로 합리적으로 판단할 수 있는 정신적 능력 내지는 지능을 말하는 것으로서, 의사능력의 유무는 구체적인 법률행위와 관련하여 개별적으로 판단되어야 한다(대법원 2002. 10. 11. 선고 2001다10113 판결 등 참조). 의사무능력을 이유로 유언과 같은 법률행위의 무효를 주장하는 측은 그에 대하여 증명책임을 부담한다(대법원 2022. 12. 1. 선고 2022다261237 판결, 대법원 2014. 3. 13. 선고 2009다53093, 53109 판결 등 참조).

25) 공증인이나 공증사무취급이 인가된 합동법률사무소의 구성원인 변호사가 촉탁인 또는 대리촉탁인의 신청에 의하여 자신이 직접 청취한 진술, 그 목도한 사실, 기타 실험한 사실을 기재한 공증에 관한 문서는 보고문서로서 공문서라 할 것이므로, 민사소송법 제356조 제1항에 의하여 그 진정성립이 추정된다고 볼 것이다. 그리고 공증인법은 그 보고 내용의 진실성을 담보하기 위하여 증서의 작성 이전에 반드시 촉탁인이나 대리촉탁인의 확인 및 그 대리권의 증명 등의 절차를 미리 거치도록 하고 작성 이후에는 참석자의 서명날인을 받도록 규정(공증인법 제27조, 제30조, 제31조, 제38조)하고 있는바, 이에 비추어 볼 때 신빙성 있는 반대 자료가 없는 한 함부로 그 증명력을 부정하고 그 기재와 어긋나는 사실인정을 할 수 없다고 보아야 할 것이다(대법원 1994. 6. 28. 선고 94누2046 판결 등 참조).

서 본 바와 같다. 오히려 1941년부터 일본에서 거주하던 망인은 2011. 3. 11. 동일본대지진이 일어나 대규모 절전대책이 시행되자 당뇨병 등의 질병 치료를 위하여 2011. 4. 1. 한국에 입국한 것으로 보이고, JJ병원 가정의학과에서 2011. 4. 4.부터 일본으로 최종 출국한 당일인 2017. 12. 5.까지 총 17차례에 걸쳐 폐렴, 당뇨병, 뇌경색증 등을 진단받고 다양한 치료를 받았으나, 한국에 입국한 이래 건강상태가 지속적으로 나빠졌는데, 망인 및 그 가족들은 2013. 7. 당시 망인의 한국 체류를 '망인이 몸과 마음을 안정하여 휴양하고 있는 상태'로 파악하고 있었다는 점은 앞서 본 바와 같다. 같은 맥락에서, 망인은 일본에서 개최된 2013. 7. 23.자 DD상사 임시이사회에 참석하여 '자신이 현재 한국에서 정양(靜養)하고 있어서 일본에서의 실무를 담당할 수 없다는 점을 이유로 대표이사직을 사임하고 싶다는 취지'를 설명하고, 후임 대표이사로 배우자인 Y을 선임하는 안건을 처리함으로써 일본에서 직접 대표이사로서의 직무를 수행하여야 하는 업무적 부담을 덜어낸 다음, 한국에 재입국하여 나중에 일본으로 최종 출국한 2017. 12. 5.까지 한국에서의 휴양 생활을 계속한 것으로 판단된다. 이러한 사정들을 고려하면, 망인은 당초 동일본대지진 등의 영향으로 지병을 치료하기 위해 한국에 입국하였다가, 건강 상태가 호전되지 않았기 때문에 휴양 생활을 연장하는 과정에서 한국에서의 체류 기간이 길어진 것으로 보일 뿐이므로, 이 사건 유언공정증서 작성 당시 망인이 한국에 체류하기 시작한 시점부터 약 2년 3개월이 경과하였다는 사정만으로 그 당시 망인의 상거소가 한국으로 변경되었다고 보기는 어렵다.

7) 망인은 이 사건 유언공정증서 작성 이후부터 일본으로 최종 출국한 2017. 12. 5.까지 약 4년 5개월 동안 한국에 체류하였지만, 앞서 본 바와 같이 국내 체류기간이 '거주자의 해당 여부'를 좌우하는 결정적 요인이라고 볼 수는 없다. 나아가 망인이 처음부터 지병 치료와 휴양 등을 목적으로 한국에 입국하였기 때문에, 위와 같은 체류 기간 동안 주로 병원에 입원해 있거나 이 사건 아파트에 머무르면서 휴양하는 등 외부와 단절된 생활을 하였던 것으로 보이고, 한국에서 별다른 사회적 활동 기반을 구축하지는 않았다(원고는 이에 관하여, 망인이 한국에서 각종 경제활동 및 법률행위를 하였다고 주장하나, 망인은 일본에서 DD상사를 운영하면서 벌어들인 수익 등을 원천으로 하여 한국 내의 예금 및 주식 등과 같은 자산을 형성한 다음, 그 이자 및 배당소득 등을 주된 재원으로 한국에서의 생활비 등을 충당한 것으로 판단되고, 망인이 종래 일본에서 영위하던 사업과 구별되는 새로운 경제활동을 한국에서 하였다고 보기는 어렵다). 특히 을 제28호증의 기재에 의하면, 망인은 2016. 5. 13.자 한정후견 개시심판 이후에 오로지 간병인에게만 의지한 채 대체로 하루 종일 TV를 시청하면서 집 안에만 있었고, 이와 같은 한국 체류기간 내내 일본으로 돌아가고 싶다는 의사를 밝혔던 점, 이와 같은 망인의 의사에 기초하여 망인의 2017. 12. 5.자 최종 출국이 결정되었고, 한정후견인은 망인의 의사를 직접 확인한 다음 그 출국 절차를 진행한 점 등을 인정할 수 있고, 그 후 망인이 일본 소재 요양원에서 치료를 받

던 중 2018. 5. 1. 사망하였음을 알 수 있다. 이러한 망인의 한국에서의 체류 형태, 치료의 유형과 기간, 망인은 한정후견 개시심판 이후 지속적으로 일본으로 돌아갈 것을 희망하였고, 이러한 의사를 토대로 일본으로 복귀하여 사망 시점까지 일본에 계속 거주하였던 점 등을 종합적으로 고려하면, 위와 같이 망인이 이 사건 유언공정증서 작성 이후 약 4년 5개월 동안 한국에서 체류하였다는 사정만으로 망인의 상거소가 한국으로 변경되었다고 보기는 어렵다.

8) 2016. 1. 13.자 NN병원 감정서에 '3년 전부터는 망인이 스스로 대한민국에 정착하여 살기를 희망하여 거주지를 서울로 옮긴 후 현재 거주지에 살고 있다고 함'이라고 기재되어 있기는 하나, 이는 원고의 성년후견심판 청구서에 기재된 내용을 그대로 옮겨 기재한 것에 불과하므로, 위 기재내용만으로 앞서 본 사실인정을 뒤집기는 어렵다.

9) 원고는 이 사건 사무처리지침에 따라 망인의 상거소가 판단되어야 하므로, 망인의 주관적인 의사는 배제한 채 위 사무처리지침에서 정한 체류기간에 따라 상거소가 판단되어야 한다고 주장한다. 그러나 앞서 본 바와 같이 이 사건 사무처리지침은 신분관계를 형성하는 국제신분행위를 함에 있어 신분행위의 성립요건 구비여부의 '증명절차'를 처리하기 위하여 제정되었고, 주로 주소와 거주기간을 토대로 상거소를 판단한다는 취지로 정하고 있으면서도, "상거소지법을 국제신분행위의 준거법으로 하고자 하는 경우에는 다음의 기준에 의하여 상거소인지를 판단할 수 있다."라고 규정하는 등 주소와 거주기간을 상거소 판단의 절대적 기준으로 규정하고 있지는 않다[더욱이 이 사건 사무처리지침은 '가족관계등록예규'로서 제정된 것이므로 이에 관하여 법규적 효력을 인정하기는 어렵다(대법원 2007. 9. 28. 선고 2005두12572 전원합의체 판결 등 참조)].

한편, 구 국제사법은 그 규정 전반에서 당사자 자치의 원칙을 정하고 있고(제8조 제2항, 제9조 제2항, 제18조 제4항, 제25조, 제38조 제2항 등), 같은 법 제49조 제2항 제1호 본문 역시 "피상속인이 유언에 적용되는 방식에 의하여 명시적으로 다음 각 호의 법 중 어느 것을 지정하는 때에는 상속은 제1항(상속은 사망 당시 피상속인의 본국법에 의한다)의 규정에 불구하고 그 법에 의한다."라고 규정하여 준거법 지정에 있어서 당사자 자치의 원칙을 규정하면서, 제49조 제2항 제1호 단서에서 "다만, 그 지정은 피상속인이 사망시까지 그 국가에 상거소를 유지한 경우에 한하여 그 효력이 있다."라고 정하여 당사자 자치의 원칙을 제한하고 있다. 이와 같이 구 국제사법 제49조 제2항 제1호 단서에서 당사자 자치의 원칙을 제한한 것은 상속에 있어서 준거법의 선택을 광범위하게 인정하는 경우 유류분권리자 등 이해관계가 있는 제3자의 권리를 침해할 염려가 있고, 또한 이러한 준거법 선택이 외국에서 승인될 것인지 여부가 불분명하기 때문인 것으로 볼 수 있다.

위와 같은 사정들을 종합하여 보면, 원고가 주장하는 이 사건 사무처리지침에 따른 상거소 판단기준은 구 국제사법이 규정한 상거소를 판단함에 있어서 하나의 고려요소가 될 수 있을 뿐이고, 이를 구속력 있는 판단기준이라고 할 수는 없다. 한편, 앞서 본 바와 같이 망인과 Y, 원고와 피고들은 모두 2013. 7. 당시 망인의 한국 체류를 휴양 상태로 파악하고 있었던 점, 같은 맥락에서 망인은 2016. 5. 13.자 한정후견 개시심판 이후에 자신의 생활기반이 구축되어 있던 일본으로 복귀하는 것을 희망하였고, 이러한 망인의 의사를 토대로 실제로 2017. 12. 5. 일본으로 최종 출국한 점, 망인의 국내 체류기간을 상거소지의 해당 여부에 관한 결정적 요인라고 볼 수 없는 점(위 대법원 2015두1243 판결의 취지 참조), 망인의 주요 자산이 대부분 일본에 있고, Y, 원고 및 피고들과 같은 이 사건 공동상속인 전원이 주로 일본에 거주하면서 그곳에서 생활관계를 형성하고 있는 점 등을 함께 고려하는 경우, 망인의 상거소지를 일본으로 보고 이 사건 상속에 관한 준거법을 구 일본 민법으로 파악하는 것이 공동상속인들의 이해관계를 침해한다고 보기는 어렵다.

10) 2023. 5. 16.자 ■■동 사실조회회신결과에 의하면, 망인은 2016년경 한국에 주민등록신고를 하고 주민등록번호를 받은 사실은 인정된다. 그러나 구 주민등록법(2017. 7. 26. 법률 제14839호로 개정되기 전의 것) 제6조 제1항 제3호는 “30일 이상 거주할 목적으로 관할 구역에 주소나 거소를 가진 재외국민은 주민등록법의 규정에 따라 등록하여야 한다.”라고 규정하고 있기 때문에, JJ병원에서 치료를 받기 위해 한국에 머무르던 망인이 위 주민등록법 규정에 따라 주민등록신고를 하고 주민등록번호를 발급받았다는 사정만으로 그 당시 망인에게 상거소를 한국으로 변경하려는 의사가 있었다고 단정할 수는 없다. 또한 피고들은 망인이 2016년경 한국에 주민등록신고를 한 경위에 관하여, ‘망인은 2016년경 병원에서 퇴원할 때 휠체어로 아파트까지 이동해야 했는데 휠체어를 수용가능한 장애인차량을 이용하기 위해 주민등록이 필요하다는 간병인의 조언에 따라 피고 C가 망인 명의의 주민등록신고서를 제출한 것이다.’라고 주장하고 있는데(피고들의 2023. 5. 18.자 준비서면 제9쪽), 망인이 위와 같이 주민등록신고를 하면서도 당시 머무르고 있던 이 사건 아파트에 전입신고를 하지는 않은 점(위 ■■동 사실조회회신결과), 원고는 ‘망인이 주민등록신고를 하면서도 전입신고를 하지 않은 경위’에 대하여 ‘알 수 없다’는 입장을 취하고 있는 점(원고의 2023. 7. 3.자 준비서면 제6쪽) 등에 비추어 볼 때, 망인이 2016년경 주민등록신고를 하였다는 사정만으로 그 무렵 망인의 상거소가 한국으로 변경되었다고 보기는 어렵다.

별지 2. 유류분에 관한 판단

가. 구 일본 민법의 규정

구 일본 민법 제903조, 제1028조 내지 제1030조, 제1044조[26]에 의하면, 유류분에 관하여 아래와 같이 규정하고 있다.

> **제903조(특별수익자의 상속분)** ① 공동상속인 중 피상속인부터 유증을 받거나 또는 혼인, 양자 입양을 위하여 또는 생계의 자본으로서 증여를 받은 자가 있는 때에는 피상속인이 상속개시시에 가지고 있은 재산의 가액에 그 증여의 가액을 더한 것을 상속재산으로 보고 전 3조의 규정에 따라 산정한 상속분 중에서 그 유증 또는 증여의 가액을 공제하여 그 잔액으로써 그 자의 상속분으로 한다.
> ② 유증 또는 증여의 가액이 상속분의 가액과 같거나 또는 이를 초과할 때에는 수유자 또는 수증자는 그 상속분을 받을 수 없다.
> ③ 피상속인이 전 2항의 규정과 다른 의사를 표시한 때에는 그 의사표시는 유류분에 관한 규정에 반하지 아니하는 범위 내에서 그 효력이 있다.
>
> **제1028조(유류분의 귀속 및 그 비율)** 형제자매 이외의 상속인은 유류분으로서 다음의 각 호에 열거된 구분에 따라 각각 당해 각 호에 정하는 비율에 상당하는 금액을 받는다.
> 1. 직계존속만이 상속인인 경우 피상속인 재산의 3분의 1
> 2. 전호의 경우 이외의 경우 피상속인 재산의 2분의 1
>
> **제1029조(유류분의 산정)** ① 유류분은 피상속인이 상속개시시에 가지고 있던 재산의 가액에 그 증여한 재산의 가액을 더하고 그 중에서 채무으 전액을 공제하여 이를 산정한다.
>
> **제1030조** 증여는 상속개시 전의 1년 간에 한 것에 한하여 전조의 규정에 따라 그 가액을 산입한다. 당사자 쌍방이 유류분권리자에게 손해를 가하는 것을 알고 증여를 한 때에는 1년 전에 한 것도 같다.
>
> **제1044조(대습상속 및 상속분의 규정의 준용)** 제887조 제2항 및 제3항(자 및 그 대습자 등의 상속), 제900조(법정상속분), 제901조(대습상속인의 상속분), 제903조 및 제904조(특별수익자의 상속분)의 규정은 유류분에 이를 준용한다.[27]

---

26) 이 사건 준거법이 될 수 있는 한국 민법 제1112 내지 제1114조, 제1118조의 규정내용과 이에 대응하는 구 일본 민법 제1028조 내지 제1030조, 제1044조의 규정내용을 비교하여 보면, 한국 민법을 적용하는 경우 원고의 유류분 비율을 1/9로 보아야 하는 반면에 구 일본 민법을 적용하는 원고의 유류분 비율을 1/12로 보아야 한다는 점을 제외하고는, 다른 내용에 관하여 양자 간에 실질적인 차이가 발견하기 어렵다.

27) 구 일본 민법 제1044조에는 준용대상 조문만 열거되어 있는데, 이해의 편의를 위하여 해당 조문의

나. 기초재산의 산정

1) 상속개시 당시 재산 가액

이 사건 유언공정증서에 기재된 망인의 상속재산 가액이 21,224,571,906원(다만, 원고가 주장하는 'DD상사 주식가치 저평가'에 관한 부분에 대해서는 아래에서 별도로 판단하므로, 이 부분을 제외함)이라는 점은 당사자 사이에 다툼이 없다.

2) DD상사 주식가치 저평가 여부

가) 원고의 주장요지

망인의 상속에 관한 준거법이 한국 민법이므로, DD상사의 주식가치는 당연히 한국 상속세 및 증여세법 등에 따라 평가해야 한다. 그런데 DD상사에 대한 대차대조표(갑 제14호증) 기재에 의하면, DD상사의 총 자산 중 부동산 등이 차지하는 비율이 약 85.5%에 이르므로, 한국 상속세 및 증여세법 제63조 제1항 제1호 나목, 동법 시행령 제54조 제4항 제3호, 소득세법 제94조 제1항 제4호 다목 1)에 따라 DD상사 주식가치를 순자산가치로 평가하여야 한다. 따라서 DD상사의 주식가치를 주당 324,545원(34,743엔[28])으로 보아야 함에도 불구하고, 피고들은 일본 과세관청에 상속세 신고 과정에서 DD상사 대차대조표상 건물의 가액을 장부가액의 약 1/2로, 토지의 가액을 장부가액의 약 1/4로 축소한 다음, 이를 토대로 DD상사의 주식을 주당 110,514원(11,209엔)으로 계산하였는바, 이로 인한 DD상사 주식의 가치누락분 11,601,550,000원(= DD상사 주식의 실제 가치 17,127,250,000원 - 피고들이 신고한 주식가치 5,525,700,000원)은 유류분 산정을 위한 기초재산에 추가로 포함되어야 한다.

나) 관련 법리

비상장주식의 거래에 있어서 그에 관한 객관적 교환가치가 적정하게 반영된 정상적인 거래의 실례가 있는 경우에는 그 거래가격을 시가로 보아 가액을 평가하여야 하나, 그러한 거래사례가 없으면 비상장주식의 평가에 관하여 보편적으로 인정되는 시장가치방식, 순자산가치방식, 수익가치방식 등 여러 가지 평가방법을 활용하되, 비상장주식의 평가방법을 규정한 관련 법규들은 그 제정 목적에 따라 서로 상이한 기준을 적용하고 있으므로 어느 한 가지 평가방법이 항상 적용되어야 한다고 단정할 수는 없고, 당해 회사의 상황이나 업종의 특성 등을 종합적으로 고려하여 공정한 가액을 산정하여야 한다(대법원 2010. 5. 28.자 2009마2238 결정, 대법원 2014. 7. 24. 선고 2013다55386 판결 등 참조).

제목을 괄호 안에 추가하여 기재하였다.

28) = DD상사의 대차대조표에 기재된 순자산가액 1,737,169,570엔 ÷ 50,000주

다) 구체적인 판단

(1) 한국 상속세 및 증여세법과 같은 법 시행령 등은 외국법인이 발행한 비상장회사의 주식가치를 평가하는 방법을 따로 규정하고 있지 않을 뿐만 아니라, 한국 상속세 및 증여세법과 같은 법 시행령은 한국 과세관청의 상속세 및 증여세의 과세를 위한 목적으로 제정된 것일 뿐이므로, 모든 유형의 주식 가치 평가와 관련하여 한국 상속세 및 증여세법에 규정된 평가방법만이 객관성과 합리성을 겸비한 유일한 평가방법이라고 볼 수는 없다. 나아가 '비상장주식은 정상적인 거래의 실례가 있는 경우에는 그 거래가격을, 그러한 거래사례가 없으면 회사의 상황이나 업종의 특성 등을 종합적으로 고려하여 공정한 가액을 산정해야 한다.'는 위 나)항 기재 대법원 판례의 취지를 함께 고려하는 경우, 준거법이 한국법인 경우에도 반드시 한국 세법에 따라 DD상사 주식가치를 평가해야 한다고 보기는 어렵고, 준거법이 일본법인 경우 역시 반드시 일본 세법에 따라 DD상사 주식가치를 평가해야 한다고 볼 수도 없다(즉, DD상사 주식의 평가방법이 이 사건 준거법 문제와 필연적으로 결부되어 어느 한 가지 방법으로 귀결된다고 보기는 어렵고, DD상사 주식의 실제 가치를 공정하게 평가할 수 있는 다양한 방법 중 한 가지 방법을 적용하면 된다는 취지이다). 따라서 준거법이 한국 민법인 경우에는 반드시 DD상사의 주식가치를 한국 상속세 및 증여세법 등에 따라 평가해야 한다는 취지의 원고의 주장 부분은 받아들일 수 없다.

(2) 나아가 위 기초사실, 앞서 든 증거들, 갑 제14호증, 을 제1, 54 내지 56호증의 각 기재 및 변론 전체의 취지를 종합하여 알 수 있는 다음과 같은 사정들에 비추어 보면, 원고가 이 법원에 이르기까지 제출한 모든 증거들을 살펴보더라도 피고들이 상속받은 DD상사 주식에 관한 일본 세무법인의 평가방법 선정 및 적용 등이 적정하지 않다거나 그 평가결과가 DD상사 주식의 실제 가치보다 저평가되었다는 점을 인정할 수 있는 자료를 발견할 수 없고, 달리 이를 인정할 만한 증거가 없다. 따라서 원고의 이 부분 주장은 이유 없다.

(가) 피고들은 망인의 사망과 관련하여 일본 과세관청에 상속세를 신고·납부하기 위하여 일본 세무법인에 DD상사 주식에 대한 가치평가를 의뢰하였다. 망인이 1987년 설립한 DD상사는 일본에서 오랜 기간 사업을 영위하였고 대부분의 자산이 일본에 위치하여 있는데, 망인의 상속재산인 DD상사 주식의 경우 일본 상속세법 및 일본 국세청 비상장주식평가지침, 재산평가기본통달 등에 따라 유사업종비준방식[29] 및 순자산가치방식을 25:75로 혼합한 병용방식을 적용하여 주당 11,209엔(= 유사업종비준방식에 의한 평가금액 10,502엔×25%+순자산가치방식에 의한 평가금액 11,445엔×75%)으로 평가되었다. 일본 과세관청은 위와 같은 병용방식에 따른 DD상사 주식의 평가결과에 대하여 아무런 이의를 제기하지 않았다.

---

29) 당해 회사와 동종 또는 유사 업종에 속한 상장회사 주가를 기초로 가치를 평가하는 방식을 말한다.

㈏ 원고가 이 법원에 이르기까지 제출한 모든 증거들을 살펴보더라도, 원고가 주장하는 '순자산가치 100%를 적용하는 방식'이 위 ㈎항 기재 '유사업종비준방식 및 순자산가치방식을 각 25%, 75%로 혼합한 병용방식'에 비하여 합리적인 방식이라고 볼 만한 근거를 발견할 수 없고, 일본 세무법인이 위 ㈎항 기재 병용방식을 적용하는 과정에서 잘못이 있었다는 점을 뒷받침할 수 있는 자료를 발견할 수도 없다.

㈐ 일본 상속세법상 재산의 평가는 통상적으로 재산평가기본통달에 기초하여 이루어지는데, 이에 의하면 대차대조표상의 토지 및 건물의 장부가액의 경우 법인세법상 (매 사업연도마다 시가평가를 하는 것이 아니라) 취득시점의 가액으로 계속하여 계상하도록 되어 있기 때문에, 상속재산 평가 시에는 위 장부가액을 고려하지 않게 된다[을 제55호증(일본 세무사 ◆◆◆의 의견서 및 번역문) 참조]. DD상사의 대차대조표(갑 제14호증)와 주식평가명세서(을 제1호증의 1, 2)의 각 기재내용에 의하면, 일본에서 망인의 상속재산에 관하여 상속세 신고를 한 일본 세무법인은 ㉠ 대차대조표상 128,324,436엔으로 계상되어 있던 건물의 가치를 68,873,000엔으로, ㉡ 대차대조표상 16,284,511엔으로 계상되어 있던 건물부속설비(건물부대시설)의 가치를 0엔으로, ㉢ 대차대조표상 1,477,000,000엔으로 계상되어 있던 토지의 가치를 391,406,000엔으로 각각 평가하였는데, 이러한 평가는 위와 같은 재산평가기본통달 등에 근거하여 DD상사의 자산 가치를 산정한 결과로 판단된다.

또한 순자산가치 100%를 DD상사 주식의 가치로 보아야 한다는 원고 주장 부분을 토대로 하는 경우에도, [(매 사업연도마다 시가평가를 한 가액을 계상하는 것이 아닌) 취득시점의 가액으로 계속하여 계상하고 있는 '대차대조표상의 가액'이 아니라] 망인의 상속개시시점을 기준으로 한 주식평가명세서(을 제1호증의 1, 2)의 평가결과를 순자산가치 100%로 환산하여 반영하게 되면, 그 당시 DD상사 주식의 가치는 주당 11,445엔이 되므로, 결국 일본 세무법인의 평가결과(11,209엔)와의 차이는 주당 236엔에 지나지 않게 된다.

㈑ 원고는 이에 관하여, 피고들이 일본 과세관청에 상속세를 신고하는 과정에서 건물, 건물부속설비, 토지 등의 가치를 축소하여 신고하였기 때문에 DD상사가 보유하고 있던 부동산의 실제 가치가 제대로 반영되지 않았을 뿐만 아니라, 상속세 확정신고시에 산정된 비상장회사의 주식가격을 유류분 산정을 위한 기초재산을 산정하기 위한 자료로 사용하는 것이 일본 법률 및 일본 재판실무에 반한다고 주장한다.

그러나 일본의 상속세법상 재산의 평가는 통상적으로 재산평가기본통달 등에 기초하여 이루어지는데, 일본 과세관청에 대한 DD상사 주식에 관한 상속세 신고가 재산평가기본통달 등에 따라 이루어졌다는 점은 앞서 본 바와 같고, 유류분에 관한 일본의 재판실무에서 상속재산인 비상장주식의 가액을 산정하는 경우, 피상속인에 관한 상속세 확정신고서에 기재된 비상장회사의 주식 가격은 해당 상속재산의 가치에 대한 적정한 평가금액(즉, 신용성이 높은 평가금액)의 하나의 유형으로 통용되고 있는 것으로 보인다[을 제56호증(일본 변호사 ▲▲의 회답서 및 번역문) 참조. 이에 대하여 원고는 유류분에 관한 일본의 재판실무에서 피상속인에 관한 상속세 확정신고서에 기재된 비상장회사의 주식 가격이 해당 상속재산의 가치에 대한 평가금액으로 통용되지 않는다는 취지로 주장하면서, 자신의 주장에 관한 근거로서 갑 제32호증(오테몬경영논집 제27권 제1호 중 일부 및 번역문)을 제시하고 있는데, 이는 회사비송사건에서의 주식평가방법에 관한 자료일 뿐이고, 그 내용 역시 유류분에 관한 일본의 재판실무에서 상속세 확정신고서에 기재된 비상장회사의 주식 가격에 의하여 해당 상속재산을 평가하는 방식이 배제되고 있다는 점 등을 뒷받침하는 것은 아니기 때문에,[30] 이를 근거로 하여 원고의 주장을 받아들일 수는 없다].

3) SS금융지주 주식에 관하여

가) 관련 법리

(1) 구 일본 민법상 생계의 자본으로서의 증여 등

구 일본 민법 제903조는 "공동상속인 중 피상속인부터 유증을 받거나 또는 혼인, 양자입양을 위하여 또는 생계의 자본으로서 증여를 받은 자가 있는 때에는 피상속인이 상속개시시에 가지고 있은 재산의 가액에 그 증여의 가액을 더한 것을 상속재산으로 보고 전 3조의 규정에 따라 산정한 상속분 중에서 그 유증 또는 증여의 가액을 공제하여 그 잔액으로써 그 자의 상속분으로 한다(제1항). 유증 또는 증여의 가액이 상속분의 가액과 같거나 또는 이를 초과할 때에는 수유자 또는 수증자는 그 상속분을 받을 수 없다(제2항)."라고 규정하고 있다. 이에 대하여 일본의 하급심은 '일본 민법 제903조의 반환재산은 혼인, 양자입양을 위해 혹은 생계의 자본으로서의 증여로 제한되는데, 배우자가 상속재산의 증가 및 유지에 직접 기여한 경우이거나, 피상속인이 상속재산을 유지하거나 증가함에 있어서 배우자의 기여에 대한 보상으로서 증여한 재산의 경우에는 일본 민법 제903조 소정의 생계의 자본으로서의 증여라고 인정할 수 없다'는 취지로 판시한 바 있다.[31]

한편, 우리 대법원은 "유류분에 관한 민법 제1118조에 따라 준용되는 민법 제1008조는 '특별수익자의 상속분'에 관하여 "공동상속인 중에 피상속인으로부터 재산의 증여 또는 유증을 받은 자가 있는 경우에 그 수증재산이 자기의 상속분에 달하지 못한 때에는 그 부족한 부분의 한도에서 상속분이 있다."라고 정하고 있다. 이는 공동상속인 중에 피상속인으로부터

30) 片岡 武·管野 眞一, 「第4版 家庭裁判所における遺産分割·遺留分の実務」, 日本加除出版株式會社(2022), 220－221 참조.

31) 大阪家庭裁判所, 昭和 51年(1976년). 2. 16. 昭和 48年 (家), 第2410号, 家庭裁判月報 28巻 12号 171頁(갑 제36호증), 東京地方裁判所, 令和 4年(2022년). 7. 22. 令和 2年 (ワ), 第28583号, LLI/DB 判例秘書登載(갑 제37호증) 참조.

재산의 증여 또는 유증을 받은 특별수익자가 있는 경우에 공동상속인들 사이의 공평을 기하기 위하여 그 수증재산을 상속분의 선급으로 다루어 구체적인 상속분을 산정하는 데 참작하도록 하기 위한 것이다(대법원 1996. 2. 9. 선고 95다17885 판결 등 참조). 여기서 어떠한 생전 증여가 특별수익에 해당하는지는 피상속인의 생전의 자산, 수입, 생활수준, 가정상황 등을 참작하고 공동상속인들 사이의 형평을 고려하여 당해 생전 증여가 장차 상속인으로 될 자에게 돌아갈 상속재산 중 그의 몫의 일부를 미리 주는 것이라고 볼 수 있는지에 의하여 결정하여야 한다(대법원 2011. 12. 8. 선고 2010다66644 판결 등 참조). 따라서 피상속인으로부터 생전 증여를 받은 상속인이 피상속인을 특별히 부양하였거나 피상속인의 재산의 유지 또는 증가에 특별히 기여하였고, 피상속인의 생전 증여에 상속인의 위와 같은 특별한 부양 내지 기여에 대한 대가의 의미가 포함되어 있는 경우와 같이 상속인이 증여받은 재산을 상속분의 선급으로 취급한다면 오히려 공동상속인들 사이의 실질적인 형평을 해치는 결과가 초래되는 경우에는 그러한 한도 내에서 생전 증여를 특별수익에서 제외할 수 있다. 여기서 피상속인이 한 생전 증여에 상속인의 특별한 부양 내지 기여에 대한 대가의 의미가 포함되어 있는지 여부는 당사자들의 의사에 따라 판단하되, 당사자들의 의사가 명확하지 않은 경우에는 피상속인과 상속인 사이의 개인적 유대관계, 상속인의 특별한 부양 내지 기여의 구체적 내용과 정도, 생전 증여 목적물의 종류 및 가액과 상속재산에서 차지하는 비율, 생전 증여 당시의 피상속인과 상속인의 자산, 수입, 생활수준 등을 종합적으로 고려하여 형평의 이념에 맞도록 사회일반의 상식과 사회통념에 따라 판단하여야 한다. 다만 유류분제도가 피상속인의 재산처분행위로부터 유족의 생존권을 보호하고 법정상속분의 일정비율에 해당하는 부분을 유류분으로 산정하여 상속인의 상속재산 형성에 대한 기여와 상속재산에 대한 기대를 보장하는 데 그 목적이 있는 점(헌법재판소 2010. 4. 29. 선고 2007헌바144 전원재판부 결정 참조)을 고려할 때, 피상속인의 생전 증여를 만연히 특별수익에서 제외하여 유류분제도를 형해화시키지 않도록 신중하게 판단하여야 한다."라고 판시하고 있다(대법원 2022. 3. 17. 선고 2021다230083, 230090 판결 등 참조).

위와 같은 대법원 판례의 취지는 특별수익의 산정과 관련하여 공동상속인들 사이의 형평성과 구체적인 타당성을 함께 고려해야 한다는 것으로서, '상속분의 선급에 해당하는 증여'나 '구체적 사정을 고려한 특별수익 제외' 등에 관한 판시내용을 구체적으로 살펴보면, 구 일본 민법 제903조 제1, 2항에 따른 '생계의 자본으로서의 증여' 등을 판단하는 기준과 실질적으로 유사한 내용임을 알 수 있다. 이 사건 유류분 산정에 관한 준거법이 구 일본 민법이라는 점은 앞서 본 바와 같으므로, 아래에서는 구 일본 민법 제903조의 규정취지에 따라 이 사건 공동상속인들의 특별수익 인정여부를 판단하되, 구 일본 민법과 우리 대법원 판례의 실질적 유사성 등을 감안하여 우리 대법원 판례에서 설시한 판단 요소 등을 함께 고려하기로 한다.

⑵ 구 일본 민법상 상속인의 가족에 대한 증여

구 일본 민법 제903조 제1항, 제2항에 대하여 일본의 하급심은 '피상속인이 상속인이 아닌 그 배우자에게 증여를 한 사안에서, 증여의 경위, 증여된 물건의 가치, 성질 등을 고려하여 그 실질이 상속인에게 직접 증여된 것과 다르지 않다고 인정되는 경우에는 상속인의 배우자에게 받은 증여라도 상속인의 특별수익으로 본다.'는 취지로 판시한 바 있다.[32]

한편, 우리 대법원은 구 일본 민법 제903조에 대응하는 한국 민법 제1008조 등에 관하여 "민법 제1008조는 '공동상속인 중에 피상속인으로부터 재산의 증여 또는 유증을 받은 자가 있는 경우에 그 수증재산이 자기의 상속분에 달하지 못한 때에는 그 부족한 부분의 한도에서 상속분이 있다.'고 규정하고 있는바, 이와 같이 상속분의 산정에서 증여 또는 유증을 참작하게 되는 것은 원칙적으로 상속인이 유증 또는 증여를 받은 경우에만 발생하고, 그 상속인의 직계비속, 배우자, 직계존속이 유증 또는 증여를 받은 경우에는 그 상속인이 반환의무를 지지 않는다고 할 것이나, 증여 또는 유증의 경위, 증여나 유증된 물건의 가치, 성질, 수증자와 관계된 상속인이 실제 받은 이익 등을 고려하여 실질적으로 피상속인으로부터 상속인에게 직접 증여된 것과 다르지 않다고 인정되는 경우에는 상속인의 직계비속, 배우자, 직계존속 등에게 이루어진 증여나 유증도 특별수익으로서 이를 고려할 수 있다고 함이 상당하다."라고 판시하였다(대법원 2007. 8. 28.자 2006스3,4 결정 등 참조).

위와 같은 대법원 판례의 취지는 특별수익의 산정과 관련하여 공동상속인들 사이의 형평성과 구체적인 타당성을 함께 고려해야 한다는 것으로서, 그 구체적인 판시내용을 살펴보면 구 일본 민법 제903조 제1, 2항에 따른 특별수익의 범위를 판단하는 기준과 실질적으로 유사한 내용임을 알 수 있다. 이 사건 유류분 산정에 관한 준거법이 구 일본 민법이라는 점은 앞서 본 바와 같으므로, 아래에서는 구 일본 민법 제903조의 규정취지에 따라 이 사건 공동상속인들의 특별수익 인정 여부를 판단하되, 구 일본 민법과 우리 대법원 판례의 실질적 유사성 등을 감안하여 우리 대법원 판례에서 설시한 판단 요소 등을 함께 고려하기로 한다.

⑶ 구 일본 민법상 공동상속인의 특별수익 시점의 제한 여부

구 일본 민법 제903조, 제1044조에 대하여 일본 판례 및 실무는 "공동상속인인 한 사람이 피상속인으로부터 혼인·양자입양으로 또는 생계의 자본으로 받은 증여는 상속분의 선급으로 볼 수 있기 때문에 그것이 언제 이루어졌는지, 또 가해의 인식이 있었는지 여부를 불문하고 산입된다."라는 입장을 취하고 있었다.[33]

---

32) 片岡 武·管野 眞一, 「第4版 家庭裁判所における遺産分割·遺留分の実務」, 日本加除出版株式會社(2022), 265에서 인용하고 있는 福島家庭裁判所 白河支部, 昭和 55年(1980년) 5. 24. 審判, 家庭裁判月報 33卷 4号 75頁 참조.

33) 新版 注釈民法(28), 相続⑶, 有斐閣(2002), 466(갑 제34호증) 참조[한편, 평성 30년(2018년) 7. 13. 법

한편, 우리 대법원은 공동상속인 특별수익의 시점과 관련하여, "민법 제1118조에 의하여 유류분에 준용되는 같은 법 제1008조는 '공동상속인 중에 피상속인으로부터 재산의 증여 또는 유증을 받은 자가 있는 경우에 그 수증재산이 자기의 상속분에 달하지 못한 때에는 그 부족한 부분의 한도에서 상속분이 있다.'고 규정하고 있는바, 이는 공동상속인 중에 피상속인으로부터 재산의 증여 또는 유증을 받은 특별수익자가 있는 경우에 공동상속인들 사이의 공평을 기하기 위하여 그 수증재산을 상속분의 선급으로 다루어 구체적인 상속분을 산정함에 있어 이를 참작하도록 하려는 데 그 취지가 있으므로, 공동상속인 중에 피상속인으로부터 재산의 증여에 의하여 특별수익을 한 자가 있는 경우에는 민법 제1114조의 규정은 그 적용이 배제되고, 따라서 그 증여는 상속개시 전의 1년간에 행한 것인지 여부에 관계없이 유류분 산정을 위한 기초재산에 산입된다."라고 판시하고 있다(대법원 1995. 6. 30. 선고 93다11715 판결 등 참조).

위와 같은 대법원 판례의 구체적인 판시내용을 살펴보면, 구 일본 민법의 해석에 관한 판례 및 실무와 실질적으로 유사한 내용임을 알 수 있고, 이 사건 유류분 산정에 관한 준거법이 구 일본 민법이라는 점은 앞서 본 바와 같다. 한편, 망인은 2018. 5. 1. 사망하였으므로, 구 일본 민법에 따라 망인의 공동상속인인 Y, 원고, 피고들에 대한 망인의 생계의 자본으로서의 증여는 상속개시 전의 1년간에 행한 것인지 여부 및 준거법과 관계없이 유류분 산정을 위한 기초재산에 산입되는 것으로 볼 수 있다.

나) 피고들 및 그 자녀들의 SS금융지주 주식에 관하여

망인의 사망 당시 피고 B가 위 주식 493,553주를, 피고 C가 위 주식 493,530주를 각 보유하고 있었고, 피고들이 망인으로부터 생계의 자본으로서 위 각 주식을 증여받았다는 점에 대하여는 당사자 사이에 다툼이 없다.

한편, 피고 B의 자녀인 B1, B2는 망인으로부터 위 주식 24,000주씩(합계 48,000주)을, 피고 C의 자녀인 C1, C2, C3은 망인으로부터 위 주식 24,000주씩(합계 72,000주)을 각각 증여받은 점에 대해서도 당사자 사이에 다툼이 없고, 위 각 증여의 경위, 증여된 물건의 가치, 성질, 피고들 및 그 자녀들이 실제 받은 이익 등을 고려하는 경우 실질적으로 위 각 주식들도 망인이 피고들에게 직접 증여한 것과 다르지 않다고 인정되므로, 이를 피고들의 특별수익으로 고려함이 타당하다[피고들도 그 자녀들이 망인으로부터 증여받은 위 각 주식을 피고들의 특별수익으로

률 제72호로 개정된 일본 민법{2019. 7. 1. 시행(일부 제외)} 제1044조 제3항에는 수증자가 상속인인 경우에도 '상속개시 전 10년간 이루어진 특별수익에 상당한 재산의 가액'만이 유류분 산정의 기초재산에 포함된다는 내용이 규정되었으므로, 개정된 일본 민법이 적용되는 경우 공동상속인에게 특별수익이 발생한 시점이 상속개시일로부터 소급하여 10년을 초과하는 사안에서는 해당 특별수익이 유류분 산정의 기초재산에 포함되지 않는다].

산정함에 동의하고 있다(피고들의 2023. 8. 30.자 참고서면 제1쪽 참조)].

따라서 피고 B가 망인으로부터 생계의 자본으로서 증여받은 SS금융지주 주식은 합계 541,553주(= 피고 B의 주식 493,553주+자녀들의 주식 48,000주)이고, 피고 C가 망인으로부터 생계의 자본으로서 증여받은 SS금융지주 주식은 합계 565,530주(= 피고 C의 주식 493,530주+자녀들의 주식 72,000주)이다.

다) 원고 및 원고의 배우자, 자녀들의 SS금융지주 주식에 관하여

(1) 피고들의 주장요지

원고(584,359주), 자녀 A1, A2(각 110,000주), 배우자 AA(11,000주)이 각 보유한 위 주식(합계 815,359주)은 모두 원고가 망인으로부터 생계의 자본으로서 증여받은 것으로 볼 수 있으므로, 이를 원고의 특별수익으로 산정해야 한다.

(2) 구체적인 판단

아래와 같은 사정들에 비추어 보면, 원고 및 원고의 자녀들이 보유한 SS금융지주 주식 합계 804,359주(= 원고 584,359주+원고의 자녀들 220,000주)는 모두 원고의 특별수익으로 봄이 타당한 반면에, AA이 보유한 주식 11,000주는 원고가 망인으로부터 생계의 자본으로서 받은 증여에 해당하지 않는다고 봄이 타당하다. 따라서 피고들의 주장 중 전자와 관련된 부분은 이유 있고, 후자와 관련된 부분은 이유 없다.

㈎ 망인과 Y, 원고는 1986. 7. 16.부터 SS은행 주식을 취득하였는데,[34] 위 SS은행 주식의 취득 시점 이전에 망인은 1984. 4. 16. 17,000,000엔, 1986. 6. 21. 18,000,000엔 등 합계 35,000,000엔을, Y는 1984. 1. 13. 25,000,000엔, 1984. 3. 9. 30,000,000엔, 1986. 4. 30. 27,000,000엔, 1986. 5. 1. 26,000,000엔, 1986. 7. 13. 34,000,000엔 등 합계 142,000,000엔을 각 한국에 반입하였다.[35] 이후 망인은 위와 같이 반입한 엔화 중 165,000,000엔을 원화 903,240,000원(= 628,475,000원+274,765,000원)으로 환전하고, 망인이 미리 환전하여 가지고 있던 110,000,000원을 보태어 합계 1,013,240,000원을 마련한 다음, 망인 500,000주, 원고 300,000주, Y 200,000주 등 합계 1,000,000주의 SS은행 주식을 주당 1,000원, 합계 1,000,000,000원에 매수하였으며, 위와 같이 주식을 매수하고 남은 잔금 13,240,000원을 1986. 9. 3. 당시 망인 일가의 재산을 관리하던 Y에게 전달하였다. 반면에, 이 법원에 이르기까지 제출된 모든 증거들을 살펴보더라도 원고 명의로 SS은행 주식을 최초로 취득한 1986. 7. 16. 이전에 외화를 반입하였음을 뒷받침하는 증거를 발견할 수 없다는 점(갑 제18호증은 원고가

34) 을 제38호증 등 참조.
35) 을 제2, 3, 36, 37호증 등 참조.

1995년 및 1998년에 외화를 반입하였다는 점에 대한 증거일 뿐이다) 등을 아래 (나) 내지 (바)항 기재 사정들과 함께 살펴보면, 원고가 최초로 취득한 SS은행주식 300,000주는 망인 등이 한국에 반입한 외화를 토대로 형성된 것이라고 봄이 타당하다(원고는 이에 관하여, 원고가 고유 자산으로 위 SS은행 주식 300,000주를 취득한 것이 아니더라도 주식 자체가 아닌 주식 취득금액 1억 5,000만원을 사전 증여액으로 인정하여야 한다고 주장하나, 망인이 자신의 자금으로 원고 명의로 매수한 위 SS은행 주식 300,000주에 대한 신주청약금을 대신 납부한 다음, 원고 명의의 주식을 포함한 망인 및 그 가족들의 재산을 일괄적으로 관리한 점 등을 비롯하여 이 사건에 나타난 제반 사정에 비추어 볼 때, 망인이 원고에게 위 주식 자체를 증여하였다고 봄이 타당하므로, 원고의 위 주장은 받아들일 수 없다).

(나) SS은행 동경지점 작성 주주명부(2009. 12. 31. 기준, 갑 제6호증)에는 'X(망인) 합계 1,911,442주'라고 기재되어 있는데, 이는 Y와 피고들뿐만 아니라, 원고 및 그 자녀들이 보유한 주식까지 일괄하여 망인의 자산으로 관리되었음을 의미한다. 제1심증인 OO은 제1심에서 이에 관하여, '(위 주주명부는) SS은행 내부에서 재일교포 주주를 관리하는 사람들이 정리한 문서인 것 같다. 주주 명의와 관계없이 관리할 때는 X 회장(망인) 한 분으로 생각하였다.'라는 취지로 증언하였다(제1심증인 OO에 대한 증언녹취서 제5－6쪽).

(다) 2018. 12. 31.자 X 계열 주식 변동 현황표(을 제7호증)에 의하더라도, SS금융지주에서는 아래 표 기재와 같이 망인, Y, 원고 및 그 자녀들, 피고들의 명의의 주식을 일체로서 관리하고 있던 것으로 판단된다. 즉, 원고의 배우자인 AA 명의 주식에 관하여는 'AA 매수(10,000주)'라는 식으로 그 매수 사실이 별도로 기재되어 있는 반면에, 원고 및 그 자녀들 명의의 주식에 관하여는 그러한 매수 사실 기재가 존재하지 않는다. 이에 관하여 피고들이 이 법원에 이르기까지 제출한 주장들 및 증거들을 모두 살펴보더라도, AA이 보유한 SS금융지주 주식이 망인으로부터 증여받은 것이라는 점을 인정하기 부족하고, 달리 이를 인정할 증거가 없으므로, AA의 경우 SS금융지주 주식을 (망인으로부터 증여받은 것이 아니라) 스스로 매수한 것으로 판단된다.

일자	망인	Y	원고		피고 B	피고 C
			본인	자녀		
1986－12－31	500,000	200,000	300,000			
1987－12－31	100,000	40,000	60,000			
1988－12－31	170,000	68,000	102,000			
1990－12－31	299,400	118,320	177,480		30,000	30,000
1995－12－31	354,375	140,045	210,068		70,266	70,266
1997－12－31	354,375	140,045	210,068		70,266	70,266
1998－12－31	122,238	191,760	320,642	220,000	151,213	151,213
2000－12－31	122,238	191,760	320,642	220,000	151,213	151,213

2001 - 12 - 31	250,304	246,322	410,192	220,000	178,589	178,589
2003 - 12 - 31	250,304	246,322	420,192	220,000	178,589	178,589
2005 - 12 - 31	250,304	246,322	429,959	220,000	185,162	185,162
2009 - 12 - 31	150,304	304,946	584,359	220,000	325,928	325,905
2018 - 12 - 31					493,553	493,530

(라) SS은행의 1988. 6. 25.자 주식청약증거금 영수증(을 제5호증)에 의하면, SS은행은 '망인'에게, 망인 70,000주, 원고 42,000주, Y 28,000주에 대한 신주청약증거금을 납입하였다는 영수증을 작성하여 주었고, 망인이 신주대금을 납입한 방식에 따라 망인, 원고, Y의 명의로 각각 주식을 발행받았다.

(마) 망인은 1998년경 원고의 자녀들에게도 SS은행 주식 합계 220,000주를 증여하였다. 그 후 위 주식의 주권을 원고가 수령하여 보관하였던 것으로 보이는 점, 당시 망인의 자산과 수입, 생활수준, 지급시기와 액수, 원고와 망인의 관계, 당시 자녀들의 나이[36] 등을 고려하면, 망인이 원고의 자녀들에게 위와 같이 SS은행 주식을 증여함으로써 그 당시 위 자녀들과 경제공동체를 구성하고 있던 원고가 생계의 자본을 획득하는 실질적인 이익을 얻었다고 봄이 타당하다.

(바) 원고는 당심에서, SS은행 설립 당시 초대주주(발기인) 44명 중의 한 명으로서 1981년경 원고의 자금 약 1억 5,000만 원을 투입하여 SS은행 주식을 주당 500원에 300,000주를 취득하게 된 것이므로, 위 주식을 망인으로부터 증여받은 재산으로 볼 수 없고, 설령 증여받은 재산이라도 원고는 생계의 자본으로서가 아니라 파친코 사업을 실질적으로 운영한 것에 대한 기여, 공로 혹은 대가로 증여받은 재산이어서 원고의 위 주식을 특별수익으로 평가할 수 없다고 주장한다[원고는 한국법을 준거법으로 주장하면서 위 가)항 기재 대법원 2021다230083, 230090 판결 등을 토대로 위와 같은 주장을 제기하고 있다].

그러나 앞서 든 증거에 의하여 인정되는 아래와 같은 사정들에 비추어 보면, 원고가 파친코 사업을 실질적으로 운영하면서 얻은 수익으로 위 주식을 매입하였다거나, 파친코 사업의 운영에 기여한 대가 내지 보수로 망인으로부터 위 주식을 증여받았다고 인정하기 어려우므로, 원고의 위 주장은 받아들일 수 없다[위 가)항에서 본 바와 같은 이유로, 구 일본 민법 제903조의 규정취지 또는 원고가 주장하는 위 대법원 2021다230083, 230090 판결의 법리 중 어느 것에 의하더라도 동일한 결론에 이른다].

---

36) 원고의 자녀들이 망인으로부터 위와 같이 SS은행 주식을 증여받은 1998년경에는 자녀 A1은 4세, 자녀 A2는 2세에 불과하였다(갑 제1호증 참조).

㉮ 원고는 제1심에서 "원고는 일본에서 국내로 반입한 금원 중 약 43억 원으로 SS금융지주의 주식을 매입하였다"라고 주장하였다가(원고의 2022. 3. 10.자 준비서면 제18쪽, 2022. 7. 6.자 준비서면 제28쪽), 제1심 변론종결 후 제출한 2022. 8. 22.자 참고서면을 통하여 "원고는 망인이 일본에서 설립하였던 DD상사의 이사로 재직하면서 망인과 함께 속칭 '빠칭코 사업'을 하였는바, 1995. 2. 3.부터 1999. 11. 10.까지 4차례에 걸쳐 위 사업으로 취득한 수입의 일부인 약 1,003,000,000엔(원화 약 91억 원 상당)을 대한민국 세관에 적법하게 신고한 뒤 반입하였습니다. 원고는 위와 같이 일본에서 국내로 반입한 금원으로 SS금융지주의 주식을 매입하였습니다."라고 주장함으로써(원고의 2022. 8. 22.자 참고서면 제6, 7쪽), 종전 주장을 일부 변경하였다. 그러다가 원고는 이 법원에 이르러서 제1심에서 제기한 주장 중 상당 부분을 번복하면서, SS금융지주 주식의 최초 취득 시기를 1981년경으로, 주식매입금액을 1억 5,000만 원으로 변경하여 주장하고 있다. 즉, 원고는 SS금융지주 주식의 취득시기 및 매입금액, 매입자금의 원천 등 주요 부분에 대한 주장을 계속하여 변경하여 왔는데, 이와 같이 일관성이 없는 원고의 주장을 그대로 믿기는 어렵다.

㉯ 원고가 1995. 2. 3. 2억 엔, 1995. 5. 25. 2억 300만 엔, 1995. 11. 14.자 3억 엔, 1998. 11. 10.자 3억 엔 등 총 10억 3백만 엔(한화 약 91억 원)을 한국에 반입한 사실은 인정된다.[37] 그러나 그 외화 반입시점은 원고가 당심에서 주장하는 최초 주식취득 시기인 1981년으로부터 약 14년이상 경과한 시점이므로, 원고가 위와 같은 외화반입을 통하여 1994년 이전에 SS금융지주 주식을 취득하였다고 볼 수는 없다.

㉰ 원고는 1975. 3. 17. ◆◆중고급학교를 졸업하였고, 1975. 4. 10. ◉◉대학교 ◉◉◉◉과에 입학하여 1980. 3. 16. 위 대학을 졸업하였다. 이후 원고는 1981. 1. 5. 미국으로 출국하여 미국 소재 대학에서 학업을 이어가다가 1981. 11. 17. 일본으로 귀국하였다.[38] 이와 관련하여 원고는 "1981년 말부터 전무의 직함을 가지고 망인이 운영하였던 빠칭코 사업에 전면적으로 참여하였고, 이 때부터 망인은 원고에게 빠칭코 사업의 실질적인 운영을 맡겨두다시피 하였습니다."라고 주장하였는데(원고 소송대리인 법무법인 ○○의 2023. 5. 25.자 준비서면 제11쪽), 원고의 주장 자체에 의하더라도 원고가 망인이 운영하던 파친코 사업에 전면적으로 참여한 시점은 일본으로 귀국한 1981. 11. 17. 이후라는 것이다. 그럼에도 불구하고, 원고는 1981년에 망인과 함께 파친코 사업을 운영하면서 받은 수익 분배금으로 원고의 자금 1억 5,000만 원을 마련할 수 있었고 이러한 자금으로 SS금융지주 주식을 취득하였다고 주장하고 있는바, 1981년 이전에는 망인이 운영하던 파친코 사업에 전면적으로 참여한 적이 없고,

---

37) 갑 제18호증 참조.
38) 갑 제25 내지 27호증 참조.

1981년 중 대부분의 기간을 해외에서 보낸 원고가 불과 40여 일 정도의 기간(1981. 11. 17. ~ 1981. 12. 31.) 동안에 망인의 파친코 사업장에서 발생한 수익을 분배받아 원고의 주장과 같은 주식 취득자금 1억 5,000만 원을 형성하였다는 원고의 주장 부분은 경험칙에 비추어 볼 때 이를 쉽게 믿기 어렵다.

㉣ 원고는 SS은행 동경지점이 작성하여 관리하던 주주명부(갑 제6호증)에 따르면 가족들 중 원고와 망인의 관리번호만 4자리 숫자로 별도로 관리되고 있다는 점을 들어, 원고가 SS은행 초대주주(발기인) 44명 중 한 명으로서 직접 주식을 취득한 것이라고 주장한다. 그러나 위 주주명부에 의하면 Y의 관리번호 역시 '○○○○'으로 별도로 관리되고 있는 사실을 알 수 있고, 명의자가 자신의 자금으로 주식을 취득하였을 경우에만 관리번호 4자리가 부여되는 것으로 보이지는 않는다. 게다가 SS은행에서 발간한 SS은행 20년사(을 제35호증) 중 SS은행 발기인 명단에는 망인이나 원고의 이름이 기재되어 있지 아니하고, 원고 스스로도 'SS은행 설립 당시 발기인이 정확히 몇 명이었는지 기억하지 못한다'는 취지로 진술하고 있으므로(원고 소송대리인 법무법인 ㅁㅁ의 2023. 5. 25.자 준비서면 제6쪽), SS은행의 초대주주였다는 원고의 주장 부분을 쉽게 믿기는 어렵다.

㉤ 원고는 최초로 SS은행 주식을 취득한 후 원고의 주식수가 변동된 경위에 관하여, 'ⅰ) 1986년, 1988년, 1989년 3차례의 유상증자, 1987년 1차례의 액면병합, 1990년 1차례의 무상증자를 거쳐 1994. 12. 31. 기준으로 SS은행 주식 177,480주를 보유하게 되었다. ⅱ) 1995년 반입한 외화와 기존에 보유하고 있던 금원으로 유상증자에 참여하여 SS은행 주식 32,588주를 주당 11,900원에 취득하였고, 1998년 주식배당, 무상증자, 유상증자를 통하여 1998. 12. 31. 기준으로 SS은행 주식을 총 320,642주 보유하게 되었다. ⅲ) 1998. 12. 2. 원고가 직접 대출을 받아 SS은행이 발행한 신주인수권부사채를 매입하고 이를 행사하여 2001. 12. 31.을 기준으로 SS금융지주 주식 410,192주를 보유하게 되었다. ⅳ) 2009년 원고가 기존에 보유하고 있던 예금으로 유상증자에 참여하게 되었고, 이에 2009. 12. 31.을 기준으로 SS금융지주의 주식을 584,359주 보유하게 되었다.'라는 취지르 주장한다.

그러나 위 ⅰ) 주장의 경우, 앞서 본 바와 같이 원고가 한국에 외화를 반입하기 시작한 시점은 1995. 2. 3.경 이후이므로 그 이전인 1986년부터 1989년 사이에 이루어진 유상증자에 원고의 고유 자금이 투입되었다고 보기 어렵고, 오히려 망인과 Y가 그 전부터 꾸준히 외화를 반입한 점 등에 비추어 볼 때, 1986년부터 1989년 사이의 3차례의 유상증자 당시에는 망인 등의 자금이 사용되었다고 봄이 타당하다.

위 ⅱ) 주장의 경우, 앞서 본 바와 같이 1995년 이전의 SS은행 주식 취득 당시 원고가 국내에 반입한 외화가 없으므로, 1995년 유상증자 당시 기존에 보유하고 있던 금원으로 유상증자에 참여하였다는 원고의 주장은 객관적인 증거(갑 제18호증의 기재내용)와 배치된다. 원고는 갑 제19호증을 들어 유상증자에 있어서 원고의 고유 자금이 투입되었다고도 주장하나, 갑 제19호증 기재만으로는 원고가 SS은행 주식의 유상증자에 투입한 자금내역이 명확하게 특정되지 않고, 1998. 11. 11. 청약금 명목으로 205,019,220원이 지급된 내역이 확인되기는 하지만, 이 법원에 이르기까지 제출된 증거들을 모두 살펴보더라도, 위 지급내역이 SS은행 주식에 대한 청약금이라고 인정할 수 있는 자료를 발견할 수 없다. 더욱이 위 청약금 지급내역은 1998. 10. 15. 입금된 563,833,649원을 원천으로 한 지급내역인데, 이 법원에 이르기까지 제출된 모든 증거들을 살펴보더라도, 위 563,833,649원의 출처를 확인할 수 있는 자료를 발견할 수 없다. 또한 1995년 망인 일가의 SS은행 주식은 131,088주 증가하였는데, 원고의 증가분인 32,588주에 비하여 망인과 Y, 피고들의 증가분은 98,500주로 약 3배에 달하고, 1998년 망인 일가의 SS은행 주식은 323,046주 증가하였는데, 이는 원고의 증가분 110,574주의 약 3배에 달하는 등 망인 일가의 다른 사람들 주식수가 함께 증가하는 모습이 확인된다. 이러한 점을 비롯한 이 사건 제반 사정에 비추어 보면, 1998. 12. 31.을 기준으로 원고가 보유하고 있던 SS은행 주식 320,642주가 원고의 고유 자금으로 형성된 것이라고 보기 어렵다.

위 iii) 주장의 경우, 갑 제20호증의 기재에 의하면 원고가 1998. 12. 2. SS은행으로부터 409,220,000원을 대출받은 사실 및 2001. 4. 27. 신주인수권부사채를 행사한 사실은 인정되나, 이 법원에 이르기까지 제출된 모든 주장과 증거들을 살펴보더라도 원고가 SS은행으로부터 대출받은 돈으로 위 신주인수권부사채를 매수하였다는 점을 인정할 수 있는 자료를 발견하기 어렵고, 달리 이를 인정할 증거가 없으므로, 원고의 위 주장도 받아들이기 어렵다.

위 iv) 주장의 경우, 갑 제20, 21호증의 각 기재에 의하면 원고가 2009년경 유상증자에 참여한 것으로 볼 수는 있으나, 이 법원에 이르기까지 제출된 모든 주장들과 증거들을 살펴보더라도 원고의 고유 자금으로 유상증자에 참여하였다는 점을 인정할 수 있는 증거를 발견하기 어렵고, 달리 이를 인정할 증거가 없는 점, 을 제7호증의 기재에 의하면, 2009년경에는 망인 일가의 주식이 유상증자 등을 통하여 294,803주 증가하였는데 이는 원고의 증가분 154,400주의 약 2배에 달하고, Y와 피고들의 주식수 역시 함께 증가하는 모습이 확인되는 점 등을 비롯한 이 사건 제반 사정에 비추어 보면, 원고의 이 부분 주장 역시 받아들이기 어렵다.

㉳ 원고는 공무원 및 조직폭력배에 대한 응대가 필요한 파친코 사업의 특성상 여성은 파친코 사업을 수행할 수 없었고, 파친코 사업의 급성장을 가져온 '피버기'[39]는 인맥과 전문적인 지식이 없이는 도입·관리·유지가 어려웠는데, 원고가 대학교 선·후배의 인맥을 동원

하여 피버기를 도입하고 이를 관리 및 유지함으로써 1981년 말경부터 DD상사를 실질적으로 운영해왔다고 주장한다.

그러나 i) 원고의 주장을 토대로 하는 경우 피버기는 1981. 4.경 등장 및 도입되었다는 것인데[원고 소송대리인 법무법인 ○○의 2023. 5. 25.자 준비서면 제8쪽], 당시 원고는 미국 유학 중이었고 1981. 11. 17. 이후에 일본으로 돌아온 이후 1981년 말부터 전무의 직함을 가지고 파친코 사업에 전면적으로 참여하였다는 것이므로, 원고의 기여로 피버기의 선제적인 도입이 가능하였다고 보기는 어려운 점, ii) 원고는 1981년경부터 파친코 사업을 실질적으로 운영하였다고 주장하면서도, 이를 뒷받침할 수 있는 구체적인 증거자료를 제대로 제출하지 못하고 있는 점[피고들은 이에 관하여 2023. 6. 29.자 준비서면(제7쪽)을 통하여, 원고가 1980년대부터 DD상사에서 실질적으로 큰 역할을 했다고 주장하면서도 DD상사가 일본에서 어느 부동산을 보유하는지를 모르니 피고들에게 자료를 제출하여 달라고 주장하는 것은 모순적으로서, 원고의 위 주장 부분을 쉽게 납득하기 어렵다는 취지로 주장한다], iii) 망인은 2015. 1. 27. DD상사에 대하여 '원고가 ■■■과 공모하여 2013. 7. 17.자로 망인이 보유하던 LL 주식을 망인이 원고에게 증여하였다는 내용의 서면을 작성하여 LL 대표이사에게 제출하였고 이는 사문서위조 및 동행사죄에 해당하여 고소장을 제출하였다'는 이유로 원고에 대한 이사해임결의를 요구하는 임시주주총회 소집을 청구하였고(을 제12호증의 1), 실제로 이에 관한 2015. 2. 14.자 DD상사 임시주주총회에서는 원고를 DD상사의 이사에서 해임하는 안건이 의결된 점(을 제12호증의 2), iv) 2014. 10. 31.자 녹취록(을 제40호증)에 의하면, 망인은 원고에 대하여 "일을 시켜도 안해서 사이가 안 좋은지 한 15년 됐다."라고 말하고(제5쪽), 원고와의 사이가 안 좋은 이유에 대하여 "그게 왜 그러냐면 장사할 때 간도 작고 장사가 안 돼. 어렵다고."라고 말하였으며(제6쪽), 2014. 11. 20.자 녹취록(을 제41호증)에 의하면, 원고에 대하여 "저놈이 벌써 일본에 회사에 아무 일도 안하고, 6년 동안 아무것도 안 했어. 월급 받으러 오라고 해도 월급도 안 받으러 오더니만."이라고 이야기한 사실(제11쪽) 등을 인정할 수 있는데, 이러한 망인의 발언내용을 토대로 하는 경우, 망인이 파친코 사업을 수행하는 과정에서 원고가 실질적으로 기여한 부분이 크다고 보기는 어려운 점, v) 망인의 한정후견인은 "후견인이 간병인을 통해 들은 바로는 원고는 그저 한 달에 한번 정도, 그 마저도 겨우 5분 정도의 시간을 할애하여 망인을 만나고 돌아가는 것이 고작이었다고 하였습니다."라는 의견을 밝혔는바(을 제28호증 제16, 17쪽), 망인의 병세가 악화되어 한국에서 치료를 받는 등의 생활을 할 때 원고가 망인을 적극적으로 보살피거나 부양하였다고 보기 어려운 점, vi) 원고는 2012. 3. 28. Y 및 피고들과의 사이에 망인의

39) 피버기는 기존의 아날로그 기계에 전자기술을 도입하여 슬롯 머신의 성격이 부가된 일본의 주식회사 SANKYO에서 발매한 기계로서, 현재의 파친코 기계의 원형이라고 일컬어진다(갑 제24호증의 2, 제2, 3쪽 참조).

의료비와 생활비로 월 2,500만 원을 망인에게 지급하기로 약정한 다음(을 제10호증) 2012. 3. 29.경부터 그 약정에 따라 생활비를 지급하였으나, 2016. 9.경부터는 망인의 생활비를 지급하지 아니한 점(원고의 2023. 1. 16.자 준비서면 제10쪽 참조) 등에 비추어 볼 때, 망인이 원고에게 SS은행 내지 SS금융지주 주식을 증여한 것이 파친코 사업 내지 부양의무 이행에 관한 원고의 기여나 노력에 대한 대가나 보상의 의미를 가진다고 볼 수는 없다.

㈓ 원고는 2016. 3.경 서울지방국세청장으로부터 원고가 속한 PP 유한회사(이하, 'PP'라고 한다)에 대한 세무조사 과정에서 '혐의없음' 통보를 받았고, 그 이전인 2014. 5. 9. 남대문세무서로부터 자금출처확인서를 받았는바, 이러한 한국 과세관청의 조치들은 '원고가 현재 보유하고 있는 SS금융지주 주식 등을 비롯한 국내 자산을 망인 또는 Y으로부터 증여받은 것이 아니고, 원고가 1981년부터 이를 자신의 고유 자금으로 형성하였다는 점'을 뒷받침한다는 취지로 주장하면서, 갑 제12, 13, 15호증 등을 이에 관한 증거로 제출하고 있다.

갑 제12, 13, 15호증의 각 기재에 변론 전체의 취지를 더하여 보면, 서울지방국세청장은 2016. 2.경 원고에게 2016. 3. 3.까지 '2013년 PP의 주식변동에 관한 주식취득자금 등'을 소명할 것을 요청한 사실(갑 제12호증 참조), 원고는 이에 관하여 남대문세무서장으로부터 발급받은 2014. 5. 9.자 예금 등에 대한 자금출처 확인서(갑 제13호증, 그 '자금원천란'에 '해외반입'이라고 기재되어 있음) 등을 서울지방국세청에 소명자료로 제출한 사실, 그 후 서울지방국세청장은 2016. 3. 원고에게 주식변동에 관한 소명자료 검토결과 안내문을 보냈는데, 거기에는 '주식변동 내역'란에 '2013년 PP의 주식변동', '소명자료 분석내용'란에 '주식취득자금 수증 등', '분석결과'란에 '혐의 없음'이라고 각 기재되어 있는 사실 등은 인정할 수 있다.

그런데 구 국세기본법(2014. 12. 23. 법률 제12848호로 개정되기 전의 것) 제26조의2 제1항 제4호[40]에 의하면, 남대문세무서장이 2014. 5. 9. 예금 등에 대한 자금출처 확인서를 원고에게 발급할 당시를 기준으로 할 때 증여세 부과처분에 관한 일반적인 제척기간은 10년(납세자의 부정행위 등 특별한 사정이 있는 경우의 제척기간은 15년)이었음을 알 수 있고, 구 국세기본법(2016. 12. 20. 법률 제14382호로 개정되기 전의 것) 제81조의4,[41] 제81조의6,[42] 제81조의9[43] 등을

---

40) 구 국세기본법 제26조의2(국세 부과의 제척기간) ① 국세는 다음 각 호에 규정된 기간이 끝난 날 후에는 부과할 수 없다. 다만, 조세의 이중과세를 방지하기 위하여 체결한 조약(이하 "조세조약"이라 한다)에 따라 상호합의 절차가 진행 중인 경우에는 「국제조세조정에 관한 법률」 제25조에서 정하는 바에 따른다. (중략)
4. 상속세·증여세는 제1호, 제1호의2, 제2호 및 제3호에도 불구하고 부과할 수 있는 날부터 10년간. 다만, 다음 각 목의 어느 하나에 해당하는 경우에는 부과할 수 있는 날부터 15년간으로 한다.
가. 납세자가 부정행위로 상속세·증여세를 포탈하거나 환급·공제받은 경우
나. 「상속세 및 증여세법」 제67조 및 제68조에 따른 신고서를 제출하지 아니한 경우
다. 「상속세 및 증여세법」 제67조 및 제68조에 따라 신고서를 제출한 자가 대통령령으로 정하는 거짓 신고 또는 누락신고를 한 경우(그 거짓신고 또는 누락신고를 한 부분만 해당한다)

41) 구 국세기본법 제81조의4(세무조사권 남용금지) ① 세무공무원은 적정하고 공평한 과세를 실현하기 위하여 필

종합하여 보면, 서울지방국세청장이 2016. 2.부터 같은 해 3.까지 실시한 원고에 대한 세무조사의 경우 원칙적으로 원고의 '2013년 PP의 주식변동에 관한 주식취득자금 등'과 관련된 범위에 한정하여 이루어진 것임을 알 수 있다.

요한 최소한의 범위에서 세무조사를 하여야 하며, 다른 목적 등을 위하여 조사권을 남용해서는 아니 된다.
② 세무공무원은 다음 각 호의 어느 하나에 해당하는 경우가 아니면 같은 세목 및 같은 과세기간에 대하여 재조사를 할 수 없다.
1. 조세탈루의 혐의를 인정할 만한 명백한 자료가 있는 경우
2. 거래상대방에 대한 조사가 필요한 경우
3. 2개 이상의 과세기간과 관련하여 잘못이 있는 경우
4. 제65조제1항제3호(제66조제6항과 제81조에서 준용하는 경우를 포함한다)에 따른 필요한 처분의 결정 또는 제81조의15 제4항 제2호에 따른 재조사 결정에 따라 조사를 하는 경우
5. 납세자가 세무공무원에게 직무와 관련하여 금품을 제공하거나 금품제공을 알선한 경우
6. 그 밖에 제1호부터 제5호까지와 유사한 경우로서 대통령령으로 정하는 경우
③ 누구든지 세무공무원으로 하여금 법령을 위반하게 하거나 지위 또는 권한을 남용하게 하는 등 공정한 세무조사를 저해하는 행위를 하여서는 아니 된다.

42) 구 국세기본법 제81조의6(세무조사 관할 및 대상자 선정) ① 세무조사는 납세지 관할 세무서장 또는 지방국세청장이 수행한다. 다만, 납세자의 주된 사업장 등이 납세지와 관할을 달리하거나 납세지 관할 세무서장 또는 지방국세청장이 세무조사를 수행하는 것이 부적절한 경우 등 대통령령으로 정하는 사유에 해당하는 경우에는 국세청장(같은 지방국세청 소관 세무서 관할 조정의 경우에는 지방국세청장)이 그 관할을 조정할 수 있다.
② 세무공무원은 다음 각 호의 어느 하나에 해당하는 경우에 정기적으로 신고의 적정성을 검증하기 위하여 대상을 선정(이하 "정기선정"이라 한다)하여 세무조사를 할 수 있다. 이 경우 세무공무원은 객관적 기준에 따라 공정하게 그 대상을 선정하여야 한다.
1. 국세청장이 납세자의 신고 내용에 대하여 정기적으로 성실도를 분석한 결과 불성실 혐의가 있다고 인정하는 경우
2. 최근 4과세기간 이상 같은 세목의 세무조사를 받지 아니한 납세자에 대하여 업종, 규모, 경제력 집중 등을 고려하여 대통령령으로 정하는 바에 따라 신고 내용이 적정한지를 검증할 필요가 있는 경우
3. 무작위추출방식으로 표본조사를 하려는 경우
③ 세무공무원은 제2항에 따른 정기선정에 의한 조사 외에 다음 각 호의 어느 하나에 해당하는 경우에는 세무조사를 할 수 있다.
1. 납세자가 세법에서 정하는 신고, 성실신고확인서의 제출, 세금계산서 또는 계산서의 작성·교부·제출, 지급명세서의 작성·제출 등의 납세협력의무를 이행하지 아니한 경우
2. 무자료거래, 위장·가공거래 등 거래 내용이 사실과 다른 혐의가 있는 경우
3. 납세자에 대한 구체적인 탈세 제보가 있는 경우
4. 신고 내용에 탈루나 오류의 혐의를 인정할 만한 명백한 자료가 있는 경우
5. 납세자가 세무공무원에게 직무와 관련하여 금품을 제공하거나 금품제공을 알선한 경우
④ 세무공무원은 과세관청의 조사결정에 의하여 과세표준과 세액이 확정되는 세목의 경우 과세표준과 세액을 결정하기 위하여 세무조사를 할 수 있다.
⑤ 세무공무원은 다음 각 호의 요건을 모두 충족하는 자에 대해서는 제2항에 따른 세무조사를 하지 아니할 수 있다. 다만, 객관적인 증거자료에 의하여 과소신고한 것이 명백한 경우에는 그러하지 아니하다.
1. 업종별 수입금액이 대통령령으로 정하는 금액 이하인 사업자
2. 장부 기록 등이 대통령령으로 정하는 요건을 충족하는 사업자

43) 구 국세기본법 제81조의9(세무조사 범위 확대의 제한) ① 세무공무원은 구체적인 세금탈루 혐의가 여러 과세기간 또는 다른 세목까지 관련되는 것으로 확인되는 경우 등 대통령령으로 정하는 경우를 제외하고는 조사진행 중 세무조사의 범위를 확대할 수 없다.
② 세무공무원은 제1항에 따라 세무조사의 범위를 확대하는 경우에는 그 사유와 범위를 납세자에게 문서로 통지하여야 한다.

즉, 남대문세무서장의 2014. 5. 9.자 예금 등에 대한 자금출처 확인서의 경우 그 작성일로부터 소급하여 10년 전 시점인 2004. 5. 9.(특별한 사정이 있는 경우에도 소급하여 15년 전 시점인 1999. 5. 9.) 이전에 원고에게 증여가 이루어진 적이 있는지 여부에 대한 사실관계를 확인하여 작성된 것이라고 보기 어렵고, 또한 이 법원에 이르기까지 제출된 모든 증거들을 살펴보더라도, 과세관청이 2016. 2.부터 같은 해 3.까지 '원고의 SS은행 내지 SS금융지주 주식 취득자금 수증 등'과 관련된 세무조사를 하였다는 점을 인정할 수 있는 자료를 발견할 수 없으며, 단지 한국 과세관청이 '원고의 2013년 PP의 주식변동과 관련된 취득자금 수증 등'에 대하여 조사를 하였다는 점이 인정될 뿐이다.

그렇다면 갑 제12, 13, 15호증의 각 기재내용은 '원고가 1981년부터 고유 자산으로 SS은행 내지 SS금융지주 주식을 취득하였고, 이에 관하여 한국 과세관청에서 관련 자료들을 면밀하게 검토한 결과 원고가 현재 보유하고 있는 SS금융지주 주식 등을 망인 등으로부터 증여받은 것이 아니라 원고의 고유 자산으로 이를 형성하였음을 인정하였다'는 취지의 원고의 주장 부분을 뒷받침한다고 보기 어렵다.

라) Y의 SS금융지주 주식

(1) 원고의 주장요지

Y의 SS금융지주 주식 304,946주가 망인으로부터 생전 증여받은 것이므로, Y의 특별수익에 포함되어야 한다.

(2) 피고들의 주장요지

Y가 망인으로부터 SS금융지주 주식 304,946주를 받은 것은 Y의 공헌에 따른 대가이므로 이는 생계의 자본으로서의 증여라고 볼 수 없고, 그렇지 않더라도 이 사건 제반 사정에 비추어 볼 때 이를 Y의 특별수익에서 제외하더라도 공동상속인들과의 관계에서 공평을 해친다고 볼 수 없다.

(3) 구체적인 판단

㈎ 다음과 같은 사정들을 종합하여 보면, Y 명의의 SS금융지주 주식 304,946주는 망인으로부터 생전 증여받은 재산에 해당한다고 봄이 타당하다.

① SS은행 동경지점 작성 주주명부(2009. 12. 31. 기준, 갑 제6호증)에 의하면, 'X(망인) 합계 1,911,442주'라고 기재되어 있는데, 이는 Y의 주식이 피고들, 원고 및 그 자녀들이 보유한 주식과 함께 일괄적으로 망인의 자산으로 관리되었음을 의미한다.

② 제1심증인 OO은 제1심에서 이에 관하여, '(위 주주명부는) SS은행 내부에서 재일교포

주주를 관리하는 사람들이 정리한 문서인 것 같다. 주주 명의와 관계없이 관리할 때는 X 회장(망인) 한 분으로 생각하였다.'라는 취지로 증언하였다(제1심증인 OO에 대한 증언녹취서 제5–6쪽).

③ X 계열 주식 변동 현황표(을 제7호증)에 의하더라도, SS금융지주에서는 Y의 주식을 포함하여 망인 가족의 주식을 일체로서 관리하고 있는 것으로 보인다. AA 명의의 주식에 관하여는 'AA 매수(10,000주)'라는 식으로 그 매수 사실이 별도로 기재되어 있는 반면, Y 보유 주식에 관하여는 원고 및 그 자녀들 명의의 주식와 마찬가지로 그러한 매수 사실 기재가 없다.

④ SS은행의 1988. 6. 25.자 주식청약증거금 영수증(을 제5호증)에 의하면, SS은행은 '망인'에게, 망인 70,000주, 원고 42,000주, Y 28,000주에 대한 신주청약증거금을 납입하였다는 영수증을 작성하여 주었고, 망인이 신주대금을 납입한 방식에 따라 망인, 원고, Y의 명의로 각각 주식을 발행받았다.

(나) 그러나 다음과 같은 사정들을 위 가)항 기재 법리에 비추어 살펴 보면, Y가 망인으로부터 SS금융지주 주식을 증여받은 것은 배우자로서 가정에 헌신하고, 망인의 파친코 사업을 실질적으로 함께 운영하면서 재산을 형성하고 유지한 것에 대한 보상 내지 대가의 성질을 가지므로, 이를 생계의 자본으로서의 증여(우리 대법원 판례에 따르면 '상속분의 선급')에 해당한다고 보기 어렵다. 따라서 Y의 SS금융지주 주식 304,946주는 Y의 특별수익에 해당한다고 할 수 없다.

① 망인과 Y는 1964. 10. 20. 혼인하여 망인의 사망 시까지 약 54년 동안 혼인생활을 유지하였고, 그 과정에서 Y는 원고와 피고들을 출산하고 양육하는 등 가정에 헌신하였다.

② Y는 일본에서 태어났고, 부모가 토지를 많이 소유하면서 농사를 크게 짓는 등 망인에 비하여 경제적으로 풍족한 환경에서 자랐으며, 혼인 후 Y 부모의 도움으로 망인과 함께 파친코 사업을 시작하게 된 것으로 보인다.[44]

③ 망인은 1926. 9. 17.생으로 한국에서 경제적으로 어려움에 처하여 15세 내지 16세 무렵인 1941년경 일본으로 이주하였고,[45] 망인이 파친코 사업을 시작한 1970년대에는 기본적인 일본어만 구사할 수 있었을 뿐 일본어를 능숙하게 읽거나 쓸 수 있는 능력은 없었다. 반면에, Y는 일본에서 태어나서 계속 일본에서 거주하였으므로 일본어에 능숙하였고, 1946년 ■■■현 소재 여학교를 졸업한 후 1947년경부터 일본 ★★세무서에서 근무하여 기본적인 세무지식을 갖추고 있었던 것으로 판단된다.

---

44) 2021. 11. 4.자 문서송부서 중 가사조사관보고서 사실조사 제7, 8쪽(Y 진술 부분) 참조.
45) 2021. 11. 4.자 문서송부서 중 가사조사관보고서 사실조사 제3쪽(망인 진술 부분) 참조.

④ 망인은 1970년대부터 일본에서 파친코 사업을 시작하면서 커다란 부를 축적하였는데, 원고의 주장 자체에 의하더라도 파친코 사업에 있어서 세무서의 관리·감독에 대응하는 업무가 중요한 부분을 차지하였던 것으로 보인다(원고의 2022. 8. 22.자 참고서면 제12, 13쪽). 그런데 망인이 파친코 사업을 시작하였을 무렵 망인과 Y의 일본어 능력과 성장과정, 원고의 나이(원고는 당시 중학생 내지 고등학생에 불과하였다), Y의 세무서 근무 경력 등 이 사건에 나타난 제반 사정들을 종합적으로 살펴보면, 그 당시 망인이 파친코 사업을 영위하는 과정에서 Y가 영업 장부를 작성하고 관할관청 등의 관리·감독에 대응하는 등의 업무를 수행하였다고 봄이 타당하다(을 제44호증의 경우, Y가 2008년경 직접 수기로 작성한 장부로 보인다).

⑤ 망인은 1978. 5. 8. 파친코 사업(유기장 영업)을 영위하기 위하여 DD상사를 설립하였는데, 그 당시 Y는 DD상사의 이사로 취임하여 근무하면서 망인의 사업을 도왔다. 망인이 질병 치료 목적으로 2011. 4. 11. 한국에 입국하여 휴양 생활을 하였음에도 불구하고 건강상태가 호전되지 않자, 망인은 2013. 7. 23.자 DD상사의 임시이사회에서 대표이사직을 사임하면서 후임 대표이사로 Y를 추천하였고, 그 당시 이사회의 결의에 따라 Y는 대표이사로 취임한 다음 대표이사로서의 업무를 수행하였다.

⑥ 앞서 살펴본 바와 같이 망인은 1984. 4. 16.부터 1986. 6. 21.까지 합계 35,000,000엔을, Y는 1984. 1. 13.부터 1986. 7. 13.까지 합계 142,000,000엔을 각 한국에 반입하였는데, 망인은 이와 같은 반입 외화에 미리 가지고 있던 돈을 보태어 망인 500,000주, 원고 300,000주, Y 200,000주 등 합계 1,000,000주의 SS은행 주식을 매수하였다. 그런데 망인은 위와 같이 주식을 매수하고 남은 잔금을 Y에게 전달하였는데, 이는 1986. 9. 3. 당시 Y가 망인 일가의 재산을 관리하고 있었기 때문이다.

⑦ 원고는 2012. 3. 28. Y 및 피고들과의 사이에 망인의 의료비와 생활비로 월 2,500만 원을 망인에게 지급하기로 약정한 뒤 2012. 3. 29.경부터 2016. 8.경까지 월 2,500만 원을 지급하였는데, 그 이전인 2011. 9. 16.부터 2012. 3. 5.까지는 Y가 망인의 한국 병원비, 생활비 계좌로 사용되던 SS은행 A계좌로 1,000만 원에서 3,000만 원 사이의 돈을 수시로 입금하는 등(제1심 법원의 2019. 8. 6.자 SS은행 금융거래정보회신결과 제347 내지 361쪽 참조) 망인에 대한 부양의무를 이행하였다.

마) 소결론

SS금융지주 주식의 주가는 망인의 사망 다음 날인 2018. 5. 2. 기준 48,150원이므로, 피고 B가 생계의 자본으로서 증여받은 주식 가치는 26,075,776,950원[=541,553주(피고 B가 증여받은 493,553주+피고 B의 자녀들이 증여받은 48,000주)×48,150원], 피고 C가 생계의 자본으로서 증여받은 주식 가치는 27,230,269,500원[=565,530주(피고 C가 증여받은 493,530주+피고 C의 자녀들이 증여받은 72,000주)×48,150원], 원고가 생계의 자본으로서 증여받은 주식 가치는 38,729,885,850원[=804,359주(원고가 증여받은 584,359주+원고의 자녀들이 증여받은 220,000주)×48,150원]이다(AA이 보유한 주식 11,000주와 Y가 증여받은 주식 304,946주는 특별수익에 해당하지 않는다는 점은 앞서 본 바와 같다).

4) 현금, 수표, 예금증서

가) Y의 현금, 수표

(1) 구 일본 민법 제903조 제1항에서 정한 생계의 자본으로서의 증여와 같은 특별수익의 존재에 대한 증명책임은 이를 주장하는 당사자에게 있다. 그런데 제1심 법원의 2019. 8. 6.자 SS은행 금융거래정보회신결과 등을 비롯하여 이 법원에 이르기까지 제출된 모든 주장들과 증거들을 살펴보더라도, Y의 계좌에 현금으로 입금된 합계 61,419,233,483원이 망인으로부터 생계의 자본으로서 증여받은 것임을 인정하기 어렵고, 달리 이를 인정할 증거가 없다. 따라서 원고가 주장하는 Y의 현금 61,419,233,483원은 Y의 특별수익에 해당하지 않는다.

(2) 한편, 갑 제10호증의 1 기재에 의하면, 망인의 SS은행 B계좌에서 2011. 5. 11. 합계 3억 5,000만 원의 수표(1억 원 수표 3장, 1,000만 원 수표 5장)가 발행되었고, 이에 관한 수표금을 Y가 수령한 사실이 인정되지만, 이 법원에 이르기까지 제출된 모든 주장들과 증거들을 살펴보더라도, Y가 망인으로부터 위 수표금을 증여받은 것임을 인정하기 어렵고, 달리 이를 인정할 증거가 없다. 따라서 Y가 망인으로부터 수령한 수표 3억 5,000만 원이 Y의 특별수익에 해당한다고 할 수는 없다.

(3) 나아가 위 가)항 기재 법리에 비추어 위 3) 다) (3) (나)항 기재와 같은 망인과 Y의 혼인기간, Y의 가정에 대한 헌신, 파친코 사업에 대한 Y의 기여, Y가 오랫동안 망인 일가의 재산을 관리하여 온 점, Y의 외화반입 내역 및 당인에 대한 부양의무 이행내용 등 이 사건 제반사정을 종합적으로 살펴보면, 설령 위 (1)항 기재 현금과 (2)항 기재 수표금 중 일부가 Y가 망인으로부터 증여받은 것이라고 가정하더라드, 이는 Y가 배우자로서 가정에 헌신하고, 망인의 파친코 사업을 실질적으로 함께 운영하면서 재산을 형성하고 유지한 것 등에 대한 보상 내지 대가의 성질을 가지므로, 이를 생계의 자본으로서의 증여(우리 대법원 판례에 따르면 '상속분의 선급')에 해당한다고 보기 어렵다. 따라서 (1)항 기재 현금과 (2)항 기재 수표금은 Y의 특별수익에 해당한다고 할 수 없다.

나) 피고들의 현금, 수표

(1) 원고는 ㉮ 피고 B의 경우 현금 26,178,784,118원(= 피고 B의 계좌에 현금으로 입금된 합

계 119,034,544,403원 - 항소심판결 별지 1 기재와 같이 제1심에서 중복금액으로 인정한 92,855,760,285원)과 수표 2,000,000원이 모두 망인으로부터 생계의 자본으로서 증여받은 것이고, ㉯ 피고 C의 경우 현금 28,770,026,040원(= 피고 C의 계좌에 현금으로 입금된 합계 122,631,407,400원 - 별지 2 기재와 같이 제1심에서 중복금액으로 인정한 93,861,381,360원)과 수표 137,000,000원이 모두 망인으로부터 생계의 자본으로서 증여받은 것이라고 주장한다.

(2) 피고들의 계좌에 현금으로 입금된 부분에 대한 판단

㈎ 피고 B는 자신의 계좌에 현금으로 입금된 돈 중 9,240,512,913원, 피고 C는 자신의 계좌에 현금으로 입금된 돈 중 9,350,967,182원(을 제20호증, 2011. 2. 21. 기준 금액)이 망인으로부터 생계의 자본으로서 증여받은 것임을 자인하고 있으므로, 적어도 피고들이 자인하는 부분은 피고들의 특별수익에 해당한다고 볼 수 있다.

㈏ 반면에, 앞서 본 사실관계, 제1심 법원의 2019. 8. 6.자 및 2019. 10. 14.자 각 SS은행 금융거래정보회신결과 및 변론 전체의 취지를 종합하여 알 수 있는 다음과 같은 사정들에 비추어 보면, 이 법원에 이르기까지 원고가 제출한 증거들만으로는 위 ㈎항 기재 금원을 초과한 범위에서 피고들이 망인으로부터 생계의 자본으로서 현금을 증여받았다는 점을 인정하기 부족하고, 달리 이를 인정할 증거가 없다. 따라서서 원고가 주장하는 금액 중 위 ㈎항 기재 금액을 초과한 부분은 피고들의 현금 특별수익으로 볼 수 없다.

① 원고는 당심에서, 2000. 1. 1.부터 2015. 1. 14.까지 피고들의 계좌에 현금으로 입금된 돈 중 제1심에서 중복금액으로 인정한 금액을 제외한 잔액이 피고들의 특별수익에 해당한다고 주장하면서도, 2015. 1. 14. 이후의 입금액을 포함하여 피고 B의 현금 특별수익액이 26,178,784,118원, 피고 C의 현금 특별수익액이 28,770,026,040원이라고 주장하고 있는데, 우선 원고가 주장하는 위 기간에 따라 2015. 1. 14. 이후에 피고들의 계좌에 입금된 금액은 피고들의 특별수익이 될 수 없다.[46]

이에 관하여 '원고의 당심 주장 금액'과 '2015. 1. 14. 이후 입금된 금액'(제1심에서 중복금액으로 인정한 부분은 제외) 및 '중복금액을 제외한 2000. 1. 1.부터 2015. 1. 14.까지의 잔액'은 아래 표 기재와 같다.

46) 나아가 원고의 제1심 주장을 토대로 하여 ㉮ 피고 B의 계좌에 '2000. 1. 4.부터 2019. 5. 10.까지' 입금된 현금과 ㉯ 피고 C의 계좌에 '2000. 2. 9.부터 2019. 9. 12.까지' 입금된 현금을 기준으로 하여 이 법원에 이르기까지 원고가 제출한 증거들을 살펴보더라도, 피고들이 망인으로부터 상계의 자본으로 증여받은 것임을 자인하고 있는 부분을 제외한 나머지 금원에 대한 원고의 주장 부분을 인정할 수 있는 증거를 발견하기 어렵다. 따라서 위와 같은 원고의 주장 변경은 이 사건 결론에 영향을 미치지 않는다.

항 목		원고의 당심 주장 금액(원)	2015. 1. 14. 이후 입금된 금액(원)	중복금액을 제외한 2000. 1. 1.부터 2015. 1. 14.까지의 잔액(원)
피고 B	현금	26,178,784,118	7,373,067,238[47)]	18,805,716,880
피고 C	현금	28,770,026,040	9,912,352,572[48)]	18,857,673,468

② 이 법원에 이르기까지 원고가 제출한 모든 증거들을 살펴보더라도, 중복금액을 제외한 2000. 1. 1.부터 2015. 1. 14.까지의 잔액 중 위 ㈎항 기재 금원을 초과하는 부분을 피고들이 망인으로부터 생계의 자본으로서 증여받았다는 점을 인정할 수 있는 증거를 발견하기 어렵고, 달리 이를 인정할 증거가 없다[원고는 이에 관하여, 피고들의 계좌에 현금으로 입금된 돈의 출처를 피고들이 별도로 소명하지 아니하는 이상 이를 망인이 피고들에게 증여한 것으로 보아야 한다는 취지로 주장한다. 그러나 유류분 침해액에 대한 증명책임은 원고에게 있고, 이와 관련하여 당심에서 여러 차례에 이루어진 재판장의 석명 및 이에 관하여 원고가 이 법원에 이르기까지 제출한 증거들을 모두 살펴보더라도, 위 ㈎항 기재 금원을 초과한 범위에서 피고들이 망인으로부터 생계의 자본으로서 현금을 증여받았다는 점을 인정하기 부족하고, 달리 이를 인정할 증거가 없다. 따라서 이와 다른 전제에 기초한 원고의 위 주장을 받아들일 수는 없다].

(3) 망인의 수표를 피고들이 수령한 부분에 대한 판단

㈎ 갑 제10호증의 1 기재에 의하면, 망인의 SS은행 B계좌에서 2011. 5. 11.부터 2015. 3. 19.까지 합계 139,000,000원의 수표(1억 원 수표 1장, 100만 원 수표 39장)가 발행되었고, 그 중 2,000,000원의 수표금을 피고 B가, 나머지 137,000,000원의 수표금을 피고 C가 각각 수령한 사실이 인정된다. 그렇다면 다른 특별한 사정이 없는 이상, 위 각 수표금 상당액은 피고들이 망인으로부터 생계의 자본으로서 받은 증여재산이라고 봄이 타당하다.

㈏ 피고들은 이에 관하여, 위 수표가 피고들의 현금 부분과 중복된다고 주장하나, 이 법원에 이르기까지 제출된 모든 주장들과 증거들을 살펴보더라도 별지 1, 2의 각 기재 중복금액으로 표시된 부분을 제외한 나머지 부분 중 피고들이 망인으로부터 증여받은 수표금과 중복되는 부분이 존재한다고 인정하기 어렵고, 달리 이를 인정할 증거가 없으므로, 피고들의 위 주장을 받아들일 수는 없다.

㈐ 따라서 피고 B가 수취한 수표금 2,000,000원 및 피고 C가 수취한 수표금 137,000,000

47) 항소심판결 별지 1 "피고 B의 현금 등에 관한 구체적 판단" 중 "1. 현금" 기재 표 순번 33, 34, 35, 36, 37, 86, 38, 39 기재 금액을 합산한 금액이다.
48) 별지 2 "피고 C의 현금 등에 관한 구체적 판단" 중 "1. 현금" 기재 순번 37, 93, 40, 41, 42, 43, 44, 45, 46, 47 기재 금액을 합산한 금액이다.

원은 각각 피고들의 특별수익에 해당하는 것으로 볼 수 있다.

다) 원고의 현금 등

피고들은 원고의 계좌에 현금으로 입금된 합계 22,443,174,239원은 모두 원고가 망인으로부터 생계의 자본으로서 증여받은 것이라고 주장한다. 그러나 을 제14, 20호증의 각 기재, 제1심 법원의 2019. 8. 6.자 및 2021. 10. 20.자 각 SS은행 금융거래정보회신결과 등을 비롯하여 이 법원에 이르기까지 제출된 모든 주장들과 증거들을 살펴보더라도, 원고의 계좌에 현금으로 입금된 합계 22,443,174,239원이 망인으로부터 생계의 자본으로서 증여받은 것임을 인정하기 어렵고, 달리 이를 인정할 증거가 없다. 따라서 피고들이 주장하는 원고의 현금 22,443,174,239원은 원고의 특별수익에 해당하지 않는다.

5) 소결론

망인의 사망 당시 기초재산은 공동상속인들에 대한 생계의 자본으로서의 증여(특별수익)를 포함하여 아래와 같이 137,953,346,876원이다.

<table>
<tr><th colspan="3">항 목</th><th>인정 금액(원)</th></tr>
<tr><td colspan="3">망인의 사망 당시 재산</td><td>21,224,571,906</td></tr>
<tr><td rowspan="12">특별수익</td><td rowspan="4">SS금융 주식</td><td>Y</td><td>0</td></tr>
<tr><td>피고 B</td><td>26,075,776,950</td></tr>
<tr><td>피고 C</td><td>27,230,269,500</td></tr>
<tr><td>원고</td><td>38,729,885,850</td></tr>
<tr><td rowspan="3">현금[49]</td><td>피고 B</td><td>10,309,049,934[50]</td></tr>
<tr><td>피고 C</td><td>10,432,276,705[51]</td></tr>
<tr><td>원고</td><td>0</td></tr>
<tr><td rowspan="3">수표</td><td>Y</td><td>0</td></tr>
<tr><td>피고 B</td><td>2,009,649[52]</td></tr>
<tr><td>피고 C</td><td>149,501,545[53]</td></tr>
<tr><td>HH 주식</td><td>원고</td><td>3,800,004,837[54]</td></tr>
<tr><td colspan="3">합계</td><td>137,953,346,876</td></tr>
</table>

49) 증여받은 재산이 금전일 경우에는 그 증여받은 금액을 상속개시 당시의 화폐가치로 환산하여 이를 증여재산의 가액으로 보는 것이 타당하며, 그러한 화폐가치의 환산은 증여 당시부터 상속개시 당시

원고의 유류분 비율은 구 일본 민법 제900조, 제1028조에 따라 1/12(=법정상속분 1/6×1/2)이므로, 원고의 유류분액은 11,496,112,239원(=137,953,346,876원×1/12)이다. 그러나 원고가 생계의 자본으로서 증여를 받거나 이 사건 유언공정증서에 따라 상속받은 재산은 합계 43,520,075,129원(=SS금융지주 주식 38,729,885,850원+HH 주식 3,800,004,837원+부동산 4,244,442원+예금 985,940,000원)으로 원고의 유류분액을 초과하므로, 원고의 유류분 침해액은 존재하지 않는다.

까지 사이의 물가변동률을 반영하는 방법으로 산정하는 것이 합리적이다(대법원 1996. 2. 9. 선고 95다17885 판결 등 참조). 피고들의 구체적 증여일자를 알 수 없으므로 2011. 2. 21. 기준으로 보아 GDP 디플레이터 수치를 사용하여 '증여액×상속개시 당시 GDP 디플레이터 수치÷증여 당시 GDP 디플레이터 수치'로 계산한다(아래 기재한 GDP 디플레이터 수치는 2015년도를 기준으로 하여 그 수치를 100으로 정한 한국은행 GDP 디플레이터 수치로서 공지의 사실이다).

50) =9,240,512,913원×2018년 GDP 디플레이터 수치 104.756÷2011년 GDP 디플레이터 수치 93.898.

51) =9,350,967,182원×2018년 GDP 디플레이터 수치 104.756÷2011년 GDP 디플레이터 수치 93.898.

52) 피고 B는 2017. 5. 4. 및 2017. 6. 30. 각 100만 원의 수표금을 수취하였다. 따라서 피고 B의 수표 특별수익은 2,009,649원(= 피고 B가 수취한 수표금 2,000,000원×2018년 GDP 디플레이터 104.756÷2017년 GDP 디플레이터 104.253)에 해당한다.

53) 피고 C는 2011년에 1억 원, 2016년에 3,400만 원, 2017년에 300만 원의 수표금을 수취하였는바, 위 1억 원의 수표금에 대한 특별수익은 111,563,611원(= 100,000,000원×2018년 GDP 디플레이터 104.756÷2011년 GDP 디플레이터 93.898), 위 3,400만 원의 수표금에 대한 특별수익은 34,923,460원(= 34,000,000원×2018년 GDP 디플레이터 104.756÷2016년 GDP 디플레이터 101.986), 위 300만 원의 수표금에 대한 특별수익은 3,014,474원(= 3,000,000원×2018년 GDP 디플레이터 104.756÷2017년 GDP 디플레이터 104.253)이고, 그 특별수익 합계는 149,501,545원이다.

54) 2022. 4. 15.자 HH 주식회사의 사실조회회신결과 기재에 의하면, 원고가 1996. 9. 21. 망인으로부터 HH 주식 10,000주를 증여받은 후 2006. 12. 19. SS제8호기업구조조정조합에게 위 주식 전부를 30억 원에 양도한 사실을 인정할 수 있으므로, 원고는 그에 대해서도 피고들에게 유류분 비율에 따라 이를 반환해야 할 의무가 있다. 민법 문언의 해석과 유류분 제도의 입법 취지 등을 종합할 때 피상속인이 상속개시 전에 재산을 증여하여 그 재산이 유류분반환청구의 대상이 된 경우, 수증자가 증여받은 재산을 상속개시 전에 처분하였거나 증여재산이 수용되었다면 민법 제1113조 제1항에 따라 유류분을 산정함에 있어서 그 증여재산의 가액은 증여재산의 현실 가치인 처분 당시의 가액을 기준으로 상속개시까지 사이의 물가변동률을 반영하는 방법으로 산정하여야 하고(대법원 2023. 5. 18. 선고 2019다222867 판결 참조), 원고와 피고들 모두 준거법에 관계없이 위 대법원 판례에 따라 HH 주식에 관한 특별수익을 산정하는 것에 동의하고 있으며, 처분 당시의 가액을 기준으로 상속개시까지 사이의 물가변동률을 반영하는 방법으로 산정한 위 HH 주식의 특별수익액이 3,800,004,837원(= 30억 원×2018년 GDP 디플레이터 104.756÷2008년 GDP 디플레이터 82.702, 원 미만 반올림)이라는 점에 대해서는 당사자 사이에 다툼이 없다.

〔6〕 상속재산분할 실무와 세법 실무의 상관관계

1. 상속재산분할사건의 특별수익 산정과 세무조사 및 과세처분의 상관관계 등에 관하여
2. 장기간에 걸친 계좌이체에 관한 특별수익 및 기여분 산정과 상증세법 관련 법리 검토

1

상속재산분할사건의 특별수익 산정과 세무조사 및 과세처분의 상관관계 등에 관하여

서울고등법원 2023. 7. 25.자 2022브2136, 2137 결정(확정)
- 서울가정법원 2022. 8. 2.자 2020느합1171, 2021느합88 심판

1. 사안의 개요

가. 피상속인 D(1930생, 2018. 12. 17. 사망, 이하 '망인')

나. 망인의 자녀 및 며느리

① 청구인 A(망인 사후에 검사를 상대로 한 인지청구의 소에서 승소 확정)

② 상대방 B(배우자 E)

③ 상대방 C

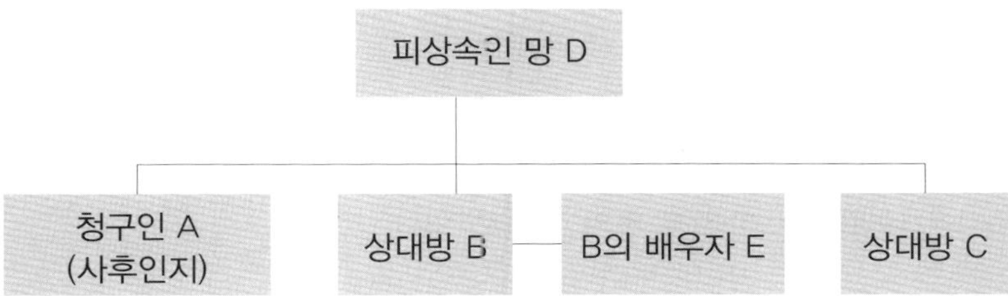

다. 상속인 및 법정상속분

구분	피상속인과의 관계	법정상속분
청구인 A	직계비속	1/3
상대방 B	직계비속	1/3
상대방 C	직계비속	1/3
상속분 합계		1

라. 망인의 생전 증여 및 상속재산

1) 망인은 위 자녀 3명 및 며느리 E에게 ㉮ 상당한 재산을 생전 증여하였고, ㉯ 사망 당시 보유하고 있던 상속재산도 존재하였다.

2) 이 사건 쟁점 중 세법의 해석·적용과 직·간접적으로 관련된 부분의 사실관계 등

가) 상대방 B에 대한 평창군 부동산 증여 및 증여세 대납분 관련(제1쟁점)

(1) 망인의 2010. 11. 15.자 B에 대한 현금 274,000,000원의 생전 증여에 관한 B 명의의 증여세 신고 및 과세관청의 증여세 부과처분

(2) 2010. 9. 30. B 명의로 평창군 부동산을 대금 5억 원에 매수하는 매매계약 체결 및 2010. 11. 16.자 B 명의의 소유권이전등기 경료

(3) 망인은 2011. 2. 28. 그 명의의 계좌에서 현금 35,000,000원을 인출, 같은 날 그 중 34,920,000원으로 위 (1) 기재 B 명의로 부과된 증여세를 대신 납부

(4) 2017. 7. 26. B 명의로 등기된 평창군 부동산을 대금 5억 원에 매도하는 매매계약 체결, 그 매도대금 중 일부인 256,168,000원(= 2017. 7. 26. 계약금 40,000,000 + 잔금 중 일부인 216,168,000원)이 망인 명의 계좌에 입금

나) 서울지방국세청의 2021년 세무조사 과정에서 확인된 망인의 E(B의 배우자)에 대한 계좌이체(제2쟁점)

망인이 2017. 8. 29.자 30,000,000원 + 2017. 10. 31.자 40,000,000원 + 2018. 12. 12.자 78,400,000원(합계 148,400,000원)을 E 명의 계좌로 입금

다) 서울지방국세청의 2021년 세무조사 과정에서 확인된 망인의 청구인에 대한 계좌이체(제3쟁점)

망인이 2011. 7. 27.자 200,000,000원 + 2017. 2. 24.자 3,200,000원 + 2017. 3. 2.자 19,322,580원 + 2018. 1. 4.자 7,000,000원(합계 229,522,580원)을 청구인 명의 계좌로 입금

마. 청구인이 2020. 4. 13. 이 사건 상속재산분할청구를 제기하였다.

2. 이 사건 각 쟁점과 관련된 당사자들의 주장 요지

가. 제1쟁점 관련 B의 주장요지

2010. 11. 15.자 현금 274,000,000원의 경우, 망인이 세금 문제 등으로 B 명의로 평창군 부동산을 매수하면서 매도인에게 지급한 대금이므로, 위 274,000,000원을 B가 증여받은 것이

아니고, 평창군 부동산은 망인의 명의신탁 재산이며, 망인이 B의 증여세를 대납한 위 274,000,000원도 B의 특별수익에 해당하지 않는다. 따라서 이 부분에 관하여 B의 특별수익을 인정할 수는 없다.

나. 제2쟁점 관련 B의 주장요지

세무조사 과정에서 확인된 망인의 E에 대한 합계 148,400,000원의 계좌이체는 인정하지만, 이를 남편인 B의 특별수익으로 인정할 수 없다.

다. 제3쟁점 관련 청구인의 주장요지

세무조사 과정에서 확인된 망인의 청구인에 대한 합계 229,522,580원의 계좌이체는 인정하지만, 청구인은 망인의 지시로 지적 측량을 실시하면서 한국국토정보공사에 2016. 11. 16. 2,907,300원, 2017. 7. 6. 1,208,900원을 지급하는 등 합계 4,116,200원을 대납하였고, 그 후 이와 관련하여 망인으로부터 2017. 2. 24. 그 중 일부인 3,200,000원을 보전받은 것이므로, 위 3,200,000원은 청구인의 특별수익에 해당하지 않는다.

3. 제1심의 판단과 항고심 재판부의 판단

가. 제1심의 판단

1) 제1쟁점 관련

가) 망인이 B에게 2010. 11. 15.자 현금 274,000,000원을 증여한 것으로 판단하여 그 상당액을 특별수익으로 인정하면서,

나) 망인이 평창군 부동산을 B에게 명의신탁하였다는 취지의 B의 주장에 대해서 별도로 판단하지 않았고,

다) B 명의의 34,920,000원 증여세 대납 부분이 특별수익에 해당하는지 여부에 대하여 판단하지 않았으며,

라) 2017년 평창군 부동산의 매도대금 중 일부인 256,168,000원이 망인 명의 계좌에 송금된 점에 대해서도 판단하지 않았다.[1)]

1) ① 제1심판단은 '망인이 B 명의로 현금 274,000,000원에 관한 증여세 신고를 하고, 과세관청이 이를 그대로 수용하여 증여세 부과처분을 한 상황'을 토대로 한 것으로 보인다.
② 그런데 2011. 2. 28. B 명의로 부과된 증여세 34,920,000원이 납부되었지만, 그 당시 망인이 (자신의 계좌에서 바로 과세관청의 가상계좌로 이체하는 방식이 아니라) 자신의 계좌에서 일단 현금 35,000,000원을 인출한 다음, 그 현금 중 일부인 34,920,000원으로 위 증여세를 대납하는 방식을 취하였기 때문에,

2) 제2쟁점 관련

망인이 생전에 계좌이체를 통해 E에게 송금한 148,400,000원을 남편인 B의 특별수익으로 인정하였다.[2)]

3) 제3쟁점 관련

망인이 생전에 계좌이체를 통해 청구인에게 송금한 합계 229,522,580원을 모두 청구인의 특별수익으로 인정하였다.[3)]

나. 항고심 재판부의 판단

1) 제1쟁점 관련

가) 망인이 평창군 부동산을 B에게 명의신탁하였다는 B의 주장은 이유 없고,

상속세 관련 세무조사 과정에서 통상적으로 이루어지는 망인 및 관계인들에 대한 금융거래정보 확인조사만으로 망인의 증여세 대납이 확인될 수 없었고, 같은 이유로 과세관청이 이와 관련하여 B에 대하여 추가적인 증여세 부과처분을 할 수 없었던 것으로 보인다(즉, 망인의 증여세 대납사실은 B가 이 사건에서 제출한 주장 및 증거 등에 대한 조사가 추가되어야만 비로소 인정될 수 있는 내용이다).

③ 한편, 2017년 평창군 부동산의 매도대금 중 일부인 256,168,000원이 망인에게 반환된 사실관계의 경우, '상속재산분할사건(또는 유류분반환청구사건)의 특별수익 산정과 관련된 법리'와 '상속세 및 증여세법(이하, 상증세법)과 관련된 법리'가 분명하게 구별된다는 점을 유의하여 검토할 필요가 있다. 아래 제4의 나. 3)항에서 보는 바와 같이, 과세관청의 경우 설령 '망인이 2010년 평창군 부동산을 B에게 증여한 다음, 2017년 평창군 부동산의 매도대금 중 일부가 망인에게 반환되었다는 사실'이 확인된다고 하더라도, (특정물인 평창군 부동산 자체가 증여자인 망인에게 반환된 경우와 달리) 그 매도대금(금전) 중 일부가 2017년 망인에게 반환된 사정을 2010년 발생한 망인의 B에 대한 당초의 증여에 관한 과세대상 제외사유로 보지 않기 때문에, 위 매도대금 중 일부가 망인 계좌에 입금되었는지 여부는 과세관청의 관심사항이 아니다(즉, 과세관청은 2017년 발생한 위 사정과 2010년 발생한 B에 대한 증여세 부과처분 사이에 아무런 관련성이 없는 것으로 파악하고 있으므로, 이에 관하여 납세의무자가 이의를 제기할 실익이 없다는 취지이다).

2) ① 과세관청은 세무조사과정에서 망인이 E에게 148,400,000원을 계좌이체한 것을 확인한 다음, 그 수증자가 (B가 아닌) E임을 전제로 후속 처분을 하였다.

② 반면에, 제1심은 아래에서 보는 바와 같은 이유로 위 148,400,000원을 남편인 B의 특별수익으로 인정하였다(이에 관한 항고심 판단도 동일함).

③ 이 부분 역시 '상속재산분할사건(또는 유류분반환청구사건)의 특별수익 산정과 관련된 법리'와 '상증세법과 관련된 법리'가 구별되는 것과 관련된다는 점을 유의할 필요가 있다.

3) ① 과세관청은 세무조사과정에서 망인이 청구인에게 229,522,580원을 계좌이체한 것을 확인한 다음, 그 청구인이 위 금전을 모두 증여받았음을 전제로 후속 처분을 하였다.

② 제1심판단은 상증세법의 적용에 관한 과세관청의 입장을 토대로 한 것으로 보인다.

③ 그런데 아래 제4의 나. 3)항에서 보는 바와 같이 과세관청은 금전 증여에 관한 상증세법의 적용과 관련하여, (특정물 반환의 경우와 달리) 일단 금전 증여사실이 인정되는 경우, 해당 증여가 이루어진 경위나 전후사정 등은 원칙적으로 증여세 과세요건과 무관한 것으로 파악하고 있는데, 이러한 상증세법의 법리를 '상속재산분할사건(또는 유류분반환청구사건)의 특별수익 산정'에 대해서도 그대로 적용할 수 있는지를 검토할 필요가 있다(항고심은 양자를 구별하여야 한다는 입장을 토대로 제1심과 다른 판단을 하였다).

나) 망인이 B에게 (2010. 11. 15. 현금 274,000,000원을 증여한 것이 아니라) 2010. 11. 16.경 평창군 부동산을 증여한 것이며,

다) 그 과정에서 망인이 2011. 2. 28. 이에 관한 증여세 34,920,000원을 대납한 것과 관련하여, B가 같은 금액 상당을 특별수익한 것으로 볼 수 있고,

라) 그 후 2017년경 평창군 부동산이 I에게 매도되는 과정에서 그 대금 500,000,000원 중 일부인 256,168,000원을 망인에게 반환되었으므로, 결국 B는 2017년경 그 차액인 243,832,000원(= 500,000,000원 − 256,168,000원)을 특별수익한 것으로 봄이 타당하다.

2) 제2쟁점 관련(제1심판단과 동일)

망인이 생전에 계좌이체를 통해 E에게 송금한 148,400,000원을 남편인 B의 특별수익으로 인정하였다.

3) 제3쟁점 관련

가) 세무조사 과정에서 확인된 청구인의 사전증여재산에는 2017. 2. 24.자 현금 3,200,000원이 포함되어 있고, 청구인이 이에 대하여 별다른 이의를 제기하지 않은 점은 인정되지만,

나) 청구인은 망인을 대신하여 한국국토정보공사에 2016. 11. 16. 2,907,300원을 납부하였고, 망인이 2017. 2. 24. 청구인에게 지급한 3,200,000원은 위와 같은 대납과 관련된 것으로 판단되고(실질적인 증여라고 보기 어려움),

다) 망인이 청구인에게 지급한 3,200,000원 중 위 2,907,300원을 공제한 292,700원(= 3,200,000원 − 2,907,300원)의 경우, 같은 금액 상당의 증여의 효과가 실질적으로 발생한 것으로 볼 수는 있으나, 이 사건 제반 사정에 비추어 볼 때 이러한 생전 증여를 상속분의 선급에 해당하는 특별수익이라고 보기는 어렵다.

4. 검토

가. 조세사건과 상속재산분할사건에 대한 해석방법론의 공통점과 차이점 등[4)]

1) 전통적인 해석방법론의 적용 등

모든 법 영역에서 문리적/체계적/역사적/목적론적 해석과 같은 전통적인 해석방법론이

---

4) 세법과 관련된 부분은 김시철, "헌법상 조세법률주의와 세법의 해석방법론 – '의심스러운 경우 납세자의 이익으로'의 해석방법론을 중심으로 –", 사법(59), 사법발전재단(2022), 497–506; 박훈·채현석·허원·문희수, 「상속·증여세 실무해설」 삼일인포마인(2023), 53–54, 106–110, 203–207, 290, 841–851 중 중 관련 부분을 발췌·요약·정리한 다음, 거기에 필자의 설명과 의견을 덧붙인 것이다.

사용되지만, 구체적 사안에서 이루어지는 해석은 해당 영역을 규율하는 법률의 성격을 반영해야 하기 때문에, 영역별로 세부적 차이가 발생할 수 있고 우선순위나 강조점이 달라질 수도 있다.[5]

예컨대, 우리 헌법은 조세법률주의에 관한 근거규정을 두고 있는데(제38조와 제59조), 조세법률관계에 대한 현재 통설은 조세채무의 성립이라는 실체적 측면에서는 국가와 납세의무자가 채권자·채무자로서 대립하는 공법상 채권·채무관계에 해당한다는 채무관계설을 기본으로 하되, 절차적 측면에서는 권력복종관계의 특성을 가진다는 입장을 취하고 있고, 납세의무자는 세금을 최소화하기 위하여 조세법률주의의 테두리 안에서 자기에게 유리하게 행동하는 것이 자연스러운 행동양식인 반면에, 세무공무원은 세원최대확보(稅源最大確保)의 원칙에 따라 행동함과 동시에 유리한 업적 평가를 의식하여 업무의 효율성을 추구하는 경우가 일반적이다.[6] 이러한 조세법률관계의 특성, 납세의무자 및 세무공무원의 행동양식 등은 상증세법의 해석이나 사실관계 확인을 위한 세무조사 과정 등에 반영되고 있다.

반면에, 상속재산분할사건(또는 유류분반환청구사건)에서 특별수익을 산정하는 것은 공동상속인 중에 피상속인으로부터 재산의 증여 또는 유증을 받은 특별 수익자가 있는 경우에 공동상속인들 사이의 공평을 기하기 위하여 그 수증재산을 상속분의 선급으로 다루어 구체적인 상속분을 산정함에 있어 이를 참작하도록 하려는 데 그 취지가 있는 것이므로, 어떠한 생전 증여가 특별수익에 해당하는지는 피상속인의 생전의 자산, 수입, 생활수준, 가정상황 등을 참작하고 공동상속인들 사이의 형평을 고려하여 당해 생전 증여가 장차 상속인으로 될 자에게 돌아갈 상속재산 중의 그의 몫의 일부를 미리 주는 것이라고 볼 수 있는지에 의하여 결정하여야 한다(대법원 1998. 12. 8. 선고 97므513 판결 등 참조). 나아가 상속분의 산정에서 증여 또는 유증을 참작하게 되는 것은 원칙적으로 상속인이 유증 또는 증여를 받은 경우에만 발생하고, 그 상속인의 직계비속, 배우자, 직계존속이 유증 또는 증여를 받은 경우에는 그 상속인이 반환의무를 지지 않는다고 할 것이나, 증여 또는 유증의 경위, 증여나 유증된 물건의 가치, 성질, 수증자와 관계된 상속인이 실제 받은 이익 등을 고려하여 실질적으로 피상속인으로부터 상속인에게 직접 증여된 것과 다르지 않다고 인정되는 경우에는 상속인의 직계비속, 배우자, 직계존속 등에게 이루어진 증여나 유증도 상속인의 특별수익으로 고려할 수 있는데(대법원 2007. 8. 28.자 2006스3, 4 결정 참조), 이러한 판례의 입장 역시 특별수익을 산정하는 과정에서는 공동상속인들 사이의 형평성을 우선적으로 고려해야 한다는 취지로 볼 수 있다.[7][8]

---

5) 김시철(2022), 502－506 참조.
6) 김시철(2022), 498－501 참조.
7) 실무에서는 상속인의 배우자, 직계비속이 피상속인으로부터 증여를 받은 경우 이를 상속인의 특별수익으로 보아 구체적 상속분을 산정함에 참작하는 사례가 오히려 다수라고 할 수 있다[법원실무제요

2) 상증세법상 납세의무자의 신고의무와 관련 세무조사의 성격과 특별수익 산정과의 관계

가) 상증세법상 신고의무의 취지와 상속재산에 가산되는 증여의 기간 등

상속세 및 증여세의 경우 (신고납세방식이 아니라) 부과과세방식이지만, 그 납세의무자에게 과세관청에 협력하는 차원의 신고의무를 부과하면서(상증세법 제67조, 제68조 등), 신고를 하는 경우 '산출세액의 3%에 해당하는 신고세액 공제'를 하도록 규정하는 한편(상증세법 제69조), 납세의무자가 제대로 신고하지 않는 경우 무신고가산세(국세기본법 제47조의2), 또는 과소신고가산세(국세기본법 제47조의3) 등을 부과하도록 규정하고 있다. 따라서 일정한 규모 이상의 증여나 상속이 발생하는 경우, 납세의무자가 신고세액 공제의 혜택을 받음과 동시에 가산세의 불이익을 피하기 위하여 신고기한 내에 과세관청에 신고를 하고, 과세관청은 그 신고의 적정성 여부를 검토한 다음 이를 토대로 과세처분을 하는 방식으로 업무를 처리하는 것이 통상적인데(상증세법 제76조 내지 제79조), 그 과정에서 세무공무원은 업무의 효율성을 고려하게 된다.

한편, ① 상속인에 대한 증여는 상속개시일 전 10년까지 증여한 재산을, ② 상속인이 아닌 자에 대한 증여는 상속개시일 전 5년까지 증여한 재산을 각각 상속세 과세가액에 가산하기 때문에(상증세법 제13조 제1항), 납세의무자의 신고를 접수한 과세관청이 상속세 관련 세무조사를 하는 경우 통상적으로 상속개시일로부터 소급하여 10년(또는 5년) 이내에 이루어진 망인 및 관련자들 사이의 계좌이체내역 등 관련 금융거래정보를 전반적으로 확인한다고 볼 수 있다.

나) 특별수익 산정기간 등과 관련된 판례

유류분에 관한 제1114조는 "증여는 상속개시전의 1년간에 행한 것에 한하여 제1113조의 규정에 의하여 그 가액을 산정한다. 당사자 쌍방이 유류분권리자에 손해를 가할 것을 알고 증여를 한 때에는 1년전에 한 것도 같다."라고 규정하고 있지만, 유류분에 관한 민법 제1118조에 따라 준용되는 민법 제1008조는 '특별수익자의 상속분'에 관하여 "공동상속인 중에 피상속인으로부터 재산의 증여 또는 유증을 받은 자가 있는 경우에 그 수증재산이 자기의 상속분에 달하지 못한 때에는 그 부족한 부분의 한도에서 상속분이 있다."라고 정하고 있다. 공동상속인 중에 피상속인으로부터 재산의 생전 증여로 민법 제1008조의 특별수익을 받은

가사(Ⅱ), 사법연수원(2021), 1610 참조].

8) 유류분반환의 특별수익 인정과 관련하여 상속저산분할의 특별수익 인정에 관한 위 대법원 2006스3, 4 결정의 예외적 법리를 준용할 수 있는지에 관한 상세한 설명은 서울고등법원 2024. 3. 28. 선고 2023나2030285 판결 및 이에 대한 해설(Ⅱ. [3] 3. 유류분반환청구사건의 특별수익 산정과 대습상속의 법리 등에 관한 쟁점) 참조.

사람이 있으면 민법 제1114조가 적용되지 않으므로, 그 증여가 상속개시 1년 이전의 것인지 여부 또는 당사자 쌍방이 유류분권리자에 손해를 가할 것을 알고서 하였는지 여부와 관계없이 증여를 받은 재산이 유류분 산정을 위한 기초재산에 포함된다(대법원 1996. 2. 9. 선고 95다17885 판결, 대법원 2021. 8. 19. 선고 2017다230338 판결 등 참조).

다) 양자의 비교·검토

상속재산에 가산되는 생전 증여의 시점 등에 관한 양자의 적용 법리가 상이하므로,

상속재산분할사건(또는 유류분반환청구사건)의 특별수익의 산정과정에서는 세무조사에서 확인된 금융거래정보 중 일부(예컨대, '상속인이 아닌 사람에 대한 상속개시일로부터 소급하여 1년 이상의 시점부터 5년까지의 기간에 이루어진 계좌이체내역' 등)를 원칙적으로 반영할 수 없는 반면에,

그 세무조사의 확인대상에서 제외되는 '상속인에 대한 상속개시일로부터 소급하여 10년 이상의 기간에 이루어진 계좌이체내역' 등에 대한 확인이 필요한 경우 상속재산분할사건 등에서 추가로 조사를 해야 한다는 점 등을 유의해야 한다.

나. 제1쟁점 관련

1) B의 명의신탁 주장에 관하여

가) 관련 판례

부모가 생전에 자신이 일군 재산을 자식에게 물려준 때에는, 그 후에도 자식의 협조 내지 승낙하에 부모가 여전히 당해 재산에 대한 관리·처분권을 행사하는 경우가 흔히 있을 수 있는 모습이므로, 부모가 자식에게 재산의 명의를 이전하여 준 이후에도 그 재산에 대한 관리·처분권을 계속 행사하였다고 해서 곧바로 이를 증여가 아닌 명의신탁이라고 단정할 수는 없다. 원심이 적시한 사정들에 비추어 보건대 이 사건 부동산은 명의신탁된 것이라는 원고들의 주장을 배척하고 소외 1이 이를 피고들에게 증여한 것으로 본 원심의 판단은 수긍할 수 있고, 거기에 상고이유로 주장하는 바와 같은 법률행위의 해석에 관한 법리오해 및 채증법칙 위반 등의 위법은 없다(대법원 2010. 12. 23. 선고 2007다22859 판결 참조).

나) 항고심의 심리 및 판단

(1) B는 이 사건 심리과정에서 평창군 부동산의 취득 및 처분 등과 관련하여, ① 망인이 그 취득과정에서 B에게 2010. 11. 15.자 현금 274,000,000원을 증여하는 형식을 취하였고, 그 후 B 명의로 매매계약을 체결하고 소유권이전등기를 마치는 한편, 위 현금 증여에 관한 B의 증여세를 대납하는 등 그 취득에 관한 업무를 전담하였으며, ② 그 후 2017년 이루어진 매매계약, 매도대금 수령 등 처분업무도 망인이 주도하였고, 자신은 위 취득 및 처분 당시의 상

황을 제대로 알지도 못하였다는 취지로 주장하였는데, B의 위와 같은 주장은 이 사건에 제출된 여러 증거들에 의하여 상당 부분 뒷받침되는 상황이었다.

(2) 그럼에도 불구하고, 위 대법원 2007다22859 판결 등의 법리에 비추어 볼 때, B의 위 주장이 인정될 수 있다는 사정들만으로 평창군 부동산에 관하여 망인과 B 사이에 명의신탁계약이 체결되었다고 보기는 어렵다.

나아가 망인은 B에게 평창군 부동산의 대수대금 및 증여세 등을 지원함으로써 B가 평창군 부동산을 취득할 수 있게 하는 이익을 부여하였는바, 이는 망인이 B에게 평창군 부동산 자체를 증여한 것과 실질적으로 다르지 않다. 망인이 평창군 부동산의 취득에 필요한 모든 자금을 B에게 지원하였고, B가 그에 따라 평창군 부동산을 취득한 이상 B가 누리는 이익은 그 부동산 자체라고 보는 것이 자연스럽고 공동상속인들 사이의 형평에도 부합하기 때문이다.

(3) 결국 부동산 명의신탁에 일반적인 민사법리(위 대법원 2007다22859 판결 참조)와 공동상속인들 사이의 형평성을 우선적으로 고려해야 하는 특별수익에 관한 법리 등을 종합적으로 고려할 때, 이 부분에 관하여 B가 주장하는 사정들만으로 평창군 부동산에 관한 명의신탁을 인정할 수는 없다는 취지이다.

다) 과세관청의 증여세 부과처분에 관하여

(1) 과세관청은 '망인이 B 명의로 현금 274,000,000원에 관한 증여세 신고를 한 것을 그대로 수용하여 증여세 부과처분'을 하였고, 제1심도 이러한 과세관청의 입장을 토대로 판단한 것으로 보인다.

(2) 그런데 2011. 2. 28. B 명의로 부과된 증여세 34,920,000원이 납부되었지만, 그 당시 망인이 (자신의 계좌에서 바로 과세관청의 가상계좌로 이체하는 방식이 아니라) 자신의 계좌에서 일단 현금 35,000,000원을 인출한 다음, 같은 날 그 현금 중 일부 34,920,000원로 위 증여세를 대납하는 방식을 취하였기 때문에, 상속세 관련 세무조사 과정에서 통상적으로 이루어지는 망인 및 관계인들에 대한 금융거래정보 확인조사만으로 망인의 증여세 대납이 확인될 수 없었고, 같은 이유로 과세관청이 이와 관련하여 B에 대하여 추가적인 증여세 부과처분 등을 할 수 없었던 것으로 보인다.

반면에, B는 이 사건에서 위 나) (1)항과 같이 평창군 부동산은 망인이 자신에게 명의신탁한 것이라는 주장을 하는 과정에서, 자신은 증여세 납부에 관여하지 않았고 망인이 그 명의 계좌에서 현금을 인출한 즉시 증여세를 대납하였다는 사실 등을 적극적으로 주장하고 이를 뒷받침할 수 있는 증거들을 제출하였기 때문에, 항고심 재판부는 위 나)항과 같은 사실판단을 할 수 있었다.

(3) 즉, 망인의 증여세 대납사실은 이 사건에서 B가 제출한 주장 및 증거 등에 대한 조사가 추가되어야만 비로소 인정될 수 있는 내용으로서,[9] 여기에 세무공무원은 일반적으로 업무의 효율성을 고려하여 업무를 처리하고 있다는 점 등을 함께 고려하는 경우, 과세관청에서 2011년 당시 증여세 대납 부분에 관하여 추가적인 사실조사를 하지 않고 이 부분에 관한 증여세 부과처분을 하지 않았던 경위 등을 실무적으로 이해할 수 있는 상황이었다.[10][11]

2) B가 평창군 부동산을 생전 증여받은 경우, 특별수익의 가액 산정 문제

가) 유류분반환청구 관련 판례 및 상속재산분할사건에 대한 원용 여부(적극)

유류분반환청구에 관한 대법원 2023. 5. 18. 선고 2019다222867 판결은 "민법 문언의 해석과 유류분 제도의 입법 취지 등을 종합할 때 피상속인이 상속개시 전에 재산을 증여하여 그 재산이 유류분반환청구의 대상이 된 경우, 수증자가 증여받은 재산을 상속개시 전에 처분하였거나 증여재산이 수용되었다면 민법 제1113조 제1항에 따라 유류분을 산정함에 있어서 그 증여재산의 가액은 증여재산의 현실 가치인 처분 당시의 가액을 기준으로 상속개시까지 사이의 물가변동률을 반영하는 방법으로 산정하여야 한다."라고 판시하였다.

위 대법원 2019다222867 판결의 경우, 생전 증여재산이 망인의 사망 이전에 처분된 경우, 마치 망인이 그 처분시점에 수증자에게 현금을 증여한 것과 유사한 법적 상황이 발생한 것으로 봄이 타당하다는 취지로 해석할 수 있다. 그런데 '특별수익'의 가액산정과 관련된 쟁점은 '유류분반환청구사건'에서 유류분 산정의 기초재산을 설정하는 국면이나 '상속재산분할

---

9) 피상속인의 사망일부터 수십 년 전에 인출된 자금이 상속인을 위하여 사용되었는지가 실질적인 쟁점이 된 사례로는 서울고등법원 2024. 12. 26.자 2024브2141, 2142 결정(확정) 등을 예시할 수 있는데, 그 구체적인 사실관계 및 판단내용은 서울고등법원 2023. 8. 28.자 2023브2132, 2133 결정의 해설(Ⅱ. [6] 2. 장기간에 걸친 계좌이체에 관한 특별수익 및 기여분 산정과 상증세법 관련 법리 검토) 참조.

10) 세무조사 및 과세처분과 관련된 사실인정과 특별수익의 산정의 상관관계 등에 관하여는 아래 제4의 나. 4)항 참조.

11) ① 이 사건 상속재산분할사건이 확정된 이후 과세관청에서 이 사건 확정결정 및 B의 제출 주장 및 증거 등을 근거로 하여 2011년 당시 증여세 대납 부분에 관하여 추가적인 증여세 부과처분을 할 가능성을 배제하기는 어렵지만, 이 사건의 경우 증여세 대납이 발생한 2011년부터 상속세 및 증여세에 관한 일반적인 부과제척기간(10년)이 이미 경과하였기 때문에 특별한 사정을 고려한 부과제척기간의 구체적 요건(국세기본법 제26조의2 제4항 이하 참조)에 대한 추가적인 검토가 필요할 것이다.
② 이와는 달리 부과제척기간의 도과가 실질적으로 문제가 되지 않는 사안에서는, 유류분반환청구사건의 심리과정에서 위와 같은 상속세 및 증여세의 추가적인 부과처분의 문제가 사실상 쟁점이 되기도 하고, 과세관청에서 해당 본안사건의 심리과정을 실질적으로 모니터링하고 있다는 주장이 제기되기도 한다[서울고등법원 2023. 4. 6. 선고 2022나2041011 판결 및 대법원 2023. 7. 13.자 2023다231141 판결(심리불속행 상고기각) 참조].

사건'에서 간주상속재산을 설정하는 국면에서 공통적으로 검토해야 하는 것으로서, 양자 모두 공동상속인들 사이의 형평성을 우선적으로 고려해야 한다는 점 등을 고려한다면, 이 부분에 관하여 양자에 적용되는 법리를 달리 볼 수 없을 것이다. 따라서 위 대법원 2019다222867 판결의 법리는 '상속재산분할사건'인 이 사건에도 그대로 적용된다고 보아야 한다.

나) 항고심의 심리 및 판단

항고심 재판부가 이 사건에서 평창군 부동산의 2017년 처분대금 500,000,000원을 특별수익의 기준으로 본다고 판단한 것은 위 대법원 2019다222867 판결의 법리에 따른 것이다.

3) B가 처분 대금 중 일부를 망인에게 반환한 경우, 특별수익의 가액 산정 문제

가) 가사사건 관련 법리와 상증세법 관련 법리의 공통점과 차이점

(1) 일반론

우리 법질서의 전체적 체계에 비추어 보면, 상속이나 증여 등의 권리주체나 권리귀속에 관한 법적 문제의 해결은 민사법 관련규정의 해석에서 출발한다고 할 수 있다. 그러나 상증세법의 입법목적 등에 비추어 볼 때 상속·증여의 권리귀속에 관한 개념이 항상 민사법 관련규정에 의하여 결정되는 것은 아니고, 관련 세법에 명문의 특별규정이 있는 경우에는 이에 따르는 것이 당연하며, 나아가 위와 같이 명문규정이 존재하지 않더라도, 상증세법의 고유목적을 위하여 특별히 필요한 경우 법해석을 통하여 권리주체나 권리귀속에 관한 법률관계에 대하여 (민사법 규율과는 다른) 예외를 인정할 수 있을 것인데, 다만 법 해석은 법적 안정성을 해치지 아니하는 범위 내에서 구체적 타당성을 찾는 방향으로 이루어져야 한다(대법원 2009. 4. 23. 선고 2006다81035 판결 등 참조). 아래에서는 상증세법의 해석과 관련하여 위와 같은 예외를 인정함으로써 특별수익 산정의 경우와 다른 접근방식을 취하고 있는 사례들을 예시적으로 살펴본다.[12)13)]

---

12) 세법의 해석방법론에 관하여 박훈 등(2023), 53-54에는 다음과 같이 기재되어 있는데, 이 역시 같은 취지로 볼 수 있다.

『세법은 헌법을 정점으로 한 국법질서 속에 포함되어 있으면서 사경제상의 경제사상(事狀)을 규율대상으로 하므로, 사법 등 다른 법률에서 사용하는 개념이나 용어를 사용하는 경우가 많다. 이때에 세법 이외의 법률에서 차용한 개념이나 용어를 '차용개념'이라 한다. 이러한 차용개념을 어떻게 해석하여 적용할 것인가는 납세의무의 내용과 한계에 영향을 미치므로 과세요건의 명확성 여부와 관련하여 중요한 의미를 갖는 것이다.

차용개념 중 「민법 제1008조의3에 규정하는 재산」(상증세법 제12조 제3호) 등 그 개념이 원래 속해 있는 법 분야에서 고정성을 가지고 사용되어 오는 개념 그대로 세법에서도 해석되어야 함을 법이 이미 명백히 하고 있는 경우나, '"증여"란 그 행위 또는 거래의 명칭·형식·목적 등과 관계없이 직접 또는 간접적인 방법으로 타인에게 무상으로 유형·무형의 재산 또는 이익을 이전(移轉)(현저히 낮은 대가를 받고 이전하는 경우를 포함한다)하거나 타인의 재산가치를 증가시키는 것을 말한다(상증세법 제2조 제6호)'와 같이 용어가 동일하다고 하더라도 원래 그것이 속해 있는 법 분야에 있어서의 의미 내용과 다른 의미·내용으로 취급할 것을 실정법에 특별히 규정하고 있는 경우에는 그 해석이 문제되지 않는다.

차용개념의 해석과 관련하여 문제가 되는 경우는 특별규정을 두지 아니하고 차용한 개념의 해석이다. 사법상의 용어와 세법상의 용어를 달리 해석할 수 있다는 목적론적 해석은 납세자의 예측가능성을 떨어뜨릴 수는

(2) 개별 수증자 내지 상속인을 기준으로 하는 문제

(가) 민사법 일반이론

증여나 상속 등의 권리주체나 권리귀속에 관한 민사법 일반이론에 의하면, 해당 법률관계는 개별 수증자 내지 상속인을 기준으로 법률관계를 검토해야 한다.

(나) 상증세법의 해석·적용

상증세법은 위와 같은 민사법 일반이론을 그대로 수용하였다. 즉, 개별 증여재산을 과세대상으로 하는 증여세는 해당 재산을 수증한 개별 수증자에 대한 개별적인 부과처분을 통하여 부과되고(상증세법 제4조, 제4조의2 참조), 상속재산 전체를 과세표준으로 하는 이른바 '유산세방식'을 취하고 있는 상속세의 경우도 개별 상속인들에 대한 상속세 부과처분은 각자의 상속재산에 상응하여 개별적으로 부과되어야 하기 때문에(상증세법 제3조, 제3조의2, 대법원 1993. 5. 27. 선고 93누3387 판결, 대법원 1997. 3. 25. 선고 96누4749 판결, 대법원 2004. 2. 13. 선고 2002두9971 판결 등 참조), 상속세와 증여세 모두 개별 수증자 또는 상속인을 기준으로 부과되는 것으로 볼 수 있다.[14)]

있지만, 조세법률주의와 조화를 이루는 조세평등주의, 실질과세의 원칙의 관점에서 볼 때 구체적인 사안에 대해 전문성을 갖고 합리적인 법 해석을 이끄는데 기여할 것이다.』

13) 위와 같은 규율체계 및 법해석방법론의 문제가 세법의 영역에 국한하여 발생하는 것은 아니다.
예컨대, 형사법의 영역에서도 권리주체나 권리귀속에 관한 법적 문제의 해결은 민사법 관련규정의 해석에서 출발하는데, 다만 형사법의 입법목적 등에 비추어 볼 때 관련 권리귀속에 관한 개념이 항상 민사법 관련규정에 의하여 결정되는 것은 아니며, 관련 형사법에 명문의 특별규정이 있는 경우에는 이에 따르는 것이 당연하고, 나아가 위와 같이 명문규정이 존재하지 않더라도, 형사법의 고유목적을 위하여 특별히 필요한 경우 법해석을 통하여 권리주체나 권리귀속에 관한 법률관계에 대하여(민사법 규율과는 다른) 예외를 인정할 수 있을 것이지만, 법 해석은 법적 안정성을 해치지 아니하는 범위 내에서 구체적 타당성을 찾는 방향으로 이루어져야 한다는 점은 김시철, "절도 등의 범행 이전에 피해자가 사망한 경우의 법률관계 (대판 2013. 7. 11, 2013도5355 및 그 사안을 중심으로)", 법학평론 6권, 서울대학교 법학평론 편집위원회(2015), 165-169 참조.

14) ① 조세법률관계의 경우 권력복종관계의 특성을 가지는 국가(공권력행사기관)와 납세의무자(일반국민) 사이의 공법상 채권·채무관계로서, 공동상속인들(私人들) 사이의 형평성을 우선적으로 고려해야 하는 특별수익의 산정과는 다른 접근방식을 취하게 되므로, 증여세나 상속세 부과처분과 관련하여 아래 특별수익 산정방식과 유사한 예외를 쉽게 인정하기는 어려울 것이다.
② 이에 관하여는 ㉮ 구 소득세법의 위헌 여부에 관한 헌재 2002. 8. 29. 선고 2001헌바82 결정, 헌재 2005. 5. 26. 선고 2004헌가6 결정 등이 자산소득에 대하여 부부간 합산과세를 하던 구 소득세법 관련규정에 대하여 혼인한 부부를 사실혼 관계의 부부나 독신자에 비하여 차별 취급하는 것으로서 헌법상 정당화 되지 아니하므로 헌법 제36조 제1항에 위반된다는 이유로 위헌임을 선언하였고, ㉯ 구 종합부동산세법의 위헌 여부에 관한 헌재 2008. 11. 13. 선고 2006헌바112 등 결정에서 구 종합부동산세법 중 세대별 합산규정에 관하여 그로 인한 조세부담의 증가라는 불이익은 이를 통하여 달성하고자 하는 조세회피의 방지 등 공익에 비하여 훨씬 크고, 조세회피의 방지와 경제생활 단위별 과세의 실현 및 부동산 가격의 안정이라는 공익은 입법정책상의 법익인데 반해 혼인과 가족생활의 보호는 헌법적 가치라는 것을 고려할 때 법익균형성도 인정하기 어려렵기 때문에, 혼인한 자 또는 가족과 함께 세대를 구성한 자를 비례의 원칙에 반하여 개인별로 과세되는 독신자, 사실혼 관계의 부부, 세대원이 아닌 주택 등의 소유자 등에 비하여 불리하게 차별하여 취급하고 있으므로, 헌법 제36조 제1

㈐ 특별수익 산정에 관한 원칙과 예외

특별수익 산정의 경우, 민사법 일반이론에서 출발하면서도 법 해석을 통하여 이에 관한 예외를 인정하고 있다.

즉, 원칙적으로 개별 상속인(또는 개별 수증자)을 기준으로 특별수익을 산정하지만, 증여 또는 유증의 경위, 증여나 유증된 물건의 가치, 성질, 수증자와 관계된 상속인이 실제 받은 이익 등을 고려하여 실질적으로 피상속인으로부터 상속인에게 직접 증여된 것과 다르지 않다고 인정되는 경우에는 상속인의 직계비속, 배우자, 직계존속 등에게 이루어진 증여나 유증도 상속인의 특별수익으로 고려할 수 있다는 판례와 실무의 입장이다(위 대법원 2006스3, 4 결정 등 참조). 이는 특별수익을 산정하는 과정에서 공동상속인들 사이의 형평성을 우선적으로 고려해야 한다는 제도의 특성을 고려하여 위와 같은 예외를 인정한 것으로 볼 수 있다.[15]

이 사건 제1심과 항고심은 망인의 E에 대한 생전 증여를 상속인인 B의 특별수익으로 인정함으로써, 위 판례의 법리에 따라 특별수익 산정에 관한 예외를 인정하였다는 점은 앞서 본 바와 같다.

(3) 상증세법 제15조에 따른 상속재산추정의 적용 범위 등

㈎ 민사법 일반이론

증여나 상속 등의 권리주체나 권리귀속에 관한 민사법 일반이론에 의하면, 피상속인이 상속인에게 현실적으로 생전 증여를 한 사실이 증명되는 경우에 비로소 이러한 생전 증여를 상속재산에 가산할 수 있다고 보아야 한다.

㈏ 그 예외를 명문으로 인정한 상증세법 제15조에 관하여

(a) 법률규정내용

『상증세법 제15조(상속개시일 전 처분재산 등의 상속 추정 등) ① 피상속인이 재산을 처분하였거나 채무를 부담한 경우로서 다음 각 호의 어느 하나에 해당하는 경우에는 이를 상속받은 것으로 추정하여 제13조에 따른 상속세 과세가액에 산입한다.

1. 피상속인이 재산을 처분하여 받은 금액이나 피상속인의 재산에서 인출한 금액이 상속개시일 전 1년 이내에 재산 종류별로 계산하여 2억원 이상인 경우와 상속개시일 전 2년 이내에 재산 종류별로 계산하여 5억원 이상인 경우로서 대통령령으로 정하는 바에 따라 용도가 객관적으로 명백하지 아니한 경우

항에 위반된다는 취지로 판단하였다는 점 등 참조.

15) 이 쟁점에 관한 일본의 학설과 실무에 대한 비교법적 검토에 관한 상세한 설명은 서울고등법원 2024. 3. 28. 선고 2023나2030285 판결 및 이에 대한 해설(Ⅱ. [3] 3. 유류분반환청구사건의 특별수익 산정과 대습상속의 법리 등에 관한 쟁점) 참조.

2. 피상속인이 부담한 채무를 합친 금액이 상속개시일 전 1년 이내에 2억원 이상인 경우와 상속개시일 전 2년 이내에 5억원 이상인 경우로서 대통령령으로 정하는 바에 따라 용도가 객관적으로 명백하지 아니한 경우

② 피상속인이 국가, 지방자치단체 및 대통령령으로 정하는 금융회사등이 아닌 자에 대하여 부담한 채무로서 대통령령으로 정하는 바에 따라 상속인이 변제할 의무가 없는 것으로 추정되는 경우에는 이를 제13조에 따른 상속세 과세가액에 산입한다.

③ 제1항제1호에 규정된 재산을 처분하여 받거나 재산에서 인출한 금액 등의 계산과 재산 종류별 구분에 관한 사항은 대통령령으로 정한다.』

(b) 예외 인정에 관한 상증세법의 해석·적용[16)]

상증세법 제15조는 변칙상속 방지를 통한 공평과세를 구현하기 위하여 상속세 부과처분과 관련하여 민사법 일반이론에 관한 예외를 명문으로 규정한 것인데, 다만 용도가 객관적으로 명백하지 아니한 경우에도 이를 상속인이 상속받은 것으로 간주할 수는 없고 단지 상속세 과세가액에 산입할 수 있는 것으로 추정할 뿐이므로(제1항), 상속인이 상속세 부과처분에 대하여 불복할 경우에는 이에 대한 행정소송을 제기하여 반증을 들어 다툴 수 있고, 비록 용도가 명백하지 아니하더라도 구체적인 소송과정에서 법원의 판단으로 상속인이 상속하지 아니하였다고 인정되는 경우에는 추정적용을 배제시킬 수 있다.

그런데 상증세법 제15조는 피상속인이 상속인에 대하여 현실적인 증여를 한 사실이 증명되지 않는 사안에 한정적으로 적용되는 추정규정이다. 예컨대, 피상속인이 상속개시일 전 1년 이내에 그 명의의 계좌에서 3억 원을 인출한 사안에서도, 만일 피상속인이 특정 상속인에게 그 중 2억 원을 현실적으로 증여하였다는 사실이 적극적으로 증명되는 경우에는 민사법 일반이론이 적용될 뿐이고, 상증세법 제15조가 적용될 수는 없다는 취지이다.[17)]

---

16) 박훈 등(2023), 196－207 참조.

17) 상증세법 제15조는 그 적용영역에 한정적으로 적용되는 예외적 규정일 뿐이고, 상증세법 전반에 적용되는 규정도 아니다. 이에 관하여는 "상증세법 제15조 제1항에 의하여 일정한 재산을 상속받은 것으로 추정하는 것은 상속재산을 사전에 처분하거나 채무를 사전에 부담하여 현금 등 과세자료의 노출이 쉽지 않은 재산으로 상속함으로써 상속세를 회피하려는 의도를 방지하려는 데 그 목적이 있는 반면, 같은 법 제19조 제1항에 의하여 배우자가 실제 상속받은 금액을 상속세 과세가액에서 공제하는 것은 배우자간의 상속은 세대간 이전이 아니고 수평적 이전이라는 점을 감안하여 상속재산 중 배우자의 법정상속분까지 부분에 대하여는 과세를 유보한 후 잔존 배우자의 사망 시 과세하도록 하는 데 그 취지가 있는 점, 같은 법 제19조 제1항에서 배우자 상속공제액을 '실제 상속받은 금액'이라고 하여 '실제'를 명시한 것은 현실적으로 상속받았음이 확인되지 않은 것은 상속공제액으로 인정할 수 없다는 입법 취지를 반영한 것으로 보이는 점, 같은 법 제15조 제1항 소정의 재산은 상속세 회피 목적으로 이루어지는 증여를 방지하기 위하여 전체 상속인들이 이를 '상속받은 것으로 추정'할 뿐이고, 실제 그 재산에 대하여 상속이 이루어졌는지 여부 및 상속인들 중 누가 얼마를 상속하였는지가 분명하지 않고, 나아가 실제로는 배우자 아닌 다른 상속인에게 전부 증여된 경우도 있을 수 있는데 그러한 경우에도 배우자의 법정상속분에 상당하는 가액을 상속세 과세가액에서 공제한다면 같은 법 제

㈐ 특별수익 산정에 관하여 상증세법 제15조를 유추하거나 원용할 수 있는지(소극)

과세관청이 상증세법 제15조에 근거하여 상속인 A에 대한 상속세 부과처분을 한 이후에, 상속재산분할사건(또는 유류분반환청구사건)에서 A와 이해관계가 상반되는 당사자가 A의 특별수익 산정을 하는 과정에서 상증세법 제15조를 근거하여 A의 상속재산에 용도가 객관적으로 명백하지 않은 피상속인의 인출금 상당액이 가산되는 것으로 추정해야 한다는 취지의 주장을 하는 경우가 있다.

그러나 상증세법 제15조의 경우 그 적용영역에 한정적으로 적용되는 예외적 규정일 뿐이고, 이를 특별수익의 산정에 관하여 함부로 유추하거나 원용할 수 있는 것이 아니므로, 피상속인이 A에게 현실적인 증여를 하였다는 점이 증명되지 않은 이상, 위와 같은 주장을 받아들일 수는 없을 것이다.[18]

⑷ 상속세의 연대납세의무와 관련하여

㈎ 민사법 일반이론 및 국세기본법 제25조의2의 규정 등

망인이 사망한 경우, 과세관청은 그 상속재산 전체를 과세표준으로 하여 상속인들에게 상속세를 부과하는데, 공동상속인들 각자는 피상속인의 상속재산 총액을 과세가액으로 하여 산출한 상속세 총액 중 그가 상속으로 받았거나 받을 재산의 비율에 따른 상속세를 납부할 고유의 납세의무와 함께 다른 공동상속인들의 상속세에 관하여도 자신이 받았거나 받을 재산을 한도로 연대하여 납부할 의무가 있지만, 공동상속인들은 과세권자에 대한 관계에서 각

15조 제1항의 입법 취지가 몰각될 수 있는 점 등을 종합하여 볼 때, 같은 법 제15조 제1항에 의하여 '상속받은 재산으로 추정'되는 재산이 곧바로 같은 법 제19조 제1항에서 규정한 '배우자가 실제 상속받은 금액'에 포함된다거나 그러한 추정을 받는다고 볼 수는 없다."라고 판시한 대법원 2005. 11. 10. 선고 2005두3592 판결 참조. 위 대법원 판결과 관련된 논의로는 박훈, "2005년도 상속세 및 증여세법 판례회고", 조세법연구(12-1), 세경사(2006), 459-461 참조.

18) ① 대법원 2015. 3. 5.자 2013스195 결정은 "상속세 및 증여세법 제15조 제1항에 의하여 일정한 재산을 상속받은 것으로 추정하는 것은 상속재산을 사전에 처분하거나 채무를 사전에 부담하여 현금 등 과세자료의 노출이 쉽지 않은 재산으로 상속함으로써 상속세를 회피하려는 의도를 방지하려는데 그 목적이 있고, 실제 그 재산에 대하여 상속이 이루어졌는지 여부가 분명하지 않더라도 상속세 회피 목적으로 이루어지는 증여를 방지하기 위하여 전체 상속인들이 이를 '상속받은 것으로 추정'할 뿐이다. 같은 취지에서 원심이, 과세관청이 세무조사를 실시하여 사용처가 소명되지 않은 인출금 363,185,000원에 대하여 상속인들에게 증여된 것으로 의제하여 추가로 상속세를 부과하였다는 사정만으로 상대방들이 이를 증여받았다고 볼 수 없고, 이를 인정할 증거가 없다고 판단한 것은 정당하고, 거기에 상고이유로 주장하는 바와 같이 상속세 및 증여세법 제15조에 관한 법리오해의 위법이 없다."라고 판시하였다.

② 한편, 관련 조세쟁송사건에서 추정상속 재산을 상증세법 제15조에 따라 망인의 상속세 과세가액에 산입한 관할세무서장의 상속세 부과처분이 적법하다고 보았다는 사정만으로 (망인의 상속인에 대한 현실적인 증여사실이 증명되지 않은 사안에서) 위 금액 상당의 상속재산의 존재 사실이 인정된다거나 위 추정상속 재산이 유류분산정의 기초가 되는 재산에 포함되어야 한다고 볼 수는 없다고 판단한 사례로는 서울고등법원 2019. 7. 11. 선고 2014나59004 판결(확정) 참조.

자 고유의 납세의무와 함께 다른 공동상속인의 상속세에 대하여도 연대하여 납세의무를 부담하는 것이지, 공동상속인들 사이에서 다른 공동상속인 고유의 상속세에 대하여 종국적인 책임을 부담하는 것은 아니다. 따라서 공동상속의 경우 상속재산의 분할 전에 법정상속분에 따라 공동상속인 중 특정한 1인에게 귀속되는 부분이 그 특정인의 상속세 납부에 공여되었다고 하여 이를 공동상속인들 전체의 상속비용으로 보아 분할대상 상속재산에서 제외할 수는 없다.[19)]

그런데 위와 같이 망인의 상속재산 전체를 과세표준으로 하여 상속인들에게 이미 부과된 상속세에 관하여, 상속인들 중 1명(A)이 자신의 상속재산 범위 내에서 부담하는 상속세 연대납부의무(상증세법 제3조, 제3조의 2 제1항, 제3항 등 참조)에 근거하여 기존 부과처분 중 다른 상속인(B)에게 부과된 부분에 관한 세금을 실제로 대신 납부한 다음, A가 이 부분에 관한 구상금 청구권을 B에게 행사한다고 주장하는 사안이 발생할 수 있다.

이는 A, B에 대하여 이미 고지된 기존 상속세 부과처분을 전제로 하여 B가 부담해야 하는 세액을 A가 실제로 대신 납부한 것이므로, A는 국세기본법 제25조의2, 민법 제425조 제1항 등에 근거하여 이에 관한 구상금 청구권을 B에게 행사할 수 있고, A는 이러한 구상금 청구권을 자동채권으로 하는 상계항변을 할 수도 있을 것이다. 위와 같은 국세기본법 규정은 민사법 일반이론을 그대로 수용한 것이다.[20)]

---

19) 대법원 2013. 6. 24.자 2013스33, 34 결정은 현행 상증세법 제3조의2와 같은 취지의 구 상속세 및 증여세법 제3조에 관하여 "구 상속세 및 증여세법(2010. 1. 1. 법률 제9916호로 일부개정되기 전의 것) 제3조 제1항은 상속인은 각자가 받았거나 받을 재산의 비율에 따라 상속세를 납부할 의무가 있다고 정하고, 그 제4항은 제1항의 규정에 의한 상속세는 상속인 각자가 받았거나 받을 재산을 한도로 연대하여 납부할 의무를 진다고 정하고 있다. 위 법규정에 의하면, 공동상속인들 각자는 피상속인의 상속재산 총액을 과세가액으로 하여 산출한 상속세 총액 중 그가 상속으로 받았거나 받을 재산의 비율에 따른 상속세를 납부할 고유의 납세의무와 함께 다른 공동상속인들의 상속세에 관하여도 자신이 받았거나 받을 재산을 한도로 연대하여 납부할 의무가 있다(대법원 2001. 11. 27. 선고 98두9530 판결 등 참조). 그런데 공동상속인들은 과세권자에 대한 관계에서 각자 고유의 납세의무와 함께 다른 공동상속인의 상속세에 대하여도 연대하여 납세의무를 부담하는 것이지, 공동상속인들 사이에서 다른 공동상속인 고유의 상속세에 대하여 종국적인 책임을 부담하는 것은 아니다. 따라서 공동상속의 경우 상속재산의 분할 전에 법정상속분에 따라 공동상속인 중 특정한 1인에게 귀속되는 부분이 그 특정인의 상속세 납부에 공여되었다고 하여 이를 공동상속인들 전체의 상속비용으로 보아 분할대상 상속재산에서 제외하여서는 아니된다고 할 것이다."라고 판시하였다.

20) 위와 같이 피상속인이 사망한 이후에 상속인들에게 부과된 상속세의 경우 원칙적으로 상속이 개시된 시점 이후의 사정에 관한 것이기 때문에 이를 상속재산분할절차에서 고려하는 것은 적절하지 않고, 상속재산분할절차를 통하여 각자의 상속지분을 확정지은 후 별개의 절차에서 상속세에 관한 정산을 거치는 것이 타당하다고 볼 수 있다. 다만, ① 공동상속인이 상속세를 실제로 납부한 사안에서 상속재산분할방법을 (현물분할이 아니라) 정산금 지급방식으로 정한 사안에 관하여, 위 대법원 2013스195 결정은 "원심이 그 판시와 같은 이유로 상대방들이 청구인들에게 지급하여야 할 상속재산분할액을 산정한 다음, 상대방들이 부담한 상속세를 공제하고, 상대방들의 특별수익으로 인한 증여세를 공제하지 않은 것은 정당하고, 거기에 부대재항고이유로 주장하는 바와 같이 상속재산분할방법에 관한

(나) 상증세법 제3조의2와 관련된 문제

(a) 법률규정내용

『상증세법 제3조의2(상속세 납부의무) ① 상속인(특별연고자 중 영리법인은 제외한다) 또는 수유자(영리법인은 제외한다)는 상속재산(제13조에 따라 상속재산에 가산하는 증여재산 중 상속인이나 수유자가 받은 증여재산을 포함한다) 중 각자가 받았거나 받을 재산을 기준으로 대통령령으로 정하는 비율에 따라 계산한 금액을 상속세로 납부할 의무가 있다.

② 특별연고자 또는 수유자가 영리법인인 경우로서 그 영리법인의 주주 또는 출자자(이하 "주주등"이라 한다) 중 상속인과 그 직계비속이 있는 경우에는 대통령령으로 정하는 바에 따라 계산한 지분상당액을 그 상속인 및 직계비속이 납부할 의무가 있다.

③ 제1항에 따른 상속세는 상속인 또는 수유자 각자가 받았거나 받을 재산을 한도로 연대하여 납부할 의무를 진다.』

(b) 예외 인정에 관한 상증세법의 해석·적용[21]

상증세법 제3조의2와 관련하여, A가 자신의 상속재산 범위 내에서 B에게 부과된 상속세를 실제로 대신 납부한 경우, 이에 대해서는 증여세를 부과하지 않고, 이와는 달리 A가 위 한도를 초과하여 대신 납부한 상속세액에 대해서만 증여세가 부과하는 것이 과세관청의 확립된 실무관행이다. 이는 조세법률관계의 경우 권력복종관계의 특성을 가지는 국가(공권력행사기관)와 납세의무자(일반국민) 사이의 공법상 채권·채무관계라는 점을 고려한 것으로 볼 수 있다.

법리오해의 위법이 없다."라고 판시함으로서 상대방들의 부대재항고를 기각하였고, ② 서울고등법원 2024. 9. 4.자 2023브2128, 2214, 2218 결정(확정)은 쌍방 당사자가 상속재산분할방법을 위와 같은 정산방식으로 하는 점 등에 대하여 사실상 다툼이 없는 사안에서, "이 사건 제1심심판은 '상속세의 분담 자체에 대하여 뚜렷한 다툼이 없다고 보이는 점과 상대방이 지출한 액수가 큰 점 등을 고려하여 이 부분 금액을 청구인이 상대방에게 정산하는 것으로 정한다'라고 판단한 다음 이를 상대방이 청구인에게 지급하여야 하는 정산금에서 공제하였고, 이에 대해 청구인은 2023. 7. 14.자 준비서면을 통하여 '청구인은 기본적으로 제1심의 판단을 전반적으로 지지하는 입장이며, 상대방의 항고에 대응하여 청구인의 제1심 주장 중 원심이 받아들이지 않은 일부 세부적인 사항에 대해서만 이의가 있는 상황이다'라고 주장하는 등 항고심에서도 상대방이 위와 같이 납부한 상속세 상당 금액을 상대방이 청구인에게 지급하여야 하는 정산금에서 공제하는 것에 대하여 동의한 점 등 이 사건 제반 사정을 고려하여 이 사건에서는 위와 같이 상속세 및 가산세 상당 금액을 상대방이 청구인에게 지급하여야 하는 정산금에서 공제하기로 한다(대법원 2015. 3. 5.자 2013스195 결정 등 참조)."라고 판단하였는데, 위와 같은 사례들은 상속재산분할방법을 정산금 지급방식으로 하는 점, 그 중 일부 당사자가 실제로 납부한 상속세 상당액을 그 정산과정에 반영하는 점 등에 대하여 쌍방 당사자가 모두 동의하거나 최소한 별다른 이의가 없는 사안에서 위와 같은 상속재산분할방법을 선택하는 것이 허용된다는 의미로 볼 수 있다.

21) 박훈 등(2023), 106-110 참조.

(다) 유류분반환청구사건과의 비교·검토

반면에, 공동상속인들(私人들) 사이의 형평성을 우선적으로 고려해야 하는 유류분반환청구사건에서는 위와 같은 과세실무와는 달리 민사법의 일반이론을 그대로 수용하고 있다.

예컨대, (과세관청의 장래 판단에 따라서 그 성립 여부 등이 결정되는 후속처분과 관련된 것이 아니라) X, Y에 대하여 이미 고지된 기존 상속세 부과처분을 전제로 하여 Y가 부담해야 하는 세액을 X가 실제로 대신 납부한 다음, Y가 X를 상대로 유류분반환청구를 하는 민사소송사건에서, X는 이러한 구상금 청구권을 자동채권으로 하는 상계항변을 할 수 있을 것이다. 비록 과세관청은 위와 같은 사안에서 X의 상속세 대납행위를 증여세 부과대상으로 보지 않고 있지만, 유류분청구사건의 경우 공동상속인들 사이의 형평성을 우선적으로 고려해야 하므로 X의 상속세 대납에 따른 B에 대한 구상금 청구권을 인정하는 민사법 일반이론을 그대로 적용하고 있다. 이 역시 유류분반환청구사건을 심리하는 법원에서 위와 같은 상증세법에 관한 과세관청의 실무관행의 의미를 제대로 이해하는 것이 중요하다는 점을 알 수 있는 사례라고 할 수 있다.[22)]

(5) 모든 생전 증여가 특별수익에 해당하는지 여부(소극)

(가) 민사법 일반이론

민사법 일반이론에 의하면, 피상속인이 상속인에게 현실적으로 생전 증여를 한 사실이 증명되는 경우, 그 증여 등이 인정됨을 전제로 하여 관련 법적 문제를 검토해야 할 것이다.

(나) 상증세법의 해석·적용

상증세법은 위와 같은 민사법 일반이론을 전제로 하고 있지만, 상증세법 제2조 등에서 민법상 개념보다 확장된 개념 정의를 한 다음, 제3조, 제4조 등의 요건이 충족되는 경우 상속세 내지 증여세의 부과대상이 되는 것으로 규율하고 있고, 이에 관하여 과세관청은 원칙적으로 그 증여의 경위 등을 고려하지 않는다.

(다) 특별수익 산정에 관한 원칙과 예외

반면에, 상속재산분할사건(또는 유류분반환청구사건)에서 특별수익 산정을 산정하는 것은 공동상속인 중에 피상속인으로부터 재산의 증여 또는 유증을 받은 특별 수익자가 있는 경우에 공동상속인들 사이의 공평을 기하기 위하여 그 수증재산을 상속분의 선급으로 다루어 구체적인 상속분을 산정함에 있어 이를 참작하도록 하려는 데 그 취지가 있는 것이므로, 어떠

---

22) 예컨대, 상속세에 관한 구상금 청구권의 요건에 관하여는 서울고등법원 2023. 4. 20. 선고 2021나2044594 판결 및 이에 관한 해설(Ⅱ. [4] 1. 유언공정증서의 효력과 상속세에 관한 구상금 청구권의 요건 등에 관한 쟁점) 참조.

한 생전 증여가 특별수익에 해당하는지는 피상속인의 생전의 자산, 수입, 생활수준, 가정상황 등을 참작하고 공동상속인들 사이의 형평을 고려하여 당해 생전 증여가 장차 상속인으로 될 자에게 돌아갈 상속재산 중의 그의 몫의 일부를 미리 주는 것이라고 볼 수 있는지에 의하여 결정하여야 한다(위 대법원 97므513 판결 등 참조).

이 사건 제1심은 망인의 청구인에 대한 합계 229,522,580원의 생전 증여를 모두 특별수익으로 인정한 반면에(이는 과세관청의 과세대상이 된 생전 증여를 모두 특별수익으로 본 것이다), 항고심 재판부는 위 생전 증여 중 청구인에 대한 2017. 2. 24.자 3,200,000원의 생전 증여의 경우 그 경위 등에 비추어 볼 때 일부(= 2,907,300원 상당)는 실질적인 증여에 해당한다고 보기 어렵고, 실질적으로 증여의 효과가 발생한 부분(= 292,700원 상당)도 이를 상속분의 선급으로 보기는 어렵다고 판단하였다는 점은 앞서 본 바와 같다. 이러한 항고심의 판단은 위 판례의 법리 등에 따라 특별수익 산정에 관한 예외를 인정하는 것이 타당하다는 취지이다.

나) 증여재산의 반환(혹은 재증여)과 관련된 쟁점에 대하여

(1) 민사법 일반이론

증여자(피상속인)가 수증자(상속인)에게 현실적으로 생전 증여를 하였다가 수증자 등이 이를 반환한 사실(혹은 수증자 등이 이를 증여자 등에게 재증여한 사실)이 증명된 사안의 규율방법을 검토할 필요가 있다. 민사법 일반이론에 의하면, 당초의 증여에 따른 법률관계가 소급적으로 소멸하는지에 따라 법적 규율을 달리 하는 것이 원칙이라고 할 수 있다.

(2) 상증세법의 해석 · 적용[23]

상증세법은 위와 같은 민사법 일반이론을 전제로 하고 있지만, 아래와 같은 내용의 상증세법 제4조 제4항을 통하여 여러 가지 예외를 명문으로 인정하고 있다.

『상증세법 제4조(증여세 과세대상) ④ 수증자가 증여재산(금전은 제외한다)을 당사자 간의 합의에 따라 제68조에 따른 증여세 과세표준 신고기한까지 증여자에게 반환하는 경우(반환하기 전에 제76조에 따라 과세표준과 세액을 결정받은 경우는 제외한다)에는 처음부터 증여가 없었던 것으로 보며, 제68조에 따른 증여세 과세표준 신고기한이 지난 후 3개월 이내에 증여자에게 반환하거나 증여자에게 다시 증여하는 경우에는 그 반환하거나 다시 증여하는 것에 대해서는 증여세를 부과하지 아니한다.』

(가) 민사법 일반이론과의 차이점 등

일단 증여가 유효하게 이루어진 후에 어떠한 이유로 그 증여재산이 당초의 증여자에게 되돌려지는 경우가 있는데, 이렇게 되면 실질적으로 증여재산의 이전이 없는 것과 유사하게 되

23) 박훈 등(2023), 841–851 참조.

어 결과적으로 당초의 증여의 이익을 얻는 사람이 없게 된다. 이에 관한 민사법 일반이론에 의하면, 쌍방 당사자의 합의에 의해 해당 재산이 반환되는 합의해제와 일방 당사자의 해제권 행사로 인한 반환 등과 같이 당초의 증여의 효력이 소급적으로 소멸된다고 볼 수 있는 사안에서는 당초의 증여세 과세대상에서 반환된 재산이 제외될 수 있지만, 위와 같은 소급적 효력을 인정하기 어려운 사안(예컨대, 전형적인 재증여 사안)에서는 당초의 증여의 효력은 일단 인정될 것이다.

그런데 상증세법 제4조 제4항은 조세법률관계의 조기 확정 등을 위하여 민사법 일반이론의 예외에 관한 명문의 특별규정을 둔 것으로서, 해당 재산의 반환시기 또는 과세관청의 결정 여부 등에 따라 법적 취급을 달리 하도록 규정한 것이다. 조세쟁송의 실무에서 관련 문제가 쟁점이 되는 경우, 결국 구체적 사안에서 개별적 심리를 통하여 과세대상의 해당 여부를 결정하게 될 것이지만, 대체로 아래 ㈏항 내지 ㈒항의 사항을 고려하여 각각의 재산의 이전단계마다 상증세법상 예외를 인정할 수 있는지를 검토하게 된다.

㈏ 반환 원인(혹은 재증여 원인)에 관한 검토

상증세법이 민사법 일반이론에서 출발하기 때문에, 증여재산의 반환 원인(혹은 재증여 원인) 등에 따라서 상증세법상의 취급이 달라질 수 있다.

㈐ 반환(혹은 재증여)의 시기 등에 관한 검토

상증세법에서 납세의무자의 신고기한 전후 등을 기준으로 각각 다른 법적 취급을 하도록 규정한 것은 상증세법의 해석·적용과정에서 발생할 수 있는 불합리한 결과를 피할 수 있도록 명문으로 특별규정을 두고 있는 것으로 볼 수 있다.

헌재 1999. 5. 27. 선고 97헌바66 결정은 상증세법 제4조 제4항과 유사한 구 상속세법 규정에 관하여, '증여계약의 합의해제와 조세채권과의 관계에 관하여, 일단 증여세 납세의무가 성립한 후에는, 설사 당사자가 당초의 증여를 소급적으로 소멸시키는 내용의 합의해제를 하더라도 적어도 증여세와 관련하여서는 그 내용대로의 효력발생을 저지하고 장래에 향하여만 효력이 있는 것으로 함으로써 기왕의 증여의 조세법적 효력을 유지하는 것을 기본입장으로 하고서 다만, 증여세 신고기한 내에 합의해제로 인한 재산의 반환이 이루어진 경우에만 예외적으로 합의해제의 소급적 효력을 조세법적으로도 허용하는 구 상속세법 관련 규정이 헌법에 위반되지 않는다.'라고 판단하면서, '증여 합의해제의 소급효를 전혀 제한하지 않을 경우, 부과처분 이후, 심지어 행정소송에서 패소한 후에도 얼마든지 당사자 간의 담합에 의한 합의해제로 부과처분을 무력화시킬 수 있게 된다.'라고 판시하고 있다.

(a) 신고기한 이내

신고기한 이내에 이루어진 당사자의 합의에 의한 반환에 대해서는 처음부터 증여가 없었던 것으로 보기 때문에, 당초의 증여 및 반환 모두가 증여재산에 포함되지 않는다.

한편, 이 경우 증여계약 해제 및 증여등기 말소를 구하는 소송을 증여세 신고기한 이내에 제기하였다면 증여세 신고기한을 경과하여 법원의 확정판결에 따라 증여자에게 환원된 경우에도 증여세 신고기한 이내에 반환된 것으로 본다(다만, 소송과 관련된 법리는 반환의 경우만이 해당되고 재증여는 이에 해당하지 않는다).

(b) 신고기한이 지난 후 3개월 이내

신고기한이 지난 후 3개월 이내에 반환하거나 재증여하는 경우, 당초의 증여에 대해서는 증여세를 부과하지만, 반환 및 재증여 자체를 증여로 보지는 않는다.

(c) 신고기한이 지난 후 3개월 경과

신고기한이 지난 후 3개월이 경과하여 반환하거나 재증여하는 경우, 당초의 증여뿐만 아니라 반환 및 재증여에 대해서도 증여세를 부과한다.

㈑ 반환(혹은 재증여)과 과세관청의 결정시기의 선후에 관한 검토

(a) 과세관청의 결정 이전

과세관청의 결정 이전인 동시에 신고기한 이내에 반환된 사안에서는 당초의 증여에 대해서는 증여세가 부과되지 않는다(신고기한이 경과한 이후인 경우에는 당초의 증여에 대한 과세관청의 증여세 결정시기가 문제되지 않는다).

(b) 과세관청의 결정 이후

신고기한 이내의 반환이더라도 과세관청에서 증여세 과세표준과 세액을 결정한 후에 반환하는 경우에는 당초의 증여에 대하여 증여세가 부과된다(신고기한이 경과한 이후인 경우에는 당초의 증여에 대한 과세관청의 증여세 결정시기가 문제되지 않는다).

㈒ 증여재산이 금전인지 여부에 관한 검토

금전은 (다른 재산과 달리) 그 목적물을 특정하여 포착하기 어려울 뿐만 아니라 그 반환 등의 진실성을 담보하기 어렵다는 점 등을 고려하여 상속세나 증여세의 부과처분과 관련하여 다른 재산과 다른 취급을 하고 있다.

(a) 위 ㈏항 내지 ㈑항 기재와 같이 당초의 증여에 관하여 반환재산을 처음부터 과세대상에서 제외하는 규정의 경우 증여재산이 금전인 사안에는 적용되지 않는다. 즉, 증여재산이 금전인 경우 그 반환 시기 등과 관계없이 당초의 증여된 재산과 나중에 반환된 재산 모두 증

여세 과세대상이 된다는 취지이다.

이에 관하여 헌재 2015. 12. 23. 선고 2013헌바117 결정은 현행 상증세법 제4조 제4항과 유사한 구 상증세법 규정에 대한 합헌판단을 하였는데, 그 결정요지는 다음과 같다.

『가. '금전'의 경우 일반적인 재화의 교환수단으로서 그 목적물이 특정되지 아니하므로 현실적으로 '당초 증여받은 금전'과 '반환하는 금전'의 동일성을 확인할 방법이 없어, 금전을 비과세대상에 포함시킬 경우 증여세 회피 우려가 높기 때문에 심판대상조항은 증여세 회피 기도를 차단하고 과세행정의 능률을 제고하기 위한 것으로서 그 입법목적의 정당성이 인정되며, 증여의 합의해제에 따른 증여세 비과세대상에서 금전을 일률적으로 제외하는 것은 위와 같은 입법목적 달성에 기여하므로 수단의 적절성도 인정된다.

금전은 증여와 반환이 용이하므로 증여와 합의해제를 신고기한 이내에 반복하는 방법으로 증여세를 회피하는 데 악용될 우려가 크기 때문에 반환시기와는 상관없이 비과세대상에서 제외하는 것 이외에 덜 침해적인 대안이 존재한다고 보기 어렵다. 증여계약의 합의해제는 당사자의 합의에 의하여 기존 계약의 효력을 소멸시켜 당초부터 계약이 체결되지 않았던 것과 같은 상태로 복귀시킬 것을 내용으로 하는 새로운 계약으로서 수증재산의 반환에 관한 합의의 한 유형이라고 볼 수 있는 점, 수증자가 새로운 계약을 체결하고 증여받은 금전을 당초의 증여자에게 이전하는 행위는 그 경제적 실질에 비추어 볼 때 증여받은 재산의 처분행위로 보아야 하는 점, 특히 금전증여의 경우에는 증여와 동시에 본래 수증자가 보유하고 있던 자산에 혼입되어 수증자의 자산에서 증여받은 금전만을 분리하여 특정할 수 없게 되므로 설령 사후에 증여자가 수증자로부터 같은 액수의 금전을 돌려받더라도 그 동일성을 인정할 수 없어 증여받은 금전 자체의 반환이라고 하기 어려운 점 등에 비추어 보면, 합의해제에 의하여 같은 액수의 금전 반환이 이루어졌다 하더라도 법률적인 측면은 물론 경제적인 측면에서도 수증자의 재산이 실질적으로 증가되었다고 볼 수밖에 없다.

나아가 금전증여의 경우 합의해제가 행해지는 통상의 동기가 조세회피 내지 편법적 절세에 있는 이상, 보호하여야 할 사적 자치의 이익이 크다고 할 수 없어 법익의 균형성도 충족되므로 심판대상조항은 과잉금지원칙에 위배되어 수증자의 계약의 자유 및 재산권을 침해한다고 할 수 없다.

나. 금전은 소유와 점유가 분리되지 않아 그 반환여부나 반환시기를 객관적으로 확인하기 어렵다는 특수성이 있고, 금전의 증여와 반환이 용이하다는 점을 이용하여 다양한 형태의 증여세 회피행위가 이루어질 수 있으므로, 금전증여의 경우 다른 재산의 증여와 달리 신고기한 이내에 합의해제를 하더라도 증여세를 부과하는 것에는 합리적인 이유가 있다.

심판대상조항이 증여세와 관련하여 합의해제의 소급효를 제한하는 것에는 앞에서 본 바와 같이 합리적 이유가 있고, 금전증여를 받은 후 신고기한 이내에 반환한 자와 신고기한 이후에 반환한 자를 본질적으로 다른 비교집단이라고 보기 어려우므로, 양자를 동일하게 취급한다고 하여 합리성을 결하였다고 할 수 없다.』

같은 맥락에서, 해당 금전이 증여세의 신고기한 이내에 증여자에게 반환되었더라도 위와 같은 상증세법의 특별규정에 따라 여전히 증여세의 부과대상이 되고, 해당 금전을 계좌에 입금하거나 이체하는 것은 금전을 수수하는 방법에 불과한 것이므로, 증여세 과세대상의 해당 여부와 관련하여 위와 같은 계좌이체를 반환 여부를 증명하는 근거로 볼 수 없다(대법원 2016. 2. 18. 선고 2013두7384 판결 참조).

이와 같이 상증세법의 해석·적용과 관련하여 금전은 그 점유이전 시점에 증여가 확정된 것으로 보고, 그 반환 시기나 과세관청의 결정 여부 등과 관계없이 당초의 증여된 재산과 나중에 반환된 재산 모두 증여세 과세대상이 되는 것이다.

그리고 명의신탁에 따라 증여의제가 되는 재산을 처분하여 금전으로 반환하는 경우에도 증여재산의 반환으로 보지 않고 이에 대해 증여세를 부과한다. 주식에 관한 명의수탁자가 명의신탁재산의 처분 대가 또는 가액 상당의 금전을 명의신탁자에게 반환하는 것을 증여받은 재산의 반환으로 보아 증여세를 부과할 수 없다고 해석하는 경우, 명의신탁행위를 증여로 의제하여 과세함으로써 조세회피목적의 명의신탁을 억제하고자 하는 법의 취지가 몰각되기 때문이다(대법원 2007. 2. 8. 선고 2005두10200 판결 등 참조).

(b) 반면에, 금전 이외의 재산의 경우, 위 ㈏항 내지 ㈑항의 기재내용과 같이 그 반환 시기나 과세관청의 결정 여부에 따라 과세대상의 해당 여부가 달라진다.

금전 이외의 재산에 관한 명의신탁의 경우, 상증세법 제4조 제4항에서 증여로 의제되는 명의신탁에 대하여 위 규정의 적용을 배제하는 규정을 따로 두고 있지 않고, 증여세 과세표준 신고기한 내에 당사자들 합의에 의하여 증여재산을 반환하는 경우나 명의신탁받은 재산을 반환하는 경우 모두 그 재산을 수증자 또는 명의수탁자가 더 이상 보유하지 않게 된다는 면에서 실질적으로 다르지 아니한 점 등에 비추어 볼 때, 당해 규정은 증여로 의제된 명의신탁재산에 대하여 명의신탁을 해지하고 반환하는 경우에도 적용된다고 보아야 하고, 이는 명의수탁자가 명의신탁받은 재산을 명의신탁자 명의로 재산을 반환하는 경우뿐 아니라 명의신탁자의 지시에 따라 제3자 명의로 반환하는 경우도 마찬가지라고 보아야 하므로, 이는 증여세 과세대상에서 제외된다(대법원 2011. 9. 29. 선고 2011두8765 판결 참조).

(3) 특별수익의 산정과 관련하여 당초의 증여재산이 반환한 경우에 관한 법리

(가) 관련 판결 사례

수증자가 증여받은 재산을 피상속인의 생전에 반환한 경우 수증자의 특별수익 산정과 관련하여 명시적으로 판단한 대법원 판결은 없다.

다만, 서울고등법원 2022. 10. 27. 선고 2022나2006049 판결(확정)은 이에 관하여, '피상속인의 제1순위 상속인 지위에 있는 피상속인의 자녀가 피상속인으로부터 생전에 증여받았던 재산이 피상속인에게 그대로 반환된 다음에 개시된 피상속인의 상속과 관련하여 해당 재산의 가액을 위 자녀(혹은 그 대습상속인)의 특별수익에 포함시키는 경우, 공동상속인들 중 피상속인으로부터 재산의 증여 또는 유증을 받은 특별수익자가 있는 경우 공동상속인들 사이의 공평을 기하기 위해 그 수증재산을 상속분의 선급으로 다루고자 하는 유류분 제도의 취지에 부합하지 않는 점 등을 종합하여 보면, 제1순위 상속인(자녀)이 피상속인으로부터 생전에 증여받았다가 사망한 다음 그 대습상속인의 지위에 있던 사람들(망인의 며느리 및 손자들)이 망인에게 그대로 반환한 재산을 피상속인의 특별수익에 포함시킬 수는 없다'는 취지로 판단하였다.[24)]

(나) 특별수익의 산정과 관련하여 금전과 다른 재산의 반환을 차별할 수 있는지(소극)

위 (2)항에서 본 바와 같이 현행 상증세법 제4조 제4항은 증여재산의 반환에 관한 과세대상의 결정과 관련하여 금전과 다른 재산을 달리 취급하고 있는데, 특별수익의 산정과 관련하여 이와 같은 차별적 취급을 할 수 있는지가 논란이 될 수 있다.

그런데 상증세법의 경우 금전 반환에 관하여 민법상 일반이론에 관한 예외 인정을 위하여 명문의 특별규정을 두고 있는 반면에, 특별수익의 산정에 관하여는 이러한 차별적 취급에 관한 특별규정이 없는 점, 조세법률관계의 경우 권력복종관계의 특성을 가지는 국가와 납세의무자 사이의 공법상 채권·채무관계이므로, 헌법상 조세법률주의에 근거하여 납세의무자에게 부당한 공권력행사가 발생하지 않도록 하는 것이 중요한 반면에, 상속재산분할사건의 공동상속인 사이의 형평성이 우선적으로 고려해야 하는데, 당초의 금전 증여와 관련하여 (수증자 등이 해당 금전을 증여자에게 반환하는 '형식'만 갖춘 것이 아니라) 수증자 등이 '실질적으로' 금전을 증여자에게 반환하였다는 점이 증명되는 경우 이러한 반환사정을 고려하는 것이 공동상속인들 사이의 형평성에 부합하는 점 등에 비추어 볼 때, 특별수익의 산정과 관련

---

24) 이에 관한 상세한 내용은 서울고등법원 2022. 10. 27. 선고 2022나2006049 판결 및 이에 관한 해설(Ⅱ. [2] 1. 유류분반환청구사건 중 생전 증여 관련 쟁점들) 참조. 위 고등법원 판결에 인용된 유류분반환청구에 관한 일본의 통설[片岡 武·管野 眞一,「第4版 家庭裁判所における遺産分割 · 遺留分の実務」, 日本加除出版株式會社(2022), 240 등 참조]도 같은 입장을 취하고 있다.

하여 금전 반환의 경우를 다른 재산의 반환과 달리 취급하는 것이 타당하다고 볼 수는 없을 것이다.

다) 항고심의 심리 및 판단

항고심 재판부는 위 가)나)항과 같은 검토를 거쳐서, 2017년경 B 명의의 평창군 부동산이 I에게 매도되는 과정에서 그 대금 500,000,000원 중 일부인 256,168,000원을 망인에게 반환되었으므로, 결국 B는 2017년경 그 차액인 243,832,000원(= 500,000,000원 - 256,168,000원)을 특별수익한 것으로 봄이 타당하다고 판단하였다.

4) 세무조사 및 과세처분과 관련된 사실인정과 특별수익 산정의 상관관계 등

가) 문제의 제기

통상적인 상속재산분할사건(또는 유류분반환청구사건)을 상정하여 관련 절차의 진행과정을 살펴보면, 대체로 ① 관련 세무조사가 이루어지고, ② 이를 토대로 과세처분이 이루어진 다음, ③ 그 이후에 상속재산분할사건 등의 본격적인 심리가 이루어지는 경우가 많다(물론 그렇지 않은 사례도 있다).

그렇기 때문에, 실무적으로 담당 법원이 상속재산분할사건 등을 심리하는 과정에서 이미 완료된 세무조사에서 확인된 사실관계 또는 상속세 및 증여세의 부과처분의 전제가 되는 사실인정 등을 어떻게 평가하거나 반영할 것인지 등이 논란이 될 수 있다.

그런데 과세관청은 상증세법의 규율범위 내에서만 사실관계를 조사하고, 앞서 본 바와 같이 상증세법을 적용하는 과세관청의 입장과 특별수익 산정을 담당하는 법원의 입장이 일치하지 않기 때문에, 과세관청의 관심사항이 아닌 부분(예컨대, 피상속인의 사망시점으로부터 소급하여 10년을 초과하는 시점에 이루어진 생전 증여의 문제, 당초의 금전 증여와 관련하여 수증자 등이 '실질적으로' 금전을 증여자에게 반환하였는지의 문제 등)에 관하여는 당연히 담당 법원에서 기존 세무조사 결과 등과 무관하게 사실관계를 조사하여야 한다.

다른 측면에서, (과세관청의 세무조사 내지 부과처분 단계에서는 전혀 현출되지 않았다가) 상속재산분할사건 등의 심리과정에서 새로운 증거들이 현출되는 사안에서는 법원이 이를 토대로 특별수익을 산정해야 할 것인데, 이러한 사례에서는 법원의 재판결과 등이 과세관청에서 추가적인 과세처분에 영향을 미치는 상황이 발생할 수 있다. 예컨대, 이 사건과 같이 B 명의로 부과된 증여세를 망인이 대납한 부분에 관한 B 명의의 특별수익을 인정하는 결정이 확정된 경우, 이러한 재판결과가 사후적으로 과세관청의 추가적인 과세처분 결정 여부에 직접 영향을 미칠 수도 있다는 취지이다.

나) 항고심 재판부의 업무처리 예시

(1) 일반론

실무적으로 세무조사에서 확인된 사실관계 등의 반영 여부가 쟁점이 되는 경우, 담당 법원은 구체적 사안에서 개별적 심리를 거쳐서 사실인정을 하게 되는데, 항고심 재판부에서는 법적 안정성을 해치지 아니하는 범위 내에서 구체적 타당성을 지향하는 것이 타당하다는 점 등을 고려하여 대체로 아래와 같은 방식으로 업무를 처리하고 있다.

(2) 관련 판례

민사재판에서는 형사재판의 사실인정에 구속받지 않는다고 할지라도 동일한 사실관계에 관하여 확정된 형사판결이 유죄로 인정한 사실은 유력한 증거자료가 된다 할 것이므로 민사재판에서 제출된 다른 증거들에 비추어 형사판결의 사실판단을 채용하기 어렵다고 인정되는 특별한 사정이 없는 한 이와 반대되는 사실을 인정할 수는 없다(대법원 1990. 2. 27. 선고 88다카23391, 23407 판결, 대법원 1990. 8. 14. 선고 89다카6812 판결, 대법원 1994. 1. 28. 선고 93다29051 판결 등 참조).

확정된 민사판결에서 인정된 사실은 특별한 사정이 없는 한 유력한 증거자료가 되는 것은 당연하지만 이 사건에서처럼 민사판결이 확정된 후 그 민사재판에서의 증언 등이 문제가 되어 뒤늦게 피고 부부가 형사소추된 결과 그 형사판결에서 위 민사판결의 인정사실과는 다른 사실이 인정되기에 이르렀다면 앞서의 민사판결만에 의하여 사실을 확정할 수 없다(대법원 1991. 8. 27. 선고 91다14765 판결 등 참조).

(3) 구체적인 검토

㈎ 세무조사에서 확인된 사실관계 또는 확정된 과세처분의 전제가 되는 사실인정 등이 위 (2)항 기재 판례에 언급된 '대립당사자 사이의 공방을 전제로 한 소송절차를 거쳐서 확정된 관련 판결에서 인정된 사실'과 동일하다고 보기는 어렵지만(세무공무원은 유리한 업적 평가를 의식하여 업무의 효율성을 추구한다는 점 등은 앞서 본 바와 같음), 법적 안정성 등의 관점에서 보면 부분적으로 유사한 측면이 있다고 볼 수 있다.

따라서 세무조사 등에서 확인된 사실관계와 관련하여, 특별한 사정(예컨대, 당사자가 실질적 증거가치가 있는 증거를 재판절차에서 새로 제출한 사정, 담당 법원의 입장에서 과세관청의 사실인정을 도저히 받아들이기 어려운 사정 등)이 없는 이상, 일단 위와 같은 사실관계에서 출발하여 특별수익을 산정하는 것이 법적 안정성의 측면에서 바람직하다.

이 사건의 심리과정에서도 항고심 재판부는 기본적으로 서울지방국세청의 세무조사에서 확인된 계좌이체 내역 등을 토대로 하여 특별수익을 산정하였다.

(나) 다만, 항고심 재판부에서는 구체적인 사실과 관련된 부분에 한정하여 위 (가)항과 같은 접근방식을 취하는 것이 바람직하다는 입장을 가지고 있을 뿐이고, ① 이러한 사실관계를 토대로 하여 규범적인 평가를 해야 하는 경우나 ② 과세관청의 관심사항이 아닌 부분을 추가적으로 검토해야 하는 경우 등에서 과세관청의 결론을 그대로 수용하고 있는 것은 아니다.

이 사건과 관련된 ① 사례로는 제1심과 항고심에서 망인의 E에 대한 계좌이체 내역을 토대로 하되, 이를 E이 아닌 B의 특별수익으로 인정한 것을 예시할 수 있고, ② 사례로는 2017년경 B 명의의 평창군 부동산의 매도대금 500,000,000원 중 일부인 256,168,000원을 망인에게 반환된 점을 추가적으로 고려하여 특별수익을 산정한 것을 예시할 수 있을 것이다.

(다) 한편, 법원의 입장에서 과세관청의 사실인정을 수용하기 어려운 사정이 있는 사안에서는 당연히 독자적인 추가심리를 해야 하고, 이러한 과정을 거쳐서 결과적으로 과세관청과 다른 사실인정을 하는 경우가 발생할 수 있다.

이 사건과 관련하여 항고심 재판부가 망인의 B에 대한 2010. 11. 15.자 현금 274,000,000원 증여사실(증여세 부과처분의 전제사실)을 인정하지 않고, 망인이 2010. 11. 16.경 평창군 부동산을 증여한 것으로 사실인정을 한 것도 같은 맥락으로 볼 수 있다(다만, 항고심 재판부에서 망인의 B에 대한 2010. 11. 15.자 현금 274,000,000원의 증여사실을 부정한 것은 아니고, 위 사실관계와 함께 망인이 평창군 부동산에 관한 매수계약과 매도계약을 모두 주도한 점, 망인이 B에게 부과된 증여세를 대납한 점 등 제반 사정을 종합적으로 고려하여 망인이 평창군 부동산 자체를 B에게 증여한 것으로 사실판단을 한 것이기 때문에,[25] 엄밀하게 보는 경우 이 부분과 관련해서는 법원이 과세관청과 다른 사실인정을 한 것이라기보다는 규범적인 사실판단을 한 것으로 볼 수도 있을 것이다).[26]

---

25) 이러한 사실인정의 문제는 결국 해당 사건의 구체적 사실관계에 의하여 좌우되는 것인데, 피상속인이 공동상속인에게 주식 자체를 증여한 것으로 볼 것인지 아니면 주식대금을 증여한 것으로 볼 것인지가 쟁점이 되었던 사례로는 서울고등법원 2022. 10. 27. 선고 2022나2006049 판결 및 그 해설(Ⅱ. [2] 1. 유류분반환청구사건 중 생전 증여 관련 쟁점들), 서울고등법원 2023. 10. 19. 선고 2022나2040001 판결 및 그 해설(Ⅱ. [5] 1. 유류분반환청구사건에 관한 국제사법, 민법 및 조세법에 관한 비교법적 쟁점 등) 등 참조.

26) ① 이 부분에 관한 좀 더 전형적인 사례로는 서울고등법원 2023. 6. 29. 선고 2023나2011598 판결(확정)에서 이루어진 사실판단을 예시할 수 있다.

위 사건에서 망인으로부터 2012. 6. 22. 약 5억 원 상당의 부동산을 증여받은 피고는 증여 당시 망인의 K에 대한 임대차보증금반환채무 135,000,000원을 인수했으므로, 동액 상당을 위 부동산의 가액에서 공제해야 한다고 주장하였는데, 위 증여 당시 피고가 망인의 K에 대한 위 채무를 인수하였다는 취지의 내용이 기재된 증여계약서가 작성되었고, 같은 취지의 피고의 증여세 신고를 토대로 과세관청의 증여세 부과처분이 이루어진 상태였다.

그런데 항고심 재판부는 추가적인 증거조사를 한 다음, ㉮ K는 망인의 사위이자 피고의 배우자로서, 망인이 K에 대하여 위 채무를 실질적으로 부담하고 있었다고 인정하기 어려운 점, ㉯ 피고가 주

다) 소결론

상속재산분할사건 등에 관한 법원의 본격적인 심리는 관련 세무조사 및 이를 토대로 한 과세처분 이후에 이루어지는 경우가 많은데, 실무적으로 과세관청이 확인한 사실관계나 관련 자료들이 법원 심리에 영향을 미치는 경우가 적지 않다. 따라서 법원의 입장에서는 상증세법 관련 업무에 적용되는 법리와 특별수익 산정과정에 적용되는 법리가 동일하지 않다는 점을 충분히 인식한 상태에서 과세관청 자료들을 적절히 취사선택함과 동시에 필요한 범위 내에서 추가적인 증거조사를 하는 식으로 업무처리를 하는 것이 바람직하다.

다. 제2쟁점 관련

앞서 본 바와 같이 특별수익 산정과 관련된 법리는 상증세법과 관련된 법리와 분명하게 구별되므로, 이 사건 제1심과 항고심에서 망인이 생전에 계좌이체를 통해 E에게 송금한 148,400,000원을 남편인 B의 특별수익으로 인정한 것은 타당하다고 할 수 있다.

장하고 있는 '망인이 K에 대하여 채무를 부담한 경위'와 관련하여 피고 스스로 이를 뒷받침하는 자료를 제대로 제출하지 못하고 있는 점, ㉰ 망인과 K 사이에 작성된 임대차계약서는 위 부동산에 관한 증여계약을 체결하기 전날인 2012. 6. 21.자로 작성되었고, 피고는 같은 날 망인 명의의 계좌에 135,000,000원을 송금하였는데, 이러한 송금내역은 세무서에 부담부증여로 신고하기 위한 근거를 만든 것으로 보일 뿐이고, 피고가 송금한 135,000,000원은 2012. 6. 22. 및 2012. 6. 29.에 전액 출금되었다는 점 등을 비롯하여 위와 같은 금전거래내역이 피고가 주장하는 채무부담 경위와 조화되기 어려운 점 등에 비추어 볼 때, 피고가 망인의 K에 대한 채무 135,000,000원을 실제로 인수하였다고 인정하기 어렵다는 이유로 피고의 이 부분 주장을 배척하였다(과세관청의 사실인정에 비하여, 유류분 산정의 기초재산이 되는 피고의 특별수익을 상향시키는 결과가 발생한다).

② 유사한 사례로서 위 서울고등법원 2022나2041011 판결(확정)의 사실판단을 예시할 수 있다.

민법 제1008조의3(분묘 등의 승계)은 "분묘에 속한 1정보 이내의 금양임야와 600평 이내의 묘토인 농지, 족보와 제구의 소유권은 제사를 주재하는 자가 이를 승계한다."라고 규정하고 있는데, 이에 관하여 묘토와 금양임야 등은 공동상속의 대상이 아니므로 상속재산분할의 대상이 아니라는 것이 통설이고 실무의 입장이다[윤진수 편집대표, 「주해 상속법 Ⅱ」, 박영사(2019), 929(최준규 집필부분), 법원실무제요 가사(Ⅱ), 사법연수원(2021), 1602, 대법원 2008. 10. 27.자 2006스140 결정의 취지 등 참조]. 한편, 상증세법 제12조 제3호는 '민법 제1008조의3에 규정된 재산 중 대통령령이 정하는 범위의 재산'에 대해서는 상속세를 부과하지 않는다고 규정하고 있고, 같은 법 시행령 제8조 제3항은 묘토 및 금양임야의 경우 최고 2억 원을 한도로 비과세대상이 된다고 규정하고 있다.

위 사건에서 과세관청은 망인의 상속재산 중 일부 토지들이 금양임야(즉, 비과세대상)에 해당함을 전제로 이를 제외한 나머지 재산에 대하여 상속세를 부과하였으나, 항고심 재판부는 추가적인 심리를 거쳐서 위 토지들의 경우 '민법상 금양임야의 요건'이 충족되지 않기 때문에 유류분 산정의 기초재산에 포함된다고 판단하였다.

③ 위 ①, ②사건의 경우, 항고심 재판부에서 과세관청의 사실인정을 수용하기 어려운 사정이 있다고 보고 이에 관한 추가적인 심리를 한 다음, 결과적으로 과세관청의 사실인정과 배치되는 사실판단을 한 전형적인 사례로 볼 수 있다.

라. 제3쟁점 관련

이 사건에서 제1심은 상증세법의 적용에 관한 과세관청의 결론을 토대로 하여, 망인이 생전에 계좌이체를 통해 청구인에게 송금한 합계 229,522,580원을 모두 청구인의 특별수익으로 인정하였지만, 과세관청에서 금전에 관하여 특별한 취급을 하는 것은 상증세법상 명문의 특별규정에 근거한 것이므로, 법원에서 특별수익을 산정하는 과정에서 위와 같은 과세관청의 결론을 그대로 수용할 필요는 없다. 같은 이유로, 항고심 재판부는 위 나.항과 같은 검토를 거쳐서 그 중 일부인 2017. 2. 24.자 현금 3,200,000원의 경우 이를 특별수익에 해당하지 않는다고 판단한 것이다.

5. 마무리

상증세법 관련 법리와 특별수익의 산정을 규율하는 법리는 동일하지 않고, 민사법 일반이론에 대한 예외 인정의 문제에 관해서도 각기 다른 접근방식을 취하고 있다. 그런데 통상적으로 상속재산분할사건 등의 본격적인 심리 이전에 과세관청의 세무조사 및 과세처분이 이루어지는 경우가 많기 때문에, 과세관청에서 관련 업무를 처리하면서 상증세법을 어떻게 해석·적용하고 있는지를 담당 법원이 충분히 이해하는 것은 특별수익의 산정에 관한 법원 실무에서도 실질적인 의미를 가질 수 있다.[27] 공동상속인 사이의 형평성을 우선적으로 고려해야 하는 상속재산분할사건 등의 심리과정에서 쉽게 접할 수 있는 상증세법의 해석·적용에 관한 사례를 정리하고 관련 검토내용을 하나씩 축적하는 것은 법률가들이 담당 업무를 처리하는 데에 실질적인 도움이 될 수 있을 것이다.

27) 이혼에 따른 재산분할사건에서도 관련된 양도소득세의 부담 문제가 당사자들의 의사결정 등에 현실적으로 영향을 미칠 수 있으므로 이에 관한 가사재판부의 이해가 필요하다는 점은 서울고등법원 2023. 6. 29. 선고 2022르23541 판결 및 이에 관한 해설(I. [3] 3. 선행 부정행위와 관련된 재산권 이전이 분할대상 재산의 범위와 분할비율 등에 미치는 영향) 참조.

2

장기간에 걸친 계좌이체에 관한 특별수익 및 기여분 산정과 상증세법 관련 법리 검토

서울고등법원 2023. 8. 28.자 2023브2132, 2133 결정(확정)
- 의정부지방법원 2023. 5. 26.자 2022느합11, 2023느합3006 심판

1. 사안의 개요

가. 피상속인 C(1937년생, 女, 2022. 1. 30. 사망, 이하 '망인')

나. 망인의 자녀 및 배우자

① 청구인 A(1959년생, 女, 망인 사후에 검사에 대한 친생자관계존재확인의 소에서 승소 확정)

② 상대방 B(1936년생, 男, 망인과 2002년부터 사실혼관계, 2016. ○. ○. 혼인신고)

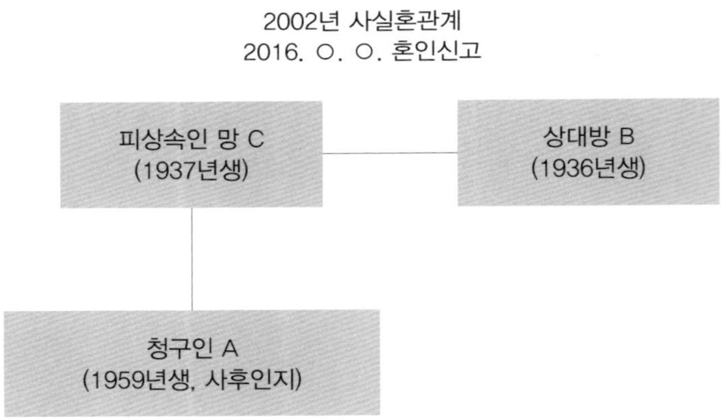

다. 법정상속분

1) 청구인 : 2/5 지분

2) 상대방 : 3/5 지분

라. 망인의 생전 계좌이체 및 상속재산

1) 기초사실

가) 망인과 청구인 A(자녀) 및 상대방 B(배우자) 사이에 장기간에 걸쳐서 상당한 금액의 계좌이체가 이루어졌다.

나) 망인의 상속개시 당시 보유하던 상속재산(이하, '이 사건 아파트')이 존재하고, 그 이전에 망인과 상대방이 각자의 부동산을 소유한 적이 있었다.

다) 청구인이 상속재산분할심판청구를 제기하였고, 상대방은 기여분 반심판청구를 하였다.

2) 이 사건 쟁점

가) 상대방의 기여분(제1쟁점)

망인의 재산 유지 또는 증가, 망인의 간병 등에 관한 상대방의 기여 인정 여부

나) 상대방과 청구인의 특별수익(제2쟁점)

(1) 망인과 상대방 사이에 이루어진 계좌이체에 관한 판단문제

(2) 망인과 청구인 사이에 이루어진 계좌이체에 관한 판단문제

다) 이 사건 아파트의 가액산정(제3쟁점)

이 사건 아파트의 상속개시 당시 가액 및 법원 심문종결시 가액의 산정 필요성

2. 이 사건 각 쟁점과 관련된 당사자들의 주장 요지

가. 제1쟁점 관련 상대방의 주장요지

망인과 20년간 사실혼 및 혼인관계를 유지하는 동안 망인의 건강을 돌보았고, 망인의 재산의 유지 또는 증가에 기여했으므로, 상속재산에 대한 기여분을 70%로 정하여야 한다.

나. 제2쟁점 관련 당사자들의 주장요지

1) 상대방의 특별수익 관련 청구인의 주장요지

2016. 6. 27. 이후 망인 계좌에서 상대방 계좌로 이루어진 계좌이체 중 합계 45,059,145원에 관한 상대방의 특별수익을 인정해야 한다.

2) 청구인의 특별수익 관련 상대방의 주장요지

망인 계좌에서 청구인 계좌로 이루어진 2014. 9. 5.자 3,000,000원+2014. 9. 26.자

27,000,000원+2016. 3. 8.자 5,000,000원(합계 35,000,000원)을 청구인의 특별수익으로 인정해야 한다.

다. 제3쟁점 관련 사실관계

이 사건 아파트의 상속개시 당시 가액은 4억 원, 제1심 심문종결시 가액은 3억 3천만 원, 항고심 심문종결시 가액은 3억 원이다.

3. 제1심의 판단과 항고심 재판부의 판단

가. 제1심의 판단

1) 제1쟁점 관련(기여분 배척)

가) 망인과 상대방의 동거 당시, 망인은 'AA아파트'와 'BB아파트'를 소유하고 있었고, 상대방은 'CC단독주택'을 소유하고 있었다(제1심은 상대방이 D를 명의수탁자로 'DD부동산'을 실질적으로 소유하고 있었다는 상대방의 주장을 배척하였다).

나) 망인과 상대방은 2002년 사실혼 성립 당시 각자 부동산을 보유하고 있었고, 생활비도 대부분 각자의 비용으로 충당하였다. 그런데 망인이 상대방보다 더 많은 자산을 보유하고 있었고, 이 사건 아파트는 피상속인의 기존 소유 BB아파트가 재개발된 것으로서 피상속인의 소유임이 분명하다.

다) 상대방은 이 사건 아파트를 마련하는 데에 자신의 금전이 투입되었다고 주장하나, 이를 인정하기 어려울 뿐만 아니라, 설령 그 주장이 사실이더라도 앞서 본 피상속인과 상대방의 자산보유 내역에 비추어 볼 때 상대방이 기여한 비율은 그리 크지 않은 것으로 보인다.

라) 따라서 상대방의 상속분을 조정하여야 할 필요가 있을 만큼 망인의 재산 유지 또는 증가에 특별히 기여하였다고 보기 어렵다(↔ 항고심은 상대방의 기여분을 일부 인정).

2) 제2쟁점 관련(상대방의 특별수익 배척, 청구인의 특별수익 인정)

가) 상속분의 선급에 해당하는 생전 증여와 같은 특별수익의 존재에 대한 증명책임도 일반 민사소송의 증명책임분배 원칙에 따라야 하는 것이므로, 생전 증여에 따른 특별수익을 주장하는 당사자에게 그 사실에 대한 입증책임이 있다.

나) 상대방의 특별수익(배척)

(1) 청구인이 주장하는 망인과 상대방의 계좌이체 사실은 인정된다.

(2) 그러나 ① 망인과 상대방은 약 20년 동안 사실혼관계 및 혼인관계를 유지, 수차례에

걸쳐 각자의 부동산을 매도하여 그 대금으로 실버타운 입소 보증금을 마련한 점, ② 그 과정에서 망인과 상대방은 서로의 계좌를 이용하여 수시로 송금한 점, ③ 청구인 주장의 특별수익 중 가장 큰 금액인 2016. 6. 30.자 3,000만 원은 2016. 7. 1. FF시니어타운 입소를 위하여 망인 계좌에서 상대방 계좌로 이체된 것이고, FF시니어타운은 2019. 10. 15. 망인과 상대방의 퇴소 당시 119,950,370원을 망인 명의 계좌로 반환한 점(결국 위 3,000만 원은 망인에게 반환됨), ④ 이처럼 망인과 상대방의 사실혼 및 혼인관계, 그 생활방식, 장소 등에 비추어 보면 망인과 상대방 사이에 오고 간 송금 내역만을 토대로 일방이 타방에게 증여한 것으로 보기는 어려운 점 등에 비추어, 상대방 특별수익은 인정되지 않는다(= 이에 관한 항고심 판단도 동일함).

다) 청구인의 특별수익(전부 인정)

(1) 상대방이 주장하는 망인과 청구인의 계좌이체 사실이 모두 인정된다.

(2) 청구인 계좌에 이체된 합계 35,000,000원을 모두 특별수익으로 인정한다(↔ 항고심은 일부 금액에 관한 특별수익을 인정하지 않음).

3) 제3쟁점 관련

이 사건 아파트의 상속개시 당시 가액은 4억 원, 제1심 심문종결시 가액은 3억 3천만 원이다.

나. 항고심 재판부의 판단

1) 제1쟁점 관련(기여분 30% 인정)

가) 망인과 상대방의 동거 당시, 망인은 AA아파트와 BB아파트를 소유하고 있었고, 상대방은 ① CC단독주택'을 소유하고 있었으며, ② DD부동산도 실질적으로 소유하고 있었다.[1)]

나) 상대방은 2004. 2. 25. CC단독주택을, 2007. 5. 24. DD부동산을 각 매도하였고, 망인은 2010. 12. 7. BB아파트를 매도하였다.

다) 망인의 BB아파트는 2007년경부터 재건축이 진행되었고, 그 결과 망인은 2010. 3. 16. 'EE아파트'를 취득하였다[분양가 308,250,000원(=BB아파트의 권리가액 168,481,795원+부담금 139,768,205원)][2)]

1) DD부동산은 상대방이 대표자였던 ○○교회가 소유하고 있다가 2002. 1. 2. D 앞으로 소유권이전등기가 마쳐졌으나, ① 당시 DD부동산은 상대방의 주소지였던 점, ② 2002. 4.경부터는 망인도 상대방과 함께 DD부동산에 거주한 점, ③ DD부동산은 2007. 5. 24. 매각되어 2007. 6. 8. 소유권이 제3자에게 이전되었는데, 같은 날 지급된 잔금 7,300만 원 가운데 6,650만 원이 망인의 계좌로 입금된 점, ④ ○○교회 재산관리위원회의 회의록 및 D의 사실확인서 역시 DD부동산의 실소유주가 상대방이었다는 주장을 뒷받침하고 있는 점 등에 비추어 볼 때 상대방이 DD부동산을 실질적으로 소유하고 있었다고 봄이 타당하다.

라) 망인은 2014. 8. 20. EE아파트를 매도하였고, 그 대금으로 이 사건 아파트 매수하였다(BB아파트+부담금=EE아파트 → 이 사건 아파트).

마) 망인과 상대방은 ① 2003. 3.경 FF시니어타운에 입소하였다가 2013. 4.경 퇴소하였고, ② 2014. 11. 24.경 GG의 집(실버타운) 입소하였다가 2015. 11. 12.경 퇴소하였으며, ③ 2016. 7. 1. 다시 FF시니어타운에 입소하였다가 2019. 10. 15. 퇴소하였다.

바) 망인과 상대방은 FF시니어타운 퇴소 이후 이 사건 아파트에서 함께 거주하였고, 망인은 2021. 7. 21.경 요양원 입소하였다가 2022. 1. 30. 요양원에서 사망하였다.

⇒ 위와 같은 사실관계로부터 알 수 있는 다음의 사정들에 비추어 볼 때, 피상속인이 이 사건 아파트를 마련하는 기반이 된 EE아파트를 취득하는 과정에서 상대방도 자신이 보유하고 있던 자산 중 일부를 출자하는 방식으로 기여하였다고 볼 수 있고, 여기에다가 이 사건 아파트는 피상속인과 상대방이 함께 살던 거주지였던 점, 피상속인은 고령으로 인하여 여러 가지 질환을 앓고 있었던 것으로 보이는데, 상대방이 피상속인을 돌봐왔던 것으로 보이는 점까지 더하여 보면, 피상속인의 상속재산에 대한 상대방의 기여분은 30%로 정함이 타당하다.

① 피상속인은 EE아파트를 매도하여 그 매도대금으로 이 사건 아파트를 매수하였는데, EE아파트는 피상속인이 소유하고 있었던 BB아파트의 평가금액 168,481,795원에다가 추가로 납부한 부담금 139,768,205원을 합한 308,250,000원에 분양받은 것이다(BB아파트+부담금=EE아파트 → 이 사건 아파트).

② 피상속인은 EE아파트의 소유권을 취득하기 위해 2007. 4. 17.경부터 2009. 12. 18.경까지 사이에 부담금 139,786,205원을 납부하였는데, 2007. 5. 24. 상대방이 사실상 소유하고 있던 DD 부동산이 매각되었고, 2007. 6. 8. 위 부동산의 매각대금 중 6,650만 원이 피상속인

2) 부담금 139,768,205원의 납부 일정은 아래 표 기재와 같았다.

회차	납부일자	금액(원)
계약금	2007-04-17	13,359,000
중도금 1차	2007-08-27	20,038,000
중도금 2차	2007-12-26	20,038,000
중도금 3차	2008-04-25	13,359,000
중도금 4차	2008-09-26	13,359,000
중도금 5차	2009-01-28	13,359,000
중도금 6차	2009-05-25	13,359,000
잔금	2009-12-18	32,897,206
합계		139,768,206

의 계좌로 입금되었다. 상대방은 위 6,650만 원 외에도 상대방이 보유하고 있던 자산 중 ① 2000년도에 우체국 보험이 만기가 되어 수령한 1,200만 원, ② 2004년도에 CC단독주택을 매도하여 수령한 돈 5,600만 원, ③ 2005년도에 GG생명 보험을 해약하여 받은 환급금 30,088,142원이 EE아파트를 취득하는 과정에서 사용되었다고 주장하나, 상대방이 제출한 증거들만으로는 이를 인정하기에 부족하고, 달리 이를 인정할 증거가 없으므로, 상대방의 이 부분 주장은 받아들이지 아니한다.

③ DD부동산은 원래 상대방이 거주하던 주택으로 피상속인과 상대방은 위 부동산에서 동거를 시작하였는바, 사실혼 부부가 기존에 살던 집을 매도하여 그 매도자금으로 새로운 집을 마련하는 것은 이례적인 일이 아니다.

2) 제2쟁점 관련(상대방의 특별수익 배척, 청구인의 특별수익 일부 인정)

가) 상대방의 특별수익(배척)

제1심심판 중 해당 부분을 인용하면서, (브부간 예금이체에 대하여 증여가 추정되는지에 관한 대법원 2015. 9. 10. 선고 2015두41937 판결 등 참조) 부분을 추가하였다.

나) 청구인의 특별수익(일부 인정, 일부 배척)

(1) 망인 계좌에서 청구인 계좌로 이루어진 2014. 9. 5.자 3,000,000원+2014. 9. 26.자 27,000,000원+2016. 3. 8.자 5,000,000원(합계 35,000,000원)의 계좌이체는 모두 인정된다.

(2) 2014. 9. 26.자 27,000,000원+2016. 3. 8.자 5,000,000원에 관하여

이에 관하여 청구인이 2014. 12. 4. 망인에게 200만 원을 반환하였으므로, 이 부분 특별수익은 3,000만 원(=2,700만 원−200만 원+500만 원)으로 봄이 타당하다[200만원 반환에 관한 상대방 주장 배척].[3)]

(3) 2014. 9. 5.자 3,000,000원에 관하여

상대방은 이에 관하여, 2014. 9. 5.자 300만 원도 청구인의 특별수익으로 평가되어야 한다고 주장하나, 청구인은 그 무렵 망인과 상대방이 청구인의 집에서 살게 되면서 그 대가로 300만 원을 받았다고 주장하고 있는 점, 상대방도 그 무렵 망인과 상대방이 약 2개월 동안 청구인의 집에서 거주한 사실이 있음을 인정하고 있는 점 등에 비추어 볼 때, 위 300만 원이

3) 상대방은 이와 관련하여, 청구인이 반환하였다는 200만 원은 2014. 12. 4.자로 대여한 300만 원 중 일부를 반환받은 것이므로, 이를 청구인의 특별수익에서 차감할 수 없다는 취지로도 주장하나, 이와 관련하여 상대방이 그 주장을 뒷받침하는 근거로 제시한 을 제60호증의 기재 내용은 그 신빙성에 의문이 있기 때문에 이를 그대로 믿기 어려우므로(예컨대, 2014. 12. 1.자 내역과 2014. 12. 2.자 내역 사이에 2014. 12. 4.자 내역이 기재되어 있고, 청구인에게 300만 원을 대여하였다는 내용만이 기재되어 있을 뿐 200만 원을 반환받았다는 내용은 기재되어 있지 않은 등 그 기재 내용을 신뢰하기 어려운 사정들이 존재한다), 상대방의 이 부분 주장은 받아들이지 아니한다.

상속분의 선급에 해당하는 청구인의 특별수익이라고 단정할 수 없다(대법원 2014. 11. 25.자 2012스156, 157 결정 참조).

(4) 소결론

위 계좌이체와 관련하여 합계 30,000,000원을 청구인의 특별수익으로 인정한다.

3) 제3쟁점 관련

이 사건 아파트의 상속개시 당시 가액은 4억 원, 항고심 심문종결시 가액은 3억 원이다.

⇒ 이 사건 아파트를 상대방 단독소유로 분할, 상대방은 정산금으로 청구인에게 68,879,577원(=청구인의 구체적 상속분액 91,839,436원×항고심 심문종결시 가액 3억 원 / 상속개시 당시 가액 4억 원) 및 지연손해금을 지급할 의무가 있다(대법원 2022. 6. 30.자 2017스98, 99, 100, 101 결정 등 참조).

4. 검토

가. 상속세 및 증여세법(이하, '상증세법'이라 한다)의 관련 규정 등

1) 과세관청의 상속세 부과처분 관련 자료가 제출되지 않는 상속재산분할청구사건 유형 등

가) 상증세법 관련 규정

『상증세법 제18조(기초공제) 거주자나 비거주자의 사망으로 상속이 개시되는 경우에는 상속세 과세가액에서 2억원을 공제한다.

제21조(일괄공제) ① 거주자의 사망으로 상속이 개시되는 경우에 상속인이나 수유자는 제18조와 제20조 제1항에 따른 공제액을 합친 금액과 5억원 중 큰 금액으로 공제받을 수 있다. 다만, 제67조 또는 「국세기본법」 제45조의3에 따른 신고가 없는 경우에는 5억원을 공제한다.

② 제1항을 적용할 때 피상속인의 배우자가 단독으로 상속받는 경우에는 제18조와 제20조 제1항에 따른 공제액을 합친 금액으로만 공제한다.』

나) 상속재산분할사건(또는 유류분반환청구사건)의 실무에서, ① 관련 세무조사가 이루어지고, ② 이를 토대로 과세처분이 이루어진 다음, ③ 그 이후에 상속재산분할사건 등의 본격적인 심리가 이루어지는 경우가 많지만,[4] 이 사건과 같이 과세관청의 자료가 전혀 제출되지

4) 이에 관하여는 서울고등법원 2023. 7. 25.자 2022브2136, 2137 결정 및 이에 관한 해설(Ⅱ. [6] 1. 상속재산분할사건의 특별수익 산정과 세무조사 및 과세처분의 상관관계 등에 관하여) 참조.

않는 경우가 있다.

이러한 상황이 발생하는 원인은 다양할 수 있지만, ㉮ 상증세법 제18조, 제21조 등으로 인하여 상속재산의 가액이 일괄공제액인 5억 원을 초과하지 않는 사안에서는 과세관청이 업무의 효율성 등을 고려하여 세무조사 등을 거의 하지 않고, ㉯ 상속개시일 전 10년까지 이루어진 상속인에 대한 증여만 상속세 과세가액에 가산하기 때문에(상증세법 제13조 제1항), 상속개시일로부터 소급하여 10년을 초과하는 망인의 계좌이체내역 등은 과세관청에서 확인하지 않는 것이 일반적이므로, 과세관청은 자신의 관심사항이 아닌 부분에 대해서는 조사할 이유가 없으며, 같은 이유로 애당초 세무관련 자료가 작성되지 않는 경우 관련 자료가 법원에 제출될 여지가 없다는 점 등을 유의할 필요가 있다.

다) 한편, 상속재산분할과 관련된 기여의 시기(始期)에 관하여는 아무런 제한이 없으므로 오래 전의 기여행위도 주장할 수 있다는 것이 통설과 실무의 입장이고,[5] 공동상속인 중 1인에 대한 증여의 경우 증여시점과 관계없이 특별수익에 포함될 수 있다는 것이 판례의 입장이다.[6]

라) 상속재산분할사건의 경우 통상적으로 수십 년에 걸쳐서 형성된 피상속인의 재산에 관한 문제이고, 앞서 본 바와 같이 기여분 인정 등과 관련하여 오래 전의 기여행위까지도 심리해야 하기 때문에, 가사재판부의 입장에서는 과세관청 업무에 적용되는 법리가 상속재산분할에 적용되는 법리와 차이가 있다는 점을 충분히 고려할 필요가 있다.

예컨대, 이 사건과 같이 상속재산의 가액이 일괄공제액인 5억 원 이하인 사건(즉, 과세관청의 계좌이체내역 확인 자료가 처음부터 존재하지 않는 사건)에서, 상속개시일로부터 약 15년 전인 2007. 6. 8. DD부동산의 잔금 중 6,650만 원이 망인의 계좌로 입금되었다는 점이 상대방의 기여분 인정에 영향을 미칠 수도 있고, 상속개시일로부터 10년 이내에 이루어진 망인과 상속인들 사이의 계좌이체 중 애당초 과세관청의 관심사항이 아닌 부분(예컨대, 당초의 금전증여와 관련하여 수증자 등이 '실질적으로' 금전을 증여자에게 반환하였는지의 문제 등) 등도 청구인의 특별수익 인정에 영향을 미칠 수 있기 때문에, 가사재판부에서는 위와 같은 계좌이체 내용 및 경위 등에 대하여 반드시 독자적인 증거조사를 해야 하는 것이다.[7]

---

5) 윤진수 편집대표, 「주해 상속법 Ⅰ」, 박영사(2019), 214(이봉민 집필부분); 법원실무제요 가사(Ⅱ), 사법연수원(2021), 1586 참조.
6) 대법원 1996. 2. 9. 선고 95다17885 판결, 대법원 2021. 8. 19. 선고 2017다230338 판결 등 참조.
7) 이에 관하여는 위 서울고등법원 2022브2136, 2137 결정 및 이에 관한 해설(Ⅱ. [6] 1. 상속재산분할사건의 특별수익 산정과 세무조사 및 과세처분의 상관관계 등에 관하여) 참조.

2) ① 배우자와 사이의 계좌이체와 ② 자녀와 사이의 계좌이체의 공통점과 차이점 등

가) 이 사건에서 청구인은 ① 망인 계좌에서 상대방(배우자) 계좌로 이체된 금원 상당액이 상대방의 특별수익이라고 주장한 반면에, 상대방은 ② 망인 계좌에서 청구인(자녀) 계좌로 이체된 금원 상당액이 청구인의 특별수익이라고 주장하였다. 이러한 유형의 주장 공방은 상속재산분할사건(혹은 유류분반환청구사건)의 실무에서 자주 접할 수 있다.

나) 항고심 재판부의 입장은 유류분반환청구사건에서 위와 같은 계좌이체에 관한 주장들을 검토한 다음, 배우자(피고 Y)의 특별수익을 부정하면서도 자녀(다른 피고들)의 특별수익은 인정한 서울고등법원 2023. 5. 4. 선고 2021나2027414 판결[대법원 2023. 7. 27.자 2023다239879 판결(심리불속행 상고기각)]에 다음과 같이 정리되어 있다.

『부모와 성년인 자녀 사이에 금전거래의 경우 다양한 용도나 목적이 있을 수 있으나, 자녀가 장차 상속에 의하여 부모의 재산을 포괄승계할 것에 대비하여 법률행위를 하는 경우가 적지 않기 때문에, 경험칙상 상속세 등 세금 부담을 줄이기 위한 사전 증여가 발생할 가능성이 있다. 따라서 부모 명의의 예금이 인출되어 자녀의 예금계좌 등으로 예치된 경우 원칙적으로 그 명의대로 예금이 자녀에게 증여된 것으로 추정된다고 봄이 타당하다. 만약 그와 같은 금전거래에 증여가 아닌 다른 목적이나 원인관계 등의 특별한 사정이 있다면 증여를 부정하는 측에서 그러한 특별한 사정을 증명하여야 한다(대법원 2001. 11. 13. 선고 99두4082 판결 등도 같은 취지이다).

반면에, 부부 간의 금전수수행위 등을 이와 같이 볼 수는 없다. 부부는 가족의 기본단위를 이루는 생활 공동체로서 별다른 명목이나 동기 없이도 쉽게 금전이 오갈 수 있는 관계이다(이러한 특성을 반영하여 「부동산 실권리자명의 등기에 관한 법률」에서도 상호 명의신탁을 허용하는 등 법률상 달리 취급하는 경우가 있다). 부부 사이에서 일방 배우자 명의의 예금이 인출되어 타방 배우자 명의의 예금계좌로 입금되는 경우에는 증여 외에도 단순한 공동생활의 편의, 일방 배우자 자금의 위탁 관리, 가족을 위한 생활비 지급 등 여러 원인이 있을 수 있기 때문에, 부부 사이에서 일반적인 부양 목적의 범위를 벗어났다고 볼 여지가 있는 목돈이 오고 간 경우에도 구체적인 사실관계를 배제한 채 그 거래의 성격을 일률적으로 단정할 수는 없다(대법원 2015. 9. 10. 선고 2015두41937 판결 등도 "부부 사이에서 일방 배우자 명의의 예금이 인출되어 타방 배우자 명의의 예금계좌로 입금되는 경우에는 그와 같은 예금의 인출 및 입금 사실이 밝혀졌다는 사정만으로는 경험칙에 비추어 해당 예금이 타방 배우자에게 증여되었다는 과세요건사실이 추정된다고 할 수 없다."고 판시하였는데, 이 역시 같은 취지라고 할 수 있다). 따라서 위 나) (2)의 (나)항 기재와 같이 피고 Y 명의 계좌에 망인의 자금이 유입된 적이 있다고 하더라도, 위와 같은 사정만으로 자금이체의 목적이나 원인관계, 시기, 다른 금전거래와의 관계, 사용처 등을 살펴보지 않고

이러한 자금 이체만을 이유로 망인이 피고 Y에게 돈을 증여한 것이라거나, 망인이 피고 Y 명의의 계좌를 차명계좌로 사용한 것이라고 볼 수는 없다.』

다) 위 서울고등법원 2021나2027414 판결에 인용된 대법원 2015두41937 판결은 '남편이 2006. 3. 9.부터 2008. 10. 31.까지 총 35회에 걸쳐 자신의 급여 합계 1,338,511,690원을 자기앞수표 입금이나 계좌이체의 방법으로 아내 계좌에 입금한 사안'에 대하여 과세관청이 증여세 부과처분을 하였고, 아내의 과세처분 취소청구를 기각한 제1심판결이 항소심판결까지 유지되었다가, 대법원이 "부부 사이에서 일방 배우자 명의의 예금이 인출되어 타방 배우자 명의의 예금계좌로 입금되는 경우에는 증여 외에도 단순한 공동생활의 편의, 일방 배우자 자금의 위탁 관리, 가족을 위한 생활비 지급 등 여러 원인이 있을 수 있으므로, 그와 같은 예금의 인출 및 입금 사실이 밝혀졌다는 사정만으로는 경험칙에 비추어 해당 예금이 타방 배우자에게 증여되었다는 과세요건사실이 추정된다고 할 수 없다."라는 이유로 항소심판결을 파기한 사례이다.[8)]

나. 망인의 상속인들 사이의 계좌이체내역과 기여분 및 특별수익 산정의 상관관계

상속재산분할사건에서는 공동상속인 사이의 형평성을 우선적으로 고려해야 한다. 그런데 상증세법 관련 법리와 특별수익의 산정을 규율하는 법리가 동일하지는 않지만, 다른 특별한 사정이 없는 이상 통상적인 세무조사 등에서 확인되는 계좌이체내역과 같은 객관적인 사실관계에서 출발하여 특별수익이나 기여분을 산정하는 것이 법적 안정성의 측면에서 바람직하다.[9)] 한편, 이 사건 계좌이체 등을 검토하는 과정에서 위와 같은 상증세법 관련 판례의 취지를 수용하는 경우, ① 망인의 청구인(자녀)에 대한 계좌이체에 관하여는 증여를 부정하는 청구인에게 '개별 계좌이체가 증여가 아닌 다른 목적이나 원인관계 등의 특별한 사정이 있다는 사정'을 구체적·개별적으로 주장·증명해야 할 책임이 있는 반면에, ② 망인의 상대방(배우자)에 대한 계좌이체에 관하여는 증여사실을 주장하는 청구인에게 '개별 계좌이체가 증여

8) 이에 관한 이예슬, "부부간 예금이체에 대하여 증여가 추정되는지 여부", 대법원판례해설 제106호, 법원도서관(2016), 76-90에는 「(위 고등법원 판결에 인용된 위 대법원 99두4082 판결 등은) '직계존비속 등과 같은 가까운 친족관계에 있으면서 일반적으로 증여가 이루어질 수 있는 사안인 경우에 금전의 특수성을 고려하여 증여세 과세요건에 관한 과세관청의 입증책임을 완화시키려는 취지'의 판례일 뿐이므로 이를 부부 사이의 계좌이체 사안에 적용할 수 없고, 위 대법원 2015두41937 판결은 '부부 사이의 경우에는 그 특수성을 감안할 때 일방 배우자 명의의 예금이 인출되어 타방 배우자 명의의 예금계좌로 입금되었다는 사실만으로 증여사실이 추정되는 경험칙이 존재한다고 보기 어렵기 때문에, 다시 원칙으로 돌아가 과세요건사실에 관하여 과세관청이 증명하여야 한다는 점을 명확히 한 것'이라는 내용」이 기재되어 있다.

9) 이에 관하여는 위 서울고등법원 2022브2136, 2137 결정 및 이에 관한 해설(Ⅱ. [6] 1. 상속재산분할사건의 특별수익 산정과 세무조사 및 과세처분의 상관관계 등에 관하여) 참조.

에 해당한다는 구체적 사정'을 주장·증명해야 할 책임이 있다고 보아야 한다.

1) 제1쟁점 관련(상대방의 기여분 30% 인정)

가) 이 사건에서 상대방이 'DD부동산'을 실질적으로 소유하고 있었던 것으로 볼 수 있는지에 관하여 제1심은 부정적인 입장을 취한 반면에, 항고심 재판부는 긍정적인 입장을 취하였다. 이 부분 판단의 차이가 항고심에서 (제1심에서 배척되었던) 상대방의 기여분을 인정하게 된 주요 근거가 되었다.

나) 제1쟁점은 기본적으로 구체적인 사실판단의 문제이기는 하지만, 망인의 상속개시일(2022. 1. 30.)로부터 약 15년 전인 2007. 6. 8. DD부동산의 잔금 7,300만 원 중 6,650만 원이 망인의 계좌로 입금되었다는 객관적인 사실관계(잔금 6,650만 원이 'EE아파트' 분양가 308,250,000원의 21.5% 정도인 사정 포함)가 위와 같은 상대방의 실질적 소유 및 기여분 인정을 뒷받침하는 주요 근거가 되었다고 할 수 있다.[10] 즉, 상속재산분할사건의 실무에서는 (과세관청의 확인조사가 선행되었는지 여부와 관계없이) 객관적인 계좌이체내역과 경위 등을 충분히 조사하는 것은 대단히 중요하다.

다) 한편, 망인과 상대방은 2002년부터 사실혼관계를 유지하면서 동거하였는데, 사실혼 배우자의 경우 법정 상속인이 아니기 때문에, 상대방이 사실혼 배우자였던 2007. 6. 8. 이루어진 위 6,650만 원의 계좌이체를 상대방 기여분의 인정 근거로 삼을 수 있는지가 논란이 될 수 있다.[11]

그러나 이 사건의 경우, 망인이 2014년 이 사건 아파트를 취득한 다음 2016. 6. 15. 상대방과 혼인신고를 함으로써 상대방은 법률혼 배우자가 되었고, 2002년 이후 망인 사망시점까지의 상대방과 망인의 생활관계가 연속성을 유지하고 있었으며, 위 혼인신고 이후에 이 사건 아파트가 망인과 상대방의 공동거주지로 사용되었다는 점 등을 종합적으로 고려하면, 상대방은 위 6,650만 원의 계좌이체가 이루어진 2007. 6. 8.부터 망인의 사망시점까지 망인 재산의 유지 또는 증가에 계속적으로 기여하였다고 볼 수 있기 때문에, 항고심에서는 이를 상대방의 기여분 인정 근거로 파악하는 것이 타당하다고 판단하였다.[12]

---

10) 아울러 망인과 상대방이 2002. 4.경부터 DD부동산에서 함께 거주한 점, 이 사건 아파트가 망인과 상대방의 공동거주지였던 점, 망인의 상대방에 대한 간병 등 다른 사정들도 보완적인 근거가 되었음은 앞서 본 바와 같다.

11) 제1심은 상대방의 위 계좌이체 행위가 혼인신고 이전에 이루어졌다는 점을 상대방의 기여분 주장을 배척하는 근거 중 하나로 예시하였다.

12) 즉, (상대방의 기여행위 이후 망인 사망시점에 이르기까지 상대방이 망인의 법률혼 배우자의 지위를 취득하지 못한 경우 망인의 법정 상속인이 아니기 때문에 제1심의 판단과 같이 망인의 상속재산에 대한 상대방의 기여분을 인정하기 어렵다고 볼 수도 있지만) 이 사건과 같이 상대방이 망인과 사실혼 관계를 유지하고 있던 2007. 6. 8. 위와 같이 6,650만 원의 계좌이체를 한 다음 2016. 6. 15. 망인과

2) 제2쟁점 관련

가) 상대방의 특별수익(배척)

항고심 재판부는 위와 같은 검토를 거쳐서 망인 계좌에서 배우자인 상대방 계좌로 상당한 금원이 이체된 적이 있다는 사정만으로는 상대방의 특별수익을 인정할 수 없다는 제1심 판단을 그대로 유지하면서, 참고판결로 위 대법원 2015두41937 판결을 추가 기재하였다. 부부 간의 금전수수행위의 특수성을 감안할 때, 증여사실을 주장하는 청구인이 '망인의 상대방에 대한 증여'를 뒷받침할 수 있는 구체적인 사정을 주장·증명하지 않는 이상, 위와 같은 객관적인 계좌이체사실만으로 증여사실 추정이나 특별수익 인정을 할 수는 없기 때문이다.[13)]

혼인신고를 하였고 그 후 망인이 2022. 1. 30. 사망한 사안에서는 상대방이 위 기여시점부터 망인의 사망시점까지 망인 재산의 유지 또는 증가에 계속적으로 기여하였다고 볼 수 있다는 취지이다.

이 사건의 경우 망인과 상대방의 사실혼관계 개시시점으로부터 약 14년 후에 혼인신고가 이루어졌기 때문에 그 시간적 간격이 다소 크기는 하다. 그러나 최근 쌍방 당사자가 결혼식을 올린 다음 약 1-2년 정도 경과한 이후에 혼인신고를 하는 사례가 쉽게 발견되고, 이러한 일반적인 사례에서는 대체로 결혼식 전후에 쌍방 당사자가 혼인공동생활을 위한 주택, 신혼살림 등의 마련을 위하여 상당한 비용을 출연하게 되는데, 이러한 각종 비용의 출연이 혼인신고 이전에 이루어졌다는 사정만으로 그 출연자의 기여분 인정과정에 반영하지 않는 것은 타당하다고 볼 수는 없을 것이다.

따라서 이 사건과 같이 쌍방 당사자가 일정한 기간의 사실혼관계를 거쳐서 궁극적으로 법률혼에 이른 경우, 그 사실혼관계가 유지되고 있던 시점에 이루어진 쌍방의 기여행위는 기여분 인정의 근거가 될 수 있다고 봄이 타당하다.

이에 관하여 윤진수(2019), 209에는 "상속인간의 형평을 위하여 피상속인에 대한 일정한 기여를 기여분으로 평가하는 기여분 제도의 취지를 고려할 때, 상속인 자격을 가지기 전의 기여도 주장할 수 있다는 것이 다수설이다."라고 기재되어 있다.

13) 우리 민법이 부부별산제를 채택하고 있음에도 불구하고, 부부가 실질적으로 (대외적인 권리 명의와 관계없이) 공동의 부부재산을 형성·유지·관리하는 상황이 일반적으로 발생하고 있고, 이러한 상황이 법적으로 용인되고 있기 때문에, 부부 사이에서 형식적으로 재산이전이 발생한 경우 증여사실 추정이나 특별수익 인정 등에 관하여 실무적으로 논란이 발생할 수밖에 없다. 이 문제는 결국 법적 안정성을 해치지 않는 범위 내에서 구체적 타당성을 추구한다는 입장을 토대로 하여, 담당 법원이 개별 사건의 사실관계 등에 따라 판단해야 하는데, 이에 관하여는 아래와 같은 점을 유의해야 한다.

① 우리 민법상 부부 사이에도 증여가 발생할 수 있고, 이를 과세요건으로 하는 증여세 부과처분도 당연히 허용되므로(대법원 1998. 6. 12. 선고 97누7707 판결, 대법원 1998. 12. 22. 선고 98두15177 판결, 대법원 2004. 4. 16. 선고 2002두9384 판결, 대법원 2008. 9. 25. 선고 2006두8068 판결, 대법원 2012. 5. 9. 선고 2012두720 판결 등 참조), 위 대법원 2015두41937 판결은 부부간 계좌이체의 발생만으로 증여세 과세요건이 추정되지는 않고, 단지 해당 과세요건사실에 관하여 과세관청이 구체적·개별적으로 증명하여야 한다는 점을 명확히 한 것일 뿐이며, 부부간 실질적인 증여의 발생 가능성을 부정한 것은 아니다.

② 같은 맥락에서, 부부간 계좌이체와 관련하여 배우자의 특별수익 인정 가능성이 전면적으로 부정되는 것은 아니고, 개별사안에 따라서 민법상 생전 증여 내지 특별수익이 인정될 수도 있지만(즉, 망인의 배우자에 대한 증여사실을 주장하는 사람이 망인이 배우자에게 해당 계좌이체를 하게 된 구체적인 경위 등을 개별적으로 주장·증명하는 방법으로 해당 계좌이체의 금액이 증여에 해당한다는 점을 인정받을 수 있다), 생전 증여가 인정되는 경우에도 그것이 특별수익에 해당하는지는 피상속인의 생전의 자산, 수입, 생활수준, 가정상황 등을 참작하고 공동상속인들 사이의 형평을 고려하여 당해 생전 증여가 장차 상속인으로 될 자에게 돌아갈 상속재산 중의 그의 몫의 일부를 미리 주는 것이라고 볼 수 있는지를 검토해야 하고(대법원 1998. 12. 8. 선고 97므513 판결 등 참조), 다시 그 생전

나) 청구인의 특별수익(일부 인정, 일부 배척)

(1) 이 사건에서 제1심은 망인이 2014. 9. 5.부터 2016. 3. 8.까지 계좌이체를 통해 청구인에게 송금한 합계 3,500만 원을 모두 청구인의 특별수익으로 인정하였다.

(2) 이와 관련하여, 상증세법은 증여재산이 금전인 경우 그 반환 시기 등과 관계없이 당초의 증여된 재산과 나중에 반환된 재산 모두 증여세 과세대상으로 파악하는 특별규정을 두고 있는데(제4조 제4항), 과세관청에서 금전반환 등에 관하여 특별한 취급을 하는 것은 상증세법상 명문의 특별규정에 근거한 것이므로, 상속재산분할사건의 담당 법원이 특별수익을 산정하는 과정에서 위와 같은 과세관청의 실무관행을 그대로 수용할 필요는 없다.[14)]

(3) (비록 이 사건에서는 과세관청의 자료가 법원에 제출되지 않았지만) 위와 같은 제1심의 판단은 결과적으로 금전반환 등에 관한 특별 규정을 토대로 하는 과세관청의 통상적인 실무관행과 유사한 입장을 취한 것이라고 볼 수 있다. 그러나 상속재산분할사건에서는 공동상속인 사이의 형평성을 우선적으로 고려해야 하는데, 상증세법 관련 법리와 특별수익 산정을 규율하는 법리가 동일하지 않고, 특별수익에 관해서는 상증세법과 같은 금전반환 등에 관한 특별 규정이 존재하지 않는다. 따라서 항고심 재판부에서는 해당 계좌이체가 이루어진 경위 등에 대한 구체적인 검토를 거쳐서, 이 사건 사실관계를 토대로 하는 경우 망인의 2014. 9. 5.자 300만 원 계좌이체는 상속분의 선급으로 보기 어렵다는 점, 청구인이 2014. 12. 4. 망인에게 200만 원을 반환한 점 등을 종합적으로 고려하여 청구인의 특별수익을 산정해야 하기 때문에, 결국 청구인의 특별수익을 3,000만 원으로 산정하는 것이 타당하다고 판단하였다.

3) 제3쟁점 관련

이 사건과 같이 상속재산분할에 관하여 정산금을 지급하는 주문을 선택하는 경우 상속재산분할시를 기준으로 하는 평가액에 따라 정산금을 산정해야 한다는 것이 판례의 입장이므로(위 대법원 2017스98, 99, 100, 101 결정 등 참조), 항고심 재판부는 이러한 판례에 따라 결론을 내렸다.

이 사건 아파트의 상속개시 당시 가액은 4억 원이었고, 제1심 심문종결시 가액은 3억 3

증여에 배우자의 기여나 노력에 대한 보상 내지 평가, 실질적 공동재산의 청산, 배우자 여생에 대한 부양의무 이행 등의 의미도 함께 담겨 있는 사안에서는 해당 생전 증여를 특별수익에서 제외할 수 있다(대법원 2011. 12. 8. 선고 2010다66644 판결 등 참조).

③ 부부간 생전 증여와 관련된 배우자의 특별수익을 인정하는 문제(이 사건 제2쟁점)와 본문 1)항과 같이 배우자의 기여분을 인정할 것인지의 문제(이 사건 제1쟁점)를 비교해 보면, 사안에 따라서 양자의 접근방식이 다소간 상이할 수 있다.

14) 이에 관하여는 위 서울고등법원 2022브2136, 2137 결정 및 이에 관한 해설(Ⅱ. [6] 1. 상속재산분할사건의 특별수익 산정과 세무조사 및 과세처분의 상관관계 등에 관하여) 참조.

천만 원이었다가 항고심 심문종결시 가액은 다시 3억 원으로 변동되었는데, 실무적으로 상속재산분할사건에서 정산금을 지급하는 주문을 선택할 가능성이 있는 사안에서는 해당 심급의 심문종결시를 기준으로 하여 상속재산의 가액을 확인할 필요가 있을 것이다.

다. 유사 쟁점에 관한 사례

1) 서울고등법원 2024. 12. 26.자 2024브2141, 2142 결정(확정)의 쟁점

피상속인(2022. 7. 19. 사망)의 생전인 2001년에 피상속인 명의의 예금계좌에서 인출된 돈이 청구인(피상속인의 공동상속인 중 1명인 아들) 명의로 지급된 아파트 분양대금으로 사용된 경우, 청구인의 특별수익을 인정할 수 있는지

2) 제1심의 판단(청구인의 특별수익 부정)

상대방(피상속인의 공동상속인 중 1명인 딸)은 피상속인이 청구인에게 위 아파트의 분양대금 계약금 및 중도금 명목으로 2001. 7. 6. 350,000,000원, 2001. 8. 1. 잔금 명목으로 88,000,000원을 증여하였다고 주장하나, 상대방이 제출한 증거만으로 이를 인정하기에 부족하고, 달리 이를 인정할 증거가 없다.

3) 항고심의 판단(청구인의 특별수익 긍정)

가) 부모와 성년인 자녀 사이의 금전거래의 경우 다양한 용도나 목적이 있을 수 있으나, 자녀가 장차 상속에 의하여 부모의 재산을 포괄승계할 것에 대비하여 법률행위를 하는 경우가 적지 않기 때문에, 경험칙상 상속세 등 세금 부담을 줄이기 위한 사전 증여가 발생할 가능성이 있다. 따라서 부모 명의의 예금계좌에서 인출된 돈이 자녀에게 전달된 경우 원칙적으로 그 예금계좌의 명의자가 인출금을 자녀에게 증여한 것으로 추정된다고 봄이 타당하다. 만약 그와 같은 금전거래에 증여가 아닌 다른 목적이나 원인관계 등의 특별한 사정이 있다면 증여를 부정하는 측에서 그러한 특별한 사정을 증명하여야 한다[대법원 2001. 11. 13. 선고 99두4082 판결, 서울고등법원 2023. 5. 4. 선고 2021나2027414 판결(확정) 등 참조].[15)]

나) 위 법리와 각 증거에 의하여 인정할 수 있는 아래와 같은 사실 및 사정들을 종합해 보면, 피상속인이 청구인에게 위 아파트 분양대금 437,500,000원(= 2001. 7. 6.자 계약금 및 중도금 350,000,000원 + 2001. 8. 1.자 잔금 87,500,000원)을 증여하였고, 청구인은 위와 같이 증여받은 돈 등으로 위 아파트를 매수하였다고 봄이 타당하다. 한편, 이러한 증여의 규모와 경위 등에 비추어 볼 때 위 437,500,000원은 피상속인이 청구인에게 상속분을 선급한 것으로 보아야 하므로 이는 청구인의 특별수익에 해당한다.

---

15) 이에 관한 상세한 내용은 위 가. 2) 기재내용 참조.

① 피상속인의 국민은행 예금계좌 ㉮에서 2001. 7. 6. 350,000,000원(자기앞수표)이, 피상속인의 국민은행 예금계좌 ㉯에서 2001. 8. 1. 88,000,000원(현금)이 각 출금되었다.

② 피상속인은 2001. 7. 6. 피상속인 명의의 국민은행 정기예금을 해약하여 같은 날 출금된 위 350,000,000원을 마련하였다(위 350,000,000원이 피상속인의 배우자인 망 권○○(1963년 혼인신고, 2017. 9. 12. 사망)으로부터 유래하였다고 볼 증거는 없다).

③ 청구인이 2003. 12. 16. 위 아파트에 관하여 '2001. 7. 6. 매매'를 원인으로 한 소유권이전등기를 마쳤다.

④ 망 권○○은 '2001. 7. 6. 위 아파트에 관하여 분양계약을 체결하였고, 계약금 100,000,000원 및 중도금 250,000,000원을 2001. 7. 6. 선불하였고, 잔금 87,500,000원을 2001. 8. 1. 선불하였으며, 나머지 분양대금 57,832,637원을 할인받았다'는 내용의 메모를 자필로 작성하여 남겼다.

⑤ 피상속인의 국민은행 예금계좌 ㉮에서 350,000,000원이 출금된 날과 청구인이 위 아파트에 관하여 매매계약을 체결한 날이 같고, 피상속인의 국민은행 예금계좌 ㉮, ㉯에서 위 각 돈이 출금된 경위와 망 권○○의 메모 내용이 일치한다.

⑥ 피상속인의 국민은행 예금계좌 ㉯에서 출금된 위 88,000,000원은 망 권○○ 명의의 부동산을 매수한 최○○이 2001. 7. 18.과 2001. 7. 26.에 피상속인 명의의 위 예금계좌에 매매대금으로 입금한 돈 등으로 마련되었다.[16] 그러나 피상속인과 망 권○○의 혼인기간(망 권○○이 위 아파트를 매도한 2001. 7. 18.을 기준으로 할 때 37년이 넘는다), 위 부동산의 취득시기(망 권○○는 피상속인과 망 권○○의 혼인신고일인 1963. 12. 17.로부터 약 29년이 지난 1993. 10. 7. 위 부동산을 취득하였다) 등에 비추어 보면, 위 부동산은 피상속인과 망 권○○의 부부공동재산으로 볼 수 있고, 부부 간에는 증여, 공동생활의 편의, 가족을 위한 생활비 지급 등 여러 원인에 의하여 부부 중 일방 배우자가 타방 배우자 명의의 예금계좌에 일정한 금전을 입금하도록 할 수 있는데(대법원 2015. 9. 10. 선고 2015두41937 판결 등 참조), 위 매매대금이 일단 피상속인 명의의 예금계좌에 입금된 이상 이는 피상속인에게 귀속되었다고 보아야 한다. 그리고 위와 같은 경위로 피상속인 명의의 예금계좌에 입금되었던 금전 중 일부인 위 88,000,000원이 위 예금계좌에서 출금되어 청구인에게 전달된 경우, 최소한 청구인에 대한 관계에서 위 돈을 지급한 주체는 원칙적으로 피상속인이라고 봄이 타당하다.

⑦ 피상속인의 국민은행 예금계좌에서 위와 같이 각 출금된 돈이 망 권○○의 상속재산

16) 청구인은 이와 관련하여, '(부친인 권○○이 청구인에게 금전을 증여한 것으로 볼 수 있음은 별론으로 하고) 모친인 피상속인이 청구인에게 금전을 증여한 것은 아니다.'라는 취지로 주장하였다.

분할 과정 등에서 청구인의 특별수익으로 고려된 적이 없다(상대방은 2017. 12. 14. 서울남부지방법원 2017가단○○○○○○호로 청구인을 상대로 망 권○○의 상속재산과 관련하여 유류분 청구의 소를 제기하였다가 2018. 4. 23. 취하하였을 뿐이다).

⑧ 재판장이 2024. 8. 27. 청구인에게 '위 아파트의 분양대금의 자금 출처에 관한 증거를 제출하라'는 등의 석명준비명령을 하였으나, 청구인은 스스로 마련한 위 아파트의 분양대금 재원에 관하여 아무런 증명을 하지 못하고 있다.

4) 유의점

위 사례와 같이 피상속인이 2022년 사망하였는데, 그 명의의 계좌에서 공동상속인 중 1명의 명의 계좌로 직접 계좌이체가 이루어지지는 않았고, 2001년 피상속인 명의 계좌에서 일단 자기앞수표 또는 현금 등의 형태로 자금이 인출되었다는 점은 금융거래정보 제출명령 등과 같은 객관적인 증거에 의하여 뒷받침되는 상태에서, 위와 같이 피상속인의 사망일부터 수십 년 전에 인출된 자금이 상속인을 위하여 사용되었는지가 실질적인 쟁점이 되는 사례가 실무에서 종종 발생하고 있다.[17)]

이러한 사안에서는 재판부가 석명준비명령 등을 통하여 쌍방 당사자에게 중간단계의 자금흐름 등에 관하여 설명할 수 있는 기회를 충분히 제공한 다음, 제출된 주장 및 증거들을 토대로 하여 사실관계를 인정하고, 이에 상응하는 판단을 하는 것이 바람직하다고 생각한다.

5. 마무리

상속재산분할사건의 주된 심리대상은 수십 년에 걸쳐서 형성된 피상속인의 재산과 생활관계, 피상속인과 상속인들을 비롯한 관련자들 사이의 법률관계 등이기 때문에, (일반 민사사건과 비교하여 볼 때) 상당히 오래전 발생한 사실관계(예컨대, 수십 년 전의 명의신탁관계의 성립 여부, 사실혼 관계의 형성 여부 및 시점 등)까지 검토해야 하는 실무적인 부담이 있다. 같은 맥락에서, 해당 사건을 심리하면서 장기간에 걸친 계좌이체내역 및 경위, 특정 계좌에서 인출된 자금의 흐름 등에 대하여 실질적인 증거조사와 판단을 하게 되는 경우가 많다.

나아가 상증세법 관련 법리와 특별수익의 산정을 규율하는 법리가 동일하지 않기 때문

17) 서울고등법원 2023. 7. 25.자 2022브2136, 2137 결정(확정)의 경우, 망인(피상속인)이 아들(공동상속인) 명의로 부과된 증여세에 관하여, (자신의 계좌에서 바로 과세관청의 가상계좌로 이체하는 방식이 아니라) 망인의 계좌에서 일단 현금을 인출한 다음, 같은 날 그 현금 중 일부로 위 증여세를 대납하는 방식을 취하였기 때문에, 망인의 계좌에서 인출된 자금의 흐름에 대하여 실질적인 조사를 할 필요가 있었던 사안에 관한 것인데, 그 구체적인 사실관계 및 판단내용 등은 이에 관한 해설(Ⅱ. [6] 1. 상속재산분할사건의 특별수익 산정과 세무조사 및 과세처분의 상관관계 등에 관하여) 참조.

에, 담당 법원의 입장에서는 (과세관청의 계좌이체내역 확인조사가 선행되었는지와 관계없이) 양자간의 공통점과 차이점 등을 파악한 다음 필요한 범위 내에서 관련 계좌이체 내용 및 경위, 계좌에서 인출된 자금의 흐름 등에 대하여 충분한 증거조사를 할 필요가 있다. 이와 같이 장기간에 걸친 계좌이체내역 및 경위 등에 대한 검토 사례를 하나씩 축적하는 것은 상속재산분할사건이나 유류분반환청구사건 관련 실무에 다소간 도움이 될 수 있을 것이다.

〔7〕 상속에 관한 구(舊) 관습법과 규범통제

상위법우선의 원칙, 의회주권주의와 위헌법률심사제도에 대한 비교법적 검토

존경하는 헌법행정법연구회(가족법연구회) 회원들께

1. 이번에 출간되는 법원도서관의 '사법논집'에 제가 다음과 같은 논문을 게재하였습니다.

「김시철, "상위법우선의 원칙, 의회주권주의와 위헌법률심사제도에 대한 비교법적 검토 – 헌법 제107조 제1항의 '입법자보호기능'의 연혁과 형성배경 등을 중심으로 –", 사법논집(76), 사법발전재단(2023), 275–491」

2. 그 국문초록은 다음과 같습니다.

『사법절차에서는 '어떤 규범이 그 상위규범과 합치하는지 여부를 심사하는 규범통제'가 다양한 형태와 방식으로 이루어지는데, 그 중 하나의 유형인 위헌법률심사의 본질은 사법기관이 성문헌법에 근거한 권력분립원칙을 토대로 하여 의회의 법률제정에 관한 권한남용을 통제하는 것이다. 위헌법률심사제도는 '성문헌법의 존재'와 '법률에 대한 헌법의 우위'를 전제조건으로 하는 것으로서, 그 전제조건이 충족되는 상태에서 헌법적 차원의 예외규정이 없는 이상(스위스 연방헌법은 연방법률 등에 대한 위헌심사를 금지하는 명문의 예외규정을 두고 있다), 모든 사법절차에서 필요한 위헌법률심사가 이루어져야 한다. 성문헌법이 존재하는 국가의 모든 사법기관은 특별한 사정이 없는 이상 헌법의 최고규범성 및 상위법우선의 원칙 등과 같은 일반적인 법원칙을 준수할 의무가 있기 때문이다.

일반적인 법원칙이 적용되는 사법절차에서 이루어지는 규범통제는 Ⓐ 선행 상위규범(先行 上位規範)이 이미 존재하는 상태에서 후행 하위규범(後行 下位規範)이 이에 위배되는지를 심사하는 유형과 Ⓑ 후행 상위규범이 선행 하위규범에 배치되는지를 심사하는 유형으로 구별되는데, 원칙적으로 Ⓐ유형에는 상위법우선의 원칙이 적용되는 반면에, 후발적인 사정변경으로 인한 Ⓑ유형의 경우 신법우선의 원칙에 따라 규율되는 등 양자에 적용되는 법원칙이나 법적 효과 등이 동일하지 않다.

현 시점에서는 성문헌법이 있는 주요 국가에서 헌법의 최고규범성을 부정하는 견해를 발견할 수 없지만, 19세기 이전 프랑스를 비롯한 유럽 주요 국가에서는 성문헌법 제정 이후에도 위헌법률심사제도가 쉽게 도입되지 못하였다. 그 당시 지배적인 이념이었던 의회주권주의의 법리로 인하여 국민의 대표기관인 의회가 제정한 법률의 위헌여부를 사법기관이 심사한다는 것 자체가 허용될 수 없었기 때문이다.

영국의 경우 현재까지 의회주권주의의 전통을 유지하고 있을 뿐만 아니라 성문헌법도 존재하지 않기 때문에, 법원에서 위헌법률심사를 할 수 없다. 반면에, 영국으로부터 독립한 미국의 경우, 1803년 Marbury 판결로 대표되는 여러 판례를 통하여 종래 지배적 이념이었던 의회주권주의의 법리를 거부하면서, 헌법의 최고규범성에 기초한 권력분립 원칙 등을 토대로 법률의 위헌여부에 대해서까지 법원의 심사권한이 미친다는 점을 선언하는 등 역사적으로 대단히 혁신적인 사법판단을 하였다. 그 후 유럽대륙의 주요 국가들은 각국의 사정에 따라 헌법이 의회의 법률제정 권한을 제한할 수 있다는 새로운 법리를 반영하기 시작했다. 예컨대, 독일 국사재판소의 1925년 판결은 상위법우선의 원칙에 입각한 Marbury 판결의 법리를 충실히 반영한 것으로서, 헌법적 차원의 예외규정·특별규정이 없는 이상 모든 법원은 선행 상위규범인 헌법에 위배되는 후행 하위규범인 법률이 그 발효시점부터 원시적 무효(ex tunc)라는 사법적 판단을 해야 한다는 입장(Ⓐ유형에 관한 당연무효설의 입장)을 취하였다. 한편, 우리 헌법 제107조 제1항, 제111조 제1항 제1호 등과 유사한 헌법적 차원의 예외규정·특별규정을 통하여 '헌법을 심사기준으로 하는 법률에 대한 규범통제권한을 일반법원과 별도로 설치된 헌법재판소로 집중하는 현행 독일·오스트리아식 집중형 규범통제제도'의 경우, '의회가 제정한 법률의 권위가 일반법원에 의하여 무시당하는 것을 방지함으로써 입법자를 보호하는 기능'을 주된 목적으로 하는 것으로서, 포괄적인 사법권을 관장하는 일반법원의 위헌법률심사권을 제한하는 기능을 하고 있다. 다만, 프랑스나 오스트리아의 경우 헌법의 명문규정에 근거하여 헌법재판소의 위헌재판을 형성재판으로 파악하고 그 효력에 관하여 일반적인 법원칙의 예외에 입각한 '폐지무효설[원칙적으로 장래효(ex nunc), 예외적으로 미래효(pro futuro)의 구조]'을 취한다는 점을 명시하고 있는 반면에, 현행 기본법에 관련 예외규정을 두지 않은 독일의 경우 일반적인 법원칙에 입각하여 '기본법에 위배되어 제정된 법률은 원시적 무효라는 입장'에서 출발하되, 또 다른 중요한 헌법적 가치인 법적 안정성 등을 고려하여 관련 법률에 일정한 영역에 관한 위헌결정은 '장래효 또는 미래효'만을 발생한다는 규정을 두고 있다. 결국 의회의 법률제정 권한에 대하여 헌법적 차원에서 어떠한 통제장치를 인정할 것인지의 문제는 전통적인 의회주권주의의 법리를 어느 범위에서 어떠한 방식으로 제한할 것인지에 대한 헌법제정권자의 선택에서 출발하는 것이므로, 이에 관한 비교법적 검토를 위해서는 전통적인 해석방법론을 토대로 각국의 헌법 규정들을 구체적으로 살펴볼 필요가 있다. 나아가 고유한 제도가 아닌 우리 헌법상 위헌법률심사제도의 형성과정과 성격 등을 이해하기 위해서는 거기에 직·간접적으로 영향을 미친 주요 국가의 제도의 내용과 연혁 등을 검토해야 한다.

우리나라에서는 1945. 8. 15. 해방을 기점으로 위헌법률심사제도 도입에 관한 실질적 논의가 시작되었는데, 제헌헌법의 관련 규정들은 주요 국가의 법제도와 운영실태 등에 대한 학계와 실무의 검토를 거쳐 형성된 역사적인 산물이다. 그 후 여러 차례의 헌법 개정을 거쳐 형성된 현행헌법 제107조 제1항 등에 따른 헌법재판소 제도는 '입법자보호기능'을 주된 목적으로 한 것으로서, 현행헌법 및 헌법재판소법 관련 규정들의 경우 원칙적으로 현행헌법의 시행일 이후 제정된 법률이 현행헌법에 위배되는지가 재판의 전제가 되는 사안에 관한 Ⓐ유형 규범통제를 위하여 설계된 것이다. 위헌법률심사의 대상적격에 관한 주요 국가의 제도를 살펴보면, 원칙적으로 의회가 제정하는 형식적 의미의 법률만이 그 심사대상이 되고, 조약 또는 이에 관한 동의법률 등과 같이 일반적으로 의회의 의결이 효력발생의 요건이 되는 규범의 경우 대체로 그 대상적격이 인정되지만, 자국(自國)의 의회가 그 형성 내지 효력유지과정 등에 관여하지 않는 규범에 대하여 대상적격을 인정하는 경우는 발견하기 어렵다. 또한 독일의 일부 영역에 관한 법규명령 등과 같이 그 형성과정에 의회가 관여하기는 하지만 법률의 형식을 갖추지 않은 규범의 경우 그 대상적격이 인정되지 않는다. 이처럼 위헌법률심사의 대상적격과 관련하여, 해당 규범의 형성 내지 효력유지과정 등에 의회가 관여하는 것을 '필요조건'이라고 할 수 있지만, 거기에 의회가 관여하였다는 사정만으로 '충분조건'이 구비된다고 볼 수는 없다. 한편, 프랑스의 '국제법을 심사기준으로 하는 법률에 대한 규범통제'에서 알 수 있듯이 법률에 대한 규범통제가 곧 법률에 대한 위헌심사를 의미하는 것은 아니고, 독일 기본법 공포 이전에 시행된 '제헌 이전 법률'에 대한 Ⓑ유형 위헌심사에서 보는 바와 같이 집중형 규범통제제도를 채택한 나라에서도 법률의 위헌여부에 관한 모든 결정권한이 헌법재판소에 귀속되지는 않고, 일반법원이 사정변경의 원칙에 기초한 신법우선의 원칙에 따라 규범통제권한을 행사하는 경우도 있다. 나아가 유럽연합법 등에 대한 규범통제에 관한 오스트리아와 독일의 사례와 같이, 그 제정과정에 자국의 공권력행사기관이 직접 관여하지 않는 규범의 경우 예외적인 재판관할권을 가지는 헌법재판소의 규범통제 대상적격이 인정되지 않고, 이에 관한 규범통제권한은 포괄적인 사법권을 관장하는 일반법원에 귀속된다. 즉, 집중형 규범통제제도를 채택한 주요 국가들에서도 이른바 '입법사항'을 규율하는 모든 규범에 대한 규범통제권한이 헌법재판소에 전속되는 것은 아니다.

이러한 비교법적 검토에 비추어 볼 때, 현행헌법 제107조 제1항 등과 관련하여 현행헌법 시행 이전에 성립한 관습법이나 우리 제3공화국 헌법의 시행 당시 제정된 법률이 현행헌법에 위배되는지에 관한 Ⓑ유형 규범통제권한을 헌법재판소가 행사할 수 있다는 판례의 타당성에 대하여 신중한 재검토가 필요하다. 전자의 경우 그 형성 내지 효력유지과정 등에 우리 국회가 전혀 관여하지 않는 규범이고, 그 제정당시부터 일반법원의 위헌심사 대상이었던 후자의 경우 그 규범적 위상과 성격이 사후적으로 격상(格上)되었다고 볼 수 있는 헌법적 근거가 없기 때문이다. 나아가 양자에 대하여 이루어지는 위와 같은 Ⓑ유형 규범통제는 위 제107조 제1항 등의 주된 목적인 '입법자보호기능'과 아무런 관련이 없고, 이러한 Ⓑ유형 규범통제가 현행헌법 시행 이전에 완료되어 이미 효력을 발생한 당해사건의 법률관계에 영향을 미치는 경우 중요한 헌법적 가치인 법적 안정성을 현저하게 훼손하는 결과를 초래한다. 그러므로 이에 관한 헌법재판소의 결정에 대하여 위와 같은 범위까지의 소급적 효력을 인정하는 것은 법리적으로 허용될 수 없고, 그 결정이 당해사건과 관련하여 당사자의 권리를 실효성 있게 구제하는 방법이 될 수도 없다.

우리 위헌법률심사제도가 위 제107조 제1항 등의 규정취지 및 일반적인 법원칙과 조화되면서도 실효성 있는 권리구제방법으로 활용되기 위해서는 이를 뒷받침할 수 있는 학계와 실무의 심도 있는 연구·검토가 필요하다고 생각한다.』

3. 상속에 관한 구(舊) 관습법이 위헌법률심판제청의 대상이 된다는 헌법재판소 2013. 2. 28. 선고 2009헌바129 전원재판부 결정, 헌법재판소 2016. 4. 28. 선고 2013헌바396 등 전원재판부 결정이 선고된 이후 그 법리적 타당성에 대하여 의문을 가지고 있었는데, 2022. 2.부터 서울고등법원에서 가사사건과 민사사건 중 상속이나 유류분 사건 등을 전담하는 재판부를 담당하게 되면서 이에 대하여 좀 더 연구를 해 보아야겠다고 생각했습니다. 그러던 중 2022. 3. 대학 시절 은사이신 고 김철수 교수님의 별세 소식을 듣고, 평소 존경하던 고인을 추모하는 의미에서 교수님의 「위헌법률심사제도론」(고인의 박사학위 논문을 토대로 한 저서로 알고 있습니다)을 비롯한 관련 문헌들을 읽으면서 이에 관한 연혁적·비교법적 검토를 먼저 정리하였고, 이를 토대로 관습법 등의 대상적격에 대하여 정리하였습니다.

다행히 구 관습법의 적용과 관련된 사건이 우리 재판부에 배당되기 전에 쟁점에 관한 연구·검토를 일단락할 수 있었는데, 다만 제 능력이 부족하여 관련 내용을 짧게 요약하지 못하는 바람에 부득이 상당한 분량의 논문이 되었습니다. 그래서 관심이 있는 분들에 대하여, 논문의 앞 부부분인 '1. 들어가면서'와 '2. 문제의 제기' 부분을 보시고, 마지막 부분인 '6. 다. 3) 제헌헌법 시행 이전에 성립한 관습법의 위헌여부에 대하여'와 '7. 마치면서' 부분을 먼저 읽어 보실 것을 권장합니다[가독성(可讀性) 등을 고려하는 경우, (논문 전체를 한 번에 읽는 것에 비하여) 중간 부분 중 필요한 내용을 나중에 골라서 읽어 보시는 것이 더 나을 것으로 생각합니다]. 헌법재판소 결정 등 기존 판례의 문제점을 정면으로 지적하는 논문이기 때문에 연혁적·비교법적 측면이나 법리적 측면에서 제 주장을 뒷받침하는 근거와 논거 등을 충분히 정리할 필요가 있었는데, 중간 부분은 이러한 근거와 논거 등을 비교적 자세하게 정리한 부분입니다.

실무적으로나 법리적으로 실질적인 쟁점이 될 수 있는 내용으로서 관심을 가지는 회원들이 있을 것 같아서, PDF 파일을 첨부파일로 게시합니다.

관심이 있는 회원들에게 참고가 되었으면 합니다.

김시철 올림

1

상위법우선의 원칙, 의회주권주의와 위헌법률심사제도에 대한 비교법적 검토

— 헌법 제107조 제1항의 '입법자보호기능'의 연혁과 형성배경 등을 중심으로 —

[목 차]

4. 1948. 7. 17. 공포된 제헌헌법의 제정과정과 그 공포 전후의 규범통제 등
   가. 일제강점기 당시의 식민지 조선에 대한 법제정책의 규범체계 등
      1) 식민지 대만에 대한 법제정책
      2) 식민지 조선에 대한 법제정책
   나. 해방 이후 제헌헌법 시행 이전까지의 규범체계 등
   다. 제헌헌법 시행 이전에 미군정청 소속 법원에서 이루어진 규범통제
      1) 조선총독이 제정한 조선민사령에 대한 규범통제
      2) 대한제국 법령에 대한 규범통제
      3) 해방 이후 미군정 당시에 이루어진 구법령에 대한 규범통제의 성격 등
   라. 1948. 7. 17. 공포된 제헌헌법과 위헌법률심사제도
      1) 제헌헌법 중 위헌법률심사제도 관련 규정 등
      2) 제헌헌법 시행 당시의 규범통제 사례 등
      3) 소결론
5. 제2공화국 내지 제5공화국 헌법 시행 당시의 위헌법률심사제도
   가. 제2공화국 헌법(1960. 6. 15.)의 위헌법률심사제도
      1) 제2공화국 헌법재판소에 관한 헌법과 법률 규정 등
      2) 사례 2-1, 2-2에 대한 검토
      3) 구법령에 대한 규범통제에 대한 검토
      4) 소결론
   나. 5·16 쿠데타 및 제3공화국 헌법의 위헌법률심사제도 등
      1) 1962. 12. 26.자 제5차 개정헌법의 시행(1963. 12. 17.) 이전 상황
      2) 제3공화국 헌법개정 등
   다. 제4, 5공화국 헌법의 위헌법률심사제도 등
      1) 제4공화국 헌법의 시행 당시 법률에 대한 위헌심사제도
      2) 제5공화국 헌법의 시행 당시 법률에 대한 위헌심사제도
6. 현행헌법(1987. 10. 29.자)의 위헌법률심사제도
   가. 헌법규정 및 헌법재판소법의 관련 규정
      1) 헌법 중 관련 규정
      2) 헌법재판소의 법률에 대한 위헌결정의 효력 등에 관한 규정 등
   나. 사례 6-1, 6-2, 6-3, 6-4에 대한 법리적 검토
      1) 현행헌법의 시행 이후 제정된 법률에 더한 위헌심사(사례 6-3, 6-4)
      2) 제3공화국 당시 제정된 법률에 대한 위헌심사(사례 6-1)
      3) 제4공화국 당시 제정된 법률에 대한 위헌법률심사(사례 6-2)
   다. 현행헌법의 시행 이후 실무사례에서 발생한 문제점 등
      1) 현행헌법의 시행 이후 제정된 법률에 대한 위헌심사
      2) 제3공화국 헌법의 시행 당시 제정된 법률에 대한 위헌심사 실무사례
      3) 제헌헌법 시행 이전에 성립한 관습법의 위헌여부에 대하여
7. 마치면서

1. 들어가면서

모든 사법절차에서 원칙적으로 법적용 내지 법해석에 관한 일반원칙인 '상위법우선의 원칙'이 적용되어야 한다는 점에 대해서는 학설상 이견(異見)이 없다. 위헌법률심사제도는 사법기관이 「법률이 헌법에 합치되는가의 여부를 심사하여 헌법에 위배된다고 생각하는 경우 그 효력을 상실케 하거나 그 법률의 적용을 거부하는 제도」를 말하므로,[1] 상위법우선의 원칙 등 일반적인 법원칙을 반영한 법제도라고 할 수 있다.

한편 규범통제는 '어떤 규범이 그 상위규범과 합치하는지 여부를 심사하는 것'으로서, 구체적인 법적 분쟁과 관계없이 행하여지는 '추상적 규범통제'[2]와 해당 규범에 대한 심사가 구체적인 사건의 해결에 전제가 되기 때문에 개별 사건과 연관되어 행해지는 '구체적 규범통제'로 대별할 수 있다.[3] '넓은 의미의 구체적 규범통제'의 경우 각급 법원이 구체적인 법적 분쟁의 해결에 전제가 되는 하위규범의 상위규범 합치 여부를 부수적 규범통제방식으로 심사하는 '미국식 분산형 규범통제제도'와 개별 사건의 해결을 위한 일정한 유형의 규범통제를 일반법원[4]이 아닌 헌법재판소 등에서 집중적으로 담당하는 '독일·오스트리아식 집중형 규범통제제도' 등을 포괄하는 것으로서, 해당 하위규범이 그 규율영역에 효력을 미침으로 인하여 상위규범과 상충되는지는 사법절차에서 구체적으로 어떠한 사실이 인정되는지 등에 좌우된다.[5]

현행헌법은 제101조에서 "사법권은 법관으로 구성된 법원에 속한다(제1항). 법원은 최고

---

1) 김철수, 위헌법률심사제도론, 학연사(1983), 3.

2) 김환학, 독일 연방헌법재판소의 추상적 규범통제, 헌법재판소 헌법재판연구원(2018), 4에 의하면, 추상적 규범통제라는 표현은 Friesenhahn이 1932년 발간한 Handbuch des Deutschen Staatsrecht(Band Ⅱ, S. 523. 526)에 '구체적 사건과 별개로 이루어지는 규범의 효력에 대한 법관의 결정'이라는 의미로 처음 나타났다고 한다. 독일에서 (연방헌법재판소가 아닌) 고등행정법원이 [1949. 5. 23. 공포된 독일 연방공화국기본법(이하 '기본법'이라 한다) 규정에 근거한 것이 아니라] 행정법원법 제47조 등에 근거하여 헌법 및 법률 등을 심사기준으로 '특정 사항에 관한 법규명령(Rechtsverordnung) 등 법률의 하위규범'에 대하여 행하는 추상적 규범통제제도에 관하여는 박정훈, "행정입법에 대한 사법심사 – 독일법제의 개관과 우리법의 해석론 및 입법론을 중심으로 –", 행정법연구 11호, 행정법이론실무학회(2004), 132–139; 이상덕, "독일 행정법원법에서의 법규명령에 대한 추상적 규범통제", 재판자료(124), 319–394 등 참조.

3) K. Hesse, Grundzuge des Verfassungsrechts der BRD, 14. Aufl. C.F. Muller(1984), Rn. 680[조병훈, "위헌법률심판제청의 요건", 재판자료(76), 185에서 재인용함]. 양자에 관한 설명으로는 손상식, "헌법재판과 명령·규칙에 대한 규범통제", 박사학위 논문, 연세대학교 대학원(2011), 20–22 참조. 양자의 공통점과 차이점 등에 관한 독일에서의 논의에 관하여는 김환학(주 2), 26–27 참조.

4) 이 논문에서는 '일반법원'을 헌법재판소 내지 헌법위원회가 아닌 사법기관을 의미하는 것으로서, 프랑스의 사법법원이나 행정재판소, 독일의 통상법원, 행정법원 및 이와 유사한 기능을 하는 모든 사법기관을 포괄하는 의미로 사용한다.

5) 이부하, "위헌법률심판제청시 이유제시의무 – 독일연방헌법재판소 판결을 분석하며 –", 공법연구 34권 3호, 한국공법학회(2006. 2.), 281.

법원인 대법원과 각급법원으로 조직된다(제2항).' 라고 규정하고, 제103조에서 "법관은 헌법과 법률에 의하여 그 양심에 따라 독립하여 심판한다."라고 규정하고 있다. 위 헌법규정들은 우리 헌법이 국가권력의 남용을 방지하고 국민의 자유와 권리를 확보하기 위한 기본원리로서 채택한 삼권분립주의의 구체적 표현으로서, 일체의 법률적 쟁송을 심리 재판하는 작용인 사법작용은 '헌법 그 자체에 의한 유보가 없는 한' 오로지 대법원을 최고법원으로 하는 법원만이 담당할 수 있다는 것을 의미한다.[6] 한편 법원은 전통적으로 재판절차를 통하여 법적 분쟁을 해결하는 것을 주된 업무로 하여 왔고, 민주국가의 사법권은 개인의 기본권을 보장하는 헌법을 토대로 하여 행사되어야 하므로, 법원은 항상 업무의 정당성(legitimacy)을 추구해야 한다.[7] 따라서 우리 헌법하에서는 일반적인 법원칙이 적용되는 모든 사법절차에서 필요한 경우 원칙적으로 넓은 의미의 구체적 규범통제가 이루어져야 한다. 사법기관이 구체적인 분쟁해결절차에서 상위규범에 배치되는 하위규범을 적용하는 경우, 헌법상 법치주의 원칙에 위배되는 등 현저하게 부당한 결과를 초래하기 때문이다.

위헌법률심사제도는 '성문헌법의 존재'와 '법률에 대한 헌법의 우위'를 전제조건으로 한다. 위 제도에 관하여 심사기준이 될 수 있는 성문헌법의 존재가 전제되어야 할 뿐만 아니라, 헌법과 법률이 서로 충돌하는 경우 헌법이 우선한다는 원칙을 토대로 하는 경우에만 법률이 헌법의 구속을 받고, 법률에 대하여 헌법이 관철될 수 있기 때문이다.[8] 또한 어떤 법제도에 대하여 헌법적 검토를 하는 경우 ㉮ 헌법상 명문규정과 ㉯ 각 명문규정들에 대한 종합적 검토 및 구체적인 논증 등을 통하여 도출될 수 있는 헌법원칙만이 위헌법률심사제도의 심사기준이 될 수 있고,[9] 어떤 법률이 헌법상 기본권을 구현하기 위한 것이라고 하더라도,

---

6) 헌재 1995. 9. 28. 선고 92헌가11 등 전원재판부 결정 참조.

7) 김시철, "우리 나라와 미국의 민사소송제도에 대한 비교법적 분석 – 사실발견절차(Fact–finding) 및 이에 대한 민사소송법 개정안을 중심으로 –", 재판자료(89), 403.

8) 한수웅, 헌법학(12판), 법문사(2022), 1402 참조. 다만 한수웅은 위 2가지 전제조건을 (위헌법률심사제도가 아닌) '법률에 대한 규범통제'의 전제조건으로 기술하고 있는데, 이는 법리적 측면에서 정확한 설명이라고 보기 어렵다. 아래 3. 다. 1) 기재에서 보는 바와 같이 프랑스 제5공화국 헌법의 바로 다음 단계에 위치하는 규범은 (법률이 아니라) 국제법이고, 각 규범의 위계를 설정하는 것은 헌법제정권자의 선택에 좌우되는 것으로서, 프랑스의 '국제법을 심사기준으로 하는 법률에 대한 규범통제'의 사례와 같이 '성문헌법을 심사기준으로 하지 않는 법률에 대한 규범통제제도'가 존재하기 때문이다.

9) ㉮ 헌법상 명문규정과 ㉯ 각 명문규정들에 대한 종합적 검토 및 구체적인 논증 등을 통하여 도출될 수 있는 헌법원칙만이 위헌법률심판의 심사기준이 될 수 있는데, 수사단계에서 한번 체포·구속되었던 사람을 재체포·재구속하는 경우 반드시 최초의 체포·구속사유에 일정한 요건이 가중되어야 한다는 청구인 주장과 같은 내용의 헌법상 명문규정은 없고, 설령 청구인의 주장과 같이 피의자 등에 대한 재구속의 요건 등을 가중하는 것이 헌법 제27조의 '공정한 재판을 받을 권리' 및 '무죄추정의 원칙' 등을 이어받아 이를 '법률적 차원'에서 구현할 수 있는 성질의 것이라고 하더라도, 이러한 사정만으로 청구인이 주장하는 내용의 '헌법원칙'이 존재한다고 볼 수는 없다고 판시한 헌재 2003. 12. 18. 선고 2002헌마593 전원재판부 결정 등 참조. 이에 대한 평석으로는 김시철, "형사소송법 제201조 제1항 위헌확인 – 피의자에 대한 구속영장청구 등에 관련된 입법형성권의 한계 –", 헌법재판소결정해설집(2003년), 헌법재판소(2004), 895–924.

그러한 사정만으로 그 법률에 규정된 내용이 바로 헌법원칙이 될 수는 없으며,[10] 헌법적 차원의 비교법적 검토과정에서는 각국 헌법규정의 공통점 및 차이점 등을 염두에 두어야 한다.[11] 나아가 헌법을 심사기준으로 하는 법률에 대한 규범통제뿐만 아니라, 헌법 및 법률을 심사기준으로 하는 명령·규칙에 대한 규범통제(헌법 제107조 제2항 등 참조), 법률을 심사기준으로 하는 주식회사의 규정[12]이나 정관,[13] 법인의 취업규칙[14] 등과 같은 자치규범에 대한 규범통제 등도 모두 넓은 의미의 규범통제에 속하므로, 위헌법률심사제도는 다양한 규범통제 중 하나의 유형이라고 할 수 있다.[15]

---

10) 예컨대, 국회가 헌법상 기본권인 '공정한 재판을 받을 권리' 등을 구현하기 위하여 법에서 '전문법칙'을 채택하였다는 이유만으로 이러한 '전문법칙' 자체가 바로 '헌법원칙'이 될 수 없다고 판시한 헌재 1995. 6. 29. 선고 93헌바45 전원재판부 결정 참조.

11) 김시철, "언론·출판의 자유와 인격권의 대립과 조화에 대한 비교법적 검토 – 미국의 언론·출판의 자유에 관한 우월적 지위이론, 현실적 악의 원칙 등에 관하여 –", 저스티스 통권 147호, 한국법학원(2015), 57 참조.

12) 정리회사(원고)가 상장폐지결정 무효확인을 구하는 민사소송에서, 주식회사 한국증권선물거래소(피고)가 구 증권거래법에 따라 제정한 유가증권상장규정(이하 '상장규정'이라고만 한다)은 대외적인 구속력을 가지는 법규명령이라고 볼 수는 없고 약관의 성질을 갖는 것이라 할 수 있지만, 상장규정은 법률의 규정에 근거를 두고 상장법인 내지 상장신청법인 모두에게 당연히 적용되는 규정으로서 실질적으로 규범적인 성격을 가지고 있음을 부인할 수 없는데, 관련 법률의 규정에 비추어 볼 때 상장규정의 특정 조항이 비례의 원칙이나 형평의 원칙에 현저히 어긋남으로써 정의 관념에 반한다거나 다른 법률이 보장하는 상장법인의 권리를 지나치게 제약함으로써 관련 법률의 입법 목적이나 취지에 반하는 내용을 담고 있다면 그 조항은 위법하여 무효라고 보아야 한다고 판시한 대법원 2007. 11. 15. 선고 2007다1753 판결 등 참조.

13) 상법 제335조 제1항은 주식은 타인에게 이를 양도할 수 있고, 다만 주식의 양도는 정관이 정하는 바에 따라 이사회의 승인을 얻도록 할 수 있다고 규정하고 있지만, 그러한 상법 제335조 제1항 단서는 주식의 양도를 전제로 하고, 다만 이를 제한하는 방법으로서 이사회의 승인을 요하도록 정관에 정할 수 있다는 취지이지 주식의 양도 그 자체를 금지할 수 있음을 정할 수 있다는 뜻은 아니기 때문에, 정관의 규정으로 주식의 양도를 제한하는 경우에도 주식양도를 전면적으로 금지하는 규정을 둘 수는 없다고 판시한 대법원 2000. 9. 26. 선고 99다48429 판결 등 참조.

14) 한국전자기술연구원(피고)의 퇴직자(원고)가 위 연구원을 상대로 미지급 임금을 청구한 민사소송에서, 성과연급제와 임금피크제를 규정한 피고의 취업규칙은 구 「고용상 연령차별금지 및 고령자고용촉진에 관한 법률」 제4조의4 제1항을 위반하여 합리적인 이유 없이 제2호의 영역에서 연령을 이유로 차별을 하는 내용이므로 효력이 없다는 취지로 판단한 대법원 2022. 5. 26. 선고 2017다292343 판결 등 참조.

15) 손상식(주 3), 43–62는 '헌법이 제107조 제1항에서 법률에 대한 규범통제를, 제107조 제2항에서 명령·규칙에 대한 규범통제를 각각 규정하면서 양자의 관할권을 달리 정한 것은 문제이고, 규범통제의 일원화라는 관점에서 오스트리아의 경우처럼 헌법재판소가 법률뿐만 아니라 법규명령에 대해서도 규범통제를 행하는 입법론이 가장 합리적이다.'라는 취지로 주장한다.

그러나 ① 헌법 제107조 제1항, 제2항이 사법절차에서 이루어지는 다양한 규범통제를 망라적(網羅的)으로 규율하는 것이 아니고, 단지 그중 일부 유형만 규율하고 있는 점, ② ㉮ 헌법 제107조 제1항은 법리적으로 법률에 대한 규범통제를 전부 규율하는 것이 아니고, 그중 일부에 해당하는 법률에 대한 위헌심사만을 규율하고 있는 점(아래 3. 다. 1) 기재와 같이 프랑스에서는 '헌법을 심사기준으로 하는 법률에 대한 규범통제'와 '국제법을 심사기준으로 하는 법률에 대한 규범통제'를 분명하게 구별하고 있다), ㉯ 아래 3. 다. 2) 나) 기재와 같이 오스트리아 헌법재판소는 상대적으로 넓은 범위에서 규범통제를 하고 있지만, 그럼에도 불구하고 정당하게 공포되지 않는 법률과 법규명령(즉, 협의의 형이와 같이 다양한 유형의 규범통제에 관하여 헌법적 차원의 예외규정·특별규정이 존재하지 않는 이상 일반적인 법원칙이 적용되는데, Ⓐ 선행 상위규범(先行 上位規範)이 이미 존재하는 상태에서 후행 하위규범(後行 下位規範)이 이에 위배되는지를 심사하는 유형의 규범통제와 Ⓑ 후행 상위규범이 선행 하위규범에 배치되는지를 심사하는 유형의 규범통제를 구별할 필요가 있다. 양자 모두 하위규범이 상위규범에 합치하는지에 대한 심사를 해야 하므로 규범통제에 해당함은 분명하지만, 양자에 적용되는 법원칙이나 법적 효과 등은 동일하지 않기 때문이다.[16)]

예컨대, Ⓐ유형 규범통제는 전형적으로 상위법우선의 원칙이 적용되는 유형으로서, 특별한 사정이 없는 이상 선행 상위규범에 위배되는 해당 하위규범은 그 발효시점부터 원시적

식적 하자가 있는 법률과 법규명령)에 대해서는 일반법원이 부수적 규범통제를 하는 등 헌법상 헌법재판소의 권한으로 규정되지 않는 다른 유형의 규범통제들이 존재할 뿐만 아니라, 법규명령이 (헌법을 위반한 것은 아니고) 단순히 법률을 위반한 경우에도 (일반법원이 아니라) 헌법재판소가 규범통제를 행하는 오스트리아의 제도가 입법론적으로 합리적인지에 대해서도 의문이 제기될 수 있기 때문에[이탈리아, 스페인, 포르투갈 등과 같은 나라에서는 법규명령을 위헌제청 대상으로 삼고 있지만 [한수웅(주 8), 1408 참조], 영국, 미국, 캐나다, 스위스, 프랑스, 독일, 일본 등 이 논문에서 검토하는 주요 국가들은 모두 법규명령의 위헌·위법여부에 관한 규범통제를 일반법원에서 하고 있다], 위 주장의 타당성에 대해서는 신중한 재검토가 필요하다.

16) 박일환, "법률의 잠정효와 위헌심사(상)", 법률신문 1825호(1989), 10은 독일 기본법을 심사기준으로 하고 법률의 위헌여부를 심사대상으로 하는 Ⓑ유형 구체적 규범통제 문제를 '구법(舊法)의 잠정효(暫定效) 문제'로 파악하면서, 이에 관하여 "제헌전 법률이 그 뒤 제정된 헌법과 합치하는지 여부에 관하여 심사를 한다는 것은 우선 그 법률의 원천적인 법적 효력이 전제되어야만 한다. 말하자면 그 법률이 우선 제헌 후에도 계속 법률로서의 자격을 부여받고 난 후에야 비로소 그 법률의 내용이 헌법과 합치하는지 여부에 대한 심사가 가능하다는 것이다. 만일 위와 같은 자격부여가 부인된다면 이것은 종전 입법자의 권위를 손상하는 것이 아니라 단순히 나중 입법자의 의사가 종전 입법자의 의사보다 우선한다는 것을 객관적으로 확인하는 것에 불과한 것이다. 따라서 그보다 높은 단계의 규범(여기서는 기본법을 의미)에서 그와 같은 것이 규정되었다 하더라도(잠정효에 관한 규정을 뜻한다) 종전 규정이 나중의 규정과 합치하는지 여부에 관한 문제에 대해서는 아무런 의미를 가지지 않는 것이다. 일반법원에서 종전법률의 잠정효 여부에 대하여 심사할 권한이 있는지의 문제는 말하자면 구법과 신법의 충돌에 관한 문제라 할 수 있는 것이지 위헌법률심사의 문제는 아니다(BVerfGE 2124). 앞서 본 바와 같이 제헌 전 법률은 구체적 규범통제의 대상이 되지 아니하므로 일반법원에서 잠정효 문제와 이에 나아가 위헌여부 문제까지도 심사 결정할 수 있는 것이다."라고 설명하고 있다. 이러한 설명은 독일에서 이루어지는 연방헌법재판소의 '제헌 이후 법률'에 대한 Ⓐ유형 규범통제와 일반법원의 '제헌 이전 법률'에 대한 Ⓑ유형 규범통제가 법리적으로 구별된다는 점을 지적하고 있다는 점에서 타당하다. 다만 이 논문에서는 김철수(주 1), 3의 개념정의에 따라 위헌법률심사제도를 사법기관이 「법률이 헌법에 합치되는가의 여부를 심사하여 헌법에 위배된다고 생각하는 경우 그 효력을 상실케 하거나 그 법률의 적용을 거부하는 제도」로 파악하고 있는데, 이러한 개념정의에 의하면 후행 상위규범인 독일 기본법(新法)을 심사기준으로 하여 이루어지는 선행 법률(舊法)에 대한 Ⓑ유형 규범통제는 당연히 위헌법률심사에 포함되고, 후행 법률을 심사기준으로 하는 선행 행정입법에 대한 Ⓑ유형 규범통제도 사법기관이 해당 행정입법의 적용을 거부할 수 있다는 점에서 규범통제에 해당하게 된다[이 논문 (주 18) 참조]. 그러므로 아래에서는 Ⓑ유형 규범통제에 적용되는 법원칙이나 법적 효과 등이 Ⓐ유형 규범통제의 경우와 상이하다는 점을 전제로 하여, 위 2가지 유형을 모두 규범통제의 범주에 포함시켜서 검토한다.

무효(原始的 無效, ex tunc)로 보아야 하고, 후행 하위규범을 토대로 형성된 법률관계 역시 법적 근거가 상실되어 무효로 취급되어야 한다.[17]

반면에, Ⓑ유형 규범통제는 '후행 상위규범의 발효(시행)'라는 후발적 사정변경(後發的 事情變更)이 원인이 된 것으로서 원칙적으로 신법우선의 원칙에 따라 규범통제의 효과가 결정된다. 즉, 사법기관이 규범통제를 통해 선행 하위규범이 후행 상위규범에 배치된다고 파악하는 경우,[18] 다른 특별한 사정이 없는 이상 그 선행 하위규범은 (선행 하위규범의 발효시점이 아

17) 앞서 본 한국증권선물거래소의 유가증권상장규정에 관한 대법원 2007. 11. 15. 선고 2007다1753 판결, 주식회사 정관에 대한 대법원 2000. 9. 26. 선고 99다48429 판결, 취업규칙에 관한 대법원 2022. 5. 26. 선고 2017다292343 판결 등의 판시내용은 모두 Ⓐ유형 규범통제와 관련된 것이다.

18) 예컨대, ㉠ 구 소득세법 제89조 제1항 제3호(2016. 12. 20. 법률 제14389호로 개정되고, 2021. 12. 8. 법률 제18578호로 개정되기 전의 것)는 '가액이 대통령령으로 정하는 기준을 초과하는 고가주택'은 비과세대상에서 제외한다는 취지로 규정하고 있었고, 그 위임을 받은 선행 하위규범인 구 소득세법 시행령 제156조 제1항(2014. 2. 21. 대통령령 제25193호로 개정되고 2022. 2. 15. 대통령령 제32420호로 개정되기 전의 것)은 "법 제89조 제1항 제3호 각 목 외의 부분에서 '가액이 대통령령으로 정하는 기준을 초과하는 고가주택'이란 주택 및 이에 딸린 토지의 양도당시의 실지거래가액의 합계액[1주택 및 이에 딸린 토지의 일부를 양도하거나 일부가 타인 소유인 경우에는 실지거래가액 합계액에 양도하는 부분(타인 소유 부분을 포함한다)의 면적이 전체주택면적에서 차지하는 비율을 나누어 계산한 금액을 말한다]이 9억 원을 초과하는 것을 말한다."라고 규정하고 있었는데, ㉡ 후행 상위규범인 소득세법 제89조 제1항 제3호(2021. 12. 8. 법률 제18578호로 개정된 것, 부칙 제1조 제3호에 따라 그 시행일은 공포한 날인 2021. 12. 8.이다)는 "다음 각 목의 어느 하나에 해당하는 주택(주택 및 이에 딸린 토지의 양도 당시 실지거래가액의 합계액이 12억 원을 초과하는 고가주택은 제외한다)과 이에 딸린 토지로서 건물이 정착된 면적에 지역별로 대통령령으로 정하는 배율을 곱하여 산정한 면적 이내의 토지(이하 이 조에서 '주택부수토지'라 한다)의 양도로 발생하는 소득"이라고 규정하였다(후행 법률의 내용을 반영한 소득세법 시행령 제156조 제1항의 개정은 2022. 2. 15. 대통령령 제32420호로 이루어졌고, 같은 날 시행되었으므로, 2개월 이상 시행령 개정이 지연되었다).

이와 같이 ㉠ 종래 고가주택 양도의 범위를 규율하던 2021. 12. 7. 이전의 구 소득세법 시행령 규정(선행 하위규범)이 ㉡ 2021. 12. 8. 사후적으로 개정된 소득세법의 규정(후행 상위규범)에 배치되는 상황이 발생한 경우, 선행 하위규범은 후행 상위규범의 발효시점인 2021. 12. 8.부터 실효된 것으로 보아야 하지만[2021. 12. 8.부터 개정 시행령 제156조 제1항의 발효시점인 2022. 2. 15. 이전까지 이루어진 12억 원 이하의 주택양도의 경우도 신법우선의 원칙 등에 따라 고가주택의 양도에 해당한다고 볼 수 없으므로 이는 비과세대상이 될 수 있고, '후행 상위규범의 발효'라는 후발적 사정변경(後發的事情變更)이 '선행 하위규범의 실효'라는 법적 효과를 바로 발생시킨 것으로서 시행령 자체의 개정이 이루어지기 이전에도 실효의 법적 효과가 발생한다는 점에서 규범통제의 성격을 가진다], 과세관청이 그 실효시점 이전에 완료된 9억 원 초과 12억 원 이하의 주택양도를 구 소득세법 시행령 규정(선행 하위규범)에 따라 고가주택 양도로 파악하는 것은 적법하고, 설령 과세관청의 부과처분이 2021. 12. 8. 이후에 이루어졌다고 하더라도, 위 주택양도가 2021. 12. 7. 이전에 이미 완료된 이상 위와 같은 부과처분은 적법·유효하다. 즉, 후행 상위규범(2021. 12. 8. 개정 소득세법)이 선행 하위규범(2022. 2. 15. 개정 이전의 소득세법 시행령)과 배치된다는 사정만으로는 선행 하위규범이 2021. 12. 7.까지 규율하던 종래 법률관계가 위법하게 되지는 않는다(이러한 법리에 관하여 대법원 2021. 10. 28. 선고 2019두39635 판결은 "법령이 제정되거나 개정되면 그 법령은 장래의 행위에 대하여만 적용되는 것이 원칙이다. 따라서 법령이 제정되거나 개정되기 전에 이루어진 행위는 특별한 사정이 없는 한 그 행위 당시 시행되던 법령에 의하여 규율된다. 이러한 법리는 조세법령의 경우에도 마찬가지이다. 즉 조세법령이 폐지 또는 개정되더라도 그 전에 이미 완성된 과세요건사실에 대하여는 별도의 규정이 없는 한 종전의 법령이 계속 적용되고, 새로 제정되거나 개정된 법령은 조세법령 불소급의 원칙 또

니라) 후행 상위규범의 발효시점부터 실효되었다고 판단하게 되고[장래효(將來效, ex nunc)의 구조],[19] 원칙적으로 위 시점 이전까지 선행 하위규범이 규율하던 종래 법률관계는 적법·유효한 것으로 취급되는 등 종래 법률관계의 효력이 부정되지 않는다는 점에서 Ⓐ유형 규범통제와는 법리적으로 분명하게 구별된다.[20]

즉, Ⓐ유형 규범통제를 하는 사법기관은 당해사건과 관련하여 선행 상위규범에 위배되는 후행 하위규범이 그 발효시점부터 원시적 무효라는 사법적 판단을 할 수 있는 반면에, Ⓑ유형 규범통제의 경우 당해사건에서도 선행 하위규범의 효력 상실시점이 후행 상위규범의 발효시점까지는 소급될 수 있지만, 선행 하위규벅의 실효에 관한 사법기관의 판단이 그 이전의 시점으로 소급되는 것은 법리적으로 허용될 수 없다.

헌법재판소는 후발적인 사정변경에 근거한 규범통제에 관하여, "제정 당시에는 합헌이었으나 후발적인 사정변경으로 인하여 위헌인 법률로 되는 경우가 있다. 그와 같은 예로 외

는 소급과세금지의 원칙에 따라 그 효력 발생 이후에 완성되는 과세요건사실에 대하여만 적용된다." 라고 판시하고 있다).

19) 대법원 1995. 6. 30. 선고 93추113 판결은 "일반적으로 법률의 위임에 의하여 효력을 갖는 법규명령의 경우 구법에 위임의 근거가 없어 무효였더라도 사후에 법개정으로 위임의 근거가 부여되면 그때부터는 유효한 법규명령이 된다고 할 것이나(대법원 1994. 5. 24. 선고 93누5666 전원합의체 판결 참조), 반대로 구법의 위임에 의한 유효한 법규명령이 법개정으로 위임의 근거가 없어지게 되면 그때부터 무효인 법규명령이 되는 것은 당연하다. 따라서 어떤 법령의 위임근거 유무에 따른 유효여부를 심사하려면 법개정의 전후에 걸쳐 모두 심사하여야만 그 법규명령의 시기에 따른 유효·무효를 판단할 수 있을 것이다."라고 판시하였다. 이는 상위규범인 법률(위임 근거 규정)의 개정이라는 '후발적인 사정변경'으로 인하여 선행 하위규범인 법규명령의 효력이 상실되는 경우 그 실효시점은 (선행 법규명령의 발효시점이 아니라 그 이후의 시점인) 근거법률의 개정시점이라는 취지이므로, Ⓑ유형 규범통제가 '장래효의 구조'에 따른 효력을 발생함을 전제로 한 판단이다.

20) 박일환, "법률의 잠정효와 위헌심사(하)", 법률신문 1826호(1989), 10에는 "헌법 중 일부 규정이 헌법 개정 내지 헌법 폐지에 따라 폐지되는 경우 이에 근거한 법률은 어떻게 취급되어야 하며 이는 누가 판단하여야 할 것인가의 문제만 남게 될 뿐이다. 이와 같은 구법의 잠정효 문제는 신구법의 충돌문제로 법률의 내용이 헌법에 위반되는지 여부를 심사하는 위헌법률심사와는 구별되는 문제이다."라고 기재되어 있으므로, Ⓑ유형 규범통제의 경우 (그 심사권한이 어느 기관에 귀속되는지 여부와 관계없이) 원칙적으로 신법우선의 원칙을 적용하여야 한다는 입장을 취한 것으로 볼 수 있고, 전학선, "헌법개정과 법률의 지속효", 헌법학연구 9권 3호, 한국헌법학회(2003), 491−495도 같은 취지이다.

한편 이임성, "법률의 지속효에 관한 시론", 인권과 정의 164호, 대한변호사협회(1990. 4.), 64에는 "지속효의 문제는 구법률과 신헌법 사이에 모순이 있는 경우로서 신·구의 규범 사이에서 서로 충돌된다는 점에서는 신·구법충돌의 문제와 같으나, 서로 비교되는 규범의 효력에 있어서 상하관계가 있는 헌법과 법률 사이에서 발생하는 문제라는 점에서 그 차이를 발견할 수 있다. 예를 들어 효력상 상하관계에 있는 법률과 그 법의 시행령은 그 제정 전후에 관계없이 서로 충돌되는 한 시행령이 효력을 잃게 되는 것처럼 법률과 헌법이 서로 충돌되는 한 효력을 상실하는 것은 언제나 법률이라는 점에서 구법과 신헌법의 충돌은 그 제정 선후에 따른 신·구법의 충돌의 관점을 떠나 효력상의 상하관계의 관점에서 이해할 수 있다는 점에서 신·구법의 충돌문제로만 환원시키기 어려운 점이 있다." 라고 기재되어 있으나, 현행헌법하에서 선행 시행령에 배치되는 후행 법률이 시행되는 경우 이루어지는 Ⓑ유형 규범통제에 관하여 원칙적으로 신법우선의 원칙의 법리가 적용된다는 점은 앞서 본 바와 같다[이 논문 (주 18), (주 19) 등 참조].

국의 경우를 보면 국회의원 정수 배분규정이 제정당시에는 선거구간의 국회의원 1인당의 선거인수 또는 인구수의 비율차가 크게 벌어지지 아니하여 합헌이었지만, 그 뒤의 인구의 이동 등에 의하여 비율차가 크게 벌어져 헌법의 선거권평등의 요청에 반할 정도에 이름으로써 위헌상태에 이르는 경우가 있는데, 비록 현재까지 우리나라의 경우는 이러한 이유로 위헌으로 선고된 법률 또는 법률의 조항은 없지만, 헌법재판소는 그 가능성을 여러 차례 시사한 바 있다. 후발적 위헌법률의 경우는 위헌선언을 하여도 장래에 향하여 효력을 잃는 장래효(將來效)를 가질 수밖에 없을 것이며, 성질상 제정당시로 소급효를 인정해서는 안 될 것은 물론, 인정할 필요도 없을 것이다."라고 판시하고 있다.[21] 대법원도 Ⓑ유형 규범통제와 관련하여, 관습법의 성립 후에 개정된 헌법(후행 상위규범)을 최상위 규범으로 하는 전체 법질서의 '변화'로 말미암아 종래 법원이 오랜 기간 승인해 온 종래 관습법의 효력을 더 이상 인정할 수 없게 된 경우 종래 관습법은 원칙적으로 장래에 대해서만 그 효력이 상실되고(원칙적으로 판례변경의 소급효를 부정한다), 다만 구체적인 사건에 있어서 당사자의 권리구제를 목적으로 하는 사법작용의 본질에 비추어 볼 때 당해사건에서는 예외적으로 종래 관습법의 효력이 소급적으로 부정된다고 판시하고 있는데,[22] 이러한 사례로는 ① 당사자들이 '2000. 4. 6.(소제기시점) 이후인 사실심 변론종결 시를 기준으로 하는 종중(宗中) 회원 지위의 확인'을 구하는 사건에 적용되는 선행 하위규범인 종래 관습법이 현행헌법(후행 상위규범) 등에 배치되는지에 관한 판결[23]이나 ② 2006. 1. 8. 사망한 망인의 제사주재자의 인정에 관한 종래 관습법에 관한 판

---

21) 헌재 1993. 5. 13. 선고 92헌가10 등 전원재판부 결정. 이임성, "현행헌법 부칙 제5조와 헌법재판소의 위헌심사권에 관련된 의문들", 대한변호사협회지 150호(1989. 2.), 131에는 "현행헌법 부칙 제5조에 의하여 계속효 또는 잠정효가 부정된 법률은 그 효력이 부정된 근거가 현행헌법의 시행에 따라 현행헌법에 위배되었다는 것이므로 현행헌법의 시행일로부터 그 효력을 상실한다고 보는 것이 논리적으로 타당할 것이다."라고 기재되어 있는데, 이는 Ⓑ유형 규범통제의 법적 효과 등에 관한 일반적인 설명으로 볼 수 있다.

22) 윤진수 편집대표, 「주해 상속법 Ⅱ」, 박영사(2019), 1041-1042(현소혜 집필 부분)는 이러한 대법원의 판단이 '선택적 장래효(選擇的 將來效)'를 의미한다고 설명하고 있다.

23) 대법원 2005. 7. 21. 선고 2002다1178 전원합의체 판결은 "관습법이란 사회의 거듭된 관행으로 생성한 사회생활규범이 사회의 법적 확신과 인식에 의하여 법적 규범으로 승인·강행되기에 이른 것을 말하고, 그러한 관습법은 법원(法源)으로서 법령에 저촉되지 아니하는 한 법칙으로서의 효력이 있는 것이며(대법원 1983. 6. 14. 선고 80다3231 판결 참조), 또 사회의 거듭된 관행으로 생성한 어떤 사회생활규범이 법적 규범으로 승인되기에 이르렀다고 하기 위하여는 헌법을 최상위 규범으로 하는 전체 법질서에 반하지 아니하는 것으로서 정당성과 합리성이 있다고 인정될 수 있는 것이어야 하고, 그렇지 아니한 사회생활규범은 비록 그것이 사회의 거듭된 관행으로 생성된 것이라고 할지라도 이를 법적 규범으로 삼아 관습법으로서의 효력을 인정할 수 없다고 할 것이다. (중략) 종원의 자격을 성년 남자로만 제한하고 여성에게는 종원의 자격을 부여하지 않는 종래 관습에 대하여 우리 사회 구성원들이 가지고 있던 법적 확신은 상당 부분 흔들리거나 약화되어 있고, 무엇보다도 헌법을 최상위 규범으로 하는 우리의 전체 법질서는 개인의 존엄과 양성의 평등을 기초로 한 가족생활을 보장하고, 가족 내의 실질적인 권리와 의무에 있어서 남녀의 차별을 두지 아니하며, 정치·경제·사회·문화 등 모든 영역에서 여성에 대한 차별을 철폐하고 남녀평등을 실현하는 방향으로 변화되어 왔으며, 앞으로도 이러한 남녀평등의 원칙은 더욱 강화될 것인바, 종중은 공동선조의 분묘수호와 봉제사 및 종원

결[24] 등을 예시할 수 있다[다만 위 판결들은 모두 '현행헌법 시행 이후의 법률관계에 적용되던 종래 관습법의 효력이 쟁점인 사안'에 관한 판단이었기 때문에, 당해사건에 한정하여 법원이 해당 법률관계를 규율하는 종래 관습법의 효력을 현행헌법 시행 이후의 특정시점까지 소급적으로 부정하는 것이 가능하였다는 점을 유의할 필요가 있다. 이와는 달리 '현행헌법(후행 상위규범)의 발효시점 이전에 완료

상호 간의 친목을 목적으로 형성되는 종족단체로서 공동선조의 사망과 동시에 그 후손에 의하여 자연발생적으로 성립하는 것임에도, 공동선조의 후손 중 성년 남자만을 종중의 구성원으로 하고 여성은 종중의 구성원이 될 수 없다는 종래의 관습은, 공동선조의 분묘수호와 봉제사 등 종중의 활동에 참여할 기회를 출생에서 비롯되는 성별만에 의하여 생래적으로 부여하거나 원천적으로 박탈하는 것으로서, 위와 같이 변화된 우리의 전체 법질서에 부합하지 아니하여 정당성과 합리성이 있다고 할 수 없다. 따라서 종중 구성원의 자격을 성년 남자만으로 제한하는 종래의 관습법은 이제 더 이상 법적 효력을 가질 수 없게 되었다. (중략) 이와 같은 종중 구성원의 자격에 관한 대법원의 견해의 변경은 관습상의 제도로서 대법원 판례에 의하여 법률관계가 규율되어 왔던 종중제도의 근간을 바꾸는 것인바, 대법원이 이 판결에서 종중 구성원의 자격에 관하여 위와 같이 견해를 변경하는 것은 그동안 종중 구성원에 대한 우리 사회일반의 인식 변화와 아울러 전체 법질서의 변화로 인하여 성년 남자만을 종중의 구성원으로 하는 종래의 관습법이 더 이상 우리 법질서가 지향하는 남녀평등의 이념에 부합하지 않게 됨으로써 그 법적 효력을 부정하게 된 데에 따른 것일 뿐만 아니라, 위와 같이 변경된 견해를 소급하여 적용한다면, 최근에 이르기까지 수십 년 동안 유지되어 왔던 종래 대법원 판례를 신뢰하여 형성된 수많은 법률관계의 효력을 일시에 좌우하게 되고, 이는 법적 안정성과 신의성실의 원칙에 기초한 당사자의 신뢰보호를 내용으로 하는 법치주의의 원리에도 반하게 되는 것이므로, 위와 같이 변경된 대법원의 견해는 이 판결 선고 이후의 종중 구성원의 자격과 이와 관련하여 새로이 성립되는 법률관계에 대하여만 적용된다고 함이 상당하다. 다만 대법원이 위와 같이 종중 구성원의 자격에 관한 종래의 견해를 변경하는 것은 결국 종래 관습법의 효력을 배제하여 당해사건을 재판하도록 하려는 데에 그 취지가 있고, 원고들이 자신들의 권리를 구제받기 위하여 종래 관습법의 효력을 다투면서 자신들이 피고 종회의 회원(종원) 자격이 있음을 주장하고 있는 이 사건에 대하여도 위와 같이 변경된 견해가 적용되지 않는다면, 이는 구체적인 사건에 있어서 당사자의 권리구제를 목적으로 하는 사법작용의 본질에 어긋날 뿐만 아니라 현저히 정의에 반하게 되므로, 원고들이 피고 종회의 회원(종원) 지위의 확인을 구하는 이 사건 청구에 한하여는 위와 같이 변경된 견해가 소급하여 적용되어야 할 것이다."라고 판시하고 있다. 이는 '2000. 4. 6.(소제기시점) 이후인 사실심 변론종결 시를 기준으로 하는 법률관계(종원 지위)에 적용되는 종래 관습법(선행 하위규범)의 효력이 쟁점이 된 사안'에서 종래 관습법이 현행헌법(후행 선행규범)을 최상위로 하는 전체 법질서에 위배된다고 판단한 것이므로, Ⓑ유형 규범통제에 해당한다.

24) 대법원 2008. 11. 20. 선고 2007다27670 전원합의체 판결은 "제사주재자는 우선적으로 망인의 공동상속인들 사이의 협의에 의해 정해져야 하되, 협의가 이루어지지 않는 경우에는 제사주재자의 지위를 유지할 수 없는 특별한 사정이 있지 않은 한 망인의 장남(장남이 이미 사망한 경우에는 장남의 아들, 즉 장손자)이 제사주재자가 되고, 공동상속인들 중 아들이 없는 경우에는 망인의 장녀가 제사주재자가 된다고 할 것이다. 다만 제사주재자의 결정방법에 관한 대법원의 새로운 법리 선언은 제사승계제도에 관한 관습의 근간을 바꾸는 것인바, 대법원이 이 판결에서 새로운 법리를 선언하기에 이른 것은 앞서 본 바와 같이 그동안 제사제도에 대한 우리 사회 구성원들의 인식 및 전체 법질서가 변화되었기 때문인데, 만약 위 새로운 법리를 소급하여 적용한다면 종래 대법원 판례를 신뢰하여 형성된 수많은 제사용 재산 승계의 효력을 일시에 좌우하게 됨으로써 법적 안정성과 신의성실의 원칙에 기초한 당사자의 신뢰 보호에 반하게 되므로, 위 새로운 법리는 이 판결 선고 이후에 제사용 재산의 승계가 이루어지는 경우에만 적용된다고 봄이 상당하다. 그러나 이 사건에서 대법원이 새로운 법리를 선언하는 것은 이를 이 사건의 재판규범으로 삼으려는 데에 그 취지가 있으므로, 이 사건에 대하여는 새로운 법리가 소급하여 적용되어야 할 것이다(대법원 2005. 7. 21. 선고 2002다1178 전원합의체 판결 참조)."라고 판시하고 있으므로, 이 역시 Ⓑ유형 규범통제에 해당한다고 볼 수 있다.

된 법률관계에 종래 관습법(선행 하위규범)이 적용되어 그 법적 효과까지 이미 발생한 사안'의 경우, 당해사건에서도 Ⓑ유형 규범통제를 명목으로 이미 완결된 법률관계의 효력을 부정하는 것이 허용될 수 없는데, 만일 위와 같은 법률관계의 소급적 변동을 허용하는 경우 또 다른 중요한 헌법적 가치인 '법적 안정성'이 현저하게 훼손되기 때문이다].[25]

제헌헌법 이래 우리 헌법에 '헌법의 최고규범성'을 명시하는 조문이 규정된 적은 없지만, 이에 대하여 학설상 이견이 없고, 헌법재판소 판례[26]나 대법원 판례[27] 역시 헌법의 최고규범성을 당연한 것으로 보고 있다. "입법권은 국회에 속한다."라고 규정한 헌법 제40조의 입법권은 '형식적 의미의 법률을 제정하는 권한'으로 보아야 하는데,[28] 헌법은 제107조 제1항에서 "법률이 헌법에 위반되는 여부가 재판의 전제가 된 경우에는 법원은 헌법재판소에 제청하여 그 심판에 의하여 재판한다."라고 규정하고, 제111조 제1항 제1호에서 헌법재판소가 '법원의 제청에 의한 법률의 위헌여부 심판'을 관장하는 것으로 규정하고 있다. 이러한 헌법규정들은 '헌법이 법률의 상위규범임'을 전제로 하는 것이므로,[29] 상위법우선의 원칙이 적용

25) 윤진수, "상속관습법의 헌법적 통제", 헌법학연구 23권 2호, 한국헌법학회(2017), 176은 "현행헌법 시행 전에 제정되었고, 그 적용도 그 전에 이루어졌던 법률의 위헌여부를 판단하는 경우에는 원칙적으로 그 제정 또는 적용 당시의 헌법이 위헌여부 판단의 기준이 되어야 하고, 그 후의 현행헌법이 기준이 될 수는 없다고 보아야 한다. 그렇지 않다면 그 당시에는 합헌이었던 것이 현행헌법 시행 후에 소급적으로 위헌인 것이 되어, 법적 안정성을 크게 해치게 된다."라고 주장한다. 법적 안정성은 법치주의의 본질적 구성요소로서 수호되어야 할 헌법적 가치이고(헌재 1989. 12. 18. 선고 89헌마32 등 전원재판부 결정 등 참조), 해당 법률이 제정 당시에는 합헌이었으나 후발적인 사정변경으로 인하여 위 법률에 대하여 위헌판단을 하는 경우 그 규범통제의 성질상 위 법률의 제정당시부터 원시적 무효라고 볼 수는 없으며, 이러한 사법판단에 위와 같은 소급효를 인정할 수도 없으므로(헌재 1993. 5. 13. 선고 92헌가10 등 전원재판부 결정 등 참조), 윤진수의 위 주장이 법리적으로 타당하다고 생각한다.

26) 헌재 1989. 7. 21. 선고 89헌마38 전원재판부 결정, 헌재 2001. 2. 22. 선고 99헌마461 등 전원재판부 결정, 헌재 2016. 11. 24. 선고 2015헌마902 전원재판부 결정 등 참조.

27) 위 대법원 2005. 7. 21. 선고 2002다1178 전원합의체 판결, 대법원 2008. 11. 20. 선고 2007다27670 전원합의체 판결(민사), 대법원 2012. 2. 16. 선고 2010두10907 전원합의체 판결(행정), 대법원 2016. 8. 30. 선고 2015도13103 판결(형사) 등 참조.

28) 헌법 제107조 제1항에 규정된 위헌심사의 대상이 되는 '법률'이라 함은 '국회의 의결을 거친 이른바 형식적 의미의 법률'을 의미하고(헌재 1996. 6. 13. 선고 94헌바20 전원재판부 결정, 대법원 2008. 12. 24. 선고 2006도1427 판결 등 참조), 위헌심사의 대상이 되는 규범이 형식적 의미의 법률이 아닌 때에는 그와 동일한 효력을 갖는 데에 국회의 승인이나 동의를 요하는 등 국회의 입법권 행사라고 평가할 수 있는 실질을 갖춘 것이어야 하는데(대법원 2010. 12. 16. 선고 2010도5986 전원합의체 판결 참조), 이에 관한 전반적 설명으로는 김시철, "위헌법률심판절차에 관한 몇 가지 논의", 헌법논총 16집, 헌법재판소(2005), 216-226; 윤정인, "법원의 명령·규칙에 대한 사법심사", 인권과 정의 457호, 대한변호사협회(2016), 71-72 참조. 이에 관하여 박정훈(주 2), 125-128, 169에는 독일식으로 법규명령이 이른바 '실질적 의미의 법률'이라는 명분하에서 법규명령과 같은 행정입법의 제정권한을 헌법 제40조의 '입법권'에 속하는 것으로 파악함으로써 그 입법권이 의회에 의해 행정부에 위임된 것으로 의제하는 것은 우리 헌법 구조상 타당하지 않다는 점에 관한 설명이 기재되어 있다. 한편 손상식(주 3), 63-64에는 헌법 제40조가 ① 첫째 '법률'의 형식으로 이루어지는 법규범의 정립작용은 그 내용이 무엇이든 반드시 국회가 해야 하고, ② 둘째 국민의 기본권 관련 사항을 비롯하여 국가의 통치조직의 작용에 관한 기본적이고 본질적인 사항은 반드시 '법률'의 형식으로 정해야 한다는 것을 의미한다고 하면서, 같은 취지의 헌재 1998. 5. 28. 선고 96헌가1 전원재판부 결정을 인용하고 있다.

되는 모든 사법절차에서 법률이 최고규범인 헌법에 위배된다는 사법적 판단이 이루어지는 경우, 하위규범인 법률에 대한 규범통제가 이루어져야 한다는 것은 규범논리적(規範論理的)으로 인정되는 것으로서, 우리 헌법의 해석상 이견이 있을 수 없는 당연한 결론이다.[30)]

다만 사법절차에서 상위법우선의 원칙이 적용되는 모든 사안에서 넓은 의미의 규범통제가 이루어지는 것은 아니다. 예컨대, 법률은 합헌으로 추정되는데,[31)] 헌법재판소는 "어떤 법률의 개념이 다의적(多義的)이고 그 어의(語意)의 테두리 안에서 여러 가지 해석이 가능할 때, 헌법을 최고법규로 하는 통일적인 법질서의 형성을 위하여 헌법에 합치되는 해석, 즉 합헌적인 해석을 택하여야 한다."라고 판시하고,[32)] 대법원은 "국가의 법체계는 그 자체로 통일체를 이루고 있으므로 상·하규범 사이의 충돌은 최대한 배제되어야 하며 또한 규범이 무효라고 선언될 경우에 생길 수 있는 법적 혼란과 불안정 및 새로운 규범이 제정될 때까지의 법적 공백 등으로 인한 폐해를 회피할 필요성이 있음에 비추어 보면, 하위법령의 규정이 상위법령의 규정에 저촉되는지 여부가 명백하지 아니한 경우에, 관련 법령의 내용과 입법 취지 및 연혁 등을 종합적으로 살펴 하위법령의 의미를 상위법령에 합치되는 것으로 해석하는 것도 가능한 경우라면, 하위법령이 상위법령에 위반된다는 이유로 쉽게 무효를 선언할 것은 아니다."라고 판시하고 있으며,[33)] 이러한 판례의 법리적 타당성에 대해서도 학설상 이견이 없다.[34)] 즉, 사법절차에서 하위규범의 상위규범 저촉 여부가 실질적인 쟁점이 되는 경우, ① 먼저 하위규범을 상위규범합치적으로 해석하는 것이 가능한지를 검토하고(상위법우선의 원칙 등을 법해석원칙으로 활용), ② 이러한 상위규범합치적해석이 불가능한 경우에 비로소 규범통제를 하는 등(상위법우선의 원칙 등을 법적용원칙 내지 규범통제의 근거로 활용) 순차적인 접근방식을 취하여야 한다. ①과 ②는 차원이 다른 문제이고,[35)] 하위규범의 효력을 부정하는 규범통제의 방법이

---

29) 현 시점에서 헌법은 법률의 상위규범이고, 양자가 충돌할 때에 헌법이 우선한다는 점에 대해서는 국내외 학설상 이견이 없다는 점에 대하여는 오서혁, "오스트리아의 위헌법률심사제도", 인권과 정의 260호, 대한변호사협회(1998), 46 참조.

30) 동지, 김철수(주 1), 90－93. 허영, "규범통제에 관한 현행헌법 해석상의 문제점연구(2)", 법정 226호, 법정사(1969), 33－34; 전상현, "위헌법률심사의 본질과 한정위헌", 헌법학연구 19권 2호, 한국헌법학회(2013), 298－299도 같은 취지이다.

31) 헌재 1994. 7. 29. 선고 93헌가4 등 전원재판부 결정, 대법원 2007. 6. 18.자 2007아12 결정 등 다수 판례.

32) 형벌법규에 관한 헌재 1990. 4. 2. 선고 89헌가113 전원재판부 결정, 박상옥·김대휘 편집대표, 주석형법[총칙 1](3판), 한국사법행정학회(2020), 34－37 등 참조.

33) 행정법상 이행강제금에 관한 대법원 2016. 12. 15. 선고 2014두44502 판결. 부가가치세에 관한 대법원 2012. 10. 25. 선고 2010두3527 판결도 같은 취지이고, 형사소송법상 공소시효에 관한 대법원 2015. 5. 28. 선고 2015도1362, 2015전도19 판결도 "법원이 어떠한 법률조항을 해석·적용함에 있어서 한 가지 해석방법에 의하면 헌법에 위배되는 결과가 되고 다른 해석방법에 의하면 헌법에 합치하는 것으로 볼 수 있을 때에는 위헌적인 해석을 피하고 헌법에 합치하는 해석방법을 택하여야 한다. 이는 입법방식에 다소 부족한 점이 있어 어느 법률조항의 적용 범위 등에 관하여 불명확한 부분이 있는 경우에도 마찬가지이다."라고 판시하는 등 유사한 입장을 취하고 있다.

34) 최규환, 헌법재판소의 법률해석 － 헌법합치적 법률해석의 유형과 규범통제 －, 헌법재판소 헌법재판연구원(2020), 35－38 등 참조.

아닌 상위규범합치적해석의 방법을 통하여 상위법우선의 원칙 등을 준수할 수 있는 경우 후자의 방법을 선택하는 등 순차적 접근방식을 취하는 것이 법리적으로 타당하기 때문이다.[36)]

2. 문제의 제기

가. 가정적 사례의 예시[37)]

1) 제1공화국 헌법의 시행 당시 규범통제에 관한 사례 1

1948. 7. 17. 공포된 제헌헌법 제13조는 "모든 국민은 법률에 의하지 아니하고는 언론, 출판, 집회, 결사의 자유를 제한받지 아니한다."라고 규정하고 있는데,[38)] 1949년 제정·시행된 관련 법률에 '관혼상제(冠婚喪祭) 등 위 법률에 한정적으로 열거된 종류의 집회에 해당하지 않는 다른 모든 유형의 집회를 개최하고자 하는 사람은 관할 경찰서장에 사전에 신고하여야 하고, 관할 경찰서장은 위 신고가 부적당하다고 판단하는 경우 이를 반려할 수 있다. 신고를 하지 않거나 신고가 반려된 상태에서 집회를 개최한 사람에 대해서는 과태료를 부과한다.'는 내용이 규정되어 있다고 가정한다[이하 같은 내용의 가정적 법률을 '㈎ 법률'이라 한다]. A는 1950. 5. 1.자 옥내집회에 관하여 자신이 제출한 4. 20.자 신고가 4. 25. 반려되자, ㈎ 법률이 제헌헌법 제13조에 위배된다는 이유로 관할 하급심법원에 4. 26. 반려처분 취소청구의 소를 제기하면서 위 반려처분에 관한 집행정지신청을 하였다(Ⓐ유형 규범통제의 허용 여부). 위 법원이 4. 29. 심문기일을 진행한 다음, 4. 30. ㈎ 법률이 실질적으로 허가제를 규정한 것으로서 헌법에 위배되기 때문에 적용할 수 없다는 이유로 위 신청을 인용하는 집행정지결정을

35) 허완중, 오스트리아 헌법재판제도에 관한 연구, 헌법재판연구원(2016), 104, 109에 의하면, 헌법재판소가 법률 및 법규명령의 광의의 형식적 하자 및 내용적 하자로 인한 규범통제권한을 독점하는 오스트리아에서도 ① 일반법원은 당연히 상위법합치적 규범해석을 해야 하고, ② 위와 같은 영역에 관한 규범통제권한의 독점은 법률 및 법규명령이 상위규범을 위반하였다는 이유로 이를 법질서에서 제거하는 것을 헌법재판소만이 할 수 있음을 의미하는 것일 뿐이라고 한다. 따라서 ①과 ②는 차원이 다른 문제임이 분명하다.

36) ① 하위규범을 상위규범합치적으로 해석하는 것과 ② 위 ①과 같은 해석이 불가능한 경우에 한정하여 하위규범에 대하여 규범통제를 하는 것은 각각 차원이 다른 문제라는 점을 '약관에 대한 통제방식' 등과 비교·분석한 설명으로는 김시철, "헌법상 조세법률주의와 세법의 해석방법론 – '의심스러운 경우 납세자의 이익으로'의 해석방법론을 중심으로 –", 사법 59호, 사법발전재단(2022), 508–509, 514, 521, 527–534 등 참조.

37) 논의의 편의를 위하여 가정적으로 사례 1 내지 8을 설정한 것으로서, 여기에 기재된 각 헌법규정의 내용은 실제 내용이지만, 관련 법률이나 미군정법령의 내용 등은 (실제 내용이 아니라) 논의의 편의를 위하여 가정적으로 설정한 것이다.

38) 제헌헌법 제13조에 관하여 유진오, 헌법해의, 명세당(1949), 44에는 "집회결사의 자유도 언론의 자유에 못하지 않게 민주정치를 보장하기 위하야 필요한 자유인데 이에 관한 규정도 각국 헌법에 거의 예외 없이 규정되어 있다. 그리고 집회결사의 자유에 대한 가장 큰 침해는 집회결사의 허가제도인데 이도 특히 부득이한 경우가 아니면 그를 실시하지 않는 것이 본조의 취지에 적합하는 것이다."라고 기재되어 있다.

할 수 있는가.[39]

2) 제2공화국 헌법의 시행 당시 규범통제에 관한 사례 2-1, 2-2

가) 사례 2-1(사례 1의 변형)

1960. 6. 15. 일부 개정(제3차 헌법개정)의 형식으로 개정되고 같은 날 시행된 제2공화국 헌법은 위 1) 기재 제헌헌법 제13조를 그대로 유지하면서 제83조의3, 제83조의4 등을 통하여 헌법재판소 제도를 도입하였는데, 사례 1의 신고자를 (A에서) B－1로, 집회 예정연도를 (1950년에서) 1961년으로만 변형한 경우, 위 법원은 1961. 4. 30. B－1의 주장과 같은 이유로 집행정지결정을 할 수 있는가.

나) 사례 2-2(사례 1의 변형)

사례 2－1과 같이 신고반려처분을 받은 B－2가 위 가) 기재와 같은 이유로 집행정지결정을 받지 못한 상태에서 1961. 5. 1.자 옥외집회를 강행하였고, 관할 경찰서장이 B－2에 대하여 1949년 제정된 ㈎ 법률을 근거로 한 1961. 5. 2.자 과태료처분을 하자, B－2가 법원에 위 과태료처분의 취소를 구하는 소를 제기하면서 ㈎ 법률에 관한 위헌법률심판제청신청을 하였으며, 이에 따라 법원이 위헌제청을 한 경우, 헌법재판소는 1961. 5. 10. ㈎ 법률에 대한 위헌결정을 할 수 있는가.

3) 제3공화국 헌법의 시행 당시의 규범통제에 관한 사례 3-1, 3-2

가) 사례 3-1(사례 1의 변형)

1962. 12. 26. 전부 개정(제5차 헌법개정)의 형식으로 개정되고 1963. 12. 17. 시행된 제3공화국 헌법 제18조는 "모든 국민은 언론·출판의 자유와 집회·결사의 자유를 가진다(제1항). 언론·출판에 대한 허가나 검열과 집회·결사에 대한 허가는 인정되지 아니한다. (중략) 옥외집회에 대하여는 그 시간과 장소에 관한 규제를 법률로 정할 수 있다(제4항)."라고 규정하고 있는데, 사례 1의 신고자를 (A에서) C－1로, 집회 예정연도를 (1950년에서) 1965년으로 변형하고, C－1이 ㉮ 주위적으로 1949년 제정된 ㈎ 법률이 후행 상위규범인 제3공화국 헌법 제18조에 위배된다는 주장을 하고(Ⓑ유형 규범통제의 허용 여부), ㉯ 예비적으로 ㈎ 법률이 제헌헌법 제13조에 위배되었기 때문에 그 제정 당시부터 원시적 무효였다는 주장을 하는 경우(Ⓐ유형 규범통제의 허용 여부), 위 법원은 1965. 4. 30. C－1의 주장과 같은 이유로 집행정지결정을 할 수 있는가.

---

39) 특정일로 예정되어 있는 집회의 신고에 대한 반려처분 취소소송의 경우 그 특정일이 경과한 이후에는 당사자의 소의 이익이 존재하지 않는다[박균성, 행정법론(상)(20판), 박영사(2021), 1306 참조]. 따라서 위와 같은 집행정지신청사건의 성격상, 해당 심리에 상당한 시간이 소요될 수밖에 없는 본안소송사건이나 위헌법률심판제청사건 등과 관련하여 당사자에게 소의 이익이 잔존하는 경우를 상정하기는 어렵다.

나) 사례 3-2(사례 3-1의 변형)

사례 3-1의 신고자를 (C-1에서) C-2로, ㈎ 법률의 제정·시행연도를 (1949년에서) 1964년으로 변형하고, C-2가 ㈎ 법률이 선행 상위규범인 제3공화국 헌법 제18조에 위배된다는 주장을 하는 경우(Ⓐ유형 규범통제의 허용 여부), 위 법원은 1965. 4. 30. C-2의 주장과 같은 이유로 집행정지결정을 할 수 있는가.

4) 제4공화국 헌법의 시행 당시 규범통제에 관한 사례 4(사례 3-2의 변형)

1972. 12. 27. 전부 개정(제7차 헌법개정)의 형식으로 개정되고 같은 날 시행된 제4공화국 헌법 제18조는 "모든 국민은 법률에 의하지 아니하고는 언론·출판·집회·결사의 자유를 제한받지 아니한다."라고 규정하고 있는데, 사례 3-2의 신고자를 (C-2에서) D로, 집회 예정연도를 (1965년에서) 1974년으로 변형하고, D가 ㉮ 주위적으로 1964년 제정된 ㈎ 법률이 후행 상위규범인 제4공화국 헌법 제18조에 위배된다는 주장을 하고(Ⓑ유형 규범통제의 허용 여부), ㉯ 예비적으로 ㈎ 법률이 제3공화국 헌법 제18조에 위배되었기 때문에 그 제정 당시부터 원시적으로 무효였다는 주장을 하는 경우(Ⓐ유형 규범통제의 허용 여부), 위 법원은 1974. 4. 30. D의 주장과 같은 이유로 집행정지결정을 할 수 있는가.

5) 제5공화국 헌법의 시행 당시 규범통제에 관한 사례 5(사례 4의 변형)

1980. 10. 27. 전부 개정의 형식으로 개정(제8차 헌법개정)되고 같은 날 시행된 제5공화국 헌법 제20조는 "모든 국민은 언론·출판의 자유와 집회·결사의 자유를 가진다(제1항). 언론·출판은 타인의 명예나 권리 또는 공중도덕이나 사회윤리를 침해하여서는 아니 된다. 언론·출판이 타인의 명예나 권리를 침해한 때에는 피해자는 이에 대한 피해의 배상을 청구할 수 있다(제2항)."라고 규정하고 있는데, ㈎ 법률의 제정·시행연도를 (1964년에서) 1973년으로, 사례 4의 신고자를 (D에서) E로, 집회 예정연도를 (1974년에서) 1982년으로 각 변형하고, 1982. 5. 1.자 옥외집회에 관한 신고반려처분을 받은 E가 법원으로부터 집행정지결정을 받지 못한 상태에서 1982. 5. 1.자 옥외집회를 강행하였고, 이에 대하여 관할 경찰서장이 E에 대하여 1973년 제정된 ㈎ 법률을 근거로 한 1982. 5. 2.자 과태료처분을 하자, E가 ㈎ 법률이 후행 상위규범인 제5공화국 헌법에 위배된다고 주장하면서 법원에 위 과태료처분의 취소를 구하는 소를 제기하고 법원이 위헌제청을 한 경우, 헌법위원회는 1982. 5. 10. ㈎ 법률에 대한 위헌결정을 할 수 있는가.

6) 현행헌법의 시행 당시 규범통제에 관한 사례 6-1, 6-2, 6-3, 6-4

가) 사례 6-1(사례 3-2의 변형)

1987. 10. 29. 전부 개정의 형식으로 개정(제9차 헌법개정)되고 1988. 2. 25. 시행된 제6공

화국 헌법(현행헌법) 제21조는 "모든 국민은 언론·출판의 자유와 집회·결사의 자유를 가진다(제1항). 언론·출판에 대한 허가나 검열과 집회·결사에 대한 허가는 인정되지 아니한다(제2항)."라고 규정하고 있는데, 사례 3-2의 신고자를 (C-2에서) F-1로, 집회 예정연도를 (1965년에서) 2020년으로 변형하고, F-1이 ㉮ 주위적으로 1964년 제정된 ㈎ 법률이 후행 상위규범인 현행헌법 제21조에 위배된다는 주장을 하고(Ⓑ유형 규범통제의 허용 여부), ㉯ 예비적으로 ㈎ 법률이 제3공화국 헌법 제18조에 위배되었기 때문에 그 제정 당시부터 원시적 무효였다는 주장을 하는 경우(Ⓐ유형 규범통제의 허용 여부), 위 법원은 2020. 4. 30. F-1의 주장과 같은 이유로 집행정지결정을 할 수 있는가.

나) 사례 6-2(사례 5의 변형)

사례 5의 신고자를 (E에서) F-2로, 집회 예정년도를 (1982년에서) 2020년으로 변형하고, 2020. 5. 1.자 옥외집회에 관한 신고반려처분을 받은 F-2가 법원으로부터 집행정지결정을 받지 못한 상태에서 2020. 5. 1.자 옥외집회를 강행하였고, 관할 경찰서장이 F-2에 대하여 1973년 제정된 ㈎ 법률을 근거로 한 2020. 5. 2.자 과태료처분을 하자, F-2가 법원에 ㈎ 법률이 후행 상위규범인 현행헌법에 위배된다고 주장하면서 법원에 위 과태료처분의 취소를 구하는 소를 제기하고 법원이 위헌제청을 한 경우, 헌법재판소는 2020. 5. 10. ㈎ 법률에 대한 위헌결정을 할 수 있는가.

다) 사례 6-3(사례 5의 변형)

사례 5의 신고자를 (E에서) F-3로, ㈎ 법률의 제정·시행연도를 (1973년에서) 2019년으로 변형하고, F-3이 2019년 제정된 ㈎ 법률이 선행 상위규범인 현행헌법 제21조에 위배된다는 주장을 한 경우(Ⓐ유형 규범통제의 허용 여부), 위 법원은 2020. 4. 30. F-3의 주장과 같은 이유로 집행정지결정을 할 수 있는가.

라) 사례 6-4(사례 6-3의 변형)

사례 6-3의 신고자를 (F-3에서) F-4로 변형하고, 2020. 5. 1.자 옥외집회에 관한 신고반려처분을 받은 F-4가 법원으로부터 위 가) 기재와 같은 이유로 집행정지결정을 받지 못한 상태에서 2020. 5. 1.자 옥외집회를 강행하였고, 관할 경찰서장이 F-4에 대하여 2019년 제정된 ㈎ 법률을 근거로 한 2020. 5. 2.자 과태료처분을 하자, F-4가 법원에 2019년 제정된 ㈎ 법률이 선행 상위규범인 현행헌법에 위배된다고 주장하면서 법원에 위 과태료처분의 취소를 구하는 소를 제기하고 법원이 위헌제청을 한 경우, 헌법재판소는 2020. 5. 10. ㈎ 법률에 대한 위헌결정을 할 수 있는가.

7) 사례 7(사례 1의 변형)

사례 1의 신고자를 (A에서) G로, ㈎ 법률의 제정주체 및 형식을 (우리 국회의 법률에서) 미군정장관의 군정법령으로, 그 시행연도를 (1949년에서) 1947년으로 각 변형하고, G가 위 미군정법령은 제헌헌법 제13조에 위배된다는 주장을 한 경우(Ⓑ유형 규범통제의 허용 여부), 위 법원은 1950. 4. 30. G의 주장과 같은 이유로 집행정지결정을 할 수 있는가.

8) 사례 8(사례 6-1 및 사례 7 등의 변형)

당사자 H가 2012년 '민법 제정 이전인 1947년 발생한 피상속인의 사망에 따른 상속'에 적용되는 조선민사령 및 이에 근거한 구(舊) 관습법의 효력이 쟁점인 사안에 관한 소를 제기하면서 위 관습법 등이 후행 상위규범인 현행헌법에 위배된다는 이유로 무효라고 주장하는 경우(Ⓑ유형 규범통제의 허용 여부), 위 법원은 2012. 4. 30. H의 위 주장에 관하여 부수적 규범통제의 방식으로 직접 본안판단을 할 수 있는가.

나. 검토의 필요성

모든 재판절차에서 상위법우선의 원칙 등과 같은 일반적인 법원칙이 예외 없이 적용되어야 한다고 전제하는 경우, 관할 법원이 계속된 소송사건 및 신청사건에 적용되는 법률이 헌법에 위배된다고 판단하는 사안에서 헌법을 심사기준으로 하여 해당 법률에 대한 규범통제를 하는 것은 규범논리적으로 당연한 것이다. 즉, 위 규범논리가 모든 사법절차에 그대로 적용된다면, 사례 1 내지 6의 모든 사안에서 법원은 ㈎ 법률이 헌법에 위배되어 이를 적용할 수 없다는 이유로 각 당사자의 신청을 인용하는 집행정지결정을 할 수 있고, 같은 맥락에서 미국 연방대법원이 1803년 위 규범논리에 따라 연방헌법에 위배되는 연방법률이 당해사건에 적용될 수 없다고 판시한 Marbury v. Madison, 5 U.S. 137(이하 'Marbury 판결'이라고 한다)을 그리 어렵지 않은 문제[40]를 해결한 판결이라고 평가할 수도 있을 것이다.

반면에, 만일 사례 1 내지 6 중 일부에서 법원이 ㈎ 법률에 대한 직접적인 위헌판단을 기초로 하는 결정을 할 수 없다는 결론이 도출된다면, 이는 우리 실정법체계에서 위와 같은 규범논리 관철에 관한 헌법적 차원의 예외규정·특별규정이 과거에 존재하였거나 현재 존재하고 있음을 의미한다. 예컨대, 제3공화국 헌법을 심사기준으로 그 헌법의 시행 당시인 1964년 제정된 ㈎ 법률에 대한 Ⓐ유형 규범통제가 쟁점인 사례 3−2에서는 법원이 '㈎ 법률은 위헌이므로 이를 적용할 수 없다.'는 이유로 C−2의 집행정지신청을 인용할 수 있지만, 현행헌법을 심사기준으로 2019년 제정된 ㈎ 법률에 대한 Ⓐ유형 규범통제가 쟁점인 사례 6−3에서는 법원이 같은 이유로 F−3의 집행정지신청을 인용할 수 없는데, 이는 상위법우선의 원칙과 같은

40) 전상현(주 30), 298.

일반적인 법원칙에 관한 헌법적 차원의 예외규정·특별규정인 현행헌법 제107조 제1항, 제111조 제1항 제1호가 "의회가 제정한 법률의 권위가 일반법원에 의하여 무시당하는 것을 방지함으로써 입법자를 보호하는 기능(이하 '입법자보호기능'이라 한다)"을 하고 있음을 의미한다.

아래와 같은 연혁적·비교법적 검토에 비추어 보면, 근대 서구국가에서 법의 지배 내지 법치주의 원칙[41]을 지향하였음에도 불구하고 미국의 1776년 독립선언 이전까지는 '헌법을 심사기준으로 하는 법률에 대한 규범통제'가 제대로 이루어지지 않았는데, 이에 관하여 종래 영국과 유럽대륙에서 광범위하게 형성되었던 의회주권주의(議會主權主義)의 법리가 의회제정법률에 대한 사법기관의 규범통제를 금지하는 역할을 하였다는 점,[42] 미국 연방대법원은 1789년 제정된 연방헌법에 위배되는 연방법률을 당해사건에 적용할 수 없다는 Marbury 판결을 1803년 선고하였는데, 이는 종래 의회주권주의의 법리를 거부한다는 취지였기 때문에 그 당시 역사적 상황에서는 대단히 혁신적인 사법적 판단이었다는 점, 이를 계기로 확립된 미국 판례의 법리가 유럽에 영향을 미쳤고, 유럽대륙의 주요국가에서 20세기 초부터 헌법 제107조 제1항 등과 유사하게 '헌법을 심사기준으로 하는 법률에 대한 규범통제권한을 (일반법원과는 구별되는) 헌법기관으로 집중시키는 제도'가 형성되기 시작하였는데, 이러한 대륙법계 제도는 법리적으로 '입법자보호기능'을 주된 목적으로 한다는 점,[43] 같은 맥락에서 헌법 제107조 제1항 등과 같이 법률에 대한 집중형 규범통제를 규정한 헌법규정은 일반법원이 재판절차에서 상위법우선의 원칙 등 일반적인 법원칙을 적용하는 것을 제한하는 헌법적 차원의 예외규정·특별규정[44]의 성격을 가지는데, 영미법계 국가들 중 (성문헌법이 없는 영국과 달리) 성문헌법을 제정하면서 헌법 제107조 제1항 등과 유사한 규정을 두지 않은 캐나다 등의 경우 일반법원이 '헌법을 심사기준으로 하는 법률에 대한 부수적 규범통제'를 하고 있는 반면에, 법률에 대한 위헌심사 자체를 전면적으로 금지하는 헌법적 차원의 예외규정·특별규정을 두고 있는 스위스의 경우 법원에서 당해사건에 적용되는 법률이 위헌이라고 판단하는 상황에

41) 박정훈(주 2), 125-126에는 국가권력행사를 통제하고자 하는 법치주의는 권력행사기관의 개별적·구체적인 명령을 사전에 정립된 일반적·추상적인 명령에 의거하여서만 가능하도록 제한하는 것인데, 여기에 근대 유럽에서 발전한 의회민주주의가 추가되어, 그 일반적·추상적인 명령은 반드시 국민의 대표기관인 의회가 제정하는 법률로써 정립되어야 하는 것이 되었으며, 결과적으로 개별적·구체적인 명령이 과연 그 일반적·추상적인 명령인 법률에 따라 적합하게 이루어졌는지를 통제하는 것이 사법심사의 요체가 되었다는 취지가 기재되어 있다.

42) 동지, 김철수(주 1), 18; 박정훈(주 2); 손상식(주 3), 28; 한수웅(주 8), 1402-1403; 한태연, 헌법(3정판), 법문사(1968) 523; 전학선, "프랑스에서 헌법재판소와 의회와의 관계", 프랑스 헌법소송론, 한국문화사(2022), 479-481.

43) 독일 기본법상 위헌법률심판제도의 주된 목적이 위와 같은 '입법자보호기능'이라는 점에 대해서는 BVerfGE 1, 184(197f.) 및 이에 관한 조병훈(주 3), 186-187; 박일환(주 16), 10; 정태호, "법률적 효력 있는 관습법의 위헌제청적격성", 경희법학 46권 4호, 경희대학교(2012), 348 등 참조.

44) 헌재 1995. 9. 28. 선고 92헌가11 등 전원재판부 결정은 위와 같은 헌법적 차원의 예외규정·특별규정에 관하여 '헌법 그 자체에 의한 유보'라는 식으로 표현하고 있다.

서도 그 법률을 당해사건에 그대로 적용해야 한다는 점, Marbury 판결의 영향력이 계속 확산되고 있던 20세기에 형성된 독일 연방헌법재판소의 판례나 프랑스 헌법재판소(Conseil constitutionnel)[45]의 판례는 위와 같은 헌법적 차원의 예외규정·특별규정의 적용 범위를 한정적으로 해석하면서, 그 적용 범위 이외의 영역에서는 포괄적인 사법권을 관장하는 일반법원이 부수적 규범통제방식에 따라 일반적인 법원칙 등을 적용하여 규범통제를 하고 있다는 점 등을 확인할 수 있기 때문이다.[46]

그렇다면 미국식 위헌법률심사제도의 이론적 기초를 '입법권에 대한 불신', '헌법의 최고규범성', '권력분립원리'로 보는 학설[47]이나 독일식 위헌법률심사제도에는 입법자에 대한 구속력 있는 심사를 헌법재판소에 집중시키려는 의도가 반영되어 있다는 독일 판례[48]는 모두 위헌법률심사제도의 본질을 '성문헌법에 근거한 권력분립원칙을 토대로 하여, 의회의 법률제정에 관한 권한남용을 통제하는 것'으로 파악하는 견해[49]를 뒷받침한다고 볼 수 있다.

---

45) 프랑스의 Conseil constitutionnel의 경우 종래 많은 문헌에서 이를 '헌법평의회'라고 번역하여 왔는데, 2008. 7. 23. 프랑스 헌법의 개정으로 인하여 사후적·구체적 규범통제권한까지 행사하게 되었다는 점 등을 고려하여 이 논문에서는 위 헌법개정 전후를 불문하고 이를 '헌법재판소'라고 번역하기로 한다.

46) 현행헌법 제101조와 제111조 제1항 및 제107조 제1항 등의 성격과 관계에 관하여, 한수웅(주 8), 1434에는 '헌법 제101조 제1항이 사법권을 포괄적으로 사법부에 귀속시키는 개괄주의에 입각하여 사법부의 관할을 규율하고 있는 것과 달리, 헌법은 헌법재판소에 관할을 포괄적으로 부여하지 않고, 헌법 제111조 제1항에서 헌법재판소의 관장사항을 개별적으로 언급하는 열거주의를 채택하고 있다.'는 취지가 기재되어 있고, 김하열, 헌법소송법(4판), 박영사(2021), 32−33에는 '헌법 제101조에 근거한 법원의 재판권한은 "사법권"이라는 개념하에 포괄적으로 부여된 반면, 헌법 제111조 제1항에 근거한 헌법재판소의 재판권한은 5가지 사항에 한하여 개별적으로 부여되는 열거주의를 취하고 있다. 헌법은 일반법원의 재판사항에 관하여 개괄주의를(물론 우리 헌법은 개괄주의에 더하여 개별적인 수권규정을 두고 있기도 하다. 헌법 제107조 제1항, 제2항은 규범통제의 일부 권한을, 제110조는 군사재판의 상고심재판권을 법원에 부여하고 있다), 헌법재판소의 재판사항에 관하여는 열거주의를 취하고 있다. 그런데 우리 헌법은 (독일, 스페인의 경우와 달리) 법률을 통하여 헌법재판소의 권한을 확장할 수 있는 가능성을 열어두고 있지 않기 때문에, 헌법재판소는 헌법 제111조 제1항에 명시적으로 열거된 사항에 한하여 권한을 가질 뿐이고, 헌법개정이 아닌 법률개정을 통해서는 헌법재판소의 권한사항을 변경할 수 없다. 헌법 제101조에 의한 법원의 사법권과 헌법 제111조 제1항에 의한 헌법재판소의 재판권한은 일반법−특별법의 관계에 있다. 현행헌법은 성질상 사법작용에 해당하는 것 가운데 특별히 헌법재판소에 맡겨야겠다고 결정한 5개 심판사항들을 일반법원이 아닌 헌법재판소에 맡겼다. 따라서 헌법재판소의 관할로 열거된 사항은 헌법재판소의 전속적·배타적 관할에 속하고, 이를 제외한 나머지 사법작용은 법원의 관할에 속한다.'라는 취지가 기재되어 있는데, 이는 현행헌법 제107조 제1항, 제111조 제1항 제1호가 헌법적 차원의 예외규정·특별규정에 해당한다는 점 등을 설명하는 취지로 볼 수 있다.

47) 김철수, 헌법과 정치, 진원사(2012), 771−772; 김운용, 위헌심사론, 삼지원(1998), 23에는 미국과 유럽의 주요국가의 위헌법률심사제는 모두 '의회에 대한 불신'을 바탕으로 하고 있는데, 역사적으로 미국은 이를 일찍부터 경험한 반면에, 유럽 주요 국가에서는 여러 경험 끝에 뒤늦게 이를 확인하였다는 차이가 있을 뿐이라는 취지가 기재되어 있다.

48) BVerfGE 17, 208(210f). 조병훈(주 3), 187−188은 이와 같은 독일 위헌법률심판제도의 기능을 '입법통제에 의한 헌법보호기능'으로 파악하고 있다.

49) 한수웅(주 8), 1396−1403; 윤진수(주 25), 171−172; 김시철(주 28), 216−226; 한태연(주 42), 527−528, 534; 김운용(주 47), 421−450 등 참조. 이와 다른 입장을 취한 견해로는 전상현(주 30),

㉠ 위헌법률심사가 규범통제의 성격을 가진 것은 분명하지만, 이는 다양한 규범통제 중 하나의 유형일 뿐이고,[50] 헌법상 권력분립원칙에 입각하여 독립된 사법기관이 의회의 대표적 권한인 법률제정의 당부를 심사하는 성격을 가지며, ㉡ 헌법을 심사기준으로 하는 모든 규범통제를 위헌법률심사로 볼 수 없고(헌법 제107조 제2항 등 참조), ㉢ 법률에 대한 규범통제가 모두 위헌법률심사에 해당하지도 않기 때문이다.[51]

우리 헌법상 위헌법률심사제도는 고유한 제도가 아니라 외국의 영향을 받은 것이므로, 그 형성과정과 성격 등을 이해하기 위해서는 거기에 직간접적으로 영향을 미친 주요 국가들의 제도와 그 연혁 등을 검토할 필요가 있다.[52] 우리나라에서 현행헌법 제107조 제1항 등을 근거로 1988년 설치된 헌법재판소의 다수 판례를 통하여 헌법의 규범적 효력이 널리 확보되었다는 점은 주지의 사실인데, 이러한 역사적 사실로 인하여 위 제107조 제1항 등이 법리적으로 '입법자보호기능'을 주된 목적으로 하고 있다는 점[53]에 대한 논의가 충분히 이루어지지 않고 있다.[54] 그러나 위와 같은 '입법자보호기능'은 독일식 규범통제제도를 전반적으로 이해

296-300; 정태호(주 43), 346-355 등 참조.

50) 김하열(주 46), 33.

51) 아래 3. 다. 1) 기재 프랑스의 국제법을 심사기준으로 하는 법률에 대한 규범통제 참조.

52) 內田貴(역 정종휴), 법학의 탄생, 박영사(2022), 31-32에는 학문으로서의 법학은 서양 문화 고유의 것이고, 그리스·로마 문명에 뿌리를 내리고 있으며, 영국, 프랑스, 독일 등의 고유한 역사적 전통을 깊이 이해하지 않고 단지 특정 국가의 법을 그대로 도입하려고 시도하는 것은 위험하다는 취지가 기재되어 있다.

53) 이에 관하여 조병훈(주 3), 186-187은 "현대 위헌법률심판제도의 모범국가라고 할 수 있는 독일에서는 규범통제의 가장 첫 번째 목적 내지 기능이 법관에 의한 입법자의 경시(輕視)를 방지하는 데 있다고 보고 있다. 이는 독일에서는 전통적으로 법관에 의한 규범심사권이 인정되어 어떤 법률이 상위의 헌법규범에 위반되는 것으로 인정되면 그 법률은 처음부터 무효로서 적용이 배제되는 것으로 이해되었다는 점, 또한 규범통제로서 추상적 규범통제와 구체적 규범통제가 모두 인정되므로 추상적 규범통제에서는 헌법의 보호를 전면에 내세우지만 구체적 규범통제에 있어서는 헌법의 보호기능은 뒤로 물러나고 입법자의 의사를 보호하는 것이 중요하다고 이해하고 있기 때문이다. 그러나 의회제도의 역사가 짧고 의회민주주의가 미성숙하여 의회의 입법기관으로서 역할이 상대적으로 미약하며 아직껏 추상적 규범통제제도의 경험이 없었던 것이 우리의 현실을 배경으로 하여 법원에 의한 입법자의 경시로부터 입법자의 보호의 필요성보다는 오히려 과거 일제치하부터 답습되어 온 비민주적 법률, 또는 권위주의적인 통치하에서 비민주적 절차에 의하여 통과된 법률, 심지어는 정통성을 결여한 입법대체기관에 의하여 제정된 법률에 이르기까지 각종 위헌적 요소를 지닌 법률의 제거가 국민적 합의에 의하여 헌법재판소를 등장케 한 시대적 요청이었던 점, 규범통제제도가 발전한 유럽 여러 나라에서 도입되어 있는 추상적 규범통제도가 도입되지 아니하여 구체적 규범통제가 추상적 규범통제가 분담하여야 할 역할까지 일부 떠맡아야 하거나 떠맡을 수밖에 없다는 점에 비추어 본다면 적어도 현재로는 법관에 의한 입법자의 경시의 제도적 방지를 우리나라의 위헌법률심판제도의 주목적으로서 내세울 수는 없으리라고 본다. 그러나 위헌법률심판제도의 존재에 의하여 법관이 위헌법률심판제청을 거치지 아니하고 임의로 성문법률을 위헌으로 해석하여 적용배제시킬 수는 없다는 면에서 볼 때 우리나라에서도 위헌법률심판제도가 입법자의 권위를 보호하는 것이 주요한 역할의 하나임을 부인할 수 없다."라고 기재되어 있다.

54) 예컨대, 헌법 제107조에 관한 사단법인 한국헌법학회, 헌법주석[법원, 경제질서 등], 경인문화사(2018), 1038-1158(남복현 집필 부분)에도 제107조 제1항 등의 '입법자보호기능'에 관한 논의가 제대로 기재되어 있지 않다.

할 수 있는 열쇠일 뿐만 아니라,[55] 사법기관으로 하여금 법률에 대한 규범통제를 할 수 있도록 허용하는 명시적인 수권규정이 헌법에 존재하는 경우에만 위와 같은 규범통제가 가능한지 아니면 별도의 헌법상 수권규정이 없는 경우에도 법률에 대한 부수적 규범통제가 가능한지, 위 제107조 제1항 등에 근거한 위헌법률심사의 심사기준이 원칙적으로 현행헌법으로 한정되는지[56] 아니면 국제법 등 다른 규범들도 심사기준이 될 수 있는지, 그 심사대상이 원칙적으로 현행헌법 시행 이후에 우리 국회가 제정한 법률로 한정되는지 아니면 그 외의 다른 규범들[예컨대, 제3공화국 헌법의 시행 당시 우리 국회가 제정한 법률(사례 6－1), 우리 국회가 해당 규범의 형성 및 효력유지과정 등에 전혀 관여하지 않은 미군정법령(사례 7)이나 관습법(사례 8) 등]이 포함되는지, 헌법에 위배되는 규범의 효력(예컨대, 당연무효설과 폐지무효설의 대립) 등에 관한 논의와 직결되는 쟁점이다. 아래에서는 연혁적·비교법적 검토를 함으로써 위 제107조 제1항 등과 유사한 헌법규정을 두고 있는 주요 국가의 제도들이 어떻게 형성되었는지를 살펴본 다음, 이를 토대로 우리 제도의 성격과 내용 등에 대하여 검토하기로 한다.

3. 주요 국가의 규범통제제도에 대한 비교법적 검토

가. 서구의 고차법사상과 영국의 규범통제제도

1) 서구에서 이루어지는 규범통제제도의 이념적 배경인 고차법사상[57]

가) 고차법사상(高次法思想, the Higher Law Conception)의 기원

서구의 규범통제는 고대 그리스시대에서 비롯된 고차법사상 등에서 그 역사적 기원을 찾을 수 있다. 예컨대, 고대 아테네의 법은 도시공동사회(polis)의 질서를 바로잡기 위한 신성불

55) 이에 관하여 조병훈(주 3), 187에는 "독일의 경우는 구체적 규범통제의 주된 역할을 입법자의 보호에 있다고 보기 때문에 뒤에서 보는 바와 같이 제청대상을 형식적 의미의 법률로 보고, 또한 본 기본법 제정발효이전의 이른바 전헌법적 법률과 본 기본법 제정발효 이후의 이른바 후헌법적 법률을 구별하여 위헌심판제청의 철차를 거치지 아니하더라도, 일반 법원에 의한 전헌법적 법률이 위헌이라는 판단은 후헌법적 법률에 대한 판단과는 달리 입법자의 권위에 저촉되지 않는 것으로 이해하는 등 입법자의 보호기능이 구체적 규범통제제도의 전반적 이해의 열쇠로 되어 있다."라고 기재되어 있다. 박일환(주 16), 10도 같은 취지이다.

56) 헌재 2013. 3. 21. 선고 2010헌바132 등 전원재판부 결정은 이에 관하여, "현행헌법은 전문에서 '1948. 7. 12.에 제정되고 8차에 걸쳐 개정된 헌법을 이제 국회의 의결을 거쳐 국민투표에 의하여 개정한다.'라고 하여, 제헌헌법 이래 현행헌법에 이르기까지 헌법의 동일성과 연속성을 선언하고 있으므로 헌법으로서의 규범적 효력을 가지고 있는 것은 오로지 현행헌법뿐이라고 할 것이다. (중략) 헌법재판소의 헌법 해석은 헌법이 내포하고 있는 특정한 가치를 탐색·확인하고 이를 규범적으로 관철하는 작업이므로, 헌법재판소가 행하는 구체적 규범통제의 심사기준은 원칙적으로 헌법재판을 할 당시에 규범적 효력을 가지는 헌법이라 할 것이다."라고 판시함으로써 원칙적으로 현행헌법만이 위 제107조 제1항 등에 근거한 위헌법률심사제도의 심사기준이 된다는 점을 분명히 하였다.

57) 아래 내용은 김운용(주 47), 36－46; 권영설, "고차법사상과 사법심사의 제도화 － The Higher Law Conception and Judicial Review －", 공법연구 25집 4호, 한국공법학회(1997), 40－48 중 관련 부분을 발췌, 요약, 정리한 다음, 거기에 필자의 설명과 의견을 덧붙인 것이다.

가침의 관습으로서 보편적인 구속력이 인정되는 nómos와 민회(民會, ecclesia)에서 제정되는 pséphisma로 구별되었는데, 후자는 전자에 부합하는 범위 내에서만 효력이 인정되었다. 상위규범인 전자는 민회의 통상적인 법 개정절차에 의해서는 수정될 수 없고, 그 수정만을 위한 별도의 특별절차를 거쳐야만 수정될 수 있도록 하였다. 만일 민회가 전자에 위배되는 후자를 의결함으로써 상위법우선의 원칙을 위반한 경우, 이를 민회에 발의(發議)한 사람은 형사책임을 지고,[58] 아테네의 법관은 전자에 배치되는 하위규범을 재판에 적용하지 않을 수 있었다.

나) 고차법사상의 확산과 규범통제의 법리

위와 같이 일반적으로는 기속력이 인정되는 하위규범이라도 상위규범에 배치되는 경우 그 효력이 부정된다는 고차법사상의 기본구조는 고대 로마시대에도 유지되었고, 시민법(市民法, jus civile)은 상위규범인 만민법(萬民法, jus gentium)에 위배되지 않는 범위 내에서만 효력이 인정되었다. 이후 가톨릭 신학의 연장선상에서 자연법에 반하는 인정법(人定法)은 무효라는 스콜라 법사상이 확산되었고, 이를 비롯한 중세의 법사상은 대체로 상위적이고 불가양적인 자연법(jus naturale)과 하위규범인 실정법(jus positivum)의 위계질서를 인정하였으며, 그 법사상이 네덜란드의 Hugo Grotius, 영국의 John Locke, 프랑스의 Jean Jacques Rousseau 등 16세기 내지 18세기의 자연법학자 내지 계몽철학자들에게 이어졌다.

이러한 경위로 영국과 유럽대륙에 광범위하게 확산된 고차법사상의 전통은 그 후 서구에서 이루어지는 다양한 규범통제의 이념적 배경이 되었다.

2) 영국에 대한 연혁적·비교법적 검토[59]

가) 고차법사상의 영국에 대한 영향

고차법사상은 위와 같이 영국에도 영향을 미쳤는데, Sir Edward Coke가 1610년 Dr. Bonham's Case[60]에서 '의회제정 법률이 일반적인 권리나 이성에 배치되거나 자기모순적이거나 그 이행이 불가능한 경우 Common Law가 의회제정 법률을 통제하여 이를 무효화시킨다.'는 취지로 판단한 것이 대표적인 사례이다. 그러나 위와 같은 Coke의 판시내용은 그 당시 영국 국왕과 의회의 강력한 반대로 인하여 결국 묵살되었다.

나) 영국의 의회주권주의와 위헌법률심사제도의 관계

오히려 영국에서는 1688년 명예혁명 이후 현재까지 확립되어 있는 의회주권주의

---

58) 이는 선행 상위규범에 저촉되는 후행 하위규범의 제정에 관여한 사람에게 형사책임을 부과하였다는 것이므로, Ⓐ유형 규범통제와 관련되는 것일 뿐이고, Ⓑ유형 규범통제와는 거리가 있는 제도이다.

59) 아래 내용은 손상식(주 3), 27－28; 한수웅(주 8), 1403－1404; 김운용(주 47), 36－46; 이명웅, "미국에서 사법심사의 발전: 1776－1802", 헌법재판연구 1권, 헌법재판연구원(2014), 329－350 중 관련 부분을 발췌, 요약, 정리한 다음, 거기에 필자의 설명과 의견을 덧붙인 것이다.

60) Co. Rep. 107a(1610).

(Sovereignty of Parliament)가 '의회제정 법률에 대하여 법원이 사법심사를 할 수 없도록 금지하는 역할'을 하여 왔다.[61] William Blackstone, 「Commentaries of the Law of England」Vol. 1(1765), 91에 '의회가 부당한 내용을 담은 법률을 제정하더라도 어느 권력도 그것을 통제할 수 있다고는 볼 수 없다.'는 내용과 함께 법리적으로 Dr. Bonham's Case의 판시내용에 제동을 가하는 취지가 기재되어 있는 것[62]은 의회주권주의의 법리를 그대로 반영한 것이다.

즉, 고차법사상의 영향에도 불구하고 영국에서 위헌법률심사제도가 형성되지 않은 이유에 관하여, ① 영국의 법질서를 뒷받침하는 2대 원칙인 ㉮ 법의 지배와 ㉯ 의회주권주의가 공존하다보니 ㉮에 바탕을 둔 사법심사가 행정영역에 국한하여 이루어져왔고,[63] 의회의 입법작용의 경우 처음부터 사법심사의 대상에서 제외되었다는 점, ② 현재까지 영국인들은 자신들의 자유와 권익을 (법원보다는) 국민들의 대표로 구성된 의회에 의하여 좀 더 효과적으로 보호받을 수 있다고 믿어 왔고, 이러한 국민들의 의회에 대한 두터운 신뢰가 의회제정 법률에 대한 사법심사를 용납하지 않고 있는 점, ③ 성문화된 헌법전이 없기 때문에, 위헌법률심사에서 필수적인 심사기준을 내세울 수 없다는 점 등이 거시되고 있는 것이다.

나. 미국식 사법제도를 채택한 주요국가의 사례 검토

1) 미국에 대한 연혁적·비교법적 검토

가) 미국의 위헌법률심사제도 정착[64]

(1) 미국의 위헌법률심사제도의 특징

영국의 사법국가형 사법제도(司法國家型 司法制度)의 전통을 이어받은 미국에서는 연방대법원뿐만 아니라 치안판사(the Justice of the Peace)를 비롯한 모든 심급의 법원에서 행정작용뿐만 아니라 법률에 대해서까지 사법심사를 할 수 있고, 민사·형사·행정 등 담당 사건의 종류 및 내용 등과 관계없이 위헌법률심사권한을 행사할 수 있다. 1789년 연방헌법에는 법원의 위헌법률심사권한에 관한 수권규정(이하 '수권규정'이라고 한다)이 존재하지 않고, 연방법률에 대한 관계에서 연방헌법이 최고규범이라는 규정도 없는데,[65] 이러한 헌법규정하에서 각

61) 동지, 김철수(주 1), 18; 박정훈(주 2); 손상식(주 3), 28; 한수웅(주 8), 1403−1404; 전학선(주 42), 479−481.

62) 김운용(주 47), 45에서 재인용함.

63) 영미법계의 각급 법원은 행정입법과 행정행위 등을 포괄하는 모든 행정작용의 위법성 전반을 심사한다는 점에 대해서는 박정훈(주 2), 126, 159−160; 손상식(주 3), 175−189 등 참조.

64) 아래 내용은 한수웅(주 8), 1402−1406; 김운용(주 47), 46−73; 권영설(주 57), 48−57; 이명웅(주 59), 329−350; 박홍우, "헌법재판제도의 유형", 재판자료(92), 102−109 중 관련 부분을 발췌, 요약, 정리한 다음, 거기에 필자의 설명과 의견을 덧붙인 것이다.

65) 미국 연방헌법 제6조 제2항은 "본 헌법과 이에 준거하여 제정되는 연방법률 그리고 연방정부의 권한에 의하여 체결되었거나 체결되는 모든 조약은 이 나라의 최고규범이며, 따라서 모든 주 정부의 법관은, 설령 어떤 주의 헌법이나 법률 중 이에 배치되는 규정이 있을지라도 이 최고규범에 구속된다(This Constitution, and the Laws of the United States which shall be made in Pursuance thereof; and

급 법원이 위와 같이 위헌법률심사를 하는 것을 미국식 제도의 특징이라고 할 수 있다.[66]

⑵ 의회주권주의에 대한 불신, 법원에 대한 신뢰감과 성문헌법의 제정

영국 국왕이 종래 관행과 달리 식민지 의회의 승인 없이 영국 의회의 승인만으로 과세하려고 시도하자, 이에 반발한 식민지 미국은 "대표 없이 과세 없다."라는 표어를 내세우며 독립을 추구하였고, 결국 사회계약설과 자연법사상을 토대로 1776년 독립을 선언하고 1798년 연방헌법을 제정하였다. 미국의 독립은 그 자체가 영국 제도와 의회에 대한 부정(否定)과 불신(不信)에서 출발한 것이다.

따라서 위 가. 2) 기재 영국의 경우와 달리, 식민지 미국인들 사이에서는 반영감정의 고조와 함께 점차 일반적인 의회불신감이 자라나게 되어 자신들의 권리와 재산의 보호자 역할을 법원에서 찾게 되었고, 나아가 자연법사상 등에 기초한 성문헌법을 제정하였기 때문에, 고차법사상을 이념적 배경으로 하는 위헌법률심사제도가 미국에서 비교적 용이하게 정착될 수 있었다.[67]

⑶ 1789년 연방헌법의 제정과정 및 Marbury 판결 이전의 상황 등

1787년 소집된 헌법제정회의(constitutional convention)에서도 법원의 위헌법률심사에 관한 수권규정에 대한 논의는 이루어지지 않았다. 오히려 대통령과 연방법관으로 구성되는 수정원(council of revision)에서 발효 전 법률을 심사하도록 하자는 버지니아주의 제안에 대한 논의 과정에서, 많은 주 대표들은 법원의 위헌법률심사권한은 논리적으로 자명한 것이라고 주장하였고, 위 제안에 대한 반대논거로서 법원에 위헌법률심사권한이 있다는 점을 지적하는 주장이 제기되었다.[68]

같은 맥락에서, 영국과의 결별을 선언한 독립선언 이후 Marbury 판결의 선고 이전까지 많은 주에서 주법원(州法院)의 판례나 주헌법(州憲法)의 명문규정을 통하여 주헌법을 심사기

all Treaties made, or which shall be made, under the Authority of the United States, shall be the su-preme Law of the Land; and the Judges in every State shall be bound thereby, any Thing in the Constitution or Laws of any state to the Contrary notwithstanding)."라고 규정하고 있다. 그런데 위 규정에 관하여 '헌법의 최고규범성'을 명시하고 있다는 주장이나[허영(주 30), 33 참조], 이런 주장을 토대로 하여 위 규정이 Marbury 판결의 출발점을 이루고 있다는 주장이 제기되고 있으나[권영설(주 57), 39-40 참조], 이는 다소간 오해의 소지가 있는 주장들이다. 위 규정은 ① 연방헌법(聯邦憲法) 및 이에 준거하여 제정되는 연방법률(聯邦法律)이나 조약(條約)이 ② 주헌법(州憲法)이나 주법률(州法律)에 대한 관계에서 우월한 지위에 있는 최고규범(supreme Law)이 된다는 취지일 뿐인데[동지, 손상식(주 3), 26], Marbury 판결은 (주헌법이나 주법률이 연방헌법 등에 위배되는지가 쟁점인 사건이 아니라) 연방법률이 연방헌법에 위배되는지가 쟁점인 사건이었기 때문이다.

66) 김운용(주 47), 50-62.

67) 식민지 시대의 특허장 제도의 존재가 미국의 위헌법률심사제도 정착에 기여하였다는 분석에 관하여는 전상현(주 30), 299; 박홍우(주 64), 103 등 참조.

68) Gerald Gunther/Kathleen M. Sullivan, Constitutional Law 13th ed., Foundation Press (1997), 15[박홍우(주 64), 103에서 재인용함]. 미국의 독립과정에서 성문헌법을 제정하게 된 경위에 관하여는 이명웅(주 59), 335-336 등 참조.

준으로 하는 주법률(州法律)에 대한 위헌법률심사제도를 도입하였고,[69] 실제로 이러한 규범통제 사례가 속출한 상태에서,[70] 1803년 연방헌법을 심사기준으로 하는 연방법률에 대한 규범통제 사례인 Marbury 판결이 선고되었는데, 이는 미국에서 법원의 위헌법률심사권한이 확립되는 계기가 되었다.

나) 헌법의 해석방법론에 대한 비교법적 검토 등

(1) 헌법의 해석에 관한 일반론

사법기관에서 위헌심사를 하는 경우 필연적으로 그 심사기준인 헌법을 해석하게 된다.[71] 법의 해석은 법의 의미를 파악하는 작업으로서[72] 헌법을 비롯한 모든 법의 영역에서 이루어진다. 모든 법령의 제정과정에서 입법자(헌법제정권자 포함)는 일정한 입법 목적을 토대로 하여 가급적 규율하고자 하는 사안을 널리 포섭하기 위하여 일반적·추상적 언어로 조문을 구성하고, 이로 인해 법령은 열린 구조를 갖게 되므로, 법령이 개별 사안에 적용되기 위해서는 규범적 내용을 확정하기 위한 해석을 해야 하기 때문이다.[73] 이와 같이 해석방법론은 모든 법과 관련되지만, 구체적 사안에서 이루어지는 해석은 해당 영역을 규율하는 법의 성격을 반영해야 하기 때문에, 영역별로 세부적 차이가 발생할 수 있고 우선순위나 강조점이 달라질 수도 있다.[74]

우리나라의 법해석은 모두 독일의 Friedrich Carl von Savigny가 19세기에 제시한 전통적인 해석방법론(문리적/체계적/역사적/목적론적 해석)을 토대로 하는데,[75] 헌법도 실정법규범으

---

69) John E. Nowak/Ronald D. Rotunda, Constitutional Law 5th ed., West Group(1995), 11[박홍우(주 64), 103에서 재인용함].

70) 뉴저지주의 Holmes v. Watson 판결(1780), 로드아일랜드주의 Trevett v. Weeden 판결 (1786), 켄터키주의 Enderman v. Ashby, 2 Ky. (Sneed) 53 (1801), 노스캐롤라이나주의 Bayard v. Singleton, 1 N.C. (Mart) 44, 뉴욕주의 Rutgers v. Waddington 판결(1784), 버지니아주의 Commonwealth v. Caton, 8 Va. (4 Call) 5 (1782), 뉴저지주의 Taylor v. Reading 판결, 뉴햄프셔주의 Gilman v. McClary, 3 Va. (1 Va. cases) 20, (1793), 사우스캐롤라이나주의 Ham v. M'Claws 판결 등을 예시할 수 있는데, 상세한 내용은 이명웅(주 59), 336−344 등 참조.

71) 헌법의 해석에 관한 전반적인 설명은 김운용(주 47), 146−176; 김대휘, “헌법의 해석과 법실무”, 재판자료(75), 7−58 등 참조.

72) 최봉철, “문언중심적 법해석론 비판”, 법률해석의 한계, 법문사(2000), 149−150.

73) 오세혁, “한국에서의 법령해석 − 우리나라 법원의 해석방법론에 대한 비판적 분석 −”, 법철학연구 6권 2호, 세창출판사(2003), 119 참조.

74) 김시철(주 36), 503−505 참조. 한수웅(주 8), 44에는 독일 이외의 다른 유럽국가나 영미법의 국가에서 헌법해석의 문제가 체계적으로 다루어지지 않고 있다는 취지가 기재되어 있는데, 이는 헌법해석의 과정에서 헌법의 성격을 반영하는 것이 중요하다는 점을 강조하는 취지로 보인다(아래에서 보는 바와 같이 미국이나 캐나다 등에서도 헌법해석에 관한 논의가 활발하게 이루어지고 있다).

75) 한수웅(주 8), 49−52 참조. Savigny가 주도하였던 독일 역사법학에 관한 간략한 설명으로는 內田貴(역 정종휴)(주 52), 117−137 참조. 최근 우리 법원의 해석방법론의 경향에 관하여는 공두현, “우리 대법원의 법해석론의 흐름: 법실증주의, 법현실주의, 법원리론”, 법철학연구 22권 2호, 세창출판사(2019), 185−238; 오세혁, “사법부의 해석방법론에 대한 비판: 재론(再論) − 법 해석방법의 우선순위

로 이루어진 이상, 그 해석방법에 관하여는 당연히 위와 같은 전통적 해석방법론이 적용된다. Savigny의 해석방법론이 헌법을 위해 마련된 것은 아니지만, 헌법의 해석과정에서도 원칙적으로 문법과 논리성, 체계성 및 역사적 규정의 의도를 포함한 문구의 의미를 고려하면서, 헌법의 특성을 반영하는 것이 타당하기 때문이다.[76)]

(2) 대륙법계의 법해석방법론과 영미법계의 법해석방법론 등

그런데 대륙법계 해석방법론을 대표하는 Savigny가 '법률'과 '법률행위'의 구속력 근거나 해석 등에 관하여 동일한 접근방식을 취하였다는 점을 주목해야 한다.[77)] 예컨대, 법해석의 목적에 관하여 입법자의 역사적 의지를 탐구하는 것이라는 주관적 해석론, 법 자체에 내재하는 의미를 해명하는 것이라는 객관적 해석론, 양자를 모두 고려해야 한다는 절충설이 대립하는데, 위와 같은 견해 대립은 법철학 등 법학 전반에서 발생하고,[78)] 이러한 논의는 헌법의 해석[79)]이나 법률행위의 해석에서도 원칙적으로 동일한 의미를 가지는 것이다.[80)]

Common Law 국가인 미국의 헌법 해석방법론도 Savigny의 해석방법론과 유사하다.[81)] 예컨대, 미국 연방헌법의 해석에 관한 원전주의(原典主義, Originalism)와 비원전주의(非原典主義, Nonoriginalism)의 견해 대립[82)]은 대륙법계의 주관적 해석론과 객관적 해석론의 대립구도와 유사하고, 다른 측면에서 Common Law의 해석방법론이 성문법에 대한 해석방법론으로 활용되는 것도 Savigny의 입장과 유사하다. 나아가 미국 연방헌법 해석에 관하여 여러 의견들을 제시했던 Oliver Wendell Holmes 연방대법관의 경우,[83)] Common Law에 대한 연구와 실무경험[84)]이 그 의견들의 토대가 되었다는 평가를 받고 있다.[85)] 그렇다면 미국의 각급 법원

에 대한 논의를 중심으로 –", 중앙법학 22권 3호, 중앙법학회(2020), 126–178 참조.

76) 김운용(주 47), 162–165, 171–176; 김대휘(주 71), 23 참조.

77) 김욱곤, "계약의 구속력의 근거에 관한 일고찰", 성균관법학 1권, 성균관대학교 비교법연구소(1987), 187–190 참조.

78) 김영환, "법률해석의 목표: 주관적 해석이론과 객관적 해석이론 간의 논쟁에 관해", 법철학연구 21권 1호, 세창출판사(2018. 4.), 367–400 참조.

79) 독일 연방헌법재판소는 "어떠한 법규정의 해석에 있어서 결정적인 구실을 하는 것은 그 규정 속에 나타나 있는 객관화된 입법자의 의사이다."라고 판시하고 있는데[BVerfGE 1, 299(312)], 그 배경이 되는 주관적 해석론, 객관적 해석론, 절충설 등에 대한 독일에서의 논의에 관하여는 한수웅(주 8), 44–60; 김운용(주 47), 153–156 참조.

80) 최봉철(주 72), 151.

81) 영미권의 해석방법론에 관하여는 오세혁, "법해석방법의 우선순위에 대한 시론적 고찰", 중앙법학 21권 4호, 중앙법학회(2020), 408–416 참조.

82) Erwin Chemerinsky, Constitutional Law, Principles and Policies, Aspen Law & Business(1999), 15–25 참조.

83) Holmes에 관한 간략한 설명으로는 Kermit L. Hall(Editor), The Oxford Companion to Supreme Court of the United States, Oxford University Press(1992), 405–410 참조.

84) Holmes는 1881년 「The Common Law」을 저술하고 Harvard Law School에서 강의한 다음, The Supreme Judicial Court of Massachusetts(주 최고법원)의 대법관으로 임명되어 약 20년간 대법관 및 대법원장으로 근무하였고, 1902년 미국 연방대법관으로 취임해서 약 30년간 연방대법관으로 근무하

이 Common Law의 주요 적용영역인 민사·형사소송 등에서 다양한 규범통제를 하는 것은 자연스러운 것이고, 각급 법원의 법관들이 이러한 실무경험 등을 토대로 헌법을 해석하거나 법률 등에 대하여 규범통제를 하는 미국식 제도에 법리적·실무적으로 어떠한 문제가 있다고 볼 수도 없다.

다) 헌법합치적 법률해석과 위헌법률심사권한의 관계

미국의 경우 법원에서 법률의 위헌여부를 심사하지만, 법률은 합헌으로 추정된다.[86)] 즉, 법원은 헌법합치적 법률해석을 '법률에 대한 위헌판단을 피하는 방법 중 하나'로 보기 때문에, 모든 법의 영역에서 해석의 여지가 있을 때, 예컨대 넓게 해석하면 위헌이지만 합리적 범위 내에서 좁게 해석하면 당해사건에서 합헌적 결과가 가능한 경우, 법률에 대해 위헌선언을 할 수 없고 합헌적 축소해석을 해야 한다.[87)]

사법절차에서 이루어지는 ① 상위규범합치적 해석과 ② 규범통제는 차원이 다른 것으로서, 먼저 ① 가능성을 검토하고, 그것이 불가능한 경우에만 비로소 ②를 실시하는 등 순차적 접근방식을 취해야 한다는 점은 위 1.에서 본 바와 같다.[88)]

라) 법률에 대한 규범통제에 관한 별도의 헌법상 수권규정 필요성(소극)

미국의 경우 연방법률에 대한 관계에서 연방헌법의 최고규범성을 명시한 헌법규정이 없고, 위헌법률심사권한을 법원에 부여하는 수권규정도 존재하지 않는다. 그런데 상위법우선의 원칙이 적용되는 모든 사법절차에서 규범통제가 이루어지는 것이 아니므로(즉, 상위법우선의 원칙이 법해석원칙으로 활용될 수도 있다), 연방법률에 대한 위헌·무효를 선언할 수 있는 수권규정이 헌법에 명시되지 않은 상태에서, 법원의 위헌법률심사권한 행사가 정당한지가 의문이라는 주장이 일부에서 제기되고 있다.[89)]

였는데, 「The Common Law」는 영미의 tort and contract law에 상당한 영향을 미친 미국 법학계의 걸작이라고 평가되는 것으로서, 훗날 Holmes의 연방대법관 업무수행의 토대를 형성한 것이다[Kermit L. Hall(주 83), 406-407 참조].

85) Kermit L. Hall(주 83), 410에는 "Holmes's constitutional opinions fit into a coherent view of the American system evolved from his own experiences and his studies of the common law."라고 기재되어 있다.

86) Fletcher v. Peck, 6 Cranch 87 (1810); Lawrence v. State Tax Commission of Mississippi, 286 U.S. 2764 (1932); Concordia Fire Ins. Co. v. People of State of Illinois, 292 U.S. 535 (1934) 등 다수 판결.

87) Ogden v. Saunders, 25 U.S. 213 (1827) 등 다수 판결. 이를 헌법적 회피(constitutional avoidance) 원칙 또는 위헌성 회피(avoidance of unconstitutionality) 해석이라고도 하는데, 이에 관하여는 Jesse H. Choper, Richard H. Fallon, Jr, Yale Kamisar, Stevern H. Shiffrin, Constitutional Law, 9th ed. West Publishing Co.(2001), 667-668; Eric S. Fish "Constitutional Avoidance as Interpretation and as Remedy", 114 MICH. L. Rev.(2016), 1281-1292; 김시철, "우리 위헌법률심판제도와 헌법재판소 결정의 효력", 저스티스 90호, 한국법학원(2006), 53 참조.

88) 허완중(주 35), 104, 109; 김시철(주 36), 508-509, 514, 521, 527-534 등 참조.

89) 이러한 주장의 내용 등에 관하여는 김운용(주 47), 50-62 등 참조. 나아가 김운용(주 47), 133-134

그러나 앞서 본 바와 같이 최고규범인 성문헌법이 존재하는 국가의 모든 사법절차에서 법률이 헌법에 위배된다는 사법적 판단이 이루어지는 경우, 위헌법률심사를 금지하거나 이를 제한하는 헌법적 차원의 예외규정의 존재 등과 같은 특별한 사정이 없는 이상, 하위규범인 법률에 대한 규범통제가 이루어져야 한다는 것은 규범논리적으로 당연하다. 그렇기 때문에 미국이 1776년 영국 의회주권주의와의 결별을 선언한 다음 주헌법을 심사기준으로 하는 주법률에 대한 규범통제 사례가 속출하였고, 같은 규범논리에 따라 1803년 Marbury 판결이 선고되었으며, 이후 법원의 위헌법률심사권한이 현재까지 200년 이상 유지되고 있는 것이다. 예컨대, ① 영국의 경우와 같이 성문헌법이 존재하지 않거나,[90] ② 혹은 ㉮ 영국의 사법제도 내지 20세기 이전의 유럽 대륙법계 사법제도와 같이 '의회주권주의' 등의 영향으로 법원의 위헌법률심사권한은 애당초 상정할 수 없는 것으로 인식되고 있거나,[91] ㉯ 모든 법원이 의회제정 법률 등에 대한 위헌심사를 할 수 없도록 금지하는 헌법적 차원의 예외규정·특별규정[92]이나 ㉰ 20세기 이후 형성된 유럽 대륙법계 사법제도와 같이 일반법원의 위헌법률심사권한을 제한하면서 그 결정권한을 헌법재판소와 같은 별도의 사법기관에 전속적으로 부여하는 헌법적 차원의 예외규정·특별규정[93] 등이 존재하지 않는 이상, 성문헌법이 존재하는 국가의 각급 법원은 모든 영역의 사법절차에서 필요한 경우 헌법을 심사기준으로 하는 법률에 대한 부수적 규범통제를 할 수밖에 없다.[94] 만일 위와 같은 특별한 사정이 없는 상태에서 법원이 해당 사안에 적용되는 법률이 위헌이라는 사법적 판단을 하였음에도 불구하고 그 법률에 대한 규범통제를 하지 않는 경우, 헌법의 최고규범성이나 법의 지배 내지 법치주

는 '실정헌법을 가지고 있으면서 위헌심사를 하고 있는 나라는 거의 예외 없이 그 헌법에 위헌심사권의 근거가 되는 수권규정을 두고 있고(예컨대, 독일, 이탈리아, 오스트리아, 일본 등), 미국의 경우 헌법상 수권규정이 없는 데에서 오는 입지의 빈곤을 헌법 외적인 것(예컨대, 영미법계 특유의 선례존중의 원칙, Marbury 판결을 비롯한 판례가 지닌 설득력, 법원에 대한 시민들의 전폭적인 신뢰 등)으로 뒷받침하였지만, 이러한 헌법외적 뒷받침을 받을 수 없는 국가에서는 헌법상 수권규정이 없는 위헌심사는 생각할 수도 없는 것이다.'라는 취지로 주장하지만, 아래 2) 기재 캐나다의 경우, 아래 다. 2) 다) 기재 독일 국사재판소의 1925년 판결의 판시내용 등에서 보는 바와 같이 법률의 위헌여부에 관한 법원의 부수적 규범통제에 관하여는 별도의 헌법상 수권규정이 필수적이라고 볼 수 없기 때문에, 위 주장에 찬동하기는 어렵다.

90) 손상식(주 3), 28; 한수웅(주 8), 1402-1404; 한태연(주 42), 523; 권영설(주 57), 48-57.

91) 김철수(주 1), 18; 박정훈(주 2), 127; 손상식(주 3), 28; 한수웅(주 8), 1402-1404; 한태연(주 42), 523; 전학선(주 42), 479-481 참조.

92) 이러한 유형의 헌법적 차원의 예외규정·특별구정에 관하여는 아래 3) 기재 스위스 연방헌법 제190조 참조.

93) 이와 같이 현행헌법 제107조 제1항, 제111조 제1항 제1호 등과 유사한 유형의 헌법적 차원의 예외규정·특별규정에 관하여는 아래 다. 기재 프랑스, 오스트리아, 독일의 현행 제도 참조.

94) 위헌법률심사제도가 '성문헌법의 존재'와 '법률에 대한 헌법의 우위'를 전제조건으로 한다는 점은 한수웅(주 8), 1402 참조. 김하열(주 46), 33에는 헌법적 차원의 예외규정·특별규정인 헌법 제107조 제2항, 제111조 제1항에 명시적으로 열거된 사항이 아닌 나머지 사법작용은 모두 포괄적인 사법권을 관장하는 일반법원이 행사한다는 취지가 기재되어 있다.

의 원칙 중 최소한 1가지 이상을 부정할 수밖에 없기 때문이다. 즉, 성문헌법이 존재하는 국가의 사법절차에서 각급 법원에 헌법의 최고규범성 및 법치주의 원칙을 모두 준수할 의무가 부과되는 이상,[95] 개별 소송사건을 해결하는 데에 필요한 범위 내에서 이루어지는 법률에 대한 부수적 규범통제권한을 부여하는 별도의 헌법상 수권규정이 필요하지 않은 것이다.[96]

같은 맥락에서, 설령 위와 같은 부수적 규범통제에 관한 헌법상 수권규정이 별도로 존재한다고 하더라도, 이는 (창설적 규정이 아니라) 헌법의 법률에 대한 우위 등과 같은 일반적인 법원칙이 적용되는 이상 당연히 인정되는 법원의 위헌법률심사권을 헌법적 차원에서 확인·선언하는 성격을 가질 뿐이다.[97][98]

---

95) 한수웅(주 8), 1402－1404 참조. 반면에, 아래 3) 기재와 같이 연방헌법 제190조에 의하여 연방법률 등에 대한 위헌심사를 금지하고 있는 스위스의 경우, 법원에서 연방법률이 연방헌법에 위반된다고 판단한 사안에서, 그 재판이유에 위헌이라는 판단을 적시한 다음, 그럼에도 불구하고 연방헌법 제190조로 인하여 위헌인 연방법률을 적용할 수밖에 없다는 취지로 설시하고 있는데, 이는 스위스의 사법절차에서 본문 기재와 같은 일반적인 법원칙들이 적용되지 않는다는 것을 의미한다.

96) 아래 2) 기재 캐나다의 사례, 아래 다. 1) 기재 프랑스의 '국제법을 심사기준으로 하는 법률에 대한 규범통제'의 사례, 아래 다. 2) 다) 기재 독일 국사재판소의 '1925년 판결'의 사례 등 참조. 허완중(주 35), 109도 같은 취지이다. 한편 손상식(주 3), 26은 "헌법에 규범통제에 관한 명문의 규정이 없다면, 이에 관련하여 이론적으로 생각해 볼 수 있는 것은 사법권에 일반재판권 뿐만 아니라, 헌법재판권이 포함되어 있는가이다. 즉, 일반재판권과 헌법재판권과의 관계가 문제 된다. 적어도 헌법에 헌법재판권에 대한 별도의 명시적인 규정이 없고, 이를 행사하기 위한 별도의 기관이 없다면, 법원이 판단해야 할 것이다."라고 주장한다. 그러나 헌법 제107조 제2항, 제111조 제1항이 헌법 제101조에 대하여 예외규정·특별규정의 성격을 가진다는 점, 아래 다. 기재와 같이 프랑스, 오스트리아, 독일 등은 모두 헌법의 명문규정을 통하여 헌법재판소를 설치한 다음 그 기관에서 법률의 위헌여부에 대한 결정권한을 행사하고 있음에도 불구하고, 관련 헌법규정이 적용되지 않는 영역에서는 포괄적인 사법권을 관장하는 일반법원이 법률에 대한 규범통제권한을 행사하고 있다는 점 등에 비추어 볼 때, 헌법재판권을 행사하기 위한 별도의 기관이 있는 경우에도 그 기관의 헌법상 관할 범위를 벗어나는 영역에서는 포괄적인 사법권을 관장하는 일반법원이 당연히 부수적 규범통제를 해야 하고, 따라서 일반법원에 대한 수권규정이나 헌법재판소의 존부와 관계없이, 일반법원의 사법권에는 원칙적으로 규범통제권한이 포함되는 것으로 보아야 한다.

97) 동지, 김철수(주 1), 91－92. 이와 다른 입장을 취한 견해로는 허영(주 30), 33; 김운용(주 47), 50－62, 133－134 등 참조.

98) 이에 관하여 손상식(주 3), 74－88은 우리 헌법상 행정재판권의 근거 등에 관한 견해의 대립 등을 정리한 다음, 헌법 제107조 제2항을 법원의 부수적 규범통제권한에 관한 '창설적 규정'으로 파악하면서, 제101조 제1항의 사법권에는 위헌심사권한(규범통제권한)이 포함되지 않는다는 취지로 주장하고, 정태호(주 43), 348－350은 "국회관여설은 법률적 효력이 있는 관습법의 위헌여부가 재판의 전제가 되는 경우 헌법 제107조 제2항 소정의 명령이나 규칙도 아님에도 국회가 그 성립이나 존속에 관여하지 않았다는 이유로 법원에 관습법의 위헌여부에 대한 심사권을 부여할 수 있는 이유를 설명하지 못한다."라고 주장하는 등 현행헌법 제107조 제2항이 창설적 규정의 성격을 가진다는 취지로 주장한다.

그러나 앞서 본 바와 같이 위 제107조 제2항에 규정된 '명령·규칙에 대한 규범통제' 역시 다양한 유형의 규범통제 중 하나에 불과하고, 명령·규칙에 대한 규범통제권한은 원칙적으로 헌법 제101조 제1항의 포괄적인 사법권에 포함되는 것이며[김하열(주 46), 33 참조], 위 제107조 제2항은 이를 확인하는 의미를 가지는 '확인적 규정'이라고 보아야 하므로[동지, 윤진수(주 25), 170－171; 윤정인(주 28), 71－72; 허완중, "명령·규칙에 대한 법원의 위헌·위법심사권", 저스티스 135호, 한국법학원 그렇다면 각급 법원의 위헌법률심사권한이 헌법적 차원에서 금지 또는 제한되지 않는 미국에서 부수적 규범통제방식에 따라 최고규범인 헌법을 심사기준으로 하여 법률에 대한 규범통제를 하는 것은 정당하기 때문에, 이에 대하여 의문을 제기하는 일부의 주장은 그 법리적 타당성을 인정하기 어렵다.

마) 소결론

미국 위헌법률심사제도의 특징은 각급 법원에서 담당 사건의 종류 및 내용 등과 관계없이 위헌법률심사권한을 행사한다는 것이다. 이는 각급 법원이 원칙적으로 '법률행위 및 법률'의 해석과 '동일한 해석방법론'을 토대로 '헌법'을 해석하고, 이를 심사기준으로 법률에 대한 규범통제를 하는 것을 의미한다. Marbury 판결은 입법부에 비하여 상대적으로 민주적 정당성이 부족한 사법부가 종래 지배적 이념이었던 '의회주권주의'라는 법리적 장애물을 극복한 것이고, 법률에 대한 관계에서 헌법이 최고규범의 지위에 있음을 분명히 하면서 각급 법원이 헌법상 권력분립원칙에 근거하여 의회의 법률제정권한을 통제할 수 있음을 선언하였다는 점에서 역사적으로 대단히 혁신적인 성격을 가진 중요 판례이다. 연방헌법에 명시적인 수권규정이 없음에도 불구하고, 각급 법원이 상위법우선의 원칙에 따라 연방헌법을 심사기준으로 하여 연방법률 등에 대한 부수적 규범통제권한을 당연히 행사할 수 있다는 미국의 판례가 그 후 (성문헌법이 없는 영국 등을 제외한) 영미법계 국가뿐만 아니라 유럽 대륙법계 국가들의 위헌법률심사제도에 상당한 영향을 미쳤다는 점은 주지의 사실이다.

그런데 프랑스의 공법학자 Louis Favoreu는 유럽에서 미국식 제도를 그대로 도입하지 못한 이유로, ① 1789년 대혁명 이래 20세기 초에 이르기까지 법률의 무오류성(無誤謬性)이라는 Rousseau의 신화(神話)가 지배하여 법률이 신성불가침이라고 생각되었다는 점, ② 유럽의 일반법원 법관은 직업법관으로서 헌법재판을 할 능력을 가지고 있지 못하다는 점, ③ 미국식 사법심사제는 사법권의 통일성이 있는 경우에만 성공할 수 있는데, 유럽의 경우 사법권이 2원화 내지 다원화되어 사법권의 통일성이 존재하지 않았다는 점, ④ 미국과 달리 헌법의 경성성(硬性性)이 불완전한 점 등을 거시하고 있다(이하 'Favoreu의 주장'이라고 한다).[99] Favoreu의 주장은 유럽 사법제도의 형성과정 등에 관한 연혁적 설명으로는 경청할 만한 것이지만, 그중 일부의 법리적·실무적 타당성에 대해서는 신중한 재검토가 필요하므로, 아래에서는 주요 국가의 제도와 관련하여 그 타당성에 대하여 살펴본다.

(2013), 45－46], 위 각 주장에 찬동하기는 어렵다.

99) Louis Favoreu, "Modèle européen et modèle américain de justice constitutionnelle", 4－1988, Les juges constitutionnels(1990), 51－66; 김문현, "헌법재판유형에 관한 비교연구 － 현행헌법재판제도의 구조개선과 관련하여 －", 헌법재판의 새로운 지평: 이강국 헌법재판소장 퇴임기념논문집, 박영사(2013), 135 등 참조.

2) 캐나다에 대한 연혁적·비교법적 검토[100)]

가) 영미법계 사법국가형 사법제도

캐나다는 영국 국왕이 국가원수인 의회군주제 연방국가로서 의원내각제를 채택하고 있다. ① 종래 영국 의회가 제정한 영국령북미법(British North America Act, 1867)을 법질서의 근간으로 삼고 있었는데, ② 영국 의회가 캐나다법(Canada Act, 1982) 제2조에서 더 이상 캐나다에 효력을 미치는 법률을 제정할 수 없다고 규정하면서, 양자의 명칭을 캐나다 헌법(the Constitution of Canada)으로 변경하였다[이하 ①을 '헌법(1867)'로, ②를 '헌법(1982)'라고 한다].

그런데 캐나다는 (미국과 달리) 단일한 헌법 문서를 가진 국가가 아니고, 성문헌법뿐만 아니라 여러 형태의 불문헌법이 헌법의 법원(法源)이 되며, 캐나다 제정 법령뿐만 아니라 영국 제정 법령도 성문헌법에 포함된다[헌법(1982) 제52조 제2항 및 별표 참조].[101)] 헌법의 개정은 헌법에 수록된 권한에 의해서만 가능하고(위 제52조 제3항), 성문헌법에 대한 5가지 개정절차가 규정되어 있지만, 헌법적 관행을 비롯한 불문헌법의 경우 그 성격상 개정절차가 분명하다고 보기 어렵다.[102)]

캐나다는 사법국가형 사법제도를 채택하고 있는데, 헌법(1867) 제101조에 근거하여 연방의회가 1875년 제정한 연방대법원법(Supreme Court Act)에 따라 연방대법원이 설립되었다. 다만 형사사건의 경우 1933년까지, 민사사건의 경우 1949년까지 각각 영국의 추밀원 사법위원회가 연방대법원의 상급심으로 기능하였기 때문에, 상당한 기간 동안 연방대법원의 역할에 구조적 한계가 있었다.

나) 분산형 위헌법률심사제도와 헌법 및 법률에 대한 해석방법론 등

캐나다 헌법은 법원에 위헌법률심사권한을 부여하는 수권규정을 두지 않았고, 단지 헌법(1982)[103)] 제52조 제1항에서 "캐나다 헌법은 캐나다의 최고규범이고, 헌법조항들에 배치되는 모든 법은, 그 배치되는 범위 내에서, 아무런 힘이나 효력을 가지지 않는다."라고 규정하였는데,[104)] 위 규정은 법원의 위헌법률심사권한을 뒷받침하는 확실한 근거를 마련한 것으로

---

100) 아래 내용은 김선희, 캐나다 연방대법원의 사법심사제도 - 연방과 주 사이의 권한 배분 및 헌장상 권리 침해를 중심으로 -, 헌법재판소 헌법재판연구원(2017), 1-34, 53-92; 이재홍, 과잉금지원칙의 이론과 실무, 경인문화사(2021), 113-118; Peter Hogg & Wade Wright, Constitutional Law of Canada(2021 Student Edition), Thomson Reuters(2021) 중 관련 부분을 발췌, 요약, 정리한 다음, 거기에 필자의 설명과 의견을 덧붙인 것이다.

101) ① 성문헌법은 헌법(1982)이 중심이 되지만, 그 제52조 제2항에 헌법(1867), 칙령(Orders-in-Council), 1931년 웨스트민스터 헌장(Statute of Westminster) 등 17개의 영국 법령과 8개의 캐나다 법령 및 이에 대한 개정사항 등이 모두 헌법에 포함된다는 취지로 규정되어 있고, ② 불문헌법의 경우, 의회 특권, 판례 및 판례에서 정립한 헌법적 원칙, 왕실의 특권, 헌법적 관행(conventions) 등이 포함되는데, 상세한 내용은 김선희(주 100), 8-16 참조.

102) 김선희(주 100), 7-8 참조.

103) 캐나다 헌법(1867)에는 헌법의 최고규범성에 관한 명문규정이 존재하지 않았다.

104) [Primacy of Constitution of Canada] 52 (1) The Constitution of Canada is the supreme law of Canada,

평가되고 있다.[105)]

각급 법원이 모든 소송절차에서 ① 미국식 방식에 따라 위헌법률심사권한을 행사하는데, ② ㉮ 헌법의 해석에 관하여 (문리해석 등을 중시했던 영국 추밀원의 입장과 달리) 발전적 해석(progressive interpretation)의 원칙[106)]을 적용하여 헌법이 사회발전에 맞게 적응할 수 있도록 하여 왔고,[107)] 헌법(1867 및 1982)의 입법연혁 등을 고려하고 있으며, ㉯ 법률의 해석에 관하여는 합헌성추정의 원칙과 헌법합치적 법률해석의 원칙을 적용하는 등 법해석방법론에 관하여도 위 1) 기재 미국의 경우와 유사한 접근방식을 취하고 있다.[108)]

이와 같이 연방 하급심법원 및 주법원도 구체적인 사건에 적용되는 법률이 연방헌법에 위배되는지 여부를 부수적 규범통제방식에 따라 심사할 수 있고, 이에 대하여 당사자는 최종심인 연방대법원에 대해서 상고할 수 있는데, 연방대법원은 상고허가제도에 따라 그중 일부 상고만을 허가하여 실질적 심리를 하게 된다.

다만 예외적으로 '주최고법원이 연방대법원법 제37조[109)]에 근거하여 당해사건에서 문제되는 법률의 위헌여부에 대한 연방대법원의 판단이 필요한 것으로 인정하여 연방대법원에 대한 상고를 허가한 경우'에는, 연방대법원이 그 사건에 대하여 반드시 실질심리를 해야 한다. 이러한 예외적 제도는 연방대법원의 실질심리 대상을 (연방대법원이 아닌) 주최고법원이 결정하도록 하는 것으로서 상고허가제도의 취지를 훼손할 우려가 있으므로, (주최고법원이 아닌) 주의 하급심법원은 이를 이용할 수 없는데,[110)] 현재 실무적으로 주최고법원이

---

and any law that is inconsistent with the provisions of the Constitution is, to the extent of the in-consistency, of no force or effect.

105) 김선희(주 100), 7-8, 53; 이재홍(주 100), 114-115 참조.

106) 이는 미국 헌법의 해석에 관하여 대립하는 원전주의(Originalism) 견해와 비원전주의(Nonoriginalism) 견해 중 후자와 유사한 견해로서, 이를 현대적 해석이라고 번역하기도 한다.

107) Edwards v. A. -G. Can [1930] A. C. 124, 136; Re Same Sex Marriage [2004] 3 S. C. R. 698, para 22

108) 김선희(주 100), 53-92 참조.

109) [Appeals with leave of provincial court] 37. Subject to sections 39 and 42, an appeal to the Supreme Court lies with leave of the highest court of final resort in a province from a final judgment of that court where, in the opinion of that court, the question involved in the appeal is one that ought to be submitted to the Supreme Court for decision.

110) 이에 관하여 김철수(주 1), 90의 (주 34)에서 인용한 갈봉근, "우리나라 위헌법령심사제의 기초", 서울대 법학 8권 2호, 서울대학교 법학연구소(1966), 155의 (주 50)에는 "카나다에서는 민사소송에 있어서 어떤 법률의 효력에 의문이 있을 경우에는 당사자(그의 무효를 주장하는 자)와 법원은 이 문제를 최고법원에 제기하여야 한다. Supreme Court Act, sec. 62. (Chap. 259. Revised Statutes 1952)" 라고 기재되어 있다. 그러나 아래와 같은 그 당시 법률의 경우, 주(province)의 입법자(legislature, 州議會)가 주법원에 대하여 민사소송절차에서 쟁점이 된 법률의 연방헌법 위반 여부에 관하여 임의적(任意的) 이송권한을 부여하는 특별한 법률을 제정한 경우에 한정하여 주법원이 스스로의 판단에 따라 그 권한을 행사할 수도 있다는 규정일 뿐이고, 이러한 쟁점을 가진 민사소송사건을 심리하는 주법원이 필수적(必須的)으로 연방대법원에 위와 같은 이송신청을 해야 한다고 규정되어 있지 않은 점 등에 비추어 보면, 그 기재내용이 정확하다고 보기는 어렵다.

이를 이용하는 경우도 매우 드물다고 한다.[111)]

다) 소결론

캐나다에서는 미국의 경우와 마찬가지로 연방헌법에 수권규정이 없음에도 불구하고, 각급 법원이 필요한 경우 상위법우선의 원칙에 따라 연방헌법을 심사기준으로 하여 연방법률 등에 대한 부수적 규범통제를 하고 있다.

이러한 법원의 위헌법률심사권한의 근거로 평가되는 헌법(1982) 제52조 제1항의 경우 '연방헌법의 최고규범성'을 명시한 것으로서 아래 라. 2) 기재 일본국 헌법 제98조 제1항과 유사한데, 형식적으로는 이런 명문규정이 없는 미국의 경우와 다르다고 볼 여지가 있다. 그러나 현재 성문헌법을 가진 서구의 주요국가에서 헌법의 최고규범성을 부정하는 견해를 발견하기 어렵고 캐나다도 마찬가지이므로, 위 제52조 제1항은 (창설적 규정이 아니라) 확인적 규정의 성격을 가진다.[112)] 그렇다면 이와 같은 캐나다 헌법규정으로 인하여 미국의 경우와 실질적으로 차이가 발생한다고 볼 수는 없다.

「[Cases Removed from Provincial courts]

62. (1) Where the legislature of any province of Canada has passed an Act agreeing and proving that the Supreme Court has jurisdiction in any of the following cases, that is to say:

(a) of suits, actions or proceedings in which the parties thereto by their pleading have raised the question of the validity of an Act of the Parliament of Canada, when in the opinion of a judge of the court in which the same are pending such question is material;

(b) of suits, actions or proceedings in which the parties thereto by their pleadings have raised the question of the validity of an Act of the legislature of such province, when in the opinion of a judge of the court in which the same are pending such question is material; the judge who has decided that such question is material shall at the request of the parties, and may without such request if he thinks fit, in any suit, action or proceeding within the class or classes of cases in respect of which such Act so agreeing and providing has been passed, order the case to be removed to the Supreme Court for the decision of such question, whatever may be the value of the matter in dispute, and the case shall be removed accordingly.

(2) The Supreme Court shall thereupon hear and determine the question so raised and shall remit the case with a copy of its judgment thereon to the court or judge whence it came to be then and there dealt with as to justice appertains.

(3) There shall be no further appeal to the Supreme Court on any·point decided by it in any such case, nor, unless the value of the matter in disqute exceeds five hun-dred dollars, on any other point in such case.

(4) This section applies only to cases of a civil nature. R.S., c. 35, s. 62.」

111) 이에 관하여 Peter Hogg & Wade Wrigh(주 100), 297에는 「The existence of these powers to grant leave is anomalous, because the main purpose of requiring leave for appeals is to enable the Supreme Court of Canada itself control the size and nature of its caseload. This has been recognized by the court of appeal, which have held that they should grant leave sparingly, doing so only in "obvious" or "special" cases. In practice, the courts of appeal rarely grant leave.」라고 기재되어 있다.

112) 동지, 김선희(주 100), 68-69; Peter Hogg & Wade Wright(주 100), 1064-1065에 의하면, 캐나다에서 헌법(1982) 제52조 제1항이 신설되기 훨씬 전부터 각급 법원이 부수적 규범통제방식에 따라 위헌법률심사를 하고 있었음을 알 수 있다.

한편 캐나다의 경우 현재까지도 법률에 대한 규범통제를 허용하지 않는 영국의 국왕이 국가원수의 지위를 유지하는 의원내각제 국가로서 단일한 헌법 문서가 없다는 점 등에서 미국의 경우와 상당한 차이가 있을 뿐만 아니라, 성문헌법뿐만 아니라 다양한 불문헌법도 헌법적 효력을 가지고 있기 때문에 헌법의 경성성(硬性性)이 완전하다고 보기도 어렵다. 그렇다면 유럽에서 미국식 사법심사제를 채택하지 않은 이유 중 하나로 '헌법의 경성성의 불완전성'을 적시한 Favoreu의 주장의 경우, 현재 유럽 제도에 관한 연혁적인 설명이 될 수는 있으나, 법리적 측면에서 충분한 논거가 되기는 어렵다. 헌법의 경성성이 부족한 캐나다에서도 미국식 위헌법률심사제도가 아무런 문제없이 운영되고 있기 때문이다.[113)]

앞서 본 바와 같이 Marbury 판결은 사법판단을 하면서 종래 지배적 이념이던 의회주권주의의 법리를 거부함으로써 법률에 대한 관계에서도 헌법은 최고규범의 지위가 인정되어야 함을 선언하였다는 점에서 역사적 의미가 있고, 이러한 미국의 판례가 서구의 주요 국가에 실질적인 영향을 미쳤다. 즉, '의회주권주의'라는 장애물이 Marbury 판결에 의하여 법리적으로 극복되었기 때문에, 그 후 성문헌법을 가진 서구 국가에서는 (그 헌법이 경성헌법인지 여부와 관계없이) 법원의 위헌법률심사권한을 헌법적 차원에서 금지·제한하는 예외규정·특별규정이 없는 이상 최고규범인 헌법에 위배되는 법률에 대해서는 부수적 규범통제가 이루어져야 한다는 법리가 확립되었으며, 캐나다의 제도는 이러한 법리에 기초한 것으로 평가할 수 있다.

3) 스위스에 대한 연혁적·비교법적 검토[114)]

가) 미국식 사법국가형 사법제도의 도입

종래 여러 주(canton)로 구성된 느슨한 연방이었던 스위스는 1848년 연방헌법을 통해 연방대법원(Bundesgericht)을 비상설법원으로 설립하였다가, 1874년 미국의 영향을 받은 새로운 연방헌법을 제정하면서 이를 상설법원으로 설치하는 등 미국식 사법제도를 도입하였다. 스위스의 경우 연방 하급심법원이 없고, 주법원이 주법뿐만 아니라 연방법에 관한 사건도 재판할 수 있다는 점에서 미국의 경우와 다소 상이하지만, 연방대법원이 유일한 최고재판기관으로서 민사·형사·행정 영역의 상고사건과 헌법소원 등을 담당한다는 측면[115)]에서는 미국의 제도와 유사하고, 행정사건 등을 전담하는 별도의 최고법원을 설치한 프랑스, 오스트리아, 독일의 경우와는 실질적인 차이가 있다.

---

113) 캐나다에서는 헌법(1982) 제52조 제3항 등이 규정됨으로써 헌법의 경성성(硬性性)이 강화되었는데, Peter Hogg & Wade Wright(주 100), 1064–1065에 의하면, 1982년 이전부터 미국식 위헌법률심사제도가 운영되고 있었음을 알 수 있으므로, 헌법이 경성헌법인지 아니면 연성헌법인지는 미국식 제도의 채택여부를 좌우하는 결정적 요소라고 보기 어렵다.

114) 아래 내용은 박홍우(주 64), 135–140; 신교식, "스위스의 헌법재판제도에 관한 연구", 재판자료(122), 51–168 중 관련 부분을 발췌, 요약, 정리한 다음, 거기에 필자의 설명과 의견을 덧붙인 것이다.

115) 연방헌법은 제188조 제1항에서 연방대법원이 연방의 최고재판기관이라고 규정하고 있고, 제189조에서 연방대법원의 재판관할권에 관하여 규정하고 있다.

연방헌법에는 규범통제에 관한 수권규정이 없지만, 모든 법원은 소송절차에서 부수적 규범통제방식으로 연방법률(Bundesgesetze) 및 국제법(Völkerrecht)을 제외한 나머지 규범들의 위헌·위법여부를 심사할 수 있는데, 학설과 판례는 이러한 법원의 권한을 뒷받침하는 이론적 근거로서 상위법우선의 원칙을 들고 있다.[116]

나) 연방헌법 제190조의 법적 성격과 적용 범위 등

(1) 연방헌법 제190조의 규범내용과 본질 및 이에 대한 비판 등

연방헌법 제190조는 "연방대법원과 그 밖의 재판기관은 연방법률 및 국제법을 적용한다."라고 규정하고 있는데,[117] (미국과 달리) 법원에서 연방법률 및 국제법에 대해서는 규범통제를 할 수 없다는 것이 스위스 제도의 가장 큰 특징이다.

위 제190조의 본질은 민주주의 원리를 중시하는 것이다. 법치주의 원리보다 '법률은 국민의 일반의사의 표명이므로 심사되어서는 안 된다는 민주주의 원리'를 우월하게 평가한 것이고, 형식적 의미의 연방법률은 국민의 대표기관이 제정하고 필수적 내지 임의적 국민투표의 지배를 받는 것이기 때문에, 그 효력을 법원이 무시하는 것이 헌법적 차원에서 용인되지 않는다는 취지이다.[118]

한편 헌법에 배치되는 국제법이 법원을 구속한다는 규정부분도 스위스의 특수성을 반영한다. 서구의 주요국가에서는 조약을 비롯한 국제법에 대한 법원 또는 헌법재판소의 규범통제가 허용되는 것이 일반적이기 때문이다.

위 제190조로 인하여 법원은 설령 연방법률 등이 위헌이라고 판단되는 경우에도 이를 적용해야 할 의무를 부담한다.[119] 위 제190조는 위헌인 연방법률 등의 유효성을 명시적으로 인정하는 헌법적 차원의 예외규정·특별규정인 것이다. 법원을 위헌적인 연방법률 등에 구속

---

116) 小林 武, 現代スイス憲法, 法律文化社(1989), 113[박홍우(주 64), 138에서 재인용함]. 신교식(주 114), 127－128에 의하면, 스위스 각급 법원의 규범통제권한의 이론적 근거는 Marbury 판결의 논거와 같다고 한다.

117) Art. 190[Massgebendes Recht] Bundesgesetze und Völkerrecht sind für das Bundesgericht und die anderen rechts－anwendenden Behörden massgebend.

118) 신교식(주 114), 81－82에 의하면, 스위스 연방의회가 제정한 형식적 의미의 연방법률의 경우, ① 특정 사안과 관련한 것은 반드시 국민투표에 부의하여야 하고(필수적 국민투표), ② 그 외의 사안과 관련된 것도 일정 기간 내에 일정 수의 국민이나 주가 요구하는 경우에는 국민투표에 부의하여야 한다는 점(임의적 국민투표)을 알 수 있다. 따라서 스위스 연방법률의 경우, ㉮ 단순히 의회가 제정한다는 의미만을 가지는 것이 아니고, ㉯ 더 나아가 필수적 내지 임의적 국민투표에 의하여 뒷받침될 수 있기 때문에(직접 민주주의에 의한 뒷받침), 민주주의 원리 등과 관련하여 (다른 나라의 법률에 비하여) 좀 더 두터운 헌법적 보장을 받을 만한 가치가 있다고 평가할 수도 있다. 다만 임의적 국민투표의 대상인 스위스 연방법률 중 실질적으로 국민투표에 부의되지 않은 경우는 의회의 의결만을 근거로 그 효력이 발생한다는 점 등에 비추어 보면, 형식적 의미의 법률이 선별적으로 국민투표에 의하여 뒷받침될 수 있다는 사정을 법률에 대한 위헌심사가 금지되어야만 하는 결정적 요소로 보기는 어렵고, 이는 결국 해당 국가의 헌법제정권자의 선택에 따라 좌우되는 것이라고 생각한다.

119) 박홍우(주 64), 138; 신교식(주 114), 81－82 등 참조.

시키는 위 제190조는 입법을 포함한 모든 국가행위에 대한 헌법의 우위를 요구하는 법치주의 원칙과 상위법우선의 원칙 등에 대한 중요한 제한이므로, 비록 그 제한의 실질적 영향력이 과대평가될 수는 없지만, 입법자에 대한 헌법의 우위가 보장되지 않는 것은 유감이라는 비판이 스위스에서도 제기되고 있다.[120] 같은 맥락에서, 각급 법원이 재판이유에서 구체적인 사건에 적용되는 연방법률이 위헌이라는 등의 이유로 이를 비판하는 것은 허용되고,[121] 상황에 따라서 이러한 비판이 연방법률 개정의 계기가 되기도 한다.[122]

(2) 연방헌법 제190조의 적용 범위 등

위 제190조는 법치주의 원칙에 관한 헌법적 차원의 예외규정·특별규정이므로 엄격하게 해석되어야 하고, 같은 맥락에서 위 조항에 언급되지 않은 나머지 규범의 위헌 여부는 원칙적으로 각급 법원에서 심사한다.

예컨대, 연방의회는 연방헌법 제163조 제1항에 따라 연방법률(Bundesgesetze) 또는 법률명령(Verordnungen) 형식의 법령을 제정할 수 있는데,[123] 연방의회가 단독으로 제정하는 규범인 후자는 형식적 의미의 법률이 아니기 때문에 국민투표의 대상이 되지 않고 위 제190조의 적용 범위에도 포함되지 않으므로, 법원의 부수적 규범통제의 대상이 된다. 또한 행정기관의 법규명령의 위헌·위법여부는 원칙적으로 법원이 심사할 수 있는데, 연방내각의 법규명령이 연방의회를 통해 인가된 경우에도 마찬가지이다.[124] 즉, 해당 규범의 형성이나 효력 유지과정 등에 의회가 관여한다는 사정만으로 위 제190조의 적용에 관한 '충분조건'이 구비된다고 볼 수는 없다. 한편 연방내각이 헌법의 권한부여를 근거로 하여 발령한 독립적(selbstaendige) 법규명령의 위헌·위법 여부는 각급 법원이 심사할 수 있는 반면에, 연방법률의 위임에 따라 연방내각이 제정한 법규명령(비독립적 법규명령)은 제한된 범위 내에서 위 제190조의 적용영역에 포함되고, 위 영역에 포함되는 경우 법원의 부수적 규범통제의 대상에서 제외된다.[125]

(3) 연방헌법 제190조에 관한 개헌 논의 등

위 제190조에 관하여 여러 차례 개헌 논의가 이루어졌지만, 헌법개정이 실현되지는 않았다. 예컨대, ① 1977년 전문가위원회 개헌안은 연방법률 등의 위헌여부에 대한 법원의 부

---

120) Ulrich Haefelin/Walter Haller/Helen Keller, Schweizerisches Bundesstaatsrecht, Schulthess, Zuerich·Basel·Genf(2008), 626[신교식(주 114), 134에서 재인용함].

121) BGE 105 Ib 165(168 f.)는 스위스 연방대법원에서 이러한 비판을 재판이유에 적시한 사례이다.

122) 신교식(주 114), 134.

123) 제163조(연방의회가 제정하는 법령의 형식) ① 연방의회는 법령을 규정하는 조항을 연방법률 또는 법률명령 형식으로 제정한다.

124) BGE 104 Ib 412(421 ff). 다만 각급 법원의 부수적 규범통제권이 모든 유형의 연방내각 법규명령에 동일하게 미치는 것은 아니고, 연방법률에 의하여 그 법규명령의 내용이 뒷받침되는 경우에는 위 제190조의 계율(Massgeblichkeitsgebot)이 적용된다는 점에 관하여는 신교식(주 114), 136 참조.

125) 좀 더 상세한 내용은 신교식(주 114), 130-137 참조.

수적 통제권한을 인정하였는데, 그 당시 소수파는 '헌법재판권의 확장은 민주주의 원리에 반하고 (의회가 아닌) 국민에 대한 판사의 우위를 인정하는 것이며 사법의 정치화를 초래한다.'라는 등을 이유로 이를 반대하였고, 다수파는 '법단계구조 등을 근거로 하여 법치국가와 민주주의의 2가지 개념을 절대적으로 대립하는 것으로 대치시키는 것은 잘못이다.'라고 주장하였으며, 이러한 경위로 위 개헌안은 결국 무산되었다. ② 또한 1996년 개헌안은 연방법원이 연방법률에 대하여 위헌심사를 할 수 있다고 규정하고 있었지만, 이러한 헌법개정도 이루어지지 않았다.[126)]

다) 헌법합치적 법률해석 등

스위스에서는 2가지 방향에서 위 제190조 등으로 발생할 수 있는 부작용을 실무적인 차원에서 완화시키고 있다.

우선 스위스 법원은 합헌적 규범해석을 통해서 구체적 사건에 적용될 수 있는 연방법률 등의 위헌성을 실질적으로 회피하려고 노력하고 있다.

다음으로, 위 제190조는 법원이 연방법률 및 국제법을 무조건 적용해야 한다는 취지로 명령하고 있으므로, 만일 연방법률이 국제법에 저촉하는 경우 담당 법원은 연방법률이 (위헌이라는 이유가 아니라) 국제법과 충돌된다는 등의 이유로 사실상 그 적용을 거부할 여지가 있다. 그런데 연방헌법의 기본권보장규정은 국제법에 포함되는 유럽인권협약(Convention for the Protection of Human Rights and Fundamental Freedoms) 중 인권보장규정의 내용과 상당 부분 일치하기 때문에, 법원은 위와 같이 간접적 방법을 통하여 일정한 범위 내에서 실질적으로 연방법률의 위헌여부에 대한 사법심사와 유사한 판단을 하고 있다고 한다.[127)]

라) 소결론

스위스의 경우, 연방헌법에 수권규정이 없는 상태에서 각급 법원이 상위법우선의 원칙에 따라 다양한 유형의 부수적 규범통제를 하고 있지만, 연방헌법 제190조로 인하여 연방법률 등에 대한 법원의 규범통제는 금지된다. 즉, 위 제190조는 법원이 연방법률 등에 대하여 규범통제를 할 수 없도록 금지하는 헌법적 차원의 예외규정·특별규정이고, 그 적용 범위를 제외한 영역에서는 미국식 제도에 따라 부수적 규범통제가 이루어지는 것이다. 이는 '법률이 국민의 일반의사의 표명'이라는 유럽의 전통적 법사상을 토대로 한 제도로서, 법치주의 원칙보다 민주주의 법리의 헌법적 가치를 상대적으로 우월하게 평가한 것이다. 따라서 스위스 사법제도의 경우 미국의 영향을 받은 부분이 있기는 하지만, 위헌법률심사와 관련된 Marbury 판결의 판단 내용 중 상당 부분은 수용되지 않았다고 볼 수 있다.

---

126) 박홍우(주 64), 139 참조.
127) 신교식(주 114), 134 참조.

한편 유럽에서 미국식 제도를 채택하지 않은 이유 중 하나로 '사법권이 2원화 내지 다원화되어 사법권의 통일성이 없다는 점'을 지적한 Favoreu의 주장을 토대로 하는 경우, 스위스 제도를 제대로 설명할 수 없다. 스위스의 경우 연방대법원이 유일한 최고사법기관임에도 불구하고, 위 제190조로 인하여 연방법률에 대한 규범통제가 전혀 이루어지지 않고 있기 때문이다. 즉, 사법권이 일원화된 나라가 필연적으로 미국식 제도를 채택하는 것은 아니고, 헌법적 차원의 선택에 따라 연방법률 등에 대한 부수적 규범통제까지도 금지할 수 있는 것이다.

이러한 스위스 규범통제제도의 구조와 내용을 다른 주요 국가의 제도를 비교·분석하는 것은 비교법적인 측면에서 상당한 의미가 있다고 본다.

다. 대륙법계의 의회주권주의와 위헌법률심사제도

1) 프랑스에 대한 연혁적·비교법적 검토[128)]

가) 1789년 프랑스 시민혁명의 이념과 이권분립제도(二權分立制度) 등

(1) 프랑스의 성문헌법 제정과 위헌법률심사제도와의 관계 등

미국에서는 성문헌법의 제정이 위헌법률심사제도의 출발점이 되었지만, 근대 유럽에서는 성문헌법이 제정되었다는 사정만으로 법률에 대한 규범통제가 인정되지는 않았는데, 프랑스가 그 대표적인 사례이다.

구제도(ancien régime)하에서 사법법원(Parlements)은 절대군주제를 지지하면서 국민에게 고통을 주었다는 비판을 받았고, 이런 역사적 경험과 국민의 불신은 1789년 혁명에 반영되었다. 그 당시 혁명가들이 '사법의 행정에 대한 절대적 관여금지'를 기본이념 중 하나로 설정한 이후 현재까지, 프랑스에서는 행정의 독자성을 위하여 파기원(Cour de cassation)을 정점으로 하는 사법법원(juridiction judiciaire)은 행정통제에 관여할 수 없고 행정부가 스스로 감독한다는 원칙을 유지하고 있다. 같은 이유로 18세기부터 실질적으로 자문기능과 행정재판기능을

128) 아래 내용은 박정훈(주 2), 125–174; 손상식(주 3), 189–199; 한수웅(주 8), 1402–1404; 전학선(주 42), 477–511; 박홍우(주 64), 129–135; 김문현(주 99), 134–147; 김영수, "「프랑스」제5공화국헌법의 사적 배경과 그 특성 –「드·골」의 정치활동 과정을 중심으로 –", 충남대학교 사회과학연구소 논문집 3권 2호, 충남대학교 사회과학연구소(1976), 95–112; 심경수, "우리나라 헌법재판제도의 변천", 충남대학교 법률행정연구소 논문집 15권, 충남대학교 법률행정연구소(1987), 295–313; 정종섭, "주요 국가 헌법재판제도에 대한 비교적 연구", 헌법재판 및 제도의 활성화에 관한 연구, 헌법재판연구 2권, 헌법재판소(1991), 32–36, 81–90; 박균성, "프랑스의 행정법원과 행정재판", 현대법의 이론과 실제: 금랑 김철수교수 화갑기념, 박영사(1993. 10), 630–648; 피에르 파나시(역 진광엽), 프랑스 행정재판제도, 한길사(2001); 사법연수원, 프랑스법 Ⅰ(2008), 5–7; 박재현, "프랑스의 행정재판제도에 관한 연구", 법학연구 19권 1호, 경상대학교 법학연구소(2012), 33–56; 김시철, "조세심판전치주의와 가구제(假救濟)에 대한 헌법적 검토(Ⅰ) – 연혁적 검토 및 헌법상 재판청구권과의 관계 등을 중심으로 –". 조세법연구 27권 3호, 세경사(2021), 178–187; 전학선, "위헌법률심판에서 심사기준", 프랑스 헌법소송론, 한국문화사(2022), 131–166 중 관련 부분을 발췌, 요약, 정리한 다음, 거기에 필자의 설명과 의견을 덧붙인 것이다.

함께 담당해 온 국사원(Conseil d'État)은 물론이고 1953년 설립된 지방행정재판소(Tribuaux Administratifs)와 1987년 설립된 행정항소재판소(Cour Administrative d'Appe)도 모두 행정부 소속이며, 행정재판소(juridiction administrative)의 재판관들도 행정공무원의 신분을 가지는 등[129] 전형적인 행정국가형 사법제도(行政國家型 司法制度)를 채택하고 있다.[130][131] 이를 배경으로 한 1958년 제5공화국 헌법은 입법권과 집행권 등 이권분립주의(二權分立主義)를 채택하였고, 사법권을 독립적인 권력이 아니라 집행권에 속하는 권한으로 규정하였는데,[132] 사법법원에 관하여 제64조, 제65조를, 국사원의 자문기능에 관하여 제37조, 제38조 제2항, 제39조 제2항을 각 규정하면서도, 국사원의 행정재판기능에 관하여는 아무런 규정을 하지 않았다. 이는 실수로 누락된 것이 아니라 제5공화국 헌법의 기초자인 Michel Debré가 공식적으로 제시한 의견이 수용된 결과이다.[133]

(2) 법률의 무오류성 사상과 제1공화국 헌법의 제정경위 등

1789년 Emmanuel Joseph Siéyés는 헌법수호기관의 창설을 제안하였으나, 이는 채택되지 않았다. 그 당시 프랑스에서는 과거 Rousseau가 '법률은 일반의지의 표현(expression de la vlonoté générale)이다.'라고 주장하면서 법률을 절대화한 것에 영향을 받아, '법률은 잘못 만들어질 수 없다.'는 사상이 지배적이었기 때문이다. 1789년 제정된 인간과 시민의 권리선언

129) 김시철(주 128), 182－183.

130) 프랑스의 사법행정에 관하여 임종헌, "국민과 소통하는 열린 사법행정", 형사재판의 제문제 7권(차한성 대법관 퇴임기념), 사법발전재단(2014), 1255－1256에는 "프랑스에서 사법관(magistrat)은 판사(magistrat du siège)와 검사(magistrat du parquet)를 포함하여 부르는 명칭으로, 직역 간 상호 교류가 활발하다. 헌법상 사법부가 별도로 없고 법원 조직은 법무부(Ministère de la justice) 소속으로서, 법무부장관이 사법법원에 대한 사법정책과 예산, 정원, 통계 등 사법행정사무를 총괄한다. 다만 국사원(Conseil d'État)을 정점으로 하는 행정법원에 대한 사법행정권은 1990년 내무부장관으로부터 국사원으로 옮겨 왔다. 한편 사법관에 대한 인사 및 징계에 관하여 대통령을 보좌하는 헌법상 기관으로 최고사법관회의(Conseil Superieur de la Magistrature)가 구성되어 있다. 이는 사법행정권을 법무부가 행사하는 프랑스에서 법관의 인사와 징계에 관하여 행정부를 견제함으로써 법관의 독립을 보장하기 위한 기구로서 기능한다."라고 기재되어 있다.

131) 프랑스에서는 개별 행정행위뿐만 아니라 독립명령(Reglement autonome), 집행명령(Reglements d'execution des lois), 의회의 승인을 받기 전의 법률명령(Les ordonnances de l'article 38 de la Constitution) 등 행정입법도 행정소송절차에 따른 월권소송(越權訴訟)의 대상이 된다는 점[반면에, 위 법률명령의 내용과 기간을 승인하는 의회의 수권법률(loi d'habilitation)은 헌법재판소의 사전적 규범통제 대상이 된다]에 대해서는 박정훈(주 2), 126, 156－160; 박균성, "프랑스의 법규명령제도", 단국대 법학논총 16집, 단국대학교(1990), 47－55 등 참조.

132) 사법연수원(주 128), 5－7.

133) 피에르 파나시(역 진광엽)(주 128), 127－128에는 그 당시 법무부장관 Debré가 헌법자문위원회에서 "저의 견해로는 행정사법관이라는 것은 존재하지 않습니다. 다만 판사의 일을 하는 공무원이 있을 뿐입니다."라는 의견을 제시하였고, 그 결과 지방행정재판소 및 국사원의 재판관들은 (헌법 제64조에 의하여 특별하게 신분을 보장받는 사법법원의 법관들과 달리) 일반 행정공무원의 지위보장과 의무를 규정하는 규정의 적용을 받게 되었으며, 다른 한편으로 부령으로 정해진 특별조항의 적용을 받게 되었다는 취지가 기재되어 있다.

(Déclaration des Droits de l'homme et du citoyen, 이하 '프랑스 인권선언'이라 한다) 제6조도 "법률은 일반의지의 표현이다. 모든 시민은 누구나 자신이 직접 혹은 그 대표자를 통하여 법률의 제정에 참여할 권리를 가진다."라고 규정하여 그 당시 지배적 사상을 그대로 반영하였다.

프랑스에서는 국민제헌의회가 1791년 제1공화국 헌법을 제정하는 과정에서도, 국민의 대표기관이 제정하는 법률이 위헌적 요소를 포함하거나 기본권을 침해할 수 있다는 점을 상정할 수 없었기 때문에 위헌법률심사제도는 전혀 고려되지 않았고, 그로부터 160년 이상 경과한 1958년 제5공화국 헌법이 시행된 이후에 비로소 법률에 대한 규범통제가 실질적으로 도입되었다.[134)]

(3) 전통적인 의회우월주의 사상과 제3, 4공화국의 의회주권주의 등

프랑스는 1848. 2. 혁명 이후 제정된 제2공화국 헌법, 나폴레옹 3세가 보불전쟁(1870년－1871년)에서 패배한 다음 제정된 1875년 제3공화국 헌법, 제2차 세계대전 이후 제정된 1946년 제4공화국 헌법의 각 시행 당시에도 원칙적으로 의회우월의 사상을 그대로 유지하였다.[135)] 특히 제3, 4공화국 헌법의 공통점은 강력한 의원내각제적 정부형태를 취하면서 의회의 전성시대를 형성하였다는 것이다.

예컨대, 제4공화국 헌법의 경우 하원인 국민의회를 실질적으로 견제할 수 있는 제도적 장치가 없었는데, 이는 의회주권주의(souveraineté parlementaire)로 평가될 수 있었고, 일종의 '의회에 의한 주권찬탈'이라고 볼 수 있을 정도에 이르렀다. 이를 법적 관점에서 보면, 법률주권의 관념이라고 할 수 있다. 즉, 법률을 통하여 모든 것을 행할 수 있고, 입법사항의 범위에 대한 제한이 없으며,[136)] 법률에 대한 심사는 마치 대역범죄를 범하는 것과 같이 간주될 수 있기 때문에, 법률은 어떠한 규범적 심사의 대상이 될 수 없었던 것이다.[137)] 이러한 의회주권주의는 [위 나. 3) 기재 스위스의 경우와 유사하게] 사법절차에서는 헌법에 배치되는 법률이라도 이를 강제로 적용해야 하는 상황을 야기하였을 뿐만 아니라,[138)] 결국 집행권까지 마비

134) 위 160년 동안 프랑스의 전통적인 법제도에 대한 예외로서, ① 1799년 공화정 8년 헌법에 의한 호헌원로원과 제2제정시대의 원로원의 위헌법률심사권이 인정된 적이 있으나, 실제로는 사문화(死文化)되었고, ② 1946년 제4공화국 헌법은 헌법위원회(Comite constitutionnel)를 설치하였으나, 헌법위원회가 1번만 소집되는 등 그 역할을 실질적으로 수행하지 못하였다는 점에 관하여는 박홍우(주 64), 129－130 참조.

135) 김영수(주 128), 97－100 등 참조.

136) 김영수(주 128), 109. 위 가. 2) 기재 영국의 의회주권주의에 관하여 William Blackstone, 「Commentaries of the Law of England」Vol. 1(1765), 91은 "의회가 부당한 내용을 담은 법률을 제정하더라도 어느 권력도 그것을 통제할 수 있다고는 볼 수 없다."라고 설명하였는데, 그 내용은 프랑스 제4공화국의 의회주권주의의 내용과 유사한 것이다.

137) 박정훈(주 2), 127; 손상식(주 3), 28; 한수웅(주 8), 1402－1404; 전학선(주 42), 479－481 참조.

138) ① 장경근, "미국법제특집: 미국사법제도", 법정 16호, 법정사(1948. 1.), 22－23에는 "미국처럼 사법권의 지위를 높임으로 말미암아 삼권(三權)을 대등(對等)히 하여 사법부(재판소)로 하여금 입법부, 행정부의 위헌, 위법행위를 견제케 하는 이론 그대로의 거의 완전한 형태의 삼권분립주의를 실현한 국가는 미국을 제외하고는 극히 드물다고 하겠습니다. (중략) 입법부인 국회라 할지라도, 인민의 기

시켰으며, 입법부가 과도한 부담을 지게 되는 결과를 초래하였다.

나) 프랑스 제5공화국 헌법에 규정된 의회에 대한 견제장치 등

(1) 의회의 법률제정 권한에 대한 헌법적 통제

제5공화국 헌법은 의회주권주의에 입각한 제4공화국 헌법에 대한 반동(反動)의 산물로서[139] 집행권을 강화하면서 오랫동안 정착된 의회우위의 관념을 거부하고 법률에 대한 규범

본적 자유와 권리를 보장한 기본법인 헌법하에 있는 것은 행정부와 사법부와 다를 것이 없고, 따라서 국회는 헌법에 위법되는 법률을 제정하여서는 아니 될 것입니다. 만일 영국이나 불란서의 경우와 같이 입법기관 자체가 그 제정하는 법률의 합헌성, 유효성에 대한 최종적인 판정자가 된다면 입법기관에서 제정한 법률은 헌법에 위반된 것이라도 법률로서의 효력을 갖이게 될 것이고 사법부는 이 법률을 적용함을 강제당할 것입니다. 이러한 입법부의 우월(Legislative Supremacy or Supremacy of Legislative)은 국민의 선거한 의원으로서 조직된 입법부에 권력의 중심을 두는 것이 민주주의 정신에 합치한다는 사상에 입각한 것이겠지만, 이것은 헌법보다 상위에 입법부를 치(置)하는 결과가 될 것이며, 위헌입법으로 인한 인민의 자유와 권리에 대한 입법기관의 권력 남용의 폐를 방지하는 실효적 방법이 없고 헌법은 공문화(空文化)할 것이므로 오히려 사법부(재판소)에 입법부 제정 법률의 위헌성(unconstitutionality), 따라서 무효를 판정하야 그 적용을 거부하는 권한과 직무를 부여함으로써 입법부의 위헌입법을 제어하는 미국주의가 인민의 자유와 권리 옹호를 종국적 목표로 하는 민주주의에 더 부합한다고 하겠읍니다."라고 기재되어 있다.

② 한편 대한민국국회, 제헌국회속기록, 선인문화사(1999), 212−213에는 유진오가 1948. 6. 23. 국회 제17차 회의에 전문위원 자격으로 참석하여 제헌헌법 제81조에 관하여 설명하면서, "주목할 점은 제81조 제1항은 행정소송에 대하여 대륙식 특별재판소를 취하지 않고 「영미식제도」를 취해 본 것입니다. 종래의 불란서라든가 이러한 구라파대륙에서는 행정권의 처분에 관하여 그 불법을 주장하는 사람이 있다고 하드라도 보통재판소에 소송을 제기하지 못하는 행정재판소라는 특별한 제도를 통해서만 할 수 있게 되어 있는 것입니다. 그러나 이렇게 행정권의 처분에 관한 소송을 행정권 자신에게 맡기는 것은 국민의 자유와 권리를 보장하는 의미에 있어서 적당치 아니하다고 해서 법률의 정하는 바에 의하야 명령, 규칙 처분 그런 것이 헌법과 법률에 위반되는 경우에는 보통재판소에다가 소송을 제기할 수 있다고 이렇게 한 것입니다. 한 거름 더 나아가서, 국회에서 제정된 법률이 헌법에 위반되는 경우에는 어떻게 하느냐 하는 이 문제에 관해서는 우리는 제81조 제2항에서 헌법위원회라는 한 새로운 제도를 생각해 냈습니다. 종래의 각국 제도를 보면, 미국에서는 법률이 헌법에 위반되느냐 않되느냐 하는 것을 판단하는 권리는 재판소가 − 다만 대심원뿐만 아니라 모든 재판소가 − 이것을 가지고 있습니다. 그와 반대로, 대륙법계 및 일본 같은 데에서는 법률이 헌법에 위반되는 여부는 오로지 국회가 스스로 판단하게, 이렇게 되어 있는 것입니다. 국회에서 헌법에 위반되지 않는다는 인정을 받아서, 제정된 법률은 의례(依例)히 헌법에 합치되는 것이라고, 이러한 해석을 받어왔든 것입니다. 그런 고(故)로, 하나는 사법권우월주의(司法權優越主義)라고 할 수 있고, 하나는 국회(國會)의 우월주의(優越主義)라고 할 수가 있겠습니다. 그러나 우리 조선에서는 법률의 헌법에 위반되느냐 않되느냐 하는 문제를 제기할 권한을 재판소에 주었습니다. 그러나 문제를 제기하기만 했지, 과연 그것이 헌법에 위반된다, 안 된다 하는 판단은 재판소에 주지 아니하고, 대법관 5인과 국회의원 5인으로 구성되는 헌법위원회에서 이것을 결정하게 한 것입니다. 이 새 제도가 잘 운영되어서 우리나라가 훌륭한 법제국가의 성과를 올리기를 우리는 기대하는 바입니다."라고 발언하였다는 내용이 기재되어 있다.

③ 위 ①, ②의 사정은 1948. 7. 17. 제헌헌법이 공포되기 전부터 우리 학계와 실무에서 그 당시 영국과 프랑스의 지배적인 법이념이었던 '의회주권주의'를 그대로 도입하는 경우 의회의 법률제정에 관한 권력 남용을 막을 수 없는 결과를 초래하고, 사법절차에서는 헌법에 위배되는 법률을 강제로 적용해야 한다는 점 등을 충분히 인식하고 있었음을 보여준다.

139) 김영수(주 128), 103−109; 전학선(주 42), 479−481 참조.

통제를 도입하였다는 점 등에서 극히 혁신적인 것이었다.[140)]

예컨대, 제5공화국 헌법은 의회가 법률로 제정할 수 있는 입법사항을 한정적으로 열거한 다음(제34조), 그 외의 행정입법 소관사항에 관하여는 행정부가 명령(décret)으로 규범을 제정·개정할 수 있다고 규정하면서(제37조), 의회의 승인을 받아야 하는 법률명령(ordonnance)에 관한 내용을 규정하였다(제38조). 이와 같이 의회의 입법사항에 관하여 열기주의(列記主義)를 채택함과 동시에 신설한 헌법재판소의 경우 의회의 입법작용을 통제하기 위하여 마련된 장치(즉, '의회에 돌려진 총구')로 볼 수 있다(다만 현실 정치에서 집행부가 의회의 활동을 지배하는 상황이 발생하는 경우, 의회의 입법작용에 대한 통제는 사실상 집행부에 대한 통제를 의미하게 될 수도 있다).

(2) 헌법재판소의 사법적 권한(compétence juridictionnelle)의 범위 등

헌법재판소는 사법적 권한뿐만 아니라 자문권한(compétence consultative)도 행사하는데, 제5공화국 헌법에 규정된 규범통제 관련 사법적 권한은 ① 조직법률(loi organique), 보통법률(loi ordinaire), 의회규칙(règlements des assemblées parlementaires) 등에 대한 사전적 위헌심사권한(제61조, 제62조 제1항 참조),[141)] ② 국사원이나 파기원의 제청에 따른 구체적 소송사건에 적용되는 법률에 대한 사후적 위헌심사권한(2008. 7. 23. 신설 제61-1조),[142)][143)] ③ 국제협약(engagement international)에 대한 위헌심사권한(제54조),[144)] ④ 의회가 그 권한을 일탈·남용하여 행정입법(réglementaire)의 소관사항에 관하여 법률(loi)을 제정하였는지에 대한 사후적인

140) 矢口俊昭, "フランスの憲法裁判", 芦部信喜 編, 講座 憲法訴訟 第1巻, 有斐閣(1987), 155[박홍우(주 64), 129-130에서 재인용함].

141) 헌법 제61조 ① 조직법은 공포되기 전에, 제11조에 규정된 의원발의 법안은 국민투표에 회부되기 전에, 의회 의사규칙은 시행되기 전에 헌법재판소에 회부되어 그 합헌성 심사를 받아야 한다.
② 동일한 목적으로 대통령, 총리, 하원의장, 상원의장, 하원의원 60명 또는 상원의원 60명은 법률을 공포하기 전 헌법재판소에 회부할 수 있다.
③ 전 2항에서 정하는 경우에 헌법재판소는 1개월 이내에 결정하여야 한다. 단, 긴급한 경우에는 정부의 요구에 따라 그 기간이 8일로 단축된다.
④ 헌법재판소에서 심의하는 경우 공포기간은 중단된다.
헌법 제62조 ① 제61조에 근거하여 위헌으로 선언된 법률규정은 공포, 시행될 수 없다.

142) 헌법 제61-1조 ① 법원에서의 소송 진행 중에 당사자가 법률규정이 헌법에서 보장하는 권리와 자유를 침해한다고 주장하는 경우, 국사원이나 파기원은 해당 사항을 헌법재판소에 제소할 수 있고 헌법재판소는 정해진 기한 내에 결정한다.
② 이 조의 시행조건은 조직법으로 정한다.

143) 당해사건의 당사자가 최고법원이 아닌 하급심법원에서 위헌법률심판제청신청을 하는 경우, 당해 법원에서 제청요건을 갖추었는지를 판단하고, 제청요건을 충족하였다고 판단하는 경우 최고법원에 송부하게 되며, 이에 대하여 최고법원에서 다시 제청요건을 갖추었는지를 판단하고, 제청요건을 충족하였다고 판단하는 경우 헌법재판소에 위헌법률심판제청을 하게 되는데, 이에 관한 상세한 내용은 전학선, "프랑스에서 사후적 규범통제 도입에 따른 헌법재판의 변화", 헌법학연구 18권 3호, 한국헌법학회(2012), 527-535 참조.

144) 헌법 제54조 대통령, 총리, 양원 중 한 의회의 의장, 하원의원 60명 또는 상원의원 60명이 제소한 헌법재판소에서 특정한 국제협약이 헌법에 위배되는 조항을 포함한다고 선언하면, 당해 국제협약의 비준 또는 승인은 헌법개정 이후에만 허가될 수 있다.

심사권한(제37조 제1항, 제2항과 제41조)[145] 등을 예시할 수 있다.[146]

주목할 점은 의회의 승인을 받기 전의 법률명령(Les ordonnances de l'article 38 de la Constitution)의 경우 일반법원의 부수적 규범통제 대상이 되는 반면에, 그 내용과 기간을 승인하는 의회의 수권법률(loi d'habilitation)은 헌법재판소의 사전적 규범통제 대상이 된다는 것이다. 즉, 법률명령은 이른바 '입법사항'에 관한 규범이기는 하지만, 그 형성 및 효력 유지과정 등에 의회가 관여하기 전까지는 헌법재판소의 규범통제 대상적격에 관한 '필요조건'이 구비될 수 없는 반면에, 그 규범의 내용 등을 의회가 승인하는 수권법률의 경우 '형식적 의미의 법률'에 해당하므로 위헌법률심사의 대상이 될 수 있다는 취지이다.

헌법재판소의 사법적 권한은 모두 의회에 대한 견제장치의 성격을 가지는 것으로서, 제5공화국 헌법은 이러한 제도적 장치를 통하여 전통적인 의회주권주의를 거부한다는 점을 분명하게 선언한 것이다. 그런데 사후적 위헌심사제도를 도입한 2008. 7. 23.자 개정 헌법은 신설된 위 ② 법률에 대한 구체적 규범통제제도와 관련하여, 헌법재판소의 법률규정에 대한 위헌결정이 그 결정의 공포일 또는 그 결정에서 지정된 장래의 일자로부터 폐지된다는 점을 명시한 다음, 위헌으로 선언된 법률규정에 근거한 종래 법률관계의 변경에 관하여 규정함으로써(제62조 제2항 및 제3항),[147] 헌법적 차원에서 원칙적으로 장래효(將來效, ex nunc) 구조의 '폐지무효설'을 채택하면서, 나아가 헌법재판소의 결정에 의하여 그 실효시점을 미래로 미룰 수 있도록 하였다[미래효(未來效, pro futuro)의 구조]. 이와 같이 헌법에 위배되는 법률이라도 구체적 규범통제절차에서 이루어진 헌법재판소의 위헌결정 이전에는 원칙적으로 법률로서의 효력이 인정된다는 점을 헌법에 명시한 프랑스 헌법은 일반적인 법원칙인 '상위법우선의 원칙'보다는 '법적 안정성'을 중시하는 입장을 취한 것으로서,[148] 법률에 대한 위헌판단의 효력에 관하여 헌법적 차원의 예외규정·특별규정을 두지 않음으로써 일반적인 법원칙에 따라 해당 법률을 원시적 무효(原始的 無效, ex tunc)로 보는 것에서 출발하고 있는 아래 2) 다) 기

145) 이는 의회제정 법률에 대한 사후적 규범통제의 일종이라고 할 수 있지만, 입법부와 행정부 간의 권한쟁의심판의 성격이 강하다는 점은 박홍우(주 64), 132; 정종섭(주 128), 87-88 등 참조.

146) 그 밖의 권한에 관하여는 전학선, "헌법재판소 헌법재판관", 프랑스 헌법소송론, 한국문화사(2022), 17-19 참조.

147) 헌법 제62조 ① 제61조에 근거하여 위헌으로 선언된 법률규정은 공포, 시행될 수 없다.
② 제61-1조에 근거하여 위헌으로 선언된 법률규정은 헌법재판소 결정이 공포된 날부터 폐지되거나 또는 헌법재판소 결정에 의하여 장래의 날짜부터 폐지된다. 헌법재판소는 위헌결정된 법률규정의 효력에 관하여 법률규정이 발생시켰던 효과들이 어떠한 조건에서 그리고 어떠한 한계 내에서 변경될 수 있는가를 결정한다.
③ 헌법재판소의 결정에 대하여는 어떠한 소송의 대상도 되지 아니한다. 헌법재판소의 모든 결정은 공권력 및 모든 행정기관과 사법권을 구속한다.

148) 이와 같이 헌법재판소의 규범통제 대상인 법률이 위헌인 경우에도 해당 법률의 시행시점부터 헌법재판소의 위헌결정 시점까지 유효한 것으로 전제하고, 해당 법률의 경우 '형성재판의 성격을 가지는 위헌결정'에 의하여 비로소 그 효력을 상실한다는 입장은 아래 2) 나) 기재 오스트리아 헌법과 유사한 입장이다.

재 독일 기본법과는 실질적인 차이가 있다.

나아가, 2008년 헌법개정 과정에서 1958년 이전 법률을 심사대상에서 제외해야 한다는 프랑스 정부의 의견을 배척하면서 법률의 제정 시기와 관계없이 모든 법률의 위헌여부를 헌법재판소의 심사대상으로 파악하였는데,[149] 프랑스의 경우 종래 위 가) (3) 기재와 같은 의회주권주의로 인하여 1958년 이전에는 의회 제정 법률에 대하여 다른 헌법기관의 심사가 완전히 배제되는 전통을 유지하고 있었다는 점[150] 등을 고려하면, 2008년 헌법개정은 그 적용영역에서 1958년 이전에 제정된 프랑스 법률의 종래 위상을 부분적으로 격하(格下)시키는 효력을 발생하였다고 볼 수 있다. 구체적 규범통제와 관련하여 '종래 사법기관의 규범통제 대상에서 원천적으로 배제되었던 1958년 이전에 제정된 법률'이 2008년 헌법개정으로 인하여 (의회가 아닌) 다른 헌법기관인 헌법재판소의 심사대상이 되었기 때문이다. 다만 프랑스에서 1958년 전후에 제정된 모든 법률에 대하여 일반법원의 위헌심사는 허용되지 않으므로, 이러한 측면에서 프랑스 법률이 일반법원의 위헌심사와 관련된 범위에서는 여전히 헌법적 차원에서 특별한 보호대상의 위상을 유지하고 있음을 알 수 있다.[151]

위와 같은 경위로 프랑스는 1958년 이전 제정 법률에 대한 Ⓑ유형 구체적 규범통제 및 1958년 이후 제정 법률에 대한 Ⓐ유형 구체적 규범통제와 관련하여, 양자 모두 '후발적인 사정변경'의 성격을 가지는 헌법재판소의 위헌결정에 의하여 비로소 해당 법률이 실효되는 제도를 채택하였기 때문에(장래효 또는 미래효의 구조), 결과적으로 양자의 규율방법이나 효과 등이 유사하게 된다는 점 등을 유의할 필요가 있다.[152]

(3) 의회제정 법률의 조약·국제협정 위반에 관한 규범통제[153]

㈎ 제5공화국 헌법 제55조의 규정 내용 및 의미

위 제55조는 "적법하게 비준 또는 승인된 조약(traité)이나 국제협정(accord)은 다른 당사

149) 이에 관하여는 CC. n° 201°−39 QPC du 6 octobre 2010; 1941. 4. 30.자 법률에 관한 CC. n° 2010529 QPC du 14 octobre 2010; 1957. 1. 10.자 법률에 관한 CC. n° 2011−128 QPC du 6 mal 2011 등의 판례가 있는데, 좀 더 상세한 내용은 전학선(주 143), 521−522 참조.

150) 이러한 측면에서 1958년 제5공화국 헌법개정이 이루어지기 이전에 프랑스 의회가 제정한 법률의 경우, 설령 그 내용 등이 명백하게 위헌인 경우에도 법원을 비롯한 다른 모든 국가기관들이 규범통제의 심사대상으로 삼을 수 없었고, 오히려 다른 모든 국가기관들은 법률의 유효성을 무조건 인정해야만 하는 법적 위상을 가지고 있었는데, 스위스는 현재까지도 이와 유사한 제도를 유지하고 있다는 점은 위 나. 3) 기재와 같다.

151) 이와 같이 법률의 내용적 하자 등에 관하여 일반법원이 규범통제를 할 수 없도록 제한함으로써 이에 관하여 헌법적 차원에서 특별한 보호대상의 위상을 인정하는 입장은 아래 2) 기재 오스트리아 및 독일의 현행 헌법과 유사한 입장이다.

152) 이는 아래 2) 기재 오스트리아 제도와 유사한 구조인 반면에, 제헌 이전 법률에 대한 Ⓑ유형 규범통제와 제헌 이후 법률에 대한 Ⓐ유형 규범통제의 규율방법이나 효과 등을 분명하게 구별하고 있는 독일 제도와는 실질적인 차이가 있다.

153) 상세한 내용은 전학선(주 128), 157−158; 전학선, "프랑스 헌법재판소의 임신중절 결정", 외법논집 36권 4호, 한국외국어대학교 법학연구소(2012), 99−102 참조.

국에 의하여 시행될 것을 조건으로 하여 공포 시부터 법률에 우선하는 효력을 가진다."라고 규정하였는데, 이 역시 의회주권주의의 법리를 거부한 결과물이다. 프랑스에서는 조약과 국제협정(이하 위 제55조의 조약과 국제협정을 포괄하여 '국제법'이라고 약칭하고, 이와 관련된 규범통제를 '국제법 규범통제'라고 한다)의 효력이 법률의 효력보다 우위에 있음을 1958년 개정된 위 헌법에 명시한 것이기 때문이다. 나아가 위 제55조는 법률에 대한 관계에서 헌법만이 유일한 상위규범이 아니고 국제법도 그 상위규범이 된다는 취지로서, 헌법제정권자의 선택에 따라 국제법이 '헌법과 법률의 중간단계에 위치한 규범'으로 설정될 수 있음을 보여주는 것이다.

(나) 위 제55조에 관한 헌법재판소의 1975. 1. 15.자 결정[154)]의 의미

임신중절에 관한 법률[155)]의 규범통제에 관한 위 결정의 쟁점은 법률에 대한 국제법[156)] 규범통제권한의 귀속문제와 해당 법률의 위헌여부인데, 전자의 권한이 헌법재판소에 귀속되지 않는다고 판시한 결정 부분의 요지는 다음과 같다.

『헌법 제61조는 의회의 권한과 동일한 평가와 결정권을 헌법재판소에 부여하지는 않았고, 단지 심사에 회부된 법률의 헌법에 대한 적합성에 관하여 심사할 수 있는 권한을 헌법재판소에 부여한 것일 뿐이다. 국제법의 법률에 대한 우월적 효력에 관한 헌법 제55조는 관련 원칙의 준수가 헌법 제61조에 규정된 위헌법률심사의 범위 안에서 보장되어야 한다는 것이다.

(헌법재판소에 의하여) 위헌으로 선언된 모든 조항은 공포되거나 적용될 수 없다고 하는 것은 헌법 제62조에서 기인하는 것이고, 헌법 제61조에 근거한 결정은 절대적이고 결정적인 특징을 가진다. 반면에, 국제법의 법률에 대한 우월성은 헌법 제55조에 규정되어 있는데, 상대적인 동시에 부수적인 특징을 가진다. 이러한 특징은 한편으로는 국제법의 적용영역에 제한되는 것에 따른 것이고, 다른 한편으로는 국제법의 서명국에 따라서 그리고 이러한 조건의 존중이 평가되는 시점에 따라 다양해질 수가 있는 실현의 상호성의 조건에 따른 것이다.

국제법에 위배되는 법률이 헌법에 위배되는 것은 아니다. 헌법 제55조와 관련된 국제법 규범통제는 헌법 제61조와의 다른 성질로서, 헌법 제61조와 같이 행하여 질 수 없다. 헌법 제61조에 근거한 청구에 관하여, 법률에 대해 국제법 규범통제를 하는 것은 헌법재판소의 권한에 속하는 것이 아니다.』

헌법재판소는 위헌법률심사에 관하여 성문헌법의 개별조문뿐만 아니라 그 전문(前文)에서 존중하는 규범(예컨대, 프랑스 인권선언 등)이 포함된 합헌성블록(Bloc de constitutionnalité)을 심사기준으로 삼고 있는데, 위 결정은 유럽인권협약을 비롯한 국제법은 합헌성블록에 포함되지 않고, 헌법 제61조의 규율대상이 아닌 국제법 규범통제권한은 헌법재판소에 귀속되지

154) CC. n° 74-54 DC du 15 janvier 1975.
155) Loi n° 75-17 du 17 janvier 1975 relative à l'interruption volontaire gossesse.
156) 위 사건에 적용되는 국제법은 유럽인권협약(convention europeenne des droits de l'homme)이었다.

않는다는 점을 확인한 것이다.

위 결정 이후 파기원은 1975. 5. 24.자 판결에서 국제법 규범통제를 하였고,[157] 국사원도 1989. 10. 20.자 Nicolo 판결에서 국제법 규범통제를 함으로써[158] 법률에 대한 국제법 규범통제권한이 일반법원에 귀속된다는 판례가 확립되었다.

다) 소결론

근대 프랑스에서는 성문헌법의 제정이 법률에 대한 규범통제와 연결되지 않았고, 제4공화국까지도 의회주권주의의 영향으로 위헌법률심사제도가 실질적으로 도입되지 않았다. 그러므로 의회주권주의가 미국식 사법심사제도의 도입을 저지한 주요 원인이라는 Favoreu의 주장 부분은 타당하다고 본다.

다만 제5공화국 헌법에서 의회의 권한을 견제할 목적으로 설치한 헌법재판소가 의회의 입법작용을 전면적으로 통제할 수 있는 것은 아니다. 예컨대, 법률에 대한 국제법 규범통제 권한은 헌법재판소에 귀속되지 않기 때문이다. 즉, 헌법재판소의 관할을 규정한 제5공화국 헌법 제61조, 제61-1조 등의 경우 우리 헌법 제107조 제1항 등과 유사하게 '위헌법률심사권한을 일반법원과는 구별되는 헌법재판소로 집중'함으로써 법리적인 측면에서 '입법자보호기능'을 하고 있지만, 헌법적 차원의 예외규정·특별규정에 해당하는 위 제61조, 제61-1조의 적용 범위가 아닌 '법률에 대한 국제법 규범통제'의 경우, 법률의 효력을 좌우하는 중요한 사법적 판단임에도 불구하고, 포괄적인 사법권을 관장하는 일반법원이 부수적 규범통제방식에 따라 그 권한을 행사해야 하는 것이다. 이러한 프랑스의 제도는 일체의 법률적 쟁송을 심리재판하는 작용인 사법작용은 '헌법 그 자체에 의한 유보가 없는 이상' 일반적인 법원칙에 따라 포괄적인 사법권을 관장하는 일반법원이 담당해야 한다는 우리 헌법재판소의 판례[159]나 대법원 판례[160] 등과 같은 맥락이라고 할 수 있다.

---

157) Ch. mixte. 24 mai 1975, Ste des cafes Jacques Vabre, AJ 1975, 567.

158) CE Ass., 20 octobre 1989, Nicolo, GAJA.

159) 헌재 1995. 9. 28. 선고 92헌가11 등 전원재판부 결정 참조. 김하열(주 46), 33에는 헌법적 차원의 예외규정·특별규정인 헌법 제107조 제2항, 제111조 제1항에 명시적으로 열거된 사항이 아닌 나머지 사법작용은 모두 포괄적인 사법권을 관장하는 일반법원의 관할에 속한다는 취지가 기재되어 있는데, 이러한 설명은 위와 같은 우리나라와 프랑스의 판례와 같은 취지이다.

160) 아래 5. 나. 2) 다) 기재 법원조직법 및 국가배상법의 위헌여부에 관한 대법원 1971. 6. 22. 선고 70다1010 전원합의체 판결의 다수의견은 "법원의 법률, 명령, 규칙 또는 그 법률 등의 조항의 위헌결정의 효력은 그 법률 등을 무효화 하는 것이 아니고 다만 구체적 사건에 그 법률, 명령, 규칙 또는 그 일부 조항의 적용을 거부함에 그치는 것이고, 이 위헌심사와 사건의 재판이 불가분의 관계에 있고 법관의 과반수로써 재판하여야 함은 재관의 근본원칙이기 때문에 헌법 제102조는 1948. 7. 17. 제정헌법 제81조 제4항의 헌법위원회의 위헌결정의 합의정족수의 제한, 1960. 6. 15. 개정헌법 제83조의4 제5항의 헌법재판소의 위헌판결과 탄핵판결의 합의정족수의 제한, 또는 현행헌법 제62조 제3항의 탄핵결정의 합의정족수의 제한 등과 같은 제한을 하지 아니하였으므로 특별한 제한 없이 일반원칙, 즉 과반수로써 위헌결정을 할 수 있다는 것을 간접적으로 규정하고, 이를 전제로 하여 이에

결국 성문헌법 국가의 사법절차에서 법치주의 원칙이 준수되는 경우, 헌법의 최고규범성이 인정된다는 사정(좀 더 정확하게는 헌법이 법률의 상위규범이라는 사정)만으로 위헌법률심사제도의 법적 근거가 충족되고,[161] 그 국가의 규범통제제도가 집중형인지 아니면 분산형인지에 따라 위헌법률심사제도의 채택 여부가 결정되는 것은 아니다.[162] 한편 프랑스 제도에 비추어 보면, 행정국가형 사법제도가 의회의 입법작용에 대한 모든 사법적 통제권한을 단일한 사법기관에 집중시키는 것도 아니고, 법률에 대한 규범통제가 모두 위헌법률심사에 해당하는 것도 아님을 쉽게 확인할 수 있다.

한편 Favoreu는 '유럽의 일반법원의 법관은 직업법관으로서 헌법재판을 할 수 있는 능력을 가지고 있지 않다.'는 취지로 주장하였지만, 이를 그대로 수용하는 경우 프랑스의 현행 제도를 제대로 설명할 수 없다.

먼저 대륙법계와 영미법계 국가에서 전반적으로 법의 해석은 모든 법의 영역에서 이루어지는 것이고, 원칙적으로 동일한 해석방법론이 사용된다는 점은 위 나. 1) 나)에서 본 바와 같다. 그런데 헌법의 해석에 비하여 국제법의 해석이 특별히 쉽다고 볼 수 없고, 일반법원 직업법관들의 헌법에 대한 이해의 정도가 국제법에 대한 것에 현저하게 미치지 못한다고 볼 만한 근거도 없는 이상, Favoreu의 위 주장은 설득력이 없다. 즉, 프랑스 직업법관들이 법률에 대한 국제법 규범통제를 실제로 행하고 있음에도 불구하고, 직업법관들에게 위헌법률심사에 관한 능력만은 결여되어 있다고 주장하는 것은 법리적·실무적인 측면에서 받아들이기 어려운 것이다. 더욱이 프랑스의 경우 (헌법 제64조에 의해 특별하게 신분을 보장받는 사법법원의 법관들의 경우와 달리) 일반 행정공무원 신분인 행정재판관들도 법률에 대한 국제법 규범통제

대한 예외로서 헌법 제103조에서 「정당해산을 명하는 판결은 대법원 법관 정수의 5분의 3 이상의 찬성을 얻어야 한다」고 제한하였다. 그러므로 이 합의정족수는 삼권분립 제도를 채택한 헌법의 근본정신으로 보나, 이 합의정족수를 제한하는 경우에는 반드시 헌법자체에서 규정하여온 경위에 비추어 일반법률로써는 제한할 수 없다고 보아야 할 것이고, 특히 법원의 위헌심사권은 사법권에 의하여 입법부가 제정한 헌법에 위반된 법률의 적용을 거부하므로써 위헌입법을 억제하여 헌법을 수호하고 사법권과 입법권이 균형을 갖도록 하자는 것이므로 헌법의 근거 없이 법원의 위헌심사권을 제한할 수 없다 할 것이다."라고 판시하였고, 이에 관하여 김철수, "법원조직법 제59조 제1항 단서의 위헌판결", 고시계 175호, 고시계사(1971), 95-96에는 "대법원의 심사권을 어렵게 하는 규정은 헌법에 명문의 규정이 없는 경우는 불가능하다고 하겠다. (중략) 따라서 헌법에 특별한 제한이 없는 한 합의정족수는 출석과반수임을 부인할 수 없다. 법률은 헌법에 저촉되지 아니하여야만 하고 헌법의 위임 없이는 합의정족수를 가중하여 최고기관의 권한을 제한할 수는 없는 것이다. (중략) 이 점에서 다수의견이 타당하다고 하겠다."라고 기재되어 있다. 위와 같은 대법원판결(다수의견)과 김철수의 주장은 모두 법률의 위헌심사와 관련하여 헌법적 차원의 예외규정·특별규정이 없는 이상 일반적인 법원칙이 당연히 적용되어야 한다는 입장이므로, 헌재 1995. 9. 28. 선고 92헌가11 등 전원재판부 결정과 같은 맥락이라고 할 수 있다.

161) 한수웅(주 8), 1402-1404 및 위 나. 1) 기재 미국 제도 및 위 나. 2) 기재 캐나다 제도에 관한 설명 참조.

162) 분산형 규범통제제도를 채택한 나라에서도 사법절차에서 헌법을 심사기준으로 하는 법률에 대한 규범통제를 할 수 없도록 금지하는 헌법적 차원의 예외규정·특별규정이 있는 경우에는 법원이 법률에 대한 위헌심사를 할 수 없다는 점은 위 나. 3) 기재 스위스 제도에 관한 설명 참조.

를 하고 있으므로, 헌법재판소 재판관과 대비하여 상대적으로 신분보장이 미흡하다는 등을 근거로 직업법관들의 법률에 대한 규범통제능력을 부정하기도 어렵다.

만일 Favoreu의 주장과 같이 직업법관에게 법률에 대한 위헌심사 능력이 결여되어 있다면, 법률에 대한 국제법 규범통제권한이 일반법원에 귀속된다는 프랑스의 판례는 법률의 효력을 좌우하는 중요한 사법판단을 애당초 능력이 결여된 직업법관들에게 귀속된다고 판시한 것이므로, 현저하게 부당한 판례라고 할 수밖에 없다. 그러나 앞서 본 바와 같이 법률에 대한 규범통제는 다양한 규범통제 중 일부 유형일 뿐이고, 민사·형사·행정소송절차에서 여러 종류의 규범통제가 이루어진다는 점, 국제법 해석의 난이도와 헌법 해석의 난이도에 결정적 차이가 있다고 볼 수 없는 점, 최고규범인 성문헌법이 존재하는 국가에서 헌법적 차원의 예외규정·특별규정의 존재 등 특별한 사정이 없는 이상 각급 법원은 상위법우선의 원칙에 따라 당연히 규범통제를 해야 한다는 점 등을 고려한다면, Favoreu의 주장은 별다른 근거가 없고, 헌법적 차원의 예외규정·특별규정인 제61조, 제61-1조 등을 엄격하게 해석함으로써 한정적인 영역에 대해서만 이를 적용하는 프랑스의 확립된 판례[163]가 법리적·실무적으로 타당하다고 생각한다.

앞서 본 국가들의 제도를 전반적으로 살펴보면, 의회의 법률제정 권한에 대한 통제장치의 인정 여부는 의회주권주의의 전통적 법리를 고수할 것인지, 아니면 그중 전부 또는 일부를 거부할 것인지에 관한 헌법제정권자의 선택에 좌우되는 것이고, 법률에 대한 규범통제권한을 단일기관으로 집중할 것인지도 선택의 문제이며, 해당 국가의 사법제도가 사법국가형인지 아니면 행정국가형인지 등은 이러한 선택에 결정적 요소가 될 수 없음을 알 수 있다. 이러한 측면에서 프랑스의 헌법규정과 판례들은 비교법적 차원에서 중요한 의미를 가진다.

2) 독일어권 국가인 오스트리아와 독일에 대한 연혁적·비교법적 검토

가) 19세기 유럽대륙의 독일어권 국가의 전반적인 상황[164]

(1) 미국식 위헌법률심사제도의 소개와 이에 관한 논의

Marbury 판결이 19세기 초 독일어권 국가에 소개된 다음, Robert von Mohl은 1853년 '법률 내용의 헌법내용 저촉 여부에 대한 법원의 실질적 심사권'을 주장하면서도, '이를 모든 법원에 부여하면 동일 법률에 대한 판단이 법원마다 달라질 수 있어 법질서의 혼란과 법률생활의 불안정을 야기할 수 있으므로, 이를 상고심인 최상급법원에 집중시켜야 한다.'고 제안

---

163) 일반원칙에 관한 예외규정은 엄격하게 해석해야 한다는 일반적인 해석방법론에 관하여는 김시철(주 36), 509-511, 523-524 참조. 대법원도 행정법의 해석에 관하여 "일반적으로 예외 규정은 엄격하게 해석하여야 하며, 예외 규정의 해석이 명확하지 않은 경우에는 원칙으로 돌아가야 하고 예외 규정을 확장해석해서는 아니 된다."라고 판시하고(대법원 2020. 2. 6. 선고 2019두43474 판결, 대법원 2020. 3. 27. 선고 2017추5060 판결 등 참조), 민법 해석에 관하여는 같은 취지로 판시하는 등(대법원 1996. 3. 21. 선고 93다42634 전원합의체 판결 등 참조), 프랑스의 판례와 유사한 입장을 취하고 있다.

164) 아래 내용은 유남석, "오스트리아의 헌법재판제도 - 위헌법률심판을 중심으로 -", 재판자료(92), 153-163; 이동흡, "세계 각국의 헌법재판지도 개관 - 법원과 헌법재판소의 관계를 중심으로 -", 재판자료(92), 19-20 중 관련 부분을 발췌, 요약, 정리한 다음, 필자의 설명과 의견을 덧붙인 것이다.

하였다. 그러나 그 당시 지배적이던 입법부 우위의 사상으로 인하여 위 제안은 일반적 지지를 받지 못하였다.

(2) 1863년 제4차 독일법률가대회

오스트리아·독일 법률가들이 참가한 위 대회에는 ① 법원은 법률이 적법하게 공포된 것인지를 심사할 수 있다는 협의의 형식적 심사권(이하 이에 관한 하자를 '협의의 형식적 하자'라고 한다), ② 나아가 의회의 동의가 있는지도 심사할 수 있다는 광의의 형식적 심사권(이하 이에 관한 하자를 '광의의 형식적 하자'라고 한다), ③ 더 나아가 법률내용이 헌법내용에 저촉되는지도 심사할 수 있다는 실질적 심사권(이하 이에 관한 하자를 '내용적 하자'라고 한다)이 기재된 감정의견서들이 제출되었다. 그 감정인 중 1인인 Wien의 변호사 Heinrich Jaques는 '실질적 심사권을 인정하는 경우, 하급법원은 구체적 사건에 적용할 법률이 위헌이라고 판단하면 재판절차를 중지하고 직권으로 당해 법률의 위헌여부를 상급법원을 경유하여 최상급법원에 이송하고, 최상급법원이 이를 합헌이라고 판단하면 하급법원은 당해 법률을 적용하고, 최상급법원이 이를 위헌이라고 판단하면 하급법원은 당해 법률을 적용하지 않은 채 재판하도록 하는 방식으로 법적 불안정의 문제를 해결할 수 있다.'고 주장하였다. 다만 위 대회에서는 실질적 심사권을 인정할 경우 법관이 입법의 영역을 침범할 우려가 있고, 입법자(군주 및 의회)보다 우월한 지위를 차지하게 되어 '입법부 우위의 권력분립원리'에 반한다는 주장이 우세한 가운데, '광의의 형식적 심사권'을 최고법원에 집중시키는 것이 타당하다는 견해가 채택되었으나, 이 견해도 법제화되지는 않았다.

나) 오스트리아의 경우[165)]

(1) 오스트리아 헌법재판의 시대적 변천

(가) 오스트리아·헝가리제국 시대

입헌군주제인 오스트리아·헝가리제국에서 1848년 설립된 최고법원(Oberster Gerichtshof)을 정점으로 하는 통상법원이 민형사재판을 담당하고 있을 당시에는 행정소송제도가 없었다. 그 상태에서 1867년 국가기본법(이하 '1867년 헌법'이라 한다)에 따라 1869년 제국재판소(Reichsgericht)가 설립되어 권한쟁의심판, 헌법소원심판을 관장하였고, 별도로 설치된 국사재판소(Staatsgerichtshof)는 탄핵심판을 관장하였는데, 이를 오스트리아 최초의 헌법재판으로 평

165) 아래 내용은 박정훈(주 2), 125-174; 손상식(주 3), 207-212; 한수웅(주 8), 1402-1410; 오세혁(주 29), 32-47; 허완중(주 35); 박홍우(주 64), 119-122; 유남석(주 164), 153-163; 이동흡(주 164), 19-28; 홍진기, "사법재판소의 법률심사 - 민법 제14조의 무효선언판결에 관하여 -", 법정 2권 11호, 법정사(1947. 11.), 5-6; Klaus Schlaich(역 정태호), 독일헌법재판론, 미리교역(2001), 340-349; 정치언, "오스트리아 헌법과 헌법재판소의 발전 및 오스트리아 근현대사 연구 - 1867년 제국법원 설립부터 1955년 국가조약 체결에 이르기까지 -", 헌법논총 32집, 헌법재판소(2021), 183-232 중 관련 부분을 발췌, 요약, 정리한 다음, 필자의 설명과 의견을 덧붙인 것이다.

가할 수 있다.

1867년 헌법은 사법권에 관한 제7조 제1문에서 "정당하게 공포된 법률의 위헌심사는 법원에 속하지 않는다."라고 규정함으로써, 오스트리아 법원이 미국을 모방하여 정당하게 공포된 법률의 '광의의 형식적 하자' 내지 '내용적 하자'에 관한 위헌성을 이유로 이를 적용하지 않을 가능성을 배제하였다. 이는 법률에 대한 위 가) (2) 기재 '협의의 형식적 심사권'만을 법원에 인정한 것으로서, Marbury 판결의 법리를 배척하기 위하여 헌법상 법치주의 원칙에 관한 예외규정·특별규정을 헌법에 명시한 것으로 볼 수 있다.[166] 반면에, 1867년 헌법 제7조 제2문은 제국재판소를 포함한 모든 법원에 행정기관이 제정한 명령의 유효성을 심사할 권한을 인정하였기 때문에,[167] 법규명령(Rechtsverordnung) 등에 대해서는 법원이 부수적 규범통제를 할 수 있었다. 그 후 1875년에는 헌법소원심판의 범위에 포함되지 않은 일반 행정재판을 담당할 행정법원(Verwaltungsgerichtshof)이 설립되었다.

1885년 Georg Jellinek는 '법률에 대한 법원의 사후심사가 국가질서에 혼란을 초래할 우려가 있어 이를 도입하는 것이 어렵다면, 입헌제도를 유지하고 입법부에서의 다수자의 권한남용에 대처하기 위하여 헌법재판을 담당할 하나의 특별법원을 설치하여 선거의 유효성에 관한 심판, 헌법과 법률 및 제국법률과 주법률의 저촉문제를 해결하기 위한 사전심판을 관장하도록 해야 한다.'고 주장하였고, Jaques 등은 법률 및 법규명령에 대한 사후심사제도를 도입하되 이를 1개의 독립된 법원에 집중시켜야 한다고 주장하였다. 나아가 Adolf Merkel은 1915년 법률에 대한 법원 심사의 배제는 자연법이나 법 논리적으로 요구된 것이 아니라 실정법의 문제일 뿐이라고 하면서 '법단계설'을 주장하였고, Karl Renner는 연방제를 도입할 경우, 연방과 주 사이의 권한쟁의를 해결할 국가기관으로서 헌법재판소를 설치한 다음 제국재판소와 국사재판소의 기능을 통합시켜야 한다고 주장하였다.

(나) 독일·오스트리아공화국 시대

제1차 세계대전 이후 성립한 독일·오스트리아공화국에서 1919년 종래 제국재판소의 임무를 승계할 독일·오스트리아 헌법재판소가 설립된 다음, 중앙정부의 제청에 의해 주의회 법률안의 합헌여부를 사전심사하는 권한이 부여되었는데, 이러한 법률안은 헌법재판소가 합헌성을 선언한 경우에만 공포될 수 있었다. 이는 사전적·추상적 통제의 특징을 가진 오스트

166) 허완중(주 35), 8-9 참조. 이는 위 나. 3) 기재 스위스 헌법 제190조와 유사한 점이 있지만, 오스트리아의 1867년 헌법 제7조 제1문은 법원이 법률의 '협의의 형식적 하자'에 대해서는 위헌성 심사를 할 수 있다는 취지이기 때문에(즉, 법률의 '광의의 형식적 하자'나 '내용적 하자'에 관한 위헌심사를 법원이 할 수 없도록 금지한 것일 뿐이다), 법원의 법률에 대한 규범통제를 전면적으로 금지한 스위스의 경우와 다소간 차이가 있다. 아래에서 보는 바와 같이 오스트리아는 1920년 헌법 이래 현행헌법에 이르기까지 법률에 대한 규범통제에 관하여는 1867년 헌법과 유사한 취지의 헌법규정을 그대로 유지하고 있다.

167) 허완중(주 35), 8-9 참조. 다만 아래에서 보는 바와 같이 오스트리아의 1920년 헌법 이래 현행헌법은 명령에 대한 규범통제에 관하여는 1867년 헌법과는 다른 입장을 취하고 있다.

리아 최초의 위헌법률심사제도이다.

(다) 오스트리아공화국 시대

① 1920년 헌법 제정

오스트리아 연방공화국이 성립되면서 1920년 연방헌법이 제정되었다(이하 '1920년 헌법'이라 한다). 단일한 헌법전이 없는 오스트리아에서 1920년 헌법전이 가장 중요한 헌법전인데, 현재까지 120번 이상 개정되었다. 그런데 1920년 당시에도 1920년 헌법만이 헌법적 효력을 갖는 것이 아니라 그 이전에 존재했던 일련의 규정들이 여전히 헌법적 효력을 유지하였다.[168)]

② 의회주권주의와 규범통제에 관한 Hans Kelsen의 기본입장 등

1920년 헌법 제정에 관여한 Kelsen은 '법단계설'에 입각하여 "헌법보장(Garantie der Verfassung)이란 헌법 바로 다음 단계에 위치하는 규범 등 국가행위의 적법성 보장을 의미하므로 '법률의 헌법적합성 보장'이 중요한 의의를 지니고, 헌법재판은 헌법문제를 다루는 재판으로서 법원에 의한 헌법보장을 의미한다."라고 주장하였다.[169)] 또한 의회주권(Souveränität des Parlaments) 및 권력분립(Trennung der Gewalten)[170)]의 관점에서 위헌법률심판 등에 반대하는 견해에 대해, "헌법제정권자가 위헌법률심사권한을 헌법재판소에 위임하면 의회도 이에 따라야 하고, 민주공화국에서 권력분립의 원칙이란 국가기관 기능의 적법성 보장을 목적으로 한 상호통제를 위하여 권력을 분산시키는 것을 의미하므로 헌법재판제도는 권력분립의 원칙에 반하는 것이 아니라 이에 봉사한다."라고 주장하였으며, 나아가 헌법재판소의 관장사

168) 정치언(주 165), 200-204. 본문 기재 사정들과 헌법개정절차의 특성 등과 관련하여, 오스트리아 헌법이 경성헌법이라고 평가하는 견해와 연성헌법이라고 평가하는 견해가 대립하고 있다는 점은 허완중(주 35), 6-7 참조.

169) 이러한 Kelsen의 주장에 관하여 다음과 같은 2가지 관점에서 재검토할 필요가 있다. ① 먼저 위 나. 1) 라) 기재와 같이 20세기 이전 유럽 대륙에서는 '의회주권주의' 등의 영향으로 법원의 위헌법률심사권한은 애당초 상정할 수 없는 것으로 인식되고 있었기 때문에, Merkel이 1915년 '법단계설'을 주장하면서 법률에 대한 법원 심사의 배제는 자연법이나 법 논리적으로 요구된 것이 아니라 실정법의 문제일 뿐이라는 입장을 밝힌 것은 새로운 실정법(헌법 등)의 도입을 통하여 위와 같은 의회주권주의의 법리를 극복해야 한다는 취지의 주장이었고, Kelsen의 주장 부분도 같은 맥락으로 볼 수 있다. ② 다음으로, 위 1) 기재 프랑스 제5공화국 헌법에 의하면, 헌법의 바로 다음 단계에 위치하는 규범은 (법률이 아니라) 국제법이고, 위와 같이 각 규범의 위계를 설정하는 것은 헌법제정권자의 선택에 좌우되는 것이므로, '법률이 당연히 헌법의 바로 다음 단계에 위치하는 규범임'을 전제로 한 Kelsen의 주장 부분의 경우 법리적 측면에서 정확하다고 보기는 어렵다.

다만 1920년 당시의 상황을 전제로 한 Kelsen의 위 주장 부분이 '조선민사령 중 관련 부분'의 규범통제에 관한 1947년 민사판결의 성격에 관한 학설 대립에 대해서까지 영향을 미쳤다는 점은 아래 4. 다. 1)에서 살펴본다.

170) 위 가) ⑵ 기재와 같이 그 당시 오스트리아에서는 권력분립원리를 '입법부 우위의 권력분립원리'로 보고 있었고, 같은 맥락에서 '의회주권주의' 등의 영향으로 법원의 위헌법률심사권한은 애당초 상정할 수 없는 것으로 인식되고 있었다.

항으로, 법률 및 법규명령의 심사, 법원의 재판을 제외한 개별적 공권력 행위의 심사(다만 행정법원 관할이 아닌 부분으로 한정함), 탄핵심판, 권한쟁의심판 등을 제시하였다.

③ 1920년 헌법에 따른 헌법재판소의 사법적 권한

1920년 헌법에 따라 설립된 헌법재판소(Verfassungsgerichtshof)는 과거 제국재판소 및 국사재판소의 권한을 승계함과 동시에, 새로운 권한을 추가로 확보하였다. 즉, 헌법재판소는 권한쟁의, 선거, 탄핵, 헌법소원과 함께 ㉮ 위 헌법 제139조에 근거하여 ㉠ 일반법원의 제청에 의한 연방·주의 법규명령의 위법성, ㉡ 연방정부의 제청에 의한 주법규명령의 위법성, ㉢ 주정부의 제청에 의한 연방법규명령의 위법성 및 헌법재판소 계속 중인 사건에 적용될 법규명령의 위법성에 대한 심판(Verordnungsprüfung)을 관장하고, ㉯ 제140조에 근거하여 ㉠ 연방정부의 제청에 의한 주법률의 위헌성, ㉡ 주정부의 제청에 의한 연방법률의 위헌성 및 헌법재판소에 계속 중인 사건에 적용될 법률의 위헌성에 대한 심판(Gesetzesprüfung)을 관장하게 되었다.[171)]

④ 1920년 및 1929년 헌법에 규정된 위헌법률심사제도의 구조와 성격 등

위 가) (2) 기재와 같이 1920년 이전 독일어권 국가에서는 미국식 제도를 그대로 도입하자는 주장은 제기되지 않았고, 입법권을 존중함과 동시에 법적 안정성을 확보하기 위하여 법률에 대한 규범통제권한을 1개의 최고사법기관에 집중시켜야 한다는 견해가 지배적이었기 때문에, 1920년 헌법은 제89조 제1항에서 "정당하게 공포된 법률의 효력에 대한 심사는 법원의 권한에 속하지 않는다."라고 규정함과 동시에[172)] 제140조 제4항에서 "제89조 제1항의 규정은 헌법재판소에 의한 법률의 합헌성 심사에는 효력이 없다."라고 규정하였다. 이는 '법률의 광의의 형식적 하자와 내용적 하자에 관한 사법심사를 금지하는 제89조 제1항'에 대하여 헌법적 차원의 예외가 있음을 분명히 한 것이다. 즉, 1920년 헌법은 법률의 광의의 형식적 하자와 내용적 하자에 관한 사법심사를 배제하였던 1867년 헌법의 취지를 원칙적으로 유지하면서도, 제140조를 통하여 제한된 범위 내에서 새로 도입된 '법률에 대한 규범통제권한'을 일반법원과 별도로 설치되는 헌법재판소에 집중시킨 것이다.[173)174)]

---

171) 1920년 헌법에 관한 Kelsen의 헌법초안을 비롯한 대부분의 헌법초안에서는 연방국가로서 주법률의 위헌성을 통제할 필요에 의하여 연방정부의 제청에 따라 헌법에 위반된 주법률을 심사하기 위한 조항을 두었을 뿐이고, 헌법에 위반된 연방법률에 대한 심사에 관한 규정을 두지는 않았다가, 나중에 여러 주들이 연방에 의하여 주에 불리한 위헌법률이 제정될 가능성을 지적하며 주정부의 제청에 따른 연방 법률에 대한 심사권도 헌법재판소에 부여되어야 한다고 제안하여, 결국 주법률의 위헌성 심사와 나란히 연방법률의 위헌성 심사를 병존시키게 되었다는 점은 오세혁(주 29), 38 참조.

172) 유남석(주 164), 161.

173) 이에 관하여 이동흡(주 164), 27에는 "당시는 이미 민형사의 통상재판권과 행정재판권이 분리되어 통상재판권은 민형사최고법원을 정점으로 하는 통상법원들이, 행정재판권은 행정법원이 독자적으로 행사하여온 전통이 있었는데 민형사최고법원과 행정법원 중 어느 한 최고법원에 위헌법률심사

그런데 1920년 헌법에 의하면, 헌법재판소는 직권으로 헌법재판소에 계속 중인 사건에 적용될 법률의 위헌여부를 심판할 수 있는 반면에, 일반법원에 계속 중인 사건에 적용되는 법률의 위헌여부에 관하여 일반법원이 제청하거나 당사자가 위헌제청신청을 하는 절차는 존재하지 않았다. 이는 1920년 당시의 위헌법률심사제도가 연방과 각 주 상호 간의 권한 존중 등을 보장함으로써 '연방의 질서를 유지하는 것'에 주된 목적이 있었고, 개인의 자유와 권리를 제한하는 법률은 사실상 위헌심판의 범위에 포함되기 어려운 구조였음을 의미한다. 법률에 대한 규범통제와 관련하여 의회의 입법권을 존중하면서 법적 안정성을 확보하기 위한 주된 목적으로 도입된 1920년 위헌법률심사제도는 '입법자보호기능'을 실질적으로 수행할 수 있었다.[175] 예컨대, 일반법원은 계속 중인 사건에 적용되는 법률내용이 위헌이라고 판단하더라도 그 법률을 해당 사건에 그대로 적용해야 했기 때문에[176] 위 나. 3) 기재 스위스의 경우와 유사하게 법치주의 원칙을 실질적으로 제한함으로써 의회제정 법률의 권위를 유지하는 상황이 발생하였고, 이에 관하여 스위스 제도에 가해지는 것과 유사한 비판이 충분히 제기될 수 있는 상태였다.

오스트리아 헌법제정권자는 이러한 비판을 수용하는 차원에서 1929년 위 제140조를 일부 개정하여 최고법원과 행정법원에 계속 중인 사건에 관하여 위헌법률심판제청권한을 부여하였다(이하 '1929년 헌법'이라고 한다). 그런데 1929년 헌법에 의하더라도, 통상법원의 제1심 및 항소심의 법관들은 여전히 계속 중인 사건에 적용되는 법률의 광의의 형식적 하자와 내용적 하자에 관하여 직접 위헌심판제청을 할 수 없었는데, 이는 하급심의 재판절차에서는 법치주의 원칙에 대한 예외가 발생할 수 있음을 헌법적 차원에서 용인한 것이다. 예컨대, 소송

권을 부여하기는 어려웠고, 한편 종래 헌법재판권은 민형사최고법원이나 행정법원과는 별도로 특별히 설치된 제국재판소 또는 국사재판소가 관장하여 온 전통도 있었기 때문에 제국재판소 등의 헌법재판권을 승계하는 헌법재판소에 규범심사권한을 집중시키는 제도가 자연스럽게 형성된 것이다. 그리고 민형사최고법원이나 행정법원의 경우에는 그 구성원을 정부가 선출하고 있었는데, 이와 달리 헌법재판소의 구성원을 의회가 선출하도록 함으로써 위헌법률심사에 대한 의회 쪽의 의구심이나 반대를 완화시킬 필요가 있었을 것이다."라고 기재되어 있다.

174) 오스트리아 1920년 헌법에 규정된 위헌법률심사제도는 1958년 헌법개정을 통하여 프랑스가 도입한 제도와 유사한 점이 있다는 점은 위 1) 나) ⑵ 기재 참조.

175) 이에 관하여 홍진기(주 165), 5에는 오스트리아와 같이 일반법원과 별도로 위헌법률심사권한을 가지는 헌법재판소를 설치하는 것은 일반법원의 헌법재판권을 부인하는 것이 된다는 취지가 기재되어 있고, 유남석(주 164), 161에는 "원래의 연방헌법 초안에는 헌법재판소의 직권에 의한 법률심사제도가 포함되어 있지 않았다. Kelsen은 연방법이 주법에 우선하는 것을 사법적으로 보장하기 위해서, 모든 법원에 주법이 연방법에 합치하는지 여부를 심사할 권한을 부여하든지, 아니면 헌법재판소가 언제나 직권으로 이를 심사할 수 있도록 규정하여야 한다고 주장하였다. 그러나 당시 민주주의 방식으로 구성된 입법부에 대한 법원의 포괄적 통제의 도입을 반대하는 견해가 우세하였으므로 Kelsen의 위 주장이 완전히 관철되지는 않았으나, 타협안으로서 헌법재판소에 계속 중인 사건에 적용될 연방법 및 주법에 한하여 헌법재판소가 직권으로 그 위헌여부를 심판할 수 있도록 하는 규정이 삽입되었다. H. Haller, a.a.O., S. 52–57 참조."라고 기재되어 있다.

176) 유남석(주 164), 162; 정치언(주 165), 205.

당사자가 제1심 및 항소심 재판절차에서 적용될 법률내용의 위헌성을 구체적으로 주장하고 하급심법관이 당사자의 주장을 정당하다고 판단하는 사안에서도, 이러한 위헌적인 법률내용의 적용을 직접 배제할 수 없는 구조였기 때문이다. 이를 당사자의 관점에서 보면, 하급심법관에 대하여 법치주의 원칙이나 상위법우선의 원칙을 관철해 달라고 주장하는 것이 실질적으로 의미가 없을 수 있고, 나아가 해당 사건에 적용되는 법률내용의 위헌 가능성이 높은 사안에서도 추가적인 비용과 시간을 들여서 최고법원 및 헌법재판소의 판단을 구하겠다고 결심하지 않는 이상 위헌적 법률내용의 적용을 감수할 수밖에 없는 상황이 발생한다는 것을 의미한다.[177] 따라서 1929년 헌법상 위헌법률심사제도 역시 당사자 개인의 자유와 권리에 대하여 상당한 제한을 가하고 있는 구조였다고 할 수 있다.[178]

⑤ 1920년 헌법에 규정된 법규명령에 대한 규범통제의 구조와 성격 등

1867년 헌법의 시행 당시에는 일반법원이 부수적 규범통제방식에 따라 법규명령에 대한 규범통제를 하였으나, 1920년 헌법을 통해 그 규범통제권한 중 대부분을 헌법재판소로 집중시키는 제도변경을 한 다음, 그 기본구조를 현재까지 유지하고 있다.

이는 Kelsen, Jaques 등의 제안을 1920년 헌법에 수용한 것으로서, 일반법원에서 행정기관의 모든 행정작용에 대하여 포괄적으로 사법심사를 하는 영미법계 국가뿐만 아니라,

---

177) 하급심법관이 스스로 규범통제에 관한 판단을 하는 경우에도 이에 대하여 당사자가 반드시 항소 및 상고 등을 통하여 최고법원으로부터 실질적인 판단을 받는 것은 아니다. 현행헌법에 따라 우리 법원에서 실시하고 있는 법규명령에 대한 규범통제와 관련하여, ① ㉮ '입찰참가자격의 제한을 받은 자가 법인인 경우에는 그 대표자에 대하여도 입찰 참가자격의 제한을 하도록 규정한 구 국가를 당사자로 하는 계약에 관한 법률 시행령(2016. 9. 2. 대통령령 제27475호로 개정되기 전의 것) 제76조 제4항이 법률의 위임 없이 입찰 참가자격 제한처분의 본질적 사항에 해당하는 처분의 대상을 임의로 확장하여 수권법률의 위임범위를 벗어난 것이므로, 헌법 제75조에 위반되고, 법인의 대표자가 입찰 참가자격 제한처분의 처분사유에 관여하였는지 여부를 불문하고 대표자에게 법인과 동일한 정도의 제재처분을 하도록 규정하여 자기책임의 원칙에 위반된다.'라는 원고들의 주장을 배척하고 원고들의 청구를 기각한 제1심판결(서울행법 2020. 6. 25. 선고 2019구합64143 판결)에 대하여 원고들이 항소하였으나, 항소심에서 원고들의 항소를 기각하는 판결을 선고한 다음(서울고법 2021. 7. 1. 선고 2020누48248 판결), 원고들이 상고를 하지 않아서 위 항소심판결이 확정된 사례, ㉯ 위 ㉮와 유사한 사안에서 제1심법원이 원고들의 청구를 기각하고(서울행법 2020. 8. 14. 선고 2019구합63034 판결), 항소심에서 원고들의 항소를 기각하는 판결을 선고한 다음(서울고법 2021. 7. 1. 선고 2020누56232 판결), 원고들이 상고를 하지 않아서 위 항소심판결이 확정된 사례와 같이 원고들이 대법원에 대한 상고를 하지 않는 사례들도 있고, ② 제1심에서 시행령에 대한 규범통제를 하여 무효라는 판단을 한 다음 원고 승소판결을 선고하였고(서울행법 2011. 11. 18. 선고 2011구합23276 판결), 항소심에서 피고(관할 행정관청)의 항소를 기각한 다음(서울고법 2012. 7. 12. 선고 2011누45490 판결), 피고가 상고를 한 이후에 해당 처분을 2013. 10. 11. 직권으로 취소하여 대법원이 위 항소심판결 및 제1심판결을 취소하고 원고의 소를 각하한 사례(대법원 2013. 12. 12. 선고 2012두17636 판결) 등과 같이 하급심법원에서 행정입법의 효력을 부정한 사안에서 관할 행정관청이 대법원의 실질적 판단을 받는 것은 포기하는 사례가 적지 않은데, 이에 관하여는 윤정인(주 28), 90 참조.

178) 1929년 헌법 이래 현행헌법에 이르기까지 유지되고 있는 오스트리아 위헌법률심사제도는 2008. 7. 23.자 헌법개정을 통하여 프랑스가 도입한 제도와 유사한 점이 있다는 점은 위 1) 나) ⑵ 기재 참조.

(법률의 경우와는 달리) 법규명령에 대해서는 일반법원이 부수적 규범통제를 하고 있는 프랑스, 독일 등과도 분명하게 구별되는 오스트리아의 독특한 제도이다.

다만 (법률에 대한 위헌심사와 달리) 법규명령에 대한 규범통제에 관하여는 처음부터 모든 일반법원이 위법심사제청을 할 수 있기 때문에, 재판절차에서 법치주의 원칙에 관한 공백이나 당사자 개인의 자유와 권리의 구제에 관한 문제 등이 제한적 범위 내에서만 발생한다. 예컨대, 당사자가 하급심 재판절차에서 적용될 명령내용의 위법성을 구체적으로 주장하고 하급심법관이 그 주장을 정당하다고 판단하는 사안에서, 하급심법관은 그 심사를 헌법재판소에 제청할 수 있고, 명령의 위법여부에 대한 헌법재판소의 심판에 따라 재판을 할 수 있으므로, 통상적인 재판절차에서는 넓은 의미의 구체적 규범통제제도가 실질적으로 구현될 수 있기 때문이다. 다만 특정일로 예정된 집회일자가 경과하면 당사자의 소의 이익이 소멸하는 사례 1 내지 6과 같은 집행정지신청 사건 등에서는 해당 심리에 상당한 시간이 소요되는 위헌명령심판제청과 관련하여 당사자에게 소의 이익이 잔존하는 경우를 상정하기 어렵기 때문에, 이러한 유형의 사건이 오스트리아에서 발생하는 경우 해당 법규명령의 적용과 관련하여 헌법상 법치주의 원칙에 관하여 실질적 공백이 발생하게 된다.

㈑ Nazi 독일의 오스트리아 합병과 제2차 세계대전의 이후의 상황

1938년 Nazi 독일과 오스트리아의 합병으로 인하여 위와 같은 오스트리아 헌법재판소의 재판기능이 실질적으로 상실되었다가, 제2차 세계대전의 종전으로 1920년 헌법 및 1929년 헌법 등이 1945. 5. 1. 그 효력을 회복하였다.

그 후 1975년 연방헌법의 개정에 의하여, 항소심법원의 법률에 대한 위헌심판제청과 법률에 의하여 직접 권리가 침해되었다고 주장하는 개인의 헌법소원 등이 허용되었고(이하 '1975년 헌법'이라 한다), 이러한 법률에 대한 규범통제의 기본 구조가 현재까지 유지되고 있다. 그런데 1975년 헌법에 의하더라도, 제1심법원은 여전히 계속 중인 사건에 관하여 직접 위헌법률심판제청을 할 수 없기 때문에, 법치주의 원칙이나 소송당사자 개인의 자유와 권리에 대하여 상당한 제한이 남아있는 구조라고 할 수 있다.

(2) 현행헌법에 규정된 헌법재판소의 지위와 전반적인 규정체계 등

오스트리아 헌법에 의하면, 민형사사건에 관한 사법권은 통상법원에 속하는데(제82조 내지 제94조), 그 정점에는 최고법원이 있고(제92조), 일반적 행정쟁송은 단일한 최고사법기관인 행정법원에서 담당하며(제129조 내지 제136조), 이와는 별도로 설립된 헌법재판소에서 헌법재판 등을 담당하는데(제137조 내지 제148조), 위 3개 최고사법기관은 상호 독립적이고 동등한 지위에 있다.

헌법재판소의 권한은 헌법에 명시되고 이를 법률로써 확대하거나 박탈할 수 없다. 헌법

재판소는 헌법에 열거된 명문규정에 근거하여 연방·주·지방자치단체에 대한 재산권적 청구에 관한 보충적 재판권한(제137조), 권한쟁의심판(제138조), 선거재판(제141조), 탄핵심판(제142조), 행정처분에 대한 헌법소원심판(제144조)과 함께, ① 법규명령의 위법여부(제139조), ② 법률의 위헌여부(제140조), ③ 조약의 위헌·위법여부(제140조a)에 대한 구체적·추상적 규범통제권한을 행사한다.[179)]

(3) 1920년 헌법과 1929년 헌법의 차이 및 위헌판결의 효력과의 관계 등

(가) 1920년 헌법 시행에 따른 Ⓐ, Ⓑ유형 규범통제의 상황

1920년 헌법 제정 당시 Kelsen, Merkel 등은 위헌법률이라도 이를 폐지하는 절차에 의하여 비로소 그 효력을 상실하는 것이고, 그 이전에는 법적 구속력을 가진다고 이해하고 있었다. 즉, Ⓐ유형 규범통제에 관하여 상위법우선의 원칙 등 일반적인 법원칙에 입각하여 선행 상위규범(헌법)에 위배되는 후행 하위규범(법률)은 원시적 무효라고 보는 입장[즉, 법률의 위헌여부에 대한 사법적 판단을 확인적 성격으로 보고 일반적인 법원칙에 따라 해당 법률을 원시적 무효(ex tunc)로 파악하는 미국 판례의 입장]이 아니라, 사법기관의 폐지결정이라는 '후발적인 사정변경'에 의하여 비로소 효력이 상실된다는 입장[장래효(ex nunc) 또는 미래효(pro futuro) 구조의 폐지무효설]을 취하였던 것이다. 이러한 Kelsen 등의 견해는 법리적 일관성보다는 입법자가 제정한 규범이 현실적으로 법질서의 일부를 구성한다는 점 등 법적 안정성을 우선적으로 고려한 것으로 평가할 수 있다.[180)]

1920년 헌법은 "헌법이 위헌규범의 폐지에 관한 규정을 담고 있는 한 위헌규범의 효력을 예정하고 있는 것"이라는 테제("이른바 '위헌'법률은 합헌이지만 특별한 절차를 통해 폐지될 수 있는 법률"이라는 테제)를 주장한 Kelsen 등의 학설[181)]에 그 기원을 두고 있다.[182)] 구체적으로 살펴보면, 위 테제를 명문화한 제140조에서 일반적인 법원칙에 대한 헌법적 차원의 예외를 인정하고, 이에 근거하여 헌법재판소가 법률을 위헌이라고 판결함으로써 비로소 폐지의 효과가 발생하는 것으로 보면서, 법률의 폐지시점 등과 관련하여 헌법재판소가 장래의 효력발생시기(6월 이내)를 특별히 정하지 않는 이상 위헌판결의 공포일 다음 날부터 일반적 효력(Allgemeinwirkung)을 발생하는 것으로 규정한 것이다(제3항).[183)]

---

179) 상세한 내용은 허완중(주 35), 20−87 참조.

180) 오세혁(주 29), 45−46 참조.

181) Kelsen, Reine Rechtslehre, 2. Aufl. 1960, S. 208; J. Ipsen, Rechtsfolgen der Verfassungswidrigkeit von Norm und Einzelakt, 1980, S. 52ff[Klaus Schlaich(역 정태호)(주 165), 340−342에서 재인용함].

182) Klaus Schlaich(역 정태호)(주 165), 340−342 참조. 오스트리아의 현행헌법상 헌법재판소의 위헌결정에 관해서도 같은 해석을 하고 있다는 점은 허완중(주 35), 4 참조.

183) 위와 같이 헌법재판소에서 법률 폐지의 장래 효력발생시기를 특별히 정할 수 있도록 규정한 것은, 입법자가 법률 폐지에 대응하여 개선법률을 제정할 수 있는 기간 동안 법률의 즉시폐지로 말미암은 법적 공백을 피할 필요가 있는 경우를 예상하였기 때문이다. 따라서 이러한 제도 역시 '입법자보호기능'과 관련된 것이다.

위 1. 기재 일반적인 법원칙에 의하면, ① 후행 법률의 선행 헌법위반에 관한 Ⓐ유형의 당해사건에서는 후행 법률을 그 발효시점부터 원시적 무효로 보아야 하고, ② 선행 법률이 후행 헌법에 배치되는지에 관한 Ⓑ유형의 당해사건에서는 후행 헌법의 발효시점부터 선행 법률이 효력을 상실하는 것으로 보게 된다. 반면에, 1920년 헌법을 토대로 하면, 위 ①과 같은 Ⓐ유형의 경우에도, 형성재판의 성격을 가지는 위헌판결이라는 '후발적인 사정변경'에 의하여 비로소 위 법률이 실효(폐지)되는 것으로 파악하게 되고, 의회가 제정한 법률의 경우 그 발효(시행)시점부터 위헌판결시점까지의 기간 동안은 그 유효성이 인정되는 합헌적 규범이기 때문에, Ⓐ유형 규범통제에 따라 위헌판단을 받은 후행 법률에 근거하여 위 기간 동안 형성된 법률관계는 당연히 유효하게 되며, 위 ②와 같은 Ⓑ유형에서도 (후행 헌법의 발효가 아니라) 위헌판결에 의하여 비로소 위 법률이 실효(폐지)되기 때문에, 후행 헌법의 시행시점부터 위헌판결시점까지의 기간 동안에도 위 선행법률은 합헌적 규범으로서 그 유효성이 인정된다.

즉, 1920년 헌법 제140조를 문언 그대로 적용하는 경우 심사대상 법률에 대한 Ⓐ, Ⓑ유형 규범통제에서 이루어진 위헌판결이 모두 그 위헌판결시점(혹은 그 이후의 미래시점)에 비로소 해당 법률을 폐지하는 효과를 발생하기 때문에, 일반적인 법원칙을 적용하는 경우와 대비하여 볼 때 해당 법률의 효력 상실시점이 연기될 뿐만 아니라, Ⓐ, Ⓑ유형 규범통제로 인한 법률의 실효시점이 동일하게 되는 결론에 이르게 된다. 이러한 1920년 헌법의 규정 내용의 경우, 규범통제 대상법률의 실효시점 등과 관련하여 Ⓐ, Ⓑ유형을 분명하게 구별해야 하는 아래 다) 기재 독일 기본법의 입장과는 실질적인 차이가 있음을 확인할 수 있다.

1867년 헌법 이래 오스트리아에서는 법률의 광의의 형식적 하자와 내용적 하자에 대한 일반법원의 규범통제가 헌법적 차원에서 금지되었고, 나아가 1920년 헌법하에서는 개인의 자유와 권리를 제한하는 법률이 위헌심판의 대상에 포함되기 어려웠기 때문에, 연방의 질서유지를 목적으로 하는 1920년 헌법 시행 당시에는 '폐지무효설'에 입각한 제도 운용에 관하여 실무적으로 별다른 문제가 발생하지 않았다.

㈏ 1929년 헌법 시행 이후 발생한 '폐지무효설'의 수정 필요성 등

1929년 헌법개정의 핵심적 목적은 의회의 권한을 약화시키고 행정권을 강화하는 것이었는데,[184] 그 개정을 통하여 최고법원 및 행정법원이 계속 중인 사건과 관련하여 위헌법률심판제청권을 행사할 수 있게 되면서(제140조 제1항)[185] 위헌판결의 효력 등에 관하여 새로운 문제가 제기되었다.

예컨대, 일반법원에 계속된 소송사건의 경우 통상적으로 헌법재판소의 재판 이전에 발

184) 이는 위 1) 나) 기재 프랑스의 1958년 제5공화국 헌법에 따른 헌법재판소 제도의 도입취지와 유사하다.

185) 정치언(주 165), 206－207.

생한 과거의 법률관계에 대한 법적 규율이 쟁점이 되는데, 만일 규범통제의 대상인 법률의 내용이 위헌적이라도 위헌판결 이전까지는 그 유효성이 인정된다면, 논리적으로 위헌제청의 계기가 된 일반법원의 당해사건에서도 위헌적 내용의 법률이 적용될 수밖에 없다. 그런데 당해사건에도 위헌결정의 효력이 미치지 않는다면 일반법원이 위헌제청의 필요성을 느끼지 못할 것이고, 위헌제청의 요건인 재판의 전제성이 결여된다고 볼 여지도 있으므로, 새로운 제도를 운영하기 위해서는 적어도 당해사건에 대한 위헌판결의 소급효를 인정해야 한다는 견해가 유력하게 제기된 것이다.

이와 같이 1929년 헌법에는 '폐지무효설'의 예외인정에 관한 근거 규정이 없었음에도, 실제적 필요로 인하여 먼저 판례에 의하여 당해사건에 관한 위헌판결의 소급효를 예외적으로 인정하는 방식으로 '폐지무효설'의 적용 범위가 일부 축소되었고[이는 일반적인 법원칙에 관한 헌법적 차원의 예외규정인 제140조 등에 관하여 판례가 다시 예외를 인정함으로써, 결과적으로 당해사건에서 상위법우선의 원칙 등과 같은 일반적인 원칙에 따른 것과 유사한 결과(규범통제 대상인 법률의 소급적 무효)를 가져온다], 1975년 헌법에서는 명문규정으로 그 예외가 인정되었다. 1975년 헌법에 의하면, 헌법재판소는 심사대상인 법률이 위헌이면 폐지결정을 하고, 헌법재판소가 폐지결정의 효력에 관한 기한을 정하지 않는 이상 그 위헌판결의 공포일로부터 효력을 발생하되[장래효(ex nunc)의 구조], 18개월을 초과하지 않는 범위 내에서 그 폐지의 시기를 미래로 미룰 수 있다[제140조 제5항. 미래효(pro futuro)의 구조]. 법률이 위헌이라는 이유로 폐지된 경우, 폐지 이전에 이미 구성요건이 실현된 경우에는 헌법재판소가 위헌판결에서 달리 판시하지 않는 이상, 당해사건을 제외한 다른 사건에 대해서는 (위헌으로 선언된) 종전의 법률이 계속 적용된다. 헌법재판소가 위헌판결을 하면서 효력 상실에 관한 기한을 따로 정하면, 그 기한이 경과할 때까지 구성요건이 실현된 경우에도 종전 법률이 적용되지만,[186] 당해사건[187]에는 예외적으로 종전 법률이 적용되지 않기 때문에(제140조 제7항), 결국 당해사건에서는 위헌판결의 소급효가 인정되는 것이다[원시적 무효(ex tunc)의 구조].[188]

오스트리아의 경우 1867년 헌법 이래 현재까지 법률의 광의의 형식적 하자와 내용적 하자에 관한 법원의 규범통제를 금지하는 원칙적인 헌법규정을 두고 있고, 그 예외규정·특별규정인 제140조 등을 통해 위헌법률심사의 내용과 효력 등을 헌법에 구체적으로 명시하는

186) 허완중(주 35), 45.

187) 오스트리아에서 위헌폐지결정의 소급효가 인정되는 당해사건의 범위가 판례와 해석을 통해 계속 확대되고 있는 점에 관하여는 오세혁(주 29), 45 참조.

188) 오스트리아 1975년 헌법에 근거하여 이루어지는 '당해사건'에 관한 구체적 규범통제를 분석해 보면, ① 후행 하위규범(법률)이 선행 상위규범(헌법)에 저촉되는 사안에 관한 Ⓐ유형 규범통제의 법적 효과(규범통제대상 법률의 원시적 무효라는 효과)와 ② 선행 하위규범(법률)이 이미 존재하고 있는 상태에서 이에 배치되는 후행 상위규범(헌법)이 사후에 발효된 사안에 관한 Ⓑ유형 규범통제의 법적 효과(후행 상위규범 발효시점부터 규범통제대상 법률이 실효되는 효과) 사이에서 실질적인 차이가 발생하게 된다.

방식을 취하고 있다. 이러한 헌법의 규정체계와 역사적 배경에 비추어 볼 때, 오스트리아에서는 위헌판결의 효력에 관하여 일반적인 법원칙에 따른 당연무효설을 채택하기 어려운데, 그럼에도 불구하고 개별 당사자의 자유와 권리를 제한하는 법률에 관한 규범통제를 도입한 1929년 헌법 시행 이후 당해사건에서는 당연무효설의 입장을 수용할 수밖에 없었음을 주목해야 한다. (오스트리아의 1920년 헌법 제89조 제1항, 제140조 등과 같은 헌법적 차원의 예외규정·특별규정이 없었던) 독일의 경우, 아래 다) 기재와 같이 국사재판소가 개별 소송절차에서 당사자의 자유와 권리를 제한하는 법률의 위헌여부를 구체적 규범통제의 방식에 따라 심사한 1925년 판결을 선고하면서(Ⓐ유형 규범통제) 그 법적 효과에 관하여 오스트리아와는 다른 접근방식(일반적인 법원칙에 따른 당연무효설)을 취하였는데, 이 부분에 관한 양국 제도의 비교·분석이 필요하기 때문이다.

⑷ 위법명령심사제도의 규범통제의 성격, 심사기준 및 심사대상 등

㈎ 헌법재판소에서 행사하는 법규명령에 대한 규범통제권한의 성격 등

오스트리아 헌법 제89조 제1항,[189] 제139조 제1항은 오스트리아의 행정기관이 제정한 법규명령의 광의의 형식적 하자 내지 내용적 하자의 경우, 각급 일반법원 등의 제청에 의하여 연방법규명령 또는 주법규명령에 대하여 위법여부를 심판하고, 헌법재판소에 계속된 사건에서 재판의 전제가 되는 법규명령의 위법여부는 직권으로 심판하도록 규정하고 있다.

즉, 오스트리아의 행정기관이 제정한 법규명령의 위법성을 심사하고 위법한 명령을 폐지하는 권한을 행정재판권의 특별한 형태로 파악하면서도, 헌법상 입법권과 집행권의 권력분립원칙에 따라 헌법재판소와 행정재판소의 권한을 구분하는 것이 아니라, 법규명령의 경우 (사실상 법률과 유사하게) 일반적·추상적인 규범의 성격을 가진다는 점을 중시하여 헌법재판소에서 법률과 법규명령에 대한 규범통제권한을 함께 행사할 수 있도록 규정하는 한편, 행정법원에서는 개별 행정행위의 위법성만을 심사할 수 있도록 규정한 것이다.[190] 위와 같은 범위 내에서 법규명령에 대한 규범통제권한을 헌법재판소에 집중한 오스트리아의 제도는 오스트리아 행정기관의 법규명령 제정권한을 존중하면서 법적 안정성을 확보하기 위한 것인데, 이는 영미법계 국가나 독일, 프랑스 등의 경우와 확연하게 구별되는 것이다.

---

189) 오스트리아 현행헌법은 통상법원에 관한 제89조 제1항에서 "정당하게 공포된 법률, 명령과 국가 조약의 유효 여부에 대한 심판은 이 규정에서 달리 정하지 않는 한 법원에 속하지 않는다[Die Prüfung der Gültigkeit gehörig kundgemachter Verordnungen, Kundmachungen über die Wiederverlautbarung eines Gesetzes (Staatsverträges), Gesetze und Staatsverträge steht, soweit in den folgenden Absätzen nicht anderes bestimmt ist, den ordentlichen Gerichten nicht zu]."라고 규정하고 있고, 행정법원에 관한 헌법 제135조 제4항에서 제89조를 행정법원에 준용하고 있다.

190) 허완중(주 35), 10, 32 참조. 한편 오스트리아, 이탈리아, 스페인, 포르투갈 등과 같은 나라에서는 법규명령을 위헌제청을 대상으로 삼고 있다는 점은 한수웅(주 8), 1408 참조.

㈏ 심사대상 등

오스트리아의 연방행정기관 및 주행정기관이 제정한 법규명령이 주된 심사대상이고, 지방자치단체나 자치행정기관, 공무수탁기업 등이 제정한 명령도 규범성이 인정되는 경우에는 위 제139조 제1항의 적용 대상이 된다. 반면에, 유럽연합이 제정한 명령은 위 제139조 제1항의 심사대상이 아니므로,[191] 유럽연합 명령의 유럽연합법 위배여부는 포괄적인 사법권을 관장하는 일반법원이 부수적 규범통제방식에 따라 심사하게 된다. 즉, 해당 규범의 제정주체가 (오스트리아의 공권력행사기관이 아닌) 유럽연합의 기관인 경우 오스트리아 헌법재판소의 규범통제 대상이 되지 않는 것인데, 이는 헌법적 차원의 예외규정·특별규정인 위 제139조 제1항이 자국(自國)의 공권력행사기관의 규범 제정권한을 통제하는 한정적인 범위 내에서 적용된다는 의미이다.

한편 법률에 어긋난 방식으로 공포된 법규명령의 경우 정당하게 공포된 것이 아닌데(위 제89조 제1항), 협의의 형식적 하자가 있는 법규명령은 통상법원이나 행정법원이 스스로 심사할 수 있으므로 위 제139조 제1항의 적용 대상이 아니다. 즉, 일반법원은 협의의 형식적 하자로 인한 법규명령의 효력 유무에 관하여는 헌법재판소에 위법제청을 할 수 없고, 스스로 부수적 규범통제를 해야 하는데,[192] 이 역시 위 제139조 제1항의 예외규정·특별규정의 성격을 반영하는 것이다.

㈐ 심사기준 등

위 제139조 제1항의 심사기준은 실질적 의미이므로, 헌법재판소는 법규명령이 법률·헌법을 비롯한 모든 상위규범에 위배되는지를 심사한다. 그 적용 범위 내에서 헌법재판소가 법규명령의 위헌여부뿐만 아니라 단순한 법률위반까지 심사한다는 것은 오스트리아 제도의 특징이다.

㈑ 유의점

오스트리아에서도 모든 유형의 규범통제권한이 헌법재판소에 집중되어 있는 것은 아니다. 헌법재판소의 권한은 연방헌법에 명시되어 있고 이를 법률로써 확장할 수 없으며,[193] 성문헌법 국가에서는 특별한 사정이 없는 이상 상위법우선의 원칙을 준수해야 하는 일반법원의 부수적 규범통제와 관련하여 별도의 헌법상 수권규정이 필요하지 않기 때문이다.[194] 예컨대, ① (오스트리아의 공권력행사기관이 아닌) 유럽연합의 기관이 제정한 명령, (공무수탁기업이

---

191) 허완중(주 35), 33.

192) 허완중(주 35), 33-34.

193) (법률을 통하여 헌법재판소의 권한을 확장할 수 있는 가능성을 열어두고 있는 독일이나 스페인의 경우와 달리) 오스트리아 헌법은 법률로써 현법재판소의 권한을 확장할 수 없도록 하고 있다는 측면에서 우리 현행헌법의 경우와 유사한데, 이에 관하여는 김하열(주 46), 33 참조.

194) 동지, 허완중(주 35), 109.

아닌) 일반법인의 취업규칙이나 정관 등과 같이 위 제139조 제1항의 적용 범위에 포함되지 않는 하위규범의 상위규범 위배에 관한 규범통제는 헌법재판소가 할 수 없고, ② 오스트리아 법규명령의 협의의 형식적 하자로 인한 위법성에 관하여도 포괄적인 사법권을 관장하는 일반법원이 부수적 규범통제를 해야 하는 것이다.

(5) 법률의 위헌여부에 대한 구체적 규범통제의 성격 등

(가) 헌법재판소에서 행사하는 법률에 대한 규범통제권한의 성격 등

헌법재판소는 법률의 광의의 형식적 하자와 내용적 하자에 관한 위헌여부가 재판 등의 전제가 되는 경우 행정법원, 최고법원, 항소법원 등의 제청에 따라, 헌법재판소에 계속된 사건에 적용되는 법률의 경우 직권으로, 법률의 위헌여부를 심사한다(제89조 제1항, 제140조 제1항). 이는 오스트리아 의회의 권한을 견제하기 위하여 제도적 장치이고, 기본적으로 연방의 질서 유지와 법적 안정성을 확보하기 위해서 도입된 것으로서 '입법자보호기능'을 하고 있으며, 이로 인하여 당사자 개인의 자유와 권리에 대하여 상당한 제한이 발생하는 구조라는 점 등은 앞서 본 바와 같다.

(나) 심사대상

오스트리아의 연방법률, 주법률뿐만 아니라 연방헌법, 주헌법도 위 제140조 제1항의 심사대상이 될 수 있지만,[195] 유럽연합법은 그 심사대상이 아니고, 유럽연합의 명령이나 법적 행위도 제140조 제1항의 적용 대상이 아니다.[196] 즉, 해당 규범의 제정주체가 (오스트리아의 공권력행사기관이 아닌) 유럽연합의 기관인 경우 오스트리아 헌법재판소의 규범통제 대상이 되지 않는데, 이는 헌법적 차원의 예외규정·특별규정인 제140조 제1항이 자국(自國)의 공권력행사기관인 의회의 법률 제정권한을 통제하는 한정적인 범위 내에서 적용된다는 의미이다.[197]

정당하게 공포된 법률의 경우 협의의 형식적 하자가 없기 때문에 일반법원의 심사대상이 아니지만(위 제89조 제1항), 위법하게 공포된 법률의 경우 제140조 제1항의 적용 대상이 될

195) 허완중(주 35), 53-54에 의하면, 일반적으로 심사대상이 된 규범의 실질적 위반(내용적 하자)과 형식적 위반(헌법 제89조 제1항의 규정에 비추어 볼 때, 이는 광의의 형식적 하자를 의미하는 것으로 보인다)이 모두 심사될 수 있는데, 다만 ① 연방헌법과 주헌법의 경우 후자에 대해서만 심사될 수 있는 반면에, ② 연방법률과 주법률의 경우 양자 모두 심사될 수 있다는 점 등에서 차이가 있다고 한다.

196) 허완중(주 35), 33, 51 참조.

197) 윤진수(주 25), 171-174에는 일제 강점기의 조선민사령은 우리나라의 입법부나 공권력에 의하여 제정된 것이 아니므로, 그 위헌여부는 법원이 스스로 판단할 수 있고, 그 위헌여부의 판단에 관하여 입법자의 권위 보호를 위하여 설정된 헌법재판소의 위헌법률심사방식으로 규범통제를 할 필요는 없다는 취지가 기재되어 있는데, 이는 유럽연합의 기관이 제정한 유럽연합법에 대한 규범통제에 헌법재판소가 관여하지 않고 있는 오스트리아의 제도와 같은 맥락이다[조선민사령에 대한 규범통제에 관하여는 아래 4. 다. 1) 참조. 아래 다) (6) 기재와 같이 독일 연방헌법재판소도 이와 같은 입장에서 유럽연합법에 대한 규범통제에는 관여하지 않고 있다].

수 없다. 법률이 위법한 방식에 따라 공포된 경우가 실제로 많지는 않겠지만, 법률과 명령을 병렬적으로 나열한 제89조 제1항의 규정형식 및 내용에 비추어 볼 때, 만일 법률의 협의의 형식적 하자가 쟁점이 되는 경우, 일반법원은 그로 인한 법률의 효력 유무에 관하여는 헌법재판소에 위헌제청을 할 수 없고, 스스로 부수적 규범통제를 해야 한다.[198]

㈐ 위헌법률심사의 심사기준

연방헌법, 개별 헌법률 등이 심사기준이 된다. 유럽연합법은 심사기준이 될 수는 없고, 다만 헌법이 보장한 권리 및 형식과 명확성에서 비슷한 유럽연합 기본권헌장(GRC: Charta der Grundrechte der Europaischen Union) 등]의 기본권의 경우 그 심사기준이 될 수 있다고 보는 것이 헌법재판소의 입장이다.[199]

⑹ 헌법재판소의 규범통제에 관한 다른 권한 등

㈎ 연방법률 및 주법률에 대한 추상적 규범통제권한

헌법재판소는 연방정부의 제청에 따라 주법률의 위헌성을, 주정부, 연방하원의원 1/3 이상 또는 연방상원의원 1/3이상의 제청에 따라 연방법률의 위헌성 여부를 심판할 수 있다(위 제140조 제1항 제2문).

㈏ 조약에 대한 규범통제권한

헌법재판소는 조약에 대해서도 규범통제권한을 가지는데, 이에 관하여는 헌법 제140a조(위 제139조 및 제140조 준용)가 적용된다. 다만 국제기구의 결정은 제140a조에 규정된 조약에 해당하지 않는다.[200]

⑺ 상위법합치적 규범해석과 헌법재판소의 규범통제권한의 관계 등

오스트리아 헌법재판소는 법률 및 법규명령의 광의의 형식적 하자나 내용적 하자에 관한 규범통제권한을 독점하고 있지만, 일반법원도 헌법을 최고규범으로 하는 법체계를 준수해야 한다. 따라서 일반법원의 재판절차에서 하위규범이 상위규범에 저촉되는지가 쟁점이 되는 경우, 먼저 ① 상위규범합치적 규범해석의 가능성을 검토해야 하고, ② 위 ①의 해석이 불가능하다고 판단하는 경우 비로소 위 제139조 및 제140조의 적용 범위 내에서 이를 헌법재판소에 제청하는 등 순차적 접근방식을 취해야 한다.

즉, 오스트리아의 일반법원에서도 당연히 상위규범합치적 해석을 해야 하고, 헌법재판소가 위와 같은 범위 내에서 규범통제권한을 독점한다는 것은 법률 및 법규명령이 상위규범을 위반하였다는 이유로 이를 법질서에서 제거하는 형성재판을 헌법재판소만이 할 수 있다

198) 법규명령의 협의의 형식적 하자에 관한 규범통제에 대한 허완중(주 35), 33−34 등 참조.
199) 허완중(주 35), 10, 53 참조.
200) 허완중(주 35), 62.

는 의미이다.[201)]

(8) 소결론

오스트리아의 경우 의회주권주의가 지배하던 1920년 헌법의 제정과정에서 일반법원이 법률의 내용 등을 심사할 수 없다는 명문규정을 두면서(제89조 제1항), 이에 관한 헌법적 차원의 예외규정·특별규정인 제140조를 통하여 법률의 내용 등에 대한 규범통제권한을 헌법재판소로 집중시키는 새로운 제도를 채택하였다. 그 당시 헌법재판소의 법률 등에 대한 규범통제제도는 연방질서의 유지를 주된 목적으로 하였고, 개인의 자유와 권리를 제한하는 법률은 위 제도와 사실상 관련이 없었기 때문에, 이에 관하여 일반적인 법원칙에 대한 예외인 '폐지무효설'에 입각한 헌법조문을 그대로 적용하는 것에 별다른 문제가 없었다. 한편 다른 나라에 비하여 오스트리아 헌법재판소는 상대적으로 광범위한 규범통제권한을 행사하지만, 그럼에도 불구하고 헌법재판소가 모든 유형의 규범통제를 하는 것은 아니고, 위 제139조, 제140조 등의 적용 범위가 아닌 영역에서는 일반법원이 부수적 규범통제를 하고 있음은 앞서 본 바와 같다.[202)]

즉, Favoreu의 주장 중 의회주권주의의 법리가 미국식 사법심사제도의 도입을 저지한 주요 원인이라는 부분은 오스트리아의 제도 형성에 관한 설명으로서는 설득력이 있고, 헌법재판소의 관장사항을 열거적으로 규정한 위 제139조 및 제140조가 '법률 및 명령의 내용 등에 대한 규범통제권한을 일반법원과 구별되는 헌법재판소로 집중'함으로써 법리적인 측면에서 '자국(自國)의 공권력행사기관이 제정한 법률 및 명령의 권위가 일반법원에 의하여 무시당하는 것을 방지함으로써 입법자를 보호하는 기능'을 하고 있다. 그러나 위 제139조 및 제140조의 적용 범위가 아닌 영역에서는 포괄적인 사법권을 관장하는 일반법원이 부수적 규범통제를 하고 있기 때문에, 일반법원 직업법관의 규범통제에 관한 능력을 지적한 Favoreu의 주장 부분은 법리적·실무적으로 타당하지 않다. 나아가 개별 재판절차에서 당사자의 권리를 제한하는 규범에 대한 부수적 규범통제가 이루어지는 경우, 헌법적 차원의 예외규정의 존재와 같은 특별한 사정이 없는 이상 일반법원은 상위규범에 위배되는 하위규범의 효력을 인정할 수 없기 때문에, 일반법원은 당해사건에서 이루어지는 Ⓐ유형 부수적 규범통제에 관하여 '당연무효설'의 입장에서 출발하게 된다. 즉, 오스트리아와 같은 제도를 채택하더라도 모든 유형의 규범통제권한을 헌법재판소에 집중시킬 수는 없으므로, 이러한 집중방식에 의하여 법적 안정성과 통일성을 확보하는 것은 한계가 있을 수밖에 없다.[203)]

201) 허완중(주 35), 104, 109; 유남석(주 164), 181 등 참조.

202) 이러한 오스트리아의 사법제도의 기본구조는 일체의 법률적 쟁송을 심리 재판하는 작용인 사법작용은 헌법 그 자체에 의한 유보가 없는 이상 일반법원이 담당해야 한다는 헌재 1995. 9. 28. 선고 92헌가11 등 전원재판부 결정과 같은 맥락이다.

203) 손상식(주 3), 43－62는 '헌법이 제107조 제1항에서 법률에 대한 규범통제를, 제107조 제2항에서 명령·규칙에 대한 규범통제를 각각 규정하면서 양자의 관할권을 달리 정한 것은 문제이고, 규범통제

한편 오스트리아에서도 의회의 권한을 약화시킬 목적으로 일반법원에 계속된 개별 소송사건에 적용되는 법률에 대한 위헌제청을 허용하는 등 그 적용 범위를 확대한 1929년 헌법의 시행 이후에는 Ⓐ유형 규범통제 사안에서 일반적인 법원칙에 대한 예외인 '폐지무효설'에 입각한 헌법규정[장래효(ex nunc) 또는 미래효(pro futuro)의 구조] 등을 그대로 관철시키기 어렵게 되었다. 관련 헌법규정에 관한 엄격한 문리해석만을 고수하는 경우, 당해사건에서조차 헌법재판소 위헌결정의 효력이 미칠 수 없게 되기 때문이다. 즉, 위헌법률심사의 결과에 따른 위헌결정의 효력이 해당 법률을 무효로 보는 것인지, 아니면 이를 폐지함으로써 무효화하는 것인지는 1차적으로 실정헌법에 의하여 결정될 문제이고, 원칙적으로 실정헌법 이전의 법 이론적인 차원에서 해결될 성질의 것은 아니지만,[204] 과거의 사실관계에 대한 법적 규율을 쟁점으로 하여 일반법원에 계속된 소송사건에 적용되는 법률에 대한 Ⓐ유형 규범통제를 인정하는 이상, '폐지무효설'의 논리를 예외 없이 관철시키는 것은 법리적·실무적으로 불가능할 수밖에 없고, 최소한 당해사건에서는 일반적인 법원칙을 토대로 하는 위헌판단의 소급효를 인정해야 한다[원시적 무효(ex tunc)의 구조]. 이러한 실제적인 필요성으로 인하여, 1929년 헌법에 제140조 등의 예외를 인정할 수 있는 근거 규정이 없었음에도 불구하고, 먼저 판례를 통하여 당해사건에 관한 예외를 인정하였고, 나중에 1975년 헌법의 명문규정을 통하여 그 예외를 인정하는 등 일반적인 법원칙에 따른 '당연무효설'을 부분적으로 수용하게 된 것으로 볼 수 있다.

다) 독일의 경우[205]

(1) 근대 사법제도의 출발과 법원의 위헌법률심사권한의 부정 등

1850년 흠정헌법(欽定憲法)을 제정한 프로이센이 보불전쟁(1870년－1871년) 승리를 기초로 통일한 다음 입헌군주제를 채택한 1871년 연방헌법을 제정한 것이 독일 근대 사법의 출발점

의 일원화라는 관점에서 오스트리아의 경우처럼 헌법재판소가 법률뿐만 아니라 법규명령에 대해서도 규범통제를 행하는 입법론이 가장 합리적이다.'라는 취지로 주장하고 있다. 그러나 위 1. 기재와 같이 법률을 심사기준으로 하는 주식회사의 규정이나 정관, 법인의 취업규칙 등과 같은 자치규범에 대한 규범통제 등도 모두 넓은 의미의 규범통제에 속하는 것이고, 헌법 제107조 제1항, 제2항에 규정된 규범통제는 다양한 규범통제 중 일부 유형에 불과하기 때문에, 오스트리아와 같은 제도를 채택하더라도 모든 유형의 규범통제권한을 헌법재판소에 집중시킬 수는 없다. 따라서 손상식의 위 주장에 찬동하기는 어렵다.

204) 동지, 오세혁(주 29), 46.

205) 아래 내용은 박정훈(주 2), 127; 한수웅(주 8), 1396－1410; 허영(주 30), 32－35; 김운용(주 47), 73－90; 內田貴(역 정종휴)(주 52), 27－32, 81－84, 117－137; 박홍우(주 64), 122－129; 김시철(주 128), 187－211; 심경수(주 128), 297; Klaus Schlaich(역 정태호)(주 165), 131－150, 340－349, 379－388; 이용훈, "서독의 법원조직", 재판자료(3), 162－202; 권건보, "위헌법률심판의 대상과 관할 － 긴급조치 및 관습법에 대한 위헌심판의 주체를 중심으로 －", 헌법학연구 19권 4호, 한국헌법학회(2013), 47－52; 명재진, "바이마르 헌법과 국사재판소", 홍익법학 17권 2호, 홍익대학교(2016) 135－160 중 관련 부분을 발췌, 요약, 정리한 다음, 필자의 설명과 의견을 덧붙인 것이다.

이다. 이를 토대로 1879년 통상재판(민사·형사재판)의 최고법원인 라이히법원(Reichsgericht)이 설치되었고, 행정법원(Verwaltungsgericht), 재정법원(Finanzgericht) 등이 그 후에 순차적으로 설치되었다.

1850년 프로이센 헌법의 경우 위헌법률심사규정을 두지 않았고, 통상적인 입법의 방법으로 헌법을 개정할 수 있도록 하는 등(제107조),[206] 그 당시 독일에서는 헌법의 최고규범성이 인정되지 않았으며, 법률에 대한 관계에서 헌법이 우월하다는 인식도 없었다. 또한 1871년 연방헌법 제78조 제1항의 해석에 관하여, 법률 개정으로써 헌법을 개정할 수 있다는 점에 근거한 '헌법과 법률의 동위성(Ranggleichheit)의 이론'이 법원의 위헌법률심사권한을 부정하는 주요 논거가 되었다.[207] 그 당시 정치적 영역인 헌법분쟁을 법원이 해결하는 제도에 대하여 의문을 표시하는 정치인이 많았기 때문에, 주(州) 내부의 헌법분쟁 해결도 연방참의원(Bundesrat)이 담당하였고, 연방사법기관이 이를 담당하지는 않았다.[208]

민주주의와 법치주의의 발전이 상대적으로 늦었던 독일의 경우, 19세기 당시 국왕의 일반적·추상적 명령에 대해 법률의 수권과 통제가 이루어진 점은 프랑스, 영국, 미국 등과 유사하지만, 이에 대한 사법심사는 전혀 다른 방향으로 전개되었다. 외견적 입헌군주제하에서 국왕은 의회와의 타협을 통해 보존하고 있던 일정 영역에서는 여전히 절대 권력을 갖고 있었기 때문에, 법률의 수권하에 국왕이 제정하는 일반적·추상적 명령에 관하여 그 법률의 권위를 빌어 사법심사를 회피할 수 있었다. 즉, 의회주권주의의 법리에 근거하여 법률에 대한 사법심사가 부정되는 것을 이용하여, 법규명령(Rechtsverordnung)은 법률의 위임에 의하여 법률을 보충하는 것으로서 실질적인 법률에 해당하므로, 법률과 마찬가지로 이에 대한 사법심사가 배제된다는 논리를 내세운 것이다. 결과적으로 그 당시에는 개별적·구체적인 행정행위를 행정쟁송의 대상으로 파악하면서도, 법규명령의 경우 다른 나라에서 찾아보기 어려운 '실질적 의미의 법률(Gesetz im materiellen Sinne)'이라는 호칭을 붙인 다음, 이를 법률에 준하는 지위를 갖는다는 이유로 행정소송의 대상에서 제외하는 행정쟁송 제도가 형성되었다.[209]

---

206) 양태건·송석윤, "번역: 1850년 프로이센 헌법", 서울대학교 법학 54권 2호, 서울대학교 법학연구소(2013), 243.

207) 허영(주 30), 33 참조. 앞서 본 바와 같이 위헌법률심사제도는 '성문헌법의 존재'와 '법률에 대한 헌법의 우위'를 전제조건으로 하는데[한수웅(주 8), 1402 참조], 성문헌법이 제정되었다는 사정만으로 위헌법률심사제도가 인정되지는 않고(위 1) 기재 1958년 이전의 프랑스 제도에 관한 설명 참조), 더 나아가서 헌법과 법률이 서로 충돌하는 경우 헌법이 우선한다는 '법률에 대한 헌법의 우위'라는 요건까지 충족되어야만 비로소 위헌법률심사제도가 인정될 수 있기 때문에, 헌법과 법률의 동위성의 이론'은 법원의 위헌법률심사권한을 부정하는 논거가 된다.

208) 명재진(주 205), 139 참조.

209) 박정훈(주 2), 127 참조.

(2) 1919년 바이마르 헌법 시행 이후의 관련 제도

(가) 국사재판소에 관한 헌법규정과 위헌법률심사제도에 대한 학설 대립 등

바이마르 헌법은 제108조에 근거하여 설립되는 국사재판소에서 연방과 주 사이의 분쟁(제15조), 여러 주 사이의 분쟁(제18조), 주 내부의 헌법분쟁(제19조), 탄핵심판(제59조) 등을 관할한다고 규정하면서도 연방법률에 대한 위헌심사에 관한 규정은 두지 않았고,[210] "연방법은 주법(州法)에 우선하는 효력을 가진다."라고 규정한 제13조 제1항에 관하여 연방정부나 주정부가 연방법을 심사기준으로 하는 주법에 대한 추상적 규범통제심판을 (국사재판소가 아닌) 라이히법원에 청구할 수 있다고 규정하였다(제13조 제2항). 이와 같이 국사재판소에 주법에 대한 추상적 규범통제를 할 수 있는 권한을 부여하지 않는 등 헌법분쟁에 관한 전면적인 권한을 갖지 않도록 규정한 헌법체계는 국사재판소가 정치적 분쟁의 조정자로 등장하는 것을 '국민주권의 제약'으로 보는 인식 등에서 비롯되었다고 한다.[211] 1919년 설립된 국사재판소는 탄핵절차에 관하여는 라이히법원에, 그 밖의 절차에 관하여는 행정법원에 각각 설치되었다.

한편 의회가 특별의결정족수에 따른 입법을 통하여 헌법개정을 할 수 있도록 인정한 위 헌법 제76조 제1항의 해석과 관련하여 위 (1) 기재 종래의 '헌법과 법률의 동위성의 이론'을 논거로 법원의 위헌법률심사권을 부정하는 견해가 있었던 반면,[212] 위 헌법 제13조 제1항과 관련하여 연방헌법도 연방법에 포함되기 때문에 부수적 규범통제가 허용된다는 학설이나, "법관은 독립적이며 단지 법률에 기속된다."라고 규정한 위 헌법 제102조와 관련하여 법관은 '합헌적 법률'에만 기속된다는 입장에서 위헌법률에 대한 부수적 규범통제의 정당성을 강조하는 학설(즉, 위헌인 법률은 효력이 없기 때문에 규범적으로 존재하지 않는 것이고, 따라서 법관은 위헌이라서 무효인 법률을 적용할 필요가 없으며, 이러한 이유로 법관이 무효인 법률을 적용하지 않는 것은 권력분립원칙에 반하지 않는다는 학설) 등도 제기되었다.

(나) 연방법률에 대한 부수적 규범통제

이러한 견해 대립이 있던 중, 국사재판소에 계속 중인 사건에서 '연방법률인 평가절상법의 위헌여부'가 쟁점이 되었고, 국사재판소는 1925년 '위 헌법에서 ① 연방법률의 위헌여부 심사에 대한 결정권을 법원이 행사할 수 없도록 제한하는 규정이나 ② 다른 기관에 부여한다는 규정을 두지 않았으므로, 법관들은 연방법률에 대한 위헌심사권을 갖는다.'라는 취지로 설시한 다음, 평가절상법이 위 헌법에 합치된다고 판시하였다(이하 '1925년 판결'이라고 한다).[213]

---

210) 명재진(주 205), 141－143.

211) 김운용(주 47), 80; 명재진(주 205), 140.

212) 허영(주 30), 33 참조.

213) 1925. 11. 4. RDZ, 320/322f. 1925년 판결에 관하여 ㉮ 법원이 위헌법률심사권을 행사함으로써 '헌법의 수호자'임을 자임한 것이 근본적으로 잘못되었고, 대통령이 헌법의 수호자가 되어야 한다는 취지의 Carl Schmitt의 비판과, ㉯ 이에 대한 반론으로서 법원이 위헌법률심사권을 행사한 것이 정당

1925년 판결은 독일 헌법재판 역사에서 중요한 의미를 가지는데, 그 판시내용은 Marbury 판결의 영향을 크게 받은 것이다. 이를 분석해 보면, ① 위 나. 3) 나) 기재 스위스 연방헌법과 같이 법원에서 연방법률의 위헌여부를 심사·결정할 수 없도록 금지하는 헌법규정이나, ② 위 1) 기재 프랑스 제5공화국 헌법이나 위 나) 기재 1920년 이후의 오스트리아 헌법과 같이 연방법률의 위헌여부에 대한 심사·결정권한을 (일반법원이 아닌) 다른 기관에 부여한다는 내용의 헌법규정이 존재하지 않는 이상, 헌법상 법치주의 원칙에 근거하여 연방법률이 상위규범인 위 헌법에 위배되는지에 관한 부수적 규범통제권한은 국사재판소를 비롯한 모든 법원에 당연히 귀속되고, 연방법률에 대한 위헌판단의 효과에 관하여 헌법적 차원의 예외규정·특별규정이 없는 이상, 상위법우선의 원칙 등 일반적인 법원칙에 따라 규범통제대상 법률의 효력이 결정된다고 선언한 것임을 알 수 있다.[214)]

1925년 판결 이후 의회에서 국사재판소의 규범통제권한을 입법화하는 등 제도정비의 움직임이 있었으나 실현되지 않았고, 이와 관계없이 각급 법원은 헌법적 차원의 예외규정·특별규정이 존재하지 않는 이상 연방법률의 위헌여부에 관한 부수적 규범통제권한이 당연히 법원에 귀속된다는 입장에서 연방법률에 대한 위헌심사를 계속하였다. 상위규범인 헌법에 위반되는 법률은 원시적 무효라는 독일의 전통적 견해[215)]는 1925년 판결 및 그 후속 판결에 의하여 형성된 것으로 볼 수 있다. 다만 1930년 이후 대통령 긴급명령의 일상화로 위와 같은 법원의 연방법률에 대한 위헌심사권이 약화되었고, 사실상 법률을 대체하는 대통령 긴급명령에 의한 통치가 이루어졌다.

㈐ 법규명령에 대한 부수적 규범통제

위 ⑴ 기재와 같이 19세기까지 독일에서는 의회주권주의의 법리에 근거하여 법률에 대한 사법심사가 부정되는 것을 이용하여, 법규명령이 실질적 의미의 법률에 해당한다는 명분을 내세워서 이를 사법심사 대상에서 배제하여 왔는데, 1925년 판결에 의하여 포괄적인 사법권을 관장하는 일반법원이 법률에 대해서까지 부수적 규범통제를 할 수 있다는 법리가 확립

하다고 주장한 Kelsen의 논쟁이 있었는데, 상세한 내용은 김운용(주 47), 82－85; 명재진(주 205), 146－147 참조.

214) 1925년 판결의 판시내용과 대법원 1971. 6. 22. 선고 70다1010 전원합의체 판결 및 헌재 1995. 9. 28. 선고 92헌가11 등 전원재판부 결정의 판시내용을 비교해 보면, 헌법적 차원의 예외규정·특별규정이 없는 이상 사법기관의 규범통제절차에 일반적인 법원칙이 당연히 적용되어야 한다는 입장을 취하였다는 점에서 공통점이 있고, 김하열(주 46), 33; 김철수(주 160), 95－96 등도 같은 취지이다. 반면에, 미국과 같은 헌법 외적 뒷받침을 받을 수 없는 국가에서는 헌법상 수권규정이 없는 위헌심사는 생각할 수 없다는 김운용(주 47), 133－134의 주장이나, 현행헌법 제107조 제2항을 법원의 부수적 규범통제권한에 관한 '창설적 규정'으로 파악하는 손상식(주 3), 74－88의 주장 및 정태호(주 43), 348－350의 주장 등과 같은 입장을 취하는 경우[이에 대한 검토는 이 논문 (주 89), (주 96), (주 98) 등 참조], 일반법원에 대한 헌법적 수권규정이 없음에도 불구하고 일반법원이 연방법률에 대하여 위헌심사권을 행사한 1925년 판결의 판시내용을 제대로 설명하기 어렵다.

215) Klaus Schlaich(역 정태호)(주 165), 141－142.

되었기 때문에, 법규명령에 대한 규범통제권한은 당연히 일반법원이 행사하게 되었다. 그 후 법률에 대해서는 일반법원의 규범통제권한을 박탈하자는 논의가 있었지만, 법규명령에 대한 부수적 규범통제에 대해서는 별다른 이견이 제기되지 않았기 때문에, 이러한 제도가 자연스럽게 정착되어 현재까지 유지되고 있다.[216) 이로써 법규명령에 대한 독일의 규범통제제도는 위 2) 기재 오스트리아 제도와 분명하게 다른 입장을 취하게 되었다.

⑶ Nazi의 수권법 제정 등

독일에서 Nazi가 집권한 다음 1933년 수권법이 제정된 이후 제2차 세계대전의 종전까지는 실질적으로 법률에 대한 규범통제가 이루어지지 않았다.

⑷ 1949년 기본법을 토대로 한 사법제도

㈎ 기본법 규정에 따른 사법제도 전반

Nazi의 통치를 경험한 독일 국민들은 자신들의 권리와 자유를 보호받기 위하여 의지했던 의회가 항상 국민의 의사를 올바르게 반영하는 것은 아님을 깨달았고, 제2차 세계대전 이후 서방 점령지역에서 1949. 5. 23. 독일 기본법이 공포되었는데, 이는 과거에 대한 반성과 반발의 결과물이다.[217) 영미법의 영향을 받은 기본법에서는 사법권을 법관에 맡긴다는 원칙이 채택되었고(제92조), 이를 토대로 연방과 각주가 사법권을 나누어 행사하는 방식의 획일적인 사법제도가 전국적으로 확립되었다.

기본법은 제93조, 제94조에서 연방헌법재판소에 관하여 규정한 다음, 연방통상법원, 연방행정법원, 연방재정법원, 연방노동법원 및 연방사회법원 등 5개 연방최고법원에 관한 제95조[218)를 규정하였는데(주법원은 그 하급심이 된다), 다른 나라에 비하여 복잡한 독일의 법원조직은 고유한 전통 및 이를 반영한 기본법 규정에 따른 것이다. 연방헌법재판소의 재판관은 (행정부가 아닌) 의회에서 선출하고 있지만(제94조), 일반법원에 대한 사법행정의 경우 대체로 대륙법계 사법제도의 모습을 유지하고 있는데,[219) 영미법의 영향을 받은 기본법은 일

---

216) Klaus Schlaich(역 정태호)(주 165), 141−142.

217) 김운용(주 47), 84−85.

218) 1949. 5. 23.자 기본법에는 원래 연방통상법원, 연방행정법원, 연방재정법원, 연방노동법원, 연방사회법원 등을 연방상급법원으로 설치하고(구 기본법 제96조 제1항), 이들 법원 간의 법해석의 통일을 기하기 위하여 연방최고법원(Oberstes Bundesgericht)을 설치하도록 규정되어 있었다(구 기본법 제95조). 그러나 연방최고법원이 설립되지 않은 상태에서 1969년 기본법이 개정되어 이에 관한 구 기본법 규정은 폐지되었고, 그 대신 위와 같은 각 연방상급법원을 연방최고법원으로 개칭함과 동시에 각 최고법원들 사이의 법해석의 통일을 위하여 최고법원들의 공동부를 설치하도록 규정되었다(현행 기본법 제95조 제3항, 제1항 참조).

219) 이에 관하여 임종헌(주 130), 1254−1255에는 "독일 주법원의 사법행정은 주 법무부장관이나 법무내각위원에 속하고, 연방일반법원, 연방행정법원, 연방재정법원의 경우는 연방법무부장관, 연방노동법원은 연방노동부장관, 연방사회법원은 연방사회복지부장관이 각 법원행정업무를 포함한 연방사법행정에 대한 궁극적인 정치적 책임을 부담한다. 각 법원장은 소속법관에 대한 감독과 1차적인

반법원 직업법관의 직무상 독립성과 특별한 지위 등을 헌법적 차원에서 보장하고 있다(제97조, 제98조).

또한 기본법은 행정기관이 법률의 위임범위 내에서 법규명령을 제정할 수 있도록 하면서(제80조[220] 제1항), 일정한 영역에 관한 법규명령(Zustimmungsverordnung)의 경우 연방참의원의 동의를 얻을 것을 요구하고 있다(제80조 제2항).[221]

㈏ 연방헌법재판소의 규범통제권한 등

기본법에는 그 최고규범성을 명시한 조문이 없지만, 이를 전제로 한 조문들은 존재하는데,[222] 연방헌법재판소가 ① 추상적 규범통제권으로서 연방법이나 주법이 기본법에 위반되는지와 주법이 연방법에 위반되는지에 대하여 의견대립이 있거나 의문이 생긴 경우에 연방정부, 주정부 또는 연방하원 재적의원 1/3 이상의 청구에 의하여 연방헌법재판소가 이를 심판할 수 있고(제93조 제1항 제2호),[223] ② 구체적 규범통제권으로서 일반법원이 재판의 전제가 되는 법률에 대한 위헌심판을 제청하는 경우 이에 대한 위헌여부를 심판할 수 있다고 규정

법원행정업무를 수행하고, 주 또는 연방 담당 장관의 감독을 받는다. 다만 연방헌법재판소는 행정부의 직무감독을 받지 않고 독자적인 인사, 재정 등에 관한 사법행정권을 행사하고 있다. 독일에서는 오래전부터 독일 연방기본법 제97조에서 정한 '법관의 인적·물적 독립'을 근거로, 사법행정에서 법무부 등 행정기관이나 의회의 관여를 배제해야 한다는 법관자치행정론이 논의되고 있다."라고 기재되어 있다.

220) 기본법 제80조(법규명령) ① 연방정부, 연방장관 또는 주정부에 법규명령을 제정할 권한을 법률로 위임할 수 있다. 이 경우에 위임의 내용, 목적과 정도를 법률에 규정하여야 한다. 명령에는 법적 근거가 제시되어야 한다. 법률로서 재위임을 할 수 있다고 규정되어 있는 경우 재위임을 위해서는 법규명령의 위임이 필요하다.
② 연방정부 또는 연방장관의 법규명령 중 우편제도 및 원거리 통신의 시설의 이용에 대한 원칙과 요금에 관한 것, 연방철도 시설의 이용에 대한 보상의 부과원칙에 관한 것, 철도의 건설과 경영에 관한 것 그리고 연방참의원의 동의를 요하는 연방법률에 의거하거나 또는 주가 연방의 위임에 의하여 또는 고유한 사무로서 수행하는 법규명령은 연방 법률에 별도의 규정이 없는 한 연방참의원의 동의를 얻어야 한다.
③ 연방참의원은 연방정부에 동의를 요하는 법규명령의 제정을 위한 의안을 제출할 수 있다.
④ 연방법률에 의하여 또는 연방법률에 근거하여 주정부가 법규명령을 제정하도록 위임받은 경우 주는 법률로 규율할 권한을 가진다.

221) 기본법 제80조 제2항 등에 근거한 법규명령에 대한 연방참의원 동의제도에 관하여는 장태주, "행정입법에 대한 의회의 관여 －독일의 법규명령을 중심으로－", 한양대 법학논총 16집, 한양대학교(1999), 321－342; 유상호, "위임입법통제에 관한 비교법적 연구", 박사학위 논문, 단국대학교 대학원(2000), 179－182 참조.

222) 예컨대, 기본법은 제1조 제3항에서 "이하의 기본권은 직접 효력을 가지는 법으로서, 입법과 집행권력 및 사법을 구속한다."라고 규정하고 있고, 제20조 제3항에서 "입법은 헌법적 질서에, 행정과 사법은 법률과 법에 구속된다."라고 규정하고 있는데, 이는 기본법이 최고규범임을 전제로 하는 것이다[동지, 허영(주 30), 33].

223) 기본법 제93조(연방헌법재판소) ① 연방헌법재판소는 다음 사항을 결정한다.
2. 연방정부, 주정부 또는 연방의회 재적의원의 3분의 1의 신청으로 연방법 또는 주법이 기본법에 형식적 및 실질적으로 합치하는지의 여부, 또는 주법이 그 밖의 연방법에 합치하는지의 여부에 관한 의견의 차이 또는 의문

하고 있다(제100조 제1항).[224)]

그 밖에 연방헌법재판소는 헌법소원, 기관쟁송, 정당해산, 탄핵 등에 관한 권한을 행사할 수 있다.

(5) 연방헌법재판소의 법률에 대한 위헌결정의 효력 등

(가) 일반적인 법원칙에 따른 위헌법률의 원시적 무효

독일은 기본법에 연방헌법재판소의 규범통제에 의하여 무효로 선언된 법률의 효력에 관한 명문규정을 두고 있지 않지만, 기본법 시행 이후 제정된 법률에 대하여 나중에 Ⓐ유형 규범통제가 이루어진 경우, 무효로 선언된 법률에 기초하여 이루어진 법원의 판결, 법규명령, 행정행위 등은 모두 원시적으로 무효인 법률에 근거한 것으로서 원칙적으로 그 효력을 인정할 수 없다는 것이 연방헌법재판소의 확립된 판례이다. 이러한 판례에 의하면, 기본법에 위배되는 법률은 원시적으로(ex tunc; 처음부터) 그리고 추가적인 형성행위 없이도(ipso jure; 그 자체, 당연히) 법적으로 무효이고,[225)] 연방헌법지판소는 위헌법률을 폐기하는 형성재판을 하는 것이 아니며, 단지 그 무효를 선언적으로 확인하는 것일 뿐이다.[226)]

'위헌법률은 원시적 무효'라는 명제는 위 (2) 기재와 같이 법관의 부수적 규범통제권한을 정당화하는 학설에서 비롯된 것인데, 바이마르 헌법 시행 당시 국사재판소의 1925년 판결은 성문헌법이 존재하는 국가에서 헌법적 차원의 예외규정·특별규정이 존재하지 않는 이상 모든 사법기관은 법률에 대하여 규범통제를 할 수 있고, 그 규범통제 대상 법률의 효력은 상위법우선의 원칙 등 일반적인 법원칙에 따라 결정된다는 선언함으로써, 규범통제에 관한 독

---

224) 기본법 제100조(법원의 위헌법률심판제청) ① 법원이 법률의 위헌여부가 재판의 전제가 된다고 판단하는 경우 법원은 그 절차를 중지하여야 한다; 주헌법의 침해가 문제인 경우에는 주의 헌법분쟁 관할법원의 결정이 중지된다; 기본법의 침해가 문제인 경우에는 연방헌법재판소의 결정을 구하여야 한다. 이는 주법의 기본법 침해 또는 주법률의 연방법률과의 합치 여부가 문제 된 경우에도 동일하다[Artikel 100(Konkrete Normenkontrolle) (1) Hält ein Gericht ein Gesetz, auf dessen Gültigkeit es bei der Entscheidung ankommt, für verfassungswidrig, so ist das Verfahren auszusetzen und, wenn es sich um die Verletzung der Verfassung eines Landes handelt, die Entschei dung des für Verfassungsstreitigkeiten zuständigen Gerich tes des Landes, wenn es sich um die Verletzung dieses Grundgesetzes handelt, die Entscheidung des Bundesver fassungsgerichtes einzuholen. Dies gilt auch, wenn es sich um die Verletzung dieses Grundgesetzes durch Landesrecht oder um die Unvereinbarkeit eines Landesgesetzes mit einem Bundesgesetz handelt.].

225) BVerfGE 1, 14 (37) 이래 독일 연방헌법재판소의 확립된 판례의 입장으로서, BVerfGE 61, 149 (151); BVerfGE 65, 1 (3) 등 참조. 이는 선행 상위규범(기본법)의 시행 이후에 후행 하위규범(법률)이 이에 위배되는 사안에 관하여 이루어지는 Ⓐ유형 규범통제에 관하여, 연방헌법재판소는 원칙적으로 해당 법률을 원시적 무효로 보고 있다는 취지이다.

226) 이에 관하여 Detterbeck, Streitgegenstand und Entscheidungswirkungen im offentlichen Recht, 1995, S. 105에는 "연방헌법재판소의 사법작용에 기한 판결들은 법이 무엇인지만을 확인할 뿐 법을 창설하거나 변경하지 아니한다."라고 기재되어 있다고 한다[Klaus Schlaich(역 정태호)(주 165), 341에서 재인용함].

일의 전통적 견해를 확립하였다. 위 나) (3) 기재와 같이 헌법재판소의 위헌판결을 형성재판으로 파악하고 그 효력에 관하여 헌법적 차원에서 일반적인 법원칙의 예외에 입각한 '폐지무효설'을 명시한 오스트리아 헌법의 경우[227]와 달리, 기본법 등에 이에 관한 명문규정이 없는 독일에서는 일반적인 법원칙이 적용되는 것이 원칙이므로, '기본법에 위배되는 법률은 원시적 무효라는 입장'에서 출발하게 된다.[228] 이러한 측면에서 양국의 제도는 본질적인 차이가 있다.

(나) 연방헌법재판소법의 관련 규정에 대한 검토 등

위 명제는 기본법 제100조 제1항 제1문의 규율의 전제가 되고 있다. 일반법원의 법관은 위 제100조 제1항 제1문에 근거하여 법률의 '유효여부(Gultigkeit)'가 당해 재판의 관건이 되는 이상 위헌이라고 생각하는 법률에 관하여 위헌제청을 할 의무를 부담하는데, 이는 위헌법률이 무효임(ungultig)을 전제로 하는 것이다.

이러한 기본법을 토대로 하여, 독일 연방헌법재판소법은 연방헌법재판소 결정의 효력에 관하여 법률적 차원에서 규정하고 있다. 즉, 연방헌법재판소법 제78조, 제82조 제1항은 위헌인 법률은 무효라고 규정하고,[229] 제31조[230] 제2항은 연방헌법재판소가 추상적 또는 구체적 규범통제절차에서 해당 법률이 무효라고 선언한 경우 그 결정은 법률로서의 효력을 갖는다고 규정하는데,[231] 이는 일반적인 법원칙에 따라 해당 법률이 원시적 무효(ex tunc)임을 확인

227) 위 나) (3) 기재와 같이 오스트리아 헌법재판소의 법률에 대한 위헌판결은 해당 법률을 폐지하는 '형성재판'의 성격을 가지는 것이고, 그 법률의 무효를 확인하는 판단을 하는 것이 아니다.

228) Klaus Schlaich(역 정태호)(주 165), 340－341은 독일 기본법이나 관련 법률에 '위헌법률은 무효이다.'라는 명제를 뒷받침할 수 있는 명문의 규정이 없는 것이 기이하다고 설명하면서, 기본법 제1조 제3항, 제20조 제3항, 제79조 제1항 제1문, 제100조 제1항, 제123조 제1항 등이 위 명제를 헌법적 차원에서 뒷받침할 수 있는 간접적인 근거가 된다는 취지가 기재되어 있다. 그러나 (앞서 본 오스트리아의 경우와 달리) 성문헌법에 이에 관한 헌법적 차원의 특별한 예외규정·특별규정이 없는 독일에서는 상위법우선의 원칙 등과 같은 일반적인 법원칙이 모든 사법절차에 적용되는 것이 원칙이고, 따라서 (명문의 헌법적 근거 규정이 없다고 하더라도) 위와 같은 명제는 당연히 성립하는 것으로 보아야 한다.

229) 추상적 규범통제에 관한 독일 연방헌법재판소법 제78조는 "연방헌법재판소가 연방법이 기본법과, 또는 주법이 기본법 또는 기타의 연방법과 합치하지 아니한다는 확신에 이른 경우에는, 연방헌법재판소는 그 법을 무효로 선언한다. 동일한 법의 다른 규정이 동일한 이유로 기본법 또는 기타의 연방법과 합치하지 아니하는 경우에는, 연방헌법재판소는 마찬가지로 그 규정을 무효로 선언할 수 있다."라고 규정하고 있고, 구체적 규범통제에 관한 제82조 제1항은 제78조를 준용하고 있다.

230) 독일 연방헌법재판소법 제31조(재판의 구속력) ① 연방헌법재판소의 재판은 연방과 주(州)의 헌법기관 및 모든 법원과 행정청을 기속한다.
② 제13조 제6호, 제11호, 제12호 및 제14호의 사건에서는 연방헌법재판소의 재판은 법률로서의 효력을 가진다. 연방헌법재판소가 법률이 기본법에 합치한다고 또는 불합치한다고, 또는 무효라고 선언한 경우에는 제13조 제8호의2의 사건에서도 위와 같다. 법률이 기본법 또는 기타 연방법에 합치한다고 또는 불합치한다고, 또는 무효라고 선언된 경우에는 연방법무부장관이 재판주문을 법률관보에 공고하여야 한다. 제13조 제12호 및 제14호 사건의 재판주문에도 이를 준용한다.

231) 다만 독일 연방헌법재판소법 제31조는 연방헌법재판소의 위헌결정뿐만 아니라 합헌결정에 대해서

하는 위 결정에 소급적 효력이 있다는 취지이다.

다만 독일에서는 집중형 규범통제제도의 특성 등을 고려하여, 법률적 차원에서 일정한 범위 내에서 이에 관하여 특별한 규율을 하고 있음을 유의할 필요가 있다.

즉, '연방헌법재판소의 위헌결정은 위헌규범이 원시적 무효임을 확인하는 선언이다.'라는 입장을 일관하는 경우, 해당 규범에 기초하여 이미 형성된 모든 법률관계의 효력을 제거해야 한다. 그러나 연방헌법재판소의 구체적 규범통제에 관하여 청구기간의 제한이 없는 점 등의 사정에 비추어 볼 때, Ⓐ유형 규범통제와 관련하여 해당 규범의 시행(발효)시점부터 연방헌법재판소의 위헌결정시점까지의 기간 동안 형성된 모든 법률관계의 효력을 상실시키는 경우, 또 다른 중요한 헌법적 가치인 법적 안정성이 심각하게 훼손될 위험성이 있다. 그래서 연방헌법재판소법 제79조는 위 기간 동안 형성된 법률관계의 효력에 관하여 일정한 범위 내에서 폐지무효설과 유사한 규율을 하고 있다.

예컨대, 나중에 무효 또는 헌법불합치로 선언된 법률에 기초를 두고 있는 기판력 있는 형사판결에 대해서는 재심이 허용되기 때문에 당연무효설을 적용하는 것과 유사한 효과가 발생한다고 볼 수 있지만(제1항), 그 이외에 불가쟁력(不可爭力)에 관한 요건이 충족된 민사 및 행정판결이나 행정처분 등의 경우 근거 법률에 대한 사후적인 위헌결정에 의하여 실효되지 않고(제2항 제1문), 해당 행정처분이 아직 집행 중에 있는 경우에만 그 후속 집행이 허용되지 않으며(제2항 제2문), 이에 관한 부당이득반환청구권 등도 행사할 수 없도록 규정하고 있는 것이다(제2항 제4문). 이에 관한 판례는 부담적 행정행위의 존속력을 제거하고 새로운 본안판결을 얻어내기 위하여 제기되는 재심청구는 허용되지 않고, 행정행위의 기초가 되는 규범에 대한 무효선언은 법적 상황을 변경시키는 작용을 하는 것이 아니라 불변의 법적 상황(즉, 규범의 원시적 무효)을 확인하는 것일 뿐이라는 입장을 취하고 있다.[232] 따라서 통상적인 사안에서 법적 안정성과 실질적 정의가 충돌하는 경우, 위 제79조는 위헌적 상황(법적 안정성)에 유리하게 작용하는 반면에, 실질적 정의에 불리하게 작용하게 되는데, 연방헌법재판소는 위 제79조가 합헌이라고 판단하고 있다.[233]

⑹ 기본법 제100조 제1항의 제청대상과 입법자보호기능 등

㈎ 위 제100조 제1항의 제청대상

위 제100조 제1항에 관한 연방헌법재판소의 판례에 의하면, 그 제청대상은 독일 연방의회 및 주의회가 제정한 '형식적 의미의 법률'로 한정된다.[234] 여러 주 사이의 조약에 대한 동

도 법률로서의 효력을 인정하고 있다는 점에서, 위헌결정에 한정하여 기속력을 인정하고 있는 오스트리아 헌법이나 우리 헌법재판소법 제47조 등과는 차이가 있다.

232) BVerfGE 20, 230 (235).

233) BVerfGE 53, 115 (130). 이에 관한 비교법적 검토에 관하여는 헌재 1993. 5. 13. 선고 92헌가10 등 전원재판부 결정 참조.

의법률 및 유럽공동체관련 조약들에 대한 동의법률도 위헌제청의 대상이 될 수 있지만,[235] 유럽공동체조약에 기초하여 그 공동체의 기관들이 제정하는 '제2차' 유럽공동체법(파생법)은 제청대상이 될 수 없다. 즉, 해당 규범의 제정과정에 유럽연합의 기관만 관여하고 독일 의회가 직접 관여하지 않는 경우 위 규범은 독일 연방헌법재판소의 규범통제 대상이 되지 않는데, 이는 헌법적 차원의 예외규정·특별규정인 위 제100조 제1항이 자국(自國) 의회의 법률제정에 관한 권한을 통제하는 한정적인 범위 내에서 적용된다는 의미이다. 이와 같이 유럽연합법이 연방헌법재판소의 규범통제 대상이 될 수 없다는 측면에서는, 독일의 제도가 위 나) (5) 기재 오스트리아 제도와 유사한 입장을 취하고 있는 것이다.

한편 법규명령(Rechtsverordnung)이나 규칙 내지 조례(Satzungen) 등은 위 제100조 제1항의 제청대상이 아니기 때문에, 일반법원이 이에 대한 부수적 규범통제를 하게 된다. 또한 기본법 제80조 제2항에 따라 연방참의원의 동의를 얻어야 하는 법규명령(Zustimmungsverordnung)의 경우도 법률의 형식을 구비하지 않았기 때문에 일반법원의 부수적 규범통제의 대상이 된다.[236] 이러한 측면에서 독일은 헌법 및 법률을 심사기준으로 하는 법규명령의 광의의 형식적 하자 및 내용적 하자에 관한 규범통제권한까지 헌법재판소에 귀속시킨 위 나) (4) 기재 오스트리아의 경우와는 전혀 다른 입장을 취하고 있다.

물론 독일에서는 일반법원이 계속 중인 개별 사건에 적용되는 법규명령의 해석 및 적용에 관하여 기본권에 반하는 재판을 한 경우, 이에 대하여 당사자가 헌법소원을 제기하게 되면, 연방헌법재판소가 해당 재판에 대한 통제를 하는 재판소원절차에서 그 전제가 되는 법규명령에 대한 규범통제를 하는 사례가 발생할 수 있다. 즉, 연방헌법재판소는 헌법소원제도를 통하여 궁극적으로 기본법을 심사기준으로 하고 법규명령을 심사대상으로 하는 규범통제권한을 행사한다고 볼 수는 있는 것이다. 그러나 연방헌법재판소는 초상고심(超上告審)이 아니기 때문에 일반법원의 재판에 대한 광범위한 심사권의 행사는 헌법재판소의 소관업무가 아니라는 것이 독일 판례 및 통설의 입장이다. 예컨대, 연방헌법재판소는 일반법원이 재판을

---

234) BVerfGE 1, 202 (206); 3, 368 (374); 56, 1 (11). 이른바 '위헌적인 헌법률'이 위 제100조 제1항의 제청대상이 된다는 판례로는 BVerfGE 3, 225 (231, 235 f.) 참조.

235) BVerfGE 52, 187;63, 131 (140); 72, 66; 72, 200 (237f);95, 39(44 f). 조약에 대한 의회의 동의가 위헌제청적격을 가진다는 판례로는 BVerfGE 37, 271 참조,

236) BverfGE 8, 274(322) 참조. 이와 같이 해당 규범의 형성과정에 의회가 관여하지만, 그 규범이 형식적 의미의 법률에 해당하지 않는 법규명령(Zustimmungsverordnung)의 경우 일반법원의 부수적 규범통제의 대상으로 파악하고 있는 독일의 제도는 연방의회의 인가를 받은 연방내각의 법규명령을 (스위스 헌법 제190조의 적용 대상에 포함시키지 않고) 법원의 부수적 규범통제의 대상으로 파악하고 있는 위 나. 3) 기재 스위스의 제도와 유사한 측면이 있다. 전자는 독일의 법규명령의 형성과정 등에 의회가 관여한다는 사정만으로 독일 기본법 제100조의 제청대상적격에 관한 '충분조건'이 구비된다고 볼 수 없다는 것이고, 후자는 스위스 연방의회의 인가를 받은 연방내각의 법규명령의 형성과정 등에 의회가 관여한다는 사정만으로 위 제190조의 적용에 관한 '충분조건'이 구비된다고 볼 수 없다는 것이기 때문이다.

하면서 기본권을 존중하지 않는 잘못을 범함으로써 특수한 헌법(spezifisches Verfassungsrecht)을 침해한 경우에 한하여 연방헌법재판소의 통제를 받고(이른바 Heck 공식),[237] 모든 법률위반이 자동적으로 기본법 제20조 제3항에 위반되는 것은 아니며, 단순한 법률위반이 있다는 사정만으로 바로 (헌법적 차원의 문제인) 기본권침해의 근거가 되지 못하기 때문에, 연방헌법재판소는 이러한 단순한 법률위반 문제에 대하여 심사권한이 없는 것이다(이른바 Schumann 공식).[238] 따라서 일반법원이 법규명령에 대한 부수적 규범통제를 하는 과정에서 (기본법 위반에는 이르지 않는) 단순한 법률위반에 관한 잘못을 저질렀다고 하더라도, 이러한 문제는 연방헌법재판소의 소관업무가 아니기 때문에,[239] 법규명령에 대한 연방헌법재판소의 궁극적인 규범통제권한은 기본법위반에 관한 부분에 한정하여 적용된다. 이러한 측면에서 법규명령의 법률위반에 대해서까지 헌법재판소가 규범통제를 하는 오스트리아의 경우와는 제도적인 차이가 있음이 분명하다.

㈏ 위 제100조 제1항의 주된 목적

위 제100조 제1항에 관한 연방헌법재판소의 확립된 판례는 '모든 법원들이 각기 연방의회와 주의회가 의결한 법률을 적용하지 않음으로써 연방과 주의 입법자 의사를 무시하는 것을 방지하는 기능을 한다.'는 입장을 취한다.[240] 즉, 위 제100조 제1항의 주된 목적을 '입법자 보호기능'으로 파악하고 있는 것이다.[241]

㈐ 기본법 시행시점인 1949. 5. 23. 이전에 제정된 법률의 위헌여부 심사 등

기본법은 제123조에서 "연방의회의 집회 이전의 법은 기본법에 저촉되지 않는 한 효력이 지속된다(제1항). 기본법에 따라 주입법권에 속하는 독일제국에 의하여 체결된 국가조약은 일반적인 법원칙에 따라 유효하고, 그 효력이 계속되는 경우 새로운 조약이 기본법에 따

---

237) BverfGE 1, 418 (420); 18, 85(92), 79, 372 (376f.); 80, 81 (95) 등.

238) 상세한 내용은 김시철(주 87), 36−38; Klaus Schlaich(역 정태호)(주 165), 252−290 등 참조.

239) 이에 관하여 헌재 2003. 12. 18. 선고 2002헌마593 전원재판부 결정은 어떤 법률이 헌법상 기본권을 구현하기 위한 것이라고 하더라도, 그러한 사정만으로 그 법률에 규정된 내용이 바로 헌법원칙이 될 수는 없다고 판시하고, 헌재 1995. 6. 29. 선고 93헌바45 전원재판부 결정은 국회가 헌법상 기본권인 '공정한 재판을 받을 권리' 등을 구현하기 위하여 법에서 '전문법칙'을 채택하였다는 이유만으로 이러한 '전문법칙' 자체가 바로 '헌법원칙'이 될 수 없다고 판시하는 등 독일 판례와 유사한 입장을 취하고 있다.

240) BVerfGE 1. 184 (197); 22, 373(378); 42, 42 (49); 63, 131(141); 86, 71(77), 90, 263(275).

241) 조병훈(주 3), 186−187; 박일환(주 16), 10; 정태호(주 43), 348 등 참조. 이에 관하여 권건보(주 205), 50에는 "구체적 규범통제제도하에서 재판의 전제가 된 법률이 위헌의 의심이 있다는 이유로 법원이 그 법률의 적용을 곧바로 거부할 수 있다고 한다면 민주적 정당성에 근거하여 입법권을 행사한 국회의 권위가 실추될 위험성이 있다. (중략) 독일에서도 위헌법률심판권을 헌법재판소에 집중시킨 취지가 국회의 권위를 보호하는 데 있다고 한다. 즉 국회가 제정한 법률을 개별 법원이 스스로 위헌이라고 판단하여 그 효력을 부정할 경우 강력한 민주적 정당성을 갖춘 국회의 권위가 훼손될 수 있다는 판단에서 마련된 절차가 바로 위헌심판제청제도라는 것이다."라고 기재되어 있다.

른 관할기관에 의하여 체결되거나 또는 그 계약 속에 포함되어 있는 규정을 근거로 다른 방식으로 조약이 종결될 때까지 관계자의 모든 권리 및 항변의 유보하에 효력을 유지한다(제2항)."라고 규정하고 있고, 제126조에서 "법이 연방법으로서의 효력을 계속 갖는지에 관한 의견의 대립은 연방헌법재판소가 결정한다."라고 규정하고 있다.[242] 즉, 독일에서는 기본법 시행시점(1949. 5. 23.) 이전에 제정된 법률(이하 '제헌 이전 법률'이라 한다)의 경우도 기본법에 저촉되지 않는 이상 그 효력이 지속되는 것이다.

위와 같은 기본법 규정하에서, 연방헌법재판소의 확립된 판례는 위 제100조 제1항 제1문의 주된 목적을 '입법자보호기능'으로 보는 입장을 토대로, 기본법 시행시점 이후 제정된 법률(이하 '제헌 이후 법률'이라 한다)만이 제청대상이 된다고 판시하고 있다.[243] 이는 제헌 이후 법률에 대하여 Ⓐ유형 규범통제가 필요한 경우에만 연방헌법재판소의 심리가 이루어지는 반면에, 제헌 이전 법률의 기본법 위반 여부에 대해서는 포괄적인 사법권을 관장하는 일반법원이 Ⓑ유형 부수적 규범통제를 해야 한다는 것을 의미한다. 기본법의 시행 이전에는 구조적으로 입법자가 기본법을 규준(規準)으로 삼을 수 없었고, 따라서 일반법원이 제헌 이전 법률의 기본법 저촉 여부를 확인하는 Ⓑ유형 규범통제를 하는 것은 의회의 권위를 훼손하는 것이 될 수 없기 때문이다. 이와 같은 Ⓑ유형 규범통제가 이루어지는 경우 (상위법우선의 원칙이 아닌) 신법우선의 원칙에 의하여 제헌 이전 법률의 효력이 배척될 수 있다.

이와 같이 제헌 이전 법률은 원칙적으로 위 제100조 제1항의 제청대상이 아니지만, ㉠ 제헌 이후의 입법자가 종래 법률을 공식적으로 개정한 경우에는 그 개정된 법률이 당연히 제청대상이 되고, ㉡ 나아가 공식적으로 개정되지는 않았으나 '1949. 5. 23. 이후에 입법자가 자신의 의사로 수용하고 또한 이로써 인증(認證)한 법률(예컨대, 제헌 이후 법률에 인용된 법률 등)'의 경우에도 예외적으로 제청대상이 될 수 있다.[244] 판례는 이에 관하여, 제헌 이전 법률

---

242) ① 기본법 제126조에 규정된 '의견의 대립'은 법의 효력에 관한 의견대립을 의미하는 것이 아니라, (법의 효력은 전제가 된 상태에서) 그 법이 '연방법으로서 자격'을 가지는지에 관한 의견대립을 의미하는 것이라는 점, ② 기본법 제정 당시 '제헌 이전 법률'의 효력에 관하여서도 위 제126조와 유사한 규정을 두자는 의견이 있었고, 그 초안까지 제출된 적이 있으나, 기본법 제100조에 따른 일반법원의 제헌 이전 법률에 대한 심사권이 제한되어서는 안 된다는 제헌의회 보고자 Zinn과 Brentano 의원의 견해에 따라 위 초안 규정이 삭제되었다는 점 등에 관한 상세한 내용은 박일환(주 16), 10; 전학선(주 20), 495-497 등 참조.

243) BVerfGE 2, 214 (128 ff.); 32, 296 (299); 66, 248 (254); 70, 126 (129f.). 즉, 독일 연방헌법재판소는 기본법을 토대로 하는 구체적 규범통제의 경우, 후행 하위규범(법률)이 선행 상위규범(기본법)에 저촉되는 사안에 관한 Ⓐ유형 규범통제만이 연방헌법재판소의 관할인 반면에, 선행 하위규범(법률)이 이미 존재하고 있는 상태에서 이에 배치되는 선행 상위규범(기본법)이 사후에 발효된 사안에 관한 Ⓑ유형 규범통제는 원칙적으로 포괄적인 사법권을 관장하는 일반법원의 관할이라고 판시하고 있는 것이다.

244) 제헌 이후의 입법자가 그 구체적 인증의사(認證意思)를 법률에서 직접 인식할 수 있도록 해 놓았거나 개정되지 아니한 규범과 개정된 규범과의 밀접한 내용적 관련으로부터 그러한 의사가 객관적으로 확인될 수 있는 경우에 비로소 해당 제헌 이전 법률이 제청대상이 된다는 것이 판례의 입장이다. BVerfGE 52, 1 (17); 60. 135(143) 참조.

이 기본법 시행 이후까지 적용되는 기간이 장기화되면 장기화될수록, 위와 같은 예외적 상황의 인정에 관한 요건이 완화된다는 입장을 취한다.[245)]

한편 주법률이 (기본법의 하위규범인) 연방법에 저촉되는 사안에 적용되는 기본법 제100조 제1항 제2문에 관한 연방헌법재판소의 판례도, 해당 주법률(新法)이 그 제정 당시에 이미 존재하였던 연방법(舊法)에 저촉되는 경우에만 위 제100조 제1항 제2문이 적용되기 때문에, 그 범위 내에서는 일반법원이 심판제청을 통하여 연방헌법재판소의 심판을 받은 다음 이에 따라 재판을 해야 하는 반면에(Ⓐ유형), 해당 주법률(舊法)이 그 제정 이후에 신설된 연방법(新法)과 저촉되는지의 문제는 위 제100조 제1항 제2문이 적용되지 않기 때문에(Ⓑ유형) 이에 관한 일반법원의 제청은 부적법하다고 판시하고 있다.[246)] 이와 같이 주법률에 대한 Ⓑ유형 규범통제는 일반법원이 스스로 해야 한다는 연방헌법재판소의 입장은 제헌 이전 법률에 대한 Ⓑ유형 규범통제에 관한 판례와 같은 맥락이다.

㈑ 검토

연방헌법재판소의 판례는 ① 위 제100조 제1항의 주된 목적을 '입법자보호기능'으로 보는 전제하에, 원칙적으로 의회의 권위에 대한 비난으로 볼 수 있는 제헌 이후의 법률의 위헌여부만을 위 제100조 제1항의 적용 대상으로 파악하는 한편, 의회의 권위 실추와 무관한 제헌 이전 법률에 대한 Ⓑ유형 규범통제에 관하여는 포괄적인 사법권을 관장하는 일반법원이 부수적 규범통제방식에 따라 위헌심사를 해야 한다고 판시하고 있고, ② 연방헌법재판소에 규범의 일반적 유효여부에 대한 구속력 있는 재판권한을 집중시킴으로써 '법적 통일성과 법적 안정성을 도모하는 기능'은 위 ①과 함께 나열되고 있을 뿐이다.[247)]

위와 같이 확립된 판례에 대하여, Schlaich는 ① 위 제100조 제1항의 주된 목적을 입법자보호기능으로 파악하는 판시 부분을 비판하면서, ② '법관의 심사권이 분산됨으로써 발생하는 부조화'를 억제할 필요가 있고, 실무적으로 Nazi 시대에 제정된 법이 계속 유효한지의 문제와 관련하여 많은 불확실성이 있었으므로 위 ②를 위 제100조 제1항의 주된 관심사로 보아야 한다고 주장한다.[248)] 그러나 ②와 같이 '법적 통일성과 법적 안정성을 도모하는 기능'

245) BVerfGE 70, 126 (130, 133).

246) BVerfGE 10, 124 (128) 참조. 원래 하자가 없었던 주법률이 그 제정 후에 신설된 연방법과 저촉되는지에 대해서는 일반법원의 모든 법관이 신법우선의 원칙에 근거하여 스스로 부수적 규범통제를 할 수 있다는 것으로서, Ⓑ유형 규범통제는 원칙적으로 일반법원의 관할이라는 취지이다.

247) 연방헌법재판소는 기본법 제100조 제1항의 기능에 관하여 '입법자보호기능'과 함께 '법적 통일성과 법적 안정성을 도모하는 기능'을 나열하고 있는데, 예컨대 "구체적 규범통제절차는 … 헌법적 문제를 일반적으로 구속력 있게 해명함으로써 법원들의 재판이 상충하는 현상, 즉 법적 불안정성과 법의 분열을 예방하는 본질적인 기능을 수행한다…."라고 판시한 BVerfGE 54, 47 (51);63, 312 (323) 등 참조.

248) Klaus Schlaich(역 정태호)(주 165), 144–145. Schlaich의 위 주장에 찬성하는 견해로는 정태호(주 43), 353 참조.

을 주된 관심사로 파악하는 Schlaich의 논거에 입각하는 경우, 일반국민에 대하여 규범력을 가지는 법규명령도 당연히 위 제100조 제1항의 제청대상에 포함되어야 할 것인데,[249] 연방헌법재판소는 위 제100조 제1항의 문리해석에 충실한 판례를 통해 법규명령은 제청대상이 아니라고 판시하고 있고,[250] Schlaich도 이러한 판례는 확고하기 때문에 쉽게 폐기될 수 없을 것으로 평가한다.[251]

Schlaich의 위 주장은 위 제100조 제1항을 '헌법재판소가 법규명령에 대한 규범통제까지 하고 있는 위 2) 기재 오스트리아의 관련 헌법규정'과 유사하게 해석해야 한다는 취지이다. 그런데 ㉮ 위헌법률심사제도는 다양한 규범통제 중 하나의 유형에 불과한 점, ㉯ 일반적인 법해석방법론에 비추어 볼 때, 헌법상 법치주의 원칙 등에 관한 헌법적 차원의 예외규정·특별규정인 위 제100조 제1항은 엄격하게 해석해야 하는데, 위 제100조 제1항의 규정 내용은 헌법재판소에 법규명령에 대한 규범통제권한까지 명시적으로 부여한 위 2) 기재 오스트리아 헌법과는 차이가 있을 뿐만 아니라, 앞에서 본 바와 같이 영미법계 국가뿐만 아니라 프랑스 등에서도 일반법원이 행정입법에 대한 규범통제를 하고 있기 때문에, 위 제100조 제1항을 함부로 확대해석할 수는 없는 점(오히려 오스트리아의 현행 제도를 그 고유한 사정을 반영한 제도라고 볼 수 있다), ㉰ 앞서 본 바와 같이 법률의 위헌여부심사나 법규명령의 위헌·위법여부심사는 다양한 규범통제 중 일부에 불과하고, 오스트리아의 헌법재판소도 모든 유형의 규범에 대하여 망라적인 규범통제권한을 행사하는 것은 아니라는 점, ㉱ 독일의 전통적 견해에 의하면 Ⓐ유형 규범통제가 이루어진 경우 상위규범에 위반되는 하위규범은 원시적 무효이고, 1925년 판결 이후 법규명령에 대한 일반법원의 규범통제권한이 확립된 점 등에 비추어 볼 때, 독일 연방헌법재판소 판례의 입장이 타당하다고 생각한다.

---

249) 실제로 Klaus Schlaich(역 정태호)(주 165), 145는 같은 취지의 주장을 하고 있다.

250) BVerfGE 1, 184 (189 ff.); 17, 208 (210).

251) Klaus Schlaich(역 정태호)(주 165), 145. 이에 관하여 정태호(주 43), 3648−350은 "우리 헌법은 독일 기본법과는 달리 제107조 제1항, 제2항의 명문의 규정을 통해서 제시된 기준에 의하여 헌법재판소와 법원의 구체적 규범통제권한을 분배하고 있어서 독일의 판례나 학설을 우리 헌법의 해석에 그대로 전용할 수 없다."라는 취지로 주장하고 있다. 정태호의 위 주장의 경우 ① 우리 헌법 제107조 제1항이 헌법재판소의 법률에 대한 위헌심사권한에 관한 '창설적 규정'이고, ② 우리 헌법 제107조 제2항은 법원의 부수적 규범통제권한에 관한 '창설적 규정'이라는 점을 전제로 하는 것이다.

그런데 앞서 본 바와 같이 헌법적 차원의 예외규정·특별규정의 성격을 가지는 현행헌법 제107조 제1항은 제한적인 재판관할권을 가지는 헌법재판소의 권한에 관한 '창설적 규정'으로서 독일 기본법 제100조 제1항과 유사한 성격을 가지는 반면에, 현행헌법 제107조 제2항은 포괄적인 사법권을 관장하는 법원의 전반적인 규범통제권한에 관한 '확인적 규정'의 성격을 가지는 것이다[위 제107조 제2항에 규정된 '명령·규칙에 대한 규범통제'는 다양한 유형의 규범통제 중 하나에 불과하고 명령·규칙에 대한 규범통제권한은 원칙적으로 헌법 제101조 제1항의 사법권에 포함되는 것이며, 현행헌법 제107조 제2항은 이를 확인하는 의미를 가지는 '확인적 규정'이라고 보아야 한다는 점은 이 논문 (주 89), (주 96), (주 98), (주 214) 등 참조]. 따라서 독일 기본법 제100조 제1항에 관한 독일 판례가 법리적으로 타당하고, 이러한 일반적인 법원칙 등을 토대로 하여 우리 헌법을 해석하는 것이 타당하다고 생각한다.

⑺ 관습법이 위헌법률심판제청의 대상이 되는지(소극)

독일의 통설에 의하면, 관습법은 기본법 제100조 제1항의 위헌법률심판제청의 대상이 되지 않는다. 이는 위 ⑸항 기재와 같이 위 제100조 제1항에 규정된 위헌법률심판제청제도의 주된 목적을 '입법자보호기능'으로 파악하고 있는 독일의 판례와 통설의 논리적인 귀결이자, 제헌 이전 법률의 제청적격성을 부정하는 확립된 판례의 연장선상에서 내려지는 결론이다.[252)]

이른바 '입법사항'에 관한 관습법의 경우 의회가 제정한 형식적 의미의 법률에 해당하지 않고, 그 형성 및 효력유지과정 등에 의회가 전혀 관여하지 않는다는 점, 일반법원의 재판절차에 상위법우선의 원칙이나 법치주의 원칙 등과 같은 일반적인 법원칙이 적용되는 이상, 일반법원에 대한 헌법적 수권규정이나 헌법재판소 등 다른 헌법기관의 존부와 관계없이, 일반법원의 사법권에는 원칙적으로 규범통제권한이 포함되고, 위 제100조 제1항과 같은 헌법적 차원의 예외규정·특별규정이 존재하는 경우에도 그 적용영역을 벗어나는 범위에서는 일반적인 법원칙에 따라 포괄적인 사법권을 관장하는 일반법원이 당연히 규범통제권한을 행사해야 한다는 점 등에 비추어 볼 때, 관습법의 위헌여부는 일반법원이 부수적 규범통제의 방식에 따라 스스로 판단할 수 있다는 독일 통설이 법리적으로 타당하다.[253)] 위 1) 나) 기재 프랑스의 법률명령의 경우 이른바 '입법사항'에 관한 규범이기는 하지만, 그 형성과정 등에 의회가 관여하기 전까지는 헌법재판소의 규범통제 대상적격에 관한 '필요조건'이 구비될 수 없는 반면에, 그 규범의 내용 등을 의회가 승인하는 수권법률의 경우 '형식적 의미의 법률'에 해당하므로 위헌법률심사의 대상이 될 수 있다는 점[254)] 등을 비롯한 비교법적 검토에 비추어

---

252) 정태호(주 43), 367에 인용된 독일 연방헌법재판소법에 관한 대표적 주석서인 Kommentar zum BverfGG, § 80 Rn 69 alc 70 이하 참조. 아래 6. 다. 3) 다) 기재 절가 상속관습법의 위헌여부에 관한 헌재 2016. 4. 28. 선고 2013헌바396 등 전원재판부 결정의 소수의견은 "재판소원이 인정되는 독일에서조차도 법원이 관습법의 위헌여부 판단에 관하여는 헌법재판소에 결정을 구할 수 없다."라고 판시하는 등 위와 같은 독일의 통설과 실무를 근거로 하여 다수의견을 비판하고 있다.

253) 동지, 윤진수(주 25), 165－173; 윤진수, "관습상 분재청구권에 대한 역사적, 민법적 및 헌법적 고찰", 민사재판의 제문제 22권(2013), 266－281. 이에 관하여 정태호(주 43), 348－350은 일반법원의 사법권에는 규범통제권한이 포함되지 않는다는 입장을 전제로 하여, 창설적 규정의 성격을 가지는 현행헌법 제107조 제2항이 관습법에 대한 규범통제권한을 일반법원에 부여하지 않은 이상 관습법에 대한 위헌심사권한이 일반법원에 귀속될 수 없고, 헌법재판소가 그 권한을 행사해야 한다는 취지로 주장하지만, 앞서 본 바와 같이 현행헌법 제107조 제2항에 규정된 '명령·규칙에 대한 규범통제'는 다양한 유형의 규범통제 중 하나에 불과하고 명령·규칙에 대한 규범통제권한은 원칙적으로 헌법 제101조 제1항의 사법권에 포함되는 것이며, 현행헌법 제107조 제2항은 이를 확인하는 의미를 가지는 '확인적 규정'이라고 보아야 하므로, 위와 같은 정태호의 주장에 찬성하기 어렵다[상세한 내용은 이 논문 (주 89), (주 96), (주 98), (주 214), (주 251) 등 참조].

254) 위 ⑹ ㈎ 기재 연방참의원의 동의를 얻어야 하는 독일의 법규명령(Zustimmungsverordnung)의 경우 그 규범의 형성과정에 의회가 관여하기는 하지만 형식적 의미의 법률에 해당하지는 않는데, 이러한 경우 해당 규범의 형성과정 등에 의회가 관여한다는 사정만으로 독일 기본법 제100조의 제청대상

보면, 위 제100조 제1항의 주된 목적을 입법자보호기능으로 보는 이상, 최소한 관습법과 같이 해당 규범의 형성과정 등에 의회가 아무런 관여를 하지 않는 경우에는 그 대상적격에 관한 '필요조건'이 충족될 여지가 없기 때문이다.[255)]

(8) 연방헌법재판소 및 일반법원의 헌법합치적 법률해석 등

독일에서도 법률은 합헌으로 추정되는데,[256)] 연방헌법재판소가 자주 사용하는 헌법합치적 해석(verfassungskonforme Auslegung)[257)]은 미국의 헌법합치적 법률해석과 같은 취지이고, 연방헌법재판소를 비롯한 모든 법원은 모든 영역에서 헌법합치적 해석을 할 의무가 있다.[258)] 따라서 독일의 사법절차에서 하위규범의 상위규범에 대한 저촉여부가 쟁점이 되는 경우, ① 먼저 하위규범을 상위규범합치적으로 해석하는 것이 가능한지를 검토하고, ② 이러한 상위규범합치적해석이 불가능한 경우에 한정하여 규범통제를 하는 등 순차적인 접근방식을 취하여야 한다.[259)]

(9) 법률에 대한 Ⓐ, Ⓑ유형 규범통제에 대한 예시적 검토

독일에서는 위 (5), (6) 기재와 같이 제헌 이후 법률에 대하여 Ⓐ유형 구체적 규범통제가 이루어진 경우 원칙적으로 상위법우선의 원칙이 적용되는 반면에, 제헌 이전 법률에 대한 Ⓑ유형 구체적 규범통제가 이루어진 경우에는 신법우선의 원칙이 적용되므로, 양자의 구별이 실질적인 의미를 가진다.

① 예컨대, 1970. 1. 1. 시행된 a법률(제헌 이후 법률)이 1949. 5. 23. 시행된 기본법(선행상위규범)에 위배된다는 이유로 연방헌법재판소가 2022. 7. 1. 위헌결정을 하는 경우(Ⓐ유형),

---

적격에 관한 '충분조건'이 구비된다고 볼 수 없다는 점 등은 이 논문 (주 236) 등 참조.

255) 손상식(주 3), 63–64에는 헌법 제40조가 ① 첫째 '법률'의 형식으로 이루어지는 법규범의 정립작용은 그 내용이 무엇이든 반드시 국회가 해야 하고, ② 둘째 국민의 기본권 관련 사항을 비롯하여 국가의 통치조직의 작용에 관한 기본적이고 본질적인 사항은 반드시 '법률'의 형식으로 정해야 한다는 것을 의미한다고 하면서, 같은 취지의 헌재 1998. 5. 28. 선고 96헌가1 전원재판부 결정을 인용하고 있다. 한편 위 3. 나. 3) 기재와 같이 법치주의 원칙 등 일반적인 법원칙에 관한 헌법적 차원의 예외규정·특별규정인 스위스 연방헌법 제190조는 법원에서 연방법률(Bundesgesetze)에 대한 규범통제를 할 수 없도록 금지하고 있는 반면에, 연방의회가 단독으로 제정하는 규범으로서 국민투표의 대상이 되지 않는 법률명령(Verordnungen)은 법원의 부수적 규범통제의 대상이 된다. 즉, 법률명령의 형성과정에 스위스 연방의회가 관여한다는 사정만으로 당연히 제190조의 적용에 관한 '충분조건'이 충족된다고 볼 수는 없지만, 헌법적 차원의 예외규정·특별규정의 적용영역을 엄격하게 해석해야 한다는 점 등에 비추어 볼 때, 관습법과 같이 해당 규범의 형성과정 등에 의회가 아무런 관여를 하지 않는 경우 '입법자보호기능'을 주된 목적으로 하는 헌법적 차원의 예외규정·특별규정의 적용에 관한 '필요조건'이 인정될 여지가 없다.

256) BVerfGE 2, 282; 7, 412.

257) BVerfGE 65, 132, (139); 54, 351 (275f.); 61, 260 (288).

258) Klaus Schlaich(역 정태호)(주 165), 379–388 참조.

259) BVerfGE 65, 132, (139); 54, 351 (275f.); 61, 260 (288). Klaus Schlaich(역 정태호)(주 165), 379–388 등 참조.

원칙적으로 a법률은 1970. 1. 1.부터 원시적 무효라는 의미이기 때문에, 당해사건 등과 같이 위헌결정의 소급효가 인정되는 영역에서는 a법률에 따라 1970. 1. 1. 이후 이루어진 모든 법률관계가 법적 근거를 상실하는 것이 원칙이다(이는 폐지무효설을 적용하는 경우와 전혀 다른 결과가 된다). ② 반면에, 1949. 5. 22. 이전에 제정·시행된 b법률(제헌 이전 법률)이 기본법(新法)에 저촉되는 것이 명백한 경우[260]에도, b법률은 후행 상위규범인 기본법의 시행일인 1949. 5. 23.부터 실효될 뿐이고, 당해사건에서도 1949. 5. 22. 이전에 완료된 법률관계에 적용되었던 b법률의 효력이 부정될 이유가 없다.[261] b법률의 시행 이후에 발생한 후발적인 사정변경(기본법의 시행)이 그 사정변경 이전에 완료된 법률관계에 적용된 b법률의 효력에 영향을 미치는 것은 법리적으로 허용되지 않기 때문이다(Ⓑ유형).[262] 따라서 일반법원에서 b법률이 적용된 법률관계를 심리하는 소송절차에서 2022. 7. 1. 판결을 선고하는 경우, ㉮ 만일 당해사건이 1949. 5. 22. 이전에 완료된 법률관계에 관한 것이라면 원칙적으로 b법률을 그대로 적용해야 하는 반면에,[263][264] ㉯ 당해사건이 1949. 5. 23. 이후에 형성된 법률관계에 관한 것이라면 신법우선의 원칙에 따라 b법률 중 기본법(신법)에 저촉되는 규정부분을 적용할 수 없게 되는 것이다.

이와 같이 제헌 이후 법률에 대한 Ⓐ유형 규범통제와 제헌 이전 법률에 대한 Ⓑ유형 규

260) 예컨대, b법률(제헌 이전 법률)이 ㉠ 예비학교의 설치와 관련된 민사법규인 경우, 이 규정부분은 "예비학교는 폐지된다."라고 규정한 기본법 제7조 제6항에 명백히 저촉되는 것이고, ㉡ 사형(死刑)을 여러 법정형 중 하나로 규정한 형벌법규인 경우, 이 규정부분은 "사형은 폐지된다."라고 규정한 기본법 제102조에 저촉되는 것임이 명백하다.

261) 이 논문 (주 260)의 b법률이 ㉡ 사형을 여러 법정형 중 하나로 규정한 형벌법규인 사안에서, '1949. 5. 22. 이전에 완료되었던 법률관계(범죄행위)에 대하여 일반법원이 b법률을 적용하여 피고인에게 사형을 선고하였고, 그 판결이 확정되어 집행까지 완료된 경우', b법률이 후행 상위규범인 기본법에 명백히 저촉된다는 사정만으로 그 피고인의 유족들이 이미 확정된 유죄판결에 대하여 연방헌법재판소법 제79조 제1항에 근거하여 재심청구를 할 수는 없기 때문에, 본문 ① a법률(제헌 이후 법률)이 기본법에 저촉되는 사안(위 법률 제79조 제1항에 근거한 재심청구가 허용되는 사안)과는 구조적으로 다른 접근방식을 취하게 된다.

262) 정태호(주 43), 367은 "관습법의 위헌여부에 대한 판단권한은, 그 관습법이 헌법의 시행 전에 성립된 것인지, 아니면 헌법의 시행 후에 성립된 것인지와 무관하게 헌법재판소에 있다고 보아야 하고, 따라서 일제 강점기부터 존재하는 것으로 확인되었던 관습법의 위헌여부에 대해서도 법원이 아닌 헌법재판소가 판단하여야 한다고 보아야 하는 것이다."라고 주장하고 있다. 위 주장은 현행헌법 제107조 제2항을 법원의 부수적 규범통제권한에 관한 '창설적 규정'으로 파악하는 같은 입장을 전제로 하는 것이지만, 이러한 전제 자체가 타당하다고 보기 어렵다[이에 대한 검토는 이 논문 (주 89), (주 96), (주 98), (주 214), (주 251), (주 252) 등 참조].

263) 동지, 윤진수(주 25), 176, 후발적인 사정변경에 관한 헌재 1993. 5. 13. 선고 92헌가10 등 전원재판부 결정도 같은 취지이고, 독일 판례도 같은 입장이다.

264) 다만 b법률이 ㉡ 사형(死刑)을 여러 법정형 중 하나로 규정한 형벌법규인 사안에서는 "행위 종료시에 유효한 법률이 재판 전에 변경된 경우에는 가장 경한 법률을 적용한다."라고 규정한 독일 형법 제2조 제3항이 적용되므로, 일반법원이 1949. 5. 22. 이전에 완료된 법률관계(범죄행위)에 관하여 2022. 7. 1. 판결을 선고하는 당해사건에서도 b법률의 여러 선택형 중 '사형이 규정된 부분'을 적용할 수는 없게 되는데, 이는 법률적 차원의 특별규정인 독일 형법 제2조 제3항 등이 적용된 결과이다[박일환(주 20), 10 참조].

범통제를 비교해 보면, 당해사건 등에 관한 법적 규율이 실질적으로 달라진다는 점을 확인할 수 있다.

⑽ 소결론

독일에서도 20세기 이전까지 '헌법과 법률의 동위성의 이론' 등과 같은 의회주권주의의 법리로 인하여 위헌법률심사제도가 도입되지 않았기 때문에, 이 점을 지적하는 Favoreu의 주장은 경청할 만하다.

그런데 Marbury 판결의 영향을 받은 1925년 판결은 헌법적 차원의 예외규정·특별규정이 없는 이상, 성문헌법의 최고규범성을 근거로 한 상위법우선의 원칙 등에 따라 일반법원이 부수적 규범통제방식으로 법률에 대한 위헌심사를 당연히 할 수 있다고 판단하였다. 과거의 사실관계에 관한 개별 사건의 재판절차에서 당사자의 자유와 권리를 제한하는 법률의 위헌 여부가 쟁점이 되는 Ⓐ유형 규범통제의 경우, 최소한 당해사건과 관련해서는 일반적인 법원칙에 따른 '당연무효설'의 입장을 취할 수밖에 없으므로, 당해사건에 적용되는 연방 법률의 구체적 규범통제가 쟁점이 되었던 1925년 판결은 '연방의 질서 유지'를 주된 목적으로 집중형 규범통제제도를 도입한 오스트리아의 1920년 헌법과는 그 출발점이 다른 것이다.

또한, 기본법 제100조 제1항에 관한 연방헌법재판소의 확립된 판례는 제헌 이전 법률의 기본법 위배여부(Ⓑ유형 규범통제)가 의회의 권위 실추와 무관하기 때문에 원칙적으로 위 제100조 제1항의 제청대상이 될 수 없다고 판시하는 등 이를 헌법적 차원의 예외규정·특별규정의 성격을 가진 것으로 파악하고 있다. 이러한 기본법의 체계와 연혁 등에 비추어 보면, 연방헌법재판소의 판례가 위 제100조 제1항에 근거하여 위헌법률심사권한을 연방헌법재판소에 집중시킨 제도의 주된 목적을 '입법자보호기능'으로 파악한 것은 법리적으로 타당하다고 본다.[265)]

한편 일반법원의 법관은 직업법관으로서 헌법재판을 할 수 있는 능력이 없다는 Favoreu의 주장 부분을 그대로 수용하는 경우, 독일의 제도와 판례를 제대로 설명할 수 없다. 앞서 본 바와 같이 대륙법계와 영미법계 국가에서 전반적으로 법의 해석은 모든 법의 영역에서 이루어지는 것이고, 제헌 이전의 법률이 기본법과 저촉되는지에 관하여 일반법원에 대한 수권규정이 기본법에 규정되어 있지 않음에도 불구하고, 확립된 판례는 제헌 이전의 법률에 대한 Ⓑ유형 규범통제의 경우 일반법원의 직업법관이 부수적 규범통제의 방식으로 위헌심사를 해야 한다고 판시하고 있으며, 구법인 주법률이 신법인 연방법과 저촉되는지에 관한 Ⓑ유형 규범통제에 관해서도 일반법원이 부수적 규범통제를 해야 한다는 판례도 같은 맥락이기 때문이다. 그렇다면 제헌 이전의 법률에 대한 위헌심사(Ⓑ유형)가 제헌 이후의 법률에 대한 위

265) 위와 같은 독일의 제도와 판례는 일체의 법률적 쟁송을 심리 재판하는 작용인 사법작용은 '헌법 그 자체에 의한 유보가 없는 이상' 일반법원이 담당해야 한다는 헌재 1995. 9. 28. 선고 92헌가11 등 전원재판부 결정과 같은 맥락이라고 할 수 있다.

헌심사(Ⓐ유형)에 비하여 현저하게 쉽다고 볼 만한 근거가 없는 이상, Favoreu의 주장 부분은 설득력이 없다. 나아가 독일의 일반법원은 법규명령[기본법 제80조 제2항에 따라 연방참의원의 동의를 얻은 법규명령(Zustimmungsverordnung) 포함]에 대하여 부수적 규범통제를 하고 있고, 일부 법규명령에 대해서는 (기본법에 근거한 것이 아니라) 행정법원법 제47조 등에 근거하여 헌법 및 법률 등을 심사기준으로 하는 추상적 규범통제까지 하고 있는 점,[266)267)] 각급 법원의 헌법합치적 법률해석 과정에서 헌법에 대한 해석이 일상적으로 이루어지고 있다는 점까지 함께 고려하는 경우, 독일의 직업법관이 제헌 이전 법률에 대한 Ⓑ유형 규범통제를 실제로 행하고 있음에도 불구하고, 직업법관에게 위헌법률심사에 관한 규범통제 능력이 결여되어 있다는 Favoreu의 주장 부분은 법리적·실무적인 측면에서 받아들이기 어려운 것이다. 더욱

266) 독일 고등행정법원이 (기본법에 근거한 것이 아니라) 행정법원법 제47조 등에 근거하여 헌법 및 법률 등을 심사기준으로 하여 '특정 사항에 관한 법규명령 등 법률의 하위규범'에 대하여 추상적 규범통제를 하고 있다는 점에 관하여는 박정훈(주 2), 132－139; 이상덕(주 2), 319－394 등 참조.

267) 허완중(주 98), 52－53은 "추상적 규범통제는 헌법재판의 하나로서 구체적인 법적 분쟁을 전제로 하지 않으므로, 전통적인 사법에 포섭되지 않는다. 따라서 헌법 제101조 제1항은 추상적 규범통제권의 근거가 되지 못한다. 그리고 헌법 제107조 제1항과 제2항은 재판의 전제성을 요건으로 하는 구체적 규범통제에 관한 규정이라서 추상적 규범통제의 도입 가능성과는 아무런 관련이 없다. 그러므로 헌법 제107조 제1항과 제2항도 추상적 규범통제의 근거가 될 수 없다. 추상적 규범통제는 법규범이 일반적으로 적용되지 않도록 함으로써 소극적 입법권을 행사하는 결과를 낳는다. 입법의 핵심은 법규범의 제정 및 폐지이므로, 헌법이 부여한 입법권의 핵심영역은 적극적 입법권인 법규범제정권과 소극적 입법권인 법규범폐지권이다. 권력분립원리에 따라서 헌법이 부여한 입법권의 핵심영역인 소극적 입법권은 오로지 헌법을 통해서만 제한될 수 있다. 즉 입법권의 핵심영역에 대한 직접적 제산은 헌법이 정한 권한질서를 바꾸므로, 법률을 통해서는 할 수 없다. 따라서 해당 사건에 법규범 적용을 배제하는 것에 그치는 법원의 구체적 규범통제와 달리 법규범을 폐기하는 추상적 규범통제를 도입하기 위해서는 반드시 헌법적 근거가 필요하다. 따라서 헌법적 근거 없이 법률을 통해서 추상적 규범통제를 도입하면 권력분립원칙에 어긋나게 된다. 헌법은 각 국가기관에 명시적으로 행정입법권을 부여하는데(헌법 제64조 제1항, 제75조, 제95조, 제108조, 제113조 제2항, 제114조 제6항, 제117조 제1항), 헌법 제101조 제1항과 제107조 제2항은 추상적 규범통제의 근거가 되지 못하므로, 헌법을 개정하여 별도의 근거 규정을 마련하지 않는 한, 법률을 통해서 명령·규칙에 대한 추상적 규범통제를 도입할 수 없다고 본다."라고 주장하고 있다.

그러나 ① 앞서 본 바와 같이 독일에서는 포괄적인 사법권을 관장하는 일반법원에 '법규명령'에 대한 추상적 규범통제권한을 부여하는 근거 규정이 기본법에 없음에도 불구하고, 고등행정법원이 행정법원법 제47조 등에 근거하여 헌법 및 법률 등을 심사기준으로 하여 '특정 사항에 관한 법규명령 등 법률의 하위규범'에 대하여 추상적 규범통제를 하고 있는데, 현재 독일에서 위와 같은 고등행정법원의 추상적 규범통제제도가 위헌이라는 주장을 발견하기 어렵고, ② 우리나라에서도 지방의회는 헌법 제117조, 제118조, 지방자치법 제47조 제1항 제1호 등에 근거하여 조례의 제정을 의결할 수 있고, 지방자치단체의 장이 제120조 제3항, 제192조 제4항 등에 근거하여 '조례 제정에 관한 지방의회의 의결이 법령에 위반된다는 이유'로 대법원에 소를 제기할 수 있으며, 이는 조례에 대한 추상적 규범통제에 해당하는데(대법원 2002. 4 26. 선고 2002추23 판결, 대법원 2016. 11. 10. 선고 2014추19 판결, 대법원 2017. 12. 5. 선고 2016추5162 판결, 대법원 2017. 12. 13. 선고 2014추644 판결, 대법원 2023. 3. 9. 선고 2022추5118 판결 등 참조), 이러한 기관소송을 포괄적인 사법권을 관장하는 일반법원이 관장하도록 규정한 법제도가 헌법위반이라고 주장하는 견해도 발견할 수 없다[윤정인(주 28), 76 등 참조]. 결국 허완중의 위 주장을 토대로 하는 경우 독일이나 우리나라의 현행 법제도를 제대로 설명할 수 없고 그 법리적 타당성에도 의문이 있기 때문에, 이에 찬동하기 어렵다.

이 독일의 경우 기본법 제97조, 제98조 등에 의하여 직업법관의 직무상 독립성과 특별한 지위가 헌법적 차원에서 보장되고 있기 때문에[이러한 측면에서 위 1) 기재와 같이 헌법적 차원의 신분보장을 받지 못하고 있는 프랑스 행정재판소 재판관과 차이가 있다], 연방헌법재판소 재판관과 대비하여 상대적으로 신분보장이 미흡하다는 등을 근거로 독일 직업법관들의 법률에 대한 위헌심사능력을 부정하기도 어렵다.

한편 Favoreu의 위 주장과 같이 독일 일반법원의 직업법관에게 위헌법률심사 능력이 결여되어 있다면, 제헌 이전의 법률에 대한 Ⓑ유형 규범통제권한이 일반법원에 귀속된다는 판례들은 법률의 효력을 좌우하는 중요한 사법판단을 애당초 능력이 결여된 직업법관들에게 귀속된다고 판시한 것이므로, 현저하게 부당한 것이라고 할 수 있다. 그러나 앞서 본 바와 같이 법률에 대한 규범통제는 다양한 규범통제 중 일부 유형일 뿐이고, 민사·형사·행정소송절차에서 여러 종류의 규범통제가 이루어진다는 점, 제헌 이전의 법률에 대한 Ⓑ유형 규범통제의 난이도와 제헌 이후 법률에 대한 Ⓐ유형 규범통제의 난이도에 결정적 차이가 없는 점, 최고규범인 성문헌법이 존재하는 국가에서 헌법적 차원의 예외규정·특별규정의 존재 등 특별한 사정이 없는 이상 각급 법원은 일반적인 법원칙에 따라 당연히 규범통제를 해야 한다는 점 등을 고려한다면, Favoreu의 위 주장은 별다른 근거가 없고, 이와는 다른 관점에서 헌법적 차원의 예외규정·특별규정인 제100조 제1항 등을 엄격하게 해석함으로써 한정적인 영역에 대해서만 이를 적용하고 있는 독일의 확립된 판례[268]가 법리적·실무적으로 타당하다.

독일에서는 관습법 및 유럽연합법뿐만 아니라 제헌 이전 법률에 대해서도 연방헌법재판소가 규범통제를 하지 않고 포괄적인 사법권을 관장하는 일반법원이 스스로 부수적 규범통제를 하고 있다는 점 등에 비추어 볼 때, 사법권이 2원화 내지 다원화되어 있다는 점 등을 미국식 제도의 도입을 저지한 이유 중 하나로 지적한 Favoreu의 주장 부분도 독일의 제도와 쉽게 조화되기는 어렵다.[269]

앞서 본 사정들에 비추어 볼 때, 기본법 제100조 제1항의 '입법자보호기능'은 독일의 규범통제제도를 전반적으로 이해할 수 있는 열쇠가 되고,[270] 이를 토대로 독일 기본법과 판례를 살펴보는 것은 비교법적으로 중요한 의미를 가진다.

268) 이러한 독일의 판례는 일반원칙에 관한 예외규정은 엄격하게 해석해야 한다는 것은 일반적인 해석방법론에 부합하는 것이고[김시철(주 36), 509–511, 523–524 참조], 프랑스 헌법재판소의 판례, 우리 대법원의 판례도 이와 유사한 입장을 취하고 있다는 점은 위 1) 나) 및 다) 기재 참조.

269) 사법기관이 일원화된 나라가 반드시 미국식 위헌법률심사제도를 도입하는 것이 아니라는 점은 위 나. 3) 기재 스위스의 사례 참조.

270) 동지, 조병훈(주 3), 187.

라. 일본의 위헌법률심사제도

1) 제2차 세계대전 이전의 행정국가형 사법제도[271)]

1889. 2. 11. 공포된 대일본제국헌법(이하 '明治憲法'이라 한다)은 제1조에서 "대일본제국은 만세일계(萬世一系)의 천황(天皇)이 이를 통치한다."라고 규정하고, 제5조에서 "천황은 제국의회의 협찬으로써 입법권을 행사한다."라고 규정하고, 천황은 제국의회가 폐회한 경우 긴급의 필요에 따라 법률을 대신할 칙령(勅令)을 발한 다음(제8조 제1항), 사후에 제국의회의 승낙을 받도록 규정하는 한편(제8조 제2항), 제57조 제1항에서 "사법권은 천황의 이름으로 법률에 의하여 재판소가 이를 행한다."라고 규정하고, 제61조에서 "행정청의 위법한 처분에 의한 권리침해에 관한 소송으로서, 별도로 법률로 정하여 행정재판소의 재판에 속하게 한 것은 사법재판소에서 수리할 수 없다."라고 규정하고 있다. 이는 천황이 포괄적인 통치권을 행사한다는 점[272)]을 분명히 하고, 헌법적 차원에서 사법재판소가 행정쟁송을 심리할 수 없도록 제한하면서, 재판소의 위헌법률심사권에 관한 규정을 두지 않은 것이다.

그 당시 지배적인 학설과 실무는 재판소의 법률에 대한 실질적 심사권 인정에 소극적이었고, 입법부, 행정부 및 사법부 중에서는 의회가 가장 우위에 있으며, 헌법도 법률과 마찬가지로 의회가 제정하는 것이므로 그 해석권이나 양자의 정합성(整合性)에 대한 판단권을 최종적으로 의회 자신이 갖는 것으로 보고 있었다.[273)] 1890년 제정된 행정재판법에 따라 도쿄에 설치된 1개의 행정재판소는 열기주의(列記主義)에 따라 제한된 범위 내에서 제기되는 행정쟁송을 단심으로 종결하였는데, 이는 그 당시 프랑스의 국사원 제도와 유사한 것이었다.

위와 같이 明治憲法의 시행 당시 사법제도는 19세기까지 유럽을 지배하던 의회우월주의 사상의 영향을 받은 것으로서, 그 당시 대륙법계의 전통에 따라 법률에 대한 규범통제는 이루어지지 않았고,[274)][275)] 행정국가형 사법제도를 채택하고 있었다. 나아가 일본에서는 1938

---

271) 아래 설명은 內田貴(역 정종휴)(주 52), 323－404; 박홍우(주 64), 110－116; 김문현(주 99), 153－154; 홍진기(주 165), 5－6; 이동원, "헌법재판제도에 관한 일본에서의 논의", 재판자료(92), 253－254; 이영록, "제1공화국 헌법위원회제도의 형성 － 사법제도 형성의 한 단면 －", 헌법학연구 11권 2호, 한국헌법학회(2005), 307－318; 하명호, 한국과 일본에서의 행정소송법제의 형성과 발전, 경인문화사(2018), 19, 31－41, 64; 笠河啓后, 違憲審査制の性格, 憲法理論研究會編, 違憲審査制の研究, 敬文堂(1993), 81－109; 園部逸夫, "違憲審査の法理－日本の經驗－", 法曹時報 47卷 11號(1995), 2787－2815; 吳煜宗, "日本國憲法における違憲審査の成立－九條の違憲審査制下での推移に卽して－", 法學 59卷 3號, 東北大學法學會(1995), 453－488; 芦部信喜(高橋和之 補訂), 憲法(第七版), 岩波書店(2019), 18－21 중 관련 부분을 발췌, 요약, 정리한 발췌, 요약, 정리한 다음, 거기에 필자의 설명과 의견을 덧붙인 것이다.

272) 천황의 포괄적인 통치권을 정당화하기 위하여 '천황주권설(天皇主權說)', '국체불변론(國體不變論)' 등을 제기한 伊藤博文의 「憲法義解」, 穗積八束의 「新憲法ノ法理及憲法解釋ノ心得」의 요지와 이를 비판하는 美濃部達吉의 '천황기관설(天皇機關說)'의 대립 배경 등에 관하여는 內田貴(역 정종휴)(주 52), 323－404 참조.

273) 法學協會, 註解日本國憲法 下卷, 有斐閣(1953), 1210[이동원(주 271), 253－254에서 재인용함].

년 Nazi 독일의 수권법과 유사한 내용의 '국가총동원법'을 제정함으로써 행정부에 권력이 집중되는 상황이 발생하였다.

2) 제2차 세계대전 이후의 사법국가형 사법제도[276)]

가) 1946. 11. 3. 공포되고 1947. 5. 3. 시행된 일본국 헌법의 제정경위

제2차 세계대전 이후 연합군 최고사령부(General Headquarters, 이하 'GHQ'라 한다)가 실질적인 통치권을 행사하고 있던 상태에서 새로운 헌법의 제정이 논의되었다. 일본 정부 측의 松本委員會의 헌법안에는 明治憲法과 마찬가지로 위헌법률심사권에 관한 규정이 없었고, 佐佐木摠一 박사가 주도한 近衛私案에는 독일식 헌법재판소를 설치하여 추상적·구체적 위헌심사권을 인정하는 규정을 두었는데, 양자는 모두 GHQ의 뜻에 부합하지 아니한다는 이유로 채택되지 않았다.

이러한 과정을 거쳐 GHQ의 헌법안을 반영한 일본국 헌법은 제41조에서 "국회는 국권의 최고기관이며 국가의 유일한 입법기관이다."라고 규정하고, 제76조에서 "모든 사법권은 최고재판소 및 법률이 정하는 바에 따라 설치된 하급재판소에 속한다(제1항). 특별재판소는 설치할 수 없다. 행정기관은 종심(終審)으로서의 재판을 할 수 없다(제2항). 모든 재판관은 그 양심에 따라 독립하여 그 직권을 행하고 헌법 및 법률에만 구속된다(제3항)."라고 규정하고, 제81조에서 "최고재판소는 일체의 법률, 명령, 규칙 또는 처분이 헌법에의 적합 여부를 결정하는 권한 있는 종심재판소이다."라고 규정하고, 제98조 제1항에서 "이 헌법은 국가의 최고

---

274) 이에 관하여 홍진기(주 165), 5에는 "종전전(終戰前) 일본의 지배적인 견해는 사법재판소는 법령의 형식적 하자의 유무를 심사하는 형식적 심사권은 있어도 그 실질적인 하자의 유무를 심사하여 그 내용이 상급의 법에 저촉함으로써 그 효력을 부인하는 실질적 심사권은 명령에 대하야는 있어도 「법률」에 대하여는 없다는 것이었다. 이것이 일본의 사법재판소와 실무관행이기도 하였다. 즉, 사법재판소에는 「법률」심사권은 없다는 것이다. 이것이 일본에서만 그럴 뿐이 아니라 종래 입법권으로써 국가의 최고권력을 삼았든 나라에서는 입법권은 다른 어떤 기관의 감독도 아니 받으므로 위헌의 법률이라도 일단 제정된 다음에는 이것을 무효로 할 길이 없다는 것이다."라고 기재되어 있는데, 이는 그 당시 일본의 제도가 의회우월주의 사상을 토대로 한 대륙법계의 전통에 따라 법률에 대한 규범통제를 허용하지 않았음을 보여주는 것이다.

275) 美濃部達吉, 憲法撮要, 改訂第五版, 有斐閣(1934), 569에는 "미국 헌법에 있어서는 재판소가 법률에 있어서도 그 실질적 심사권을 가지고, 법률의 내용이 헌법에 위반되는 때에는 그 무효를 선고하는 권한이 재판소에 있다고 인정된다. 그러나 이것은 미국 헌법에 특유한 원칙이고, 헌법의 해석에 관해 사법권을 입법권보다 우월한 국가 최고의 권력으로 삼는 데 기인한 것이다."라고 기재되어 있는 등 일본의 학계에서 제2차 세계대전 이전에도 미국의 위헌법률심사제도에 대한 간단한 소개가 이루어지고 있었으나, 종전 이후 미국 제도의 영향을 직접 받기 전까지는 일본에서 이를 실질적인 제도로 도입할 가능성이 고려되지는 않았다고 한다[이영록(주 271), 308–309에서 재인용함].

276) 아래 설명은 內田貴(역 정종휴)(주 52), 323–404; 박홍우(주 64), 110–116; 김문현(주 99), 153–154; 이동원(주 271), 253–254; 하명호(주 271), 19, 31–41, 64; 園部逸夫(주 271), 2789–2791; 吳煜宗(주 271), 453–463; 芦部信喜(주 271), 22–34, 297–299, 389–412; 竝河啓后(주 271), 81–109 중 관련 부분을 발췌, 요약, 정리한 발췌, 요약, 정리한 다음, 거기에 필자의 설명과 의견을 덧붙인 것이다.

법규이며 이에 반하는 법률, 명령, 조칙 및 국무에 관한 그 밖의 행위의 전부 또는 일부는 그 효력을 가지지 아니한다."라고 규정하였다. 이로써 사법절차에서 이루어지는 위헌법률심사를 비롯한 모든 규범통제의 권한을 사법부로 귀속시키면서 종래 행정재판소를 폐지하였고, 모든 유형의 소송을 사법부 관할로 변경하는 방식으로 미국식 제도를 도입하였으며, '헌법의 최고규범성'을 헌법에 명시한 것이다.

나) 일본국 헌법 제81조에 관하여

위 제81조에 관하여 일본정부가 최고재판소만이 위헌심사권을 행사할 수 있다는 취지의 법률제정안[277]을 준비한 적이 있으나, GHQ가 이를 거부하여 각급 재판소가 모두 위헌심사권을 가지는 것으로 수정되었고, 그 결과 1947. 4. 16. 공포된 재판소법 제3조는 "재판소는 일본국 헌법에서 특별한 규정이 있는 경우를 제외한 일체의 법률상의 쟁송을 재판하고, 그 밖에 법률에서 특별히 정한 권한을 갖는다."라고 규정하였다.

이러한 일본의 헌법체계에 관하여, 대체로 위 제81조의 경우 미국 판례상 형성된 사법심사형 위헌심사제를 수용하여 이를 명문화(明文化)한 것으로서, 미국의 경우와 마찬가지로 각급 재판소가 구체적 소송을 전제로 그 해결에 필요한 범위 내에서 위헌법령심사를 행하는 권한을 가진다는 견해가 통설이고, 최고재판소 판례[278]도 같은 입장이다. 이에 따라 각급 재판소는 개별 사건에 적용되는 모든 종류의 규범에 대하여 부수적 규범통제를 하고 있다.[279]

한편 위 제81조는 재판소의 위헌법령심사권을 명시하고 있으므로, 위 나. 1) 기재 미국이나 나. 2) 기재 캐나다의 경우와 형식적 측면에서 상이한 점이 있지만, 앞서 본 바와 같이 규범통제에 관한 위 제81조의 규정부분은 (창설적 규정이 아니라) 확인적 규정의 성격이므로,[280] 이로 인하여 실질적 차이가 발생한다고 볼 수는 없다. 즉, 미국식 제도를 그대로 수용하여 명문화한 위 제81조의 경우, '사법재판소가 법률에 대한 규범통제를 할 수 없고, 행정소송도 할 수 없었던 明治憲法에 따른 종래 제도'를 새로운 헌법제정을 통하여 변경하였다는 역사적 배경을 반영한 것으로 볼 수 있다.

---

277) 1947년 당시 발간된 美濃部達吉의 新 憲法概論에는 '위헌심사권은 최고재판소에만 전속하고, 법령이 위헌이라고 의심되는 경우 하급재판소는 스스로 판결할 권한이 없으며, 당해 소송사건을 최고재판소에 이송하여 그 결정을 기다려야 한다.'는 설명이 기재되어 있었다고 한다[이동원(주 271), 254−255에서 재인용함]. 美濃部達吉의 위 주장은 위 3. 다. 2) 가) (2) 기재 1863년 제4차 독일법률가대회에서 제기된 Jaques의 주장과 같은 맥락으로서, 그 당시 일본정부의 위와 같은 법률제정안이 대륙법계 법리에 영향을 받은 일본의 유력한 학설을 근거로 하고 있었음을 의미한다.

278) 最大判 1948. 7. 8. 刑集 2卷8號 801; 最大判 1952. 10. 8. 民集 6卷9號 783 등 참조.

279) 재판소의 추상적 규범통제권한의 존부, 위헌판단의 효력 등에 관한 일본에서의 논의에 관하여는 이동원(주 271), 255−258; 芦部信喜(주 271), 390−392, 401−403 참조.

280) 김철수(주 1), 92에는 일본국 헌법 제81조와 유사한 내용을 규정한 우리 제3공화국 헌법 제102조 제1항은 확인적 성격을 가진다고 기재되어 있다.

다) 일본국 헌법 제98조 제1항에 관하여

위 제98조 제1항에는 헌법의 최고규범성이 명시되어 있는데, 그 규정형식은 미국 및 우리나라의 경우와 상이하고 위 나. 2) 기재 캐나다 헌법(1982) 제52조 제1항과 유사하다. 그런데 현 시점에서 성문헌법이 존재하는 서구의 주요 국가에서 헌법의 최고규범성을 부정하는 견해를 발견할 수 없다는 점 등에 비추어 볼 때, 위 제98조 제1항 역시 확인적 규정의 성격을 가진다고 할 수 있다.[281)]

라) 조약의 위헌여부를 재판소가 심사할 수 있는지(적극)

일본국 헌법 제61조, 제60조 제2항에 따라 의회의 의결을 통해 승인을 받아야 하는 조약이 위헌심사의 대상이 되는지에 관하여 견해 대립이 있지만, 최고재판소의 판례는 이를 위헌심사의 대상으로 보고 있다.[282)]

마) 헌법합치적 법률해석 등

일본에서도 미국의 경우와 마찬가지로 법률은 합헌으로 추정되고, 이른바 '헌법판단회피의 준칙'에 따라 헌법합치적 법률해석이 가능한 경우에는 법률에 대한 위헌판단을 하지 않으며, 이러한 헌법합치적 법률해석이 불가능한 경우에 비로소 법률에 대한 규범통제를 하는 등 순차적인 접근방식을 취하고 있다.[283)]

3) 소결론

일본의 경우 제2차 세계대전 이전에는 행정재판소를 별도로 설치한 행정국가형 사법제도를 취하고 있었다가, 종전 이후 모든 사법권을 최고재판소를 정점으로 하는 각급 재판소에 귀속시켰다. 이러한 변화는 1946년 당시 일본의 독자적 결단에 의한 것이라기보다는, 미국의 영향을 강하게 받은 것으로 볼 수 있다.

Favoreu의 주장에 비추어 일본의 제도변화를 살펴보면, '의회우월주의 사상의 극복' 등을 비롯한 관련 사항들이 강력한 외부적 요인에 의하여 충족된 상태에서 미국식 사법제도가 도입된 것으로 평가할 수 있다. 같은 맥락에서, 위헌법률심사제도에 관한 일본국 헌법은 미국의 판례를 통해 형성된 제도를 명문화한 것으로서, 재판소의 위헌법령심사권을 규정한 제81조나 헌법의 최고규범성을 규정한 제98조 제1항 등은 모두 확인적 규정의 성격을 가지는 것이므로, 일본 제도에 대한 비교법적 검토는 이러한 사정을 바탕으로 이루어질 필요가 있다.

---

281) 일본국 헌법 제98조 제1항과 유사한 캐나다 헌법(1982) 제52조 제1항이 확인적 성격을 가진다는 점은 김선희(주 100), 68－69. Peter Hogg & Wade Wright(주 100), 1064－1065 참조. 이에 관하여 일본에서 제기되었던 과거 견해의 대립 등에 관하여는 竝河啓后(주 271), 91－103 참조.
282) 이른바 '砂川事件'에 관한 最大判 1959. 12. 16. 刑集 13권 13호 3225 등 참조.
283) 芦部信喜(주 271), 392－396, 399－401 참조.

4. 1948. 7. 17. 공포된 제헌헌법의 제정과정과 그 공포 전후의 규범통제 등

가. 일제강점기 당시의 식민지 조선에 대한 법제정책의 규범체계 등

위 3. 라. 1) 기재와 같은 제2차 세계대전 이전 일본의 사법제도는 그 당시 식민지였던 대만과 조선에 영향을 미쳤다.

1) 식민지 대만에 대한 법제정책[284)]

일본은 1895년 청일전쟁의 승전으로 갑작스럽게 식민지로 획득한 대만에 대해서는 이른바 '내지법률연장주의(內地法律延長主義)'에 따라 일본 법률과 칙령 등을 그대로 적용하는 것을 원칙으로 하되, 대만의 특수사정을 고려할 필요가 있는 경우 예외적으로 대만총독이 제정하는 율령(律令)[285)]을 적용하는 방식으로 법제도를 운영하였다.

2) 식민지 조선에 대한 법제정책[286)]

가) 전반적인 법제정책

반면에, 오랜 기간 동안 합방을 준비하여 온 조선에 대하여는 1910. 6. 3. 각의(閣議)의 「병합(併合) 후의 한국에 대한 시정방침 결정의 건. 부(附) 헌법(憲法)의 석의(釋義)」에서 "한국을 병합한 이상 제국헌법은 당연히 새 영토에 시행되는 것으로 해석한다. 그러나 실제로는 새 영토에 대해 제국헌법의 각 조장(條章)을 시행하지 않는 것이 적당하다고 인정되므로 헌법의 범위 내에서 제외법규를 제정한다."라는 방침을 확립하는 등 대만의 경우와는 다른 법제정책을 채택하였다. 이와 같이 확립된 방침에 의거하여, 일본은 1910. 8. 29. 대한제국(大韓帝國) 합병을 선언함과 동시에 긴급칙령 제324호로 '조선에 시행해야 할 법령에 관한 건'을 공포·시행하였고, 1911. 3. 25. 이와 완전히 동일한 내용의 법률 제30호를 공포함으로써,[287)]

---

284) 일본의 식민지 대만에 대한 법제정책에 대하여는 정긍식, 조선총독부 법령사료(Ⅰ) – 지배기구·입법 –, 한국법제연구원(1996), 20–24; 이승일, 조선총독부 법제정책, 역사비평사(2008), 89–96 참조.

285) 대만총독이 '법률을 요하는 사항'에 관하여 발하는 명령으로서 '대만에 시행되는 법률·칙령에 위배될 수 없다.'고 규정하였기 때문에 그 형식적 효력은 법률 및 칙령의 하위에 있었다.

286) 일본의 식민지 조선에 대한 법제정책에 대하여는 정긍식(주 284), 24–28; 이승일(주 284), 89–111; 정광현, 한국가족법연구, 서울대학교 출판부(1967), 21–67; 정긍식, "조선민사령과 한국 근대 민사법", 동북아법연구 11권 1호, 전북대학교 동북아법연구소(2017), 97–128; 법원행정처, 主要 舊法令集(上), 재판자료집 41집(1998), 59–81 등 참조.

287) 1945. 8. 15.까지 개정되지 않고 그대로 유지되었던 일본 법률 제30호의 전문은 다음과 같다.
「朕은 帝國議會의 協贊을 거쳐 朝鮮에 施行하는 法令에 관한 法律을 裁可하여 이에 公布한다.
제1조 朝鮮에서는 法律을 요하는 사항은 朝鮮總督의 命令으로써 이를 규정할 수 있다.
제2조 전조의 命令은 內閣總理大臣을 거쳐 勅裁를 청하여야 한다.
제3조 ① 臨時緊急을 요하는 경우에는 朝鮮總督은 직접 이를 발할 수 있다.
② 전항의 명령은 發布 직후 勅裁를 청하여야 한다. 만약 勅裁를 얻지 못하면 朝鮮總督은 즉시 그 命令이 將來에 效力이 없음을 公布하여야 한다.

조선총독에게 실질적인 입법권을 부여하였다. 이러한 법제정책은 원칙적으로 제국의회가 의결한 법률을 식민지 조선에 직접 적용하지 않으면서 실질적인 입법권을 가진 조선총독이 단독으로 제정한 제령(制令)에 의하여 일본의 법령을 의용(依用)하는 방식을 취하고, 위 법률 제30호 제4조, 제5조의 요건이 충족되는 경우에 한정하여 일본 법률과 칙령을 예외적으로 적용하되, 제령은 식민지 조선에 시행되는 일본 법률과 칙령을 위배할 수 없는 한계를 가진다는 취지이다. 이에 따라 식민지 조선은 지배국 일본과는 다른 법체제를 구성한 이법지역(異法地域)이 되었고, 제령에 의하여 일본 민법 등이 식민지 조선에 사실상 적용되더라도 그 법형식 자체가 달랐다. 예컨대, 일본 민법은 '형식적 의미의 법률'로서 식민지 조선에 적용된 것이 아니라 '제령'에 따라 의용되었을 뿐이고, 이러한 이법지역의 지위와 성격은 1945년까지 유지되었다.

明治憲法 중 기본권에 관한 부분은 식민지 조선에 시행되지 않았기 때문에,[288] 일제강점기 당시 식민지 조선의 사법절차에서는 실질적 의미의 입헌주의에 기초한 법치주의가 시행되었다고 보기 어렵다. 한편 조선총독은 식민지 조선을 규율할 입법사항을 제령으로 공포하지 않은 상황에서 발생할 수 있는 법적 공백을 방지하기 위하여, 1910. 8. 29. 제령 제1호를 발하여 "조선총독부를 설치함에 있어서 조선에 있어서 그 효력을 상실할 제국법령 및 한국법령은 당분간 조선총독이 발한 명령으로서 여전히 그 효력을 가진다."라고 규정하였다. 이는 대한제국의 지위가 달라짐에 따라, 그때까지 적용되어 왔던 종래 일본 법령과 한국 법령의 효력이 없어진다는 점을 분명히 함과 동시에 실질적인 필요로 인하여 그 효력을 잠정적으로 유지할 뿐이라는 점을 명시한 것으로서, 구법질서를 그대로 승계하지 않겠다는 의지를 표시한 것이다.[289] 따라서 일제강점기 당시에 대한제국의 종래 법령이 잠정적으로 그 효력을 유지할 수 있었던 법적 근거가 제령 제1호였다. 즉, 일제강점기를 기준으로 하면, 조선총독이 '제령'에 의하여 대한제국 법령을 언제든지 개폐(改廢)할 수 있었으므로, 제령은 규범적으로 대한제국 법령의 상위규범의 위계에 해당하거나, 그렇지 않더라도 최소한 그와 동일한 위계에 있는 특별법규의 성격을 가지고 있었다고 보아야 한다.

제4조 法律의 全部 또는 一部를 朝鮮에 施行할 것을 勅令으로써 이를 정한다.
제5조 제1조의 命令은 제4조에 의해 朝鮮에 시행되는 法律 또는 특히 朝鮮에 施行할 목적으로 제정한 法律 및 勅令에 위배할 수 없다.
제6조 제1조의 命令을 制令이라고 한다.
附則 본법은 公布日로부터 施行한다.」

288) 홍진기(주 165), 7 참조. 앞서 본 일본내각의 1910. 6. 3.자 시정방침에도 明治憲法을 식민지 조선에 시행하지 않는 것이 적당하다는 취지가 기재되어 있다.

289) 제령 제1호의 위와 같은 규정 형식 및 내용은 "현행 법령은 이 헌법에 저촉되지 아니하는 한 효력을 가진다."라고 규정한 제헌헌법 제100조의 경우와 구조적인 차이가 있는데, 후자는 (원칙적으로 구법질서의 승계를 거부한 전자와 달리) 1945. 8. 15. 해방 이후 미군정 당시에 시행되고 있던 종래 법령 중 제헌헌법에 저촉되지 않는 규범들은 원칙적으로 그 효력을 계속 유지한다는 것이기 때문이다. 이에 관한 상세한 내용은 전학선(주 20), 500−501; 이임성(주 20), 60−61 및 아래 4. 라. 1) 다) (3) 기재 등 참조.

나) 제령의 형식으로 제정된 조선민사령

위 가) 기재 법제정책에 기초하여 1912. 3. 18. 제령 제7호로 제정된 조선민사령(1912. 4. 1. 시행)의 경우(76개조, 부칙 6개조), 그 제1조에서 "민사에 관한 사항은 본령 외의 법령에 특별히 정함이 있는 경우를 제외하고는 다음 법률에 의한다."라고 규정하면서 의용(依用)의 대상인 23개의 일본 법률을 제1호부터 제23호까지 한정적으로 열거하였는데, 같은 조 제1호는 일본 민법을, 제13호는 일본 민사소송법을 각각 규정하고 있었다.

유의할 점은 조선민사령이 제1조에 열거된 일본의 민사일반법과 특별법을 전면적으로 의용한 것이 아니라 식민지 조선의 사정을 고려하여 특례를 규정하였고, 나아가 제령의 개정을 통하여 일본 법률을 열거한 제1조의 규정 내용을 변경하거나 위 특례의 내용을 고치는 등의 방법으로 의용의 범위를 여러 차례 수정하였다는 것이다. 예컨대, 1912년 당시 조선민사령 제11조에는 "제1조의 법률 중 능력, 친족 및 상속에 관한 규정은 조선인에게 적용하지 아니한다(제1항). 조선인에 관해서는 전항의 사항은 관습에 의한다(제2항)."라고 규정되어 있었는데, 1921. 11. 14. 위 제11조를 "조선인의 친족 및 상속에 관해서는 제1조의 법률에 의하지 아니하고 관습에 의한다. 단, 친권, 후견, 보좌인 및 무능력자를 위해 두어야 할 친족회에 관한 규정은 그러하지 아니하다."라고 변경하는 제령의 개정이 이루어짐으로써(제령 제14호), 위 개정 제령 제11조의 시행일인 1921. 12. 1.부터는 식민지 조선인의 '능력'에 대해서까지 일본 민법이 의용된 것이다. 이와 같이 일제강점기 당시 일본 민법은 식민지 조선에 직접 적용된 적이 없고, 친족 및 상속에 관하여 (일본 민법이 의용되지 않고) 관습법이 적용될 수 있었던 법적 근거 역시 '제령'이었다는 점을 주목할 필요가 있다.

나. 해방 이후 제헌헌법 시행 이전까지의 규범체계 등[290]

1945. 8. 15. 해방 이후 미군이 한반도에 들어온 다음, 태평양미국육군최고지휘관은 1945. 9. 7.자 포고(布告) 제1호에서 "(전략) 본일 북위 38도 이남의 조선지역을 점령함. 오랫동안 조선인의 노예화된 사실과 적당한 시기에 조선을 해방 독립식힐 결정을 고려한 결과,

290) 상세한 내용은 이임성(주 20), 60－61; 정태호(주 43), 358－361; 정광현(주 286), 21－67; 이창석, "구법령의 효력", 법제월보 2권 12호, 법제처(1959. 12.), 10－12; 이경호, "군정법령의 위헌심사권은 법원에 있다는 판례", 서울대 법학 1권 2호(1959. 12.), 447－455; 양창수, "우리 나라 최초의 헌법재판논의 － 처의 행위능력 제한에 관한 1947년 대법원판결에 대하여 －", 서울대학교 법학 40권 2호(111호), 서울대학교 법학연구소(1999. 6.), 148－149; 정인섭, "대한민국의 수립과 구법령의 승계: 제헌헌법 제100조 관련 판례의 분석", 국제판례연구 1집, 박영사(2000), 261－314; 명순구, "아직도 살아있는 법, '조선민사령' － '조선민사령'의 소급적 폐지를 제안한다 －", 저스티스 103호, 한국법학원(2008), 220, 225; 허완중, "간추린 한국헌법재판사", 헌법재판연구 1권 헌법재판연구원(2014), 291－296; 법원행정처, 主要 舊法令集(下), 재판자료집 42집(1998), 21, 37－39, 43－44; 헌법재판소, 헌법재판소 10년사(1998), 7－10 등 참조.

조선점령의 목적이 항복문서조항 이행과 조선인의 인권 급(及) 종교상의 권리를 보호함에 잇씀을 조선인은 인식할 줄로 확신하고 이 목적을 위하야 적극적 원조와 협력을 요구함(하략)" 이라고 규정함으로써 점령목적 중 하나가 조선인의 인권보장에 있음을 천명하였고,[291] 1945. 10. 9. 발효된 미군정법령 제11호[292]에 의하여 인권을 침해하는 종래 법령이 폐지됨을 밝혔다. 그 후 1945. 11. 12. 발효된 미군정법령 제21호[293] 제1조 등에 의하여 해방 당시 식민지

---

291) 법원행정처(주 290), 21 참조. 통상적인 전시점령의 경우 전쟁 종식 후 피점령국의 주권회복이 예상되므로, 점령군은 현지의 질서유지와 군사상 필요에 절대적인 지장이 없는 한 피점령지의 법령을 존중할 것이 요구되지만, 제2차 세계대전 중 연합국의 카이로 선언과 포츠담 선언에 의하여 한국은 일본의 노예상태로부터 적당한 시기에 독립하는 것이 예정되어 있었고 일본이 다시 지배국이 되는 것은 원천적으로 부정되고 있었기 때문에, 미군정 당시 우리나라의 독립국가 수립에 필요한 광범한 입법작업이 진행되었다는 점은 정인섭(주 290), 264-265 참조.

292) 법원행정처(주 290), 37-39 참조.

○ 在朝鮮美國陸軍司令部軍政廳 (法令 第十一號) 一般法令 第五號는 玆에 左와 如히 改正함.

第一條 特別法의 廢止
第二條 一般法令의 廢止
第三條 刑罰의 制限
第四條 罰則

第一條 特別法의 廢止

一. 北緯三十八度 以南의 占領地域에서 朝鮮人民과 其 統治에 適用하는 法律로부터 朝鮮人民에게 差別 及 壓迫을 加하는 政策과 主義를 消滅하고 朝鮮人民에게 正義의 政治와 法律上 均等을 回復케 하기 위하야 左記 法律과 法律의 效力을 有한 條令 及 命令을 廢止함.
㈎ 政治犯處罰法: 朝鮮法規類編 第六卷 第四十編 第一千二十面, 一九一九年 四月 十五日 制定
㈏ 豫備檢束法: 同 第二卷 第八編 第二十六面, 一九四一年 五月 十五日 制定
㈐ 治安維持法: 同 第二卷 第八編 第十六面, 一九二五年 五月 八日 制定
㈑ 出版法: 同 第二卷 第八編 第二百五十五별, 一九一〇年 二月制定
㈒ 政治犯保護觀察令: 同 第二卷 第八編 第二十三面, 一九三六年 十二月 十二日 制定
㈓ 神社法: 同 第二卷 第六編 第一頁 至 第八十八항, 一九一九年 七月 十八日 制定
㈔ 警察의 司法權: 同 第六卷 第三編 第九百三十九面 至 第九百 四十面

第二條 一般法令의 廢止

一. 其他 法律 及 法律의 效力을 有한 條令 及 命令으로서 其 司法的 又는 行政的 適用으로 因하야 種族, 國籍, 信條 又는 政治思想을 理由로 差別을 生케 하는 것은 玆에 此를 全部 廢止함.

第三條 刑罰의 制限

一. 엇떠한 사람이든지 其 行爲에 對하야 其 犯行當時의 現行法律에 處罰할 條文이 明白히 記錄되어 잇지 아니하엿스면 罪名을 定하거나 判決을 言渡하거나 刑罰을 加하지 못함.
二. 犯罪 或은 犯科의 確定이 업시 사람을 拘留하거나 法的審問과 判決이 없이 刑罰을 加함을 禁함.

第四條 罰 則 本令의 規定을 犯하는 者는 軍律裁判所의 判決과 同時에 其 所定 刑罰에 處함.

一九四五年 十月 九日 在朝鮮美國陸軍司令官의 指令에 依하야 朝鮮軍政長官·美國陸軍少將 에·삐·아-놀드

293) 법원행정처(주 290), 43-44 참조.

○ 在朝鮮美國陸軍司令部軍政廳 (法令 第二十一號)

第一條(法律의 存續)

모든 法律 또한 朝鮮舊政府가 發布하고 法律的 效力을 有한 規則, 命令, 告示 其他 文書로서 一九四五年 十月 九日 施行中인 것은 其間 이미 廢止된 것을 除하고 朝鮮軍政府의 特殊命令으로 廢止할 때까지 全效力으로 此를 存續함. (중략)

조선에 시행중이던 모든 규범들의 효력은 미군정 당시 특수명령으로 폐지되기 전까지 원칙적으로 존속하게 되었다.[294)]

이러한 경위로 1948. 7. 17. 제헌헌법 시행 이전까지 실정법으로서의 효력이 인정된 규범의 경우, ① 이른바 '입법사항'을 규율하는 법률적 효력을 가지던 규범과 ② 그 하위규범들을 포함하고 있었기 때문에, 결과적으로 미군정 당시 실정법의 종류와 형식 등이 매우 다양하게 되었다. 그중 위 ①의 경우 크게 3가지 유형으로서, ㉮ 대한제국 당시 전제군주(專制君主)의 통치권 행사에 의하여 정립·공포된 법령, ㉯ 일제강점기에 제정된 식민지 조선에 대한 칙령과 제령,[295)] ㉰ 미군정 시대에 제정된 태평양미육군최고지휘관의 포고, 미군정장관이 제정한 법령('법령 제○호'의 형식), 과도정부법률(미군정 당시 입법의원의 의결을 거쳐서 미군정장관이 공포한 것) 등 3가지로 분류할 수 있다(이하 미군정 당시의 실정법 규범들을 포괄하여 '구법령'이라 한다).

위와 같이 미군정 당시에 ㉮ 대한제국 법령, ㉯ 일제강점기 당시의 칙령과 제령 등이 그 효력이 존속될 수 있었던 법적 근거는 미군정장관이 단독으로 제정한 '법령 제21호'인데, 그 제정방식 등에 비추어 볼 때 미군정법령이 '형식적 의미의 법률'과 동일한 위상을 가진다고 볼 수는 없다. 또한 미군정장관은 그 당시 ㉰ 미군정법령에 의하여 ㉮, ㉯를 개폐(改廢)할 수 있었으므로(앞서 본 바와 같이 미군정장관은 미군정법령 제11호에 의하여 구법령 중 일부를 명시적으로 폐지하였고, 미군정법령 제21호도 이러한 미군정장관의 특수명령에 의한 개폐권한을 당연한 전제로 하고 있다), 해방 이후 ㉰ 미군정법령은 규범적으로 ㉮, ㉯의 상위규범의 위계에 해당하거나, 그렇지 않더라도 최소한 그와 동일한 위계에 있는 특별법규의 성격을 가지고 있었다고 보아야 한다. 그런데 위와 같이 ㉰ 미군정법령도 '형식적 의미의 법률'과 동일한 위상을 가진다고

第三條(本令의 實施期日)
本令은 一九四五年 十一月 二日 夜半에 效力을 生함.
一九四五年 十一月 二日 在朝鮮美國陸軍司令官의 指令에 依하야 朝鮮軍政長官·美國陸軍少將 에·삐·아－놀드

294) 위와 같은 미군정법령 제21호 제1조의 규정 형식 및 내용은 미군정청에 의하여 특별히 변경되지 않는 이상 종래의 법질서가 계속 유지된다는 의지를 표시한 것으로 볼 수 있으므로, 원칙적으로 구법질서의 승계를 거부한 일제강점기 조선총독의 제령 제1호과는 구조적인 차이가 있다.

295) 일제강점기 당시 총독부령(總督府令)이나 도령(道令)의 형식으로 제정된 규범들의 경우 위임명령(委任命令), 집행명령(執行命令), 경찰명령(警察命令)의 성격을 가지는 것이었기 때문에, 이들은 ② 하위규범에 해당하는 것이었다[정인섭(주 290), 264 참조. 다만 일제 강점기 당시 경찰명령에 관해서는 약간의 검토가 필요하다. 明治憲法 제9조는 "천황은 법률을 집행하기 위하여, 또는 공공의 안녕질서를 지키고 아울러 신민의 행복을 증진하기 위하여 필요한 명령을 발하거나 발하게 한다. 다만 명령으로써 법률을 개정할 수 없다."라고 규정하고 있었고, 이러한 明治憲法의 명문규정을 근거로 지배국 일본과 식민지 조선의 행정기관들이 경찰명령을 발하였다. 식민지 조선의 경우 총독부령에 의하여 '1년 이하의 징역과 금고, 200원 이하의 벌금과 과료'를, 도령으로 '3월 이하의 징역과 금고, 100원 이하의 벌금과 과료'를 각 부과하는 벌칙을 정하는 경찰명령을 발할 수 있었는데, 明治憲法 제9조의 문언 자체에서 경찰명령이 지배국 일본에서도 법률의 하위규범이었다는 점은 분명하다].

볼 수 없는 이상, 그 하위규범 혹은 동일한 위계의 일반법규에 해당하는 ㉮, ㉯ 역시 1945. 11. 12. 당시 '형식적 의미의 법률'과 동일한 위상이나 규범적 효력을 가지고 있었다고 볼 수는 없다.[296)]

다. 제헌헌법 시행 이전에 미군정청 소속 법원에서 이루어진 규범통제

1) 조선총독이 제정한 조선민사령에 대한 규범통제

가) 사안의 개요와 판시내용

위 나. 기재와 같은 경위로 해방 이후에도 조선민사령 제1조 제1호, 제13호에 의하여 의용된 일본 민사소송법 제45조,[297)] 일본 민법 제14조 제1항 제1호[298)]의 효력이 원칙적으로 존속하고 있었고, 관련 규정들을 문언 그대로 적용하는 경우 부(夫)의 허가를 얻지 않은 처(妻)의 소제기가 무효라는 결론에 이르는 상태였다. 그런데 기혼여성인 원고가 피고를 상대로 가옥명도청구의 소를 제기하여 하급심에서 승소한 사안에서, 피고가 '원고의 소송능력은 직권조사사항임에도 이를 조사하지 않은 채 원고 승소판결을 한 것은 위법하다.'는 등의 이유로 상고한 사건이 발생하였다.

그 당시 대법원은 1947. 9. 2. 선고 1947민상88 판결(이하 '1947년 민사판결'이라고 한다)에서 조선민사령 제1조 제1호, 제13호에 근거하여 일본 민사소송법 제45조, 일본 민법 제14조 제1항을 의용한 부분(이하 '조선민사령 중 관련 부분'이라 한다)의 효력에 관하여, "妻에 대하여는 민법 제14조 제1항의 의하여 그에 해당한 행위에는 夫의 許可를 受함을 요하여 그 能力을 제한한바 이는 夫婦間의 和合을 위한 이유도 없지 않으나 주로 夫에 대하여 優越的 支配權을 부여한 취지라고 인정치 않을 수 없다. 그런데 서기 1945. 8. 15.로 我邦은 일본의 羈絆으로부터 해방되었고 우리는 民主主義를 기초 삼아 국가를 건설할 것이고 법률, 정치, 경제

296) 조선총독이 제정한 조선민사령은 일본 법률이나 칙령보다 하위이므로 일제강점기 당시를 기준으로 하더라도 이를 형식적 의미의 법률과 동일시 할 수 없고[동지, 윤진수(주 25), 174], 대한제국 법령인 신문법은 해방 이후 미군정법령의 하위규범 혹은 동일한 위계의 일반법규의 위상을 가지고 있었기 때문에, 미군정청 소속 대법원이 1948년 형사판결에서 미군정법령 제11호를 심사기준으로 위 신문지법에 대해 규범통제를 한 것이 법리적으로 타당하다는 점은 아래 다. 2)항 기재 참조.

297) 조선민사령 제1조 제13호에 의하여 의용되었던 일본 민사소송법 제45조는 "당사자능력, 소송능력 및 소송무능력자의 법정대리는 본법에 별단의 정함이 있는 경우를 제외하고 민법 기타의 법령에 따른다. 소송행위를 함에 필요한 수권에 대하여도 같다."라고 규정하고 있었다.

298) 1921. 12. 1. 시행된 조선민사령 제11조(1921. 11. 14. 개정 제령 제14호) 등에 근거하여 식민지 조선에 의용된 일본 민법 제14조 제1항 제1호는 "처(妻)가 다음의 행위를 함에는 부(夫)의 허가를 받을 것을 요한다. 1. 민법 제12조 제1항 제1항 제1호 내지 제6호의 행위를 하는 것"이라고 규정하고 있었고, 일본 민법 제12조 제1항 제4호는 "준금치산자(準禁治産者)가 다음의 행위를 함에는 그 보좌인의 동의를 얻을 것을 요한다. 4. 소송행위를 하는 것"이라고 규정하고 있었다. 의용민법상 금치산제도(禁治産制度, 제7조 내지 제10조) 및 준금치산제도(제11조 내지 제13조)와 1958. 2. 22. 제정된 우리 민법(2011. 3. 7. 개정되기 전의 것)에 규정된 금치산제도 및 한정치산제도의 비교에 관하여는 곽윤직 편집대표, 민법주해 ⑴(1판), 박영사(1992), 295(양삼승 집필 부분); 양창수 편집대표, 민법주해 ⑴(2판), 박영사(2022), 579－580(김시철 집필 부분) 등 참조.

문화 등 모든 제도를 민주주의 이념으로써 건설할 것은 現下 우리의 國是라 할 것이다. 그러므로 萬民은 모름지기 平等할 것이고 性의 구별로 인하야 生한 차별적 제도는 이미 민주주의 추세에 적응한 변화를 본 바로서 現下 女性에 대하여 선거권과 피선거권을 인정하고 기타 官公吏에 임명되는 자격도 남성과 구별이 無하여 남자와 동등한 公權을 향유함에 이르는 바인즉 女性의 私權에 대하여도 또한 同然할 것이매 男女平等을 부인하던 舊制度로서 그 차별을 가장 현저히 한 민법 제14조는 우리 사회 상태에 적합치 아니하므로 그 적용에 있어서 적당한 변경을 가할 것은 自然의 事勢이다. 玆에 본원은 사회의 진전과 법률의 해석을 조정함에 의하여 비로소 審判의 妥當을 기할 수 있음에 鑑하여 同條에 의한 妻의 能力制限을 인정하지 아니하는 바이다."라고 판시하였다.[299]

나) 1947년 민사판결의 성격 및 이에 대한 분석 등

(1) 1947년 민사판결에 대한 성격에 대한 견해대립 등

우리 헌법이 제정되지 않았던 상태에서 1947년 민사판결이 거기에 적시된 여러 사정들을 근거로 하여 실정법인 '조선민사령 중 관련 부분'에 대한 부수적 규범통제를 하면서 그 적용을 배제한 것은 매우 과단성 있는 판단이었는데,[300] 이에 대하여 즉각적으로 찬반양론이 대립하는 등 상당한 논의가 이루어졌다.[301]

먼저 1947년부터 1948년까지 이루어진 논의를 살펴보면, ① 1947년 민사판결에서 '조선민사령 중 관련 부분'의 효력을 부정하면서 이를 적용하지 않은 것이 '헌법재판'에 해당함을 전제로 하여, ㉮ 헌법이 아직 제정되지 않은 상태였음에도 불구하고 대법원이 '헌법재판'을 한 것 자체가 잘못이라는 입장에서 위 판결을 비판하는 주장(김갑수, 황성희, 김증한)[302]과 ㉯ 이는 '생성 중인 국가 조선의 실질적인 헌법을 심사기준으로 하는 정당한 헌법재판'에 해당한다는 입장에서 위 판결을 옹호하는 주장(홍진기)[303]이 대립하였고, ② 위 ①과는 다른 관점에서, ㉮ 1947년 민사판결을 조리(條理)에 따른 재판이라고 할 수 있으나 이는 잘못된 판단이라는 주장(김갑수),[304] 위 판결이 성문법을 무시하고 법의 적용을 조정한 것은 민주주의 이념에 적합한 것이 아니고, 일본 식민지정책에 의한 악법은 소탕해야 하지만 의용민법 제14조는

299) 1947년 민사판결의 내용에 관하여 법원행정처, 法院史(1995), 225의 기재내용을 그대로 인용하였다.
300) 동지, 김철수(주 1), 136.
301) 그 당시 1947년 민사판결에 대하여 김갑수(미군정청 사법부 법률조사국장), 홍진기(미군정청 법률조사국 법무사), 김안진(고려대학교 정법대학 교수), 황성희(서울지방심리원 심판관), 김증한(서울대학교 법과대학 교수), 장후영(변호사 겸 정기간행물 「법정」의 발행인) 사이에서 벌어진 학술적 논쟁의 상세한 내용에 관하여는 양창수(주 290), 128－140 참조.
302) 김갑수, "군정과 일본법적용의 한계(5·완) － 처의 능력과 대법원판례 －", 법정 13호, 법정사(1947. 10.), 36－37; 황성희, "처의 능력에 대한 신판례에 관하여", 법정 15호, 법정사(1947. 12.), 12－15; 김증한, "민법 제14조에 대한 판례비평", 법정 16호, 법정사(1948. 1.), 39－41.
303) 홍진기(주 165), 4－5.
304) 김갑수(주 302), 36－37.

거기에 해당하지 않는다는 주장(김안진),[305] 이를 조리재판(條理裁判)이라고 볼 수 없고 그 결론도 잘못되었다는 주장(김증한)[306] 등이 제기되는 한편, ㉯ 위 판결은 헌법재판이나 조리재판을 한 것이 아니고, '1945. 8. 15. 조선해방이라는 지극히 커다란 역사적, 현실적 변동(歷史的, 現實的 變動)으로 인하여 심상(尋常) 일반의 법이론만 가지고는 도저히 처리·수습할 수 없는 법현상'이 발생하였기 때문에, '남조선통치기구에 있어서 법의 운용에 관한 최고기관'인 대법원으로서는 '「조선해방」에 치어죽어 송장이 된 법규를 충실히 추려 골라 이를 적용거부(適用拒否)라는 무덤 속에 착실히 장사(葬事)지내는 과업'을 수행해야 하고, 그러한 법규의 '적용을 거부하는 것은 당연한 사리이며 이것은 그의 권한인 동시에 또한 그의 의무'라는 이유로 위 판결을 옹호하는 주장(장후영)[307] 등이 대립하였다.

1947년 민사판결 이후 수십 년이 경과한 시점의 논의를 살펴보면, ③ 위 ①과 같이 위 판결이 헌법재판의 성격을 가짐을 전제로 하여 ㉮ 위 판결을 '위헌선언'이라고 평가하는 주장(김철수, 헌법재판소 10년사),[308] ㉯ 이는 실정 법률의 효력 여부에 관하여 최고법원이 판단할 수 있다는 것을 전제로 한 것이므로 일응 실질적인 헌법재판작용의 한 모습이었다는 주장(이헌환),[309] ㉰ 미군정청 소속 대법원이 헌법재판을 한 것을 현재의 시각에서 보면 무리하게 보일 수 있지만, 입법부와 행정부의 모든 활동이 사법심사의 대상이 될 수 있는 미국 법제도의 영향을 받았던 그 당시 시대상황에 비추어 볼 때, 구법령의 유효성 판단에 적극적인 역할을 할 수 있는 기관이 필요하였고, 당시 대법원은 유일한 최고사법기관으로서 그 역할을 할 수 있는 가장 적합하다는 점에 대해서는 사회적 공감대가 있었다고 평가하는 주장(명순구)[310] 등이 제기되는 한편, ④ 위 ③과는 다른 관점에서 위 ①, ②의 논의를 전반적으로 소개하고 분석한 다음, "김증한의 논리적으로 빈틈없어 보이는 꼬장꼬장한 헌법부재론[憲法不在論 내지 헌법불가지론(憲法不可知論)]이 혹 미군정 당시의 상황에서 아마도 필연적으로 제기될 만한 주장임을 수긍할 수 있다. 그러면서도 결국은 장후영이 말하는 대로 구체적으로 재판을 하는 대법원이 「지극히 커다란 역사적 변동」에 처하여 무엇을 「여전히 효력 있는 법」으로 적용할 것인가를 생각하지 않을 수 없으며 그리하여 '「조선해방」에 치어죽어 송장이 된 법규을 충실히 추려 골라 이것을 적용거부라는 무덤 속에 착실히 장사지내는 과업을 수행'하여야 한다는 설명에 기울어지지 않을 수 없다."라는 소감을 덧붙인 주장(양창수)[311] 등이 제기되었다.

305) 김안진, "처의 소송능력", 고대신문 1호(1947. 11. 3.), 2-3.
306) 김증한(주 302), 39-41.
307) 장후영, "민법 제14조의 운명", 법정 18호, 법정사(1948. 4.), 6-7.
308) 김철수(주 1), 136; 헌법재판소(주 290), 9.
309) 이헌환, "헌법재판제도의 도입배경과 정착 및 발전방향에 관한 연구", 헌법재판연구 1권, 헌법재판연구원(2014), 8-11.
310) 명순구(주 290), 220, 225-226.
311) 양창수(주 290), 126-128.

(2) 검토

1947년 민사판결의 성격이나 결론의 당부 등에 대하여 다양한 견해의 대립이 가능할 것이다. 다만 앞서 본 바와 같이 다양한 규범통제 중 하나의 유형인 위헌법률심사제도의 본질은 '성문헌법에 근거한 권력분립원칙을 토대로 하여, 의회의 법률제정에 관한 권한남용을 통제하는 것'이고, 법원은 헌법적 차원의 예외규정·특별규정이 없는 이상 상위법우선의 원칙 등 일반적인 법원칙에 따라 부수적 규범통제를 해야 한다는 점 등에 비추어 볼 때, 1947년 민사판결에서 이루어진 규범통제를 위헌법률심사에 해당한다고 보기는 어렵고, '형식적 의미의 법률'이 아닌 실정법에 대한 부수적 규범통제로 평가할 수 있다. 그 이유는 다음과 같다.

㈎ 심사대상에 관하여

1947년 민사판결이 '민법 제14조 제1항을 적용하지 않는다.'는 식으로 표현하고 있지만, 위 판결의 실질적인 쟁점은 1921. 12. 1.부터 식민지 조선인에 대해서도 '처의 소송능력에 관한 일본 민사소송법 제45조, 일본 민법 제14조 제1항을 의용하는 내용'이 포함된 조선민사령(제령)의 효력의 문제이므로, 엄밀한 의미에서 규범통제의 대상은 아래에서 보는 바와 같이 '조선민사령 중 관련 부분'이다.

① 제정 당시인 일제강점기를 기준으로 하는 경우

일제강점기 당시 일본 제국의회가 제정한 일본 민법(형식적 의미의 법률)이 식민지 조선에 적용된 적이 없고, 그 당시 동일한 내용의 규범이 식민지 조선에 사실상 적용되었더라도, 그 법형식 자체가 달랐다. 나아가 '조선민사령 중 관련 부분'의 연혁을 살펴보면, 1912. 4. 1. 시행된 최초의 조선민사령 제11조는 조선인의 '능력'에 관하여 일본 민법에 의하지 않고 관습에 의한다고 규정하고 있었기 때문에 이 부분이 처음에는 의용되지 않았다가, 그 후 1921. 11. 14. 개정되고 1921. 12. 1. 시행된 제령 제14호에 의하여 비로소 조선인의 '능력'에 대해서까지 일본 민법 제14조 제1항이 의용되었다는 점도 앞서 본 바와 같다.

즉, 일본 제국의회가 1921. 11. 30.까지 일본 민법 제14조 제1항을 개정한 적이 없음에도, 조선총독이 1921. 11. 14. 제령을 개정함으로써 그 전까지 의용대상에서 배제되었던 일본 민법 제14조 제1항이 1921. 12. 1.부터 비로소 의용된 것인데, 이는 일제강점기 당시 식민지 조선에 적용된 것이 '형식적 의미의 법률(일본 민법)'이 아니라 '제령(조선민사령)'임을 분명하게 보여주는 것이다.[312]

---

312) 또한 조선총독이 1939. 11. 10. 제령 제19호로 조선민사령 제11조의2를 신설하면서(1940. 2. 11. 시행) 같은 조 제2항 내지 제4항을 통하여 서양자제도를 도입하였는데, 위 조문의 신설 당시에도 서양자에 관한 일본 민법규정을 그대로 의용하지는 않고 그중 일부 규정만을 의용하였기 때문에(즉, 일본 민법 제788조 제2항, 제839조 단서, 제973조 등은 의용하지 않았다) 일제 강점기 당시에도 식민지 조선에 적용된 서양자제도가 지배국 일본의 서양자제도와 차이가 있었는데[이에 관한 상세한 내용은 정광현(주 286), 32−42 참조], 이러한 사례 역시 일제강점기 당시 식민지 조선에 적용된 것

② 해방 이후 미군정 당시를 기준으로 하는 경우

해방 이후 우리나라에서 '조선민사령 중 관련 부분'의 효력이 존속될 수 있었던 법적 근거는 미군정장관의 법령 제21호이다. 앞서 본 제정경위나 형식 등에 비추어 볼 때, 미군정법령이 '형식적 의미의 법률'과 동일한 위상을 가진다고 보기 어렵고,[313] 규범적인 측면에서 조선총독이 제정했던 '제령'의 상위규범의 위계에 해당하거나, 그렇지 않더라도 최소한 그와 동일한 위계에 있는 특별법규의 성격을 가지고 있었다고 보아야 한다.[314] 그런데 미군정법령도 '형식적 의미의 법률'과 동일한 위상을 가진다고 볼 수 없는 이상, 그 하위규범 혹은 동일한 위계의 일반법규에 해당하는 조선민사령이 1947년 당시에 규범적으로 '형식적 의미의 법률'과 동일한 위상을 가지고 있었다고 볼 수 없음은 분명하다.[315][316]

이 (일본 민법이 아니라) '제령(조선민사령'임은 분명하게 보여주는 것이다.

이에 관하여 정태호(주 43), 360－361은 일제강점기 당시 이른바 '입법사항(법률을 요하는 사항)'을 규율하고 있던 규범은 실질적으로 일본 법률에 상당하는 것으로 보아야 한다는 취지로 주장하면서, 조선총독의 '제령'에 근거하여 효력이 인정된 식민지 조선의 관습법은 그 당시 형식적 의미의 법률(일본 법률)과 같은 효력을 가지는 규범에 해당한다는 취지로 주장한다. 그러나 위 주장은 본문 가. 2) 기재와 같이 그 당시 지배국 일본과 다른 법체계를 구성한 이법지역(異法地域)으로 규정되었던 식민지 조선 법체계의 성격을 제대로 반영하지 않은 것일 뿐만 아니라, 관습법 적용의 법적 근거가 된 '제령'의 위상이 형식적 의미의 법률에 해당한다고 볼 수도 없기 때문에, 위 주장에 대하여 찬동할 수 없다.

313) 이에 관하여 홍진기(주 165), 5에는 "민법 제14조가 「명령」 또는 그 이하의 법이라면 문제는 간단하다. 왜냐하면 사법재판소는 명령심사권을 의례(依例)히 갖이고 있기 때문이다. 그러면 다만 민주주의 이념이 명령의 내용을 그것에 비추어 심사할 만한 상급법이 될 수 있느냐만이 문제로 남을 것이다. 그러나 일본법이 해방이후에도 남조선에 그대로 시행되고 있는 근거는 무엇이든 일본법이 일본법으로서 갖이고 있는 법단계적 급별(法段階的 級別)도 그대로 가지고 있다고밖에 볼 수 없다. 그러면 민법 제14조는 「법률」의 일부다. 그러면 사법재판소가 어떻게 그것을 실질적으로 심사할 수 있느냐. 일본에서는 종전 후 신헌법 제81조로 「최고재판소는 일체의 법률, 명령, 규칙 또는 처분이 헌법에의 적합 여부를 결정하는 권한 있는 종심재판소이다.」라고 하여 비로소 사법재판소에서 법률심사를 하는 헌법재판을 확립하였다."라고 기재되어 있다. 위 기재에 비추어 보면, 홍진기는 '1947년 민사판결에서 규범통제의 대상'이 된 규범의 '법적 근거'가 무엇인지가 그 규범통제의 성격에 영향을 미칠 수 있음을 인식한 것으로 보인다. 그런데 본문에서 본 바와 같이 1947년 당시 의용민법이 효력을 존속할 수 있었던 법적 근거는 미군정장관의 '법령'이고 '1947년 민사판결에서 규범통제의 대상'이 된 것은 (법률이 아니라) '조선민사령 중 관련 부분'이므로, 이와 다른 전제에 기초한 홍진기의 주장 부분에는 찬동할 수 없다.

314) 동지, 정인섭(주 290), 265(미군정 당시 미군정법령은 그 형식 여하를 막론하고 일제강점기에 제정되거나 의용된 법령보다 우월한 효력을 가지고 있었는데, 예컨대 의용법률 중 하나인 일본의 국민생명보험법이 '1947. 6. 5.자 미군정청 체신부령 제15호'에 의하여 개정된 적도 있다고 한다).

315) 정태호(주 43), 360－361은 이에 관련하여, '㉮ 효력을 부여받는 법규범의 규범서열은, 그것에 ㉯ 효력을 부여하는 법규범의 규범서열보다 높을 수 없다는 견해'가 잘못되었다는 취지로 주장한다.

그러나 "일반적으로 법률의 위임에 의하여 효력을 갖는 법규명령의 경우 구법에 위임의 근거가 없어 무효였더라도 사후에 법개정으로 위임의 근거가 부여되면 그때부터는 유효한 법규명령이 된다고 할 것이나, 반대로 구법의 위임에 의한 유효한 법규명령이 법개정으로 위임의 근거가 없어지게 되면 그때부터 무효인 법규명령이 되는 것은 당연하다. 따라서 어떤 법령의 위임근거 유무에 따른 유효여부를 심사하려면 법개정의 전후에 걸쳐 모두 심사하여야만 그 법규명령의 시기에 따른

③ 타율적인 법의 성격

나아가 제령은 일제에 의하여, 미군정법령은 미군의 통치권에 기하여 각각 형성된 '타율적(他律的)인 법'인데, 1947년 민사판결에서 규범통제의 대상이 된 '조선민사령 중 관련 부분'이 '타율적인 법'이라는 점은 규범통제와 관련하여 중요한 의미를 가진다.[317] 앞서 본 바와 같이 해당 규범의 형성과정에 자국(自國)의 공권력행사기관이 관여하지 않은 경우 그 규범은 예외적인 재판관할권을 가지는 헌법재판소의 규범통제 대상이 되지 않는 것으로 파악하고 있는 위 3. 다. 2) 기재 오스트리아와 독일의 제도 등에 비추어 볼 때, '조선민사령 중 관련 부분'이 타율적인 법이라는 점은 그 규범통제의 성격을 좌우할 수 있는 핵심적 고려사항이기 때문이다.[318]

④ 소결론

1947년 민사판결은 그 당시 실정법을 대상으로 규범통제를 한 것이다. 그러나 위 ①, ②의 사정에 비추어 볼 때, 1947년 당시 '조선민사령 중 관련 부분'이 의회가 제정한 '형식적 의미의 법률'이 아니었음은 분명하고,[319][320] 나아가 이는 위 ③과 같이 '타율적인 법'이었기 때

유효·무효를 판단할 수 있을 것이다."라는 확립된 대법원 판례의 법리에 비추어 볼 때(대법원 1994. 5. 24. 선고 93누5666 전원합의체 판결, 대법원 1995. 6. 30. 선고 93추113 판결, 대법원 2017. 4. 20. 선고 2015두45700 전원합의체 판결 등 참조), ㉮ 규범의 효력은 ㉯ 규범의 존재와 효력 및 수권 여부에 좌우되는 것이고, ㉮ 규범의 서열이 ㉯ 규범의 서열보다 높을 수 있다는 주장은 규범논리적으로 모순이기 때문에, 위 주장에는 찬동할 수 없다. 여기에 이 논문 (주 312)에서 검토한 내용까지 함께 고려한다면, ① 일제 강점기 당시를 기준으로 할 때는 물론이고, ② 해방 이후 미군정 당시를 기준으로 할 때에도, 조선민사령이 '형식적 의미의 법률'과 동일한 위상을 가진 적이 없음은 분명하다.

316) 미군정청 소속 대법원은 1948년 형사판결에서 미군정법령 제11호를 심사기준으로 하여 대한제국 법령인 신문법에 대한 규범통제를 하였다는 점에 대해서는 아래 2)항에서 살펴본다.

317) 1948. 7. 17. 제헌헌법이 공포된 이후 이루어진 규범통제와 관련하여, 위와 같이 타율적인 법이 대한민국의 통치권에 기하여 국회의 의결을 거쳐 자율적(自律的)으로 제정된 우리의 '형식적 의미의 법률'과 동일한 위상을 가진다고 할 수는 없다는 점에 대해서는 이임성(주 20), 60-62; 이경호, "법률과 군정법령의 차이", 법조 8권 5호, 법조협회(1959. 5.), 2-6 등 참조.

318) 동지, 윤진수(주 25), 171-174. 이러한 입장은 유럽연합의 기관이 제정한 유럽연합법(타율적 규범의 성격)을 헌법재판소의 규범통제 대상에 포함시키지 않는 위 3. 다. 2) 기재 오스트리아 및 독일의 제도와 같은 맥락이다.

319) 위 3. 다. 1) 나) ⑵ 기재 프랑스의 법률명령의 경우 이른바 '입법사항'에 관한 규범이기는 하지만, 그 형성 및 효력유지과정 등에 의회가 관여하기 전까지는 헌법재판소의 규범통제 대상적격에 관한 '필요조건'이 구비될 수 없는 반면에, 그 규범의 내용 등을 의회가 승인하는 수권법률의 경우 '형식적 의미의 법률'이므로 위헌법률심사의 대상이 될 수 있는 점, 위 3. 다. 2) 다) ⑹ ㈎ 기재 연방참의원의 동의를 얻어야 하는 독일의 법규명령(Zustimmungsverordnung)의 경우 그 규범의 형성과정에 의회가 관여하기는 하지만 형식적 의미의 법률에 해당하지 않는데, 이러한 경우 해당 규범의 형성과정 등에 의회가 관여한다는 사정만으로 독일 기본법 제100조의 제청대상적격에 관한 '충분조건'이 구비된다고 볼 수 없다는 점[이 논문 (주 236) 등 참조] 등을 비롯한 비교법적 검토에 비추어 보면, 규범통제와 관련하여 그 심사대상 규범의 형성과정 등에 의회가 관여하였는지, 그 규범의 '형식'은 어떠한지 등의 문제는 해당 규범통제의 성격을 좌우하는 핵심적 사항인데, ① 애당초 식민지 조선에는 일본 제국의회가 제정한 '형식적 의미의 법률'이 적용된 적이 없고, 조선총독이 단독으로 제

문에, 이를 심사대상으로 대한 규범통제가 위헌법률심사의 성격을 가진다는 주장에 대해서는 도저히 찬동할 수 없다.

같은 맥락에서, 위와 같은 법적 성격과 위상을 가진 '조선민사령 중 관련 부분'에 대한 규범통제를 할 수 있는 권한이 미군정청 소속 각급 법원에 있었다는 점에 대해서는 별다른 의문이 없다.[321] 위 3. 기재와 같이 각급 법원에서 위헌법률심사를 하는 미국식 사법제도를 채택한 국가들(미국, 캐나다, 일본 등)뿐만 아니라 '입법자보호기능'을 주된 목적으로 하는 법률에 대한 집중형 규범통제제도를 채택하고 있는 프랑스, 오스트리아, 독일 등에서도 최소한(자국의 공권력행사기관이 제정한 규범이 아닌) '타율적인 법'에 대해서는 포괄적인 사법권을 관장하는 일반법원에서 규범통제를 하고 있고, 이러한 일반법원의 규범통제에 관하여 별도의 헌법적 수권규정이 필요한 것은 아니기 때문이다.

(나) 헌법을 심사기준으로 하는 규범통제에 해당하는지

1947년 민사판결 당시 우리 헌법이 아직 제정되지 않았기 때문에, 그 판단과정에서 우리 헌법이 심사기준이 되지 않았음은 분명하고,[322] 위 판결이유를 면밀하게 살펴보더라도 거기에 '헌법재판'을 한다거나 혹은 '위헌판단'을 한다는 문구 등을 발견할 수 없다. 오히려 1947년 판결에 적시된 여러 사정 등에 비추어 볼 때, 사정변경의 원칙(事情變更의 原則)을 비롯한 일반적인 법원칙을 심사기준으로 하여 '조선민사령 중 관련 부분'에 대하여 Ⓑ유형 규범통제를 하였다고 봄이 타당하다.[323]

정한 '제령' 형식의 '조선민사령'이 적용되었을 뿐이며, ② 해방 이후 '조선민사령 중 관련 부분'의 효력을 존속할 수 있었던 법적 근거 역시 미군정장관이 단독으로 제정한 '법령'이었기 때문에, 1947년 당시 '조선민사령 중 관련 부분'이 '형식적 의미의 법률'의 성격이나 위상을 가진다고 볼 수 없음은 분명하다.

320) 이영록(주 271), 317은 1947년 민사판결을 '법률을 대법원이 무효로 선언한 사례'로 파악하고 있으나, 그 당시 규범통제의 대상이 된 것은 '조선민사령 중 관련 부분'이고 '형식적 의미의 법률'이 아니기 때문에, 위 주장에 찬동할 수 없다.

321) 이에 관하여 홍진기(주 165), 5의 주장과 해방 이후 '조선민사령 중 관련 부분'이 '형식적 의미의 법률' 내지 이와 유사한 지위를 가지는 규범이라고 할 수 없다는 점 등을 종합적으로 고려한다면, 1947년 민사판결에서 이루어진 규범통제와 관련하여 '적절한 심사기준'이 선정되었는지, 그 심사기준을 '적절한 적용'이 이루어졌는지 등의 문제만이 실질적인 쟁점이 된다고 볼 수도 있다.

322) 위헌법률심사제도가 '성문헌법의 존재'와 '법률에 대한 헌법의 우위'를 전제조건으로 한다는 점은 한수웅(주 8), 1402 참조. 미군정장관이 1948. 5. 4. 법령 제192호로 공포한 법원조직법의 경우, 그 초안에 있던 '법률에 대한 위헌심사'에 관한 규정이 최종안에서 삭제되었는데, 이에 대하여 결정권을 행사한 것으로 보이는 미국인 법률고문의 검토의견은 '헌법이 아직 제정되지 않은 상태에서 위헌법률심사에 관한 규정을 둘 여지는 없다.'는 것이었다고 한다[RG554, Entry no. 1403(A1), Box #307, "Court Organization Law(Draft #1)", Art. 18.에 관한 Note. 이영록(주 271), 316에서 재인용함].

323) 이에 관하여 장후영(주 307), 6-7은 미군정청 소속 법원이 '조선민사령 중 관련 부분'의 적용을 거부한 것은 당연한 사리이며 이것은 그의 권한인 동시에 또한 그의 의무라고 주장하였다. 그런데 우리 제3공화국 헌법에 관하여 "재판의 전제가 되는 경우 법률의 위헌여부를 판단하는 것은 규범논리상 법원의 권리인 동시에 의무이다. 이러한 법원의 권능은 실정법상 특별한 규정이 없는 한은 배제

그럼에도 불구하고 위 판결이 '헌법재판'의 성격을 가짐을 전제로 하여 다양한 후속논의가 이루어진 이유는 무엇인가? 이는 위 판결이유에서 '민법 제14조 제1항의 적용에 변경을 가한다.'는 식으로 표현하는 등의 사정으로 위 판결의 당부에 관한 논쟁이 시작될 당시부터 그 규범통제의 실질적 심사대상이 '법률'이었다고 파악한 다음, 이를 출발점으로 하여 논쟁이 벌어졌기 때문이다. 이러한 인식의 문제점은 '생성 중인 국가의 실질적인 헌법을 심사기준으로 하는 정당한 헌법재판'에 해당한다는 입장에서 위 판결을 옹호하는 주장[324]뿐만 아니라, 대법원이 '헌법재판'을 한 것이 잘못이라는 입장에서 위 판결을 비판하는 주장들[325]에서도 공통적으로 발견된다.[326]

만일 1947년 민사판결에서 이루어진 규범통제의 심사대상을 '법률'로 파악하는 경우, 1940년대의 시대상황에 비추어 볼 때 법률에 대한 규범통제의 심사기준이 될 수 있는 것은 '헌법'이 유일하다고 인식한 것을 쉽게 비판하기는 어렵다.[327] 그러나 위 ㈎ 기재와 같이 위 판결에서 실질적으로 규범통제의 심사대상이 된 것은 '조선민사령 중 관련 부분'이었기 때문

되어지지 않는다. 그러면 구 헌법상 법원의 이러한 권능을 배제하는 규정이 있었는가? 대법원에 법률에 대한 위헌결정권을 독점시키는 견해[필자 주: 허영(주 30)의 견해를 의미한다]는 헌법 제102조 제1항이 바로 하급법원의 법률에 대한 위헌결정권을 배제하고 이를 대법원에 독점시키는 규정이라고 하였다. 그러나 구 헌법 제102조 제1항은 우리나라가 과거의 헌법위원회제도나 헌법재판소제도를 채택하지 않고 미국식 위헌법률심사제도를 채택하여 사법권의 우위를 지향한다는 사상의 표현으로서 결국 일반법원에 위헌법률심사권을 부여하는 규정이며 그 이상의 것이 아니었다. (중략) 결국 헌법 제102조 제1항은 법원의 위헌법률심사권의 근거 규정으로서 헌법의 법률에 대한 우위의 결과 인정되는 법원의 위헌법률심사권을 헌법적으로 확인, 선언한 것이었다."라고 설명한 김철수(주 1), 91－92의 기재내용 등에 비추어 볼 때, '조선민사령 중 관련 부분'에 관한 Ⓑ유형 규범통제(위헌법률심사는 아니고, 일반적인 법원칙을 심사기준으로 하는 실정법에 대한 규범통제임)가 미군정청 소속 법원의 권한인 동시에 의무라는 취지의 장후영의 주장 부분은 충분히 설득력이 있다.

324) 홍진기(주 165), 4－5.

325) 김갑수(주 302), 36－37; 황성희(주 302), 12－15; 김증한(주 302), 39－41.

326) 반면에, 1947년 민사판결이 헌법재판이 아니라는 입장을 취한 장후영(주 307), 6－7은 1947년 민사판결의 판시내용 자체에 비추어 볼 때, 이를 '헌법재판'이나 '조리재판'이라고 볼 수 없고, 그 당시 대법원은 '해방 후 우리 사회의 상태'를 심사기준으로 하여 구법령의 적용에 관한 취사선택을 하였다고 보아야 하고, 이러한 심사기준을 설정한 것은 타당하다는 취지로 주장하고 있다.

327) 예컨대, 위 3. 다. 2) 나) 기재[이 논문 (주 169) 등 참조]와 같이 오스트리아의 1920년 헌법 제정에 관여하였던 Kelsen은 '법단계설'에 입각하여 "헌법보장(Garantie der Verfassung)이란 헌법 바로 다음 단계에 위치하는 규범 등 국가행위의 적법성 보장을 의미하므로 '법률의 헌법적합성 보장'이 중요한 의의를 지니고, 헌법재판이란 헌법문제를 다루는 재판으로서 법원에 의한 헌법보장을 의미한다."라고 주장하였는데[유남석(주 164), 159 참조], 이는 법률의 바로 위 단계에 위치하는 규범은 '헌법'이고, 그 사이에 다른 규범은 존재하지 않음을 전제로 한 주장이다. 그러나 위 3. 다. 1) 기재 프랑스 제5공화국 헌법에 의하면, 헌법의 바로 다음 단계에 위치하는 규범은 (법률이 아니라) 국제법이고, 위와 같이 각 규범의 단계 내지 위계를 설정하는 것은 헌법제정권자의 선택에 좌우되는 것이므로, '법률이 헌법의 바로 다음 단계에 위치하는 규범임'을 전제로 한 Kelsen의 주장 부분의 경우 현재의 관점에서는 적절하다고 보기 어렵다. 다만 1920년 당시의 상황을 전제로 한 Kelsen의 위 주장 부분이 본문 기재 '조선민사령 중 관련 부분'의 규범통제에 관한 1947년 민사판결의 성격에 대한 학설 대립에 대해서까지 영향을 미쳤다고 볼 수 있다.

에, 그 당시에 이루어진 위와 같은 논의들은 그 출발점 자체가 잘못된 것이다.

나아가 설령 그 규범통제의 심사대상을 법률과 유사한 성격의 규범으로 가정하더라도, 이러한 1940년대의 인식이 법리적인 측면에서 정확하다고 볼 수는 없다. 1958년에 제정된 프랑스 제5공화국 헌법상 '국제법을 심사기준으로 하는 법률에 대한 규범통제'의 사례에서 알 수 있듯이, '법률에 대한 규범통제'가 곧 법률에 대한 위헌심사를 의미하는 것은 아니기 때문이다[위 3. 다. 1) 기재 참조]. 즉, 법률에 대한 규범통제와 관련하여 항상 헌법이 그 심사기준이 되어야 하는 것은 아니므로, 설령 1947년 민사판결이 법률과 유사한 성격을 가지는 실정법에 대하여 규범통제를 하였다고 가정하더라도, 이러한 사정만으로 이를 위헌법률심사에 해당한다고 볼 수는 없다.

㈐ 법원에 사정변경의 원칙 등 일반적인 법원칙을 심사기준으로 하여 규범통제를 할 수 있는 권한이 있는지 여부 등

1947년 민사판결이유를 살펴보면, '조선민사령 중 관련 부분'의 경우 (원시적 무효라는 것이 아니라) '1945. 8. 15. 해방이라는 후발적인 사정변경'으로 인하여 효력이 상실되었다는 취지이므로, 사정변경의 원칙 등과 같은 일반적 법원칙을 심사기준으로 하여 Ⓑ유형 규범통제를 한 것인데,[328)329)] 위와 같은 법리적 판단의 구조 등은 중요한 의미를 가진다. Ⓑ유형 규범

328) 홍진기(주 165), 9는 1947년 민사판결을 '조선민사령 중 관련 부분'을 (원시적 무효로 본 것이 아니라) '1945. 8. 15. 해방이라는 후발적인 사정변경'으로 인하여 그 규범으로서의 효력을 부정한 취지로 파악하고 있는데, 위 판결이 Ⓑ유형 규범통제를 한 것으로 파악한 홍진기의 주장 부분은 타당하다[다만 홍진기는 법적으로는 일본이 항복문서에 서명한 '1945. 9. 2.'부터 실효된 것으로 보아야 한다고 주장하면서 1945. 8. 15.을 조선민사령 중 관련 부분의 실효시점으로 판단한 1947년 민사판결의 판단 부분에 대하여 의문을 제기하였지만, 본문에서 보는 바와 같이 1945. 8. 15. 해방이라는 '사실'이 '조선민사령 중 관련 부분'의 효력에 영향을 미친 것으로 파악하는 것이 타당하다고 생각한다. 이에 관하여 이헌환(주 309), 9에는 홍진기가 "1947년 민사판결의 선고 시인 1947. 9. 2.부터 심사대상 규범의 효력이 상실한다고 주장하였다."라고 기재되어 있으나, 홍진기는 일본의 항복문서 서명 시점인 '1945. 9. 2.'을 실효시점으로 주장하고 있다].

329) 이에 관하여 김갑수(주 302), 37에는 "법령심사권은 헌법을 규구(規矩)로 하여 그 위반 여부를 판정하는 것인 이상, 헌법성립 이후에 발포된 법령만이 기(其) 심사대상에 올을 것이오, 헌법성립 이전에 발포된 법령은 비록 그것이 헌법에 위반된다 허더라도 이것을 헌법위반이라 규정할 수 없을 것이라 하겠는바, 판례가 양언(揚言)하는 의미의 민주주의이념은 해방 이후에 비로서 조선에 시행되는 헌법원리라 해석할 것인 이상, 처의 능력에 관하여 이러한 의미의 헌법재판도 있을 수 없음은 물론이다. 다만 새로운 헌법원리의 시행과 동시에 이와 양립할 수 없는 종래의 법령을 새로운 헌법원리의 시행이 가져오는 신정세의 전개에 따라 사회실정에 적합치 않은 법령으로 전락되었다 해석함으로써 조리(條理)의 기능을 통하여 사실상 폐지된 것과 동일하게 취급할 수 있지 않을까 하는 문제가 있을 것이나, 이것은 결국 문제를 전술 조리의 관계로 환원시키는 것이다."라고 기재되어 있다.

김갑수의 위 주장은 상위법우선의 원칙이 적용되는 Ⓐ유형 규범통제와 신법우선의 원칙 등이 적용되는 Ⓑ유형 규범통제를 법리적으로 구별한 다음, Ⓑ유형 규범통제는 (위헌법률심사가 아니라) 조리재판에 해당한다는 취지의 주장으로 이해할 수 있다. 사견으로는 Ⓐ유형 규범통제와 Ⓑ유형 규범통제를 법리적으로 구별한 부분은 타당하지만, Ⓑ유형 규범통제가 위헌법률심사에 해당하지 않는다는 주장 부분에는 찬동할 수 없다[위 1. 기재 및 이 논문 (주 16) 기재 등 참조. 이에 관하여 김증한(주 302), 41은 민주주의이념을 헌법이라고 할 수 있다면, 민주주의이념 위반을 이유로 하는 재판은

통제의 경우 당해사건에서도 성질상 장래에 향하여 효력을 잃는 장래효를 가질 수밖에 없고, 따라서 '조선민사령 중 관련 부분'이 그 제정당시로 소급하여 효력이 상실될 여지가 없기 때문이다.[330)]

① 1945. 8. 15. 해방이라는 '사실'이 규범의 효력에 영향을 미칠 수 있는지

1947년 민사판결과 같이 '1945. 8. 15. 해방'이라는 '후발적인 사실관계의 변경'이 '조선민사령 중 관련 부분'의 규범적 효력에 영향을 미칠 수 있는지의 문제는 매우 신중하게 접근할 필요가 있다. 이는 사실과 규범의 상관관계, 법 효력의 근거 내지 해석방법론의 본질 등과 관련되는 것으로서 다양한 견해의 대립이 가능한 영역이기 때문이다. 다만 사견으로는 아래와 같은 이유로 최소한 제한적 범위 내에서는 '후발적인 사실관계의 변경'이 규범의 효력에 영향을 미치는 것이 헌법적 차원에서 용인될 수 있다고 생각한다.

② 헌법변천(憲法變遷)과의 비교검토

헌법변천이란 "헌법개정에 의하지 않고, 당해 헌법조문은 그대로 있으면서 입법·행정 또는 사법작용이나 헌법적 관행의 반복에 의해 그 헌법조문의 의미·내용이 암묵적으로 변화하는 경우"를 말한다. 성문헌법 국가에서 헌법변천이 허용되는지에 관하여, Kelsen 등과 같이 법실증주의적 입장을 토대로 한 부정설(객관설), Carl Schmitt 등과 같이 결단주의의 입장을 토대로 한 긍정설(주관설), Carl Friedrich Rudolf Smend 등과 같이 통합주의의 입장을 토대로 한 긍정설(헌법특질설) 등이 대립하는데, 우리나라의 통설은 주관설 또는 헌법특질설에 입각한 긍정설을 취하고 있다.[331)]

그런데 헌법변천은 정치적·경제적·사회적 변동의 결과 행해지는 것이 일반적이고, 사법기관의 헌법해석에 의하여 행해지는 경우가 많다.[332)] 즉, 정치적·경제적·사회적 변동이라는 '후발적인 사실관계의 변경'이 그 이전에 형성되었던 '규범'인 헌법의 의미·내용에 영향을 미치고, 사법기관이 위와 같은 암묵적인 규범의 변화를 확인하는 사법작용을 함으로써 헌법변천이 이루어지는 경우가 많다는 것이다. 물론 헌법변천이라는 명분을 내세워서 사실상 헌법을 침해하는 것은 허용될 수 없지만, 최소한 제한적인 범위 내에서는 '후발적인 사실관계의 변경'이 기존 규범의 의미나 내용을 변경하는 결과가 발생할 수 있고, 이를 확인하는 사법판단이 이루어지는 경우가 있음을 긍정하는 것이 현재 헌법학계의 통설이다.

헌법재판이라는 입장을 취하고 있는데, 김증한의 이 부분 주장은 Ⓑ유형 규범통제에 관한 3. 다. 2) 다) 기재 독일 판례의 법리나 제헌헌법 제100조에 관한 유진오(주 38), 206-207의 해설(아래 라. 1) 기재 참조)과 같은 맥락으로서 타당하다고 생각한다].

330) 후발적인 사정변경에 관한 헌재 1993. 5. 13. 선고 92헌가10 등 전원재판부 결정 참조.

331) 헌법변천에 관한 상세한 내용은 임지봉, "헌법변천과 헌법침해", 고시연구 30권 6호, 고시연구사(2003. 6), 216-224; 김철수, 학설판례 헌법학(상), 박영사(2008), 56-59 등 참조.

332) 김철수(주 331), 58.

③ 신의성실의 원칙의 파생원칙인 사정변경의 원칙(事情變更의 原則)

신의성실의 원칙은 법률관계의 당사자가 상대방의 이익을 배려하여 형평에 어긋나거나 신의를 저버리는 내용 또는 방법으로 권리를 행사하거나 의무를 이행해서는 안 된다는 추상적 규범으로서, 법질서 전체를 관통하는 일반적인 법원칙이다. 신의성실의 원칙이나 그 파생원칙인 사정변경의 원칙, 실효의 원칙, 모순금지의 원칙(금반언의 원칙) 등은 모두 일반적인 법원칙으로서, 일반법원은 명령·규칙이 위와 같은 성격의 일반적인 법원칙에 위배된다는 이유로 규범통제를 할 수 있다는 점에 대하여 학설상 이견이 없고,[333] 대법원 판례도 같은 취지이다.[334]

신의성실의 원칙의 파생원칙인 '사정변경의 원칙'은 법률관계가 형성될 당시에 기초가 된 사정이 현저히 변경되고, 그 법률관계를 그대로 유지하는 것이 현저하게 부당한 결과를 초래하는 사안에서 일정한 요건이 충족되는 경우 예외적으로 사정변경 시점 이후의 법률관계의 효력을 달리 평가할 수 있다는 취지이다(장래효의 구조).[335] 즉, '후발적인 사실관계의 변

---

333) 이재홍, "명령·규칙에 대한 사법심사의 구조와 전망 – 부수적 규범통제를 중심으로 –", 법조 693호, 법조협회(2014), 63–65 참조.

334) 예컨대, 법령의 개정 시 입법자가 구법령의 존속에 대한 당사자의 신뢰를 침해하여 신뢰보호 원칙을 위배하였는지 여부의 판단 기준 및 변리사 제1차 시험을 절대평가제에서 상대평가제로 환원하는 내용의 변리사법 시행령 개정조항을 즉시 시행하도록 정한 부칙 부분이 헌법에 위반되어 무효라는 취지의 대법원 2006. 11. 16. 선고 2003두12899 전원합의체 판결, 한약사 국가시험의 응시자격에 관하여 개정 전의 약사법 시행령 제3조의2에서 '필수 한약관련 과목과 학점을 이수하고 대학을 졸업한 자'로 규정하고 있던 것을 '한약학과를 졸업한 자'로 응시자격을 변경하면서, 그 개정 이전에 이미 한약자원학과에 입학하여 대학에 재학 중인 자에게도 개정 시행령이 적용되게 한 개정 시행령 부칙은 헌법상 신뢰보호의 원칙과 평등의 원칙에 위배되어 허용될 수 없다고 판단한 대법원 2007. 10. 29. 선고 2005두4649 전원합의체 판결 등 참조.

335) 사정변경의 원칙에 관한 대법원 2021. 6. 30. 선고 2019다276338 판결은 "민법 제2조 제1항은 신의성실의 원칙에 관하여 "권리의 행사와 의무의 이행은 신의에 좇아 성실히 하여야 한다."라고 정하고 있다. 이 원칙은 법률관계의 당사자가 상대방의 이익을 배려하여 형평에 어긋나거나 신의를 저버리는 내용 또는 방법으로 권리를 행사하거나 의무를 이행해서는 안 된다는 추상적 규범으로서 법질서 전체를 관통하는 일반 원칙으로 작용하고 있다(대법원 1985. 4. 9. 선고 84다카1131, 1132 전원합의체 판결, 대법원 2021. 6. 10. 선고 2017다52712 판결 참조). 판례는 계약을 체결할 때 예견할 수 없었던 사정이 발생함으로써 야기된 불균형을 해소하고자 신의성실 원칙의 파생원칙으로서 사정변경의 원칙을 인정하고 있다. 즉, 계약 성립의 기초가 된 사정이 현저히 변경되고 당사자가 계약의 성립 당시 이를 예견할 수 없었으며, 그로 인하여 계약을 그대로 유지하는 것이 당사자의 이해에 중대한 불균형을 초래하거나 계약을 체결한 목적을 달성할 수 없는 경우에는 계약준수 원칙의 예외로서 사정변경을 이유로 계약을 해제하거나 해지할 수 있다(대법원 2007. 3. 29. 선고 2004다31302 판결, 대법원 2013. 9. 26. 선고 2012다13637 전원합의체 판결 등 참조). 여기에서 말하는 사정이란 당사자들에게 계약 성립의 기초가 된 사정을 가리키고, 당사자들이 계약의 기초로 삼지 않은 사정이나 어느 일방당사자가 변경에 따른 불이익이나 위험을 떠안기로 한 사정은 포함되지 않는다(대법원 2017. 6. 8. 선고 2016다249557 판결 참조). 사정변경에 대한 예견가능성이 있었는지는 추상적·일반적으로 판단할 것이 아니라, 구체적인 사안에서 계약의 유형과 내용, 당사자의 지위, 거래경험과 인식가능성, 사정변경의 위험이 크고 구체적인지 등 여러 사정을 종합적으로 고려하여 개별적으로 판단하여야 한다. 이때 합리적인 사람의 입장에서 볼 때 당사자들이 사정변경을 예견했다면

경'이 제한적인 범위 내에서 기존 법률관계의 장래적 효력을 달리 평가하는 근거가 될 수 있다는 것인데, 현 시점에서 사정변경의 원칙이 일반적인 법원칙으로서 정당성을 가진다는 점에 대해서는 학설상 이견이 없다. 다만 이는 통상적으로 성문법의 흠결을 보충하는 등의 역할을 하는 것이기 때문에 유형화 작업 등을 통하여 세부적인 심사기준을 구체화하는 것이 필요하고, 구체적으로 사정변경의 원칙의 적용요건을 어떻게 설정할 것인지, 개별 사안에서 그 적용요건의 충족 여부를 어느 정도 엄격하게 요구할 것인지 등이 실질적인 쟁점이 되는데, 이에 관한 견해의 대립이 존재한다.

④ '사정변경의 원칙'을 심사기준으로 하는 규범통제의 정당성 등

1947년 민사판결에서 규범통제의 심사대상인 '조선민사령 중 관련 부분'이 '형식적 의미의 법률'이 아니고, 나아가 '타율적인 법'에 해당하는 것임이 분명한 이상, 미군정청 소속 대법원에 '조선민사령 중 관련 부분'에 대한 규범통제를 할 수 있는 권한이 있었다는 점에 대해서는 별다른 의문이 없다.

한편 그 당시 대법원이 '조선민사령 중 관련 부분'이 '1945. 8. 15. 해방이라는 후발적인 사정변경'으로 인하여 그 효력을 인정할 수 없게 되었다고 판단한 것은 일반적인 법원칙인 '사정변경의 원칙'을 심사기준으로 하여 규범통제를 한 것으로 평가할 수 있는데, 그 심사기준의 설정에 대해서도 법리적으로 별다른 문제가 없다. 위 ② 기재와 같이 '후발적인 사실관계의 변경'이 최고규범인 헌법의 의미를 변화시키는 '헌법변천'까지도 제한적인 범위 내에서 인정되는 이상, 사정변경의 원칙을 하위규범에 대한 규범통제의 심사기준으로 삼는 것은 당연히 허용된다고 볼 수 있기 때문이다. 그리고 Ⓑ유형 규범통제를 한 1947년 민사판결이 신법우선의 원칙에 입각하여 '조선민사령 중 관련 부분'을 (1921. 12. 1.부터 원시적 무효라고 보지 않고) 1945. 8. 15. 비로소 그 효력을 상실하였다고 판단한 부분도 타당하다. 1945. 8. 15. 해방 이전에 이미 완료된 법률관계에 적용된 '조선민사령 중 관련 부분'의 효력을 부정할 근거가 없기 때문이다.[336)]

계약을 체결하지 않거나 다른 내용으로 체결했을 것이라고 기대되는 경우 특별한 사정이 없는 한 예견가능성이 없다고 볼 수 있다. 경제상황 등의 변동으로 당사자에게 손해가 생기더라도 합리적인 사람의 입장에서 사정변경을 예견할 수 있었다면 사정변경을 이유로 계약을 해제하거나 해지할 수 없다. 특히 계속적 계약에서는 계약의 체결 시와 이행 시 사이에 간극이 크기 때문에 당사자들이 예상할 수 없었던 사정변경이 발생할 가능성이 높지만, 이러한 경우에도 계약을 해지하려면 경제상황 등의 변동으로 당사자에게 불이익이 발생했다는 것만으로는 부족하고 위에서 본 요건을 충족하여야 한다(위 대법원 2016다249557 판결 참조)."라고 판시하고 있다. 위 판결은 계약관계에 대한 판단이지만, 사정변경의 원칙은 일반적인 법원칙의 성격을 가지고 있으므로, 명령·규칙에 관한 법률관계에 대해서도 같은 법리가 적용될 수 있다.

336) 후발적인 사정변경에 관한 헌재 1993. 5. 13. 선고 92헌가10 등 전원재판부 결정의 판시내용은 1947년 민사판결의 판단내용과 같은 맥락이다.

⑤ '사정변경의 원칙'에 관한 적용요건의 충족 여부에 관하여

그렇다면 1947년 민사판결의 사안이 사정변경의 원칙에 관한 적용요건을 제대로 충족시킨 것으로 볼 수 있는지, 즉 사정변경의 원칙이라는 심사기준을 제대로 적용하였는지가 실질적인 쟁점이 될 수 있다.

견해의 대립이 가능하겠지만, 1945. 8. 15. 우리나라가 일제의 강점에서 벗어나는 해방이라는 「지극히 커다란 역사적 변동」이 발생하였다는 점을 비롯하여 1947년 민사판결에 적시된 사정들을 종합적으로 검토하는 경우, 1947년 민사판결의 사안이 사정변경의 원칙에 관한 적용요건을 충족시켰다는 결론을 수긍할 수 있다고 생각한다.[337] 그 당시 (아직 우리 헌법이 제정되지는 않은 상태였지만) 1945. 8. 15. 해방으로 인하여 우리나라를 규율하는 전체 법질서의 커다란 변화가 발생한 상태였다는 것은 분명하고,[338] 일제강점기에 제정되었던 관련 규정들을 문언 그대로 적용하여 부(夫)의 허가를 얻지 않은 처(妻)의 소제기가 무효라고 보는 것은 현저하게 부당한 결과를 초래하기 때문이다.[339]

2) 대한제국 법령에 대한 규범통제

가) 사안의 개요와 판시내용

피고인이 신문지에 공중치안질서를 교란(攪亂)하고 정당한 행정을 방해하는 기사를 게재하였다는 공소사실로 기소된 포고 제2호 및 신문지법위반 피고사건에 관하여, 미군정청 소속 서울고등심리원 1948. 4. 7. 선고 1947형상369 판결은 검찰이 적용법조로 기재한 신문

---

337) 동지, 장후영(주 307), 6－7; 양창수(주 290), 126－128; 정인섭(주 290), 307－308; 명순구(주 290), 220, 225－226은 (비록 1947년 민사판결을 헌법재판으로 파악하고 있기는 하지만) 1947년 민사판결의 결론을 수긍할 수 있다고 주장하고 있고, 그 구체적인 주장내용은 양창수의 주장과 유사한 측면이 있다. 미군정청 소속 대법원은 1948. 3. 18. 선고 1947민상260 판결에서도, 1947년 민사판결을 변경해 달라는 피고 측의 주장을 배척하고, "원고가 가령 유부녀일지라도 현행 소송제도하에서 소송행위에 관하여 부의 허가를 불요하는바"라고 판단하였다[정인섭(주 290), 307에서 재인용함].

338) 전체 법질서의 '변화'에 기초한 Ⓑ유형 규범통제에 관하여는 윤진수 편집대표(주 22), 1041－1042 참조.

339) 예컨대, 1947년 민사판결에서 '조선민사령 중 관련 부분' 중 그 효력이 문제가 된 부분은 1945. 8. 15. 해방 이후 미군정청 소속 법원에 제기된 민사청구의 소에 적용된 의용민사소송법 제45조 및 이에 인용된 의용민법 제14조 제1항 부분이다. 그런데 1945. 8. 15. 해방 이후 공무원 임용에 관한 남녀 간의 법적 차별이 철폐되어 성년인 여성은 공무원이 될 수 있었고, 만일 정부가 위와 같은 평등원칙에 입각하여 임용된 기혼 여성공무원에 대하여 부당한 해임처분을 한 경우 '조선민사령 중 관련 부분'을 문언 그대로 적용하게 되면 그 여성공무원이 남편의 허가를 받아야만 소를 제기할 수 있고, 이러한 허가가 없으면 해임처분에 관한 재판청구권을 독자적으로 행사할 수 없는 결과를 초래한다. 재판청구권의 고유한 보호영역은 재판이라는 일정한 절차에 접근할 기회를 보장하라고 청구할 수 있는 권리라는 점[이에 관하여는 김현귀, 재판청구권의 위헌심사기준 － 법관에 의한 재판을 받을 권리를 중심으로 －, 헌법이론과 실무, 헌법재판소 헌법재판연구원(2020), 15－34 등 참조], (여성공무원이 미혼인 경우에는 독자적으로 재판청구권을 행사할 수 있음에도 불구하고) 여성공무원이 혼인하였다는 사정만으로 '조선민사령 중 관련 부분'에 의하여 위와 같은 소를 독자적으로 제기할 수 없다고 보는 것은 합리성을 인정하기 어려운 점 등 제반 사정을 고려하면, 위와 같은 재판청구권의 제한은 현저하게 부당한 결과라고 평가할 수 있다.

지법(대한제국 당시 제정되고, 미군정 당시까지 그 효력이 유지되고 있던 구법령)에 대한 규범통제를 하면서 그 효력을 부정하는 취지의 판결을 하였다. 검찰이 위 하급심판결에 대하여 상고한 사건에서 대법원은 1948. 5. 21. 위 신문지법의 효력이 인정된다는 취지로 하급심판결을 파기하였는데(이하 '1948년 형사판결'이라 한다), 그중 규범통제와 관련된 이유의 주요 부분은 아래와 같다.[340]

「신문지법은 한국정부에 의하여 제정공포된 법률인 것은 소론과 같으나, 이 사실을 들어 동법은 조선인이 자주적으로 제정한 고유의 법률이며 일본인이 조선인에게만 적용키 위하여 제정한 것이 아니라 할 수 없음은 동법이 한일합병 시 소위 제령 제1호에 의하여 신문지규칙과 함께 그 효력이 존속되어 전자는 조선인, 후자는 일본인에게 각각 적용되어온 점에 비추어 명백하므로, 동법이 조선정부의 법률이고 조선인에게만 적용하기 위한 것이 아니라 하여 동법의 존속을 긍정할 수 없음은 물론, 동법은 출판법과 동일한 제정공포의 경위와 효력을 가지고 법리상 동등한 가치를 가진 것임에도 불구하고, 출판법만이 법령 제11호 제1조[341]에 거시되고 신문지법이 거시되지 않았다는 사실만으로써 동법의 폐지를 부정하는 이유를 삼으려 함도 또한 당치 않다. 만일 소론과 같이 신문지법이 과연 출판법과 동일한 제정공포의 경위와 효력을 가진 법으로서 동법과 법리상 동등한 가치를 가지는 것일진대, 법령 제11호 제1조가 종래 법 중 폐지될 법령을 제한적으로 열거함에 그치지 않은 이상 동 법령의 적용상 신문지법이 출판법과 운명을 달리할 이유가 없다. (중략)

신문지법의 실효여부는 동법이 법령 제11호 제2조[342]의 소위 차별법에 해당하는가 아니하는가에 의하여 결정할 것인바, (중략) 동조의 취지는 일제에 의하여 형성되었던 조선인의 법률상 억압 내지 불이익한 지위를 철폐하므로써 조선인에게 정의의 정치와 법률상 균등을 회복시키려 함에 있다 할 것이므로, 동일한 사항에 관하여 조선인을 대상으로 하는 법령과 일본인을 대상으로 하는 법령이 각 별개의 법령으로서 때를 같이 하여 병존하였다는 그 사실 자체가 즉 동조에 소위 차별이라 할 수 없음은 자명한 바일뿐만 아니라, 동시에 동조의 차별은 이를 각 법규의 적용자체가 종교 등을 이유로 하는 불이익 또는 불균등을 초래하는 경우를 말하는 것으로 해석하는 것이 타당하다 할 것이다. 이제 신문지법 제26조, 제37조를 보건대, 동조 등은 사회의 질서 또는 풍속을 교란(攪亂)하는 사항을 기재한 경우에 발행인 편집인 및 기사에 서명한 자를 처벌하는 규정으로서, 동일한 취지의 규정은 신문지규칙에서도 이를 볼 수 있을 뿐 아니라 그 형에 있어서는 도리어 전자가 후자에 비하여 경(輕)하매, 신문지법 제26조, 제37조는 그 적용으로 인하여 조선인에 종족(種族), 국적(國籍), 신조

340) 1948년 형사판결의 내용에 관하여는 김갑수, "판례비평 신문지법의 실효여부", 법정 20호, 법정사(1948. 6.), 8－9 중 일부 기재내용과 이헌환(주 309), 8－11의 기재내용을 토대로 정리하였다(다만 한자를 한글로 바꾸고 일부 한자를 괄호 안에 기재함).

341) 미군정법령 제11호 제1조의 내용에 관하여는 이 논문 (주 292) 참조.

342) 미군정법령 제11호 제2조의 내용에 관하여는 이 논문 (주 292) 참조.

(信條), 또는 정치사상(政治思想)을 이유로 차별을 생기게 하는 규정이라 논단할 수 없음은 전설시에 의하여 명백하므로, 동규정은 법령 제11호 제2조에 의하여 폐지된 것이 아니다.」

나) 1948년 형사판결의 성격 및 이에 대한 분석 등

1948년 형사판결의 성격에 관하여, 실정 법률의 효력 여부에 관하여 최고법원이 판단할 수 있음을 전제로 한 것이므로 실질적인 헌법재판작용의 한 모습이라는 주장이 제기되고 있다.[343] 그러나 아래와 같은 사정에 비추어 볼 때, 1948년 형사판결 및 그 하급심판결에서 이루어진 규범통제를 '위헌법률심사'라고 보기는 어렵고, '형식적 의미의 법률'이 아닌 실정법에 대한 Ⓑ유형 부수적 규범통제로 평가해야 한다.

(1) 심사대상에 관하여

(개) 제정 당시를 기준으로 하는 경우

신문지법은 대한제국 전제군주의 통치권 행사에 의하여 정립·공포된 법령이기 때문에, 그 제정 당시를 기준으로 할 때 우리법이라고 할 수는 있지만, 의회가 제정한 형식적 의미의 법률이 아님은 분명하다.[344]

(내) 일제강점기 당시를 기준으로 하는 경우

조선총독은 1910. 8. 29. 제령 제1호를 발령할 당시 대한제국의 법질서를 그대로 승계하지 않겠다는 의지를 표시하면서, 단지 법적 공백을 방지하기 위한 실질적인 필요에 의하여 대한제국 법령의 효력을 잠정적으로 유지한 것이기 때문에, 일제강점기 당시 신문지법이 잠정적으로 그 효력을 유지한 법적 근거는 제령 제1호이다. 따라서 일제강점기 당시 신문지법이 우리 고유한 법으로서 그 효력을 유지한 것이 아니다(1948년 형사판결에서는 신문지법이 일제강점기 당시 그 효력을 유지할 수 있었던 법적 근거가 제령 제1호라는 점을 명시적으로 지적하고 있다).

(대) 해방 이후 미군정 당시를 기준으로 하는 경우

해방 이후 신문지법의 효력이 존속될 수 있었던 법적 근거는 미군정장관의 법령 제21호로서, 그 제정경위나 형식 등에 비추어 볼 때 미군정법령이 '형식적 의미의 법률'과 동일한 위상을 가진다고 보기 어려운데, 그 당시 미군정법령 제11호, 제21호등은 규범적으로 '신문지법'의 상위규범의 위계에 해당하거나, 그렇지 않더라도 최소한 그와 동일한 위계에 있는 특별법규의 성격을 가지고 있었다고 보아야 한다(실제로 미군정장관은 법령 제11호 제1조에 의하여 대한제국의 출판법을 폐지하였다). 위와 같이 미군정법령도 '형식적 의미의 법률'과 동일한

343) 이헌환(주 309), 8－11. 한편 김갑수(주 340), 11은 '1947년 민사판결이 민주주의 이념을 이유로 의용민법 제14조의 실효를 선언한 것과 비교하는 경우, 신문지법은 당연히 폐지되어야 한다.'는 취지로 주장하고 있으므로, 1947년 민사판결 및 1948년 형사판결이 모두 헌법재판의 성격을 가지는 것으로 파악하였다고 볼 수 있다.

344) 상세한 내용은 이창석(주 290), 10－12; 이경호(주 290), 447－455 참조.

위상을 가진다고 볼 수 없는 이상, 그 하위규범 혹은 동일한 위계의 일반법규에 해당하는 신문지법이 1947년 당시에 규범적으로 '형식적 의미의 법률'과 동일한 위상을 가지고 있었다고 볼 수는 없다. 1948년 형사판결 및 그 하급심판결은 이러한 각 규범의 서열을 전제로 하여, 미군정법령 제11호 제2조가 그 규범통제의 심사기준이라는 점을 명시하였다.[345)]

㈑ 소결론

1948년 형사판결이 그 당시 법원이 실정법을 대상으로 규범통제를 한 것이다. 그러나 위 ㈎ ㈏ ㈐의 사정에 비추어 볼 때, 1947년 당시 신문지법이 '형식적 의미의 법률'이 아니었음은 분명하므로, 이를 심사대상으로 대한 규범통제가 위헌법률심사의 성격을 가진다는 주장에 대해서는 도저히 찬동할 수 없다. 같은 맥락에서, 위와 같은 법적 성격과 위상을 가진 신문지법에 대한 규범통제를 할 수 있는 권한이 미군정청 소속 각급 법원에 있었다는 점에 대해서는 별다른 의문이 없다.

⑵ 헌법을 심사기준으로 하는 규범통제에 허당하는지

1948년 형사판결 당시 우리 헌법이 아직 제정되지 않은 상태였기 때문에, 그 판단과정에서 우리 헌법이 심사기준이 되지 않았음이 분명하다. 오히려 미군정법령 제11호 제2조를 심사기준으로 하여 규범통제를 하였다는 점이 위 판결이유에 구체적으로 적시되어 있으므로, 위 판결이 우리 헌법을 심사기준으로 삼았다고 볼 수는 없다.

⑶ 미군정청 소속 법원이 미군정법령 제11호 제2조를 심사기준으로 하여 규범통제를 할 수 있는 권한이 있는지 여부 등

1948년 형사판결이유를 살펴보면, 신문지법 제26조, 제37조 등의 제정 시점부터 일제강점기까지의 효력 유무 등은 위 판결의 결론에 영향을 미칠 수 없고, 단지 해방 이후 제정된 미군정법령 제11호 제2조와의 저촉 여부에 관한 Ⓑ유형 규범통제가 실질적인 쟁점이었음을 알 수 있다. (미군정법령 제11호 제1조의 명문규정에 의하여 그 효력이 부정된 출판법의 경우와 달리) 신문지법은 미군정장관이 폐지대상을 명시한 미군정법령 제11호 제1조에 열거되어 있지 않았기 때문이다. 즉, 서울고등심리원은 신문지법 제26조, 제37조 등의 경우 그 성립 이후에 제정된 미군정법령 제11호 제2조에 저촉되어 효력을 인정할 수 없다고 판단한 것인 반면에, 대법원은 1948년 형사판결에 적시한 사정들을 근거로 위와 같은 하급심판결을 파기하고, 신문지법 관련 규정이 미군정법령 제11호 제2조에 저촉되지 않는다고 판단한 것이다(Ⓑ유형).

345) 정태호(주 43), 360－361은 이에 관련하여, '효력을 부여받는 법규범의 규범서열은 그것에 효력을 부여하는 법규범의 규범서열보다 높을 수 없다는 견해'가 잘못되었다는 취지로 주장하고 있으나, 이 논문 (주 312), (주 315)에서 본 바와 같은 이유로 위 주장에 대하여 찬동할 수 없다.

㈎ 미군정법령 제11호 제2조를 심사기준으로 한 규범통제 구조에 대하여

1948년 형사판결의 규범통제 대상인 신문지법이 '형식적 의미의 법률'이 아닌 것임이 분명한 이상, 그 당시 대법원을 비롯한 각급 법원에 이에 대한 규범통제를 할 수 있는 권한이 있었다는 점에 대해서는 별다른 의문이 없다.

한편 그 당시 대법원이 신문지법 제26조, 제37조가 해방 이후 미군정장관이 제정한 법령 제11호 제2조에 저촉되지 않는다고 판단하는 방식을 취한 점에 대해서도 법리적인 문제가 없다. 그리고 위와 같은 판단구조에 비추어 보면, 1948년 형사판결은 Ⓑ유형 규범통제를 한 것이므로, 신법우선의 원칙에 입각하여 신문지법 제26조, 제37조가 (원시적 무효인지 등을 따지지 않고) 해방 이후에 성립한 신법(新法)인 미군정법령 제11호 제2조에 저촉되는지를 검토한 부분도 법리적으로 타당하다.[346)]

㈏ 구체적인 판단의 당부

1948년 형사판결에 적시된 여러 사정들을 종합적으로 살펴보면, 위 판결의 결론이 구체적으로 타당한지에 관하여 견해의 대립이 있을 수 있고, 위 형사판결에 대한 김갑수의 비판[347)]도 경청할 여지가 있다.

그러나 우선 김갑수는 1947년 민사판결과 1948년 형사판결을 모두 '헌법재판'과 유사하다고 파악하고 있으나, 위 1) 기재와 같이 1947년 민사판결은 '사정변경의 원칙'을 근거로 하여 '조선민사령 중 관련 부분'의 적용을 거부한 것인 반면에, 1948년 형사판결은 신문지법 제26조, 제37조가 차별적 규범의 효력을 부정하는 미군정법령 제11호 제2조에 저촉되는지 여부를 집중적으로 심리한 다음 이에 저촉되지 않는다는 결론을 내린 것이므로, 양자의 판단구조 및 내용은 실질적으로 차이가 있다.

한편 1948년 형사판결에 대하여 비판적 입장을 취한 김갑수도 일제강점기 당시 조선인에게 적용되었던 신문지법 제26조, 제37조와 일본인에게 적용되었던 신문지규칙의 관련 규정을 각각 개별적으로 비교하는 방식으로 규범통제를 하는 경우, 신문지법 제26조, 제37조가 차별적인 규범이 아니라는 결론에 이른다는 점을 인정하고 있다.[348)] 그래서 김갑수는 그 차별성 여부를 개별규정별로 판단하는 가분적(可分的) 접근방식이 타당하지 않고, 신문지법의 입법 목적 등을 고려하여 신문지법 전체를 통하여 차별성 여부를 검토하는 불가분적(不可分的) 접근방식을 채택해야 한다고 주장하였다. 그러나 사법기관의 구체적 규범통제와 관련하여 개별규정별로 그 유효 여부를 검토하는 것이 원칙이므로,[349)] 이와 다른 전제에 기초하여

346) 후발적인 사정변경에 관한 헌재 1993. 5. 13. 선고 92헌가10 등 전원재판부 결정도 같은 취지임은 앞서 본 바와 같다.
347) 김갑수(주 340), 8－12 참조.
348) 김갑수(주 340), 9－10 참조.
349) 대법원 2001. 2. 26.자 98아40 결정, 대법원 2004. 4. 13.자 2001초472 결정 등 참조.

'신문지법' 전체를 포괄적으로 심사대상으로 삼아서 규범통제를 해야 한다는 김갑수의 주장 부분을 쉽게 받아들이기 어렵다. 오히려 1948년 형사판결의 판단구조가 일반적인 규범통제 방법론에 부합하고, 같은 맥락에서 신문지법 제26조, 제37조가 미군정법령 제11호 제2호에 위배되지 않는다는 판단 부분도 수긍할 수 있다고 생각한다.

3) 해방 이후 미군정 당시에 이루어진 구법령에 대한 규범통제의 성격 등

해방 이후 미군정 당시를 기준으로 할 때, 그 당시 우리나라에 적용되고 있던 이른바 '입법사항'에 관한 구법령 중에는 형식적 의미의 법률과 동일한 성격이나 위상을 가지는 규범이 존재하지 않았다.[350] 따라서 구법령 중 일제강점기에 조선총독이 제정한 조선민사령이나 대한제국 당시 정립·공포된 법령인 신문지법에 대하여 일반법원에서 이루어졌던 규범통제는 위헌법률심사에 해당할 수 없고,[351] 일반적인 법원칙인 '사정변경의 원칙' 또는 사후에 제정된 미군정법령을 심사기준으로 하여 이루어진 Ⓑ유형 부수적 규범통제의 성격을 가진다. 한편 1947년 민사판결이나 1948년 형사판결의 구체적인 당부에 대하여 견해 대립이 가능하지만, 사견으로는 앞서 본 바와 같은 이유로 위 각 결론 부분도 수긍할 수 있다고 생각한다.

라. 1948. 7. 17. 공포된 제헌헌법과 위헌법률심사제도

1) 제헌헌법 중 위헌법률심사제도 관련 규정 등

가) 관련 규정의 내용

제헌헌법은 "사법권은 법관으로써 조직된 법원이 행한다(제76조 제1항). 최고법원인 대법원과 하급법원의 조직은 법률로써 정한다(제76조 제2항). 법관은 헌법과 법률에 의하여 독립하여 심판한다(제77조). 대법원은 법률의 정하는 바에 의하여 명령, 규칙과 처분이 헌법과 법률에 위반되는 여부를 최종적으로 심사할 권한이 있다(제81조 제1항). 법률이 헌법에 위반되는 여부가 재판의 전제가 되는 때에는 법원은 헌법위원회에 제청하여 그 결정에 의하여 재판한다(제81조 제2항). 헌법위원회는 부통령을 위원장으로 하고 대법관 5인과 국회의원 5인의 위원으로 구성한다(제81조 제3항). 헌법위원회에서 위헌결정을 할 때에는 위원 3분지 2이상의 찬성이 있어야 한다(제81조 제4항). 헌법위원회의 조직과 절차는 법률로써 정한다(제81조 제5항)."라고 규정하면서,[352] 부칙인 제100조에서 "현행법령은 이 헌법에 저촉되지 아니하는 한

350) 이에 관하여 정태호(주 43), 359-361은 이른바 '입법사항'에 관한 규범은 모두 형식적 의미의 법률과 같은 성격과 위상을 가진다는 취지로 주장하지만, 본문 및 이 논문 (주 312), (주 315) 등에서 살펴본 바와 같은 이유로 이러한 주장에는 찬동할 수 없다.

351) 정광현(주 286), 66-67은 친족상속관계의 관습법이나 구법령 중 제헌헌법에 저촉되는 실정법에 대해서는 제1공화국 당시 각급 법원에서 부수적 규범통제방식에 따라 그 적용을 배제할 수 있다는 입장을 취하고 있다.

352) 제헌헌법 제81조에 관한 설명은 유진오(주 38), 171-172 참조.

효력을 가진다."라고 규정하고 있다.[353)]

나) 사법국가형 사법제도의 채택과 규범통제의 전반적 구조

(1) 헌법위원회에 의한 위헌법률심사제도의 채택

1945. 8. 15. 해방 후 대륙법계 행정국가형 사법제도를 채택하자는 주장이 제기된 적이 있으나,[354)] 제헌헌법은 행정소송을 대법원을 최고법원으로 하는 각급 법원의 관할로 함으로써, 영미법계 사법국가형 사법제도를 채택하였다.[355)] 다만 제헌헌법은 민주국가의 경우 모든 사법절차의 영역에서 (국회가 아닌) 행정부나 지방자치단체 등이 제정한 명령과 규칙 등이 헌법 또는 법률에 위반되는 여부를 각급 법원이 심사할 수 있다는 점을 법리적으로 당연한 것으로 파악하면서도, '국회에서 제정한 법률을 위헌으로 결정하는 것은 국무상(國務上) 가장 중대한 일'이기 때문에, 각급 법원에서 위헌법률심사권한까지 행사하는 미국식 분산형 규범통제제도를 취하지 아니하고, 헌법위원회에서만 그 권한을 전속적·배타적으로 행사할 수 있도록 함으로써 집중형 규범통제제도를 규정한 것이다. 헌법위원회 위헌결정에 위원 2/3 이상의 찬성이 필요하도록 규정한 것도 '입법자보호기능'을 주된 목적으로 설계된 제도의 취지를 반영한 것으로 볼 수 있다.[356)]

위 3. 나. 1) 기재 미국식 사법제도와 비교하여 볼 때, 제헌헌법상 위헌법률심사제도는 의회우위의 권력분립원칙을 채택하고 있던 그 당시 유럽대륙법의 영향을 받은 것으로 평가할 수 있다. 만일 ① 행정입법 제정에 관한 행정부의 공권력행사와 ② 법률 제정에 관한 국회의 공권력행사를 동일한 차원에서 파악하는 경우, 행정입법에 대한 규범통제는 포괄적인 사법권을 관장하는 일반법원에서 할 수 있도록 규정하면서도 법률에 대한 위헌결정만은 일반법원이 할 수 없도록 제한한 다음, 후자의 권한을 헌법적 차원에서 일반법원과 분리된 별도의 기관(헌법위원회)에서 전속적·배타적으로 행사하도록 규정할 이유가 없기 때문이다.

한편 헌법위원회를 부통령이 위원장이 되고 대법관 5인과 국회의원 5인이 위원이 되는

---

353) 제헌헌법 제100조에 관한 설명은 유진오(주 38), 206－207 참조.

354) 예컨대, 1946. 3. 1. 신익희의 주도하에 행정연구위원회가 작성한 헌법초안 제55조에서는 "행정청의 명령 급(及) 처분에 관한 소송은 법률로써 정하는 바에 의하여 행정재판소의 관할에 속함. 행정재판소의 구성은 법률로써 이를 정함."이라고 규정되어 있었다.

355) 그 제정취지에 관하여는 유진오, 헌법기초회의록, 일조각(1980), 242－243 참조.

356) 제헌헌법 제81조에 관한 유진오(주 38), 171－172에는 "본조 제2항은 법원의 법률심사에 관한 권한을 규정하였는데 미국의 법원은 스스로 법률의 내용을 심사하여 그것이 헌법에 위반한다고 인정할 때에는 위헌판결을 내리는 권한을 가졌으나 국회에서 제정한 법률을 위헌으로 결정하는 것은 국무상 가장 중대한 일이므로 우리 헌법은 미국식 제도를 취하지 아니하고 법원이 재판을 할 때에 적용하고자 하는 법률이 헌법에 위반한다고 인정할 때에는 우선「헌법위원회」에 법률의 위헌여부를 결정하여 줄 것을 제청하고 그의 결정에 의하여 재판을 하도록 한 것이다. (중략) 본조 제4항에서 헌법위원회의 위헌결정은 위원 2/3 이상의 찬성이 있어야 한다고 한 것은 법률의 위헌결정은 국무상 중대한 사항이므로 그를 신중히 하기 위한 것이다."라고 기재되어 있는데, 이에 대한 설명으로는 한수웅(주 8), 83－85, 1433－1434; 김하열(주 46), 32－33, 65－67 참조.

비상설기관(非常設機關)으로 규정한 것은 유진오의 독창적 발상이다.[357] 그 당시 Kelsen의 법단계설의 영향을 받았던 유진오의 입장에서 위 3. 라. 1) 기재와 같이 법률의 위헌여부를 의회가 스스로 판단하는 제2차 세계대전 종전 이전의 일본 제도를 그대로 답습할 수는 없었기 때문에, 의회에 대한 헌법의 우위를 보장하는 방안을 다각도로 모색한 것이다. 예컨대, 유진오가 1948. 5. 미군정청 사법부(司法部) 소속 법전편찬위원회에 제출한 헌법초안(이하 '유진오사안'이라고 한다)[358]의 경우, 대통령을 의장으로 하고 대법원장, 국회 양원의장과 참의원의 동의로써 대통령이 임명하는 3인의 위원으로 구성되는 비상설기관인 헌법위원회 제도를 규정하고 있었다.[359] '유진오사안'의 관련 규정들을 비교해 보면, 제헌헌법은 유진오사안과 유사하게 삼부(三府)가 헌법위원회의 구성에 참여하는 형식을 취하면서도 그 격(格)을 낮추었고, 헌법위원회 내에서 사법부와 국회의 영향을 강화하면서 양 기관 사이의 세력균형을 도모한 것으로 볼 수 있다.[360]

(2) 헌법위원회의 위헌결정의 효력

제헌헌법은 헌법위원회 위헌결정의 효력어 관한 규정을 두지 않았고, 단지 1950. 2. 21. 법률 제100호로 제정되어 같은 날 시행된 헌법위원회법 제20조가 "헌법위원회의 위헌결정은 장래에 향하여 효력을 발생한다. 그러나 형벌 조항은 소급하여 그 효력을 상실한다."라고 규

357) 이영록(주 271), 318－321. 이에 관하여 유진오(주 38), 171－172에는 "우리나라의 법원은 미국의 법원과 같이 직접 법률의 위헌여부를 심사할 권한은 없으나 그렇다 하여 예를 들면 구 오지리(墺地利)의 헌법재판소와 같이(구 오지리 헌법 제14조) 법률심사권이 법원과는 전연 관계없는 기관에 소속된 것도 아니고 법원은 특정의 법률이 헌법에 위반된다고 생각할 때에는 헌법위원회에 그 위헌결정을 제청할 권한을 가지고 있는 것이다. 그뿐 아니라 헌법위원회는 부통령을 위원장으로 하고 대법관 5인과 국회위원 5인의 위원으로 구성되는 것이므로(본조 제3항) 헌법위원회에 있어서의 법원의 발언권은 크며 따라서 우리나라의 법원은 다만 위헌결정의 제청권뿐 아니라 위헌결정 그 자체에도 참가할 권한이 인정된 것이다. 이상과 같은 법원의 권한은 미국 대심원의 법률심사권에 비하여 약한 것은 사실이며 또 잘못하면 유명무실화하여지지나 아니할까 하는 우려가 없는 것도 아니나 그의 운용 여하와 법치정치에 대한 국민의 여론 여하로는 국회의 법률제정에 상당한 영향을 주어 위헌법률의 제정 방지에 일조가 될 것으로 믿는다."라고 기재되어 있고, 유진오(주 355), 41－43에는 미국식 제도와 프랑스식 제도의 절충이라고 할 수 있는 헌법위원회를 구상하였다는 취지가 기재되어 있다.

358) 유진오가 1948. 5. 미군정청 사법부(司法部) 소속 법전편찬위원회에 제출한 '유진오사안'의 전문(全文)은 유진오(주 355), 181－193 참조.

359) 이에 관하여 이영록(주 271), 318－321에는 "결국 유진오에 의하면, 위헌법률을 심사할 수 있는 기관은 논리적으로 헌법의 구속을 받으면서도 의회의 상위에 위치하는 기관이어야 했다. 한편 민주주의 국가에서 의회가 차지하는 중요성을 감안할 때, 그 기관은 비상설기관으로 존재하는 것이 바람직하다고 생각했다. 법단계설의 논리는 소위 「유진오사안」에 나타나는 헌법위원회의 구성방식을 이해하는 발판이 된다. 「유진오사안」 제89조에 따르면, 헌법위원회는 대통령을 의장으로 하고 대법원장, 국회의 양원의장, 그리고 참의원의 동의를 받아 대통령이 임명하는 3인의 위원으로 구성하도록 되어 있다. 현실성을 차치하고, 이만큼 의회에 대한 우위를 보장하는 확실한 방식이 또 있었을까? 3부의 수장이 참여하는 이 방식보다 권위와 정당성을 갖는 기관을 달리 생각할 수 있었을까?"라고 기재되어 있다.

360) 유진오(주 38), 171－172; 대한민국국회(주 138), 212－213 참조.

정하고 있을 뿐이다.

위와 같이 제헌헌법 및 비형벌조항(非刑罰條項)에 관한 관련 법률은 헌법위원회 결정의 효력에 관하여 상위법우선의 원칙 등에 관한 헌법적 차원의 예외규정·특별규정을 두지 않은 상태에서, 법률적 차원에서 위헌으로 판단된 해당 법률의 원시적 무효에 관하여 일정한 범위 내에서 제한을 설정한 것이다. 위 3. 다. 기재 프랑스, 오스트리아, 독일의 제도에 대한 비교법적 검토에 비추어 볼 때, 헌법위원회 위헌결정의 효력에 관하여 단지 법률적 차원에서만 규율을 하고 있다는 점에서는 독일의 제도와 유사한 측면이 있는 반면에, (합헌결정이 아닌) 위헌결정의 효력에 관해서만 규율한다는 측면에서는 프랑스나 오스트리아의 제도와 유사하다고 볼 수 있다.[361)]

(3) 사례 1에 대한 검토

모든 재판절차에서 일반적인 법원칙이 예외 없이 적용되는 것을 전제하는 경우, 각급 법원은 재판을 하면서 필요한 범위 내에서 헌법상 법치국가의 원칙 및 상위법우선의 원칙 등에 따라 행정입법뿐만 아니라 국회가 제정한 법률에 대해서까지 규범통제를 해야 한다. 그럼에도 불구하고 제헌헌법 시행 이후인 1949년 제정된 법률에 대한 Ⓐ유형 규범통제가 쟁점인 사례 1에서는 법원이 1950. 4. 30. ㈎ 법률이 헌법에 위배되어 이를 적용할 수 없다는 이유로 A의 집행정지신청을 인용할 수 없는데, 이는 일반적인 법원칙에 관한 헌법적 차원의 예외규정·특별규정인 제헌헌법 제81조 제2항 등이 '입법자보호기능'을 하고 있다는 것을 의미한다.[362)] 위와 같은 헌법적 차원의 예외규정·특별규정으로 인하여 각급 법원은 재판을 하면서 필요한 법률에 대한 위헌여부를 스스로 결정할 수 없는 결과가 발생하였기 때문이다.

즉, 사례 1과 같이 소의 이익 및 쟁송절차에 소요되는 최소한도의 시간문제 등과 같은 이유로 ㈎ 법률의 위헌여부에 관한 법원의 제청 및 헌법위원회의 위헌결정 등을 통한 규범통제가 실무적으로 불가능한 집행정지신청 등과 같은 사건의 경우, 제1공화국 당시의 사법제도가 마치 당해 재판에 적용되는 법률에 대한 위헌심사를 허용하지 않는 위 3. 나. 3) 기재 스위스의 사법제도와 유사하게 운영되었다고 볼 수도 있다.

다) 제헌헌법상 규범통제 관련 쟁점에 대한 구체적인 검토

(1) 명령·규칙·처분의 위헌·위법여부에 대한 사법심사에 관하여

유진오사안이 1948. 5. 법전편찬위원회에 제출된 다음 이를 기초로 하는 수정초안이 국회헌법기초위원회에 제출되었고,[363)] 국회헌법기초위원회의 토의를 거쳐서 재차 수정된 초안

361) 이에 관한 비교법적 검토에 관하여는 헌재 1993. 5. 13. 선고 92헌가10 등 전원재판부 결정이유 등 참조.

362) 김철수(주 1), 91-92; 김철수(주 160), 95-96 참조.

363) 1948년 국회헌법기초위원회에 제출된 수정초안의 전문(全文)은 유진오(주 355), 207-220 참조.

이 국회 본회의에 이송되었으며,[364] 본회의의 심의를 거쳐서 위 가) 기재와 같은 헌법규정이 제정되었는데, 위와 같은 토의 및 심의과정에서 제헌헌법 제81조 제1항의 규정 내용에 관하여는 실질적인 변동이 없었다.

유진오는 그 규정취지에 관하여, "본조 제1항은 대법원이 법률의 정하는 바에 의하여 모든 명령, 규칙과 처분이 헌법과 법률에 위반되는가 안 되는가를 최종적으로 심사할 권한이 었던 것을 규정하였는데, 명령과 규칙이 헌법 또는 법률에 위반되는 여부를 법원이 심사할 수 있음은 세계 각 민주국가에서 인정되어 있는 원칙이므로 특히 설명의 필요가 없으며 본항의 중점은 행정처분을 주로 하는 국가의 모든 처분행위를 법원이 심사할 수 있다는 점에 있다."라고 설명한다.[365] 해방 이전 일본은 사법재판소의 행정쟁송 심리를 금지하는 행정국가형 사법제도를 채택하고 있었지만(위 3. 라. 기재 참조), 제헌헌법 제81조 제1항에서는 영미법계 사법국가형 사법제도를 채택함으로써 종래 제도와 근본적으로 변화된 입장을 취한 것이 중요하다는 취지이다.

서구의 주요 국가들은 대부분 법규명령을 비롯한 행정입법에 대하여 일반법원이 규범통제권한을 행사하기 때문에, 유진오의 위 설명 부분은 대체로 타당하다.[366] 다만, 위 3. 다. 2) 나) 기재와 같이 오스트리아는 1920년부터 현재까지 일반법원이 법규명령에 대한 규범통제를 할 수 없도록 제한하면서 그 권한을 헌법재판소에 집중시키는 독특한 제도를 운용하여 왔으므로, 유진오가 이러한 예외적 제도를 소개하지 않은 것은 비교법적인 측면에서 다소간의 아쉬움이 있다.

(2) 위헌법률심사에 관하여(유진오와 Favoreu의 주장에 대한 검토)

위 나. 기재와 같이 1945. 11. 12. 발효된 미군정법령 제21호 제1조 등에 의하여 해방 당시 식민지 조선에 시행중이던 모든 규범들의 효력은 원칙적으로 존속하게 되었기 때문에,[367] 미군정 시대에도 우리 재판제도는 행정국가형 사법제도를 토대로 한 종래 사법제도를 토대로 하여 운영되었다. 유진오가 '1948년 당시 우리나라 법원이 민사·형사재판을 처리하는 것에는 전문성이 있었지만, 공법학의 지식이 너무 결여되어 있었기 때문에, 각급 법원에서 위

364) 1948년 국회헌법기초위원회로부터 본회의로 이송된 헌법초안의 전문(全文)은 유진오(주 355), 221−233 참조.

365) 유진오(주 38), 171.

366) 홍진기(주 165), 5에는 "민법 제14조가 「명령」 또는 그 이하의 법이라면 문제는 간단하다. 왜냐하면 사법재판소는 명령심사권을 의례(依例)히 갖이고 있기 때문이다."라고 기재되어 있는데, 이러한 홍진기의 입장은 유진오의 설명[유진오(주 38), 171−172 참조]과 같은 맥락이다. 허완중(주 290), 296도 부수적 규범통제권한이 법원의 포괄적인 사법권에 당연히 포함되는 권한으로 파악하고 있다.

367) 위와 같은 미군정법령 제21호의 규정 형식 및 내용은 미군정청에 의하여 특별히 변경되지 않는 이상 종래의 법질서가 계속 유지된다는 의지를 표시한 것으로 볼 수 있으므로, 원칙적으로 구법질서의 승계를 거부한 일제강점기 조선총독의 제령 제1호과 비교하여 볼 때, 양자 사이에 구조적인 차이가 있음을 확인할 수 있다.

헌법률심사를 하는 것이 적절하지 않다.'는 취지의 주장[368]을 한 것은 이러한 역사적 상황을 배경으로 한 것으로서, '유럽의 일반법원 법관은 직업법관으로서 헌법재판을 할 능력을 가지고 있지 않고, 유럽의 경우 사법권이 2원화 내지 다원화되어 사법권의 통일성이 존재하지 않았기 때문에, 미국식 위헌법률심사제도를 도입할 수 없다.'는 취지의 Favoreu의 주장과 같은 맥락이다.

그러나 제헌헌법은 사법국가형 사법제도를 채택함으로써 종래 제도와는 근본적으로 다른 입장을 취하였을 뿐만 아니라, 위헌법률심사제도는 다양한 규범통제 중 하나의 유형일 뿐이고, 실질적으로 19세기에 미국에서 출발하였으며, 미국 판례는 헌법적 차원의 예외규정·특별규정이 없는 이상 법원은 상위법우선의 원칙 등 일반적인 법원칙에 따라 당연히 부수적 규범통제를 해야 한다는 취지인 점, 유럽대륙에서는 미국 판례의 영향으로 20세기에 비로소 위헌법률심사제도가 시작되었다는 점, 미군정 당시에도 민사·형사재판절차에서 실정법에 대한 규범통제가 이루어지고 있었다는 점(위 다. 기재 1947년 민사판결, 1948년 형사판결 등 참조), 위 3. 나. 1) 기재와 같이 미국 연방헌법의 해석에 관하여 여러 의견을 제시했던 Holmes 연방대법관의 경우, Common Law에 대한 연구와 실무경험이 그 의견들의 토대가 되었다는 평가를 받는 점 등에 비추어 보더라도, 여러 유형의 소송절차에서 다양한 규범통제를 하게 되는 각급 법원에서 이러한 실무경험 등을 토대로 헌법을 해석하거나 법률에 대한 규범통제를 하는 것은 법리적·실무적인 측면에서 아무런 문제가 없다고 할 수 있다.[369]

나아가 위 3. 다. 기재와 같은 프랑스의 법률에 대한 국제법 규범통제나, 독일의 제헌 이전 법률에 대한 위헌법률심사제도 등 유럽 주요국가에 대한 비교법적 검토에 비추어 보더라도, 일반법원의 법관에게 위헌법률심사에 관한 능력이 부족하다는 취지의 유진오나 Favoreu의 위 주장 부분에 설득력이 있다고 할 수는 없다.

⑶ 제헌헌법 제100조에 관하여

㈎ 전반적인 검토

제헌헌법 제100조에 의하면, 1948. 7. 17. 제헌헌법의 공포 당시 이른바 '입법사항'을 규율하고 있던 ㉮ 대한제국 법령, ㉯ 일제강점기에 제정된 칙령과 제령, ㉰ 미군정의 포고, 법령, 과도정부법률 등과 같은 구법령 중에서 제헌헌법에 저촉되는 일부는 효력을 상실하고, 나머지는 위 제100조에 근거하여 그 효력이 그대로 유지되었다고 볼 수 있지만,[370][371] 위 제

368) 예컨대, 유진오(주 355), 41−43, 53−54 참조.
369) 이에 관하여는 김시철(주 36), 502−506, 508−514, 521, 527−534 등 참조.
370) 동지, 이창석(주 290), 10−12; 이경호(주 290), 447−455; 정인섭(주 290), 267; 이창석, "구법령의 위헌심사권", 법제월보 2권 11호, 법제처(1959. 11.), 7−8; 이경호, 헌법강의, 일한도서출판사(1959), 509에는 "대한민국헌법의 제정과 시행으로 인하여 그 당시 시행되고 있던 군정법령과 일정 시의 법령은 헌법에 의하여 그 효력이 인정되지 않는 한 무효가 되어야 할 것은 법논리상 당연하다."라고

100조에 의하여 위와 같은 구법령의 규범적 위상이 격상(格上)되었다고 볼만한 근거는 없다. 위 제100조의 규정 형식 및 내용은 단지 종래의 법질서가 원칙적으로 계속 유지된다는 의지를 표시한 취지이므로, 미군정법령 제21호 제1조와 유사한 것인 반면에, 구법질서의 승계를 원칙적으로 거부한다는 일제강점기 조선총독의 제령 제1호과는 근본적으로 다른 입장임을 확인할 수 있을 뿐이다.[372)]

제헌헌법은 구법령 중 어떤 것이 위 헌법에 저촉되는지를 판단할 권한이 어느 기관에 속하는지에 대하여 명문의 규정을 두지는 않았다. 그러나 유진오가 위 제100조를 기초할 당시에 '일반법원이 법률에 대한 규범통제에 관한 권한을 가지는 것'에 대하여 매우 소극적인 입장을 취하고 있었음에도 불구하고,[373)] 구법령에 대한 규범통제에 대한 위 제100조의 규정

기재되어 있고, 이종극, 축조비교 헌법해의, 숭군사(1954), 602에는 제헌헌법 제100조에 관하여 '본조는, 헌법의 조항에 저촉되는 현행법령의 무효와, 저촉되지 아니하는 현행법령의 효력의 존속을 선언한 규정이다. 헌법은 국가의 최고법으로서 여타의 제법(諸法)보다 우월한 형식적 효력을 지녔다 함은, 첫째 제81조(제1항, 제2항)의 규정에 의하여, 둘째 제98조에 규정된, 그 개정절차가 일반국법을 제정, 개폐하는 절차보다 썩 신중한 것으로 보아, 가(可)히 알 수 있으므로 헌법에 위반·저촉되는 종래의 법령이 헌법의 시행과 동시에 무효화함은 명문을 기다일 필요조차 없는 터이다. 그런, 즉 본조의 주지(主旨)는 헌법에 저촉되지 아니하는 현행법령의 효력이 존속된다 함을 밝힌 데 있다 하겠다."라고 기재되어 있으며, 정광현(주 286), 66−67에는 제헌헌법 제100조에 관하여 "우리 헌법 제100조에 「현행법령은 이 헌법에 저촉되지 않는 한 효력을 가진다.」는 규정이 있어 종래 친족상속관계의 관습법 내지 성문규정 중 우리나라 헌법에 저촉되는 실정법은 무효로 돌아가게 되었다."라고 기재되어 있는데, 위와 같은 이경호, 이종극, 정광현의 주장들 역시 같은 취지로서, 헌법상 명문의 규정이 없는 경우에도 Ⓑ유형 규범통제에 관하여 신법우선의 원칙이 적용되므로, 제헌헌법에 배치되는 구법령은 1948. 7. 17. 제헌헌법의 공포·시행에 의하여 당연히 그 효력을 상실하는 것이 원칙임을 전제로 하고 있는 것이다.

371) 제헌헌법 제100조에 관하여 유진오(주 38), 206−207에는 "본조는 경과규정으로서 헌법실시 이전부터 존재하여 있는 법령의 효력을 규정하였는데, 헌법 실시와 동시에 기존법령이 전부 무효하게 된다면 법적 진공상태가 출현하여 모든 질서는 수습할 수 없는 혼란에 빠질 것이므로 부득이 경과적 조치로서 기존법령 중에서 헌법에 저촉되지 않는 것은 효력을 지속할 것을 특히 규정한 것이다. 그리고 기존법령은 법률, 명령, 규칙 또는 여하한 명칭을 부(附)하였을 것을 불문하고 그 규정한 내용을 따라 법률이나 명령으로서 효력을 가지게 되는 것이며 따라서 기존법령 중에서 명령, 규칙 등의 명칭을 부(附)한 것이라도 그 내용이 법률을 요하는 사항(입법사항)을 규정한 것이면 그것은 법률로써 하지 아니하면 앞으로 개정할 수 없는 것이다. 우리나라에서는 과거 40년을 통하여 법률을 요하는 사항을 명령 또는 규칙으로 규정한 일이 많았으므로 전기한 것과 같은 예는 적지 않을 것이다. 헌법 시행 당시 현행법령 중에서 구체적으로 어떤 것이 헌법에 저촉되어 무효가 되고 어떤 것이 그대로 효력을 지속하느냐 하는 것을 판별하는 것은 실제는 결코 용이한 일이 아니며, 이 문제는 앞으로 법원의 판례와 정부의 유권적 해석에 의하여 축차(逐次) 해결해 나갈 수밖에 없다. 이러한 혼란을 하로바삐 벗어나기 위하여서도 현재의 일본법계, 대륙법계, 영미법계의 제 법령이 착잡(錯雜)해 있는 우리나라의 현 법률체계를 청산하고 우리나라 자신의 새 법률체계를 건설함이 절실히 요망된다."라고 기재되어 있다.

372) 전학선(주 20), 500−501; 이임성(주 20), 59−62 등 참조. 외세 통치로부터 벗어나 새로이 주권국가를 성립시킨 경우, 기존법령의 잠정적 존속을 헌법에 규정하였던 사례로 1950. 11. 25.자 아이티 헌법 제157조, 1950. 8. 15.자 인도네시아 헌법 제142조, 1925. 3. 21.자 이라크 헌법 제113조, 1951. 10. 7.자 리비아 헌법 제210조, 1947. 9. 24.자 버마 헌법 제226조 등을 예시할 수 있는 등 상당히 보편적인 현상이라는 점은 정인섭(주 290), 261 참조.

취지에 관하여는 (헌법위원회의 결정이 아니라) 법원의 판례와 정부의 유권적 해석에 의하여 이 문제를 점진적으로 해결해야 한다는 설명하고 있다는 점 등을 종합적으로 고려한다면, 제헌헌법 시행 이후 (국회가 제정한 법률이 아닌) 구법령에 대한 Ⓑ유형 규범통제는 각급 법원에서 이루어져야 한다는 입장을 토대로 위 제100조가 제정되었다고 봄이 타당하다.[374)375)]

이러한 입장은 ① 헌법적 차원의 예외규정·특별규정의 성격을 가지는 제헌헌법 제81조 제2항 내지 제5항이 적용되는 헌법위원회의 경우, 우리 국회가 1948. 7. 17. 이후에 '자율적'으로 제정한 '형식적 의미의 법률'에 대하여 '제헌헌법'을 심사기준으로 하는 Ⓐ유형 규범통제권한만을 배타적·전속적으로 행사하는 것으로 파악하는 한편,[376)] ② 이에 해당하지 않는 구법령의 효력 문제가 사법절차에서 쟁점이 되는 경우 포괄적인 사법권을 관장하는 각급 법원이 부수적 규범통제의 방식으로 Ⓑ유형 규범통제를 해야 한다는 취지로 볼 수 있다. 앞서 본 바와 같이 이른바 '입법사항'을 규율하고 있던 구법령 중에는 우리 국회가 헌법에 근거하여 제정한 '형식적 의미의 법률'과 동일한 위상을 가지는 규범이 존재하지 않았고, 제헌헌법

---

373) 유진오(주 38), 206−207; 김하열(주 46), 65; 이영록(주 271), 318−328; 유진오(주 355), 38−43, 53, 236 등 참조.

374) 명순구(주 290), 227은 위와 같은 유진오(주 38), 206−207[이 논문 (주 371) 참조]을 인용하면서, 유진오가 위와 같은 입장을 취한 것으로 평가하고 있다.

375) 양창수, "헌법제정 후 일정법령의 효력", 민법산고(1998. 12.), 46−48에는 "일정하(日政下)에서의 법령이 대한민국에서 여전히 효력을 가지는가에 대한 기준규정은 제헌헌법 제100조이다. 동조는 '현행법령은 이 헌법에 저촉되지 않는 한 효력을 가진다.'고 정하였다. 그런데 「현행법령」이 헌법에 저촉되어 효력을 상실하는지 여부를 판단할 권한이 어디에 속하는가에 대하여는 당시의 헌법에 아무런 규정이 없었다. 한편 헌법위원회에 의한 위헌법률심사제도가 마련되어 있기는 하였지만(제81조 제2항 이하), 그 심사의 대상은 우리 국회에서 제정된 법률을 염두에 둔 것으로 추측된다. 그것은 헌법의 기초과정에서 결정적인 역할을 한 유진오가 제100조와 관련하여서, 「현행법령」의 헌법에의 저촉 여부는 '앞으로 법원의 판례와 정부의 유권적 해석에 의하여 축차(逐次) 해결해 나갈 수밖에 없다.'고 하고[동지, 유진오(주 38), 207], 헌법위원회의 결정에 의한다고 하지 않는 데서도 드러난다. 이러한 법상태에서 일체의 법률적 쟁송을 심판할 사법권을 가진 법원(제헌헌법 제76조 참조)으로서는 구체적 사건을 심판함에 있어서 당연히 그에 적용할 추상적 법규를 확정하여야 할 것이고, 그 작업의 일환으로서 「현행법령」의 헌법에의 저촉 여부를 판단하지 않을 수 없게 된다. 오히려 필자는 당시의 대법원이 그 문제에 관한 한 최종적 전권을 가지는 것으로 스스로를 이해하지 아니하였던가 하고 추측하여 본다. 거기에는 혹시 당시의 헌법 제81조 제1항이 「명령·규칙」 등의 위헌여부에 대하여 대법원이 최종적으로 심사할 권한을 가지는 것으로 정하였던 것도 작용하지 아니하였을까. 「현행법령」이었던 제령 등 총독부법령이나 미군정법령이 어쨌든 우리 국회가 제정한 「법률」이 아님은 명백하므로, 그 위헌여부를 판단한 권한에 대하여는 위의 제81조 제1항이 그 가장 가까이에 있는 규정이라고 「느끼지」 않았을까. 또한 위에서 인용한 유진오의 글에서 이 문제가 법원의 판례에 의하여 해결된다는 부분도 심상한 것이 아니다."라고 기재되어 있다.

376) 동지, 양창수(주 375), 46−48; 대한민국국회(주 138), 213에는 유진오가 헌법위원회의 설립근거 규정인 제81조 제2항의 제정취지에 관하여, '종래 대륙법계 및 일본의 경우 법률이 헌법에 위반되는 여부는 오로지 국회가 스스로 판단하였고, 국회에서 헌법에 위반되지 않는다는 인정을 받아서 제정된 법률은 의례(依例)히 헌법에 합치되는 것이라는 해석을 하고 있었지만[국회(國會)의 우월주의(優越主義)], 제헌헌법은 국회에서 제정된 법률이 헌법에 위반되는 경우의 문제를 해결하기 위하여 헌법위원회라는 새로운 제도를 도입하였다.'는 취지로 설명하였다는 내용이 기재되어 있다.

에 의하여 그 규범적 위상이 격상되었다고 볼만한 근거도 없기 때문이다. 이에 관하여 제1공화국 당시 이른바 '입법사항'을 규율하는 구법령에 대한 위헌심사권이 헌법위원회에 있었다는 견해[377)]와 각급 법원에 있다는 견해[378)]가 대립하였지만, 앞서 본 바와 같은 이유로 후자의

377) 이창석(주 370), 7-8; 이종극, "군정법령 위헌심사권, 법원에 있다, 없다론(4)", 동아일보(1959. 9. 11.)[정인섭(주 290), 272에서 재인용함. 이종극의 위 글은 1959년 동아일보에 5회에 걸쳐 연재되었는데, 1954년 출간된 제헌헌법 제100조의 해석에 관한 이종극(주 370), 604에는 "문제는, 구체적인 현행법령이 과연 헌법에 저촉되느냐 안 되느냐(현행법령의 유효, 무효)를, 뉘가 여하한 절차로써 판정하느냐에 있다. 만일 현행법령의 적용이 구체적인 소송에서 문제 된 경우에, 법원 기타의 재판기관 또는 헌법위원회만이, 그 무효를 판단할 수 있다 한다면, 소송에서 문제 되지 않는 한, 현행법령이 언제까지든지 유효한 것으로 인정되어, 본조가 위헌법령의 무효를 선언한 취지와 배치된다. 그러므로 그 위헌성이 명백하고 중대하여 絕對(當然)無效라고 인정되는 현행법령은 누구든지 그 효력을 부인할 수 있다고 보아야 할 것이 아닐까 하노라."라고 기재되어 있으므로, 이종극은 1959년 종래의 견해를 변경한 것으로 볼 수 있다]. 정인섭(주 290), 272-274에서 정리한 위 입장의 논거는 다음과 같다.

① 제헌헌법 제81조 제2항의 "법률"은 반드시 국회가 제정한 형식적 의미의 법률만을 가리키는 것이 아니다. 제헌헌법 제57조의 긴급명령의 경우 국회의 승인을 얻으면 그 위헌여부 결정은 헌법위원회가 담당하여야 한다는 것이 이견이 없다. 결국 제헌헌법 제81조 제2항의 "법률"은 국회가 제정한 법률에 한정되기보다는, 헌법에 의하여 실질적으로 법률적 효력이 인정된 법규라고 해석함이 타당하다. 따라서 입법사항을 규정한 구법령은 그 형식에 상관없이 법률로서의 효력이 인정되므로, 이에 대한 위헌심사권은 헌법위원회에 있다. 국회 입법권에 대한 예외라는 점에서는 위 제57조를 근거로 한 긴급명령이나 제100조를 근거로 한 구법령이 동일하므로, 법률과 동등한 구법령의 위헌결정은 헌법위원회의 소관이다.

② 구법령이 법률로써 일부 개정된 경우 이의 위헌심사권은 누가 가지는가? 예를 들어 군정법령인 특허법은 1952. 4. 13. 법률 제238호로 일부 개정되었고, 해안경비법은 1951. 2. 28. 법률 제177호로 일부 개정되었다. 국회가 법률로써 개정한 부분에 대한 위헌심사권은 헌법위원회가 가지므로, 결국 개정되지 않는 부분을 포함하여 해당 법령 전체에 대한 위헌심사권은 헌법위원회가 갖는다고 보아야 한다. 그렇다면 국회가 개정할 필요가 없다고 판단한 구법령이나 개정안이 제안되었다가 실현되지 못한 구법령의 형식적 지위가 이와 다르다고 할 수 있는가? 구법령이 개정되면 그의 형식적 효력이 부가된다고 보기보다는 구법령의 형식적 효력은 원래 법률과 동등하였다고 보아야 한다. 결국 내용상 법률의 효력을 갖고 있는 구법령에 대하여는 원래의 국회제정 법률과 동등하게 모두 헌법위원회가 위헌심사권을 갖는다고 함이 합리적이다.

③ 구법령은 법률에 종속되어 효력을 가지는 것이 아니라 헌법에 근거하여 독립적으로 효력을 가진다는 점에서 일반법률과 다를 바 없다. 그 위헌심사도 법률에 근거하여 내려진 명령·규칙·처분의 위헌심사에 해당하는 방식을 따르기보다는 법률의 위헌심사와 같은 방식을 취하는 편이 타당하다.

④ 헌법위원회법 제20조가 법률의 위헌결정은 형벌법규에 관한 것이 아닌 한 장래를 향하여만 효력을 지니며 소급하지 않는다고 규정한 이유는 법적 안정성과 기득권 존중을 위한 것이다. 이같이 소급효를 제한할 필요성은 입법사항을 규정한 구법령의 경우에도 동일하게 인정된다.

⑤ 구법령을 타율적 법이라고 비판하나, 그중에도 미군정시대 과도입법원에서 제정된 것은 자율적 법이라고 볼 수 있고 전체적으로 제헌헌법 제100조가 그 효력을 인정하였으므로, 우리 스스로 인정한 자율적 법이라고 보아야 한다.

⑥ 헌법위원회에서 위헌결정을 하면 그 결과가 관보에 공고되고 해당 법령이 완전히 폐기되는 효과가 발생하지만, 법원에서 위헌결정을 하면 위와 같은 통일적 효과가 발생하지 않으므로, 법원마다 다른 견해를 가질 수 있어 혼란이 우려된다.

378) 이경호(주 290), 447-455; 정인섭(주 290), 274-277; 이경호(주 370), 422-434, 508-509 등에서 정리한 위 입장의 논거는 다음과 같다.

① 구법령은 대한민국 국회의 의결을 거쳐 제정된 법이 아니므로, 법 형식에 있어서 명령 또는 명

입장이 타당하다.[379] 나아가 각급 법원에서 법률에 대한 규범통제를 하고 있는 미국, 캐나다,

령의 범주에 속하는 법에 불과하다. 구법령에 해당하는 일제의 제령, 총독부령, 도령이나 미군정법령 등은 모두 명령의 일종으로 이를 공포·시행한 지배자의 국내법 체제 속에서도 법률로서의 자격을 갖추지 못하였다. 이러한 명령의 형식에 해당하는 법규가 제헌헌법 제100조에 의하여 잠정적 효력을 인정받게 되었더라도, 국회의 의결을 거친 법률과 동일시될 수는 없다. 따라서 구법령은 제헌헌법 제81조 제2항의 법률이 아니며, 이에 대한 위헌심사권은 법원에 있다.

② 구법령은 대한민국에 의하여 제정된 법률이 아니고 정부수립 초기의 법적 진공상태의 방지라는 불가피한 이유에 의하여 제헌헌법 제100조에 의하여 과도적·잠정적으로만 효력이 인정된 타율적인 법에 불과하므로, 이는 우리 국회가 제정한 법률과 같은 지위가 인정될 수 없다.

③ 구법령의 위헌심사권이 헌법위원회에 있다는 주장은 법률의 위헌심사권을 헌법위원회에 부여한 취지에도 합당하지 않다. 명령·규칙과 달리 법률은 국민의 대표로 구성된 입법부가 제정하고, 역시 국민에 의하여 선출된 대통령을 수반으로 하는 정부가 공포하여 시행되는 2부 합작의 산물이다. 헌법위원회제도는 위와 같이 성립된 법률을 사법부 단독으로 무효화시키는 것을 방지하기 위하여 도입된 것이다. 즉, 부통령을 위원장으로 하고 국회의원 5인과 대법관 5인으로 구성된 헌법위원회가 법률의 위헌여부를 결정하게 함으로써 3부의 의견을 종합하는 체제를 갖춘 것이다. 그러나 구법령은 일제 또는 미군정에 의하여 일방적으로 제정된 것이므로 3부 합의를 통한 법률의 위헌결정과 달리 사법부 단독의 결정에 의존하더라도 민주주의 원리에 배치된다거나, 권력균형상 모순이 발생하지 않는다. 이는 행정부만이 관여하여 발령한 명령·규칙·처분의 위헌심사를 사법부가 전담하는 것과 마찬가지이다. 일부에서는 헌법위원회에서 위헌결정을 하면 그 결과가 관보에 공고되고 해당 법령이 완전히 폐기되는 효과가 발생하지만, 법원에서 위헌결정을 하면 위와 같은 통일적 효과가 발생하지 않으므로 법원마다 다른 견해를 가질 수 있어 혼란이 우려된다고 한다. 그러나 위와 같은 혼선을 감수하는 편이 헌법위원회의 위헌결정 시까지는 위헌 구법령의 유효성을 인정하고 피해자 구제를 거부하는 결과보다는 차라리 현명하다. 그와 같은 혼선은 명령·규칙·처분에 대한 법원의 위헌심사에서도 동일하게 발생할 수 있는 것이고, 구법령에만 특유한 문제는 아니다.

④ 구법령의 위헌심사권이 헌법위원회에 있다고 함은 제헌헌법 제100조의 취지에도 맞지 않는다. 구법령은 제헌헌법 시행 당시 제100조에 의하여 헌법에 저촉되지 않는 범위 내에서만 효력을 인정받은 것이므로, 제헌헌법에 위배되는 구법령은 위 헌법 시행과 동시에 효력을 상실하였다고 해석하여야 한다. 그러나 입법사항을 규정한 구법령의 위헌심사권이 헌법위원회에 있다고 보면, 헌법위원회의 위헌결정은 장래를 향하여만 효력이 있고 위헌결정 이전까지는 유효하다는 입장을 취하여야 하므로, 이는 위 제100조의 규정과 모순되게 된다. 구법령의 상당수는 우리 민족을 압박하는 내용을 담고 있었는데, 이것이 우리 헌법에 위반됨에도 불구하고 우연히 재판의 전제가 되어 헌법위원회의 위헌결정이 있기까지는 유효성을 인정하여야 한다는 것은 독립 국가를 건설한 의의에도 역행한다. 따라서 위헌의 구법령은 헌법 시행 당시 바로 무효화되었고, 구법령에 대한 위헌결정은 이 사실에 대한 사후 확인에 불과하다고 보아야 한다.

⑤ 구법령의 위헌심사권이 헌법위원회에 있다고 보면, 설사 위헌결정이 내려져도 위헌인 구법령에 근거한 행정처분에 의하여 이미 피해를 본 개인은 구제받을 수 없게 된다. 왜냐하면 헌법위원회의 위헌결정은 형벌조항 이외에는 장래에 대하여만 효력이 있고, 따라서 위헌의 구법령에 의한 기왕의 행정처분은 일응 유효한 법령에 의한 처분으로 존속되어 이에 대한 구제를 받을 수가 없기 때문이다. 우리 국회가 제정한 법률도 아니고, 위헌인 일제법령에 의한 행정처분으로부터 받은 피해에 대하여 구제를 받을 수 없다는 것은 용납될 수 없다.

⑥ 구법령의 위헌심사권이 헌법위원회에 있다면 실제에 있어서 구법령의 위헌심사권이 어디에 있느냐를 결정하기가 매우 어렵게 된다. 구법령의 위헌심사권이 헌법위원회에 있다고 가정하여도 그 대상은 제헌헌법 시행 당시 적용되던 "현행법령" 중 입법사항에 해당하는 것에 한정된다. 제헌헌법 시행 이전에 이미 실효된 구법령의 위헌심사는 헌법위원회 소관이 아니며, 이에 대하여는 법원이 제헌헌법 시행 당시 이미 부존재하였다는 확인만으로도 법의 무효를 확인할 수 있다. 그러나 현실적으로 이에 대한 판단이 쉽지 않다. 왜냐하면 제헌헌법 당시의 현행법령의 확인이 반드시 용이하지 않기 때문이다. 미군정 기간 중 일제법령은 다양한 방식에 의하여 개폐되었으며, 과연 일제법령

일본뿐만 아니라 위 3. 다. 기재와 같이 프랑스, 오스트리아, 독일 등과 같은 집중형 규범통제제도를 채택한 대륙법계 국가들에서도 '형식적 의미의 법률'이 아닌 '타율적인 법'에 대한 규범통제권한은 모두 일반법원에 귀속되는 것으로 보고 있다. 그렇다면 비교법적 검토에 비추어 보더라도, 제헌헌법 제81조 제2항 내지 제5항에 근거한 헌법위원회의 위헌법률심사제도는 우리 국회가 제정한 법률에 대한 Ⓐ유형 규범통제를 목적으로 설계된 것이고, 타율적 규범인 구법령에 대한 Ⓑ유형 규범통제권한은 포괄적인 사법권을 관장하는 일반법원에 귀속된 것이라는 입장이 타당하다고 본다.

㈏ 사례 7에 대한 검토

위 ㈎의 입장을 토대로 하는 경우, 제헌헌법이 시행된 이후 그 이전인 1947년 제정된 ㈎ 미군정법령이 위 헌법에 위배되는지에 관한 Ⓑ유형 규범통제가 쟁점인 사례 7에서 위 법원은 1950. 4. 30. '㈎ 미군정법령은 위헌이므로 이를 적용할 수 없다.'는 이유로 G의 집행정지 신청을 인용할 수 있다고 보아야 한다. 이러한 사례 7의 결론은 우리 국회가 제정한 ㈎ 법률에 관한 Ⓐ유형 규범통제가 쟁점인 사례 1의 판단구조 및 결론과는 실질적으로 차이가 있다.

다만 사례 7의 법원은 1950. 4. 이후의 법률관계에 적용되는 ㈎ 미군정법령의 위헌 여부에 대하여 검토한 다음 1948. 7. 17. 공포된 제헌헌법의 발효에 의하여 ㈎ 미군정법령이 실효되었다는 사법적 판단을 한 것일 뿐이고, 1948. 7. 16. 이전에 완료된 법률관계에 대하여 적용된 ㈎ 미군정법령의 효력이 없다는 판단을 하는 것이 아님을 유의할 필요가 있다. 제헌헌법의 시행 이전에 이미 완료된 법률관계에 적용된 ㈎ 미군정법령의 효력을 위 법원이 부정할 근거가 없기 때문이다.[380)]

이 개폐되었는가에 대한 판단이 쉽지 않은 경우가 많았다. 따라서 이미 실효된 일제법령의 범위에 대한 논란이 끊이지 않았다. 정부수립 이후 이 문제에 대한 최종판단은 결국 헌법의 합치 여부를 통하여 판가름하게 되었다. 따라서 일제법령이 위헌이라서 효력을 상실하게 되었는가, 아니면 미군정 당시에 이미 효력을 상실하였는가의 구별이 실제 쉽지 않다. 그러므로 대법원이 일률적으로 이 문제를 판단하도록 함이 정책적으로도 좋다.

379) 이에 관한 상세한 검토는 정인섭(주 290), 271－282 참조. 이와 관련하여 ① 헌재 2001. 4. 26. 선고 98헌바79 등 전원재판부 결정은 남조선과도정부 시절에 조선과도입법의원이 1948. 7. 5. 제정한 구 국방경비법(1962. 1. 20. 법률 제1003호로 제정된 군형법과 같은 날 법률 제1004호로 제정된 군법회의법에 의하여 폐지되기 전의 것)이 현행헌법의 시행 이후 설립된 헌법재판소의 규범통제대상이라고는 취지로 판단하였고, ② 헌재 2021. 1. 28. 선고 2018헌바88 전원재판부 결정도 재조선미국육군사령부군정청 법령 제2호(1945. 9. 25. 공포) 제4조 본문과 재조선미국육군사령부군정청 법령 제33호(1945. 12. 6. 공포) 제2조 전단 중 '일본 국민'에 관한 부분이 현행헌법의 시행 이후 설립된 헌법재판소의 규범통제대상이라는 취지로 판단하였으나, 미군정당시 제정된 각종 규범들은 '형식적 의미의 법률'이 아닌 '타율적인 법'으로서 우리 국회가 우리 헌법에 근거하여 제정한 '형식적 의미의 법률'과 동일한 위상을 가진다고 할 수 없다는 점 등 본문 기재 사정들에 비추어 볼 때, 위와 같은 헌법재판소 판례의 타당성에 대해서는 신중한 재검토가 필요하다[동지, 윤진수, "헌법재판소가 군정법령의 위헌 여부를 심사할 수 있는가? － 헌법재판소 2021. 1. 28. 선고 2018헌바88 결정 －", 법률신문(2021. 2. 15.)].

380) 후발적인 사정변경에 관한 헌재 1993. 5. 13. 선고 92헌가10 등 전원재판부 결정의 판시내용을 토대

2) 제헌헌법 시행 당시의 규범통제 사례 등

가) 법률에 대한 Ⓐ유형 규범통제에 관한 공백상태의 발생

제헌헌법은 그 제99조 단서에서 법률의 제정이 없이 실현될 수 없는 규정은 그 법률이 시행되는 때부터 시행되도록 규정하고 있었는데, 위 제81조 제2항 내지 제5항에 근거한 헌법위원회법은 1950. 2. 21. 법률 제100호로 제정되어 같은 날 시행되었다.

그러므로 제헌헌법 시행일(1948. 7. 17.)부터 헌법위원회법 시행일(1950. 2. 21.)까지의 기간은 우리 사법절차에서 국회가 제정한 법률에 대한 위헌심사(Ⓐ유형)를 할 수 있는 여건이 조성되지 않은 상태에 있었고, 헌법상 법치국가 원칙에 비추어 볼 때 이러한 상황은 매우 심각한 규범공백으로 볼 수밖에 없다.[381] 위와 같은 공백으로 인하여 구체적인 소송사건에 적용되는 법률이 헌법에 위배되는 것으로 판단되는 경우에도, 그 법률의 효력을 배제할 수 있는 구제방법이 존재하지 않아서 당사자가 위헌적 법률의 적용결과를 수용할 수밖에 없는 구조였기 때문이다. 나아가 제헌헌법 제81조 제2항이 1952. 7. 7. 일부 개정(제1차 헌법개정, 같은 날 시행)되어 단원제국회가 참의원과 민의원의 양원제가 됨에 따라 헌법위원회 위원을 구성하는 5명의 국회의원을 민의원 중에서 3명, 참의원 중에서 2명을 선임하는 방식으로 바뀌었는데(이른바 '발췌개헌'), 제1공화국 내내 참의원은 구성되지 않아서 국회는 민의원 단원제로 운영되었기 때문에, 3, 4대 국회는 3명의 민의원의원만을 헌법위원회 위원으로 선출하였고, 제1공화국 말기에는 대법원조차 헌법위원회 위원을 지명하지 않고 있었다. 결국 제1공화국 당시 1950년 전반기부터 1954년 전반기까지 약 4년 동안만 헌법위원회가 실질적으로 활동한 것이고, 그 전후의 공백 기간(1948. 7. 17.부터 1950. 2. 21.까지, 1954년 후반기부터 1960년까지)에는 실질적인 활동을 하지 못한 것이다.[382] 달리 말하면, 위 각 공백 기간 동안에는 (사례 1과 같은 유형의 집행정지신청사건[383]뿐만 아니라) 본안사건에 관해서도 우리 사법제도가 법률에 대한 위헌심사를 허용하지 않는 위 3. 나. 3) 기재 스위스의 제도와 유사하게 운영되었다고 할 수 있다.

로 하면, 제헌헌법을 심사기준으로 하는 Ⓑ유형 규범통제가 이루어진 당해사건에서도 법원이 1948. 7. 16. 이전에 이미 완료된 법률관계에 적용된 ㈎ 미군정법령의 효력을 부정할 수 없음은 분명하다.

381) 동지, 명순구(주 290), 229.

382) 위와 같이 참의원의 미구성 문제로 인하여 헌법위원회가 활동하지 못하게 된 경위, 이로 인한 법률에 대한 위헌법률심사제도의 공백의 문제점 등에 관한 상세한 내용은 이경호, "참의원의원의 부존재와 헌법위원회 구성", 법조 8권 11호, 법조협회(1959. 11.), 1−15 참조. 따라서 발췌개헌 이후에도 참의원이 구성되지 않아 민의원 5명을 헌법위원회 위원으로 선임하였다고 기재된 문헌이 있으나 [김철수(주 1), 78 등], 이는 제1공화국의 현황에 대한 정확한 설명이라고 보기 어렵다[동지, 정인섭(주 290), 279].

383) 사례 1과 같은 유형의 집행정지신청사건에서는 이에 관한 소의 이익 및 쟁송절차에 소요되는 최소한도의 시간문제 등과 같은 이유로 ㈎ 법률의 위헌여부에 관한 법원의 제청 및 헌법위원회의 위헌결정 등을 통한 규범통제가 실무적으로 불가능하다는 점은 위 1) 나) ⑶ 기재 참조.

다만 제헌헌법 제100조에 따라 구법령이 우리 법질서의 일부로 수용되었고, 제1공화국 말기까지도 국민들의 일상생활을 규율하는 규범과 관련하여 우리 국회가 제정한 법률보다 오히려 구법령의 숫자가 더 많은 실정이었는데,[384] 위 1) 기재와 같이 제헌헌법 시행 이후에도 포괄적인 사법작용을 관할하는 각급 법원은 이른바 '입법사항'에 관한 구법령에 대하여 Ⓑ유형 부수적 규범통제를 할 수 있는 권한을 가지고 있었고, 아래에서 보는 바와 같이 실제로 이러한 부수적 규범통제가 이루어졌기 때문에, 위와 같은 제도의 공백은 1948. 7. 17. 이후 국회가 제정한 '형식적 의미의 법률'의 위헌여부를 판단하는 Ⓐ유형 규범통제에 한정된 것이었다고 할 수 있다.

나) 제헌헌법의 시행 당시 법원의 조선민사령에 대한 규범통제 사례

(1) 사안의 개요와 판시내용

대법원 1949. 3. 26. 선고 1948민상348 판결(이하 '1949년 민사판결'이라 한다)은 1942. 4. 1. 신고된 서양자연조(壻養子緣組)의 효력에 관하여, "피고는 원고와 혼인하고 동시에 원고의 부(父), 즉 자기 처부(妻父)며 이성(異姓)인 박○○의 양자(養子)됨을 상약(相約)한바, 이는 저 왕년(往年) 왜정기간(倭政期間)에 그 소위 서양자제도를 맹종한 자임을 가지(可知)이며 서양자란 자는 양자로서 동성계통(同姓系統)에 불합(不合)할 뿐 아니라 처부(妻父), 시부(媤父), 양부(養父) 및 자(子), 서(壻), 여부(女婦)의 명분을 잡문난(雜紊亂)하고 그 결과 혼인 또한 양형매간(養兄妹間) 가취(嫁聚)로 귀속하여 일대(一大) 난윤행위(亂倫行爲)됨을 미면(未免)할 자로서, 이러한 만이적(蠻夷的) 서양자제도는 왜정퇴각(倭政退却)과 동시에 자연소멸(自然消滅)되얏슴이 무론(毋論)이어니와 이에 의하야 성립된 서양자관계는 상래(上來) 서술과 가티 공서양속(公序良俗)에 위반됨으로 그 성립당초(成立當初)부터 무효(無效)되는 바이다."라고 판단하였다.

(2) 1949년 민사판결의 성격 및 이에 대한 분석 등

위 가. 2) 기재와 같이 1912. 3. 18. 제령 제7호로 제정된 조선민사령 제11조에 "제1조의 법률 중 능력, 친족 및 상속에 관한 규정은 조선인에게 적용하지 아니한다(제1항). 조선인에 관해서는 전항의 사항은 관습에 의한다(제2항)."라고 규정된 이래 식민지 조선인의 친족에 관하여는 (의용민법이 아니라) 조선의 관습에 의한다는 규정이 유지되고 있었는데, 그 당시에는 조선고등법원 판례나 실무가 이성양자(異姓養子)가 관습상 허용되지 않는 것으로 보고 있었다(처음에는 환관에 관한 예외가 인정되었다가 1915. 4. 1.부터 이러한 예외도 인정되지 않았다).[385]

---

384) 정인섭(주 290), 161－162 참조. 이창석(주 290), 7에 의하면, 정부 수립 이후 1959년 말엽까지 국회가 제정한 법률은 총 516건이었는데, 그중 개정법률과 폐기법률을 제외하면 당시 시행되던 법률은 281건이었는데, 그중 정부조직에 관한 법률이 30건, 재정 및 조세에 관한 법률 92건 등이었기 때문에, 국민들의 일상생활에 관한 행정작용·민상사분야·형사분야에서는 오히려 구법령의 숫자가 더 많았다고 한다.

385) 이에 관한 상세한 내용은 윤진수, "민법 시행 전에 이성양자가 허용되었는지 여부 및 민법 시행 전 양자의 요건에 대한 민법의 소급적용", 민법논고 Ⅳ(2015), 299－300 참조.

그런데 1939. 11. 10. 제령 제19호로 개정·신설되어 1940. 2. 11. 시행된 조선민사령 제11조의2[386]는 조선인의 입양에 관하여 사후양자를 제외한 이성양자를 허용하였고(제1항), 서양자제도에 관한 규정도 추가하였다(제2항 내지 제4항, 이하 '서양자 규정부분'이라 한다).

1949년 민사판결의 이유에 의하면, 서양자 규정부분의 효력을 부정하는 취지였음을 알 수 있다. 위 판결이유에서 서양자 규정부분을 심사대상으로 삼아 규범통제를 한다는 취지를 명시하지 않았다는 점에서는 1947년 민사판결과 차이가 있으나, 1949년 민사판결도 그 당시 실정법인 서양자 규정부분이 '왜정퇴각과 동시에 자연소멸'하였다고 판단함으로써(Ⓑ유형) 그 당시 실정법의 효력을 부정한 것이 분명하기 때문이다.[387] 위 1) 기재와 같이 제헌헌법 시행 이후에도 각급 법원은 구법령에 대한 Ⓑ유형 부수적 규범통제를 할 수 있었으므로(사례 7 참조), 그 당시 법원에 위와 같은 Ⓑ유형 규범통제를 할 수 있는 권한이 있었다.[388][389]

다만 1949년 민사판결은 일단 '1945. 8. 15. 해방'이라는 후발적인 사정변경으로 인하여 서양자 규정부분의 효력이 상실되었다는 취지로 판시하고 있으므로, 위 다. 1) 기재 1947년 민사판결에 관하여 본 바와 같이 '사정변경의 원칙'의 적용요건을 충족시킬 수 있는 사정들이 구체적으로 적시되어야 한다. 그런데 (1947년 민사판결의 경우와 달리) 1949년 민사판결에 이러한 사정들이 충분히 적시되었다고 보기는 어렵기 때문에,[390] 그 판단의 적정성에 대해서

386) 조선민사령(1939. 11. 10. 제령 제19호) 제11조의2
① 조선인의 양자결연에 있어서 양자는 양부모와 성을 같이하지 아니하여도 된다. 다만 사후양자의 경우에 있어서는 그러하지 아니하다.
② 서양자결연은 양자결연의 신고와 동시에 혼인신고를 함으로써 효력을 발생한다.
③ 서양자는 처가에 입적한다.
④ 서양자이연 또는 결연취소에 의하여 가를 떠나더라도 가녀의 직계비속은 그 가를 떠나지 아니하며, 태아가 생긴 때에는 그 가에 입적한다.

387) 동지, 명순구(주 290), 225.

388) 동지, 유진오(주 38), 206－207; 이경호(주 290), 447－455; 이경호(주 370), 422－434, 508－509; 양창수(주 375), 48－49. 이와 다른 입장을 취한 견해로는 정태호(주 43), 360－361 등 참조.

389) 정광현(주 286), 64－67에는 ① 미군정청 소속 법원이 그 당시 실정법인 조선민사령 중 관련 부분에 대한 규범통제를 한 1947년 민사판결, ② 제헌헌법의 시행 이후 법원이 그 당시 실정법인 서양자 규정부분에 대하여 규범통제를 한 1949년 판결 등의 판시내용을 그대로 소개하는 한편, ③ '미성년의 자를 위하여 친권을 행사하는 모(母)는 일정한 경우 부(父)와 달리 친족회의 동의를 얻도록 규정하고 있던 일본 민법 제886조를 의용한 조선민사령 부분이 제헌헌법 제8조(남녀차별금지 조항)에 위배되는지가 쟁점이 된 사건에서, "법문이 현존하는 이상 법을 적용하는 법원으로서는 이를 헌법 위반의 이유로 처연히 배제할 수 없는 것이㈐."라는 등의 이유로 합헌이라고 판단한 대법원 1954. 9. 7. 선고 1954민상50 판결이 부당하다고 비판하면서, 만일 위 대법원판결의 논지를 긍정하는 경우 구법령이 제헌헌법에 저촉되는 경우에도 이에 관한 개정법이 제정·실시될 때까지 실질적으로 그 효력이 존속하게 될 것이므로 제헌헌법 제100조의 존재의의가 없게 된다고 강하게 비판하고 있는데, 이 역시 사견과 같은 입장으로 볼 수 있다.

390) 동지, 윤진수(주 385), 300－302 참조. 예컨대, 1949년 민사판결의 경우 '일본통치시대의 창씨제도(創氏制度)로 인하여 조선 성명(朝鮮 姓名)을 일본식 씨명(氏名)으로 변경한 호적부기재와 본령에 배치되는 모든 법령, 훈령 및 통첩은 그 창초일(創初日)부타 무효로 한다. 단 창씨개명하에 성립된 기왕의 법률행위는 하등의 영향을 받지 않는다.'라고 규정한 朝鮮姓名復舊令(1946. 10. 23.자 미군

는 견해가 대립될 수 있다.

더욱이 1949년 민사판결의 법원에서 '1945. 8. 15. 해방'이라는 후발적인 사정변경을 이유로 하는 Ⓑ유형 규범통제를 하는 경우, 서양자 규정부분이 1945. 8. 15.을 기준으로 장래를 향하여 효력을 상실하였다는 사법적 판단을 한 것이므로,[391] 이로써 1945. 8. 15. 이전에 완료된 법률관계(1942. 4. 1.자 서양자연조)에 적용된 서양자 규정부분이 그 시행시점인 1940. 2. 11.으로 소급하여 효력이 상실될 수는 없다. 법원이 Ⓑ유형 규범통제를 통하여 (1945. 8. 15. 해방 이후의 법률관계에 적용된 규정의 효력 등에 관하여 판단하는 것은 별론으로 하고) 1945. 8. 15. 해방 이전에 이미 완료된 법률관계에 적용된 서양자 규정부분의 효력을 부정할 근거가 없기 때문이다.[392] 이러한 측면에서 서양자 규정부분에 대한 위 법원의 Ⓑ유형 규범통제는 당해사건의 결론을 좌우하는 판단이라기보다는 방론(傍論, obiter dictum)의 성격을 가진다고 할 수 있고, 그렇기 때문에 1949년 민사판결은 Ⓑ유형 규범통제에 의하여 곧바로 1942. 4. 1.자 서양자연조가 무효가 되었다는 식으로 판단하지 않았으며, 1940. 2. 11. 시행된 서양자 규정부분을 근거로 하여 형성된 위 서양자연조가 '1942. 4. 1. 당시의 공서양속'에 위반되기 때문에 그 성립시점부터 무효라는 취지로 판단한 것이다. 이러한 판단의 당부에 대해서도 견해 대립이 가능

정법령 제122호) 제2조, "異姓養子緣組는 朝鮮慣習上의 異姓不養及 朝鮮姓名復舊令 立法趣旨에 鑑하여 妥當치 아니함으로 同件에 關하여는 受理할 수 없으며 貴官下 戶籍吏에게 周知徹底를 期하기 玆而通牒함"라고 규정한 미군정청 소속 사법부장의 1947. 11. 18.자 통첩 등의 영향을 받은 것으로 볼 여지가 있지만, 위 미군정법령이나 통첩의 존재나 그 내용 등은 1949년 민사판결에 적시되어 있지 않은데, 이에 관하여는 정광현(주 286), 64-67; 정인섭(주 290), 284-298 등 참조.

391) 정광현(주 286), 65-66에는 1949년 판결로 조선민사령 제11조 중 일부와 조선민사령 제11조의2 및 기타조항이 폐지 또는 수정되었다고 기재되어 있는데, 1949년 판결은 서양자 규정부분이 '왜정퇴각(倭政退却)과 동시에 자연소멸(自然消滅)'하였다고 판시하고 있으므로, 이는 결국 서양자 규정부분의 효력 상실시점을 1945. 8. 15.로 파악하는 사견과 같은 맥락이다. Ⓑ유형 규범통제의 경우 당해사건에서도 선행 하위규범의 효력 상실시점이 후행 상위규범의 발효시점까지는 소급될 수는 있지만, 선행 하위규범의 실효에 관한 사법기관의 판단이 그 이전의 시점으로 소급되는 것은 법리적으로 허용될 수 없다는 점은 위 1. 기재 참조.

392) 후발적인 사정변경에 관한 헌재 1993. 5. 13. 선고 92헌가10 등 전원재판부 결정의 판시내용을 토대로 하면 1945. 8. 15. 해방이라는 후발적인 사정변경을 근거로 하는 Ⓑ유형 규범통제에서 법원이 1945. 8. 15. 이전에 이미 완료된 법률관계(1942. 4. 1. 성립된 서양자연조)에 적용된 서양자 규정부분의 효력을 소급적으로 부정할 근거가 없음을 쉽게 확인할 수 있다.

이와 유사한 구조의 법률관계를 예시하면, 한 남성이 1960. 5. 1. 전처(前妻)와 사이에 자녀를 출생한 다음 상처(喪妻)한 이후에 1970. 5. 1. 다른 여자와 재혼한 사안에 관하여 1960 1. 1. 시행된 제정 민법 제773조는 전처의 출생자와 계모(繼母) 사이에 친족관계를 인정하고 있었지만, 민법 개정으로 1991. 1. 1. 이후에는 기존에 성립하였던 계모자(繼母子) 사이의 친족관계가 소멸하게 된 사례(1990. 1. 13. 법률 제4199호 민법 부칙 제4조 등 참조) 등을 예시할 수 있는데, ① 법률의 개정이라는 후발적인 사정변경이 1991. 1. 1.부터 장래를 향하여 종래 계모자 사이의 친족관계의 효력을 상실시킬 수는 있지만(신법우선의 원칙 적용), ② 이러한 후발적인 사정변경이 있다는 사정만으로 ㉮ '1970. 5. 1.부터 1990. 12. 31.까지 법적인 효력이 인정되었던 계모자 사이의 친족관계'가 소급적으로 효력을 상실한다고 볼 수 없고, ㉯ 1970. 5. 1. 재혼의 성립시점 당시 적용되었던 제정 민법 제773조의 규정부분의 효력을 소급적으로 부정할 근거가 없다는 점도 알 수 있기 때문이다.

하겠지만, 최소한 위 판결에 적시된 사정들만으로 1942. 4. 1.자 서양자연조가 그 성립시점부터 원시적 무효였다고 단정하기는 어렵다고 생각한다.[393)]

결국 1949년 민사판결에서 제헌헌법 시행 이후 각급 법원이 구법령에 대하여 Ⓑ유형 부수적 규범통제를 할 수 있다는 취지로 판단한 것은 법리적으로 타당하지만, 서양자 규정부분에 대한 Ⓑ유형 규범통제의 구체적인 심사기준이 되는 '사정변경의 원칙'의 적용요건에 관한 사정들이 적절하게 적시되었는지, 서양자 규정부분에 대하여 방론의 성격을 가지는 규범통제가 필요한 것이었는지, 이에 근거한 서양자제도가 그 성립시점인 1942. 4. 1. 당시의 공서양속에 위반된다는 점에 관하여 충분한 법적 근거가 제시되었는지 등에 대해서 의문이 제기될 수 있다는 측면에서 1949년 민사판결은 상당한 문제점을 내포하고 있다고 생각한다.[394)]

다) 제헌헌법의 시행 당시 헌법위원회의 규범통제 사례 등[395)]

헌법위원회법은 1950. 2. 21. 법률 제100호로 제정된 이후 1961. 4. 17. 헌법재판소법(법률 제601호)의 제정에 의하여 폐지되었다. 헌법위원회가 실질적으로 운영되었던 1950년 전반기부터 1954년 전반기까지 약 4년 동안 헌법위원회는 ① 귀속재산처리법 제35조의 합헌결정, ② 농지개혁법 제18조 제1항 후단 및 제24조 제1항 후단의 위헌결정, ③ 비상사태하의 범죄처벌에 관한 특별조치법 제9조의 위헌결정, ④ 남조선과도정부 행정명령 제9호의 합헌결정, ⑤ 계엄법 제13조의 합헌결정, ⑥ 세칭 법률 제120호 「간이소송절차에 의한 귀속해제결정에 관한 법률」의 합헌결정 등 총 6건의 결정을 하였는데, 그중 위헌결정은 위 ②, ③ 등 2건이고, 나머지 4건은 합헌결정이다.

헌법위원회가 구법령의 위헌여부에 대하여 본안판단을 한 것은 ④ 합헌결정 1건으로서, 청주지방법원의 제청에 대하여 헌법위원회가 1954. 2. 27. 합헌결정을 한 사안이다.[396)] 그런

393) 동지, 윤진수(주 385), 302−303. 이에 관하여 정인섭(주 290), 297에는 "창씨개명과 더불어 도입된 이성양자·서양자제도는 우리의 전통 관념과의 괴리가 컸으며, 이에 1949년도 대법원판결은 서양자제도가 "一大亂倫行爲"로서 "蠻夷的 制度"라고 맹공하였다. 그러나 이미 성립된 이성양자나 서양자를 소급적으로 무효화시키는 것은 당사자와 주변 사람들에게는 커다란 충격과 피해를 야기하며, 법적 안정성을 심각하게 해하는 조치가 된다. 이에 朝鮮姓名復舊令도 "창씨개명하에 성립된 모든 법률행위는 하등의 영향을 수치 아니함"이라고 규정하였다. 그럼에도 상기 일련의 대법원판결과 1952년 대법원 통첩이 소급적 무효에 입각한 것은 법문의 규정범위를 초과한 해석과 조치였다. 그런 의미에서 1947년 사법부장 통첩이 단순히 이성양자 연조를 수리하지 말라고 지시하였던 것이 朝鮮姓名復舊令에 대한 가장 정확한 해석이었다고 판단된다. 이러한 입장에 선다면 1992년까지의 대법원 판결 중에서도 대법원 1948민상348 판결, 대법원 65마1163 결정과 이와 동일 사안에 대한 대법원 67마823 결정 및 대법원 67다1940 판결, 그리고 대법원 68다1543 판결은 결론이 달라지게 된다."라고 기재되어 있는데, 이 역시 같은 취지로 볼 수 있다.

394) 1949년 민사판결의 위와 같은 문제점이 대법원 1994. 5. 24. 선고 93므119 전원합의체 판결에 미친 영향 등에 관하여는 윤진수(주 385), 293−303 참조.

395) 아래 내용은 심경수(주 128), 299−302; 헌법재판소(주 290), 17−24; 이인복, "우리 나라 헌법재판제도의 연혁과 전개", 재판자료(92), 284−289 중 관련 부분을 발췌, 요약, 정리한 다음, 거기에 필자의 설명과 의견을 덧붙인 것이다.

데 위 1) 기재와 같이 제헌헌법 시행 이후 구법령의 위헌여부에 관하여는 대법원을 비롯한 각급 법원이 Ⓑ유형 부수적 규범통제를 해야 하는 것이므로(사례 7 참조),[397] ④ 결정에 관하여 청주지방법원이 제청을 한 것이나 헌법위원회가 이를 각하하지 않고 본안판단을 한 것은 법리적으로 문제가 있다.[398]

라) 제헌헌법의 시행 이후 법원의 미군정법령에 대한 규범통제 사례[399]

(1) 사안의 개요

1959. 2. 4.자 경향신문 기사에서 촉발된 '경향신문 필화사건'에 관한 사법절차에서, 미군정법령 제88호(1946. 5. 29. 공포)에 대한 위헌심사권의 귀속이 쟁점이 되었다.

그 당시 정부는 1959. 4. 30. 미군정법령 제88호에 근거하여 발행허가취소처분을 하였는데, 신문발행인의 신청에 따라 서울고등법원은 1959. 6. 26. 위 취소처분에 관한 집행정지결정을 하였다. 이에 정부는 종전의 취소처분을 취소한 다음, 다시 발행허가를 정지하는 처분을 하였고, 신문발행인은 서울고등법원에 위 정지처분의 취소를 구하면서 그 집행정지를 신청함과 동시에, 미군정법령 제88호에 대한 위헌심사를 헌법위원회에 제청해 줄 것을 신청하였다.

서울고등법원은 1959. 8. 8. 위 제청신청을 각하하였는데(이하 '1959년 행정결정'이라고 한다), 그 주된 이유는 제헌헌법 제81조 제2항의 '법률'이란 대한민국 국회가 제정한 법률을 말하는 것이므로 미군정법령이 소위 입법사항을 규정하였더라도 이는 법률에 해당하지 않고, 구법령에 대한 위헌법률심사권은 일반법원이 행사할 수 있다는 것이었다. 이는 구법령에 대한 Ⓑ유형 규범통제에 관하여 위 나) 기재 1949년 민사판결과 같은 입장을 취한 것인데, 그 후 서울고등법원은 1959. 8. 29. 위 집행정지신청을 각하하고, 1959. 9. 8. 취소청구를 기각하였다(4292행103).

---

396) 헌법위원회 1954. 2. 27. 선고 1953헌위1 결정. 이에 관한 상세한 설명은 정인섭(주 290), 267–268 참조.

397) 동지, 정광현(주 286), 64–67; 이경호(주 290), 455; 이경호(주 317), 1–2; 이경호(주 370), 422–434, 508–509; 유진오(주 38), 206–207; 양창수(주 375), 46–48도 같은 취지이다.

398) 일부에서는 제헌헌법의 시행 당시 헌법위원회가 법률에 대해서만 위헌을 선언하고, 위헌적인 명령에 대해서는 판단을 하지 않음으로써 위헌성 제거에 실효적이지 못하였다는 주장을 제기하기도 한다[헌법재판소 (주 290), 26 참조]. 그러나 제헌헌법 제81조는 법률 이외의 명령·규칙 등 각종 하위규범의 위헌여부에 대한 규범통제는 각급 법원에서 행하는 반면에(제1항), 법률의 위헌여부가 재판의 전제가 되는 경우에 한정하여 법원의 제청을 거쳐서 헌법위원회가 규범통제를 하는 제도를 채택하고 있기 때문에(제2항 내지 제5항), 위와 같은 주장은 제헌헌법의 규정취지와 쉽게 조화되기 어렵다. 유진오(주 38), 171에는 "본조 제1항은 대법원이 법률의 정하는 바에 의하여 모든 명령, 규칙과 처분이 헌법과 법률에 위반되는가 안 되는가를 최종적으로 심사할 권한이었던 것을 규정하였는데, 명령과 규칙이 헌법 또는 법률에 위반되는 여부를 법원이 심사할 수 있음은 세계 각 민주국가에서 인정되어 있는 원칙이므로 특히 설명의 필요가 없㈐."라고 기재되어 있는데, 이에 관한 설명으로는 윤진수(주 25), 170–171; 윤정인(주 28), 71–72; 김하열(주 46), 32–33; 허완중(주 98), 45–46 등 참조.

399) 이에 관한 상세한 내용은 이경호(주 290), 441–455; 명순구(주 290), 226–228; 헌법재판소(주 290), 24–27; 법원행정처(주 299), 278–283 등 참조.

이에 관한 신문발행인의 상고에 대하여, 대법원은 1960. 2. 5. 헌법위원회에 미군정법령 제88호에 대한 위헌심사를 제청하는 결정을 하였다(4292행상110, 이하 '1960년 행정결정'이라 한다). 그 주된 이유는 제헌헌법 공포 이전에 시행된 법령이라도 소위 입법사항을 규정한 것은 법령, 규칙 등 형식과 명칭 여하에 불구하고 헌법위원회의 심사대상인데, 위 제88호의 규정내용은 신문과 기타 정기간행물을 허가 없이 발행하는 것을 일률적으로 불법이라고 규정하고 발행허가를 취소하거나 정지하는 조건을 구체적으로 규정하지 않았기 때문에 위헌으로 판단된다는 것이다.

(2) 1959년 행정결정과 1960년 행정결정에 대한 그 당시 논의

서울고등법원의 1959년 행정결정 이후 그 판단내용의 당부에 관하여 학계의 논의가 이루어졌다.[400] 한편 대법원의 1960년 행정결정에 대하여, '미군정법령 제88호에 의거한 행정처분은 가능한 신속하게 처리해야 하는데 그동안 사건이 법원에 계속되어 있었던 기간이 너무 길었고, 헌법위원회가 아직 구성되지 않았고 또한 언제 구성될지도 모르는 상태에서[401] 위헌제청을 한다는 것은 현실과 거리가 있다.'는 점 등을 지적하는 견해가 제기되었는데,[402] 실제로 그 당시 헌법위원회 미구성 등의 이유로 이에 관한 실질적인 심리는 전혀 이루어지지 않았다.

(3) 1960년 후속결정 등

그러던 중 1960. 4. 19.에 4. 19혁명이 발생하였고, 대법원은 1960. 4. 26. "헌법위원회의 위원장이 사임하여... 현하의 정세로서는 신임 위원장의 취임시기를 예측하기 어렵고... 위헌여부의 결정을 얻기 어려운 상태임에 비추어 처분의 집행을 정지함이 타당하다."라는 이유를 들어 집행정지결정을 하였다(4292행항12, 이하 '1960년 후속결정'이라 한다). 그 후 대법원장은 1960. 4. 28. 사법부 독립의 완벽을 기하지 못한 책임을 느끼고 사임하겠다는 의사를 밝혔고, 허정 내각수반의 권고에 따라 사임시기를 연기하였다가 1960. 5. 11. 공식적으로 사임하였다.

(4) 검토

위 1) 기재와 같이 구법령의 위헌여부에 관한 Ⓑ유형 규범통제의 경우 포괄적인 사법권을 관장하는 일반법원이 부수적 규범통제방식에 따라 직접 해야 하므로, 대법원의 1960년 행정결정은 법리적인 문제가 있고, 앞서 본 1949년 민사판결의 판시내용과도 실질적으로 배치

---

400) 1959년 행정결정에 찬성하는 입장으로는 이경호(주 290), 441−455[이 논문 (주 378)], 이에 반대하는 입장으로는 위 이경호의 논문 444, 453 및 정인섭(주 290), 272−274에 인용된 이종극의 견해[이 논문 (주 377)] 등 참조.

401) 발췌개헌 이후 헌법위원회는 부통령을 위원장으로 하고 대법관 5인, 민의원 의원 3인, 참의원 의원 2인으로 구성하도록 규정되어 있었는데, 1959년 당시 참의원의 미구성 등으로 인하여 실제로 헌법위원회가 구성되지 않은 상태였다. 이와 같은 문제로 제1공화국 당시 헌법위원회는 1950년 전반기부터 1954년 전반기까지 약 4년 정도만 활동하였다는 점은 정인섭(주 290), 282; 이경호(주 382), 1−15 참조.

402) 1960. 2. 22.자 법률신문[법원행정처(주 299), 281에서 재인용함].

되는 것이다. 이러한 문제로 인해 1960년 행정결정은 그 당시에도 비판을 받았고,[403] 현 시점에서도 비판을 받고 있다.[404] 같은 맥락에서 Ⓑ유형 규범통제에 관한 서울고등법원의 1959년 행정결정이 법리적으로 타당하다(사례 7 참조).

마) 1960. 1. 1. 시행된 민법 부칙과 조선민사령에 대한 규범통제의 관계 등

(1) 조선민사령이 형식적 의미의 법률과 동일한 위상을 가지는지(소극)

1947년 민사판결과 1949년 민사판결 등에서 쟁점이 된 조선민사령에 대한 규범통제와 관련하여, ① 일제강점기 당시에도 이른바 '입법사항'을 규율하고 있었던 것이기 때문에 실질적으로 내지(內地)인 일본의 법률에 상당한 것이었고, ② 더구나 조선민사령 제11조에 의하여 종래 법적 효력을 인정받던 관습법이 1958. 2. 22. 당시 제헌헌법에 의거하여 제정된 형식적 의미의 법률인 민법(1960. 1. 1. 시행) 부칙 제25조 제1항[405]에 의하여 동법 시행 전에 개시된 상속에 대하여 효력을 인정받았으므로, 적어도 1960년 민법 시행에 의하여 조선민사령의 법형식을 이유로 그러한 관습법의 법적 위상을 '명령'으로 규정하는 학설의 법적 토대는 무너졌고, 제헌헌법 이전에 이미 성립하여 법규범으로 인정되어 오던 관습법은 조선민사령의 법형식과 무관하게 형식적 의미의 법률과 같은 효력을 가지는 규범이라는 주장이 제기되고 있다.[406]

(2) 검토

그러나 위 가. 내지 다. 기재와 같이 일제강점기 당시 지배국 일본의 법제정책에 따라 식민지 조선은 이법지역(異法地域)으로 설정되었기 때문에, 제령의 형식으로 식민지 조선에 적용되었던 조선민사령이 지배국 일본의 형식적 법률과 동일한 위상에 있었다고 볼 수 없고, 그 후 미군정령이나 제헌헌법의 시행에 의하여 조선민사령이 우리 국회가 제정한 법률과 동일한 위상으로 격상(格上)된 적이 없다.

나아가 1960. 1. 1. 시행된 제정민법 부칙 제1조,[407] 제2조,[408] 제25조 제1항, 제27조[409]

---

403) 1960. 2. 22.자 법률신문에는 1960년 행정결정어 대한 회의적인 입장이 기재되어 있고, 대한변호사협회는 1960. 5. 5. 대법원장의 즉시사퇴를 촉구하는 성명서를 발표하였는데, 거기에는 1960년 행정결정에 관하여 법령의 해석이 권세에 좌우된 행적이 소연(昭然)하다는 내용이 포함되어 있다[법원행정처(주 299), 281-283에서 재인용함].

404) 이헌환(주 309), 14-15는 1960년 행정결정에 관하여 대법원이 헌법위원회의 결정을 기다려 동 사건을 처리하기로 한 것은 지극히 소극적이며 둔제회피적인 판단이었다고 비판하고 있다. 그런데 만일 1960년 행정결정의 이유가 법리적으로 타당한 것이라면, 대법원은 미군정법령 제88호의 위헌여부에 대하여 스스로 판단할 권한이 없기 때문에 헌법재판소에 위헌제청을 할 수밖에 없는 것이고, 따라서 위와 같은 비판을 받을 이유가 전혀 없다. 다시 말하면, 1960년 행정결정이 법리적으로 타당하지 않은 경우에 비로소 위와 같은 비판이 제기될 수 있는 것이다.

405) 민법(1958. 2. 22. 법률 제471호, 이하 '제정민법'이라 한다) 부칙 제25조(상속에 관한 경과규정) ① 본법 시행일 전에 개시된 상속에 관하여는 본법 시행일 후에도 구법의 규정을 적용한다.

406) 정태호(주 43), 360-361.

407) 제정민법 부칙 제1조(구법의 정의) 부칙에서 구법이라 함은 본법에 의하여 폐지되는 법령 또는 법령중의 조항을 말한다.

등 관련 법률규정을 모두 살펴보더라도, 위 부칙의 규정은 1960. 1. 1. 이전에 개시된 상속 등과 같이 제정민법의 시행 이전에 완료된 법률관계의 효과가 이미 발생한 경우 그 상속관계에 대하여는 조선민사령을 그대로 적용한다는 취지일 뿐이고, 위 부칙에 의하여 조선민사령의 규범적 위상이 격상되었다고 볼 만한 근거가 없다. 즉, 제정민법 부칙은 제정민법의 시행 이전에 완료된 법률관계에 적용된 구법령에 따라 발생한 효력을 그대로 유지한다는 취지일 뿐이고, 이와는 달리 구법령 중 이른바 '입법사항'을 규율하고 있던 조선민사령을 우리 국회가 제헌헌법에 근거하여 제정한 '형식적 의미의 법률'과 동일한 위상으로 격상시킨다는 내용을 규정하고 있지 않은 것이다.

따라서 제정민법 부칙으로 인하여 조선민사령 및 이에 근거를 두었던 종래 관습법이 1960. 1. 1. 우리 국회가 제정한 형식적 의미의 법률과 동일한 위상으로 격상되었음을 전제로 한 위 주장에 대해서는 도저히 찬성할 수 없다.[410)]

3) 소결론

우리 헌법의 제정경위나 비교법적 검토에 비추어 볼 때, 일반적인 법원칙에 관한 헌법적 차원의 예외규정·특별규정인 제헌헌법 제81조 제2항 내지 제5항에 근거한 헌법위원회 제도는 제헌헌법 시행 이후 우리 국회에서 제정된 법률에 대한 Ⓐ유형 규범통제와 관련하여 '입법자보호기능'을 주된 목적으로 도입된 것이다(사례 1 참조).

반면에, 제헌헌법의 시행 당시 이른바 입법사항을 규율하고 있던 구법령에 대한 Ⓑ유형 규범통제의 경우, 포괄적인 사법작용을 관할하는 각급 법원이 부수적 규범통제의 방식에 따라 스스로 행하는 것이 법리적으로 타당한 것이었다. 구법령은 (자율적인 규범이 아니라) 타율적인 규범에 해당할 뿐만 아니라, 이를 우리 국회가 제정한 형식적 의미의 법률과 동일한 성격과 위상을 가진다고 볼 만한 헌법적 근거가 없기 때문이다(사례 7 참조). 그 당시 재판실무에서 형성된 1949년 민사판결이나 1959년 행정결정은 이러한 법리를 충실하게 반영한 것이고, 제헌헌법 제100조의 해석에 관한 유력한 학설들도 이를 뒷받침하고 있었다.[411)] 다만 이러한 법리가 그 당시 학계와 실무에서 확고하게 정착되지 않았기 때문에, 남조선과도정부 행

---

408) 제정민법 부칙 제2조(본법의 소급효) 본법은 특별한 규정 있는 경우 외에는 본법 시행일 전의 사항에 대하여도 이를 적용한다. 그러나 이미 구법에 의하여 생긴 효력에 영향을 미치지 아니한다.

409) 제정민법 부칙 제27조(폐지법령) 다음 각호의 법령은 이를 폐지한다.
1. 조선민사령 제1조의 규정에 의하여 의용된 민법, 민법시행법, 연령계산에 관한 법률
2. 조선민사령과 동령 제1조에 의하여 의용된 법령 중 본법의 규정과 저촉되는 법조
3. 군정법령 중 본법의 규정과 저촉되는 법조

410) 정광현(주 286), 66－67도 친족상속관계의 관습법이나 구법령 중 제헌헌법에 저촉되는 실정법에 대해서는 (헌법위원회가 아닌) 각급 법원에서 부수적 규범통제방식에 따라 그 적용을 배제할 수 있다는 입장을 취하고 있다.

411) 유진오(주 38), 206－207; 정광현(주 286), 64－67; 이경호(주 290), 455; 이경호(주 317), 1－2; 이경호(주 370), 422－434, 508－509 등 참조. 허완중(주 290), 296도 같은 취지로 볼 수 있다.

정명령 제9호에 대한 헌법위원회의 합헌결정이나 1960년 행정결정 등과 같이 Ⓑ유형 규범통제의 일반 법리와 쉽게 조화되기 어려운 재판사례가 발생하였다는 점은 앞서 본 바와 같다.

5. 제2공화국 내지 제5공화국 헌법 시행 당시의 위헌법률심사제도

가. 제2공화국 헌법(1960. 6. 15.)의 위헌법률심사제도[412)]

1) 제2공화국 헌법재판소에 관한 헌법과 법률 규정 등

가) 관련 규정의 내용

제헌헌법에 대한 1960. 6. 15.자 일부 개정에 의하여 위 3. 다. 2) 다) 기재 독일 기본법상 연방헌법재판소와 유사한 제도가 우리나라에 도입되었다. 제2공화국 헌법 제83조의3은 헌법재판소가 법률의 위헌심사, 헌법에 관한 최종적 해석, 국가기관간의 권한쟁의, 정당의 해산, 탄핵심판, 대통령, 대법원장과 대법관의 선거에 관한 소송 등을 관할하도록 하면서, 하위규범인 법률에 근거하여 추상적 규범통제제도를 도입할 수 있도록 규정하고 있었다. 한편 위 헌법 제83조의4는 헌법재판소의 심판관을 9인으로 하고, 대통령, 대법원, 참의원이 임기 6년의 심판관을 각 3인씩 선임하되, 2년마다 3인씩 개임하도록 한 다음, 심판관은 정당에 가입하거나 정치에 관여할 수 없고, 법률의 위헌심판과 탄핵판결은 심판관 6인 이상의 찬성을 요건으로 하였으며, 헌법재판소의 조직, 심판관의 자격, 임명방법과 심판의 절차에 관하여 필요한 사항은 법률로써 정하도록 하였다.

제2공화국 헌법은 그 부칙을 통하여 위 헌법에 따른 헌법재판소가 구성될 때까지 종래 헌법위원회가 그 직무를 행하는 것으로 규정하고 있었다.[413)] 나아가 제헌헌법을 (전부 개정의 형식이 아니라) 일부 개정의 형식으로 개정한 것으로서, 1960. 6. 15. 개정된 부분을 제외한 나머지 규정을 그대로 존속하였을 뿐만 아니라, 제헌헌법의 시행 이래 (일반법원이 아니라) 헌법에 의하여 별도로 설치된 헌법기관에 위헌법률결정권한을 전속시키는 규범체계를 그대로 유지하고 있었다.

한편 위 헌법에 근거하여 1961. 4. 17. 법률 제601호로 제정되어 같은 날 시행된 헌법재판소법은 제22조 제2항에서 "헌법재판소에 의하여 위헌의 판결을 받은 법률 또는 법률의 조

---

412) 아래 내용은 한수웅(주 8), 85−86, 1433−1434; 김하열(주 46), 67−69, 32−33; 심경수(주 128), 302−303; 허완중(주 290), 302−308; 헌법재판소(주 290), 27−33; 이인복(주 395), 290−291 중 관련 부분을 발췌, 요약, 정리한 다음, 거기에 필자의 설명과 의견을 덧붙인 것이다.

413) 제2공화국 헌법 부칙 중 헌법재판소 관련 규정은 다음과 같다.
○ 이 헌법에 의하여 헌법재판소와 중앙선거우원회가 구성될 때까지는 종전의 규정에 의한 헌법위원회, 탄핵재판소와 중앙선거위원회가 그 직무를 행한다.
○ 이 헌법 시행 후 처음으로 선임되는 헌법재판소심판관은 선임자의 정하는 바에 따라 제1부, 제2부와 제3부로 구분하고 제1부심판관의 임기는 6년, 제2부심판관의 임기는 4년, 제3부심판관의 임기는 2년으로 한다.

항은 판결이 있은 날로부터 법률로서의 효력을 상실한다. 단, 형벌에 관한 조항은 소급하여 그 효력을 상실한다."라고 규정함으로써, 위 4. 라. 1) 나) (2) 기재 제1공화국 당시 헌법위원회법 제20조와 실질적으로 동일한 규율을 하고 있었다.

나) 검토

그렇다면 국회가 제정한 형식적 의미의 법률의 위헌여부가 재판의 전제가 되는 규범통제의 기본구조에 관하여, '입법자보호기능'을 주된 목적으로 하는 헌법적 차원의 예외규정·특별규정이 유지되는 등 제헌헌법의 시행 이후 형성된 종래 법체계가 제2공화국 헌법의 시행 이후에도 계속 유지되었다고 볼 수 있다.[414] 제2공화국 헌법 부칙은 종래 헌법위원회와 새로 설치되는 헌법재판소의 직무연속성을 전제로 하고 있기 때문이다. 이러한 입장을 토대로 하면, 제헌헌법 시행 이후 제정된 법률에 대한 규범통제와 관련하여 (일반법원의 규범통제 대상이 되는 명령·규칙 등 다른 규범과 달리) 해당 법률이 여전히 헌법적 차원에서 특별한 보호대상으로 취급되는 규율체계가 제2공화국 헌법 시행 이후에도 계속 유지되었고, 단지 이 부분에 관하여 종래 헌법위원회가 가지고 있던 직무권한을 제2공화국 헌법에 따른 헌법재판소가 그대로 승계하였다고 평가할 수 있다.

2) 사례 2-1, 2-2에 대한 검토

위 1) 기재 입장을 토대로 하면, 제헌헌법의 시행 이후인 1949년 제정된 ㈎ 법률이 제2공화국 헌법에 위배되는지가 쟁점인 사례 2−1에서, 법원은 1961. 4. 30. '㈎ 법률은 위헌이므로 이를 적용할 수 없다.'는 이유로 B−1의 집행정지신청을 인용할 수 없게 된다. 이는 ㈎ 법률에 대한 Ⓐ유형 규범통제가 쟁점인 사례 1의 경우와 유사한 판단구조 및 결론이라고 할 수 있다.

같은 맥락에서 B−2가 1961. 5. 2.자 과태료처분의 취소를 구하는 소를 제기하면서 근거법률인 ㈎ 법률에 관한 위헌법률심판제청신청을 하고, 이에 따라 법원이 위헌제청을 한 사례 2−2의 경우, 제2공화국 헌법 시행 이후인 1961. 5. 10. 헌법재판소는 1949년 제정된 ㈎ 법률에 대하여 위헌결정을 할 수 있다고 봄이 타당하다. 제1공화국 시행 당시 제정된 ㈎ 법률의 경우, 제2공화국 헌법 시행 이후에도 이에 대하여 위헌결정을 할 수 있는 사법적 권한은 (일반법원이 아닌) 헌법재판소에 배타적으로 전속된다고 보아야 하기 때문이다.

---

414) 반면에, 제2공화국 헌법에 따른 헌법재판소 제도의 도입은 법률의 위헌심사와 관련하여 헌법적 차원에서 본질적인 제도의 변화를 야기한 것이기 때문에, 제1공화국 헌법의 시행 당시 제정된 법률에 대한 위헌심사에 관하여 Ⓑ유형 규범통제의 일반적인 법원칙인 신법우선의 원칙 등이 적용되는 것으로 해석해야 한다는 주장이 제기될 수도 있다. 즉, 제2공화국 헌법 관련 규정의 해석에 관하여 견해의 대립이 가능할 것인데, 사견으로 본문 기재와 같은 입장이 타당하다고 생각하기 때문에, 이 논문에서는 이러한 입장을 토대로 하여 후속 논의를 하기로 한다.

3) 구법령에 대한 규범통제에 대한 검토

한편 구법령에 대한 Ⓑ유형 규범통제를 규율하는 제헌헌법 제100조는 제2공화국 헌법 시행 이후에도 그대로 존치되었으므로, 위 헌법 시행 이후에도 위 4. 라. 1) 다) (3) 기재와 같은 제헌헌법의 규율체계에는 변동이 없었다고 할 수 있다.

4) 소결론

헌법재판소법이 제정된 다음 약 1달 후인 1961. 5. 16. 발생한 쿠데타로 인하여 제2공화국 헌법에 따른 헌법재판소가 실제로 출범하지는 못하였다. 따라서 위 법률 시행 이후 헌법재판소에서 법률에 대한 Ⓐ유형 규범통제권한을 행사한 적이 없고, 일반법원에서 구법령에 대한 Ⓑ유형 규범통제를 한 사례도 발견하기 어렵기 때문에, 이에 관하여 더 이상의 검토를 하지는 않는다.

나. 5·16 쿠데타 및 제3공화국 헌법의 위헌법률심사제도 등

1) 1962. 12. 26.자 제5차 개정헌법의 시행(1963. 12. 17.) 이전 상황[415)]

가) 국가재건비상조치법(국가재건최고회의령 제42호)의 제정 등

1961. 5. 16. 쿠데타 이후 1961. 6. 6. 제정되어 같은 날 시행된 국가재건비상조치법(이하 '비상조치법'이라 한다)은 장래 국회가 구성되고 정부가 수립될 때까지 잠정적으로 최고통치기관으로서의 지위를 가지는 국가재건최고회의를 설치하고(제2조), 종래 헌법에 규정된 국회의 권한을 국가재건최고회의가 행사하며(제9조), 종래 헌법 규정 중 비상조치법에 저촉되는 부분의 효력을 정지하며(제24조), 비상조치법 시행당시의 군사혁명위원회와 국가재건최고회의의 영(令)과 포고(布告)는 비상조치법 또는 비상조치법에 의한 법률과 동일한 효력을 가지도록 하면서(부칙 제3조), 헌법재판소에 관한 규정의 효력을 정지하는 등(부칙 제5조) 실질적으로는 잠정헌법(暫定憲法)의 위상을 가지는 것이었다.

따라서 비상조치법의 시행기간에는 종래 헌법과 비상조치법 양자를 토대로 하여 우리 헌정질서가 유지되는 구조였다고 할 수 있다.

나) 구법령정리에관한특별조치법(1961. 7. 15. 법률 제659호)의 제정 등

국가재건최고회의가 구법령의 정비를 위하여 제정한 구법령정리에관한특별조치법(이하 '구법령정리법'이라 한다)에는 '1948. 7. 16. 이전에 시행된 법령으로서 헌법 제100조의 규정에 의하여 그 효력이 존속되고 있는' 구법령의 경우(제1조), 1961. 12. 31.까지 정리하여 이를 종래 헌법의 규정에 의한 법률 또는 명령으로 대치하여야 하여야 하고(제2조), 1961. 12. 31.까지 정

415) 아래 내용은 한태연(주 42), 62–68; 명순구(주 290), 223–225; 헌법재판소(주 290), 33–34 중 관련 부분을 발췌, 요약, 정리한 다음, 거기에 필자의 설명과 의견을 덧붙인 것이다.

리되지 않은 구법령은 1962. 1. 20.로써 폐지한 것으로 간주하도록 규정되어 있었다(제3조).

구법령정리법의 시행을 위하여 법령정리위원회규정(1961. 7. 18.자 각령 제48호)이 제정되었고, 이에 근거한 '법령정리위원회'에서 정리업무를 진행하였는데, 그 과정에서 구법령의 범주에 속하는 법률 76건, 칙령 73건, 제령 92건 등 모두 396건의 구법령이 폐지되었고, 법률 213건, 각령 220건, 부령 100건 등 모두 533건의 법령이 제정되었다. 그 후 구법령정리법 제3조에 의하여 1962. 1. 20. 구법령이 모두 폐지되었기 때문에, 아래 2) 기재 제3공화국 헌법에서는 구법령의 효력에 관한 제헌헌법 제100조와 같은 규정이 더 이상 필요하지 않게 되었다.

2) 제3공화국 헌법개정 등[416)]

가) 1962. 12. 26.자 제5차 개정헌법(1963. 12. 17. 시행)의 규정 등

전부 개정의 형식으로 개정된 제3공화국 헌법은 "사법권은 법관으로 조직된 법원에 속한다(제96조 제1항). 법원은 최고법원인 대법원과 각급법원으로 조직된다(제96조 제2항). 법관은 이 헌법과 법률에 의하여 그 양심에 따라 독립하여 심판한다(제98조). 법률이 헌법에 위반되는 여부가 재판의 전제가 된 때에는 대법원은 이를 최종적으로 심사할 권한을 가진다(제102조 제1항). 명령·규칙·처분이 헌법이나 법률에 위반되는 여부가 재판의 전제가 된 때에는 대법원은 이를 최종적으로 심사할 권한을 가진다(제102조 제2항). 정당해산을 명하는 판결[417)]은 대법원 법관 정수의 5분의 3이상의 찬성을 얻어야 한다(제103조)."라고 규정하면서, 그 부칙[418)]에서 위 헌법의 시행과 동시에 비상조치법의 효력이 상실되지만(제1조 제2항), 종래 잠정

---

416) 아래 내용은 한수웅(주 8), 86–87, 1433; 한태연(주 42), 68–82, 518–536; 김하열(주 46), 32–33, 69–71; 심경수(주 128), 303–307; 허완중(주 290), 309–315; 헌법재판소(주 290), 34–57; 이인복(주 395), 291–301 중 관련 부분을 발췌, 요약, 정리한 다음, 거기에 필자의 설명과 의견을 덧붙인 것이다.

417) 제3공화국 헌법 제7조 ③ 정당은 국가의 보호를 받는다. 다만 정당의 목적이나 활동이 민주적 기본질서에 위배될 때에는 정부는 대법원에 그 해산을 제소할 수 있고, 정당은 대법원의 판결에 의하여 해산된다.

418) 제3공화국 헌법 부칙의 규정 내용은 다음과 같다.
제1조 ① 이 헌법은 이 헌법에 의한 국회가 처음으로 집회한 날로부터 시행한다. 다만 이 헌법을 시행하기 위하여 필요한 법률의 제정과 이 헌법에 의한 대통령·국회의원의 선거 기타 준비는 이 헌법 시행 전에 할 수 있다.
② 국가재건비상조치법은 이 헌법의 시행과 동시에 그 효력을 상실한다.
제2조
이 헌법에 의한 최초의 대통령과 국회의원의 선거 및 최초의 국회의 집회는 이 헌법의 공포일로부터 1년 이내에 한다. 이에 의하여 선거된 대통령과 국회의원의 임기는 최초의 국회의 집회일로부터 개시되고 1967. 6. 30.에 종료된다.
제3조
국가재건비상조치법에 의거한 법령과 조약은 이 헌법에 위배되지 아니하는 한 그 효력을 지속한다.
제4조
① 특수범죄처벌에 관한 특별법·부정선거관련자처벌법·정치활동정화법 및 부정축재처리법과 이에 관련되는 법률은 그 효력을 지속하며 이에 대하여 이의를 할 수 없다.
② 정치활동정화법 및 부정축재처리법과 이에 관련되는 법률은 이를 개폐할 수 없다.

헌법의 성격을 가지고 있던 비상조치법을 근거로 이루어진 각종 법령, 재판, 처분 등의 효력이 모두 유지되고, 위 1) 나) 기재와 같이 제정된 각종 법령이 원칙적으로 개정된 위 헌법에 근거한 법령들과 동일한 위상을 가진다는 점을 분명히 하였다.

나) 미국식 위헌법률심사제도의 도입

(1) 위헌법률심사권한의 귀속에 관한 학설 대립 등

제3공화국 헌법 제98조와 제102조 제1항과 관련하여, ① 위헌심사권과 위헌결정권을 구별한 다음, 하급심법원은 법률이 헌법에 위반되는 여부가 재판의 전제가 된 사안에서 제1차적으로 이를 심사한 후 합헌이라고 판단되면 그 법률에 따라 재판하되, 위헌이라는 확신이 있는 경우에도 독자적으로 위헌판단을 하여 위 법률의 적용을 거부할 수는 없고, 그 법률의 위헌여부에 관하여 대법원이 최종적 결정을 해야 하는 것이며, 하급심법원은 대법원 결정에 따라 재판하여야 한다는 소수설[419]이 있었지만, ② 대법원을 비롯한 각급 법원이 스스로 위

제5조
국가재건비상조치법 또는 이에 의거한 법령에 의하여 행하여진 재판·예산 또는 처분은 그 효력을 지속하며 이 헌법을 이유로 제소할 수 없다.
제6조
이 헌법 시행 당시의 공무원과 정부가 임명한 기업체의 임원은 이 헌법에 의하여 임명된 것으로 본다. 다만 이 헌법에 의하여 선임방법이 변경된 공무원은 이 헌법에 의하여 후임자가 선임될 때까지 그 직무를 행한다.
제7조 ① 이 헌법 시행 당시에 이 헌법에 의하여 새로 설치될 기관의 권한에 속하는 직무를 행하고 있는 기관은 이 헌법에 의하여 새로운 기관이 설치될 때까지 계속하여 그 직무를 행한다.
② 이 헌법에 의하여 새로 설치되는 기관은 이 헌법 시행후 1년 이내에 구성되어야 한다.
③ 이 헌법에 의한 최초의 지방의회의 구성시기에 관하여는 법률로 정한다.
제8조
국토수복후의 국회의원의 수는 따로 법률로 정한다.
제9조
이 헌법 시행 당시의 대통령령·국무원령과 각령은 이 헌법에 의한 대통령령으로 본다.

419) 허영(주 30), 32-35에 정리된 소수설의 논거 요지는 다음과 같다.
① 법관의 위헌법률심사권과 위헌결정권은 구별되는데, 두 권한이 같은 기관에 부여될 수도 있고 별개 기관에 부여될 수도 있다.
② 헌법과 법률을 명백히 구별하는 위 헌법 제98조는 단순히 법관의 재판상 독립성만을 선언하는 것이 아니라 법관의 법률에 대한 위헌심사권이나 의무를 규정하는 것이고, 헌법의 법률에 대한 우위성을 전제로 한 규정이다. 즉, 법관은 헌법위반의 법률보다 헌법규정에 더욱 기속된다는 것을 밝힘으로써 법관에게 법률에 대한 위헌심사권을 부여하는 규정이다.
③ 위 헌법 제98조는 법관의 규범통제에 대한 창설적 규정이다. 위 헌법 제102조를 통해서 비로소 법관의 위헌법률심사권이 인정되는 것이 아니라 이미 위 헌법 제98조를 통해서 부여되므로, 위 헌법이 제102조 제1항을 별도로 둔 것은 법률에 대한 제1차적인 위헌심사권과 그에 대한 궁극적인 위헌결정권을 구별하는 일반적인 법률발달 사조에 근거하여 제98조에 따라서 법관이 갖는 위헌법률심사권과 위헌결정권을 제102조 제1항에 따라서 분리한 것으로서, 하급법원에는 오로지 위헌법률심사권만 보류시키고 그에 대한 위헌결정권을 박탈하여서 최고법원인 대법원에 독점시키기 위한 것이다.
④ 위 헌법 제102조 제2항은 제1항의 '법률'을 '명령, 규칙, 처분'으로 바꾸어 놓은 것 이외에는 문맥

헌법률심사권을 행사할 수 있다는 견해가 통설[420]이었고,[421] 대법원 판례도 통설과 같은 입장을 취하였다.[422]

(2) 학설 대립에 대한 검토 등

제2차 세계대전 이후 제정된 일본 헌법 제81조와 관련하여 최고재판소만이 위헌법률심사권을 행사할 수 있다는 그 당시 유력한 학설에 따라 일본정부가 같은 취지의 법률제정안을 준비하였다가[423] GHQ가 거부하여 각급 재판소가 위헌법률심사권을 가지는 내용으로 법

상 차이가 없는데, 헌법제정자가 양자에 대한 심사권을 똑같이 취급할 취지였다면 굳이 헌법 제102조의 항목을 나누어 제1항에서 법률을, 제2항에서 명령, 규칙, 처분을 규정할 필요가 없으므로, 제1항과 제2항의 실질상 의의를 달리 보아야 한다.

⑤ 위 헌법 제102조 제1항의 '최종적'이라는 말은 대법원의 법률에 대한 독점적인 위헌결정권과 그 결정의 절대적인 효력을 보장하는 말로서, 법률에 대한 위헌결정권은 최고법원인 대법원에서만 행사하고 대법원 이외의 어떠한 하급법원도 이를 침해할 수 없으며, 그 결정에 대해서는 더는 이의를 제기할 수 없다는 뜻으로서 "법률이 헌법에 위반되는 여부가 재판의 전제가 된 때에는 대법원은 이를 심사할 권한을 가진다."라는 표현을 강조하기 위한 것이다.

420) 예컨대, 김철수(주 1), 90−93; 한태연(주 42), 533 등 참조.

421) 김철수(주 1), 90−93에 정리된 통설의 논거 요지는 다음과 같다.

① 위헌법률이 무효화하거나 폐지되거나 효력이 상실됨 없이 해당 사건에 적용되는 것이 거부되는 것에 불과한 부수적·구체적 위헌법률심사에서는 심사권과 결정권의 구별이 큰 의미가 없다.

② 재판의 전제가 되면 법률의 위헌여부를 판단하는 것은 규범논리상 법원의 권리인 동시에 의무이므로 실정법상 특별한 규정이 없는 한 배제되지 않으며, 위헌법률심사권은 물론 명령, 규칙에 대한 위헌 위법심사권도 상위법 우선의 원칙에 따라서 법원의 재판권에 당연히 따르는 것이므로, 위 헌법 제102조 제1항은 창설적 규정이 아니라 확인적 규정이다[위 헌법 제102조 제1항은 법원의 위헌법률심사권의 근거 규정으로서, 헌법의 법률에 대한 우위의 효과가 인정되는 법원의 위헌법률심사권을 헌법질서유지 불안정을 제거하기 위해서 헌법적으로 확인(確認), 선언한 것이다].

③ 위 헌법 제102조 제1항을 규정한 특별한 의미를 찾아야 한다면, 동조 제2항의 규정 의미도 함께 찾아야 한다.

④ 위 헌법 제102조 제1항과 제2항의 표현이 같은 것은 오히려 같은 의미를 부여하려는 의사로 보아야 한다.

⑤ 대법원에 위헌결정권을 독점시키려면 대법원의 필수적 심사를 보장하지 않는 심급제도보다는 위헌 여부에 대한 하급법원의 제청권을 규정하여야 한다.

⑥ 위 헌법에서 대법원이 '최종적'으로 심사한다고 규정한 것은 하급법원의 심사를 전제로 한 표현이고, '최종적'이라는 표현은 헌법사에서 독점이라는 의미로 해석된 적이 없다는 점에서 위 헌법 제102조 제1항은 이전 헌법에서 헌법위원회와 헌법재판소에 부여되었던 위헌법률심사권을 법원에 준다는 것을 명확하게 선언한 규정으로 이해하여야 한다. 따라서 대법원뿐 아니라 하급법원도 법률의 위헌심사를 할 수 있다고 보아야 한다.

⑦ 위헌심사권과 위헌결정권을 구별하는 것이 현대적 법사조라고 하지만, 원래 심사와 결정은 상호 불가분의 관계에 있는 것으로서 심사가 선행되지 않는 규정이나 결정이 결과되지 않는 심사는 의미가 없다.

422) 대법원 1966. 11. 29. 선고 66누100 판결 등 참조.

423) 1947년 발간된 美濃部達吉의 新 憲法概論에는 '위헌심사권은 최고재판소에만 전속하고, 법령이 위헌이라고 의심되는 경우 하급재판소는 스스로 판결할 권한이 없으며, 당해 소송사건을 최고재판소에 이송하여 그 결정을 기다려야 한다.'는 설명이 기재되어 있었다고 한다[이동원(주 271), 254−255에서 재인용함]. 美濃部達吉의 위 주장은 위 3. 다. 2) 가) (2) 기재 1863년 제4차 독일법률가대회에서 제기된 Jaques의 주장과 같은 맥락으로서, 이는 그 당시 일본정부의 법률제정안이 대륙법계 학

률이 제정되었는데[위 3. 라. 2) 기재 참조], 제3공화국 헌법의 해석에 관한 위 (1) 기재 소수설은 일본정부안과 유사한 입장을 취한 것이지만, 일본의 통설 및 최고재판소의 판례[424]는 우리 통설, 판례와 같은 입장이었다.

앞에서 본 바와 같이 성문헌법 국가의 사법절차에서 각급 법원에 헌법의 최고규범성 및 법의 지배 내지 법치주의 원칙을 모두 준수할 의무가 부과되는 이상,[425] 개별 소송사건을 해결하는 데에 필요한 범위 내에서 이루어지는 법률에 대한 부수적 규범통제권한을 부여하는 별도의 헌법상 수권규정이 필요하지 않다.[426] 같은 맥락에서, 설령 위 헌법 제102조 제1항과 같은 법률에 대한 일반법원의 부수적 규범통제에 관한 헌법상 수권규정이 별도로 존재하더라도, 이는 (창설적 규정이 아니라) 상위법우선의 원칙 등과 같은 일반적인 법원칙이 적용되는 이상 당연히 인정되는 일반법원의 위헌법률심사권을 헌법적 차원에서 확인·선언하는 성격을 가질 뿐이다.[427] 즉, 위 헌법 제102조 제1항은 확인적 규정의 성격을 가지는 것으로서, 각급 법원의 위헌법률심사권한을 헌법적 차원에서 금지 또는 제한하는 특별규정·예외규정이 존재하지 않는 이상 법원이 부수적 규범통제방식에 따라 최고규범인 헌법을 심사기준으로 하여 법률에 대한 규범통제를 하는 것은 정당하기 때문에, 각급 법원에서 당연히 위헌법률심사권한을 행사할 수 있다는 그 당시 우리 통설, 판례의 입장이 타당하다.[428]

(3) 소결론

위 헌법의 시행 당시 각급 법원에서 법률을 비롯한 모든 하위규범에 대하여 부수적 규범통제방식에 따라 Ⓐ, Ⓑ유형 규범통제를 한 것은 규범논리상 당연한 것이다. 같은 맥락에서, 그 당시 대법원의 하급심의 지위에 있던 군법회의(軍法會議)도 위헌법률심사권을 가지고 있었는데(위 헌법 제106조),[429] 다만 비상계엄하에서 예외적으로 단심제로 운영될 수 있는 군법회의(위 제106조 제3항)가 위헌법률심사의 주체가 될 수 있는지에 관하여는 견해의 대립이

설의 영향을 받은 일본의 유력한 학설과 유사한 입장을 취하고 있었음을 의미한다.

424) 最大判 1948. 7. 8. 刑集 2卷 8號 801; 最大判 1952. 10. 8. 民集 6卷 9號 783 등 참조.

425) 이와 관련하여, 만일 위 3. 나. 3) 기재와 같이 연방헌법 제190조에 의하여 연방법률 등에 대한 위헌심사를 금지하고 있는 스위스의 법원에서 연방법률이 연방헌법에 위반된다고 판단하는 사건이 발생하는 경우, 스위스 법원은 그 재판이유에 위헌이라는 판단을 적시한 다음, 그럼에도 불구하고 연방헌법 제190조로 인하여 위헌인 연방법률을 적용할 수밖에 없다는 취지로 설시하고 있는데, 이는 스위스의 사법절차에서 본문 기재와 같은 일반적인 법원칙이 적용되지 않는다는 것을 의미한다.

426) 이에 관하여는 위 3. 나. 2) 기재 캐나다의 사례, 위 3. 다. 1) 기재 프랑스의 '국제법을 심사기준으로 하는 법률에 대한 규범통제'의 사례, 위 3. 다. 2) 다) 기재 독일 국사재판소의 '1925년 판결'의 사례 및 이 논문 (주 96) 등 참조.

427) 동지, 김철수(주 1), 91−92; 김철수(주 160), 95−96. 이와 다른 입장을 취한 견해로는 허영(주 30), 33; 김운용(주 47), 50−62, 133−134 등 참조.

428) 동지, 허완중(주 290), 313.

429) 대법원 1969. 2. 18. 선고 68도1846 판결의 원심인 육군고등군법회의도 군형법 제47조 제2항이 위헌이라는 판단을 한 바 있다.

가능하다.[430)]

다) 제3공화국 헌법 시행 당시 규범통제 사례 등[431)]

(1) 대법원의 위헌법률심사 사례

제3공화국 시행 당시에는 각급 법원이 각종 규범[432)]에 대한 규범통제를 하고 있었고, 대법원도 법률의 위헌여부에 대하여 여러 차례 심사하였는데,[433)] 그중 Ⓐ유형 규범통제에 관하여 위헌판단을 한 것은 대법원 1971. 6. 22. 선고 70다1010 전원합의체 판결을 통하여 법원조직법 제59조 제1항 단서 및 국가배상법 제2조 제1항 단서에 대해 위헌판단을 한 사례(이하 '1971년 판결'이라 한다)가 유일하다.

㈎ 1971년 판결의 배경 등

군인이나 군속이 전투, 훈련 기타 직무집행 중에 발생하였거나 군의 진지 등에서 발생한 전사, 순직, 공상으로 인하여 다른 법령의 규정에 의하여 재해보상금 등을 받을 수 있는 때에는 국가배상법이나 민법의 규정에 의한 손해배상을 금지하는 국가배상법 제2조 제1항 단서(1967. 3. 3. 법률 제1899호로 전부 개정되면서 신설되고 1967. 4. 3. 시행된 규정, 이하 같다)가 위헌이라는 판결이 하급심에서 계속 선고되어 왔고,[434)] 이에 대한 대법원의 판단을 남겨두고 있는 상태에서, 국회는 그 위헌판단을 저지하기 위하여 '법률·명령·규칙에 대한 위헌판결의 정족수를 대법원판사 전원의 3분의 2 이상의 출석과 출석 3분의 2 이상의 찬성으로 강화하는 내용'으로 법원조직법 제59조 제1항 단서를 신설하였다(1970. 8. 7. 법률 제2222호, 같은 날 시행).[435)]

430) 이에 관하여 김철수(주 1), 92, 갈봉근(주 110), 155－156은 비상계엄하의 군사재판에 관하여 예외적으로 단심제로 운영되는 군법회의는 위헌법률심사의 주체가 될 수 없다고 주장하였는데, 이는 위 헌법 제106조 제3항을 위헌법률심사에 관한 예외규정으로 파악하는 견해로 볼 수 있다.

431) 상세한 내용은 헌법재판소(주 290), 34－57; 이인복(주 395), 291－301 참조.

432) 예컨대, 그 당시 대법원이 징발재산보상에 관한 건(1964. 8. 20. 대통령령 제1914호) 중 관련 규정이 위헌이라고 판단한 사례로는 대법원 1967. 11. 2. 선고 67다1334 전원합의체 판결 등 참조.

433) 그 당시 대법원이 법률에 대하여 합헌판단을 한 사례로는 ① 대법원 1963. 2. 28. 선고 62도241 판결(형법상 사형제도에 관한 규정), ② 대법원 1965. 3. 25. 선고 63수3 전원합의체 판결(국가재건최고회의가 제정한 1962년 법률 제1156호), ③ 대법원 1965. 9. 21. 선고 65도505 판결(반공법), ④ 대법원 1967. 2. 28. 선고 67도1 판결(형법상 강간죄에 관한 규정), ⑤ 대법원 1969. 2. 18. 선고 68도1846 판결(군형법상 명령위반죄에 관한 제47조), ⑥ 대법원 1971. 1. 26. 선고 69도1094 판결(양곡관리법) 등을 예시할 수 있다.

434) 예컨대, 서울고법 1970. 3. 13. 선고 69나1631 판결 등 참조.

435) 제3공화국 헌법에는 '법률에 대한 위헌판단의 정족수'가 헌법에 규정되어 있지 아니하였고, 1970. 8. 7. 법률개정 전의 법원조직법에는 위와 같은 단서규정이 없었기 때문에, 대법원 전원합의체 심판은 대법원 판사 전원의 3분의 2 이상의 출석과 출석 과반수의 찬성으로 결정할 수 있는 것으로 해석되고 있었다.

(나) 법원조직법 제59조 제1항 단서 및 부칙 제3항에 대한 위헌판단

1971년 판결은 위 법원조직법 규정에 대하여 위 헌법 제102조에 위반된다고 판시하였는데(대법원 판사 16명 중 11명의 다수의견), 그 이유요지는 다음과 같다.

① 법원의 법률 등에 대한 위헌결정의 효력은 그 법률 등을 무효화하는 것이 아니고, 다만 구체적 사건에 그 법률 등의 적용을 거부함에 그치는 것이다.

② 이러한 위헌심사와 사건의 재판이 불가분의 관계에 있고, 법관의 과반수로써 재판하여야 함은 재판의 근본원칙이다. 위 헌법 제102조는 1948. 7. 17. 제정헌법 제81조 제4항의 헌법위원회의 위헌결정의 합의정족수의 제한, 1960. 6. 15. 개정헌법 제83조의4 제5항의 헌법재판소의 위헌판결과 탄핵판결의 합의정족수의 제한, 또는 위 헌법 제62조 제3항의 탄핵결정의 합의정족수의 제한[436] 등과 같은 제한을 하지 아니하였으므로, 일반원칙 즉 과반수로써 위헌결정을 할 수 있다는 것을 간접적으로 규정한 것이고, 그 예외로서 위 헌법 제103조에서 「정당해산을 명하는 판결은 대법원 법관 정수의 5분의 3 이상의 찬성을 얻어야 한다」고 제한한 것이다.

③ 삼권분립 제도를 채택한 헌법의 근본정신, 이 합의정족수를 제한하는 경우에는 반드시 헌법자체에서 규정하여 온 경위 등에 비추어 볼 때, 일반 법률로써 이를 제한할 수 없다. 특히 법원의 위헌심사권은 사법권에 의하여 입법부에 의한 위헌입법을 억제하여 헌법을 수호하고 사법권과 입법권이 균형을 갖도록 하자는 것이므로, 헌법의 근거 없이 법원의 위헌심사권을 제한할 수 없다.

④ 위 법원조직법 규정은 일반원칙에 따라 법률 등의 위헌심사를 할 수 있는 권한을 대법원에 부여한 위 헌법 제102조에 위반하여 대법원의 위헌심사권을 제한하고, 헌법의 근거 없이 과반수 법관의 의견으로 재판할 수 없다는 재판의 본질에 어긋나는 것을 요구하는 결과가 된다. 위 법원조직법을 적용한다면, 대법원 법관 16명이 출석하여 합의하는 경우 위 헌법 제103조에서 제한한 정당해산의 판결은 대법원 법관 10명의 찬성으로 할 수 있음에도 불구하고, 헌법에 제한이 없는 법률 등의 위헌판결은 11명의 대법원 법관의 찬성이 있어야 할 수 있게 되는 모순이 생기게 될 것이므로 위 헌법 제102조에 위반됨이 명백하다.[437]

---

436) 제3공화국 헌법 제62조
① 탄핵사건을 심판하기 위하여 탄핵심판위원회를 둔다.
② 탄핵심판위원회는 대법원장을 위원장으로 하고 대법원판사 3인과 국회의원 5인의 위원으로 구성한다. 다만 대법원장을 심판할 경우에는 국회의장이 위원장이 된다.
③ 탄핵결정에는 구성원 6인 이상의 찬성이 있어야 한다. (하략)

437) 1971년 판결에 관하여, 김철수(주 160), 95−96에는 "대법원의 심사권을 어렵게 하는 규정은 헌법에 명문의 규정이 없는 경우는 불가능하다고 하겠다. (중략) 따라서 헌법에 특별한 제한이 없는 한 합의정족수는 출석과반수임을 부인할 수 없다. 법률은 헌법에 저촉되지 아니하여야만 하고 헌법의 위임 없이는 합의정족수를 가중하여 최고기관의 권한을 제한할 수는 없는 것이다. (중략) 이 점에서

(다) 국가배상법 제2조 제1항 단서에 대한 위헌판단

1971년 판결은 개정된 국가배상법 규정에 대하여 위 헌법 제26조, 제8조, 제9조, 제32조 제2항 등에 위반된다고 판시하였는데(대법원 판사 16명 중 9명의 다수의견), 그 이유요지는 다음과 같다.

① 위 헌법 제26조는 공무원의 불법행위로 손해를 받은 국민은 누구든지 국가 또는 공공단체에 그 불법행위로 인한 손해전부의 배상을 청구할 수 있는 기본권을 보장하였는데, 위 손해배상청구권을 법률로써 제한함에는 첫째 질서유지 또는 공공복리를 위하여 제한할 필요가 있어야 하고, 둘째 위 제한은 필요한 최소한도로 하여 청구권을 최대한도로 보장하며 그 본질적 내용을 침해할 수 없고, 셋째 모든 피해국민에게 평등하게 제한하여야 하며, 군인군속에 대하여서만 제한하는 경우에는 위 헌법 제9조의 평등의 원칙에 반하지 않는 합리적인 이유와 범위 안에서만 할 수 있다.

② 국가배상법의 입법이유의 하나는 군인군속이 공무수행 중에 피해를 입은 경우 군사원호보상법 등에 의하여 재해보상금 등을 지급받게 되므로 불법행위로 인한 손해배상도 받게 하면 이중이 된다는 것이나, 다른 법률규정에 의한 재해보상금 등은 군인군속 등의 복무 중의 봉사 및 희생에 대하여 보상하고 퇴직 후의 생활 또는 유족의 생활을 부조하는 사회보장적 목적이 있으므로, 불법행위로 인한 손해 전보를 목적으로 하는 손해배상제도와는 그 제도의 목적이 다르다.

③ 군인연금법 제41조 등에 의하여 불법행위로 인한 손해배상과 같은 성질의 급여가 손해배상과 이중으로 지급되지 않게 하고 있고, 재해보상 등의 경우 군인군속뿐만 아니라 경찰관, 일반 공무원에 대하여도 같은 보상제도가 마련되어 있으며 심지어 사기업의 피용자에게도 근로기준법 등에 의하여 같은 제도가 마련되어 있다.

④ 군인군속이 피해자인 사고가 많아 국고손실이 많다고 하여도, 이에 대하여서만 배상청구권을 부인하여 그들의 희생 위에 국고손실을 방지할 수는 없다.

⑤ 군인군속이 국가에 대하여 특별권력관계에 있다고 하여도, 과실 있는 직무상의 위법행위로 인하여 군인군속이 공무 중에 입은 손해는 특별권력관계의 내용이나 근무임무에 당연히 포함되는 희생은 아니다.

(2) 하급심법원의 위헌법률심사 사례 등

위 (1) 기재 국가배상법에 대한 하급심의 위헌판단 이외에도 법률의 위헌여부가 문제 되

다수의견이 타당하다고 하겠다."라고 기재되어 있는데, 이는 헌법적 차원의 특별규정·예외규정이 없는 이상 위헌법률심사에 관한 법원 재판의 합의정족수 등에 대하여 위와 같은 일반적인 법원칙이 당연히 적용되어야 한다는 입장으로 볼 수 있다.

어 하급심에서 위헌판단을 한 사례가 상당수 있었다.[438)]

라) 각급 법원의 위헌심사대상이 되는 법률의 범위와 위헌판단의 효력 등

⑴ 위 헌법 시행 이후 제정된 법률에 대한 Ⓐ유형 규범통제(사례 3-2)

위 헌법의 시행 이후 제정된 법률의 경우, 일반법원의 Ⓐ유형 규범통제와 관련하여 헌법적 차원에서 특별한 보호대상이 될 수 없다(1971년 판결 참조). 그런데 위 나) 기재 통설, 판례를 토대로 하면, 위 헌법의 시행 이후인 1964년 제정된 ㈎ 법률이 위 헌법에 위배되는지에 대한 Ⓐ유형 규범통제가 쟁점인 사례 3－2에서 하급심법원은 1965. 4. 30. '㈎ 법률은 위헌이므로 이를 적용할 수 없다.'는 이유로 C－2의 집행정지신청을 인용할 수 있다고 보아야 한다.[439)]

한편 위 헌법의 경우, 사법기관의 법률에 대한 위헌판단의 효력에 관하여 헌법적 차원의 특별규정·예외규정을 두지 않았다는 점에서 위 3. 다. 2) 다) 기재와 같은 독일의 경우와 유사하므로, 일반법원의 위헌판단의 효력에 관하여 독일 국사재판소의 1925년 판결의 경우와 마찬가지로 일반적인 법원칙이 적용된다.[440)] 즉, 사례 3－2와 같이 위 헌법의 시행 이후 제정된 법률에 대한 Ⓐ유형 규범통제가 각급 법원에서 이루어진 경우, '원칙적으로 해당 법률은 그 제정시점인 1964년부터 원시적 무효이고, 해당 법률에 근거한 법률관계 역시 모두 실효된다.'는 취지의 사법적 판단이 이루어진 것으로 보아야 한다.

⑵ 위 헌법 시행 이전 제정된 법률에 대한 규범통제(사례 3-1)

㈎ 사례 3－1의 쟁점

제헌헌법이 1948. 7. 17. 공포된 이후 제3공화국 헌법이 1963. 12. 17. 시행되기 전까지는 위헌법률심사와 관련하여 우리 국회가 제정한 법률은 헌법적 차원의 특별규정·예외규정에 의하여 특별한 보호대상으로 취급되었다. 그러나 제3공화국 헌법에는 위와 같은 헌법적 차원의 예외규정·특별규정이 존재하지 않고, 다만 상위법우선의 원칙 등 일반적인 법원칙을 확인하는 성격을 가진 제102조 제1항만 규정되어 있기 때문에, 헌법의 하위규범에 해당하는

---

438) 예컨대, ① 양곡관리법 제17조에 대하여 위헌판단을 한 서울형사지법 1969. 6. 3. 선고 69고10792 판결, ② 징발법 제21조의 기준을 초과한 징발보상금을 청구하지 못한다는 규정이 헌법에 위반된다는 서울민사지법 1971. 2. 26. 선고 70가14816 판결, ③ 국가를 상대로 한 가집행선고를 제한한 '민사소송에관한임시조치법' 제3조가 위헌이라고 판단한 서울민사지법 1967. 12. 26. 선고 67가9299 판결 등 참조.

439) 반면에, 제3공화국 헌법해석에 관한 위 나) ⑴ 기재 소수설의 입장을 토대로 하는 경우, 하급심법원은 스스로 법률에 대한 위헌판단을 할 수 없고 대법원의 결정을 기다려서 재판을 해야 하기 때문에, 사례 3－2에서 하급심은 위와 같은 이유로 C－2의 집행정지신청을 바로 인용할 수 없는데, 이러한 점에서 통설, 판례를 토대로 하는 경우와 실질적 차이가 발생한다.

440) 즉, 법률에 대한 헌법재판소의 위헌판단의 효력에 관하여 헌법적 차원의 특별규정·예외규정을 규정한 위 3. 다. 1) 기재 프랑스의 2008년 개정 헌법, 위 3. 다. 2) 나) 기재 오스트리아의 헌법 등과는 실질적인 차이가 있다.

법률의 경우도 명령·규칙 등과 동일한 방식에 따라 일반법원의 부수적 규범통제가 이루어지게 되었다.

그렇다면 제1, 2공화국 헌법의 시행 당시 제정되어 종래 헌법적 차원에서 특별한 보호대상으로 취급되었던 법률이 ① 후행 상위규범인 제3공화국 헌법에 위배되는지(Ⓑ유형), ② 또는 선행 상위규범인 제1, 2공화국 헌법에 위배되는지(Ⓐ유형) 등을 1963. 12. 17. 이후 일반법원이 심사할 수 있는지, 이러한 위헌법률심사가 허용된다면 적용되는 법원칙이 어떠한지 등에 대하여 검토할 필요가 있다.

㈏ Ⓑ유형 규범통제에 관한 C－1의 주위적 주장에 대하여

이에 관하여 제3공화국 헌법의 본칙 및 부칙에 특별한 규정은 없고,[441] 제1, 2공화국 헌법의 시행 당시 제정된 법률을 더 이상 헌법적 차원의 특별한 보호대상으로 취급할 수 있는 근거도 없다. 그러므로 사례 3－1과 같이 1965. 4. 이후의 법률관계와 관련하여 각급 법원에서 제1공화국 헌법의 시행 당시인 1949년 제정된 ㈎ 법률이 제3공화국 헌법에 위배된다는 이유로 Ⓑ유형 규범통제를 하는 경우, 이에 대하여는 Ⓑ유형 규범통제에 관한 일반적인 법원칙이 그대로 적용되고, 원칙적으로 신법우선의 원칙이 적용된다고 봄이 타당하다.[442] 즉, 제1공화국 헌법의 시행 당시 제정된 ㈎ 법률은 구법(舊法)의 성격을 가지므로, 신법(新法)인 제3공화국 헌법에 위배되는지 여부는 각급 법원에서 부수적 규범통제방식에 따라 심사해야 하는 것이다(장래효의 구조).

사례 3－1의 법원이 ㈎ 법률은 제3공화국 헌법에 위배된다고 판단하는 경우, ㈎ 법률은 위 헌법 시행일인 1963. 12. 17.부터 효력이 상실되었다는 취지이므로, 위 법원은 1965. 4. 30. C－1의 주위적 주장을 수용하여 '㈎ 법률은 제3공화국 헌법에 위배되므로 이를 1965. 4. 이후의 법률관계에 적용할 수 없다.'는 이유로 그 집행정지신청을 인용할 수 있다. 제3공화국 헌법의 경우 각급 법원이 신법우선의 원칙에 따라 위헌법률심사권한을 행사하는 것을 금지 또는 제한하는 규정을 두고 있지 않기 때문이다.

㈐ Ⓐ유형 규범통제에 관한 C－1의 예비적 주장에 대하여

한편 ㈎ 법률의 제정당시인 1949년을 기준으로 하는 경우, 이는 일반법원의 규범통제 대상이 아니었고 '입법자보호기능'을 주된 목적으로 하는 헌법위원회의 결정에 의해서만 그 효력이 상실될 수 있었기 때문에, ㈎ 법률의 성립당시부터 제1공화국 헌법에 위배된다는 C－1의 예비적 주장(Ⓐ유형)에 대해서는 위 ㈏와는 다른 접근방식이 가능한지를 검토해야 한

441) 이 논문 (주 418) 기재 같이 제3공화국 헌법(부칙)은 비상조치법에 의거한 법령 등의 효력에 관하여는 헌법적 차원의 특별규정을 두고 있지만, 제1, 2공화국 헌법의 시행 당시 제정된 법률의 효력 등에 관하여는 특별규정을 두고 있지 않다.

442) 이에 관하여는 위 3. 다. 2) 다) 기재와 같은 독일 제도에 관한 설명 참조.

다. 제3공화국 헌법이 시행된 이후에도 ㈎ 법률의 제1공화국 헌법 위배 여부는 여전히 일반법원의 위헌심사의 대상이 될 수 없다는 주장이 제기될 여지가 있기 때문이다.

그러나 위 나) ⑵ 기재와 같이 제3공화국 헌법 제102조 제1항은 확인적 규정의 성격을 가지는 것으로서, 각급 법원의 위헌법률심사권한이 헌법적 차원에서 금지 또는 제한되지 않은 위 헌법의 시행 당시에는 부수적 규범통제방식에 따라 최고규범인 헌법을 심사기준으로 하여 법률에 대한 규범통제를 하는 것이 정당화되기 때문에, '입법자보호기능'을 주된 목적으로 규정된 헌법적 차원의 특별규정·예외규정(제1공화국 헌법 중 헌법위원회 관련 규정이나 제2공화국 헌법 중 헌법재판소 관련 규정 등)이 더 이상 존재하지 않는 이상, 사례 3－1에서 ㈎ 법률의 제1공화국 헌법 위배 여부에 관한 규범통제도 당연히 일반법원에서 할 수 있다고 보아야 한다.

만일 그렇게 보지 않으면, 제1공화국 헌법의 시행 당시 제정된 법률이 제1공화국 헌법에 위배된 경우에도 제3공화국 헌법의 시행 이후에는 이에 대하여 사법기관이 전혀 규범통제를 할 수 없는 상황이 초래되는데, 헌법상 법치국가 원칙에 비추어 볼 때 이는 심각한 규범통제에 관한 공백을 야기하는 것이다.[443)]

사례 3－1의 법원이 1965. 4. 30. Ⓐ유형 규범통제에 관한 C－1의 예비적 주장을 수용하는 결정을 하는 경우, 이는 ㈎ 법률이 그 제정시점인 1949년부터 원시적 무효라고 판단하는 것이므로, 1963. 12. 17.부터 효력이 상실되었다는 것을 의미하는 C－1의 주위적 주장에 대한 인용판단과는 실질적으로 차이가 있다.

마) 소결론

제3공화국 헌법의 시행 당시 제정된 법률의 경우 일반법원의 규범통제와 관련하여 헌법적 차원에서 특별한 보호대상이 될 수 없음이 분명하다. 위 헌법에 이에 관한 예외규정·특별규정이 존재하지 않기 때문이다(사례 3－2 참조). 그 당시 통설과 판례에 비추어 볼 때, 그 당시 제정된 법률에 대해서 일반법원은 별도의 헌법상 수권규정 없이 헌법을 심사기준으로 하여 부수적 규범통제를 할 수 있었고, 이는 포괄적인 사법권을 관장하는 각급 법원의 고유권한이었다. 나아가 제3공화국 헌법의 시행 당시에는 제1, 2공화국 당시 제정된 법률에 대해서도 일반법원이 위헌심사를 할 수 있었다고 봄이 타당하다(사례 3－1 참조).

한편 이러한 법원의 위헌법률심사에 관한 합의정족수 등에 대하여 일반적인 법원칙에 대한 예외를 인정하기 위해서는 헌법적 차원의 예외규정·특별규정이 필요하고, 단순한 법률

443) 만일 위와 같이 규범통제에 관한 공백이 발생하는 경우, 이로 인하여 구체적인 소송사건에 적용되는 법률이 헌법에 위배되는 것으로 판단되는 경우에도, 그 법률의 효력을 배제할 수 있는 구제방법이 존재하지 않아서 당사자가 위헌적 법률의 적용결과를 수용할 수밖에 없는 현저히 부당한 결과가 발생한다는 점은 위 4. 라. 2) 가) 및 명순구(주 290), 229 등 참조.

의 규정만으로 이에 관한 예외를 인정할 수 없다는 것이 1971년 판결의 입장이었다.[444] 이러한 판례의 법리 등에 비추어 보면, 제1, 2, 4, 5, 6공화국 헌법에 규정된 헌법위원회나 헌법재판소의 위헌결정에 대한 의결정족수 관련 규정들은 모두 국회가 제정한 법률을 (명령 등 다른 하위규범과 구별되는) '헌법적 차원의 특별한 보호대상'으로 파악한 다음, 이에 관한 '입법자보호기능'을 수행하는 것을 주된 목적으로 규정된 헌법적 차원의 예외규정·특별규정이라고 할 수 있다.[445]

다. 제4, 5공화국 헌법의 위헌법률심사제도 등[446]

1) 제4공화국 헌법의 시행 당시 법률에 대한 위헌심사제도

가) 관련 규정

전부 개정의 형식으로 개정된 1972. 12. 27.자 제7차 헌법개정에 따라 1972. 12. 27. 시행된 제4공화국 헌법의 경우, 헌법위원회 제도를 다시 도입하여 위헌법률심판, 탄핵심판, 정당해산심판을 담당하게 하면서, 법률에 대한 위헌결정 등을 하기 위해서는 위원 6인 이상의 찬성이 있어야 한다고 규정하였고(제109조 내지 제111조), 법률이 헌법에 위반되는 여부가 재판의 전제가 된 때에는 법원은 헌법위원회에 제청하여 그 결정에 의하여 재판하도록 규정하였다(제105조 제1항). 헌법위원회의 위원은 9인이었지만, 위원장 1인과 상임위원 1인 이외의 나머지 위원들은 모두 비상임위원으로 하였다(헌법위원회법 제9조, 제10조 1항). 위 헌법은 위와 같은 위헌법률심사제도의 변화와 관련된 특별한 경과규정을 두지 않았고, 단지 위 헌법의 시행 당시 법령과 조약은 이 헌법에 위배되지 아니하는 한 그 효력을 지속하고(부칙 제6조 제1항), 위 헌법 시행 당시 위 헌법에 의하여 새로 설치된 기관의 권한에 속하는 직무를 행하고 있는 기관은 위 헌법에 의하여 새로운 기관이 설치될 때까지 계속하여 그 직무를 행한다고

---

444) 이러한 판례의 입장에 찬성하는 견해로는 김철수(주 160), 95−96 참조. 헌재 1995. 9. 28. 선고 92헌가11 등 전원재판부 결정도 유사한 취지로 볼 수 있다.

445) 제헌헌법 제81조에 관한 유진오(주 38), 171−172에는 "본조 제2항은 법원의 법률심사에 관한 권한을 규정하였는데 미국의 법원은 스스로 법률의 내용을 심사하여 그것이 헌법에 위반한다고 인정할 때에는 위헌판결을 내리는 권한을 가졌으나 국회에서 제정한 법률을 위헌으로 결정하는 것은 국무상(國務上) 가장 중대한 일이므로 우리 헌법은 미국식 제도를 취하지 아니하고 법원이 재판을 할 때에 적용하고자 하는 법률이 헌법에 위반한다고 인정할 때에는 우선 「헌법위원회」에 법률의 위헌여부를 결정하여 줄 것을 제청하고 그의 결정에 의하여 재판을 하도록 한 것이다. (중략) 본조 제4항에서 헌법위원회의 위헌결정은 위원 2/3 이상의 찬성이 있어야 한다고 한 것은 법률의 위헌결정은 국무상 중대한 사항이므로 그를 신중히 하기 위한 것이다."라고 기재되어 있고, 김철수(주 160), 95−96에는 제3공화국 헌법에 대법원의 위헌법률심사에 관한 합의정족수를 가중하는 특별한 규정이 없는 이상 '출석과반수에 의한 합의정족수'라는 일반적인 법원칙이 당연히 적용된다고 기재되어 있다.

446) 아래 내용은 한수웅(주 8), 87−88, 1433−1434; 김하열(주 46), 32−33, 72−73; 심경수(주 128), 307−310; 허완중(주 290), 315−320; 헌법재판소(주 290), 57−68; 이인복(주 395), 301−305 중 관련 부분을 발췌, 요약, 정리한 다음, 거기에 필자의 설명과 의견을 덧붙인 것이다.

규정하는 등(부칙 제8조 제1항) 일반적인 경과규정만을 두었다.[447)]

위 3. 다. 2) 다) 기재와 같이 독일에서는 1925년 판결에 의하여 헌법상 특별한 수권규정이 없는 경우에도 일반법원이 법률에 대해서까지 부수적 규범통제를 할 수 있다는 일반적인 법원칙이 확립되었다가, 1949. 5. 23. 기본법이 공포됨으로써 제헌 이후 법률에 대해서는 더 이상 일반법원이 Ⓐ유형 규범통제를 하지 못하고 그 위헌여부에 관한 제청을 받은 연방헌법재판소의 판단에 따라 재판하는 제도가 형성되었다.

---

447) 제4공화국 헌법 부칙의 규정 내용은 다음과 같다.

제1조

이 헌법은 공포한 날로부터 시행한다. 다만 이 헌법을 시행하기 위하여 필요한 법률의 제정과 이 헌법에 의한 대통령·통일주체국민회의 대의원 및 국회의원의 선거와 기타 이 헌법 시행에 관한 준비는 이 헌법 시행 전에 할 수 있다.

제2조

① 이 헌법에 의하여 통일주체국민회의에서 선거된 최초의 대통령의 임기는 이 헌법 시행일로부터 개시된다.

② 이 헌법에 의하여 선거된 최초의 통일주체국민회의 대의원의 임기는 통일주체국민회의의 최초의 집회일로부터 개시되고 1978. 6. 30.에 종료된다.

제3조

이 헌법에 의한 최초의 국회의원총선거는 이 헌법 시행일로부터 6월 이내에 실시한다.

제4조

1972. 10. 17.부터 이 헌법에 의한 국회의 최초의 집회일까지 비상국무 회의가 대행한 국회의 권한은 이 헌법 시행 당시의 헌법과 이 헌법에 의한 국회가 행한 것으로 본다.

제5조

이 헌법 시행 당시의 공무원과 정부가 임명한 기업체의 임원은 이 헌법에 의하여 임명된 것으로 본다. 다만 이 헌법에 의하여 선임방법이나 임명권자가 변경된 공무원은 이 헌법에 의하여 후임자가 선임될 때까지 그 직무를 행하며, 이 경우 전임자인 공무원의 임기는 후임자가 선임되는 전일까지로 한다.

제6조

① 이 헌법 시행 당시의 법령과 조약은 이 헌법에 위배되지 아니하는 한 그 효력을 지속한다.

② 이 헌법 시행 당시의 대통령령·국무원령과 각령은 이 헌법에 의한 대통령령으로 본다.

제7조

비상국무회의에서 제정한 법령과 이에 따라 행하여진 재판과 예산 기타 처분 등은 그 효력을 지속하며 이 헌법 기타의 이유로 제소하거나 이의를 할 수 없다.

제8조

이 헌법 시행 당시에 이 헌법에 의하여 새로 설치된 기관의 권한에 속하는 직무를 행하고 있는 기관은 이 헌법에 의하여 새로운 기관이 설치될 때까지 계속하여 그 직무를 행한다.

제9조

1972. 10. 17.부터 이 헌법 시행일까지 대통령이 행한 특별선언과 이에 따른 비상조치에 대하여는 제소하거나 이의를 할 수 없다.

제10조

이 헌법에 의한 지방의회는 조국통일이 이루어질 때까지 구성하지 아니한다.

제11조

① 특수범죄처벌에관한특별법·부정선거관련자처벌법·정치활동정화법 및 부정축재처리법과 이에 관련되는 법률은 그 효력을 지속하며 이에 대하여 이의를 할 수 없다.

② 정치활동정화법 및 부정축재처리법과 이에 관련되는 법률은 이를 개폐할 수 없다.

그런데 우리나라에서는 위헌법률심사제도와 관련하여, 제4공화국 헌법의 시행에 의하여 독일 기본법의 공포에 따른 변화와 유사한 구조적 변화가 발생한 것이다. 즉, 제4공화국 헌법의 경우 그 시행 이후 제정된 법률에 대한 Ⓐ유형 규범통제와 관련하여 (법률을 특별한 보호대상으로 규정하지 않음으로써 이에 대하여 일반법원이 부수적 규범통제방식에 따라 위헌판단을 할 수 있도록 제3공화국 헌법의 입장과 달리) 일반법원이 부수적 규범통제방식에 따라 해당 법률의 위헌판단을 할 수 없도록 제한함으로써, 1972. 12. 27. 이후 제정된 법률의 위상을 헌법적 차원의 특별한 보호대상으로 격상(格上)시킨 것이고, 이로써 법리적인 측면에서 독일의 현행 제도와 유사하게 '입법자보호기능'을 주된 목적으로 하는 제도가 다시 도입되었다고 할 수 있다.

나) 제4공화국 헌법의 시행 이후 제정된 법률에 대한 위헌심사

위 헌법에 근거하여 1973. 2. 16. 법률 제2530호로 제정된 헌법위원회법(시행 1973. 2. 16.) 제18조 제1항은 "위헌으로 결정된 법률 또는 법률의 조항은 그 결정이 있는 날로부터 효력을 상실한다. 다만 형벌에 관한 조항은 소급하여 그 효력을 상실한다."라고 규정하고 있다. 이와 같이 비형벌조항인 법률에 대한 헌법위원회의 위헌결정이 '장래효의 구조'에 따라 효력을 발생하도록 하는 규정 내용은 제1공화국 헌법 시행 당시의 헌법위원회법 제20조, 제2공화국 헌법 시행 당시 헌법재판소법 제22조 제2항과 실질적으로 동일하다.

위 헌법의 시행 이후 국회가 제정한 법률의 위헌여부가 재판의 전제가 된 Ⓐ유형 규범통제에 관하여 일반법원이 자체적인 위헌판단을 통하여 그 적용을 배제할 수 없음은 분명하다.

다) 제3공화국 헌법의 시행 당시 제정된 법률에 대한 위헌심사(사례 4)

(1) 사례 4의 쟁점

반면에, 사례 4의 경우 제3공화국 헌법의 시행 당시인 1964년 제정된 ㈎ 법률이 ① 주위적으로 제4공화국 헌법에 위배되는지 여부(Ⓑ유형), ② 예비적으로 제3공화국 헌법에 위배되는지 여부(Ⓐ유형)가 쟁점이다.

(2) Ⓐ유형 규범통제에 관한 D의 예비적 주장에 대하여

제3공화국 헌법의 시행 당시 제정된 법률의 경우 그 제정 당시부터 일반법원의 위헌심사 대상이었으므로, ㈎ 법률의 제정 당시인 1964년을 기준으로 할 때 선행 상위규범인 제3공화국 헌법에 위배되었는지 여부에 대한 규범통제권한이 포괄적인 사법권을 관장하는 각급 법원에 귀속되었음이 분명하다. 한편 제4공화국 헌법은 그 시행 당시 법령과 조약이 위 헌법에 위배되지 아니하는 한 효력을 지속한다는 일반적인 경과규정만 두었을 뿐이고, 1964년 제정된 ㈎ 법률까지 헌법적 차원의 특별한 보호대상으로 새롭게 격상시키는 규정을 두지는 않았다. 그렇다면 제4공화국 헌법이 시행된 이후 일반법원에서 제3공화국 헌법을 심사기준으로 ㈎ 법률에 대한 Ⓐ유형 규범통제를 하는 것이 금지된다고 볼만한 헌법적 차원의 근거가 없다.

그러므로 사례 4의 법원은 1973. 4. 30. '㈎ 법률은 제정 당시인 1964년부터 이미 제3공화국 헌법에 위배되었으므로 이를 적용할 수 없다.'는 이유로 D의 예비적 주장을 수용하여 집행정지신청을 인용할 수 있다고 보아야 한다.

앞서 본 바와 같이 성문헌법이 존재하는 국가의 사법절차에서 각급 법원에 헌법의 최고규범성 및 법치주의 원칙을 모두 준수할 의무가 있는 이상, 개별 소송사건을 해결하는 데에 필요한 범위 내에서 이루어지는 법률에 대한 부수적 규범통제권한을 부여하는 별도의 헌법상 수권규정이 필요하지 않은데, 사례 4에서 위 법원이 해당 사건에 적용되는 ㈎ 법률이 제3공화국 헌법에 위배된다는 Ⓐ유형 규범통제를 하는 것은 ㈎ 법률이 (제4공화국 헌법에 위배되어 1972. 12. 27.부터 장래를 향하여 실효되었다는 판단이 아니라) 그 제정시점인 1964년부터 원시적 무효라는 사법적 판단을 하는 것이므로(ex tunc), 사례 4의 법원은 규범논리상 Ⓐ유형 규범통제를 통하여 ㈎ 법률의 적용을 배제할 수밖에 없다. ㈎ 법률이 그 제정시점인 1964년 당시 최고규범이던 제3공화국 헌법에 위배된 것이라는 사법적 판단을 한 상태에서, 위 법원이 ㈎ 법률을 해당 사건에 적용하는 경우 헌법의 최고규범성이나 법치주의 원칙 중 최소한 1가지 이상을 부정하는 결과를 초래하기 때문이다. 다른 관점에서 살펴보면, 제4공화국 헌법이 1964년 제정된 ㈎ 법률을 상위법우선의 원칙의 적용 대상에서 배제하는 등 이를 헌법적 차원의 특별한 보호대상으로 격상시키는 특별규정·예외규정을 두지 않은 이상,[448] 사례 4의 법원이 ㈎ 법률을 해당 사건에 적용하는 것은 불가능하다는 취지이다.

(3) Ⓑ유형 규범통제에 관한 D의 주위적 주장에 대하여

제4공화국 헌법의 본칙 및 그 부칙에 1972. 12. 27. 이전에 제정된 법률을 격상시키는 규정이 없는 등 이에 관한 헌법적 차원의 특별규정·예외규정이 없기 때문에, 위와 같은 법률이 제4공화국 헌법에 위배되는지 여부를 심사·판단하는 Ⓑ유형 규범통제에 대하여 일반적인 법원칙인 신법우선의 원칙이 적용된다고 봄이 타당하다.[449] 그렇다면 1964년 제정되어 구법의 성격을 가지는 ㈎ 법률이 신법인 제4공화국 헌법에 위배되는지 여부는 각급 법원에서 부수적 규범통제의 방식에 따라 심사해야 한다.

결국 사례 4의 법원은 1973. 4. 30. '㈎ 법률은 (1964년 제정 당시의 하자 유무와 관계없이) 나

448) 이와 관련하여, 만일 스위스에서 사례 4와 유사한 사건이 발생하는 경우, 스위스 법원은 ㈎ 법률이 위헌이라는 사법적 판단을 하는 경우에도 그 법률을 반드시 적용해야 하는데, 이는 상위법우선의 원칙 등과 같은 일반적인 법원칙에 대한 헌법적 차원의 특별규정·예외규정인 스위스 연방헌법 제190조가 존재하기 때문이라는 점은 위 3. 나. 3) 기재 참조.

449) 위 3. 다. 2) 다) 기재와 같은 독일 기본법의 제정 이전 법률(舊法)에 대하여 기본법(新法)을 심사기준으로 하는 Ⓑ유형 규범통제와 유사한 구조이므로, 이에 관한 설명 참조.

중에 개정된 제4공화국 헌법에 위배되기 때문에 이를 적용할 수 없다.'는 이유로 D의 주위적 주장을 받아들여서 집행정지신청을 인용할 수 있다고 봄이 타당하다. 사례 4의 법원이 D의 주위적 주장을 수용하는 경우, 이는 ㈎ 법률이 제4공화국 헌법의 시행이라는 후발적인 사정변경으로 인하여 위헌법률이 되었다는 사법적 판단이 되므로, 그 사법판단은 당해사건에서도 위 헌법의 시행시점인 1972. 12. 27.부터 장래를 향하여 효력을 잃는 장래효(將來效)를 가질 수밖에 없고, 성질상 ㈎ 법률의 제정당시인 1964년으로 소급효를 인정할 수는 없으며, 이러한 소급효를 인정할 필요도 없기 때문이다.[450] 이를 Ⓐ유형 규범통제에 관한 위 (2)의 경우와 비교해 보면, ㈎ 법률의 효력 상실시점 등에서 실질적인 차이가 발생한다는 점을 쉽게 알 수 있다.

라) 실무사례의 부존재

다만 제4공화국 헌법의 시행 이후 헌법위원회가 법률에 대한 Ⓐ유형 규범통제권한을 행사한 적이 없고, 일반법원에서 제3공화국 헌법 당시 제정한 법률에 대하여 Ⓐ, Ⓑ유형 규범통제를 한 사례도 발견하기 어렵기 때문에, 이에 관하여 더 이상의 검토를 하지는 않는다.

2) 제5공화국 헌법의 시행 당시 법률에 대한 위헌심사제도

가) 관련 규정

전부 개정의 형식으로 개정된 1980. 10. 27.자 제8차 헌법개정에 따른 제5공화국 헌법에 따른 헌법위원회의 경우, 위원의 연임규정을 추가한 것 이외에는 제4공화국의 제도와 유사한데, 법률에 대한 위헌결정 등을 하기 위해서는 위원 6인 이상의 찬성을 요구하는 규정도 그대로 유지하였고(제112조 내지 제114조), 다만 법률이 헌법에 위반되는 여부가 재판의 전제가 된 때에는 법원은 법률이 헌법에 위반되는 것으로 인정할 때에는 헌법위원회에 제청하여 그 결정에 의하여 심판하도록 규정함으로써(제108조), 법원의 위헌법률심판제청요건을 강화하였다. 위 헌법의 부칙에는 제4공화국 헌법에 따라 임명된 헌법위원회위원은 위 헌법에 의하여 후임자가 선임될 때까지 그 직무를 행한다고 규정하면서(제8조 제1항), 위와 같은 위헌법률심사제도의 변화와 관련된 특별한 경과규정을 두지는 않았고, 위 헌법의 시행 당시 법령과 조약은 이 헌법에 위배되지 아니하는 한 그 효력을 지속한다는 일반적인 경과규정을 두었다(제9조).[451]

---

450) 후발적인 사정변경에 관한 헌재 1993. 5. 13. 선고 92헌가10 등 전원재판부 결정 참조.

451) 제5공화국 헌법 부칙의 규정 내용은 다음과 같다.
제1조
이 헌법은 공포한 날로부터 시행한다.
제2조
이 헌법에 의한 최초의 대통령과 국회의원의 선거는 1981. 6. 30.까지 실시한다.
제3조
이 헌법 시행 당시의 대통령의 임기는 이 헌법에 의한 최초의 대통령이 선출됨과 동시에 종료된다.
제4조

나) 제5공화국 헌법의 시행 이후 제정된 법률에 대한 위헌심사

위 헌법에 근거하여 1982. 4. 2. 법률 제3551호로 헌법위원회법이 일부 개정되었지만, 제4공화국 헌법 당시 제정된 헌법위원회법이 전부 개정되지도 않았고, 법률의 위헌결정에 관한 제18조 제1항도 개정되지 않았다. 위와 같은 헌법 및 법률의 관련 규정에 비추어 볼 때, 위 헌법에 규정된 헌법위원회는 제4공화국 헌법 시행 당시의 헌법위원회의 직무를 그대로 승계한 것으로 볼 수 있다.[452)]

따라서 위 헌법의 시행 이후 제정된 법률의 위헌여부가 재판의 전제가 된 Ⓐ유형 규범통제에 관하여, 일반법원이 자체적인 위헌판단을 통하여 그 적용을 배제할 수 없음은 분명하다.

다) 제4공화국 헌법의 시행 당시 제정된 법률에 대한 위헌심사(사례 5)

제5공화국 헌법은 전부 개정의 형식으로 개정되었지만, 제4공화국 헌법의 시행 이래 (일반법원이 아니라) '헌법에 의하여 별도로 설치된 헌법기관인 헌법위원회'에 위헌법률심사권한

이 헌법 시행과 동시에 이 헌법 시행 당시의 통일주체국민회의는 폐지되고 그 대의원의 임기도 종료된다.
제5조
① 이 헌법 시행 당시의 국회의원의 임기는 이 헌법 시행과 동시에 종료된다.
② 이 헌법에 의하여 선거된 최초의 국회의원의 임기는 국회의 최초의 집회일로부터 개시된다.
제6조
① 국가보위입법회의는 이 헌법에 의한 국회의 최초의 집회일 전일까지 존속하며, 이 헌법 시행일로부터 이 헌법에 의한 국회의 최초의 집회일 전일까지 국회의 권한을 대행한다.
② 국가보위입법회의는 각계의 대표자로 구성하되, 그 조직과 운영 기타 필요한 사항은 법률로 정한다.
③ 국가보위입법회의가 제정한 법률과 이에 따라 행하여진 재판 및 예산 기타 처분 등은 그 효력을 지속하며, 이 헌법 기타의 이유로 제소하거나 이의를 할 수 없다.
④ 국가보위입법회의는 정치풍토의 쇄신과 도의정치의 구현을 위하여 이 헌법 시행일 이전의 정치적 또는 사회적 부패나 혼란에 현저한 책임이 있는 자에 대한 정치활동을 규제하는 률을 제정할 수 있다.
제7조
새로운 정치질서의 확립을 위하여 이 헌법 시행과 동시에 이 헌법 시행 당시의 정당은 당연히 해산된다. 다만 늦어도 이 헌법에 의한 최초의 대통령선거일 3월이전까지는 새로운 정당의 설립이 보장된다.
제8조
① 이 헌법에 의하여 선거방법이나 임명권자가 변경된 공무원과 대법원장·대법원판사·감사원장·감사위원·헌법위원회위원은 이 헌법에 의하여 후임자가 선임될 때까지 그 직무를 행하며, 이 경우 전임자인 공무원의 임기는 후임자가 선임되는 전일까지로 한다.
② 이 헌법 중 공무원의 임기 또는 중임제한에 관한 규정은 이 헌법에 의하여 그 공무원이 최초로 선출 또는 임명된 때로부터 적용한다.
제9조
이 헌법 시행 당시의 법령과 조약은 이 헌법에 위배되지 아니하는 한 그 효력을 지속한다.
제10조
이 헌법에 의한 지방의회는 지방자치단체의 재정자립도를 감안하여 순차적으로 구성하되, 그 구성시기는 법률로 정한다.

452) 한수웅(주 8), 1433-1434; 김하열(주 46), 32-33, 44-52, 72 등도 같은 취지로 볼 수 있다.

을 전속시키는 구조를 계속 유지하고 있었고, 특히 위 헌법에 따라 설립된 헌법위원회는 제4공화국 헌법 시행 당시의 헌법위원회의 직무를 그대로 승계하였다는 점은 앞서 본 바와 같다.

따라서 제4공화국 헌법의 시행 당시 제정된 형식적 의미의 법률의 경우 제5공화국 헌법의 시행 이후에도 여전히 헌법적 차원의 특별한 보호대상의 지위가 유지되었고, 그 위헌여부가 재판의 전제가 된 규범통제와 관련하여 '입법자보호기능'을 주된 목적으로 하는 헌법적 차원의 예외규정·특별규정도 계속 유지된 것으로 볼 수 있다.[453)]

위와 같은 입장을 토대로 하는 경우, 제4공화국 헌법의 시행 이후 제정된 법률에 대한 규범통제와 관련하여 (일반법원의 규범통제 대상이 되는 명령·규칙 등 다른 규범과 달리) 해당 법률이 여전히 헌법적 차원에서 특별한 보호대상으로 취급되는 규율체계가 제5공화국 헌법 시행 이후에도 계속 유지되었고, 단지 이 부분에 관하여 제4공화국 헌법에 따라 설립된 헌법위원회가 가지고 있던 권한을 제5공화국 헌법에 따라 설립된 헌법위원회가 그대로 승계한 것으로 평가할 수 있다.

그렇다면 1980. 10. 27. 이후에 진행된 일반법원의 재판절차에서 제4공화국 헌법이 시행 당시인 1973년 제정된 법률이 제5공화국 헌법에 위배되는지가 쟁점이 사례 5의 경우, (제5공화국 헌법의 시행 이후 제정된 법률의 경우와 마찬가지로) 일반법원은 헌법위원회에 제청을 하고, 그 위헌여부에 관한 헌법위원회의 결정에 따라 재판을 해야 한다고 볼 수 있다. 즉, E가 1973년 제정된 ㈎ 법률을 근거로 한 경찰서장의 1982. 5. 2.자 과태료처분의 취소를 구하는 소를 제기하고 법원이 위헌제청을 한 사례 5의 경우, 헌법재판소는 1982. 5. 10. ㈎ 법률에 대한 위헌결정을 할 수 있다고 봄이 타당하다. (비록 제5공화국 헌법 시행 이전이지만) 제4공화국 헌법 시행 이후인 1973년 제정된 ㈎ 법률에 대한 위헌결정을 할 수 있는 사법적 판단권한은 (법원이 아닌) 헌법위원회에 전속된다고 보아야 하기 때문이다. 다만 사례 5의 법원이 E의 주장을 수용하는 경우, 이는 ㈎ 법률이 제5공화국 헌법의 시행이라는 후발적인 사정변경으로 인하여 위헌법률이 되었다는 사법적 판단이므로, 그 사법판단은 당해사건에서도 위 헌법의 시행시점인 1980. 10. 27.부터 장래를 향하여 효력을 잃는 장래효(將來效)를 가질 수밖에 없고, 성질상 ㈎ 법률의 제정당시인 1973년으로의 소급효를 인정할 수는 없으며, 이러한 소급효를 인정할 필요도 없음을 유의하여야 한다.[454)]

---

453) 반면에, 제5공화국 헌법은 (일부 개정의 형식이 아니라) 전부 개정의 형식에 이루어진 것으로서 법률에 대한 위헌심사와 관련하여 헌법적 차원에서 본질적인 제도의 변화를 야기한 것이기 때문에, 제4공화국 헌법의 시행 당시 제정된 법률에 대한 위헌심사에 관하여 Ⓑ유형 규범통제의 일반적인 법원칙인 신법우선의 원칙 등이 적용되는 것으로 해석해야 한다는 주장이 제기될 수도 있다. 즉, 제5공화국 헌법 관련 규정의 해석에 관하여 견해의 대립이 가능할 것인데, 사견으로 본문 기재와 같은 입장이 타당하다고 생각하기 때문에, 이 논문에서는 이러한 입장을 토대로 하여 후속 논의를 하기로 한다.

454) 후발적인 사정변경에 관한 헌재 1993. 5. 13. 선고 92헌가10 등 전원재판부 결정 참조.

라) 제3공화국 헌법 시행 당시 제정된 법률에 대한 위헌심사

반면에, 제4, 5공화국 헌법은 제3공화국 헌법의 시행 당시 제정된 법률을 헌법적 차원의 특별한 보호대상으로 새롭게 격상(格上)시킨다는 규정을 두지 않았으므로, 해당 법률에 대한 Ⓐ, Ⓑ유형 규범통제권한은 모두 포괄적인 사법권을 관장하는 일반법원에서 행사할 수 있었다고 봄이 타당하다[위 1) 다) 기재 사례 4와 같은 구조임].

마) 실무사례의 부존재

다만 제5공화국 헌법의 시행 이후 헌법위원회가 법률에 대한 Ⓐ유형 규범통제권한을 행사한 적이 없고, 각급 법원에서 제3공화국 헌법의 시행 당시 제정한 법률에 대하여 Ⓐ, Ⓑ유형 규범통제를 한 사례 등도 발견하기 어렵기 때문에, 이에 관하여 더 이상의 검토를 하지는 않는다.

6. 현행헌법(1987. 10. 29.자)의 위헌법률심사제도[455]

가. 헌법규정 및 헌법재판소법의 관련 규정

1) 헌법 중 관련 규정

전부 개정의 방식으로 이루어진 1987. 10. 29.자 제9차 헌법개정에 따라 1988. 2. 25. 시행된 현행헌법은 "사법권은 법관으로 구성된 법원에 속한다(제101조 제1항). 법원은 최고법원인 대법원과 각급법원으로 조직된다(제101조 제2항). 법관은 헌법과 법률에 의하여 그 양심에 따라 독립하여 심판한다(제103조). 법률이 헌법에 위반되는 여부가 재판의 전제가 된 경우에는 법원은 헌법재판소에 제청하여 그 심판에 의하여 재판한다(제107조 제1항). 명령·규칙 또는 처분이 헌법이나 법률에 위반되는 여부가 재판의 전제가 된 경우에는 대법원은 이를 최종적으로 심사할 권한을 가진다(제107조 제2항)."라고 규정하였는데,[456] 현행헌법에는 위와 같은 위헌법률심사제도의 변화와 관련된 특별한 경과규정은 존재하지 않고, 단지 위 헌법의 시행 당시 법령과 조약은 이 헌법에 위배되지 아니하는 한 그 효력을 지속한다는 등의 일반적인 경과규정만 존재한다(부칙 제5조).

현행헌법은 헌법재판소가 위 제107조 제1항 및 제111조 제1항에 명시적으로 열거된 5개 사항에 한정하여 사법적 권한을 행사할 수 있고, 이를 제외한 나머지 사법작용은 포괄적인 사법권을 관장하는 일반법원의 관할에 속한다는 입장을 취하고 있다.[457] 위 3. 다. 기재 프랑

455) 아래 내용은 한수웅(주 8), 88-89, 1433-1434; 김하열(주 46), 32-33, 73-74; 심경수(주 128), 310-311; 허완중(주 290), 320-322; 헌법재판소(주 290), 71-86; 이인복(주 395), 305-317 중 관련 부분을 발췌, 요약, 정리한 다음, 거기에 필자의 설명과 의견을 덧붙인 것이다.

456) 현행헌법 제111조 내지 제113조는 헌법재판소의 관할과 조직, 의결정족수 등에 관하여 규정하고 있다.

스, 오스트리아, 독일의 제도 등에 대한 비교법적 검토에 비추어 볼 때, 일반적인 법원칙에 관한 헌법적 차원의 예외규정·특별규정인 현행헌법 제107조 제1항 등에 근거한 헌법재판소의 위헌법률심사제도는 '입법자보호기능'을 주된 목적으로 도입되었다고 볼 수 있고, 위 제107조 제1항에 근거한 위헌법률심사제도의 심사기준은 원칙적으로 현행헌법이다.[458]

2) 헌법재판소의 법률에 대한 위헌결정의 효력 등에 관한 규정 등

현행헌법에 근거한 헌법재판소법 제47조는 "위헌으로 결정된 법률 또는 법률의 조항은 그 결정이 있는 날부터 효력을 상실한다(제2항). 제2항에도 불구하고 형벌에 관한 법률 또는 법률의 조항은 소급하여 그 효력을 상실한다. 다만 해당 법률 또는 법률의 조항에 대하여 종전에 합헌으로 결정한 사건이 있는 경우에는 그 결정이 있는 날의 다음 날로 소급하여 효력을 상실한다(제3항). 제3항의 경우에 위헌으로 결정된 법률 또는 법률의 조항에 근거한 유죄의 확정판결에 대하여는 재심을 청구할 수 있다(제4항)."라고 규정하고 있다.[459]

위와 같이 현행헌법 및 비형벌조항(非刑罰條項)에 관한 관련 법률은 헌법재판소 결정의 효력에 관하여 상위법우선의 원칙 등 일반적인 법원칙에 관한 헌법적 차원의 예외규정·특별규정을 두지 않은 상태에서, 법률적 차원에서 위헌으로 판단된 법률의 원시적 무효에 관하여 일정한 범위 내에서 제한을 설정한 것이다. 위 3. 다. 기재 프랑스, 오스트리아, 독일의 제도와 비교하여 볼 때, 헌법재판소 위헌결정의 효력에 관하여 단지 법률적 차원에서만 규율을 하고 있다는 점에서는 독일의 제도와 유사한 측면이 있는 반면에, (합헌결정이 아닌) 위헌결정의 효력에 관해서만 규율한다는 측면에서는 프랑스나 오스트리아의 제도와 유사하다고 볼 수 있다.[460]

위와 같은 규율체계는 현행헌법의 시행 이후 제정된 법률에 대한 Ⓐ유형 규범통제에서

---

457) 한수웅(주 8), 1433－1434; 김하열(주 46), 32－33 참조.

458) 헌재 2013. 3. 21. 선고 2010헌바132 등 전원재판부 결정 참조.

459) 현행헌법에 따라 1988. 8. 5. 법률 제4017호로 제정된 헌법재판소법 제47조(위헌결정의 효력)는 "법률의 위헌결정은 법원 기타 국가기관 및 지방자치단체를 기속한다(제1항). 위헌으로 결정된 법률 또는 법률의 조항은 그 결정이 있는 날로부터 효력을 상실한다. 다만 형벌에 관한 법률 또는 법률의 조항은 소급하여 그 효력을 상실한다(제2항). 제2항 단서의 경우에 위헌으로 결정된 법률 또는 법률의 조항에 근거한 유죄의 확정판결에 대하여는 재심을 청구할 수 있다(제3항). 제3항의 재심에 대하여는 형사소송법의 규정을 준용한다(제4항)."라고 규정하고 있었다. 그런데 2014. 5. 20. 법률 제12597호로 일부 개정으로 인하여 신설된 현행 법률 제47조 제3항의 단서부분은 '다만 해당 법률 또는 법률의 조항에 대하여 종전에 합헌으로 결정한 사건이 있는 경우에는 그 결정이 있는 날의 다음 날로 소급하여 효력을 상실한다.'라는 규정 내용을 추가하였다.

460) 위와 같이 (일반법원이 아닌) 헌법위원회 또는 헌법재판소의 결정의 효력에 관하여 상위법우선의 원칙 등 일반적인 법원칙에 관한 헌법적 차원의 예외규정·특별규정을 두지 않은 상태에서, 법률적 차원에서 위헌으로 판단된 법률의 원시적 무효에 관하여 일정한 범위 내에서 제한을 설정하는 규율체계는 제1, 2, 4, 5공화국 헌법의 시행과정에서 계속 유지된 것인데, 이에 관하여는 위 4. 라. 및 위 5. 기재 참조.

헌법재판소가 위헌결정을 하는 경우에도 원칙적으로 해당 법률은 그 위헌결정 시점부터 효력을 상실하되(장래효의 구조), 다만 형벌조항은 예외적으로 소급하여 그 효력을 상실한다는 것인데,[461] 헌법재판소의 확립된 판례는 이러한 제도가 합헌이라고 판단하고 있다.[462] 나아가 확립된 판례에 의하면, 법률이 헌법에 위반된다는 사정은 헌법재판소의 위헌결정이 있기 전에는 객관적으로 명백한 것이라고 할 수는 없으므로 특별한 사정이 없는 한 그러한 하자는 행정처분의 취소사유에 해당할 뿐 당연무효사유는 아니고, 제소기간이 경과한 뒤에는 행정처분의 근거 법률이 위헌임을 이유로 무효확인소송 등을 제기하더라도 행정처분의 효력에는 영향이 없음이 원칙이므로, 이미 제소기간이 경과하여 불가쟁력(不可爭力)이 발생한 행정처분의 근거 법률의 위헌여부에 따라 당해사건 재판의 주문이 달라지거나 재판의 내용과 효력에 관한 법률적 의미가 달라진다고 볼 수 없다.[463]

---

461) 헌재 1993. 5. 13. 선고 92헌가10 등 전원재판부 결정 등 확립된 판례에 의하면, (헌법재판소법 제47조의 규정에도 불구하고) 당해사건이나 병행사건에서는 원칙적으로 비형벌조항에 대한 위헌결정의 소급적 효력이 인정되는 반면에, 일반사건의 경우에는 이러한 소급효가 인정되지 않는다. 위헌결정의 소급적 효력이 인정되는 범위(이른바, 당해사건, 병행사건, 일반사건의 구별 및 범위와 관련된 문제)에 관하여 이 논문에서는 상세한 논의를 하지 않는데, 다만 헌법재판소의 위헌결정의 효력에 관하여 헌법적 차원의 예외규정·특별규정을 두고 있는 오스트리아에서 위헌결정의 소급효가 인정되는 당해사건 등의 범위가 판례와 해석을 통해 계속 확대되고 있다는 점에 관하여는 오세혁(주 29), 45 참조.

462) 예컨대, 헌재 2001. 12. 20. 선고 2001헌바7 전원재판부 결정 등은 다음과 같이 판시하고 있다.
「법 제47조 제2항 본문에 대한 판단
우리 헌법재판소는 헌재 1993. 5. 13. 선고 92헌가10 등 전원재판부 결정 사건(집 5-1, 226, 240-252)에서 법 제47조 제2항 본문이 헌법에 위반되지 아니한다고 선고하였는바, 그 판시 이유의 요지는 다음과 같다.
『헌법재판소에 의하여 위헌으로 선고된 법률 또는 법률의 조항이 제정 당시로 소급하여 효력을 상실하는가 아니면 장래에 향하여 효력을 상실하는가의 문제는 특단의 사정이 없는 한 헌법적합성의 문제라기보다는 입법자가 법적 안정성과 개인의 권리구제 등 제반이익을 비교형량하여 가면서 결정할 입법정책의 문제인 것으로 보인다. 우리의 입법자는 법 제47조 제2항 본문의 규정을 통하여 형벌법규를 제외하고는 법적 안정성을 더 높이 평가하는 방안을 선택하였는바, 이에 의하여 구체적 타당성이나 평등의 원칙이 완벽하게 실현되지 않는다고 하더라도 헌법상 법치주의의 원칙의 파생인 법적 안정성 내지 신뢰보호의 원칙에 의하여 이러한 선택은 정당화된다 할 것이고, 특단의 사정이 없는 한 이로써 헌법이 침해되는 것은 아니라 할 것이다. ……(중략) …… 다만 당사자의 권리구제를 위한 구체적 타당성의 요청이 현저한 반면에 소급효를 인정하여도 법적 안정성을 침해할 우려가 없고, 나아가 구법에 의하여 형성된 기득권자의 이득이 해쳐질 사안이 아닌 경우로서 소급효의 부인이 오히려 정의와 형평 등 헌법적 이념에 심히 배치되는 때 등등의 경우에는 소급효를 인정할 수 있지만 어떤 사안이 그 같은 테두리에 들어가는가에 관하여는 일반법원이 구체적 사건에서 해당 법률의 연혁·성질·보호법익 등을 검토하고 제반이익을 형량해서 합리적·합목적적으로 정하여 대처할 수밖에 없을 것으로 본다.』
또한 헌재 2000. 8. 31. 선고 2000헌바6 전원재판부 결정 사건(헌공49, 744-746)에서도 위 판시이유를 원용하여 위헌결정의 소급효를 제한한 법 제47조 제2항 본문이 헌법에 위반되지 않음을 선언하였다. 이 사건에 있어서도 위 각 결정과 달리 판단할 사정의 변경이나 필요성이 있다고 인정되지 아니하므로 법 제47조 제2항 본문은 헌법에 위반되지 아니한다.」

463) 예컨대, 헌재 2014. 1. 28. 선고 2010헌바251 전원재판부 결정은 다음과 같이 판시하고 있다.

「라. 위헌인 법률에 근거한 행정처분의 효력과 재판의 전제성

⑴ 법률의 위헌여부가 재판의 전제가 된다는 것은 그 법률이 당해사건에 적용되고 그 위헌여부에 따라 재판의 주문이 달라지거나 재판의 내용과 효력에 관한 법률적 의미가 달라지는 것을 의미하는바, 근거 법률에 대한 위헌결정이 행정처분의 효력에 영향을 미칠 여지가 없는 경우에는 그 법률의 위헌여부에 따라 당해사건 재판의 주문이 달라지거나 재판의 내용과 효력에 관한 법률적 의미가 달라질 수 없는 것이므로 재판의 전제성을 인정할 수 없게 된다. 물론 위헌인 법률에 기한 행정처분이 무효인지 여부는 당해사건을 재판하는 법원이 판단할 사항이다.

앞서 살핀 바와 같이 대법원은 행정청이 법률에 근거하여 행정처분을 한 후에 헌법재판소가 그 행정처분의 근거가 된 법률을 위헌으로 결정하였다면 결과적으로 그 처분은 법률의 근거가 없이 행하여진 것과 마찬가지가 되어 하자가 있는 것이 된다고 할 것이나, 특별한 사정이 없는 한 이러한 하자는 단지 행정처분의 취소사유에 해당할 뿐이라는 입장이다.

이에 따라, 헌법재판소는 법률이 헌법에 위반된다는 사정은 헌법재판소의 위헌결정이 있기 전에는 객관적으로 명백한 것이라고 할 수는 없으므로 특별한 사정이 없는 한 그러한 하자는 행정처분의 취소사유에 해당할 뿐 당연무효사유는 아니라고 전제한 다음, 제소기간이 경과한 뒤에는 행정처분의 근거 법률이 위헌임을 이유로 무효확인소송 등을 제기하더라도 행정처분의 효력에는 영향이 없음이 원칙이므로, 이미 제소기간이 경과하여 불가쟁력이 발생한 행정처분의 근거 법률의 위헌여부에 따라 당해사건 재판의 주문이 달라지거나 재판의 내용과 효력에 관한 법률적 의미가 달라진다고 볼 수 없어, 이 경우는 재판의 전제성을 인정할 수 없다고 판단하여 왔다(헌재 2001. 9. 27. 선고 2001헌바38 전원재판부 결정, 헌재 2005. 3. 31. 선고 2003헌바113 전원재판부 결정, 헌재 2006. 11. 30. 선고 2005헌바55 전원재판부 결정, 헌재 2007. 10. 4. 선고 2005헌바71 전원재판부 결정, 헌재 2010. 9. 30. 선고 2009헌바101 전원재판부 결정 등 참조).

⑵ 헌법재판소법 제68조 제2항에 의한 헌법소원심판에 있어 요구되는 재판의 전제성은 헌법재판소법 제41조에 의한 위헌법률심판절차와 마찬가지로 '구체적' 규범통제절차로서의 본질을 드러내주는 요건이다. 행정처분에 대한 제소기간이 경과한 후 무효확인소송을 제기한 경우, 앞서 살핀 바와 같이 근거 법률의 위헌여부가 당해사건 재판의 주문 등에 영향을 미칠 수 없음에도 불구하고 재판의 전제성을 인정한다면, 구체적 사건의 해결과 관계없이 근거 법률의 위헌여부를 판단하는 것이 되어 구체적 규범통제제도에 근거한 현행 헌법재판제도와 조화되기 어렵다. 설령 구체적 규범통제제도로 인한 규범적 공백에서 발생하는 문제가 있다고 하더라도 이를 메우는 것은 헌법재판소에 주어진 역할이 아니다. 또한 본안 판단의 결과 법률의 위헌결정을 통하여 달성할 수 있는 헌법의 최고규범성 확보 역시 구체적 규범통제를 위한 적법요건 판단 단계에서 고려할 사항은 아니라고 할 것이다.

그리고 헌법재판소법 제47조 제2항은 "위헌으로 결정된 법률은 그 결정이 있는 날부터 효력을 상실한다. 다만 형벌에 관한 법률은 소급하여 그 효력을 상실한다."라고 규정하고 있다. 위 법률규정에도 불구하고, 헌법재판소는 구체적 규범통제의 실효성을 보장하기 위하여 법원의 제청·헌법소원의 청구 등을 통하여 헌법재판소에 법률의 위헌결정을 위한 계기를 부여한 당해사건 등에 대하여 형벌에 관한 법률 이외에도 소급효가 인정된다고 본다(헌재 2000. 8. 31. 선고 2000헌바6 전원재판부 결정 참조). 위와 같은 예외적인 소급효 인정과 관련하여, 재판의 전제성 부인이 재심청구를 통해 확정판결의 효력을 부인할 수 있도록 규정한 헌법재판소법 제75조 제7항 취지에 부합하지 아니한다는 의문이 제기될 수 있다. 그러나 헌법재판소법 제68조 제2항의 헌법소원절차에서는, 행정처분의 근거 법률이 위헌으로 결정된 경우 그 행정처분의 근거 법률이 소급하여 효력을 상실한다는 전제에서, 그 처분의 효력을 판단하여 당해사건 재판의 주문 등이 달라지는지 여부에 따라 재판의 전제성 인정 여부를 결정한다. 결국 제소기간이 경과한 행정처분의 근거 법률에 대한 재판의 전제성의 부인은 법률의 위헌결정에 대한 소급효 인정과 서로 조화될 수 없는 것이 아니고 헌법재판소법의 체계에 부합하는 것이다.

그렇다면 앞서 살펴본 헌법재판소의 견해는 여전히 타당하고, 이와 달리 판단할 사정의 변경이나 필요성이 있다고 인정되지 않는다. 다만 헌법재판소는 행정처분의 근거가 된 법률에 의해 침해되는

나. 사례 6-1, 6-2, 6-3, 6-4에 대한 법리적 검토

1) 현행헌법의 시행 이후 제정된 법률에 대한 위헌심사(사례 6-3, 6-4)

가) 사례 6-3에 대한 검토

현행헌법의 시행 이후인 2019년 제정된 ㈎ 법률에 대한 Ⓐ유형 규범통제가 쟁점인 사례 6-3에서, 법원은 2020. 4. 30. ㈎ 법률이 위헌이므로 적용할 수 없다는 이유로 F-3의 집행정지신청을 인용할 수 없음은 분명하다. 2019년 제정된 ㈎ 법률의 위헌여부가 재판의 전제가 된 경우 일반법원이 부수적 규범통제방식에 따라 스스로 ㈎ 법률의 적용을 배제할 수는 없기 때문이다.

나) 사례 6-4에 대한 검토

Ⓐ유형 규범통제에 관한 일반적 법리에 비추어 볼 때, 현행헌법의 시행 이후인 2019년 제정된 ㈎ 법률에 대한 Ⓐ유형 규범통제에 따라 ㈎ 법률이 현행헌법에 위배된다는 결론에 이르게 되면, 특별한 사정이 없는 이상 ㈎ 법률의 제정시점인 2019년부터 ㈎ 법률이 원시적 무효라고 보아야 한다. 즉, 미국과 같이 법률에 대한 위헌심사와 명령·규칙 등과 같은 다른 규범에 대한 규범통제를 동일한 방식으로 규율하는 경우, Ⓐ유형 규범통제가 이루어지는 모든 사안에서 선행 상위규범에 위배되는 후행 하위규범은 그 제정시점부터 원시적 무효로 보는 것이 원칙이다(미국의 Marbury 판결, 독일 국사재판소의 1925년 판결 등 참조). 그런데 독일의 연방헌법재판소법 제79조나 우리 헌법재판소법 제47조 등은 형벌조항이 아닌 법률(후행 하위규범)이 선행 상위규범인 현행헌법에 위배되는 경우에도, 원칙적으로 위헌결정의 선고 시점까지는 해당 법률의 규범적 효력을 인정하고 있다. 이는 '법적 안정성'이라는 또 다른 헌법적 가치를 고려하여, 위헌결정의 선고 이전까지는 해당 법률의 규범적 효력을 일정한 영역에서 인정하는 취지임을 유의할 필요가 있다.

예컨대, 사례 6-4에서 F-4가 2019년 제정된 ㈎ 법률을 근거로 한 경찰서장의 2020. 5. 2.자 과태료처분에 대한 취소를 구하는 소를 제기하면서 제기한 위헌법률심판제청신청에 따

기본권이 중요하며 그 법률에 대한 헌법적 해명이 긴요히 필요한 경우에는 근거 법률에 대한 위헌결정이 행정처분의 효력에 영향을 미칠 여지가 없는 때에도 헌법질서의 수호자로서의 사명을 다하기 위하여 예외적으로 본안판단에 나아갈 수 있을 것이다(헌재 1993. 12. 23. 선고 93헌가2 전원재판부 결정, 헌재 2013. 7. 25. 선고 2012헌바63 전원재판부 결정 참조).

(3) 이러한 입장에서 이 사건 심판청구를 살펴보면, 먼저 당해사건은 이 사건 처분에 대한 제소기간이 경과한 후에 제기되었으므로 설령 이 사건 법률조항에 대하여 위헌결정이 있다 하더라도 이 사건 처분이 취소될 수 없다. 또한 이 사건 처분을 할 당시 이미 이 사건 법률조항의 위헌성이 명백하였다고 볼 만한 특별한 사정도 없다.

결국 이 사건 심판청구는 이 사건 법률조항의 위헌여부에 따라 당해사건 재판의 주문이 달라지거나 재판의 내용과 효력에 관한 법률적 의미가 달라지는 경우로 볼 수 없고, 따라서 재판의 전제성을 갖추지 못하였다.」

라 법원이 위헌제청을 한 경우, 헌법재판소는 2020. 5. 10. ㈎ 법률에 대한 위헌결정을 할 수 있음은 분명하다. 그런데 헌법재판소법 제47조 등을 문언 그대로 적용하게 되면, 형벌조항이 아닌 ㈎ 법률에 대한 2020. 5. 10.자 위헌결정은 그 선고시점인 2020. 5. 10.부터 ㈎ 법률의 효력을 상실시킬 뿐이고, 그 제정시점인 2019년부터 선고시점까지의 규범적 효력을 상실시키는 것이 아니라고 보아야 한다. 그러나 위와 같은 문언에 따른 해석을 고집하는 경우, '재판의 전제성' 요건이 충족될 수 없다는 문제가 발생하기 때문에, 독일·오스트리아식 집중형 규범통제제도를 채택한 모든 나라에서 당해사건인 사례 6-4에서는 법원이 ㈎ 법률을 적용하지 못하도록 하는 등 위헌결정의 소급적 효력을 인정하고 있는 것이다. 이러한 제도운영은 위 3. 다. 2) 기재 오스트리아 1929년 헌법의 시행 당시 명문의 규정이 없음에도 불구하고, 재판의 전제성 요건을 충족시키기 위하여 당해사건 등에서는 예외적으로 소급효를 인정한 것과 유사한 구조인데, 다만 우리나라와 독일의 경우 이는 헌법재판소법 등에 관한 법률해석에서 출발하는 문제인 반면에, 오스트리아의 경우 헌법해석에서 출발하는 문제라는 점에서 차이가 있다.

다른 관점에서 사례 6-4를 살펴본다. 만일 현행헌법 제107조 제1항과 제111조 제1항 제1호 등이 존재하지 않는 경우(즉, 위 5. 나. 2) 기재 우리 제3공화국 헌법과 유사한 헌법체계)를 가정하면, F-4에 대한 과태료처분 취소소송을 담당하는 법원이 부수적 규범통제방식에 따라 스스로 2019년 제정된 ㈎ 법률이 현행헌법에 위배된다는 사법적 판단을 할 수 있는데, 이는 ㈎ 법률이 제정당시인 2019년부터 원시적 무효라는 취지로 판단하는 것이다. 다만 위 1. 기재와 같이 위와 같은 부수적 규범통제가 이루어지는 당해사건에서도 법원이 ㈎ 법률의 제정 이전에 이미 완료된 법률관계를 무효로 판단할 수는 없음을 유의할 필요가 있다. 현행헌법을 심사기준으로 하는 Ⓐ유형 규범통제에서 후행 하위규범인 ㈎ 법률에 대해 위헌판단을 하는 사법판단의 소급적 효력의 경우 최대한 인정되더라도 그 법률의 발효시점인 2019년까지 인정될 수 있을 뿐이고, 그 이전에 이미 완료된 법률관계에 영향을 미칠 수는 없기 때문이다[위 4. 라. 2) 나) 기재 1949년 민사판결에 관한 설명 참조]. 만일 위와 같은 사법적 판단의 소급적 효력을 2019년 이전의 시점까지 인정하는 경우, 이는 중요한 헌법적 가치인 '법적 안정성'을 심각하게 훼손하는 결과를 초래하기 때문에, 이러한 사법적 판단은 법리적으로 허용될 수 없다.[464]

2) 제3공화국 당시 제정된 법률에 대한 위헌심사(사례 6-1)

가) 사례 6-1의 쟁점

사례 6-1의 경우 제3공화국 헌법의 시행 당시인 1964년 제정된 ㈎ 법률이 ① 주위적으

464) 후발적인 사정변경에 관한 헌재 1993. 5. 13. 선고 92헌가10 등 전원재판부 결정 참조.

로 현행헌법에 위배되는지 여부(Ⓑ유형), ② 예비적으로 제3공화국 헌법에 위배되는지 여부(Ⓐ유형)가 쟁점이다.

나) Ⓐ유형 규범통제에 관한 F-1의 예비적 주장에 대하여

성문헌법 국가의 사법절차에서 각급 법원에 헌법의 최고규범성 및 법치주의 원칙을 모두 준수할 의무가 부과되는 이상, 개별 소송사건을 해결하는 데에 필요한 범위 내에서 이루어지는 법률에 대한 부수적 규범통제권한을 브여하는 별도의 헌법상 수권규정이 필요하지 않다는 점은 위 5. 나. 2) 나)에서 본 바와 같다.

한편 우리나라의 제3공화국 헌법 이래 현행헌법에 이르기까지 관련 헌법 규정들을 모두 살펴보더라도, 사례 6-1의 법원에서 1964년 제정된 ㈎ 법률이 그 제정당시부터 최고규범이던 제3공화국 헌법에 위배된다는 사법적 판단을 하였음에도 불구하고, 위 법원이 ㈎ 법률을 해당 사건에 적용하는 것을 정당화할 수 있는 헌법적 차원의 예외규정·특별규정을 발견할 수 없다. 좀 더 구체적으로 살펴보면, 제3공화국 헌법의 시행 당시 제정된 ㈎ 법률의 경우 ① 그 제정 당시부터 일반법원의 위헌심사 대상이었으므로, 그 시점을 기준으로 할 때 선행 상위규범인 제3공화국 헌법에 위배되었는지에 대한 규범통제권한이 각급 법원에 귀속되었음은 분명하고, ② 제4, 5, 6공화국 헌법은 그 시행 당시 법령과 조약이 위 헌법에 위배되지 아니하는 한 효력을 지속한다는 일반적인 경과규정만 두었을 뿐이며, 1964년 제정된 ㈎ 법률을 헌법적 차원의 특별한 보호대상으로 새롭게 격상(格上)시킨다는 예외규정·특별규정을 둔 적이 없다. 그렇다면 현행헌법의 시행 이후에도 포괄적인 사법권을 관장하는 일반법원에서 제3공화국 헌법을 심사기준으로 ㈎ 법률에 대한 Ⓐ유형 규범통제를 할 수 있다고 보아야 한다. 일반법원에서 상위법우선의 원칙 등 일반적인 법원칙에 따라 위와 같은 규범통제를 하는 것을 제한하거나 금지하는 헌법적 차원의 근거가 없기 때문이다.

따라서 사례 6-1의 법원은 2020. 4. 30. '㈎ 법률은 제정 당시인 1964년부터 이미 제3공화국 헌법에 위배되어 원시적 무효에 해당하므로 이를 적용할 수 없다.'는 이유로 F-1의 예비적 주장을 수용하여 집행정지신청을 인용할 수 있다.

한편 사례 6-1의 법원이 당해사건에 적용되는 ㈎ 법률이 제3공화국 헌법에 위배된다는 Ⓐ유형 규범통제를 하는 것은 ㈎ 법률이 (현행헌법에 위배된다는 판단이 아니라) 그 제정시점인 1964년부터 원시적 무효(ex tunc)라는 사법적 판단을 하는 것이고, 규범논리상 법원은 당해사건에서 ㈎ 법률의 적용을 배제할 수밖에 없다. 만일 사례 6-1의 법원에서 위와 같은 사법적 판단을 하였음에도 불구하고 ㈎ 법률을 당해사건에 적용하는 경우, 헌법의 최고규범성이나 법치주의 원칙 중 최소한 1가지 이상을 부정하는 결과를 발생하는데, 위 3. 나. 3) 기재 스위스 연방헌법 제190조와 같은 헌법적 차원의 예외규정·특별규정이 없는 우리나라에서 이러한 결과의 정당성을 인정할 수는 없기 때문이다. 다른 관점에서 살펴보면, 제3공화국 헌법 이

래 현행헌법에 이르기까지 관련 헌법 규정들이 1964년 제정된 ㈎ 법률을 상위법우선의 원칙의 적용 대상에서 배제하는 식으로 헌법적 차원의 특별한 보호대상으로 격상시키지 않은 이상, 사례 6－1의 법원에서 ㈎ 법률을 당해사건에 적용하는 것이 허용될 수 없다는 취지이다.

다) Ⓑ유형 규범통제에 관한 F－1의 주위적 주장에 대하여

1988. 2. 25. 시행된 현행헌법을 심사기준으로 하여 1964년 제정된 ㈎ 법률의 위헌여부를 심사하는 Ⓑ유형 규범통제와 관련된 헌법적 차원의 예외규정·특별규정이 없는 이상, 이에 대해서도 원칙적으로 Ⓑ유형 규범통제에 관한 일반적인 법원칙인 신법우선의 원칙이 적용된다고 봄이 타당하다.[465] 즉, 구법인 ㈎ 법률이 신법인 현행헌법에 위배되는지 여부는 일반법원에서 부수적 규범통제의 방식에 따라 심사해야 한다.

그렇다면 사례 6－1의 법원은 2020. 4. 30. '1964년 제정된 ㈎ 법률은 (그 제정 당시의 하자 유무와 관계없이) 후행 상위규범인 현행헌법에 위배되기 때문에 이를 당해사건에 적용할 수 없다.'는 이유로 F－1의 주위적 주장을 받아들여서 집행정지신청을 인용할 수 있다. 제4, 5, 6공화국 헌법은 Ⓑ유형 규범통제와 관련하여 제3공화국 헌법의 시행 당시에 제정된 ㈎ 법률을 헌법적 차원의 특별한 보호대상으로 격상시키는 특별규정·예외규정을 두고 있지 않기 때문이다.

다만 사례 6－1의 법원이 F－1의 주위적 주장을 수용하는 경우, 이는 ㈎ 법률이 현행헌법의 시행이라는 후발적인 사정변경으로 인하여 위헌법률이 되었다는 판단을 하는 것이므로, 그 사법판단은 현행헌법의 시행시점인 1988. 2. 25.부터 장래를 향하여 효력을 잃는 장래효(將來效)를 가질 수밖에 없고, 성질상 ㈎ 법률의 제정당시인 1964년으로의 소급효를 인정할 수는 없으며, 이러한 소급효를 인정할 필요도 없다.[466] 이를 위 나)의 경우와 비교해 보면, ㈎ 법률의 효력 상실시점 등에서 실질적인 차이가 발생한다는 점을 확인할 수 있다.

3) 제4공화국 당시 제정된 법률에 대한 위헌법률심사(사례 6-2)

현행헌법이 전부 개정의 형식으로 개정되었지만, 제4공화국 헌법의 시행 이래 현행헌법에 이르기까지 (일반법원이 아니라) '헌법에 의하여 별도로 설치된 헌법기관'으로 하여금 재판의 전제가 된 법률의 위헌여부에 관한 심사권한을 행사하도록 하는 헌법 체계는 그대로 유지되고 있었다. 그렇다면 제4공화국 헌법의 시행 이후에 국회가 제정한 형식적 의미의 법률은 제5, 6공화국 헌법의 시행 당시에도 여전히 헌법적 차원의 특별한 보호대상의 위상이 유지되었고, 그 위헌여부가 재판의 전제가 되는 규범통제와 관련하여 '입법자보호기능'을 주된 목적으로 하는 헌법적 차원의 예외규정·특별규정이 계속 유지된 것으로 보는 입장이 타당하

---

465) 이는 위 3. 다. 2) 다) 기재와 같은 독일 기본법의 제정 이전 법률(舊法)에 대하여 기본법(新法)을 심사기준으로 하는 Ⓑ유형 규범통제와 유사한 구조이므로, 이에 관한 설명 참조.

466) 후발적인 사정변경에 관한 헌재 1993. 5. 13. 선고 92헌가10 등 전원재판부 결정 참조.

다고 생각한다.[467)]

위와 같은 입장을 토대로 하는 경우, 제4, 5공화국 헌법의 시행 이후 제정된 법률에 대한 규범통제와 관련하여, (일반법원의 규범통제 더상이 되는 명령·규칙 등 다른 규범과 달리) 해당 법률이 여전히 헌법적 차원에서 특별한 보호대상으로 취급되는 규율체계가 현행헌법이 시행된 이후에도 계속 유지되었고, 단지 이 부분에 관하여 제4, 5공화국 헌법에 따라 설립된 헌법위원회가 가지고 있던 권한을 현행헌법에 따라 설립된 헌법재판소가 그대로 승계하였다고 볼 수 있다. 종래 헌법위원회에 배타적으로 전속되었던 법률의 위헌여부에 대한 결정권한이 헌법재판소의 전속적 관할로 규정되었기 때문이다.[468)]

같은 맥락에서, 1988. 2. 25. 이후에 진행된 일반법원의 재판절차에서 제4공화국 헌법의 시행 당시인 1973년 제정된 ㈎ 법률이 현행헌법에 위배되는지가 쟁점이 사례 6−2의 경우, (현행헌법 시행 이후 제정된 법률과 유사하게) 일반법원은 현행헌법에 따라 설립된 헌법재판소에 제청을 하고, 그 위헌여부에 관한 헌법재판소의 결정에 따라 재판을 하는 것이 타당하다. 즉, F−2가 ㈎ 법률을 근거로 한 경찰서장의 2020. 5. 2.자 과태료처분의 취소를 구하는 소를 제기하고 법원이 위헌제청을 한 사례 6−2의 경우, 헌법재판소는 2020. 5. 10. ㈎ 법률에 대한 위헌결정을 할 수 있는 것이다. 1973년 제정된 ㈎ 법률에 대한 위헌결정을 할 수 있는 사법적 판단권한은 (법원이 아닌) 헌법재판소에 전속된다고 보아야 하기 때문이다. 다만 사례 6−2의 법원이 F−2의 주장을 수용하는 경우, 이는 ㈎ 법률이 현행헌법의 시행이라는 후발적인 사정변경으로 인하여 위헌법률이 되었다는 판단을 하는 것이므로, (일반사건의 경우는 물론이고) 당해사건에서도 그 사법판단은 현행헌법의 시행시점인 1988. 2. 25.부터 장래를 향하여 효력을 잃는 장래효를 가질 수밖에 없고, 성질상 ㈎ 법률의 제정당시인 1973년으로 소급효를 인정할 수는 없으며, 이러한 소급효를 인정할 필요도 없음을 유의해야 한다.[469)]

다. 현행헌법의 시행 이후 실무사례에서 발생한 문제점 등

1) 현행헌법의 시행 이후 제정된 법률에 대한 위헌심사

현행헌법 시행 이후 제정된 법률의 위헌여부가 재판의 전제가 된 Ⓐ유형 규범통제에 관하여, 일반법원의 제청을 받은 헌법재판소가 위헌심사를 하고, 이러한 규율체계에 관하여 실

---

467) 반면에, 현행헌법은 (일부 개정의 형식이 아니라) 전부 개정의 형식에 이루어진 것으로서 법률에 대한 위헌심사와 관련하여 헌법적 차원에서 본질적인 제도의 변화를 야기한 것이기 때문에, 제4, 5공화국 헌법의 시행 당시 제정된 법률에 대한 위헌심사에 관하여 Ⓑ유형 규범통제의 일반적인 법원칙인 신법우선의 원칙 등이 적용되는 것으로 해석해야 한다는 주장이 제기될 수도 있다. 즉, 현행헌법의 관련 규정의 해석에 관하여 견해의 대립이 가능할 것인데, 사견으로 본문 기재와 같은 입장이 타당하다고 생각하기 때문에, 이 논문에서는 이러한 입장을 토대로 하여 후속 논의를 하기로 한다.

468) 한수웅(주 8), 1433−1438; 김하열(주 46), 32−33, 44−57, 72−74 등도 같은 취지로 볼 수 있다.

469) 후발적인 사정변경에 관한 헌재 1993. 5. 13. 선고 92헌가10 등 전원재판부 결정 참조.

무적으로 문제가 발생한 적은 없다(사례 6-3, 6-4 참조).

2) 제3공화국 헌법의 시행 당시 제정된 법률에 대한 위헌심사 실무사례

가) 문제의 제기

위 나. 2) 기재와 같이 일반적인 법원칙이나 비교법적 검토에 비추어 볼 때, 현행헌법의 시행 이후에도 제3공화국 헌법의 시행 당시에 제정된 법률이 ① 주위적으로 현행헌법에 위배되는지(Ⓑ유형), ② 예비적으로 제3공화국 헌법에 위배되는지(Ⓐ유형) 등이 쟁점이 된 사안에서는 일반법원이 부수적 규범통제방식에 따라 스스로 법률에 대한 위헌심사를 해야 한다(사례 6-1 참조).

그럼에도 불구하고, 위와 같은 사안에서 일반법원이 위헌법률심판제청을 하거나 헌법재판소가 본안심리를 한 사례 등이 발견되는데, 이러한 사례들에서 Ⓐ, Ⓑ유형 규범통제의 일반적인 법원칙이나 관련 헌법규정들에 대하여 충분한 검토가 이루어졌는지에 대하여 의문이 있다. 아래에서는 이러한 문제의식을 바탕으로 헌법재판소의 위헌판단 사례와 합헌판단 사례를 예시적으로 살펴본다.

나) 헌법재판소 1994. 6. 30. 선고 92헌가18 전원재판부 결정(이하 '1994년 결정' 이라 한다)

(1) 결정의 내용 등

㈎ 주문

"국가보위에관한특별조치법(1971. 12. 27. 법률 제2312호) 제5조 제4항은 헌법에 위반된다."

㈏ 사건경위 등

제청신청인 소유의 이 사건 토지에 대하여 1977년 국가보위에관한특별조치법(이하 '특별조치법'이라 한다) 제5조[470] 제4항(이하 '심판대상 법률규정'이라 한다) 및 관련 대통령령에 의하여 이를 수용하는 처분(이하 '이 사건 처분'이라 한다)이 이루어진 다음, 1979. 12. 3. 피고(대한민국) 앞으로 소유권이전등기가 경료되었다. 제청신청인은 위 이전등기 말소를 구하는 당해사건의 제1심에서 패소한 다음 항소심(서울민사지방법원 92나16620 판결)에서 심판대상 법률규정에 관

---

470) 특별조치법 제5조
① 비상사태하에서 국방상의 목적을 위하여 필요한 경우 대통령은 국무회의의 심의를 거쳐 전국에 걸치거나 또는 일정한 지역을 정하여 인적·물적 자원을 효율적으로 동원하거나 통제운영하기 위하여 국가동원령을 발할 수 있다.
② 동원대상, 동원인원 및 동원물자, 동원의 종류, 기간과 이를 위한 조사 기타 필요한 사항은 대통령령으로 정한다.
③ 대통령은 동원물자의 생산, 처분, 유통, 이용 및 그 수출입 등에 관하여 이를 통제하는 데 필요한 명령을 발할 수 있다.
④ 대통령은 동원대상지역 내의 토지 및 시설의 사용과 수용에 대한 특별조치를 할 수 있다. 이에 대한 보상은 징발법에 준하되 그 절차는 대통령령으로 정한다.
⑤ 본조의 국가동원령을 발할 때에는 대통령은 지체 없이 국회에 통고하여야 한다.

하여 위헌법률심판제청신청을 하였고, 항소심법원은 위헌제청(위 법원 1992. 11. 7.자 92카기285 결정)[471]을 하였다.

㈐ 당해사건의 쟁점

이 사건 처분이 성립 당시부터 무효인 경우에만 이전등기 말소가 가능하므로, 이 사건 처분 당시의 원인무효사유 존부만이 당해사건의 실질적인 쟁점이 된다.

㈑ 재판관 6인의 다수의견의 요지

① 적법요건에 대한 판단

당해사건에서 심판대상 법률규정의 위헌여부는 하위규범인 대통령령의 위헌여부 및 효력유무의 전제가 되고, 심판대상 법률규정에 대해 위헌결정이 되면 이에 근거한 대통령령도 위헌·무효가 되고 이에 근거한 이 사건 처분도 위헌·무효가 될 수 있기 때문에(위헌법령에 기한 행정처분의 무효여부는 당해사건 담당 법원이 위헌성의 정도에 따라 판단할 사항이다), 심판대상 법률규정의 위헌여부는 재판의 전제성이 인정된다.

② 본안판단(위헌판단)

㉮ 특별조치법 전반에 대한 판단

특별조치법은 그 공포·시행 당시의 제3공화국 헌법(제73조, 제75조)이나 현행헌법(제76조, 제77조)에서 비상사태수습을 위하여 대통령에게 부여한 국가긴급권 이외의 국가긴급권을 대통령에게 부여한 법률이고, 그 발동요건이나 국회에 의한 사후통제 면에서 헌법이 규정한 국가긴급권보다 더 강력한 권한을 대통령에게 부여하고 있다.

특별조치법은 초헌법적(超憲法的)인 국가긴급권을 대통령에게 부여한다는 점에서 반입헌주의, 반법치주의의 위헌법률이고, 비상사태선포의 요건을 규정한 특별조치법 제2조의 규정은 너무 추상적이고 광범위한 개념으로 되어 있어 명확성의 원칙에 반하며, 그럼에도 국회에 의한 사후통제장치가 전무(全無)하다는 점에서 위헌·무효이고, 비상사태선포가 합헌·유효임을 전제로 하여서만 합헌·유효가 될 수 있는 심판대상 법률규정 등 특별조치법의 다른 규정들도 모두 위헌이다.

㉯ 심판대상 법률규정에 대한 판단

심판대상 법률규정은 '보상'을 징발법이 준하도록 하고 있을 뿐 토지수용·사용의 요건 등에 관하여 포괄적으로 대통령령에 위임하고 있어, 재산권 제한을 법률로써 하도록 규정한 현행헌법 제23조 제3항 및 위임입법의 한계를 규정한 현행헌법 제75조에 위반되고, '사용'에 대한 징발법의 보상규정은 특별조치법에 의한 '토지수용'에 관한 보상기준이 될 수 없으며

471) 법원의 위헌제청 이유는 특별조치법 제5조 제4항 등이 현행헌법 제23조 제3항에 위배된다는 취지였다(Ⓑ유형).

징발법 규정대로 과세표준을 기준으로 보상을 하는 것은 정당한 보상이 될 수도 없어서 현행헌법에 위배된다.

㈒ 재판관 3인의 소수의견의 요지(부적법 판단)

심판대상 법률규정이 위헌이더라도, 이에 대한 위헌결정 이전에 이 사건 처분이 관계법령의 규정에 따라 더 이상 다툴 수 없게 된 이상, 위헌인 법률에 근거하여 이루어졌다는 사유만으로 이 사건 처분이 당연 무효가 될 수는 없다. 따라서 심판대상 법률규정에 대해 헌법재판소가 위헌결정을 하여 규범의 효력을 잃게 되더라도, 이로써 이 사건 처분의 무효여부를 가리는 데 영향을 미칠 수 없으므로,[472] 재판의 전제성 요건을 갖추지 못하여 부적법하다.

㈓ 당해사건의 경과

1994년 결정 이후 이루어진 당해사건의 항소심판결(서울지방법원 1995. 5. 24. 선고 92나16620 판결)은 ① 심판대상 법률규정이 1994년 결정 선고일인 1994. 6. 30.부터 실효되었지만, ② 이 사건 처분의 성립 당시에는 근거법령에 관한 하자가 명백하지 않아서 이러한 사정을 근거로 이를 당연무효로 볼 수는 없고, ③ 다만 이 사건 처분의 성립 당시 절차적 요건의 흠결이 중대·명백하기 때문에 이전등기가 말소되어야 한다는 취지로 판단하였다.

472) 이에 관하여 소수의견은 "비록 위헌인 법률에 기한 행정처분이라고 하더라도 그 행정처분에 대하여 법령에 정한 불복기간이 모두 경과하는 등 더 이상 취소소송을 제기하여 다툴 수 없게 된 때에는 그 뒤에 한 위헌결정의 효력이 이에 미치지 않는다고 보아야 한다. 헌법재판소법 제47조 제2항이 법률의 위헌결정의 효력에 관하여 형벌에 관한 법률 또는 법률조항을 제외하고는 그 결정이 있은 날로부터 그 효력을 상실한다고 하여 바로 이를 뒷받침하고 있을 뿐 아니라 위와 같이 해석함으로써 위헌결정의 효력이 소급함에 따른 법적 불안정을 제거할 수 있기 때문이다. 이미 우리 재판소는 구체적 규범통제의 실효성을 보장하기 위하여 소급효의 인정이 필수적인 때, 당사자의 권리구제를 위한 구체적 타당성의 요청이 현저한 반면 소급효를 인정하여도 법적 안정성을 침해할 우려가 없고 기득권자의 이득이 해쳐질 사안이 아닌 경우로서 소급효의 부인이 오히려 정의와 형평 등 헌법적 이념에 심히 배치되는 등 예외적인 때에 한하여 위헌결정의 소급효를 인정하여야 한다고 밝힌 바 있다(헌재 1993. 5. 13. 선고 92헌가10, 91헌바7, 92헌바24, 50 전원재판부 결정 참조). 불복기간이 경과함으로써 그 행정처분을 더 이상 다툴 수 없게 된 뒤에도 당사자 또는 이해관계인이 그 처분의 무효확인소송이나 처분의 효력 유무를 선결문제로서 다투는 민사소송 등에서 언제든지 그 처분의 근거 법률이 위헌이라는 이유를 들어 그 처분의 효력을 부인할 수 있도록 한다면, 그 처분으로 불이익을 받은 개인의 권리구제에는 더 없는 장점이 되기는 하겠지만, 이로 말미암아 제소기간의 규정을 두고 있는 현행의 행정쟁송제도가 뿌리째 흔들리게 됨은 물론, 기존의 법질서에 의하여 형성된 법률관계와 이에 기초한 다른 개인의 법적 지위에 심각한 불안정을 초래할 수 있다. 이러한 결과는 우리 헌법재판소법이 위헌결정의 효력을 원칙적으로 장래에 미치도록 규정한 것에 반하는 것일 뿐만 아니라 비록 위헌인 법률이라 하더라도 헌법재판소의 위헌결정에 의하여 취소됨으로써 비로소 형성적으로 그 효력을 잃게 되는 것이므로 헌법재판소의 위헌결정이 있기 전에는 어느 누구도 그 법률의 효력을 부인 할 수는 없다는 이치에도 어긋나는 것이다."라고 판시하였다.

(2) 다수의견 중 적법요건에 관한 판단 부분에 대한 검토

(가) 법원의 위헌제청이유와 다수의견의 차이점 등에 관한 문제점

법원은 1971. 12. 27. 제정된 심판대상 법률규정이 1988. 2. 25. 시행된 현행헌법(후행 상위규범)에 위배된다는 이유로 위헌제청을 하였으므로, Ⓑ유형 규범통제에 관한 위헌제청을 한 것이다.

이에 관하여 다수의견은 위 가) 기재와 같이 특별조치법(심판대상 법률규정 포함)이 전반적으로 선행 상위규범인 제3공화국 헌법에 위배된다는 점(Ⓐ유형 규범통제)과 후행 상위규범인 현행헌법에 위배된다는 점(Ⓑ유형 규범통제)을 모두 언급하였음에도 불구하고, 양자의 법리적 차이점 등을 제대로 적시하지 않았다.

그러나 사례 6－1에서 본 바와 같이 특별조치법이 제3공화국 헌법에 위배된다는 이유로 Ⓐ유형 규범통제를 하는 것은 특별조치법의 제정시점인 1971. 12. 27.부터 원시적 무효라고 판단하는 것인 반면에, 특별조치법이 현행헌법에 위배된다는 이유로 Ⓑ유형 규범통제를 하는 것은 특별조치법이 '후발적인 사정변경'인 현행헌법의 시행으로 인하여 그 시행시점인 1988. 2. 25.부터 실효되었다는 것을 의미한다.[473] 따라서 양자에 적용되는 일반적인 법원칙과 법적 효과 등을 제대로 구별하여 정리하지 않은 다수의견은 법리적으로 문제가 있다.

(나) 현행헌법을 심사기준으로 하는 Ⓑ유형 구범통제에 관한 문제점

제4, 5, 6공화국 헌법에는 제3공화국 헌법 시행 당시 제정된 법률을 특별한 보호의 대상으로 격상하는 헌법적 차원의 예외규정·특별규정은 존재하지 않고, 신법우선의 원칙 등 Ⓑ유형 규범통제의 일반적인 법원칙을 토대로 하는 경우, 당해사건에서 법원의 위헌제청이유가 모두 인정되더라도 심판대상 법률규정은 현행헌법의 시행시점인 1988. 2. 25.에 비로소 효력이 상실될 수 있을 뿐이며, 이 사건 처분의 성립시점(1970년대)으로 소급하여 근거법령의 효력이 상실된다는 것은 아니기 때문에, 위 제청이유는 그 자체로 이 사건 처분의 당연무효사유가 될 수 없다.

그리고 현행헌법 제107조 제1항 및 헌법재판소법 제47조 제2항에 관한 헌법재판소의 일관된 판례[474]에 의하면, 법률이 헌법에 위반된다는 사정은 헌법재판소의 위헌결정이 있기 전에는 객관적으로 명백한 것이라고 할 수는 없으므로 특별한 사정이 없는 한 그러한 하자는 행정처분의 취소사유에 해당할 뿐 당연무효사유는 아니고, 제소기간이 경과한 뒤에는 행정처분의 근거 법률이 위헌임을 이유로 무효확인소송 등을 제기하더라도 행정처분의 효력에는

473) 앞에서 살펴본 헌재 1993. 5. 13. 선고 92헌가10 등 전원재판부 결정, 대법원 1994. 5. 24. 선고 93누5666 전원합의체 판결, 대법원 1995. 6. 30. 선고 93추113 판결 등 참조.

474) 이에 관하여는 위 가. 2) 기재 및 이 논문 (주 463)의 헌재 2014. 1. 28. 선고 2010헌바251 전원재판부 결정이유 등 참조.

영향이 없음이 원칙이므로, 이미 제소기간이 경과하여 불가쟁력이 발생한 행정처분의 근거법률의 위헌여부에 따라 당해사건 재판의 주문이 달라지거나 재판의 내용과 효력에 관한 법률적 의미가 달라진다고 볼 수 없다.

결국 Ⓑ유형 규범통제의 일반적인 법원칙과 판례의 법리에 비추어 보면, 위 법원의 위헌제청이유는 당해사건의 실질적인 쟁점(이 사건 처분의 원인무효사유의 존부)과 관련이 없어서 그 자체로 재판의 전제성 요건을 충족시켰다고 볼 수 없음에도, 다수의견이 Ⓑ유형 규범통제에 관한 본안판단을 한 것 자체가 문제이다.

㈐ 제3공화국 헌법을 심사기준으로 하는 Ⓐ유형 규범통제에 관한 문제점

당해사건의 쟁점에 비추어 보면, 심판대상 법률규정에 대한 규범통제로 인하여 이 사건 처분의 성립 당시를 기준으로 그 원인무효사유가 인정될 가능성이 있는 경우에만 재판의 전제성이 인정된다. 즉, 사법기관에서 '심판대상 법률규정이 애당초 제3공화국 헌법에 위배되는 것이었기 때문에 그 제정시점인 1971. 12. 27.부터 원시적 무효였다는 사법적 판단'을 한 다음, 이를 토대로 다시 '원시적 무효인 심판대상 법률규정에 근거하여 1970년대에 이루어진 이 사건 처분 역시 그 성립당시부터 원시적 무효이다.'라는 사법적 판단을 할 수 있어야만 재판의 전제성 요건이 충족되는 것이다.

그런데 다수의견에 따른 결정이유에 1971. 12. 27. 제정된 특별조치법이 그 제정당시의 상위규범인 제3공화국 헌법에 위배된다는 점이 언급되어 있기는 하지만(Ⓐ유형 규범통제의 구조), 앞서 본 바와 같이 현행헌법 제107조 제1항 등에 근거한 헌법재판소 제도는 '입법자보호기능'을 주된 목적으로 형성된 것으로서, 현행헌법 및 헌법재판소법 관련 규정들은 원칙적으로 현행헌법을 심사기준으로 하고,[475] 현행헌법의 시행일인 1988. 2. 25. 이후 제정된 법률의 위헌여부가 재판의 전제가 된 Ⓐ유형 규범통제를 위하여 설계된 것이다. 한편 현행헌법에는 [위 3. 다. 1) 및 2) 기재 프랑스 및 오스트리아 헌법과 달리] 헌법재판소의 위헌결정의 효력에 대한 내용이 규정되어 있지 않지만, 헌법재판소 제도 자체가 현행헌법의 시행 이후 제정된 법률이 헌법적 차원의 특별한 보호대상임을 전제로 하고 있다는 점은 위 3. 다. 2) 기재 독일의 제도에 관한 설명에서 본 바와 같고, 소수의견에서 지적한 바와 같이 비형벌조항(非刑罰條項)에 관한 헌법재판소법 제47조가 위헌결정은 그 결정 시점부터 장래를 향하여 해당 법률의 효력을 상실한다고 규정한 것은 위헌결정의 효력이 소급함에 따른 법적 불안정을 제거하고자 한 것으로 볼 수 있다.[476] 그렇기 때문에 현행헌법 및 비형벌조항에 관한 헌법재판소법 제47조 등에 근거한 1994년 결정의 주문은 원칙적으로 그 선고일인 1994. 6. 30.부터 심판대

475) 헌재 2013. 3. 21. 선고 2010헌바132 등 전원재판부 결정 등 참조.

476) 이에 관하여는 위 가. 2) 기재 및 이 논문 (주 462)의 헌재 2001. 12. 20. 선고 2001헌바7 등 전원재판부 결정이유 등 참조.

상 법률규정의 효력을 상실시키는 효력을 발생하는 것으로 보아야 한다[위 가. 2) 및 나. 1) 기재 참조].

한편 위 나. 2) 기재와 같이 제4, 5, 6공화국 헌법에는 제3공화국 헌법 시행 당시 제정된 법률을 특별한 보호의 대상으로 격상(格上)시키는 헌법적 차원의 예외규정·특별규정은 존재하지 않고, 현행헌법 및 이에 근거한 헌법재판소법의 관련 규정에 비추어 보면, 현행헌법에 근거한 헌법재판소의 결정은 원칙적으로 '심판대상 법률규정이 애당초 제3공화국 헌법에 위배되는 것이었기 때문에 그 제정시점인 1971. 12. 27.부터 원시적 무효였다는 사법적 판단'을 할 수는 없으며, 그 선고일로부터 수십 년 이전인 1970년대에 이미 완료되어 더 이상 다툴 수 없게 된 이 사건 처분의 효력에 어떠한 영향을 미칠 수도 없는 것이다. 이러한 측면에서 재판의 전제성 요건이 흠결된다는 소수의견의 입장이 타당하다.[477)]

위 (1) ㈐ 기재와 같이 이 사건 처분의 성립 당시에 원인무효사유에 해당하는 하자가 존재하였다는 점이 인정되는 경우에만 이 사건 토지에 관한 이전등기가 무효가 되는데, 포괄적인 사법권을 관장하는 일반법원에서 제3공화국 헌법을 심사기준으로 하는 부수적 규범통제 방식에 따라 심판대상 법률규정에 대한 Ⓐ유형 규범통제를 하는 경우 위와 같은 사법적 판단을 할 수 있다[위 나. 2) 기재 사례 6-1에 관한 설명 참조].[478)] 즉, 제3공화국 헌법을 심사기준으로 하는 심판대상 법률규정에 대한 Ⓐ유형 규범통제 중 ㉮ 일반법원의 부수적 규범통제는 당해사건에 관한 재판의 전제성이 인정되는 방식인 동시에 당사자에게 실효성 있는 구제수단이 될 수 있는 반면에, ㉯ 현행헌법 및 헌법재판소법 관련 규정에 근거한 헌법재판소 결정에 따른 방식은 이 사건 처분의 효력에 영향을 미칠 수 없어서 재판의 전제성을 인정할 수 없을 뿐만 아니라 당사자의 권리를 실효성 있게 구제할 수 없는 방식인 것이다.

(3) 소결론

1994년 결정(다수의견)의 경우, 그 적법요건 판단에 관한 법리적 타당성을 인정하기 어

---

477) 이에 관하여는 위 가. 2) 기재 및 이 논문 (주 463)의 헌재 2014. 1. 28. 선고 2010헌바251 전원재판부 결정이유 등 참조. 당해사건의 항소심판결(서울지법 1995. 5. 24. 선고 92나16620 판결) 역시 심판대상 법률규정이 위헌이라는 1994년 결정주문은 이 사건 처분의 효력에 영향을 미칠 수 없다는 입장을 취하면서, 다만 이 사건 처분의 성립 당시 절차적 요건의 흠결이 중대하고 명백하기 때문에 이 사건 토지에 관한 이전등기가 말소되어야 한다는 취지로 판단하였다.

478) 물론 일반법원이 특별조치법에 대한 Ⓐ유형 규범통제를 하는 과정에서 반드시 위헌이라는 본안판단을 해야 하는 것은 아니고, 이 사건 처분의 불가쟁력(不可爭力), 법률의 합헌성 추정원칙 등 관련된 다른 법리에 의하여 부적법 판단을 하거나 합헌판단을 할 수도 있다. 다만 이 논문에서는 특별조치법에 대한 위헌판단이 이 사건 처분의 효력에 실질적으로 영향을 미칠 가능성을 인정하기 위해서는 최소한 사법기관에서 '특별조치법이 애당초 제3공화국 헌법에 위배되는 것이었기 때문에 그 제정시점인 1971. 12. 27.부터 원시적 무효라는 사법적 판단을 할 수 있는 구조가 전제되어야 한다는 점'을 지적하는 것이다. 그런데 1988. 2. 25. 시행된 현행헌법 및 비형벌조항에 관한 헌법재판소법 관련 규정에 의하면, 헌법재판소의 경우 구조적으로 이 사건 처분의 효력에 실질적으로 영향을 미치는 내용의 위헌결정을 할 수 없음은 본문에서 본 바와 같다.

렵다. '입법자보호기능'을 주된 목적으로 하는 현행헌법 제107조 제1항 등의 규정취지, 제4, 5, 6공화국 헌법에는 제3공화국 헌법 시행 당시 제정된 법률을 특별한 보호의 대상으로 격상시키는 헌법적 차원의 예외규정·특별규정이 존재하지 않는다는 점, 법률의 위헌여부에 관한 Ⓐ, Ⓑ유형 규범통제에 관한 일반적인 법원칙이나 법적 효과의 차이점 등에 대하여 충분히 검토하지 않은 상태에서 제3공화국 헌법의 시행 당시 제정된 특별조치법의 위헌여부에 관하여 본안판단을 한 것으로 볼 수 있기 때문이다. 따라서 1994년 결정은 법리적인 타당성이나 그 실효성 등과 관련하여 상당한 문제점을 내포하고 있었다고 생각한다.[479)]

다) 헌법재판소 1998. 3. 26. 선고 93헌바12 전원재판부 결정(이하 '1998년 결정'이라 한다)

(1) 결정의 내용

㈎ 주문

"하천법(1971. 1. 19. 법률 제2292호로 전부 개정된 것, 이하 특별한 수식이 없이 '하천법'이라고 표기하는 경우 위 법률을 지칭한다) 제3조[480)] 중 제2조[481)] 제1항 제2호 ㈐목 전단 소정의 제외지에 관한 부분은 헌법에 위반되지 아니한다."[482)483)]

㈏ 사건의 경위 등

조선총독부가 1930년대에 치수를 목적으로 설치한 제외지(堤外地)인 이 사건 토지들은 공부상 청구인들의 각 소유로 등재되어 있었다. 그런데 서울특별시는 이 사건 토지들이 하천

---

479) 현행헌법의 시행시점인 1988. 2. 25. 이후에 국회가 특별조치법을 자신의 의사로 수용하고 또한 이로써 인증(認證)하였다는 예외적 상황이 인정되는 경우 등에 관하여는 아래 라)에서 살펴본다.

480) 하천법 제3조(하천의 귀속) 하천은 이를 국유로 한다.

481) 하천법 제2조(용어의 정의)
① 이 법에서 사용하는 용어의 정의는 다음과 같다.
1. "하천"이라 함은 공공의 이해에 밀접한 관계가 있는 하천으로서 대통령령으로 그 명칭과 구간이 지정된 것을 말한다.
2. "하천구역"이라 함은 다음 각 목에 게기하는 구역을 말한다.
다. 제방(하천관리청이나 그 허가 또는 위임을 받은 자가 설치한 것에 한한다)이 있는 곳에 있어서는 그 제외지(제방으로부터 하심측(河心側)의 토지를 말한다) 또는 관리청이 지정하는 이와 유사한 토지의 구역

482) 하천법 제74조(공용부담 등으로 인한 손실보상) ① 제2조 제1항 제2호 ㈐목의 규정에 의한 하천 구역의 지정 및 제43조의 규정에 의한 처분이나 제한으로 인하여 손실을 받은 자가 있을 때 또는 관리청이 시행하는 하천공사로 인하여 손실을 받은 자가 있을 때에는 건설부장관이 행한 처분이나 공사로 인한 것은 국고에서, 도지사가 행한 처분이나 공사로 인한 것은 당해 도에서 조속히 그 손실을 보상하여야 한다.

483) 1984년의 개정하천법(1984. 12. 31. 법률 제3782호로 개정된 것) 부칙 제2조(제외지 등에 대한 조치)
① 이 법 시행전에 토지가 제2조 제1항 제2호 ㈎목에 해당되어 하천구역으로 되었거나, 1971. 1. 19. 공포된 법률 제2292호의 시행으로 제외지안에 있던 토지가 국유로 된 경우에는 관리청이 그 손실을 보상하여야 한다.
④ 제1항의 규정에 의한 보상금의 청구절차·산정기준일·보상의 기준 기타 필요한 사항은 대통령령으로 정한다.

법 제2조 제1항 제2호 (다)목에서 정하는 제외지로서 하천법 제3조에 따라 1971년에 국유화된 것이라고 하면서(이하 '이 사건 입법수용'이라 한다) 1986. 11.경부터 청구인들에게 수차례 손실보상금을 수령할 것을 통고하였다.

이에 청구인들은 피고들(서울특별시 및 대한민국)을 상대로 소유권확인소송을 제기하였고(서울민사지방법원 90가합93568 소유권확인), 1991. 9. 24. 하천법 제2조 제1항 제2호 (다)목 전단의 규정이 현행헌법 제23조 및 제11조의 규정에 위배된다는 이유로 위헌여부심판제청신청을 하였으나 위 법원은 이를 기각하였으며, 이에 청구인들은 헌법재판소법 제68조 제2항에 따라 헌법소원심판을 청구하였다.[484)]

(다) 당해사건의 쟁점

1971년 이루어진 이 사건 토지들에 대한 '이 사건 입법수용'이 그 성립 당시부터 원인무효인 경우에만 청구인들이 소유권확인을 구할 수 있으므로, 1971년을 기준으로 하여 원인무효사유의 존부만이 당해사건의 실질적인 쟁점이 된다.

(라) 결정요지

① 청구인들은 '하천법 제2조 제1항 제2호 (다)목'의 위헌확인을 구하고 있으나, 당해사건의 청구취지는 이 사건 토지들의 소유권확인을 구하는 것이므로, 직권으로 심판대상을 '하천구역을 포함하여 하천을 국유로 한다.'고 규정함으로써 제외지의 소유권귀속을 정하고 있는 동법 제3조로 변경한다.

② 하천관리의 중대한 공익목적에 비추어 볼 때, 제외지에 관하여 국가가 적정한 보상이 수반되는 국유화 방안을 선택한 것을 위헌이라고 할 수 없다.

③ 법률에 근거하여 별도의 행정처분에 의하여 이루어지는 '행정적' 수용과 달리, 이 사건 입법수용은 법률에 의하여 직접 수용이 이루어지는 것이므로 '법률'에 의하여 수용하라는 헌법적 요청을 충족한다.

④ 하천법 제3조, 제2조에 의하여 당연히 국유화된 제외지의 종전소유자들에 대하여, 비록 종전 하천법 자체에는 보상규정이 없었으나, 당시 제3공화국 헌법 제20조 제3항은 현행헌법과는 달리 공용수용에 대한 보상까지 반드시 법률로써 할 것을 명시적으로 규정하고 있지 않았으며, 다른 한편으로 당시 법원은 손실보상에 관한 법률규정이 없더라도 위 헌법 제20조 제3항을 직접적인 근거로 하여 손실보상을 청구할 수 있다는 견해를 취하고 있었다(대법원 1967. 11. 2. 선고 67다1334 판결 참조). 그 후 제4공화국 헌법 제20조 제3항은 "공공필요에 의한 재산권의 수용·사용 또는 제한 및 그 보상의 기준과 방법은 법률로 정한다."라고 규정하였고, 제5공화국 헌법 제22조 제3항은 "공공필요에 의한 재산권의 수용·사용 또는 제한은

484) 헌법재판소는 직권으로 그 심판의 대상을 변경하여 주문 기재와 같이 하천법 제3조 중 일부 규정 내용을 심판대상으로 삼았다.

법률로써 하되, 보상을 지급하여야 한다. 보상은 공익 및 관계자의 이익을 정당하게 형량하여 법률로 정한다."라고 규정함에 따라 입법자에게 보상입법의 의무가 있음이 거듭 확인되었다. 이에 관하여 국민의 재산권보장의 차원에서 문제점이 지적되어, 결국 1984년의 개정하천법 부칙 제2조 제1항·제4항에 의하여 뒤늦게나마 보상 법률이 마련되었고 후속 시행령에 의하여 대다수의 제외지 소유자들이 이미 손실보상을 받기에 이르렀다면 현행헌법 제23조 제3항이 요구하는 '법률에 의한 보상'의 요건을 충족하였다.

⑤ 제외지에 대한 보상규정인 1984년의 개정하천법 부칙 규정 및 관련 시행령의 내용이 현행헌법 제23조 제3항에 위배된다고 할 수 없다.

⑵ 재판의 전제성 요건에 관한 검토

㈎ 청구인들의 위헌제청신청이유 등에 대하여

청구인들은 당해사건에서 하천법의 관련 규정들이 후행 상위규범인 현행헌법에 위배된다는 이유로 위헌제청신청(Ⓑ유형 규범통제에 관한 신청)을 하였다가 기각된 다음 헌법소원심판청구를 한 것이다. 그런데 아래에서 보는 바와 같이 위 신청은 재판의 전제성이 흠결된 것임에도 법원에서 이를 각하하지 않은 것이나 헌법재판소에서 본안판단을 한 것은 모두 법리적으로 문제가 있다.

㈏ 현행헌법을 심사기준으로 하는 Ⓑ유형 규범통제에 관한 문제점

1998년 결정은 하천법에 근거한 이 사건 입법수용이 1971년 이미 완료된 이후에 이루어진 제4, 5, 6공화국 헌법개정과 1984년의 하천법 개정 등을 언급한 다음, 1984년의 하천법 개정 등으로 보상에 관한 규정이 보완된 이상, 하천법의 관련 규정들이 재판당시의 상위규범인 현행헌법에 위배된다고 볼 수도 없다고 판시하였는데, 이는 Ⓑ유형 규범통제의 결과가 합헌이라는 취지이다.

그런데 위 나. 2) 기재와 같이 제4, 5, 6공화국 헌법에는 이러한 Ⓑ유형 규범통제에 관한 예외규정·특별규정은 존재하지 않고, 제3공화국 헌법 시행 당시 제정된 법률을 특별한 보호의 대상으로 격상시키는 헌법적 차원의 예외규정·특별규정도 존재하지 않으며, 사례 6-1에서 본 바와 같이 위 하천법의 관련 규정이 1988. 2. 25. 시행된 현행헌법에 위배된다는 이유로 Ⓑ유형 규범통제를 하는 것은 당해사건에서도 현행헌법의 시행시점인 1988. 2. 25.부터 해당 법률의 효력이 상실된다는 의미일 뿐이다(장래효의 구조). 즉, 신법우선의 원칙 등 Ⓑ유형 규범통제에 관한 일반적인 법원칙을 토대로 하는 경우, 설령 청구인들의 주장이 그대로 인정된다고 하더라도 하천법의 관련 규정들은 최대한 1988. 2. 25.까지 소급하여 효력이 상실될 수 있을 뿐이고, 이 사건 입법수용의 효력 발생시점인 1971년으로 소급하여 효력이 상실될 수는 없기 때문에, 위 주장 자체로 이 사건 입법수용에 관한 당연무효사유가 될 수 없

다(위 1. 기재 참조).

결국 Ⓑ유형 규범통제의 일반적인 법원칙 등에 비추어 보면, 청구인들이 당해사건에서 제기한 위헌제청신청은 실질적인 쟁점(이 사건 입법수용의 원인무효사유의 존부)과 아무런 관련이 없어서 그 자체로 재판의 전제성 요건을 충족시켰다고 볼 수 없음에도, 담당 법원에서 위 신청을 각하하지 않고 기각한 것이나 헌법재판소에서 Ⓑ유형 규범통제에 관하여 본안판단을 한 것 자체가 문제인 것이다.

㈐ 제3공화국 헌법을 심사기준으로 하는 Ⓐ유형 규범통제에 관한 문제점 등

1998년 결정은 위 (1) 기재와 같이 1971. 1. 19. 전부 개정된 하천법의 관련 조항이 그 제정당시의 상위규범인 제3공화국 헌법에 위배되는지에 관한 본안판단을 하면서, 제3공화국 헌법 제20조 제3항은 (현행헌법과는 달리) 공용수용에 대한 보상까지 반드시 법률로써 할 것을 명시적으로 규정하지 않았고, 다른 한편으로 그 당시 대법원 판례는 손실보상에 관한 법률규정이 없더라도 위 헌법 제20조 제3항을 직접적인 근거로 하여 손실보상을 청구할 수 있다는 입장을 취하고 있었기 때문에(대법원 1967. 11. 2. 선고 67다1334 전원합의체 판결 등 참조), 위와 같은 Ⓐ유형 규범통제의 결과가 합헌이라는 취지로 판단하였다.

그런데 현행헌법 제107조 제1항 등에 근거한 헌법재판소 제도는 '입법자보호기능'을 주된 목적으로 형성된 것으로서, 원칙적으로 현행헌법을 심사기준으로 하고[485] 현행헌법의 시행일인 1988. 2. 25. 이후 제정된 법률의 위헌여부가 재판의 전제가 된 Ⓐ유형 규범통제를 위하여 설계된 것이다. 한편 현행헌법에는 [위 3. 다. 1) 및 2) 기재 프랑스 및 오스트리아 헌법과 달리] 헌법재판소의 위헌결정의 효력에 대한 내용이 규정되어 있지 않고, 헌법재판소 제도가 현행헌법의 시행 이후 제정된 법률이 헌법적 차원의 특별한 보호대상임을 전제로 하고 있다는 점은 위 3. 다. 2) 기재 독일의 제도에 관한 설명에서 본 바와 같은데, 비형벌조항에 관한 헌법재판소법 제47조 제2항은 법률의 위헌결정은 그 결정 시점부터 그 효력을 상실한다고 규정한 것은 위헌결정의 효력이 소급함에 따른 법적 불안정을 제거하고자 한 것이다.[486]

당해사건의 쟁점에 비추어 볼 때, 하천법의 관련 규정들이 헌법에 위반된다는 규범통제의 결과가 이 사건 입법수용의 성립 당시를 기준으로 하여 그 원인무효사유가 인정될 가능성이 있는 경우에만 재판의 전제성이 인정된다. 즉, 사법기관에서 '하천법의 관련 규정들이 애당초 제3공화국 헌법에 위배되는 것이었기 때문에 그 전부 개정시점인 1971. 1. 19.부터 원시적 무효였다는 사법적 판단'을 한 다음, 이를 토대로 하여 다시 '원시적 무효인 하천법 관련 규정에 근거하여 1971년에 이루어진 이 사건 입법수용 역시 그 성립당시부터 원시적으로

485) 헌재 2013. 3. 21. 선고 2010헌바132 등 전원재판부 결정 등 참조.
486) 이에 관하여는 위 가. 2) 기재 이 논문 (주 462)의 헌재 2001. 12. 20. 선고 2001헌바7 등 전원재판부 결정이유 등 참조.

무효이다.'라는 사법적 판단을 할 수 있어야만 재판의 전제성 요건이 충족되는 것이다.

그러나 현행헌법 및 이에 근거한 헌법재판소법의 관련 규정에 의하면, 현행헌법의 시행 이후 설립된 헌법재판소의 결정의 경우 '하천법 관련 규정이 애당초 제3공화국 헌법에 위배되는 것이었기 때문에 그 전부 개정시점인 1971. 1. 19.부터 원시적 무효였다는 사법적 판단'을 할 수 없고, 그 결정의 선고일로부터 수십 년 전인 1971년에 이 사건 입법수용이 이미 완료되었기 때문에, 관련 규정에 따라서 더 이상 다툴 수 없게 된 이 사건 입법수용의 효력에 어떠한 영향을 미칠 수도 없는 것이다. 이러한 측면에서도 청구인들의 위헌제청신청이유의 경우 재판의 전제성 요건이 흠결된다고 볼 수밖에 없다.[487]

한편 위 (1) ㈐ 기재와 같이 이 사건 입법수용의 성립 당시를 기준으로 할 때 원인무효 사유에 해당하는 하자가 존재하였다는 점이 인정되는 경우에만 이 사건 토지들에 관한 소유권확인이 가능한데, 포괄적인 사법권을 관장하는 일반법원에서는 제3공화국 헌법을 심사기준으로 하는 부수적 규범통제방식에 따라 하천법 관련 규정에 대한 Ⓐ유형 규범통제를 하는 경우 위와 같은 사법적 판단을 할 수 있다(사례 6－1 참조).[488] 즉, 제3공화국 헌법을 심사기준으로 하는 하천법 관련 규정에 대한 Ⓐ유형 규범통제 중 ㉮ 일반법원의 부수적 규범통제는 당해사건에 관한 재판의 전제성이 인정되는 방식인 동시에 당사자에게 실효성 있는 구제수단이 될 수 있는 반면에, ㉯ 현행헌법 및 헌법재판소법 관련 규정에 근거한 헌법재판소 결정에 따른 방식은 이 사건 입법수용의 효력에 영향을 미칠 수 없어서 재판의 전제성을 인정할 수 없을 뿐만 아니라 당사자의 권리를 실효성 있게 구제할 수 없는 방식인 것이다.

(3) 소결론

1998년 결정도 1994년 결정과 마찬가지로 그 적법요건 판단에 관한 법리적 타당성을 인정하기 어렵고, 그 실효성 등과 관련하여 상당한 문제점을 내포하고 있었다고 생각한다.[489]

---

487) 이에 관하여는 위 가. 2) 기재 및 이 논문 (주 463)의 헌재 2014. 1. 28. 선고 2010헌바251 전원재판부 결정이유 등 참조.

488) 물론 일반법원이 하천법에 대한 Ⓐ유형 규범통제를 하는 과정에서 반드시 위헌이라는 본안판단을 해야 하는 것은 아니고, 관련된 다른 법리에 의하여 부적법 판단을 하거나 합헌판단을 할 수도 있다. 다만 이 논문에서는 하천법에 대한 위헌판단이 이 사건 입법수용의 효력에 실질적으로 영향을 미칠 가능성을 인정하기 위해서는 최소한 사법기관에서 '하천법이 애당초 제3공화국 헌법에 위배되는 것이었기 때문에 그 제정시점인 1971. 1. 19.부터 원시적 무효라는 사법적 판단을 할 수 있는 구조가 전제되어야 한다는 점'을 지적하는 것이다. 그런데 1988. 2. 25. 시행된 현행헌법 및 비형벌조항에 관한 헌법재판소법 관련 규정, 일반적인 법원칙 등에 의하면, 헌법재판소의 경우 구조적으로 이 사건 입법수용의 효력에 실질적으로 영향을 미치는 내용의 위헌결정을 할 수 없다는 점은 본문에서 살펴본 바와 같다.

489) 현행헌법의 시행시점인 1988. 2. 25. 이후에 국회가 하천법을 자신의 의사로 수용하고 또한 이로써 인증(認證)하였다는 예외적 상황이 인정되는 경우 등에 관하여는 아래 라)에서 살펴본다.

라) 현행헌법의 시행 이후 국회가 제3공화국 헌법의 시행 당시 제정된 법률을 자신의 의사로 수용하고 인증(認證)하는 예외적 상황 등과 관련하여

⑴ 예외적 상황의 발생가능성

제3공화국 헌법의 시행 당시 제정된 법률이 제3공화국 헌법이나 현행헌법에 위배되는지가 쟁점인 경우 각급 법원에서 직접 부수적 규범통제를 해야 하므로(사례 6−1 참조), 헌법재판소에서 특별조치법이나 하천법의 위헌여부에 관한 본안판단을 한 1994년 결정과 1998년 결정이 법리적으로 문제가 있다는 점은 앞서 본 바와 같다.

물론 제3공화국 헌법이 1963. 12. 17.부터 1972. 12. 26.까지 시행되었다는 점, 그 후 시행된 제4, 5공화국 헌법이 15년 이상의 기간 동안 규범통제와 관련하여 국회가 제정한 법률을 헌법적 차원에서 특별한 보호대상으로 규정하고 있었고, 현행헌법은 그 이후인 1988. 2. 25.부터 시행되었다는 점 등을 위 3. 다. 2) 다) 기재 독일 기본법 및 판례 등에 비추어 볼 때, 우리 헌법재판소에서 1994년 결정 및 1998년 결정을 하면서 위와 같은 기간의 경과상황 등을 고려하여 현행헌법 시행시점인 1988. 2. 25. 이후에 우리 국회가 '특별조치법 및 하천법'을 자신의 의사로 수용하고 이로써 인증(認證)한 법률로 평가하는 등의 예외적 상황을 인정하고, 그 위헌법률심사의 대상적격을 인정하였을 가능성을 배제할 수 없으므로, 이에 대한 검토가 필요하다.

⑵ 예외적 상황에 관한 위헌결정의 효력 등

위 3. 다. 2) 다) ⑹ 기재와 같이 독일 기본법 제100조 제1항의 해석에 관하여, 연방헌법재판소는 제헌 이전 법률은 원칙적으로 위 제100조 제1항의 제청대상이 아니지만, ㉠ 제헌 이후의 입법자가 종래 법률을 공식적으로 개정한 경우에는 그 개정 법률이 당연히 제청대상이 되고, ㉡ 나아가 '(공식적으로 개정되지는 않았으나) 1949. 5. 23. 이후에 입법자가 자신의 의사로 수용하고 또한 이로써 인증(認證)한 법률(예컨대, 제헌 이후 법률에 인용된 법률 등)의 경우'에도 예외적으로 제청대상이 될 수 있다는 입장을 취하고 있는데, 독일 판례는 위 ㉡에 관하여 '㉠ 제헌 이후에 종래 법률이 공식적으로 개정된 경우'와 유사한 법적 지위를 인정하겠다는 취지이다.

독일 판례의 입장을 수용하는 경우, 제3공화국 헌법의 시행 당시 제정된 법률이 현행헌법의 시행시점인 1988. 2. 25. 이후에 국회의 의사로 인증된 법률로 평가되는 예외적 상황이 인정될 수 있다면, 실무적으로 일반법원의 재판절차에서 1988. 2. 25. 이후에 공식적으로 개정된 법률이 현행헌법에 위배되는지가 쟁점이 된 경우와 유사한 구조가 될 수 있다. 즉, 일반법원은 해당 법률의 위헌여부에 대하여 헌법재판소에 제청하고, 그 위헌여부에 관한 헌법재판소의 결정에 따라 재판을 하는 식으로 제도를 운영하는 것이 타당할 수 있다는 취지이

다(사례 6−4 참조).

그런데 현행헌법의 시행시점인 1988. 2. 25. 이후에 국회가 종래 법률을 공식적으로 개정함으로써 헌법상 특별한 보호대상으로 격상된 개정 법률의 위헌여부가 쟁점인 당해사건에서도 위 개정 법률에 대한 위헌결정의 효력은 1988. 2. 25. 이전으로 소급될 수 없다. 예컨대, 1989. 4. 1. 법률개정이 이루어진 사안에서 Ⓐ유형 규범통제의 결과가 위헌인 경우, 당해사건과 관련해서도 그 개정시점인 1989. 4. 1.부터 위 개정 법률의 효력이 상실된다는 취지의 사법판단이 이루어질 수 있을 뿐이고, 이러한 위헌판단의 효력이 현행헌법 시행일인 1988. 2. 25. 이전으로 소급될 수는 없기 때문이다.

따라서 헌법재판소가 1994년 결정이나 1998년 결정의 사안에서 위와 같은 예외적 상황을 인정하여 특별조치법이나 하천법에 대하여 위헌결정을 하였다고 가정하더라도, 당해사건에 관한 위헌결정의 소급적 효력이 최대한 현행헌법의 시행시점인 1988. 2. 25.까지는 인정될 여지는 있지만, 그 이전의 시점인 1970년대까지 소급될 수는 없다. 결국 특별조치법이나 하천법의 관련 규정들을 1988. 2. 25. 이후에 국회의 의사에 의하여 인증된 법률로 평가하는 예외적 상황을 상정하더라도, 1994년 결정이나 1998년 결정의 위헌제청신청이유 등이 각 당해사건에 관하여 재판의 전제성이 흠결된다는 결론에 영향을 미칠 수는 없다.

마) 소결론

제3공화국 헌법의 시행 당시 제정된 특별조치법이나 하천법이 '입법사항'에 관한 규범인 것은 분명하지만, 앞서 본 바와 같이 그 위헌여부에 대하여 본안판단을 한 1994년 결정이나 1998년 결정 등은 법리적으로 심각한 문제가 있다. 위 라) 기재와 같은 예외적 상황의 가능성을 고려하더라도, 위 각 결정의 경우 그 법리적 타당성이나 권리구제의 실효성 등과 관련하여 상당한 문제점을 내포하고 있기 때문이다.

위 1. 기재와 같은 Ⓐ, Ⓑ유형 규범통제에 적용되는 법원칙이나 법적 효과의 차이점이나 일반적인 법원칙 등을 충분히 검토하지 않은 상태에서 '제3공화국 헌법의 시행 당시 제정된 법률'이 '입법사항'에 관한 규범에 해당한다는 사정만으로 헌법재판소가 그 위헌여부에 대하여 본안심리를 하는 경우, 당해사건에서 재판의 전제성을 인정할 수 없거나 당사자의 권리를 실효성 있게 구제할 수 없는 사법판단을 하게 될 위험성이 있는 것이다.

3) 제헌헌법 시행 이전에 성립한 관습법의 위헌여부에 대하여

가) 사례 8에 대한 검토

위 1. 3. 및 4. 기재와 같은 일반적인 법원칙이나 비교법적 검토에 비추어 볼 때, 제헌헌법 시행 이전에 성립한 구법령이나 관습법이 제헌헌법이나 현행헌법에 위배되는지(Ⓑ유형)가 쟁점인 사안에서는 포괄적인 사법권을 관장하는 각급 법원이 부수적 규범통제방식에 따라 직접 위헌심사를 하는 것이 타당하다. 일반적인 법원칙에 관한 헌법적 차원의 예외규정·특별규정인 현행헌법 제107조 제1항 등에 근거한 헌법재판소 제도는 '입법자보호기능'을 주된 목적으로 도입된 것인데, 구법령이나 관습법의 성립 및 효력유지과정 등에 국회가 전혀 관여하지 않았기 때문이다.

그렇다면 제헌헌법의 공포 이전인 1947년 발생한 상속에 적용되는 관습법 등이 현행헌법에 위배되는지(Ⓑ유형)가 쟁점인 사례 8에서, 포괄적인 사법권을 관장하는 일반법원이 2012. 4. 30. 부수적 규범통제방식에 따라 위 관습법의 위헌여부에 대한 본안판단을 할 수 있다고 보아야 한다.

나) 문제의 제기

그럼에도 현행헌법이 1988. 2. 25. 시행된 이후 그 이전에 성립한 관습법의 위헌여부에 관하여 헌법재판소가 본안심리를 한 사례들이 발견되는데, 이러한 사례에서 Ⓐ, Ⓑ유형 규범통제에 관한 일반적인 법원칙이나 관련 헌법규정들에 대하여 충분한 검토가 이루어졌는지에 대하여 의문이 있다. 아래에서는 이러한 문제의식을 바탕으로 관련 사례들을 검토하기로 한다.

다) 관습법의 위헌심사에 관한 헌법재판소 결정에 대한 검토

(1) 헌법재판소 2013. 2. 28. 선고 2009헌바129 전원재판부 결정(이하 '2013년 결정'이라 한다)

(가) 주문

2013년 결정은 그 심판대상을 "민법 시행 이전의 구 관습법 중 '호주가 사망하면 그 장남이 호주상속을 하고, 차남 이하 중자(仲子)가 여러 사람 있는 경우에 그 장남은 호주상속과 동시에 일단 전 호주의 유산 전부를 승계한 다음 그 약 2분의 1은 자기가 취득하고 나머지는 차남 이하의 중자들에게 원칙적으로 평등하게 분여하여 줄 의무가 있으며 이에 대응하여 차남 이하의 중자는 호주인 장남에 대하여 분재를 청구할 권리가 있다.'는 부분(이하 '분재 상속관습법'이라 한다)"으로 정리한 다음, 그 헌법소원청구를 각하하였다.

(나) 사건의 경위 등

청구인들은 2005. 1. 6. "민법 시행 이전인 1951. 8. 14. 사망한 호주(청구인들의 부친, 이하 '망인'이라 한다)의 상속재산에 관하여 '분재를 원인으로 한 소유권이전등기청구권'이 인정된다."라는 청구원인으로 이전등기청구의 소를 제기하였다.

제1심법원은 2006. 6. 16. '민법 시행 전의 상속에 관한 분재 상속관습법에 따르면 호주가 사망한 경우 차남 이하의 자녀들은 상속재산 분재청구권을 갖지만 딸들에게는 이러한 권리가 인정되지 아니한다.'는 이유로 청구를 기각하였고, 이에 불복한 청구인들의 항소가 기각된 다음, 청구인들은 상고심에서 '분재 상속관습법상 딸들에게 분재청구권이 없다는 부분은 위헌이다.'라고 주장하며 위헌법률심판제청신청을 하였다. 대법원은 2009. 5. 28. 청구인

들의 상고를 기각하면서(대법원 2007다41874 판결), 관습법은 제청대상이 되지 않는다는 이유로 위 신청을 각하하였고(대법원 2007카기134 결정), 청구인들은 2009. 6. 26. 헌법재판소법 제68조 제2항에 따른 헌법소원심판을 청구하였다.

㈐ 당해사건의 실질적 쟁점

1951. 8. 14. 개시된 상속에 적용된 분재 상속관습법에 따른 상속관계의 효력이 부정될 수 있는지가 실질적인 쟁점이다.

㈑ 청구인들의 주장 요지

호주가 사망한 경우와 호주가 아닌 가족이 사망한 경우를 합리적 이유 없이 차별하여, 호주가 사망한 경우 차남 이하의 중자에게만 분재청구권을 인정하고 여성에게는 분재청구권을 부정한 분재 상속관습법은 평등원칙에 위배되고, 사회적 특수계급제도를 부인하는 현행 헌법 제11조 제2항에 위반되며, 여성의 복지와 권익 향상을 위해 노력하여야 하는 국가의무를 규정한 현행헌법 제34조 및 혼인과 가족생활, 모성보호를 규정하고 있는 현행헌법 제36조에도 위반된다.

㈒ 관습법의 대상적격에 대한 판단

관습법은 사회의 거듭된 관행으로 생성된 사회생활규범이 사회의 법적 확신과 인식에 따라 법적 규범으로 승인되고 강행되기에 이르러 법원(法源)으로 기능하게 된 것이다. 법원(法院)은 여러 차례 분재청구권에 관한 관습이 우리 사회에서 관습법으로 성립하여 존재하고 있음을 확인하고(대법원 1969. 11. 25. 선고 67므25 판결, 대법원 1973. 6. 12. 선고 70다2575 판결, 대법원 1988. 1. 19. 선고 87다카1877 판결, 대법원 1996. 10. 25. 선고 96다27087, 27094 판결, 대법원 2007. 1. 25. 선고 2005다26284 판결 등) 상속 등에 관한 재판규범으로 적용하여 왔다. 그런데 분재 상속관습법은 민법 시행 이전에 상속을 규율하는 법률이 없는 상황에서 재산상속에 관하여 적용된 규범으로서 비록 형식적 의미의 법률은 아니지만 실질적으로 법률과 같은 효력을 갖는다.

헌법 제111조 제1항 제1호, 제5호 및 헌법재판소법 제41조 제1항, 제68조 제2항에 의하면 위헌심판의 대상을 '법률'이라고 규정하고 있는데, 여기서 '법률'이라고 함은 국회의 의결을 거친 이른바 형식적 의미의 법률뿐만 아니라 법률과 동일한 효력을 갖는 조약 등도 포함된다(헌법재판소 1995. 12. 28. 선고 95헌바3 전원재판부 결정, 헌법재판소 1996. 6. 13. 선고 94헌바20 전원재판부 결정, 헌법재판소 2001. 9. 27. 선고 2000헌바20 전원재판부 결정). 법률과 동일한 효력을 갖는 조약 등을 위헌심판의 대상으로 삼음으로써 헌법을 최고규범으로 하는 법질서의 통일성과 법적 안정성을 확보할 수 있을 뿐만 아니라, 합헌적인 법률에 의한 재판을 가능하게 하여 궁극적으로는 국민의 기본권 보장에 기여할 수 있게 된다. 그렇다면 법률과 같은 효력을 가지는 분재 상속관습법도 헌법소원심판의 대상이 되고, 단지 형식적인 의미의 법률이 아니라는 이유로 그 예외가 될 수는 없다.

㈓ 재판의 전제성 유무에 대한 판단

분재 상속관습법의 경우 차남 이하의 중자에게만 분재청구권이 있고 딸들에게는 분재청구권이 없다는 것으로 해석된다. 그런데 당해사건에서 대법원은, 분재 상속관습법 중 위와 같은 부분은 소멸시효의 진행을 막는 법률상의 장애가 아니라는 전제 아래, 가령 청구인들이 분재청구권을 가진다고 하더라도 소 제기 이전에 이미 소멸시효 10년이 완성되었다고 판단하였다. 위 대법원판결이 확정된 이상, 소멸시효의 완성 여부에 관하여 당해사건에서 더 이상 다툴 수 없게 되었다. 따라서 분재 상속관습법의 위헌여부는 재판의 전제가 되지 아니한다.

⑵ 헌법재판소 2016. 4. 28. 선고 2013헌바396 등 전원재판부 결정(이하 '2016년 결정'이라 한다)

㈎ 주문

"민법 시행 이전의 구 관습법 중 '여호주가 사망하거나 출가하여 호주상속인 없이 절가된 경우, 유산은 그 절가된 가(家)의 가족이 승계하고 가족이 없을 때는 출가녀(出家女)가 승계한다.'는 부분(이하 '절가 상속관습법'이라 한다)은 헌법에 위반되지 아니한다."

㈏ 사건의 경위 등

청구인은 '민법 시행 이전인 1948. 3. 28. 조부가, 1954. 3. 3. 조모가 각각 사망한 다음, 그 호적부에 조부의 이복동생 등이 가족으로 남아 있었던 상황에서, 조부 명의로 등기되었던 토지에 관하여 여호주인 조모의 사망으로 인한 상속개시 시점인 1954. 3. 3. 당시 출가녀(出家女)였던 청구인의 모친(1940. 2. 12.경 혼인으로 제적됨)에게 상속권이 인정된다.'는 청구원인으로 위 토지의 현재 등기명의인을 상대로 소유권이전등기말소를, 대한민국을 상대로 소유권확인을 각각 청구하는 소를 제기하였다.

법원은 '민법 시행 전의 절가 상속관습법상 여호주가 사망하고 호주상속인이 없어 절가(絶家)되는 경우 그 유산은 절가된 가(家)의 가족이 출가녀에 우선하여 승계하므로, 청구인의 모친에게 위 토지가 귀속되었음을 전제로 하는 주장은 받아들일 수 없다.'는 이유로 청구를 기각하였다. 청구인은 절가 상속관습법에 대한 위헌심판제청신청을 하였다가 관습법은 위헌법률심판의 대상이 아니라는 이유로 각하되자, 헌법소원심판을 청구하였다.[490)]

---

490) 2016년 결정에 기재된 청구인의 주장요지는 2013년 결정 기재 청구인들의 주장요지와 실질적으로 동일한데, 이는 잘못 기재된 것으로 보인다. 2016년 결정의 실질적 쟁점은 (분재 상속관습법의 위헌여부가 아니라) 절가 상속관습법의 위헌여부이기 때문이다.

㈐ 당해사건의 실질적인 쟁점

청구인 조모가 사망한 1954. 3. 3. 개시된 상속에 적용된 절가 상속관습법에 따른 상속관계의 효력이 부정될 수 있는지가 실질적인 쟁점이다.

㈑ 적법요건(관습법의 대상적격)에 대한 판단

① 재판관 6인의 다수의견

위 (1) ㈒ 기재 관습법의 대상적격에 관한 2013년 결정이유와 실질적으로 동일하다.

② 재판관 3인의 소수의견(각하의견)[491]

㉮ 법원의 제청에 의한 위헌법률심판의 대상이나 헌법재판소법 제68조 제2항에 따른 헌법소원심판의 대상이 되는 '법률'은 국회의 의결을 거친 이른바 형식적 의미의 법률을 의미하고(헌법재판소 1995. 12. 28. 선고 95헌바3 전원재판부 결정), 국회의 동의를 얻어 체결되고 법률과 같은 효력을 가지는 조약 등 '형식적 의미의 법률과 동일한 효력'을 갖는 규범들도 여기에 포함된다(헌법재판소 1999. 4. 29. 선고 97헌가14 전원재판부 결정, 헌법재판소 2001. 9. 27. 선고 2000헌바20 전원재판부 결정, 헌법재판소 2013. 3. 21. 선고 2010헌바70 등 전원재판부 결정). 이때 '형식적 의미의 법률과 동일한 효력'이 있느냐 여부는 그 규범의 명칭이나 형식에 구애받지 않고 법률적 효력의 유무에 따라 판단하여야 한다(헌법재판소 2013. 3. 21. 선고 2010헌바70 등 전원재판부 결정).

관습법은 사회의 거듭된 관행으로 생성한 사회생활규범이 사회의 법적 확신과 인식에 의하여 법적 규범으로 승인되고 강행되기에 이른 것을 말하는데, 이는 법원(法源)으로서 법령에 저촉되지 아니하는 한 법칙으로서의 효력이 있는 것이다(대법원 1983. 6. 14. 선고 80다3231 판결). 즉 성문법은 관습법을 폐지할 수 있지만 관습법은 성문법을 폐지할 수 없고, 민사에 관한 관습법은 법원(法院)에 의하여 발견되며 성문의 법률에 반하지 아니하는 경우에 한하여 보충적인 법원(法源)이 되는 것에 불과하다(민법 제1조).

따라서 관습법은 형식적 의미의 법률과 동일한 효력이 없으므로 위헌법률심판이나 헌법소원심판의 대상이 될 수 없다.

㉯ 다수의견은 헌법을 최고규범으로 하는 법질서의 통일성과 법적 안정성을 확보하기 위하여 관습법을 헌법재판소의 심판대상에 포함시킨다고 하나, 관습법의 존부는 사실인정과 밀접한 관련이 있기 때문에 법원이 판단하지 않을 수 없다. 뿐만 아니라 원래 관습법이란 계속 진화하고 변화하는 것이어서 사실인정의 최종심인 법원이 관습법의 존재와 변화를 파악하여 관습법을 발전시킬 수 있다.

---

491) 재판관 2인은 2013년 결정 당시에는 관습법의 대상적격을 인정하는 견해에 찬성하였다가, 2016년 결정에서는 아래와 같은 이유로 인하여 종전 견해를 변경하였다.

법원이 어떤 사회생활규범이 법적 규범인 관습법으로 승인되기에 이르렀다고 선언하기 위하여는, 헌법을 최상위 규범으로 하는 전체 법질서에 반하지 아니하는 것으로서 정당성과 합리성이 있다고 인정될 수 있어야 한다(대법원 2003. 7. 24. 선고 2001다48781 전원합의체 판결 등). 나아가 사회생활규범이 관습법으로 승인되었다고 하더라도 사회 구성원들이 그 법적 구속력에 대하여 확신을 갖지 않게 되었다거나, 기본적 지배이념이나 사회질서의 변화로 인하여 그 적용시점의 전체 법질서에 부합하지 않게 되었다면, 법원은 그러한 관습법에 대하여는 법적 규범으로서의 효력을 부정할 수밖에 없다(대법원 2005. 7. 21. 선고 2002다1178 전원합의체 판결 등).

관습법의 승인, 소멸은 사실인정이 전제되어야 하고, 법원(法院)이 관습법을 발견하고 법적 규범으로 승인되었는지 여부를 결정할 뿐 아니라 이미 승인된 관습법의 위헌, 위법 및 그 소멸 여부에 대하여도 판단하고 있으므로 관습법에 대한 위헌심사는 법원이 담당하는 것이 타당하다. 그렇기 때문에 재판소원이 인정되는 독일에서조차도 법원이 관습법의 위헌여부 판단에 관하여는 헌법재판소에 결정을 구할 수 없다.

㉰ 더구나 이 사건에 적용된 구 관습법은 민법의 시행으로 이미 폐지된 것으로서, 청구인은 구 관습법의 위헌성을 다투는 형식을 취하고 있으나, 실제로는 폐지된 구 관습법에 의하여 이미 정리된 재산분배의 사실관계를 다투는 것에 불과하여, 만약 헌법재판소가 이 사건에서 이미 폐지된 구 관습법을 위헌으로 선언하면 실제로는 헌법재판소법 제68조 제1항에 의하여 금지된 재판소원을 인용하는 것과 다를 것이 없다.

㉱ 따라서 절가 상속관습법은 헌법소원심판의 대상이 되지 않아 이 사건 헌법소원청구는 모두 각하하여야 한다.

㉲ 재판관 1인의 각하의견에 대한 보충의견

ⓐ 관습법은 헌법상 근거를 가진 것이 아닐 뿐만 아니라 국회가 관여한 바도 없기 때문에 그 위헌심사는 헌법이 예정하고 있는 것이 아니다. 이를 헌법재판소의 위헌심사의 대상으로 한다면, 나아가 관습법에 대하여 보충적인 '법의 일반 원칙'인 조리(條理)도 대상이 된다고 보아야 할 것인데, 이러한 결과가 우리 헌법이 예정한 헌법재판소의 규범통제기능에 속하지 아니함은 분명하다.

ⓑ 다수의견은 관습법이 법률과 같은 효력을 갖는다고 한다. 그러나 "민사에 관하여 법률에 규정이 없으면 관습법에 의하고 관습법이 없으면 조리에 의한다."라고 규정한 민법 제1조는 민사관계를 규율하는 기준·원칙과 그 순서를 정하고 있는 것이지, 관습법에 대하여 법률과 같은 효력을 인정하는 취지가 아니다. 민사관계를 규율하고 재판을 통하여 분쟁을 해결할 때 그 재판의 준거(準據) 내지 심판의 기준으로서 성문법(법률, 명령, 조약, 자치법규 등)이 없으면 관습법을 보충적으로 적용하여 규율·판단하라는 것이다. 법의 존재형식 내지 인식근

거로서 법원(法源)은 민법에서 정할 수 있는 것이 아니고, 헌법에서 선언되어야 한다. 그러나 우리 헌법은 관습법에 관하여 아무런 언급도 하고 있지 않다.

(마) 본안에 관한 판단

① 재판관 4인의 합헌의견

절가 상속관습법은 절가된 가의 재산을 청산할 때 가적 내에 남아 있는 사람과 출가 또는 분가한 사람을 차별취급하고 있을 뿐 성별의 차이를 이유로 차별하는 것이 아니다. 출가한 여성이 부(夫)의 가에 입적하게 되어 절가된 가의 호주와 같은 가적에 남아 있지 않게 되는 것은 별도의 관습법에 따른 것이다.

절가 상속관습법이 절가된 가의 재산을 그 가적에 남아 있는 가족에게 우선 승계하도록 하는 것은 가의 재산관리나 제사 주재 등 현실적 필요와 민법 시행 이전의 사회상황과 문화를 반영한 것으로 나름대로 합리적 이유가 있었다. 그러므로 절가된 가의 재산을 분배하는 경우, 이러한 가의 재산의 성격과 당시의 호주승계 및 재산상속 제도를 종합적으로 반영할 수밖에 없다는 점을 고려하여야 하는데, 절가 상속관습법은 전통문화가 강력하게 남아 있고 관습법이 가족법 관계 전반을 규율하던 민법 시행 이전에는 나름대로 합리성을 가지고 있었다.

민법 시행 전까지 효력이 있던 구 관습법의 상당수가 현행헌법을 기준으로 보면 평등원칙에 어긋나는 것일 수 있다. 그러나 현행헌법 시행 이전에 성립된 평등원칙에 어긋나는 구 관습법이 헌법 제정과 동시에 모두 위헌이 되고 소급하여 실효된다고 볼 수는 없다. 민법의 제정 및 시행으로 이미 폐지된 구 관습법에 대하여 역사적 평가를 넘어 현행헌법을 기준으로 소급적으로 그 효력을 모두 부인할 경우 이를 기초로 형성된 모든 법률관계가 한꺼번에 뒤집어져 엄청난 혼란을 일으킬 수 있다. 헌법과 민법이 시행되기 전 사회 구성원의 법적 확신과 인식에 따라 법적 규범으로 승인되고 강행되어 온 구 관습법을 그 뒤 만들어지고 발전된 헌법이론에 따라 소급하여 무효라고 선언할 수는 없다. 만약 헌법재판소 재판부가 새로 구성될 때마다 구 관습법의 위헌성에 관하여 달리 판단한다면, 구 관습법을 기초로 순차 형성된 무수한 법률관계를 불안정하게 함으로써 국가 전체의 법적 안정성이 무너지는 결과를 초래할 수도 있다.

결국 민법 시행으로 폐지된 절가 상속관습법이 합리적 이유 없이 출가한 여성을 그 가적에 남아 있는 가족과 차별하여 평등원칙에 위배되었다고 볼 수 없다.

② 재판관 2인의 위헌의견

절가 상속관습법은 호주를 정점으로 하는 남계 혈통을 중요시하는 호주제를 기반으로 가(家)의 재산은 타가(他家)에 있는 자에게 유출되어서는 안 된다는 관념을 토대로 한 것이며, 그 근저에는 성역할에 대한 고정관념이 깔려 있고, 혼인으로 인해 종래 자신의 가를 떠나 부(夫)의 가 일원이 되는 출가녀와 혼인 이후 여전히 동일한 가적 내에 남게 되는 남성을 유산 승계에 있어 차별 취급하고 있다.

합헌의견은 절가 상속관습법이 전통문화가 남아 있던 민법 시행 이전에는 나름의 합리성을 가지고 있었다고 한다. 그러나 헌법재판소의 헌법해석은 헌법이 내포하고 있는 특정한 가치를 탐색·확인하고 이를 규범적으로 관철하는 작업이므로, 구체적 규범통제의 심사기준은 원칙적으로 헌법재판을 할 당시에 규범적 효력을 가지는 현행헌법이고(헌법재판소 2013. 3. 21. 선고 2010헌바70 등 전원재판부 결정), 현행헌법 제36조 제1항에 비추어 보면 절가 상속관습법은 혼인과 가족생활에서 양성의 평등을 저해하는 것이므로 용인될 수 없다. 특히 절가 상속관습법은 민법의 시행 전에 개시된 상속에 그대로 적용되므로(민법 부칙 제25조 제1항), 폐지된 관습법이라 하더라도 그 효력을 상실시킬 필요성이 인정된다. 결국 절가 상속관습법은 절가된 가의 재산을 청산함에 있어서 합리적인 이유 없이 남녀를 달리 취급하므로, 헌법 제36조 제1항에 위반된다.

⑶ 검토

㈎ 2013년 및 2016년 결정의 위헌제청신청이유 등에 대하여

2013년 결정의 청구인들은 분재 상속관습법이, 2016년 결정의 청구인은 절가 상속관습법이(이하 양자를 포괄하는 경우 '각 관습법'이라고 약칭한다) 각각 1988. 2. 25. 시행된 후행 상위규범인 현행헌법에 위배된다는 이유로 Ⓑ유형 규범통제에 관한 위헌제청신청을 하였다가 각하된 다음, 헌법재판소법 제68조 제2항에 따른 헌법소원을 한 것이다. 그러나 아래에서 보는 바와 같이 각 관습법은 위헌법률심판제청의 대상적격이 없음에도 불구하고, 헌법재판소에서 이와 달리 판단한 것은 법리적으로 문제가 있다. 나아가 2016년 결정의 경우 Ⓑ유형 규범통제에 관한 일반적인 법원칙과 쉽게 조화되기도 어렵다.

㈏ 관습법의 대상적격과 관련된 문제점

우리 헌법의 제정 및 개정경위 등에 비추어 볼 때, 일반적인 법원칙에 관한 헌법적 차원의 예외규정·특별규정인 제헌헌법 제81조 제2항 내지 제5항에 근거한 헌법위원회 제도나 현행헌법 제107조 제1항 등에 근거한 헌법재판소 제도는 모두 '입법자보호기능'을 주된 목적으로 도입되었다고 볼 수 있다. 그렇다면 2016년 결정 소수의견의 보충의견에서 지적한 바와 같이, 관습법의 경우 그 형성과정 등에 국회가 전혀 관여하지 않기 때문에 현행헌법 제107조 제1항 등에 근거한 위헌제청의 대상에 해당한다고 볼 수 없다(제헌헌법 제100조 및 사례 8에 대한 설명 참조).

나아가 위 3. 기재 비교법적 검토 등에 비추어 보더라도, 위헌법률심사의 대상이 되는 규범은 원칙적으로 형식적 의미의 법률로 한정되고, 조약 또는 이에 관한 동의법률 등과 같

이 일반적으로 해당 규범의 형성이나 효력유지 등과 관련하여 의회의 의결이 필수적인 경우 그 대상적격이 인정될 수도 있지만,[492] 그 형성과정 등에 의회가 전혀 관여하지 않는 규범의 대상적격이 인정되는 경우를 발견하기는 어렵다. 예컨대, 위 3. 다. 1) 나) 기재 프랑스 법률명령의 경우 이른바 '입법사항'을 규율하는 규범이지만, 그 형성 및 효력유지과정 등에 의회가 관여하기 전까지는 헌법재판소의 규범통제 대상적격이 부정되는 반면에, 그 규범내용 등을 의회가 승인하는 수권법률의 경우 '형식적 의미의 법률'에 해당하므로 위헌법률심사의 대상적격이 인정되고 있고, 위 3. 다. 2) 다) (6) ㈎ 기재 연방참의원의 동의를 얻어야 하는 독일의 법규명령(Zustimmungsverordnung)의 경우 그 규범의 형성과정에 의회가 관여하기는 하지만 '형식적 의미의 법률'에 해당하지 않기 때문에 일반법원의 부수적 규범통제의 대상이 된다.[493] 위와 같이 집중형 규범통제를 채택한 국가에서도 이른바 '입법사항'을 규율하는 모든 규범에 대하여 위헌법률심사의 대상적격을 인정하지는 않고, 그 규범의 형성이나 효력유지과정 등에 의회의 관여가 필수적인 경우에도 '법률의 형식'을 갖추지 않은 경우에는 원칙적으로 위헌법률심사제도의 대상적격을 인정하지 않고 있는 것이다. 즉, 위헌법률심사의 대상적격과 관련하여, 해당 규범의 형성과정 등에 의회가 관여하는 것을 '필요조건'이라고 할 수는 있지만, 거기에 의회가 관여하였다는 사정만으로 '충분조건'이 구비된다고 볼 수는 없는 것이다. 그렇다면 이른바 '입법사항'을 규율하는 관습법이 실질적으로 법률과 같은 효력을 가진다고 가정하더라도,[494] 관습법의 경우 그 형성과정 등에 의회가 전혀 관여하지 않은 것

---

492) 헌법 제107조 제1항에 규정된 위헌심사의 대상이 되는 '법률'이라 함은 '국회의 의결을 거친 이른바 형식적 의미의 법률'을 의미하고(헌재 1996. 6. 13. 선고 94헌바20 전원재판부 결정, 대법원 2008. 12. 24. 선고 2006도1427 판결 등 참조), 위헌심사의 대상이 되는 규범이 형식적 의미의 법률이 아닌 때에는 그와 동일한 효력을 갖는 데에 국회의 승인이나 동의를 요하는 등 국회의 입법권 행사라고 평가할 수 있는 실질을 갖춘 것이어야 한다(대법원 2010. 12. 16. 선고 2010도5986 전원합의체 판결 참조).

493) BverfGE 8, 274(322) 참조. 위 3. 나. 3) 기재와 같이 연방법률 등에 대한 규범통제를 금지하는 헌법규정이 있는 스위스의 경우, '형식적 의미의 법률'에 대해서는 사법심사가 허용되지 않지만, 의회가 제정하는 '법률명령'에 대해서는 사법심사가 허용된다. 이는 의회가 다양한 유형의 규범 형성에 관여하는 경우, 그 중 '법률의 형식'을 구비한 규범은 일반법원의 규범통제의 대상에서 제외되지만, '법률의 형식'을 갖추지 않은 규범은 일반법원의 사법심사 대상이 된다는 것을 의미한다. 즉, 사법심사의 대상에서 배제되는 요건에 관하여, 해당 규범이 의회의 의결에 따라 형성되는 것을 배제요건의 '필요조건'이라고 할 수는 있지만, 그 형성과정에 의회가 관여하였다는 사정만으로 '충분조건'이 구비된다고 볼 수는 없기 때문에, 앞서 본 독일의 제도와 유사한 맥락이라고 할 수 있다.

494) 윤진수(주 25), 167－168에는 성문법은 관습법을 폐지할 수 있지만 관습법은 성문법을 폐지할 수 없으므로(대법원 2017. 1. 19. 선고 2013다17292 전원합의체 판결 등 참조. 만일 관습법이 성문법을 변경하는 효력도 있다는 견해를 취하는 경우 결과적으로 법원에 성문법을 개폐하는 권한을 주는 것과 다름이 없다), 일반론으로서 관습법이 형식적 의미의 법률과 같은 효력을 가진다고 말할 수 없고, 관습법은 법률에 대하여 보충적인 효력만을 가진다는 취지가 기재되어 있다. 이러한 주장을 토대로 하는 경우, 관습법이 이른바 '입법사항'을 규율한다는 사정만으로 이를 실질적으로 법률과 같은 효력을 가지는 규범이라고 볼 수는 없을 것이다.

이 명백하므로 이에 대한 위헌여부 결정을 헌법재판소에서 하는 것은 비교법적 측면에서도 타당하지 않은 것이다.

결국 각 관습법이 헌법재판소법 제68조 제2항의 헌법소원심판의 대상이 된다고 판시한 헌법재판소의 위 각 결정은 법리적으로 타당하다고 보기 어렵다.[495] 이에 관하여 2013년 결정 당시 관습법의 대상적격을 인정하는 입장을 취하였던 재판관들 중 2인이 2016년 결정에서는 종전 견해를 변경하였다는 점을 주목할 필요가 있다. 재판관 2인이 불과 3년 정도의 기간이 경과한 시점에 대상적격에 관한 종전 견해를 변경한 것은 실무적으로 지극히 이례적 상황인데, 이는 위 각 결정의 법리적 타당성에 대하여 신중한 재검토가 필요하다는 점을 뒷받침하는 정황으로 볼 수 있기 때문이다.

㈐ 현행헌법을 심사기준으로 하는 Ⓑ유형 규범통제에 관한 문제점 등

한편 2016년 결정의 경우 상속개시 시점인 1954. 3. 3.자 상속에 적용된 절가 상속관습법이 재판당시의 상위규범인 현행헌법에 위배되는지에 관한 Ⓑ유형 규범통제의 본안판단을 헌법재판소가 할 수 있다는 취지로 판시하였다.

그런데 Ⓑ유형 규범통제는 '후행 상위규범의 발효(시행)'라는 후발적인 사정변경이 원인이 된 것으로서 신법우선의 원칙에 따라 규범통제의 효과가 결정되므로, 사법기관이 규범통제를 통해 선행 하위규범이 후행 상위규범에 배치된다고 파악하는 경우 다른 특별한 사정이 없는 이상 그 선행 하위규범은 (선행 하위규범의 발효시점이 아니라) 후행 상위규범의 발효시점부터 실효되었다고 판단하게 되고(장래효의 구조), 원칙적으로 위 시점 이전까지 선행 하위규범이 규율하던 종래 법률관계는 적법·유효한 것으로 보아야 하며, 종래 법률관계의 효력이 부정되지 않는다는 점[496]에서 Ⓐ유형 규범통제와는 법리적으로 분명하게 구별된다. 그런데 2016년 결정 중 위헌의견은 1954. 3. 3.자 상속에 적용된 절가 상속관습법이 1950년대로 소급하여 실효될 수 있다는 취지이므로, 헌법재판소 1993. 5. 13. 선고 92헌가10 등 전원재판부 결정의 판시내용과 정면으로 배치될 뿐만 아니라, Ⓑ유형 규범통제의 일반적인 법원칙과도 조화될 수 없다.

한편 제헌헌법 제100조는 구법령에 대한 Ⓑ유형 규범통제에 관하여 규정하고 있었는데, 제헌헌법의 시행 당시 이른바 입법사항을 규율하고 있던 '조선민사령' 및 이에 근거한 관습법에 대한 Ⓑ유형 규범통제권한의 경우, 포괄적인 사법권을 관장하는 각급 법원이 부수적 규범통제의 방식에 따라 스스로 행사하는 것이 타당하다(위 4. 라. 기재 및 사례 7, 8에 대한 설

---

495) 윤진수(주 253), 266－281은 민법 제정 이전에 성립한 상속관습법을 헌법재판소의 규범통제 대상으로 보는 입장의 법리적 문제점을 지적하면서, 이를 법원의 규범통제의 대상이 보는 것이 바람직하다는 취지로 주장하고 있다.

496) 상세한 내용은 헌재 1993. 5. 13. 선고 92헌가10 등 전원재판부 결정과 이 논문 (주 16) 내지 (주 25) 등 참조.

명 등 참조).[497] 그 후 전부 개정의 형식에 따라 개정된 제3, 4, 5, 6공화국 헌법에는 위와 같은 Ⓑ유형 규범통제에 관한 헌법적 차원의 예외규정·특별규정이 존재하지 않으므로, 사법기관에서 신법우선의 원칙 등과 같은 일반적인 법원칙을 토대로 절가 상속관습법이 1988. 2. 25. 시행된 현행헌법에 위배된다고 판단하는 것(Ⓑ유형)은 절가 상속관습법이 1988. 2. 25.부터 효력이 상실된다는 취지의 사법적 판단을 하는 것으로 볼 수 있다. 즉, 절가 상속관습법에 관한 청구인들의 주장이 그대로 인정되더라도, 이는 최대한 1988. 2. 25.까지 소급적으로 효력이 상실되는 결과를 발생할 뿐이고, 당해사건의 쟁점이 된 상속시점인 1954. 3. 3.에 이미 개시된 상속관계에 적용된 절가 상속관습법의 효력을 부정할 수 없기 때문에, 그 주장 자체로 1954. 3. 3. 이미 완료된 상속관계의 효력에 영향을 미칠 수 없다.[498]

결국 헌법재판소 1993. 5. 13. 선고 92헌가10 등 전원재판부 결정의 판시내용, Ⓑ유형 규범통제의 일반적인 법원칙 등에 비추어 볼 때, 청구인들이 당해사건과 관련하여 제기한 위헌법률제청신청이유의 경우 당해사건의 실질적인 쟁점(1954. 3. 3.자 상속의 효력 문제)과 관련이 없어서 그 자체로 재판의 전제성 요건이 흠결됨에도 불구하고, 헌법재판소가 2016년 결정에서 위와 같은 Ⓑ유형 규범통제와 관련하여 본안판단을 할 수 있다고 판시한 것 자체가 문제인 것이다.

이와 관련하여 2016년 결정의 재판관 4인의 합헌의견은 "민법 시행 전까지 효력이 있던 구 관습법은 상당수가 현행헌법을 기준으로 보면 평등원칙에 어긋나는 것일 수 있다. 그러나 현행헌법 시행 이전에 성립된 평등원칙에 어긋나는 구 관습법이 헌법 제정과 동시에 모두 위헌이 되고 소급하여 실효된다고 볼 수는 없다. 민법의 제정 및 시행으로 이미 폐지된 구 관습법에 대하여 역사적 평가를 넘어 현행헌법을 기준으로 소급적으로 그 효력을 모두 부인할 경우 이를 기초로 형성된 모든 법률관계가 한꺼번에 뒤집어져 엄청난 혼란을 일으킬 수 있다. 헌법과 민법이 시행되기 전 사회 구성원의 법적 확신과 인식에 따라 법적 규범으로 승인되고 강행되어 온 구 관습법을 그 뒤 만들어지고 발전된 헌법이론에 따라 소급하여 무효라고 선언할 수는 없다. 만약 헌법재판소의 재판부가 새로 구성될 때마다 구 관습법의 위헌성에 관하여 달리 판단한다면, 구 관습법을 기초로 순차 형성된 무수한 법률관계를 불안정하게 함으로써 국가 전체의 법적 안정성이 무너지는 결과를 초래할 수도 있다."라는 취지로 판시하고 있다. 그런데 재판관 4인의 견해와 같이 법적 안정성 등을 근거로 절가 상속관습법이 1950년대로 소급하여 실효될 수 없다는 입장을 취하는 경우, 결국 당해사건의 재판의 전제성

497) 정광현(주 286), 66－67은 제헌헌법 제100조의 해석과 관련하여, 친족상속관계의 관습법이나 구법령 중 제헌헌법에 저촉되는 실정법에 대해서는 제1공화국 당시 각급 법원에서 부수적 규범통제방식에 따라 그 적용을 배제할 수 있다는 입장을 취하였다는 점은 앞서 본 바와 같다.

498) 동지, 윤진수(주 25). 176. 후발적인 사정변경에 관한 헌재 1993. 5. 13. 선고 92헌가10 등 전원재판부 결정도 같은 취지이다.

을 인정할 수 없게 되기 때문에, 이러한 입장을 토대로 하면 결국 2016년 결정은 적법요건이 흠결된 사건에서 본안판단을 한 것이 된다(위와 같은 재판관 4인의 합헌의견이 실질적으로 재판의 전제성을 부정하는 것임을 고려하는 경우, 2016년 결정에서 실질적으로 적법요건이 흠결된다는 입장을 취한 재판관이 7인에 이른다고 평가할 여지도 있다).

㈑ 일부 주장에 대한 검토

2013년 결정과 2016년 결정 등과 관련하여, 현행헌법 제101조 제1항에 규정된 일반법원의 사법권에 규범통제권한이 포함되지 않는다는 입장을 전제로 하여, 창설적 규정의 성격을 가지는 현행헌법 제107조 제2항이 관습법에 대한 규범통제권한을 일반법원에 부여하지 않은 이상 관습법에 대한 위헌심사권한이 일반법원에 귀속될 수 없고, 그 관습법이 헌법의 시행 전에 성립된 것인지, 아니면 헌법의 시행 후에 성립된 것인지와 무관하게 이에 대한 규범통제권한은 헌법재판소에 있다고 보아야 하며, 일제 강점기부터 존재하는 것으로 확인되었던 관습법의 위헌여부에 대해서도 법원이 아닌 헌법재판소가 그 판단권한을 행사해야 한다는 취지로 주장하는 학설이 있다.[499)]

그러나 앞서 본 바와 같이 현행헌법 제107조 제2항에 규정된 '명령·규칙에 대한 규범통제'는 다양한 유형의 규범통제 중 하나에 불과하고, 명령·규칙에 대한 규범통제권한은 원칙적으로 현행헌법 제101조 제1항의 사법권에 포함되는 것이며, 현행헌법 제107조 제2항은 이를 확인하는 의미를 가지는 '확인적 규정'이라고 보아야 하므로, 이와 다른 전제에 기초한 위와 같은 학설에 찬성하기는 어렵다.[500)]

라) 소결론

제헌헌법의 시행 이전에 성립한 각 관습법을 이른바 '입법사항'을 규율하는 규범에 해당한다고 볼 여지는 있지만, 국회가 그 형성 및 효력유지과정 등에 전혀 관여하지 않는 관습법의 경우 위헌법률심사의 대상적격을 인정하기 어렵다. 따라서 2013년 결정 및 2016년 결정이 각 관습법에 관하여 위헌법률심사의 대상적격이 인정된다고 판시한 것은 법리적으로 타당하지 않다. 나아가 1988. 2. 25. 시행된 현행헌법을 심사기준으로 하는 각 관습법에 대한 Ⓑ유형 규범통제의 경우 민법 제정 이전인 1950년대에 이미 완료된 상속관계의 효력에 영향을 미칠 수도 없기 때문에, 이러한 측면에서도 위 각 결정의 적법요건이 모두 흠결된 것으로 보아야 한다. 결국 위 각 결정은 그 법리적 타당성이나 실효성 등과 관련하여 상당한 문제점을 내포하고 있는 것이다.

Ⓐ, Ⓑ유형 규범통제에 적용되는 법원칙이나 법적 효과 등의 차이점이나 일반적인 법원

499) 정태호(주 43), 348−350, 367 등 참조.
500) 상세한 내용은 이 논문 (주 89), (주 96), (주 98), (주 214), (주 251), (주 253) 등 참조.

칙 등을 충분히 검토하지 않은 상태에서 각 관습법이 이른바 '입법사항'에 관한 규범에 해당한다는 사정만으로 헌법재판소가 그 위헌여부에 대하여 본안심리를 하는 경우, '입법자보호기능'을 주된 목적으로 하는 현행헌법 제107조 제1항 등의 규정취지에 위배될 뿐만 아니라, 당해사건에서 재판의 전제성을 인정할 수 없거나 당사자의 권리를 실효성 있게 구제할 수 없는 사법판단을 하게 될 위험성이 있는 것이다. 나아가 중요한 헌법적 가치인 법적 안정성을 함께 고려하는 경우, 위 각 결정(다수의견)은 당해사건에서 당사자의 기본권을 실질적으로 보장하는 문제와는 무관한 의견을 제시한 것이므로, 구체적 규범통제의 영역을 벗어났다는 비판을 받을 수도 있다.

7. 마치면서

사법절차에서 이루어지는 다양한 규범통제 중 하나의 유형인 위헌법률심사의 본질은 사법기관이 성문헌법에 근거한 권력분립원칙을 토대로 하여 의회의 법률제정에 관한 권한남용을 통제하는 것이다. 성문헌법 국가의 경우 헌법적 차원의 예외규정 없는 이상 모든 사법기관에 대하여 헌법의 최고규범성 및 법치주의 원칙 등과 같은 일반적인 법원칙을 준수할 의무가 부과되는데, Ⓐ유형 규범통제와 Ⓑ유형 규범통제에 적용되는 법원칙이나 법적 효과 등은 실질적으로 차이가 있다.

19세기 이전 프랑스를 비롯한 유럽 주요국가에서는 성문헌법이 제정된 이후에도 위헌법률심사제도가 쉽게 도입되지 못한 것은 그 당시 지배적인 이념이었던 '의회주권주의'의 법리로 인하여 국민의 대표기관인 의회가 제정한 법률의 위헌여부를 사법기관이 심사한다는 것 자체가 허용될 수 없었기 때문이다. 따라서 1803년 Marbury 판결은 종래 지배적 이념이었던 의회주권주의의 법리를 거부하면서 법률의 위헌여부에 대해서까지 법원의 심사권한이 미친다는 점을 선언했다는 점에서 역사적으로 대단히 혁신적인 사법판단이었고, 그 후 유럽대륙의 주요 국가들은 각국의 사정에 따라 위와 같은 새로운 법리를 반영하기 시작했다. 의회의 법률제정 권한에 대하여 헌법적 차원에서 어떠한 통제장치를 인정할 것인지의 문제는 전통적인 의회주권주의의 법리를 어느 범위에서 어떠한 방식으로 제한할 것인지에 대한 헌법제정권자의 선택에서 출발하는 것이므로, 우리 헌법상 위헌법률심사제도의 형성과정과 성격 등을 이해하기 위해서는 거기에 직간접적으로 영향을 미친 주요 국가의 제도의 내용과 연혁 등을 검토해야 한다.

제헌헌법의 관련 규정들은 주요 국가의 법제도와 운영실태 등에 대한 학계와 실무의 검토를 거쳐 형성된 역사적인 산물이고, 현행헌법 제107조 제1항 등에 근거한 헌법재판소 제도는 '입법자보호기능'을 주된 목적으로 형성된 것으로서, 현행헌법 및 헌법재판소법 관련 규정들은 원칙적으로 현행헌법을 심사기준으로 하고, 현행헌법의 시행일 이후 제정된 법률의 위헌여부가 재판의 전제가 된 Ⓐ유형 규범통제를 위하여 설계된 것이다. 위헌법률심사의 대상적격에 대한 비교법적 검토에 비추어 보면, 위헌법률심사의 대상적격과 관련하여, 해당 규범의 그 형성 내지 효력유지과정 등에 의회가 관여하는 것이 '필요조건'이라고 할 수는 있지만, 거기에 의회가 관여하였다는 사정만으로 '충분조건'이 구비된다고 볼 수는 없다.

그렇다면 현행헌법 제107조 제1항 등과 관련하여 현행헌법 시행 이전에 성립한 관습법이나 우리 제3공화국 헌법의 시행 당시 제정된 법률이 현행헌법에 위배되는지에 관한 Ⓑ유형 규범통제권한을 헌법재판소에서 행사할 수 있다는 판례의 타당성에 대하여 신중한 재검토가 필요하다. 전자의 경우 그 형성과정 등에 우리 국회가 전혀 관여하지 않는 규범이고, 그 제정당시부터 일반법원의 위헌심사 대상이었던 후자의 경우 그 규범적 위상과 성격이 사후적으로 격상(格上)되었다고 볼 수 있는 헌법적 근거가 없기 때문이다. 나아가 양자에 대하여 이루어지는 위와 같은 Ⓑ유형 규범통제는 위 제107조 제1항 등의 주된 목적인 '입법자보호기능'과 아무런 관련이 없고, 이러한 Ⓑ유형 규범통제가 현행헌법 시행 이전에 완료되어 이미 효력을 발생한 당해사건의 법률관계에 영향을 미치는 경우 중요한 헌법적 가치인 법적 안정성을 현저하게 훼손하는 결과를 초래한다. 그러므로 이에 관한 헌법재판소의 결정에 대하여 위와 같은 범위까지의 소급적 효력을 인정하는 것은 법리적으로 허용될 수 없고, 그 결정이 당해사건과 관련하여 당사자의 권리를 실효성 있게 구제하는 방법이 될 수도 없다.

우리 위헌법률심사제도가 위 제107조 제1항 등의 규정취지 및 일반적인 법원칙과 조화되면서도 실효성 있는 권리구제방법으로 활용되기 위해서는 이를 뒷받침할 수 있는 학계와 실무의 심도 있는 연구·검토가 필요하다. 이러한 노력에 조금이나마 도움이 될 수 있기를 바라면서 이 글을 마무리한다. 끝.

참고문헌

[국내문헌]

〈단행본〉

곽윤직 편집대표, 민법주해 (1)(1판), 박영사(1992).

김선희, 캐나다 연방대법원의 사법심사제도 – 연방과 주 사이의 권한 배분 및 헌장상 권리 침해를 중심으로 –, 헌법재판소 헌법재판연구원(2017).

김운용, 위헌심사론, 삼지원(1998).

김철수, 위헌법률심사제도론, 학연사(1983).

______, 학설판례 헌법학(상), 박영사(2008).

______, 헌법과 정치, 진원사(2012).

김하열, 헌법소송법(4판), 박영사(2021).

김현귀, 재판청구권의 위헌심사기준 – 법관에 의한 재판을 받을 권리를 중심으로 –, 헌법이론과 실무, 헌법재판소 헌법재판연구원(2020).

김환학, 독일 연방헌법재판소의 추상적 규범통제, 헌법재판소 헌법재판연구원(2018).

박균성, 행정법론(상)(20판), 박영사(2021).

박상옥·김대휘 편집대표, 주석 형법[총칙 1](3판), 한국사법행정학회(2020).

신동운·김영환·이상돈·김대휘·최봉철, 법률해석의 한계, 법문사(2000).

양창수 편집대표, 민법주해 (1)(2판), 박영사(2022).

유진오, 헌법해의, 명세당(1949).

______, 헌법기초회의록, 일조각(1980).

윤진수 편집대표, 주해 상속법(2권), 박영사(2019).

이경호, 헌법강의, 일한도서출판사(1959).

이승일, 조선총독부 법제정책, 역사비평사(2008).

이재홍, 과잉금지원칙의 이론과 실무, 경인문화사(2021).

이종극, 축조비교 헌법해의, 숭문사(1954).

정광현, 한국가족법연구, 서울대학교 출판부(1967).

정긍식, 조선총독부 법령사료(Ⅰ) – 지배기구·입법 –, 한국법제연구원(1996).

최규환, 헌법재판소의 법률해석 – 헌법합치적 법률해석의 유형과 규범통제 –, 헌법재판소 헌법재판연구원(2020).

하명호, 한국과 일본에서의 행정소송법제의 형성과 발전, 경인문화사(2018).

한수웅, 헌법학(12판), 법문사(2022).

한태연, 헌법(3정판), 법문사(1968).

허완중, 오스트리아 헌법재판제도에 관한 연구, 헌법재판연구원(2016).

대한민국국회, 제헌국회속기록, 선인문화사(1999).

법원행정처, 法院史(1995).

________, 主要 舊法令集(上), 재판자료집 41집(1998).

________, 主要 舊法令集(下), 재판자료집 42집(1998).

사법연수원, 프랑스법 Ⅰ(2008).

한국헌법학회, 헌법주석[법원, 경제질서 등], 경인문화사(2018).

헌법재판소, 헌법재판소 10년사(1998).

피에르 파나시(역 진광엽), 프랑스 행정재판제도, 한길사(2001).

內田貴(역 정종휴), 법학의 탄생, 박영사(2022).

Klaus Schlaich(역 정태호), 독일헌법재판론, 미리교역(2001).

〈논문〉

갈봉근, “우리나라 위헌법령심사제의 기초”, 서울대 법학 8권 2호, 서울대학교 법학연구소(1966).

공두현, “우리 대법원의 법해석론의 흐름: 법실증주의, 법현실주의, 법원리론”, 법철학연구 22권 2호, 세창출판사(2019).

권건보 “위헌법률심판의 대상과 관할 – 긴급조치 및 관습법에 대한 위헌심판의 주체를 중심으로 –”, 헌법학연구 19권 4호, 한국헌법학회(2013).

권영설, “고차법사상과 사법심사의 제도화 – The Higher Law Conception and Judicial Review –”, 공법연구 25집 4호, 한국공법학회(1997).

김갑수, “군정과 일본법적용의 한계(5·완) – 처의 능력과 대법원판례 –”, 법정 13호, 법정사(1947. 10.).

______, “판례비평 신문지법의 실효여부”, 법정 20호, 법정사(1948. 6.).

김대휘, “헌법의 해석과 법실무”, 재판자료(75).

김문현, “헌법재판유형에 관한 비교연구 – 현행헌법재판제도의 구조개선과 관련하여 –, 헌법재판의 새로운 지평: 이강국 헌법재판소장 퇴임기념논문집, 박영사(2013).

김시철, “우리 나라와 미국의 민사소송제도에 대한 비교법적 분석 – 사실발견절차(Fact-finding) 및 이에 대한 민사소송법 개정안을 중심으로 –”, 재판자료(89).

______, “형사소송법 제201조 제1항 위헌확인 – 피의자에 대한 구속영장청구 등에 관련된 입법형성권의 한계 –”, 헌법재판소결정해설집(2003년), 헌법재판소(2004).

______, “위헌법률심판절차에 관한 몇 가지 논의”, 헌법논총 16집, 헌법재판소(2005).

______, “우리 위헌법률심판제도와 헌법재판소 결정의 효력”, 저스티스 90호, 한국법학원(2006).

______, “헌법재판소결정의 효력과 넓은 의미의 구체적 규범통제의 법적 성격 – 선례구속의 원칙의 적용 및 본안적 규범통제와 부수적 규범통제에 대한 비교·검토를 중심으로 –”, 헌법논총 18집, 헌법재판소(2007).

김시철, “언론·출판의 자유와 인격권의 대립과 조화에 대한 비교법적 검토 – 미국의 언론·출판의 자유에 관한 우월적 지위이론, 현실적 악의 원칙 등에 관하여 –”, 저스티스 147호, 한국법학원(2015).

______, “조세심판전치주의와 가구제(假救濟)에 대한 헌법적 검토(Ⅰ) – 연혁적 검토 및 헌법상 재판청구권과의 관계 등을 중심으로 –”. 조세법연구 27권 3호, 세경사(2021).

______, “헌법상 조세법률주의와 세법의 해석방법론 –‘의심스러운 경우 납세자의 이익으로’의 해석방법론을 중심으로 –”, 사법 59호, 사법발전재단(2022).

김안진, “처의 소송능력”, 고대신문 1호(1947. 11. 3.).

김영수, “「프랑스」제5공화국 헌법의 사적 배경과 그 특성 –「드·골」의 정치활동 과정을 중심으로 –”, 충남대학교 사회과학연구소 논문집 3권 2호, 충남대학교 사회과학연구소(1976).

김영환, “법률해석의 목표: 주관적 해석이론과 객관적 해석이론 간의 논쟁에 관해”, 법철학연구 21권 1호, 세창출판사(2018).

김욱곤, “계약의 구속력의 근거에 관한 일고찰”, 성균관법학 1권, 성균관대학교 비교법연구소(1987).

김증한, “민법 제14조에 대한 판례비평”, 법정 16호, 법정사(1948. 1.).

김철수, “법원조직법 제59조 제1항 단서의 위헌판결”, 고시계 175호, 고시계사(1971).

명순구, “아직도 살아있는 법, ‘조선민사령’ –‘조선민사령’의 소급적 폐지를 제안한다 –”, 저스티스 103호, 한국법학원(2008).

명재진, “바이마르 헌법과 국사재판소”, 홍익법학 17권 2호, 홍익대학교(2016).

박균성, “프랑스의 법규명령제도”, 단국대 법학논총 16집, 단국대학교(1990).

______, “프랑스의 행정법원과 행정재판”, 현대법의 이론과 실제: 금랑 김철수교수 화갑기념, 박영사(1993. 10).

박일환, “법률의 잠정효와 위헌심사(상)”, 법률신문 1825호(1989).

______, “법률의 잠정효와 위헌심사(하)”, 법률신문 1826호(1989).

박재현, “프랑스의 행정재판제도에 관한 연구”, 법학연구 19권 1호, 경상대학교 법학연구소(2012).

박정훈, “행정입법에 대한 사법심사 – 독일법제의 개관과 우리법의 해석론 및 입법론을 중심으로 –”, 행정법연구 11호, 행정법이론실무학회(2004).

______, “행정심판법의 구조와 기능”, 행정법연구 12호, 행정법이론실무학회(2004).

박홍우, “헌법재판제도의 유형”, 재판자료(92).

손상식, “헌법재판과 명령·규칙에 대한 규범통제”, 박사학위 논문, 연세대학교 대학원(2011).

신교식, “스위스의 헌법재판제도에 관한 연구”, 재판자료(122).

심경수, “우리나라 헌법재판제도의 변천”, 충남대학교 법률행정연구소 논문집 15권, 충남대학교 법률행정연구소(1987).

양창수, “헌법제정 후 일정법령의 효력”, 민법산고(1998. 12.).

______, “우리 나라 최초의 헌법재판논의 – 처의 행위능력 제한에 관한 1947년 대법원판결에 대하여 –”, 서울대학교 법학 40권 2호(111호), 서울대학교 법학연구소(1999. 6.).

양태건·송석윤, “번역:1850년 프로이센 헌법”, 서울대학교 법학 54권 2호, 서울대학교 법학연구소(2013).

오세혁, “오스트리아의 위헌법률심사제도”, 인권과 정의 260호, 대한변호사협회(1998).

______, “한국에서의 법령해석 – 우리나라 법원의 해석방법론에 대한 비판적 분석 –”, 법철학연구 6권 2호, 세창출판사(2003).

______, “법해석방법의 우선순위에 대한 시론적 고찰”, 중앙법학 21권 4호, 중앙법학회(2020).

______, “사법부의 해석방법론에 대한 비판: 재론(再論) – 법 해석방법의 우선순위에 대한 논의를 중심으로 –”, 중앙법학 22권 3호, 중앙법학회(2020).

유남석, “오스트리아의 헌법재판제도 – 위헌법률심판을 중심으로 –”, 재판자료(92).

유상호, “위임입법통제에 관한 비교법적 연구”, 박사학위 논문, 단국대학교 대학원(2000).

윤정인, “법원의 명령·규칙에 대한 사법심사”, 인권과 정의 457호, 대한변호사협회(2016).

윤진수, “관습상 분재청구권에 대한 역사적, 민법적 및 헌법적 고찰”, 민사재판의 제문제 22권(2013).

______, “민법 시행 전에 이성양자가 허용되었는지 여부 및 민법 시행 전 양자의 요건에 대한 민법의 소급적용”, 민법논고 Ⅳ(2015).

______, “상속관습법의 헌법적 통제”, 헌법학연구 23권 2호, 한국헌법학회(2017).

______, “헌법재판소가 군정법령의 위헌 여부를 심사할 수 있는가? – 헌법재판소 2021. 1. 28. 선고 2018헌바88결정 –”, 법률신문(2021. 2. 15.).

이경호, “법률과 군정법령의 차이”, 법조 8권 5호, 법조협회(1959. 5.).

______, “참의원의원의 부존재와 헌법위원회 구성”, 법조 8권 11호, 법조협회(1959. 11.).

______, “군정법령의 위헌심사권은 법원에 있다는 판례”, 서울대 법학 1권 2호(1959. 12.).

이동원, “헌법재판제도에 관한 일본에서의 논의”, 재판자료(92).

이동흡 “세계 각국의 헌법재판제도 개관 – 법원과 헌법재판소의 관계를 중심으로 –”, 재판자료(92).

이명웅, “미국에서 사법심사의 발전: 1776–1802”, 헌법재판연구 1권, 헌법재판연구원(2014).

이부하, “위헌법률심판제청시 이유제시의무 – 독일연방헌법재판소 판결을 분석하며 –”, 공법연구 34권 3호, 한국공법학회(2006. 2.).

이상덕, “독일 행정법원법에서의 법규명령에 대한 추상적 규범통제”, 재판자료(124).

이영록, “제1공화국 헌법위원회제도의 형성 – 사법제도 형성의 한 단면 –”, 헌법학연구 11권 2호, 한국헌법학회(2005).

이용훈, “서독의 법원조직”, 재판자료(3).

이인복, “우리 나라 헌법재판제도의 연혁과 전개”, 재판자료(92).

이임성, “현행 헌법 부칙 제5조와 헌법재판소의 위헌심사권에 관련된 의문들”, 대한변호사협회지 150호(1989. 2.).

______, “법률의 지속효에 관한 시론”, 인권과 정의 164호, 대한변호사협회(1990. 4.).

이재홍, “명령·규칙에 대한 사법심사의 구조와 전망 – 부수적 규범통제를 중심으로 –”, 법조 693호, 법조협회(2014).

이창석, "구법령의 위헌심사권", 법제월보 2권 11호, 법제처(1959. 11.).
______, "구법령의 효력", 법제월보 2권 12호, 법제처(1959. 12.).
이헌환, "헌법재판제도의 도입배경과 정착 및 발전방향에 관한 연구", 헌법재판연구 1권 헌법재판연구원(2014).
임종헌, "국민과 소통하는 열린 사법행정", 형사재판의 제문제 7권(차한성 대법관 퇴임기념), 사법발전재단(2014).
임지봉, "헌법변천과 헌법침해", 고시연구 30권 6호, 고시연구사(2003. 6,).
장경근, "미국법제특집: 미국사법제도", 법정 16호, 법정사(1948. 1.).
장태주, "행정입법에 대한 의회의 관여 − 독일의 법규명령을 중심으로 −", 한양대 법학논총 16집, 한양대학교(1999).
장후영, "민법 제14조의 운명", 법정 18호, 법정사(1948. 4.).
전상현, "위헌법률심사의 본질과 한정위헌", 헌법학연구 19권 2호, 한국헌법학회(2013).
전학선, "헌법개정과 법률의 지속효", 헌법학연구 9권 3호, 한국헌법학회(2003).
______, "프랑스에서 사후적 규범통제 도입에 따른 헌법재판의 변화", 헌법학연구 18권 3호, 한국헌법학회(2012).
______, "프랑스 헌법재판소의 임신중절 결정", 외법논집 36권 4호, 한국외국어대학교 법학연구소(2012).
______, "헌법재판소 헌법재판관", 프랑스 헌법소송론, 한국문화사(2022).
______, "위헌법률심판에서 심사기준", 프랑스 헌법소송론, 한국문화사(2022).
______, "프랑스에서 헌법재판소와 의회와의 관계", 프랑스 헌법소송론, 한국문화사(2022).
정긍식, "조선민사령과 한국 근대 민사법", 동북아법연구 11권 1호, 전북대학교 동북아법연구소(2017).
정인섭, "대한민국의 수립과 구법령의 승계: 제헌헌법 제100조 관련 판례의 분석", 국제판례연구 1집, 박영사(2000).
정종섭, "주요 국가 헌법재판제도에 대한 비교적 연구", 헌법재판 및 제도의 활성화에 관한 연구, 헌법재판연구 2권, 헌법재판소(1991).
정치언, "오스트리아 헌법과 헌법재판소의 발전 및 오스트리아 근현대사 연구 − 1867년 제국법원 설립부터 1955년 국가조약 체결에 이르기까지 −", 헌법논총 32집, 헌법재판소(2021).
정태호, "법률적 효력 있는 관습법의 위헌제청적격성", 경희법학 46권 4호, 경희대학교(2012).
조병훈, "위헌법률심판제청의 요건", 재판자료(76).
최봉철, "문언중심적 법해석론 비판", 법률해석의 한계, 법문사(2000).
허 영, "규범통제에 관한 현행헌법 해석상의 문제점연구(2)", 법정 226호, 법정사(1969).
허완중, "명령·규칙에 대한 법원의 위헌·위법심사권", 저스티스 135호, 한국법학원(2013).
______, "간추린 한국헌법재판사", 헌법재판연구 1권, 헌법재판연구원(2014).
홍진기, "사법재판소의 법률심사 − 민법 제14조의 무효선언판결에 관하여 −", 법정 2권 11호, 법정사(1947. 11.).
황성희, "처의 능력에 대한 신판례에 관하여", 법정 15호, 법정사(1947. 12.).

[외국문헌]

〈단행본〉

Erwin Chemerinsky, Constitutional Law, Principles and Policies, Aspen Law & Business(1999)

Jesse H. Choper, Richard H. Fallon, Jr, Yale Kamisar, Stevern H. Shiffrin, Constitutional Law, 9th ed. West Publishing Co.(2001).

Kermit L. Hall(Editor), The Oxford Companion to Supreme Court of the United States, Oxford University Press(1992).

Peter Hogg & Wade Wright, Constitutional Law of Canada(2021 Student Edition), Thomson Reuters(2021).

芦部信喜(高橋和之 補訂), 憲法(第七版), 岩波書店(2019).

〈논문〉

Eric S. Fish "Constitutional Avoidance as Interpretation and as Remedy", 114 MICH. L. Rev. (2016).

Louis Favoreu, "Modèle européen et modèle américain de justice constitutionnelle", 4－1988, Les juges constitutionnels(1990).

竝河啓后, 違憲審査制の性格, 憲法理論研究會編, 違憲審査制の研究, 敬文堂(1993).

園部逸夫, "違憲審査の法理 - 日本の經驗 -", 法曹時報 47卷 11號(1995).

吳煜宗, "日本國憲法における違憲審査の成立 - 九條の違憲審査制下での推移に卽して -", 法學 59卷 3號, 東北大學法學會(1995).

사항색인

[ㅈ]

판례색인

[대법원]

[헌법재판소]

[고등법원]

[지방법원 등 하급심]

참고문헌

[국내문헌]

〈단행본〉

곽윤직 편집대표, 민법주해 (1)(1판), 박영사(1992).

김선희, 캐나다 연방대법원의 사법심사제도 – 연방과 주 사이의 권한 배분 및 헌장상 권리 침해를 중심으로 –, 헌법재판소 헌법재판연구원(2017).

김연·박정기·김인유, 국제사법(4판), 법문사(2022).

김완석·박종수·이중교·황남석, 주석 국세기본법, 삼일인포마인(2020).

김완석·황남석, 법인세법론(2023년 개정증보판), 삼일인포마인(2023).

김운용, 위헌심사론, 삼지원(1998).

김주수·김상용, 친족·상속법(18판), 법문사(2022).

김철수, 위헌법률심사제도론, 학연사(1983).

김철수, 학설판례 헌법학(상), 박영사(2008).

김철수, 헌법과 정치, 진원사(2012).

김하열, 헌법소송법(4판), 박영사(2021).

김현귀, 재판청구권의 위헌심사기준 – 법관에 의한 재판을 받을 권리를 중심으로 –, 헌법이론과 실무, 헌법재판소 헌법재판연구원(2020).

김환학, 독일 연방헌법재판소의 추상적 규범통제, 헌법재판소 헌법재판연구원(2018).

박균성, 행정법론(상)(20판), 박영사(2021).

박동섭·양경승, 친족상속법 제5판, 박영사(2020).

박상옥·김대휘 편집대표, 주석 형법[총칙 1](3판), 한국사법행정학회(2020).

박훈·채현석·허원·문희수, 상속·증여세 실무해설, 삼일인포마인(2023).

석광현, 국제사법 해설, 박영사(2013).

송덕수, 친족상속법(6판), 박영사(2022).

신동운·김영환·이상돈·김대휘·최봉철, 법률해석의 한계, 법문사(2000).

신창섭, 국제사법(5판), 세창(2022).

양창수 편집대표, 민법주해 (1)(2판), 박영사(2022).

유진오, 헌법기초회의록, 일조각(1980).

유진오, 헌법해의, 명세당(1949).

윤진수, 친족상속법 강의(4판), 박영사(2022).

윤진수 편집대표, 주해 상속법 Ⅰ, 박영사(2019).

윤진수 편집대표, 주해 상속법 Ⅱ, 박영사(2019)

윤진수 편집대표, 주해 친족법 Ⅰ, 박영사(2015).
이경호, 헌법강의, 일한도서출판사(1959).
이동진, 위자료 산정의 적정성에 관한 사법정책연구, 서울대학교산학협력단, 법원행정처(2013).
이승일, 조선총독부 법제정책, 역사비평사(2008).
이시윤, 신민사소송법(14판), 박영사(2020).
이재홍, 과잉금지원칙의 이론과 실무, 경인문화사(2021).
이종극, 축조비교 헌법해의, 숭문사(1954).
전원열, 민사소송법 강의(3판), 박영사(2020).
정광현, 한국가족법연구, 서울대학교 출판부(1967).
정긍식, 조선총독부 법령사료(Ⅰ) – 지배기구·입법 –, 한국법제연구원(1996).
주석 민사소송법(4)(8판), 한국사법행정학회(2018).
주석 민사소송법(6)(8판), 한국사법행정학회(2018).
최규환, 헌법재판소의 법률해석 – 헌법합치적 법률해석의 유형과 규범통제 –, 헌법재판소 헌법재판연구원(2020).
피에르 파나시(역 진광엽), 프랑스 행정재판제도, 한길사(2001).
하명호, 한국과 일본에서의 행정소송법제의 형성과 발전, 경인문화사(2018).
한수웅, 헌법학(12판), 법문사(2022).
한태연, 헌법(3정판), 법문사(1968).
허완중, 오스트리아 헌법재판제도에 관한 연구, 헌법재판연구원(2016).

대한민국국회, 제헌국회속기록, 선인문화사(1999).
법원실무제요 가사(Ⅰ), 사법연수원(2021).
법원실무제요 가사(Ⅱ), 사법연수원(2021).
법원행정처, 法院史(1995).
법원행정처, 조정실무(2002).
법원행정처, 主要 舊法令集(上), 재판자료집 41집(1998).
법원행정처, 主要 舊法令集(下), 재판자료집 42집(1998).
사단법인 한국헌법학회, 헌법주석[법원, 경제질서 등], 경인문화사(2018).
사법연수원, 손해배상소송(2016).
사법연수원, 프랑스법 Ⅰ(2008).
사법정책연구원, 각국의 상속재산분할, 기여분, 유류분제도(2022).
사법정책연구원, 재산분할의 기준 정립을 위한 방안 연구(2016).
서울중앙지방법원, 손해배상소송실무(교통·산재), 사법발전재단(2017).
헌법재판소, 헌법재판소 10년사(1998).

Klaus Schlaich(역 정태호), 독일헌법재판론, 미리교역(2001).

內田貴(역 정종휴), 법학의 탄생, 박영사(2022).
增井良啓(안좌진, 번역·각주). 租税法入門, 박영사(2021).

〈논문〉

갈봉근, “우리나라 위헌법령심사제의 기초”, 서울대 법학 8권 2호, 서울대학교 법학연구소(1966).

공두현, “우리 대법원의 법해석론의 흐름: 법실증주의, 법현실주의, 법원리론”, 법철학연구 22권 2호, 세창출판사(2019).

권건보 “위헌법률심판의 대상과 관할 – 긴급조치 및 관습법에 대한 위헌심판의 주체를 중심으로 –”, 헌법학연구 19권 4호, 한국헌법학회(2013).

권영설, “고차법사상과 사법심사의 제도화 – The Higher Law Conception and Judicial Review –”, 공법연구 25집 4호, 한국공법학회(1997).

권영준, “불법행위법의 사상적 기초와 그 시사점 — 예방과 회복의 패러다임을 중심으로 —”, 저스티스 109호, 한국법학원(2009).

권정희, “이혼에서 자녀보호를 위한 법적 고찰”, 가족법연구(15–1), 한국가족법학회(2001).

김갑수, “군정과 일본법적용의 한계(5·완) – 처의 능력과 대법원판례 –”, 법정 13호, 법정사(1947. 10.).

김갑수, “판례비평 신문지법의 실효여부”, 법정 20호, 법정사(1948. 6.).

김대휘, “헌법의 해석과 법실무”, 재판자료(75).

김문현, “헌법재판유형에 관한 비교연구 – 현행헌법재판제도의 구조개선과 관련하여 –”, 헌법재판의 새로운 지평: 이강국 헌법재판소장 퇴임기념논문집, 박영사(2013).

김상용, “2000년대 민사판례의 경향과 흐름 — 가족법 —”, 민사판례연구(33–2), 박영사(2011).

김선석, “위자료의 산정과 그 기준에 관한 제문제”, 재판자료(21–하)(1984).

김성숙, “부양적 재산분할의 실태(한국과 일븐의 판례를 중심으로)”, 법학논총(9), 숭실대학교 법학연구소(1996).

김숙자, “재산분할청구권”, 가족법연구(4), 한국가족법학회(1990).

김시철, “가사비송사건 처리과정에서의 실무상 문제점”, 서울가정법원 실무연구 Ⅵ(2000).

김시철, “상위법우선의 원칙, 의회주권주의와 위헌법률심사제도에 대한 비교법적 검토 — 헌법 제107조 제1항의 ‘입법자보호기능’의 연혁과 형성배경 등을 중심으로 —”, 사법논집(76), 사법발전재단(2023).

김시철, “양육자변경 본심판청구와 유아인도 반심판청구에 대한 심리방법”, 민사재판의 제문제 제15권(2006. 12.), 한국사법행정학회(2006).

김시철, “언론·출판의 자유와 인격권의 대립과 조화에 대한 비교법적 검토 – 미국의 언론·출판의 자유에 관한 우월적 지위이론, 현실적 악의 원칙 등에 관하여 –”, 저스티스(147), 한국법학원(2015).

김시철, “우리 나라와 미국의 민사소송제도에 대한 비교법적 분석 – 사실발견절차(Fact–finding) 및 이에 대한 민사소송법 개정안을 중심으로 –”, 재판자료(89), 403.

김시철, “우리 위헌법률심판제도와 헌법재판소 결정의 효력”, 저스티스 90호, 한국법학원(2006).

김시철, “위헌법률심판절차에 관한 몇 가지 논의”, 헌법논총 16집, 헌법재판소(2005).

김시철, “위헌법률심판절차에서 사법작용의 당부를 심사할 수 있는지(상)”, 사법 21호, 사법발전재단(2012).

김시철, "절도 등의 범행 이전에 피해자가 사망한 경우의 법률관계(대판 2013. 7. 11, 2013도 5355 및 그 사안을 중심으로)", 법학평론 6권, 서울대학교 법학평론 편집위원회(2015).

김시철, "조세심판전치주의와 가구제(假救濟)에 대한 헌법적 검토(Ⅰ) – 연혁적 검토 및 헌법상 재판청구권과의 관계 등을 중심으로 –", 조세법연구 27권 3호, 세경사(2021).

김시철, "헌법상 조세법률주의와 세법의 해석방법론 – '의심스러운 경우 납세자의 이익으로'의 해석방법론을 중심으로 –", 사법(59), 사법발전재단(2022).

김시철, "헌법재판소결정의 효력과 넓은 의미의 구체적 규범통제의 법적 성격 –선례구속의 원칙의 적용 및 본안적 규범통제와 부수적 규범통제에 대한 비교、검토를 중심으로–", 헌법논총 18집, 헌법재판소(2007).

김시철, "헌법해석에 관한 결정이유와 선례구속의 원칙", 헌법논총 17집(2006).

김시철, "형사소송법 제201조 제1항 위헌확인 – 피의자에 대한 구속영장청구 등에 관련된 입법형성권의 한계 –", 헌법재판소결정해설집(2003년), 헌법재판소(2004).

김안진, "처의 소송능력", 고대신문 1호(1947. 11. 3.).

김영수, "「프랑스」 제5공화국헌법의 사적 배경과 그 특성 –「드·골」의 정치활동 과정을 중심으로 –", 충남대학교 사회과학연구소 논문집 3권 2호, 충남대학교 사회과학연구소(1976).

김영환, "법률해석의 목표: 주관적 해석이론과 객관적 해석이론 간의 논쟁에 관해", 법철학연구 21권 1호, 세창출판사(2018. 4.).

김욱곤, "계약의 구속력의 근거에 관한 일고찰", 성균관법학 1권, 성균관대학교 비교법연구소(1987).

김증한, "민법 제14조에 대한 판례비평", 법정 16호, 법정사(1948. 1.).

김철수, "법원조직법 제59조 제1항 단서의 위헌판결", 고시계 175호, 고시계사(1971).

남효순, "법률행위의 해석의 쟁점 –법률행위해석의 본질 및 방법에 관하여–", 법학(41–1), 서울대학교 법학연구소(2000).

명순구, "아직도 살아있는 법, '조선민사령' – '조선민사령'의 소급적 폐지를 제안한다 –", 저스티스 103호, 한국법학원(2008).

명재진, "바이마르 헌법과 국사재판소", 홍익법학 17권 2호, 홍익대학교(2016).

민유숙, "2013년 친족·상속법 중요 판례", 인권과 정의(2014. 4.).

민유숙, "외국의 부부재산 제도와 재산분할제도 및 부양제도 : 미국법을 중심으로", 사법논집(31), 대법원 법원행정처(2000).

민유숙, "이혼과 관련된 손해배상청구의 관할과 처리", 실무연구 X, 서울가정법원(2005).

민유숙, "재산분할의 구체적 인정범위", 재판자료(62), 법원도서관(1993).

박균성, "프랑스의 법규명령제도", 단국대 법학논총 16집, 단국대학교(1990).

박균성, "프랑스의 행정법원과 행정재판", 현대법의 이론과 실제: 금랑 김철수교수 화갑기념, 박영사(1993. 10).

박민수·이동진·오정일, "이혼 후 재산분할의 비율 및 이혼 위자료액의 결정: 2009년~2011년 합의부 재판례의 실증분석", 가족법연구(28–1), 한국가족법학회(2014).

박세민, “상속법상 특별수익의 의미”, 이화여대 법학논집 28권 1호(2023. 9.).
박순성, “이혼을 원인으로 하는 손해배상청구권의 법적 성격”, 재판자료(62), 법원도서관(1993).
박일환, “법률의 잠정효와 위헌심사(상)”, 법률신문 1825호(1989).
박일환, “법률의 잠정효와 위헌심사(하)”, 법률신문 1826호(1989).
박재현, “프랑스의 행정재판제도에 관한 연구”, 법학연구 19권 1호, 경상대학교 법학연구소(2012).
박정현, “관련 사건이 있을 경우 불법행위채권 단기소멸시효 기산점의 해석기준에 관한 연구”, 사법논집(72), 사법발전재단(2021).
박정훈, “행정심판법의 구조와 기능”, 행정법연구 12호, 행정법이론실무학회(2004).
박정훈, “행정입법에 대한 사법심사 – 독일법제의 개관과 우리법의 해석론 및 입법론을 중심으로 –”, 행정법연구 11호, 행정법이론실무학회(2004).
박홍우, “헌법재판제도의 유형”, 재판자료(92).
박훈, “2005년도 상속세 및 증여세법 판례회고’, 조세법연구(12–1), 세경사(2006).
서종희, “배우자에 대한 정조의무 위반과 이혼의자료 — 재산분할 및 위자료의 기능을 고려하여 —”, 가족법연구(32–1), 한국가족법학회(2018).
손상식, “헌법재판과 명령·규칙에 대한 규범통제”, 박사학위 논문, 연세대학교 대학원(2011).
신교식, “스위스의 헌법재판제도에 관한 연구”, 재판자료(122).
심경수, “우리나라 헌법재판제도의 변천”, 충남대학교 법률행정연구소 논문집 15권, 충남대학교 법률행정연구소(1987).
안병하, “위자료 기능의 새로운 이해”, 사법(21), 사법발전재단(2012).
양경승, “상속재산분할협의의 법적 성질과 효력”, 사법논집(66), 법원도서관(2018).
양창수, “우리 나라 최초의 헌법재판논의 – 처의 행위능력 제한에 관한 1947년 대법원판결에 대하여 –”, 서울대학교 법학 40권 2호(111호), 서울대학교 법학연구소(1999. 6.).
양창수, “헌법제정 후 일정법령의 효력”, 민법산고(1998. 12.).
양태건·송석윤, “번역: 1850년 프로이센 헌법”, 서울대학교 법학 54권 2호, 서울대학교 법학연구소(2013).
오세혁, “법해석방법의 우선순위에 대한 시론적 고찰”, 중앙법학 21권 4호, 중앙법학회(2020).
오세혁, “사법부의 해석방법론에 대한 비판: 재론(再論) – 법 해석방법의 우선순위에 대한 논의를 중심으로 –”, 중앙법학 22권 3호, 중앙법학회(2020).
오세혁, “오스트리아의 위헌법률심사제도”, 인권과 정의 260호, 대한변호사협회(1998).
오세혁, “한국에서의 법령해석 – 우리나라 법원의 해석방법론에 대한 비판적 분석 –”, 법철학연구 6권 2호, 세창출판사(2003).
유남석, “오스트리아의 헌법재판제도 – 위헌법률심판을 중심으로 –”, 재판자료(92).
유상호, “위임입법통제에 관한 비교법적 연구”, 박사학위 논문, 단국대학교 대학원(2000).
윤정인, “법원의 명령·규칙에 대한 사법심사”, 인권과 정의 457호, 대한변호사협회(2016).
윤진수, “관습상 분재청구권에 대한 역사적, 민법적 및 헌법적 고찰”, 민사재판의 제문제 22권(2013).

윤진수, "민법 시행 전에 이성양자가 허용되었는지 여부 및 민법 시행 전 양자의 요건에 대한 민법의 소급적용", 민법논고 Ⅳ(2015).

윤진수, "상속관습법의 헌법적 통제", 헌법학연구 23권 2호, 한국헌법학회(2017).

윤진수, "실질적 특유재산에 대한 재산분할", 가족법연구(36-2), 한국가족법학회(2022. 7.).

윤진수, "유류분반환청구에서 공동상속인에 대한 증여의 시기와 증여 가액의 산정 시점", 비교사법 29권 4호(2022).

윤진수, "헌법재판소가 군정법령의 위헌 여부를 심사할 수 있는가? - 헌법재판소 2021. 1. 28. 선고 2018헌바88 결정 -", 법률신문(2021. 2. 15.).

윤진수, 2023. 8. 28.자 법률신문.

이경호, "군정법령의 위헌심사권은 법원에 있다는 판례", 서울대 법학 1권 2호(1959. 12.).

이경호, "법률과 군정법령의 차이", 법조 8권 5호, 법조협회(1959. 5.).

이경호, "참의원의원의 부존재와 헌법위원회 구성", 법조 8권 11호, 법조협회(1959. 11.).

이동원, "헌법재판제도에 관한 일본에서의 논의", 재판자료(92).

이동진, "부부관계의 사실상 파탄과 부정행위에 대한 책임: 비교법적 고찰로부터의 시사", 법학 54권 4호(통권 169호), 서울대학교 법학연구소(2013).

이동진, "혼인관념, 인적 혼인의무 및 그 위반에 대한 제재", 서울대 법학(53-3), 서울대법학연구소(2012).

이동흡, "세계 각국의 헌법재판제도 개관 - 법원과 헌법재판소의 관계를 중심으로 -", 재판자료(92).

이명갑, "제재적 위자료의 입론(Ⅰ)", 사법행정(28-3), 한국사법행정학회(1987).

이명갑, "제재적 위자료의 입론(Ⅱ)", 사법행정(28-4), 한국사법행정학회(1987).

이명갑, "제재적 위자료의 입론(Ⅲ)", 사법행정(28-5), 한국사법행정학회(1987).

이명웅, "미국에서 사법심사의 발전: 1776-1802", 헌법재판연구 1권, 헌법재판연구원(2014).

이부하, "위헌법률심판제청시 이유제시의무 - 독일연방헌법재판소 판결을 분석하며 -", 공법연구 34권 3호, 한국공법학회(2006. 2.).

이상덕, "독일 행정법원법에서의 법규명령에 대한 추상적 규범통제", 재판자료(124).

이선미, "이혼 위자료 재판의 개선방안 - 부정행위로 인한 혼인파탄의 경우를 중심으로 -", 서울고등법원 가사항고소송연구회 2023. 11. 27.자 발표문(미공간).

이선미, "이혼 재산분할 제도의 개선방안—분할대상과 분할비율에 관한 개정의견을 중심으로—", 가족법연구(36-2), 한국가족법학회(2022).

이영록, "제1공화국 헌법위원회제도의 형성 - 사법제도 형성의 한 단면 -", 헌법학연구 11권 2호, 한국헌법학회(2005).

이예슬, "부부간 예금이체에 대하여 증여가 추정되는지 여부", 대법원판례해설 제106호, 법원도서관(2016).

이용호, "위자료 및 재산분할실무", 사법연수원 2024년 법관연수 가사재판실무(2024).

이용훈, "서독의 법원조직", 재판자료(3).

이인복, "우리 나라 헌법재판제도의 연혁과 전개", 재판자료(92).

이임성, "법률의 지속효에 관한 시론", 인권과 정의 164호, 대한변호사협회(1990. 4.).
이임성, "현행헌법 부칙 제5조와 헌법재판소의 위헌심사권에 관련된 의문들", 대한변호사협회지 150호(1989. 2.).
이재홍, "명령·규칙에 대한 사법심사의 구조와 전망 – 부수적 규범통제를 중심으로 –", 법조 693호, 법조협회(2014).
이정엽, "이혼으로 인한 위자료 산정기준에 관한 소고 — 2006년 서울가정법원 판결을 중심으로 —", 가사재판연구 Ⅰ, 서울가정법원 가사소년재판연구회(2007).
이종극, "군정법령 위헌심사권, 법원에 있다, 없다론(4)", 동아일보(1959. 9. 11.).
이창석, "구법령의 위헌심사권", 법제월보 2권 11호, 법제처(1959. 11.).
이창석, "구법령의 효력", 법제월보 2권 12호, 법제처(1959. 12.).
이창현, "불법행위에 기한 위자료에 대한 소고", 비교사법 16권 2호(2009).
이창현, "위자료의 현실화 방안", 저스티스 158–1호, 한국법학원(2017).
이헌환, "헌법재판제도의 도입배경과 정착 및 발전방향에 관한 연구", 헌법재판연구 1권, 헌법재판연구원(2014).
이화숙, "자의 최대의 이익과 현행친권제도", 가족법연구(2), 한국가족법학회(2011).
임종헌, "국민과 소통하는 열린 사법행정", 형사재판의 제문제 7권(차한성 대법관 퇴임기념), 사법발전재단(2014).
임지봉, "헌법변천과 헌법침해", 고시연구 30권 6호, 고시연구사(2003. 6).
장경근, "미국법제특집: 미국사법제도", 법정 16호, 법정사(1948. 1.).
장준현, "부모의 이혼에 따른 친권행사자 및 양육자 지정의 판단 기준과 고려요소", 대법원판례해설(83), 법원도서관(2010).
장태주, "행정입법에 대한 의회의 관여 – 독일의 법규명령을 중심으로 –", 한양대 법학논총 16집, 한양대학교(1999).
장후영, "민법 제14조의 운명", 법정 18호, 법정사(1948. 4.).
전보성, "친권자 지정·변경에 관한 판례의 최근 경향", 민사판례연구(38), 박영사(2016).
전상현, "위헌법률심사의 본질과 한정위헌", 헌법학연구 19권 2호, 한국헌법학회(2013).
전학선, "위헌법률심판에서 심사기준", 프랑스 헌법소송론, 한국문화사(2022).
전학선, "프랑스 헌법재판소의 임신중절 결정", 외법논집 36권 4호, 한국외국어대학교 법학연구소(2012).
전학선, "프랑스에서 사후적 규범통제 도입에 따른 헌법재판의 변화", 헌법학연구 18권 3호, 한국헌법학회(2012).
전학선, "프랑스에서 헌법재판소와 의회와의 관계", 프랑스 헌법소송론, 한국문화사(2022).
전학선, "헌법개정과 법률의 지속효", 헌법학연구 9권 3호, 한국헌법학회(2003).
전학선, "헌법재판소 헌법재판관", 프랑스 헌법소송론, 한국문화사(2022).
정긍식, "조선민사령과 한국 근대 민사법", 동북아법연구 11권 1호, 전북대학교 동북아법연구소(2017).
정승원, "위자료, 양육비 산정기준에 관하여", 대한변호사협회 변호사연수원 특별연수(제51기),

강의자료(2008. 4.).
정인섭, “대한민국의 수립과 구법령의 승계: 제헌헌법 제100조 관련 판례의 분석”, 국제판례연구 1집, 박영사(2000).
정종섭, “주요 국가 헌법재판제도에 대한 비교적 연구”, 헌법재판 및 제도의 활성화에 관한 연구, 헌법재판연구 2권, 헌법재판소(1991).
정치언, “오스트리아 헌법과 헌법재판소의 발전 및 오스트리아 근현대사 연구 – 1867년 제국법원 설립부터 1955년 국가조약 체결에 이르기까지 –”, 헌법논총 32집, 헌법재판소(2021).
정태규, “이혼(사실혼해소, 약혼해제)으로 인한 위자료 산정기준의 분석”, 재판자료(8), 법원도서관(1981).
정태호, “법률적 효력 있는 관습법의 위헌제청적격성”, 경희법학 46권 4호, 경희대학교(2012).
정현경, “자녀보호의 관점에서 본 친권자 및 양육자 지정에 관한 최근 판례와 실무”, 2020. 7. 3. 한국가족법학회 춘계학술대회 발표문(미공간).
조미경, “서독부부재산법에 있어서의 잉여공동제”, 민사법학의 제문제; 소봉 김용한교수 화갑기념, 박영사(1990).
조병훈, “위헌법률심판제청의 요건”, 재판자료(76).
조은희, “이혼시 친권자 및 양육자 지정과 자의 복리”, 외법논집(36–2), 한국외국어대학교 법학연구소(2012. 5.).
조재헌, “블랙박스 녹음파일 등의 증거능력 — 통신비밀보호법 제4조, 제14조 해석론을 중심으로 —”, 사법논집(73), 법원도서관(2021).
조현락, “이혼 등 재판에서의 위자료 산정실무”, 가사재판연구 Ⅲ, 서울가정법원 가사소년재판연구회(2018).
최봉철, “문언중심적 법해석론 비판”, 법률해석의 한계, 법문사(2000).
최용환·최완, “개정 부가가치세법상 ‘위탁자 명의 공급’의 의미에 대하여 – 대법원 2021. 3. 25. 선고 2020두56650 판결/서울고등법원 2020. 11. 20. 선고 2019누61870 판결”, 월간조세(2022. 2.).
최창렬, “이혼에 따른 위자료의 법적 성질에 관한 고찰”, 가족법연구(14), 한국가족법학회(2000).
최흥섭, “국제사법에서 일상거소의 의미와 내용”, 국제사법연구 제3호(1998).
한삼인, “이혼위자료산정의 기준”, 가족법학총론: 박병호 교수 환갑기념 I, 박영사(1991).
한애라, “이혼에 따른 재산분할심판에서 당사자간 일부 재산분할 합의의 소송상 효력 - 대법원 2013. 7. 12. 선고 2011므1116 판결과 관련하여–”, 가족법연구(32–2), 한국가족법학회(2018).
한원교, “신탁과 관련된 조세법의 몇 가지 쟁점 – 부가가치세 및 취득세 납세의무자를 중심으로 –”, 2017년도 법관연수 어드밴스(Advance) 과정 연구논문집, 전문 분야 소송의 주요쟁점(조세/상사소송), 사법연수원 (2018).
허영, “규범통제에 관한 현행헌법 해석상의 문제점연구(2)”, 법정 226호, 법정사(1969).
허완중, “간추린 한국헌법재판사”, 헌법재판연구 1권, 헌법재판연구원(2014).
허완중, “명령·규칙에 대한 법원의 위헌·위법심사권”, 저스티스 135호, 한국법학원(2013).

허익수, "미국의 이혼 재산분할 시 분할대상 재산의 확정 : 기준일과 그 무렵 변동된 재산의 처리를 중심으로", 재판자료(136), 외국사법연수논집(37), 법원도서관(2018).

홍승면, "불법행위 단기소멸시효의 기산점 — 관련사건의 확정시 —", 판례공보스터디 민사판례해설, 서울고등법원 판례공보스터디(2020).

홍승면, "생명·신체에 대한 불법행위로 인한 손해배상청구에서 피고의 항쟁이 타당한지 여부를 적극적 손해, 소극적 손해, 정신적 손해마다 따로 판단하여야 하는지 여부", 판례공보스터디 민사판례해설 Ⅲ－하, 서울고등법원 판례공보스터디(2022).

홍진기, "사법재판소의 법률심사 － 민법 제14조의 무효선언판결에 관하여 －", 법정 2권 11호, 법정사(1947. 11.).

황성희, "처의 능력에 대한 신판례에 관하여", 법정 15호, 법정사(1947. 12.).

[외국문헌]

〈단행본〉

Erwin Chemerinsky, Constitutional Law, Principles and Policies, Aspen Law & Business(1999).

Jesse H. Choper, Richard H. Fallon, Jr, Yale Kamisar, Stevern H. Shiffrin, Constitutional Law, 9th ed. West Publishing Co.(2001).

Kermit L. Hall(Editor), The Oxford Companion to Supreme Court of the United States, Oxford University Press(1992).

Peter Hogg & Wade Wright, Constitutional Law of Canada(2021 Student Edition), Thomson Reuters(2021).

久貴忠彦·谷口知平, 新版注釈民法(27) 相続(2), 有斐閣(2013).

新注釈民法(19), 相続(1), 有斐閣(2023).

新版 注釈民法(28), 相続(3), 有斐閣(2002).

片岡 武·管野 眞一, 第4版 家庭裁判所における遺産分割·遺留分の実務, 日本加除出版株式會社(2022).

芦部信喜(高橋和之 補訂), 憲法(第七版), 岩波書店(2019).

〈논문〉

Louis Favoreu, "Modèle européen et modèle américain de justice constitutionnelle", 4－1988, Les juges constitutionnels(1990).

Eric S. Fish "Constitutional Avoidance as Interpretation and as Remedy", 114 MICH. L. Rev.(2016).

竝河啓后, 違憲審査制の性格, 憲法理論研究會編, 違憲審査制の研究, 敬文堂(1993).

山崎敏彦, "遺留分減殺請求權の消滅時效の起算點", 別册ジュリスト99家族法判例百選 [第四版], 有斐閣(1988).

吳煜宗, "日本國憲法における違憲審査の成立－九條の違憲審査制下での推移に卽して－", 法學

59卷 3號, 東北大學法學會(1995).
園部逸夫, "違憲審査の法理－日本の經驗－", 法曹時報 47卷 11號(1995).

저자 소개

김 시 철

학력

서울대학교 법과대학 사법학과 졸업(1988)
University of California at Berkeley, LLM(1999)

경력

제29회 사법시험 합격
사법연수원 제19기 수료
서울형사지방법원 판사(형사항소 · 형사합의)
서울민사지방법원 판사(일반민사 · 노동 합의)
청주지방법원 판사(형사 · 민사 단독)
서울지방법원 서부지원 판사(손해배상 · 소액 단독)
서울가정법원 판사(가사소송 · 비송 단독)
서울고등법원 판사(헌법재판소 파견 헌법연구관)
서울고등법원 판사(언론 · 지식재산권)
대전지방법원 홍성지원장(민사 · 형사 · 가사 합의)
대법원 재판연구관(전속부장연구관 · 민사총괄연구관)
서울중앙지방법원 부장판사[형사단독(경제) · 형사합의(경제)]
수원지방법원 성남지원장(가사 합의)
대전고등법원(청주재판부) 부장판사(민사 · 형사 · 가사)
사법연수원 수석교수
서울고등법원 부장판사[형사(공직선거법) · 민사(상사/기업법) · 행정(조세/토지수용) · 가사 및 민사(이혼/위자료/재산분할/유류분/상속회복)]
사법연수원장

주요 저서

언론관계소송(공저)
헌법판례해설(공저)
주석 민법(공저)
민법 주해(공저)
조정실무(공저)
법원실무제요 가사(공저)
위헌법률심판제청재판실무편람(공저)
가사비송재판실무편람(공저)
언론재판실무편람(감수)

연구회 및 학회 활동

대법원 헌법행정법연구회[전 회장(2017~2019)]
대법원 기업법분야연구회[전 회장(2017~2020)]
대법원 가족법연구회[현 회장(2024~현재)]
대법원 언론법분야연구회[전 간사(2006~2008)]
대법원 조세법분야연구회
한국언론법학회[전 부회장(2015~2016)]
한국헌법학회[전 부회장(2018)]
한국공법학회[전 부회장(2023)]
한국세법학회

이혼·상속 실무사례 연구

초판발행 2025년 9월 30일

지은이 김시철
펴낸이 안종만·안상준

편 집 이승현
기획/마케팅 조성호
표지디자인 BEN STORY
제 작 고철민·김원표

펴낸곳 (주) 박영사
서울특별시 금천구 가산디지털2로 53, 210호(가산동, 한라시그마밸리)
등록 1959. 3. 11. 제300-1959-1호(倫)
전 화 02)733-6771
f a x 02)736-4818
e-mail pys@pybook.co.kr
homepage www.pybook.co.kr
ISBN 979-11-303-4983-1 93360

정 가 48,000원